BECK'SCHE SONDERAUSGABEN

FERDINAND GREGOROVIUS

WANDERJAHRE IN ITALIEN

Mit siebenundzwanzig zeitgenössischen Illustrationen

Einführung von
Hanno-Walter Kruft

VERLAG C.H.BECK MÜNCHEN

CIP-Kurztitelaufnahme der Deutschen Bibliothek

Gregorovius, Ferdinand
Wanderjahre in Italien. – 3. Aufl. – München: Beck, 1978.
(Beck'sche Sonderausgaben)
Teilausg.
ISBN 3 406 02513 7

ISBN 3 406 02513 7

Dritte Auflage. 1978

© C. H. Beck'sche Verlagsbuchhandlung (Oscar Beck), München 1967

Gesamtherstellung: Passavia Druckerei GmbH Passau

INHALT

VERZEICHNIS DER ABBILDUNGEN

Die Abbildungen 1, 7, 8, 10, 22, 23, 24, 25, 26 und 27 wurden entnommen dem Band: L'Italia, la Sicilia, le Isole Eolie, l'Isola d'Elba, la Sardegna, Malta L'Isola di Calipso, ecc. (secondo le ispirazioni, le indagini, i lavori de'Signori il Visconte di Chateaubriand, Lamartine, Raoul-Roquette, Lord Byron, Goethe, Visconti, Cicognara, Lanzi, Orioli, Bertolotti, Dandalo Balbi, di Bonstetten, Swinburne, ecc. ecc.) Siti, Monumenti, Scene e Costu (secondo la Signora Haudebourt-Lescot, i Signori Orazio Vernet, Granet, Isabey, Ciceri, Mazzara, il Maggiore Light, il Capitano Batty, Cooke, Gell e Gandy, Pinelli, Ferrari, e molti altri artisti italiani) raccolti e pubblicati da Audot Padre, Ital. Ausgabe, 5 Bände, Turin 1834–1838.
Die Abbildungen 2, 3, 4, 5, 6, 11 bis 21, nach Stichen von Carl Ludwig Frommel, wurden entnommen dem Band: ‹Carl Frommel's Pittoreskes Italien›, Leipzig 1840.

EINFÜHRUNG

Aus der großen Flut der Italienliteratur des 19. Jahrhunderts haben nur wenige Werke ihre Zeit überdauert und dürfen noch heute ein unmittelbares Interesse beanspruchen. Am Anfang steht Goethes «Italienische Reise».

Um die Jahrhundertmitte entstanden fast gleichzeitig die beiden «klassischen» Werke über Italien in deutscher Sprache: Burckhardts «Cicerone» und Gregorovius' «Wanderjahre in Italien». Wer in das Wesen italienischer Kunst und Geschichte über die nur additiven Angaben von Reiseführern hinaus eindringen will, wird auch heute auf diese Werke zurückgreifen. Burckhardt und Gregorovius haben, jeder auf seine Weise, mit einer Intensität und Vehemenz Italien in seiner Gesamtheit erfaßt und mit einem heute fast unbegreiflichen Wissensreichtum zur Darstellung gebracht, daß alle späteren Versuche dieser Art dahinter zurücktreten müssen. Beide Werke haben nichts von ihrer Frische eingebüßt, und selbst da, wo der veränderte Geschmack uns heute anders urteilen läßt, ist die stimulierende Auseinandersetzung von höchstem Wert.

Der «Cicerone» und die «Wanderjahre in Italien» stellen den Leser nicht vor die Wahl einer Alternative, sondern ergänzen sich vorzüglich. Die Betrachtungsweise und die Art der Darstellung geht bei den beiden großen Historikern sehr verschiedene Wege. Burckhardt gibt seinem Werk den Untertitel «Eine Anleitung zum Genuß der Kunstwerke Italiens». Der «Cicerone» ist eine italienische Kunstgeschichte nach Gattungen, doch zugleich sehr viel mehr. Burckhardt bleibt nicht bei der Sammlung des Materials und seiner Darstellung stehen, sondern es ist sein Ziel, «Umrisse vorzuzeichnen, welche das Gefühl des Beschauers mit lebendiger Empfindung ausfüllen könnte».

Gregorovius gab seinem Werk den erläuternden Untertitel: «Figuren, Geschichte, Leben und Szenerie aus Italien». Nicht auf die Kunst, sondern auf die Geschichte sind die «Wanderjahre» ausgerichtet. Doch im Gegensatz zu Burckhardt gibt Gregorovius keinen systematischen Überblick, sondern er greift einzelne Landschaften und Orte heraus, denen er durch die Freilegung ihrer historischen Dimensionen eine repräsentative Stellung zuerkennt. Das Eindringen in die Geschichte einer bestimmten «Szenerie», die zunächst stumm erscheinen mag, und ihre Erfüllung durch die Vergangenheit, die diese Szenerie zum Leben bringt und verständlich macht, geben den «Wanderjahren» ihren Reiz und ihre Unmittelbarkeit.

Den Ausgangspunkt bildet für Gregorovius immer das persönliche Erlebnis, die Wanderung durch eine Landschaft, die Begegnung mit Personen, die Teilnahme an traditionsreichen Festen. Durch die Beschreibung, die scharf beobachtend und sehr genau das Wesentliche herausstellt, zugleich mit einem manchmal lächelnden Seitenblick Begleitumstände einfängt, wird der Leser unmerklich in das Erlebnis miteinbezogen. Es ist ein ähnlicher Vorgang wie bei einer guten Bildbeschreibung, durch die der Beschauer in die Lage versetzt wird, sich gleichsam selbst in dem Bilde zu bewegen. Die reine Wortbeschreibung, die Eindrücke des Auges in Sprache umsetzt und beim Leser eine zutreffende, lebendige Vorstellung entstehen läßt, gehört zur großen Kunst von Gregorovius. Er bedarf nicht der erläuternden Illustration. Erst durch die genaue Beschreibung – dies bringt für den heutigen Leser eine wichtige Einsicht – wird man zu wirklichem Hinsehen und Verstehen angehalten. Die moderne Fotografie vermag dies nicht zu ersetzen, die Eindrücke werden hier nur von der Oberfläche her und anonym erfaßt, die persönliche Verarbeitung des Gesehenen findet meist nicht statt.

Durch seine Beschreibungen schafft sich Gregorovius die Szenerie, die dann historisch durchleuchtet und mit Leben erfüllt wird. Sehr typisch für seine Sehweise heißt es anläßlich der Beschreibung der Campagnastadt Anagni: «Anagni überraschte mich; an jene finsteren Straßen und verwohnten Häuser der Campagnastädte gewöhnt, ritt ich hier an Reihen von ansehnlichen Gebäuden und Palästen hin, welche den Luxusstil Roms aus dem 17. Jahrhundert zur Schau tragen und der Stadt das Gepräge einer gewissen Wohlhabenheit geben. Dieses moderne Aussehen setzte mich in Verwunderung, und ich konnte mir dasselbe nicht erklären, bis ich mir eine Geschichte Anagnis geben ließ.» Was in einem ersten Schritt als Augenerlebnis erfaßt und deskriptiv konstatiert wird, verlangt in einem weiteren Schritt nach der Erklärung, wie es geworden ist. Die Landschaften, Städte und Gegenstände werden nach ihrer Geschichte, nach ihrem «Lebenslauf» befragt, da nur so ihr gegenwärtiger Zustand verstanden werden kann. Gregorovius sieht als Historiker, der weiß, in welchem Maße die Gegenwart durch die Vergangenheit belastet, die Erscheinungsform eines Gegenstandes durch seine Geschichte bedingt ist. Am Bild der Gegenwart wird Geschichte erfahren; dies kann bei Gregorovius soweit führen, daß die Gegenwart von der Last der Vergangenheit erdrückt zu werden droht. Einmal heißt es sehr deutlich: «Die Steine sind in Rom mächtiger als die Menschen; die Vergangenheit ist riesengroß, die Gegenwart sehr klein, die Zukunft mit einem undurchdringlichen Vorhange bedeckt.»

So fügt sich das in der Beschreibung erfaßte Bild in den Rahmen der Geschichte. Doch ist es wichtig, die angedeutete Abfolge der Darstellung bei Gregorovius hervorzuheben: Geschichte ist niemals Selbstzweck, sondern sie dient dem Selbstverständnis der Gegenwart. Dies ist ein wichtiger Grund für die Frische und Gültigkeit von Gregorovius' Werk in unserer Zeit.

Die historische Sicht befreit Gregorovius von manchen Vorurteilen seiner Zeit. Es gibt für ihn keine der Geschichtsbetrachtung unwürdigen Epochen. So kann sich bei ihm der Blick erstmalig wesentlich auf das italienische Mittelalter richten. Man ermißt die volle Bedeutung dieser Tatsache erst, wenn man sich vergegenwärtigt, daß alle diejenigen, die Deutschland ein lange Zeit bestimmendes Bild Italiens vermittelten: Winckelmann, Goethe, Heinse, Burckhardt, Mommsen und Ranke nur die Antike und die Renaissance sahen. Gregorovius leistete einen weiteren, entscheidenden Beitrag, indem er das «dunkle» Mittelalter erhellte. Er lebte sich in einem Maße in die mittelalterliche Welt ein, das in seiner Zeit ohne Vergleich ist. Offensichtlich hat er dies selbst empfunden, wenn er in seinem Tagebuch notiert: «Ich lese gern die alte Sprache der Chroniken, sie gleicht der Sprache der Bilder von Giotto, Lippi, Ghirlandajo.» So erfährt auch die Kunst des Mittelalters eine für das 19. Jahrhundert erstaunlich gerechte Beurteilung, ohne daß diese durch einen nazarenischen oder präraffaelitischen Hang sentimentalisiert würde. Gregorovius schafft zu dem an der Renaissance orientierten Italienbild von Burckhardts «Cicerone» das Gegenstück eines aus dem Mittelalter heraus verstandenen Italien. Erst die historische und kunsthistorische Forschung unserer Tage zeigt, wie sehr Gregorovius recht hatte, dem italienischen Mittelalter eine solche Bedeutung beizumessen. Heute wissen wir, daß das Mittelalter nicht eine bloße Störung und Unterbrechung einer Entwicklung ist, derzufolge die Renaissance unmittelbar an die Antike anknüpft, sondern daß mittelalterliche Traditionen in entscheidender Weise auf das Denken und Gestalten der Renaissance Einfluß genommen haben. Es zeigt sich dabei, daß Gregorovius mit seiner Vorliebe für das Mittelalter der ästhetischen Einstellung unserer etwas renaissance-müden Gegenwart entgegenkommt.

Doch erweist sich Gregorovius in den «Wanderjahren» nicht nur als Historiker und scharfer Beobachter, sondern auch als Dichter. Auf verschiedene Weise ist er hier Goethe und Burckhardt verwandt. Daß Goethes «Italienische Reise» als Maßstab und Hintergrund für die «Wanderjahre» zu sehen ist, läßt sich an mehreren Abschnitten zeigen. Die «Römischen Figuren» sind ohne das Vorbild von Goethes «Römischem Karneval» nicht denkbar. Der unausgesprochene literarische Wettstreit bringt eine Steigerung der sprachlichen Mittel mit sich, der diesen Abschnitt mit seiner an Thomas Mann erinnernden Ironie zu den unvergeßlichsten des Buches gehören läßt.

Burckhardt darf hier insofern wiederum mit Gregorovius verglichen werden, als sich sein Italienbild zunächst unter dem Einfluß der Eichendorff'schen Gedichte und Italiennovellen formte und sich in eigenen dichterischen Versuchen niederschlug, bevor er zu seiner kultur- und kunsthistorischen Sicht durchdrang. Im Werk von Gregorovius halten sich historisches Sehen und dichterische Gestaltung die Waage. Beide sind für ihn untrennbar miteinander verbunden. Die dadurch bedingte innere Spannung und darstellerische Anspannung waren ihm voll bewußt, wenn er einem Freund gegenüber «von der Rechnung des Poeten, welcher dann dem Historiker doch ein Bein würde untergeschlagen haben», spricht. Doch gerade dieses Sehen des Historikers mit den Augen des Dichters macht sein Werk so lebendig, das ständige sich selbst auferlegte Bemühen um «eine gewisse Reinheit in der Sprache und Form», wie es Gregorovius bescheiden ausdrückt, erhebt die «Wanderjahre» zur Dichtung.

Gregorovius löst sich wie Burckhardt aus einer anfänglich romantischen Sicht Italiens. In den frühesten Abschnitten der «Wanderjahre» ist die Nähe zur deutschen Romantik noch spürbar. Die Bildersprache legt sich wie ein Schleier über die Beschreibung, die Stimmung wird bewußt ins Poetische überhöht. So erscheint in den «Idyllen vom lateinischen Ufer» das Kap der Circe, «wie wenn Schlaf und Tod über See schweben, und jenes eilende Schiff, das um das Kap der Circe geisterhaft zu kreisen scheint, trägt vielleicht den Gott des Traumes, welcher Schlummer und Ruhe über die Wellen streut.» Dies sind Bilder und Sprache der Romantik. Der Abschnitt gipfelt in den Sätzen: «Astura ist die Warte der Romantik, der deutsche Poetenturm in Italien. Er gehört den Romantikern wie die blaue Grotte in Capri.»

Je mehr sich Gregorovius dem italienischen Lebensgefühl anpaßt, um so mehr tritt die romantische Sicht zurück. Die Beschreibungen werden klarer, kühler, in ihrem Umriß bestimmter. Dies bedeutet kein Nachlassen der dichterischen Gestaltungskraft, sondern es vollzieht sich ein Prozeß, den man schlagworthaft als Übergang von der Romantik zum Realismus skizzieren kann.

Immer wieder stellt Gregorovius in seinen Beschreibungen das spezifisch Italienische heraus. Er weiß, daß Italien anders gesehen werden will als Deutschland. In den «Wanderjahren» heißt es bei der Beschreibung des Brunnens von Collepardo: «Läge der Pozzo in Deutschland oder in Schottland, so würde ihn die Phantasie des Volkes ohne Zweifel mit den fabelhaftesten Wesen bevölkern; aber die Italiener haben im ganzen keinen Sinn für das Märchen- und Geisterhafte, weil es die Klarheit der Lüfte bei ihnen nicht gedeihen läßt.» Gregorovius gewinnt Einsicht in die Ursachen nationaler Verschiedenheit und bahnt damit einen Weg, auf dem nach ihm die kunsthistorische Italienforschung wesentliche Schritte geleistet hat. Es sei nur an das Spätwerk Heinrich Wölfflins «Italien und das deutsche Formgefühl» (1931) erinnert.

So betrachtet lassen sich die «Wanderjahre» insgesamt als Anleitung zu einem angemessenen und richtigen Sehen Italiens lesen. Gregorovius führt exemplarisch vor, was kein Reiseführer geben kann. Auch in den «Wanderjahren» ist die Fülle des ausgebreiteten Materials immens, aber es geht um das Prinzip einer historischen Einordnung, nicht um ein bloßes Verzeichnen. Der geographische Rahmen der «Wanderjahre» ist so weit gesteckt, daß abgesehen von den oberitalienischen Provinzen allen Gebieten von Ravenna bis Sizilien wichtige Abschnitte gewidmet sind.

Die «Wanderjahre in Italien» sind aus einer Reihe zunächst voneinander unabhängiger Aufsätze hervorgegangen. Die meisten von ihnen erschienen seit 1853 in Cottas bedeutender Augsburger Allgemeinen Zeitung, für die einige Jahre früher auch Fallmerayers «Fragmente aus dem Orient» geschrieben waren. Der Gedanke an eine Zusammenfassung der verschiedenen Italienaufsätze in Buchform entstand 1855. Doch lehnte Cotta Gregorovius' Angebot ab. 1856 übernahm Brockhaus den Verlag der «Wanderjahre», die bis 1877 auf fünf Bände erweitert wurden.

Trotz einer Entstehungszeit von mehr als zwei Jahrzehnten sind die «Wanderjahre» im Konzept durchaus einheitlich. Die Abschnitte entstanden auf den ausgedehnten Archivreisen, die Gregorovius für seine »Geschichte der Stadt Rom im Mittelalter» durch Italien unternahm. – Als einer der besten Kenner italienischer Geschichte, als Deutsch-Römer, der durch jahrzehntelangen Aufenthalt in Italien mit italienischer Mentalität zutiefst vertraut war, als Sprachgestalter ersten Ranges hat uns Gregorovius in den «Wanderjahren» ein gültiges Werk über Italien hinterlassen.

Was für ein Mann steht hinter diesem Werk? Wie ordnen sich die «Wanderjahre» in sein sonstiges Schaffen ein?

Ferdinand Gregorovius wurde am 19. Januar 1821 in Neidenburg (Ostpreußen) als Sohn eines Justizrates geboren. Er verließ das Elternhaus bereits in seiner Gymnasialzeit. Seit 1838 studierte er an der Königsberger Universität zunächst Theologie, später Philosophie und promovierte mit einer Dissertation «Über den Begriff des Schönen bei Platon und den Neuplatonikern». Gregorovius ist also nicht von Hause aus Historiker.

Während er sich seinen Lebensunterhalt in den Studienjahren als Haus- und Privatlehrer verdienen mußte, glaubte er seine wahre Bestimmung als Lyriker und Schriftsteller zu finden. 1845 veröffentlichte er seinen ersten Roman «Werdomar und Wladislaw», in dem sich romantische und realistische Züge durchdringen. Auch sein Weg zur Geschichte hängt eng mit seinem dichterischen Schaffen zusammen. Nach einer Studie über Kaiser Hadrian entstand 1851 ein episch-lyrisches Drama «Der Tod des Tiberius». Bereits 1848 hatte sich Gregorovius mit einer historischen Abhandlung «Über die Idee des Polentums» für die polnische Unabhängigkeitsbewegung eingesetzt. Obwohl wir über Gregorovius' Königsberger Zeit nur schlecht unterrichtet sind, dürfte die Annahme zutreffend sein, daß er, seiner inneren Berufung entsprechend, noch in seiner Heimat zum Historiker heranreifte.

Rückblickend erscheint Gregorovius' Aufbruch nach Italien als eine historische Notwendigkeit. Den äußeren Anlaß bildete die Italienreise seines lungenkranken Freundes Ludwig Bornträger und sein Entschluß, ihm zu folgen. Im Frühjahr 1852 brach er aus Königsberg auf. Als er in Italien eintraf, war sein Freund tot. Aber Gregorovius blieb. Es dauerte acht Jahre, bis er Deutschland wiedersah, und zweiundzwanzig Jahre, bis er endgültig nach Deutschland zurückkehrte.

Die zwei «römischen» Jahrzehnte stehen im Zentrum seines Lebens und Werkes. Gregorovius fand hier zu sich selbst und wuchs in eine Aufgabe hinein, die ihm zur Mission wurde. Ohne festen Plan, ohne finanzielle Mittel, ohne einen Freund war der erste Sommer für ihn sehr enttäuschend. Nach einem Aufenthalt in Florenz verbrachte er einige Wochen auf Korsika und Elba. Er begann mit Berichten für die Augsburger Allgemeine Zeitung und legte damit den Grundstein für die «Wanderjahre in Italien». Sein Bericht über «Korsika» wuchs in späterer Überarbeitung zu solchem Umfange an, daß er als eigenes Buch neben den «Wanderjahren» bestehen blieb.

In den Jahren 1853 und 1854 entstanden einige der schönsten Abschnitte der «Wanderjahre» (Römische Figuren, Der Ghetto und die Juden in Rom, Idyllen vom lateinischen Ufer), daneben ein Epos «Euphorion» und eine historische Darstellung über «Die Grabmäler der römischen Päpste».

Ein seit 1852 geführtes Tagebuch gibt einen Einblick in die Entwicklung von Gregorovius. Er lebt zurückgezogen in Rom, zeigt sich liebenswürdig, aber im Grunde menschenscheu. Ständig ist sein Bestreben spürbar, als Person hinter seinem Werk zurückzutreten. Zunächst erscheint die Umgehung fast alles Persönlichen in einem Tagebuch überraschend, aber sie wird verständlich, wenn man in den «Wanderjahren» über Juvenal und andere antike Autoren liest: «Kein indiskreter Erbe, Freund oder Verwandter edierte ihre Briefe, kein Journalist beschrieb mit tantenhafter Sorgfalt ihr Aussehen bis zum kleinsten Muttermal, noch begleitete er jeden ihrer Schritte von Kindesbeinen an, noch zählte er ihre Tugenden, Schwächen, Fehler und Schulden bei Juden und Christen und andere Verlegenheiten auf.» So hat Gregorovius in seinen letzten Jahren die meisten persönlichen Dokumente vernichtet. Nur die «Römischen Tagebücher» der italienischen Jahre 1852–1874 und einige Briefe haben sich erhalten. Obwohl auf diese Weise Gregorovius als Person schattenhaft bleibt, bieten die Tagebücher für die Entstehung seiner Werke, das Leben in Rom und die Vorgänge des Risorgimento eine Quelle ersten Ranges (Römische Tagebücher von Ferdinand Gregorovius, herausgegeben von Friedrich Althaus, Stuttgart 1892). Unsere Kenntnis der römischen Jahre verdanken wir fast ausschließlich Tagebüchern.

1853 traf Gregorovius mit Burckhardt zusammen, der sich zu Vorarbeiten für den «Cicerone» in Italien aufhielt. Man unternahm gemeinsam einen Ausflug nach Paestum, doch fällt in den Aufzeichnungen von Gregorovius kein Wort über Burckhardts Projekt. Nach dieser gemeinsamen Unternehmung sind sich die beiden großen Historiker offensichtlich aus dem Wege gegangen. Von einer späteren Begegnung wissen wir nichts.

Im Herbst 1854 fiel die Entscheidung über Gregorovius' Arbeit von zwei Jahrzehnten. Er notierte am 3. Oktober in seinem Tagebuch: «Ich beabsichtige, die Geschichte der Stadt Rom im Mittelalter zu schreiben. Für diese Arbeit bedarf es, so scheint mir, einer höchsten Disposition, ja, so recht eines Auftrags vom Jupiter Capitolinus selbst. Ich faßte den Gedanken dazu, ergriffen vom Anblick der Stadt . . . Ich muß etwas Großes unternehmen, was meinem Leben Inhalt gäbe.»

Die Arbeit an der achtbändigen «Geschichte der Stadt Rom im Mittelalter» gewinnt für Gregorovius schicksalhafte Bedeutung. Zwanzig Jahre lang ist er durch Archivstudien und die Niederschrift des Werkes an Rom gefesselt. Sein Leben wird zu einem Ringen mit dem «Dämon» der Stadt Rom, sein Lebensziel ist die Vollendung der selbstgestellten Aufgabe. Was diese für ihn bedeutete, versteht man leichter, wenn man die Tagebucheintragung vom 24. März 1856 liest: «Die Geschichte der Stadt Rom steht in meinen Nächten über mir wie ein fernes Gestirn. Sollte mir das Schicksal doch verstatten, sie zu vollenden, so würde kein Leid in der Welt groß genug sein, daß ich es nicht standhaft ertrüge.»

Gregorovius ist seiner selbst und seiner Aufgabe gewiß geworden. Durch zwei Jahrzehnte verfolgt er sein Ziel unbeirrt, doch liegt keine Verbissenheit in seiner Haltung. Er durchstreift Italien, er findet Zeit

zur Fortsetzung der «Wanderjahre», und er verfaßt Gedichte, «auf
daß die Muse über den Wassern bleibe».

Das dichterische Sehen, das bei der Charakterisierung der «Wanderjahre» hervorgehoben wurde, gilt auch für das Rom-Werk. Das
künstlerische Engagement, das für ihn das Durchhalten eines solchen
Projektes erst ermöglicht, macht ihn bei den zünftigen Historikern
verdächtig. Die Begegnungen mit Ranke und Mommsen sind formell,
das Verhältnis zu ihnen ist kühl.

Sein Kontakt beschränkt sich auf lose Verbindungen zu einigen in
Rom lebenden oder die Stadt besuchenden Künstlern: Peter von Cornelius, Turgenjew, Franz Liszt. Freundschaft verbindet ihn mit Tolstoj. Doch all diese Bekanntschaften bleiben ohne wesentlichen Einfluß. Gregorovius ruht ganz in sich selbst, sein Denken kreist um sein
Werk.

Wie er sich in seiner Jugend für die polnische Unabhängigkeit eingesetzt hatte, so beobachtet er mitfühlend die mühsame Konsolidierung des italienischen Staates. Als Historiker beurteilt er das Geschehen distanziert: «Rom ist still und schwül, wie aus der Welt verloren,
wie in sich eingesponnen und verzaubert. Der Scirocco weht auch
immerdar. Die aufgeregtesten Momente der Zeit fallen hier wie tonlos in die Ewigkeit nieder» (Tagebuch, 11. Mai 1859). Die Verwandlung der kosmopolitischen Stadt Rom in die Hauptstadt des modernen Italien empfindet Gregorovius wie eine Herabsetzung. Er fühlt
den Bruch mit der Vergangenheit und sieht die beginnende Veränderung Roms, dessen kommende Entwicklung im 20. Jahrhundert er
in den «Wanderjahren» treffend kennzeichnet: «Es wird ein anderer
Charakter über Rom kommen, und an Stelle jener prachtvoll geschmückten Häuser und Villen der päpstlichen Familien und der Kardinäle werden sich dort erheben: Eisenbahngebäude, Theater, Hotels,
Kasinos und dergleichen moderne Kasernen.»

Mit der Beendigung des Rom-Werkes begann sich Gregorovius
innerlich von Italien zu lösen, ein schmerzlicher Prozeß, den man ab
1867 in den Tagebüchern verfolgen kann. In seiner letzten Eintragung vom 14. Juli 1874 heißt es: «Ich könnte wohl auch bleiben.
Aber es sträubt sich ein selbstbewußtes Gefühl in mir gegen die Vorstellung, hier mich in Einsamkeit zu überleben ... Doch ist es ein
Ungeheures, daß all dies innerste und lebendigste Leben meines Selbst
jetzt zu einer Vergangenheit wird ... Es ist ein plötzliches Losreißen,
wie Sturm einen Baum entwurzelt.»

Eine Monographie über Lucrezia Borgia, die er sich selbst zur «Erholung» schrieb, und eine Süditalienreise, deren Frucht die «Apulischen
Landschaften» in den «Wanderjahren» sind, stehen am Ende der
römischen Jahre.

Mit der Übersiedlung nach München 1874 beginnt trotz alljährlicher Italienreisen nochmals eine ganz neue Periode in Gregorovius' Leben und Schaffen. Nun beginnt Griechenland und seine Geschichte die wichtigste Stelle in seinem Denken einzunehmen. Er bereist Ägypten, Syrien, Kleinasien und hält sich wiederholt in Athen auf. Das römische Erlebnis scheint sich noch einmal zu wiederholen. 1880 schreibt er in einem Brief: «. . . wenn ich noch über ein Quantum von Jahren zu verfügen hätte, so würde mich nichts mehr reizen als die Geschichte der Stadt Athen im Mittelalter.» 1889 ist auch dieses Werk, das Gegenstück zur Geschichte der Stadt Rom, vollendet. Zahlreiche Aufsätze, die in den «Kleinen Schriften» vereinigt sind, begleiten sein Schaffen bis in die letzten Jahre. Gregorovius starb siebzigjährig am 1. Mai 1891.

Gregorovius nannte die Geschichte der Stadt Rom «das Resultat eines Lebens und das Produkt innerer Leidenschaft. Die Glocke, die ich gegossen habe, wird noch von manchem Küster geläutet werden». Dies gilt für sein gesamtes Werk, nicht zuletzt für die «Wanderjahre in Italien».

Hanno-Walter Kruft

ZUM TEXT DER VORLIEGENDEN AUSGABE

Die vorliegende Ausgabe der «Wanderjahre in Italien» stützt sich auf die Edition von Fritz Schillmann, die 1925 im Verlag von Wolfgang Jess in Dresden erschienen ist. Da im Rahmen der Sonderausgaben des Verlages C. H. Beck keine historisch-kritische Edition beabsichtigt wurde, konnten, der Jess'schen Ausgabe folgend, rein zeitgeschichtliche Abschnitte fortgelassen werden. Es fehlen daher gegenüber der fünfbändigen Erstausgabe: Toskanische Melodien; Die römischen Poeten der Gegenwart; Avignon (da außerhalb Italiens liegend); Die sizilianischen Volkslieder; Neapel und Sizilien; Das Reich, Rom und Deutschland; Der Krieg der Freischaaren um Rom. An ihrer Stelle sind nach dem Vorgehen Schillmanns folgende, in den Rahmen der «Wanderjahre» fallende Aufsätze aufgenommen: Die öffentlichen Monumente in Florenz; Die Villa Malta in Rom; Das Bourbonenschloß Caserta; Segesta, Selinunt und der Mons Eryx. Alle Abschnitte bieten den ungekürzten Text. Die in der Jess'schen Ausgabe abgedruckten Gedichte konnten mit umso größerer Berechtigung fortgelassen werden, als sie auch in der von Gregorovius selbst zusammengestellten Erstausgabe der «Wanderjahre» nicht enthalten waren. Auf den Abdruck der meist überholten Anmerkungen Schillmanns wurde verzichtet.

RAVENNA

1863

Seit dem August des Jahres 1863 geht die adriatische Zweigbahn von
Castel Bolognese nach Ravenna. Man gelangt jetzt in diese berühmte
Stadt von Bologna aus über Imola, Lugo und Bagnacavallo in wenig
mehr als drei Stunden; und so ist eine der merkwürdigsten Städte des
Altertums und Mittelalters, die bisher vom Menschenverkehr abge-
legen und in einer nur mühsam erreichten Einsamkeit halb verschollen war, mit dem allgemeinen Leben neu verbunden worden.

Die Städte Italiens stellen fast durchweg die zwei großen Epochen
der Geschichte dieses Landes in ihren Denkmälern dar: das römische
Altertum und das christliche Mittelalter. Nur Ravenna ist das Monument des Überganges aus der einen Epoche in die andere, und deshalb
von unvergleichlichem Wert. Das römische Kaisertum in der Zeit
seines Falles unter die Germanen, die erste Gründung des germanischen Königtums in Italien auf den Trümmern jenes Römerreiches,
die sechzigjährige Herrschaft der Ostgoten und die ihr folgende, zwei
Jahrhunderte umfassende Despotie der Byzantiner, alle diese Epochen
haben in jener einen Stadt ihr Theater gehabt und noch zahlreiche
Denkmäler ihrer Geschichte in ihr zurückgelassen. Wer nach Ravenna
kommt und diese Monumente so alter Zeit sieht, Grabmäler des
fünften und sechsten Jahrhunderts, Kirchen strahlend von Musiven
ebenderselben Zeit, wird von ihnen fast so ergriffen wie von den
Resten Pompejis. Und in der Tat, Ravenna ist das Pompeji der gotischen und byzantinischen Epoche.

Die oft fast unversehrte Erhaltung dieser Denkmäler ist einem
Wunder gleich zu achten, wenn man sich vorstellt, welche wilde, verwüstende Jahrhunderte darüber hinweggegangen sind. Sie erklärt
sich für das frühere Mittelalter aus dem glücklichen Umstande, daß
es den Langobarden nicht gelang, Ravenna den byzantinischen Exarchen zu entreißen. Erst im Jahre 727 oder 728 vermochte der König
Liutprand dort einzuziehen, in einer Zeit, wo jene furchtbaren Krieger
bereits von der Kultur gezähmt waren. Weder er noch sein zweiter
Nachfolger auf dem langobardischen Thron, Aistulf, vergriffen sich
an den Monumenten dieser berühmten Stadt. Nur Classe, eine Vorstadt, mochte durch Liutprand zerstört worden sein.

Lange Zeit war Ravenna Sitz der byzantinischen Verwaltung Italiens, von wo aus das tief herabgekommene Rom wie eine Provinzialstadt regiert wurde. Sie genoß daher ab und zu der Fürsorge
selbst byzantinischer Kaiser, welche dies Kleinod ihrer italienischen

Länder anfangs mit Eifersucht hüteten. Als später mit dem Falle des Langobardenreiches und des Exarchats der Papst in Rom ihren Besitz auf Grund der Pippinischen Schenkungen beanspruchte, erhoben sich gegen diese Ansprüche die Patriarchen oder Erzbischöfe der Stadt. Sie machten sich zu Herren der Romagna, setzten sich an die Stelle der Exarchen und behaupteten, in hartnäckigem Widerstande gegen den Primat der römischen Kirche und unter den Privilegien der Kaiser, lange Zeit die Herrschaft über Ravenna. Sie wetteiferten mit den Päpsten und mit Rom, indem sie die ehemalige Kaiserresidenz vor dem Verfalle schützten und mit immer neuem Schmuck versahen. Diese noch durch Handel mächtige und volkreiche Stadt war daher zweimal die Nebenbuhlerin Roms, nämlich in der letzten römischen Kaiserzeit und der ersten Epoche des sich bildenden Papsttums im Sinne der kirchlichen Suprematie.

Die Erinnerungen an so große und tragische Ereignisse des römischen Verfalls und der Völkerwanderung, an die Epoche des Stilicho, Attila, Alarich und Genserich, oder an die Gotenherrschaft, deren unsterbliche Charaktergestalt Theoderich noch das heutige Ravenna zu beherrschen scheint, die Vorstellung ferner von dem Untergange dieser Goten und ihren gigantischen Todeskämpfen, aus denen Totila und Belisar, Tejas und Narses heldenhaft emporsteigen, sodann das fast mythisch gewordene Dunkel der byzantinischen Epoche unter den Exarchen, welches nur sparsam durch einige Chronisten erhellt wird: alles dies verleiht Ravenna einen Reiz, der mächtig aufregt, wenn man sich der Stadt nähert und ihre braunen Türme aus der stillen, sumpfigen Ebene hervorragen sieht.

Wie wird eine Stadt aussehen, welche das Denkmal solcher Zeiten und Taten ist? Sie wird finsterer und melancholischer erscheinen als das hochgetürmte Bologna, welches wir nur eben verlassen haben. Aber auch hier erfahren wir, daß die Wirklichkeit sich zur eingebildeten Vorstellung immer ironisch verhält, und daß diese eine gewisse Zeit braucht, um sich zu reinigen und der reellen Gestalt der Dinge ganz mächtig zu werden. Die Enttäuschung ist groß. Hundert andere Städte des historischen Italiens, selbst kleine Kastelle in den Gebirgen sehen auf den ersten Blick geschichtlicher, mittelalterlicher und überhaupt monumentaler aus als dies gotische und byzantinische Ravenna. Erst wenn man dessen Denkmäler aufsucht und darin umherwandert, fühlt man das Wehen des Hauchs alter Vergangenheit in solcher Macht, wie etwa nur in Rom allein, wo der geschichtliche Geist freilich ein universaler ist, während er in Ravenna nur einer Periode angehört, aber diese ist hier einzig vertreten und ausgedrückt.

Hier sind überall totenstille Straßen, meist von kleinen Häusern aus moderner Zeit, doch geräumig und in der Regel geradlinig gebaut, weil die Stadt auf einer Fläche liegt. Eine träumerische Versunkenheit in sich selbst, eine melancholische Verkommenheit. Auf den Plätzen hie und da wunderliche Säulen des Mittelalters, Schutzpatrone tragend; hie und da das sitzende Standbild eines um die Stadt verdienten Papstes, nachdenklich in sich versunken, vom Alter geschwärzt. Jede Spur der großen Epoche des guelfischen Mittelalters in Palästen oder bedeutenden Kirchen, wie sie andere Städte in so großer Fülle darbieten, ist verschwunden. Nur dann und wann ein stumpfer und gesenkter Turm oder Paläste verödeten Ansehens, doch erst aus dem fünfzehnten und späteren Jahrhunderten. In dieser Stille zahlreiche Kirchen, äußerlich in halbverfallenem Zustande, mit uralten ihnen getrennt zur Seite stehenden Glockentürmen aus einfachem und rohem Ziegelbau. Einige modern restauriert, andere in unversehrtem, eigentümlichem Stile der Gotenzeit. Alle eher von kleinen als von großen Verhältnissen; keine durch Gestalt imponierend, wie ein Dom von Pisa, Siena oder Orvieto; aber innen mit byzantinischen Mosaiken bekleidet und mit figurenreichen Kompositionen geschmückt, welche einer Kunst angehören, die sonst in aller Welt nur wenige Denkmäler aufzuweisen hat. Diese uralten Kirchen scheinen wie verzaubert in unserer Gegenwart dazustehen. Sie sind es, welche die Geschichte jener Vergangenheit festhalten, und die heutige Stadt Ravenna ist kaum mehr als ihr musivisch ausgelegtes Grab.

Die Überreste des alten Ravenna der Römer sind auffallenderweise ganz verschwunden. Classe und Cäsarea, einst bedeutende Vorstädte, welche mit großen Bauwerken erfüllt waren, liegen im Sumpf versenkt, und kaum eine Spur gibt von ihrem Dasein Kunde. Ravenna war einst das Avignon der römischen Kaiser. Als Honorius im Jahre 404 aus Furcht vor den andringenden Goten seine Residenz von Rom in diese Stadt verlegte, welcher damals Sümpfe, Flüsse und das Meer eine große Festigkeit gaben, verstärkte er ihre Mauern und baute sich vielleicht selbst eine kaiserliche Residenz. Wo diese oder wo der Palast der Galla Placidia und jener Valentinians III. standen, weiß man nicht mehr, obwohl man ihren Ort bezeichnen will. Antonio Zirardini, ein Rechtsgelehrter Ravennas und Archäolog ersten Ranges, schrieb im Jahre 1762 sein treffliches Buch über die antiken Bauwerke seiner Vaterstadt (degli antichi edifizi profani di Ravenna), welches noch heute das beste Werk über diesen Gegenstand ist; aber seine mühsamen Forschungen vermögen nur wenig Licht über das alte Ravenna zu verbreiten. Honorius erlebte im dortigen Kaiserpalast den ersten Fall und die Plünderung Roms durch die Westgoten Alarichs, und starb dort auch im August 423. Er wurde indes neben dem S. Peter in Rom begraben. Für uns beginnen die historischen Monumente Ravennas mit dem Mausoleum seiner Schwester Galla Placidia, einer der merkwürdigsten Frauengestalten aus der Epoche des Falls des römischen Kaiserreichs, deren Schicksale mit diesem selbst tief und tragisch verflochten sind. Die Tochter Theodosius' des Großen lebte im Cäsarenpalast von Rom als ein Mädchen von 21 Jahren, während Alarich die Hauptstadt der Welt belagerte, eroberte und plünderte. Er führte sie gefangen mit sich nach Kalabrien, und bald darauf mußte die Tochter und Schwester von römischen Kaisern sich in Narbonne mit Alarichs Nachfolger Ataulf vermählen. Sie folgte ihrem germanischen Gemahl nach Spanien, erlebte dort dessen und ihres Sohnes Theodosius Tod, und wurde darauf unter Mißhandlungen empörender Art ihrem Bruder Honorius nach Ravenna zurückgeschickt. Er zwang sie hier, dem General Constantius ihre Hand zu geben, welchem sie zwei Kinder, Valentinian und Honoria, gebar. Als auch Constantius gestorben war, wurde Placidia von ihrem Bruder nach Byzanz verbannt, von wo sie nach des Honorius Tod mit einer griechischen Flotte wiederkehrte, um ihren jungen Sohn Valentinian III. auf den Thron des Abendlandes zu setzen und als seine Vormünderin lange und unglücklich das Reich zu regieren. Sie starb in Rom im 61. Jahre ihres vielbewegten Lebens am 27. November 450. Mit ihrem Sohne Valentinian III., welcher fünf Jahre später in Rom ermordet wurde, erlosch der kaiserliche Stamm des großen Theodosius überhaupt. So ist die Geschichte des Unterganges der Familie des Theodosius zugleich die vom Fall des römischen Reichs und das Grabmal der Placidia, eins der merkwürdigsten Monumente der Welt, gleichsam das Mausoleum des römischen Reichs der alten Imperatoren. Man betritt diese kleine, düstere, von schönen Mosaiken bedeckte Gruft mit einem Gefühl historischer Pietät, welches in solcher Stärke weder das Mausoleum des Augustus noch das Grabmal Hadrians in Rom erwecken kann. Die unglückliche Fürstin wollte in Ravenna begraben sein, welches sie liebte und mit vielen Kirchen geschmückt hatte, nicht in Rom, wo ihr ganzes Lebensschicksal in der Blüte ihrer Jugend durch die schreckliche Katastrophe der eroberten Stadt eine so düstere Richtung hatte nehmen müssen. Sie hatte sich ein Grabmal bauen lassen und dieses als eine Kapelle den Heiligen Nazarius und Celsus geweiht. Es liegt nicht fern von der berühmten Kirche S. Vitale, in unmittelbarer Nähe von S. Maria Maggiore, in einem Straßenviertel so ärmlichen Aussehens, daß man schwerlich einen so kostbaren Schatz darin erwarten wird. Zur Zeit als Placidia dies Mausoleum baute, lag in jener Gegend wahrscheinlich ihr eigener Palast.

Wenn man diese Gruft der letzten Kaiserdynastie Roms mit den pomphaften Mausoleen früherer römischer Imperatoren oder selbst nur alter Senatorenfamilien vergleicht, so erkennt man an den bescheidenen Dimensionen wie an ihrem Charakter den Unterschied der Zeiten. Sie ist ganz vom christlichen Geist durchdrungen und in der Tat eine Kapelle in lateinischer Kreuzesform, nur 15 Meter lang und 12,6 Meter breit. Eine Kuppel wölbt sich über ihr, mit Mosaiken bedeckt, wie die Nischen und Bogen, und ein mattes Zwielicht fällt durch kleine Fensteröffnungen ein. Fünf Sarkophage stehen im Mausoleum, zwei kleinere sind in die Seitenmauern des Eingangs eingefügt, drei große aus griechischem Marmor, von plumper und bildloser Gestalt, füllen die drei Nischen aus, die durch die Kreuzesform gebildet sind. In der Hauptnische gegenüber dem Eingang steht die größte Urne; sie ist sieben Fuß hoch, sehr einfach und auffallenderweise ohne Schmuck heiliger Darstellungen in Relief. Es ist kein Zweifel, daß in ihr die Schwester des Honorius bestattet war. Die ravennatische Tradition erzählt, daß sie in diesem Sarkophag, auf einem Thron von Zypressenholz in kaiserlichen Gewändern sitzend, sich jahrhundertelang erhielt, und spätere Geschichtschreiber Ravennas berichten, daß erst im Jahre 1577 diese seltsame Gruftgestalt zu Asche ward. Neugierige Kinder hatten eine brennende Kerze in die Öffnung des Sarkophags geschoben, worauf die Grabgewänder in Flammen aufgingen und das Traumgebild der Placidia zerfiel.

Wer in den übrigen Sarkophagen bestattet liegt, weiß man nicht anzugeben; wahrscheinlich umschließen die beiden größeren die Reste des Generals Constantius und seiner und der Placidia Tochter, der unglücklichen Prinzessin Honoria, die sich dem furchtbaren Attila verlobt hatte. Nach einem Leben voll abenteuerlicher Leidenschaft hatte sie in einem Kloster Ravennas verschmachten müssen. Die Meinung, daß Honorius in einem jener Sarkophage bestattet liege, ist sicher irrig, denn dieser Kaiser, welcher in Ravenna starb, wurde im kaiserlichen Mausoleum am S. Peter begraben, wie die Historia Miscella es ausdrücklich erwähnt, und dort hat man noch in später Zeit, als dieses selbst verschwunden war, den Sarkophag seiner Gemahlin Maria, der Tochter Stilichos, aufgefunden. Und auch dieser berühmte Feldherr gehört wenigstens im Tode Ravenna an, denn hier ist er ermordet worden.

Die Musive des Mausoleums sind sehr merkwürdig wegen ihres hohen Alters. Da sie vor das Jahr 450 fallen, gehören sie zu den ältesten der christlichen Kunst überhaupt. Sie stellen, außer gut komponierten Arabesken, Einzelfiguren von Propheten und Evangelisten und die zweimal wiederholte Figur des Heilands dar. An ihr ist sowohl hier als in den ältesten Kirchen Ravennas die schöne, ganz jugendliche und bartlose Gesichtsbildung auffallend. Die jugendliche Vorstellungsweise des Heilands ist das früheste und ursprüngliche Christusideal, denn erst später fixierte sich jener greisenhaft finstere,

abschreckende Typus des Christusantlitzes, welches man als byzantinisch zu bezeichnen sich gewöhnt hat. Daß dies irrig sei, kann Ravenna beweisen. Wenn irgendwo in Italien, so mußten hier vor allen
andern Städten byzantinische Mosaizisten arbeiten, und namentlich
haben sie in der Epoche Justinians ohne Zweifel in Ravenna gearbeitet. Und doch werden wir selbst noch in S. Vitale, dessen Mosaiken
etwa 100 Jahre später als jene im Mausoleum der Galla Placidia gefertigt wurden, denselben jugendlichen Typus des Heilands wiedersehen, welcher so wenig byzantinisches Wesen hat, daß er vielmehr
dem ursprünglichen Ideal der Katakombenmalerei ähnlich sieht. Der
zweite, fast dämonische Typus Christi findet sich aber wunderbarerweise schon auf dem Triumphbogen von Sankt Paul zu Rom, welchen
dieselbe Placidia zur Zeit des Papstes Leo I. (440–461) mit Musiven
geschmückt hatte, wie es noch heute daselbst die Inschrift besagt (Placidiae pia mens operis decus . . .). Der Heiland, welcher dort in einem
Brustbild übermenschlicher Größe dargestellt ist, trägt schon einen
Ausdruck von wahrhaft furchterregender, greisenhafter Düsterheit.
In Rom arbeiteten damals keineswegs byzantinische Künstler, sondern Mosaizisten aus der alten Kunstschule, welche bei den Thermen
tätig gewesen waren, und dieses abschreckende Christusideal muß daher nicht byzantinischer, sondern römischer Auffassung angehören.
   Placidia, die Freundin oder Gönnerin jenes großen Papstes Leo,
welcher bald nach ihrem Tod Attila von Rom zurückschreckte, der
Liebling der orthodoxen Geistlichkeit jener Zeit, stiftete in Ravenna
noch eine große Menge von Kirchen. In diesen Gründungen der Pietät
spricht sich der tiefreligiöse Sinn der merkwürdigen Frau aus und
auch die Schwermut ihrer Seele. Ihr Lebensende schien sie in frommer Betrachtung ihrer Schicksale dankbar dem Himmel geweiht zu
haben. Und wahrlich, wenn uns die Gestalt ihres Bruders Honorius,
von dem man sagte, er habe bei der Kunde vom Falle Roms nur den
Tod seines Lieblingshuhns Roma beweint, Verachtung einflößt, so
zwingt uns das unglückliche, wechselvolle Leben Placidias tiefe Teilnahme ab.
   Es ist passend, von ihrem Grabmal an das noch berühmtere Theoderichs zu treten, weil dasselbe neben jenem die zweite Epoche Ravennas und einen denkwürdigen Abschnitt der Geschichte Italiens
selber darstellt.
   Der germanische Held Odoaker hatte im Jahre 476 dem weströmischen Kaiserreich ein Ende gemacht und sich zum ersten Könige Italiens aufgeworfen. Er herrschte mit Klugheit und Macht in Ravenna,
wo er im Palast des Kaisers seine Residenz genommen hatte, dann
aber führte Theoderich sein Ostgotenvolk zur Eroberung nach Italien.
Odoaker wurde in Ravenna eingeschlossen; er verteidigte sich glän

zend drei Jahre lang bis 493, wo er sich ergab und von seinem siegreichen Feinde wider die Artikel der Kapitulation bald darauf in
jenem Palast niedergehauen wurde. Dieser Treubruch und die spätere
Hinrichtung zweier berühmter Senatoren Roms sind dunkle Flecken,
die vom Andenken des großen Gotenkönigs nicht getilgt werden können. Odoaker, ein gewaltiger Krieger und unsterblich durch die Tat,
das Römerreich gestürzt zu haben, hat kein Denkmal in Ravenna.

Auch Theoderich regierte Italien, welches unter dem Gotenregiment
zum letztenmal als ein Reich vereinigt war, von Ravenna aus. Er
baute sich hier einen prachtvollen Palast. Dies würde lehren, daß die
Residenz der letzten abendländischen Kaiser in den Stürmen der Zeit
bereits untergegangen war, wenn es sich beweisen ließe, daß Theoderich wirklich jenen bewohnt hat. Aber alte Schriftsteller, die von
dessen Bau berichten, bemerken zugleich, daß er ihn zwar vollendete,
doch nicht einweihte, das heißt also nach dem Sprachgebrauch jener
Zeit, daß er nicht in ihn einzog. Wenn dies angenommen werden darf,
so charakterisiert es sehr gut das Schicksal der Goten überhaupt, die
in Italien nicht Wurzel fassen sollten. Der Gotenkönig fuhr also fort,
in dem alten Kaiserpalast zu wohnen, und baute für sich noch einen
zweiten. Von ihm haben sich einige Trümmer erhalten.* Man findet
sie in der Hauptstraße, welche Ravenna von der Porta Serrata bis zur
Porta Nuova durchschneidet. Dort steht eine hohe, aus gebranntem
Ziegelstein erbaute Mauer, der dürftige Rest von nur irgendeinem
Teile des ganzen Palastes. Das obere Wandgeschoß wird von einer
großen Nische und acht kleineren römischen, auf Säulen ruhenden
Bogen gegliedert; auch die Türen haben römische Bogenformen. In
seiner heutigen traurigen Gestalt zeigt dieser Rest schon kleinliche
Verhältnisse, die das beginnende Mittelalter ahnen lassen, wo die
große römische Anschauung in der Architektur unterging, und überhaupt ist die Verkleinerung der Maßstäbe in allen Bauten Ravennas
sichtbar. Man darf freilich aus dem, was von der Gotenresidenz übrigblieb, nicht schließen, daß nicht der ganze Bau groß und prächtig
gewesen sei. Die alten Geschichtschreiber berichten, daß Theoderich
Säulen und Marmor aus Konstantinopel und Rom nach Ravenna
kommen ließ, und namentlich bediente er sich des kostbaren Materials vom zertrümmerten Palast der Pincier in Rom. Dies ist sehr auffallend, weil doch Ravenna selbst eine Fundgrube des schönsten
Gesteins sein mußte. Die Residenz Theoderichs scheint mit Portiken
umgeben gewesen zu sein, und sie war innen mit Mosaiken überreich verziert. Im Jahre 800 raubte ihrer viele Karl der Große. So ist

* Es handelt sich um den Palazzo di Calchi, der vermutlich erst dem 8. Jh.
angehört. Der Palast Theoderichs, dessen Fundamente ergraben wurden, befand sich etwas weiter östlich.

auch der Untergang musivischer Bilder zu beklagen, welche dort
Theoderich selbst darstellten, wie er auch in seinen andern Palästen
zu Verona und Pavia, und selbst in Neapel in Mosaik sich hatte ab-
bilden lassen.

Vor der Fassade seines Palastes stand seine Reiterstatue von vergoldeter Bronze, ein Werk, dessen Schönheit, freilich in schon bar-
barischer Zeit und von Karl dem Großen, der sich auf Kunstkritik
sehr wenig verstand, überschwenglich gelobt wurde. Wenn nun
Theoderich durch seinen Tod verhindert wurde, in den vollendeten
Bau einzuziehen, so bewohnten doch die neue Residenz die folgenden
Gotenkönige, nach ihnen aber die Exarchen, während der alte Palast
der Kaiser gleich jenem zu Rom in Trümmer fiel. Aber auch das schöne
Haus Theoderichs zerfiel in zwei Jahrhunderten. Karl der Große plün-
derte es zuerst mit Bewilligung des Papstes Hadrian i., um daraus
Marmor und Mosaiken nach Aachen zu schaffen, wo er die berühmte
Kapelle und seinen eigenen Palast baute. Selbst die Reiterfigur Theoderichs ließ er nach seiner Heimat entführen. Man sieht, wie im Mittelalter die Trümmer wanderten: vom Palast der Pincier in Rom nach
Ravenna, vom Palast Theoderichs aus Ravenna nach Aachen, von
dort vielleicht nach Skandinavien, als die Normannen die Residenz
Karls des Großen zerstörten. Übrigens hat Zirardini aus alten Dokumenten nachgewiesen, daß der Palast des Gotenkönigs noch im elften
und einmal sogar im zwölften Jahrhundert genannt wird. Bis auf
diese Zeit muß er sich also in noch bedeutenden Resten erhalten haben.
Er gab einem ganzen Quartier der Stadt den Namen «Palast des
Theoderich». Und noch heute dauert die Benennung eines Stadt-
viertels vom Gotenkönig fort, so daß es immer überrascht, wenn man
an den Straßenecken seinen Namen liest. Es kann nicht bezweifelt
werden, daß jene Mauerreste dem gotischen Königshof angehört
haben. Die Tradition seines Lokals konnte sich in Ravenna unmöglich
verlieren. Außerdem zeigt ein glücklich erhaltenes Abbild der Fronte
von Theoderichs Palast in den Mosaiken zu S. Appollinare Nuovo
eine ähnliche Architektur. Im Jahre 1564 ließ ein päpstlicher Legat
eine porphyrne Urne in jene Palastmauer einfügen. Weil man sie
neben dem Grabmal Theoderichs gefunden hatte, schloß er daraus,
daß sie die Asche des großen Gotenkönigs bewahrt habe, und dies
wurde dreist in der Inschrift ausgesprochen, die man noch heute dort
liest.

Der Gotenkönig starb am 30. August 526, in vollem Zerwürfnis
mit der römischen Kirche, mit dem italienischen Volk und mit Byzanz.
Er wurde in dem Mausoleum bestattet, welches er für sich und sein
Haus neben der Stadt hatte errichten lassen. Dies berühmte Grabmal,
für die Geschichte der Denkstein der Gotenherrschaft in Italien, für

die Kunst das Monument der Übergangsform einer Epoche in die andere, hat sich, wenige und unwesentliche Veränderungen abgerechnet, in wunderbarer Reinheit erhalten, gleich dem Mausoleum der Placidia. Die berühmten Mausoleen Roms gingen entweder fast gänzlich unter, wie das des Augustus und anderer Kaiser, oder das Mittelalter verwandelte sie durch die Benutzung zu Kastellen bis zur Unkenntlichkeit, wie das Grabmal des Hadrian und selbst der Cäcilia Metella. Aber das Monument Theoderichs hat die Zeit im wesentlichen verschont. Sein äußerer Schmuck, vielleicht Arkaden, welche die Terrasse des Obergeschosses umgaben, zerfiel, doch keine Gewalt der Jahrhunderte vermochte das feste Gefüge der Quadersteine zu zerbrechen oder den riesigen Kuppelmonolith niederzuwerfen, der das Grab des nordischen Heldenkönigs umschlossen hat.

Es begrüßt den deutschen Wanderer zuallererst, wenn er auf der Eisenbahn nach Ravenna gelangt, denn der Zug braust ihm auf nur hundert Schritte vorbei. Mitten in Gärten und Weinbergen erhebt es sich als eine Rotunde von hellgrauem Stein. Auf seinen Prospekt führt ein mit Bäumen bepflanzter Weg, dessen dichter Graswuchs dartut, daß nur selten Besucher ihn betreten. Die verwilderte Einsamkeit und das schöne Grün rings umher geziemen dem germanischen Helden, welcher wie sein Volk die frische Natur liebte.

Wenn die fromme Placidia, welche lange in Byzanz gelebt hatte, sich in einer von Mosaiken und Heiligenbildern glänzenden, fast unterirdisch zu nennenden Kapelle bestatten ließ, so wollte der arianische Gotenkönig zugleich wie ein nordischer Held und ein römischer Cäsar begraben sein. Die heroische Ruhe und Kraft des Monuments, welches ein Steinblock bedeckt, den nur Giganten erhoben zu haben scheinen, paßt gut für diesen alten Dietrich von Bern, den Recken des Nibelungenliedes, aber der im ganzen römische Charakter des Baues zeigt den germanischen König doch in römischer Kulturverwandlung; er geziemt dem Freunde des klassisch gebildeten Cassiodor und dem Erben wie Nacheiferer der Imperatoren Roms.

Als Theoderich im Jahre 500 zum erstenmal Rom sah, konnte ihm die Grabrotunde Hadrians den Gedanken eingeben, sich ein ähnliches Mausoleum in Ravenna zu erbauen. Die verringerten Verhältnisse römischer Herrschaft und auch der Mittel der Kunst, wahrscheinlich auch sein eigener Sinn hielten ihn jedoch davon ab, ein so großes Monument aufzutürmen, wie die alten Römer getan hatten. Als ich Theoderichs Grabmal erblickte, war mein erstes Gefühl das der Täuschung, denn ich fand seine Verhältnisse bei weitem kleiner, als ich sie mir vorgestellt hatte; vielleicht deshalb, weil ich an die römischen Dimensionen zu sehr gewöhnt bin. In der Tat, es imponiert durch seine Größe nicht, und selbst weniger als die Pyramide des Cestius und das Grabmal der Cäcilia Metella. Aber es wächst dennoch vor den Augen empor, wenn man seinen schönen harmonischen Bau betrachtet und die gewaltige, aus einem einzigen lebenden Marmorstück gehauene Flachkuppel sieht, durch welche der Gotenheld mit den Riesenbauten selbst der Römer mochte zu wetteifern meinen. Dieser Monolith und der einfache Ernst des architektonischen Stils bringen noch immer einen mächtigen Eindruck hervor, und indem die Tradition römischer Baukunst schon von einem ihr fremden nordischen Wesen durchdrungen zu sein scheint, stellt sich dies merkwürdige Mausoleum als das letzte Monument römischer Formen dar, welches schon leise an den Barbarismus der kommenden Jahrhunderte grenzt. Man versteht es recht und belebt es mit dem eigenen Geist der Regierung jenes Goten, wenn man die Reskripte seines Ministers Cassiodor kennt und weiß, wie Theoderich sich bemühte, die Formen des alten Römerreichs aufrechtzuerhalten.

Im unteren Geschoß öffnet eine römische Bogentür ein Gewölbe von lateinischer Kreuzform; im oberen eine viereckige Türe ein Rundgewölbe, das von der Kuppel bedeckt wird. Die beiden steinernen Treppen, die zum Obergeschoß führen, wurden erst im Jahre 1771 angelegt. Kein Sarkophag steht mehr in den leeren Räumen; keine Inschrift zeigt die Stelle an, wo der große König oder einer seiner Nachfolger begraben lag. Niemand weiß zu sagen, in welcher Zeit die Graburnen verschwunden und wohin sie gebracht worden sind. Nur die Sage berichtet, daß der Porphyrsarg Theoderichs oben auf der Kuppel selber stand; aber dies ist irrig, denn sein Platz muß jene große Nische gewesen sein, welche im Obergeschoß dem Eingange gegenübersteht. Eine andere Sage erzählt, daß sein Sarkophag in der Kirche S. Prassede in Rom sich befindet. Als Belisar Ravenna eroberte, mögen die wilden Griechen und Isaurier das Innere des Mausoleums aus Rache verwüstet und die Asche des edlen Gotenkönigs hinausgeworfen haben; und wenn sein Sarkophag nicht schon damals zerschlagen wurde, so konnte ein späterer Exarch ihn als Trophäe nach Byzanz gesendet haben. Karl der Große fand ihn in Ravenna nicht mehr vor, denn sonst hätten wir wahrscheinlich gehört, daß er ihn nach Aachen bringen ließ, oder wenigstens, daß er ihn voll Ehrfurcht in Augenschein nahm.

Als Theoderich sein Mausoleum baute, hoffte er, daß es seiner Dynastie zum Grabmal dienen und noch zahlreiche Enkel und Urenkel umschließen würde. Er täuschte sich. Sein Haus fand einen schnellen und furchtbaren Untergang, ja das ganze Gotenreich wurde wie vom Sturmwind hinweggeweht. Dieses jähen Zusammenbruchs gedenkt man hier, wenn man im Grabmal zwischen leeren Wänden steht und vergebens eine Spur von seinen Toten sucht. Amalaswintha,

Theoderichs berühmte geistvolle Tochter, bestattete darin schon im
Jahre 534 ihren Sohn Athalarich, den letzten Erben vom Haus ihres
Vaters, den unglücklichen Jüngling, welcher in italienische Schwelgerei so früh ausgeartet war. Sie selbst wurde bald darauf auf einer
Insel im See von Bolsena erwürgt, und es ist ungewiß, ob sie in Ravenna ihr Grab fand. Ihr Gemahl und mutmaßlicher Mörder, der ent-
artete Theodat, Sohn von Theoderichs Schwester Amalafrida, wurde
schon im Jahre 536 auf der Flucht von Rom nach Ravenna von Blut-
rächern erstochen; er fand sein Grab schwerlich im Mausoleum Theoderichs. Auch die unglückliche Mataswintha, die Tochter Amala-
swinthas, welche Witiges, der Nachfolger des Theodat, gezwungen
hatte, sich ihm zu vermählen, wurde dort nicht begraben. Sie endete,
wie Witiges, gefangen in Byzanz oder irgendwo im Orient; und auch
keinen der letzten Heldenkönige des Gotenvolks hat das Mausoleum
aufgenommen. Der hochherzige Totila wurde verscharrt in den Apenninen, und Teja auf dem Gefilde des Vesuv, wo er nach einem
heroischen Kampf wie ein homerischer Held gefallen war.

Das Grabmal des Theoderich ist eine Stelle in Italien, auf welcher
der Deutsche, wenn er vor ihm in der grünen Wildnis steht, vom
Hauche der Geschichte und von schwermütiger Liebe zu seinem großen
Vaterlande durchdrungen wird. Die Schatten jenes heldenhaften Jahrhunderts, wo das Epos des griechischen Homer sich mit den deutschen
Nibelungen zu verschmelzen scheint, schweben um dies ernste Goten-
grab: Belisar, Narses, Totila und Teja, Theoderich und Amalaswintha,
Cassidor, Procopius, Boetius, Justinian und so viele andere berühmte
Goten, Römer und Griechen, die hier auf der Schwelle zweier Welt-
alter eines der merkwürdigsten Schauspiele der Geschichte und der
miteinander sich mischenden und sich bekämpfenden Nationalitäten
und Kulturen darbieten. In Rom bezeichnet der Triumphbogen Con-
stantins die Grenze zwischen der antik-römischen Welt und dem
römisch-deutschen Mittelalter, zu welchem es hinüberführt. Es ist
aber zugleich das Grabmal der römischen Kunst und Literatur, der
Wissenschaft und Kultur überhaupt, welche Theoderich und seine
Tochter noch zum letztenmal schützten und erhielten, denn hinter
ihnen folgt die lange Geisteswüste der Barbarei.

Das Grabmal versumpft wieder. Vergebens hat ein wohlgesinnter
Papst, ich glaube, es war Gregor XVI., den Sumpf durch einen gemauerten Kanal abzuleiten gesucht. Ich fand selbst in trockenster
Jahreszeit Pfuhlwasser umher, welches im Herbst sich in Strömen in
das Untergeschoß ergießen muß. Und noch schlimmer, die Quadersteine des oberen Geschosses lösen sich hie und da. Der Graf Alessandro Cappi, ein um die Pflege Ravennas verdienter Mann, beklagte
bitter den Verfall des Monuments, für dessen Restauration schon

lange nichts geschehen sei, und ich wiederhole auch an diesem Ort den Appell an die Italiener, dies berühmte Denkmal so schnell als möglich vor einem größeren Ruin zu bewahren. Italien mag sich an das Wort des letzten Römers Cassiodor erinnern, des Ministers des unsterblichen Gotenkönigs, welcher den Goten, die einst Unwissenheit oder Fremdenhaß als die Zerstörer der alten Kultur darstellte, freudig nachgerühmt hat, daß sie deren Erhalter gewesen sind: «Gothorum laus est civilitas custodita.» Wir Deutschen haben ein moralisches, die Italiener das historische Recht auf das Denkmal der Goten; wir stellen dasselbe in den Schutz ihrer eigenen großen Vergangenheit, und heute leben wir glücklicherweise nicht mehr in jenen wahrhaft vandalischen Zeiten des Mittelalters, wo man die herrlichsten Denkmäler der Geschichte so gleichgültig verfallen ließ.

Der große Belisar war am Ende des Jahres 539 als Sieger in das noch nie bezwungene Ravenna eingezogen, wo er in Theoderichs verwaistem Palaste Wohnung nahm. Aber nicht ihm, sondern dem gleich kühnen Eunuchen Narses war es vergönnt, den furchtbaren Gotenkrieg zu beendigen. Justinian ernannte ihn zu seinem Patrizius oder Statthalter Italiens, und auch Narses residierte ab und zu im Palast Theoderichs, sooft er in Ravenna war. Seit dieser Zeit überhaupt wurde Ravenna die Hauptstadt Italiens oder fuhr fort, es zu sein, wie in der Gotenzeit.

Als redende Denkmäler jenes Sieges der Byzantiner über die Goten können einige uralte, glücklicherweise völlig erhaltene Basiliken betrachtet werden.

Die berühmteste aller Kirchen Ravennas ist S. Vitale, in der Nähe des Mausoleums der Galla Placidia. Sie wurde im letzten Jahre der Regierung Theoderichs begonnen, während des Gotenkrieges weitergebaut, so daß Belisar sie noch in ihrer Unvollendung betrachtete, als er in Ravenna eingezogen war, und endlich weihte sie der Erzbischof Maximian, im Jahre 547, zur Zeit, als Totila Rom zum zweitenmal bestürmte und Belisar es zum zweitenmal siegreich verteidigte. Der Bau von San Vitale begleitet daher den Fall der Goten und verherrlicht schon den Sieg Konstantinopels, wo Justinian zu gleicher Zeit den Prachtbau der Sophienkirche aufrichtete, welcher sich in der Gestalt S. Vitales abspiegelt.* Diese Basilika ist von so reinem byzantinischem Charakter, daß sie in der Geschichte der Kunst um so mehr als das Monument der Architektur und Malerei der justinianischen

---

* Das von Gregorovius angenommene Abhängigkeitsverhältnis ist unzutreffend. Der justinianische Bau der Sophienkirche wurde erst 532 begonnen, S. Vitale in Ravenna bereits 526. Sehr verwandt ist hingegen der gleichzeitige Bau der Heiligen Sergios und Bachos in Istanbul (527–536).

Periode gelten muß, weil von deren Bauten in Konstantinopel selbst, außer der Sophienkirche, sich so wenig Ursprüngliches erhalten hat. Dies betrifft namentlich die Musive, mit denen die byzantinischen Basiliken in der Zeit Justinians so reich geschmückt waren, die aber dort alle untergegangen sind.

S. Vitale hat die Form eines überkuppelten Achtecks, welches innen Pfeiler tragen und eine Galerie von Arkaden oberhalb umzieht. Die Kuppel war einst mit Mosaik bekleidet, die indes herunterfiel; dagegen haben sich die weltberühmten Musive im Presbyterium in ihrer ganzen Ursprünglichkeit erhalten. Die Einfügung der Pasten ist so fest, daß sie schon 1300 Jahre dauern, ohne eine irgend namhafte Restauration erfahren zu haben, ein seltenes Glück, welches wenigen Musiven zuteil geworden ist. Die Mosaiken in S. Vitale scheinen jedoch zwei Perioden anzugehören, einer früheren und einer späteren, wenn sie auch kaum ein Jahrhundert voneinander trennen mag. Die letztere bemerkt man an den oberen Wänden des Presbyteriums, wo die Bildnisse des Heilands und der Apostel bereits an den sogenannten Byzantinismus streifen. Hier ist Christus schon bärtig, mit lang herabwallendem blondem Haar dargestellt. Dagegen erscheint er in der jugendlicheren Bildung des ersten Typus in der Tribüne, deren figurenreiche Musive die frühesten in dieser Kirche sind. Er sitzt auf der Weltkugel zwischen zwei Engeln und reicht dem Märtyrer Vitalis die Krone, während zur Linken Sankt Ecclesius, der Gründer der Basilika, ihm deren Abbild übergibt. Der Heiland trägt den Nimbus mit dem Kreuzbild und ein schlichtes braunes Gewand. Sein Antlitz von antiker, jugendlicher Idealität ist so anmutig, daß ich nie auf Musiven ein gleich schönes und ansprechendes gesehen habe.

In dieser Tribüne ist es nun, wo man gewagt hat, einen weltlichen Fürsten damaliger Gegenwart, Justinian mit seinem Gefolge, neben Heiligen darzustellen. Ein zweites Beispiel dieser Art ist nicht bekannt, weil das berühmte Musiv im römischen Lateran, welches Karl den Großen darstellt, doch nur einem Triklinium oder Speisesaal angehört hat. Auf der rechten Wand der Tribüne steht Justinian, einen Nimbus um das Haupt (welcher damals also noch keineswegs die spätere dogmatische Bedeutung gehabt haben kann), ein Weihgeschenk in der Hand, bekleidet mit einem einfachen braunen Gewande, worüber die goldene Stola liegt, und mit den byzantinischen Purpurstiefeln. Sein Kopf ist jugendlich, von schönem Oval, seine Gestalt kräftig und schlank. Er trägt einen Schnurrbart, während die Kriegergestalten neben ihm mit Lanzen und Schilden, die das Monogramm Christi bezeichnet, auffallenderweise bartlos sind. Gegen ihn bewegt sich auf der anderen Seite des Bildes Sankt Maximian mit zwei Geistlichen. Er scheint aus Ehrfurcht vor der kaiserlichen Majestät, welche auch

die Würde des Pontifex Maximus beanspruchte, sich des Nimbus ent-
äußert zu haben, denn er trägt ihn nicht, und dies ist sehr charakteristisch für das byzantinische Dogma von der unnahbaren und götter-
gleichen kaiserlichen Gewalt. Im übrigen ist es bekannt, daß der
Glorienschein ursprünglich dem Haupt Apollos entlehnt war, und
daß ihn schon die Köpfe apotheosierter römischer Kaiser haben.
Diesem berühmten Musiv gegenüber erscheint auf der linken Seite
der Tribüne die Gemahlin Justinians, Theodora, einst eine öffentliche
Dirne in Byzanz, eine durch ihre schamlose Kunst, die unzüchtigsten
Szenen auf der Bühne darzustellen, berüchtigte Schauspielerin, dann
die erlauchte Kaiserin des Morgen- und Abendlandes, wert erachtet,
im Sanktuarium einer Kirche unter frommen Heiligen abgebildet zu
sein, ja wie der Heiland selbst einen Nimbus ums Haupt zu tragen.
Wenn man die haarsträubenden Geschichten kennt, welche Procopius, der Geheimschreiber Belisars und der letzte klassische Geschichtschreiber des Altertums, von diesem Weibe erzählt, oder wenn man
sich erinnert, wie er in der Historia Arcana (den Mysterien von
Byzanz) den Charakter Justinians gebrandmarkt hat, so befremdet
es, ihre Abbilder in dem schönen, heiligen Raum eines Tempels zu
finden. Aber missen möchten wir sie dennoch nicht, denn sie sind für
die Anschauung der Geschichte von hohem Wert, und weil die damalige Kunst noch darstellende Kraft genug besaß, so dürfen wir annehmen, daß jene Kaisergestalten mehr als nur einen Anflug von
Porträtähnlichkeit besitzen.

Theodora erscheint als ein imposantes, schönes Weib von wahrhaft
kaiserlicher Gestalt, in noch jugendlichem Alter. Sie trägt das reiche
byzantinische Diadem. Ihr braunes Obergewand ist nach orientalischer Art kostbar mit Gold und Edelsteinen geziert. Auch sie hält
eine Vase als Weihgeschenk in den Händen. Die Hofdamen neben ihr
sind nicht minder schöne Gestalten in reichen brokatenen Gewändern,
von lebhaftem Farbenschmuck und noch antiker Form. Auffallend ist
ihre Haartracht, denn sie gleicht durchaus den Frauenperücken aus
der Zeit der Flavier und Antonine in Rom. Wenn in diesen Frauen,
welche einander ähnlich sehen, auch kein Porträt gesucht werden
kann, so betrachtet man doch mit lebhafter Spannung die Gestalten
von Griechinnen aus der Epoche der glänzendsten Pracht und der
raffiniertesten Üppigkeit des Hofes von Byzanz. Der Künstler verlieh
ihnen allen wahrhafte Größe ohne Übertreibung, und er goß einen
so feierlichen und doch schönen Ernst selbst über die profanen Weiber
aus, daß die Heiligkeit des Orts durch keinen unpassenden Zug gestört werden konnte. Überhaupt ersieht man aus diesen prächtigen,
farbenglühenden Musiven, daß die byzantinische Kunst, welche sie
schuf, noch auf dem Grunde der Antike stand. Nicht eine Spur von

jenem überheiligen, alle weltliche Freude abtötenden Wesen oder jenem späteren verknöcherten Mönchsstil der Malerei, welchen man einmal den byzantinischen zu nennen beliebt hat, ist hier sichtbar.

Die Kirchen Roms, so unschätzbar ihre musivischen Monumente sind, besitzen keine mehr aus jener Epoche des 6. Jahrhunderts, welche dem geschichtlichen oder künstlerischen Werte jener in S. Vitale gleichkämen. Zu derselben Zeit, als man die ravennatische Basilika baute, oder doch höchstens zehn Jahre später wurde in Rom unter Narses die Basilika der zwölf Apostel aufgeführt; aber ihre Musive gingen unter, und sie bieten daher keinen Vergleich mehr mit denen in S. Vitale dar. Nur die berühmten, schönen Musive aus der alten Basilika S. Cosma und Damianus, die von Felix IV. in der Gotenzeit (524–530) auf dem Forum Roms erbaut worden ist, haben sich erhalten. Ihr Stil, äußerst kraftvoll und sehr eigentümlich, kommt an künstlerischer Vollendung den ravennatischen Musiven nicht gleich.

Ich war erfreut, in S. Vitale römische Mosaikarbeiter zu finden, welche dort schon lange arbeiten und noch vom päpstlichen Regiment beauftragt waren, die Musive Ravennas zu restaurieren. Es gab eine Zeit, wo die musivische Kunst in Rom untergegangen war, und wo man dorthin Künstler aus Byzanz oder aus der Mosaikschule holte, welche der berühmte Desiderius in Monte Cassino errichtet hatte. Als mit dem 13. Jahrhundert seit Innocenz III. und Honorius III. die römische Kunst einen neuen Aufschwung nahm, wurde das freilich anders. Die einheimische römische Musivarbeit erhielt sich seither mit geringer Unterbrechung in schöner Blüte bis auf den heutigen Tag. Die Familie, die ich in Ravenna arbeitend fand, Vater und Sohn, hat diese Kunst ererbt, und alle ihre Mitglieder haben sich ihr gewidmet. Herr Kibel war gerade dabei tätig, schadhafte Stellen in einem Nebenmusiv der Tribüne zu ersetzen und andere zu reinigen. Man hat ein chemisches Wasser erfunden, welches die von der Zeit geschwärzten Mosaiken glänzend wiederherstellt. Der Versuch, den der Mosaizist an einem Bilde bereits gemacht hatte, war so vollständig gelungen, daß das Gemälde in der blühendsten Farbenfrische verjüngt worden war. Mit der Zeit werden alle jene Musive die gleiche Reinigung erhalten und dann erst den vollen Genuß ihrer Ursprünglichkeit gewähren.

Diese Herren beschenkten mich mit einer der seltensten Gaben für ein photographisches Album der Gegenwart, mit dem Porträt Justinians in Visitenkartenformat. Sie hatten ein musivisches Brustbild des Kaisers als den Rest von Musiven vorgefunden, welche ehemals die innere Wand über dem Portal von S. Apollinare Nuovo schmückten, sie hatten es gereinigt und von ihm Photographien genommen. Justinian ist darin wie in S. Vitale vorgestellt, doch nur bis zur Büste.

Sein Antlitz ähnelt durchaus dem in jener Basilika, nur erscheint es mehr in fast weichlich gewordener Fülle des Alters. Er trägt auch hier die braune Toga mit der diamantenen Agraffe auf der Schulter; sein Diadem ist auch hier von jener doppelten Reihe von Edelsteinen gebildet, wie man es auf byzantinischen Kaisermünzen sieht. Auch hier umgibt sein Haupt ein kreisförmiger Nimbus von purpurroter Farbe und mit weißen Punkten, welche Perlen zu bedeuten scheinen. Das Bild steht auf Goldgrund, über ihm liest man in römischer Schrift den Namen JVSTINIAN. In der Tat ein merkwürdiges Porträt, und eine Photographie, wert, daß man sie ins Ausland sich verschreibe.

Wenn man aus S. Vitale in einen der äußeren Räume tritt, so gelangt man an eine verschlossene Zelle, welche Trümmer von Altertümern bewahrt. Unter ihnen steht ein großer Sarkophag aus griechischem Marmor, dessen Vorderteil mit der Verehrung des Christuskindes durch die drei Magier in Relief geschmückt ist, und auf dessen Deckel eine große griechische Inschrift in den schönsten und saubersten Charakteren zu lesen ist. Ich kannte diese merkwürdige Inschrift lange; sie jetzt wirklich mit Augen zu sehen und zu lesen, machte mir die größte Freude. Sie verherrlicht einen toten Exarchen; die Urne überhaupt ist das einzige Exarchengrab, welches sich erhalten hat, also das geschichtliche Monument jener Epoche, wo diese byzantinischen Patrizier und Höflinge, von denen mehrere, gleich Narses, Eunuchen waren, Italien regierten, als Vampyre aussogen und zugrunde richteten. Es ist der achte Exarch Isaak, der dort im Jahre 641 oder 644 bestattet wurde. Er war Armenier von Geburt. Das Glück wollte ihm wohl, denn er vermochte eine Rebellion in Rom zu unterdrücken, wo sich ein kaiserlicher Beamter zum Tyrannen aufgeworfen hatte. Nun rühmt die pomphafte Inschrift, daß Isaakios, Mitstreiter der Kaiser, der Glanz von ganz Armenien, welcher Rom und den Okzident 18 Jahre lang seinen erlauchten Herren unversehrt bewahrt hatte, von der keuschen Susanna, seiner Gemahlin, die der Turteltaube gleich seinen Verlust beseufzte, nach ruhmvollem Tode als Strateg des Abendlandes und des Orients hier bestattet worden ist. Mit S. Vitale fast gleichzeitig wurde die schöne Basilika S. Apollinare Nuovo vollendet; begonnen hatte sie schon Theoderich, als Hauptkirche seines arianischen Glaubens. Nach dem Falle der Gotenherrschaft wurde sie sodann dem katholischen Ritus geweiht. Das Schisma zwischen Arianern und Katholiken trennte damals Italien in zwei kirchliche Systeme, aber der aufgeklärte Sinn Theoderichs hielt die religiöse Duldung bis gegen sein Ende fest, ehe ihn ein gegen die Arianer erlassenes Edikt des byzantinischen Kaisers von diesem Prinzip abzugehen zwang. Er baute in Rom wie in Ravenna, wo sich noch die gotische Taufkapelle erhalten hat, arianische Kirchen, und diese wurden damals von den Katholiken als ebenso ketzerisch und profan betrachtet wie heute die Kirchen der Waldenser und Protestanten.

Apollinare Nuovo stellt sich äußerlich, wie alle übrigen Basiliken Ravennas, als sehr unscheinbar dar. Ihr zur Seite steht ein Glockenturm von jener auffallenden Gestalt, welche Ravenna eigen zu sein scheint, da sie sich auch bei mehreren andern Kirchen findet. Diese barbarisch aussehenden Türme sind kreisrund und unverjüngt, von nur mäßiger Höhe, aus rohem Ziegelstein gebaut, ohne Gliederung noch sonstiges Ornament, außer jenem, welches durch die Rundbogenfenster mit kleiner Mittelsäule hervorgebracht wird. Ich halte sie für Bauten nicht schon des sechsten, sondern frühestens des achten oder neunten Jahrhunderts. Der innere Raum der Kirche besteht aus drei Schiffen, die auf 24 Säulen von griechischem Marmor ruhen und, wie die meisten alten Basiliken Ravennas, durch edle Einfachheit sich auszeichnen. Was diese Kirchen von den römischen derselben Epoche unterscheidet, ist überhaupt der Eindruck heiterer und idealer Anmut, welche die Genüsse der Welt noch nicht verleugnet hat. Auch bemerkt man bald, daß sie freie Produktionen der damaligen lebenskräftigen Zeit sind, welche ein typisch gewordenes Ideal doch eigenartig durchführte. Obwohl das in Trümmer gehende alte Ravenna den Baumeistern eine reiche Fülle antiker Säulen darbieten mußte, so haben sie es doch verschmäht, sich ihrer zu bedienen. Vielmehr zeigen sich sowohl die Säulen als die schwieriger herzustellenden komponierten Kapitäle als selbständige Arbeiten der Zeit. Anders ist dies in Rom, wo neu entstehende Basiliken meist aus zusammengesuchten Resten des Altertums erbaut wurden, daher ihre Säulen und selbst die Kapitäle ungleichartig sind und den Eindruck eines harmonischen Ganzen beeinträchtigen.

Das Mittelschiff von S. Apollinare Nuovo ist mit schönen Musiven geziert. Wenn jene von S. Vitale durch die Aufnahme wirklicher historischer Persönlichkeiten merkwürdig sind, so sind es diese durch Abbildungen von Bauwerken Ravennas aus jener Zeit. Freilich sind diese Bilder nur andeutend getreu. Auf der rechten Wandfläche des Schiffs erblickt man in lebhaft strahlenden Farben die Stadt Ravenna mit der Kirche S. Vitale, mit andern Gebäuden und dem Palast Theoderichs. Er stellt sich als eine Fassade von Säulenstellungen in Rundbogenform dar; zwischen den Säulen des Portikus hängen Vorhänge von weißer Farbe mit dareingewirkten roten Blumen. Theoderich hat solchen Schmuck der byzantinischen Palastsitte nachgeahmt; auch weiß man, daß im frühesten Mittelalter zwischen den Säulen der Kirchenschiffe wie der Vorhallen kostbare Teppiche ausgespannt wurden. Dieser Gebrauch war vom Tempel Salomons und überhaupt vom Orient entlehnt. Auf dem Frontispiz des Gebäudes steht in

goldenen Buchstaben das Wort «Palatium», womit nur die Residenz
Theoderichs bezeichnet sein kann. Es folgen fünfundzwanzig Gestalten von Heiligen mit Kronen in den Händen, durch Palmbäume voneinander abgetrennt. Ihre Reihe beschließt Christus auf dem Thron
zwischen Engelfiguren in schwarzbraunem Gewande, bärtig, doch
ganz jugendlich, und ohne den späteren Ausdruck unnahbarer Majestät.

Auf der linken Wand eine entsprechende Komposition von heiligen
Jungfrauen, welche auf der einen Seite die Verehrung der Magier,
auf der andern ein architektonisches Abbild beschließt. Die thronende
Jungfrau ist eine anmutige Gestalt, mit nonnenhafter Verschleierung
um das Haupt. Die Magier tragen bunte, brokatene, sehr kurze
Mäntel, Röcke und Hosen, womit ihre barbarische Herkunft aus
fremden Landen bezeichnet ist. Ihrer Gestalt nach stellen sie, wie
gewöhnlich, drei Lebensalter dar. Die heiligen Frauen erscheinen ohne
Individualität in ein und derselben Haltung und Gesichtsbildung,
mit reichen byzantinischen Gewändern, weißen Schleiern und griechische Diademe auf dem Haupt. Diese Gestalten, alle noch kunstvoll in
Licht und Schatten gemalt, zeichnen sich vor andern Figuren der
ältesten Darstellung von Heiligen aus, die man in römischen Basiliken, so in S. Paul und andern Kirchen, meistens auf den Triumphbogen oder den Seitenflächen der Tribünen abgebildet sieht. In ihnen
lebt noch die Tradition antiker Kunst; kein Zug späterer Barbarei ist
sichtbar, und selbst die immer wiederkehrende Gleichheit ermüdet
nicht durch Einförmigkeit, sondern sie verleiht dem Ganzen eine
feierliche Ruhe, welche durch die Wohlgestalt reichgeschmückter Erscheinungen angenehm belebt wird.

Dem Abbilde Ravennas entspricht am Ende jener Reihe das Bild
der untergegangenen Vorstadt Classe: eine festgemauerte Burg mit
Zinnen und Türmen, das blaue Meer, Segelschiffe, welche den Hafen
bezeichnen. Dies ist von kräftiger Wirkung.

Ravenna besitzt keine Kirche mehr, welche S. Apollinare Nuovo
an edler Pracht und schönen Verhältnissen gleichkäme; aber noch eine
Reihe von andern alten und merkwürdigen Basiliken, die ich nur andeuten will. Theoderich ließ dort manche arianische Kirche bauen,
wie Spirito Santo, die noch erhalten ist, und S. Maria in Cosmedin,
einen achteckigen Bau, die arianische Taufkapelle. Ich werde mich
weder hier aufhalten, noch bei älteren Monumenten aus der Zeit der
Galla Placidia, wie S. Giovanni Evangelista, S. Agata und S. Franciscus. Nur die Metropolis oder Domkirche der Stadt würde als Sitz der
einst mächtigen Patriarchen eine aufmerksame Betrachtung fordern,
wenn sie nicht im 18. Jahrhundert gänzlich umgebaut worden wäre.
Sie war der älteste Kirchenbau Ravennas und wenig später gegrün-

det als S. Peter, S. Paul und der Lateran in Rom. Ihre Anlage rührte vom Erzbischof Ursus her, von dem sie auch den Namen Basilika Ursiana erhielt. Sie war ursprünglich, wie der alte S. Peter und S. Paul, eine fünfschiffige Basilika, die auf 56 Säulen ruhte. In ihren Schiffen sah man manches Gemälde, welches Szenen aus der Geschichte Ravennas darstellte. Alles dies ist untergegangen, und der Neubau, so prächtig einzelne Teile in ihm sind, reizt uns nicht. Dagegen hat der erzbischöfliche Palast, welcher mit dem Dom verbunden ist, noch Reste des Altertums bewahrt, namentlich die sogenannte Capella Domestica, die noch mit Musiven des fünften Jahrhunderts bekleidet ist.

Heute ist der größte Schatz des erzbischöflichen Palastes sein berühmtes Archiv. Die Sammlung von Pergamenten (noch jetzt fast 25 000 an der Zahl) und von Papyrusschriften, die bis ins fünfte Jahrhundert hinaufreichen, gehörte, ehe diese letzteren in den Vatikan nach Rom kamen oder in den Stürmen der Zeit untergingen und zerstreut wurden (eine große Anzahl mittelalterlicher Urkunden liegt heute in Forli und wird wahrscheinlich an das Archiv in Bologna kommen), zu den größten Schätzen der diplomatischen Wissenschaft. Wer nur immer mit der Geschichte des Mittelalters bekannt ist, weiß von den Papiri di Ravenna, welche der gelehrte Marini ediert hat, von Rossis Geschichte dieser Stadt, deren urkundlicher Stoff (freilich unkorrekt genug) aus jenem Archiv gezogen ist, und von Fantuzzis großer Urkundensammlung (Monumenti Ravennati). So groß aber ist der Reichtum des in jenem Archiv heute Vorhandenen, daß er noch lange nicht erschöpft ist. Ein diplomatischer Kodex ravennatischer Urkunden nach dem System der heutigen Wissenschaft ist sehr zu wünschen.

Nicht weit vom Dom steht das alte Baptisterium S. Giovanni in Ponte. Auch seine Einrichtung schreibt man dem Erzbischof Ursus zu. Der merkwürdige Bau achteckiger Form hat nur zwei römische Bogenstellungen übereinander von höchst altertümlicher Gestalt. Eine Kuppel umwölbt ihn, ganz und gar mit Musiven bekleidet, welche noch vom antiken Ideal durchdrungen sind. Sie stellen in der Mitte die Taufe Christi im Jordan, ringsumher die zwölf Apostel dar.

Außerhalb der Stadt liegen noch zwei andere alte Basiliken, S. Maria in Porto und S. Apollinare in Classe fuori. Die letztere ist bei weitem die schönste von allen Kirchen, welche Ravenna besitzt, und dorthin wollen wir noch hinübergehen. Man weiß, daß ehemals das Meer nahe an der Stadt lag und im Verein mit Flüssen und Sümpfen dieser eine Festigkeit und merkantile Bedeutung gab, welche dem späteren Venedig gleichkam. Auch Ravenna, dessen Gründung in fabelhafte Zeiten hinaufreicht, war ursprünglich, gleich Venedig, zum Teil auf

Inseln gebaut, während die Lagunen des nahen Po im Norden und
andere Sümpfe im Westen sich ausbreiteten. Eine so ausgezeichnete
Lage bestimmte schon Augustus, Ravenna zu einer Flottenstation
des Adriatischen Meeres zu machen, und so entstanden die Vorstädte
Cäsarea und der Hafen Classe, welcher letztere von jener Station
selbst seinen Namen erhielt. Lange Zeit behauptete Ravenna den
Handel auf dem Adriatischen und Ionischen Meer mit dem Orient, bis
es teils durch Versandung seines Hafens, teils durch allgemeine politische Verhältnisse herabkam und seine Bedeutung auf Venedig überging.

Das Meer hat sich mit der Zeit sieben Millien weit von der heutigen Stadt zurückgezogen, so daß man seiner dort nirgends ansichtig
wird. Nur an der feuchten Seeluft, welche über die Wälder der Küsten
herweht, merkt man seine Nähe. Der alte Hafen ist verschwunden;
nicht einmal seine Lage kann man heute mit Sicherheit angeben. Der
Name einer Kirche vor den Mauern der Stadt, Santa Maria in Porto,
und auch S. Apollinare in Classe bezeichnen obenhin die Richtung,
wo einst Hafen und Arsenale sich befunden haben. Um nach der
Basilika in Classe zu gelangen, muß man etwa drei Millien weit
nordostwärts gehen. Man überschreitet zuerst den Ponte Nuovo, die
Brücke über den Fluß Ronco. Sodann erblickt man zwei Millien vor
sich jene altertümliche Basilika mit dem runden braunen Glockenturm neben ihr in völliger Einsamkeit. Ringsum eine weite, zum Teil
sumpfige Ebene von ernst melancholischem Charakter, hie und da
mit Reis bepflanzt, welcher das Wasser liebt. Gegen das Meer hin
umschließt sie als der schönste Gürtel der meilenweite berühmte
Pinienwald, und landwärts steigen am Horizont die blauen Apenninen Bolognas auf.

S. Apollinare in Classe verhält sich zu Ravenna wie S. Paul vor
dem Tor zu Rom. Aber während diese große Basilika durch den Brand,
der sie verschlang, zerstört wurde und jetzt als ein moderner Luxusbau der Asche entstieg, ist jene unversehrt geblieben. Sie bietet,
äußerlich halb verrottet und neben Ruinen ihres ehemaligen Klosters,
in einer grenzenlosen Verlassenheit das reizendste Bild des Mittelalters dar.

Sie wurde im Jahre 535 von Julianus Argentinus errichtet (dem
man die meisten Basiliken Ravennas jener Zeit zuschreibt) und schon
im Jahre 549 von demselben Patriarchen Maximianus geweiht,
welcher auch S. Vitale vollendet hatte. Von dem Quadriporticus, der
sie umgab, ist nur die vordere Seite stehengeblieben. Sie bildete jetzt
die Vorhalle, welche bei allen alten ravennatischen Kirchen mit dem
Begriff Ardica (entstanden aus Narthex) bezeichnet wird.

Das Innere ist ein herrlicher Raum von den edelsten und einfachsten Verhältnissen. 24 prächtige Säulen aus griechischem Marmor, nicht alten Tempeln entrafft, sondern zum Bau gehauen und geziert mit komponierten Kapitälen, teilen diese Schiffe, über denen sich, nach dem ursprünglichen Baustil, noch das nackte Sparrendach erhebt. Die schönen Mosaiken der Tribüne, ehrwürdige Werke des sechsten Jahrhunderts, glänzen beim Eintritt dem Blick entgegen. Alles atmet hier den Geist der alten Zeit, und dieser Eindruck wird verstärkt durch den Anblick einer großen Reihe von gewölbten, schwerfälligen Sarkophagen, welche an den Wänden der Nebenschiffe stehen. Ich habe in keiner Stadt so viel alte Sarkophage in Kirchen frei aufgestellt und beisammen gesehen außer in Arles in der Provence, und der Anblick jener in S. Apollinare (auch andere Kirchen Ravennas sind daran reich) rief mir sofort die Erinnerung an die berühmte Gräberstraße von Arles zurück. Die ravennatischen Graburnen unterscheiden sich auf eigentümliche Weise von den römischen der christlichen Epoche. Rom besitzt deren viele und ausgezeichnete in den Grotten des Vatikans oder im Lateranischen Museum, hie und da auch in Kirchen, namentlich aus dem späteren Mittelalter. Es besitzt eine große Menge von Graburnen des frühesten Christentums, welche alle mit Reliefs von heiligen Geschichten bedeckt sind. Die Urnen in Ravenna dagegen gehören der gotischen, byzantinischen und auch barbarischen Zeit an. Sie sind fast durchweg bildlose, sehr massive Sarkophage aus griechischem Marmor von weißgrauer Farbe, mit christlichen Symbolen bezeichnet und mit einer einfachen Inschrift versehen. Keiner von ihnen ist, meines Wissens, dem heidnischen Altertum entlehnt, wie es in Rom selbst einige Grabmäler der Päpste sind, sondern sie wurden selbständig gearbeitet. Ihre seltsame, mächtige Form bringt eine tiefe Wirkung hervor; in solchen hochgewölbten und plumpen Sarkophagen möchte man eher gotische Helden als fromme Patriarchen bestattet glauben. Aber es scheint, daß die Bildhauerkunst in Ravenna schon zur Zeit der Galla Placidia abgestorben war, denn sie ist dort nur wesentlich in ihrer Beziehung auf die Architektur sichtbar. Die bildnerische Kunsttätigkeit vereinigte alle ihre Kraft in der Mosaik, wo sie freilich noch eine schöne Blüte trieb.

Jene Graburnen standen ehemals, christlicher Sitte gemäß, im äußeren Portikus der Kirche. Sie verschließen Patriarchen der Stadt vom fünften bis zum elften Jahrhundert. Die lange Reihe der ravennatischen Erzbischöfe hat man übrigens, doch erst in moderner Zeit, auf den Wänden der Kirchenschiffe in Porträts dargestellt, und dies dem Muster von S. Paul bei Rom nachgeahmt. Wie jene der Päpste mit Petrus, so beginnt diese mit seinem Missionär Apollinaris, dem Stifter des ravennatischen Erzbistums. Der Schutzpatron und das hierarchische Haupt Ravennas war nach der absichtsvollen römischen

Tradition von S. Peter in Rom zum Bischof eingesetzt worden, also Schüler und Jünger des Fürsten der Apostel, aber trotzdem machte er lange Zeit dem Schutzpatron Roms den Primat streitig, oder vielmehr die ravennatischen Bischöfe, welche sich seine Nachfolger nannten, sträubten sich jahrhundertelang, die Obergewalt des römischen Stuhles anzuerkennen. Auch das Dominium temporale des Apollinaris war sehr reich. Die Erzbischöfe dort besaßen liegende Güter selbst in dem fernen Sizilien und im Orient, und wir bemerkten schon, daß sie sich zu Gebietern des Exarchats machten, die Ansprüche des Papstes nicht achtend, welche diese schöne Erbschaft seit dem Falle des Langobardenreichs unter die Franken ihnen lange Zeit ohne Erfolg bestritten haben.

Noch im elften Jahrhundert war das Patriarchat in Ravenna so reich und mächtig, daß Heinrich IV. dort seine kräftigste Stütze im Kampf mit Gregor VII. und der Gräfin Mathilde fand; es war Wibert, der Erzbischof Ravennas, welchen er als Clemens III. zum Gegenpapst erhob. Es bezeichnete indes die Grenze der Macht der ravennatischen Kirche, welche seither zerfiel.

In der Blütezeit des Reichs waren mehrere Deutsche von den Kaisern hier zu Erzbischöfen erhoben worden und mit großen Privilegien der Immunität und Jurisdiktion beschenkt. Auch gingen einige Päpste aus der Reihe der ravennatischen Erzbischöfe hervor, wie der kräftige Johann X. und der berühmte Gerbert oder Sylvester II. zur Zeit Ottos III., während große Heilige, Romuald und Pier Damiani, ihrer Kirche Glanz verliehen. So ist die Geschichte der Erzbischöfe von Ravenna (sie verdiente eine gründliche, kritische Durcharbeitung) bis zum 12. und 13. Jahrhundert ein wesentlicher Teil der Geschichte der römischen Kirche selbst wie des italienischen Mittelalters, und von der größten Merkwürdigkeit. Den ersten Versuch, sie zu schreiben, machte in der Mitte des siebenten Jahrhunderts Agnellus von Ravenna, in seinem Liber pontificalis, einem Werk, das den Stempel tiefster Barbarei in der Behandlung der lateinischen Sprache und des Stoffs an sich trägt, aber ehrwürdig ist durch Alter, unschätzbar durch viele historische Nachrichten und anziehend durch seine kindliche Naivität.

Mehrere Erzbischöfe Ravennas sind in den Mosaiken der Tribüne abgebildet; diese ähneln zwar im Charakter noch jenen, die wir in der Stadt gesehen haben, scheinen mir aber doch später als sie. Auch hier ist die Konsekration der Basilika dargestellt durch die Figuren S. Maximians und des zu seiner Rechten stehenden Justinian. Der Kaiser hält Pergamentrollen in der Hand, auf denen man das Wort «Privilegia» liest, und Gestalt wie Gewandung gleicht seinen andern musivischen Porträts. Die Pietät der Geistlichkeit von S. Apollinare hat das Andenken der Wohltäter ihrer Basilika durch Inschriften auf den Wänden geehrt. Wenn sie auch neueren Datums sind, so erfüllen sie doch den schönen Tempel noch mehr mit historischem Geist und rufen die Erinnerung einer langen und großartigen Geschichte ins Gedächtnis zurück. Eine Tafel ist Narses geweiht, von dem sie rühmt, daß er nach Besiegung der Gotenkönige und der Wiederherstellung des Friedens in Italien dieser Kirche ein neues Gebäude hinzugefügt habe. Eine andere preist die Kaiser Justinian, Ludwig II., Otto I., Otto II., Otto III., Heinrich III., Otto IV. und selbst die Hohenstaufen Friedrich I. und Friedrich II. wegen der Privilegien, welche sie dem Tempel und Kloster von Classe reichlich verliehen haben.

Seit Karl dem Großen, der Ravenna eines Teils seiner Zierden beraubt hatte, gab es bis auf die Hohenstaufenzeit nur wenige deutsche Kaiser, welche jene Stadt auf ihren Romfahrten oder während ihrer Kämpfe in Italien nicht besucht hätten. Dies kann man aus den Itinerarien sehen, die ihre Regesten darbieten. Die Hauptstadt des alten Exarchats sicherte ihnen eine bedeutende Stellung in Italien, im Kampfe mit den Städten sowohl als mit den Päpsten; die Besitzestitel, welche diese darauf geltend machten, anerkannten die Kaiser nicht, denn seit der Ottonischen Zeit waren Romagna und Exarchat zweifellos Reichsländer und von kaiserlichen Grafen regiert. Erst Rudolf von Habsburg verzichtete zugunsten des Heiligen Stuhls feierlich auf die uralten Rechte, welche das Reich dort behauptet hatte. Am häufigsten waren die Ottonen in Ravenna, Otto I. sogar fünfmal, in den Jahren 967, 968, 970, 971 und 972. Dieser kräftigste unter den deutschen Herrschern über Italien betrachtete den Papst so wenig als Herrn Ravennas, daß er sich sogar nicht weit von den Mauern dieser Stadt einen neuen Palast erbaute. Wo dieser lag, ist nicht mehr mit Gewißheit anzugeben, aber weder Cäsarea noch Classe waren zu jener Zeit schon ganz und gar verschwunden.

Zweimal wohnte Otto II. in Ravenna, dreimal Otto III. Dieser jugendliche Fürst ernannte hier im Jahre 996 den ersten Deutschen zum Papst, seinen Vetter Bruno, der ihm bald darauf als Gregor V. in Rom die Kaiserkrone aufsetzte. Er liebte Ravenna und dessen Heilige mit der ihm eigenen schwärmerischen Leidenschaft. Er erhob hier den berühmten Gerbert, seinen Lehrer, vom Erzbischofstuhl auf den päpstlichen in Rom. Wenige Jahre gingen hin, und Otto III. erschien als Flüchtling, von den Römern vertrieben, im Kloster zu Classe, um einige Wochen in der Zelle des berühmten Romuald im Mönchsgewand unter Bußübungen zuzubringen. Dies war die schmerzlichste Epoche im Leben des letzten der Ottonen.

Heute erinnert daran eine, obwohl moderne und pfäffische Inschrift, welche in die Wand jener Basilika eingefügt ist: «Otto III., deutsch-

römischer Kaiser, um seiner Missetaten willen der strengsten Diszi-
plin Sankt Romualds sich unterwerfend, pilgerte mit nackten Füßen
von der Stadt Rom zum Berg Garganus, wohnte in dieser Basilika
und dem Kloster Classe 40 Tage als Büßer, sühnte im härenen Gewand und mit freiwilligen Kasteiungen seine Sünden, gab ein er-
lauchtes Beispiel der Demut und adelte als Kaiser diesen Tempel
durch seine Bußfertigkeit.»

Das berühmte Kloster Romualds wurde erst in der Epoche Napoleons I. aufgehoben; seine Gebäude liegen neben der Basilika in
Trümmern unter wildem Wuchs von Farnkraut und Ölgestrüpp. Die
Mönche sind verschwunden, nur einer wandelt dort in der Kirche umher als trauriger Tempelhüter. Die Basilika verwittert gleich dem
alten Turm zu ihrer Seite, welcher eher einem Pharus als einem
Glockenturme ähnlich sieht. Die Verlassenheit umher ist in Wahrheit so grenzenlos wie der Blick auf das schwermütige Gefilde unbeschreiblich schön. Ich sah diese große maremmenartige Fläche
während eines Gewitters, das fern über dem unsichtbaren Adriatischen Meere schwebte und den Himmel mit einem finstern Blauschwarz umzogen hatte. Das sumpfige Wasser, hie und da durch
einige Gräben abgeleitet, in denen die Wasserlilie üppig wuchert, die
düstern Tamarisken, welche die Nähe des Meeres andeuten, die zerfallenen Ruinen, die altersgraue Basilika mit ihren Erinnerungen, die
öde Straße, welche dies Gefilde nach Cesena hin durchzieht, der finstere, meilenlange Pinienwald, dessen riesige Wipfel still und majestätisch gleich Palmen sich erheben, und auf der andern Seite die in
der blitzenden Gewitterluft ragenden Türme des alten Ravenna, alles
still, schwermutsvoll und tot, nicht von der Stimme eines Vogels,
noch von der Gestalt eines Menschen belebt – ja, dies brachte eine
unaussprechliche Wirkung hervor.

Die melancholischen Ufer des Flusses Ronco bewahren noch eine
andere geschichtliche Erinnerung, jene an die Schlacht von Ravenna
am 11. April 1512, eine der furchtbarsten Schlachten überhaupt,
welche auf dem blutigen Boden Italiens gekämpft worden sind, und
von so heroischem Charakter, daß auch Theoderich und Odoaker den
Heldenmut der Streiter würden bewundert haben. Die alliierten
Armeen Spaniens und des martialischen Papstes Julius II. wurden
dort von dem Heere des Königs Ludwig XII. von Frankreich unter
dem Befehl des jungen Helden Gaston de Foix angegriffen, als sie
Ravenna zu entsetzen versuchten, worin der General Marcantonio
Colonna lag. Die Franzosen, mit denen sich Alfonso von Este vereinigt hatte, gingen als Sieger aus dem mörderischen Kampfe hervor,
aber sie bezahlten den Sieg mit dem Tode ihres glänzenden, genialen
Führers, welchen eine spanische Kugel zu Boden warf. Die berühmte-

sten Kapitäne und Männer jener Zeit, die Helden des beginnenden
großen Jahrhunderts Karls v., Spanier, Franzosen, Italiener, Deutsche, die Blüte der damaligen Aristokratie nahmen an der Schlacht
teil; selbst ein großer Dichter, Ariosto, befand sich im ferrarischen
Lager, und der später weltberühmte Papst Leo x. geriet als Legat in
Gefangenschaft. Im Heere Frankreichs, welches damals seine Kriege
schon mit der erkauften Söldnerkraft unsers zersplitterten Vaterlandes führte, diente deutsches Fußvolk unter Jakob Embser und
Philipp von Freiberg; sein Zusammenstoß mit dem spanischen Fußvolk war der Gipfel dieser Schlacht, wie der heldenhafte Rückzug der
3000 Spanier längs des Roncoufers ihre bewundernswerteste Tat. Die
Schlacht von Ravenna wurde wesentlich durch Fußvolk und Artillerie des Herzogs von Ferrara zur Entscheidung gebracht. Wenn der
junge Foix seinen Sieg überlebt hätte, so würde ihn nichts aufgehalten
haben, Rom selbst zu erobern und Julius ii. gefangen hinwegzuführen;
aber das Glück, welches die Päpste fast immer begünstigt hat, brachte
alsbald einen solchen Umschwung hervor, daß in kürzester Frist die
Franzosen aus Siegern zu Besiegten wurden und Italien verlassen
mußten.

Im Jahre 1557 hat der päpstliche Präsident der Romagna, Donato
Cesi, später Kardinal, auf dem Schlachtfelde am Ronco die Denksäule errichten lassen, welche heute dort aufrecht steht; Inschriften
auf Medaillons, sehr mittelmäßiger Art, rufen das große Ereignis
ins Gedächtnis. Charakteristisch für jene schon manieriert werdende
Zeit ist die alberne Spielerei in diesen Versen:

> Hac Petra Petrus Donatus Donat, Iberos
> Gallosque hic caesos, Caesius enumerat.

Ich habe den berühmten Pinienwald (la Pineta) leider nicht besucht.
Der Anblick seiner schwarzen Massen in nicht zu weiter Entfernung
von Classe reizt mächtig genug, sein Dickicht zu durchstreifen, oder
ihn wenigstens auf der Straße nach Commacchio zu durchziehen. Der
Forst ist uralt. Man sagt, daß schon die Römer aus ihm das Material
für die Werften des Hafens gezogen haben. Das Heer der Goten
lagerte in ihm, als Theoderich den König Odoaker in Ravenna eingeschlossen hielt. Seine Hauptmasse besteht aus dichtem Gestrüpp
verschiedenartigen Baumwuchses, aus welchem sich die hohen Pinien
erheben. Ihre Zapfen enthalten mandelartige Kerne, welche aus Ravenna in großer Menge weit und breit versendet werden. Man berechnet sie auf 10 000 Scheffel jährlich. Ravennaten schilderten mir
die innersten Wildnisse dieses Waldes, in welchem der Jäger das
wilde Schwein jagt, als bezaubernd schön, und nicht minder die
Gegenden, wo er bis zur Küste hinabsteigt und in malerischen Buchten

vom Meer bespült wird. Er erstreckt sich längs desselben 24 Millien
weit von der Stadt Cervia bis zur Mündung des Po, welche Spina
oder Spineticum heißt. Seine größte Breite beträgt drei Millien. Der
herrliche Wald gehört seit alters Ravenna, dessen Geistlichkeit sich
fast ganz in seinen Besitz setzte. Die Päpste schützten ihn vor Zerstörung, und er verdiente mit vollem Recht seine eigene Geschichte,
die ihm gewidmet worden ist: Francesco Ginanni, Storia civile e
naturale delle Pinete Ravennati. Roma, Salomoni 1774.

Wir haben die Monumente Ravennas nach der Folge ihrer Zeiten,
nicht nach ihren Lokalen aufgesucht, und von ihnen auch nur wenige,
aber solche herausgehoben, welche als Charaktergestalten ihrer
Epochen bedeutend sind. Wir sahen, daß die ganze große Periode der
guelfischen Zeit in Kirchen und Palästen monumental kaum mehr
sichtbar ist, aber statt ihrer zeigen die Ravennaten voll Stolz in einer
unscheinbaren Gasse eine kleine Gruftkapelle, welche sie mit keinem
Prachtdom der Welt vertauschen würden. Dort liegt der größte
Genius Italiens begraben, Held und zugleich Opfer der Kämpfe
zwischen Guelfen und Ghibellinen, denen er ein Denkmal gesetzt
hat, das nur mit der Menschheit selbst untergehen kann. Die Vereinigung dreier weltberühmter Mausoleen in Ravenna, welche so
große Abschnitte des geschichtlichen Lebens bezeichnen, ist ganz
wunderbar: Galla Placidia, Theoderich und Dante! Der Gang von
dem einen zum andern ist wahrlich eine Wanderung durch weite,
von großen Gestalten erfüllte Räume der Weltgeschichte. Wenn
Ravenna keine andere Zierde besäße als die ihm die Verse auf der
Gruft Dantes verleihen, und keinen andern Ruhm als den, diesem
Dichter das letzte Asyl dargeboten zu haben, so wäre das hinreichend,
die Stadt für alle Zeiten dem Dunkel zu entreißen. Es war um das
Jahr 1320, als Dante von Verona nach Ravenna ging, heimatlos und
in bitterster Armut. «Damals», so erzählt Boccaccio, «war Herr über
Ravenna, eine hochberühmte und alte Stadt der Romagna, ein edler
Ritter mit Namen Guido Novello da Polenta; dieser war in den liberalen Wissenschaften wohlunterrichtet, ehrte die tüchtigen Männer
hoch, und vor allen diejenigen, welche durch Kenntnisse andere über-
ragten. Als er vernahm, daß Dante ohne alle Aussicht in der
Romagna sich befinde, von dessen Ruf er lange vorher gehört hatte,
so entschloß er sich, ihn in diesem verzweifelten Zustande aufzunehmen, ohne von ihm darum angegangen zu sein. Dante wohnte
also in Ravenna, nachdem er jede Hoffnung der Rückkehr nach
Florenz verloren hatte, einige Zeit unter dem Schutz dieses gnädigen
Herrn; hier bildete er mehrere Schüler in der Dichtkunst, zumal in
der lingua vulgare, die er, nach meinem Dafürhalten, zuerst unter
den Italienern zu dem Range erhoben hatte, welchem Homer unter

Ravenna: San Vitale

den Griechen und Virgil unter den Lateinern ihren Muttersprachen gegeben haben.» Die Familie der Polenta hatte im Jahre 1275 die Signorie der Stadt erlangt, also in jener Epoche der italienischen Tyrannis zu ihren Herrschern sich aufgeworfen, nachdem früher die Herzöge vom uralten Geschlecht der Traversari Ravenna regiert hatten. Guido da Polenta war Neffe der schönen Francesca, welche mit Giovanni Malatesta von Verucchio, dem Podesta Riminis, vermählt war und durch Dante unsterblich geworden ist. Der Herr von Ravenna nahm keinen Anstoß an den Versen des großen Dichters, der den Schatten seiner unglücklichen Muhme unter den zu ewiger Qual verdammten Seelen aufgeführt, aber ihr tragisches Schicksal durch die Verklärung seiner Poesie zum Gegenstande der Rührung für alle Zeiten gemacht hatte. Dante brachte sein Lebensende unter dem Schutze Guidos zu. Doch der Palast der Polentanen ist spurlos verschwunden. Von ihrer Herrschaft über Ravenna blieb als das schönste Denkmal nur diese Poetengruft übrig. Sonst ruft nichts mehr ihren Namen ins Gedächtnis, es sei denn ein Stein, welcher in der Wand der Kirche von S. Francesco eingemauert ist, einen in die Kutte der Minoriten gehüllten Mann darstellt, und diese Inschrift trägt: «Hic jacet Magnificus Dominus Hostasius de Polenta qui ante diem felix obiens occubuit MCCCLXXXVI die XIV Mensis Martii. Cujus anima requiescat in Pace.»

Die Kämpfe der glühenden Seele Dantes, welche sein Gedicht durchstürmen und diesem den unvergleichlichen Lebensgeist der Persönlichkeit eingehaucht haben, waren geschlichtet, als er in Ravenna seine Tage beschloß. Er widmete sie hohen religiösen Betrachtungen, der vita contemplativa. Er dichtete hier die Bußpsalmen und sein Kredo; er schien ein Büßer geworden zu sein wie jener Otto III., welcher, nachdem seine Herrschaft über Rom in Trümmer gegangen war, sich in die Kutte hüllte und in der Zelle von S. Apollinaris betete. Als er sich zum Sterben niederlegte (er starb am 14. September 1321), wollte er in der Kutte der Franziskaner begraben sein. Die Minoriten rechnen ihn daher zu den Ihrigen, und man erinnert sich, daß er sich selber schon in seinem Gedicht gezeichnet hat, mit dem Strick jenes Ordens um den Leib. Man sagt sogar: er habe sich in Ravenna wirklich unter die Tertiarier von S. Franciscus aufnehmen lassen.

Guido Polenta bestattete den toten Dichter in einem Marmorsarkophag bei den Minoriten. Er beschloß, ihm ein prachtvolles Denkmal zu errichten, aber das unterblieb. Während der Unruhen, denen das Haus jener Dynasten erlag, wurde das Dichtergrab vernachlässigt und fast vergessen, und erst im Jahre 1482 erinnerte man sich an eine heilige Pflicht. Die Polentanen waren vertrieben worden. Hostasius, der letzte dieses berühmten Geschlechts, endete in der Gefangenschaft

auf der Insel Candia, denn die Stadt Ravenna hatte die Republik
Venedig angerufen und sich in ihren Schutz gestellt. Sie wurde nun
mit dieser vereinigt und sodann bis zum Jahre 1509 von venetiani-
schen Prätoren regiert. Unter diesen war es Bernardo Bembo, der
Vater des berühmten Kardinals, welcher den Plan Guidos da Polenta
wieder aufnahm und im Jahre 1482 dem Dichter ein schönes Mausoleum bauen ließ. Es ist das heutige, aber in der Umwandlung durch
die päpstlichen Legaten im 17. und 18. Jahrhundert. Die Venetianer
hatten nämlich Ravenna wieder an den Heiligen Stuhl abgetreten, im
Jahre 1509, zur Zeit Julius' II., welcher auch Bologna an die Kirche
brachte. Das Grabdenkmal Dantes ist ein kleiner Tempel, den eine
Kuppel deckt, im Stile der Renaissance. Den innern Raum schmücken
Reliefs und Inschriften. Vier Medaillons stellen Virgil, Brunetto La-
tini, Can Grande della Scala und Guido von Polenta dar. Der Ein-
gangstüre gegenüber steht der Marmorsarkophag, über ihm das Bildnis Dantes in Relief.* Die bekannte Inschrift, welche er selbst sich geschrieben hatte, lautet:

> Jura monarchiae superos phlegetonta lacusque
> Lustrando cecini voluerunt fata quousque:
> Sed quia pars cessit melioribus hospita castris,
> Actoremque suum petiit felicior astris,
> Hic claudor Dantes patriis extorris ab oris
> Quem genuit parvi Florentia mater amoris.

Die Rechte des Reichs, den Himmel, die Hölle, die Seen
Hab' ich besungen, wohin auch das Schicksal den Wand'rer hieß
*   gehen.*
Doch da nun ein Teil mich verließ, sucht dieser über den Sternen
Den Schöpfer sein, glückselig in besseren Fernen.
Hier ruh' verschlossen ich, Dante, vom Vaterlande vertrieben,
Den Florenz einst gebar, eine Mutter, die wenig wußte zu lieben.

Das Grab ist stets verschlossen; der Schlüssel wird auf dem Stadthause verwahrt. Der Graf Alessandro Cappi, welcher mich in das
Mausoleum führte, ein schöner Mann im ersten Greisenalter, hatte in
früher Jugend hier noch Lord Byron gesehen, in jener Epoche seines
Lebens, wo er die Gräfin Guiccioli liebte (diese Dame lebt noch hoch-
betagt, nicht in Ravenna, sondern in Paris, so wenigstens erzählte
man mir). Der Lord, so sagte mein Führer, ging niemals an dem
Grabmal, auch in der Ferne nicht, vorüber, ohne ehrfurchtsvoll sein
Haupt zu entblößen, und ich erinnere mich der schönen Verse, die er

---

* Das Relief von Pietro Lombardi. Die Inschrift stammt nicht, wie man
früher annahm, von Dante selbst, sondern von Bernardo Canaccio.

der Danteschen Gruft gewidmet hat. Wohl, hier ist ein Heiligtum, welchem jeder fühlende Mensch nur mit Rührung nahen wird, ein Wallfahrtsort der Andacht für alle, welche fähig sind, die tiefe, schöpferische Kraft eines Menschengeistes zu bewundern, der über dem Sturm seiner Leidenschaften einen solchen ruhigen, ewigen Himmel verklärter Ideale aufzubauen vermocht hat. Dante hat in Wahrheit an seinem eigenen Leben dargestellt, was eigentlich sein ganzes Vaterland in der guelfischen Epoche so bewundernswürdig macht, wo mitten unter den schrecklichsten Kämpfen der Parteien überall aufsproßten zahllose edle Blüten der Kunst und des Wissens, und schon dies geschichtliche Verhältnis macht ihn zum Repräsentanten und Inbegriff seines Nationalgeistes in einer langen Periode.

Die Einsamkeit seines Grabes ist bezaubernd; es ist gut, daß die Ravennaten den reuigen Florentinern es verweigert haben, ihren Nationalschatz auszuliefern. Denn so setzt Dante noch sein Exil fort, und er ruht in der berühmten Stadt, unter deren gastlichem Schutz er gestorben ist, in einem Denkmal, an dessen Errichtung die erlauchte Republik Venedig und das Papsttum Anteil haben, und welches frei und isoliert dasteht, wie ein Königsgrab, wie das Mausoleum des großen Goten Theoderich.

DIE ÖFFENTLICHEN
MONUMENTE VON FLORENZ

1856

Ich will in diesen Blättern eine Anschauung der öffentlichen Bildwerke der Florentiner Skulptur geben, also nicht von den Antiken reden, welche, dem Zusammenhang ihrer Welt entrückt, in die Museen verschlossen sind. Die Kunst soll aber fürs Volk sein, nicht für den Gelehrten und den Luxusmenschen allein. So war sie es im Altertum und größtenteils auch in der Zeit ihrer mittelalterlichen Blüte, während sie sich in unsern Tagen immer mehr und mehr sowohl dem volkstümlichen Verständnis als dem öffentlichen Leben überhaupt entzogen hat.

In Florenz scheint die Kunst noch ein überraschend demokratisches Wesen bewahrt zu haben, sowohl was die Öffentlichkeit ihrer Werke als ihren geschichtlichen Zusammenhang mit Stadt und Volk selber betrifft.

Eine große Menge von Bildsäulen ist auf Plätzen oder in Kirchen aufgestellt, und mögen sie nun von größerem oder geringerem Wert sein, ihre Beziehung auf das Volk ist lebendig, anregend und erfreulich. In der Loggia dei Lanzi lagert sich das Volk in der Morgenfrische oder in der Abendkühle unangefochten unter den Statuen, welche dort aufgestellt sind. Musik erschallt dort an den Festtagen, die Loge wird erleuchtet, Kinder tanzen ungestört um die Gruppe des Ajax und des Patroklus und unter dem Perseus des Benvenuto Cellini oder der Judith des Donatello. Mitten in dem Raume aber, welchen die Uffizien umschließen und wo in den Pfeilernischen die Porträtfiguren der großen Florentiner und Toskaner stehen, lärmt das Volksleben vom Morgen bis zum Abend. Man pflegt dort die Lotterie zu verspielen, welche viele tausend Menschen herbeilockt. Zu den Füßen der Bildsäulen Machiavellis, Dantes, Boccaccios haben sich die Straßenbuchhändler aufgestellt, und indem sie die Werke jener Männer feilbieten, möchte es scheinen, als sähe man ihre Verfasser Anteil nehmen an den modernen Menschen, die ihre hundertfach aufgelegten Schriften zu suchen kommen. So dem Volk als Eigentum hingegeben, wie diese und andere Werke der Kunst auf Straßen und Plätzen, sind auch die Denkmäler der großen Florentiner in den Kirchen.

Die Geschicklichkeit der meisten Bildsäulen aber setzt sie in ein ererbtes und fortdauerndes Verhältnis zu den Bürgern. Der Florentiner sieht in ihnen die reiche und große Vergangenheit seiner einst freien Stadt verkörpert und hat diese gleichsam wie eine marmorne

Florenz: Palazzo del Podesta, Bargello

Chronik vor Augen — ein großer Vorzug, der die Wirkung der Bildwerke unendlich erhöht, sollten sie auch weit unter den Forderungen
stehen, die man an die Kunst machen wird. Denn es ist wahr, viele
jener Bildsäulen sind sehr mittelmäßig, aber wer von den Männern
und Zeiten weiß, welche in jenen Denksteinen vorgestellt sind, wird
Florenz glücklich preisen und den Reichtum seiner Genies bestaunen.
Und selbst, wo die Statuen keinen eigentlich monumentalen Charakter haben, wie die Kolossalfiguren vor dem Palazzo Vecchio und wie
jene in der Loggia des Orcagna, sind sie doch wenigstens Denkmäler
jener Zeiten, in welchen die bildenden Künste durch das florentinische
Volk erneuert wurden.

Stellt man sich vor den Palazzo Vecchio, den originellen Bau des
Arnolfo, von einer schweren und echt mittelalterlichen Architektur,
und betrachtet man die vor ihm stehenden Statuen, den David Michelangelos, die Gruppe des Herkules und des Cacus von Baccio Bandinelli, und das zur Seite aufgestellte große Brunnenwerk des Ammanati, so erscheinen diese auf dem schwärzlichen Hintergrunde des
Palastes hell hervorleuchtenden Marmorfiguren wie die Künste selbst,
welche aus dem barbarischen Mittelalter siegreich herausschreiten.

Die Statuen auf dem Platze des Großherzogs, vor dem alten Palast
und in der Loge des Orcagna, vom Blick mit einem Male zusammengefaßt, sobald man aus dem Korso tritt, machen ein freilich wunderlich zusammengesetztes Ganzes, von historischem, von mytholo-
gischem und von biblischem Charakter. Man erkennt, daß sie weniger
die Geschichte des Bürgers als die des Herrschers über den Bürger geschaffen hat. Es ist die Geschichte der Mediceer, an welche sie erinnern. Diese reichen Bankiers, Tyrannen, wie so viele andere kleine
Fürsten Italiens, manchen an Geistesgaben weit untergeordnet, allen
aber an Glück und an politischer Kunst überlegen, aus Vorliebe wie
aus Ehrgeiz und kluger Berechnung den Künsten und Wissenschaften
eifrig zugetan, wie die Este, die Gonzaga, die Herren von Urbino,
von Verona und von Mailand, hatten den unberechenbaren Vorteil
für sich, daß sie Florentiner waren und eine Stadt beherrschten, in
welcher die bildenden und redenden Künste schon seit dem 13. Jahrhundert in Blüte standen. Zeit, Ort, Reichtum, Herrscherglück und
der allgemeine nationale Sinn machten aus den Medici die Kunst-
fürsten Italiens. Ihre Schandtaten und die sittliche Barbarei dieses
Hauses hat die Kunst verbrämt, wenigstens vor den Augen der
Menge, welche die Geschichtsbücher der mediceischen Herrschaft nicht
kennt.

Seit dem 15. Jahrhundert wurde jene Dynastie der Mittelpunkt des
Kunstlebens in Toskana, und davon nun gibt jene Piazza Granducale
eine bildliche Anschauung. Denn ihre großen Gebäude, meist von der

mächtigen Demokratie der Florentiner geschaffen, wie der alte Palast und Orcagnas Loge, sind dann jenen zu Fürsten erhobenen Kaufleuten von Florenz dienstbar geworden und fürstlich von ihnen umgewandelt. Hier gruppieren sich also wie auf das Geheiß der Medici die bildenden Künste, beherrscht von dem altertümlichen Palazzo Vecchio. Zu seinen Füßen stehen die schon genannten Statuen, mit dem Palaste selbst sind durch herübergeschlagene Bogen die Uffizien verbunden, welche die Schätze der Malerei und Bildhauerkunst enthalten; und seitwärts steht vor ihm die Loggia, welche mit ihren Gruppen und antiken Bildsäulen ganz einem kleinen Museum gleicht, das kunstliebende Herrscher sich gesammelt haben — nur daß es ein offenes Museum auf der Straße und nicht ein abgesperrtes Kabinett ist.

Den ersten Blick ziehen nun die drei nebeneinander gestellten Kolossalfiguren auf sich: der Herkules und Cacus, die Figur des David, und wiederum ein kolossaler Neptun als Brunnenfigur — im vortrefflichen Größenverhältnis zu dem Bau des alten Palastes. Als architekturbelebende Gestalten und im ganzen gesehen erfreuen sie durch Würde des Charakters und stimmen wohl zu dem düstern Ernst des alten Gemeindehauses von Florenz. Sie durchbrechen seine finsteren Massen, welche ohne jene Statuen den Sinnen schwerfallen würden. Sie passen also äußerlich und architektonisch sehr gut, sonst stehen sie, einzeln für sich und in ihrem Gedanken betrachtet, in keinem entschiedenen Verhältnis zum Palaste. Oder man müßte in den Herkules, welcher den Riesen Cacus erschlägt, jenen Sinn hineinlegen wollen, daß er die Fürstengewalt bedeuten solle, welche die rohe Volkskraft bändigt, und man müßte ferner in dem Hirten David das Sinnbild des Königtums erkennen wollen. So meint Vasari sehr geschroben, daß der Gedanke Davids sein solle: wie David sein Volk verteidigt und mit Gerechtigkeit regiert habe, so solle auch derjenige, welcher diese Stadt regiere, sie mutig verteidigen und sie gerecht regieren.

Den David haben nun aber wunderlicherweise zwei Heidengötter in die Mitte genommen, zu seiner Linken nämlich Neptun mit dem ganzen Gefolge von Meerwesen, zu seiner Rechten Herkules. In dieser Gesellschaft, woran man schon die zufällige Zusammenstellung der Figuren erkennt, befindet der alttestamentliche König sich sehr unheimlich. Jene bezeichnen die elementarische Naturkraft und die über die rohe Natur siegende Mannesgewalt; David ist ein Hirtenknabe. Zwar soll er als Goliathbezwinger gedacht sein, aber der Goliath fehlt, und der Knabe selbst ist wider die traditionelle Vorstellung in ein riesiges Körpermaß vergrößert. Denkt man sich nun zu diesem Riesenjüngling den Goliath, so müßte dessen Gestalt mindestens die Maße der Bibel haben und so groß werden wie Johanns von Bologna Figur des Apennin im Park von Pratolino. Ohne Zweifel hätte sich eine Statue des Riesen Simson an Davids Stelle mit dem Neptun und mit dem Herkules trefflich vereinigt. Übrigens ist die Zusammenstellung des Psalmenkönigs mit Neptun und Herkules für die moderne Skulptur sehr bezeichnend, welche biblische, christliche und heidnische Gestalten, zumal in Rom, verbunden hat.

Michelangelo arbeitete den David in seiner Jugend, im Jahre 1501, aus einem Block von karrarischem Marmor, welchen Simon von Fiesole lange vor ihm und machtlos zu einem Riesen verhauen hatte. Der junge Bildhauer bewältigte den Block mit der ihm eigenen ungestümen und waghalsigen Kraft und schuf daraus den David, und so trägt diese Figur, obwohl nicht vollkommen schön, doch den erhabenen und feierlichen Ausdruck des Genies.

Dagegen ist Herkules, welcher den Cacus erschlägt, eine mittelmäßige Gruppe des Baccio Bandinelli, ohne großen und edlen Stil. Die Leiber sind wulstig und unschön, das Ganze barock, wie so manche Werke aus jener Zeit, die sich dem Manierierten zuneigte. Als Michelangelo, mit welchem Bandinelli in der Bildhauerkunst zu wetteifern sich unterfing, wider Willen des Tyrannen Alexander von Medici Florenz verlassen hatte, war dieser darob so erzürnt, daß er neben dem David diesen Herkules aufstellen ließ. Das geistreiche Volk aber legte darauf dem Cacus die Worte in den Mund:

> Ercole non mi dar, che i tuoi vitelli
> Ti renderò con tutto il tuo bestiame,
> Ma il bue l' ha avuto Baccio Bandinelli.

> *Nicht schlag' mich Herkules, denn deine Kälber*
> *Geb ich zurück und all dein Vieh; doch nur*
> *Der Ochs gebührt dem Bandinelli selber.*

Wir betrachten nun das große Brunnenwerk des Ammanati, welches in gleicher Linie mit jenen Figuren, aber nicht mehr vor dem Palazzo Vecchio, sondern schon auf dem Platze selbst aufgestellt ist. Bartolomeo Ammanati war ein Schüler des Baccio Bandinelli und des Jacopo Sansovino. Sein Werk ist ausgezeichnet durch Umfang und durch Reichtum seiner phantastischen Verzierungen. Aus einem Kreise von bronzenen Meergöttern erhebt sich der kolossale Neptun. Vier Seepferde ziehen seinen Wagen. Die Figur selbst ist aus weißem Marmor, von gut herausstrebender Kraft, und hat bei weitem mehr Ausdruck als der Herkules des Bandinelli. Im übrigen ist das ganze Brunnenwerk stark barock, aber das verzeiht man ihm und mag es sogar gut leiden, weil sich mit Fontänen das Phantastische recht wohl verträgt, und weil die reiche Verzierung eher als der Ausdruck die Hauptsache ist. Das Ganze wirkt im Verein so vieler Figuren recht lebendig und ist wirklich eine Zierde des Platzes.

Auf derselben Stelle, auf welcher jetzt der große Brunnen steht, war es, daß man Savonarola am Galgen verbrannte. Jedesmal am 23. Mai, an dem Jahrestage seines Todes, kam das Florentiner Volk auf diesen Platz gezogen und bestreute die verhängnisvolle Stelle mit Blumen. Dem zu wehren und das Mal eines dem Hause Medici feindlichen Andenkens hinwegzutilgen, ließ Cosmus I. jenes Brunnenwerk errichten. So sagten mir die Dominikaner von San Marco. Der Wassergott sollte also eigentlich jenes Feuer löschen; aber wenn auch Ammanatis Neptun aus seiner Urne ein ganzes Mittelmeer entströmen ließe, er würde doch die Flammen jenes Scheiterhaufens nicht löschen. Sie brennen in der Geschichte fort, wie die des Huß und Hieronymus, und sie sind die Pietra mala von Florenz. Cosmus I. sitzt seitwärts von jenem Brunnen zu Pferde, eine der besten Statuen des Johann von Bologna aus dem Jahre 1594. Das Piedestal trägt bronzene Reliefs, welche die wichtigsten Szenen seines Fürstenlebens darstellen, seinen Triumphes-Einzug nach der Besitzergreifung der Republik Siena, die so heldenmütig und größer als Florenz gefallen war, seine Erhebung zum Großherzog und seine Bestätigung durch den Papst. Vermißt wird unter den Reliefs freilich die Tragödie des Don Garcia, Sohnes von Cosmus, angeblichen Mörders seines Bruders, des Kardinals Giovanni, der in den Maremmen plötzlichen Todes starb. Hierauf ward er das Schlachtopfer seines rasenden Vaters, von welchem er vor den Augen seiner flehenden Mutter Eleonore mit dem Degen soll durchstoßen worden sein, worauf nach zwölf Tagen Eleonore starb. Alfieri hat als Tragödienschreiber daran geglaubt, Geschichtschreiber bejahen und verneinen, die Fama beweist nach vorangegangenen Taten das Mögliche als das Wahrscheinliche. Dies ist derselbe unglückliche und energische Cosmus, Sohn des Giovanni delle bande nere, welchem die Florentiner, nach der Ermordung des Ungeheuers Alexander Medici durch seinen Vetter, nicht mehr imstande, die Republiken zu ordnen, die Signorie gaben. Es geschah auf den Rat des Geschichtschreibers Guicciardini, des abgesagten Feindes der Volksherrschaft. Cosmus machte der Republik Florenz für immer ein Ende; ihn erhob der Kaiser Karl zum Herzog, nachdem er ihm zum Weibe gegeben hatte jene unglückliche Eleonore, die Tochter des großen Pietro da Toledo, Vizekönigs von Neapel. Der kräftigen Persönlichkeit des ersten Herzogs von Florenz entspricht das Monument, dessen Haltung gut und edel ist. Die Inschrift lobt ihn, wie Denkmäler zu loben pflegen.

Den Mediceern sind indes nur wenige Monumente auf öffentlichen Plätzen errichtet. Ferdinands I. Reiterstatue steht auf dem schönen

Platz dell' Annunziata, eine nicht ausgezeichnete Arbeit des Johann von Bologna. Außerdem erhebt sich auf dem Platz San Lorenzo ein Denkmal jenes schon genannten Giovanni Medici, des tapferen gran diavolo oder delle bande nere. Bis zum Jahre 1850 war es nur ein Piedestal mit einigen Reliefs des Baccio Bandinelli; seither hat man den Helden selbst daraufgesetzt in sitzender Haltung, einen Lanzenstumpf gegen das Knie gestemmt; die Figur aber ist unschön und gänzlich geistlos.

Doch haben uns Ferdinand i. und Johann von den schwarzen Banden vom großherzoglichen Platz entfernt; wir müssen dorthin zurückkehren, um die Loge des Orcagna genauer zu betrachten.

Andrea di Cione, genannt Orcagna, baute diese schöne Halle um das Jahr 1374. Er gehört zu den begabtesten Künstlern seiner Zeit; denn er leistete gleich Großes in der Architektur, in der Malerei, in der Skulptur, und er war auch Poet. Einen solchen Verein von Schöpferkräften, welcher heutzutage unmöglich geworden ist, schenkte die Natur in Zeiten eines zum Schaffen jugendlich begeisterten Geschlechts wohl auch anderen Menschen jedes Landes, nirgends aber, so scheint es, häufiger als in Toskana. Das beweisen Giotto, Orcagna, Leonardo da Vinci, Michelangelo und Brunelleschi. Derselbe Orcagna ist der Meister des bewundernswürdigen Tabernakels in der Kirche Or San Michele von Florenz, der Meister der Fresken in der Kapelle Strozzi in der S. Maria Novella, welche das Jüngste Gericht darstellen, und auch im Camposanto zu Pisa malte er als ein wahrhafter Poet den Triumph des Todes, ein Werk von großartiger Phantasie. Sein schönstes Denkmal aber, das er sich als Baumeister setzte, ist jene später so genannte Loggia dei Lanzi, eine prächtige Halle von drei Rundbogen auf korinthischen Pfeilern ruhend, von schönen Verhältnissen und von leichtem Schwunge. Die Halle wird durch die Statuen, welche in ihr aufgestellt sind, leider nicht genugsam ausgefüllt. Eine große Mittelgruppe würde dem Übel abhelfen, wenn sie vorhanden wäre. Am Eingang stehen zunächst zwei große marmorne Löwen, von denen der eine antik, der andere ein Werk des Flaminio Vacca ist. In der Mitte der Loge erhebt sich eine antike Gruppe; Menelaus, der den toten Patroklus in den Armen trägt. Neben ihm steht der Herkules, welcher den Nessus erschlägt, von Johann von Bologna. Das Werk ist nicht bedeutend, und auch sein Raub der Sabinerinnen, einst von ganz Italien als ein Wunder gefeiert, will jenem Ruf nicht mehr entsprechen. Diese Gruppe steht in einem der offenen Bogen der Halle nach der rechten Seite hin. Sie enthält drei nackte Figuren, welche übereinander aufsteigen, denn der Römer, der das geraubte Weib in seinen Armen und über sich erhebt, hat den Sabiner unter sich geworfen. Die Komposition in einer fast spiralen Linie, nämlich bei gebogenen oder gewundenen Leibern, ist nicht wohlgefällig. Die Florentiner lieben diese Gruppe; man sieht sie in ebenso häufigen Nachbildungen in Gips, in Marmor und in Alabaster, als Johann von Bolognas Fliegenden Merkur, seine schönste Bronzestatue, in den Uffizien. Zwei Werke von Bronze und ausgezeichneten florentinischen Meistern angehörig stehen noch in der Halle, nach dem Platze zu links der vielberühmte Perseus des Benvenuto Cellini, und nach den Uffizien zu die Judith des Donatello.

Das Interesse, welches die Natur Cellinis einflößt, überträgt sich natürlich auch auf seine Statue, deren Geschichte er überdem in seiner Biographie selbst beschrieben hat. Ohne dies merkwürdige Buch würde der Perseus schwerlich mehr Aufmerksamkeit erregen als die Statuen von Johann von Bologna. Nun aber ist es eben der Perseus dieses Cellini, in welchem die ungezähmte Natur der florentinischen Republikaner aus der Zeit des Corso Donato zum letzten Male erscheint. Die Mediceer zähmten dieses Naturell und verweichlichten es durch die Kunst.

Der Perseus ist zierlich und manieriert. Er hat wenig, aber doch einiges von dem Wesen Cellinis, ich meine auch jene gespreizte Genialität, die er selbst in seiner Lebensbeschreibung an den Tag legt. Er steht, mit der Linken das Medusenhaupt erhoben, in der Rechten das kurze Schwert, auf dem krampfhaft verzerrten Leibe der Medusa. Diese aber liegt über einem Gewand und Kissen; Haupt und Rumpf strömen Blut aus, von dem man nicht sagen mag, ob es Blut sei oder Stoff von Natternbildung. Unangenehm geziert ist das krause Haar des Heros, welcher die geflügelte Sturmhaube ziemlich kokett auf dem Scheitel trägt. Indes haben doch die Formen der Natur leichte und wohltuende Verhältnisse und machen der Wissenschaft des Meisters Ehre. Das Ganze ruht auf einem architektonischen Piedestal, in dessen vier Nischen kleinere, sehr zierliche Bronzefiguren stehen, nämlich Merkur, Jupiter, Venus und Minerva. Unter der Statue Jupiters liest man die für Cellini charakteristische Inschrift:

Te, fili, si quis laeserit, ultor ero.

Haben wir also im Perseus einen heroischen Jüngling, der einem weiblichen Ungeheuer den Kopf abschlägt, so kehrt sich das in Donatellos Judith um; denn da sehen wir eine heroische Jungfrau, welche einem gewaltigen Kriegshelden das gleiche tut. Ich weiß nicht, wie oft die Skulptur die Judith dargestellt hat, und zweifle, daß es oft geschah; die Poesie hat sie noch in unserer Zeit zum Stoff als Drama genommen, die Malerei sie in alter und in neuer Zeit ebenso häufig behandelt wie ihr Seitenstück, Herodias' Tochter. Von ältern Meistern muß ich hier zwei vorzügliche Darstellungen erwähnen, ein kleines

Bild des Sandro Botticelli in den Uffizien von Florenz und eine Handzeichnung des Mantegna (im Zimmer der Handzeichnungen in den Uffizien). Mantegnas Auffassung der Judith in dieser kleinen und wenig gekannten Handzeichnung ist von der größten Genialität und Erhabenheit. Weder irgendein anderes Gemälde, noch irgendein Gedicht, es sei denn die biblische Darstellung selber, kommt auch nur von weitem dieser Komposition gleich. Donatello wie Hebbel hätten sie sehen sollen. Judith hält dort das Haupt des Holofernes ihrer Dienerin hin; diese steht vor ihr, den Sack geöffnet, in welchen das Haupt bereits versinken will. In der Rechten hält Judith hinter sich noch das Schwert. Die dramatische Energie dieser Szene ist groß, der Ausdruck im Kopfe des Holofernes von bewundernswürdiger grausiger Kraft; Judith ein heroisches Weib in den edelsten Formen, von antik schöner Gewandung, das Haupt, von welchem Locken über den Nacken fallen, halb herabgeneigt, der Mund geöffnet, die Züge voll von Schauder und von tragischer Besinnung, jede Linie edel und ins Erhabene – das dienende Weib ganz charakteristisch, derb und robust – das Ganze wie eine Szene aus dem Aeschylus. Auch Sandro Botticellis Judith ist schön und wohltuend, eine Heldin mit dem Ölzweig, welche nach vollbrachter Tat gen Jerusalem heimschreitet, ernst und trauervoll, eine Botin ihres tragischen Geschicks und des Friedens. Diese alten Meister kannten nichts von bizarrem Schwulst oder von sinnlichem Luxus, der zum Beispiel Alloris berühmte Judith (im Palast Pitti zu Florenz) schon so tief unter sie herabsetzt. Viel kann der Neuere in unserer weibischen Zeit von ihnen lernen, wo die einfachsten Naturverhältnisse, die des Geschlechts meine ich, zu himmel- und erderschütternden tragischen Problemen verzerrt worden sind.

Die Judith des Donatello ist eine kleine, vermummte, sehr unansehnliche Gestalt, welche der Karikatur ganz nahekommt. Den Holofernes, der mit herunterbaumelnden Beinen dasitzt, hat sie beim Schopf, da sie eben zum zweiten Hieb in den schon durchhauenen und unschön verdrehten Hals ausholt. Unter der Statue liest man jedoch auf dem Kapitäl des gewundenen Piedestals die bedeutenden und tröstlichen Worte: «Exemplum Salut. Publ. Cives Posuerunt.» Man hat also wieder ein Stück Geschichte der Stadt Florenz vor sich. Denn ehedem stand diese Judith in den Zimmern des Piero di Medici. Nachdem ihn das Volk vertrieben und seinen Palast geplündert hatte, erhob es die Judith Donatellos zum Symbol der Befreiung und schrieb jene Worte auf das Fußgestell. Und so ist der einzige Gedanke, den Donatellos Werk ausspricht, eben diese Inschrift.

Noch stehen an der Hinterwand der Loggia sechs antike Marmorfiguren aus der Villa Medici in Rom. Man weiß nicht, ob sie Priesterinnen der Sabiner, oder Vestalinnen, oder gallische Sklavenfrauen vorstellen. Eine schöne Figur unter ihnen soll die deutsche Thusnelda sein; wahrscheinlich jene, die mit einem erhabenen Antlitz voll tiefer Trauer die Hand zum Gesicht bewegt. Diese Antiken, ernst und feierlich aus dem Hintergrunde blickend, scheinen jene Werke der florentinischen Meister still zu betrachten, wie das Alter in Ruhe die Taten des jüngeren Geschlechts betrachtet. Wir treten nun aus der Halle des Orcagna unmittelbar in jenen Raum, der von den Uffizien umschlossen wird. Sie bilden zwei lange parallele Flügel, die nach dem Arno zu verbunden, nach der Piazza hin offen sind. Eine Gesellschaft von Florentinern hat sich das Verdienst erworben, die Bildsäule der berühmtesten Männer Toskanas dort in den Nischen der Untergeschosse aufzustellen. Seit etwa zwanzig Jahren ist dies Unternehmen im Gange; das Volk zahlt die Beiträge gern, denn jene Statuen sind in Wahrheit sein Eigentum. Arbeiten der modernsten Bildhauer von Florenz, verdanken sie ihren Wert nicht der Kunst, sondern nur der Teilnahme, welche jene getreu im Kostüm ihrer Zeit dargestellten Porträtfiguren erwecken. Wenn nun auch viele mittelmäßige Werke sind und von den Florentinern scharf bekrittelt werden, so meine ich doch, Dante oder Michelangelo auch in schlechtem Marmor mittelmäßig dargestellt, erhebt die Betrachtung höher als die schönste Kuh des Myron und der beste Faun der Praxiteles.

Wandelt man unter diesen Statuen so großer und edler Männer, so muß man den unerschöpften Reichtum der kleinen Republik Florenz wahrlich anstaunen, welche den Vergleich mit Athen dreist aushalten darf. Denn andere Städte Italiens waren groß und größer auf eine andere Weise, wie Rom, Genua und Venedig, in Florenz allein hatten alle Künste und Wissenschaften Jahrhunderte hindurch ein gemeinsames Vaterland. Dies zu beweisen, genügt es fast nur die Namen jener Männer, die nun in den Uffizien aufgestellt sind, von ihren Fußgestellen zu lesen: Andrea Orcagna, Niccolo Pisano, Giotto, Donatello, Leon Battista Alberti, Leonardo da Vinci, Michelangelo Buonarroti, Dante Alighieri, Francesco Petrarca, Giovanni Boccaccio, Niccolo Machiavelli, Francesco Guicciardini, Amerigo Vespucci, Galileo Galilei, Giovanni delle bande nere, Francesco Redi, Paolo Mascagni, Andrea Cesalpino, Santo Antonino, Francesco Accorso, Guido Aretino, Benvenuto Cellini, Farinata degli Uberti, Pier Capponi, Francesco Ferrucci, Cosimo Pater Patriae, Lorenzo il Magnifico. Wohl ein großer Verein edler Geister! Das kleine Volk Toskanas, ja fast nur eine Stadt brachte sie hervor, Florenz in jedem Sinne blühend, wie sein Name sagt, umhegt von den Olivenbäumen der Minerva, welche nur Sinnbilder seiner friedlichen Künste scheinen. Und gewiß, man weiß nicht, was mehr für die Größe von Florenz spricht, daß hier schon so viele Genies beisammen stehen, oder daß deren hier noch so viele fehlen, die entweder die nächste Zeit noch aufstellen wird, oder denen die Enge des Raumes ein Ehrendenkmal nicht mehr gestattet.

Die Mannigfaltigkeit der hier versammelten Intelligenzen ist so reich wie die Fülle von Naturgefilden. Welche prächtigen Köpfe der alten großen Zeit, welche Eigentümlichkeiten origineller Charaktere! Mit einem Male scheint die Betrachtung alle Sphären des menschlichen Könnens zu umfassen, jegliche Kunst des Friedens wie des Krieges, und solche Kräfte zumal, welche das ganze Menschenleben bis auf unsere Tage erneuernd, ordnend und fortgestaltend durchdrungen haben.

Denn ihre Impulse beschränken sich nicht allein auf Italien, und geschieht es doch bei vielen dieser Geister, die, wie Piero Capponi oder der edle Ferrucci, wie Accorso und Johann von den schwarzen Banden, nur eine örtliche Beziehung haben, so öffnet wieder ein Amerigo Vespucci die Aussicht nach Amerika, und Galilei in noch fernere Welten.

Der Älteste in dieser Versammlung ist Niccolo Pisano, der, um das Jahr 1220 geboren, der Begründer der italienischen Skulptur wurde. Würdig steht ihm der große Giotto zur Seite, der Begründer der italienischen Malerei, groß auch als Bildhauer und Architekt; er trägt die Kapuze jener ernsten und religiösen Zeit, wie auf alten Bildern, und den Plan seines Turmes hält er aufgerollt in der Hand. Mit Betrübnis vermißt man neben ihm seinen Meister und Vorgänger Cimabue, und indem dessen Statue hier fehlt, scheint Dantes berühmtes Wort bestätigt zu werden, welches er dem Maler Oderisi im elften Gesange des Purgatorium in den Mund legt:

> O vanagloria dell' umane posse,
> Com' poco verde in sulla cima dura,
> Se non è giunta dall' etati grosse!
> Credette Cimabue nella pintura
> Tener lo campo, ed ora ha Giotto il grido,
> Si che la fama di colui è oscura.

> *O eitler Ruhm des Könnens auf der Erden;*
> *Wie wenig dauert deines Gipfels Grün,*
> *Wenn roher nicht darauf die Zeiten werden.*
> *Als Maler sah man Cimabue glühn,*
> *Jetzt sieht man über ihn den Giotto ragen*
> *und jenes Glanz in trüber Nacht verglühn.*

(Albert Streckfuß)

Dante selbst, der über seinem eigenen Spruch erhaben steht und dauern wird, solange die Erde dauert, von deren Geist er eine der größten Offenbarungen gewesen ist, er steht, die Leier und sein Buch haltend, gesenkten Hauptes, tief nachsinnend, den Finger erhoben. Sein Antlitz ist auch von dem schlechtesten Bildhauer nicht ganz zu verderben. Ich kenne keines unter den Hunderten von Angesichtern großer Menschen, die ich betrachtet habe, welches so ganz individuell wäre wie das Dante-Gesicht, und auf keinem fand ich eine gleiche Energie oder Tiefe der Leidenschaft ausgeprägt. Es gibt neben ihm nur noch einen Kopf Homers, wie ihn nämlich die Griechen typisch oder ideellerweise auf das glücklichste erdacht haben.

So gern ich nun die meisten jener Porträtfiguren hier genauer betrachten möchte, so muß ich es doch mir oder den Lesern versagen. Denn Porträts wollen gesehen, nicht beschrieben sein. Nur diesen oder jenen wollen wir auszeichnen, mehr als weniger bekannte Erscheinung, denn als Porträt im besonderen; so den Ghibellinen Farinata degli Uberti, den Sieger von Montaperti, der im Verein mit jenen Geistern sein Jahrhundert so trefflich charakterisiert. Er sagt uns, daß die sturmvollen Zeiten der Republik, gleicherweise in Florenz wie in Athen, eben dieselben waren, welche die edelsten Kräfte entfesselten. Denn in derselben Zeit, wo auf den Plätzen und Straßen von Florenz Ghibellinen und Guelfen, Bianchi und Neri, Popolanen und Adel kämpften, sich ermordeten, Häuser anzündeten und Türme zerbrachen, und wo draußen der Feind gegen die Tore stürmte, saßen über ihren Riesenentwürfen in der einsamen Stube Giotto, Dante, Arnolfo, und erließ die Signorie der florentinischen Republik das stolze Dekret, «daß ein Dom gebaut werden solle in der höchsten und kostbarsten Herrlichkeit, welche weder größer noch schöner vom Genie und vom Vermögen der Menschheit je könne erfunden werden». Und so erhob sich denn Battisterium, Turm, Dom und Dantes Gedicht.

Aber wo ist die Statue des Dino Compagni, der jene merkwürdige Zeit so klassisch geschildert hat? Wo ist die Bildsäule des großen Chronisten Giovanni Villani, der zur Ehre Gottes im Jubeljahre Roms (1300) seine Chronik begann, unter den Ruinen der Ewigen Stadt und unter der Million von Pilgern, welche sie durchwogten, zu seinem Werk begeistert? Ich hätte lieber ihn hier gefunden als Guicciardini. Aber es scheint, die Florentiner waren in Verlegenheit, wie sie jede Periode ihrer Stadt repräsentieren sollten, und sie möchten den einzelnen Epochen nicht zuviel Männer zuweisen. Und wie viele vermißt man hier? Die Kirche von Florenz ziert allein der heilige Antonius, der berühmte Dominikaner von San Marco, dann Erzbischof der Stadt, ihr geistlicher Reformator und Vorläufer des Savonarola. Auch die beiden jüngsten Jahrhunderte gingen nicht leer aus. Ihnen sind drei Statuen gewidmet, jene des Francesco Redi, welcher eine solche Auszeichnung schwerlich seinem Gedicht Bacchus in Toskana, aber wohl mit Recht seiner Naturwissenschaft verdankt, jene ferner des Paolo Mascagni und die des Andrea Cesalpino. Beide waren Ärzte und Naturforscher.

Alle diese Statuen stehen, wie ich sagte, in dem inneren Raum der Uffizien, und zwar in den ersten nach außen gekehrten Reihen der Pfeilernischen. Nur zwei Bildsäulen stehen aus dem Kreise jener volkstümlichen Männer zurückgezogen, in dem Winkel der Halle nach innen, wie als hätte das Urteil des Volkes sie in gerechtem Nachdenken dahin verbannt. Es ist Cosmus, der Vater des Vaterlandes, und Lorenzo der Prächtige, sein Enkel. Lorenzo stützt sich auf eine Minervenherme, welche mit Lorbeeren umkränzt ist; und wer gönnt dem geistvollen Pfleger der Künste und der Wissenschaften nicht diese Ehre? Aber doch kann man weder ihn noch seinen Großvater erblikken, ohne sich zu erinnern, daß die Medici es waren, welche all der Geistesfülle von Florenz ein baldiges Ende machten; sie sammelten nur die letzten Kräfte, welche die Republik gebildet hatte, das Höchste war bereits geleistet. Und doch, seien wir gerecht; tadeln wir jene Herrscher nicht zu bitter, denn es haben die Städte und die Völker ihre Sonnenhöhen, und erreichten sie diese, dann steigen sie unrettbar dem Verfall entgegen. Als sich jene Genies erschöpft hatten, begann mit Folgerichtigkeit das eitle Geschwätz der Crusca; und als der letzte Held der Florentiner Demokratie gefallen war, wer möchte da die Ränke der Politik bestreiten? Ich meine jenen Francesco Ferrucci, welcher würdig ist, neben Farinata fortzuleben. Man blickt von den Medici gern hinweg auf diesen letzten Führer von Florenz, welches er vor Clemens VII. und vor dem Kaiser nicht erretten konnte. Ein Papst, ein Sohn von Florenz, ein Medici, unterjochte seine Vaterstadt. Es war die Zeit des Nepotismus. Beim Anblick des Ferrucci vermißt man den unglücklichen Filippo Strozzi und seine Söhne, den tapferen, aber vom Glück nie begünstigten Piero, und Leo Strozzi, den Prior von Malta. Auch sie waren die letzten Kämpfer für die Freiheit ihrer Vaterstadt.

Man sieht, der Charakter jener Denkmäler in den Uffizien ist durchaus ein munizipaler; und ohne Zweifel hat keine andere Stadt Italiens mit einer gleich großen Liebe die geschichtlichen Erinnerungen und Monumente gepflegt, wie Florenz. In allen Städten Italiens wird man Bildsäulen finden, welche der Munizipalgeschichte geweiht worden sind, selbst die unglücklichen Reste von Syrakus und von Agrigent sind ihrer nicht ganz bar; aber man wird sie nur zerstreut und als einzelne verschämte Zeugen einer größeren Vergangenheit auf den Plätzen oder Straßen aufzufinden Mühe haben. Seit einiger

Zeit hat Rom, wenigstens in Beziehung auf Büsten großer Männer
einen rühmlichen Wetteifer mit Florenz begonnen; Bildsäulen von
öffentlichem Charakter besitzt diese Stadt so gut wie gar nicht mehr,
wenn man die Kolosse vom Quirinal, die Reiterfigur des Marc Aurel
und den sogenannten Pasquino ausnimmt, die nun fast einzig übrigen
Reste von öffentlichen Statuen, deren Zahl im kaiserlichen Rom sich
auf viele Tausende belaufen hat. Nur auf dem schönen Hügel Pincio,
dem Spazierort der Römer in Nachmittagsstunden, stehen unter Blumen und Lorbeeren Büsten großer Männer, dort seit der letzten Revolution aufgestellt, oder doch von ihr im Plan entworfen. Hier aber
herrscht nicht, wie in Florenz, eine munizipale Beschränkung, welche
der Weltstadt Rom nimmer geziemen würde, sondern ihrer allumfas-
senden Bedeutung gemäß sind jene Büsten den Männern Italiens
überhaupt wie aus allen Ländern, so aus allen Zeitaltern geweiht, und
wir finden unter ihnen manche der genannten Florentiner wieder, erfreuen uns aber auch, in die fernsten Jahrhunderte zurückblickend,
so gut an Scipio Africanus, wie an den Köpfen des Tacitus und des
Pythagoras. Glücklich wahrscheinlich sind diejenigen Städte, welchen
die Natur zu dem Reichtum an großen Bürgern auch die Gabe der
Kunst verlieh, welche jene ehrt und in leibhafter Erscheinung der
Nachwelt überliefert, zumal wenn der Himmel selbst die Monumente
vor der Zerstörung durch die Rauhigkeit der Lüfte bewahrt. Solche
öffentlichen Museen sind wie Volksschulen der Vaterlandsliebe zu
betrachten. Hätten wir deren auch in Deutschland! Denn unsere großen Bürger sind meist nur in kleinen Kreisen volkstümlich. Ich kehre
zu den Florentinern zurück. Zwei berühmte Künstler würde mancher
unter jenen Marmorbildern vermissen, ich meine den Arnolfo und
den Brunelleschi, die Erbauer des Doms, welchen darum ein Platz
neben Giotto gebühren sollte. Ihre Statuen aber haben einen passen-
deren Ort gefunden, als es die Uffizien hätten sein können. Den großen Architekten erkannte das dankbare Florenz mit dem feinsten
Sinne eine Totenehre zu, wie sie schwerlich belohnender gefunden
werden kann. Denn ihre marmornen Gestalten sitzen nebeneinander
vor dem Dome selbst und schauen nun in alle Zeit zu dem Werke
ihres Genies empor, welches ihnen die Unsterblichkeit gesichert hat.
Mehr als ein Jahrhundert trennt sie beide, aber schön vereinigt sie ein
gleiches und dasselbe Werk und die gleiche Geistesgröße. Beide
Statuen sind aufgestellt in zwei Nischen eines dem Klerus gehörigen,
sehr melancholischen Gebäudes. Beide sind kolossal. Brunelleschi sitzt
der Kuppel gegenüber, welche sein Werk ist; sein mächtiges Haupt
mit kahler Stirn hat er zu ihr aufgerichtet; in der rechten Hand hält
er den Zirkel über dem Plan, der auf seinen Knien ruht. Die Inschrift
sagt: «Fremdling, den Philippus, des Brunelleschi Sohn siehst du hier.

Den Geistesverwandten ging er voran, die schönen Künste förderte
er, die Ehre der alten Architektur stellte er wieder her; sie weit über-
bietend in einem bewundernswürdigen Bau der Kuppel des Haupt-
tempels, schlug er den Neid danieder, und erwarb er sich und der
Stadt großen und ewigen Ruhm.»

Arnolfo nun, Brunelleschis Genosse, sitzt, in der Linken eine Rolle,
in der auf eine Tafel gestützten Rechten den Stift haltend, in einer
Nische jenes Palastes. Sein gelocktes Haupt bedeckt ein Barett. Die
Inschrift besagt:

«Dies hier ist Arnulphus, der, geheißen die Form der Metropolitan-
kirche zu entwerfen und sie nach dem Dekret der Gemeinde von
Florenz mit einer solchen Pracht zu erbauen, daß kein menschliches
Genie sie übertreffen könne, dem ungeheuren Unternehmen sich gewachsen zeigte durch seine ungeheure Geisteskraft.»

Die Inschrift ist gut, denn sie ehrt den Künstler und das Volk. Beide
Statuen, übrigens schwerfällig im Stil und aus schlechtem Marmor,
sind Werke Pampalonis, eines der fruchtbarsten Bildhauer des moder-
nen Florenz, der im Jahre 1851 starb. Von ihm ist auch die Figur des
Dante in den Uffizien. Bazanti, Campi, Caselli, Leoni, Santarelli,
Fantachiotti sind die Namen der Bildhauer, welche die meisten jener
Statuen gefertigt haben. Machiavellis Statue, eine der besten von
allen, ist das Werk des berühmten Bartolini.

Die heutige Bildhauerei der Florentiner hat kaum noch eine andere
Aufgabe behalten als die der monumentalen Ausschmückung ihrer
Stadt. Es ist nicht ungerecht, zu sagen, daß in allen ihren Werken
auch die letzte Spur so von der Kühnheit des Michelangelo, wie von
dem frischen und lebhaften Sinn des Donatello, des Luca della Robbia
und des Verrocchio untergegangen ist, und daß sich keiner mehr der
edlen Anmut des Antonio Rosselini bewußt ist, dessen Grabmal des
Kardinals Jakob von Portugal in der altertümlichen Basilika von San
Miniato aus dem Jahre 1461 das meiste übertrifft, was Florenz von
Denkmälern der Gattung aufzuweisen hat. Die neuere Bildhauerei
ist von einer sehr nüchternen und prosaischen Natur, und wenn sie
ihr Höchstes erreicht, bewegt sie sich in gewissen lyrischen Empfindungen des Zärtlichen und des Angenehmen, wie die Werke des vor
sechs Jahren verstorbenen Bartolini und des noch lebenden Santarelli
beweisen. Wir verlassen nun die Plätze von Florenz, um in einige
Kirchen zu treten. Denn es gibt deren von großem Reichtum an
Monumenten sowohl der älteren als der neueren Bildhauerkunst. Vor
allen andern aber sind zwei Kirchen dadurch ausgezeichnet, San Lorenzo und Santa Croce. Jene besitzt die Meisterwerke Michelangelos,
seiner Schüler und seiner Vorgänger, diese vereinigt die Hauptwerke
der modernen Skulptur.

Es ist bekannt, daß San Lorenzo die Gruftkirche des Hauses Medici ist. In ihren Kapellen sind die Gräber der Familie zerstreut. Cosmus selbst hat kein anderes Denkmal als einen reich verzierten Stein, auf welchem man die einfache Inschrift liest:

«Hier liegt Cosmus von Medici, durch öffentlichen Beschluß benannt Vater des Vaterlandes. Er lebte fünfundsiebzig Jahre, drei Monate, zwanzig Tage.» Dagegen findet man in der Sakristei das Grabmal seiner Eltern, des Johann von Medici, des Sohnes Averardos und der Piccarda, einen einfachen Sarkophag von Marmor mit sehr sauberen Ornamenten, eine schöne Arbeit des Donatello.* Zur Seite ferner und am Eingange erhebt sich ein Sarkophag von Porphyr, welcher die Gebeine des Piero und des Giovanni, der Söhne des Cosmus, umschließt, ihnen gesetzt von Lorenzo dem Prächtigen, mit der einfachen Inschrift: «Dem Vater und dem Oheim.» Dieses Monument ist das ausgezeichnete Werk des Andrea Verrocchio, aus dem Jahre 1472. Es ruht auf bronzenen Löwenfüßen, welche von den zierlichsten Eckornamenten gehalten werden, andere Verzierungen von Bronze schmücken das Ganze in der gefälligsten Weise. Vergleicht man diese Arbeit mit den schwerfälligen Porphyrsarkophagen der berühmten Kapelle der Mediceer, welche sich hinter dem Chor der Kirche erhebt, so erkennt man den großen Abstand der Kunst des 17. Jahrhunderts von der des 15. Denn hier ist das reiche Material, nicht mehr die Ausführung die Hauptsache.

Jene Kapelle aber ist von Ferdinand 1. gegründet. Im Achteck erbaut, groß an Raum und an sich beinahe schon eine Kirche, sollte sie an Pracht nicht ihresgleichen haben und eine wahre Schatzkammer des Hauses Medici werden. Die luxuriöse Pracht ist vorhanden, aber sie ist finster und unheimlich. Die Wände sind mit köstlichen Steinarten überschwenglich ausgestattet, und in pietra dura, in Mosaiken von Lapislazuli, von Perlen, Achaten und Edelgesteinen überreich dekoriert. Die dunkle Bekleidung der Wände, in welcher die Mosaiken, Städtewappen Toskanas vorstellend, am Ende doch verschwinden, und die schwerfällige Architektur der Sarkophage stimmen das Gemüt nicht zur Trauer, sondern machen es düster. Man sollte glauben, nicht in einer Kapelle der Medici, sondern in einer Gruft ägyptischer Könige zu stehen. Einen auffallenden Gegensatz zu dieser Stimmung bringen aber erst die vor 18 Jahren beendigten Fresken der Kuppel hervor, welche eine sehr muntere moderne Farbe haben. Die Steindekoration der Kapelle ist übrigens nicht beendet. So ungeheure Schätze des Materials, wie hier die späteren Medici aus Prunksucht an

---

* Die Zuschreibung an Donatello ist nicht aufrechtzuerhalten. Das Grabmal wurde um 1533/34 von Andrea di Lazzaro Cavalcanti (Buggiano) ausgeführt.

ihre Gräber verwendeten, sind wahrhaft eitel, kleinherzig und auch nutzlos, denn den Beschauer fesseln diese Grüfte nicht, während er vor den Denkmälern zweier kaum bekannter Medici verweilen muß. Denn es sind Werke des Michelangelo.

Julian von Medici und Lorenzo von Medici haben das unverdiente Glück gehabt, dem Meißel des größten Bildhauers der christlichen Zeit ihre Unsterblichkeit zu verdanken. Jener war Bruder Leos x. und Herzog von Nemours, dieser war Leos Neffe, widerrechtlich und durch schändliche Umtriebe zum Herzog von Urbino gemacht, und bekannt als Vater der Katharina von Medici. Beide starben jung, der erste im 37., der andere im 27. Jahre seines Lebens, 1516 und 1519. Es hatte Papst Leo x. die Monumente dem Michelangelo übertragen, aber erst unter Clemens vii. wurden sie vom Künstler so weit vollendet, wie wir sie nun vor uns sehen. Sie befinden sich nicht in der großen Gruft-kapelle, sondern in der zweiten Sakristei, welche man vorzugsweise die Kapelle der Medici oder des Michelangelo nennt, weil auch die Architektur sein Werk ist.

Man trauert, daß ein Michelangelo berufen sein mußte, sein Genie an Denkmäler so untergeordneter Menschen zu verwenden, welche Gedanken oder Begeisterung dieses Künstlers niemals entzünden konnten, wie es die Aufgabe eines Monumentes für Julius ii. zu tun wohl imstande war. Michelangelo war nicht geboren, um einen Her-zog von Nemours darzustellen, sondern einen Moses, einen Laokoon, einen Alexander, eine Trojanerschlacht. Weil er aber nicht in klas-sischer Zeit lebte, so vergönnte ihm das Schicksal auch nicht, in der Skulptur, wofür er geschaffen war, sein Höchstes zu geben, sondern zwang ihn zum Erstaunen der Welt als Maler größer zu scheinen denn als Bildhauer, und also sein Meisterwerk nicht zu meißeln, son-dern zu malen. Michelangelo malte mit der linken Hand; so war ihm die Muse der Malerei angetraut. Das herrlichste nun von jenen beiden Grabmonumenten ist das Lorenzos. Über dem Sarkophage von wei-ßem Marmor sitzt die Figur in einer Nische, die Manneskraft mächtig ruhend in sich gefaßt, an Gestalt und an Blick ein Herrscher. Das be-helmte Haupt ist wenig geneigt, wie das eines Menschen, der tief nachdenklich ist, und so hat er auch Hand und Finger über das Kinn herauf, den Ellenbogen des Arms auf das Knie stemmend, während die rechte Hand kriegerisch frei und stolz ausruht. Die Italiener nen-nen diese Figur: il pensiero, den Gedanken. Sie ist in Wahrheit ein Gedanke, ein machtvoller, des Meisters. Unter der Figur steht der Sarkophag von einer schon ins Barocke übergehenden Form. Auf dessen beiden Flügeln liegen zwei allegorische Gestalten, links die Dämmerung, rechts die Morgenröte. Jene (il crepusculo) ist eine männ-liche Figur, an deren Kopf die Vollendung fehlt. Ihr Charakter ist großer Ernst; sie ist in fast hängender Lage vorgestellt, das rechte Bein über das linke geschlagen. Gleich gewagt ist die Stellung der Aurora, einer Figur, die der Künstler ganz vollendete. Sie ist eine weibliche Gestalt von kräftigen Formen, im Liegen auf die rechte Seite gestützt, das ernste sprechende Haupt frei empor, mit der linken hinter sich langenden Hand das Schleiertuch fassend. Der Ausdruck von der höchsten Lebhaftigkeit und Kraft entschädigt für den Mangel eines entschiedenen Gedankens, den alle diese allegorischen Figuren nicht ausdrücken können. Denn nur als Genien der Zeit mögen Dämmerung, Morgenröte, Tag und Nacht einen monumentalen Sinn haben.

Tag und Nacht aber sind die Sarkophag-Figuren auf dem Mausoleum des Julian, welches jenem Lorenzos gegenübersteht. Es ist in der gleichen Weise angeordnet, die Haltung beider Genien ist indes noch gewagter, besonders die der Nacht, einer fast ganz ausgeführten weiblichen Figur, welche den rechten Ellenbogen auf das emporgestemmte linke Bein gestützt hält, den Kopf zur Hand geneigt und schlummernd. Der Tag zur Linken, eine männliche Gestalt von herkulischer Muskulatur und von antiker Bildung, ist leider im Kopfe gänzlich unvollendet, was um so mehr zu bedauern ist, da dieses Haupt auch in der Unvollendung einen so gewaltigen Ausdruck trägt, daß man glaubt, ein Heroenantlitz hinter einem Schleier zu sehen. Julians Figur in der Nische, obwohl kräftig und schön ausgeführt, unbedeckten Hauptes dasitzend, den Feldherrnstab auf dem Knie, hat doch nicht mehr die Hoheit der Figur Lorenzos. Der langgezogene Hals wie die Haltung des Hauptes streifen schon an dieselbe unschöne Manier, welche bei dem Adonis und beim Bacchus des Michelangelo mißfällt. Denn bei vielen seiner Statuen läßt sich in der Stellung der Glieder und namentlich in der Haltung des Kopfes eine Manier erkennen, welche Parmigianino in seinen Gemälden unglücklich wiedergegeben hat.

Vasari gibt die trefflichen Verse, die auf jene Figur der Nacht, wie es heißt von Strozzi, gedichtet wurden. Sie lauten:

> La notte che tu vedi in si dolci atti
> Dormir, fu da un Angelo scolpita
> In questo sasso, e perchè dorme ha vita;
> Destala, se nol credi, e parleratti.

> *Die du erblickst, die hold entschlafne Nacht,*
> *Ihr hat im Stein ein Engel Form gegeben,*
> *Und weil sie schläft, hat sie ein wirklich Leben,*
> *Und spricht, hast du zu wecken sie die Macht.*

Michelangelo entgegnete:

Grato m'è 'l sonno, e più l'esser di sasso:
Mentre che 'l danno e la vergogna dura,
Non veder, non sentir m'è gran ventura;
Però non mi destar: deh! parla basso!

Mir ist so lieb mein Schlaf, und daß ich bin von Steine,
Solang die Schmach noch dauert, dieses Wehgeschick.
Nicht sehn, nicht hören, das ist nun mein Glück;
Drum weck mich nicht, sprich leise, ach! und weine!

Die Verse haben eine politische Bedeutung und sind Michelangelos
würdig, welcher die Republik Florenz gegen Alexander und Karl v.
monatelang, doch fruchtlos verteidigte. Er leitete die Befestigungen
als Ingenieur auf den Hügeln von Santa Croce al Monte und von San
Miniato und arbeitete zugleich an den Grabmälern der Medici.

Dieselbe Kapelle enthält noch eine Madonna mit dem Kinde in
weißem Marmor, unvollendet und gleichfalls ein Werk des Michelangelo. Ihr zu beiden Seiten stehen Sankt Damianus und Sankt Cosmus, die Schutzheiligen der Mediceer, Werke von Michelangelos besten Schülern, Montorsoli und Raffaelo da Montelupo, doch ohne
Auszeichnung, obwohl man die Modelle dem Michelangelo zuschreibt.

Im Gegensatz zu den vielgepriesenen Meisterwerken von San Lorenzo betrachten wir nun jene von Santa Croce, welche vorzugsweise
moderne Arbeiten sind. Und hier findet das umgekehrte Verhältnis
statt: es sind Denkmäler der größten Männer von Florenz und mittelmäßige Werke der Epigonen. Da erkennt man, daß es die Aufgabe
einer großen Zeit ist, selbständige Ideen zu schaffen, die einer kleinen
Zeit, Monumente zu setzen. In dieser Phase möchte bei allen Nationen mehr oder minder die gegenwärtige Kunst stehn, vor allem die
Skulptur. Doch preisen wir immerhin ein Volk glücklich, dessen
Künstler nicht aufhören, seiner einstigen Größe Denkmäler zu errichten und das Andenken von Männern zu verewigen, welche große
und freie Bürger waren. Solche Unternehmungen aber, wie jene Auf-
stellung berühmter Vorfahren, sind die stillschweigenden, wenn auch
demütigen Proteste des Volkes gegen die neuere Zeit.

Santa Croce ist ein Pantheon der würdigsten Art. Die Kirche, ein
Bau des Arnolfo vom Jahre 1294, ist von einer ernsten und düstern
Feierlichkeit, wahrlich eine große Totenhalle, die kein denkender
Mensch ohne Ehrfurcht betreten wird.

Gleich am Eingange zur rechten Seite erhebt sich Michelangelos
Mausoleum, ein Denkmal, welches seiner Größe nicht würdig ist, weil
er es sich nicht selber setzen konnte. Seine Nachfolger haben daran
bewiesen, daß die Skulptur ihren Meister verloren hatte. Ein Sarko-

phag von grauem Marmor trägt Michelangelos Büste. Selten prägt
sich eines Menschen Kopf gleich beim ersten Anblick so tief dem Ge-
dächtnisse ein wie der Michelangelos, denn er ist in höchstem Grade
eigentümlich. Die Stirne, breit, knorrig und fest, wie aus Erz heraus
gehämmert, scheint ein einziges Organ der Bildhauerei zu sein; die
Augen sind tiefsinnig, die Mienen verraten einen leidenschaftlichen
und melancholischen Schmerz. Überhaupt hat Michelangelos Antlitz
etwas Leidendes und Schwermutvolles, welcher Ausdruck noch dadurch verstärkt wird, daß seine Porträts ihn schon als Greis darstellen. Man erkennt in ihm wohl den Dichter jener Sonette im Geiste
des Dante, welche die Endlichkeit aller Größe der Welt und die Sehnsucht nach Ruhe aussprechen. Dies mächtige Greisenantlitz eines so
gewaltsam ringenden Menschen aber trägt in sich selbst einen Widerspruch; denn indem alle Fülle des Genies über Stirn und Nase thront,
fällt der untere Teil des Gesichts, die Nase, der Mund, der zwiegeteilte
Bart schroff in das Materielle ab und verrät einen Zug, wenn nicht
von Haß, so doch von bitterer Satire. Michelangelo hat in der Tat
etwas von einem antiken Faun oder Satyr in seinem Gesicht, und dies
fällt zum größten Teil der Mißbildung seiner Nase zu. Es erzählt Cellini in seiner Selbstbiographie, daß der Maler Piero Torrigiani sich
vor ihm rühmte, den Buonarroti für sein ganzes Leben gezeichnet
zu haben. Er läßt den Torrigiani sagen: «Dieser Buonarroti und ich
gingen als Kinder in die Kirche del Carmine zur Kapelle des Masaccio,
um zeichnen zu lernen, und weil der Buonarroti die Gewohnheit hatte,
alle diejenigen zu verspotten, welche zeichneten, und der Genannte
eines Tages unter anderen mir lästig fiel, so überkam mich eine größere Hitze als gewöhnlich, und mit der geballten Faust gab ich ihm
einen so mächtigen Schlag auf die Nase, daß ich unter der geballten
Faust jenen Nasenknochen zerbrechen fühlte, als wäre es ein Pfann-
kuchen gewesen; und so wird er von mir gezeichnet bleiben sein Leben lang.» – Diese Worte, fährt Cellini fort, erzeugten in mir einen
so großen Haß, weil ich die Werke des göttlichen Michelangelo beständig betrachtete, daß ich jenen Menschen zu sehen nicht ertragen
konnte.

So gezeichnet blieb Buonarroti allerdings sein Leben lang. Zwar
kann man nicht sagen, daß dieser Fehler ihn allzusehr entstellte, aber
er verstärkte den satirischen Zug seines Gesichtes, und betrachtet
man dieses, so erinnert man sich wohl, daß Buonarrotis erste Arbeit
jene Satyrmaske war, welche er als Knabe aus einem kleinen Stück
Marmor fertigte, das ihm willige Steinmetzen im Garten Medici geschenkt hatten. Jener Maske aber verdankte der Jüngling die Aufmerksamkeit des Lorenzo von Medici und den Beginn seiner künstlerischen Laufbahn überhaupt.

Michelangelos Büste also steht auf dem Sarkophag – an den Ecken und in der Mitte desselben sind sitzende Figuren angebracht, rechts die Muse der Architektur, links die Muse der Malerei, in der Mitte die trauernde Bildhauerkunst. Alle drei Gestalten sind höchst mangelhaft, barock und kleinlich gedacht. Der Ungeschmack des ganzen Mausoleums wird endlich noch dadurch vermehrt, daß man über ihm selbst einen Baldachin in Farben gemalt hat. Und so würde man den Florentinern, die doch wie keine andere Nation ihre großen Toten zu ehren wissen, ob dieses geringfügigen Monuments mit Grund zürnen dürfen, wäre nicht Michelangelos Haus in der Straße Ghibellina zu einem würdigen Denkmal seines Lebens umgeschaffen worden.

Nun das Ehrendenkmal Dantes, auf Michelangelos Monument folgend und von ihm nur wenige Schritte entfernt. Die Nachbarschaft ist passend, denn Michelangelo war der Dante der Skulptur und der Malerei. Als Florenz im Jahre 1519 den Papst Leo x. aufforderte, Dantes Gebeine von Ravenna in die Vaterstadt zu schaffen, unterzeichnete das Gesuch Buonarotti mit den Worten: «Ich, Michelangelo, Bildhauer, erflehe dasselbe von Eurer Heiligkeit, mich erbietend, dem göttlichen Poeten sein passend Grab zu machen und an einem ehrenden Orte in dieser Stadt.» Aber es tragen die Bürger von Florenz noch bis auf den heutigen Tag die gerechte Strafe, Dante einst in die Fremde verstoßen zu haben, damit er lerne

wie salzen schmeckt
Des Fremden Brot und wie so hart die Straße,
Wenn auf und ab man fremde Treppen steiget.

come sa di sale
Lo pane altrui, e com' è duro calle
Lo scendere e il salir per l'altrui scale.

Die Inschrift auf dem Denkmal Dantes spricht es aus, daß die Florentiner lange die Gewissenspflicht fühlten, den Geist des Dichters zu versöhnen. Sie lautet:

«Dem Dante Alighieri errichteten die Toskaner ein ehrendes Denkmal, das die Vorfahren dreimal vergebens dekretiert hatten, glücklich im Jahre 1829.»

Der glückliche oder vielmehr unglückliche Bildhauer, welcher das ausführen sollte, wozu sich Michelangelo erboten hatte, war Ricci, ein vor mehreren Jahren verstorbener Künstler. Welches Denkmal hätte nicht Michelangelo dem Dante gesetzt, den er so leidenschaftlich liebte, wenn er schon einem Lorenzo und einem Julian so gewaltige Mausoleen ersann! Da hätte die Welt ein seltenes Doppelfest des Genies gefeiert. Vielleicht darf man sagen, Florenz habe an dem Projekt Michelangelos eine zweite Göttliche Komödie verloren.

Stefano Ricci wandte freilich alle seine Kraft an, um der schwierigen Aufgabe sich gewachsen zu zeigen; wie diese auf ihm lastete,
erkennt man gleich an dem schweren Steingefüge seines Grabmals.
Er suchte durch kolossale Massen Größen zu erreichen, indem er
schlichte Marmorblöcke aufeinander häufte. Den schweren Sarkophag
setzte er auf einen mächtigen Untersatz, über allem noch einen Würfel, worauf die übermenschliche Figur des Dante sitzt. Das lastet und
drückt, als gelte es einen jener florentinischen Steinpaläste aus der
Zeit der Strozzi aufzuführen. Die undurchbrochene Steinmasse tötet
den Blick. Dante nun, mit halbnacktem Oberkörper, die Hand am
Kinn, die Leier zur Seite, sitzt nachdenklich da. Die Figur hat kein
Genie. Zur Seite steht auf dem Untersatz die kolossale Gestalt der
Italia mit der Lanze; sie weist auf eine Inschrift, oder sie selbst ruft
vielmehr die bekannten Worte: «Ehret den erhabensten Poeten!» –
Dieser Ausruf mochte die toten Florentiner zu bestrafen scheinen,
aber für die heutigen paßt er nicht, denn die Italiener liegen vor
ihrem Dichter auf den Knien, nur zu sehr seine Verehrer. Dies absolute Gedicht ist eine hohe Mauer, welche ihnen den Einblick in das
Leben verbaut und ihre Literatur zu hemmen scheint. Noch schwächer
ist die klagende Poesie dargestellt, eine weibliche Figur, welche über
dem aufgeschlagenen Buch der göttlichen Komödie trauert. Sie hält
einen Totenkranz. Ihre Formen sind plump und ihre Haltung ist unschön, da sie fast mit dem ganzen Oberkörper aufliegt.

Das also ist das verunglückte Ehrendenkmal für eins der größten
Genies der Menschheit. Es gibt aber in Florenz noch eines, und das
einzige, welches die Bürger der Stadt ihrem Poeten im Mittelalter
setzten. Ich meine das sehr merkwürdige und alte Bild im Dom zu
Florenz, welches von Domenico di Michelino, einem Schüler des Beato
Angelico, herrührt. Es stellt in naivster Weise die Hölle, das Fegefeuer und die Himmelskreise der göttlichen Komödie dar, und zeigt
im Vordergrunde Dante selbst, sein weitgeöffnetes Buch gegen den
Beschauer kehrend. Der Dichter trägt ein langes, rotes Gewand und
eine lorbeerbekränzte Kappe. So steht er meditierend da. Neben ihm
malte der Meister den Florentiner Dom. Man liest unter dem Bilde
folgende elegischen Verse:

> Qui coelum cecinit, mediumque, imumque tribunal,
>   Lustravitque animo cuncta poeta suo,
> Doctus adest Dantes, sua quem Florentia saepe
>   Sensit consiliis ac pietate patrem.
> Nil potuis tanto mors saeva nocere poetae
>   Quem vivum virtus, carmen, imago facit.

Welcher den Himmel besang und der Mitte und Tiefe Gericht auch,
Jener Poet, der klar alles im Geiste geschaut,
Dante, der Wissende, steht allhier, den öfters Florenz wohl
Sich als Vater im Rat, oder in Werken erkannt.
Nimmer vermochte der Tod so gewaltigen Sänger zu töten,
Sieh, denn er lebt in der Kraft, lebt im Gedicht und im Bild.

Diese Inschrift ist gewiß, dem Bild nicht unähnlich, von der echten klassischen Naivität alter Zeiten.

Alfieris Monument! Es steht dem Dante zur linken Seite. Seine Geliebte, die Gemahlin des bekannten Karl Stuart, Prätendenten von Schottland, mit welcher der Dichter seine letzten Lebensjahre in Florenz glücklich verlebte, hat ihm dies Denkmal durch Canova errichten lassen. Der Name eines so berühmten Bildhauers – er fängt freilich an sich zu verdunkeln – möchte eine hohe Erwartung von seinem Werke erregen; aber dieses ist keineswegs ausgezeichnet, obgleich es die übrigen Monumente durch edlen Stil und durch Einfachheit übertrifft. Alfieris Sarkophag von schönem, weißem Marmor ruht auf einem großen halbrunden Piedestal in zweien Aufsätzen. Die trauernde Italia beugt sich auf den Sarg, auf dessen Vorderseite das Brustbild Alfieris in Marmor angebracht ist. Tragische Masken zieren die Ecken. Die schlichte Einfachheit des Ganzen ist erfreulich, auch entstellt die Inschrift den Ruhm des Dichters nicht durch Prahlerei, sie sagt nur, daß die Liebe eines Weibes das Grabmal errichtet habe:

«Dem Vittorio Alfieri von Asti ließ das Denkmal setzen Aloisia Prinzessin von Stolberg Gräfin Albani, im Jahre 1810.»

Alfieri erfreut sich eines ungeschwächten Ruhmes in seinem Vaterlande; weder der deutschen noch der englischen Natur, wenn wir wahr sein wollen, recht genießbar, weil es ihm an der Einbildungskraft wie an den dichterischen Ideen fehlt, erscheint uns nordischen Menschen seine Tragödie nur wie das logische und sicher gebaute Skelett eines Trauerspiels nach der alten Ästhetik. Aber die Italiener nennen ihn mit einer mehr patriotischen als liebenswürdigen Dreistigkeit den ersten Tragiker aller Zeiten, und sie halten es durchaus nicht für einen Raub zu sagen, daß Alfieris Saul an gigantischer Größe dem gefesselten Prometheus völlig ebenbürtig sei. Man sehe, wie schwach und wie blind die Urteile durch Vaterlandsliebe oder durch Dankbarkeit werden. Und viel Dank sind die Italiener dem Alfieri schuldig. Er nimmt in der Poesie diejenige Stelle ein, welche Canova in der Bildhauerei gebührt; denn beide erlösten Italien von dem Schwulste der voraufgegangenen Jahrhunderte und stellten seine geistige Nationalität wieder her. Alfieris Tragödien haben den Freiheitssinn der Italiener mächtig geschürt, und ihre schwer geharnisch-

ten Verse erschüttern noch heute das italienische Publikum, wie uns
die brillanten Verse seines Zeitgenossen Schiller. Beide, in ihrer poetischen Anlage so durchaus entgegengesetzt, berührten sich dennoch,
oder begegneten sich in den Stoffen; ihr Verhältnis zu ihren Nationen
und zu ihren Bühnen aber ist wesentlich dasselbe.

Nun Niccolo Machiavelli. Auf seinem Grabmal sitzt die Göttin der
Gerechtigkeit, in der Hand hält sie die Waage; sie scheint auf der
einen Schale die Schriften des Geschichtschreibers, auf der andern,
welche versteckt ist, vielleicht die Anklagen zu wiegen, die drei Jahrhunderte auf den großen Florentiner gehäuft haben, und dann ruft
sie aus:

Tanto nomini nullum par elogium!

Einem so großen Namen kommt keine Lobrede gleich.

Diese Worte liest man auf dem Sarkophag. Es ist interessant zu wissen, daß der Kardinal Pool, ein Engländer, der erste Mann war, welcher Machiavellis politische Ratschläge öffentlich verdammte, ein englischer Lord Clavering der erste, welcher Machiavelli ein Monument
zu errichten aufforderte, und daß endlich der jüngste Verteidiger des
Florentiners wiederum ein Engländer ist, Macauley. Die Zeit und die
Kritik seiner Schriften haben Machiavellis Andenken von diesem
Fluch gereinigt, der seinen Namen seit 300 Jahren zum Schlagwort
für alle Nichtswürdigkeit jesuitischer Politik machte. Dieser Umschwung der öffentlichen Meinung aber ist ein merkwürdiges Beispiel von der Wandelbarkeit der menschlichen Ansichten überhaupt.
Nur dies möchte vielleicht das vorurteilslose Urteil des gesunden
Menschenverstandes bestätigen, daß die Strafe, welche Machiavelli,
wenn auch seiner Ansicht nach schuldlos, drei Jahrhunderte lang erlitt, dennoch gerecht war, und daß sie der Menschheit sogar zur Ehre
gereicht. Denn ein Buch, wie sein Fürst, ist verwerflich, weil es in der
Absicht dunkel, in der Wirkung aber gefährlich ist, und, wenn jene
durch die Forschung aufgehellt wird, doch nur als Charaktergemälde
späten Nachkommen eine zweifelhafte Belehrung gibt. Es war ohne
Zweifel ein guter und dem Altertum entlehnter Gedanke des Künstlers, daß er die Göttin der Gerechtigkeit über Machiavellis Grab aufstellte, dies in einem doppelten Sinne. Welche eherne Schale sänke
nicht tief unter dem Gewicht von Machiavellis Geschichtsbüchern,
dieser schönsten und edelsten Prosa in der modernen historischen
Literatur?

Jetzt aber treten wir mit einer gleich großen Teilnahme vor das
Grabmal Galileo Galileis, des Fürsten Italiens im Reich der Astronomie und der Physik. Florenz beherbergte ihn elf Jahre lang bis zu

seinem Tode, nachdem er in Rom den peinlichen Prozeß überstanden hatte und in jene Stadt verwiesen worden war. Glücklicher als Machiavelli entging er der Folter, denn so viele neue Untersuchungen haben das bewiesen. In Florenz wohnte er in anständiger Gefangenschaft auf dem schönen und lachenden Hügel von Arcetri, in der Villa eines Schülers, und noch heute hat das Landhaus die fromme Erinnerung an ihn bewahrt. Dort in der Nähe zeigt man auch den alten Turm del Gallo, von dessen Zinne Galilei den Himmel zu betrachten fortfuhr, solange ihm das Licht der Augen noch vergönnt war; trotz jener Mönche, welche in ihren Predigten so naiv und so witzig den Vers des Lucas gegen Galilei zum Grunde legten: Viri Galilei, quid statis aspicientes in coelum? (Galileische Männer, was steht ihr und gafft gen Himmel?) Man muß hier wohl an den Columbus denken, dessen Schicksal so viel Ähnlichkeit mit dem Galileis hat.

Das Monument Galileis ist zugleich auch das Ehrendenkmal eines noch größeren Mannes, der einer damals noch halb barbarischen Nation entsprungen war, des Kopernikus. Denn man kann nicht an Galilei denken, ohne den Kopernikus durch ihn gleichsam wie durch einen rühmlichen Titel zu ehren. Der rief zuerst zur Sonne: «Steh' still und beweg dich nicht!» Galilei sprach zur Erde: «Und du bewegst dich doch!» Jener Spruch aus dem Buch der Richter: «Sta sol, ne moveare», ist die Inschrift auf dem Monument des Kopernikus, welches ihm der Graf Stawinski in Krakau hat errichten lassen. Sie ist sehr schön und geistvoll gefunden, und sie sagt mehr als die schlechte Inschrift auf dem Sarkophag Galileis, welche einen so großen Mann mit so vielen kleinen Prädikaten überhäuft.

Der Sarkophag steht nicht in der Reihe der von uns schon genannten Grabmäler, sondern er ist der erste auf der andern Seite, wenn man die Kirche betritt. Das Denkmal ist keineswegs des Galilei würdig; eine geschmacklose Arbeit des 17. Jahrhunderts zeigt es alle die Mängel der berninischen Periode. Die Figuren der Geometrie und der Astronomie stehen auf dem Sarkophag mit ihren entsprechenden Attributen, über demselben erhebt sich sodann die Büste Galileis (von Foggini) oder vielmehr seine Halbfigur, denn er ist dargestellt, das Fernglas in der einen, die Weltkugel in der andern Hand. Sein Haupt ist sehr groß und robust, fast materiell grob in seinem Bau wie in den Zügen, und es würde beim ersten Blick schwerlich den Charakter eines sternkundigen Philosophen verraten. Ein patriarchalischer Bart gibt allein dem Antlitz jene mystische Würde, welche wir uns gewöhnt haben, als unzertrennlich von dem Begriff eines Sterndeuters, zumal des Mittelalters, zu denken. Es scheint überhaupt, als waren die alten Florentiner von kräftigerem und mehr irdischem Körperbau, als es ihre heutigen Nachkommen sind. Auch Machiavellis Kopf will dies bestätigen, aber er ist klarer und feiner geformt als jener Galileis, nur die Nase ist ein Weniges zu derb angelegt.

Galilei starb im Jahre 1642 an demselben Tage, da Newton geboren wurde. Mit Recht darf man in diesem Zusammentreffen die wundersame Fügung des Zufalls bewundern, welcher das Genie wie durch eine Seelenwanderung fortsetzt. So war auch Galilei zwei Tage vor dem Tode Michelangelos geboren, am 15. Februar des Jahres 1564. Eine schöne, aber seltene Verkettung der Geister. Denn das Genie ist ein Knotenpunkt in der organischen Entwicklung der Menschheit, wie an dem Rohr, dann geht's glatt weiter bis zu einem anderen Knotenpunkte und wie bei den Jahresringen. Wir sind hinter einem Knotenpunkte, in der scheinbaren Dekadenz.

Die Kirche Santa Croce enthält noch eine Menge anderer Grabmonumente zum Teil berühmter Namen aus der älteren, wie aus der neueren Zeit. Vortrefflich ist das Grabmal des Geschichtschreibers Lionardo Bruni von Arezzo, von Bernardo Rosselino, einem Bruder des ausgezeichneten Bildhauers Antonio. Wenn man nun dieses Monument aus dem 15. Jahrhundert mit den modernen Arbeiten eines Ricci, Pozzi, Fantachiotti und anderer Florentiner vergleicht, so muß man allerdings gestehen, daß die Skulptur von Florenz weit hinter jene alte edle toskanische Schule zurückgeschritten ist. Jenes Denkmal Lionardos ist nur ein einfacher Sarkophag, auf welchem der Kanzler schlummernd dargestellt ist, sein Buch, eine lateinisch geschriebene Geschichte von Florenz, auf der Brust haltend. Über dem Sarkophag hängt ein schönes Relief von Andrea Verrocchio, dem Lehrer des Lionardo da Vinci, die Madonna mit dem Kinde vorstellend. Die edle Schönheit des Stils an dem Sarge und an der Figur ist nicht minder angenehm zu betrachten als die erstaunlich fleißige und feine Ausführung in den saubersten Ornamenten und im Gewande. Diese liebevolle Behandlung in Marmor kommt ganz der Feinheit gleich, mit welcher die alten Maler jener Zeit, wie Benozzo Gozzoli, Gentile da Fabriano, Ghirlandajo, die Gewänder malten und verzierten.

Ebenso vortrefflich ist das Grabmal des Philosophen Marsuppini aus der Mitte des 15. Jahrhunderts, ein Hauptwerk des Bildhauers Desiderio da Settignano, welcher neben den beiden Brüdern Rosselini einer der glänzendsten Schüler Donatellos war. Jenes Mausoleum nun gleicht in der Anlage wie in der Ausführung dem Werke des Bernardo.

Man vergleiche nur mit den Arbeiten jener trefflichen Meister das Denkmal des Vittorio Fossombroni aus dem Jahre 1550, um den bedeutenden Abstand der Zeiten zu erkennen. Hier steht die Büste auf einem Aufsatze von weißem Marmor, zwei kleine Genien halten zu den Seiten, der eine ein Wappenschild, der andere eine Rolle und ein

Füllhorn. Die Idee ist so nüchtern, wie die Behandlung glatt und un-
künstlerisch in den schwächlichsten Formen. Der monumentale Charakter verschwindet schon gänzlich.

Dasselbe gilt von dem Grabmal des Pompejus Signorini, Kanzlers
Leopolds II., einem Werke jenes Ricci, welcher das Ehrendenkmal
Dantes ausführte. Auch hier ist eine gleich große Schwere unidealer
Formen, zumal der kolossalen Gestalt der Philosophie, welche wie der
Genius des Materialismus unserer Tage aussieht.

Selbst Bartolini, dem talentvollsten Bildhauer der jüngsten toskanischen Schule, fehlt die Größe der Auffassung und die Würde. Eine
seiner letzten Arbeiten, welche er nicht mehr vollenden konnte, weil
ihn der Tod überraschte, ist das Monument des berühmten Architekten Leon Battista Alberti, welches in der Mitte des Hauptschiffes
der Kirche neben dem Chor aufgestellt ist. Albertis Figur erhebt sich
dort auf einem Postament von weißem Marmor, die Hand auf der
Brust, neben ihm ein sitzender und ein stehender Genius mit der
Fackel. Die Gruppe ist von so erstaunlicher Nüchternheit und von so
ganz unplastischen Formen, daß man sie kaum Bartolini zutrauen
möchte. Die Mittelfigur gleicht einem in der Wüste abgehagerten Johannes, und indem die beiden Genien noch über den Häuptern vergoldete Glorienreifen tragen, wird der schwächliche Charakter des
Ganzen bis zur Frömmelei gesteigert. Alberti, ein Mann, welcher Florenz mit so vielen schönen Bauten zierte und der Kunstgeschichte
durch seine Schriften so nützlich war, hätte wohl ein würdigeres
Denkmal verdient. Diesem gegenüber steht die Monumentalfigur des
Grafen Giovanni Vincenzo degli Alberti, Ministers unter Leopold.
Sie ist bei weitem würdiger.

Wo es dagegen nicht auf Tiefe und Erhabenheit oder auf einen
höheren idealen Charakter ankommt, sondern nur auf eine gewisse
glatte Anmut der Form und den Reiz sentimentaler Empfindung, da
haben diese modernen Künstler oft sehr Anerkennenswertes geleistet.
Man sieht unter anderem von Stefano Ricci ein vortreffliches Denkmal des polnischen Malers Skotnicki in einer Seitenkapelle von Santa
Croce. Es ist einfach und voll Liebreiz, eine Marmorsäule, welche die
Urne trägt, und an welcher Palette und Lyra lehnen, weil der junge
im Jahre 1808 verstorbene Künstler auch Musiker war. Zu den Füßen
der Säule trauert die Gattin des Toten, eine weibliche Gestalt von angenehmen Formen. Hier gelang dem Bildhauer der sanfte Ausdruck
von Schmerz und Pietät gar wohl. Das Monument teilt alle Vorzüge,
welche Riccis «Genius der Unschuld» besitzt, eine zierliche, mädchen-
hafte Figur, eine Taube an der Brust haltend, aufgestellt im Palast
Pitti.

In derselben Nebenkapelle befindet sich auch das Monument der

Gräfin Stolberg-Albani. Santarelli und Fantachiotti, noch lebende Bildhauer, haben es gearbeitet. Stil und Weichheit der Formen, liebliche Anmut und Unschuld lassen hier die Schule Bartolinis und Riccis wiedererkennen. Die Genien des Todes und des Schlafes zur Seite des architektonisch reich verzierten Mausoleums sind besonders durch Grazie wohlgefällig, und nicht minder anmutig ist das treffliche Basrelief in der Mitte, welches den Glauben, die Liebe und die Hoffnung darstellt.

Noch viele Namen liest man auf den Denkmälern dieser reichen Kirche Santa Croce, unter anderen auch den Namen Bonaparte. Es liegen nämlich in einer Kapelle begraben die ehemalige Königin von Spanien und ihre Tochter, Charlotte Napoleon Bonaparte, dieselbe, von deren Hand das schöne Porträt herrührt, welches Madame Letitia in ihrem Alter vorstellt. Der ganz einfache Sarkophag der ersteren enthält nur die Inschrift: «Julie Clary Bonaparte née à Marseille le 26. Dec. 1777, morte à Florence le 7. avril 1845. La pieté de sa fille reconnaissante.» Der marmorne Sarkophag ist von Pampaloni gefertigt. Das ebenso schlichte Grabmal der Prinzessin trägt ihre Büste und die Inschrift: «Charlotte Napoléon Bonaparte digne de son nom», und das Datum der Geburt und des Todes. Sie starb im Jahre 1839. Ihr Grabmal ist das Werk Bartolinis. Ich habe schon an einem anderen Orte mitgeteilt, daß außer diesen jüngsten Bonaparte noch ältere Glieder dieser Familie in Florenz Grabmäler haben, nämlich in dem Klosterhof des Konvents von Santo Spirito, wo sich der Grabstein der alten Familie Bonaparte befindet, welche in San Miniato al Tedesco, einem Städtchen zwischen Florenz und Pisa, zu Hause war. Es ist das Grabmal des Benedetto, des Pietro, des Giovanni Bonaparte und ihrer Nachkommen.

Von allen übrigen Denkmälern der Kirche Santa Croce sei nur noch eins genannt, um des verdienstvollen Bartolini willen, welchen wir vorher haben tadeln müssen. Dies ist sein Mausoleum der Fürstin Sophia Czartoryski, Gräfin Zamoyski. Die edle Polin war eine Schwester jenes Adam Czartoryski, welcher in Paris ein polnisches Scheinkönigtum fortführt. Sie war am 25. September 1780 in Warschau geboren, später Gemahlin des Grafen Zamoyski, lebte sie sodann lange in einem römischen Kloster, um ihrer vorzüglichen Eigenschaften willen von der Welt angebetet, und von ihren zahlreichen Freunden wegen ihrer feinen Bildung hochgeachtet. Sie starb in Florenz am 27. Februar 1837. Bartolini hat in dem Monument der Fürstin sich als Künstler bewährt. Es ist ein einfacher Sarg von weißem Marmor, worauf die Familien-Wappenschilder abgebildet sind; über ihm auf einem leicht und zierlich gehaltenen Paradebette die schlummernde Gestalt der edlen Frau. Die Züge sind schön und von dem sanftesten

Florenz

Wohlwollen. Eine glückliche Harmonie ist über das ganze Werk verbreitet, welches den Betrachter anzieht und zum nachsinnenden Verweilen zwingt.

Vielleicht hat Bartolini kein besseres Werk geschaffen, und selbst
seine von den Florentinern hoch gefeierte Charitas, eine Marmorgruppe im Saal Giovanni di San Giovanni im Palast Pitti, möchte ihm
nachstehen. Sie gilt als sein Meisterwerk, und man würde diese
Gruppe um ihrer lieblichen Formen und um des graziösen Stils willen
preisen, wäre der Ausdruck nicht zu sentimental. Sie besteht aus drei
Figuren, einer Mutter und zwei Kindern, von denen sie das eine im
Arm hält, das andere zu ihrer Seite in dem Evangelium lesen lehrt.
Wir haben nun die wesentlichsten Monumente in den Kirchen betrachtet, und nach so langem Verweilen unter Toten mag es erheiternd sein, zum Garten Boboli hinaufzusteigen. Er erhebt sich terrassenförmig hinter dem Palast Pitti, herrlich durch seine Zypressen-,
Platanen- und Lorbeerhaine, und reich an Blumen jeder Art. Die
Mannigfaltigkeit der Baumgänge, der Lauben und Grotten, der Teiche
und der Fontänen unterhält die Phantasie sehr angenehm. Denn auch
diese Park-Arabesken im wunderlichen Geschmack der Franzosen
haben ihren Reiz, wenn sie die Natur nicht allzusehr verunstalten.
Freilich ist der dunkle Park von Pratolino, das schäferliche Arkadien,
dessen Diana einst die schöne Bianca Capello war, dem Garten Boboli
weit vorzuziehen, wenn man kühle Stille und ungestörtes Nachdenken liebt. Hier in Boboli ist alles heiter, sonnig, launenhaft grotesk und mythologisch. Am Eingange stehen die schlechten Statuen
der beiden Fürsten Cosmus und Lorenzo.

Der Marmorfiguren gibt's unzählige in diesem Garten. Die ganze
Mythologie lauscht aus den Büschen und tummelt sich um die Springbrunnen und Teiche. Einige Statuen schiebt man sogar dem Michelangelo zu, andere sind von Johann von Bologna, von Baccio Bandinelli, von Tacca und von anderen Meistern. Die Fontäne, welche
Isolotto genannt wird, hat die trefflichsten Figuren aufzuweisen,
nämlich die drei kolossalen Flüsse von Johann von Bologna, ein reiches und imponierendes Werk, welches durch die grünen Laubpartien
in der Runde vortrefflich gehoben wird. In deren Nähe möchte noch
eine Gruppe besondere Aufmerksamkeit verdienen. Sie stellt einen
Gärtner dar, welcher aus einem Gefäß, das er auf der Schulter trägt,
Wasser in eine Wanne gießt; ein Knabe faßt diese Wanne mit beiden
Händen und vergnügt sich, den herabfallenden Wasserstrahl zu betrachten. Diese recht lebendige Gruppe ist eine Arbeit des Valerio und
des Giovanni Cioli. Aber die meisten jener Figuren in Boboli wollen
eben nur in Verbindung mit dem Garten gesehen sein.

Auf der Höhe des Parks steht die kolossale Abundantia von Jo-

hann von Bologna, aufgerichtet von Ferdinand II. und ein Sinnbild
des glücklichen Florenz. Von hier aus ist das Gemälde der Stadt besonders schön. Diese bräunlichschwarze Häusermasse, die originellen
und altertümlichen Gebäude, unter ihnen der seltsame Turm des Palazzo Vecchio, ferner Brunelleschis Domkuppel, Giottos Campanile,
die finstern und burgähnlichen Paläste der Ghibellinenzeit, geben ein
Bild von großem Charakter und von vollkommener Harmonie in
einem Grundton tiefbrauner Farbe. Von dort oder von S. Miniato,
oder von den Höhen des alten Fiesole muß man dies schöne Florenz
betrachten; und dann wird man es schwer begreifen, wie in dieser
düstern Gruppe von Mauern die herrlichsten Werke des Menschengeistes, Werke von mehr als tausend Künstlern, der Fleiß und die
Freude von Jahrhunderten vereinigt werden konnten, oder wie endlich hier alle jenen großen Geister neben- und nacheinander Raum
hatten, deren Statuen jetzt die Uffizien, Italien und die Welt verzieren.

SAN MARCO IN FLORENZ

Das Dominikanerkloster San Marco in Florenz hat außer seinem historischen Interesse noch ein künstlerisches im hohen Grade. Das erste verdankt es Savonarola, das andere zwei vorzüglichen Meistern in der Malerei, Fra Beato Angelico von Fiesole und Fra Bartolommeo. Der Platz, auf welchem es liegt, ist auch noch heute wie zu den Zeiten Lorenzos von Medici einer der Sammelpunkte des florentiner Kunstlebens, der dritte neben den Uffizien und dem Palast Pitti; denn dort vereinigt sich die reiche Galerie der Akademie der schönen Künste mit der berühmten Schule der Kupferstecher.

Zur Zeit Lorenzos stand in der Gegend von San Marco jener Garten der Medici, in welchem sich die erste Sammlung von Antiken fand, unter der Aufsicht des alten Bildhauers Bertoldo. Es versammelten sich dort die hervorragendsten Talente von Florenz, alles, was in Künsten oder Wissenschaften aufstrebte oder bereits groß war und die Gunst des Lorenzo genoß. Wie die Maler in die Kapelle Brancacci gingen, um nach Masaccios Fresken zeichnen zu lernen, so kamen die Bildhauer in den Garten Medici, um die Antiken zu studieren und mit Angelo Poliziano, mit Pico von Mirandola und Marsilius Ficinus geistreiche Reden zu führen. Aus diesem Garten des heidnischen Apoll sah man oftmals Lorenzo, den Perikles von Florenz, in das Kloster von San Marco gehen, um sich dort in eine der Zellen einzuschließen und des süßen Heidentums sich zu entnüchtern. Da wurde das geistreiche Gespräch über die Weltseele Platons mit einer heuchlerischen Betrachtung über die Nachfolge Christi vertauscht. Savonarola aber hielt sich murrend in seiner Zelle und kam nicht zum Vorschein, wenn ihn Lorenzo rief.

Das Kloster war den Mediceern wert; sie hatten es eigentlich geschaffen. Seine Geschichte ist in Kürze diese: Dominicus, der Gründer des Dominikanerordens, schickte im Jahre 1220 zwölf Schüler seiner Stiftung nach Toskana, von ihnen wurden Konvente errichtet, deren angesehenstes das von Fiesole, der alten Mutterstadt von Florenz, war. Von diesem stammt wiederum das Dominikanerkloster von San Marco. Ehedem war San Marco von Mönchen eines anderen Ordens, Silvestrianern, im Jahre 1299 gegründet worden, aber zur Zeit der großen florentiner Pest in Verfall geraten. Die Mönche waren durch die Seuche dezimiert, und was verschont geblieben, hob an dem Herrn zu danken mit Schmausen und allerlei leiblicher Kurzweil. Die Demoralisation des Klosters pflanzte sich fort, und so kamen jene

alten Mönche in üblen Geruch, was zur Folge hatte, daß sie aus
ihrem warmen Nest verjagt wurden. Nach San Marco zogen jetzt Dominikaner von Fiesole, und zwar auf Veranlassen des Cosimo de'
Medici, welcher kurz zuvor aus seiner venezianischen Verbannung
heimgekehrt war. Cosimo nämlich rief aus Fiesole den berühmten
Prior Antonius, einen sehr heiligen Mann, ja den größten Heiligen
jener Zeit. Antonin war der Sohn des florentinischen Advokaten
Niccolo Pierozzi und im Jahr 1389 geboren. Schon in seinem sechzehnten Jahre war er in den Orden der Dominikaner von Fiesole getreten, und geraume Zeit danach Prior geworden. Cosimo nun bewog
ihn, nach San Marco überzusiedeln, was auch im Jahre 1436 geschah,
nachdem der Architekt Michelozzo mit dem Neubau des alten Klosters der Silvestrianer beauftragt worden war. Michelozzo riß fast
das ganze Kloster nieder bis auf das Refektorium und die Kirche, und
führte einen stattlichen Bau auf. Für Cosimo aber wurden gleichfalls
zwei Zellen gebaut als für einen Mönch, und man sieht sie noch heute
wie die Zelle des Savonarola um der historischen Merkwürdigkeit
willen. «In dieser Einsamkeit», so sagt der Padre Marchese, «ließ
Antonius Pierozzi mit der Freiheit eines Freundes und mit dem Ansehen eines heiligen Lebens den ehrgeizigen Alten jene Wahrheiten
hören, welche die Schmeichelei den Mächtigen immer verschweigt,
und sicher ist es dem Heiligen zu danken, wenn Cosimo von Medici
nicht ein gemeiner Despot wurde.»

Im Jahre 1442 wurde der Bau des Konvents beendigt, und Cosimo
gründete die berühmte Bibliothek von San Marco. Antonius aber
wurde drei Jahre später Erzbischof von Florenz. Er starb, von aller
Welt wegen seiner Tugenden bewundert, und nachdem er sich um
die Reform des Klerus eifrig bemüht hatte, schon im Jahre 1459. Man
kann ihn wenigstens von der Seite der Reform als den Vorgänger
Savonarolas ansehen.

Zwei weite und ansehnliche Klosterhöfe, Architekturen Michelozzos,
zieren San Marco. Ihre Lünetten sind größtenteils al fresco gemalt
und enthalten Darstellungen aus dem Leben des heiligen Antonius
von Gherardini, Dantini, Poccetti und von andern Malern. Doch sind
diese Malereien nicht von Belang. Der größte Reichtum des Klosters
besteht in den Wandmalereien des berühmten Fiesole, des ältesten
Meisters aus der religiösen Schule des Giotto, eines der Liebens-
würdigsten der florentinischen Malerei. Fast alle Zellen des Konvents,
der Kapitelsaal, die Korridore und einige Lünetten in den Klosterhöfen enthalten Gemälde von seiner Hand, deren einige weder durch
die Zeit noch durch das Restaurieren verdorben sind. Sie werden von
den Dominikanern mit eifersüchtiger Liebe gehütet.

Mit Fra Angelico begannen nun die merkwürdigen Reaktionen,

welche das im Reformieren so eifrige Kloster gegen den modernen Geist der klassisch-italienischen Malerei unternommen hat. Seine Lebensgeschichte ist aus Vasari bekannt. Besser und einsichtiger hat sie der Padre Vincenzo Marchese beschrieben, ein gelehrter Dominikaner von San Marco und warmer Apologet Savonarolas. Dieser Mann wurde wegen seiner Schriften, hauptsächlich wegen seiner «Nicht herausgegebenen Briefe des Fra Girolamo Savonarola und Dokumente denselben betreffend», von einigen inquisitionslustigen Brüdern seines Ordens des Liberalismus angeklagt, und da man Miene machte ihn nach Rom zu schicken, ging er im Jahre 1851 nach Genua. Seine Schriften zeugen von Bildung und gesundem Urteil. Sein Feld ist die Geschichte des Dominikanerordens und besonders in Beziehung auf die Künste, worin er gründliche Studien gemacht hat. Er steht an der Spitze der Gesellschaft, welche die neue Ausgabe des Vasari in der «Raccolta artistica» besorgt. Marcheses Hauptwerk erschien im Jahre 1845. Es sind «Die Merkwürdigkeiten der ausgezeichneten Maler, Bildhauer und Architekten der Dominikaner mit Beifügung einiger Schriften, welche die schönen Künste betreffen.» Zu diesem Werk gab wahrscheinlich der Dominikaner Razzi Veranlassung, einer der ältesten Verfasser einer Geschichte Savonarolas aus dem 16. Jahrhundert. Denn schon Razzi schrieb eine Geschichte der berühmten Dominikaner, welche am Ende auch das Leben einiger Maler, Bildhauer und Baumeister dieses Ordens enthält. Marchese scheint diese Idee wieder aufgenommen und selbständig ausgeführt zu haben. In der Art der Behandlung erkennt man den Einfluß Vasaris. Die Lebensbeschreibungen, welche er dort gibt, beginnen mit Fra Ristoro und Fra Sisto, berühmten Architekten des 13. Jahrhunderts, welche die schöne Dominikanerkirche von Santa Maria Novella in Florenz erbauten. Am ausführlichsten hat er das Leben der Maler Fra Angelico und Fra Bartolommeo beschrieben, und diese Partien sind von gutem Verdienst und übertreffen weit den Vasari. Das Werk schließt endlich mit einem Kapitel über das Unternehmen Savonarolas, die Künste zu reformieren.

Im Zusammenhang damit steht jenes Prachtwerk der florentinischen Kupferstecherei, unter der Leitung Perfettis begonnen: «San Marco, Konvent der Väter des Predigerordens in Florenz, illustriert und gestochen, hauptsächlich in den Malereien des Beato Giovanni Angelico mit dem Leben desselben Malers und einem historischen Abriß desselben Konvents vom Padre Vincenzo Marchese, Dominikaner» (Florenz, auf Kosten der Artistischen Gesellschaft, 1850).

Hier betrachtet Marchese als Mönch und als Feind alles Unedlen und Weltlichen in der Kunst Fra Angelico wie einen Propheten, welchem die große Aufgabe gestellt war, durch seinen Pinsel die

absterbende religiöse Malerei wiedererstehen zu lassen. Durch seine
Gemälde sollte Angelico dieselbe moralische Reform des Menschengeschlechts erzielen, welche Antonin Pierozzi und Fra Girolamo
Savonarola durch ihre Schriften und ihr öffentliches Wirken bezweckt
haben.

Man weiß nicht genau, wo Fra Angelico geboren war. Marchese
meint, er sei bei dem Castell Vicchio in der Provinz des Mugello zu
Hause gewesen, einige Millien von Vespignano, dem Vaterlande
Giottos. Er nimmt als Geburtsjahr das Jahr 1387 an. Sein Name war
Guido. Zuerst lernte er in Florenz in Miniatur malen, wie sein Bruder
Fra Benedetto, welcher in dieser Malerei vorzüglich geschickt war.
Sehr bald entwickelte sich bei ihm eine entschieden religiöse Richtung,
welche sich im Gegensatz zu den realistischen Bestrebungen der
Florentiner Kunst immer mehr ausbildete. Marchese vergleicht ihn
gar zu kühn mit Thales, der durch die Inspiration seiner Verse und
Rhythmen dem Lykurg den Weg zu seiner Gesetzgebung bahnte;
denn so habe Fiesole dem Antonin Pierozzi, seinem Freunde, durch
seine Bilder den Weg zur moralischen Reform gebahnt. Im Jahre 1407
traten beide Brüder in den Dominikanerorden von Fiesole und lebten
hier einige Zeit, bis der päpstliche Zwiespalt auch diesen Orden
ergriff. Guido oder Fra Giovanni, wie er nun hieß, wanderte von
Fiesole nach Foligno und nach Cortona, wo er vieles in der Richtung
des Giotto, des Spinello und des Simon von Siena malte. Nach etwa
vierjähriger Abwesenheit kehrte er indes nach Fiesole zurück.

Dann wurde er im Jahre 1436 nach dem neugegründeten Kloster
von San Marco gerufen, um dieses mit seinen Malereien auszuschmük-
ken. «Das geschah», sagt Marchese, «in derselben Zeit, als Masaccio
die Kapellen in der Kirche del Carmine malte, als Brunelleschi die
Domkuppel baute, Ghiberti die Türen des Battisteriums fertigte, und
Donatello und Luca della Robbia miteinander in der Bildhauerkunst
wetteiferten.»

Weil nun dem Fra Giovanni, obwohl er im Malen bereits eine
große Fertigkeit erlangt hatte, noch Zeichnung, Perspektive und die
Ausbildung im Helldunkel fehlten, studierte auch er zuerst die Malereien des Masaccio und lernte von dem genialen Künstler, der um
vieles jünger war als er selbst.

In diese Zeit fällt das große Wandgemälde, welches Fra Angelico
in dem Kapitelsaal von San Marco malte. Dieses Gemälde ist von
hoher Schönheit und eines der herrlichsten, die im 15. Jahrhundert
überhaupt gemalt worden sind. Es ist Angelicos Meisterwerk und die
letzte Blüte der Schule Giottos, welche durch ihre echt tragische Einfalt oft bewundernswürdig groß ist. Der Gegenstand ist die Passion
und zu beiden Seiten verehrende Heilige. Ganz trefflich ist die Kunst

der Individualisierung in den Figuren, besonders der beiden Schächer. Der Kopf Christi hat etwas gelitten, und seine Züge sind nicht mehr ganz kenntlich. Seine Gestalt ist übrigens streng in dem noch traditionellen Charakter Giottos gehalten. Zu Füßen des Kreuzes steht nach der linken Seite hin eine Gruppe von der ergreifendsten tragischen Erhabenheit: die Mutter, die in Ohnmacht fallen will, die Arme und das Haupt willenlos herabhängend; Magdalena kniet vor ihr und faßt sie mit beiden Armen um die Brust, die blonden Haare lang aufgelöst über den Rücken. Johannes und eine der Frauen unterstützen Maria zu den Seiten. Diese ganz einfache Gruppe ist von gewaltiger Wirkung, und schwer möchte der höchste tragische Affekt schöner dargestellt werden können, als es hier geschah. Das Erhabene wirkt hier unmittelbar durch die Größe der Natur in der feierlichsten Stille. Man findet weder beim Perugino noch beim Francia, Meistern, welche durch tragische Einfalt ihre Nachfolger weit überragen, eine gleiche Hoheit. Die Alten sind überhaupt darin nicht mehr zu erreichen. Ihre naiv große Auffassung des Seelenlebens ist ihr bleibender Ruhm; sie sind episch und volkstümlich, die spätern musikalisch und dramatisch. Die Darstellung der Leidenschaften wird immer reicher, aber auch heftiger, einseitiger und bis zur Übertreibung egoistisch. Die übrigen Figuren auf Angelicos Wandgemälde sind auch bedeutend; ganz naiv und verbindungslos zu beiden Seiten aufgestellt, wirken sie, ohne jegliche Szenerie von Staffage oder Landschaft nach Art der Alten, allein durch den persönlichen Ausdruck. Es sind Heilige, welche die Passion verehren, Kirchenväter und Bischöfe oder Stifter von Orden, wie Dominicus, St. Bernard, Franciscus, der Bischof Ambrosius, Thomas von Aquino, der heilige Augustin. Die Behandlung ist zart und sehr einfach, die Farbe ungemein geistig, wie das der Charakter des Angelico ist.

Obwohl Fra Angelico noch viele treffliche Gemälde ausgeführt hat, so hat er in keinem mehr eine solche Größe und eine solche Kraft erreicht; denn diese fehlt seinen Empfindungen, welche durch die große Zartheit bisweilen schon unangenehm wirken. In der Accademia delle belle arti, welche eine sehr beträchtliche Anzahl von Bildern Fiesoles besitzt, gelten zwei als die vorzüglichsten: Die Kreuzesabnahme und Das Jüngste Gericht. Jene ist herrlich durch die Tiefe des Gefühls und die Lieblichkeit der Farben, dieses aber ist eine weniger bedeutende Komposition. Am schwächsten ist Angelico in der Darstellung der Höhe, denn seine Natur war zu kindlich, als daß er zu diabolische Gestalten hätte schaffen können. Seine wunderlichen Teufel erregen daher nur Lachen und nicht Grauen. Er stellte die Hölle in sieben Abteilungen dar nach dem Dante und malte auch in der Tiefe den Lucifer, welcher mit seinen drei Rachen den Judas, den

Brutus und den Cassius zerreißt. Auch Angelico malte noch unter dem
Einfluß Dantes, des Genossen Giottos und des Giotto der Poesie.

Die «Göttliche Komödie» hat überhaupt alle Maler von Giotto an
begeistert; ihr Einfluß auf die Malerei ist sehr groß gewesen. Sie ent-
zündete die Phantasie der Künstler und erfüllte sie mit erhabnen Anschauungen und dichterischen Gedanken, selbst ihre Gemälde waren
schon in den Kompositionen des Danteschen Gedichts vorgezeichnet,
und jene Szenen der «Hölle», des «Fegefeuers» und des ganz in Licht
und Farben gedichteten «Paradieses» durften nur wirklich in Farben
übertragen werden, um höchst wirksame Bilder zu sein. Ich möchte
behaupten, daß ohne Dantes «Göttliche Komödie» die religiöse
Malerei Italiens weder so schnell noch zu solcher Höhe sich hätte
entwickeln können. Die Herrschaft dieses Gedichts über die Malerkunst dauerte das ganze 14. und 15. Jahrhundert hindurch, solange
als die religiöse Malerei blühte. Auch Michelangelo, der enthusiasti-
sche Bewunderer Dantes, richtet sich nach ihm, wie vor ihm Luca
Signorelli in seinem Jüngsten Gericht im Dom zu Orvieto, welches
schon Fra Angelico dort zu malen angefangen hatte. Man findet Darstellungen nach Dante von vielen Meistern und in vielen Kirchen,
wie namentlich die Hölle und das Paradies des Orcagna, höchst
interessante große Wandgemälde der Kapelle Strozzi, in der Kirche
Santa Maria Novella von Florenz. Nächst der «Göttlichen Komödie»
haben aber auch die «Triumphe» des Petrarca einen großen Einfluß
auf die Malerei gehabt, das zeigt unter vielen andern Bildern derselbe
Orcagna * in seinem phantasievollen Triumph des Todes, einem
großen Wandgemälde im Campo Santo zu Pisa.

Fiesole malte in seiner Zelle von San Marco auch die Herabkunft
Christi in den Limbus, aus welchem er die Patriarchen herausholt,
ein Bild von großer Farbenzartheit. Nicht minder interessant ist eine
Verehrung der Magier, eines der wenigen Gemälde von ihm, worin
er eine gewisse weltliche Heiterkeit und Mannigfaltigkeit entwickelt.
Dieser Gegenstand der religiösen Malerei ist unendlich oft und mit
der größten Liebe behandelt worden. Es gibt auch für religiöse Maler
wenige Stoffe, welche ihn an Reiz übertreffen, an Reichtum des poetischen Lebens geht er allen vor. Indem er zugleich das Heilige und das
Weltliche heiter vereinigt, erquickt sich der Sinn, weil er einmal von
der Melancholie befreit wird, welche jenes ewige Einerlei der heiligen
Familien, der Kreuzigungen und anderer trostloser Geschichten erregen muß. Zugleich fordert dieser Gegenstand den Maler auf, eine
Fülle von Figuren und Dingen, Pracht, Luxus und allen Reichtum der

---

* Der ‹Triumph des Todes› im Camposanto von Pisa stammt nach Ansicht der neueren Forschung nicht von Orcagna, sondern von Francesco
Traini.

Phantasie anzuwenden, um seine Gemälde damit auszustatten. Die Gegensätze sind überraschend, heiter und sehr naiv: das Kind eines Handwerkers in einem Stalle, Ochs und Esel an der Krippe – diesem Kinde kommen die Herrscher der Erde zu huldigen, ausgerüstet mit aller orientalischen Fürstenherrlichkeit, lange reichgeschmückte Züge von Trabanten, Pagen und Edelknappen hinter sich, welche Gold und Juwelen tragen. Einer dieser Könige ist immer ein Greis von ehrwürdigstem Aussehen, und indem dieser vor dem kleinen Kinde kniet, wird die Poesie der Szene noch durch den Kontrast der Lebensalter verstärkt. Der zweite König hat in der Regel eine Mohrenphysiognomie, der dritte eine jugendlich schöne und ritterliche Gestalt, so daß die älteren Maler in allen dreien die Weltteile repräsentiert zu haben scheinen. Dazu kommt der Zauber der geheimnisvollen Ferne, aus welcher diese fabelhaften Könige gekommen sind, das Dunkel der Nacht, der Stern, welcher oftmals Veranlassung gibt, dem Zuge noch ein paar Astronomen hinzuzufügen, der Reiz der goldenen Schalen, Perlen und Steine, und so wird das Ganze zu einem phantastischen Volksmärchen aus dem Orient, an welchem man den Einfluß der Kreuzzüge wohl verspürt.

Die toskanische Malerei ist sehr reich an Darstellungen dieser Art. Zwei herrliche Bilder sind von Domenico Ghirlandajo und von Filippino Lippi in den Uffizien; zwei andere, Meisterwerke der höchsten Schönheit, verdanken wir den Schülern des Fra Angelico, dem Gentile da Fabriano und dem Benozzo Gozzoli. Gentiles Bild befindet sich in der Accademia delle belle arti, Benozzos berühmte Darstellung der verehrenden Magier sieht man in der kleinen Kapelle der Medici im Palazzo Riccardi. Dort malte Benozzo Fresken, welche neben seinen bewunderten Gemälden im Campo Santo von Pisa zu den besten Leistungen seiner Zeit gehören. Die seltene Universalität Benozzos, zu dem auch heute immer wieder die religiösen Maler zurückkehren müssen, weil sie doch einmal rückwärts leben wollen, erkennt man schon hier; denn er umfaßte alle Richtungen der Malerei, die Landschaft, die Architektur, das Genre und das Tierleben, was alles er in seinen Gemälden verbindet. In jener Kapelle Riccardi malte er die prächtigen Züge der Könige, herrliche Gestalten, schön, würdevoll und majestätisch; zu Roß, zu Fuß oder auf dem Kamele ziehen sie in unabsehbaren Scharen durch lachende Gefilde, über Berg und durch Täler fort. Fiesole nun, von welchem Gentile und Benozzo lernten, steht in seinem Bilde hinter ihnen zurück. Es ist anmutig und klein und hat nicht jene festliche Pracht und heitere Fülle, welche seine Schüler darzustellen wußten. Doch erfreut es immer das Auge. Viele andere Bilder, welche Fra Angelico in San Marco malte, möchten noch genannt sein wollen, wie sein schönes Gebet im Garten, seine Taufe, seine

Krönung der Jungfrau, worin man wieder den Einfluß des Dante
erkennt, sein Christus als Pilger, doch mag dessen genug sein. Sie
zeigen alle denselben Charakter der alten Schule, dieselbe Schlichtheit der Mittel, dieselbe Kindlichkeit des Gemüts, die tiefste Reli-
giosität. Man möchte selbst ihre Farben, ein vorherrschendes Weiß,
lichtes Blau und sanftes Rot, kindlich nennen. Angelico erfreut sich
gern an den bunten blumenhaften Kontrasten. Seine reizendsten
Bilder sind oft die im Kleinen, fast miniaturartig gemalten; sie sind
von einer großen Zierlichkeit und bewundernswürdigen Feinheit, wie
unter anderm die Engelsgestalten auf einem Altaraufsatz in den
Uffizien und die Figuren auf dem Reliquiarium in der Santa Maria
Novella.

Fra Angelico starb in Rom am 18. März 1455; der Papst Nikolaus v., der ihn nach Rom gerufen hatte, um im Vatikan zu malen,
ließ ihm ein Monument in der Kirche della Minerva errichten. Die
Inschrift vergleicht ihn mit Apelles, mit dem sehr viele Maler verglichen zu sein die Ehre haben. Er war also der letzte bedeutende
Meister aus der Schule des Giotto gewesen. Die Naturalisten Maso-
lino und Masaccio machten ihr ein Ende und schufen die moderne
Richtung der florentinischen Malerei. Die Antiken führten zur Darstellung des Nackten und zum Wohlgefallen an den natürlichen Formen der Menschengestalt, die durch Tizian, Giulio Romano, Cor-
reggio und Michelangelo ihren vollendeten Ausdruck finden sollten.

Da ging von demselben Kloster San Marco, welches in Fiesole einen
so tüchtigen Verfechter der religiösen Malerei gefunden hatte, noch
einmal eine Reaktion gegen die Modernen aus. Dies geschah durch
Savonarola.

Savonarola bekämpfte die Mediceer, welche den Sinn für die Antike mächtig gefördert hatten, gerade mit ihren eigenen Waffen. Sie
hatten eben die Platonische Akademie gegründet, und sie waren voll
Bewunderung des Heidentums, aber auch Savonarola war ein plato-
nischer Mystiker, wie Lorenzo, Pico von Mirandola, Polizianus, Marsilius Ficinus es waren, und wie es überhaupt Italien seit Petrarca
war. Der Prior von San Marco hielt platonische Predigten über das
Wesen des Schönen und donnerte gegen die Nacktheiten der Kunst
von jener Kanzel herab, der gegenüber nun die Grabsteine seiner
Freunde liegen, des Pico di Mirandola und des Angelo Poliziano. Der
Padre Marchese führt in dem Kapitel seiner Schrift, welches von dem
Unternehmen Savonarolas, die Künste zu reformieren, handelt, eine
Rede desselben an, worin er das Schöne ganz platonisch als die Seele
und die Idee des Guten darstellt. Kraft dieser Theorie erhob Savona-
rola den heftigsten, ja einen fanatischen Krieg gegen die Antike und
die auf das Weltliche gerichteten Künste, die nach seiner Meinung

das Menschengeschlecht verderben; er schien darauf auszugehen, eine christlich-platonische Republik wiederherzustellen. Die stürmische Gewalt seiner Rede beugte viele Künstler, die bisher heitern Mutes gemalt und gemeißelt hatten, und man sah den trefflichen Sandro Botticelli, Cronaca, Robbia, Bartolomeo, Lorenzo di Credi und viele andere reuig zu den Füßen des Priors von San Marco ihr Heidentum abschwören. Nur Mariotto Albertinelli und der bizarre Piero di Cosimo ließen sich's nicht anfechten, sondern blieben Heiden und eifrige Gegner Savonarolas und seiner moralischen Sekte.

Man weiß von der Prozession am 21. Februar 1497. Sie ist die unselige fanatische Stelle in der Geschichte des Volkstribunen von Florenz. Da trug man in feierlichem Aufzuge mit Pauken und Trompeten alle Sinnbilder der Weltkunst auf den Platz der Stadt. Dort nämlich erhob sich ein vielarmiger pyramidalisch zugespitzter Baum; aufgehängt waren daran die Porträts der schönsten Weiber von Florenz, Meisterwerke der Malerei, schöne Nacktheiten der Kunst, Skulpturen von Göttern und Göttinnen, Notenbücher, Harfen, Lauten, Cymbeln und Geigen, Karten, Kleider von Sammet und Seide, die köstlichsten Arbeiten von Gold und von Elfenbein, und man sah auch die Gedichte des Petrarca und des Boccaccio an den Zweigen hängen. Die Diener jenes jüngsten Gerichts, das hier über die Weltlust ergehen sollte, hatten die Häuser durchsucht, oder man hatte im Eifer, Buße zu tun, Kunstwerke und Kostbarkeiten jeder Art freiwillig ausgeliefert. Ein Venetianer, ein Kaufmann, der gerade in Florenz anwesend war und über das moralische Wesen des Schönen sehr wenig nachdachte, kam bei so unerwartetem Anblick auf den Gedanken, daß es besser wäre, diese vortrefflichen Handelsgegenstände zu verkaufen als zu verbrennen. Er bot also für die gesamte Welteitelkeit die mäßige Summe von 20 000 Skudi. Hierauf ließ die Signorie den Mann ohne weiteres ergreifen, auf einen Stuhl setzen und von einem platonischen Maler in seiner ganzen Natürlichkeit abkonterfeien; sein Porträt aber wurde zur Auszeichnung so frevelvoller Weltlichkeit auf die Spitze des Scheiterhaufens gestellt. Also verbrannte man diesen Baum mit allen seinen Schätzen unter dem Jubel des Volks. Das geschah auf demselben Platze, auf welchem Savonarola selbst ein Jahr später verbrannt wurde.

Der Tod Savonarolas machte die Künstler seines Anhanges trostlos, viele gaben das Malen auf, unter ihnen namentlich Baccio della Porta, welcher aus Gram über das Ende seines Freundes der Welt entsagte und im Jahre 1500 die Kutte der Dominikaner von San Marco anzog. Sechs Jahre lang blieb Baccio oder Fra Bartolommeo, wie er sich jetzt als Mönch nannte, in Schmerz versunken und rührte keinen Pinsel an. Dann ermannte er sich wieder und begann auf das

ausdrücklichste Zureden seiner Ordensbrüder seine religiösen Malereien. Es war das um die Zeit, als Raffael zum zweiten Male nach
Florenz kam. Er schloß Freundschaft mit Fra Bartolommeo und lernte
von ihm Zeichnung und Farbe; unter dessen Einfluß entstand seine
nicht vollendete Madonna del Baldachino, welche den Charakter des
Bartolommeo deutlich erkennen läßt. Dieser bildete sich besonders
nach Michelangelo und nach Leonardo da Vinci, und weit gefehlt,
daß er in der sanften Art des Fiesole malte, wurde er gerade das
Gegenteil dieses seines Vorgängers in San Marco. Denn die Schule
Giottos war überwunden. Bartolommeo zeigt auf das deutlichste,
wie sehr das Studium der Plastik die Malerei bestimmt hatte; seine
Figuren sind oft grandios wie die des Michelangelo und beinahe
statuenhaft, wie namentlich sein berühmter Evangelist Marcus in der
Galerie Pitti.

Fra Bartolommeo starb im Jahre 1517. Das Epigramm auf seinen
Tod vergleicht ihn natürlich mit Apelles, in der Farbe wenigstens,
mit Buonarotti in der Zeichnung. Er hat uns auch ein treffliches Porträt des Savonarola hinterlassen.

Zu derselben Zeit, als Fra Bartolommeo in San Marco Dominikaner war, saß dort in einer Klosterzelle ein anderer glühender Verehrer Savonarolas gefangen, der Miniaturmaler Fra Benedetto, ein
Florentiner. Man weiß nichts von den Malereien dieses sonderbaren
Menschen; aber er hat uns ein ganz originelles und wunderliches
Gedicht hinterlassen, welches er in der Einsamkeit seines Gefäng-
nisses verfaßte. Es ist das älteste epische Gedicht auf Savonarola,
dessen Leben und Tod es erzählt. Sein Titel ist: «Die Ceder des Libanon.» Der Padre Marchese hat es neuerdings herausgegeben: «Cedrus
Libani, oder Leben des Girolamo Savonarola, geschrieben von Fra
Benedetto von Florenz im Jahre 1510.» «Viele Zeitgenossen», so
sagte Marchese, «haben das Leben Savonarolas beschrieben, wie
Burlamacchi und der Graf Francesco di Mirandola; aber obwohl sie
Savonarola kannten, durften sie doch nicht seinen nächsten Umgang
und seine innige Freundschaft genießen, wie sie dem Fra Benedetto
in den drei Jahren vergönnt war, die er mit dem Meister in San Marco
zubrachte. Savonarola selber hatte ihm das Dominikanerkleid angezogen, und dieser sein Schüler litt und tat viel für ihn und verteidigte ihn nach seinem Ende mit einer Liebe und einer Beharrlich-
keit, welche ihm zuerst das Exil und dann viele Jahre Gefangenschaft
in seinem Konvente zuzogen – eine merkwürdige Persönlichkeit,
deren Typus allein in jenen Paladinen des Mittelalters ohne Furcht
und Tadel zu suchen ist, die mit unsterblichen Versen Ariosto und
Tasso besungen haben.»

Mit Recht legt Marchese diesem merkwürdigen Gedicht eine histo-

rische Wichtigkeit bei, weil es die Ereignisse ganz getreu und treu-
herzig erzählt, deren größten Teil der Dichter selbst erlebt und mit
eigenen Augen gesehen hatte.

Fra Benedetto war im Jahre 1470 in Florenz geboren. Sein Vater
Paolo war Goldschmied, seine Mutter, wie er selbst sagt, eine witzige
und mutige Frau. Anfangs führte Benedetto ein lockeres Leben, dann
wurde er durch Savonarolas Predigten so sehr begeistert, daß er in
den Orden von San Marco trat. Savonarola selbst nahm ihn in den
Orden auf im November des Jahres 1495. Drei Jahre also lebte er
neben ihm im Kloster, bis sich am 8. April 1498 der wütende Volks-
sturm gegen den Prior erhob und seine Feinde das Kloster belagerten.
Fra Benedetto, ein entschlossener Mann, kämpfte neben andern Mönchen und Anhängern Savonarolas mit großer Tapferkeit. Zufällig
befand sich auch der Maler Baccio della Porta, der nachmalige Fra
Bartolommeo, an jenem Abend im Konvent; erschreckt durch das
wütende Geschrei des Volkes und das Toben des Kampfes, versteckte
er sich in dem geheimsten Winkel des Klosters. Benedetto aber hatte
sich auf das Dach der Kirche gestellt, in die man Feuer warf, und
schmetterte mit Steinen so viele Feinde zu Boden, als er bezwingen
konnte. Savonarola erblickte ihn und rief ihm zu, vom Kampf ab-
zulassen und die Waffen wegzuwerfen; auch als er sich freiwillig
den Feinden ergab, wollte Fra Benedetto, wie Burlamacchi erzählt,
mit Gewalt sein Schicksal teilen, doch Girolamo wandte sich zu ihm
und sagte ihm: «Bruder Benedetto, aus Gehorsam folge mir nicht,
weil ich und Bruder Dominicus zu sterben haben aus Liebe zu Christus. Und in diesem ward er seinen Söhnen aus den Augen gerissen,
welche alle weinten, es war schon 9 Uhr in der Nacht.»

Nun erzählte Fra Benedetto selbst, daß unter den Anhängern
Savonarolas Malatesta Sacromoro da Rimini den Verräter machte.
Denn dieser bewog Savonarola, sich dem Volk auszuliefern, nach-
dem jener vergebens ihm geraten hatte, dem heiligen Paulus nach-
zuahmen und an einem Seile die Mauer sich herabzulassen, um sein
Heil in der Flucht zu versuchen.

Man schleppte Savonarola und Dominicus in den Palast der Signoren, Silvestro aber hatte sich im Kloster verborgen. Aber auch
diesen verriet Malatesta am folgenden Tage. Alle drei wurden darauf
am 23. Mai auf der Piazza hingerichtet und dann verbrannt. Auf der
Stammtafel der berühmtesten Männer des Ordens liest man noch
heute in einer Zelle von San Marco die Note: «Im Jahre 1498 am
23. Mai starben die Väter F. Girolamo Savonarola zugleich mit Domi-
nico und Silvestro durch falsche Anklagen unschuldig an einem Galgen in der Stadt Florenz.»

Fra Benedetto entwich zuerst nach Viterbo, darauf empfand er

Gewissensbisse, Savonarolas Andenken auch nur eine Weile lang
verraten zu haben; er kam nach Florenz zurück und begann nun mit
Mut den Namen und die Lehren seines unglücklichen Meisters zu
verteidigen, obwohl er den Zorn und die Rache der Henker Savonarolas auf sich laden mußte. Er schonte niemanden, selbst Papst
Alexander VI. griff er mit Leidenschaft an. Die Folge davon war, daß
man ihn zuerst aus dem Kloster stieß und dann wieder in seinem
Konvent einkerkerte. Wie lange, und ob er bis an sein Lebensende
darin schmachtete, ist ungewiß. Dort schrieb er einige Werke, teils
Verteidigungen Savonarolas, teils theologische Schriften, und endlich sein Gedicht, das er ganz willkürlich die «Ceder des Libanon»
betitelt hat.

Es ist in Terzinen geschrieben und in elf Kapitel abgeteilt. Man
erwarte keine poetischen Schönheiten von ihm, noch schwungvolle
Phantasie, aber es ist ergötzlich durch eine gewisse burleske Einfalt
oder durch die Schlichtheit der Darstellung, welche an alte Gemälde
und an alte Chroniken erinnert, noch mehr ist es interessant durch
die unmittelbare historische Lage, sowie durch die Treue, womit es
die Zustände zeichnet und ein Bild des Lebens jener Zeit entwirft,
das schätzenswert genug ist. Die Katastrophe selbst ist lebendig und
zweifellos wahr geschildert.

DIE INSEL ELBA

1852

Einmal in der Woche macht zur Sommerszeit das toskanische Staats-
dampfschiff «Giglio» die Fahrt nach Elba, Regierungsdepeschen und
Passagiere hinüberzubringen. Sie dauert, von Livorno aus, gegen
fünf Stunden, weil sie über Piombino geht, wo das Schiff eine Weile
anlegt.

Immer längs der tuskischen Küste, an den Maremmen hinsegelnd,
erfreut man sich der grünen und weitausgedehnten Niederung, die
sich zum Meere senkt und nach dem Lande zu durch das Gebirge
geschlossen wird, welches die Gegend von Volterra durchstreicht.
Türme an solchen Stellen, wo ein Landungsplatz sich befindet, wenige
kleine Hafenorte, einige Fabrikgebäude und zerstreut liegende Campagnahäuser unterbrechen den einförmigen Strich der Maremmen,
welche von Arbutusbuschwäldern und Myrten grünen und in ihrem
Dickicht die reichste Jagd von Wildschweinen hegen.

Zur Zeit der Etrusker standen auf dieser Küste reiche, große und
durch ihre Kultur mächtige Städte von Volaterrae ab bis nach Cäre
und bis Veji in die Campagna von Rom hinunter. Man kommt an
dem alten Cecina vorbei, einem noch heute mit demselben Namen
bestehenden Ort, hart an der Küste. Weiter südlich lag das berühmte
Vetulonia, dann Populonium, eine der mächtigsten Städte der Etrusker, welche ihre Herrschaft auf alle umliegenden Inseln des tuskischen
Kanals erstreckt hatte. Sie wurde im Bürgerkrieg zwischen Marius
und Sulla zerstört, so daß schon zur Zeit des Strabo von ihrer Größe
nichts mehr übrig war als ein alter Turm, einige Tempel und Mauerreste. Ihre Trümmer sieht man auf dem Vorgebirge der kleinen Halbinsel, die das Ufer hier ausstreckt, überwildert von Gestrüpp und
Heidekraut; eine kleine befestigte Ortschaft liegt auf ihrer Stelle.
Das Ufer ist tot. Um die Halbinsel von Populonium segelnd, kommt
man in den Hafen von Piombino.

Diese kleine Stadt von kaum 1200 Einwohnern war einst die Herrschaft des Hauses Appiani und im Jahr 1805 des Korsen Felix Bac-
ciochi, Herzogs von Lucca und Piombino, und Gemahls der Prinzessin
Elisa Bonaparte. Nach dem Aussterben der Appiani im Jahr 1631
kam das Fürstentum an Spanien, und 1681 an Hugo Buoncompagni-
Ludovisi, dessen Nachkommen es seit 1815 wieder besitzen unter
toskanischer Oberhoheit. Die kleinen Gassen der Stadt mit ihren
gelben Häusern, das fürstliche Schloß auf der Höhe, schwarze Mauern
und ein verwitterter Turm auf einer zerrissenen Klippe am Hafen

schauen in das Meer einsam und weltverloren. Die Aussicht von der Stadt ist eines Herrschersitzes wert; ein ganzer Archipel liegt vor den Blicken, schöne Eilande in der blauen Meeresfläche, Giglio, Cervoli, Palmarola, Elba und Korsika. Gerade gegenüber, nur eine halbe Stunde entfernt, erhebt Elba seine mächtigen Bergmassen, die kleinen turmgekrönten Inseln Cervoli und Palmarola vor sich. Je näher man Elba kommt, desto rauher erscheinen seine Felsen; von Ortschaften ist kaum eine Spur zu sehen, außer einem kleinen Hafenort, den man linker Hand liegen läßt. Die Ufer schroff und von einer finstern Majestät. Hoch oben, auf der höchsten Spitze eines Berges, steht kühn ein grauer und uralter Turm, vom Volk Torre di Giove genannt, ein ehrwürdiges Wahrzeichen für den Schiffer, der auf diese Napoleonsinsel zusteuert.

Nun fliegt das Schiff um ein braunes Vorgebirge, und nicht gering ist die plötzliche Überraschung. Denn mit einemmal zeigt sich der große schöne Golf von Porto Ferrajo, ein herrliches Halbrund, amphitheatralisch von hohen Bergen eingefaßt, deren Abhänge bis zum Meer bedeckt sind mit Gartenhainen und Villen, mit Landgütern und Kapellen, in reizender Landschaft, unter Zypressen, hohen Aloeblumen und grünschattigen Maulbeerbäumen. Zur Rechten wird der Golf von einer Halbinsel umzogen, deren Isthmus sehr schmal ist, und auf dieser liegt in imposanter Haltung Stadt und Hafen Porto Ferrajo, das alte Argons und das spätere Cosmopolis, ein schönes Denkmal des glücklichen Cosmus I. aus dem Hause Medici, und das Gefängnis Napoleons.

Ich betrat die Stadt mit dem Gefühl, in eine historische Idylle einzutreten. Die großen und ernsten Linien des schönen Golfs haben etwas Feierliches von majestätischer Ruhe, die Stadt auf der Halbinsel, so graziös toskanisch, so lieblich und so klein, hat alles von ländlicher Einsamkeit und weltabgeschiedenem Wohlbehagen.

Die Straßen sind zusammengedrängt, doch überschaulich; die kleinen Plätze und grünen Orangengärten, die sich frei und luftig den Berg hinaufziehen, laden zum Bleiben ein. Die ganze Stadt schimmert in einer hellen gelben Grundfarbe, welche zu dem frischen Grün der Bäume und dem tiefen Blau des Meeres heiter stimmt. Ein herrlicher Aufenthalt für entthronte Könige, ihre Memoiren zu schreiben!

Auch die Türme und Basteien dreier Forts, Stella, Falcone und Castell Inglese, sehen nicht düster aus. Zu ihren Füßen liegt der Hafen, ein sicherer und schöner Zirkel, mit guten Kais eingefaßt, ein Werk des Cosmus von Medici. Durch die Tromba, das prächtige Tor in der Mitte des Zirkels, tritt man in die Stadt, nachdem man mit Befriedigung die vielverheißende Inschrift gelesen hat:

Templa Moenia Domos
Arces Portum Cosmus Med. Florentinorum Dux ii
A Fundamentis Erexit A. D. MDXLIII.

Alles hat demnach jener glückliche Cosmus hier erbaut, Tempel, Mauern, Häuser, Burgen und Hafen – und Napoleon zu bauen nichts übriggelassen als die Luftschlösser seines erneuten Kaiserreichs.

Das Schiff landet an der Treppe, von welcher er sich einst mit seinen Garden nach Frankreich einschiffte; eine Szene, die sich die Einbildungskraft sofort wiederherstellt, und wie oft, und wo nicht in aller Welt, haben wir jenes Gemälde betrachtet: Napoleons Einschiffung auf Elba. Aber das Auge blickt immer zu der zierlichen Stadt empor und sucht ihre einzige Merkwürdigkeit, die Wohnung des verbannten Kaisers.

«Seht ihr's nicht droben liegen, das gelbe freundliche Haus unter dem Stella-Fort? Es schaut gerade her zum Hafen; seht dorthin, wo die Schildwache an dem Schilderhaus davorsteht.»

«Jenes mit den kleinen Fenstern? Welches Tuilerienschloß für einen Pygmäenkönig! Es gleicht einem Gartenpavillon.»

«Das ist der Palast des Kaisers und heute das Haus des Gouverneurs.»

Eine Barke bringt uns an den Kai, auf dem friedliche Bewohner der Stadt sich neugierig versammelt haben. Da gibt es keine Zudringlichkeit wie in Livorno, wo man vor Barcarolen und Facchini seines Lebens nicht sicher ist. Alles ist still, bescheiden und zufrieden. Aus dem Tor tritt man durch eine Gasse, welche Fisch- und Gemüsemarkt ist, auf die Piazza d'arme, einen langen und schmalen Platz, an dessen Ende die Hauptkirche der Stadt liegt. Die lautloseste Sonntagsstille herrscht hier, eine wahrhaft idyllische Stimmung und Lebensbehaglichkeit. Die reinlichen Häuser sind mit Blumen geschmückt, und von der Bedürfnislosigkeit der Bewohner zeugen die kleinen Verkaufsläden, das kleine Kaffeehaus und der anspruchslose Gasthof «L'ape d'oro», die goldene Biene, in welchem ich mit meinem Reisegefährten einkehrte. Ein einfaches Speisezimmer, ein paar schlichte, ganz schweigsame Tischgäste, ein mittelmäßiger Inselwein, ein dürftig Mittagbrot und ein billiger, freundlicher Wirt.

Wir finden keine Ruhe, ehe wir nicht zur Wohnung Napoleons hinaufgestiegen sind. Sie liegt zwischen dem Fort Stella und dem Falcone hoch auf dem Ufer, so daß sie mit der Vorderseite auf den Golf, mit der Hinterseite aufs Meer nach Piombino blickt und eine sehr schöne Aussicht gewährt. Aber dieser Blick in das sonnige weite Meer und auf die zauberisch lockenden Küsten Italiens ist für einen verbannten Kaiser zu aufregend. Das Haus besteht aus einem platten

Mittelgebäude von zwei Stockwerken mit vier Fenstern in der Front und zwei kleineren Seitenflügeln, welche beträchtlich niedriger sind. Durch diese geht man in das Innere, denn das Mittelgebäude hat keine Tür. Einer Mauer umschließt den kleinen Garten, in welchem Napoleon seine Morgen- und Abendspaziergänge zu machen pflegte. Zitronenbäume, Blumen, ein paar Marmorbilder im Grün, das ist der ganze Reichtum des kaiserlichen Gartens von Elba. Napoleon selbst hat ihn angelegt und mit Akazien geschmückt. Mir erschien es sehr charakteristisch, daß ich in ihm Kanonen aufgestellt fand. Da der Garten zum Bereich des Stella-Forts gehört, dient er zugleich als Schanze, und ohne Zweifel standen dort die Kanonen schon zur Zeit Napoleons unter den Blumen aufgepflanzt; waren sie doch die Lieblingspflanzen des Kaisers, ihm schöner duftend als Rosen und Orangenblüten, und so mag man ihn hier in seinem kleinen Kanonengarten umherwandelnd denken, stillstehend an einer Haubitze, brütend, Entschlüsse abwägend, auf das Meer spähend, wo die Küste Italiens dem Blick greifbar ist, und hinüberforschend nach dem Kontinent, dem Schauplatz seines Ruhms, welcher ihm seine Taten zuruft, seine Tatlosigkeit anklagt und seine Seele beständig anstachelt: Cäsar du schläfst!

Aber gestehen wir es, das Bild Napoleons auf Elba erhebt uns nicht allzusehr. Die Heldenkraft eines einzelnen Menschen, welcher gegen die Welt kämpft und trotzig das Schicksal herausfordert, ist immer bewundernswert; aber sie läßt kalt, wenn sie nicht mehr den sittlichen Ideen und Zwecken der Geschichte, sondern nur dem eignen und kleinen Egoismus dient. Die Geschichte hatte Napoleon beseitigt; wie er sich von Elba erhob, erschien er als ein Mann, der in der Welt nichts mehr zu tun hatte und von ihren Interessen abgelöst war. Sein Kampf war titanisch, wie der des einzelnen gegen die Weltordnung sein mußte; sie zerbrach ihn wie ein Rohr, das ein rollendes Rad zerknickt. Dies ist der tragische Sinn von Elba und von den Hundert Tagen.

Napoleon auf Sankt Helena ist wieder eine ganz andere Gestalt. Da erregt er die tragische Wehmut, gleich dem Helden eines großen Trauerspiels, den wir sterben sehen mit einer von Leidenschaft gereinigten und versöhnten Seele.

Wie sonderbar! Es gibt in diesem Tyrrhenischen Meer noch ein zweites Felseneiland, welches als Verbannungsort eines Kaisers fort und fort in der Geschichte einen unsterblichen Namen tragen wird. Dies ist Capri, die Einsiedelei des furchtbaren Tiberius. Elba und Capri, Napoleon und Tiberius sind zwei widerspruchsvolle Kehrseiten der Despotie; dort ein Kaiser, gewaltsam auf die kleine Insel verbannt, der aus der unerträglichen Enge wieder in die Weltgeschichte sich zurücksehnt, nimmer satt von Herrschaft oder Heldentaten; hier ein Kaiser, der unbestritten die Welt besitzt und sie gleichsam mit einem Wink seiner Augenbrauen lenkt, und der sich mit einem halb ironischen, halb furchtsamen Lächeln freiwillig auf die kleinste Felsenscholle seines Reiches verbannt, als ein Eremit zu leben. Wahrlich, es war eine kindliche Naivität der Mächte von 1814, Napoleon nach Elba zu verbannen. Man möchte versucht sein, diesen unschuldigsten Gedanken der größten Politiker Europas aus einer romantisch-poetischen Anwandlung zu erklären. Wenigstens überkam mich der einzige Sinn, der in Napoleons Verbannung nach Elba liegt, plötzlich, als ich auf den Eisengruben von Rio stand, und ich sagte mir, daß die hohe Diplomatie von 1814 sehr poetisch gedacht habe, den Schlachtengott Napoleon auf diese Eiseninsel zu verbannen. Aus ihren unerschöpflichen Erzlagern haben sich die Völker seit mehr als 20 Jahrhunderten Waffen geschmiedet, und Rom, welchem einst Porsenna, König jener Etrusker, die zuerst die Erze Elbas verschmiedeten, die Bedingung gestellt hatte, das Eisen fortan nur zum Ackergerät zu verwenden, hat mit dem Eisen dieses Eilands die Welt bezwungen.

Durfte man glauben, daß der Beherrscher von halb Europa, der sich gewöhnt hatte, mit Königskronen zu spielen, urplötzlich in einen pensionierten Offizier sich würde verwandeln können, welcher auf einer idyllischen Insel Kohl pflanzt, Vögel abrichtet, ein paar Grenadiere als erinnerungsvolles Spielzeug gebraucht, und Sonntags mit seinen Nachbarn auf die Jagd geht? Dachte man an Diokletian, an Tiberius, an Karl v.? Müde Herrscher legen das Diadem ab, weil es drückend ist und nachdem sie selbst gesättigt wurden; aber auch die wuchtvollste Krone hat noch nie dem Haupte eines Mannes zu schwer geschienen, der sie als Emporkömmling dem Glück abgerungen hatte. Solche Menschen können zu herrschen nicht aufhören, ehe sie nicht demselben Schicksal im Kampf erlagen. Wunderlicher Einfall also, den korsischen Löwen auf dieses Eiland, ins offene Meer zwischen Frankreich und Italien hinzusetzen, gerade in den Brennpunkt seiner Herrscherleidenschaften.

Es liegt indes ein tiefer fatalistischer Sinn in diesem Ort von Napoleons Verbannung. Das Fatum, welches große Menschen stürzt, ist in der Regel von einer tragischen Ironie. Es pflegt seine Opfer in ihren eigenen Anfang zurückzustürzen und dann zu erschlagen, wenn sie die Götter des Glücks zum zweitenmal versuchen. Wenn Napoleon einen jener wilden und gewaltigen Berge von Marciana erstieg, so konnte er von ihrem Gipfel Korsika sehen, nahe vor sich mit seinen Städten, Wäldern und Bergen, mit tausend Stellen, die ihm seine Jugend ins Gedächtnis riefen. Der Anblick mußte ihm schmerzlich sein. So fand er sich gegen das Land zurückgeworfen, aus welchem er als junger Mensch ausgegangen war, nur erst ein namenloser Sohn der Fortuna, mit ungewisser Sehnsucht nach großen Taten. Dies war unerträglich. Er mußte den fatalistischen Ring zerbrechen; aber die Ironie des Schicksals ward er doch nicht los, denn es ersparte ihm nicht, daß er von Elba nach Frankreich wiederum in der Gestalt des Abenteurers auszog, in welcher er einst von Korsika in die Welt gegangen war.

Als die Marschälle Macdonald und Ney Napoleon in Fontainebleau anzeigten, daß er als Souverän Elba oder einen anderen Ort, etwa Korsika zu wählen habe, rief er heftig: «Nein! Nein! Ich will nichts gemein haben mit Korsika!» Es gehört wenig Psychologie dazu, hier in seiner Seele zu lesen. «Die Insel Elba! Wer kennt die Insel Elba? Man suche mir einen Offizier, welcher Elba kennt! Man zeige mir Karten, welche mir die Lage Elbas nennen!» Elba – doch – Elba! Und ein Gedanke ging durch seine Seele. Die Günstlinge seiner Schwester Elise von Toskana waren es, welche Elba vorgeschlagen hatten, da es Toskana so nahe lag, und so ging er, als Resultat so vieler welterschütternder Kämpfe endlich die lächerliche Herrschaft einer kleinen Insel anzutreten.

Am 20. April 1814 nahm er von seiner Garde Abschied. Man mag es verzeihen, an Altes, Bekanntes zu erinnern. Ruft man sich doch gern das Bild eines außergewöhnlichen Menschen zurück, zumal in seinem Sturz. Denn an solchem Schauspiel erhebt sich die Seele zur weisern Betrachtung des Lebens und seiner ewigen Ordnung. Wenn kleine Menschen von der Höhe der Großen, worauf sie nicht ureigene Kraft, sondern nur die Schwachheit der Zeit stellte, stürzen, dann gibt es ein Ende mit Schrecken, doch kein tragisches. Vielleicht ist Napoleons Fall die größte Tragödie der Weltgeschichte.

Was sagte dieser Mann, als er von seinen Garden, das ist von seinem Kriegshandwerk, Abschied nahm? Seine Worte sind gemischt aus Unwahrheit und Wahrheit, aus Politik und Sentimentalität. Die ganze Abschiedsszene ist höchst charakteristisch, weil sie ganz theatralisch ist. Um die Figur Napoleons hängt überhaupt mehr Theaterpomp und Bühnengoldbrokat, als um die des Alexander und die des Pompejus. «Seid treu dem neuen Könige, welchen Frankreich sich gewählt hat», so sagte er zu den weinenden Garden; «verlaßt nicht unser teures, zu lange Zeit unglückliches Vaterland. Weint nicht um mein Los; ich werde immer glücklich sein, wenn ich weiß, daß ihr es seid. Ich hätte sterben können – nichts war leichter für mich; aber ich will ohne Aufhören dem Pfad der Ehre folgen. Noch habe ich zu schreiben, was wir getan haben. Ich kann euch nicht alle umarmen. Doch ich will euern General umarmen. Kommt, General ... (er schließt den General Petit in die Arme). Man bringe mir den Adler ... (er küßt den Adler). Teurer Adler! Möchten diese Küsse alle

Braven im Herzen fühlen ... Lebt wohl! meine Kinder ... meine
Wünsche werden euch immer begleiten ... Bewahrt mein Andenken.»
Am 27. April langte er, in elender Verkleidung, den Mordanschlä-
gen der Provence entronnen, in Fréjus an, zurücklaufend seines
Glückes eigene Straße. Die er einst von Ägypten her als Triumphator durchflogen, hatte er jetzt durcheilt als Postillion, als Lakai gekleidet. Ein französisches und ein englisches Schiff lagen dort im
Hafen bereit. Er wählte das englische. Am 3. Mai landete er in Porto
Ferrajo; sieben Jahre später sollte er an demselben Tag auf einer
fernen Insel im Ozean, deren Namen er kaum noch gehört hatte,
sterben.

Es war sechs Uhr des Abends; ein südlich schöner Tag. Das Volk
von Elba, seine Untertanen, stand auf dem Kai. Arme Menschen in
schafwollenen Jacken, die phrygische Mütze in der Hand, erwarteten
sie verdutzt, scheu und neugierig den großen Mann, welcher die Welt
bezwungen und Länder und Kronen verschenkt hatte, wie andere
Könige Ringe und Ordenskreuze verschenken, als ihren eigenen
Herrscher, als Fürsten von Elba. Eine Musikbande spielte auf, wie zu
einem Schäferspiel. Napoleon blieb mißmutig die Nacht auf dem
Schiff. Wie muß er sich nicht beengt gefühlt haben in diesem umzir-
kelten Golf, welchen die Felsenberge gefangenhalten!

Als er das Ufer betrat, empfing ihn der französische Kommandant
Dalesme. Ihm hatte er seine Ankunft gemeldet und geschrieben: «General, ich habe meine Rechte den Interessen des Vaterlandes geopfert
und mir die Besitzung und Souveränität der Insel Elba vorbehalten;
macht den Einwohnern bekannt, daß ich ihre Insel zu meinem Aufenthalt wählte, sagt ihnen, daß sie immer der Gegenstand meines
lebhaftesten Interesses sein werden.» Elba fortan der Gegenstand
seines lebhaftesten Interesses! Eine Felsscholle für die Welt!

Der Bürgermeister und die Ältesten von Porto Ferrajo stellten sich
dar mit den Schlüsseln der Stadt. Der Kaiser empfing sie. Es war dieselbe Szene, die er so oft erlebt hat, vor Berlin, vor Wien, vor Dresden, vor Mailand, vor Madrid, vor Moskau – nur die Schauspieler
waren andere geworden ... ein armer stammelnder Bürgermeister
von Porto Ferrajo, und ein paar Älteste des Städtchens.

Napoleon zog in das Haus des Gouverneurs, und dies eben ist
jener kaiserliche Palast mit dem kleinen Kanonengarten und den
kleinen Blumenstücken. Er fing ohne Säumen den Ausbau an. Ich
sah in ihm einen schönen Speisesaal und etwa zehn bis zwölf wohnliche kleinere und größere Gemächer, welche gegenwärtig der Gover-
nator der Stadt und Festung bewohnt. Im Schlafzimmer Napoleons
hängen Kupferstiche, welche Szenen aus Ägypten darstellen, und im
Arbeitszimmer steht noch sein Schreibpult. Das war nun des Kaisers

Tuilerienschloß, das Miniaturbild seiner Herrschaft, und im Verhältnis dazu stand auch sein Hof. Großmarschall des Palastes war Graf
Bertrand; der Graf Cambronne, der Artilleriegeneral Drouot und
andere bildeten den Hof, der im ganzen Haushalt 35 wohltitulierte
Chargen zählte.

Wahrlich, der Aufenthalt in Elba glich der Villegiatur eines römischen Kaisers, der sich dem Zeremoniell des großen Hoflebens in der
Hauptstadt entzieht und mit wenigen Vertrauten und Dienern Luft
und Ruhe schöpfen geht nach Antium oder nach Bajä. Aber nein,
diese Luft von Elba war für das Gefühl Napoleons vielleicht drücken-
der als jene auf der Scholle von Sankt Helena, die er mit völliger Resignation betrat.

Man hatte ihm 700 Mann Garde zu Fuß und einige 80 Mann zu
Pferde als Spielzeug überlassen. Nun denke man sich dieses Häuflein von Veteranen beisammen, wie Schiffbrüchige auf eine Insel verschlagen und dort am Strand gelagert. Wer zuhörte, was diese rauhen Männer, Franzosen, Korsen, Italiener, Polen miteinander redeten,
konnte die wunderbarsten Dinge hören und Bilder der halben Erde
an sich vorübergehen sehen, die Pyramiden, die fürchterlichen Eis-
felder von Rußland, die Alpen, Leipzig, Marengo, die Sonne von
Austerlitz, Eylau und was nicht alles – Namen wie Ney – oh,
auch Ney, das schmerzt – Marmont – Bernadotte, das grimmt das
alte Kriegerherz – – der falsche prächtige Murat! Was ward aus Murat? Oh, der ist drüben in Italien noch ein König! Wenn ein Schiff
zwei, drei Tage läuft, so kann man ihm die Hand reichen. «Pazienza»,
sagt der Italiener – «Vive l'Empereur!» ruft der Franzose – «Noch ist
Polen nicht verloren», sagt der Pole. Manches Mal wird exerziert, der
Kaiser hat das Handwerk nicht verlernt. Brav wird mit den Kanonen
gefeuert. Aber die Kanonen brummen doch nur in den Wind. Das ist
eine schlechte Musik.

Man muß eine Unternehmung ausführen. Der Kaiser von Elba
wollte sein neues Reich gleich in der ersten Zeit kennenlernen, und
in Begleitung des englischen Botschafters Niel Campbell durchritt er
die Insel. Man will wissen, daß er aus Furcht vor Meuchelmord ihn
und Bewaffnete mit sich nahm. Er fürchtete besonders den Kommandanten von Korsika, Brulart, welcher ehemals Hauptmann der Chou-
ans und Freund George Cadoudals gewesen war und jetzt wie zu Napoleons Hohn Korsika befehligte. In ein paar Tagen hatte der Kaiser
sich überzeugt, daß sein Reich nicht groß sei; aber er faßte den Plan,
zu bauen, Wege, Wasserleitungen, Verbesserungen anzubahnen. Er
wollte Elba verschönern, wie Tiberius einst Capri verschönt hatte.
Der unruhige Geist schmachtete nach Beschäftigung, und die Zeit
mußte vertrieben werden.

Napoleon, auf dem kleinen Elba bauend und Wege in das Gestein bahnend, ist ein tief gedankenvoller Mann, welcher Figuren und Linien in den Sand zeichnet; er ist der Alte Fritz, nach der verlorenen Schlacht auf der Brunnenröhre sitzend und mit dem Stock so vor sich hin grabend.

Sein Blick fiel auf die Klippe Palmarola. Vierzig Garden schickte er aus, diese Insel zu nehmen, was ihnen niemand wehrte, da niemand darauf wohnte. Die alten Garden setzten einen Turm darauf, und so war das Reich vergrößert.

Auch jene kleine und öde Insel Pianosa, wohin einst Augustus seinen Enkel Agrippa Posthumus verbannte, welchen Tiberius bald darauf durch abgesandte Mörder erwürgen ließ, besetzte Napoleon und bewehrte sie mit einer Schanze, vielleicht angelockt durch jene alten Kaisernamen, oder durch das Los Agrippas, mit dem er sein eigenes vergleichen mochte.

Er baute Magazine, Kais, ein paar Pferdeställe, eine Wasserleitung, ein Lazarett, ja selbst das kleine Theater in Porto Ferrajo, wo er seine kaiserliche Loge hatte, so gut wie in Paris. Für sich selbst legte er in der Campagna eine Villa an. Rechts vom Golf führt eine von ihm gebaute Straße zu diesem Versailles von Elba. Dahin ging oder ritt der Kaiser gern und unterhielt sich oft mit den Landleuten, die des Weges kamen, ihre fruchtbeladenen Esel vor sich hertreibend. Das Tal, in welchem die Villa San Martino steht, und wo einst Scipio Nasica einen Palast gehabt haben soll, ist sehr reizend. Es liegt den grandiosen Bergen im Schoß, die sich nach der korsischen Seite zu erheben. Ein Bach schlängelt sich durch die grüne Tiefe; zu beiden Seiten üppige Fülle von Baumwuchs, viele Häuser im Grün zerstreut, und wohin das Auge blickt, ein reicher Weinsegen von blauen, schwellenden Trauben, als stände man auf der Campagna Felice von Neapel. Wer ein zufriedenes Herz hat, mag dort glücklich wohnen. Es gibt das ganze Jahr hindurch Rosen; die Lüfte sind mild und würzig, und wo sich das Tal gegen Porto Ferrajo öffnet, strahlt Golf und Meer dem Blick entgegen.

Die Villa gehört heute dem Fürsten Demidoff. Dieser russische Krösus baut sie zu einem Napoleonsmuseum um. Es soll prächtig werden, mit Hallen von Marmor und Feensälen, worin man sämtliche Taten des Kaisers an den Wänden al fresco sehen wird. Napoleon selbst, der die Orangenbäume um die Terrasse des Landhauses pflanzte, begnügte sich, den Speisesaal in ägyptischem Stil ausmalen zu lassen; überhaupt war ihm die Erinnerung an Ägypten, wie es scheint, die liebste seines Lebens, denn sie war das romantische Heldengedicht seiner Jugend. Heute hat Demidoff alle erdenklichen Reliquien, die sich auf Napoleons Geschichte beziehen, gesammelt, und er wird sie in den Zimmern von San Martino aufstellen. Eine lebendige Reliquie Napoleons, in deren Besitz der Principe gewesen ist, wird er aber in dieser Villa nicht aufstellen, weil er sie, wie man sagt, nicht wohl gehalten hat, ich meine seine frühere Gemahlin, Mathilde Bonaparte, Tochter des Exkönigs Jérôme, Reliquie von Westfalen.

Wenn die Reliquien alle aufgestellt sein werden, sagten mir die Arbeiter an der Villa, so wird der Fürst auf seine Kosten jeden Freitag ein Dampfschiff von Livorno nach Porto Ferrajo abgehen lassen, und dann wird die ganze Welt mitfahren, die schönen Sachen zu sehen. Jetzt aber darf niemand hinein, und das steht auf der Warnungstafel aufgeschrieben. Und so konnte ich das Innere der kleinen bescheidenen Villa nicht betreten.

Wie ich nach Porto Ferrajo heimkehrte, tröstete mich dafür der schöne Mondschein, welcher viele Dinge zu erzählen weiß. Ruinen, gleichwie Erinnerungen jeder Art, lassen sich am besten beim Mondschein betrachten und bedenken; der Zauber eines zweifelnden Lichts stimmt so wohl mit allem, was vergänglich ist.

Kann man Napoleon lieben? Wird nach tausend Jahren eine Menschenseele auf irgendeinem Schauplatz seines Lebens durch die Erinnerung an ihn zu Tränen der Wehmut gerührt werden? Ich weiß es nicht; ich glaube es nicht.

Es gibt einen großen Namen in der Geschichte, welcher zur Hälfte wie Napoleon klingt, er heißt Timoleon. Ich gestehe es, die Erinnerung an diesen Menschen preßte mir eine Träne der Liebe aus, als ich auf dem Theater von Syrakus an ihn zurückdachte. Wie würde sich Napoleon vor diesem Griechen gefürchtet haben, der ihn nach Korinth geschickt hätte, voll strenger Verachtung, wie den Tyrannen Dionys. Andere Zeiten, andere Größen. Napoleon schwärmte in der Jugend für diesen Helden des Plutarch; als er selbst Kaiser geworden war, schalt er den Tacitus grämlich und hielt er dem Tiberius eine Lobrede.

Man hat ihn so oft mit dem gefesselten Prometheus verglichen, daß dieses Bild schon eine abgebrauchte Phrase ist; aber es paßt doch ganz vortrefflich auf diesen verbannten Heros, der die Ketten von Elba zu zerreißen imstande war, bis ihn Kraft und Gewalt mit unauflöslichen Fesseln an die Klippe von Sankt Helena schmiedeten. Nach welchen Riesenkämpfen! Blücher und Wellington mußten dies Genie bezwingen, als Kraft und Gewalt gegen einen Halbgott losgelassen. Der Husarengeneral Blücher, in der Hand des Schicksals als Mittel gebraucht, Napoleon zu stürzen, oder sagen wir in niederer Redeweise zu «schlagen», denn was konnte ein so wackerer Mann wie Blücher anders, als tüchtig zuschlagen ... das ist ein bitterer Hohn. Aber die Natur braucht die größten Kräfte, will sie etwas bilden und entwickeln, die geringsten, will sie vollenden und vernichten.

Napoleon mußten die Wochen, die ihm in Elba hinschlichen, wie Jahrwochen erscheinen. Er klagte oft bitterlich zu Campbell, und zumeist weil ihm Weib und Kind entrissen seien, ihm eine Gunst versagt sei, welche doch den Elendesten unter den Verbannten aus Menschlichkeit gewährt werde.

Seine Mutter kam im Sommer. Wie fand Lätitia Ramolino ihren Sohn wieder! Von der Höhe des Glücks war auch das eitle Mutterherz herabgestürzt, aber es brach nicht – das edlere Herz Josephinens war gebrochen, dreißig Tage nach Napoleons Fall, in Malmaison. Auch Pauline Borghese, seine Schwester, kam, einst die neue Helena der Welt, eine schöne Hetäre, zu deren Füßen gekrönte Herrscher lagen, jetzt auf der Campagna von Elba verschollen.

Viele Personen kamen und gingen geheimnisvoll. Die sieben Häfen der Insel waren noch nie so belebt gewesen. Während der neun Monate liefen 1200 Schiffe ein, und 800 Italiener und 600 Engländer waren angekommen, den Mann von Elba zu sehen, darunter viele Offiziere in italienischen, englischen, französischen Uniformen, bald von Marseille, von Korsika, bald von Genua oder Livorno, oder von Neapel, von Civita Vecchia und Piombino her. Mit allen unterhielt sich Napoleon geistreich und witzig, und ließ sich von jedem über die Zustände seines Landes oder den Kontinent Bericht erstatten.

Eines Tages kam eine fremde Dame mit einem kleinen Knaben nach Porto Ferrajo. Der Kaiser empfing sie mysteriös. In der Campagna ward sie einlogiert, und nach wenig Tagen war sie mit dem Knaben nach Italien hinweg, geheimnisvoll wie sie gekommen war. Man sprach allerlei, nur wenige wußten, wer die Erscheinung gewesen, aber sie hatte sich den Blicken nicht entziehen können. Man wird sich leicht vorstellen, daß Napoleon auf Elba in der Lage eines interessanten Mannes sich befand, der sich in einer kleinen Provinzialstadt aufhält, und von allen Augen verfolgt und von allen Zungen beredet wird. Jene fremde Dame war eine polnische Gräfin, der Knabe Napoleons Kind, die Frucht einer zarten Schäferstunde in dem rauhen Polen. Ich weiß nicht, wie es dem Kinde weiter erging, aber ich glaube, im Monat Dezember 1852 erschien dieser Knabe als offizieller Botschafter Frankreichs vor der Königin Victoria von England und zeigte ihr an, wie die Weltgeschichte trotz Elba und Sankt Helena wieder bonapartisch geworden sei, denn acht Millionen Franzosen hätten Ludwig Bonaparte, Sohn und Reliquie des Exkönigs von Holland, aus Rührung zum Kaiser Frankreichs ausgerufen.

Es ist ein Traum. Die Weltgeschichte träumt, wie der einzelne bisweilen von alten Liebschaften und von alten Schicksalen. Im Jahr 1852 träumte ihr von Napoleon.

Der Kaiser indes wurde auf Elba von Tanten und Basen, wie man

sagt, beschändet. In ganz Italien sprach man davon, daß ein gewisses
Fräulein Vantini sein Herz erobert habe, daß er sie in romantischen
Stunden empfange, auf der Villa wie in seinem Palast, ja daß sie bereits einen zweiten jungen Napoleon unter dem Herzen trage und
sich dessen schließlich selbst berühme. Dieses Fräulein war die Tochter
eines Gutsbesitzers auf Elba, eines Mannes, der ehemals Bürgermeister von Porto Ferrajo gewesen war; er war wiederum Schwager
eines Herrn Cornelio Filippi von Livorno; dieses gewissen Cornelio
Schwester aber war eine wahre Messaline, erklärte Buhlschaft
des Engländers Grant, eines Kaufmanns in Livorno, und dieser
Grant war wiederum ein wütender Feind Napoleons und Helfershelfer des Spions Giunti usw. Da haben wir eine Schandgeschichte
aus Elba.

Das Geld fing übrigens zu mangeln an. Napoleons Einkommen belief sich auf kaum 400 000 Frank. Denn was ihm im Vertrag zu Fontainebleau verbrieft worden war, eine jährliche Rente von 2 500 000
Frank, zahlte Frankreich, dem Vertrag zuwider, nicht. Der Kaiser
beschwerte sich, und Lord Castlereagh remonstrierte für ihn; aber die
französische Regierung zögerte, und sie zahlte nichts. Sie ahnte wahrscheinlich, daß der Verbannte ihre Gelder zu irgendeinem Staats-
streich verwenden könnte, mindestens fürchtete man einen Einfall in
Italien; denn daß er eine Landung in Frankreich versuchen würde,
fiel niemand ein.

Hier auf Elba, in der unmittelbaren Nähe Frankreichs und Italiens,
mußten sich dem Geist des gestürzten Kaisers wie von selbst beide
Länder als Schauplätze einer möglichen Restauration darbieten. Wie
mag er in diesem Garten, in diesem Kabinett und in jener Villa auf
und ab gegangen sein, die Hände auf dem Rücken, und in der Waag-
schale abgewogen haben hier Frankreich, dort Italien, hier die Erneuerung einer alten Laufbahn oder eines Reichs, das er besaß,
dort eine ganz neue Laufbahn, eine ganz neue, erst zu stiftende
Monarchie.

Verweilen wir einen Augenblick; denn hier ist eine geheimnisvolle
Stelle in der Geschichte Napoleons, die etwas ungemein Anlockendes
für die Vorstellung hat, wie jede Möglichkeit von großem Charakter.
Eine Minute lang, so kann man sagen, schwebte der Geist einer unberechenbaren Zukunft über Italien, während Napoleon auf Elba saß.

Denn was wären die Folgen gewesen, wenn dieser Mann seine
Richtung auf Frankreich plötzlich aufgab, und er, ein Italiener, in
Italien auftrat, in einer neuen Gestalt, als Ordner und Vereiniger die-
ser schönen Länder, als ein römisch-italienischer Kaiser in der Welt-
stadt Rom, auf dem Kapitol? Es ist unzweifelhaft, daß ein solcher
Plan gefaßt wurde. Aber wie weit Napoleon selbst mit den Agenten

einer italienischen Union, welche in Turin ihren Mittelpunkt hatten, in Verbindung stand, ist trotz aller Enthüllungen schwer zu ermitteln. Jener Entwurf eines konstitutionellen Kaiserreichs in Rom, an dessen Spitze Napoleon zu berufen sei, wie er in den Köpfen der italienischen Unitarier entstand, klingt heute nicht schimärischer als im Jahre 1814. Es sollten Napoleon römischer Kaiser sein, die Könige von Sardinien und Neapel mit Geld entschädigt werden, die Hauptstädte Mailand, Venedig, Florenz, Neapel, um ihren lokalen Patriotismus zu befriedigen, zu Vizekönigtümern gemacht werden, die Nationalversammlung ihren Sitz wechseln. Der Papst ward zu einem Phantom erklärt, dessen man sich zu entledigen habe. Dies war das italienische Projekt; zu seiner Ausführung konnte ein Krieg dienen. Denn Murat, damals noch König von Neapel, sollte in Krieg mit Frankreich verwickelt werden und Napoleon im Augenblick des Zusammenstoßes erscheinen, wo er dann sich unfehlbar beider Armeen würde bemächtigt, Italien vereinigt und die Bourbons von Frankreich zu seiner Anerkennung gezwungen haben.

Doch genug dieser Träume. Napoleon hielt, wenn er ihnen das Ohr lieh, Italien in Spannung; und in der Tat, seine Landung auf der Halbinsel hätte alles in Taumel versetzt. Ohne Zweifel würde er sich nach Italien geworfen haben, wenn ihm Frankreich keine Aussicht bot. Aber was ihm seine Agenten von dort berichteten, zeigte ihm klar, daß es nur seiner Landung bedürfe, um die bourbonische Restauration wie einen Nebel zerrinnen zu machen.

Unterdes lebte man im Palast von Elba harmlos; Pauline, die Seele der Gesellschaft, gab bisweilen ein Fest. Aber um Geld zu sparen, ward der Haushalt beschränkt und mancher Bauplan eingestellt, selbst ein Artillerietrain verkauft. Der Kaiser war in Papieren, in Journalen und Berichten vergraben. In seinem kleinen Kabinett sah es aus wie ehedem in den Tuilerien; war der Mann doch derselbe Napoleon, welcher riesige Entwürfe, Schlachtpläne, welterschütternde Gedanken in der Seele umherwälzte.

So saß er in dem kleinen Zimmer von Porto Ferrajos Gouvernementshaus, von welchem nur das bescheidene Banner von Elba flatterte, weiß und amarant und mit den kaiserlichen Bienen, indes zu gleicher Zeit die hohe Diplomatie in Wien beim Kongreß saß, alle Mächte Europas hinter den grünen Tischen, tausend Federn rührend und tausend Zungen, die ganze Welt ein Protokoll und ein diplomatischer Diskurs, und alles dies um den einen kleinen Mann in Elba. Dieser still, verschlossen, einsam, wie ein Zauberer in der Felsenhöhle, welcher unsichtbare Geister beschwört, aussendet, empfängt; jene voll Geräusch der Siegesfeste, und der Debatten – ein wunderliches Gegenüber! Der kleine eiserne Mann steht plötzlich von seinem

Tisch auf – der Kongreß ist nicht mehr; die Fürsten und die Diplomaten fahren auseinander, und die Welt wird wieder ein tobendes
Kriegslager.

Napoleon war von allem unterrichtet, was in Frankreich und Wien
geschah – am Anfang des Jahres 1815 drohte Uneinigkeit die Alliierten miteinander in Krieg zu bringen. Österreich, Frankreich und
England verbanden sich zu einem geheimen Vertrag gegen Rußland
und Preußen. Auch verlangte Frankreich die Wiedereinsetzung der
Bourbonen in Neapel. Murats Thron wankte; er bot sich also als
natürlicher Verbündeter Napoleon dar, Italien zu jener Union auf-
zurufen, an deren Spitze dieser hatte treten sollen.

Das schreckliche Wort Sankt Helena war schon zu Napoleons Ohr
gedrungen. Der Entschluß wurde fest in seiner Seele. Er ward immer
einsamer; er vermied es, Campbell zu sprechen. Er ließ ihn selten vor
und nur dann, wenn der Engländer von Livorno zurückkehrte, wohin
er bisweilen hinüberging. Es kreuzte auch ein französisches Kriegsschiff um die Insel, Napoleon zu beobachten, von dem ein Gerücht zu
reden begann, er bereite eine Landung in Italien vor; die englische
Korvette aber, zu Campbells Disposition gestellt, segelte beständig
zwischen Elba, Genua, Civita Vecchia und Livorno. Napoleon selbst
war als Souverän der Insel im Besitz von Kriegsfahrzeugen, von vier
Schiffen; sie durchsegelten häufig, manövrierend, das Meer unter dem
neuen Banner von Elba, das selbst die Barbaresken respektierten;
denn oft brachten sie den Kapitänen elbanischer Schiffe Geschenke,
sagend, daß sie die Schuld von Moskau quittierten. Der Kaiser ließ
diese Schiffe häufiger in See gehen, seine Absicht zu verbergen; und
er versteckte sie so tief, daß nur Bertrand und Drouot um das Geheimnis wußten, und auch diese nur 24 Stunden vor der Abfahrt.
Den Frauen ward es nicht mitgeteilt; auf dem nahen Korsika wußte
es allein Colonna, der Freund Paolis und der Vertraute Napoleons.
Der Entschluß, an Bord zu steigen, endlich aus dieser öden Einsamkeit der Welt, und neuen Riesenkämpfen entgegenzugehen, mußte
ein fürchterlicher Ruck in Napoleons Seele sein, gleich jenem Cäsars,
als er den Rubikon überschritt. Es war einer von den verzweifelten
Würfen, welche der Erfolg, je nachdem sie fallen, entweder helden-
kühn und groß, oder wahnsinnig und abenteuerlich benennt. Solche
Augenblicke, wo ein entschlossener Mensch todesmutig gerade auf
das Schicksal losgeht, nehmen all unsere Teilnahme in Beschlag, und
wenn das Unternehmen gelingt, scheint die Tollkühnheit selbst die
Größe des Helden verdoppelt zu haben. Gleich jenem Fernando Cor-
tez, da er die Schiffe hinter sich verbrennen ließ, erscheint nun Napoleon, und in Wahrheit ging er an die Eroberung Frankreichs und
in den Kampf mit den Kriegsheeren der europäischen Mächte mit

kaum mehr Truppen, als der abenteuernde große Spanier hatte, als es galt, wilde Indianer zu bezwingen. Freilich standen schon zwei seiner größten Heere und Avantgarden in Frankreich: Der Zauber seines Namens und der Haß gegen die Restauration.

Es war an einem Sonntag, dem 26. Februar – Pauline gab einen Ball – die Garden und die übrigen Truppen, 800 Mann, stehen marschfertig auf der Piazza d'arme – sieben Fahrzeuge liegen reisefertig im Hafen – der Kaiser ist voll Unruhe – der kleine Mann geht auf und ab, tritt ans Fenster, blickt in den Abendhimmel, auf den Golf, welcher bewegt ist und voll rauschenden Wellenschlags. Die Garden sollen sich einschiffen! Alea jacta est!

Es war abends 8 Uhr, als Napoleon vom Kai in die Barke stieg.

Hier nun, da der gewaltige Mann in See geht, die Götter zum zweitenmal zu versuchen, ist es mir, als riefe eine Stimme hinter ihm drein: «Des Fatums boshaftes und ewiges Gesetz ist es in allen Dingen, daß sie, wenn sie den Gipfelpunkt erreicht haben, schneller, als sie aufstiegen, wieder zur Tiefe stürzen.» Die Stimme ist Senecas Stimme, jenes alten Unglücksvogels, der ein besonderes Recht hat, diesen Spruch Napoleon nachzurufen, weil er die Großen der Erde schrecklich enden sah, den Imperator Tiberius, den Kaiser Caligula, den Kaiser Claudius, den Cäsar Germanicus, und weil er acht lange Jahre als Verbannter auf Korsika saß und Weisheit lernte, und die Natur wie das Ende der Napoleonischen Dinge aus gründlichster Erfahrung kannte. Aber Napoleon segelt von dannen, ungesehen von der englischen Korvette, welche in Livorno war. Das Meer ging hohl. Man hoffte vor Tagesanbruch über Capraja hinaus zu sein, doch fiel der Wind, und am Tag war man noch im Angesicht der Insel. Erst um vier Uhr abends gelangte man auf die Höhe von Livorno, und bald zeigten sich zwei Fregatten, dann ein französisches Kriegsschiff, der «Zephyr», welches heransegelte. Die Mannschaft wollte es entern, aber Napoleon befahl ihr, sich unter Deck zu legen. Der «Zephyr» fragte das Schiff an, wie es in Elba aussehe, und Napoleon selbst rief durch das Sprachrohr: «Der Kaiser befindet sich sehr wohl.» Glücklich entrann er der Gefahr.

Er hatte schon vor seiner Einschiffung zwei Proklamationen an die französische Armee und an das französische Volk abgefaßt; aber weil man sie nicht entziffern konnte, warf er sie ins Meer und diktierte zwei andere. Alles, was schreiben konnte, schrieb sie ab – man saß an Bord umher, man schrieb auf Trommeln, Grenadiermützen, Bänken – eine seltsame Szene auf dem «Inconstant». Denn dies war der Name von Napoleons Schiff, und von seinem Glück.

Die Proklamationen folgen hier beide:

Im Golf Juan, am 1. März 1815.
Napoleon,
durch die Gnade Gottes und die Konstitutionen des
Kaiserreiches, Kaiser der Franzosen.

1. An die Armee!

Soldaten! Wir sind nicht geschlagen. Menschen, die aus unsern Reihen hervorgingen, haben unsere Lorbeeren, ihr Land, ihren Fürsten, ihren Wohltäter verraten. Dürfen diejenigen, welche wir während 25 Jahren ganz Europa durcheilen sahen, um uns Feinde zu erwecken, welche ihr Leben zugebracht haben, gegen uns in den Reihen der fremden Heere zu kämpfen, indem sie unser schönes Frankreich verfluchten, dürfen sie den Ruhm haben, unsere Adler in Ketten zu schlagen und zu meistern, sie, die ihren Anblick nie auszuhalten vermochten? Sollten wir dulden, daß sie die Frucht unserer glorreichen Mühen ernten? daß sie sich unserer Ehre, unserer Habe bemächtigen? daß sie unsern Ruhm verleumden? Wenn ihr Reich dauerte, alles wäre verloren, selbst das Andenken unserer denkwürdigen Schlachten. Mit welchem Eifer entstellten sie dieselben, suchen sie das zu vergiften, was die Welt bewundert! Und blieben noch Verteidiger unsers Ruhms übrig, so sind sie unter den Feinden selbst, welche wir auf den Schlachtfeldern geschlagen haben. Soldaten! in meinem Exil hörte ich eure Stimme; ich bin da, über alle Hindernisse und Gefahren hinweggegangen – Euer General, durch die Wahl des Volks zum Thron berufen und auf euern Schilden erhoben, ist euch wiedergegeben. Kommt, vereinigt euch mit ihm! Reißt die Farben herunter, welche die Nation geächtet hatten, und um welche sich seit 25 Jahren alle Feinde Frankreichs gesammelt haben. Pflanzt diese dreifarbige Kokarde auf; ihr trugt sie an unsern großen Tagen. Wir dürfen vergessen, daß wir die Herren der Völker waren, aber wir dürfen nicht leiden, daß irgendeines sich in unsere Angelegenheiten mische. Wer wollte sich anmaßen, Herr bei uns zu sein? Wer hätte die Gewalt dazu? Ergreift diese Adler wieder, die ihr trugt bei Ulm, bei Austerlitz, bei Jena, bei Eylau, bei Wagram, bei Friedland, bei Tudela, bei Eckmühl, bei Eßling, bei Smolensk, bei der Moskwa, bei Lützen, bei Wurschen, bei Montmirail. Glaubt ihr, daß dieses Häuflein Franzosen, das heute so stolz tut, ihren Anblick ertragen könne? Sie werden zurückgehen, woher sie kamen, und dort werden sie, wenn sie es wollen, herrschen, wie sie seit 19 Jahren geherrscht zu haben vorgeben.

Euer Vermögen, euer Rang, euer Ruhm, das Vermögen, der Rang und der Ruhm eurer Kinder haben keine größeren Feinde als diese Prinzen, welche die Fremden uns eingesetzt haben. Sie sind die Feinde eures Ruhms, weil die Erzählung von so vielen heroischen Taten, die das französische Volk verherrlicht haben, als es gegen sie kämpfte, um ihrem Joch sich zu entziehen, ihr Verdammungsurteil ist.

Die Veteranen der Armeen der Sambre und der Maas, des Rheins, Italiens, Ägyptens, des Ostens, der großen Armee sind erniedrigt; ihre ehrenvollen Narben sind beschimpft; ihre Erfolge würden Verbrechen sein, Rebellen würden die Tapferen sein, wenn, wie die Feinde des Volkes vorgeben, mitten unter feindlichen Armeen die legitimen Herrscher waren. Die Ehre, die Belohnung, die Liebe kommen denen zugute, welche ihnen gegen das Vaterland und gegen uns gedient haben. Soldaten! kommt; reiht euch unter die Fahnen eures Chefs; seine Existenz ist die eurige; seine Rechte sind die des Volkes und die eurigen; sein Interesse, seine Ehre, sein Ruhm sind euer Interesse, eure Ehre und euer Ruhm. Der Sieg wird im Sturmschritt voraneilen; der Adler mit den Nationalfarben wird von Turm zu Turm bis zu den Türmen von Notre-Dame fliegen. Dann werdet ihr mit Ehren eure Wunde zeigen können; dann werdet ihr euch rühmen können dessen, was ihr getan; ihr werdet die Befreier des Vaterlandes sein.

In eurem Alter werden euch eure Mitbürger umringen und betrachten und mit Achtung horchen, wenn ihr von euren hohen Taten erzählt; ihr werdet mit Stolz sagen können: Und auch ich, ich gehörte zu dieser großen Armee, welche zweimal einzog in die Mauern von Wien, in die von Rom, Berlin, Madrid und Moskau; welche Paris von dem Flecken befreit hat, den der Verrat und die Gegenwart des Feindes ihm aufgedrückt haben. Ehre diesen tapferen Soldaten, dem Ruhm des Vaterlandes, und ewige Schande den verbrecherischen Franzosen, in welchem Stand immer das Glück sie geboren werden ließ, welche 25 Jahre neben den Fremden kämpften, um den Busen des Vaterlandes zu zerreißen. Gezeichnet Napoleon.

2. An das französische Volk!

Franzosen! Der Abfall des Herzogs von Castiglione lieferte Lyon ohne Verteidigung an unsere Feinde; die Armee, deren Befehl ich ihm vertraut hatte, war durch die Zahl ihrer Bataillone, durch die Tapferkeit und die Vaterlandsliebe der Truppen, welche sie bildeten, imstande, das ihr entgegengestellte österreichische Armeekorps zu schlagen und hinter die linke Flanke der feindlichen Armee zu kommen, welche Paris bedrohte. Die Siege von Champ-Aubert, von Montmirail, von Château-Thierry, von Vauchamps, von Monterau, von Craonne, von Reims, von Arcis-sur-Aube und von Saint-Dizier; der Aufstand der tapferen Landleute von Lothringen, von der Champagne, vom Elsaß, von der Franche-Comté und von Burgund, und die Stellung,welche ich hinter der feindlichen Armee eingenommen hatte, indem ich sie von ihren Magazinen, von ihren Reserveparks, ihren Convois und all ihrer Equipage abschnitt, hatten sie in eine verzweifelte Lage gebracht. Die Franzosen waren nie auf dem Punkt mächtiger zu sein, und die Elite der feindlichen Armee war ohne Hilfe verloren; sie hätte ihr Grab gefunden in diesen wüsten Gegenden,welche sie so unbarmherzig geplündert hatte, als der Verrat des Herzogs von Ragusa die Hauptstadt auslieferte und die Armee desorganisierte. Die unerwartete Handlungsweise dieser beiden Generale, die mit einemmal ihr Vaterland, ihren Fürsten und ihren Wohltäter verrieten, veränderte das Los des Krieges; die Lage des Feindes war derart, daß er am Ende des Gefechts, welches vor Paris statthatte, ohne Munition war wegen der Trennung von seinen Reserveparks.

In diesen plötzlichen und großen Umständen ward mein Herz zerfleischt, aber meine Seele blieb unerschüttert; ich zog nur das Wohl des Vaterlandes zu Rate; ich verbannte mich auf meine Felsen mitten im Meer; mein Leben war und sollte euch noch nützlich sein. Ich gestattete nicht, daß die große Zahl von Bürgern, die mich begleiten wollte, mein Los teilte, ich glaubte, daß ihre Gegenwart Frankreich nützlich sei; ich führte mit mir nur ein kleines Häuflein von Tapferen, nötig zu meinem Schutz.

Durch eure Wahl zum Thron erhoben, ist alles, was ohne euch geschah, illegitim. Seit 25 Jahren hat Frankreich neue Interessen, neue Institutionen, einen neuen Ruhm, welche nur durch ein nationales Regiment und durch eine in diesen neuen Umständen geborene Dynastie garantiert sein können. Ein Prinz, welcher über euch herrschte, welcher durch die Gewalt derselben Waffen, die unser Land verheert haben, auf meinen Thron gesetzt wäre, würde sich auf die Prinzipien des Feudalrechts vergebens zu stützen suchen; er würde nur die Rechte einer kleinen Zahl von dem Volk feindlichen Individuen sichern können, welches seit 25 Jahren sie in allen unseren Nationalversammlungen verdammt hat. Eure innere Ruhe und euer äußeres Ansehen würden für immer verloren sein.

Franzosen! In meinem Exil habe ich eure Klagen und eure Wünsche gehört; ihr reklamiert dieses Gouvernement eurer Wahl, welches allein legitim ist; ihr beschuldigt meinen langen Schlaf; ihr warft mir vor, meiner Ruhe das Wohl des Vaterlandes zu opfern.

Ich habe die Meere mitten in Gefahren jeder Art durchschnitten. Ich bin da, unter euch meine Rechte wieder zu ergreifen, welche die eurigen sind. Alles, was einzelne getan, geschrieben oder gesagt haben seit der Einnahme von Paris, ich werde es immer ignorieren! es wird keinen Einfluß auf die Erinnerung an die wichtigen Dienste

üben, die sie geleistet haben; denn es gehört zu den Ereignissen solcher Natur, daß sie unter der menschlichen Organisation sind. Franzosen! Es gibt keine Nation, so klein sie sei, welche nicht das Recht
gehabt hätte, sich der Schmach zu entziehen, einem Fürsten zu gehorchen, der durch einen momentan siegreichen Feind eingesetzt ist,
und welche sich ihr nicht entzogen hätte. Als Karl vii. nach Paris zurückkehrte und den ephemeren Thron Heinrichs vi. umstürzte, erkannte er, daß er den Thron besitze durch die Gewalt seiner Tapferen
und nicht durch den Prinz-Regenten von England.

So gebe und werde ich auch euch allein und den Tapferen der Armee immer die schuldige Ehre geben.   Gezeichnet Napoleon.

Dies sind die Proklamationen vom Meer von Elba. Der Geist des Sol-
datentums jener Zeit, wo das Volk zur «Armee» wurde, der Herrscher zum General, weht uns daraus zum letztenmal in seinem Barbarismus entgegen. Wer kann heute diese Phrasen von Soldatenruhm
und Schlachten, von den Tapferen der Armee und ewig der Armee
ohne Mißbehagen lesen? Am 1. März um 3 Uhr kam die Flottille von
sieben Fahrzeugen in den Golf Juan, um 5 Uhr betrat Napoleon den
Boden Frankreichs. Die Schar barg sich in einem Olivenhain, biwa-
kierend.

Wie so ganz glich hier Napoleon den romantischen Helden seiner
korsischen Heimat. Denn erscheint er nun auch in der Gestalt des
Abenteurers im allgemeinen, so war diese doch wesentlich korsisch.
Die namhaftesten Krieger seines Vaterlandes hatten in derselben
Weise versucht, aus dem Exil sich dessen zu bemächtigen.

Im Jahre 1408 landete Vincentello d'Istria mit ein paar Spaniern
und Korsen auf jener Insel, sie den Genuesen zu entreißen. Nach glorreichem Kampf ward er gefangen und enthauptet.

Giampolo machte im Jahre 1490 einen Einfall auf Korsika mit vier
Korsen und sechs Spaniern, seinem alleinigen Heer. Nach glorreichem
Kampf starb er in der Verbannung.

Dreimal fiel der tapfere Renuccio della Rocca aus seinem Exil in
Korsika ein, das erstemal mit 18 Mann, das zweitemal mit 20 Mann,
das drittemal mit acht Freunden. Jedesmal zog er, das Banner vorauf
und Proklamationen auswerfend, kühn ins Land, auf den Zulauf seiner Anhänger rechnend. Nach glorreichen Kämpfen ward er im Jahre
1511 in den Bergen erschlagen.

Im Jahre 1564 machte Sampiero, aller Korsen tapferster, eine Landung in seinem Vaterland mit 37 Korsen und Franzosen. Nach glorreichen Kämpfen mit den Heeren Genuas ward er im Jahre 1567 in
den Bergen erschlagen.

Mit 500 Franzosen, Garden, mit 200 Korsen, Jägern, und mit

100 Polen, Lanzenreitern, welche, da sie keine Pferde hatten, die Sättel selbst trugen, zog der Korse Napoleon Bonaparte gegen Frankreich und gegen die königlichen Heere aus. Nach glorreichen Kämpfen ward er auf die Insel Sankt Helena verbannt. Mit einem kleinen Häuflein Menschen, Korsen, landete im Oktober 1815 Joachim Murat von Korsika aus in Neapel, ein Königreich zu erobern. Nach seiner tollkühnen Landung ward er erschossen.

Mit ein paar Menschen landete der Korse Ludwig Bonaparte zu unser aller Lebzeiten in Straßburg, ein Reich von 35 Millionen Einwohnern zu erobern. Da der Versuch mißglückt war, überfiel er Frankreich mit ein paar Menschen von neuem in Boulogne. Die Geschichte hat die Pflicht, diese ohne Zweifel abenteuerlichen Einfälle als geschichtliche Voraussetzungen eines Mannes anzuerkennen, der nicht lange darauf wirklich Kaiser der Franzosen wurde. Doch darf man niemand vor seinem Ende glücklich preisen.

Schnell, so sagt der alte Seneca, stürzen die stürzenden Dinge. Schnell war Napoleons Flug vom Hafen Juan über Waterloo nach Sankt Helena. Am 2. März war er in Cérénon, am 3. in Barême, am 4. in Digne, am 5. in Gap, am 7. März in Lyon, am 14. in Châlons – am 20. März um 9 Uhr abends zog er in Paris ein. Am 1. Juni war er auf dem Maifeld ein politisch schon geschlagener Mann. Am 18. Juni stürzte er bei Waterloo. Am 21. Juni kam er flüchtig nach Paris zurück – am 22. Juni diktierte er: «Ma vie politique est terminée, et je proclame mon fils, sous le titre de Napoléon II, empereur des Français.»

Am 15. Juli stand er dann auf dem «Bellerophon»; am 7. August auf dem «Northumberland». Am 16. Oktober landete der unglückliche Held auf Sankt Helena.

Dann – es ist das letzte Bild aus der Geschichte dieses wunderbaren Menschen – dann liegt er auf dem fernen afrikanischen Eiland, auf seinem Totenlager, bleich und still, die Riesenseele ausgerungen, bedeckt mit dem blauen Mantel von Marengo, zu Füßen ihm das bleiche Marmorbild seines Sohnes, des Königs von Rom, auf den Knien vor seinem Lager schluchzend Bertrand, Antommarchi, seine treuen Freunde und seine Diener. Die Sonne sinkt gerade ins Meer. Der Priester, welcher dem Kaiser die letzte Ölung gereicht, hebt die Arme empor und ruft: «Sic transit gloria mundi!» Napoleon überblickte in Sankt Helena seine Taten und sein Wesen und setzte seiner Laufbahn gleichsam eine monumentale Inschrift in diesen gewichtigen Worten: «Ich habe den Abgrund der Anarchie geschlossen und das Chaos geordnet; ich habe die Revolution gestillt, die Völker veredelt, die Könige gezügelt. Jeglichen Wetteifer habe ich wachgerufen, jedes Verdienst belohnt und die Schranken des Ruhms entfernt. All das war wohl etwas. Nun denn, an welchem Punkt könnte man mich so an-

greifen, daß ein Geschichtschreiber mich nicht verteidigen könnte?
Etwa bei meinen Absichten? Da kann er mich wohl von der Anklage
lossprechen. Mein Despotismus? Aber er wird dartun, daß die Dik-
tatur durchaus notwendig war. Wird man sagen, daß ich ein Hindernis der Freiheit war? Er wird dartun, daß die Willkür, die Anarchie,
die große Verwirrung noch vor dem Tore standen. Wird man mich
beschuldigen, zu sehr den Krieg geliebt zu haben? Er wird zeigen, daß
ich beständig angegriffen war. Daß ich die Universalmonarchie an-
strebte? Er wird zeigen, daß es nur das zufällige Zusammentreffen
der Umstände, daß es nur unsere Feinde selbst waren, welche mich
Schritt für Schritt dahin drängten. Endlich wird man meinen Ehrgeiz
beschuldigen? Ach! Ohne Zweifel, davon wird man viel in mir finden, aber von dem größten und höchsten, der vielleicht jemals einen
Menschen beherrscht hat, ich meine den, endlich einzurichten, ein-
zuweihen das Kaiserreich der Vernunft und die volle Ausübung, den
vollen Genuß aller menschlichen Fähigkeiten. Und hier wird der Geschichtschreiber sich vielleicht zum Bedauern genötigt sehen, daß ein
solcher Ehrgeiz nicht befriedigt, nicht erfüllt worden sei.»

So dachte Napoleon auf Sankt Helena von seiner eigenen Mission. Und wohl war er ein Messias wie jeder andere große Mensch
vor ihm, welchem die Geschichte auferlegt, eine Zeitlang als Atlas die
Welt zu tragen und zum Wohl der Kultur die Herkulesarbeiten zu
verrichten. Und wenn wir auch die menschliche Natur beklagen, weil
sie eher durch die soldatische Despotie eines Napoleon als durch die
bürgerlichen Gesetze eines Solon und Timoleon umgewandelt wird;
wenn wir endlich jenen großen Menschen selbst anklagen, daß er
seine Mission vergaß und in Egoismus und Herrschsucht unterging,
so stehen wir doch voll staunender Ehrfurcht vor seiner Gestalt und
rühmen die großen Impulse, die von ihm in das Leben der Völker und
in die allgemeine Weltkultur geleitet sind.

Ich habe nun dem Kaiser gegeben, was des Kaisers ist, und will auch
den Elbanern geben, was ihnen ist. 20 000 sind sie an der Zahl, ein
friedliches Volk mit ausgeprägt toskanischer Sitte und Sprache und
ohne Eigentümlichkeit nationaler Art. Die Insel ist zu klein (sie umfaßt etwas mehr als 7 Quadratmeilen) und liegt zu nahe an der toskanischen Küste, als daß sich ein selbsteigener Volksgeist in ihr hätte
entwickeln können. Man findet keine korsischen Gebräuche auf diesem Korsika so benachbarten Eiland, und von der Blutrache, versicherte man mir, habe es wohl in alter Zeit Fälle gegeben, heute aber
sei sie unerhört. Nur in höchster Not flüchtet sich der korsische Ban-
dit nach Elba, wo er sich nicht halten kann. Einen Zug haben beide
Inselvölker gemein, die Gastlichkeit.

Folgende Orte zählt Elba: Porto Ferrajo (der Eisenhafen), die Festung Longone und deren Marina Porto Longone, Marciana mit Marina, Poggio, Campo, Capoliveri, Pila, Sampiero, Rio und Marina, Sant Hilaro.

Die Orte sehen braun und finster aus, wie die korsischen, weil sie aus dem natürlichen Gestein gebaut sind. Auch sie stehen auf den Höhen, der Barbaresken wegen, und mit Türmen bewehrt. Wo das Meer nah ist, haben sich an den Buchten Hafenorte angesiedelt, welche man eben Marina nennt. Fruchtbar und schön ist das Talland, welches sich von den Bergen von Marciana rechts vom großen Golf bis zum Hafen Longone niedersenkt und, indem es die Insel quer und in beträchtlicher Länge durchzieht, einen herrlichen Gegensatz zu der wilden Großartigkeit der Berge bildet. Denn diese erheben sich wüst und ernst und vielgestaltig, und erreichen über Marciana ihre höchste Höhe in dem Cavannaberg, der etwa so hoch ist wie der Vesuv. Nach der Küste von Italien senkt sich die Insel. Steht man daher auf dem Ufer von Korsika, so erscheint Elba nur als ein einzelner gigantischer Felsenberg von prächtiger doppelter Pyramidenform, weil sich die Felsen von Marciana gegen Korsika kehren; von der italienischen Küste aber übersieht man die niedrigere gegen Piombino ausgestreckte Hälfte, auf welcher sich die größten Schätze der Insel zusammenfinden, das Eisen und die Früchte.

Die Berge von Marciana haben eine Fülle von köstlichem Granit, von Marmor, Alabaster, Kristall und von andern Steinen. Der Ort Marciana hat die besten Kastanien. Oliven gibt es wenig und schlechte, wie der Holzmangel der Insel überhaupt groß ist. Limonen wachsen überall, besonders gesucht sind die von Campo. Auch der Wein ist in großer Fülle vorhanden; den besten hat Capoliveri, wo man einen Aleatico zieht, welcher jenem von Toskana gleichkommt. Im großen Tal wächst viel Mais. So fehlt dem Volk nichts zum Leben in seinem reizenden und milden Lande, denn außer dem Fruchtsegen der Gärten und der Felder gab ihm die Erde auch die unerschöpflichen Eisenlager von Rio, und das Meer sein Salz und seine Fische. Bei Porto Ferrajo holten schon Etrusker und Römer Sardellen und Thunfische, welche dort in erstaunlicher Menge gefangen werden. Die Fische und das Eisen machten Elba überhaupt schon im Altertum allen seefahrenden Völkern begehrlich, und wie Korsika wurde die Insel heimgesucht von Phöniziern, Karthagern, Tyrrhenern und Römern. Sie hieß im Altertum Aethalia, dann Iloa, Ilva im Mittelalter, woraus das heutige Elba entstanden ist.

Es führt ein guter Fahrweg von Porto Ferrajo durch das Tal über Capoliveri gegen Longone, quer durch die Insel weg an die andere Seite des Meeres. Man umgeht den Golf bis nach San Giovanni,

einem kleinen Ort mit einer Fischerkapelle, von wo die Barken nach
Porto Ferrajo überfahren. Wir setzten uns in eine solche Barke, und
mit aufgespanntem Segel fuhren wir pfeilgeschwind durch den bewegten Golf hinüber nach San Giovanni. Von dort steigt man eine
Höhe an, welche voll ist von römischem Mauerwerk, und dann ins
Tal nieder an die andere Seite des Golfs. Hier steht am Meer ein
Landhaus, die Besitzung eines Beamten Demidoffs, und kaum erinnere ich mich, ein heimlicheres Plätzchen irgendwo gesehen zu
haben. Das zierliche Haus ist von einem Blumen- und Orangengarten
umhegt, von Rebenhügeln umstellt und sieht auf den schönen Golf
und das gegenüberliegende Porto Ferrajo, welches von hier aus ein
ungemein freundliches Bild gewährt. Geht man ins Tal hinunter, so
ist es wie ein Wandeln im Garten, in einer so reichen und lachenden
Landschaft, daß man gern in ihr länger weilen möchte. Überall üppige
Felder, grüne Berge, blühende Gebüsche, und hier und da das herein-
strahlende Meer.

Ein Streifregen zwang uns, mitten im Tal von Capoliveri in ein
Bauernhaus zu flüchten. Wir fanden dort eine zahlreiche Gesellschaft
von Campagnolen, Männer wie Weiber, beschäftigt, Feigen zum
Trocknen zu rüsten. Sie waren flink, uns Brot, Trauben und jungen
Wein vorzusetzen, und da uns der Most nicht behagte, holte ein Alter
ein großes Steingefäß herbei und schenkte uns daraus einen schwarzen Wein. Es war vortrefflicher Aleatico, an Ort und Stelle gezogen.
Wir setzten bald bei dem heitersten Sonnenschein (es war September)
unsere Wanderung nach Porto Longone fort und erreichten diesen
kleinen Hafen zur Mittagszeit. Die zweite Stadt Elbas liegt an einer
kleinen Bucht unter dem schroffen Felsen, auf welchem die Festung
sich großartig erhebt. Ein paar Straßen stehen hart auf dem Strande,
über den die Wellen nahe bis zu den Häusern schlagen. Da herrscht
große Stille und Verlassenheit; einige Schiffe schaukeln auf dem
Wasser, Matrosen oder Fischer bessern umgestürzte Barken aus und
singen ein eintöniges Lied. Überall Blumenscherben vor den Fenstern
und auf den Balkonen, und die kleinen Häuser verlieren sich weiterhin ganz und gar in die üppigsten Gärten, wie die Häuser auf dem
Eiland Procida. Die Natur erscheint um Porto Longone südlicher als
um Porto Ferrajo. Dort wächst die Aloe in einer Pracht und Fülle, die
mich in Erstaunen setzte; denn eine ganze Allee von Aloestauden zu
beiden Seiten der Fahrstraße führt über eine Höhe zum Hafen von
Longone. Da ihre hohen Blumenschäfte, welche großen Kandelabern
gleichen, in voller Blüte standen, war ihr Anblick prächtig und feierlich. Noch nie zuvor, selbst nicht in den südlichsten Gegenden Korsi-
kas, hatte ich so viel Aloe beisammen gesehen, und ein gleicher Anblick sollte mir erst in Sizilien werden, wo eine Reihe dieser blüten-

vollen Gewächse, in absichtsloser Ordnung der wilden Natur, auf den
einsamen Tempel von Segesta führte. Auch Palmen wachsen hier.

Zur Festung Longone klimmt man auf einem steilen Pfade. Sie ist
auf dem Plateau eines mächtigen Felsens gebaut und sieht mit ihren
Mauern und verwitterten Türmen altertümlich und majestätisch aus.
Die Spanier haben sie gebaut unter Philipp iv. und Philipp v. Es ist
eine wunderliche Tatsache, daß dieses kleine Elba zu ein und derselben Zeit unter drei Herren geteilt war; denn während die Insel
dem Fürsten von Piombino gehörte, trat derselbe Porto Ferrajo im
Jahre 1537 an Cosmus ab, der König beider Sizilien dagegen besaß
Porto Longone. Nun fiel im Jahre 1736 Elba samt Piombino an
Neapel, kam aber 1801 an das Königreich Etrurien, bis die Insel 1805
mit Frankreich vereinigt wurde.

Weil die Spanier so lange Zeit in Porto Longone lagen, hat sich die
Erinnerung an sie dort erhalten, und die Longonesen gebrauchen
noch heute das «Don» bei der Anrede.

Die Festung soll stark sein, was ich wohl glauben will, da ihre Lage
sie unzugänglich macht. Sie schließt die eigentliche Stadt ein, ein
wüstes Bild von Trümmern, Zerstörung und Verlassenheit. Ein großer Teil der Werke selbst wurde im Jahr 1815 auf Befehl Napoleons
gesprengt, nachdem er die Insel verlassen hatte. Manchen Sturm hat
übrigens diese Festung erleiden müssen, als die Franzosen zur Zeit
Ludwigs xiv. auch hier die Spanier bekriegten. Ein Offizier der toskanischen Besatzung, in dessen liebenswürdiger Familie wir einen
schönen gastlichen Tag verlebten, zeigte uns, was sehenswert war. Er
war Rektor der Strafkompanie, aus der er die hoffnungsvollsten
Sträflinge zu einer Militärschule vereinigt hat. Er überzeugte uns mit
großer Freude von den Fortschritten seiner Zöglinge im Schreiben,
Lesen, Rechnen und den Elementen der Wissenschaften. In der
Festung fanden wir ein Häuflein toskanischer Veteranen, von welchen
einige aus der napoleonischen Zeit her Deutschland kannten und die
Schönheit seiner Gegenden wie die Reinlichkeit seiner Städte rühmten. Was uns unser Wirt von der innern Einrichtung seiner Kompanie,
von ihrer Bewirtschaftung, ihren Verhaltungsmaßregeln, ihrem Code
pénal zeigte, war ein wahres Muster von Soldatendressur; da hatte
alles sein Gesetz, und jedes Ding, bis auf die Eisen zum Krumm-
schließen und den fatalen Prügelstock, seinen angewiesenen Ort.

Auch in Longone hatte Napoleon einen sogenannten Palast, ein
unansehnliches Haus, in welchem er abstieg, so oft er aus seiner
Hauptstadt hinübergeritten kam. Die Umgebung dieser Festung sagte
ihm besonders zu, und er pflegte unterhalb des Bergs auf einem angenehmen Ort im Freien zu speisen, wie Valery in seiner Beschreibung von Elba erzählt, auf einem in den Fels gehauenen Sitze (Canapé

genannt), um welchen her er in einem Halbkreis Maulbeerbäume gepflanzt hatte. Dort betrachtete er mit seinem Fernrohr die Umgebungen, die Schiffe, welche vorübersegelten, und die Küsten von Italien.

Dem Golf von Longone gegenüber liegt das kleine Fort Fucardo
mit einem Hafenlicht für die einfahrenden Schiffe. Malerische und
grandiose Ufer ringsumher, und nach der Landseite zu die wildesten
und schroffsten Berge, die an manche Felspartie in Capri erinnern,
ohne freilich jene südliche Wärme des Farbentons zu haben. In diesen
romantischen Wildnissen, hart am Wege zu den Eisengruben von
Rio, liegt unter Zypressen und im Gebüsch die Einsiedelei Monserrato,
eine Stiftung der Spanier. Die Phantasie kann sich nichts Wilderes
denken als die Eremitenschlucht in der starrenden Felsenwüste.

Wir wanderten mit unserem Wirt die Felsen hinunter, um nach
Rio zu gelangen. Der Weg führt durch schweigsame Gegenden über
Heiden und über Quellen, welche üppiger Pflanzenwuchs überrankt.
Eine dieser Quellen führt den Namen Barbarossa, aber nicht von dem
deutschen Kaiser, sondern von dem berühmten Meerkorsaren, der
im Jahre 1544 Porto Longone überfiel. Sein Name lebt noch auf mancher Insel des Mittelmeeres, vielleicht wird man sagen dürfen auf
jeder einzelnen, denn es gibt wohl keine in jenen Gegenden, welche
der kühnste aller Piraten nicht heimgesucht hätte.

Über manche Heide und über manchen Felsenhügel gingen wir also
fort, immer erfreut durch wechselvolle Ansichten von Fels, Tal und
Meer, bis wir nach Rio hinabstiegen. Hier braust von den Höhen ein
Bach hinunter, um sich in den Hafen zu ergießen. Von ihm hat der
Ort den Namen Rio. Man sagt von diesem lebendigsten Bach Elbas,
daß er nicht auf der Insel entspringe, sondern von Korsika herkomme,
wo er in unterirdischen Kanälen unter dem Meer fortströme, bis er in
Rio zutage kommt. Kastanienblätter und Zweige, die Wasser mit sich
führt, zeigten deutlich seine korsische Herkunft. Wie dem auch sei,
diese neue Arethusa scheint sich mit poetischem Sinn auf Napoleons
Schicksal deuten zu lassen.

Noch eine andere Beziehung knüpft die Eisenminen von Rio an
Korsika; hierher flüchtete einst Petrus Cyrnäus, wie er nach seinem
Geschichtswerk genannt wird, der eleganteste Geschichtschreiber der
Korsen, aus dem 15. Jahrhundert, dessen vielbewegtes Flüchtlings-
leben einem Roman gleicht; seinem Stiefvater entflohen, kam er als
Kind nach Rio und fristete sein Leben in jenen Eisenminen, indem er
die Eisenerde auf Eseln nach dem Hafen bringen half.

Schon verriet der rote Boden, auf dem wir gingen, daß wir uns auf
der eisernen Erde befanden – überall nichts als dieser eiserne Staub,
die Hügel ringsum schwärzlichbraun oder rötlich, mit unzähligen
Aloestauden überdeckt, welche mit ihren straffen, stahlbläulichen

Blättern, die in lange Dornspitzen auslaufen, ebensoviel Bündel von
Dolchen oder Schwertern zu sein scheinen. Alles, was uns begegnete,
trug diese Eisenfarben, die Arbeiter von Rio, rot gefärbt an Kleid,
Gesicht und Händen, selbst die Hunde, die uns entgegenliefen. Auch
der Hafen, zu dem wir hinabstiegen, ist rot von Eisenstaub, und am
Ufer liegen Haufen von Eisenerde, welche dort in die Schiffe verladen
wird.

Wir suchten den Direktor der Werke auf. Er ist ein Deutscher, und
daß er es war, machte mir eine doppelte Freude. Der Deutsche allein
ist der wahre Bergmann unter den Völkern; er allein versteht es, in
den Schacht des Lebens zu steigen und in den dunklen Herzkammern
der Natur ihren tiefsten Sinn zu spüren. Da gräbt er nach, bis er das
lautere Erz gefunden hat, und selbstvergessend versäumt er den
schönen Frühling draußen. Manchmal schläft er in der Tiefe ein wie
Epimenides, oder wie der Kaiser Barbarossa im Kyffhäuser, jener alte
deutsche Bergmann mit der goldenen Krone und dem langen durch
den Tisch gewachsenen Bart oder wie der Tannhäuser im Venusberg.

Nun trat uns Herr Ulrich entgegen, ein eisenhaltiger deutscher
Mann von echtem Schrot und Korn; auch sein Händedruck war
eisern, seine Rede kurz und positiv und seine Stimme wahrhaft gewaltig. Er nahm uns als seine Landsleute gastlich und herzlich auf,
führte uns in die Werke und erklärte uns ihre Beschaffenheit. Erst
seit kurzem stehen die Eisengruben von Elba, welche eine toskanische
Kompanie für ihre Rechnung bewirtschaftet, unter seiner Leitung. Er
übernahm sie in verwahrlostem Zustande, hat sie aber in wenigen
Monaten so weit gefördert, daß schon jetzt der jährliche Gewinn mit
Sicherheit auf 35 000 Tonnen berechnet wird, während die Gruben
sonst nur 22 000 Tonnen lieferten. Täglich werden 120 000 Pfund
Eisen herausgezogen, aber im Sommer stockt die Bewirtschaftung,
weil der Ackerbau die Arbeiter, größtenteils Männer aus Rio, in Anspruch nimmt. Im Winter werden die Werke eifriger betrieben.

Seit grauen Zeiten ist der Eisenberg von Rio ausgebeutet worden,
ohne seine Unerschöpflichkeit zu verlieren; ein Berg von etwa 500 Fuß
Höhe, welcher ganz Eisenmaterial ist. In seiner Nähe gibt es noch
andere nicht minder reiche Flöze, die von Terra Nera, von Rio Albano,
und den Calamita, einen wahrhaften Magnetberg. Schon die Etrusker
beuteten die Werke aus; sie schafften das Material nach Populonium,
in dessen Gebiet die Insel gehörte, und dort wurde das Eisen heraus-
geschmolzen. Der Holzmangel in Elba erlaubt hier keine Schmelz-
werke, und auch heute wird das Eisen nicht auf der Insel geschmolzen,
sondern drüben in Fabriken in der Nähe des alten Populonium, oder
das Material wird nach Neapel, Genua, Marseille und nach Bastia
verladen.

Herr Ulrich belehrte uns über die verschwenderische Wirtschaft, welche die Alten und ihre Nachfolger mit dem Eisenlager getrieben haben. Ganze Hügel von Eisenerde hat man unbenutzt aufgehäuft und die Erzflöze mit ihnen verdeckt. Diese vergeudete und weggeworfene Erde ist aber so stoffhaltig, daß sie immer noch ein vortreffliches Material gibt. Herr Ulrich griff eine Handvoll Erde von dem Boden auf, über dem wir standen, zeigte sie uns und sagte: «Sehen Sie, Erde, die ich hier von der Oberfläche aufgreife, gibt immer noch ein besseres Eisen, als die Franzosen in der Auvergne aus dem schwersten Erz gewinnen.» So liegt also hier das Mineral eigentlich auf der Oberfläche, und millienweit in der Runde steht und geht man auf Eisen. Die Minen von Rio sind reicher als die berühmten Werke Demidoffs in Sibirien, und vielleicht möchte ihresgleichen überhaupt nicht gefunden werden.

Noch hält sich der Bau an der Oberfläche, und unterirdische Werke gibt es keine als ein paar Galerien; doch sieht man die prächtigsten Erzlager frei zutage ausgegraben. Wer sich unter den Werken von Rio Bergschachte und Stollen mit allem romantischen Zubehör von Bergknappen und Grubenlichtern denkt, hat also Falsches sich gedacht, wie ich es mir vorstellte, ehe ich diesen merkwürdigen Eisenberg sah.

Ich warf einen Blick in seine Umgebung; weit und breit erscheint sie öde und melancholisch, und die Werke selbst, diese rötlichschwarzen Hügel, der eisenfarbige Grund, der glitzernde Eisenstaub erzeugen das Gefühl des Öden und Wüsten, wie die Lava- oder Aschenfelder eines Vulkans. Eine grau verwitterte Burg, vielmehr ein verwitterter Turm, blickt düster vom hohen Gipfel eines Felsens geradeüber auf die Eisenwerke herab. Dies ist der Turm des Jupiter. Vor diesen schauerlichen Minen, von woher die Furie des Kriegs fort und fort Schwerter, Speere und Kugeln in die Welt getragen hat, und von denen das eiserne Zeitalter ausgegangen zu sein scheint, wie es die Dichter besungen haben, sollte man Napoleon ein Denkmal errichten, ganz aus Eisen, einen Koloß von Elba, und man sollte auf das Piedestal jenen Befehl des Etruskerkönigs Porsenna schreiben, daß fortan das Eisen nur zu Geräten des Landbaus und der Industrie zu verwenden sei.

Diese schöne Sage, die menschlichste des eisernen Rom, erinnert mich an ein geschichtliches Faktum aus dem hellenischen Altertum, an eine andere Friedensbedingung. Als Gelon von Syrakus den Karthagern nach der Schlacht von Himera den Frieden diktierte, war eine seiner Bedingungen diese, daß sie fortan aufhören sollten, dem Moloch Menschenopfer zu schlachten. Auch dieses Gebot sollte man auf das Piedestal jenes projektierten Eisenkolosses von Elba schreiben, daß die Völker aufhören sollen, dem Moloch Menschenopfer zu schlachten.

Aber ich weiß nicht, ob je ein solches Ikarisches Zeitalter eintreten und ob die Oliven Elihu Burritts Wurzel schlagen werden. Denn kaum scheinen mir die Völker moralisch größer geworden, als sie es zur Zeit des Porsenna und des Gelon von Syrakus waren. Dem politischen wie dem religiösen Moloch zu Ehren schlachten sich die Nationen heute wie gestern, und die Blüte ihrer Jugend läßt sich vom Schwert so ruhig niedermähen, als könnte das Menschenleben wie die Hydra hundertköpfig und hundertfältig sich erneuen. Doch scheiden wir von der Eiseninsel, und wahrlich, wir tun es mit einer Anklage an die Menschheit, wenigstens mit einem ironischen Lächeln über die enthusiastischen Lobredner unserer Gegenwart, mit dem Ruf Porsennas: Keine Schwerter und Speere mehr, Industrie, Ackerbau, und keine Menschenopfer irgendeinem Moloch!

STREIFZUG DURCH DIE SABINA UND UMBRIEN

1861 und 1864

Eine Fahrt von Rom durch Römisch-Tuskien, die Sabina und Umbrien ist heute um so anziehender, weil der Reisende in den ehemaligen päpstlichen Provinzen, nun annektierten Teilen des Königreichs Italien, viele neue Beobachtungen machen kann. Statt mit der täglichen Post zu fahren, ist es besser, einen Vetturin bis Perugia zu nehmen. Das echt italienische Institut der Vetturine wird in einigen Jahren durch die Eisenbahnen verschwinden, und mancher wird das bedauern. Wenn auch nicht immer bequem, so ist diese Art des Reisens doch mit vielerlei Vorteilen verbunden. Man lernt das Land kennen und hat Erlebnisse unterwegs, was mit der Eisenbahn aufhört.

Mein Vetturin trabte recht wacker auf der alten flaminischen Straße fort, in hoher Morgenfrühe, bei dem köstlichsten Septemberwetter. Die Fahrt durch jene tuskische Campagna ist wahrhaft schön, weil der Soracte und das mächtige Sabinergebirge zur Rechten die herrlichsten Ansichten entfalten. Der Orte gibt es in dieser Öde sehr wenige. Zuerst erreicht man hinter dem dritten Meilenstein Prima Porta, die Saxa Rubra des Altertums, so genannt von den rötlichen Tuffelsen, die sich dort erheben. Dieses vulkanische Gestein ist der römisch-tuskischen Landschaft besonders eigen; es bildet sehr malerische Formationen von Hügeln, Schluchten, natürlichen Mauern und Hochflächen, die zum Anbau von Städten einladen. Wer Veji und Civita Castellana kennt, erinnert sich dieses ausgeprägten Charakters, welcher so ganz von jenem Latiums abweicht.

Der Tiber fließt in schönen Windungen durch dies Gebiet, von fernen Bergreihen prachtvoll eingefaßt. Man verläßt ihn jedoch bald, indem man linkswärts abbiegt, um an Castelnuovo vorbei Rignano zu erreichen. Ein Zug päpstlicher Reiterei belebte die Straße; diese Truppe bewegte sich, in dichten Staub eingehüllt, ziemlich rasch vorwärts, und bald sollte mir klar werden, was dies letzte militärische Schauspiel in päpstlichen Landen für einen Zweck hatte.

Man weiß, daß Römisch-Tuskien, durch den Tiber von Latium oder der Campagna geschieden, das eigentliche Patrimonium S. Peters genannt wird. Mit Unrecht datiert man den Besitz dieses Gebietes von der Schenkung der Gräfin Mathilde her. Die berühmte Beschützerin der römischen Hierarchie hatte freilich dort Domänen, aber ihre Hausmacht reichte bis tief nach Latium hinein, wo sie viele zerstreute Güter besaß. Was man nun das Patrimonium S. Petri nennt, bildete

vielmehr die ältesten Grundbestandteile des Kirchenstaats; dort liegen dessen Anfänge, und das erste weltliche Besitztum, welches der
Heilige Stuhl erwarb, war Sutri oberhalb des Sees von Bracciano, eine
Schenkung des Langobardenkönigs Luitprand.

In der karolinischen Epoche gebot der römische Bischof über alle die
noch heute dauernden Städte im römischen Tuskien, die er durch
Delegaten unter dem Titel Duces, Comites und Rektoren verwalten
ließ. Doch dies Besitztum ging allmählich verloren, sobald sich nach
dem Falle des Karolinischen Reichs erbliche Grafen jener Orte bemächtigten. In der Epoche Mathildens besaß der Papst weder in Tuskien noch in der Sabina mehr politische Landesgewalt, sondern hundert kleine Grafen und Landbarone herrschten dort und spotteten der
Schenkung Pippins und Karls. Vieler Kriege, langer Jahrhunderte
bedurfte es, um den Heiligen Stuhl in den Besitz jener alten Patrimonien zu setzen.

In Rignano rasteten wir sechs Stunden des Tages über. Dieser Ort
gehört noch zur Comarca von Rom, welche hier endet, denn jenseits
beginnt die Delegation Viterbo. Er ist klein und unansehnlich, aber
ein Herzogtum wie viele andre römische Nester. Der älteste Sohn des
Hauses Massimo führt jetzt den Titel Duca di Rignano. Im Gasthofe
des Städtchens fand ich einen päpstlichen Kolonel, welcher als verabschiedeter Offizier nach seiner Heimat Macerata reisen wollte, aber
in Narni von den Piemontesen zurückgewiesen worden war, weil auf
seinem Paß das Visum des «italienischen Konsuls» fehlte. Man schilderte mir überhaupt die piemontesische Grenzwacht, die ich bald erreichen mußte, als sehr streng; man sagte mir, daß alles, was von
Rom komme, verdächtig, daß die Furcht vor reaktionären Umtrieben
groß sei. Zugleich gingen sowohl in Rignano als in allen anderen
Orten dieses Gebiets aufregende Gerüchte von dem Einbruch von
200 Neapolitanern oder von einer Bande Reaktionäre, welche, als
Zuaven verkleidet, von Corneto her sich aufwärts bewegten, um den
Fluß zu überschreiten. Einige Leute versicherten sogar, daß sie das
Korps im Lager gesehen hatten, kurz, man fürchtete Exzesse ähnlich
jenen im Neapolitanischen. Selbst mein Vetturin wurde ängstlich und
beschloß, seinen Tagesmarsch abzukürzen, indem er schon in Civita
Castellana haltmachte. Die Bewegung eines Zuavenkorps oder einer
Freischar dieser Art war es denn auch, welche, wie man mir sagte, den
Ausmarsch jener päpstlichen Reiterei in der Richtung auf den Tiberfluß veranlaßt hatte. Wir haben indes nichts von dieser Bande wahrgenommen, sondern wir setzten unsere friedliche Reise nachmittags
durch die herrliche Tiberlandschaft weiter fort.

Und immer schöner wird das Land, sobald man Rignano verläßt,
um nach dem nahen Civita Castellana zu fahren. Man rollt auf der

Via Flaminia dicht am Fuße des Soracte hin, welchem man lange Zeit so nahe bleibt, daß man den Ort auf ihm, die mittelalterlichen Türme und die Kirche auf seiner Höhe deutlich betrachten kann. Jener Berg, welchem Horaz und Virgil Verse gewidmet haben, ist weithin im tuskischen Lande und schon von Rom aus sichtbar. Er erhebt sich ganz isoliert als eine rötliche, scharf und schön gemeißelte Kalksteinmasse seitwärts vom Tiber. Seine inselartige Gestalt, seine Farbe und die anmutige Form erinnerten mich lebhaft an den Monte Trocchio in der nächsten Nähe S. Germanos, obwohl er größer und höher ist. Seine Höhe beträgt nämlich über 2000 Fuß. Der Archäologe kennt diesen Berg wegen der uralten Kulte, die dort ihr Lokal hatten, und den Geschichtschreiber erinnert er an vielerlei Epochen im Mittelalter. Jener Papst Sylvester, welcher sich vom Kaiser Konstantin, als er ihn der Sage nach im lateranischen Palast taufte, das ganze Land Italien, die Hauptstadt Rom, ja das ganze Abendland schenken ließ – und wie lange Zeit hindurch hat man nicht an diese lächerliche Schenkung geglaubt? – jener glückliche Papst also lebte in der Einsamkeit des Soracte versteckt, solange als die letzte Christenverfolgung dauerte. Ihm zu Ehren wurde schon im frühesten Mittelalter das Kloster S. Sylvester auf der Spitze des Bergs und, wie man behauptet, über den Trümmern des Apollotempels erbaut. Dies Kloster war eine Zeitlang berühmt und viel besucht, als eins der ältesten im Landgebiete Roms. Karlmann, der älteste Sohn des großen fränkischen Helden Karl Martell, nahm hier im Jahre 746 die Kutte, vertauschte aber die reizende Einsiedelei mit dem noch schöneren Monte Cassino, um sich den lästigen Besuchen zu entziehen, welche ihm fränkische Edle machten, wenn sie die Flaminische Straße herab nach Rom reisten. Die Beziehung des einsamen Berges auf die große Zeit Karls gibt ihm in der Tat einen Reiz mehr.

Noch andere Klöster entstanden hier; darunter S. Andrea am Fuße des Bergs (jetzt zerstört), wo im 10. Jahrhundert der Mönch Benedikt eine barbarische, doch durch historische Notizen wichtige Chronik schrieb. Pertz fand sie in der Chigiana zu Rom und ließ sie in den Monumenta Germaniae abdrucken. Überhaupt war gerade diese Gegend an den Grenzen der alten Sabina ein wahres Stammland der Benediktiner. Jenseits über dem Tiber, wenig entfernt vom Soracte, liegt noch heute das uralte Kloster Farfa, jetzt in Verlassenheit, eine berühmte Stiftung langobardischer Zeit, eine kaiserliche, ghibellinisch gesinnte Abtei, welche den deutschen Kaisern oftmals zum Stützpunkt in diesen Gegenden diente. Sie hat der Kulturgeschichte im ganzen wenig Früchte getragen; aber die Forschung über das römische Mittelalter verdankt dem Sammlerfleiß ihrer Mönche den kostbaren Kodex farfensischer Regesten, welchen die Vaticana verwahrt. Dies

wichtige Urkundenbuch, ein Seitenstück zu den Regesten des Petrus
Diaconus von Monte Cassino, ist eine vorzügliche Quelle geschichtlicher Forschung geworden. So wird man mit vielem Anteil das großartige Gefilde um den Soracte betrachten und sich mancher Romfahrt
unserer deutschen Kaiser erinnern während ihrer Kämpfe mit dem
gregorianischen Papsttum. Unterhalb des Bergs liegt auch die Tiber-
furt, wo sie gewöhnlich über den Fluß setzten, bei dem alten Flajanum,
dem heutigen Fiano. Ich habe es bedauert, daß ich nicht zu dem Ort
S. Oreste emporsteigen konnte, welcher recht einladend auf dem
Rücken des Berges steht. Die Archäologen wollen wissen, daß dort
einst der berühmte Tempel der Feronia stand, daß der darauf gebaute
Ort ursprünglich S. Edistio, dann korrumpiert S. Resto hieß, woraus
S. Oreste entstanden sei. Doch viel wahrscheinlicher ist dieser Name
aus dem alten Soracte selbst herzuleiten. Der Name eines heidnischen
Bergs hat sich im barbarischen Mittelalter in den eines unbekannten
oder fingierten Heiligen verwandelt.

Ich erreichte Civita Castellana um 6 Uhr abends. Der Anblick dieses merkwürdigen Ortes ist unvergleichlich und übertrifft selbst den
von Veji, weil er viel mehr ein ganzes und abgeschlossenes Gemälde
darstellt. Er erhebt sich auf einer Felsenfläche, deren schroffe, rötliche,
von Schlinggewächs umrankte Wände als natürliche Mauern dienen,
während der Fluß Treja um sie her fließt. Schön gebaute, zum Teil
alte Brücken führen von mehreren Seiten über den Fluß; eine derselben sieht der neuen Brücke bei Arriccia ähnlich, ist aber keineswegs
so großartig. Die tiefe, prachtvolle, oft sehr enge Felsschlucht, welche
die Treja durchrissen hat, bietet mannigfaltige und wahrhaft überraschende Ansichten dar, die den Maler entzücken müßten. Die Wahl
des Lokals dieser etruskischen Orte ist immer höchst passend und
praktisch gewesen.

Hier soll das uralte Falerii gestanden haben, während man in den
noch heute sichtbaren Ruinen von Falari, wenig seitwärts von Civita
Castellana, die spätere römische Kolonie Falerii zeigt. Im Mittelalter,
als die Sarazenen diese Gegenden unsicher machten (sie zerstörten
einst auch die Abtei Farfa), wurde das älteste verlassene Falerii wieder bevölkert, weil seine ausgezeichnete feste Lage auf der Felsen-
platte den besten Schutz darbot, und so entstand die Civitas Castellana, lange Zeit der Sitz mächtiger Grafen und in der Geschichte der
Päpste häufig genannt. Der standhafte Gegner Gregors VII., Wibert
von Ravenna, als Gegenpapst Clemens III., lebte hier in seiner letzten
Zeit und starb auch daselbst. Auch Alexander III. ist hier gestorben.
Heute bietet diese freundliche, geräumige Stadt (von nur 2400 Einwohnern) wenig Bemerkenswertes dar. Sie ist ein Bistum seit alter
Zeit, wie fast jeder beträchtliche Ort im Patrimonium und in Latium

von alters her Sitz eines Bischofs ist. Die Kathedrale S. Maria ist sehenswert, ihr romanisches Portal und Vestibulum ein merkwürdiges Denkmal des 13. Jahrhunderts. Rundbogen, Rundfenster mit römischer Gotik; Säulen, und ein mosaizierter Architrav, völlig römisch. In der Vorhalle noch alte Inschriften, worunter die älteste eine Schenkung von Gütern aus dem 9. Säkulum an die Kirche enthält.

Sonst zeigt die Stadt keine Reste munizipaler Epoche, und die feudale Periode ist nur an dem alten Kastell sichtbar, einem Bau aus dem Ende des 15. Jahrhunderts, wie das Wappen der Borgia zeigt; denn Alexander VI. ließ diese Burg von Antonio da Sangallo errichten. In der letzten Zeit diente sie als Bagno oder Staatsgefängnis, und mancher Reisende erinnert sich vielleicht, hier den berühmten Räuberhauptmann Gasparone, einen nahen Verwandten des Kardinals Antonelli, gesehen zu haben. Ob dieser Mensch noch lebt und dort noch verwahrt wird, vergaß ich zu erfragen. Ich erinnere mich, daß mir jemand in Rom erzählte, diesen Banditen in Civita Castellana aus Neugierde aufgesucht zu haben, und daß Gasparone auf die Frage, wieviel Menschen er umgebracht, ihm geantwortet habe: «Es sind deren nicht so viele, vielleicht nur etliche zwanzig.»

Heute weht die französische Trikolore auf dem schwarzen, malerischen Turm von Civita Castellana; denn dies ist der äußerste Ort des Patrimonium Petri gegen die Sabina hin, welche die Truppen Napoleons besetzt halten. Französische Soldaten, die ich sprach, schilderten mir ihr Leben in dieser Einsamkeit als sehr traurig und langweilig; sie hatten Grund, über die brennende Sonnenglut in der schattenlosen Gegend zu klagen, welche sonst ziemlich gesund sein soll. Auch ist der Wein, eine säuerliche, weiße Gattung, den man hier überall zu ziehen scheint, nicht kräftig genug.

Nach einer guten Nachtrast in dem ziemlich saubern Hotel der Post, welches wegen der Verbindungsstraßen nach der Sabina, nach Nepi, Amelia und Viterbo, die in Civita Castellana zusammentreffen, sehr lebhaften Verkehr zu haben scheint, sollte ich in kurzer Zeit die päpstliche Grenze verlassen und auf die ersten Piemontesen stoßen. Denn die Grenzscheide zwischen dem gegenwärtigen Rest des Kirchenstaates und dem neuen italienischen Reich bildet der Tiber, soweit er in seinem Lauf hier das Patrimonium und dort Umbrien und die Sabina voneinander trennt.

Des Morgens um 5 Uhr von Civita Castellana abgereist, erreichte ich in einer Stunde Borghetto, ein zerfallenes malerisches Kastell unweit des Flusses, und heute dort der letzte päpstliche Ort. Unten strömt der Tiber durch ein herrliches breites Tal, in entzückender Landschaft, da die schönen Berge der Sabina nahe herantreten, mit vielen altertümlichen Ortschaften, die jetzt, im Jahre 1861, alle voll von Piemontesen und Lombarden sind.

Hier führt unterhalb Borghetto die Brücke Felice über den noch ziemlich breiten Strom. Sie ist das schöne Denkmal Sixtus v. (Felix Perreti). Er baute sie im Jahre 1589. Bis hierher können Tiberschiffe stromauf fahren; seit einigen Jahren gehen von der Ripetta Roms sogar kleine Dampfschiffe in regelmäßiger Wochenfahrt dorthin und stellen so einen mäßigen Warenverkehr zwischen der Hauptstadt und der Sabina her. Die große Sommerdürre hatte den Fluß sehr geschmälert; höchstens zwei oder drei Kohlenschiffe sah ich am Ufer festgebunden.

Mitten auf der Brücke stand gerade über der Inschrift Sixtus' v. die Fahne Frankreichs. Bis dahin reicht also heute das Dominium Temporale der Nachfolger dieses berühmten Papstes, und jenseits beginnt der neue Staat, welchen die Revolution Italiens im Jahre 1859 per fas et nefas geschaffen hat. Es war ein seltsamer Anblick, am Ende der Brücke die zwei italienischen Trikoloren zu betrachten, welche mit schon welken Lorbeeren bekränzt dort hingen, nicht hoffnungsvoll in den Lüften flatternd, sondern, von keinem Winde bewegt, melancholisch an dem Lanzenschafte niederhangend. Sie schienen so verzweifelte Blicke auf die unerbittliche französische Fahne zu werfen wie die großen, breitschultrigen Grenadiere Piemonts, die am Haupt der Brücke vor einer Hütte auf der Wacht standen. Diese kräftigen Leute sahen ernst und argwöhnisch aus, als sie in ihrem piemontesischen Dialekt, der mein an die Sprache Latiums gewöhntes Ohr beleidigte, meinen Paß verlangten. Während sie nun denselben studierten, benutzte ich diese kleine Pause, wieder nach der Mitte der Brücke zurückzugehen, um die Inschriften der Päpste Sixtus v. und Urban viii. abzuschreiben. Aber wunderlicherweise hinderte mich daran ein mir rasch nachfolgender Grenadier, welcher mir ziemlich heftig erklärte, daß er mir nicht erlauben dürfe, die Brücke nochmals zu beschreiten; er selbst wagte sich nicht einen Schritt über die französische Fahne hinaus, so daß ich mich von der energischen Wirkung dieses Grenzsymbols gründlich überzeugen konnte. Meine Demonstration war vergebens, der wackere Soldat begriff weder meine Absicht, noch wollte er sonstige Gründe anhören, ich mußte schlechterdings zurückgehen. Im übrigen benahm sich der Wachtposten freundlich, und nicht minder der Zollbeamte, dem man sich hier stellen muß. Das Panorama, welches man von der Brücke selbst nach der Sabina hinein vor sich hat, ist schön und mannigfach. Nahe gegenüber zeigt sich der alte, finstere Ort Magliano, Sitz des sabinischen Bischofs – der Prälat wurde vor mehreren Monaten gefangen hinweggeführt – weiter hinein liegt Poggio Mirteto, jetzt eine der Hauptstationen für die piemontesische Grenzarmee, während sich die Zivilintendantur der ganzen Sabina in der großen Stadt Rieti befindet, dem bisherigen Sitz des päpstlichen Delegaten.

Ich fuhr in das schöne Bergland hinauf. Lachende Hügel durchziehen die Sabina, reich an Wein, Öl und Kastanienwuchs, bevölkert von einem kräftigen, biedern und patriarchalischen Menschenschlag ohne Kultur. Der Charakter dieser Gegenden ähnelt nicht dem von Latium, wo alles sonniger und südlicher ist, sondern schon jenem in den mittleren Apenninen. Die ungewöhnliche Dürre des Sommers hatte auch hier alles verbrannt; der Mais stand kümmerlich in Kolben, der Weinstock versprach einen guten Ertrag, der Ölbaum nur geringe Frucht.

Die erste Stadt, die man auf der dortigen Straße erreicht, ist das uralte, jetzt sehr kleine Otricoli, der berühmte Fundort mancher Altertümer, wie des Jupiterkopfes im Vatikan. Merkwürdig ist er auch dadurch, daß hier der berühmte Arnold von Brescia von den Landsknechten Barbarossas gefangen und den Kardinälen ausgeliefert wurde, wonach man ihn zur Hinrichtung nach Rom führte. Was heute Italien vom Papst verlangt, hatte schon er damals gelehrt!

Otricoli wird eigentlich bereits zu Umbrien gerechnet, aber die Grenzen beider Provinzen sind hier kaum bestimmbar und waren immer schwankend. Heute gehört die Stadt zur Delegation Spoleto, man betritt also schon hier das Gebiet dieses alten, einst so mächtigen Herzogtums. So viele Orte man nun durchfährt, überall wird dem von Rom Kommenden die Menge der italienischen Trikoloren und Farben, sowie der frisch gemalten Wappen des Hauses Savoyen ins Auge fallen, als nicht genug wiederholte Demonstration eines neuen Zustandes. Überall wird er piemontesisches Militär sehen, Grenadiere, Lanzenreiter, Alpenjäger in spitzen Federhüten und blauen kurzen Mänteln, ziemlich theatralischer Erscheinung; ferner die stattlich aussehende, überall gleichförmig gekleidete Nationalgarde, welche, je weiter man sich von der römischen Grenze entfernt, desto mehr hervortritt, bis das Linienmilitär ganz verschwindet.

Hinter Otricoli zeigt sich die große Schlucht, welche die Nera durchströmt, ein wildes Bergwasser, das dem Tiber zueilt, einst die geographische Grenze zwischen der Sabina und Umbrien. Dann steigt das malerische Narni, eine der alten Hauptstädte Umbriens, mit seiner prächtigen Burg droben und vielen Kirchtürmen empor. Die Lage des Ortes ist schön; der aus der großen Schlucht kommenden Nera öffnet sich plötzlich zu den Seiten ein weites herrliches Tal, welches sie durchrauscht, während links und rechts Bergreihen sich fortziehen. Eine kühne altrömische Brücke überspannt noch den reißenden Bergstrom. Man blickt hier voll Verlangen zu jenen Bergen Umbriens hinüber, wo das feigenreiche Amelia und so viele andere Orte deutlich sichtbar werden. Vorwärts taucht in einer Entfernung von fünf Millien zwischen grünen Hügeln das alte Interamna auf, die Vaterstadt des Tacitus, heute Terni genannt. Nichts dürfte entzückender sein, als diese Landschaften im Frühling oder Herbst zu durchstreifen.

Außer dem schönen Schlosse hat Narni einige sehenswerte Kirchen und Klöster, so die alte dem ersten Bischof des Orts S. Juvenal geweihte Kathedrale; doch der größte Schatz des kleinen Orts ist ein berühmtes Bild von Ghirlandaio, welches die Krönung der Madonna vorstellt, im Kloster der Zoccolanti. Man begegnet Gemälden dieses ausgezeichneten Meisters in manchen Kirchen Umbriens, aber einige werden ihm fälschlich zugeschrieben.

Die Zyklopenmauern oben auf der Arx sind bis auf wenige Überreste untergegangen, und von den römischen Monumenten der alten Narnia, wo der Kaiser Nerva geboren wurde, hat sich nichts mehr erhalten als die Trümmer der Brücke des Augustus über die Nera. Dies Werk, eins der großartigsten dieser Art überhaupt, ist noch heute bewunderungswürdig, obwohl von den drei oder vier Bogen, welche die Brücke ursprünglich gehabt hat, nur noch einer aufrecht steht. Der Anblick dieser Trümmer in Verbindung mit dem wildflutenden Wasser der Nera, einem nahen Kloster, und den übrigen Architekturmassen der Stadt, wie endlich der prächtigen Landschaft ist unvergleichlich, von welchem Standpunkte auch man diese Szene betrachten mag. Zum ersten Male erwähnte ihrer Martial:

> Narnia sulphureo quam gurgite candidus amnis
>   Circuit, ancipiti vix adeunda jugo,
> Quid tam saepe meum nobis adducere Quintum
>   Te juvat, et lenta detinuisse mora?
> Quid Nomentani causam mihi perdis agelli
>   Propter vicinum qui pretiosus erat?
> Sed jam parce mihi, nec abutere, Narnia, Quinto;
>   Perpetuo liceat sic tibi ponte frui.

> *Narnia, weißumströmt von dem Fluß mit schwefligem Strudel,*
>   *Welches der doppelte Berg kaum zu betreten erlaubt.*
> *Was entführst du so oft mir meinen teuren Quintus,*
>   *Und was hältst du bei dir immer so lang ihn zurück?*
> *Was verbitterst du mir die Lust am Nomentischen Gütchen,*
>   *Das um der Nachbarschaft willen ein wertes mir war?*
> *Narnia, schone nun mein und nimm nicht ganz mir den Quintus,*
>   *Und du mögest dafür ewig der Brücke dich freun.*

> *(Alexander Berg)*

Die Brücke stürzte erst um die Mitte des 11. Jahrhunderts zusammen. Zur Zeit der Hohenstaufenkaiser bestand sie nicht mehr, denn Parcival Doria, der General Manfreds, ertrank gepanzert wie er war auf seinem Rosse, als er oberhalb Narni den reißenden Fluß zu durchschwimmen wagte. Man baute, weil die Kosten der Wiederherstellung der alten Brücke zu groß waren, die neue, bequemere in ihrer Nähe.

Die Erwähnung des tapferen Parcival auf diesem Lokal bringt eine andere Kriegergestalt in Erinnerung, und diese ist noch heute ein Stolz der Narnesen. Wer vor dem Dom S. Antonio von Padua stand, sah daselbst die bronzene Reiterfigur Gattamelatas, ein Werk Donatellos, das erste dieser Art überhaupt seit dem Wiederaufleben der Künste in Italien. Dies Denkmal hat die Republik Venedig einem ihrer verdienstlichsten Condottieri, jenem Gattamelata gesetzt, welcher der Fahne S. Marco bis zum Jahre 1441 gedient hatte. Er stammte aus Narni, sein eigentlicher Name war Erasmus.

Noch ein anderer Narnese gab dem kleinen Ort im 15. Jahrhundert Ansehen: der Kardinal Bernardino Eroli, der im Jahre 1479 starb und dessen Grabmal in den Grotten des Sankt Peter zu Rom gesehen wird.

Die Familie dieses Kardinals dauerte noch in Narni als das erste der dortigen Patriziergeschlechter fort. Sie bewohnt daselbst einen alten Palast. Eins ihrer Mitglieder ist der Marchese Giovanni Eroli, gelehrter Antiquar, Geschichtsforscher und die lebende Chronik seiner Vaterstadt, deren Merkwürdigkeiten er vielfach beschrieben und in seiner Sammlung von Kollektaneen unter dem Titel «Miscellanea Narnese» zusammengefaßt hat. Da ich mich einige Zeit in dem Orte aufhielt, besuchte ich diesen liebenswürdigen Herrn, einen unverheirateten Mann in noch kräftigsten Jahren. Das Leben eines Patriziers in einer kleinen, geistig öden Landstadt muß um so entbehrungsvoller sein, je größere Kenntnisse und Neigung, sie auszudehnen, er selbst besitzt. Der Marchese, offenbar erfreut, einen wissenschaftlich Reisenden vor sich zu sehen, und zumal einen, der von Rom gekommen war, empfing mich auf das freundlichste, befriedigte meine Nachfragen über das Gemeindearchiv Narnis, wie über die Archive anderer Städte Umbriens, und er lud mich endlich ein, ihn außerhalb seines Palastes in sein Atelier zu begleiten. Dies war kein Studium für Bildhauerkunst oder Malerei, sondern für Photographien. Als ich in dies bunte, mit Glas gedeckte Gemach trat, glaubte ich in einem Treibhause zu stehen, denn die Gluthitze darin war in Wirklichkeit kaum erträglich. Hier zeigte mir der Marchese die Anfänge seiner Produktionen, welche indes so wenig gelungen erschienen, daß sie seine Gäste nicht gerade reizen konnten, sich zu Opfern seiner dilettantischen Versuche herzugeben, obwohl sie bei dieser Prozedur auf

einem schwarz und weiß getäfelten Marmorboden sitzen oder stehen
dürfen.

Von Narni aus vertiefte ich mich mit wahrhafter Freude in das
umbrische Land, diesen von grünen Hügeln und Olivenhainen, von
lachenden Tälern und reichlich strömenden Flüssen belebten Garten
Mittelitaliens. Heiterkeit und Grazie scheinen hier überall verbreitet,
selbst die Sprache des Volkes ist melodiös. Kein Wunder, daß hier die
umbrische Malerschule blühte, für deren Gestalten voll reizender und
seelenvoller Anmut die Landesnatur die Quelle gewesen ist. Umbrien
ist in Wahrheit die Vorstufe für das noch schönere, noch anmutigere
Toskana selbst.

Nach einer herrlichen Fahrt durch die fruchtbare Campagna Narnis
erreicht man bald Terni, die Vaterstadt des Tacitus, dem Reisenden
sonst durch den berühmten Fall des Velino bekannt, eine betriebsame
Stadt von nahe an 9000 Einwohnern. Ich habe den Wasserfall nicht
gesehen, aber die Stadt hin und her durchwandert. Ein ziemlich
sauberer Ort, in welchem die Periode der Renaissance und des baronalen Luxusstils das charaktervolle Mittelalter schon ausgelöscht hat.
Viele recht ansehnliche Paläste lehren, daß hier ein reicher umbrischer
Adel seßhaft ist. Auch bringen die gegenwärtigen politischen Verhältnisse einige Bewegung hervor.

Als ein ansehnlicher Ort, größer als Narni, an Einwohnerzahl sogar
Spoleto gleichkommend, und in der üppigsten Landschaft gelegen,
scheint Terni schon starke Ansprüche politischer Bedeutsamkeit zu
machen. Die Italianisierung der Stadt war in starken Farben aufgetragen; ich sah selbst Schilder von Handwerkern und Gewerbetrei-
benden fast überall in Rot, Grün und Weiß gemalt, und in meinem
Hotel stand die Trikolore selbst mitten auf dem Speisetisch aufgepflanzt. Wo nur immer die Nationalfarbe anzubringen ist, wird sie
auch in diesen neuannektierten Orten sichtbar. Das ist kein Wunder.
Unter gleichen Verhältnissen würden wir in Deutschland Dörfer und
Städte nicht minder mit unserer Trikolore schmücken. In Italien
wächst eine bekannte Art Wassermelone, der Cocomero; sie ist von
außen hellgrün und zeigt, durchschnitten, innen den purpurroten
Wasserkern, ringsumher aber eine weiße Lage. Sie bietet also die
natürliche italienische Kokarde dar. Nun sah ich in einem Ort folgende heitere Darstellung: ein Melonenverkäufer hatte über seinem
Tisch eine große Trikolore errichtet, worauf die Melonengöttin, eine
genienhafte Frauengestalt, in ihrer natürlichen Cocomerofarbe als
Italia abgebildet war, mit der transparenten Unterschrift: «Natura
mi diè questi colori!» Der geistreiche Cocomeraro hatte ohne Zweifel
wohlverdienten Zuspruch. In päpstlichen Landen bringt die Natur
übrigens auch die Kokarde der Regierung hervor, nämlich als durch-

schnittenes gesottenes Ei. Viel Witzworte laufen über beide Kokarden im Volk um.

Eine andere Wahrnehmung machte ich hier, nämlich daß die italienische Bewegung auch eine Revolution in den Namen der Straßen, Cafés und Hotels hervorgebracht hat. Ein von mehrjähriger Reise wiederkehrender Bürger würde sich in kaum einer Stadt seines erneuerten Vaterlandes mehr zurechtfinden. Wo es in kleineren Orten einen Hauptplatz gibt, kann man sicher sein, daß er jetzt nicht mehr S. Maria oder S. Paolo, sondern Vittorio Emanuele heißt, und so sind andere heilige Patrone von Straßen durch Cavour, Garibaldi, Ricasoli, durch Männer des Schwerts oder Parlaments verdrängt worden. Es würde erheiternd sein, die Straßen und Cafés zusammenzuzählen, welche heute in Italien allein nach Garibaldi benannt sind.

Terni ist gegenwärtig das Hauptquartier des Generals Brignone; viel Linienmilitär liegt hier in Garnison. Die Straßenecken fand ich bedeckt mit Aufrufen der umbrischen Intendantur, betreffs der einzuberufenden Militärkategorien. Man sagte mir, daß die Bevölkerung in ganz Umbrien sich der verhaßten Konskription williger füge als in den übrigen annektierten Provinzen des alten Kirchenstaats, namentlich den Marken. Konskriptionsflüchtige gibt es freilich auch hier; sie verstärken die Reaktion in Neapel, und die Überwachung der neapolitanischen Grenze ist kaum möglich bei der Beschaffenheit des Landes. Es wird eine lange Zeit hingehen, ehe die Italiener sich an den Militärzwang gewöhnen. Die Freiheit davon ist ein kostbares Gut des Landmannes unter dem päpstlichen Regiment gewesen.

Groß ist die Zahl der römischen Emigranten in Terni, wie überhaupt in Umbrien und der Sabina. Die gesamte Emigration, wie sie in verschiedenen Orten zerstreut ist, gab man mir auf 5000 an. Indes diese Zahl dürfte übertrieben sein. Ein großer Teil der Fuorusciti lebte bisher in Rieti, aber ein zwischen den Römern und den Bürgern dieser Stadt ausgebrochener Zwist zwang jene, den Ort für immer zu verlassen und sich über Umbrien zu zerstreuen. Das Leben dieser Verbannten mag kümmerlich genug sein, denn die Komitate, welche sich zum Zweck ihres Unterhalts gebildet haben, bringen schwerlich das Nötige auf. Sie konspirieren eifrig, in so naher Nachbarschaft Roms, wo sie mit dem Nationalkomitee in direkter Verbindung stehen. Wahrscheinlich sind sie es, welche die umbrischen und sabinischen Journale redigieren, namentlich «L'Italia e Roma», eine Zeitung, die in Perugia erscheint. Diese Blätter werden eifrig gelesen und auch in vielen Exemplaren nach Rom eingeschmuggelt.

Von Terni fuhr ich nach Spoleto. Einförmige, aber frische Bergfahrt, viele Stunden lang, oft durch herrliche Eichenwaldung. Man überschreitet gleich hinter Terni den Apennin oder jenen Gebirgs-

kamm, welcher Somma heißt. Die sehr gute Fahrstraße geht bis gegen
den Gipfel immer längs einer durch die Strettura gebildeten Schlucht,
bei mäßiger Steigung. Der im Winter gewaltige Bergstrom lag von
der Hitze ausgedörrt. Die Bergabhänge zu beiden Seiten sind be-
buscht; Ortschaften sieht man nicht, nur hie und da einzelne Gehöfte.
Das Fuhrwerk verstärkte sich durch Apenninochsen von weißer Farbe,
prächtige Tiere. Weil es nun recht langsam aufwärts geht, so ist eine
Fußwanderung in dieser Gebirgseinsamkeit ein wahrhafter Genuß.
Die Lüfte sind frisch und elastisch, man kann stundenlang wandern,
ohne Ermüdung zu spüren. Von Räubern ist hier nichts zu fürchten,
denn ganz Umbrien erfreut sich der tiefsten Ruhe. Indem ich so, den
Wagen hinter mir lassend, rüstig fortwanderte, bemerkte ich plötzlich einen Mann sich im Gebüsch seitab verstecken, wo er kauerte und
mir, sobald er meiner gewahr wurde, heftige Zeichen machte. Diese
Zeichen waren die den Italienern eigenen des Herankommens. Ich
blieb indes mitten auf dem Wege stehen; der Mann winkte heftiger,
und offenbar, daß ich weitergehen sollte. Ich aber blieb stehen. Wollte
er mir sagen, daß ich vorsichtig sein solle? Endlich kam er selbst von
dem Felsen über den Weg herab, und es zeigte sich ein junger
hübscher Mann in der Kleidung der Nationalgarde. «Ihr scheint miß-
trauisch zu sein», sagte er; «ich habe Euch zugewinkt, daß Ihr ruhig
Euern Weg fortsetzen möget, um mir mein Spiel nicht zu verderben,
denn ich habe mich hier versteckt, weil ich beobachten wollte, was
dort unten in der Schlucht ein junger Bursch und ein Mädchen vorhaben. Auf diese passe ich.» Der naive Nationalgardist sagte dies
heftig aufgeregt. Ja: «Eifersucht das größte Scheusal!» Auch hier mitten in diesem stillen Gebirg, das nur für patriarchalische Zustände
geschaffen zu sein scheint, kauert dieser Drache in seiner Höhle. Der
von diesem Dämon Geplagte mochte freilich guten Grund haben,
denn ich sah bald darauf das Pärchen aus mysteriösen Waldbüschen
hervorschleichen, wo sich das Mädchen von seinem Schatz trennte
und am Rinnsal des Bergbaches weiter fortging, während jener verschwand. Einer Coltellata wird er schwerlich entgangen sein.

Wir erreichten endlich das Joch der Somma, wo die Ochsen ausgespannt wurden. Von hier rollt man auf der Fahrstraße, an einer
ebensolchen Wasserschlucht, wie man sie aufwärts begleitet hatte,
sechs Millien abwärts, durch reizende Bergpartien, bis sich überraschend schnell das alte Spoleto und hinter ihm das Tal des Clitumnus, wie die Tiberebene zeigen. Der Anblick dieser Stadt, nach viel-
stündiger Vereinsamung im tiefsten Gebirge, ist sehr schön. Mir
schien, als hätte ich nie etwas so Malerisches gesehen als jene alte
schwarze Burg über der vielgetürmten, schöngegliederten Stadt, wie
sie sich mit ihren stumpfen Türmen und krenelierten Mauern hoch

über ihr erhebt. Sie empfing gerade das tiefgoldene Licht der untergehenden Sonne, und so war dies ein Gemälde von vollkommen historischem Stil. Es kommt freilich viel darauf an, aus welchem inneren Gesichtspunkt man eine altertümliche Stadt betrachtet; denn es ist immer die Vorstellung selbst, welche das den Dingen an sich Eigene und Bedeutende erklärt. Ich kannte Spoleto noch nicht, und welche reiche Geschichte enthält nicht diese Stadt vom alten Langobardenherzog Faroald an bis zum verunglückten General Lamoricière, der hier im Jahre 1860 sein Hauptquartier aufschlug, um den Kirchenstaat gegen die neuesten Usurpatoren mit einer Handvoll Legionäre zu verteidigen.

Als ich in Spoleto einfuhr, verwischte sich das Bild des Altertums; auf der saubern Esplanade strömte die elegante Welt hin und her, und freundliche, selbst reinliche Straßen, moderne Gebäude, ein Anstrich von heiterer Wohlhabenheit machten den angenehmsten Eindruck fröhlichen Lebens.

Das langobardische Herzogtum Spoleto wurde um 570 gestiftet, bald nachdem König Alboin sein Volk nach Italien geführt hatte. Seine ersten beiden Herzöge waren Faroald und Ariulf; sie entrissen den Griechen eine Provinz nach der anderen, und das Herzogtum umfaßte mit der Zeit einen großen Teil Mittelitaliens, ganz Umbrien, die Sabina, das Marsenland (die heutigen Abruzzen) und die Marken Fermo und Camerino. Die Päpste in Rom gerieten oft in äußerste Bedrängnis durch die Herren von Spoleto, deren Macht ihnen gefährlicher wurde als die Benevents, des zweiten großen Herzogtums der Langobarden, welches ebenfalls am Ende des sechsten Jahrhunderts gestiftet worden war. Selbst als Karl der Große dem Langobardenreich ein Ende machte, blieb die Gewalt der Herzöge von Spoleto, der nun fränkischen Vasallen, noch groß genug. Franken selbst trugen dort die Herzogswürde; nach dem Falle der Karolinger konnte Guido von Spoleto sogar die römische Kaiserkrone sich aufs Haupt setzen. Er vererbte sie seinem Sohne Lambert, einem glänzenden, heldenmütigen Jüngling, der aber plötzlich durch einen Sturz auf der Jagd sein Leben verlor (898). Guido und Lambert waren demnach die beiden Kaiser, welche aus Spoleto auf den römischen Thron stiegen, Nationalkaiser, wie die Italiener sie im Gegensatz zu den Imperatoren deutscher Nation nennen, obwohl auch sie von fränkischem Geschlecht gewesen sind.

Als später das Reich in der deutschen Nation durch die Ottonen hergestellt wurde, besetzten die Kaiser den herzoglichen Stuhl in Spoleto nach Willkür; kein erbliches Dynastengeschlecht kam dort mehr auf. Vorübergehend wurde Spoleto mit dem Mathildischen Lande, selbst mit Ancona verbunden, bis die Päpste günstige Verhältnisse benutzten, sich jenes Herzogtums zu bemächtigen, auf welches sie schon seit Karl dem Großen Ansprüche machten. Es waren Innocenz III., und besonders Gregor IX., welche Spoleto, die Marken Ancona, Camerino und Fermo an die Kirche brachten. Die eigentliche Besitzergreifung jener Gebiete durch den Heiligen Stuhl datiert also vom Anfang des 13. Jahrhunderts; aber manche Landschaften gingen ihm später wieder verloren; so die Mark Ancona, welche erst im Jahre 1532 an Rom fiel, und ebenso Fermo und Ascoli, das gleichfalls erst damals römisch wurde.

Alle diese Provinzen verlor der Heilige Stuhl in kurzer Zeit, um die Mitte des September 1860. Lamoricière hatte Spoleto zu seinem Hauptquartier gewählt; die Position war gut, weil sie eine mittlere Lage darbot, von wo nach jeder der drei Seiten des Angriffs Truppen entsendet werden konnten. Der General Schmidt hatte sein Quartier in Foligno, Pimodan stand mit der zweiten Brigade in Terni, und de Courten in Macerata. Nun glaubte Lamoricière anfangs, daß er sich nach dem Neapolitanischen gegen Garibaldi würde zu wenden haben, aber die Kundgebung des Generals Fanti belehrte ihn, daß die Piemontesen in Umbrien und die Marken einrücken würden. Schon am 8. September brachen die Freischaren Masis bei Città della Pieve in den Kirchenstaat ein und rückten auf Orvieto. Am 10. September zog Lamoricière seine Korps zusammen, und am 12. brach er sodann nach den Marken auf, während ihm Pimodan folgte. In der Zitadelle Spoletos hatte er 300 Irländer unter dem Major O'Reilly zurückgelassen mit ein paar Kanonen. Diese kleine Festung wurde am 17. September von den Piemontesen unter dem General Brignone angegriffen; die Irländer verteidigten sich nach Lamoricières Bericht tapfer, schlugen einen Sturm zurück und ergaben sich erst nach zwölf Stunden. Die Piemontesen hatten, so sagt Lamoricière, 100 Mann an Toten, 300 an Verwundeten verloren, die Päpstlichen zählten nur drei Tote und sechs Verwundete. Es ist wunderlich genug, daß die letzte Waffentat, welche in der alten Burg geschah, Irländern angehört.

Man sieht noch die Spuren des letzten Kampfes auf ihr. Kein Militär liegt gegenwärtig darin, aber sie dient noch zum Bagno für Verbrecher.

Sonst ist alle Erinnerung an die Ereignisse des vorigen Jahres in Spoleto fast verschwunden. Die ehemalige Delegation hat sich in eine Unterpräfektur verwandelt und steht unter Perugia, dem Sitz der Zentralintendantur von ganz Umbrien. So hat Spoleto den Charakter und die Vorteile einer Provinzialhauptstadt verloren; der Sitz des Delegaten konnte bisher mit einem kleinen Hofe verglichen werden, und solche päpstliche Provinzialregierungen, namentlich die der Kardinallegaten, behaupteten eine gewisse Selbständigkeit. Das alles wird nun fortfallen, Präfekten und Kreise werden an die Stelle ehemaliger politischer Provinzen treten, und die alten historischen Begriffe Umbrien, die Marken, Sabina nur noch einen geographischen Wert behalten.

Die Straßen der Stadt gehen bergauf, doch in sanfter Steigung, und angenehme Plätze durchbrechen sie. Viele Teile sind außerordentlich malerisch, so recht italienisch, auch hie und da wüste und verwohnt. Man sieht dem Ort an, daß er einst ein reiches Land beherrscht hat und Mittelpunkt einer kleinen Monarchie gewesen ist, obwohl er kaum noch 9000 Einwohner zählt. Auch hier ist der vorherrschende Charakter der Architektur die Renaissance. Das höhere Mittelalter ist ziemlich zurückgedrängt, von römischen Altertümern zeigt sich mancher Überrest, und ein altes Tor beim Palast Gavotti erinnert sogar noch an Hannibal, der nach der großen Schlacht am Trasimenischen See von Spoleto zurückgewiesen war. Es heißt Porta della Fuga oder di Annibale.

Nur langobardische Altertümer wird man in Spoleto vergebens suchen. Meine erste Frage war hier die: wo der Palast der alten Herzöge gestanden habe. Aber niemand weiß darauf eine Antwort zu erteilen, und auch der Geschichtschreiber der Herzöge Spoletos, Giancolombino Fatteschi, erklärt, daß dies unbekannt sei. So spurlos verschwand die Erinnerung an die Residenz einst so mächtiger und so lange herrschender Fürsten; nicht ein einzelner Stein mehr redet davon. Nur eine unverbürgte Tradition behauptet, daß der Palast Aroni auf dem Domplatze die Stelle einnehme, wo seit dem ersten Herzoge Faroald (569) die Ariulf, Toto, Trasmund, Agebrand und Hildebrand, die Gisulf, Lambert und Guido geherrscht haben, bis mit dem letzten ihrer langen Reihe, dem Schwaben Konrad, das Herzogtum im Jahre 1198 erlosch.

Nun erhebt sich als eins der ältesten Denkmäler Spoletos der Dom auf einem zierlichen Platz mit dem Hintergrunde der malerischen Berghöhen. Er wurde schon vom dritten Herzoge Teudelapius im Jahre 617 gebaut, dann im Laufe der Zeit vielfach restauriert. Er ist eine Kirche von schöner Einfachheit, mit einem Turm neben der romanisch-gotischen Fassade aus dem 13. Jahrhundert. Das Atrium ist neu und ein Bau Bramantes.* Die Fassade ziert ein großes Musiv, ein Werk des Solsernus, welches die Jahreszahl 1207 trägt. Man bemerkt an ihm mit Überraschung die erste freiere Entwicklung umbrischer Kunst. Drinnen hat sich Fra Filippo Lippi, einer der liebenswürdig-

---

* Die Vorhalle ist nicht ein Werk Bramantes, sondern wurde 1491 von den Architekten Ambrogio d'Antonio da Milano und Pippo d'Antonio da Firenze begonnen.

sten Maler der ersten Hälfte des 15. Jahrhunderts, durch seine Fresken
im Chor verewigt, und er selbst liegt dort bestattet. Das Innere ist
leider gänzlich modernisiert; von mittelalterlichen Inschriften blieb
nichts mehr, selbst nicht im Atrium, übrig. Der Dom ist jetzt die
Hauptzierde und größte Merkwürdigkeit Spoletos, außer ihm noch
S. Pietro, eine Kirche im lombardischen Stil *, sehenswert. Ihre Fassade ist mit Skulpturen bedeckt, unter denen die Fabel von Reinhard
dem Fuchs in naivster Weise dargestellt ist.

Das in manchen Teilen noch altertümliche Gemeindehaus bewahrt
ein schönes, ja bewundernswertes Freskobild von Lo Spagna, die
Madonna mit Heiligen darstellend, und eine Marmorinschrift, welche
die barbarische Zerstörung der Stadt durch den Kaiser Barbarossa,
den großen Städteverwüster des Mittelalters, verewigt. Ich schrieb
diese Inschrift in den Charakteren des 12. Jahrhunderts von dem
Steine ab. Sie sagt:

HOC EST SPOLETVM
CENSV PPLQE REPLETVM
QVOD DEBELLAVIT
FRIDERICVS ET IGNE CREMAVIT
SI QVERIS QVANDO
POST PARTV VIRGINIS ANO
MCLV.
TRES NOVIES SOLES JVLIVS
TVNC MENSIS HABEBAT.

Wahrscheinlich ging die alte langobardische Residenz in eben diesem
Brande ganz unter.

Besonders malerisch ist die Verbindung des oberen Stadtteils mit
dem Monte Luco durch den riesigen Aquädukt. Dieser Berg wird
nämlich von dem Hügel, auf welchem die Burg steht, durch eine
260 Fuß tiefe Schlucht getrennt, und über sie spannt sich eine großartige Brücke von zehn Spitzbogen. Ihr erster Erbauer soll schon der
langobardische Herzog Teudelapius im Jahre 604 gewesen sein; im
Laufe der Zeit wurde sie vielfach erneuert. Das Wasser wird über sie
vom Monte Luco fortgeleitet. Wenn man auf dem schmalen Brücken-
gange vom Kastell nach dem Berge geht, erregt der Blick in die Tiefe
Schwindel, zumal der Wind hier heftig zu wehen pflegt; er zwang
mich bisweilen, mich am Geländer festzuhalten. Der Monte Luco ist
der Mon-Serrat Umbriens. Nachdem zuerst ein syrischer Heiliger
Isaak dort im 6. Jahrhundert eine Einsiedelei gegründet hatte, entstand im zehnten das Kloster S. Julian und eine Reihe von Eremitagen. Von diesen Einsiedeleien stehen noch einige aufrecht, aber
die Eremiten sind längst verschwunden; aus manchen ihrer Kapellen

---

* Vielmehr in romanischem Stil.

haben Bürger Spoletos sich kleine zierliche Landhäuser errichtet. Das Wandern in den tiefen Eichenschatten des Berges ist ein wahrer Genuß; das balsamische Kraut strömt vom Boden sein süßes Arom aus, die Lüfte säuseln im Laub tausendjähriger Eichenwipfel, und sonst stört kaum ein Ton, kaum ein Glockenklang die zaubervolle Stille. Dort oben gelagert blickt man auf das malerische Spoleto und die weiße Fahrstraße der Flaminia zu den Füßen der Stadt nieder oder in das lange, duftige Tibertal.

Aber vor allem majestätisch erscheint die Burg auf ihrem Stadt und Land weithin beherrschenden Berge, ein betürmtes Viereck von edelster Einfachheit der Renaissance, in Wahrheit eins der schönsten Denkmäler des Mittelalters in Italien. Der berühmte Kardinal Gil d'Albornoz, der Zeitgenosse des Volkstribuns Cola di Rienzo, hatte diese wohl schon uralte Burg im Jahre 1356 neu ausgebaut, worauf ihr später der Papst Nicolaus v. die Vollendung gab. Die Erinnerungen an die alten Herzöge oder die Vögte, welche in jenem Kastell hausten, sind hingeschwunden, aber aus den hohen Fensterräumen des Schlosses blickt auf den Wanderer das Bild einer reizenden, weltberühmten Frau herab, welche einst dort residierte, weil sie Herrin Spoletos war. Es ist Lucrezia Borgia, die Tochter Alexanders vi., die Kleopatra des 15. Jahrhunderts. Ihr Vater hatte sie im Jahre 1499 zur Regentin jener Stadt und ihres Distrikts ernannt, eine Handlung, welche in der Geschichte des Papsttums völlig unerhört ist. Die schöne Herzogin verließ mit stattlichem Gefolge Rom am 8. August zu Roß, um sich auf ihren Posten zu begeben. Schon vor Spoleto empfingen sie mit höchsten Ehren die Prioren der Stadt und geleiteten sie nach der Burg, wo sie Wohnung nahm. Sie überreichte hier ihren Untergebenen ihr Diplom und ein Breve ihres Vaters dieses Inhalts:

«Geliebte Söhne, Gruß und den apostolischen Segen. Wir haben dies Amt der Bewahrung des Schlosses wie die Regierung unserer Städte Spoleto und Foligno, ihres Komitats und Distrikts der in Christo geliebten Tochter, der Edelfrau Lucrezia de Borgia, der Herzogin von Bisceglia übergeben, zum Wohl und friedlichen Regiment eben dieser Orte. Vertrauend auf die besondere Klugheit, die vorzügliche Treue und Aufrichtigkeit derselben Herzogin, wie Wir das des weitern in Unsern andern Breven erklärt haben, auch auf Grund eures gewohnten Gehorsams gegen Uns und diesen heiligen Stuhl, hoffen Wir, daß ihr nach Pflicht eben diese Herzogin Lucrezia als eure Regentin mit aller Ehre und Ehrerbietung aufnehmen und ihr in allen Stükken gehorsamen werdet. Indem Wir aber wünschen, daß dieselbe ganz besonders ehren- und achtungsvoll von euch empfangen und angenommen werde, so befehlen Wir euch durch Gegenwärtiges, insofern ihr Unsere Gnade wert haltet und Unsere Ungnade vermeiden wollet, daß ihr dieser Herzogin Lucrezia und eurer Regentin in allem und im einzelnen, was immer von Rechts und Gewohnheit wegen sich auf die besagte Regierung bezieht, und was sie euch zu befehlen für gut halten will, wie Unserer eigenen Person gehorsamet und mit allem Eifer und Fleiß ihre Gebote ausführet, damit ihr euch die verdiente Billigung eurer Dienstbarkeit erwerbet. Gegeben zu Rom am Sankt Peter unter dem Fischerring, am 8. August 1499.   Hadrianus. An die Prioren von Spoleto.»

Das Leben, welches Lucrezia Borgia, plötzlich Nachfolgerin der alten Langobardenherzöge, im Schlosse zu Spoleto führte, konnte ihr freilich nur langweilig und unerträglich sein. Es verlautet auch nichts von ihren Regentenhandlungen, außer daß sie eine Aussöhnung zwischen den streitenden Gemeinden Spoleto und Terni stiftete. Im Stadtarchiv zu Trevi zeigt man noch ein Aktenstück, welches von ihrer Hand mit dieser Formel unterschrieben ist: «Placet ut supra Lucretia de Borgia.»

Der Aufenthalt der schönen Papsttochter in ihrem einsamen Regierungssitz dauerte auch nur kurze Zeit. Sie besuchte von hier aus am 21. September ihren Vater in Nepi und kehrte schon im Oktober zu ihrer Entbindung nach Rom zurück. Wenige Monate später, im Juli 1500, erlitt sie den Tod ihres Gemahls Don Alfonso von Aragon, Herzogs von Bisceglia, welchen Cäsar Borgia erst auf der Treppe des Sankt Peter dolchen und dann in seinem Palast erwürgen ließ.

In Spoleto blieben ihre Beamten zurück, ihr Auditor Antonio degli Umioli von Gualdo, Doktor des Rechts, und ihr Sekretär Cristoforo Piccinino. Sodann übertrug am 10. August Alexander VI. die Regierung der Stadt dem Lodovico Borgia, Erzbischof von Valencia.

Man fährt von Spoleto ins schöne Land hinein nach Foligno, durch das Tal des Clitumnus, vorüber an dem kleinen zierlichen Tempel dieses Flußgottes, welchen man indes nicht mehr für den von Plinius beschriebenen gelten läßt; er steht kurz vor der Poststation Le Vene, nahe am Ursprung des kristallreinen Quells. Ringsumher ist lachende Landschaft, mit entzückenden Fernsichten auf die Berge Umbriens. Wenn man dies kleine Reich der Päpste durchreist, wie ich dasselbe in wenigen Wochen von der tiefsten Mitte Latiums bis zur toskanischen Grenze durchzogen habe, so muß man sich sagen, daß es eine köstliche Monarchie war, deren Krone jeder König gern getragen hätte. Man muß diese Gefilde und Landschaften mit Augen sehen und ihre altertümlichen Städte kennen, um zu begreifen, daß eine geradezu übermenschliche Größe der Gesinnung dazu gehören würde, sich

Assisi: S. Francesco

eines solchen altererbten Besitztums in frommer Entsagung zu begeben. Doch der Gewalt der Zeit kann am Ende keine noch so legitime Macht widerstehen.

Die ansehnliche Stadt Foligno zählt doppelt soviel Einwohner als Spoleto. Sie ist betriebsam; namentlich werden hier Tuch, Papier, Wachskerzen und wie man sagt die besten Konfetti in ganz Italien bereitet. Sie liegt in einer reichen Ebene, wo sie den Knotenpunkt für die umbrischen und romagnolischen Eisenbahnen bildet. Daher ist ihr eine wachsende Bedeutung für die Zukunft gewiß.

Alles ist hier mehr oder minder modern; doch gibt es noch Paläste in der Stadt, welche den Stil der Epoche Bramantes zeigen. Der Dom ist innen ganz erneuert, und nur die Fronte hat noch die gotische Bauweise mit dem alten Portal bewahrt. Andere Kirchen sind durch ihre Gemälde sehenswert; so besitzt S. Niccolo eins der Hauptwerke des Meisters der Malerschule von Foligno, des Niccolo Alunno, dessen Schüler Perugino war.

Von Foligno geht es vorbei an Trevi*, dann durch Spello auf der Anhöhe. Diese Städte sind originell und mittelalterlich; ihre schwarzen Mauern mit Zinnen und Türmen und ihre alten Tore halten den Charakter der Vergangenheit fest. Bei Spello liegen noch viele Häuser in Ruinen, wie sie das schreckliche Erdbeben vom Jahre 1832 zerstört hat. Dies ist nicht gerade ein Beweis von Lebenskraft der Bevölkerung. Nun wird das Land eben, man nähert sich wieder dem Tal des Tiber, der hier zwischen den beiden Berghöhen von Assisi und Perugia strömt. Man überschreitet ihn selbst unterhalb Bastia, wo er noch recht klein und kindlich aussieht. Durchweg ist die Campagna fruchtbar und wohlkultiviert; man baut viel Mais und Weinreben, die hier an Ulmen ranken.

Ich bin an Assisi vorübergefahren, welches ich erst von Perugia aus bequem zu besuchen gedachte. Die Vaterstadt des heiligen Franziskus liegt herrlich auf einer Berghöhe, welche sie selbst terrassenförmig bedeckt, mit vielen uralten Türmen und den starken Aufmauerungen der Kirche des Heiligen. Kaum zwei Millien unterhalb gelangt man zu der großen Kirche S. Maria degli Angeli. Sie ist im 16. Jahrhundert über der Kapelle des heiligen Franziskus erbaut worden und durch jenes Erdbeben zusammengestürzt. Gregor XVI. hat sie durch den Architekten Poletti herstellen lassen. Dies Bauwerk ist eine Kopie des S. Peter zu Rom, von kolossaler Masse und geistlos nüchtern. Es gibt keinen grelleren Gegensatz als den zwischen den mittelalterlichen Städten, die man eben gesehen hat, und solchem modernsten Bau, dem auch nicht eine Spur religiöser Ursprünglich-

---

* Hier ist Gregorovius ein Irrtum unterlaufen. Trevi liegt zwischen Spoleto und Foligno, nicht zwischen Foligno und Spello.

keit mehr innewohnt. Die erste Vorstellung, welche man bei seinem
Anblick bekommt, ist vielleicht diese, daß er ganz erstaunliche
Summen gekostet haben muß.

Der Raum der Kirche ist prachtvoll, das ist alles, was man zu ihrem
Lobe sagen kann. Nun hat sich aber mitten in ihr das Sanktuarium
des heiligen Franziskus unzerstört erhalten; eine kleine Kapelle gotischen Stils, die einen grellen Kontrast zu dem modernen Raum bildet, in dem sie so fremdartig dasteht. Man baute sie einst zum Andenken an die Erscheinung der Rosen, welche den Heiligen, als er hier
betete, bestimmt haben soll, seinen berühmten Orden zu stiften. Vo-
tivtafeln, Weihgeschenke hängen in dem finstern, von Kerzen sparsam erhellten Oratorium, worin auf Betstühlen Andächtige nieder-
knien, wenn es geöffnet wird. Denn diese Kapelle ist ein Heiligtum
in Umbrien. An den beiden Giebeln auswärts sieht man Freskobilder;
eins ist das Werk Overbecks, wie man sagt, das beste, welches er gemalt hat; das andre, stark restauriert, ist ein schönes Gemälde aus
der Schule Peruginos, vielleicht von Lo Spagna. Beide Bilder scheinen
sich zueinander zu verhalten wie eine neue Kirche zu einer alten
oder wie ein moderner Heiliger zu einem alten oder wenigstens doch
wie ein moderner Heiligenmaler zu einem alten. Jede Zeit hat ihr
Maß, und nachgemachte Blumen haben keinen Duft und keine Seele.
Auch der trefflichste Künstler, ja der größte Maler wird heute kein
Bild mehr zustande bringen, welches mit dem Zauber eines Perugino,
Spagna oder Pinturicchio auf uns wirkte.

Im Konvent der S. Maria leben 90 Franziskaner. Die Revolution
hat weder sie noch die Klöster im Assisi angetastet, wie der mich begleitende Mönch mir versicherte. Er schien indes sehr scheu und gedrückt. Was man überhaupt von der gänzlichen Aufhebung der Klöster Umbriens geschrieben hat, ist übertrieben. In allen Orten, wo ich
mich aufhielt, habe ich Mönche gesehen; man wird sie in Italien niemals loswerden, sie niemals ganz entfernen können. Sie gehören zu
diesem Lande, wie Pflanzen oder Tiere zu ihrem Klima. Die Kapuziner, die Zoccolanti, die Benediktiner, die mit dem Volksunterricht
sich beschäftigenden Klosterbrüder hat man nirgends angetastet; man
hat die Klöster verringert, nach dem Gesetze Sicardi. Das Kirchengut,
sehr bedeutend in Umbrien, steht unter Sequester, verkauft ist nichts
worden. Daß hie und da mancher zu hastige Eingriff geschehen sei,
kann nicht bezweifelt werden.

Hochgelegen auf einem Gebirgszuge über dem weiten Tibertal,
höchst altertümlichen Aussehens, recht an die Lage und den Charakter Palestrinas erinnernd, doch nur aus der Ferne, zeigt sich jetzt Perugia. Tritt man endlich in diese berühmte Haupstadt Umbriens ein, so
befindet man sich in einem ansehnlichen Ort mit eigentümlichem Ge-

präge eines bedeutenden Munizipallebens im Mittelalter. Diese Stadt, das Haupt des ganzen Landes Umbrien, reich und blühend, ein Museum umbrischer Kunst, ein Mittelpunkt der Wissenschaft durch ihre einst berühmte Universität, war immer das Kleinod der Päpste, welche sie mit Vorsicht, Schonung und Liebe behandelt haben. Seit dem byzantinischen Bilderstreit war Perugia, wenigstens dem Namen nach, ein Besitz der Kirche; aber sie entzog sich für Jahrhunderte, wie andere Städte, ihrer Gewalt, und lange ragte sie unter den Republiken jener Gegend hervor. Abwechselnd hatten hier die Popolanen (Raspanti) und die Nobili (Beccherini) die Gewalt; abwechselnd herrschte die guelfische und die ghibellinische Partei. Eine Zeitlang konnte auch Perugia gerade während dieser Fraktionskämpfe vielen Päpsten zum Sitze dienen. Der große Innocenz III. starb hier im Jahre 1216; er liegt im Dom begraben, in einer und derselben Urne mit jenem Martin IV., welcher an den Aalen des Sees von Bolsena gestorben ist, die er am heiligen Sonnabend im Übermaß zu sich genommen hatte. Auch Innocenz IV. hielt sich in Perugia auf. Daselbst starb auch der unglückliche Benedikt XI., der letzte Papst vor dem avignonischen Exil. Im 14. Jahrhundert blühte die städtische Republik so mächtig, daß sie ganz Umbrien sich unterwarf, aber schon im Jahre 1370 mußte sie sich dem Papst ergeben. Zwar erhoben sich die Bürger schon nach fünf Jahren und zerstörten die Festung, welche die päpstliche Regierung angelegt hatte, doch am Ende des Jahrhunderts bezwangen sie die Päpste wieder. Damit hörten keineswegs die inneren Bürgerkriege und die Wiederkehr republikanischer Selbständigkeit auf. Das Geschlecht der Oddi und der Baglioni spielte darin die hervorragende Rolle, namentlich das letztere, welches sich durch einige tapfere Kapitäne ausgezeichnet hat. Peruginer war auch der bekannte Braccio Fortebraccio, der sich im Jahre 1416 zum Herrn der Stadt machte. Endlich unterwarf sich Paul Baglione dem Papst Julius II.; es ist derselbe Dynast, welchen Leo X. in der Engelsburg enthaupten ließ. Paul III. vernichtete sodann auch den letzten Rest der Unabhängigkeit Perugias, und diese Republik wurde seither von Kardinallegaten regiert, die in dem alten, schönen Kommunalpalast ihre Wohnung nahmen.

Wie nicht viele andere Städte ist Perugia noch ganz vom Charakter des Mittelalters durchdrungen. Nichts hier von der kasernen- oder salonartigen Gleichförmigkeit modernen Wesens, überall diese feste und ernste, zugleich künstlerisch durchbildete Eigenartigkeit der Zeit der Stadtgemeinden und des Parteienkampfes zwischen Adel und Bürgerschaft. Aber die Namen der Baglioni und Braccio, der Volkshäupter und Tyrannen sind heute von dem eines schlichten Künstlers und Handwerkers verdrängt. Perugino ist der Glanz der Stadt und ihr

schönster Ruhm. Man begreift erst hier die ganze Bedeutung dieses
Talents, welches dem Genie Raffaels als feste Grundlage gedient hat.
Doch ich will nicht Eulen nach Athen tragen, nicht von den Gemälden
jenes Meisters, nicht einmal von denen im Cambio reden, noch sonst
eine Beschreibung dieser überreichen peruginischen Schatzkammer
Umbriens geben.

Zwei Hauptmassen bilden die eigentliche Stadt, eine obere und
untere; beide sind oft durch seltsame Stiegen und Brücken aus gebranntem Stein verbunden, von denen herab der Anblick der Gebäude wie der Landschaft höchst überraschend ist. Die obere Stadt ist
das wahre alte Perugia und enthält dessen merkwürdigste und schönste Teile, wie die breite schöngepflasterte Hauptstraße, das Monument republikanischer Größe, mit vielen Palästen aus dem 15. und
noch dem 14. Jahrhundert. Ihre altertümlichen, gotisch-romanischen
Fassaden wirken höchst charaktervoll nebeneinander, als geschichtliches Gepräge, ja als das eigentliche Antlitz der Stadt. Da ist der
großartige Gemeindepalast, schon gegründet im Jahre 1279, düster
und ernst, dunkel und schwermutsvoll, mit moresker Architektur an
Fenstern und Portalen, mit Wappenschildern verbündeter Städte und
Fürsten, mit Skulpturen mancherlei Art. Zu Füßen des Greifen, des
Sinnbildes von Perugia, hingen einst die Ketten des Tors von Siena,
welche die Peruginer erbeutet hatten.

Den Domplatz, dem die eine Seite des Stadthauses zugekehrt ist,
ziert noch das große Brunnenwerk des Johann von Pisa und die bronzene Statue Julius' III. Ich sage nichts vom Dom, noch von so vielen
andern Kirchen, wie von S. Domenico, worin das Grabmal Benedikts XI. steht, oder von S. Agostino und S. Francesco, denn all dies
ist hundertfach gesagt worden; und hundertfach sind die Schätze der
großen Privatpaläste Conestabili, Donini, Baglioni, Bracceschi und
Baldeschi, Monaldi, Penna und Cenci geschildert worden.

Nicht weit vom Corso erhebt sich die päpstliche Festung, das Werk
Pauls III. Farnese und seines gräßlichen Sohnes Pierluigi, welcher
Perugia unterworfen hatte. Diese Zwingburg wurde dort gebaut, wo
ehemals die Paläste der Baglioni standen. Schon im Jahre 1848 legte
man Hand daran, sie abzutragen, und gegenwärtig bezeichnet nur
noch ein Steinhaufen die Stelle, wo dies Fort stand, welches noch eben
erst der Schauplatz der letzten Kämpfe mit dem päpstlichen Schwei-
zergeneral Schmidt gewesen ist.

Die Ruine des Kastells sieht kläglich aus. Ich fand eine Menge von
Personen, namentlich von jungen Leuten, mit sichtbarer Genugtuung
darauf umhergehen. Sie schienen sich an den Trümmern dieser
kleinen Bastille zu weiden und unterhielten sich eifrig mit Erzählungen von der letzten Beschießung und der Kapitulation mit dem

General Fanti. Das alte Fort hatte übrigens keinerlei strategische Wichtigkeit. Es war von vornherein nur dazu bestimmt, die Stadt im Zaum zu halten. Die Piemontesen konnten sich deshalb von allen Seiten nähern und ihrer sich bemächtigen, ohne von der Besatzung daran gehindert zu werden.

Man weiß nicht recht, was man auf den Trümmern der Zitadelle errichten wird; denn ein öffentliches Gebäude soll dort seinen Platz finden. Die Lage des Hügels ist schön, die Aussicht in das Tibertal und die Bergreihen herrlich. Der Platz vor dem abgetragenen Fort ist heute schon nach Viktor Emanuel benannt; eine Marmortafel sagt, daß dies geschehen sei zum Andenken an den 14. März, an welchem Tage er durch das Nationalparlament zum König Italiens ernannt worden ist.

Unter dem Kastell führt die Promenade in die niederen Stadtteile; das alte Glacis ist nämlich schon längst dazu umgewandelt worden, wie dies das Schicksal der Wälle in so vielen anderen Städten in aller Welt geworden ist. Der Spaziergang ist etwas beschwerlicher Natur, weil man, hin und her wandelnd, immer wieder bergan steigen muß. Ich sah mit Freuden die Allee deutscher Kastanien, mit denen der Weg bepflanzt ist; aber sie waren von der Dürre völlig blattlos, wie im Winter, und noch saßen hie und da verkümmerte und gequälte Blütendolden auf den kahlen Zweigen. Die Entwicklung der Vegetation fällt in Perugia in eine spätere Zeit als drunten im Tal, und schon früh vor Winters Eintritt bedeckt sich diese hochgelegene Stadt mit Schnee.

Es ist für einen Fremdling immer praktisch, in einer ihm noch unbekannten Stadt deren Spaziergänge aufzusuchen. Zumal an Festtagen kommt ihm meist die Blüte des Orts entgegen. Nun aber kann ich in dieser Beziehung nicht viel Gutes von Perugia sagen; die Zahl der auf dem Glacis am sonnigsten Abend Spazierenden war sehr gering, Frauen zeigten sich einige wenige in Gesellschaft ihrer Männer. Dagegen drängten sich frech und mit Geräusch die Freudenmädchen hervor, angetan mit einem Schleier, in bergähnlichen Krinolinen, widerliche Gestalten. Es ist bedauerlich, daß die Revolution von 1859 das Dekorum, welches in gewisser Hinsicht fast durchweg in italienischen Städten festgehalten worden ist, nicht mehr achtet; so hat es wenigstens den Anschein, und namentlich mag in ehemals päpstlichen Städten um des Widerspruchs willen die Lizenz noch zügelloser ausarten. So freches Auftreten der Dirnen erinnere ich mich indes in keinem andern Ort gesehen zu haben als gerade in Perugia, und dies am hellen Tage, wo sich junge Männer nicht scheuten, mitten auf dem Corso Unterhaltungen mit ihnen anzuknüpfen. Abscheulich ist auch die Überschwemmung Italiens mit obszönen Photographien, die

in Frankreich gefertigt werden. Es ist sehr zu loben, daß die päpstliche Regierung in Rom den Verkauf solcher Bilder durch ein Edikt
untersagt hat. Man sollte dies in jeder andern Stadt tun. Nichts muß
die öffentliche Sittlichkeit so zerrütten als dieser Mißbrauch.

Im ganzen ist Perugia wenig belebt. Von Linientruppen sah ich
nicht viel; die Nationalgarde hatte auch hier alle Wachen bezogen,
masisches Volk liegt hinter der Stadt. Dies Freischarenkorps ist bereits neu geordnet und wird, wie man mir sagte, in die Armee einge-
reiht werden. Sein Chef Masi, jetzt Kolonel, war, so sagte man mir,
ursprünglich Sekretär bei einem Prinzen des Hauses Bonaparte; er
trieb sich dann lange Jahre in Amerika herum, wo er sich in vielerlei
Spekulationen, wie es scheint ohne Glück, versuchte. Im Jahre 1859
tauchte er an der päpstlichen Grenze Toskanas als Bandenführer auf
und verdiente sich seine ersten Sporen bei Montefiascone. Es ist
merkwürdig, daß jenes Wesen der Condottieri, welches Italien im
Mittelalter besonders eigen war, sich so hartnäckig erhalten hat. Die
Italiener scheuen den regulären Waffendienst, weil sie, bei ihrem un-
abhängigen Naturell, sich der Zucht nicht gerne fügen. Ich habe die
Armee Franz' II. von Neapel im Jahre 1858 gesehen, als sie sich nordwärts gegen Aquila bewegte. Sie sah prachtvoll gerüstet und gut
organisiert aus, aber diese 50 000 Mann stoben vor den Freischaren
Garibaldis auseinander, und nun stellen sich ihre aufgelösten Trupps
hie und da unter die Führung abenteuerlicher Bandenchefs, eines
Chiavone, Crocco, Ninco Nanco und Cipriani, um wie Räuber tapfer
zu kämpfen und sich totschießen zu lassen. Eine solche romantische
Art des Kampfes sagt dem südlichen Wesen zu. Dem masischen Volk
(es ist auch Reiterei darunter) gesellen sich noch immer viel Freizügler
bei, selbst aus Rom, wo oft ganz junge Leute ihren Eltern und Brot-
herren davonlaufen, um in Spoleto oder Perugia zu dienen.

Man sieht in den Cafés junge Offiziere in lebhaften Gruppen und
merkt, daß sie voll Eifer und Nationalgefühl sind. Es erschien mir
überhaupt die Stimmung hier, wie in ganz Umbrien, hoffnungsvoll,
wenn sich auch niemand verhehlte, daß die Schwierigkeit der Lage sehr
groß sei. Ein Kern von Reaktion ist im Lande zurückgeblieben; er
besteht aus den ehemaligen Beamten, welche man, wo es immer möglich war, mit Schonung in ihren Stellen gelassen hat, aus der Aristokratie und dem Priestertum. Der umbrische Adel, namentlich in Perugia, zum Teil sehr wohlhabenden und alten Familien angehörig, ist
vielfach dem alten System zugetan geblieben. Außer daß ihn Tradition, Familienverbindungen und Ämter an das Papsttum ketten,
fürchtet er seine Vernichtung durch die Demokratie. Diese Herren
halten sich daher in mürrischer Zurückgezogenheit auf ihren Landsitzen oder in ihren Palästen in der Stadt. Der geringere Adel da-

gegen hat sich der Bewegung bereitwillig angeschlossen, und dasselbe gilt vom niedern Klerus.

Perugia besitzt nicht weniger als 36 Männer- und Frauenklöster. Einige von ihnen, wie die Klöster der Dominikaner, sind geschlossen, die Mönche haben sich ins Römische gezogen. Die Priester in höheren Stellen sind der Revolution feind, aber sie betragen sich vorsichtig und klug. Der ganze umbrische Episkopat steht wie ein Mann zum Papst, wie überhaupt dies feste Zusammenhalten des Klerus in Italien, wenn man sehr wenige Ausnahmen abrechnet, etwas Imponierendes hat. In vielen Hirtenbriefen hat sich der höhere Klerus den Maßregeln des umbrischen Intendanten widersetzt, wo sie Klöster, Kirchengüter, Aufhebung des geistlichen Forums, Befreiung des Unterrichts von der kirchlichen Aufsicht betreffen. Die Intendantur (heute in Händen Gualterios) nimmt selbstverständlich auf diese Proteste keine Rücksicht. Die Presse ist ganz frei. In dem altpäpstlichen Perugia verkauft man jetzt öffentlich die Bibeln Diodatis, so gut wie in Florenz, und bei den Straßenbuchhändlern liegen die heftigsten Invektiven gegen das Papsttum aus. Die «Gazzetta dell'Umbria» und das Wochenjournal «Roma e l'Italia», welche in Perugia erscheinen, bringen wütende Artikel gegen einheimische Priester, wie gegen die Kardinäle in Rom. Und so wird ein alter Zustand, nur auf passiven Widerstand beschränkt, öffentlich durch die Gewalt des neuen überflutet.

Die Universität, eine Lieblingsanstalt der Päpste, durch viele treffliche Lehrer in alter und neuer Zeit ausgezeichnet, bietet denselben Gegensatz dar. Viele Professoren, darunter Männer von altumbrischem Adel, sind reaktionär; das jüngere Personal hat sich der Revolution in die Arme geworfen. Die Stockung in der Lehrtätigkeit ist sehr fühlbar, denn die Jugend verläßt den Hörsaal, um das Gewehr in die Hand zu nehmen. Natürlich fühlt sich die gelehrte Welt in Zuständen unbehaglich, welche'den Studien die Ruhe und Bedeutung nehmen. Es ist keine Aussicht vorhanden, daß diesen Übeln in Jahren abgeholfen werde, oder Perugia müßte wirklich die Hauptstadt Italiens werden, was einige Bürger, wie man mir lachend versicherte, in allem Ernst vorgeschlagen haben, weil ihre Stadt, abgesehen von allen anderen Vorzügen, eigentlich der Nabel Italiens sei.

Der Zweck meines Aufenthalts in Perugia waren archivalische Forschungen für die Geschichte der Stadt Rom im Mittelalter, sowohl in dem vortrefflich geordneten Dezemviralarchiv des Gemeindehauses, als in anderen Anstalten dieser Natur.

Gegenwärtig sind an die Gemeinde alle Archive gekommen, welche den aufgehobenen Klöstern der Stadt und ihres Distrikts angehört haben. Es sind deren zweiundzwanzig unterdrückt, mit Ausnahme der Bettelbrüder und des Benediktinerklosters S. Petrus vor der Stadt. Da aber ebendieselben Klöster schon im Jahre 1810 aufgehoben waren, so haben sich bereits damals viele Urkunden aus ihnen verloren. Ein Professor der Universität, Herr Adamo Rossi, führte mich in das ehemalige Servitenkloster S. Maria Nuova, wo in mehreren Zimmern solche nun der Stadt überlieferten Archive versammelt sind. Ich sah hier ganze Massen von Pergamentrollen aufgehäuft oder über den Boden hingestreut; ein verzweifelter und zugleich aufregender Anblick wie eines Schatzes, für dessen Hebung die Kräfte fehlen. Wir wühlten freilich darin wie Schätzgräber und warfen eine ganze Staubwolke aus den Rollen empor, doch nicht ein einziges für mich bedeutendes Dokument kam in unsere Hand, da diese Klosterurkunden nur lokaler Natur sind.

Die Verlassenheit solcher abgeschaffter Klöster ist grenzenlos – Gras wächst in ihren leeren Höfen; die scholastische Spinne webt ihre Netze in öden Sälen und Korridoren; in einigen schleicht noch wie ein Geist der Vergangenheit ein trübseliger Mönch als Schatten umher. Es ist das Ende einer ganzen Epoche der Geschichte, welches hier empfunden wird.

Acht Mönche leben noch in dem altberühmten Benediktinerkloster S. Pietro, worin einst Gregor IX., der große Feind Friedrichs II., zwei Jahre gewohnt hatte. Das Kloster zählt 900 Jahre, seine Kirche, eine auf antiken Granitsäulen ruhende Basilika von schöner Form, wird wie ein Kleinod der Stadt geachtet und gehalten; sie ist ein wahres Museum umbrischer Malerei. Denn schöne Gemälde von Perugino, Orazio Alfani, Doni, Lo Spagna und andern Meistern erfüllen sie, nebst den köstlichsten Kopien von Werken Peruginos und Raffaels, welche Sassoferrato gemacht hat. Die Benediktiner beklagten dort nicht ihr Los, sondern sie schienen gefaßt. Der würdige Abt sprach sich sogar für die Einheit Italiens aus, nur Rom wollte er dem Papst gesichert wissen. Ich merkte indes, daß er noch mehr auf dem Herzen hatte, was er verschwieg. Man hat auch dieser Abtei, wie der Metropole Monte Cassino, das Privilegium des Fortbestandes bis zum Tode der letzten Mönche gewährt, und diese haben eine agrarische Schule von fünfzig Zöglingen eingerichtet.

Ein junger Benediktiner führte mich in das Archiv des Klosters. Es bewahrt Kaiserdiplome von Heinrich III., Konrad III. und Barbarossa und viele Papstbullen. Sein Stolz ist oder war die älteste Urkunde, welche Perugia überhaupt besitzt: das Privilegium Benedikts VII. vom Jahre 978 für Petrus, den Gründer und ersten Abt dieses Klosters. Als die päpstlichen Schweizer unter ihrem Oberst Schmidt im Jahre 1859 das abgefallene Perugia erstürmten, drangen sie in die Abtei, wo sie arge Verwüstungen anrichteten. Sie warfen, so erzählte man mir,

Perugia: S. Francesco und Oratorio di S. Bernhardino

im Archiv die Diplome auseinander, rissen die Siegel und Bullen von vielen ab und zerstörten leider auch jenes unschätzbare Dokument. Es ist davon nur ein Bruchstück übriggeblieben, und das hat man an der Wand des Archivs unter Glas gesetzt. Ein Mönch hat daran ein lateinisches Epigramm geheftet, welches zum Denkmal für spätere Zeiten die vandalische Untat des furor Helveticus verewigen soll.

Ich dehnte meine umbrische Reise zum Zweck der Forschung in Archiven später noch über andere Städte aus, in welchen allen ich durch Briefe des italienischen Unterrichtsministers Michele Amari angekündigt war und die liberalste Aufnahme fand.

Von diesen Orten hat mir kaum ein anderer so angenehme Erinnerungen zurückgelassen als Todi.

Diese uralte Stadt Umbriens, im Altertum Tuder oder Tudertum genannt, liegt auf einer lachenden Höhe über dem Tibertale, in einer von Olivenhainen und Weinbergen bedeckten Hügellandschaft, an welcher der schöne Fluß vorüberzieht. Von den großen Verkehrsstraßen nicht berührt, ist sie wie eingeschlummert in ihrer eigenen Vergangenheit, in einer zauberhaften Stille, die aber keineswegs Abgestorbenheit zu nennen ist.

Es war schon Nacht, als ich mit der Post in der unten an der Höhe gelegenen Vorstadt anlangte, von welcher ich mich sofort bergauf durch das Stadttor führen ließ, um einen Gasthof aufzusuchen. Ich erwartete nichts Gutes von Todi, denn der Eintritt durch wüste und finstere Straßen in eine finstere und unheimliche Locanda versprach mir schlechte Tage. Aber schon am folgenden Morgen überzeugte ich mich, daß meine Befürchtungen grundlos gewesen seien.

Todi stellte sich mir im heitersten Morgenlicht als ein reizender kleiner Ort dar, mit so entschieden mittelaltrigem Charakter, wie ihn wenige Städte bewahrt haben. Von alten Stadtmauern zum Teil noch etruskischer Anlage umgeben, bedeckt diese Stadt die Höhe, auf welcher sie liegt, doch so, daß ihre Hauptplätze geräumig und eben sind. Alte Paläste, braune Türme des Mittelalters, höchst malerische halbgotische Gebäude, ehrwürdige Kirchen und Klöster erheben sich aus ihr, überragt von dem stattlichen Dom.

Auf dem Hauptplatze stehen die öffentlichen Gebäude, die Monumente jener Zeit, wo Todi eine freie umbrische Republik war und Kriege mit Nachbarstädten, wie Terni und Spoleto, führte oder mit anderen Bündnisse schloß. Denn im 13. Jahrhundert, ihrer Blütezeit, konnte diese Stadt 1000 gewaffnete Reiter ins Feld stellen. Während sie heute nur 4000 Einwohner zählt, hatte sie damals deren 30 000 in ihren sechs Quartieren. Ihre guelfische Verfassung war ganz und

gar volksmäßig, denn die Handwerkerzünfte allein regierten durch
Ausschüsse des Parlaments. Ein Podesta und ein Volkskapitän für
die Justiz standen an der Spitze des Freistaats, und diese jährlich
wechselnden Beamten waren stets Fremde. Es finden sich darunter
viele Römer aus den namhaftesten Geschlechtern des 13. Jahrhunderts, Colonna, Orsini, Frangipani, Anibaldi, Cenci, Gaetani, Savelli,
Malabranca und andere. Die ehrwürdigen Denkmäler dieser republikanischen Stadtgeschichte sind heute das Gemeindehaus, Palazzo
Communale und der Palast des Governators, beide auf dem Hauptplatz. Der erste ist ein großes Gebäude im römisch-gotischen Stil, von
sehr edeln Verhältnissen, mit einer mächtigen Freitreppe aus Stein.
Der andere hat einen höheren Turm mit einem Zinnenaufsatz an
der ganzen Front und erinnert leise an den venezianischen Palast in
Rom. Gegenüber liegt der Dom von gleichfalls halb gotischer Architektur, mit mächtigem Turm. Das Innere hat drei Schiffe, von denen
das Hauptschiff noch den vorgotischen Bogenbau des elften oder
zwölften Jahrhunderts zeigt; ein viertes Nebenschiff in gotischer
Form ist später hinzugefügt worden.

Außer dem Dom ist die sehenswürdigste Kirche Todis die von
S. Fortunatus, ein mächtiger gotischer Bau vom Ende des 13. Jahrhunderts. Der Heilige ist der Schutzpatron der Stadt, seine in malerischer Einsamkeit gelegene Kirche daher ihre Hauptkirche.

Ich habe während meines Aufenthaltes in Todi gerade in S. Fortunato die meisten Stunden zugebracht, denn dort befindet sich das
Gemeindearchiv. Nachdem ich von dem Syndikus die Erlaubnis erhalten hatte, dies Archiv zu benutzen, führte mich der Archivar Herr
Angelo Angelini durch die genannte Kirche in einen untern Raum
derselben, neben der Sakristei. Hier schob er von der Wand einen zer-
legbaren Beichtstuhl und machte so eine Tür frei, durch welche wir in
ein kleines Gemach traten, das Archiv selbst. In Schränken an den
Wänden lagen, zum Teil in trauriger Vernachlässigung, ungezählte
Pergamente zu Haufen aufgeschichtet; in der Mitte auf dem Boden
und auf einem Tisch, mit Staub bedeckt und modernd, Massen von
Büchern und auch von Pergamenthandschriften, welche einst einen
Teil der Bibliothek des Kardinalbischofs von Albano, Bentivegna
d'Acquasparta, ausgemacht haben sollen. Dieses Mannes hat Dante
in seinem Gedicht einmal Erwähnung getan; er starb im Jahre 1289.

An das Archiv grenzt der Raum der Bibliothek, und dort arbeitete
ich über Pergamenten und Papier in der tiefsten Stille viele Stunden
des Tages lang. Man gab mir erst einen Kommunaldiener förmlich
zur Wache; da ich aber dawider als gegen einen mich entwürdigenden
Akt Protest einlegte, so setzte man mich in Besitz des Schlüssels,
selbstverständlich nicht des Archivs, sondern der Bibliothek.

Es verbreitete sich schnell in Todi die Kunde, daß hier ein Fremder sich aufhalte, welcher alte Schriften und Urkunden zu lesen verstehe; infolge dieser Neuigkeit erschien eines Tages in meinem Gasthaus der Prior der Schneiderzunft, einen Stoß von vergilbten Papieren und Pergamenten nebst den Statuten seiner ehrenhaften Gilde unter dem Arm. Es war ein junger Mann in sehr sauberer Kleidung, mit intelligentem Gesichtsausdruck. «Ich komme», so sagte er, «zu Ihnen, in Angelegenheiten unserer Zunft Sie um Ihren Rat zu fragen.» Nur mit Mühe unterdrückte ich hier ein Lachen bei der Vorstellung, zu wie großen Dingen ich es doch bereits in der Welt gebracht hätte, da ich, ein Fremdling aus Ostpreußen, in einer umbrischen Stadt der Konsiliar von deren Schneiderzunft sein sollte. Indem ich also die feierliche Miene eines der sieben Weltweisen annahm, fuhr der Prior fort, mir zu sagen oder vielmehr zu klagen, daß die italienische Regierung ihre Hand auf alle Güter der frommen Stiftungen, also auch auf gewisse Renten der Schneiderzunft Todis lege. Die Regierung betrachte nämlich die Ars Sartorum der Stadt und andre Gewerke als eine Konfraternität oder Genossenschaft zu frommen Zwecken, da sie seit alters ein Hospital S. Giacomo besitze. Sie habe die Rente der Zunftgüter, 360 Skudi jährlich, eingezogen und werfe den Schneidern dafür eine sehr geringe Entschädigung aus. Der Schneidermeister, welcher sich vortrefflich und fließend auszudrücken wußte, bemerkte, daß die Revolution des Jahres 1860 wesentlich durch Handwerker gemacht worden sei; auch er habe damals das Gewehr ergriffen und sei nach Orvieto marschiert. Zum Dank entziehe nun die Regierung auf gewaltsame Weise den Zünften ihre uralten Güter, um sie der cassa ecclesiastica zuzuweisen. Die Pergamente, welche in Todi niemand lesen könne, habe er nach Perugia auf die Präfektur gebracht, aber dort seien sie gar nicht angesehen, sondern in einer Kammer verächtlich auf den Boden geworfen worden. Der Prior ersuchte mich schließlich, diese Urkunden einzusehen und ihm dann zu sagen, ob sich aus ihrem Inhalt die Rechte der Zunft dem Staat gegenüber erweisen ließen.

Ich beschied den Schneidermeister, folgenden Tags zurückzukehren, wo ich ihm Antwort geben wolle. Er kam und beruhigte sich bei meiner Erklärung, daß diese Pergamente nur Notariatsinstrumente solcher Art enthielten, daß sie für die Zunft keinen andern als den Wert der Altertümlichkeit besäßen, und dies hatte er sich, wie er selbst gestand, bereits vorgestellt.

Die Schneiderzunft in Todi ist übrigens ein lebendiges, sehr ehrwürdiges Monument des Mittelalters, da sie schon viele Jahrhunderte besteht. Sie hat noch jetzt einen Vorstand, welcher «Consul» heißt, und wählt zwölf Minister als Konsiliare, welche «Fratelli» genannt werden. Ihre Statuten sind sauber in einem Pergamentheft von 60 Blättern zusammengeschrieben: sie datieren von 1308, wurden aber im Jahre 1492 aus dem ursprünglichen Latein ins Italienische übersetzt.

Ihr Anfang lautet:

«El prohemio della matricola de sarturi: capitulo I.

Nel nome del nro signor Iesu Xpo et della beatissima sempre vergine maria sua madre: et del beato sancto michele archangelo: et del b. sancto ioanni baptista et S. Joani Evangelista: et de beati apostoli S. Pietro et S. Paolo: et de beati confessori: Sancto Fortunato sancto Calisto et S. Cassiano: et de tutti i sancti et sancte della corte celestiale: Questi sono i ordinamenti et statuti iscritti: dell arte de sarturi et cinaturi della citta et contado de Todi: facte et ordinate per glomini della decta arte: nel tempo dello offitio de consoli: cioe delli sapienti homini iacobuccio dandreelle: della rione de sancta presedia: et de cechole de manella: del rione della valle: iscripti per me ser francesco de maestro iacomo publico notario della detta arte: nel tempo et neglanni del signore nel mille trecento otto: nella indictione sexta: nel Tempo del pontificato del nro signore benedecto papa duodecimo: et addi ventidua de novembre.»

Ich habe manche freundlichen Menschen in Todi kennengelernt, die sich mir in allen Stücken hilfreich erwiesen, wie Herr Alessandro Natali, ein ehemaliger Buchhändler aus Rom, doch Bürger jener Stadt, Verleger der Geschichte Todis von Leoni und des Lebens Bartolomeos d'Alviano von demselben Verfasser; dieser berühmte Feldhauptmann lebte im Anfang des 16. Jahrhunderts und war Todiner von Geburt.

Herr Natali ist Rector Oeconomus von Monte Cristo, einem ehemaligen Frauenkloster und jetzt Findelhause. Er führte mich an diesen schön gelegenen Ort, worin achtundneunzig Findelkinder aufgezogen werden. Auch hier ist ein Archiv; ich sah viele Pergamente, hauptsächlich das Institut betreffend, welches ursprünglich zum Hospitale Caritatis für die Leprosi oder Aussätzigen bestimmt war.

Derselbe freundliche Führer zeigte mir auch das Kapuzinerkloster Monte Santo, welches in nächster Nähe der Stadt auf einem Hügel gelegen ist. Die kleine Kirche daselbst besitzt einen schönen Lo Spagna * über dem Hochaltar, dieselbe Krönung der Jungfrau darstellend, wie sie in Narni gezeigt wird. Diese beiden Bilder sollen von des Meisters eigener Hand sein. Im Zimmer des Priors bewirtete man uns mit Kaffee; man fragte mich nach Witte, dessen großer Ruf in der literarischen Dantekultur selbst bis in diese Einsamkeit gedrungen

---

* Die Marienkrönung im Municipio von Narni wurde 1486 von Ghirlandajo ausgeführt. Die Komposition wurde von Lo Spagna zweimal wiederholt: für Todi und Trevi.

Siena: Palazzo Pubblico

war. Man zeigte mir mit einem gewissen Stolz eine Handschrift der Poesien des Fra Jacopone, denn dieser Dichter, der tiefsinnige Mystiker vom Cölestinerorden, der mutige Feind Bonifacius' VIII., ist der Ruhm Todis. Er starb in Collazzone im Jahre 1306, liegt aber in S. Fortunato begraben. Man schreibt ihm die Dichtung «Stabat mater» zu, und wohl mit allem Recht. Dieser berühmte Trauerhymnus reicht hin, ihm die Unsterblichkeit zu sichern. Ich fand in Monte Santo einen Mönch damit beschäftigt, den Kodex zu kopieren, worin sich auch das «Stabat mater» unter den anderen Gedichten Jacopones befindet. Doch gibt es ältere Handschriften der Poesien dieses Franziskaners, in Venedig und Florenz; die von Todi kann frühestens vom Ende des 14. Jahrhunderts herrühren.

Alle Herren, deren Bekanntschaft ich hier machte, schienen mir ein zufriedenes Dasein in ihrer engen, kleinen Welt zu genießen, und diese wird kaum durch irgendein ungewöhnliches Ereignis unterbrochen. Abends, beim Mondschein, lustwandelten auch die Damen auf dem Spaziergange, welchen sich die Stadt unter der alten, zerstörten Rocca, am Abhange des Hügels angelegt hat, von wo man weiter zu der nach Bramantes Plan gebauten Kuppelkirche der Consolazione gelangt. Es gibt in Todi keinen großen Feudaladel mehr, denn die alten Geschlechter sind meist untergegangen. Von ihnen waren in mittelaltrigen Zeiten am mächtigsten die Acti oder Atti, dann die Oddi, Fredi, Bentivenghi, Carocci, Pontani, Landi, Corradi und Astancolli.

Manche altertümlichen Paläste erinnern noch an diese Feudalherren. In den stattlichen Häusern, welche sie gegründet haben, wohnen jetzt jüngere Geschlechter oder verarmte Enkel. Am heutigen Tage, wo alles nur für die augenblicklichen Bedürfnisse eingerichtet wird, beschämen uns selbst in den kleinsten Städten die festen, dauernden Häuser der mittelalterlichen Vorfahren eines massiven Geschlechts, welches von sehr starkem Willen und sehr praktischer Gediegenheit gewesen ist. Dies bemerkte ich Herrn Pierozzi in Todi, einem Doktor des Rechts, welcher zugleich Komödiendichter ist; und wohl mancher Dramendichter dürfte diesen einsamen Todiner um das solide Glück beneiden, welches er in seinem urväterlich ererbten Palast genießt.

In Rom hatte man mir dringend angeraten, nach Aspra in den Bergen der Sabina zu gehen, wo ich ein merkwürdiges Kommunalarchiv finden und eine bezaubernde Bergwildnis sehen würde. Dies beschloß ich demnach von Terni aus zu tun, von wo eine Fahrstraße bis in die Nähe jenes Kastells führt. Nur war das Unterkommen dort schwierig, denn in dem ganz vereinsamten Aspra gibt es kein Gasthaus. Ein

Bürger Ternis versprach mir jedoch, dafür zu sorgen, indem er mir einen Brief dorthin vorausschickte.

Ich mietete in Terni einen kleinen Wagen und machte mich dort auf um vier Uhr morgens am 1. August. Man durchzieht ein Bergland auf dem besten Wege von Nord nach Süd und berührt nur kleine Gehöfte.

Manchmal geht es durch schöne Eichenwälder hin. Die Berge öffnen sich bei Torri, einem uralten Kastell, welches im 10. Jahrhundert dem in dieser sabinischen Landschaft mächtigen Geschlecht der Crescentier von Rom gehörte. Es liegt schwarz und malerisch rechts auf der Höhe. Ein großer Blick auf den Berg Soracte, die Campagna Roms, die Abhänge der Sabina und der Apenninen öffnete sich jetzt, und links eine tiefe Bergschlucht, über welcher hoch auf einem Felsen ein finsterer Häuserklumpen lag, von einer schwarzen Mauer umfaßt und von einigen Türmen überragt. Dies war Aspra, das alte Casperia in Römerzeiten, in Wahrheit ein Adlernest, unzugänglich und uneinnehmbar scheinend.

Es war Mittagszeit, doch die Augustluft wehte hier frisch und kühl. Langsam umkreiste das Fuhrwerk den tiefen langen Taleinschnitt und schleppte sich dann mühsam den Feldweg bis unter die Mauer des Kastells empor, wo der Fuhrmann haltmachte, mir erklärend, daß er in den Ort selbst nicht gelangen könnte, weil dieser keine fahrbaren Straßen habe. Ich stieg ab und trat durch das Tor ein; welch ein Ort, wie schauerlich wild, verfallen und einsam; welch schrecklich enge Gassen ohne Luft zwischen steinernen Häuserklumpen, nicht Straßen zu nennen, sondern Rinnsale für die Wasser der Wolkenbrüche und Gewitter, die sich hier mit furchtbarer Heftigkeit entladen müssen.

Es war eben Sonntag. Das Volk der Aspraner, in blaugraue Jacken sabinischer Landesart gekleidet, spielte Ball vor den Häusern. Man starrte mich verwundert an. Ich ließ mich zum Syndikus führen bergauf, bergab. Der Bürgermeister von Aspra, angetan mit der Bauernjacke des Volkes, kam hervor und sagte mir, Briefe seien von der Präfektur in Perugia wie von Terni eingetroffen, ich könne aber heute das Archiv nicht sehen, weil es Sonntag sei, wo der Gemeindesekretär andre Beschäftigung habe. Ein Unterkommen würde ich bei einem Schuster finden, der so etwas wie eine Locanda halte.

Man führte mich zu diesem Wirt in ein wüstes Haus, wo mir ein kammerartiges Loch angewiesen wurde. Das zerbrochene einzige Fenster zitterte und klirrte vom scharfen Luftzug, der hier oben beständig weht, und aus ihm blickte ich mit Erstaunen auf ein Panorama von unbeschreiblicher Erhabenheit. Ich warf mich ermüdet auf das unsaubere Bett, welches in der Kammer stand, erwachte aber bald von den Bissen der Moskitos und noch anderer Plagegeister. Der

Wirt setzte mir alsbald ein Mittagessen vor, welches ich nicht genießen konnte, und in meiner Verzweiflung erklärte ich, daß ich hier nicht bleiben könne.

Ich eilte wieder zum Syndikus, der mich jetzt zu seinem Sekretär begleitete. Wir standen alle drei unter einem steinernen Bogen, welcher eine Gasse mit der andern verband, während die Magistrate beratschlagten, was zu tun, wie mir zu helfen sei. Endlich ward folgender Beschluß der hochweisen Herren gefaßt: das Archiv sollte mir vom Sekretär unverzüglich aufgetan werden, indes der ehrenwerte Syndikus sich bemühen wolle, mir Aufnahme in einem anständigen Hause zu verschaffen.

Der Sekretär führte mich in das Stadthaus, ein massives, doch nicht altertümliches Gebäude, wo er eine kleine Kammer aufschloß. Ein paar Schränke standen darin, den Dokumentenschatz der Gemeinde enthaltend. Ich fand dort viele Urkunden, die sich auf den römischen Senat des Mittelalters beziehen, denn Aspra bildete zwar in jener Epoche eine eigene Gemeinde wie andre sabinische Orte der Nachbarschaft, doch unter der Jurisdiktion des Kapitols, welches dorthin seine Rektoren oder Podestaten schickte. Wunderlicherweise gab es auch hier einige gefälschte Urkunden aus dem 10. Jahrhundert.

Als der Abend kam, erschien der Sekretär wieder, mir zu sagen, daß eins der besten Häuser des Kastells mich aufzunehmen bereit sei. Er führte mich in der Tat zu einem Hause, welches palastähnlich aussah. Eine junge hochgewachsene Dame empfing mich da, in römischer Kleidung und mit städtischen Manieren. Sie sagte mir, das Haus schätze es sich zur Ehre, einen Fremden zu beherbergen, und sie geleitete mich nach meinem Zimmer. Wir kamen durch einen wüsten Saal; der Blitz hatte vor Wochen darin eingeschlagen, Fenster und Kamin zertrümmert und die Vorderwand gespalten, durch welche der blaue Himmel hereinschien. Nichts war getan, diesen Schaden zu verbessern. Alte Familienwappen aus Stein zeigten, daß dieses Haus einst einem der ersten Geschlechter des Orts gehört hatte, welches nun herabgekommen war.

Die Verwüstung des Saals machte mich neugierig auf die Beschaffenheit meines Zimmers, welches die Signora alsbald öffnete; es war sehr wohnlich und ein sauberes römisches Bett darin. Der Bruder der Dame erschien, ein rüstiger sabinischer Jäger, ein schöner Mann, in die Uniform des Hauptmanns der Nationalgarde gekleidet. Auf das freundlichste ward ich ersucht, mich nach Gefallen einzurichten. Ich nahm die Gastfreundschaft des Hauses an, doch mit der Bedingung, daß man mir erlaube, bei meinem ersten Wirt speisen zu dürfen, an welchen ich doch von Terni aus gewiesen sei; dies ward mir zugestanden.

Zwei Tage blieb ich in Aspra, und so schrecklich mir dieser Ort anfangs erschien, so angenehm verging mir daselbst die Zeit. Ich arbeitete im kleinen Archiv von der Morgenfrühe bis fünf Uhr abends, was die größeste Verwunderung erregte. Neugierige kamen ab und zu herein; sie grüßten mich freundlich und sahen mir mit Erstaunen zu, denn seit Jahren hatte man dort keinen Fremden gesehen. Ich zeigte dem Sekretär ein Pergament als höchst wertvoll, weil es ein Schreiben des Volkstribuns Cola di Rienzo an die Gemeinde von Aspra sei; er bat sich eine italienische Übersetzung davon aus, die ich ihm diktierte, worauf er sie zum Andenken in das Archiv niederlegte.

Nachmittags ging ich mit diesem Herrn und dem Lehrer des Orts, einem Laien, zum Kloster der Kapuziner, wo man ein Fest feierte. Es liegt schön auf einem von Steineichen bedeckten Berge. Frauen knieten dort in der kleinen Kirche, in dunkle Schleier gehüllt. Im Portal sah ich andere, die Frauen meiner Begleiter und junge Mädchen, von denen eins von ganz ungewöhnlicher Schönheit war, ein junges Geschöpf von kaum sechzehn Jahren, in der vollen Blütenpracht ihres Frühlings, und doch tiefsinnig und ernst. Glücklich der Aspraner, der dies Götterkind einst in sein verräuchertes, vom Blitz zerschlagenes Haus heimführen darf! Meine Begleiter machten mich den Damen bekannt, unter welche ich künstliche Blumen verteilte, die man am Kloster feilbot, was sehr gut aufgenommen wurde.

So weit ich gewandert bin, so sah ich doch kaum ein Panorama von gleicher Heldenschönheit, als sich mir dort von der Höhe des Kapuzinerberges darbot. Unten vor mir der plastisch geformte Soracte, das ganze Tibertal, die umbrischen Ebenen und Berge, weiterhin die Reihen der Apenninen, die Sabina, Latium, die Campagna von Rom: all dies entzückende Land in den wandernden und wallenden Karmin des Augustabends getaucht, in Wahrheit ein Paradies der Erde. In den nächsten Bergen eine majestätische Wildnis, worin uralte dunkle Kastelle stehen, die Städte der Sabiner, festhaltend Geschlechter, Sitten und Lebensformen der Vergangenheit. In meilenweiter Ferne südwärts zieht sich ein dachförmiges Gebirge hin: dies ist der Monte Mario. Wo es absinkt, steigt ein gewölbter Bergkegel auf: dies ist die Kuppel vom S. Peter Roms. Sie selbst erscheint in dieser Ferne wie ein Produkt der Natur. Zur Osterzeit genießen auch die Menschen von Aspra den Anblick ihrer Illumination; sie funkelt dann am Horizont wie ein Ball von Feuer. Wir zählten von der Zinne des Klosters 28 nähere und fernere Orte, von denen ich nur wenige nennen will, damit man die Größe dieses unvergleichlichen Gesichtskreises erkennen mag: der Soracte und Civita Castellana, die Kuppel von Rom, Ronciglione, Caprarola, Collevecchio, Montasole, Stimi-

gliano, Magliano, Rocca antica, Poggio Sabino, La Fara, Poggio Mir-
teto, Montopoli, Torrita; über dem Tiber, welcher silbern aufblinkt,
Filacciano, Cantalupo, der Monte Gennaro, Tivoli, Palestrina, das
Albanergebirge mit seinen Kastellen.

Als wir nach Aspra zurückkehrten, stand der Syndikus vor der Tür
seines Hauses, uns einladend, einzutreten. Der treffliche Mann führt
den Namen seines Orts, denn er heißt Asprone, und so schien er als
Bürgermeister die wahrhafte Verkörperung der Gemeinde, welche er
regiert. Seine Frau kam, eine stark beleibte Matrone. Ich mußte ganz
allein auf dem Kanapee sitzen, wo mir dann die Bürgermeisterin
einen Teller voll sabinischer Kringel präsentierte. Alsbald tauchte
der Syndikus mit einem Licht in den Keller hinab und kam daraus
hervor mit einem mächtigen Steinkrug voll Wein. Wir tranken
wacker von diesem ausgezeichneten Gewächs des sabinischen Unter-
landes; ich brachte das Wohl der Gemeinde Aspra und ihres Magi-
strates aus, worauf der Bürgermeister und die anderen Herren warm
wurden. Sie sprachen mit Verwunderung über meine Mühen und den
ihnen nicht recht verständlichen Zweck derselben, da ich so unweg-
same Gegenden aufsuchte, um alte Schriften durchzulesen. Sie baten
mich wiederzukommen, und zwar auf viele Wochen, um mit ihnen
die Herbstzeit zu verbringen.

Als wir den Syndikus verließen, drang der Sekretär in mich, auch
ihn mit einem Besuche zu beehren; denn offenbar wollte er nicht
hinter jenem zurückstehen. In seinem wohnlich eingerichteten Haus
empfing mich seine junge Frau, ein Kind an der völlig entblößten
Brust, und so blieb sie auch in der größten Naivität neben mir sitzen.
Wiederum wurden Wein und Kringel vorgesetzt.

In später Nachtstunde verabschiedete ich mich von den Eigentümern
des Hauses, wo man mir so gastfreundliche Herberge geboten hatte,
und ich empfing auch hier dieselbe herzliche Einladung zur Wiederkehr, nebst einem Brief an Verwandte in Rom. Als ich mich vor der
Morgenfrühe erhob, brannte schon Licht in dem Hausflur, doch
niemand ließ sich sehen. Die gemieteten Esel standen bereit, und ich
verließ Aspra mit Befriedigung; denn hier sind die Menschen in der
Tat gut, wie die ursprüngliche Natur. Durch ein schönes Bergland
ritt ich so fort bis zum Paß von Correse, wo ich die Post nach Rom
erreichte.

DAS SCHLOSS DER ORSINI IN BRACCIANO

1870

Bald hinter der Poststation la Storta zweigt sich von der Via Cassia
links die Claudia ab, und auf dieser Straße fährt man noch drei starke
Stunden bis zum See von Bracciano. Die Landschaft ist öde, aber
malerisch. Vulkanische Tuffhügel durchziehen sie, und hie und da
zeigen sich blühende Wiesenflächen und Triften mit Wirtschaften
und zahlreichen Rinderherden.

Der Charakter der tuskischen Campagna Roms ist von dem Latiums sehr unterschieden. Im Lateinischen ist alles lachender und
sonniger, alles formvoller und auch belebter. Die Berge der Volsker
und der Apenninen senden ihre Zweige aus, und sie haben die schöne
Gliederung der Kalkformation. Uralte Städte, meist Bistümer, erheben
sich zahlreich auf grünen von Kastanien und Olivenbäumen oder
von der Weinrebe umrankten Höhen und geben der lateinischen
Landschaft ein vorwiegend geschichtliches Gepräge. Sie ist von Monumenten des Altertums wie des Mittelalters erfüllt. In Tuskien dagegen
herrscht ein vulkanisch durchrissenes Hochland vor mit weiten Einöden von ernster und melancholischer Natur, die geheimnisvoll erscheint. Das geschichtliche Leben ist hier meist spurlos geworden.
Unterirdische Gräber und Nekropolen eines rätselhaft gebliebenen
Volkes sind die Schätze und Monumente Etruriens. Die Geschichte
des Landes erscheint wie abgebrochen, und wo sie sich fortgesetzt
hat, entbehrt sie doch der macht- und lebensvollen Bedeutung. Der
vollkommene Untergang einer Stadt, wie Veji war, und die gänzliche
Verlassenheit ihres Lokals für alle Zeit erschien mir immer charakteristisch für dieses geschichtliche Absterben des römischen Etruriens.

Einsame Baronaltürme ohne Namen oder kleine Orte unhistorischen Charakters stehen hie und da schwermütig auf Tuffhügeln. Im
Mittelalter beginnt die geschichtliche Erinnerung in diesen kultur-
losen Wildnissen erst mit dem 11. Jahrhundert, wo germanische
Feudalgeschlechter fränkischen oder langobardischen Ursprungs hier
Gebieter werden, wie die Grafen von Galera und die Stadtpräfekten
vom Hause Vico. Auch der Machteinfluß der Kirche hat hier nur
wenige Spuren eingedrückt; denn gerade im Patrimonium S. Peters
ist sie erst spät zur Herrschaft gelangt.

Hinter dem Fluß Arone, dem Ausläufer des Sees von Bracciano,
liegen zwei größere Meiereien, S. Maria di Celsano und Casale di
Galera, und dort mag man vom Wagen steigen, um die nahen Trümmer des Kastells Galera zu besuchen. Sie sind das seltsame Seiten-

stück zu der märchenhaften Stadt Ninfa in Latium am Anfang der pontinischen Sümpfe, wo sie in ihr reizendes Grab von Efeu und Blumen versunken liegt. Denn auch Galera, einst der Sitz trotziger und wilder Herren, welche oftmals die Stadt Rom bedrängten, ist heute versunken und zerstört, mit Straßen, Kirchen und Grafenburg im eigentlichen Sinne des Wortes von Efeuranken zugedeckt. Und doch liegt Galera nicht wie Ninfa in der sumpfigen Tiefe, sondern fest und hoch auf einem schroffen Tuff-Felsen über einer bewaldeten Schlucht, durch welche sich der Arone in schäumenden Kaskaden hervorstürzt.

Auf dem verfallenen Tor sieht man noch das Wappen der Orsini, die Rose mit dem Querbalken. Hinter den mächtigen Stadtmauern steigt man aufwärts in den zerstörten Ort, und verwundert bahnt man sich oben den Weg durch das dichte Efeugewilder, welches die zerfallenen Straßen versperrt hat. Es sind noch manche Häuser mit gotischen Fenstern aufrecht, doch das meiste Material ist fortgeschleppt worden oder es bildet jetzt vom Pflanzenwuchs umbuschte Schutthaufen. Galera ist durch seine Reste von Architektur nicht so merkwürdig wie Ninfa; nur die Trümmer der Burg und der Hauptkirche zeigen eine ältere Epoche, die andern sind sehr modern. Denn erst im Jahre 1809 wurde der Ort verlassen, sei es wegen des Wassermangels oder, was wahrscheinlicher ist, aus Verarmung der Bevölkerung. Daß eine Stadt, nicht durch plötzliche Naturgewalt zerstört, sondern durch inneren Verfall schwindsüchtig, in unserm Jahrhundert aussterben konnte, ist wahrhaft befremdend. Beweist das nicht schlagend das mangelnde Lebensprinzip dieses etrurischen Landes überhaupt? Galera (in der Gegend, wo nach den alten Itinerarien die Station ad Careias lag) wird erst geschichtlich im Jahre 780, als der Papst Hadrian I. eine Kolonie dieses Namens am Fluß Arone gründete, um das verödete Vejenterland wieder zu bebauen. Diese Kolonie gedieh, aber sie entzog sich unter uns unbekannten Verhältnissen der Kirche; denn am Anfang des 11. Jahrhunderts erschienen dort als Herren die Comites von Galera, wütende Feinde des Papsttums und eifrige Anhänger der deutschen Reichsgewalt.

Gerard, Sohn Rainers (schon diese Namen beweisen das germanische Geschlecht) war dort Graf und eines der Häupter des kaiserlich gesinnten Adels von Rom und dem Stadtgebiet, eng verbunden mit dem Grafen von Tusculum vom Stamm Alberichs und mit den Crescentiern von Monticelli in der Sabina. Diese Herren erhoben im Jahre 1058 gewaltsam einen Papst in Rom, Benedikt X. Aber Hildebrand, der nachmalige Gregor VII., schon damals das Haupt der päpstlichen und nationalrömischen Partei, führte im Dienst des kaum gewählten Papstes Nikolaus II. eine Schar raubgieriger Normannen aus Apulien nach Rom und gegen die feindlichen Grafen. Galera, wohin sich Benedikt x. geflüchtet hatte, und andere Kastelle wurden erstürmt.

Die Macht der Comites von Galera, welche das etrurische Land bis über den See hinaus nach Sutri hin beherrschten, wurde augenblicklich gebrochen, aber ihr Geschlecht behauptete sich trotzdem in Galera noch lange Zeit. Es verschwand vielleicht erst in der Mitte des 15. Säkulums, wo Matteo Rosso vom Haus Orsini, ein berühmter Senator der römischen Republik, als Herr von Galera erscheint. Seither blieben die Orsini Besitzer dieses Kastells, bis sie es im Jahre 1670 dem Papst verkauften.

Der grimmigste Feind dieser Landschaft und zugleich das stärkste Hindernis für die Kultur bei mangelnder Arbeitskraft ist heut die Malaria. Eine weiche verräterische Luft weht über die unbebauten Ebenen und die von der Asphodelosblume bedeckten vulkanischen Hügel ohne Baumvegetation. Sollten wohl gar die Würgengel des Fiebers aus dem See selbst steigen? Wer wird es glauben, wenn auf dem Höhenzuge von Bracciano dieser purpurblaue Wasserspiegel endlich sichtbar wird? In Wahrheit, dies ist das entzückende Bild sonnig lachenden Glücks und zaubervoller Einsamkeit – eine Landsee-Idylle von ganz besonderer Art, groß und erhaben genug, und doch nicht so umfangreich, daß sie aufhörte, ein vollkommen und schön umgrenztes Gemälde zu sein.

Der herrliche See, im Altertum Lacus Sabatinus, ursprünglich ein vulkanischer Krater, liegt hingegossen zwischen sanften Gebirgszügen und anmutigen Ufern. Er hat einen Umfang von 21–22 Millien; sein Flächenraum ist also vollkommen so groß wie die Stadt Rom, mit welcher er durch die Acqua Paola, die erneuerte Sabatinische Wasserleitung Trajans, in direkter Verbindung steht. Denn das Wasser, welches durch die Porta di S. Pancrazio nach Trastevere hereinkommt und sich aus der Fontäne Pauls v. mit so prachtvollem, flußähnlichem Schwall ergießt, stammt zu einem Teil aus diesem See, den die Mauern Aurelians gerade umspannen würden.

Nach Norden umfaßt ihn ein kleines bewaldetes Gebirge, aus dem als ein schwarzer vulkanischer Pic, höchstens 2000 Fuß hoch, der Monte di Rocca Romana aufragt. Dieser Kegel ist in der etrurischen Landschaft überall sichtbar, wie in der lateinischen der Monte Cavo über dem See von Albano. Unter ihm liegt am Ufer der Ort Trevignano. Zur Linken erhebt sich der Höhenzug von Bracciano, und auf ihm stellt sich, etwa eine Millie vom Seespiegel entfernt, als die dominierende Gestalt der ganzen Landschaft die riesige Burg der Orsini dar, ein prachtvolles Fünfeck mit fünf runden krenelierten Türmen. Ihre schwarzgraue Farbe entspricht der vulkanischen Natur ringsumher, deren geschichtliches Erzeugnis dieses Schloß zu sein scheint. Zur Rechten endlich ragt in den See eine hohe Landzunge mit einem dunklen betürmten Ort. Dies ist Anguillara, ehemals der Sitz der Grafen dieses Namens von einem Nebenzweig der Orsini. Dort strömt der Arone aus dem See, dessen Emissar er ist.

Nur in den drei Ortschaften hat sich das geschichtliche Leben um den See gelagert. Man sieht sie dort beständig vor sich; sie nehmen in gleicher Entfernung voneinander die Seiten eines Dreiecks ein, und nur sie unterbrechen die reizende Stille dieser Ufer durch die Vorstellung von menschlicher Kultur, ohne doch den Zauber der Verlassenheit zu stören. Denn was bedeuten Bracciano, Trevignano, Anguillara? Wer hat je ihre Namen gehört außer denen, die mit der Spezialgeschichte Roms vertraut sind? Wenn nicht jenes Schloß der Orsini, die versteinerte Chronik schrecklicher Feudalzeiten, seine schwarzen Türme über dem blauen See erhöbe, so würde man diese drei Orte an seinen Ufern für Fischerdörfer halten können. Und doch so stille ist der See, daß auch nicht ein Nachen auf ihm sichtbar ist. Nur Rinderherden zeigen sich am Ufer oder Rudel gleich verwilderter Pferde, bis an den Leib im Wasser, und berittene Hirten mit der Lanze, wie im pontinischen Sumpf.

Ich fand Bracciano freundlicher, als ich von einer Vasallenstadt erwartet hatte; ein Ort von etwa 2000 Einwohnern, mit breiten Straßen und guten Häusern, modern gebaut, wie etwa Marino, wo das Schloß Colonna steht, das ehemals auch den Orsini gehörte. So wohnlich ist freilich nur der neue Stadtteil, denn der alte aus der echten Baronalzeit liegt als ein schwarzer Häuserklumpen aus Tuffstein eng um die Burg zusammengedrängt. Diese Burg aber steigt so gigantisch empor, daß sie ganz Bracciano mit ihrem Schatten zu bedecken scheint, und daß nichts mehr neben ihr in Betrachtung kommt.

Wie königlich muß die Macht eines Hauses gewesen sein, welches in einer weltverlorenen Landschaft sich dieses Prachtschloß erbaute, eine uneinnehmbare Festung und einen Luxuspalast zugleich! Seitdem die Burg der Orsini in Campagnano in Trümmer fiel, ist diese hier eine der merkwürdigsten Monumente der römischen Renaissance, ein Baronalschloß ersten Ranges. In ganz Latium gleicht ihm keins. Das Schloß von Spoleto, vom Kardinal Albornoz angelegt, von Nikolaus v. ausgebaut, ist noch majestätischer, aber es ist kein Baronalbau, ebensowenig wie es die schönen Burgen von Ostia, Narni, Civita Castellana und Subiaco sind.

Der Anblick dieser stolzen Burg ruft dem Wanderer zuallererst die Geschichte des Geschlechts der Orsini in Erinnerung, welche neben jener ihrer Erbfeinde Colonna fast ein halbes Jahrtausend hindurch die Annalen Roms mit den Taten und Namen seiner zahllosen Mit-

glieder erfüllt hat, unter denen es Päpste, Kardinäle und Feldherren
von großem Ruhme gab. Denn beide Häuser, die Guelfen und die
Ghibellinen Roms, dauerten länger als Dynastien von Kaisern und
Königen, und sie dauern noch heut in ihren Resten fort, gleich den
Schlössern, die sie ehemals besaßen.

Der Stammvater der Orsini, mit dem römischen Namen Ursus,
verliert sich in das Dunkel der Sage. Ob er Germane war, ist unbekannt. Seine Nachkommen nannte man die Filii Ursi, denn so heißt
der ursprüngliche Stammname der Orsini stets in den ältesten Geschichten. Historisch traten sie im 12. Jahrhundert auf. Cölestin III.
(1191–1198) gehörte zu ihrem Hause. Im 13. Jahrhundert gewannen
sie, zur Zeit der Hohenstaufenkämpfe, größere Macht, auch durch den
Senator Matheus Rubeus, den unermüdlichen Feind des Kaisers
Friedrich II., das gebietende Oberhaupt der kapitolinischen Republik,
dann durch den Papst Nikolaus III. (1277–1280), der ein Sohn eben
dieses Senators war.

Die Orsini, so fruchtbar als Geschlecht wie die Colonna, teilten sich
mit der Zeit in viele Familienzweige. Sie nannten sich nach ihren Besitzungen die Orsini von Monte Giordano und von Campo di Fiore
in Rom, die Grafen und Herren von Nola in Campanien, von Tagliacozzo in den Abruzzen, von Gravina und Manupello, von Monterotondo, Vicovaro, S. Angelo, Pitigliano, Anguillara und Bracciano.
Das Register ihrer ehemaligen Kastelle und Güter, welches das Archiv
des Hauses in Rom bewahrt, umfaßt einen ganzen Band. Sie waren
so mächtig im Königreich Neapel wie im römischen Landgebiet. Die
Colonna, gleichfalls im Neapolitanischen mit großen Lehen ausgestattet und wegen der Markgrafschaften von Tagliacozzo, Alba
und Celano im wütenden Kriege mit ihren Erbfeinden, besaßen den
Kern ihrer Herrschaft in Latium. Die Orsini dagegen beherrschten das
sabinische Gebiet am Anio von Vicovaro bis nach Nerola und Monterotondo, und das etrurische Land von Sutri abwärts bis über den See
nach Galera und zum Meeresstrande des alten Cäre. In dieses tuskische Land waren sie schon im 13. Jahrhundert eingedrungen, wo
sie sich Galera aneigneten. Wann sie nach Bracciano kamen, ist ungewiß. Dieser Ort entstand in unbekannter Zeit, wie man glaubt aus
einem Fundus der Gens Braccia. Nibby, der uns die geschichtliche
Kenntnis des Ager Romanus im Mittelalter aus Dokumenten erst
zugänglich gemacht hat, fand die erste Erwähnung des Castrum
Brasani in einer Klosterurkunde vom Jahre 1320. Ich kann dies vervollständigen, denn ich fand eine hundert Jahre ältere im Archiv
Orsini, ein Instrument vom 10. März 1234, worin Jofredus Amator
und Landulf, Sohn des Präfekten Gottifred, als Herren dieses Kastells
erscheinen: Domini de Brachiano et de Sancta Pupa. Demnach gehörte

Bracciano zu jener Zeit der in Etrurien mächtigen Familie der Präfektanen oder der Präfekten vom Hause Vico. Dieses germanische
Geschlecht hatte die Stadtpräfektur Roms seit dem 12. Jahrhundert
bei sich erblich gemacht. Sie waren gewalttätige Dynasten, Ghibellinen und Feinde der Päpste; selbst Viterbo und Orvieto rissen sie an
sich. Erst im Jahre 1435 gingen sie unter, wo der furchtbare Johann
Vitelleschi den letzten Präfektanen Jakob von Vico im Schloß zu
Soriano enthaupten ließ.

Die Güter des Präfektenhauses zog die Kirche ein, doch einige er-
kaufte Eversus, der räuberische Graf von Anguillara, dessen Orsini-
sches Geschlecht schon längst am See von Bracciano festen Fuß gefaßt
hatte. Auch die Stadtpräfektur kam im Jahre 1435 an die Orsini,
nämlich an Francesco, den ersten Grafen von Gravina, einen Ahn
jener Linie, welche von allen Zweigen des ganzen Geschlechts allein
noch dauert und in Rom fortlebt.

Bracciano selbst besaßen die Orsini schon im 14. Jahrhundert;
denn Martin v. Colonna sah sich genötigt, den Brüdern Francesco,
Carlo und Orsino Orsini jenes Kastell als Vikariat im Jahre 1419 zu
bestätigen.

Seither herrschten hier am See die beiden Linien, jene schon ältere
von Anguillara und diese von Bracciano, welche viele andere etrurische Kastelle besaß.

Das Haus von Bracciano glänzte im 15. Jahrhundert durch zwei
berühmte Kriegskapitäne, durch Napoleon und seinen Sohn Virginius. Napoleon – dieser Taufname war seit alten Zeiten bei den
Orsini in Gebrauch – baute das Schloß von Bracciano, sein noch
dauerndes Monument. Er starb als einer der mächtigsten Feudalherren seiner Zeit zu Vicovaro im Jahre 1480.

Virginius erbte seine Güter und seinen Ruhm. Er vereinigte mit
jenen auch Anguillara und Cervetri durch Kauf nach dem Sturze des
Hauses von Eversus. Er war Großconnetable des Königreichs Neapel,
wo er sich mit der Dynastie Aragon eng verbunden hatte. Er selbst
nannte sich de Aragona. Im Dienste des Königs Alfonso ii. und dann
Ferdinands ii. sollte er den Marsch Karls viii. von Frankreich durch
Etrurien aufhalten, als dieser König heranzog, Neapel zu erobern.
Aber die Söhne des Virginius, Johann Jordan und Karl, übergaben
auf Befehl ihres Vaters Karl viii. vertragsgemäß ihre Schlösser, und
dieser Abfall der Orsini aus Not öffnete dem Eroberer den Zugang
zu Rom. Karl viii. zog in Bracciano ein, wo er im Schlosse des Virginius Wohnung nahm. Er blieb dort vom 19. bis zum 31. Dezember
1494, dann rückte er mit seinem Heer gegen Rom. In Galera empfingen ihn die unterwürfigen Abgesandten der Stadt und die des
Papstes Alexander vi.

In die Stürme jenes Kriegszuges, welcher das Schicksal Italiens entscheiden sollte, wurde auch Virginius, noch immer im Dienst Aragons, hineingerissen. Karl VIII. ließ ihn in Neapel gefangennehmen und führte ihn dann auf seinem Rückzuge mit sich fort. Der Orsini entrann in der berühmten Schlacht am Taro, um dann bald darauf die Fahne zu wechseln. Er trat in die Dienste Montpensiers, des Statthalters Karls VIII. in Neapel. Als nun hier nach dem Untergang der französischen Armee die Aragonen wieder den Thron bestiegen, wurde er im August 1496 trotz der Kapitulation festgenommen und in einen Kerker eingesperrt. So befahl es der Papst Alexander VI., welcher infolge der neapolitanischen Restauration den Plan ausführen wollte, die römischen Barone auszurotten.

Der Krieg der Orsini nahm indes einen unerwarteten Ausgang: er wurde zu einem glänzenden Ruhme dieses mit dem Verderben bedrohten Hauses. Während Virginius im Gefängnis zu Neapel schmachtete, wo er bald an Gift starb, verteidigten sein Schloß Bracciano der junge Alviano und sein Weib Bartolomea, die Schwester des Virginius, mit Heldenmut. Die Stürme der Päpstlichen unter dem Herzog Guidobald von Urbino und dem Sohne des Papstes Johann von Gandia wurden abgeschlagen. Andere Orsini brachten Entsatz, und das päpstliche Heer erlitt im Januar 1497 eine blutige Niederlage bei Soriano. Der Papst mußte Frieden schließen. Die Orsini blieben Sieger und Herren von Bracciano wie von allen anderen Gütern im Patrimonium.

Noch einmal gerieten sie in große Bedrängnis durch Cäsar Borgia; aber auch er vermochte das feste Schloß Bracciano nicht zu erobern, und endlich befreite der Tod Alexanders die Orsini aus ihrer Verlegenheit.

Noch zwei Jahrhunderte lang dauerten sie in Bracciano, während die zweite Linie Anguillara schon im Jahre 1548 ausstarb. Pius IV. erhob Bracciano im Jahre 1560 zum Dukat, und dies zugunsten des Urenkels von Virginius, Paul Jordans, eines Mannes, in welchem die gewaltige Natur seines Geschlechts noch zum letztenmal zur Erscheinung kam. Paul Jordan Orsini war ein Mensch von ganz unzähmbarer Leidenschaft, ähnlich seinem Zeitgenossen Sampiero. Er kämpfte mit Ruhm in Lepanto. Seine Gemahlin war Isabella, die Tochter Cosimos I. von Toskana. Sie lebte meist von ihm getrennt. Unglaubliche Dinge sagte man ihr nach. Eines Tages erwürgte Paul Jordan sie mit eigenen Händen in seinem Schloß Cerreto in Valdarno, im Jahr 1576. In Rom verliebte er sich bis zur Raserei in die schöne Vittoria Accorambuoni, das Weib Perettis, eines Nepoten Sixtus' V., der noch Kardinal war. Er ließ Peretti eines Nachts am Quirinal ermorden (Juni 1583), und drei Tage nach der Tat floh Vit-

toria mit ihrer Mutter in den Palast Orsini zu dem Mörder ihres
Mannes. Gregor xɪɪɪ. verbot ihre Vermählung mit ihm und sperrte
sie in die Engelsburg, wo sie bis zum Tode des Papstes im April 1585
verblieb. Am Tage, wo Sixtus v. gewählt ward, vermählte sich Paul
Jordan mit Vittoria. Der Papst verbannte den Mörder seines Neffen,
und der Orsini starb bald darauf im Exil. Seine Verwandten haßten
Vittoria, schon um ihrer Ansprüche auf einen Teil des Vermögens
willen. In Padua, wohin sie sich hatte begeben müssen, erdolchten sie
eines Tags, im Dezember 1585, maskierte Männer, die in ihr Gemach
gedrungen waren; dies geschah im Auftrage Lodovico Orsinis, des
Herrn von Monterotondo.

Den Zweig Bracciano setzte Virginius, der Sohn Paul Jordans und
Isabellas, fort, und ihn beschloß im Jahr 1698 als der Letzte dieses
berühmten Hauses der Herzog Flavio Orsini. Schon zwei Jahre vorher
hatte Don Livio Odescalchi, Nepot Innozenz' vɪɪ., Bracciano verkauft. Von den Odescalchi kaufte das Herzogtum am Anfange dieses
Jahrhunderts der Rothschild Roms, Torlonia, doch unter der Bedingung des Rückkaufs, und dieser geschah vor wenigen Jahren, so daß
der Fürst Odescalchi heute wieder Herzog von Bracciano ist.

Wir betreten nun das Schloß selbst. Eine, wie es scheint dreifache
Mauer, von großer Stärke, aus Basaltstücken aufgebaut, umgab
ursprünglich die Burg mit Gräben, die jetzt ausgefüllt sind. Zwei
Eingänge führen in sie, einer von der Stadtseite, der andere von der
Seite des Sees, gewölbte und befestigte Tore. Der Stil des Gebäudes
trägt den Charakter der Frührenaissance. Die Wandflächen, die mit
Peperin eingefaßten Fenster und die Zinnen erinnern durchaus an
den venezianischen Palast in Rom, dessen Bau derselben Zeit angehört. Wie dort, war auch im Schlosse der Orsini der größere Hof
ursprünglich von einem Säulenportikus umgeben, und dieser ist
später vermauert worden. Nur ein freies auf Säulen von Tuff ruhendes Treppenhaus, welches zum oberen Stockwerk führt, ist stehen
geblieben. Es zeigt, wie das Portal der alten Schloßkapelle dicht daneben, den Übergang der Gotik in die Renaissance.

Die fünf Rundtürme geben dem ganzen Bau einen imposanten
Abschluß. Sie scheinen ihn wie mächtige Säulen zu stützen oder zu-
sammenzuhalten. Ein mit Zinnen bekrönter Gang verbindet sie alle
hoch oben miteinander. Draußen an den Toren wie im Hofe sieht
man noch die steinernen Wappen der Orsini aus der Zeit des Baues
ihrer Burg.

Eine ältliche Frau führte uns zwei Stunden lang im Innern umher,
nachdem sie sich als Deutsche zu erkennen gegeben hatte, die seit
30 Jahren im Dienste des Hauses Odescalchi stehe und nun ihre Tage
in der Burgeinsamkeit ruhig und zufrieden beschließe. Wir durch-

schritten hohe gewölbte Säle und Reihen von Zimmern, welche mit Rokoko- oder modernen Möbeln, namentlich vielen Schränken von Pariser Holzarbeiten, erfüllt sind. Diese Räume erscheinen düster und unwohnlich, nur der Blick auf den See aus den tiefen Fenstern ist schön. Die Bedürfnisse unserer Zivilisation überhaupt sind von denen jener Baronalepoche gerade so weit entfernt wie die Villa Doria Pamfili oder Albani von diesem Orsini-Schloß. In ihm konnte sich nur ein Baronalgeschlecht heimisch und wohl fühlen, welches hinter dicken Lavamauern seine barbarischen Privilegien und Leidenschaften verschanzt hielt, während der Schwarm untertäniger Vasallen und fronender Dienstmannen den Winken des Gebieters über ihr Eigentum und ihr Leben gehorsamte. Nur ehrgeizige Gedanken an Herrschaft, Macht und Krieg konnten hinter diesen Mauern atmen, aber die Stimme der Grazie und Muse ließ sich hier schwerlich vernehmen. Anders war es freilich im fürstlichen Schlosse zu Urbino, dem schönsten Monument der Renaissance Italiens, und aus derselben Epoche. Ich erinnerte mich daran in Bracciano; dort stellte der geniale Federigo von Montefeltre, der Vater jenes Guidobald, welcher dieses Schloß von Bracciano belagerte, seine berühmte Bibliothek und viele Statuen auf, und machte es zu einer der geistvollsten Akademien seiner Zeit.

In den Sälen der Orsini-Burg hängen wie fast überall in Baronalschlössern viele Familienbilder, doch meist aus dem 17. Jahrhundert. Die Porträts des Hauses Orsini würden, wenn man sie besäße und zusammenstellte, ganze Galerien ausfüllen, und in der langen Reihe der Frauenbildnisse würde jedes berühmte Herrenhaus Italiens vertreten sein. Unsere Führerin wußte keines zu benennen, was ich bedauerte. Vielleicht würde sich das Bildnis der Isabella Orsini dort vorgefunden haben. Ihr Schlafzimmer wurde uns natürlich gezeigt, obwohl diese unselige Prinzessin kaum oder nur flüchtig in diesem Schloß erschienen sein mag.

Einige Zimmerdecken sind mit Figuren von Stucco dekoriert, doch überladen und geschmacklos, andere hat Torlonia ausmalen lassen, dessen Wappen hier oft genug angebracht ist. Das Wappen eines Emporkömmlings der Geldaristokratie erscheint neben jenem des uralten Geschlechts der Orsini als Ironie der modernen Zeit auf das vergangene legitime Baronentum. Wie viele Ahnen, wie viele Kämpfe und Mühen, welche langen Geschichten von Kriegen, Friedensschlüssen, Verträgen, von Verbrechen, Tugenden und Ruhm mußten nicht erst vorausgehen, bis ein Orsini dieses Schloß baute, und ein anderer den Herzogstitel Braccianos erlangte. Dieses hatte der Bankier Torlonia nicht mehr nötig. Er war über Nacht reich geworden, und eines Tags konnte er jene ganz langweilige Geschichte einfach mit ein paar

Wechseln abmachen, sein Wappen, vier goldene Sterne mit vier dicken Goldstrahlenbüscheln, neben die Rose Orsini stellen und unter den hundert bestaubten Ahnenbildern des Schlosses lächelnd als Herzog umhergehen. Denn ist die Welt nicht ein käuflicher Krammarkt und Trödel?

Unsere wackere Cicerona führte uns auf die Zinnen der Burg und auf die Plattform eines jeden Turms – die Türme sind stumpf und mit einem Estrich bedeckt, auf dem man hinter den Zinnen stehen kann. Sie zeigte uns dort die trostlose Stelle, wo einst der Graf oder Herzog über seine Vasallen und Kriegsgefangenen zu Gericht saß, auch Marterkammern und vergitterte Kerker und anderes dergleichen infernalisch baronales Rüstzeug der guten alten Zeit der Torturen und der peinlichen Halsgerichtsordnung, wo es noch keine Parlamentsdebatten über die Abschaffung der Todesstrafe gab.

Wir blickten lieber von jenem erhabenen Standpunkt auf den entzückenden Seespiegel nieder, wo drüben auch das luftige Haupt des Soracte sichtbar wird. Dann verließen wir das Orsini-Schloß, wanderten unter den hohen Eichen des Kapuziner-Klosters und durchstreiften Bracciano selbst.

Es gibt hier ein Gasthaus La Piva, wo man sehr gut aufgehoben ist. Der Verkehr ist gering. Nur im Sommer belebt er sich bisweilen durch solche Gäste, welche die nahe am See gelegenen vulkanischen Bäder von Stigliano und Vicarello besuchen wollen, deren Heilkraft schon im Altertum berühmt war.

Die Braccianer scheinen keine Industrie zu haben, außer daß nahe Eisenwerke Arbeiter beschäftigen. Wir bemerkten etrurisch geformte Krüge, mit welchen auf dem Kopfe Frauen und Mädchen zur Fontäne gingen. Diese Gefäße aus Ton werden indes nicht hier, sondern in Vetralla angefertigt, einem der Kastelle des alten Präfektenlandes.

Ich erinnerte mich, daß es einst in Bracciano eine Druckerei gab, aus welcher seltsamerweise im Jahre 1624 der erste Druck der «Vita di Cola di Rienzo», dieses sehr schätzbaren Produkts römischer Geschichtschreibung im 14. Jahrhundert, hervorgegangen ist. Wie diese Druckerei nach dem verlassenen Bracciano kam, ist mir unbekannt. Heute gibt es hier von solcher Anstalt keine Spur.

Es war unsere Absicht, am Morgen des folgenden Tages längs des Sees nach Anguillara zu wandern; wir stiegen demnach den Schloßberg hinab und auf wilden Pfaden zum Ufer nieder. Anguillara reizte mich der Geschichte seiner Grafen wegen, von denen viele im 14. Jahrhundert berühmte Senatoren Roms gewesen sind.

Dort war einst Ursus Graf, der musenfreundliche und gebildete Gönner Petrarcas, den er in seinem Schlosse Capranica gastfrei aufnahm, dem er dann als Senator Roms die Dichterkrone auf dem

Kapitol aufsetzte. Petrarca war ohne Zweifel von Capranica auch nach Anguillara gegangen und hatte diesen reizenden See mit Augen gesehen, an dessen Ufern die Nachtigall den Poeten herbeizurufen scheint. Hundert Jahre darauf war Graf von Anguillara der schreckliche Eversus, zur Zeit Eugens iv. und Pius' ii. ein gewaltiger, weit und breit gefürchteter Dynast Etruriens. Nach seinem Tode ließ Paul ii. seine elf Burgen erobern und seinen Sohn Francesco in die Engelsburg fortführen. So kam diese Linie damals zu Fall, doch ging Anguillara später an Virginius Orsini und dessen Bastard Karl über. An Eversus erinnert noch heut in Trastevere der Rest seines Palastes: ein hoher Turm, auf dessen Gipfel in der Weihnachtszeit die Krippe dargestellt zu werden pflegt, und sein Wappen an der Außenwand des Lateranischen Hospitals, für welches dieser Frevler eine fromme Stiftung gemacht hatte.

Das Wappen des Grafen von Anguillara hat zwei gekreuzte Schlangen oder Aale; wenigstens hielt ich diese Striche für Aale und glaubte auch den Namen Anguillara von den Anguille des Sees abgeleitet. Aber in Bracciano überzeugte ich mich von meinem Irrtum: man sagte mir, daß der See reich an Hechten und Karpfen (regine), doch nicht an Aalen sei; und endlich belehrte mich die Lage Anguillaras selbst, daß der wirkliche Name Angularia sein müsse, denn in Wahrheit steht dieses Kastell auf einem Vorgebirge, das im See eine Ecke macht.

Über manche sumpfige Strecken mußten wir am Ufer in der Richtung auf Anguillara fortgehen, und endlich drohte uns eine große Herde von Rindern mit prächtigen Stieren den Weg vollends abzuschneiden. Wir riefen einen Hirten herbei, der uns eine Strecke weit mit seiner Lanze beschützte und den Stieren Kommandoworte zurief. Der Mann (er war aus der Mark Spoleto und hütete um Lohn) brachte uns an einen Ort, wo er seinen einsamen Thron aufgeschlagen hatte. Es war dies eine Höhlung am Ufer, die ein Baum überschattete. Wir setzten uns daselbst nieder und betrachteten mit Entzücken den blauen See vor uns, aus welchem hie und da Fische emporschnellten, und die idyllischen Herden von Rindern und Pferden, die weit und breit das Ufer belebten. Sie suchten das Wasser, um sich daran zu kühlen, aber bisweilen gerieten sie in Bewegung und rannten brüllend am Ufer hin, wenn die böse Sumpffliege, die Bremse der Io, sie peinigte.

Wir gaben die Wanderung nach Anguillara ungern auf; denn so nahe der Ort wegen der Transparenz der Lüfte erschien, so entfernt lag er doch von uns, und außerdem hätten wir uns weiterhin den Weg durch Moore und den Buschwald von Mondragone bahnen müssen, welcher dort bis zum See hinabzureichen scheint. Wir kehrten nach Bracciano zurück über einsame Uferhöhen, wo im Gebüsch der Schluchten die tuskische Nachtigall so reizend singt, wie nur immer ihre lateinische Schwester am See von Nemi. Wahrhaft befriedigt und erfrischt, machten wir uns nachmittags wieder nach Rom auf. Diese Fahrt dauerte nur fünf Stunden.

RÖMISCHE FIGUREN

1853

Diese musivischen Blätter werden so bunt aussehen wie ein Karneval und wollen eigentlich als ein Kaleidoskop betrachtet sein. Indes werden wir versuchen, die wirre Figurenwelt durch einige systematische Ordnung im Zaum zu halten, und deshalb sollen tote und lebende Bilder, Puppen, mimische Tänze, Kinderpredigten, Volkstheater und andere ausgeflitterte Herrlichkeiten in aufsteigender Linie vor uns spielen. Das erste Stück spielt, wie billig, unter der Erde.

Eines Abends lockte mich, da es die Totenwoche war, der Lichterschein in das Pantheon des Agrippa. Ein Priester predigte hier über das Purgatorium und ermahnte die Zuschauer fleißig zu beten, denn dies seien eben die Tage, wo das Fegefeuer geleert würde, und fromme Bitten vermöchten viel. «Chè qui per quei di là molto s'avanza», sagt ja auch die Seele des Königs Manfred im Purgatorium. Der Priester sprach mit großer Wärme, mit sonorer Stimme und in der theatralischen Weise, wie italienische Geistliche zum Volke reden. Im Pantheon des Agrippa machte seine Predigt einen geschichtlich überzeugenden Eindruck. «Denn», sagte der Mann, «wir wandeln hier auf lauter Staub; gedenkt nur der unzähligen Christen, welche einst Nero, Domitian, Decius und Diocletian den Tieren vorwarfen, ans Kreuz schlagen und erwürgen ließen.» Die Stimme des Priesters hallte in der großen, halbdunkeln Rotonda mächtig wider, und das Echo schmetterte von dem Gewölbe: Nero! Domitian! Decius! Diocletian, daß es schien, als riefen diese schreckenden Namen die Geister Roms selbst herunter. Ich saß am Grabe Raffaels, und indem ich durch das Dämmerdunkel auf die knienden Gruppen und die weiße Gestalt des Priesters blickte, erschien mir der Mann wie ein Totenbeschwörer.

Diese Pantheonszene bewog mich, die unterirdischen Grüfte Roms zu besuchen. Nun gibt es in der römischen Totenwoche die Rappresentazioni oder Darstellungen von Märtyrergeschichten und biblischen Szenen auf einzelnen Kirchhöfen, welche merkwürdig genug sind. Die Kapellen dieser bestehen in der Regel aus einer Oberkirche und dem eigentlichen Totengewölbe. In der obern Kirche pflegt während der Totenwoche ein schwarzbehängter Sarkophag zwischen Zypressen und Kandelabern zu stehen, worauf ein Kruzifix und ein Totenschädel liegen. Priester singen Bittpsalmen, Trauernde oder Neugierige stehen, knien oder drängen sich umher, Weihrauch umlagert sie wie eine Wolke.

Rom: Pantheon von innen

Da ist die Totenkapelle alla Morte am Ponte Sisto, und in deren Unterkirche wollen wir hinabsteigen. Wir sehen hier wunderbare Dinge. Alle Wände und Decken sind mit den sonderbarsten Reliefs bekleidet, mit phantastischen Arabesken und Mosaiken bedeckt. Hier sind zierliche Blumen angebracht, dort Rosetten, hier Sterne und Quadrate, Kreuze und allerlei Ornamentik, wie sie nur morgenländische Phantasie erfinden mag. Alles ist auf das sauberste gearbeitet, zusammengesetzt aus – Menschenknochen. Man möchte seinen Sinnen nicht trauen. Man denke sich nur eine unterirdische, von Kerzen hell erleuchtete Kapelle gleichsam aus Schädeln und Gerippen erbaut, die mit Totenknochen ganz und gar überkleideten Wände aber besetzt mit einer Girlande von lebenden, atmenden Menschen, meist von Mädchen und Frauen und in Seide gekleideten Damen, welche reihenweise auf Stühlen umhersitzen, blühende Gesichter, lachend, kichernd, angelehnt an Moder und bleichendes Gebein, in einer von Fäulnis durchzogenen Atmosphäre, umwallt von dumpfen Weihrauchwolken.

Ich setzte mich neben ein junges Mädchen, welches gerade unter einem grinsenden Gerippe saß und mit ihrer Nachbarin fröhlich und von sehr lebendigen Dingen plauderte. Nachdenklich und fast erschreckt betrachtete ich den Knochenmann und seine junge Beute, über welcher er beide Hände ausgestreckt hielt, denn das Mädchen saß so, daß es schien, es wäre dem Skelett geradezu in die Arme gesunken. Dies hier also ist der Totentanz unseres Holbein in ganz wirklicher Lebendigkeit.

Ganze Gerippe stehen in den Nischen der Kapelle. Ein jedes hält in seinen Knochenfingern eine Schrift, einen moralischen Spruch von der Eitelkeit des Lebens oder eine Bitte an die Lebendigen, der Seelen im Fegefeuer eingedenk zu sein.

Die saubere Kunst und der peinliche Fleiß, womit man die Knochen zur Dekoration verwendet hat, sind ganz erstaunlich. Hier hat man einen Teil der Wand mit Kinderschädeln, dort wieder mit größeren Schädeln bedeckt; hier sind lauter Schulterblätter zusammengesetzt, dort Brustknochen, Schlüsselbeine, Rippen, Fingerknochen, Gelenkknöchelchen zu Arabesken geordnet. Alles hat man ausgelesen, gesondert und zu Mosaikfiguren verwendet. Selbst die Kandelaber sind aus Menschengebein phantastisch zusammengefügt.

Es ist merkwürdig, wie künstlerische Form und ästhetisches Gesetz das natürlich Schauderhafte beinahe überwunden haben. Aber daß hier die Kunst solche Tat getan, daß sie aus dem, was dem Lebendigen als das Grausigste erscheint und was die Erde in wohltätiger Nacht begraben halten will, formenreiche Bildwerke und graziöse Arabesken geschaffen hat, ist doch gar zu abschreckend und schauerlich. Dies scheint mir der höchste Gipfel fanatischer Verachtung des Lebens zu sein, die bizarrste Phantastik vom Triumph über den Tod und seine Schrecken. Wäre es möglich, daß sich eine solche Totenkapelle des Jahres 1853 nach Christi Geburt unter der Erde so lange Zeit erhielte, wie sich Grabgewölbe der Etrusker und Ägypter erhalten haben, und vermöchte man sie nach 3000 Jahren wieder aufzugraben, so würde sie dann ohne Zweifel ein wichtiges kulturgeschichtliches Denkmal sein, aus welchem die Nachwelt ihre Ansichten über den christlichen Kultus sich versinnbildlichen könnte. Aber auch uns lebenden Menschen ist ein Blick in eine solche christlich-römische Totenkapelle lehrreich genug; es ist ein Blick in das Wesen des Christentums selbst.

Die alten Ägypter trugen Abbilder von Mumien bei Gastmählern umher, auf daß der Fröhliche des Endes aller Dinge sich bewußt bleibe; sie gelten bei uns als dasjenige Volk, welches mehr als alle andern Nationen der Erde die Schrecken vor dem Tode überwunden hatte, und ihre Religion nennt auch unsere Philosophie die Religion des Todes. Aber schwerlich haben jene weisen Ägypter Ähnliches zu schaffen oder zu ertragen vermocht, als sich in diesen christlichen Kapellen zeigt. Auch das Christentum ist die Religion des Todes oder des Triumphes über ihn. In keiner mythischen Vorstellung der Religionen hat der Tod eine gleiche Rolle gespielt; die Passion, die Kreuzigung und Kreuzesabnahme, die Grablegung, die Auferstehung und die lange Reihe von Märtyrern im Gefolge jener Christenverfolgungen des Nero, Domitian, Decius, Diocletian und anderer Kaiser, haben dem christlichen Kultus dieses leichenhafte Gepräge aufgedrückt, die ganze Lebensansicht bestimmt und die Musik, Bildnerei und Malerei gleichfalls mit Todesanschauungen durchdrungen. Der melancholische Tiefsinn des deutschen Gemüts, welches alles zu höherem Geistesleben zu verklären sucht, hat aus diesen Anschauungen die Totentänze Holbeins geschaffen, die plastische Spruchweisheit Salomonis.

Wer aber mag zuerst auf den Gedanken gekommen sein, aus menschlichem Gebein Mosaik zu machen? Wenn ich diese Totenkapelle betrachte, so ist mir, als hätte die verrückte Phantasie unsers Hoffmann sie gedichtet. Oder ich bilde mir ein, einen wahnsinnig gewordenen Kapuzinermönch zu sehen, welcher in dunstiger Mitternacht beim trüben Schein einer Lampe diese Menschenknochen zusammensetzt und jedesmal ein Gelächter ausstößt, wenn ihm eine Arabeske gelang. Ein Gerippe hilft ihm dabei. Es ist das Gerippe eines schon im Leben wahnsinnigen Künstlers. Da sitzen sie nun beide und stücken emsig die Knöchelchen zusammen und grinsen und schlagen eine Lache auf, sobald ein bleiches Menschenknochenbild fertig geworden ist – wenn nicht überhaupt all dies phantastische

Knochenwerk ein paar wahnsinnige Gerippe in wüsten Nächten gemacht haben, was wohl das Wahrscheinlichste ist.

Ich sagte zu einem neben mir stehenden Kapuzinermönch: «Padre, wenn einst alle diese Schädel und Gebeine ihr Zubehör suchen müssen, welche Verwirrung!» – «Ja», entgegnete der Mönch ernsthaft, «am Jüngsten Gericht, wenn die Toten auferstehen, wird hier ein großes Rasseln sein.»

Auch die Totenkapelle der Kapuziner auf der Piazza Barberini ist ähnlich verziert wie jene am Ponte Sisto. Nur gelang es dort der Kunst minder gut, das Schreckliche der Natur zu überwinden. Man hat hie und da Gerippe mit Kapuzinerkutten bekleidet, was einen fürchterlichen Eindruck macht. Ein nacktes Skelett ist weniger schrecklich, weil es immer natürlich bleibt, ein aus der Kutte grinsender Schädel ist ganz entsetzlich gespensterhaft. Ich sah an der Decke des Gewölbes zwei Gerippe schwebend angebracht, wie man wohl an Kirchendecken liebliche Engel darstellt. Es waren Kindergerippe, einst Prinzessinnen des Hauses Barberini. Die Totenerde, wie es heißt, aus Jerusalem mitgebracht, soll die Leichen schnell verzehren.

Von der Oberkirche unserer Kapelle am Ponte Sisto schallt das Domine! Domine! und Misericordia! der oben singenden Priester dumpf und schauerlich, wie Stimmen aus dem Purgatorium von abgeschiedenem Volk «cantando Miserere verso a verso». Auf einmal kommen sie herunter, mit schwarzen Fahnen, mit schwarzen Kreuzen, in schwarzen Kapuzen, mit Kerzen und Weihrauchfässern, stellen sich zu zwei Reihen in der Kapelle auf und singen das Misericordia. Der Kerzenschimmer und die Dampfwolken scheinen, indem sie flackern und wallen, den Gerippen Leben und Bewegung zu geben, und mir ist es, als ob diese Toten selbst den eintönigen Klagegesang singen: «In te Domine speravi – Beati, quorum tecta sunt peccata»; – ich weiß nicht, was sie sangen, aber es erschreckte die schon lange beängstigte Seele. Einige Frauen in schwarzer Trauer sah ich weinen, die pentimento che lagrime spanda – nach Luft und Leben ringend wühlte ich mich hervor und trat aus dem Purgatorium heraus, «aufs neu zu schaun die schönen Sterne».

Und nun seid gegrüßt, freundliche, lebenspendende Sterne! Wie stehen sie in stiller, klarer Nacht ewig unverwandelt am Himmel Roms und schauen in diese Katakombe der Geschichte hinunter, als die alleinigen Götter, welche hier dauerten. Welchen religiösen Taumel und Wahnsinn sahen sie nicht einst in diesen Straßen – Isispriester, Melittapriester, Korybanten und Gallen, Klageprozessionen des Adonis, Chöre des Mithras, Juden, Christen, zum heiligen Fest nach den Katakomben wallend, oder brennend in den Gärten des Nero, wo nun die Kuppel Sankt Peters zum Himmel aufragt.

Ich sah in der dunkeln Straße ein einsames Licht auf mich zuwandeln. Ich wartete, zu sehn, was es sei. Es war ein goldlockiger Knabe von vier Jahren, der, eine kleine Wachskerze in der Hand, daherkam. Er ging, das Licht vergnügt anblickend, an einen Palast, wo ein Haufen von Holzspänen zusammengekehrt war, und diesen zündete er an. Das Kind sprang mit dem Kerzchen an dem Feuer umher und schürte fröhlich das flammende Gespän zusammen. Es war ein gar reizendes Nachtbild. Ein Fremder kam hinzu und gab dem Kind einen Bajocco. Aber der Kleine ließ ihn fallen und wiederholte stets: «Nein, das ist meine Candela! Ich will euch meine Candela nicht geben.» Er hatte keinen Begriff davon, daß man Geld schenke, und als wir ihm sagten, er könne beides behalten, das Geld und die Kerze, nahm er den Bajocco und streckte uns zugleich zögernd und weinerlich seine Candela entgegen. «Welch ein rührendes Kind!» sagte der Fremde, «es ist die Unschuld selbst.» Ja, es ist ein kleiner Lichtgeist, der mich aus dem schauerlichen Purgatorium geführt und von den Phantomen befreit hat. In einem Teile der Oberkirche jener Kapellen, oder auch im Hofraum in eigens dazu aufgeschlagenen Gerüsten pflegen Wachsfiguren irgendwelche Heiligen- und Märtyrergeschichte oder eine biblische Begebenheit darzustellen. Das Volk strömt zu diesen Rappresentazioni mit derselben Neugierde und demselben Vergnügen, als man bei uns zulande in die Wachsfigurenkabinette geht, welche in alten Zeiten größtenteils auch Szenen aus der biblischen Geschichte darstellten, wie vor allen Dingen das ganz volkstümliche Urteil Salomos. Ist die Hauptperson ein Heiliger oder Märtyrer, so fehlt es nicht an Andächtigen, welche dort ihr Gebet verrichten und um Fürsprache für die Erlösung ihrer Verstorbenen aus dem Fegefeuer bitten. Mancher Bajocco und mancher Grosso fällt in die zinnerne Schale, die der Türsteher an dem Wachsfigurenkabinett neben sich stehen hat. In der Regel geht ein Chorknabe vor den Wachsfiguren auf und ab, eine große Büchse in der Hand, in welcher er die klappernden Groschen schüttelt, um zu Geldspenden einzuladen. In der Kapelle alla Morte hatte man eine Szene aus der Geschichte der heiligen Agnes dargestellt. In transparenten Wolken erschien die blondgelockte Märtyrerin, in einem Kleid von ätherischer Gaze herabschwebend; vor ihr knieten verehrend die Glieder ihrer Familie. Die Gruppierung der Figuren, die malerische Gewandung und die rosige Beleuchtung zeigten, wieviel Fleiß die Brüderschaft auf diese Repräsentation verwendet und wie sie ihre Ehre dareingesetzt hatte, hinter andern Darstellungen nicht zurückzubleiben, sondern sie alle zu übertreffen.

In der Totenkapelle der Santa Maria in Trastevere hatte man die Begegnung Mosis mit Jethro in der Wüste als ein vortreffliches idyllisches Stück dargestellt und mit landschaftlichem Zubehör von Felsen und Palmen, wie mit einer guten Staffage von Schafen ausgestattet. Aber die Krone aller Rappresentazioni war das Wachsfigurenkabinett auf dem Kirchhof am Lateran.

Dort wurde der heilige Erasmus und sein Martyrium gezeigt. Der Heilige liegt rücklings mit aufgeschnittenem Bauch auf einem Gestell, die Eingeweide heraus, welche zwei Henkerskneckte aufhaspeln und um eine Garnwinde winden. Erasmus sieht und hört nichts mehr, denn sein Kopf sinkt schon ersterbend zur Erde. Neben ihm steht ein Priester des Zeus, das Haupt bekränzt, in schönster Gewandung, und zeigt mit liebevoller Gebärde auf das Jupiterbild in der Ecke, vor welchem eine Opferflamme brennt. Auf keine Weise ist dieser Heidenpriester als fanatischer oder diabolischer Mensch vorgestellt, sondern seine sanftmütige Miene sagt offenbar: «Siehst du, mein Freund Erasmus! Jetzt werden dir die Eingeweide herausgehaspelt, weil du diesem höchsten Jupiter nicht hast opfern wollen; darum beschwöre ich dich, o mein Sohn, kehre um, solange es noch Zeit ist, und alles soll vergessen sein.» Dagegen ist der höchste Jupiter als eine Art von fratzenhaftem Kobold aufgefaßt. Die ganze Märtyrerabschlachtung, vor deren Greuel man nur durch Ironie sich retten kann, geschieht vor dem Thron des Kaisers Hadrian, welcher ihr ruhig und in majestätischer Haltung zuschaut, zwei lanzenhaltende Kriegsknechte neben sich. Er trägt einen schönen, kohlschwarzen Bart und den Lorbeerkranz. Ich war nicht wenig erstaunt, diesen im ganzen christenfreundlichen Imperator hier in Rom als handelnde Person bei einer so kannibalischen Szene wiederzufinden, und muß nun zu seiner Ehre erklären, daß er solchen japanischen Hofvergnügungen, als das Bauchaufschneiden ist, niemals ergeben war.

Übrigens waren die Figuren mit viel malerischem Verstande und offenbar von einem Künstler drapiert; ich erinnere mich kaum, bessere Wachsfiguren gesehen zu haben. So unmenschlich auch die Szene war, so beleidigte sie doch das Gefühl weit weniger als das entsetzliche Gemälde des Nicolas Poussin in der vatikanischen Bildergalerie, welches denselben Gegenstand darstellt. Denn dort macht der Betrachter keine Ansprüche an ein ästhetisches Kunstwerk. Dieses Bild aber ist wohl das Äußerste von Mißhandlung der Kunst und von Verhöhnung aller ihrer sittlichen Gesetze; es setzt voraus, daß der Beobachter entweder ein Gladiator oder ein Metzger sei.

Die barbarische Lust der alten Römer an der Qual sterbender Tiere und Menschen scheint sich vielfach in die christliche Malerei hinübergezogen zu haben, nur noch ekelerregender und frivoler. Denn was kann die gebildete Empfindung mehr beleidigen als solches Gemälde oder die in San Bartolomeo auf der Tiberinsel dargestellte Abschindung dieses Heiligen oder endlich jene Fresken in Santo Stefano Rotondo, welche die Todesarten von Märtyrern in blühenden Farben und guter Zeichnung mit himmelschreiender Wahrheit vorstellen? Würde ein Grieche die Bildermuseen des heutigen Italien und dessen Kirchen durchwandern, so möchte er das Urteil fällen, daß er zu einem Volke menschenfressender Zyklopen von ganz kannibalischer Religion gekommen sei, welche sich mit der Zeit auf Malerei verlegt hätten, daß aber unter ihnen auch ebensoviel Bilder zu finden seien, welche die Grazien selbst gemalt zu haben scheinen.

Der Sinn der Römer für Figuren und jederlei szenische Darstellung oder Gruppierung ist groß und allgemein. Es gibt kaum ein Fest, wo man ihn nicht gewahrte. Die biblischen Szenen, Legenden, Weihnachts- und Passionsvorstellungen sieht man in vielen Kirchen. Es erstreckt sich das bis in die Buden der Fettwarenhändler und der öffentlichen Straßenküchen. Auch diese haben ihre Heiligen und Patrone und ihre Feste, an denen sie miteinander wetteifern, ihre Buden mit Blumen, mit Buntwerk, Ampeln und Figürchen auszuschmücken.

Sobald die Fastenzeit vorüber ist, verwandeln sich die Läden der Pizzicagnoli, der Verkäufer von Käsen, Würsten, Schinken und andern ähnlichen Dingen, in kleine Tempel, in denen irgendeine köstliche Wurst als Wurstgottheit, als mythische Göttin Salami verehrt zu werden scheint. Wie in den Totenkapellen die Wände mit Schädeln und Menschengebein überkleidet sind, so macht der Pizzicagnolo seinen Laden zu einer graziösen Wurstkapelle. Symmetrisch aufgeschichtete Käse bilden etwa die eine Wand, die andere wieder mächtige Speck- und Schmerseiten, die weißen Kanten, welche mit Arabesken von Gold- und Silberpapierstreifen überkleidet sind, zierlich herauskehrend. An der Decke hängen zahllose Wurstmosaiken, und Würste schweben hier phantastisch unter bunten Blumen, Lorbeer- und Myrtenzweigen, nicht minder anmutig als die ätherischen Bacchantinnen auf Fresken Pompejis oder die reizenden Jahreszeiten des Giulio Romano. Es sind ohne Zweifel höchst geschmackvolle Wurstfresken. In der Mittelwand wölbt sich eine mysteriöse Grotte, und darin dreht sich zwischen Schinken und Würsten die Passion Christi. Sie ist in einem Tempelchen vorgestellt, welches umkreisend alle bezüglichen Figuren und Figürchen auf das beste sehen läßt. Überall flimmern Ampeln und Lichter, und von Freude, von Stolz und Fett strahlend steht der kunstreiche Wurstbildner hinter seiner Fleischbank und scheint der hereindringenden Menge die großen Worte zuzurufen: «Anch'io sono pittore!»

Glückliches, kindlich heiteres, aber auch kindisches Volk! Haben sie doch alles, die ganze Weltgeschichte und den Pulcinella, die Kunst, die Sonne des Südens, Blumen, Früchte und Wein in unerschöpfter Fülle. Seht also diesen Fetthändler, wie er die große Menschheitstragödie, das Weltleiden zu einem Puppenspiel travestiert und zwischen den Schinken sich drehen läßt, und was er für ein großer Triumphator über den Tod ist!

Dies Rom ist eine wunderliche Figurenwelt. Die ganze Entwicklungsgeschichte der Erde ist hier in Figuren zu finden, von den Museen des Vatikans und des Kapitols und den Kirchen herab bis auf die Springbrunnen des Bernini und die Marionettentheater. Wenn alle diese Figuren lebendig würden, so könnten sie das römische Volk austreiben, und es sollte eine lustige Gesellschaft sein, die dann Rom bewohnte, vom Apollo im Belvedere bis zu dem kleinen Pagliazzo auf der Montanara und dem armen Erasmus, dem die Eingeweide aus dem Leibe gewunden werden. Aber das ist keineswegs ein burlesker Spaß für die Phantasie, sondern es ist für den Denkenden. Denn alle diese Figuren und Figürchen, Göttergestalten, Menschengestalten und Tierbilder sind ebensoviel geschichtliche Formen des Menschen und selbst alle aus seinem innersten Wesen durch große Prozesse von Entwicklungskämpfen vieler Zeitalter herausgeschaffen; am Ende kann sich auch die Marionettenpuppe neben Laokoon stellen und ausrufen: «Anch'io sono Laocoonte!»

Gegenwärtig spielen in Rom zwei Marionettentheater (Teatri delle marionette oder dei burattini), eins auf der Piazza Montanara, das andere auf der Piazza Sant' Apollinare. Jenes ist das echt volkstümliche Theater für die unterste Klasse der Bevölkerung, dieses hat schon zivilisierte Puppen, welche auch in Frack und Glacéhandschuhen spielen und ihre Vorstellung jedesmal mit einem prächtigen Ballett endigen. Die Puppen auf der Montanara dagegen sind noch nicht von der Kultur ergriffen, sondern gehen in mittelalterlichem Kostüm, und ihre Art, sich zu betragen, ist reckenhaft und von einer wilden Ungebärde. Sie tragieren fast durchgehends alte Ritterstücke, bisweilen auch Geschichten von Äneas und dem König Turnus, in der Regel aber spielen sie die mittelalterlichen Romanzen und den ganzen Ariosto von A bis Z, so daß sie die romantischen Sagen im Volk lebendig erhalten, was kein kleines Verdienst ist.

Am heutigen Tage hängt am Arco dei Saponari, wo das Marionettentheater aufgeschlagen ist, ausnahmsweise ein großes papiernes Aushängeschild, auf welchem in langen Buchstaben zu lesen ist, daß man spielen wird den Cristoforo Colombo, wie er die Indien entdeckt hat, nämlich im Jahre 1399, wie solches der Wahrheit gemäß der Zettel besagt.

Die Piazza Montanara, eher Straße als Platz zu nennen, gegen den Fuß des Tarpejischen Felsens gelegen und zwischen ihm und dem

Tiber, ist einer der Sammelplätze des römischen Volkslebens, namentlich für die untersten Schichten und die vom Lande herkommenden Campagnolen. Alles sieht hier erbärmlich und unsauber aus; die Bedürfnisartikel, welche dort auf den Bänken feilgeboten werden, zeigen, daß hier für Quatrini gehandelt wird. Wer wird jene zahllosen Zigarrenstummel kaufen, welche die Jungen von den Straßen aufgelesen haben, und die nun in hölzernen Kisten zum Verkaufe ausliegen? Der arme Mann und der Arbeiter von der Campagna kauft sie für seine Pfeife oder als Kautabak. Es fehlt auch nicht der Straßenschreiber, welcher an der Ecke jenes Hauses hinter seinem Tische sitzt, Papier und Feder vor sich und das großmächtige Tintenfaß, aus welchem er mit derselben Geläufigkeit Liebesbriefe, Drohbriefe, Kontrakte, Beschwerden und Bittgesuche aufzusetzen weiß. In dieser Gegend hat also das Marionettentheater sein passendes Lokal gewählt: es findet sein Publikum an den Straßenjungen, den Bettlern, Arbeitern und Handlangern, welche abends sich am Ariosto zu ergötzen ein Recht haben.

Nun tut sich das gähnende Tor der Seifensieder auf, in welchem es dunkel und ungeheuerlich ist, und schon dringen durch diese Höhle Stimmen von lärmenden und quäkenden streitbaren Jungen, welche vor der Kasse und an der steinernen Treppe des Hauses lungern und sich drängen. Da es heute obenein Karnevalstag ist, so wird das Publikum sehr zahlreich sein. Das schmutzige alte Haus steht in einem kleinen Wolfswinkel, welchen eine Lampe erhellt, wenn der Mond nicht hineinscheint. Unten findet sich ein zimmerartiges Loch, worin die Billetts verkauft werden. Wir können dreierlei Plätze haben: im Paradiese für zwei, im Parterre für einen, und auf dem Palchettone für drei Bajocci. Da wir vermögende Leute sind, bezahlen wir den besten Platz.

Nachdem das Billett gelöst ist, gilt es, sich ins Haus zu schieben. Dies aber ist kein geringes Unternehmen, denn die enge Treppe ist von Schaulustigen, namentlich von Jungen, vollgepfropft, von denen jeder der erste sein will, und ein ohrenzerreißender Lärm wird verführt. Hundert Füße und Hände sind im Aufruhr, und keine anständige Tasche ist vor Fingerübungen sicher. Man wird durch eine enge Tür in das Haus geschoben, denn hier geht alles im Schub hinein, und ebenso werden die Zuschauer nach Beendigung des Spiels, da alles hinausstürzt, im eigentlichen Sinne des Wortes wieder an die freie Luft gesetzt. An der Türe aber steht gedankenvoll ein päpstlicher Jäger und bemüht sich um die Drangsale der Menschen, sooft es ihm einfällt.

Wir haben uns über einer Hühnerstiege auf den Palchettone gerettet, eine um die Wände laufende sehr enge Balustrade, und dort

haben wir auf wackelnden Holzbänken Platz genommen. Wir beschauen das Haus in der Nähe. Ein Vorhang mit mythologischen
Figuren, Apollo und einige Musen, welche nur noch halb kenntlich
und in der elendesten Verfassung sind, verschleiern die Geheim-
nisse der Bühne. Von der Decke hängt ein halber Bretterverschlag,
der von den Lampen angeräuchert ist und in dessen Ritzen zahllose
Türen hineingesteckt sind, die uns rätselhaft erscheinen. In diesem
Verschlage trampeln die Zwei-Bajocci-Menschen umher, denn das
ist das irdische Paradies. Unter uns liegt auf dem Boden das Parterre.
Wenn Herkules, als er nach Rom kam, den Riesen Cacus auf dem
Aventin zu erschlagen, dieses Parterre gesehen hätte, so hätte er
wahrscheinlich eine Arbeit daran gewendet, und wir würden heute
in der Schule nicht lernen: siebentens, er hat die Ställe des Augias
gereinigt, sondern: er hat das Marionettentheater auf der Montanara
ausgefegt. Denn dies Parterre hat wohl, solange es besteht, niemals
weder die Ehre noch die Wohltat eines Besens erfahren. Auf seinem
erdigen Boden liegen Tausende von weißen Kürbiskernhülsen,
Fruchtschalen und Papierfetzen, welche nun ein natürliches Mosaik
bilden. Auf den Bänken sitzt eine zerlumpte Jungenschaft, Roms
Sprößlinge von der Wolfsmilch genährt, die raubsüchtige Brut des
Romulus.

Betrachtet man die Physiognomien der Erwachsenen, diese bronze-
farbenen, schwarzhaarigen Kerle, so glaubt man wahrlich in das
Banditen- und Räuberasyl des Romulus gekommen zu sein. Indessen
so urrevolutionär auch der Lärm ist, welcher von unterwärts aufsteigt,
so friedlich ist der Zweck dieser Versammlung, denn sie alle wollen
sich von Puppen schöne Dinge vorspielen lassen, also ein höchst un-
schuldiges und kindliches Vergnügen genießen. Die ganze Versammlung hat einen Marionettenanstrich; denn nun kommen vom Karneval her Masken ins Parterre, Pulcinelle, Pagliazzen mit Peitschen und
aufgeblasenen Schweinsblasen, Wunderdoktoren und Scharlatane.
Sie nehmen unter Gelächter Platz; ein Zug von infernalischer Heiterkeit, ein ganz höllenbreughelischer Charakter ist über das Parterre
ausgegossen. Die Gesellschaft bedarf einiger Erfrischungen. Und
siehe da, ein Verkäufer schlüpft mit Geschick durch die Bänke, auf
beiden Händen einen Korb balancierend, in welchem Pfefferküchel-
chen, kleine Pasteten und die beliebten Kürbiskerne in Tüten zu
haben sind. Bald beginnt das ganze Parterre Kerne aufzuknuppern
und das Mosaik des Bodens zu vermehren, während die Tüten von
den Jungen in die Ritzen des Paradieses gesteckt werden, wo sie wie
Tropfsteinbildungen in einer Höhle herabhängen. Der Lärm ist sinnbetäubend.

Es haben sich auch einige Damen, Wölfinnen und tarpejische Nymphen, auf dem Palchettone eingefunden; es ist Zeit zum Beginnen. Man ruft: «Anfangen! Anfangen!» Die Musik beschwichtigt. Welche Musik! In der Ecke des Palchettone sitzen eingedrückt drei Musikanten, erzdurchtönende Männer, langausatmende Tubabläser. Wenn sie nicht von den Posaunisten Jerichos abstammen, so stammen sie sicherlich von den alten pelasgischen Tyrrhenern, welche die ersten Tuben nach Italien in die Stadt Tarquinii gebracht haben. Ihre Musik ist niederreißend, wahre Ruinenmusik. Trotz des Heulens, Pfeifens, Schreiens und trotz all des schrillen Spektakels blasen die Musikanten mit unerschütterter Standhaftigkeit, und es fährt bisweilen durch das Chaos der Töne ein armstarker schrecklicher Trompetenstoß.

Nun werden die Puppen spielen, und wir können die herrlichsten Geschichten sehen, den Kaiser Karl und die Paladine, den Orlando, den Medoro, den Lancelot, den Zauberer Malagis, den Sultan Abdorrhaman, die Melisandra, den Ruggero, König Marsilio und die schöne Königin Ginevra; wir können ganze Völkerschaften von Mohren und Sarazenen und die schrecklichsten Bataillen anstaunen.

Heute spielen sie die schöne Geschichte «Angelica e Medoro» oder «Orlando furioso e li Paladini». Der Vorhang geht auf, und die Puppen erscheinen. Da kommen der tapfere Orlando und sein Schildknappe Pulcinella mit einem Schwunge gleichsam durch die Luft; jener ist vom Scheitel bis zur Sohle gepanzert, und das Schwert Durandal ist an seiner Hand befestigt. Der Pulcinella trägt die weißen Hosen, den weißen weitärmeligen Rock und die spitze weiße Kappe. Die Puppen sind zwei Fuß und darüber hoch, ihre Glieder höchst gelenk; sie leisten alle menschenmöglichen Bewegungen mit einer burlesk-komischen steifen Grandezza, wobei das Klopfen ihrer hölzernen Beine, auf welchen sie beständig balancieren, um sich aufrecht zu halten, das Aufhüpfen, Aufspringen und die puppenhafte Gebärdung zu dem Pathos der von oben her unsichtbar deklamierenden Stimmen eine ganz ergötzliche Wirkung hervorbringen.

Allmählich gewöhnt sich das Auge an die Maße dieser Gliederchen, indem es die natürlichen Verhältnisse herabstimmt, und wenn nun eine Marionette nicht gehorchen will und plötzlich eine nachhelfende Menschenhand herunterfährt, so erscheint diese dem Auge als die ungeschlachte Hand eines Riesen und als etwas Unnatürliches.

Während die Puppen spielen und in bombastischen Ritterreden einander herausfordern oder sich verliebte Herzensergießungen machen, geschieht es bisweilen, daß es einem Jungen im Parterre einfällt, mitzuspielen, und daß er ein Stück Holz auf die Bühne unter die Marionetten schleudert. Ich sah eines Abends, da man die Geschichte des bösen Ganelon gab, einen Buben diesem schändlichen Verräter ein Stück Holz nach dem Kopfe werfen, und ich glaube, er tat das aus demselben heroischen Mitgefühl, welches den edlen Ritter Don Quichotte so weit fortriß, alle Puppen eines Marionettentheaters mit seinem tapfern Degen zusammenzuhauen, weil sich seine Ehre dagegen sträubte, zu dulden, daß schändliche Verräter eine edle und tugendsame Dame auf ihr Schloß gefangenführten. Der Anteil an dem Stück zeigt sich immer auf das lebhafteste, und es fehlt nicht an kritischen und witzigen Bemerkungen, welche beweisen, daß der Zuhörer mit dem Gegenstande vertraut ist.

Den höchsten Jubel rufen immer die furiösen Szenen hervor, die sich natürlich häufen. Als Orlando über die Untreue Angelikas in Raserei gerät, schüttelt er sich mit einer so beispiellosen Wut, daß ihm Panzer, Beinschienen und Helm Stück für Stück abfallen und er wie Amadis von Gallien im Büßerhemde dasteht. Hierauf schlägt er mit dem Degen eine Hirtencapanne, zwei Bäume und einen Felsen nieder, immer brüllend: «a terra, a terra!» Dazu brüllt auch Pulcinella: «a terra, a terra!» und rüttelt aus Leibeskräften an der Capanne. In den Kampfszenen, deren soviel als möglich in jedem Stück vorkommen müssen, wird hinter den Kulissen stets die Trommel gerührt. Die kämpfenden Paladine oder Ritter und Mohren schlagen wohl drei Minuten lang mit unbeschreiblicher Tapferkeit aufeinander; die Puppen werden dabei in der Luft mit großer Geschicklichkeit gegeneinandergeschwenkt und ihre Arme an den Gelenkfäden so bewegt und gegeneinandergeschlagen, daß die Degenklingen sich beständig treffen und ein fürchterliches Getöse machen. Ich sah Orlando mit immer gleicher Tapferkeit zehn Hirten erschlagen und ungezählte Mohren niederstechen. Ist es eine Schlacht, so rennen sich die Heere stoßweise an und hauen wütend ein; der unterliegende Teil stirbt jedesmal paarweise. Denn es fallen je zwei Puppen; auf diese immer wieder zwei und so weiter, bis ein greuelvoller Leichenhaufen aufgeschichtet liegt, worauf sich dann der Paladin triumphierend oder der Pulcinella einen Witz machend hinstellt.

Der Pulcinella, welcher in einem gurgelnden Tone spricht, der zur komischen Rolle vortrefflich passend ist, liebt es, in der platten Mundart Trasteveres zu reden. Die Ausgelassenheit dieses Volkshumors ist so groß wie oftmals die Feinheit der Einfälle. Er ist ein unveräußerliches Eigentum der romanischen Völker, der Italiener und der Spanier. Er zeigt, wie im Wesen der Volkspoesie das Tragische und Komische zusammengehen. Auch der Leporello ist nichts anderes als der Pulcinella. Calderon hat die komische Volksfigur ganz vortrefflich und weit volkstümlicher aufgenommen als irgendein anderer Tragödiendichter, vor allem in seinem Faustischen Stück «Der wundertätige Magus». In unserem Puppenspiel «Faust», welches vor dem Volk leider selten geworden ist, erscheint derselbe Pulcinella wieder, wenn auch im deutschen Kittel; im Goetheschen «Faust» hat Wagner den ursprünglichen Charakter verloren und ist eine dem Volke unverständliche scholastische Figur geworden. Der Pulcinella ist eigentlich zum Mephistopheles erweitert, und namentlich ist der Teufel in der parodistischen Gartenszene ganz pulcinellenhaft. Nun besteht aber das Wesen der italienischen Figur nicht in der Ironie, sondern in der Parodie, welche hier wieder ein ganz bewußtloser Zug des ausgelassenen Humors überhaupt ist.

Die schöne Geschichte des Cristoforo Colombo spielt das Puppentheater bereits seit vierzehn Tagen unausgesetzt dreimal am Abend. Es ist ein ausgesuchtes Spektakelstück und reizt die Neugierde besonders durch die unerhörte Erscheinung der Indianer. Die Fabel ist aus allen zu einem Ritterdrama erforderlichen Bestandteilen zusammengesetzt. Diese Dinge sind: schändlicher Verrat, Liebe und Eifersucht, ritterliche Herausforderung und Kampf, und so viel Schlachterei als möglich. Der schändliche Verräter im Stück ist Roldan, die einzige geschichtliche Person neben dem Colombo in diesem trefflichen Drama. Roldan ist zu den Indianern übergegangen, man sieht ihn sogar auf einem Throne sitzen, über und über mit Federn ausstaffiert, so daß er einem Paradiesvogel ähnlich ist. Die Indianer sind ebenfalls mit prächtigen Federbüschen gekrönt und tragen mitunter Federn auch an den Beinen nach Art des Merkur. Roldan redet sie «Soldati» an. Sie sind übrigens gut einexerziert und erscheinen in der Schlacht mit Flinten und Schießgewehren. Colombo dagegen trägt einen stattlichen spanischen Rock mit einer Halskrause und ein schwarzes Barett. Man hat ihn nicht als Paladin aufgefaßt, sondern als Admiral; daher ist ihm der Degen nicht an der Hand befestigt. Er handelt gar nicht, desto mehr aber seine Ritter Pisandro, Glorimondo und Sanazaro. Vor seinen Augen fordern sich zwei edle Damen, welche nach Ariostischer Weise Panzer tragen, zum Kampf, worauf die beleidigte Martidora ihre Feindin und deren Gemahl erschlägt. Der Pulcinella ist Colombos Schildknappe. Ein Engel erscheint ihm und gibt ihm einen Ring, mit welchem er Roldan und die Indianer so verzaubert, wie Ritter Hüon den Sultan von Babylon und die Heiden mit dem Horn verzaubert hat. Die gefiederten Indianer fahren beim Anblick des Rings in die Lüfte, aber Roldan bleibt regungslos an den Boden geheftet stehen. Hierauf erscheinen zwei Rüpelgeister, welche ihn auf Befehl Pulcinellas grausam durchprügeln. Dieser Akt der Gerechtigkeit erregte ein unglaubliches Jauchzen unter dem Parterre, welches vor moralischem Wohlbehagen nicht anders schrillte als eine Wolke von Mauerschwalben; dazu wurde auf der Trommel der Gerechtigkeit gerasselt, und ein Hornbläser hauchte in erschütternden Tönen seine Seele aus. Ich sah wieder einige Jungen dem schändlichen Verräter mit Papiertüten nach dem Kopfe werfen, um ihm so die gründlichste Verachtung des Parterre kundzugeben.

Nun folgte ein Zwischenakt. Wer niemals einen solchen auf der Montanara erlebt hat, kann sich keine Vorstellung von Lärm machen. Man glaubt in der Arche Noah zu sein und alle Tiergeschlechter schreien zu hören. Es ist das nächtliche Tierleben im Urwald, wie es Humboldt beschreibt, und dieses Gezeter von 300 Jungen begleitet mit einer wahrhaft göttlichen Ruhe ein pflichtschuldiger Hornbläser. Vom Parterre kriechen nun beständig Jungen nach dem Palchettone empor, um sich dort einzuschmuggeln: sie klettern wie Marder, Wiesel und Eidechsen. Bemerkt sie der wachthabende päpstliche Jäger auf dem Palchettone, so schlägt er ihnen mit der Faust auf die Köpfe, daß sie hinunterpurzeln. Hat er sich weggedreht, so sind sie wieder oben. Kaum aber ist der Vorhang zum Zwischenakt gefallen, so kriechen einige Jungen an die Bühne und heben ihn von unten auf, um zu sehen, ob es nicht bald wieder losgeht.

Der Schluß des Cristoforo Colombo war eine der glänzendsten Schlachtszenen; denn beide Heere, Indianer wie Spanier, rückten mit Feuergewehr an, welches losgebrannt wurde. Auch eine Kanone wurde abgefeuert, worauf die Indianer alle paarweise, doch erst nach heldenmütigem Kampfe, niederfielen. Dies Schießen, Trommeln, Hornblasen, das Klappern der im Kampf zappelnden Marionetten und das gellende Kreischen des Parterre war das ausgesuchteste Schlachtgetöse, das je auf einer Bühne gehört worden ist.

In der Regel spielen die Marionettentheater dreimal des Abends. Sie beginnen mit Ave-Maria; das erste Stück ist das kürzere, dann folgt ein größeres, welches man Camerata lunga nennt. Wir wollen nicht mehr zur Camerata lunga bleiben, sondern nach dem zweiten Marionettentheater auf Piazza Sant' Apollinare gehen.

Da führt uns der Weg über den Sant' Eustachio-Markt mitten in ein unabsehbares Gewühl von Menschen und in einen Orkan von schrillenden, pfeifenden, knarrenden und schnarrenden Tönen, die das Ohr zu zerreißen drohen. Nicht wie bei uns zulande beschenkt sich hier die Welt am Christabend, sondern sinnvoller am Tage, da die drei Magier dem Christkinde die Bescherung brachten. Dieser Begebenheit zu Ehren wird mit dem 6. Januar hinter dem Pantheon jener Markt eröffnet. Mehrere Straßen hindurch gibt es nichts als Ausstellungen von Spielwaren jeder Art, welche oft auf das sinnreichste zusammengestellt sind. Es scheint davon so viel vorhanden zu sein, daß man die ganze Kinderwelt versorgen könnte. Nun wogt durch diese Straßen eine Flut von Menschen; man trommelt auf kleinen Trommeln, man bläst auf Muschelhörnern, man kreischt mit Schnarren, und besonders wird auf kleinen Pfeifen gepfiffen, welche die Form von Kinderspielzeug haben, als Pulcinelle, Springmännchen, Hündchen und Vögelchen von Ton. Buben, die als Pulcinelle herausstaffiert sind, gehen bandenweise mit solchem Gepfeife durch die Straßen. Es ist ein dämonischer Lärm. Er steckt an, alles pfeift und kreischt, und selbst mancher feingekleidete Herr widersteht nun dem Drange nicht länger und setzt auch die Pfeife an den Mund. Diese Tausende von schrillen Tönen bringen eine Wirkung hervor, welche selbst einen Philosophen närrisch machen könnte. Seltsam! Dieselbe Neigung, die den Menschen bisweilen plagt, sich in eine fremde Maske zu werfen, treibt ihn auch, seine Stimme und Sprache zu maskieren und in die wunderlichsten Laute ausbrechen zu lassen. Wie der im Zorn kreischende Mensch will er ganz und gar aus seiner Haut fahren.

Wir sind in Sant'Apollinare angelangt. Dieses zweite Marionettentheater, ehemals Teatro Fiano und in der Zeit der jüngsten römischen Republik durch die sarkastische Figur Cassandrino beliebt, welche sich jetzt in den politisch unschuldigen Pulcinella verwandelt hat, ist, wie ich schon gesagt habe, das zivilisierte Puppentheater. Die Puppen spielen hier vor einem anständigen Publikum auf einer kleinen, zierlich ausgestatteten Bühne, welche sauber gemalte Kulissen jeder Art aufzustellen vermag und mit einem vollständigen Bühnenapparat ausgerüstet ist. Der Zuschauerraum in einem kleinen Saal besteht aus dem Parterre und dem Palchettone. Für einen Sitz in jenem zahlt man drei, für den Palchettone aber fünf Bajocci. Der Preis verwehrt also der untersten Klasse den Eintritt. Man sieht die mittlere und die halbgebildete Welt, welche das Vergnügen eines Marionettenspiels nicht verschmäht. Das Proszenium hat sogar Lampen, vor denen ein kleines Orchester in den Zwischenakten spielt, und der Vorhang ist neu und elegant.

Man gibt hier wohl auch Ritterstücke, wie den bekannten Volfango fiero, aber in dem schönsten Kostüm, da die Ritter vergoldete Harnische, die Damen samtene und seidene Schleppkleider tragen; doch meist spielt man Salonstücke in Glacéhandschuhen, Konversationsdramen, Lokalpossen und Heiratsgeschichten, in denen bisweilen reiche Engländer herhalten müssen. Der Pulcinella hat dasselbe Kostüm wie sein Zwillingsbruder auf der Montanara, und ist auch seine Natur dieselbe, so hat er sich doch in höherer Gesellschaft Lebensart angeeignet. Ganz erstaunlich ist seine Gelenkigkeit, denn sitzend weiß er sogar die Beine übereinanderzuschlagen und mit den Füßen zu schlenkern wie ein Engländer. Bei Hochzeiten oder bei andern festlichen Gelegenheiten lassen sich Herren und Damen des Stücks mit Anstand auf die Polster nieder und schauen einem Ballett zu, welches das Orchester mit Musik begleitet. Außerdem wird jedes Stück mit einem Ballett geschlossen.

Rom: Piazza Navona

Die Kunstfertigkeit und Grazie, wozu es diese Puppen gebracht haben, ist wirklich bewundernswürdig; denn nicht allein führen sie die schwierigsten Tänze ebenso feenhaft und anmutig aus als die Cerrito oder die Pepita, sondern auch der Anstand ihrer Bewegungen und die huldreichen Mienen, mit welchen sie sich verneigen und grüßend die Arme bewegen, sind hinreißend. Man vermißt hier nichts, was einem Ballett der Oper zukommt. Diese Puppen tanzen mit den ausgesuchtesten Beinschwenkungen, und bald schweben sie in lustiger Polka, bald wiegen sie sich wie Schmetterlinge, bald drehen sie sich auf der äußersten Zehenspitze, bald knien sie zur Attitüde nieder, und jedesmal endigen sie ihr Ballett mit einer großartigen malerischen Gruppe, zuweilen in bengalischem Feuer. In allem Ernst, es ist das Nonplusultra von Gelenksamkeit, wozu es Puppen gebracht haben.

Wir haben also gesehen, daß dies melancholische und düstere Rom in seiner Physiognomie auch einen kindlichen Zug zeigen kann und daß der Pulcinella auf all diesen Trümmern, Katakomben und Totenschädeln lustig sein Wesen treibt und so fröhlich ist wie das Heimchen auf dem Grase der zerstörten Kaiserpaläste und die grüngoldene Eidechse, welche an dem Grabmal der Cäcilia Metella sich emporschlängelt.

Ich wollte nun meine Freunde in das Volkstheater auf die Piazza Navona führen, aber ich höre die Stimme eines predigenden Kindes, und diese lockt mich in die alte schöne Basilika Ara Celi auf dem Kapitol. Dort predigen vormittags und nachmittags kleine Kinder, Buben und Mädchen, mehr als eine Woche lang bis zum Fest der Heiligen Drei Könige, an dem die Kinderpredigten endigen. Aus einem Marionettentheater ist es kein weiter Sprung zu einer Predigt kleiner Mädchen von sechs oder acht Jahren. Auch ist der Mittelpunkt dieser Schauspiele eine Puppe, eine mit Edelsteinen und flimmernder Krone reich gezierte, der heilige Bambino von Ara Celi.

In einer Kapelle dieser Kirche ist die Grotte zu Bethlehem und die Verehrung der drei Könige vom Morgenland auf das zierlichste dargestellt; es sind Wachsfiguren mit Staffagen von Schäferei und landwirtschaftlichem Zubehör. Die Jungfrau sitzt in der Grotte und hält auf ihrem Schoß den Bambino, welchem die Könige die Geschenke kniend darreichen. Draußen kniet am Pfeiler eine stattliche Figur im scharlachnen Mantel, mit türkischen Pantalons und einem Kopfbunde; anbetend hält sie die Arme zum Bambinello erhoben. Ihr gegenüber steht an dem andern Pfeiler ein großes und erhabenes Weib, welches dem knienden Halbtürken das Jesuskind zu zeigen scheint. Dieser Halbtürke ist kein anderer als der Kaiser Augustus, und das Weib ist die Sibylle. So hat man hier die Sage dargestellt, daß die Seherin dem Octavian in einer Vision das Jesuskind gezeigt

habe, welches in die Welt gekommen sei, sie zu beherrschen. Sie ist
eine der tiefsinnigsten Legenden des Christentums.

Der Grotte gegenüber steht auf der andern Seite des Kirchenschiffes
ein Predigtpult, auf welches Kinder im Alter von sechs bis zu zehn
Jahren steigen, eins nach dem andern, jedes etwa fünf Minuten lang
predigend; und das geht etwa zwei Stunden vor einigen tausend
Menschen so fort.

Ein kleiner hübscher Junge stieg zuerst auf das Pult, schlug ein
Kreuz und fing mit Gebärden, wie Kinder handbewegend zu deklamieren pflegen, eine wohlgesetzte Predigt von dem in die Welt gekommenen Heil an. Sein Nachfolger, ein größerer Knabe im Chor-
hemd, verstand es noch besser. Er schrie mit komischem Pathos, donnerte seine Predigt gleich einem Kapuzinermönch herunter und gesti-
kulierte gleich einem tragischen Schauspieler. Man sah ihm an, daß
er ein angeborenes Talent zur Mimik besaß; kam in seiner Predigt
das Wort Kopf vor, so faßte er nachdrucksvoll nach dem Kopfe, Auge,
nach dem Auge, Ohr, nach dem Ohr. Als er einmal Harfenspiel sagte,
machte er sofort mit beiden Händen die Griffe eines Harfenspielers.
Diese kindliche Art, mit der Mimik die Dinge selbst in ihrer Leiblich-
keit zu geben, fand den lebhaftesten Beifall bei allen Zuhörern, welche
die Predigt teils andächtig aufnahmen, weil Kinder die Wahrheit sagen, teils sich an ihr vergnügten wie an einem Marionettenspiel.

Keines der Kinder war im mindesten verlegen, die meisten schienen stolz zu sein, daß sie vor Tausenden sprechen durften, und mit
dem zunehmenden Sicherheitsgefühl nach überwundenem Anfang
schwoll ihre Stimme immer höher und wurden ihre Gebärden immer
theatralischer. Mancher Redner vor dem Parlament würde sich die
Unbefangenheit eines solchen predigenden Kindes zu wünschen Ursache haben, und nur wenige möchten ein so großes, aus vielen Nationen zusammengesetztes Publikum vor sich sehen, als hier in Ara
Celi sich zusammenfindet.

Auf die Knaben folgten Mädchen, zierliche kleine Fräulein mit
Locken, im Federhütchen und im atlasnen Jäckchen. Sie machten einen
Knix, schlugen ein Kreuz und begannen ihre Predigt. Es ist seltsam
genug, zu hören, wenn ein so kleines Ding von der Sünde Adams
spricht, die der Herr von uns genommen hat, von dem Glauben an
das Heil und das Wort, welches Fleisch geworden ist durch Jesum
Christum, und von dessen Opfertod, wodurch er die Menschheit gereinigt hat. Es ist nicht anders, als ob die Puppen auf der Montanara
zu reden anfangen und die kleinen Marionettenpaladine mit dem
ernstesten Pathos ungeheure Dinge sagen, zur Ehre Christi gegen die
Mohren das Schwert ziehen und die gesamte Heidenschaft herausfordern, oder als ob die Marionettendämchen in Federhut und Män-

telchen in die herzbewegendsten Deklamationen ausbrechen und bei den Sternen ewige Liebe schwören.

Betrachtet man diese predigende Kinderwelt, so möchte man glauben, daß auch ihre Predigten und die Dinge, welche sie darin sagen, marionettenhaft sein müssen, und daß es sich hier um einen ganz kleinen Puppenkultus und kleine Gefühle handelt, die der Zuhörer mit dem Mikroskop besehen muß. Aber dem ist keineswegs so; es sind vielmehr sehr gewichtige Predigten im großen Stil, und keiner fehlt der grundgelehrte Anstrich der Zitate. Und so hört man fast ein jedes Mädchen, unter denen auch Kinder von sechs Jahren predigen, einzelne Glaubenswahrheiten durch Anführung von Kirchenvätern bekräftigen und sagen: So sagt der heilige Paulus, così dice San Bernardo, dice Sant'Agostino, und so sagt der heilige Tertullian.

Ich glaube, irgendwo steht geschrieben: «Wenn die Propheten schweigen, werden die Kinder reden, und wenn die Kinder schweigen, werden die Steine sagen: Amen!» Geschahen doch selbst Wunder in Bremen, wo die Tische anfingen zu wandeln. Aber der ernste und wahrhaft religiöse Mensch wendet sich mit Erstaunen von diesem Kinderkultus in Ara Celi und überdenkt die Metamorphosen des Christentums. Was würden Paulus und Petrus sagen, träten sie in jene Kirche und sähen sie, was aus ihrer Predigt geworden ist!

Die Kinder nun, die das Jesuskind im Schoß der Maria wie ein Püppchen anlächelten, knieten am Schluß ihrer Predigt nieder und richteten ein Gebet an den Bambinello. Ein kleines Mädchen betete also: «Allerliebstes kleines Knäblein, schlag doch deine kleinen Augen auf und wirf auf uns Sünder einen Blick der Gnade.»

Das Ansehen, welches der Bambinello von Ara Celi in Rom genießt, ist sehr groß; es hängt mit einer Legende zusammen. Eines Tages, es war vor vielen Jahren, verliebte sich eine junge Engländerin in ihn bis zum Sterben. Täglich besuchte sie die Kirche, täglich wuchs ihre Sehnsucht, endlich beschloß sie, den Kleinen zu entführen. Sie verfertigte heimlich einen ähnlichen Bambino, einen Wechselbalg, trug ihn in die Kirche und vertauschte ihn mit der echten Puppe, welche sie mit sich nach Hause nahm. Aber in derselben Nacht fingen alle Glocken im Kloster und in der Kirche Ara Celi von selbst zu läuten an, die Mönche stürzten heraus und fanden den entführten Bambino mit gebogenem Knie an der Tür stehen, im Begriff, sie aufzustoßen, denn er hatte sich aus den Gemächern der Engländerin auf und davon gemacht. Dies ist die Legende vom Bambino in Ara Celi. Seitdem kam er in große Liebe, und oft genug kann man ihn in seiner Kutsche fahren sehen, wenn er Krankenbesuche macht. Auch in der jüngsten Revolution Roms spielte er eine Rolle. Das Volk hatte nämlich die Wagen der Kardinäle zertrümmert und verbrannt, es schleppte

selbst den kostbaren Wagen des Papstes aus seinem Verschluß und
wollte ihn vernichten. Aber gemäßigte Männer oder solche, die von
den Priestern bearbeitet waren, erhoben sich dagegen. Sie wollten
die Prachtkutsche des Papstes retten, sie machten also den Vorschlag,
sie dem heiligen Bambino in Ara Celi zum Geschenk zu machen. Niemand unter den Republikanern wagte diesem Vorschlag zu widersprechen, und feierlich wurde der Bambino zum Eigentümer des Wagens erklärt. Zum Beweise, daß er wirklich davon Besitz ergriffen
habe, fuhren ihn eines Tages die Mönche in dem Papstwagen öffentlich auf dem Corso spazieren.

Seht, die große Prozession setzt sich in Bewegung, sie holt den
Bambino aus dem Schoß der Mutter Gottes, führt ihn durch die Kirche
und auf die große Treppe, wo er dem Volk gezeigt wird, und dann
kehrt sie zurück, um den Bambinello zu verschließen. Es sind prächtige Köpfe unter den Franziskanern in Ara Celi, Gesichter, die in der
Kutte stecken, wie ein halb eingesunkener Grabstein von römischem
Travertin in der Erde steckt mit verwischter Lapidarschrift; andere sind
eherne Köpfe, Dickköpfe wie Claudius, und Fettgesichter gleich Nero.

Die Kinderpredigten sind zu Ende.

Wir aber gehen in das rezitierende Volksschauspiel, das Teatro
Emiliani, das unterste von allen römischen Theatern für das Drama.
Die dramatische Gesellschaft Emiliani hat, gleich der Marionetten-
bude auf der Montanara, ein passendes Lokal gewählt, nämlich die
Piazza Navona. Auf diesem großartigen, schönsten Platze Roms, ehemals das Stadium Domitians, werden im August Volksfeste gefeiert,
da man die Brunnen verstopft und den Platz unter Wasser setzt, worauf dann das Volk in Wagen umherfährt oder nach Vergnügen darin
watet. Die Mitte des Platzes ziert der phantastische Springbrunnen
Berninis, ein ausgehöhlter Felsen, auf dessen Ecken die Flußgötter
Ganges, Nil, Donau und Rio de la Plata in kolossaler Größe liegen,
während seine Spitze der Obelisk vom Zirkus des Maxentius krönt.
Zwei andere Springbrunnen sprudeln auf jeder Seite des Platzes. Um
den Obelisk nun und zwischen den Brunnen, über die ganze Länge
der Navona tummelt sich vom Morgen bis zum Abend das Volk;
denn hier haben die Gemüsehändler, die Kastanienröster, die Frucht-
verkäufer, Wirker, Strumpfer und Händler mit alten Eisenwaren ihre
Posten, und der Mittelstand kauft hier seine Bedürfnisse ein. Die
große Volksmenge zieht deshalb Scharlatane, Spielleute, Menagerie-
besitzer auf den Platz, und jener Trompeter dort sagt, daß man hier
auch ein rezitierendes Schauspiel genießen könne. Er kommt von Zeit
zu Zeit weit in den Markt hinein, stößt in die Trompete und ruft mit
hallender Stimme: «Ai biglietti, ai biglietti!» Vor dem Theater-
gebäude, welches sich von den andern Häusern nur durch einen gro-

ßen Theaterzettel unterscheidet, sitzen Verkäuferinnen von Pfeffer-
kuchen und Kürbiskernen, welche in Haufen aufgeschichtet auf den
Tischen liegen. Das Volk strömt nach der Kasse. Es ist der Mittelstand, der Handwerker und der Kleinbürger, die vermögend sind,
3 oder 5 Bajocci für einen Theaterabend auszugeben.

Das Haus hat ganz dieselbe räumliche Einrichtung wie jenes der
Puppenkomödie, nur in etwas größerem Maßstabe. Auch hier ruft das
Gebaren der Zuschauer im Parterre, welche die krächzende Musik mit
Fußstampfen und Pfeifen zu begleiten pflegen oder mit den Händen
auf den Banklehnen den Takt schlagen, bisweilen die Montanara ins
Gedächtnis. Indes hier ist die Frauenwelt zahlreich vertreten, und
nach löblicher italienischer Sitte überschreitet die Heiterkeit niemals
die Grenzen des Schicklichen. Man kann Frauen auf den Bänken sitzen und geruhig ihre Kinder säugen sehen, während sie mit aller Lebendigkeit der Handlung auf der Bühne folgen.

Der Vorhang, mit einer Szene von Satyrn um den trunkenen Silen
ausstaffiert, geht in die Höhe, und da wir nicht wissen, was heute gespielt wird, müssen wir es erraten. Es tritt ein alter Wucherer auf. Er
gewinnt die Marketenderin eines Regiments, um deren Hand sich ein
Kadett und ein Sergeant bewerben, zum Eheversprechen. Hierauf erscheint der Unteroffizier, die lustige Person; er betrinkt sich allmählich mit Aquavita. Wie er nun auf der Szene allein bleibt, kommt ein
blasser Mensch von ziemlicher Leibeslänge mit Schnauz- und Knebelbart und in hohen Reitstiefeln herein. Beiseite sagt er, er sei gekommen, seine Soldaten zu beobachten, und das bringt uns auf den Gedanken, daß er, wenn nicht gar ein berühmter König, so doch mindestens ein großer Feldherr sein müsse. Indem er martialisch seinen
Schnauzbart dreht und mit den Reitstiefeln umherpoltert, zieht er
auffallend oft eine große Dose hervor, und fast unaufhörlich schnupft
er Tabak, welcher bereits die Aufschläge seiner Montur bedeckt. Der
rätselhafte Mensch gibt sich dem Sergeanten für einen verarmten
Veteran aus und fragt ihn, was er mache, wenn er in Geldverlegen-
heit gekommen sei. Hierauf zeigt ihm jener im Vertrauen seine Säbelklinge; die eiserne habe er versetzt und sich dafür eine hölzerne ein-
setzen lassen. Unterdes kommt der Wucherer. Der Alte Fritz – denn
kein anderer ist jener martialische Veteran mit Schnauz- und Knebelbart – verkauft ihm seine goldene Dose für den Spottpreis von einem
Friedrichsdor.

Im folgenden Akt sitzt der betrunkene Sergeant eingeschlafen auf
einem Stuhl: ein Tambour geht um ihn herum und erweckt ihn mit
Trommelschlägen. Nun marschieren sechs päpstliche Jäger auf, welche
den Wucherer arretieren; dann erscheint der Alte Fritz in königlicher
Uniform mit demselben Schnauz- und Knebelbart, mit einem großen

Dreimaster und ungeheuren gelben Rockaufschlägen. Der betrunkene Sergeant hat sich zwar in Reih und Glied gestellt, taumelt aber mehrmals auf den König, was vom Publikum mit großem Gelächter bemerkt wird, der Alte Fritz aber nicht zu beachten scheint. Indes verhängt er sowohl über den Wucherer als über den Sergeanten die gebührende Strafe. Jenem soll auf der Stelle der Kopf abgeschlagen werden, und zwar soll diese Exekution der Sergeant mit seinem eigenen Säbel vollziehen. Während nun der Wucherer nach vielen flehentlichen Gebärden sich in sein Schicksal ergeben hat und niedergekniet ist, den Todesstreich zu empfangen, hat auch der Sergeant nach vielem Sträuben sich in das Unvermeidliche gefügt. Er bringt das Schlachtopfer zuerst in die passende Lage, besieht dessen Hals und merkt sich die Stelle, in welche er einzuhauen hat, dann wirft er sich auf die Knie und bittet die Madonna um Beistand bei dieser schrecklichen Aktion. Sobald er zum Schlage ausholt, ruft er plötzlich aus: «Miracolo! Miracolo! Sehet, die Madonna hat meine Säbelklinge in Holz verwandelt!» Es folgt die großartige Verzeihung des Alten Fritz; doch muß der Wucherer zur gerechten Strafe das Regiment drei Tage lang auf seine Kosten verpflegen.

Der Alte Fritz wurde mit Ungestüm gerufen, erschien und bat in wohlgesetzter Rede das verehrungswürdige Publikum, zum nächstenmal wiederzukommen, wo man die Ehre haben würde, Artaxerxes, König von Persien, zu spielen, was denn mit großem Beifall aufgenommen wurde.

Dieses schöne Schauspiel lehrt, in wie mythischer Gestalt der große König im Gedächtnis des italienischen Volkes lebt, welches noch heute die Deutschen unterscheidet als Austriaci und Prussiani. Die Prussiani kennt es nur aus der Geschichte des Alten Fritz, von welchem gesagt wird, daß er ein zweiter Attila gewesen sei und die Austriaci bezwungen habe.

Die Schauspieler auf der Navona sind sehr mittelmäßig. Man findet wohl auf den kleinsten wandernden Bühnen Deutschlands nicht schlechtere, als hier agieren, und namentlich ist das Frauenpersonal ausgezeichnet durch Häßlichkeit.

Jede Vorstellung im Teatro Emiliani schließt entweder ein Ballett oder eine Pantomime und ein lebendes Bild, wie Abels Tod, Ahasver, die römische Virginia, Salvator Rosa unter den Banditen, und andere Darstellungen.

Eines Abends kündigte der Theaterzettel ein besonders vielversprechendes Stück an, dessen Name ist: «Ravanello spaventato da un morto parlante.» (Der durch einen redenden Toten erschreckte Ravanello.) Das mußte also eine außerordentliche Begebenheit sein und eine ergötzliche Vorstellung werden. Es war die Geschichte des Don

Juan im volkstümlich romanischen Gewande. Wie im Spanischen, und
wie auch sein eigentlicher Name lautet, heißt er hier Don Tenorio,
der Leporello aber heißt Ravanello. Donna Anna, Don Octavio und
der Kommendatore sind Figuren wie bei uns. In dieser volkstümlichen Fassung ist Don Juan keineswegs ein Faust der Sinnenlust,
sondern schlechthin ein gottloser und frivoler Lebemann. Sein Charakter wird nur in einer Handlung entwickelt. Er tötet den alten
Komtur aus Rache, nachdem er dessen Zimmer nachts erstiegen hat.
Als er sich später auf dem Kirchhof findet, folgt dieselbe Szene der
Einladung der zu Roß sitzenden Statue, wie sie in unserer Oper vorgestellt wird, nur fehlen die herkömmlichen Witze des Leporello.

Der Kommendatore erscheint zum Bankett. Er ist vorgestellt als
weißer Mehlteufel in höchst grauenvoller Gestalt. Der erschreckte
Don Juan ladet das Gespenst ein, Platz zu nehmen und sich zu bedienen. «Ich esse keine Speise», sagt der Geist. «Willst du Musik hören?» fragt Don Tenorio. «Ja», sagt der Geist. Nun spielt die Musik
einige Minuten lang, während Don Tenorio und das Gespenst sich
sprachlos gegenüberstehen. Diese Szene ist von einer tiefen Wirkung
und, wie man erkennen wird, höchst sinnreich, da die Musik gleichsam als himmlische Macht, als die übersinnliche Stimme Gottes und
die Posaune des Gerichts Don Tenorio in die Seele dringen soll. Sobald sie schweigt, ladet der Komtur Don Tenorio seinerseits zu sich,
das heißt in das Totengewölbe zum Bankett, und da jener als echter
Caballero diese Einladung nicht ausschlagen darf, sagt er zu, sein
Gast zu sein.

Er geht also in die Totengruft, worin er sich allein befindet. Unter
Särgen und Monumenten steht ein schwarzbedeckter Tisch, auf welchem man Teller und Flaschen sieht; das Gedeck ist mit Totenschädeln dekoriert. Plötzlich kündigen, wie in der ersten Geisterszene,
laute Stöße unter dem Boden das Erscheinen des Gastgebers an, und
die weiße Gestalt tritt, feierlich schreitend, auf. «Iß!» sagt der Geist.
Der schaudernde Don Tenorio wendet sich hinweg. «Ich mag nicht
essen», ruft er mit bebender Stimme. «Willst du Musik?» – «Ja!»
sagt Don Tenorio. Wieder eine wirksame Pause, da nur die Musik
spielt. Die Musikanten, vier Hornbläser und ein Bassist, taten ihr
möglichstes, um etwas ganz Infernalisches von Tönen zusammen-
zubringen, und so erkannte man deutlich die Wirkung der Szene auf
die Gemüter der Zuhörer.

Sobald die Musik schwieg, begann der Geist seine Stimme zu erheben und nach Art eines Kapuzinermönchs eine eindringliche Er-
mahnungsrede an Don Tenorio zu richten, indem er ihn aufforderte,
in sich zu gehen, das Heil seiner Seele zu bedenken und sich zu Gott
zu wenden. Der aber verweigert die Bekehrung in kavaliermäßigem

Trotz. Nun folgt der Handschlag, das Ergreifen und Festhalten der Hand Don Tenorios, und es öffnet sich augenblicks eine Falltür, aus welcher schreckliche Flammen von Kolophonium hervorbrechen. Nicht so bald ersieht Don Tenorio diese Falltür, als er auf sie zuschreitet und mit der Tapferkeit des römischen Curtius sich mitten in das Kolophonium hineinstürzt.

In der letzten Szene sieht man die Hölle selbst mit bengalischen Flammen, oder den entsetzlichen weit aufgesperrten Höllenrachen. Jetzt stürzt Don Tenorio herein; halbnackt, an den Armen gefesselt und mit gesträubtem Haar, wälzt er sich am Boden, während ihn einige Kobolde von der höllischen Inquisition zwicken. In solcher Pein ruft der Verdammte: «Schon tausend Jahre schmachte ich hier, ist keine Rettung?» Hinter der Szene brüllen die Dämonen: «Keine! Keine!» Der Vorhang fällt.

Dies ist Don Juan in seiner volkstümlichen Behandlung; aller Nachdruck geht auf die moralische Wirkung, das Possenhafte verschwindet fast gänzlich, und der Ravanello ist eine ganz unbedeutende Figur geworden; denn die Färbung von Humor, welche das Stück anfangs zeigt, verliert sich schon in seiner Hälfte.

Wir sehen, daß dieses Teatro Emiliani ziemlich interessante Dinge von tragischem Kaliber vorzuführen imstande ist, und so wollen wir es uns nicht nehmen lassen, die erschütterndste Tragödie der italienischen Poesie auf ihm spielen zu sehen, nämlich «Francesca da Rimini».

Die weltberühmte Episode des Danteschen Gedichts hat sowohl Maler als auch Dichter zur Behandlung gereizt und dramatische Versuche veranlaßt, die sich alle als undramatisch erwiesen haben. Selbst Byron sagt in seinen Tagebüchern, daß er den Gedanken faßte, eine Tragödie «Francesca da Rimini» zu schreiben. Es ist zu bedauern, daß er es nicht getan hat; wenn er auch kein Bühnenstück geliefert hätte, so war er doch der Poet dazu, große Leidenschaften groß aufzufassen. Die Einfachheit der Handlung erschwert den dramatischen Fortschritt, sie fordert einen empfindenden Dichter, welcher die Sprache des Herzens versteht. Silvio Pellico ist der einzige, der ihr nahegekommen ist. Seine «Francesca da Rimini» hat eine gute innerliche Entscheidung bei sehr edel gefaßten Charakteren, wenn auch die dramatische Wirkung nicht groß ist. Das Stück ist in Italien klassisch und wird auf kleinen wie auf großen Bühnen gespielt. Hier in Rom spielten es in diesen Tagen zwei Theater nebeneinander, das Teatro della Valle als ernstes Trauerspiel, das Teatro Emiliani als Posse.

Sehen wir es also auf der Navona. Die Schauspieler tragieren es hier im römischen Dialekt, das ist in der platten Mundart von Trastevere. Es wird travestiert oder trasteveriert. Es ist, als gäbe man

«Iphigenia» plattdeutsch oder den «Faust» in der niederländischen Übersetzung des Vleeschhauer. Bei uns wäre eine solche Karikatur des Tragischen unmöglich. Wo würde sich wohl eine noch so kleine Bühne finden, welche es wagen sollte, «Maria Stuart» als lachenerregende Travestie vor dem Volk zu spielen? Man travestiert bei uns die Tragödien nur durch schlechtes Spiel, nicht aber aus Absicht zu ergötzen.

Auf der Navona traf alles zusammen, um die größtmögliche Lächerlichkeit zu erregen, der platte Dialekt und das schon von Natur entsetzliche Spiel der Schauspieler, namentlich der Francesca selbst. Indem sie die tragischen Rollen, welche der Dialekt lächerlich macht, ernst spielten und von dem Kothurn immer wieder auf die Socken fielen, glichen sie jenen Schauspielern von Pyramus und Thisbe. Der alte Guido von Ravenna hatte sich einen Buckel gemacht und spielte in samtenen Hosen und in Hemdärmeln als Kobold. Die unglückliche Francesca glich einer von Gesundheit strotzenden Milchmagd, und Lanciotto und Paolo hatten Figur und Art von zwei ledernen Raufbolden, welche schimpfend und schreiend die Plempen ziehen. Sie spielten jedoch mit vollem Ernst und in unveränderter Handlung des Stücks, nur war jede erhabene Sentenz ins Trasteverinische nicht allein dem Wortlaut, sondern auch dem Gedankenausdruck nach herabgestimmt. Dieselbe Tragödie war stehengeblieben, aber sie war nach dem Rechte des Karnevals in eine Hanswurstjacke gesteckt, und die Muse der Tragödie hatte sich gleichsam das Gesicht beschmiert und sich mit Kohle einen Schnurrbart angemalt.

Der Fremde, welcher in die Unterschiede des reinen Italienisch und des Trasteverinisch nicht eingeweiht ist, lacht nur über die Verhunzung des Tragischen selbst, der Römer aber lacht über den Dialekt. Es ist ein ganz lokalrömisches Vergnügen. Als einmal der alte Herr von Ravenna zur Francesca sagte: «State mosca!», brach das Publikum in ein schallendes Gelächter aus. Ich fragte einen neben mir sitzenden jungen Menschen, der sich in Lachkrämpfen wand: «Warum lacht ihr denn eigentlich?» – «Mosca», sagte er, «o mein Gott! So sagen sie ja in Trastevere statt zitto (stille).» Statt «niente» (nichts) sagt der Dialekt «nientaccio», wie überhaupt das accio und uccio ein vorherrschendes Anhängsel in Trastevere ist, und jedesmal erregte das ein schallendes Gelächter.

Der Dialekt liebt, wie jede platte Mundart Italiens, das ne anzuhängen und die Verbalendungen are und ire zu verschlucken, er sagt deshalb andane und partine statt andare und partire. Ebenso verwandelt er das l gern in r und sagt also statt del teatro: der teatro. Indes verstellte man auch die Ausdrucksweise ins Platte; Lanciotto sagte einmal zu Paul: «Warte, ich will dich zerhacken wie eine

Wurst.» Bei Silvio Pellico schließt das Stück: «Es ist genug Blut, daß
die Sonne, wenn sie wiederkehrt, schaudert»; im Dialekt hieß es:
«daß die Sonne, wenn sie wiederkehrt, das Zipperlein kriegt». Die
Stelle im Dante, wo Francesca und Paul die Liebesgeschichte von
Lancelot und Ginevra lesen, wurde so travestiert, daß gesagt wurde:
«Wir lasen eines Tags die schöne Geschichte von Chiarina und Ta-
mante.» Dies ist nämlich eine Liebesgeschichte aus Korsika, welche
als fliegendes Blatt durch ganz Italien verbreitet ist und hier überall
verkauft wird, wie bei uns die neuen Lieder.

«Was würden wohl Dante und Silvio Pellico dazu sagen, wenn sie
diese Tragödie auf den Brettern in solcher Form sähen?», so fragte ich
einen meiner Nachbarn. Der Mann sah mich verwundert an, und
nachdem er begriffen zu haben schien, was ich meinte, sagte er: «Eh!
Si vuol ridere.» Ich habe nun in Wahrheit kaum etwas Lachenswürdi-
geres gesehen als jene Szene, in welcher Lanciotto den Bruder und
sein Weib ersticht, und wie diese beiden Liebenden nun niederfallen,
Paul zur Francesca, welche hier Checca heißt, sagt: «Checca, ver-
zeihe mir – ach, sie ist kaput! – nun bin ich auch kaput», und wie der
Signor von Ravenna, buckelig, in samtmanchesternen Hosen und in
Hemdärmeln an den Leichen steht und zu Lanciotto sagt: «Genug
Blut, daß die Sonne, wenn sie wiederkehrt, davon das Zipperlein
kriegt.» Der Vorhang fällt. Man kann im Theater Emiliani auch Me-
dea im dialetto romanesco vorstellen sehen, oder sich an der «Didone
abbandonata» ergötzen, worin Äneas als der mythische Ahnherr der
Römer dem Volk mit heroischen Erinnerungen schmeichelt. Doch sei
dessen genug.

Damit aber der Leser die Trasteveriner Sprache vor sich habe, gebe
ich hier den Anfang des Theaterzettels:

Teatro Emiliani
In Piazza Navona
Invito Strasordinario

Per la sera der giorno de Giuvedine 27 Gennaro der mille ottocento
cinquantatrene. A Benefiziamento della prima donna Pantomimica
assoluta Marietta Descarsi.

Man wird, wie der Zettel sagt, geben den

Purcinella Impicciato in tra' una Mucchi de Sorci,
dopo na nova pantomimica tutta de spettacolo,
fadica d'un regazzino granne de 5 anni e questa
se chiama Er Naufragiamento de Tom-Pusse.

In der Camerata Lunga wird man an demselben Abend geben das
erste Stück von neuem, dann ein «Balletto in punta e tacco», hierauf

den «Capo d'Opera der Sor Pietro Metastasio Didone abbandonata», endlich die «Pantomimica er balletto». Darum, so schließt der Zettel, kommt und lacht und macht auch die Schauspielerin lachen, deren Benefiz es ist, und sie wird euch zum Lohn alles geben, was sie in der Brust verschlossen hat (tutto quello che tie chiuso nder petto).

Dante nennt in seinem Buch «De vulgari eloquentia» den römischen Dialekt den häßlichsten von allen Dialekten Italiens.

Die beiden Marionettentheater auf der Montanara und auf Sant' Apollinare und das rezitierende Theater Emiliani sind also die eigentlichen römischen Volkstheater mit ganz lokalem Gepräge. Dazu kommt noch im Winter das große Theater Alibert für Spektakelstücke und mit dem Beginn der schönen Jahreszeit das Volkstheater im Mausoleum des August.

Alle übrigen Theater haben nichts eigentlich Nationelles mehr. Nur Capranica steht noch in der Reihe der Volkstheater, macht aber schon den Übergang zu den größeren. Man gibt hier Tragödien und Komödien, Ritter- und Räuberstücke, Singspiele, Pantomimen, Ballette jeder Art. Die stehende lustige Person ist der Stenterello, eine toskanische Figur ohne stereotype Maske, überhaupt nur der Lustigmacher, welcher auch in den Rührspielen nicht fehlen darf. Er ist der Pulcinella der rezitierenden Volksschauspiele in ganz Ober- und Mittelitalien, und selbst das Teatro Emiliani hat ihn neben demselben aufgenommen. Einen guten Stenterello haben gilt für das toskanische Volkstheater dasselbe, was ein erster Tenor und eine Primadonna für die Oper sind. Die Theaterzettel kündigen ihre Stücke jedesmal mit dem Zusatz con stenterello an, wie auf den Marionettentheatern die Stücke immer angekündigt werden: con pulcinella.

Außer Capranica spielen noch die Theater Torre d'Argentina, Valle, Tordinone oder Apollo. Das Apollotheater ist das Opernhaus; in der Wintersaison brachte es den «Trovatore» von Verdi. Valle ist das größte Theater für rezitierendes Schauspiel; eine gute Turiner Gesellschaft spielt hier seit Ostern und begeistert das Publikum durch die im tragischen Fach ausgezeichnete Signora Ristori. Man spielt hier, wie bei uns, viele französische Bühnenstücke, bisweilen auch Dramen Kotzebues, und höchst selten gehen Goldoni, Silvio Pellico und der zensurwidrige Alfieri über die Bühne. Alle diese Theater entziehen sich dem Bereich der Figurenwelt dieser Blätter.

Wir wollen also den Vorhang fallen lassen und die Puppen samt und sonders wieder in die Schachtel legen. «Ebenso», sagte einst Don Quichotte, «geht es in der Komödie und in der Darstellung dieser Welt, wo etliche Kaiser spielen, andere Päpste, und kurz, eben so viele Figuren, als nur in der Komödie auftreten können; wenn es aber zu Ende ist, wenn das Leben nämlich aus ist, zieht der Tod allen die

Kleider aus, nach welchen sie sich unterscheiden, und in ihren Gruben sind sie alle einander gleich.»

Und so sehet hier, meine Freunde, eine römische Figur, die ihre Rolle ausgespielt hat und jetzt auf dem Paradebette zwischen brennenden Kerzen öffentlich ausgestellt daliegt, starr und tot, neugierig begafft·von dem herzudrängenden Volk, von Menschen des niedrigsten Standes, die, als jener Mann lebte, ihm nicht in die Augen zu sehen wagten und scheu den Hut zogen, wenn er in seiner Prachtkarosse vorüberfuhr. Es ist ein Kardinal. In einem Zimmer des Palasts der Consulata liegt er über dem Paradebette an der Wand in seiner roten, fürstlichen Gewandung.Wie wenig Prunk um diesen Mann, der einst den römischen Staat gelenkt hat und dessen Lebensgeschichte mit den größten Weltereignissen sich verzweigte.

Das Zimmer ist klein und nicht zu sauber. Betrachtet die Behänge seines Paradebettes, sie sind von schwarzem Taft, sie haben schon manchem Kardinal gedient; denn sie sind alt und abgebraucht, schmutzig, zerrissen und hie und da geflickt. Ein paar Kerzen brennen. Ein Priester murmelt an einem Pult Gebete. Ab und zu strömt das Volk herein: Arbeiter von der Straße, Weiber und Kinder, und sie gaffen dem Toten mit dumpfer Gleichgültigkeit ins blasse Angesicht. Er liegt da wie eine rote umgestürzte Porphyrsäule eines Tempels. Sein Haupt ist groß und wie aus Stein gehauen, steinalt und von spärlichem Haar umsilbert; seine bleichen Züge drücken noch festen Willen und ruhige Ergebung aus. Über diesem Haupte schwebte im Jahre 1846 die Papstkrone, der Gegenstand langgenährter Hoffnung. Als Gregor XVI. gestorben war, zweifelte niemand an der Wahl dieses berühmten Staatsmannes, des Ministers Gregors, Erzbischofs von Genua, Großpriors der Malteser und Abts von Farfa, der einst Nuntius in Paris gewesen war. Viele Kardinäle waren seine Kreaturen, sein Anhang in Rom sehr groß. Als nun das Konklave beisammen war und man zur ersten Abstimmung schritt, fielen auf ihn die meisten Stimmen. Er zweifelte nicht an seiner Wahl, in der Stille seines Herzens trug er schon den Namen, den er sich als Papst hatte geben wollen. Aber die Papstwahl ist wie das Spiel einer Lotterie, und jener Kardinal zog eine Niete. Ein Mann, welcher einst an seine Tür in Genua geklopft hatte, demütig um seine Gnade und seine Beförderung bittend, der arme Graf Mastai Ferretti, gewann die Papstkrone, und der Greis Lambruschini fiel vor ihm auf die Knie und küßte die Füße Seiner Heiligkeit.

Da liegt nun Lambruschini, der stolze unbeugsame Genuese, der einst niemand neben sich geduldet und eigentlich statt Gregors geherrscht hatte, ein Mann von großer Energie und eine despotische Natur, von der unerbittlichen Strenge eines Mönchs, unzugänglich

den Leidenschaften der Welt, nur auf die Herrschaft der Kirche be-
dacht, noch einer der wenigen aus der alten Zeit und alten Schule.
Fünf Päpste hatte er erlebt, der sechste nahm ihm die Krone. Und
welche Stürme der Geschichte von der Französischen Revolution bis
auf die jüngste von 1848 hatte er nicht erfahren, welche Erscheinungen, welche Personen, Kaiser, Könige und Fürsten, Gewaltherrscher
und Entthronte waren nicht einst an ihm vorübergegangen! Im Papis-
mus alt und grau geworden, das Haupt der Kirchenabsolutie, mußte
er auch noch die letzte Revolution erleben, die Pio Nono mit den
Reformen selbst hervorrief; wie ein Verbrecher mußte der alte Mann,
schon an der Schwelle des Grabes, aus Rom entfliehen. Ich sah ihn
oft bei Kirchenfesten, wenn er vor Alter zusammengesunken, gebeugt
und zitternd, ehrwürdig wie ein Patriarch, in der Prozession einher-
wankte oder in die Sixtinische Kapelle geführt ward. Aller Augen
waren dann auf ihn gerichtet, und es lief ein Murmeln durch die zu-
schauende Menge: «Das ist Lambruschini!»

Hier nun steht der zerlumpte Bettler und Handlanger von der
Straße frank und frei an seinem Paradebette und gafft ihn an: «Ecco
Lambruschini!» So liegt er, ein gleichgültiger Gegenstand, von den
Weltdingen und der Geschichte abgetrennt, eine Figur, die ausgespielt
hat und nun zu den anderen Puppen gepackt wird, schon vergessen.
Diese Öffentlichkeit, diese gleichgültige Beschau einer Leiche hat
etwas Erschreckendes, sie zwang mich, dem toten Kardinal im stillen
Nachsinnen eine Leichenrede zu halten, indem ich an seine hohe Stel-
lung, an seine große Tätigkeit und an sein großes Zeitalter zurückdachte und sein greises Totenantlitz mit Ehrfurcht betrachtete.

Aber was kümmert sich auch das Leben um Kaiser, Könige, Päpste
und Kardinäle, und was bedeuten solche Erscheinungen in Rom! Hier
unter den Ruinen der Weltgeschichte wird alles, was draußen durch
Größe blendet, fahl und bleich oder klein wie ein Marionettenspiel;
denn hier modert eine Welt von Purpur, und die Luft ist voll von
Namen toter Kaiser und toter Päpste.

Also weiter in das Puppenspiel des Lebens! Aber wohin soll ich
meine Freunde nunmehr führen? Auf den Corso, wo rote und goldgestickte Teppiche aus allen Fenstern hängen, wo tausend schöne
Frauen von den Balkonen herablachen und einen ganzen Frühling
von Blumen herunterstreuen, wie Pfirsichbäume, wenn sie der Zephyr
bewegt und ihre Blüten umherstreut? Oder sollen wir nach Sant'
Antonio in die Diokletiansthermen, wo die langen Züge von bunt-
bebänderten Pferden geweiht werden, wo wir die Equipage des Papsts
und sein schönes weißes Maultier bewundern, oder die Karosse des
Herzogs Buoncompagni-Ludovisi anstaunen können, deren herrliches
Gespann, 16 Rosse zumal, der Wagenlenker vom Bock regiert? Doch

nichts von alledem, sondern hier drängt sich uns mit unabweisbarer Allgegenwart die glänzende Erscheinung auf, welche Grasso Lucido heißt.

Aber nein! Unsere Aufmerksamkeit nimmt jener wunderliche Zug von Wesen in Beschlag, welche paarweise und feierlich daherschreiten und dem tiefsten Mittelalter anzugehören scheinen, wie dessen Gestalten von Giotto oder Ghirlandajo und Sandro Botticelli gemalt sind. Diese Männer sind von Kopf bis zu Fuß in ein langes rotes Gewand gekleidet; eine Kapuze, welche spitz zuläuft, verhüllt ihr Haupt und läßt nur die Augen wie durch die Augenlöcher einer Maske sehen. Alle sind sie barfuß. Ein Strick umgürtet ihre Lenden; einige tragen Kreuze, aber jene beiden roten Gespenster, die den Zug eröffnen, halten vor sich in beiden Händen einen Menschenschädel und Menschenknochen. So schreiten sie einher und murmeln Gebete. Es ist die Brüderschaft der roten Sacconi. Wahrlich, ihr Anblick ist von unsäglicher Bizarrheit und versetzt in die ältesten Jahrhunderte zurück. Aber es gibt auch Brüderschaften von anderen Farben, und wenn wir abends Rom durchwandern, können wir wohl mehr als einem Zuge solcher Art begegnen, diesen in schwarzen Kapuzen, jenen in himmelblauen, andern in weißen oder gelben Gewändern. Das sind römische Figuren, die man täglich sieht, und wenn sie jene menschenöden und altertümlichen Stadtviertel Roms, die Regionen Monti, Campitelli oder Trastevere durchschreiten, oder wenn die Kapuziner selbst in ihren braunen Kutten und silbergrauen Bärten mit angezündeten Wachskerzen feierlich hinter dem Kreuze oder einem Sarge voraufgehen, erfüllen sie die öden Plätze und Straßen mit schauerlicher Schwermut.

Der Kultus Roms, ja das ganze innere Leben der Stadt hat wesentlich den Charakter der Prozession, denn Rom ist die Stadt der Prozessionen. Und selbst wenn es nicht kirchliche Umzüge sind, die zumal im Sommer mit dem Mai und Juni ihren Anfang nehmen, so sind es ungezählte andere Züge von Genossenschaften, welche paarweise über die Plätze hinwandeln und überall ein feierliches Wesen verbreiten.

Seht, dort ziehen Mädchen, von Nonnen geführt, paarweise durch die Straße. Sie alle tragen ein schwarzes Kleid und ein weißes Brusttuch, ein weißes Kopftuch mit schwarzem Bande; vorauf ziehen die Kleinen, dann in aufsteigender Linie geht es so fort bis zu Mädchen von achtzehn bis zwanzig Jahren. Es sind Zöglinge irgendeines Instituts, welche spazierengehen. Sie begegnen sich mit einem Zuge von Jünglingen, die von Geistlichen spazierengeführt werden. Auch sie sind paarweise in aufsteigender Linie geordnet. Alle tragen schwarze Röcke und einen schwarzen Hut, selbst die kleinsten sind also ballmäßig angezogen, und wohl 30 bis 50 Knaben sieht man beisammen,

ein komischer Anblick, da Frack und Hut ihnen ein zwerghaft ver-
altetes Ansehn geben. Wenn sich jene schwarzen Mädchen und diese
Jünglinge begegnen, werfen sie sich sehnsüchtige Blicke zu und gehen
stumm aneinander vorüber. Denn ach! Sie sind stumm, und ihre
Ohren hören nicht, nur mit den Augen und mit den Händen tele-
grafieren sie sich ihre Unglückszeichen. Es ist unmöglich, alle diese
Vereine und Körperschaften zu nennen, welche so paarweise und in
sozialer Uniform Rom durchschreiten. Es sind Hunderte von pädago-
gischen Provinzen in dieser Stadt des geistlichen Sozialismus, Hunderte von kirchlichen Phalansterien, welche die Phantasie Goethes
oder Fouriers zuschanden machen.

Seht, da kommt wieder ein anderer Zug von Jünglingen, schwarz
uniformiert in kaftanartigen Röcken mit aufstehenden Kragen, welche
ein roter Streifen verziert. Ein paar Mohren aus Afrika sind darunter,
andere haben dunkelgelbe Gesichter. Sie sprechen in diesem Zuge
Sprachen aus allen Zonen, europäische und asiatische und afrikanische, sie reden chinesisch, persisch, hindostanisch, malabarisch,
abessinisch, koptisch und orangutisch. Das sind Schüler der Propaganda, spazierende junge Missionare. Aber die dort, die rotgeklei-
deten, flachshaarigen Jünglinge, welche eben vorüberkommen, paarweise wie die andern, sprechen alle deutsch, denn es sind Zöglinge
des Collegium Germanicum. Und so sehen wir noch andere Kollegien,
bald hellblau gekleidete Jünglinge, bald weißgewandige und bald
schwarze, Engländer oder Schotten, Nazarener und Nobili – wer
möchte sie alle benennen!

Fürwahr, dieser Grasso Lucido, welcher uns schon einmal und immer wieder begegnete, ist doch gar zu zudringlich; aber er gedulde
sich noch eine Zeit, denn wir haben noch ein wunderbares Schauspiel
zu sehen. Folgt mir, Freunde, nach dem Lateran, und denkt euch, es sei
der sonnengoldigste Junitag. Dort wird eine der größten Prozessionen
über den Platz ziehen, alle Mönchsorden werden erscheinen und viele
Körperschaften sich beteiligen, viele reizende Mädchen mit kleinen
silbernen Kronen auf dem Haupt und mit Gewändern und Busen-
tüchern, die nicht genäht, sondern mit tausend Stecknadeln zusam-
mengesteckt und gleichsam in Mosaik gestickt sind, werden in der
Prozession auftreten; auch das riesengroße Kreuz werden Kutten-
männer tragen, ohne es mit Händen zu berühren, sondern es wird
auf der Brust des Trägers in einem ledernen Behälter stehen und so
geschickt balanciert werden, als wäre dies die Produktion einer Kunst-
reiterbude. Diese unermeßliche Prozession wird mitten durch jenes
Lazarett am Lateran schreiten, mitten durch die Reihen von Betten
gehen, in welchen kranke Frauen und Mädchen liegen, und diese werden den Segen empfangen. Habt ihr je so etwas gesehen oder nur ge-

hört, meine Freunde, daß kranke Mädchen Besuche empfangen, nicht
von einzelnen guten Freunden, sondern vom römischen Volk und
allen Quiriten? Seht, es stehen die Türen des Lazaretts sperrweit
offen, grüne Buxuszweige und Blumen sind davor gestreut. Schweizer-
hellebardiere sind am Eingang aufgepflanzt, stattlich und rotgelb wie
Königskerzen und wie Feuerlilien. Aber sie wehren den Eintritt niemand, und schon strömen Hunderte hinein, und wir mit ihnen.

Welch ein Anblick! Und wo sind wir? Wir treten sanft auf; wir
dürfen uns an keinem Bette aufhalten, sondern nur vorüberschreiten.
Seht, wie luftig und schön ist der Saal und wie reich ist er ausgeschmückt. Heute feiert die Krankheit ihr Fest und borgt von der
Freude und von der Gesundheit Schminke und Putz; denn in diesem
Rom will alles einmal Figur machen, der Glückliche und der Reiche,
der Bettler und der Krüppel, ja selbst die Toten müssen ihre Feste
haben. Seht die Betten zu beiden Seiten in langer Reihe, wie sind sie
sauber und weiß, mit purpurroten Teppichen und Goldfransen und
künstlichen Blumen ausgeziert! Jedes Bett sieht aus wie ein Gedicht
von Matthisson oder von Geibel. In jedem sitzt aufrecht oder liegt
schmachtend eine Frau oder ein Mädchen, schneeweiß angetan mit der
saubersten Krankenjacke. Viele sehen aus – zum Davonlaufen, aber
viele zum Krankwerden schön. Seht dort das Mädchen, wie sein Gesicht von Genesung verklärt ist und von dem unwiderstehlichen
Zauber der Ermattung glänzt! Ihre schwarzen Augen funkeln wie
illuminiert von Erinnerungen. Bald werden sie wieder Blitze sein. Ihr
wollt stehenbleiben, gute Freunde? Das ist nicht erlaubt, denn seht,
an diesem Bett steht der schmuckste junge Rittersporn mit geschultertem Gewehr als Ehrenhold, und er sieht aus, als stünde er an einer
Pulvermine Schildwache. Und dort wieder, wo das junge Mädchen
aufrecht sitzt, dessen Wangen rosige Fieberröte so schön anhaucht
und dessen Blicke wie Feuerfliegen in die Irre schweifen, dort stehen
gar alte gelbgekleidete Hospitaldienerinnen wie Parzen Schildwache.
Fort also, fort, denn dieser Aufenthalt ist gefährlicher als die Malaria
in der Mondnacht. Das war eine Lazarettszene aus diesem wunderbaren Rom!

Wer kann aber nun dem Grasso Lucido entrinnen? Eine Volks-
gruppe steht auf irgendeiner Straße, eine deklamierende Stimme erschallt es aus ihrem Kreise. Wir eilen herbei: Was gibt es hier? «Il legittimo Grasso Lucido.» Ein ganz frischer, blutroter Maueranschlag dort
an der Ecke – wir eilen ihn zu lesen, denn was mag es geben? «Il
legittimo Grasso Lucido.» Wir sitzen im Café Ruspoli – ein Zettel-
träger verteilt Zettel – was gibt es? «Il legittimo Grasso Lucido.»
Dieser legitime Grasso Lucido hat also auch ein unbestrittenes Recht,
die Augen aller Welt auf sich zu ziehen, ja er ist nichts Geringeres als

die im Jahre 1850 nach Christi Geburt mit einer silbernen Medaille patentierte Glanzwichse, welche gar keine korrosiven Zumischungen von Vitriol oder andern Säuren enthält, sondern jedes beliebige Leder nicht allein im höchsten Maß geschmeidig, sondern auch in einer ganz wunderbaren und unglaublichen Weise dauerhaft macht.

Sehen wir also einer solchen Vorstellung des Grasso Lucido unter dem Obelisk vor dem Pantheon zu. Dort stehen neben einem Tisch, welcher mit blechernen Wichsbüchsen überladen ist, zwei dieser Straßensophisten und reden stundenlang in nie endendem Redefluß über die Vortrefflichkeit des Grasso Lucido. Sollte man dem größten Philosophen die Aufgabe stellen, etwas zum Lob einer Glanzwichse zu sagen, so würde er in ein paar Sätzen damit zu Ende sein; aber dieser Mann dort, in schmierigem Rock und langer Samtweste, welche beide gleichsam mit Glanzwichse überzogen sind, spricht über die Materie des Grasso Lucido ohne Aufhören mehrere Stunden fort, immer zur Sache und immer mit ganz neuen Argumenten und genialen Ansichten von dem, was eigentlich der Grasso Lucido sei, und was er für ein Verhältnis zur Ökonomie, zur menschlichen Gesellschaft, zum verschiedenartigsten Leder, zur Kultur, zur Witterung, zur Sonne und zu den Sternen habe, und welches sein Einfluß auf das menschliche Gemüt sei.

In der ersten halben Stunde fallen dem Zuhörer die Schuppen von den Augen, er wird von der Vortrefflichkeit des Grasso Lucido beinahe überzeugt; allmählich aber beginnt er die Einzigkeit und ungeheure Wichtigkeit des Grasso Lucido zu begreifen und gerät in Verwunderung, wie er bisher ohne ihn nur habe existieren können. Immerfort aber peroriert der Sophist vor dem Pantheon. Gorgias, Protagoras und Karneades sprachen nie schöner über die Gerechtigkeit als dieser Mann über den Grasso Lucido. Er verdient, daß man ihm in Padua einen eigenen Katheder über den Grasso Lucido stifte; er selbst nennt sich bereits Professor und wahrscheinlich auch Mitglied mehrerer gelehrter Akademien, und seinen Kollegen desgleichen; denn, sagt er, seht diesen Professore, er hat elf Bände über den Grasso Lucido geschrieben. «Nicht wahr, Professore, hast du es nicht in deinem zehnten Bande auseinandergesetzt, daß dieser echte und in ganz Europa einzige Grasso Lucido eine so wunderbare Eigenschaft habe, daß er selbst das härteste Ochsenleder durchdringt und so weich macht wie ein Stück Samt?» Der Professor bejaht es, daß er dies im neunten Bande von dem Grasso Lucido geschrieben habe, und ergießt sich nun, da jener heiser geworden ist, von neuem in das Lob dieses erstaunlichen Produkts.

Er demonstriert zuerst, was der Grasso Lucido an sich sei. «Man will behaupten», sagt er, «daß in diesem Grasso Lucido vernichtende

Säuren und korrosive Substanzen enthalten seien – ich frage euch nun: Kann ein lebendiger Mensch Vitriol verschlucken? Glaubt ihr wirklich, daß es einen Mann gebe, der sich mit Schwefelsäure den Magen anfüllen könne? Seht her, ich will euch den Beweis liefern, denn ich will vor euren Augen diesen Grasso Lucido essen, und er wird mir weder den Tod geben noch Übelkeit zuziehen, vielmehr einen solchen Wohlgeschmack erregen, als wäre es die allersüßeste Polenta.» Hierauf verschlingt der Professore vor aller Augen eine ziemliche Quantität von Grasso Lucido, die Zuhörer aber sind bis in die Eingeweide hinein überzeugt, daß in diesem Präparat kein Vitriol enthalten sei. «Kauft also», ruft der große Philosoph, «profitiert von diesem höchst ökonomischen, genießbaren, unschuldigen und einzigen Grasso Lucido, das Schächtelchen nur zu 13 Bajocci. Sagte ich 13? Nein, nehmt es für 12. Sagte ich 12? Seht, ich gebe es für 10.»

Um nun zu beweisen, daß der Grasso Lucido alle ledernen Dinge blank mache, und zwar ohne Anstrengung, nimmt er zuerst ein Stück Papier und wichst dasselbe mit der größten Gemächlichkeit und mit einem Lächeln des Wohlbehagens; dann ergreift er einen Jungen und wichst ihm unter beständigem Deklamieren einen Stiefel. Der Junge strahlt im Antlitz vor Freude, denn es ist ihm noch nicht passiert, daß ihm jemand die Stiefel gewichst hat, noch hat er überhaupt, solange er lebt, gewichste Stiefel getragen. «Seht», sagt der Professore, «dieser Stiefel war eben erst gleichsam der Stiefel eines Schweins, und jetzt erglänzt er wie das reinste Silber, ja, ein kaum geborenes Kind könnte ihn mit leichtester Mühe blank machen.» Der Junge geht mit einem gewichsten und einem ungewichsten Stiefel von dannen, und drei Straßen entlang läßt er kein Auge von seinem blanken Stiefel und scheint sich und sein Glück darin zu spiegeln.

Dies war eine Vorstellung von dem Grasso Lucido, welcher uns in den Stand setzt, nicht allein in der feinsten Gesellschaft anständig zu erscheinen, sondern geradezu auf einen Ball zu gehen.

Der Ball wird weder beim Duca Torlonia, noch beim Duca Braschi gegeben, sondern ist weit mehr interessant und sehenswert als ein Tanz in fürstlichen Prunkgemächern im Kostüm der Zeit Ludwigs XIV. Es ist ein sogenannter Modellball in einem großen wüsten Saal in der Via Claudiana.

Es gibt in Rom eine eigene Menschenklasse, deren Leben so absonderlich und seltsam ist, daß es den Novellisten vielleicht mehr reizen sollte als das jener Blumen-Marien und Grisetten in Paris, welche die französische Literatur gegenwärtig zu Idealen der schönen Weiblichkeit und zu Musen der Poesie erhoben hat. Die römischen Figuren, welche hier einen Ball halten werden, sind nämlich Modelle der Künstler, Männer und Mädchen, die das traurige Los erdulden, viele Stunden des Tages als Figuren leblos dazusitzen. Sie erwerben ihren Unterhalt durch die schönen charakteristischen Formen ihres Leibes. In allen nur denkbaren Gestalten erscheinen sie. Heute ist das Mädchen, welches Modell steht, die Venus von Medici, morgen Diana, Ariadne, Madonna, eine Bacchantin, eine büßende Magdalena, eine Psyche, eine Göttin, eine Sklavin, eine Mirjam, eine Vestalin; heute nackt und morgen sittig verschleiert, mit bunten Gewändern drapiert, bald als Türkin, bald als Griechin, wieder im Kostüm von Albano, im Kostüm der Campagna und als Römerin. Immer ist das arme Geschöpf eine Figur, deren Aufgabe es ist, so sehr Statue zu sein als möglich und in der vom Künstler vorgeschriebenen Stellung auszuharren; denn einer Puppe gleich werden dem Modell Lage und Stellung des Leibes und der Glieder angeordnet, versucht, geändert, aufs neue gerichtet, bis die Figur in die regelrechte Position gekommen ist.

Es gibt außer den größern Akademien, in denen zu bestimmten Tagesstunden Akt gezeichnet wird, auch Privatakademien, die Besitzer von geeigneten Sälen eröffnen und wo gegen ein Eintrittsgeld Modelle gezeigt werden. Der berühmteste dieser Modellväter ist Nicola in der Via Claudiana, ein Mann, welcher eine erstaunliche Fertigkeit im Modellstehen besitzt und in der Kunst der plastischen Darstellung jeder beliebigen Figur es mit dem besten Schauspieler aufnehmen darf.

Ein solcher Saal gewährt einen sonderbaren und fremdartigen Anblick; ich habe ein Bild davon noch niemals angetroffen, und doch sollte eine solche Szene in guter Ausführung ein gar interessantes Genregemälde liefern. In einem öden Raume sitzt auf erhöhtem Postament das Modell, sei es Mann oder Mädchen, gleich einer Statue regungslos. Um sie her ein drei- oder vierfaches Amphitheater von Zeichnenden, ihrer vielleicht hundert, Menschen aus allen Ländern, Franzosen, Engländer, Deutsche, Amerikaner, Polen, Russen, Dänen, Belgier, Italiener. Ein jeder hat einen kleinen Tisch und eine kleine Lampe vor sich. Ein jeder zeichnet das Modell, je nachdem er sitzt oder steht, von vorn oder von hinten, oder von der Seite; der in Blei, dieser in Kreide, jener Aquarell, der eine schülerhaft, der andere stümperhaft, der dritte vortrefflich. Der eine zieht es ins Gemeine, der andere idealisiert es, und so verhundertfacht sich mit einemmal die Schaupuppe gleich einer Schrift in einer Abschreiberoffizin. Man erinnert sich wohl unwillkürlich an eine Druckerei, wo in einem gleich wüsten und angerauchten Saal die Setzer mit niedergebeugtem Kopf, ein jeder an seiner Lampe, stehen und abwechselnd zur Schrift aufschauen, abwechselnd zum Satz niederblicken. Indem die tiefste Stille herrscht und alle diese Zeichnenden dieselbe stumme auf und nieder gehende Bewegung des Kopfes machen, alle Blicke aber auf das bunt aufgeputzte leblos-lebendige Modell gerichtet sind, welches wie ein Götzenbild dasitzt, entsteht in dem unbeschäftigten Zuschauer eine gemischte Empfindung des Lächerlichen und des Mitleids mit dem gequälten Geschöpf. Denn dieses scheint von hundert Blicken gleichsam unablässig durchbohrt zu werden und zu einer neuen, unerhörten Todesstrafe verdammt zu sein, nämlich sich zu Tode sehen und zu Tode zeichnen zu lassen.

Schon zwei Stunden sitzt das Schlachtopfer in derselben Stellung; das Gesicht ist von Anstrengung gerötet, die Züge sind erschlafft, die Augen matt, ihr Auf- und Niederschlagen verrät allein die atmende Seele. Was denkt dieser aufgeputzte Körper? Gar nichts. Indes manchmal fliegt ein Lachen über ihren Mund, sie beißt die Lippen zusammen, um nicht in ein unsterbliches Gelächter auszubrechen und ihre ganze Position über den Haufen zu werfen. Sie kommt sich selbst lächerlich vor, oder die Zeichnenden kommen ihr im höchsten Maße albern und lächerlich vor; vielleicht hat sie einen blondhaarigen Pfuscher gesehen, welcher in einer komischen und ungeschlachten Stellung mit Begeisterung zeichnet, und dessen Figur und Erscheinung der jungen Römerin lachenerregend ist.

Solchen Modellen zu Ehren gibt der Besitzer der Akademie in der Karnevalszeit einen Ball, auf welchem sie im Kostüm erscheinen und wozu Künstler und Bekannte eingeladen werden, und auch der Fremde eine Karte erhalten kann.

Wenn man die römischen Nationaltänze in aller ihrer Mannigfaltigkeit und Anmut kennenlernen will, so muß man sie auf einem Modellball von Mädchen und jungen Männern tanzen sehen. Der Reiz wird noch erhöht durch den Wechsel der Kostüme, die man hier beisammen sieht, und unter denen die aus der Campagna und von Albano und das reichste von allen, die Tracht von Nettuno, besonders in die Augen fallen. Dazu wirkt auch die Musik, Mandolinen und Tamburins, eigentümlich national. Man sieht die Jugend Roms auch im Oktober in den Osterien und auf dem Felde ihre Nationaltänze tanzen; denn zur Zeit der Weinlese ziehen Scharen von Mädchen und jungen Männern vor die Tore, besonders vor die Porta Angelica, und man sieht sie dort auf der schönen Wiese unter dem Monte Mario, auf Wegen und in Schenken das Tamburin schwingen und tanzen. Abends kehren diese Mädchen mit Gesang heim. Indem sie durch die Straßen fahren oder zu Fuß einherkommen, einen blumenbekränzten Thyrsusstab vorauftragen, ein gellendes und sehr lebhaftes Lied singen, und einige auch Fackeln in den Händen halten, möchte man wähnen, einen Zug von Mänaden oder Bacchantinnen vorüberziehen zu sehn.

Nun finden wir in der Via Claudiana einen großen Saal, welchen der Ballgeber mit besonderem Fleiß geschmückt hat. Von der Decke herab läuft in vielen Gewinden nach allen Richtungen eine Blumengirlande zu den Wänden hin; sie trägt einen Kronleuchter. Es fehlt nicht an Gold- und Silberpapierstreifen und allerlei buntem Ampelwerk. Die Dekoration hat etwas Ländliches; der Boden des Saales ist schwarz wie die Erde und ziemlich ungleich. Auf einem kleinen Orchester stimmen schon die Musiker Mandoline und Hackbrett, rings an den Wänden aber sitzen die Modelle, diesmal in höchster Regsamkeit und Festfreude. Viele kamen eben vom Corso, wo sie in demselben Kostüm auf gemieteten Stühlen an den Palästen saßen und Blumensträußchen empfingen oder austeilten. Die Mütter begleiten ihre Töchter auf den Ball als Schutzgeister; wie überhaupt kein unverdorbenes Mädchen unter den Modellen (denn es gibt deren auch solche), ohne die Mutter neben sich zu haben, im Privatatelier Figur macht.

Die Ballgesellschaft ist ziemlich bunt, denn auch Masken untergeordneter Art finden sich vom Corso ein, und bald wird der Saal von Fremden jedes Landes angefüllt, welche die Modelle wollen tanzen sehen. Der natürliche Anstand und die gefällige Weise des Benehmens dieser armen Mädchen ist überraschend; der von Natur feine Takt des italienischen Volks erstreckt sich durch alle Schichten der Gesellschaft. Wenn dieser Ball, auf dem in ausgelassener Lust Modelle tanzen, bis an die helle Morgensonne währte, so würde der Zuschauer sich niemals durch eine Frivolität beleidigt, noch überhaupt die Schranken des Wohlanständigen überschreiten sehen.

Es herrscht die volle frische Tanzlust der Jugend, welche allein diese jungen Leute zu beseelen scheint, und es ist ein Genuß, ihren graziösen Bewegungen wie dem Ausdruck von Leidenschaft und höchster Befriedigung zu folgen. Wer noch keinen südländischen Nationaltanz sah, sondern nur die charakterlosen modischen Tänze oder die Abgeschmacktheit der Ballette kennt, erfreut sich an dieser Pantomimik eines lebendigen Tanzes, wie ihn das Volk aufführt. Die gut zustimmende Musik der Mandolinen mit ihren etwas kapriziösen, krausen Klängen, das bunte Kostüm von Purpur und Gold, von Grün und Rot, die schönen jugendlichen Formen der Tänzer und Tänzerinnen, die edelgebildeten klaren Römergesichter – das alles gibt eine vortreffliche Zusammenwirkung, und oft sind diese verschlungenen Tanzarabesken, dieses Verketten und Auflösen, diese anmutigen Neigungen, dieses Winken, Enteilen, Sichsuchen, dieses Hinschweben mit wechselnder Stellung gleich einem reizenden Figurenrelief anzusehen.

Man tanzt vielerlei Tänze, einheimische wie fremde. Der römische Nationaltanz ist der Saltarello, welcher nur von einem Paar zugleich ausgeführt wird. Er bewegt sich nicht in großen Linien, sondern in kleinen sehr raschen Takten und wird besonders mit dem Oberkörper getanzt. Er hat eine große pantomimische Lebendigkeit und etwas Bacchantisches, weniger Grazie in der Bewegung als Leidenschaft in den Schwingungen der hüpfend sich drehenden oder einen Halbbogen beschreibenden Körper. Die Mädchen tanzten auch die in aller Welt verbreitete Polka und versuchten sich selbst im Schleifer, welcher ihnen niemals gelang, denn dieser bewegt sich in horizontalen Linien, während das italienische Naturell viel eher die aufhüpfende und sprungweise Bewegung liebt. Der deutsche Tanz ist ein Tanz der Gemeinschaft und des Nebeneinander, der italienische eine Darstellung der schönen Körperform, ein Gegenübertanz und darum dramatisch.

Während also die jungen Römerinnen in einer ihrer schönsten Pantomimen erscheinen und eine gelungene Attitüde bilden, wollen wir schnell die Girandola aufsteigen lassen, um so auch unsern ganzen bunten Figurentanz, welcher doch mit einem Totentanz begann, wie sich gebührt, mit bengalischem Feuerwerk zu beschließen.

Ehedem stieg die Girandola am Tage nach der Beleuchtung des Sankt Peter vom Mausoleum des Hadrian auf, jetzt aber vom Monte Pincio, über der Piazza del Popolo, gegen welche die Fassade dieses herrlichen Spazierganges gekehrt ist. Man sagt, daß sie auf dem hohen Kastell einen weit prächtigern Anblick gewährt habe, und das ist wohl glaublich, weil sie von dort aus gleichsam über die Stadt selbst sich erhob. Indes macht die Girandola auch auf dem Monte Pincio eine über alles Vorstellen zauberische Wirkung.

Sobald ein Schuß vom Kastell das Zeichen gibt, donnern die Kanonenschläge auf dem Pincio, und nachdem erst einige Raketen aufgestiegen sind, schießt rauschend und sausend, wie eine vulkanische Eruption, unvermutet und gewaltsam der Feuerstrom der Girandola hinter der Fassade des Pincio hervor. Eine Riesengarbe oder eine ungeheure Palmenkrone sprühenden Feuers fliegt, von der Erde gleichsam ausgestoßen, zischend und knallend auf, breitet sich fächerartig über den Himmel aus und scheint ihn halb bedecken zu wollen. Das geblendete Auge hat nicht Zeit, in diesem Strahlenphänomen das Spiel der Einzelheiten zu verfolgen, die ganze erhabene Erscheinung rauscht schon zu Häupten des Betrachtenden, der am Obelisk der Piazza del Popolo steht, und indem sie sich auflöst, scheint der Himmel Myriaden Sterne auf uns herabzuregnen. Es ist kaum ein Betrachten zu nennen, es ist eine urplötzliche Flammenvision, welche dahinfährt und in kürzester Zeit verschwindet; die Erinnerung hält sie nur wie die Magie einer Traumerscheinung fest. Die Girandola ist verschwunden – der Nachthimmel glänzt wieder tief und klar, und die weiße Dampfwolke wallt langsam über die Porta del Popolo. Nun beginnen einzelne Stoß- und Knallraketen hinter den Bäumen des Pincio aufzuplatzen, lichtlos und gleichsam nur als geisterhafte Ankündigung neuer Erscheinungen. Eine knallt hinter den marmornen Sphinxen, welche am Eingange des Monte Pincio liegen, und indem bei diesen heftigen Schlägen einzelne Blitze aus dem Dampfgewölk aufzucken, erscheinen die dunkel und geheimnisvoll hingelagerten Sphinxe wie dämonische Wesen, die aus der Tiefe heraufgestiegen sind.

Bengalisches Feuer zündet jetzt die Fassade einer gotischen Kirche oder eines Tempels an, welcher mit erleuchteten Konturen, als ein Zauberpalast feenhaft über den schwarzen Pinien des Pincio schwebt. Der Tempel verlischt nach und nach; dann fliegen Raketen, Leuchtkugeln, Sterne in blauem, rotem und weißem Licht ohne Aufhören empor und zerplatzen zum Sternregen. Ohne Ende zischen Feuerschlangen in den Lüften und erhellen den Platz, und in dem Widerschein all dieser sausenden Lichter steht der Obelisk des Sesostris, einst in dem fernen Heliopolis der Sonne geweiht, fremd und seltsam und zeigt die Hieroglyphen seiner rätselhaften Bilderschrift. Es ist ein trefflicher chaldäischer Apparat für die Magie dieser Feuererscheinungen, welchen die Sphinxe und der Obelisk hergeben, und aus den durchglühten Dampfwolken ragen, zauberisch beleuchtet, die Pinien und die Zypressen und die bunten, bizarren Figuren des Pincio, die Säulen mit den Schiffsschnäbeln, die melancholischen dakischen Kriegssklaven mit den phrygischen Mützen, die speerhaltende Roma und so viele andere im Lichtnebel hervorschimmernde Marmorfiguren. Nun ist die Roma von Raketen umrauscht und von Kanonenschlägen umdonnert und ganz übergossen mit purpurner Flammenglut, ein schönes Bild der Ewigen Stadt, welche unter allen Kämpfen der Geschichte in ihrer Majestät sich behauptet hat, von der ersten Eroberung durch die barbarischen Gallier bis auf die jüngste durch ihre Nachkommen. Ein neuer überraschender Zauber – Feuerkaskaden ergießen sich von den Seiten der Fassade den Monte Pincio herunter, es sind rauschende, phosphoreszierende Wellen, es ist das wirkliche Getön eines Wasserfalls, es sind die Kaskaden von Tivoli – wie prächtig und wie natürlich! Auch sie sind erloschen; doch enden nimmer die Sternraketen, welche angenehm unterhalten und das Auge beschäftigen, und nun folgen wieder Feuerräder, Sprühlichter, Garben; das saust, zischt, knallt, knattert, züngelt, raschelt – die ganze Atmosphäre ist in feurigen Dampf gehüllt, und die Geister der Elemente scheinen als Tausende von Feuerkobolden, als geflügelte Lichtdrachen, Feuereidechsen, Feuerfliegen, Leuchtkäfer, Feuerschlangen den tollsten Hexenkarneval in den Lüften zu halten, oder auf feurigen Besen durch den Himmel zu fahren.

Nun wieder Stille und Nacht. Auch die Fassade der gotischen Kirche ist mit all ihren bunten Lichtarabesken erloschen. Jetzt aber steigen neue sonderbare Wesen aus den märchenhaft schwankenden Pinien und Zypressen, Lorbeeren und Blumengebüschen des Monte Pincio auf – es sind leuchtende Geschöpfe, die sich langsam erheben, es sind Fische, die allmählich aufschweben und über die Porta del Popolo den Sternen zu ziehen. Diese wunderlichen Luftballons, in denen Lichter brennen, steigen zu dreien, zu fünfen, einzeln, gruppenweise aus dem Gebüsch auf und schweben in verschiedenen Richtungen fort, einige hoch, daß sie Sternen gleichen, andere träge und niedrig; so durchschwimmen sie das smaragdene Luftreich. Hie und da hascht ein Luftgeist einen Fisch und trägt ihn in die Weite; hier wieder fängt einer Feuer und verlodert. Auch diese Erscheinung geht vorüber – die letzte Salve von Kanonenschlägen donnert hinter der Roma, eine kleinere, letzte Girandole von Raketen – ein Kanonenschuß, und alles ist erloschen.

Aber wer kann nach Hause kehren, in das dumpfe Gemach sich einzusperren, da der Mond in seiner Fülle an diesem tiefblauen, unergründlichen Himmel schwebt und diese ernsten Riesenmassen der Ewigen Stadt mit magischem Lichtnebel beleuchtet!

Man muß Rom im Mondenschein durchwandern, dann beschwört man die Toten; sie sprengen ihre Gräber und beginnen alle Ruinen zu beleben und zu umwandeln: Könige und Kaiser, Helden und Weise, Päpste und Tribunen, Kardinäle und Nobili des Mittelalters. Steigen wir noch auf die Kaiserpaläste hinauf, deren gigantische Pfeiler, Bogen und Splitter aus dem schwankenden Buschwerk gen Himmel ragen. Zu Füßen liegt im Mondzauber das Kolosseum, das Symbol der kolossalen Kaisergeschichte, wie eine riesige Schale von Stein, in welche dieses Rom das Blut der Welt aufgesammelt hat, neben ihm der Triumphbogen des Constantin, die Grenzmarke zwischen Heidentum und Christentum, weiter der Triumphbogen des Titus, der Grenzstein zwischen Judentum und Christentum, und wie weit der Blick dringe, überall tauchen Trümmer der Geschichte auf – alles ist still, wie gebannt und wie gefeit. In den Ruinen der Kaiserpaläste schreit die Eule. Was geschah hier im Lauf der Zeit! Wer wandelte hier in diesen Kaiserhallen! Augustus, Tiberius, Caligula, Nero, Domitian, die Antonine, Heliogabalus – die Götter der Erde und ihre Dämonen. Hier ward aufgeführt jegliches Schauspiel der Leidenschaft, Tugend und Laster, Großmut, Narrheit, Weisheit, teuflische Bosheit, jede Empfindung, für welche die menschliche Brust Raum enthält, hat hier Gestalt gewonnen. Hier ward die Welt regiert, verschwelgt, verpraßt, in einer Nacht vergeudet. Jedes Alter und jedes Geschlecht hat hier geherrscht, Greise und Weiber, Männer und Kin-

Rom: Triumphbogen des Constantin

der, Sklaven und Eunuchen haben hier Gesetze diktiert. Nun ist alles tot und still, bis auf den Klagegesang der Eule, die um die wüsten Steinbogen flattert. Auf der anderen Seite blickt man in die Ewige Stadt hinab – tausend Lichter funkeln in ihr, aber sie schweigt. Hundert Kuppeln, Türme, Säulen, Obelisken ragen aus der blauen Mondnacht gen Himmel – dann und wann regt sich die Stimme einer Glocke – zauberische tiefe Stille, wie als wölbte sich die Zeit über diesem Rom in eherner Ruhe.

Aus dem Labyrinth der Häuser ragen zwei Säulen in die Nacht auf und heben über die Stadt zwei Figuren von Erz, die Herrschergestalten Roms, seitdem die Kaiser tot sind. Das sind die Apostel Sankt Paul und Sankt Peter, die sich auf jene kaiserlichen Säulen des Antonin und des Trajan niedergelassen haben, der eine mit dem Schwert in der Hand, als Eroberer der Erde, der andere mit den beiden Schlüsseln in der Hand, als Eroberer des Himmels, dessen Pforten er öffnen und schließen kann. So stehen die beiden Zionswächter Roms in der stillen Nacht auf ihren luftigen Höhen und halten über allen Trümmern und Palästen der Stadt ihren Dialog.

Vielleicht sinnen sie jetzt auf eine feierliche Rede oder einen Marienlobgesang, denn bald werden sie nicht mehr allein über Rom emporragen, bald wird sich vor ihren Augen eine dritte Säule und auf ihr eine dritte Figur erheben, eine schöne Jungfrau mit der Strahlenkrone über dem halben Monde schwebend. Denn seht, auf dem Spanischen Platz liegt schon die alte heidnische Säule, überbaut von einem Bretterhaus. Schon sind ihre Fundamente gelegt und feierlich gesegnet; schon arbeiten die Künstler an dem Schaft, ihn zu glätten, und andere in den Werkstätten an der Figur der Madonna Immaculata, welche Pius ix. auf jene Säule wird erheben lassen.

Es war am 8. Dezember 1854, als Rom sich plötzlich in Nicäa verwandelte. Zweihundertfünfzig Bischöfe und Prälaten, aus allen Ländern der Welt zusammengeströmt, gleichsam ein Volk von Greisen, eine Versammlung von Patriarchen katholischer Christenheit, Männer gleich Methusalem und Noah, waren nach Rom gekommen. Und wo man ging und stand, wandelte man wie unter wieder aufgestandenen Aposteln, Kirchenvätern, Heiligen und Päpsten. Ja, wer einige Jahre zuvor die Trikoloren der jungen Freiheit in den Straßen wehen sah und nun plötzlich in diese überall auftauchenden steinalten, silberhaarigen Medusenhäupter der Erzbischöfe von Portugal und Spanien, von Brasilien und Irland, von Österreich und Indien, von Frankreich und von Schottland blickte, der mußte glauben, ein Zauber sei ihm angetan, und er sei plötzlich über viele Jahrhunderte hinweg in ein lateranisches Konzil zurückversetzt worden.

Da war es am 8. Dezember 1854, daß Pius ix. ein Dogma verkündete, jenes der unbefleckten Marienempfängnis. Dies war der jesuitische Abschluß der Reformen des einst geistreichen und liberalen Papstes. Über diesen Reformen von 1847 und über der Revolution, welche sie hervorriefen, wird nun jene Säule und jene Jungfrau aufsteigen, der Nachwelt zum Denkmal, wie schnell sich im Leben alles wandelt.

Die Madonna vom Spanischen Platz, vor dem Palast der Propaganda, wird sich bald zu jenen beiden Apostelfiguren gesellen und ihnen viel zu klagen und zu berichten haben. Ist sie doch die jüngste Madonna und gleichsam eine Stieftochter der Revolution. Aber ich vergaß, ihre ältere Schwester steht bereits auf einer der herrlichsten Säulen Roms, fast drittehalb Jahrhunderte lang mit jenen Aposteln befreundet. Das ist die Madonna von S. Maria Maggiore, auf der großen Säule von der Basilika Konstantins am Forum. Sie ist die Tochter der Restauration der katholischen Christenheit, aufgerichtet im Jahre 1614, eine stattliche Frau von Erz, die den Dreißigjährigen Krieg gesehen hat. Wie wird sie sich wundern, wenn ihre jüngste Schwester vor ihr aufsteigen wird in einer so schutzflehenden Gestalt!

Ich habe nun meine Aufgabe gelöst. Ich versprach meinen Freunden ein buntes Figurenschauspiel Roms in aufsteigender Linie, und siehe da, höher hinauf können wir nicht mehr, oder wir müßten mit jenen Männern und Frauen, welche Pius IX. in diesen Jahren seliggesprochen hat, auf Wolken und Engelflügeln gen Himmel steigen. Doch ein solcher ikarischer Flug ist gefährlich. Darum bleiben wir bei Sankt Peter und Sankt Paul, denn ihr luftiges Reich auf jenen Säulen ist doch immer fester und sicherer, als es Wolken sind.

Aber, so fragte mich mein Freund, was meinen Sie wohl: wird dereinst eine Zeit kommen, wo Sankt Peter und Sankt Paul von ihren Säulen herabsteigen und aus den Toren Roms entweichen, und wo dann der Heiland ihnen begegnen und zurufen wird: «Domine, quo vadis?» Welche Torheit, das zu fragen, und welche größere, darauf zu antworten. Denn man muß, so sagte der weise Apollonius von Tyana, dem Sophokles glauben, der am schönsten gesagt hat:

> Nicht älter werden nur die Götter
> Und sterben nicht, da alles Übrige
> Die allgewalt'ge Zeit verzehrt.

DER GHETTO UND DIE JUDEN IN ROM

1853

Zusammengedrängt in einem dumpfen und traurigen Winkel Roms, welchen der Tiberfluß von Trastevere scheidet, wohnt hier seit alten Zeiten, gleichsam von der Menschheit ausgestoßen, das römische Judenvolk. Mit ihm sollen sich die Blätter beschäftigen, welche der Verfasser, teils aus älteren und neueren Schriften, teils aus mündlichen Mitteilungen der Hebräer zusammensetzte. Er durchwanderte oftmals den Ghetto Roms, und es schien ihm seine Bevölkerung unter den Ruinen der Stadt eine hochmerkwürdige, ja die allein noch lebendige Ruine des Altertums und wert, daß sie eine aufmerksame Betrachtung auf sich ziehe.

Vielleicht wird die Mehrzahl der Fremden, welche zu den Denkmälern Roms wallfahrten, am meisten vor dem Triumphbogen des Titus auf dem Forum bewegt; denn sie verstehen seinen Sinn am deutlichsten, weil die Geschichte der Juden und ihrer Stadt Jerusalem für den Christen etwas Vaterländisches ist und sein Gemüt in Anspruch nimmt. Auf dem Fries jenes Bogens erblickt man noch den Triumphopferzug, da man den heiligen Strom Jordan in Greisesgestalt auf einer Bahre einherträgt, und im Durchgangsbogen, durch welchen nimmer ein Jude gehen wird, erkennt man die im Siegeszug des Titus aufgeführten Tempelgeräte von Jerusalem: den siebenarmigen Leuchter, den goldenen Tisch, die Lade, in welcher das Gesetz verschlossen lag, und die silbernen Trompeten für das Jubeljahr. Beinahe 1800 Jahre sind nun verflossen, seitdem dieser Bogen errichtet ward, und nichts blieb von jenem weltbeherrschenden Rom übrig als Trümmer, Staub und nicht mehr dem Leben angehörende Symbole des alten Kultus. Wer nun vom Titusbogen nach dem Tiberfluß hinuntergeht und den Ghetto durchwandert, erblickt hie und da an bewohnten Häusern den siebenarmigen Leuchter in die Wand gemeißelt. Es ist dasselbe Bild, wie er es eben am Triumphbogen sah, doch lebt er hier noch als ein lebendiges Symbol der jüdischen Religion, und noch heute wohnen hier Nachkommen jener einst von Titus im Triumph aufgeführten Juden. Wenn man die Synagoge der Hebräer betritt, sieht man auf ihren Wänden dieselben Skulpturen der Bundeslade, den goldenen Tisch des Tempels, die Jubeljahrstrompete. Ein noch dauerndes und unvertilgtes Judenvolk betet also unter diesen Bildern seiner einst von Titus nach Rom geführten Tempelgefäße zu dem alten Jehovah von Jerusalem. Er war demnach mächtiger als der kapitolinische Zeus.

Da ist die Halle der Oktavia. Verfallen und verbaut ragen ihre
großen Bogen und Pfeiler hart neben dem Ghetto auf. Hier war es,
wo einst Vespasian und Titus den Siegeszug über Israel mit festlichem
Schaugepränge einleiteten. Damals stand dort zuschauend ein Jude,
Begleiter und Schmeichler des Titus, Flavius Josephus, der bekannte
Geschichtschreiber. Er schämte sich nicht, dem Triumph über sein
eignes Volk beizuwohnen, an dem Glanz des Aufzugs sich zu weiden
und ihn schmeichlerisch zu beschreiben. Dem niedrigen Judenhöfling
verdanken wir die Schilderung jenes Triumphes. «Nachdem», so erzählt er, «das ganze Heer in Reih und Glied unter seinen Führern bei
Nacht herangezogen und vor den Toren, nicht des oberen Palastes,
sondern des Isistempels aufgestellt war (dort brachten die Imperatoren die Nacht zu), traten mit Tagesanbruch Vespasian und Titus
mit Lorbeerkränzen und im Purpurgewand hervor und schritten nach
der Halle der Oktavia. Dort warteten ihrer Ankunft der Senat und
die höchsten Beamten sowie die Ritter vom höchsten Rang. Vor den
Hallen war eine Bühne angebracht, worauf elfenbeinerne Stühle standen; diese bestiegen die beiden Kaiser und setzten sich, sogleich erhob das Heer ein Jubelgeschrei und pries ihre Taten. Auch die Soldaten waren unbewaffnet, in seidenen Gewändern und mit Lorbeer bekränzt. Nachdem Vespasian ihren Zuruf empfangen, unterbrach er
ihren Jubel und gab das Zeichen zum Schweigen. Sogleich entstand
tiefe Stille. Vespasian erhob sich, verhüllte sein Haupt mit dem Gewande und sprach ein Dankgebet. Das gleiche tat Titus. Nach dem
Gebet richtete Vespasian an die ganze Versammlung einige Worte
und entließ dann die Soldaten zu dem nach herkömmlicher Sitte von
den Imperatoren bereiteten Mahl. Er selbst ging nach dem Tor zurück,
das den Namen Triumphtor führt, weil es immer bei diesen Gelegenheiten durchzogen ward. Dort genossen sie etwas Speise, zogen die
Triumphkleider an, opferten in dem an das Triumphtor angebauten
Tempel, und nun begann der Umzug, und zwar mitten durch das
Theater, damit das Volk alles desto leichter sehen könnte.»

Seiner Schwester Oktavia zu Ehren hatte Augustus die prachtvolle
Halle von zwei Säulenreihen gebaut. Ein Teil des Vorbaues ist erhalten; er stößt an den Fischmarkt, der den Ghetto begrenzt, in die
Trümmer aber ist die Kirche Sant'Angelo in Pescaria hineingebaut,
ein Gotteshaus, das sich gleichfalls auf die Juden bezieht, weil sie
gezwungen wurden, in ihm die wöchentlichen Bekehrungs-Predigten
anzuhören. Der Ghetto also liegt an eben jener Halle der Oktavia, wo
Vespasian und Titus den Triumph über die Juden einweihten, und
um diesen jetzt im Schmutz starrenden Portikus wohnen heute Nachkommen jener Hebräer, die damals Kriegssklaven des Titus waren.

Wegen der historischen Beziehung des Volkes Israel zu den

Römern, welche Jerusalem zerstörten und das Judenvolk in die Welt zerstreuten, ist der Ghetto Roms unter allen Judengemeinden Europas die merkwürdigste. Andere Judenschaften, zumal die von Spanien und Portugal im Mittelalter und die aus ihnen hervorgegangene Synagoge von Amsterdam, sind denkwürdiger durch ihre wissenschaftlich-theologische Ausbildung; keine hat das Alter und die ganz und gar geschichtliche Unmittelbarkeit der Judengemeinde von Rom. Daß es sich hier weder um Talmud noch jüdische Philosophie und Kabbala handeln kann, versteht sich ja wohl aus dem Lokal; denn der römische Ghetto ist gleichsam ein zweites Gosen der Pharaonischen Sklaverei, und seine Geschichte die der fast unbegreiflichen Hartnäckigkeit einer kleinen Sklavengemeinschaft im Dulden eines von Geschlecht zu Geschlecht sich fortsetzenden Drucks.

Bedenkt man, daß es Rom ist, wo dieses Judenvolk sich nun 1800 Jahre lang behauptet hat, so erregt seine Widerstandskraft Erstaunen, und es möchte fast rätselhaft erscheinen, daß eine so mißhandelte Menschensekte, wenn auch erneut und erkräftet durch frischen Zuwachs, so doch meist aus einem und demselben verrotteten Familiengeschlecht und in einem und demselben engen Straßenwinkel, in einer und derselben verpesteten Luft, sich von Glied zu Glied Jahrhunderte hindurch fortzeugend, als ein individueller und lebendiger Organismus sich hat erhalten können. Denn seit Pompejus dem Großen wohnten die Juden in Rom. Von den ersten Kaisern mehrmals aus der Stadt gejagt, kehrten sie immer wieder, und seit Titus behielten sie bis auf den heutigen Tag ihre Wohnplätze in der Stadt und nisteten hier auf der gefährlichsten Stelle der Welt, weil unter den Augen ihrer Feinde, der Römer, welche Jerusalem zerstört haben, und darauf der Päpste, der Stellvertreter Christi, den die Juden gekreuzigt hatten. Von Pompejus' Zeit an trugen sie Schimpf und Verachtung, und endlich als unreine Parias zu einem Ghetto organisiert, klammerten sie sich in einem Winkel krampfhaft aneinander und dauerten, nicht mehr, wie zur Zeit des Claudius, den Tieren, aber nun dem mißhandelnden Christenvorurteil vorgeworfen, allen Wechsel der Jahrhunderte und das furchtbare Einerlei ihres Zustandes aus — ein dunkler Anblick und ein finsteres Blatt in der Geschichte der christlichen Menschheit. Sie lebten hoffnungslos und doch nicht ohne Hoffnung, wie dies der Charakter Israels ist, welchem die Propheten den Messias verheißen haben. Unfähig, in einem angreifenden Kampf ihren Feinden etwas abzutrotzen, verschanzten sie sich hinter die mächtigste und traurigste Wehr des Elends, die Gewohnheit, und hinter die Zähigkeit des jüdischen Familiengeistes. Die Kraft im Dulden, so sklavisch die Juden, fast mehr als alle anderen Sklaven, auch durch Sklaverei geworden sind, ist so merkwürdig, daß ich gestehe, wie ich sie mir nicht erklären kann. Denn den Menschen von Charakter erhält seine sittliche Würde im Elend, den Philosophen die Philosophie, den Christen das Christentum, welches den Himmel mit Märtyrern bevölkert und das Kreuz in das Paradies der Seligen gestellt hat. Nichts gibt Jehovah den Juden jenseits des Grabes, und sie haben keine Heiligen.

Wo man nun auch diese Kraft im Dulden herleiten mag, sie ist eine Tatsache, und es scheint die Natur selbst die traurigste aller Menschensekten mit den heftigsten Lebenstrieben versorgt zu haben. Vielleicht möchte jede andere Nation unter ähnlichen Verhältnissen in Rom ausgestorben sein, unfähig, eine grenzenlose Verachtung der Welt zu ertragen, aber die Juden waren dessen fähig, sie behaupteten sich durch alle Jahrhunderte im Mittelpunkt der katholischen Christenheit selbst und unter den eigenen Fußsohlen des Papstes. Ausgeschieden von dem bürgerlichen Verband der Menschen, blieben sie mit ihnen unvermischt, noch ihre spätesten Enkel stehen unter den Christen der Stadt so fremd da wie ihre frühesten Väter, und sie sind den Römern auch nicht nähergerückt, als sie es zur Zeit des Pompejus waren. Damals und unter den Kaisern galten sie, obwohl schon verachtet, doch als eine orientalische Sekte neben anderen Sekten Syriens, Ägyptens und Persiens, und sie standen deshalb nicht so vereinzelt da wie heute, wo sie aus dem unzählbaren Gewirr von Religionssekten des alten Rom die einzige sind, die sich lebendig und unverändert erhalten hat.

Eine Geschichte der Juden Roms, welche nun hier in Kürze gegeben werden soll, ist, soweit sie die ersten Zeiten betrifft, schwierig zu ermitteln, und nur sparsam sind die Nachrichten römischer Schriftsteller.

Mit dem Einzug des Pompejus in Jerusalem, wo er aus Neugierde und von den Bitten der erschreckten Juden nicht zurückgehalten, das Allerheiligste betrat, beginnt eine fortdauernde Verbindung zwischen Jerusalem und Rom. Pompejus scheint die ersten jüdischen Sklaven nach Rom gebracht zu haben; wenigstens ist es unbestritten, daß seit jener Zeit jüdische Freigelassene und andere wahrscheinlich durch Spekulation herbeigeführte Hebräer in der Stadt wohnten. Sie lebten hier zwanglos nach den Religionsgebräuchen ihres Gesetzes, während die Prinzen und Prinzessinnen ihres Landes, allen anderen kleinen Königen und Fürsten gleichgeachtet, ab und zu vor dem Senat und dem Hofe Roms erschienen, ihre Interessen zu besorgen. Denn damals gab es noch jüdische Fürsten. Man sah also den glücklichen Herodes mehrmals in Rom und mit allen Zeichen königlicher Würde als ein Fürst mit den Cäsaren verkehrend, an ihrer Tafel speisend und im Theater in der Fürstenloge sitzend; man sah Archelaus und die jüdische Prinzessin Salome, Antipas und Antipater in der Stadt, und nicht wenige Judenprinzen wurden dort am Hofe erzogen. Der Enkel des Herodes, Agrippa, ein abenteuerlicher Glücksjäger, war mit Drusus, des Tiberius Sohn, erzogen worden und der Busenfreund des Caligula, dessen Lüste er teilte. Der junge jüdische Wüstling befreite sich kaum aus dem Schuldturm, als ihn Tiberius in den Kerker warf, wo er sechs Monate schmachtete, bis ihn der Tod des Kaisers erlöste und Caligula ihn zum König der Juden machte. Eine glänzende Rolle spielte in Rom besonders die schöne Prinzessin Veronica oder Berenice, Agrippas Tochter, Schwester und Buhlerin ihres Bruders, des jüngeren Agrippa, des letzten Judenkönigs. Sie lebte nach der Zerstörung Jerusalems in den Gemächern des Titus als dessen Geliebte; doch gelang es ihr trotz aller Intrigen nicht, sich zur Kaiserin von Rom zu machen.

Herodes Agrippa war übrigens der letzte Jude, der in Rom ausgezeichnet wurde, und seither sah hier das jüdische Volk keinen Glaubensgenossen mehr geehrt, außer dem Baron Rothschild, welchen man zur Zeit Gregors XVI. mit hoher Gunst feierte – aus begreiflichen Ursachen.

Während nun in jener Zeit abenteuernde jüdische Prinzen abwechselnd in Rom waren, hatten sich Juden bereits in der Stadt angesiedelt. Cäsar war ihnen günstig; dies beweist die Tatsache, daß sie nach seiner Ermordung um ihn weinten und Totenklagen sangen. Auch Augustus gewährte ihnen volle Freiheit, in Rom sich zu bewegen und ihre Geschäfte zu treiben; daher beklagten sie dankbar auch seinen Tod und weinten um ihn, wie es heißt, eine ganze Woche lang. Damals waren sie nicht an einen bestimmten Ort in der Stadt gewiesen, obwohl Philo erzählt, daß Augustus den Juden in Rom das Quartier Transtiberis gab, einen guten Teil der Stadt, wie er sagt. Doch wohnten sie auch an anderen Stellen, am häufigsten indes in dem heutigen Trastevere, also nicht weit von dem jetzigen Ghetto· und jenseits des Flusses. Der römischen Tradition nach kehrte der heilige Petrus im Jahr 45 n. Chr. in Trastevere ein, in der Nähe der jetzigen Kirche Santa Cecilia, weil dort Juden wohnten; aber er soll auch auf dem Aventin gewohnt haben, im Hause der Heiligen Aquila und Prisca, jüdischer Ehegatten, die zum Christentum übertraten.

Wie mild Augustus mit den Juden verfuhr, geht aus einer Stelle Philos hervor in seiner höchst merkwürdigen Schrift: «Die Gesandtschaft an den Cajus.» Der gelehrte Alexandriner sagt dort, daß der Kaiser die Juden stets freundlich behandelt habe, er, der es wohl wußte, daß sie den großen Stadtteil Transtiberis bewohnten, meistens Freigelassene, zuvor als Gefangene nach Italien geführt und von ihren Herren losgesprochen, ohne daß man sie zwang, die Gebräuche ihrer Väter zu ändern. An solche jüdische Freigelassenen erinnert noch heute ein merkwürdiger Grabstein auf der Via Appia, welcher die Namen zweier Juden, Zabda und Akiba, trägt. – Ihm war es bekannt, fährt Philo fort, daß sie Synagogen besaßen, wo sie jede Woche zusammenkamen, um in den Lehren der Weisheit ihrer Väter unterrichtet zu werden. Er duldete auch, daß sie das Geld von den Erstlingen nach Jerusalem schickten, damit dort für sie geopfert würde. Und dennoch trieb er sie nicht aus Rom, noch raubte er ihnen das römische Bürgerrecht, da er dem jüdischen Volk freundlich gesinnt war; auch änderte er nichts an ihren Synagogen noch an ihren Zusammenkünften. Ja er selbst, so erzählt Philo, schmückte den Tempel zu Jerusalem mit kostbaren Weihgeschenken und ließ dort ganze Opfer schlachten; er achtete den Sabbat so sehr, daß er befahl, den Juden nicht an diesem, sondern an dem folgenden Tag die Getreideausteilung zukommen zu lassen, weil nämlich an jenem heiligen Tage die Juden Geld oder Gaben weder in Empfang nehmen noch geben durften.

Man weiß, daß Philo im Jahr 40 n. Chr. von den alexandrinischen Juden an der Spitze einer Gesandtschaft an den Kaiser Cajus (Caligula) abgesandt worden war, um über die grausame Mißhandlung Beschwerde zu führen, welche die Alexandriner an den Israeliten ausließen, die in jener Welthandelsstadt zahlreich ansässig waren. Er erzählt, wie Caligula diese Judengesandten in seinem Landhause empfing, wo er wie ein Wahnsinniger aus einem Zimmer ins andere lief, bald Befehle zu Neubauten gab, bald alte Bilder aufstellen ließ, während die Juden ihm von Zimmer zu Zimmer folgten unter beständigem Lustgelächter aller Anwesenden. Der Kaiser selbst fragte sie spottend, warum sie kein Schweinefleisch äßen. «Der Lärm derer nun», sagt Philo, «die uns auspfiffen und mit schallendem Gelächter verhöhnten, war so groß, als ständen wir auf einem Theater.» Und so haben wir schon in jener Zeit dieselben Szenen vor uns, wie sie später im Mittelalter und bis in die neueste Zeit in Rom gesehen wurden, wenn die Juden am Monte Giordano oder am Titusbogen aufgereiht standen, den neuerwählten Papst zu bewillkommnen, verhöhnt von dem Gepfeife der Straßenjungen und dem schallenden Gelächter des Volkes.

Caligula war aus einem besonderen Grund gegen die Juden erbittert. Er hatte nämlich die Idee gefaßt, sich als Gott in einer kolossalen Statue im Allerheiligsten des Tempels zu Jerusalem aufstellen zu lassen, da er vernommen, daß die jüdische Nation die einzige des Erdkreises sei, welche sich weigere, ihm göttliche Ehre zuzusprechen. Er gab Pretonius, dem Statthalter von Phönizien, den Befehl, seine Statue aufzustellen. Da zog, wie Josephus und Philo erzählen, ganz

Judäa nach Phönizien, Greise, Männer, Weiber und Kinder; gleich
einer Wolke bedeckten sie Phönizien, und so groß war ihr Wehge-
heul, daß selbst, als es still geworden, das Echo noch die Luft durch-
tönte. Sie warfen sich vor Petronius auf die Knie und beschworen
ihn, sie alle zu ermorden, waffenlos, wie sie seien; aber sie würden es
nimmer dulden, daß man das Heiligtum Gottes schände. Diese Szene
ist eine der großartigsten Volkstragödien, die je erlebt worden sind,
und dieser moralische Widerstand gegen Caligula einer der staunens-
würdigsten Züge in der Geschichte der jüdischen Nation, welcher sie
mehr verherrlicht als die größten Taten Davids und Salomons. Petronius war erschüttert, er schrieb abmahnend an Caligula; und nun
kam auch des Kaisers Jugendfreund, jener König Agrippa, nach Rom,
der für sein Volk bittend eintrat. Philo erzählt, sein Entsetzen über
die tempelschänderische Zumutung Caligulas sei so groß gewesen,
daß er ohnmächtig fortgetragen ward und in eine lebensgefährliche
Krankheit verfiel; er läßt ihn endlich einen meisterhaften Brief
schreiben, infolgedessen dieser Herrscher, dem die ganze Welt Tempel, Altäre und Statuen weihte, von seinen Gelüsten abstand, sein
Bild im Heiligtum zu Jerusalem aufzurichten.

Sein schneller Tod schützte auch die Juden Roms vor seiner Rache.
Aber leider sagte Philo nichts von dem Zustand der damaligen Juden-
schaft in Transtiberis; es scheint, sie bildeten dort eine Synagoge der
Libertiner oder Freigelassenen.

Seitdem die christlichen Mysterien in Rom eindrangen, wurden
Juden und Cristen als gemeinschaftliche Sekte begriffen, was um so
leichter geschehen konnte, als die damaligen Christen größtenteils
Judenchristen waren. Sie erlitten daher dieselben Verfolgungen. Im
Jahre 51 jagte sie Claudius allesamt aus der Stadt, nachdem sie
schon Tiberius auf den Rat Sejans einmal nach Sardinien vertrieben
hatte, um ihrem schmählichen Wucher Einhalt zu tun; dies beweist,
daß sie schon damals in Anleihegeschäften ihren Lebensberuf begriffen. Immer kehrten sie wieder und wußten sie sich zu behaupten; ihre
Anzahl wuchs, so daß man sie unter den ersten Kaisern auf 8000 angibt, was also die heutige Judenzahl um mehr als das Doppelte über-
steigen würde.

Nun kam der Fall des jüdischen Landes und die Zerstörung Jerusalems durch Titus, welcher eine Menge jüdischer Kriegssklaven nach
Rom schleppte, von denen ein Teil hingerichtet wurde, der größere
aber in der Stadt blieb. Ich halte es für lohnend genug, die Darstellung des Triumphes fortzusetzen, damit der Leser, welchem Flavius
Josephus unbekannt ist, dieses merkwürdige Schauspiel gegenwärtig
habe.

«Es ist unmöglich», so fährt Josephus fort, «die Mannigfaltigkeit

dieses Schauspiels und die Pracht in jeder Hinsicht, sei es in bezug auf
die Kunst der Werke oder auf Reichtum und Seltenheiten, zu beschreiben. Alles, was je Menschen einzeln besaßen, und was nur selten und
kostbar ist, schien an jenem Tage vereinigt, um die Größe des römischen Reichs zu zeigen. Schmuck von Gold, Silber und Elfenbein sah
man hier in allen Gestalten, nicht bloß etwa als einzelne Prunkstücke
des Festzuges, sondern wie in einem Strom daherfließend. Gewänder,
teils mit dem feinsten Purpur getränkt, teils mit babylonischer Kunst
aufs sorgfältigste ausgestickt, schimmernde Edelsteine in goldene
Kronen gefügt oder in anderen Fassungen, daß man es für Irrtum
ansah, solche Dinge noch für selten zu halten. Es folgten Götterbilder,
an Größe außerordentlich und an Kunst unnachahmlich – alles aus
den kostbarsten Stoffen. Auch Tiere verschiedener Art und in den
seltensten Verzierungen wurden vorbeigeführt. Sämtliche Träger
dieser Kostbarkeiten erschienen in purpurner und vergoldeter Kleidung. Besonders herrlich waren die Soldaten geschmückt, die an der
Ehre des Triumphes teilnehmen durften. Selbst die Schar der Gefangenen zog die Aufmerksamkeit auf sich. Ihre bunte Kleidung entzog
den Augen der Zuschauer den widerlichen Ausdruck dieser ausge-
mergelten Gestalten. Das größte Erstaunen erregten die prachtvollen
Baldachine. Man mußte unwillkürlich für die Kräfte der Träger fürchten. Einige hatten drei und vier Wölbungen übereinander, und die
Kunst der Ausführung war ebenso erstaunlich als angenehm. Viele
waren noch mit goldgestickten Teppichen überhangen, an allen funkelten kunstreiche Arbeiten aus Gold und Elfenbein. In allen möglichen Formen und Wendungen stellte sich der Krieg dar. Da sah man
eine verheerte Gegend, ganze Reihen gefallener Feinde, Flie-
hende, Gefangene, unermeßlich hohe Mauern unter dem Stoß der
Maschinen stürzen, feste Burgen zertrümmert, die Mauern volkreicher Städte erstiegen, ein in das Innere hereinstürmendes Heer, Blut-
bad, Hilfeflehende, Wehrlose, brennende Tempel, Häuser, die über
ihren Bewohnern zusammenstürzen, endlich nach einer weiten wilden
Verheerung hereinströmende Flüsse, nicht um Felder zu wässern oder
Menschen und Herden zu tränken, sondern um den allgemeinen
Brand zu löschen. Dies alles, erzählten die Juden, hätten sie im Krieg
erduldet. Die prächtige Ausführung stellte selbst dem Unkundigen
alles gegenwärtig dar. Bei jedem der Baldachine standen die feindlichen Befehlshaber in der Haltung, wie sie gefangen wurden. Nun
folgte eine Menge Schiffe. Andere Kriegsbeute ward haufenweise getragen, doch alles mußte erbleichen vor den Tempelgefäßen von Jerusalem: ein goldener Tisch von mehreren Talenten an Gewicht, ein
Kronleuchter, ebenfalls aus Gold, aber in der Form von dem zum
Alltagsgebrauch dienenden verschieden; der Schaft in der Mitte war

in dem Fuß befestigt, und dünne Äste erstreckten sich auswärts, nach Art eines Dreizacks; oben an jedem befand sich eine eh:rne Lampe. Deren waren es sieben, ein Symbol der Heiligkeit des siebenten Tages bei den Juden. Hinter diesem wurde das Gesetz Gottes als Schluß der Beute hergetragen. Hierauf kamen Männer, welche Bildsäulen der Viktoria trugen, sämtlich aus Gold und Elfenbein. Zunächst an ihnen ritt Vespasian; ihm folgte Titus; Domitian ritt neben ihm in prachtvollem Gewande auf herrlichem Roß. Das Ziel des Triumphzuges war der Tempel des Jupiter Capitolinus; vor diesem angekommen, machten sie halt. Denn es ist eine alte Sitte, dort zu warten, bis der Herold den Tod des feindlichen Heerführers verkündigt. Simon Bar Giora war es, der auch im Triumphzug mit aufgeführt wurde. Mit einem Strick um den Hals wurde er auf den Felsenrand gegen das Forum gezogen und von seinen Führern mit Ruten gestrichen. Dort werden nach römischem Gesetz verurteilte Verbrecher hingerichtet. Als verkündet war, daß er dahin sei, erscholl allgemeiner Jubelruf, und nun begann das Opfer. Nach den Gebeten und den Spenden kehrten die Kaiser zum Palast zurück. Viele zogen sie selbst zur Tafel, für andere waren zu Hause reiche Mahle bereitet. Die ganze Stadt Rom feierte diesen Tag als Dankfest für den glücklich beendeten Feldzug, für das Ende der Bürgerkriege und für die schönsten Hoffnungen auf künftiges Glück.»

Vespasian erbaute hierauf dem Frieden einen herrlichen Tempel. In ihn stiftete er die Tempelgeräte Jerusalems; die Bundeslade aber und ihre purpurnen Vorhänge ließ er im Cäsarenpalast niederlegen. Jener Triumphbogen nun, in dessen innerer Wölbung die heiligen Geräte und der feindliche Umzug mit so hoher Kunstvollendung dargestellt sind, wurde erst nach Titus' Tode vollendet. Im Mittelalter hieß er wegen seiner Bildwerke der Bogen der sieben Leuchter oder, wie das Buch der Mirabilien der Stadt Rom sagt: «Arcus septem lucernarum Titi et Vespasiani, ubi est candelabrum Moysi cum arca.» Seine römische Gestalt wurde im Mittelalter verändert, denn die mächtigen Frangipani, welche das Forum und das Kolosseum beherrschten, hatten ihn zu einem Kastell umgestaltet und einen Turm darangebaut, Turris Cartularia genannt. Erst unter Pius VII., im Jahre 1822, wurde der Triumphbogen so wiederhergestellt, wie er nun heute dasteht, eine der merkwürdigsten Antiken der Stadt, doch die modernste Restauration.

Titus hatte es übrigens verschmäht, nach dem Triumph sich den Namen «Judaicus» beizulegen – ein Beweis, wie sehr er die Juden verachtete. Aber er, wie Vespasian, duldete die Hebräer in Rom, welche sich natürlich durch den Zuzug von Sklaven und Freigelassenen bedeutend vermehrt hatten. Vespasian hatte ihnen freie Religi-

onsübung gestattet, doch mußten sie das Kopfgeld von einem halben
Sekel, das sie früher an den Tempelschatz zahlten, an den Kapitolinischen Jupiter entrichten. Die Juden zahlen ihren Tribut noch heute
an das Kapitol, an die Camera capitolina.

Unter Domitian wurde dieser Fiscus judaicus, wie Sueton erzählt,
mit großer Strenge eingetrieben. Die Juden wohnten damals offenbar
zumeist in Trastevere, wurden aber von dem hartherzigen Kaiser
ganz aus der Stadt gejagt. Er wies ihnen merkwürdigerweise das Tal
der Egeria an, wofür sie ein Pachtgeld erlegen mußten. Dies sagt
Juvenal in der dritten Satire:

Hier, wo Numa pflog Umgang mit der nächtlichen Freundin,
Wo nun des heiligen Quells Laubhain und die Stätte der Gottheit
Juden man leiht, die mit sich führen das Heu und den Tragkorb;
Muß doch jeglicher Baum nun Steuer entrichten dem Volke,
Und weil alle Camenen verjagt sind, bettelt der Wald selbst;
Hier nun stiegen wir ab zu Egerias Tal und den Grotten,
Welche den echten ungleich; wohl ehrte man besser des Springquells
Gottheit, säumte mit grünendem Rand Wildkraut noch die Wellen,
Kränkte der Marmor nicht unziemlich den örtlichen Tuffstein.

Juvenal sah demnach, wenn er durch das Capenische Tor nach dem
Tal der Egeria ging, die Juden, ziemlich bettelhaft, wie es scheint, mit
Heubündeln und Körben ein und aus gehen und dort Zigeunerwirtschaft treiben. Die Heubündel dienten ihnen zur Lagerstatt, und in
den Körben schleppten sie Handelsplunder und Mundvorrat mit sich.
Aus den römischen Nachrichten geht hervor, daß sie zu jener Zeit in
Art und Geschäft den Juden von heute so ziemlich gleich waren. Die
Verachtung der Römer gegen diese unglücklichen Menschen war groß,
und es galt für eine Beschimpfung, in einem jüdischen Bethaus gewesen zu sein, während die Teilnahme am Kultus der Isis, des Mithras, des Priap keineswegs als Entehrung galt. Und so ist es merkwürdig genug, denjenigen Gottesdienst, welcher in Rom von allen
Idolen und aller Bilder- und Tierverehrung zu allen Zeiten frei war,
mit schimpflicher Verachtung behandelt zu sehen.

In der vierzehnten Satire beklagt sich Juvenal einmal über den
Aberglauben, welcher Römer antreibe, sich ins Judentum einweihen
zu lassen:

Einige, denen der Zufall gab zum Vater des Sabbaths
Ehrer, beten die Wolken nur an und das himmlische Wesen,
Und sie achten des Schweins Fettfleisch gleich menschlichem heilig,
Des sich der Vater enthielt, ablegen sie bald auch die Vorhaut.
Aber das Römergesetz zu verachten, sie selber, gewohnt nun,

Lernen sie Judengesetz und befolgen mit heiliger Ehrfurcht,
Was nur immer die Bücher, die mystischen, lehren des Moses.

Zu jener Zeit gaben sich die Juden, wie bei uns die Zigeuner, auch mit
Wahrsagerei, mit geheimen Liebeskünsten, Zaubertränken und dunklen Heilmitteln ab. Auch dies sagt Juvenal in seiner sechsten Satire:

Lassend das Heu und den Tragkorb,
Bettelt die Jüdin, die zitternde, leis in das heimliche Ohr nun,
Die das Gesetz auslegt von Jerusalem, heiligen Waldes
Priesterin sie, die erhab'ne, des Himmels vertrauliche Zeugin.
Sie auch füllet die Hand, doch billig für kleineres Geldstück
Bieten die Juden dir feil, was immer von Träumen du wünschest.

In diesen Versen zeichnet der Satiriker ein so deutliches Bild vom
jüdischen Wesen, daß wir ein zigeunerndes Weib, eine Vettel, wie
wir sagen, leibhaftig vor uns zu sehen glauben. Und wie damals zu
Domitians Zeit Judenweiber scheu und nächtlicherweile aus dem
Egeriatal hervorkamen, sich in das Haus einer wollüstigen römischen
Dame zu schleichen, so geschah es auch bis auf die neueste Zeit in
Rom. Denn viele Judenweiber aus dem Ghetto schlichen als Wahr-
sagerinnen in der Stadt umher, vornehmen Damen Träume zu deuten, Liebestränke zu verkaufen und Lustmittel anzubieten. Ausdrücklich bezieht sich darauf die Bulle Pius' v. von 1569, welche beginnt:
«Hebraeorum gens sola quondam a Domino electa.» Dies merkwürdige Dekret, wodurch die Juden aus allen Städten des Kirchenstaats, mit Ausnahme von Rom und Ancona, verbannt wurden, ist
ein wichtiges historisches Denkmal; ich führe, so große Zeiträume
überspringend, Stellen daraus an, um sie sofort mit jenen Versen des
Juvenal zu vergleichen. Es heißt darin: «Nachdem dies Volk sein
Priestertum verloren, nachdem die Autorität des Gesetzes ihm genommen, ist es aus seinem eigenen Wohnsitz zerstreut, den ihm der milde
und gütige Gott einst seit dem Ursprung eben dieses Volkes bereitet
hatte, als ein Land, wo Milch und Honig fließt; nun irrt es seit so
vielen Jahrhunderten über den Erdkreis; verhaßt, mit jeglichem
Schimpf und Makel bedeckt, treibt es jegliche infame und schändliche
Kunst, auf welche Weise es immer den Hunger stillen mag, nicht anders als die verworfenste Sklavenschaft.» Nun werden diese Künste
angegeben: «Denn um von so vielerlei Art Wucher zu schweigen,
mit dem die Juden das Vermögen bedürftiger Christen gänzlich auf-
zehren, so glauben wir, es sei offenbar genug, wie sie Hehler der
Räuber und Diebe sind und Helfershelfer, die allerlei gestohlenes
und gerafftes Gut, nicht allein profanes, sondern auch dem göttlichen
Kultus zugehöriges, entweder für eine Weile zu verbergen, oder an

einen anderen Ort zu bringen, oder ganz umzugestalten wagen, damit
es nicht mehr erkannt werde; sehr viele auch stehlen sich, unter dem
Scheine, ein ihnen zukommendes Geschäft zu treiben, in die Häuser
anständiger Frauen, wo sie viele in den Abgrund schändlicher Un-
zucht stürzen, und was das Allerverderblichste ist, sie verführen gar
viele Unvorsichtige und Schwache mit Satansblendwerk, mit Wahrsagerei, Zaubermitteln, mit magischen Künsten und Hexereien und
machen jene glauben, daß die Zukunft vorausgesagt, daß Diebstähle,
Schätze, verborgene Dinge enthüllt und außerdem vieles offenbart
werden könne, von welchem nicht einmal die Fähigkeit der Ahnung
irgendeinem Sterblichen jemals erlaubt worden ist.» Also die Bulle
Pius' v.

Ich zweifle übrigens nicht daran, daß noch heute Judenweiber
solche Zauberkünste und Liebestränke heimlich in die Häuser tragen.

Ich möchte behaupten, daß die Schuld jener in allen Zeiten gleich
großen Judenverachtung in dem Naturell der Hebräer selbst lag,
welche den Römern durch eine an die Karikatur streifende Persönlichkeit lächerlich sein mußten. Denn es ist eigentümlich, und wir
sagen es, ohne weder so viele treffliche und würdige Menschen unter
den Juden noch überhaupt den ganzen Stamm kränken zu wollen –
es liegt für den Europäer im echt jüdischen Wesen oftmals etwas
Karikiertes, das so lächerlich wirkt, wie jener possenreißerische Tanz
des Königs David vor der Bundeslade höchst lächerlich war und
selbst Michal mit Verachtung erfüllte. Dazu kam der Stolz, das aus-
erwählte Volk Gottes zu sein, eine große und bewunderungswerte
Bestimmung, wozu die Geschichte der so wunderbar, ja einzig in der
Welt dastehenden Judennation das volle Recht gegeben; endlich die
Verachtung gegen jeden andern Glauben und die Scheu vor der Be-
rührung jedes andern Menschen; so begann dieses Volk den Fluch
seines Nationalstolzes und die Strafe seiner kastenhaften Absonderung zu tragen, bis es von den Christen endlich in die Menagerie
eines Ghetto schimpflich gesperrt ward.

Die Verhältnisse der Juden in Rom unter den späteren Kaisern sind
dunkel. Eine Notiz erzählt, daß Alexander Severus ihnen gestattete,
in Trastevere zu verbleiben, welches bis in das späteste Mittelalter
von Juden bevölkert gewesen sein muß. Hadrian hatte Jerusalem
zum zweitenmal und gänzlich zerstört, und zahllose Juden waren auf
den Märkten Syriens zum Preise von Pferden verkauft worden. Ohne
Zweifel vermehrte sich seitdem die Judenschaft in Rom beträchtlich.

Sobald nun das Christentum römische Staatsreligion geworden
war, mußten die Juden in eine neue und weit gefährlichere Stellung
zu den Herrschern und Magistraten Roms geraten, weil sich nun zur
altrömischen Verachtung auch der neue Haß gegen die Feinde Christi

gesellte. Schon Konstantin erließ ein Verbot wider die Hebräer, christliche Diener zu halten, woraus man erkennt, daß die Scheidung der Juden von der Gemeinschaft der Christen anfing, religiöse Vorstellung zu werden. Noch strengere Vorschriften erließ der Theodosianische Kodex gegen ihre Vermischung mit den Christen; er verbot auch den Juden in allen Provinzen, ein gewisses Fest zu feiern, wobei sie ihren versteckten Haß gegen den gekreuzigten Heiland sehr schlau auszulassen pflegten. Es war dies ein Fest zum Andenken an den Sturz ihres Feindes Haman; denn eben diesen stellten sie als Gekreuzigten dar und verbrannten ihn an jenem Tage unter großem Schreien und Toben, gleich als wäre es Christus.

Solange nach dem Untergang der römischen Herrschaft noch der Senat, also eine bloß bürgerliche Behörde, das Regiment der Stadt führte, mochten die Hebräer sich eines besseren Loses zu erfreuen haben; aber mit der Herrschaft der Päpste waren sie dem Fanatismus preisgegeben, welcher sich nach und nach bis zu einer durch das Gesetz geregelten Barbarei steigerte. Doch war in den ersten Jahrhunderten des Mittelalters der Judenhaß noch nicht so groß, daß man die Hebräer als den Auswurf der Menschheit hätte betrachten und behandeln mögen. Auch gab es manchen Papst, der sie menschenfreundlich in Schutz nahm. Selbst noch zur Zeit Alexanders III. (1159–1185) lebten in Rom freie und angesehene Juden, zumal reiche Ärzte von großem Ruf. Benjamin von Tudela erzählt, daß er damals gegen 200 Juden in Rom gefunden habe, angesehene Männer, und keinem tributbar, worunter der Papst seine Diener habe. «Dort findet man», so sagt er, «sehr weise Leute, von denen der erste der große Rabbi Daniel, und Rabbi Dehiel des Papstes Minister sei, ein schöner Jüngling, klug und weise, der am Hof Alexanders aus und ein geht.»

Noch merkwürdiger ist, daß der Gegenpapst Aneklet II. (gest. 1138), Pier Leone, eines getauften Juden Enkel war. Sein Geschlecht spielte in Rom als eine der angesehensten Patrizierfamilien eine glänzende Rolle, und durch lange Jahrhunderte. Dies Volk, von der Natur und durch den Widerstand, welcher den Witz verschärft, mit Talenten wie auch heute reich begabt, bei aller Unterwürfigkeit frech und zudringlich, wußte sich also bis in die Aula des Papsttums gleichsam einzuschmuggeln. Während Judenweiber in den Häusern des Adels wahrsagten und in geheimer Nacht Liebestränke verschmachtenden Edeldamen brauten, gingen Juden frank und frei bei den geldbedürftigen und verschuldeten Päpsten aus und ein, ihre Wechsler und Bankiers, endlich ihre Ärzte. Man findet alle jüdischen Ärzte der Päpste namentlich aufgezählt in dem Werk des Mandosio: «Degli archiatri pontificj», welches Marini vervollständigt hat (Rom 1784). Der erste in dieser Reihe ist Josua Halorki, Arzt des Gegenpapstes

Benedikt XIII. (1394), eines Mannes, welcher die Juden besonders
geliebt zu haben scheint. Halorki ließ sich später taufen und nannte
sich Hieronimus de Sancta Fede; unter diesem Namen schrieb er ein
Buch gegen die Juden («Hieronimi de Sancta Fede ex Judaeo Christiani
contra Judaeorum perfidiam et Talmud tractatus, sive libri duo ad
mandatum D. PP. Benedicti XIII.»); sein Name wurde von der Synagoge verflucht, wie der Name Uriel Acosta. Aber auch Innocenz VII.,
dessen Gegenpapst Benedikt war, gab im Jahre 1406 Juden von Trastevere das römische Bürgerrecht, so dem Meister Elia di Sabbato,
dem Meister Mose di Lisbona, dem Meister Mose di Tivoli, welche alle
Ärzte waren. Sie hatten als solche große Vorrechte und waren auch
von dem schimpflichen Judaszeichen befreit. Martins V. Colonna
(1417 bis 1431) Leibarzt war Elias aus dem Ghetto Roms. Und bis
ins 16. Jahrhundert finden sich jüdische Leibärzte im Vatikan trotz
aller Bannbullen dieses oder jenes judenfeindlichen Papstes. Als Ori-
entalen, als Verwandte der Araber standen die Juden überhaupt in
aller Welt, auch bei Fürsten und Kaisern, im höchsten Ansehen ärzt-
licher Wissenschaft. Samuel Sarfadi, ein spanischer Rabbiner, war
Leos X. Arzt, ein grundgelehrter und beredter Mann.

Natürlich fiel ein Schimmer der päpstlichen Gnade, wenn sich der
jüdische Arzt ihrer erfreute, auch auf das Judenvolk in Trastevere zurück. Aber bei der Natur des kirchlichen Regiments, welches persönlich ist, sah die römische Judenschaft ihr Los lediglich vom Charakter
der jeweiligen Päpste abhängen, und diese wechselnde Behandlungs-
weise hielt sie in beständiger Aufregung, nährte oder erschlug ihre
Hoffnung und gab sie einem fast gesetzlosen Zustande preis.

Es hatten schon viele Konzilien im frühesten Mittelalter die Trennung der Juden von den Christen anbefohlen und ihnen ein Schand-
abzeichen zu tragen auferlegt; dies Gebot erneute Innocenz III. im
Jahre 1215, ebenso andere Päpste. Solche Edikte umgingen die Juden
meistens, oder sie kauften sich davon los. Bald auch stieß ein gnädiger
Papst um, was ein feindlicher verordnet hatte. Johann XXII. hatte die
Juden verfolgt, endlich auch ihren Talmud untersagt und öffentlich
verbrennen lassen. Innocenz VII. dagegen war ihnen gnädig, und
am meisten schützte sie Martin V., ein Römer von Geburt. Er gewährte ihnen wieder das Privilegium, Ärzte sein zu können, und
befahl, daß alle Hebräer im Kirchenstaate zur Karnevalsbeisteuer,
welche ehedem die Juden Roms aufzubringen hatten, mit beitragen
sollten. Aber schon sein Nachfolger Eugen IV. Condolmieri, ein Venezianer und, wie die meisten Päpste venezianischer Herkunft, dem
handellustigen Volk Israel feind, beschränkte die Juden auf das
äußerste. Er verbot ihnen, mit Christen zu verkehren, zu essen oder
zu wohnen, oder sie als Ärzte zu behandeln. Er untersagte ihnen, in

der Stadt umherzustreifen, er verbot ihnen, neue Synagogen zu bauen oder irgendein öffentliches Amt zu bekleiden; auch durfte eines Juden Zeugnis gegen einen Christen nicht gültig sein. An d e kapitolinische Kammer hatten sie jährlich 1130 Gulden zu zahlen, außer anderen Gefällen und Beisteuern zu den Karnevalslustbarkeiten.

Für diese karnevalischen Spiele auf der Piazza Navona, am Hügel Testaccio und auf dem Corso hatte sich nach und nach die Sitte festgestellt, die Juden zur Volksbelustigung zu mißbrauchen. Nicht allein mußten sie sich der Entehrung unterwerfen, einen Trupp ihrer Ältesten, in Jacken oder Wämser gekleidet, der Kavalkade der Senatoren voranschreiten zu lassen, wenn diese den Corsozug eröffneten, sondern sie selbst mußten zur Schau rennen. Paul II., ein Venezianer, war es, welcher im festlich begangenen Friedensjahr 1468 den Römern zuerst die Corso-Rennschauspiele zum besten gab und auch die Juden öffentlich rennen ließ. Noch heute ist es Festsitte in den Städten Italiens, um die sogenannten Pallii zu rennen, das heißt, um den Preis von Teppichen und schönen Seidenstoffen, welche der Sieger davonträgt. Als Paul dieses Fest gab, liefen an jedem der acht Karnevalstage Pferde, Esel und Büffel, Greise, Jünglinge, Kinder und Juden. Man gab den Juden, wie man auch später zu tun pflegte, ehe sie rannten, reichlich zu essen, um den Lauf ihnen selbst beschwerlicher, dem Volk aber ergötzlicher zu machen. Sie liefen vom Arco Domiziano bis zur Kirche S. Marcus am Ende des Corso in voller Furie und unter dem Hetzgeschrei und dem Jubelgelächter Roms, während der Heilige Vater auf dem reichverzierten Balkon stand und herzlich lachte. Zwar möchte es scheinen, daß die allgemeine Teilnahme an dem Wettrennen, welchem sich auch Römer, Greise, Jünglinge und Kinder unterzogen, den Charakter der Entehrung entfernt habe; doch muß man wohl bedenken, daß dasselbe Vergnügen, welches Römern eine willige Lust war und als ein olympisches Spiel angesehen wurde, für die Juden als Schimpf galt. Wer nun je einem Corsorennen in Rom beigewohnt hat, wo jetzt der Lauf der Pferde an die Stelle des ehemaligen Judenlaufs getreten ist, und wer es gesehen hat, wie das Volk in fast furioser Aufregung mit Geschrei und grellem Gepfeife die hinwegstürzenden Tiere vorüberhetzt, der mag sich leicht vorstellen, wie in jenen barbarischen Zeiten die durch den Corso gehetzten Hebräer mehr als Spießruten laufen mußten.

Später wollte das Volk den Judenlauf nicht mehr missen, und ich finde in Sprengers «Roma nova» (vom Jahre 1667) die Nachricht, daß die Juden nackt und nur mit einer Binde um die Lerden laufen mußten, und zwar, sagt er, rennen erst die Esel, dann die Juden, dann die Büffel, dann die Berberpferde.

Gerade zwei Jahrhunderte lang erduldeten die Juden Roms diese empörende Entehrung, bis sie nach immer wiederholtem Flehen durch päpstliches Edikt davon erlöst wurden. Clemens IX. Rospigliosi befreite sie davon im Jahre 1668 und legte ihnen auf, statt des Rennens jährlich 300 Skudi zu bezahlen, und statt des Vorschreitens vor der Kavalkade des Senators, in der Thronkammer vor den Konservatoren Huldigung zu leisten und die Karnevalsprämien zu überreichen.

Am ersten Sonnabend des Karnevals pflegten die Häupter der Juden als Deputation der Judenschaft Roms vor den Konservatoren auf dem Kapitol zu erscheinen. Sie warfen sich vor ihrem Sessel nieder, und kniend überreichten sie einen Blumenstrauß und 20 Skudi, mit der Bitte, dies zur Auszier des Balkons zu verwenden, auf welchem der römische Senat auf der Piazza del Popolo seinen Sitz nahm. In gleicher Weise gingen sie zu dem Senator und flehten ihn nach hergebrachter Sitte um die Vergünstigung an, ferner in Rom bleiben zu dürfen. Der Senator setzte seinen Fuß auf ihre Stirn, befahl ihnen aufzustehen, und sagte nach hergebrachter Formel, daß die Juden in Rom nicht aufgenommen, doch aus Barmherzigkeit geduldet seien. Auch diese Demütigung ist geschwunden, aber auch jetzt kommen die Juden am ersten Sonnabend der Karnevalsfeste auf das Kapitol und leisten ihre Huldigung und Tribut für die Pallien der Pferde, welche sie zu beschaffen haben, in Erinnerung dessen, daß nun die Pferde an ihrer Statt das Volk belustigen.

Es fehlte im Mittelalter nicht an anderen Huldigungszeremonien, die den Juden auferlegt waren. Beim Fest der Besitznahme des erwählten Papstes vom Lateran mußten sie in festlicher Deputation ihm entgegenkommen, und man will wissen, daß sie schon den alten Kaisern in ähnlicher Weise verehrend sich darstellten. Die Hebräer opferten in ihrem Tempel zu Jerusalem, wenn der römische Kaiser den Thron bestieg, und brachten Gebete für ihn dar; so sagte schon Philo in seiner «Gesandtschaft an den Kaiser Cajus», daß die Juden dreimal für Caligula Opfer vollzogen hätten, das erstemal, als er den Thron bestieg, darauf, als er in gefährliche Krankheit verfiel, das drittemal für seinen Sieg über Deutschland. Daß auch die Juden in Rom das gleiche taten, ist natürlich, und schwerlich haben sie bei den Huldigungsfeierlichkeiten gefehlt, um vor dem Kaiser als Schutzflehende zu erscheinen und solche Duldung zu erbitten, wie sie ihnen von Augustus gewährt worden war.

Als nun an die Stelle der Kaiser die Päpste getreten waren, wechselten nur die Formen, nicht das Wesen der Zeremonien. Bei jeder Huldigung eines Papstes erschienen die Abgesandten der römischen Judenschaft, mit dem Pentateuch auf der Schulter, an dem Wege, wo der päpstliche Triumphzug vorüberkam. Man betrachtete sie nach dem

Ausspruch des heiligen Hieronymus gleichsam als die Bibliothekare
der christlichen Religion, weil sie das Alte Testament oder vielmehr
das Gesetz in ihrer Bundeslade verwahrt gehalten hatten; und indem sie dem neuerwählten Papst als Schutzflehende nahten, taten sie
dies, wie man sagt, teils weil ihre Väter in solcher Gestalt vor den
Kaisern erschienen waren, teils weil sie, auf einen Messias und Befreier aus der Gefangenschaft hoffend, den jedesmaligen Papst dar-
aufhin betrachteten, ob nicht er es sei, der sie von ihrem Joch befreien würde.

Seit Calixt II., der im Jahre 1119 von den Juden eine solche Zeremonie empfing, haben wir von jeder Huldigungsfeierlichkeit Nachricht. Allen brachten sie den Pentateuch auf der Schulter entgegen, so
Eugen III., wie Alexander III. und Gregor IX., und sangen Lieder, zu
ihrem Lobe. Cancellieri in seinem Werk «Storia de' possessi» (Geschichte der Besitznahme der Päpste) gibt darüber die besten Auf-
schlüsse aus den Tagebüchern der päpstlichen Zeremonienmeister.

Der Ort, an welchem die Juden sich aufstellten, wechselte. In der
Zeit des älteren Mittelalters war es die Region Parione, einer der
ältesten und wichtigsten Stadtteile Roms, diesseits der Hadrianischen
Brücke gelegen, wo die Judenschaft den nach dem Lateran ziehenden
Papst erwartete. So erzählt schon das alte lateinische Gedicht des Kardinals Giacoma Stefaneschi, welches die Huldigungsfeier Bonifacius' VIII. im Jahr 1295 beschreibt:

> Ecce, super Tiberim positum de marmore pontem
> Transierat, provectus equo; turrique relicta
> De campo Judaea canens, quae caecula corde est,
> Occurrit vesana duci Parione sub ipso,
> Quae Christo gravidam legem plenamque sub umbra
> Exhibuit Moysi. Veneratus et ille figuram
> Hanc post terga dedit, cauto sermone locutus.
> Ignotus Judaea deus, sibi cognitus olim.
> Qui quondam populus, nunc hostis; qui deus et rex
> Obnubi patitur, praesentem temnere mavis,
> Quem fragilem reputas hominem, sperasque futurum,
> Et latet ipse deus – –

*Schon hatte er die marmorne Tiberbrücke hoch zu Roß überschritten.
Als er am Turm vorüber war, kam ihm die wahnsinnige Judenschaft,
Blindheit im Herzen, vom Campus her unter der Führung des Pario
selbst entgegen und zeigte das Christus ärgerliche und schattenreiche
Gesetz des Moses. Jener ehrte die Rolle, reichte sie hinter sich und
sprach in wohlgemessener Rede: ‹Gott ist der Judenschaft unbekannt,*

obwohl er ihr einst bekannt war. Einst war er vom Volke geliebt, jetzt verhaßt. Dieser Gott und König muß sich verdunkeln lassen, denn du ziehst es vor, den Gegenwärtigen zu verachten, den du für einen vergänglichen Menschen hältst, und hoffst auf den Zukünftigen. Gott selbst aber bleibt dir verborgen.›

Schon damals hatte dies Schauspiel dieselben Formen, wie sie später beobachtet wurden. Die Juden, Loblieder singend, warteten des im Triumphzug daherreitenden Papstes; sie boten ihm die Gesetzrolle dar, der Papst nahm sie, las einige Worte darin, reichte sie dann hinter sich und sagte: «Wir bestätigen das Gesetz, aber das jüdische Volk und seine Auslegung verdammen wir.» Hierauf ritt er weiter, und die Juden kehrten in ihre Wohnungen zurück. Niedergeschmettert oder zur Hoffnung belebt, je nach dem, was sie mit scheuer Furcht in den Augen des Papstes gelesen hatten. Entweder standen sie hinter der Hadriansbrücke, oder, wie es häufig geschah, an dem Platze, welcher Monte Giordano heißt. Obwohl dieser aus Schutt entstandene Hügel seinen Namen von Giordano Orsini, einem Edlen dieses alten römischen Geschlechts, empfangen hatte, der dort seinen Palast baute, so wählte man vielleicht um des Namens Jordan willen gerade diesen Ort für die Judenzeremonie; und dort standen die Nachkommen Israels, den prachtvoll in Gold gebundenen, mit einem Schleier bedeckten Pentateuch haltend, umringt vom verhöhnenden Volk und allen Mißhandlungen des Spottes oder Hasses ausgesetzt, bis der Papst erschien, und sie ihm kniend das Gesetz überreichten. Mit der Zeit wurde die Mißhandlung der Juden bei dieser Gelegenheit so groß, daß ihrem dringenden Flehen nachgegeben ward, und ihnen Innocenz VIII. Cibo zuerst im Jahre 1484 erlaubte, im innern Raum des Kastells Sant Angelo zu erscheinen. Die Feierlichkeit beschreibt der Zeremonienmeister Burkhard: «Als der Papst vorüberkam, hielt er nahe am Kastell Sant Angelo an, und die Juden, welche sich an die untersten Zinnen im Winkel des genannten Kastells gegen das Erdgeschoß zurückgezogen hatten, im Ornat und mit ihrem Gesetz, reichten es dem heiligen Vater zur Anbetung und Verehrung, mit hebräischen Worten ungefähr dieses Sinnes den Papst anredend: ‹Allerheiligster Vater, wir hebräischen Männer flehen Eure Heiligkeit im Namen unserer Synagoge an, daß wir gewürdigt werden möchten, daß uns das Gesetz, vom allmächtigen Gott dem Moses, unserm Priester, auf dem Berge Sinai übergeben, möge bestätigt und gebilligt sein, wie auch andere erhabene Päpste, die Vorgänger Eurer Heiligkeit, es bestätigt und gebilligt haben.› Es antwortete der Papst: ‹Wir billigen das Gesetz, aber euren Glauben und eure Auslegung verdammen wir, weil der, von dem ihr sagt, er werde kommen, gekommen

ist, unser Herr Jesus Christus, wie die Kirche uns lehrt und predigt.›
Nach vollendeter Zeremonie zogen sich die Juden zurück.»

Erinnert man sich, daß jenes Kastell Sant Angelo das Grabmal
Hadrians war, des Kaisers, welcher Jerusalem zum zweitenmal von
Grund aus zerstört und die Juden in die Sklaverei verkauft hatte, so
stand auch dieser Ort zur Geschichte Israels in einer kränkenden Be-
ziehung; denn das Andenken Hadrians hassen die Juden wie das des
Titus.

Ausnahmsweise empfing Pius III. im Jahre 1503, weil er krank
war, die Juden in einem Saal des Vatikans selbst. Julius II. empfing
ihre Huldigung wieder am Grabmal des Hadrian, wobei sie einen
langen Sermon machten, und besonders der spanische Rabbi Samuel,
der Leibarzt des Papstes, mit Beredsamkeit sprach. Der Papst antwortete «prout in libello», das heißt nach Vorschrift des Zeremonien-
buchs.

Auch Leo X. Medici, dessen Huldigungsfeier im Jahr 1513 die glänzendste war, die je ein Papst erlebte, empfing die Juden am Kastell
Sant Angelo. Der Zeremonienmeister Paris de Grassis beschreibt die
Szene. Die Juden standen am Tor des Kastells auf einem hölzernen
Gerüst, welches mit Goldbrokat und seidenen Teppichen bedeckt war,
und worauf acht weiße Wachskerzen brannten. Dort hielten sie die
Gesetztafeln. Als der Papst auf seinem weißen Roß vorbeigeritten
kam, baten die Juden um die gewohnte Bestätigung. Er nahm das
offene Buch aus ihren Händen, las darin und sagte darauf: «Wir bestätigen, aber wir stimmen nicht bei (Confirmamus sed non consenti-
mus)»; dann ließ er das Buch zur Erde fallen und setzte seinen Zug
fort.

Dies war das letzte Mal, daß die Zeremonie am Kastell stattfand;
seitdem wurde sie durch den vorgeschrittenen Geist der Zeit oder
durch andere unbekannte Ursachen abgeschafft.

Dagegen gab man nun den Hebräern auf, einen Teil der Straße,
durch welche der päpstliche Zug schritt, mit kostbaren Stoffen aus-
zuzieren. Beim Fest der Besitznahme Gregors XIV. (1590) mußten sie
den Abstieg vom Kapitol und den Bogen des Septimius Severus mit
Teppichen bedecken. Bald darauf wurde es Regel, daß sie den Titusbogen und die Straße bis zum Kolosseum ausschmückten. So mußten
sie den Schimpf leiden, dasselbe ihnen verhaßte Triumphtor zu verzieren, welches einst dem Zerstörer Jerusalems erbaut worden war.

Dies geschah bei den Thronbesteigungen aller folgenden Päpste.
Jedesmal schmückten die Juden den Titusbogen, und sie mußten auf
die Tapeten Embleme heften, welche sich auf den Papst bezogen und
mit lateinischen Sprüchen aus dem Alten Testament bezeichnet waren.
Die Embleme, in der Regel 25 an der Zahl, waren höchst sinnreich

und in ihrer phantastischen Bildersprache echt orientalisch. Es wurde
also vorgestellt der Myrtenbaum, der seinen Balsam freiwillig nieder-
träufelt, ohne vom Messer geschnitten zu sein; dazu der Spruch:
«Beatus rex qui nobilis est» (Gesegnet sei der Fürst, der edelmütig ist).
Ferner der Pelikan, welcher seine Brut mit dem eigenen Leben tränkt:
«Er verschwendete und gab's den Armen.» Psalm 112, 9.

Eine Palme von der Sonne beschienen; darüber: «Recht wie die
Palme wirst du blühen»; darunter: «Dein Einzug wird gesegnet sein.»
Das Rhinozeros, welches sein Horn in eine Quelle taucht, eine offene
Meermuschel, der Vogel Phönix und ein Regenbogen, ein fressender
Schwan, reifes Korn, Bienenschwärme, der Maulbeerbaum, eine be-
kränzte Harfe, ein Meer mit singenden Sirenen, darüber der Himmel,
gegen welchen viele Nachtigallen fliegen; darunter der Spruch aus
dem Jesaias: «Zusammen singen sie.»

Diese Bildersprache erinnert an ähnliche Huldigungsfeierlichkeiten
der sizilischen Araber, wenn sie ihre Herren, die normannischen
Könige, beglückwünschten. Mit Jammer und Tränen hatten die Juden
solche Teppiche ihrer Schmach gestickt, und wenn sie vom Titusbogen
in ihren schmutzigen Ghetto zurückkehrten, reinigten sie sich gewiß
mit jeremiadischem Wehgeschrei und mit Gebeten von dieser Huldigung gegen den Statthalter Christi.

Eine Wahrnehmung ist jedoch höchst merkwürdig. Auch in das
Vorstellen des Judentums drang mitten im antiken Rom die Mythologie der Heiden ein, und besonders in jener Zeit des 17. und 18. Jahrhunderts, wo die Götter des Olymps seit Raffael und Leo x. und seit
dem Studium des Altertums die Welt wieder beherrschten. Was ist
ergötzlicher und widerspruchsvoller, als diese Richtung auch in den
Juden Roms sich abspiegeln zu sehen, vor allem im 18. Jahrhundert,
in dem goldenen Zeitalter des barocken Parnasses! Da werden auch
ihre Embleme mythologisch, ihre Huldigungsgedichte reden vom
Apoll und von den Musen, und indem sich so Antikes und Alttesta-
mentliches vermischt, wird die Verwirrung des Vorstellens wahrhaft
komisch und der Widerspruch noch größer, wenn man bedenkt, daß
diese Gedichte und Embleme vom Volk Israel einem Papst gewidmet
sind. Die meisten mythologischen Embleme finden sich unter denen,
welche die Juden Pius vi. und Pius vii. darbrachten. Man sah Herkules, aus dessen Mund Goldketten gehen, womit er die Völker anzieht, und darunter den Bibelvers: «Die Lippen des Frommen tönen
von Anmut.» Sprichwörter 10, 32. Man sah den Berg Parnaß auf der
einen Seite und von der andern eine Plattform, bedeckt mit Tapeten,
worauf Pferde und Maulesel Korn fressen, mit dem Spruch aus Hiob:
«Vor dem Zugvieh lehrt er uns.» Die barockste Zusammenstellung,
welche denkbar ist: Parnaß, Maulesel und Hiob. Man sah die Juno

mit einer Lilie, den Atlas, der die Welt trägt, Minerva mit dem Ölzweig, einen Tempel, worin Merkur mit den drei Grazien stand, und
worunter zu lesen war: «Er wird solche nicht ihres Guts berauben,
welche in Reinheit wandeln.» Psalm 84, 12. Von allen mythologischen
Göttern war freilich Merkur, der Patron der Kaufleute und Wechsler,
der Rothschild unter den olympischen Göttern, diejenige antike Figur,
welche dem Ghetto die verständlichste sein mußte. Mehr oder
weniger bezogen sich diese Embleme des armen Volks doch immer
auf eine und dieselbe Vorstellung, Geld und wieder Geld, daher auch
die Hörner der Amalthea, aus denen Goldmünzen, Wein und Brot
geschüttet werden, sehr beliebt waren.

Dem Papst Pius VII. Chiaramonti verehrten die Juden alle ihre
Embleme und Mottos, gebunden in ein kostbares, in Miniatur gemaltes Büchlein, welches ihm der Rabbi Leone di Leone d'Ebron in
Venedig überreichte, langen Bartes, in einem Kaftan und mit einem
orientalischen Turban. Die Überschrift des lateinischen Huldigungs-
gedichts im elegischen Versmaß lautete:

Pio Septimo P. O. M.
Qua die imperii gubernacula solemniter suscipit
Quod Bonum felix faustumque sit
Festivissima Hebraeorum universitas D. D. D.

Man sieht, die klassischen Juden von Rom hatten nicht fruchtlos an
der Halle der römischen Oktavia gewohnt. Das Gedicht selbst aber
begann zuerst echt jüdisch mit dem O weh, und ging dann zum
Apollo und dem Papst selbst fort:

O me si cithara plectroque juvaret Apollo,
    Concinerem summi maxima regna Pii,
Meque peregrinis audiret versibus uti,
    Quidquid habet tellus, quidquid et axis habet.
Principis astra super ferrem clarissima facta,
    Queis comes it recti non temerandus amor:
Quippe suis, velut illa, polo fulgoribus umbras
    Dimovet, e vultu quos radiante jacit.
Est pro me Pindi veniant et culmine Musae
    Quas cecinit vatum fabula Graeca deas.
Hae resona fundant solemnia carmina voce,
    Tympana pulsantes, sistra lyrasque manu,
Hae Themidis celebrent servantem jura decorae,
    Qua duce subjectis imperat agminibus:
Candoremque sinus dantis cum pace salutem,
    Viribus ingenii, pondere consilii.

Magnanimis nitit ille notis, prudentibus aeque,
  Ne summum videat gloria tanta diem!
Culmina Gregorium nutu qui celsa creavit,
  Sospitet, omnigenis condecoretque bonis.
Edat, ut arbor aquae prope rivos consita, fructus,
  Et diadema suum vinciat usque caput.
Hic niteat solusque, ferax sit dactilus ipse:
  Adspiciat laetos ire, redire dies.
Gaudeat urbs, precibus nunquam non acribus instet,
  Ut sibi sint Pacis munera juncta Piae.

O daß mir Apollo mit Zither und Plektron hülfe, dann würde ich besingen die gewaltige Herrschaft des erhabenen Pius, und er würde mich in fremden Versen künden hören von dem, was auch immer die Erde trägt und sich um ihre Achse dreht. Die herrlichsten Taten des Fürsten würde ich über die Sterne hinaustragen, denen zur Seite geht nicht zu erschütternde Liebe des Rechten. Den Sternen gleich entfernt er durch den Glanz seines strahlenden Blickes vom Himmelsgewölbe die Schatten. O daß an meiner Stelle Männer wie Pindar kämen und von ihrem Gipfel die Musen, die die griechische Sage besang als Göttinnen der Dichter. Möchten sie feierliche Lieder mit wohltönender Stimme anstimmen, die Zimbeln schlagen, die Sistren und die Leier. Möchten sie feiern den Hüter der Rechte der erhabenen Themis, unter deren Führung er seinen Heerscharen befiehlt. Möchten sie feiern den Glanz seines Friede und Heil spendenden Herzens, Gaben seines kraftvollen Geistes und seiner gewichtigen Einsicht. Jener glänzt durch seine bekannte wie kluge Großmut, und nimmer möge so großer Ruhm enden. Hüter möge er sein jener durch Gregors Wink geschaffenen Höhe und eine Zierde in allen guten Eigenschaften. Gleich dem Baume an Wasserbächen möge er Frucht spenden, und immerdar möge sein Haupt das Diadem schmücken. Hier möge er allein glänzen und selber ein fruchtbarer Dichter sein. Fröhliche Tage möge er kommen und gehen sehen. Es freue sich die Stadt und nie möge sie von inbrünstigen Gebeten lassen, auf daß sie immer besitze die Geschenke eines Piusfriedens.

Ein reichgebundenes Buch, worin Embleme und Gedichte aufgeschrieben waren, hatten die Juden von Pietro Paoletti, einem Maler aus Belluno, für Gregor XVI. malen lassen, weil dieser Papst aus Belluno gebürtig war. Der Papst schenkte es hierauf dem Kapitel der Kathedrale seiner Vaterstadt als Auszeichnung. Auch dem jetzt regierenden Pius IX. wurde ein ähnliches Büchlein überreicht; der römische Rabbi, ein im Schreiben sehr geschickter Mann, wie mir die Hebräer versicherten, hatte darin kunstvolle Embleme und Sprüche aus der Bibel geschrieben, und es war so köstlich ausgeziert und gebunden, daß es gegen 500 Skudi soll gekostet haben.

Solches waren also die durch Lokal und römische Färbung ausgezeichneten Judenzeremonien bei päpstlichen Huldigungen. Aber auch unter andern Verhältnissen fand Ähnliches statt; denn in Korfu, so wird in Moronis «Dizinario» erzählt, beglückwünschten die Juden den neugewählten Erzbischof mit großer Feierlichkeit. Als im Jahre 1780 Francesco Maria Fenzi seinen Einzug in Korfu hielt sah man ein seltsames Schauspiel von den Juden aufführen. Ihren Zug eröffnete ein Jude in italienischer Kleidung mit einem Feldherrnstab, ihm folgten drei Juden als die drei Erzväter mit längeren Stäben; dann zwölf italienisch gekleidete Jünglinge, die zwölf Stämme darstellend, ein jeder einen silbernen Apfel in der Hand; hinter diesen andere zehn Jünglinge mit dem Mantel Talet über den Schultern, darstellend die zehn weisen Rabbiner, die Konservatoren des mosaischen Gesetzes zur Zeit Cäsars. Es folgten elf Jünglinge mit Blumen in den Händen, die elf Brüder Josefs, und vier Diener, gleich als gingen sie zum König Pharao. Hierauf acht Männer mit Gefäßen und Palmen, die acht Konservatoren des Gebots der Beschneidung; sodann 24 Juden, die Doppelzahl der Stämme, mit silbernen Geräten und Becken und Handschuhen in den Händen, die Blüte Israels darstellend. Es folgte ein Zug von 48 anderen Juden mit Pelzmützen; diesen aber sechs Vorsänger, die aus Büchern Psalmen sangen. Hierauf vier Juden in großen Perücken und Stäben; diesen folgten 15 Judenjünglinge mit den Urim und Thummim auf der Brust; weiter ein Zug mit Früchten und Palmen, worauf wieder Vorsänger. Sodann die vier hohen Priester: Moses, Aaron, David und Salomon, ihnen folgten die Leviten. Es schritten dahinter die drei Männer aus dem feurigen Ofen. Den Zug schloß der steinalte Großrabbiner, welcher wie das leibhaftige Fasten aussah, in einem langen weißen Gewande, ihm zur Seite zwei Greise, Becken voll Blumenblättern in den Händen haltend. Dahinter wurde der Pentateuch getragen, behängt mit Schellen, Äpfeln, Kronen und anderem Schmuck von Silber, unter einem weißen Baldachin, welchen vier Großjuden hielten. An sechs Orten der Stadt wurde der Pentateuch geöffnet, wobei alles Judenvolk ein lautes Geschrei ausstieß, und die Blumen aus den Becken über das Gesetz geworfen wurden. Die zur Erde fielen, rafften Judenweiber auf und verwahrten sie als Heiligtum in ihrem Busen. Vier Ordner hatte der Zug selbst, in Erinnerung der vier Gefangenschaften Ägyptens, Babylons, Roms und der Gegenwart. Der Erzbischof endlich wurde neben dem Dom auf einer kostbar ausgezierten Loge von 16 Juden empfangen, er stand aufrecht mit der Mitra und dem Bischofstabe; und nachdem ein Jude sich das Haupt mit dem Hut bedeckt und den Talet darüber-

gezogen hatte, rezitierte er ein Kompliment, welches Monsignore in
ähnlicher Weise erwiderte.

Man sieht, eine so prächtige Prozession in echt national-jüdischem
Charakter konnte wohl in Korfu gehalten werden, aber niemals in
Rom. Hier, wo das Christentum oder dessen Kultus wesentlich in der
Form der Prozession auftritt, hätte ein national-hebräischer Aufzug
das Volk belehrt, daß der katholische Pomp in seiner größeren Hälfte,
wo er nicht entweder altheidnisch oder mittelalterlich-christlich, doch
nur ein Abbild alter Judenprozessionen sei. Doch war nicht dies der
Grund, warum die Juden in Rom nicht so feierlich auftraten; von ihm
zu reden wäre überflüssig. Eine mosaische öffentliche Darstellung
hätten die römischen Gassenjungen gesteinigt, und sie würde in dem
Meer des Volksspotts ertrunken sein. Auch hüteten sich die Juden
wohl, Gold und Silber sehen zu lassen, und erschienen sie im Aufzug
vor den Päpsten, so trugen sie nur zur Schau Armut und bürgerliches
Elend, Angst und Zittern und jammervolle Knechtsgebärden.

Wir kehren nun zu den Schicksalen der Juden unter den Nachfolgern jenes Paul II. zurück, welcher die Hebräer beim Karneval zuerst rennen ließ. Bald bedrückt und bald erleichtert, wie namentlich
von Paul III. Farnese, einem Römer, entschied sich ihr Schicksal unter
der Regierung Pauls IV. Dieser Neapolitaner aus dem fanatischen und
gewalttätigen Hause Caraffa, Theatiner, Inquisitor, Begründer der
Marterkammern und der Zensur in Rom, ein schonungsloser Reformator von eiserner Härte, war kaum auf den päpstlichen Stuhl gelangt, als er im Jahr 1555 die Bulle «Cum nimis absurdum» erließ,
welche die Stellung der römischen Judenschaft regelte. Er widerrief
alle früheren Privilegien der Hebräer, er untersagte ihren Ärzten,
Christen zu behandeln, verbot ihnen jegliches Gewerbe und Handwerk, den Kauf unbeweglicher Güter; er vermehrte ihre Tribute und
Abgaben und untersagte ihnen den Verkehr mit den Christen. Selbst
den Titel Don, welchen einzelne Juden nach spanischer und portugie-
sischer Sitte sich beilegten, verbot er. Sie völlig von den Christen zu
scheiden, legte er ihnen auf, sich außerhalb des Ghetto nicht anders
sehen zu lassen als mit einem gelben Hut und gelben Schleier, jener
für den Mann, dieser für das Weib, «denn», so sagte die Bulle, «es ist
gar zu abgeschmackt und unziemlich, daß die Juden, welche eigene
Schuld in ewige Knechtschaft gestürzt hat, unter dem Vorwand, daß
christliche Barmherzigkeit sie aufgenommen, sich Frechheiten anmaßen, als mit Christen vermischt zu wohnen, kein Abzeichen zu
tragen, christliche Diener zu haben, ja sogar Häuser zu kaufen».

Endlich errichtete Paul IV. den Ghetto oder Judenzwinger. Bis auf
seine Zeit hatten die Juden die, wenn auch nicht ausgesprochene Freiheit, überall in Rom zu wohnen. Natürlich wohnten sie sehr selten in

der Mitte der Stadt, noch unter den Christen, ihren Hassern, zerstreut, sondern hielten sich beieinander in Trastevere und an dem Flußufer bis zur Brücke Hadrians. Nun wies ihnen der Papst, nach Art der Venezianer, ein streng abgesperrtes Quartier an, welches wenige enge Straßen unmittelbar am Tiber umfaßte und von der Brücke Quattro Capi bis zum heutigen «Platz der Tränen» reichte. Mauern oder Tore sperrten das Judenviertel. Man nannte es zuerst «Vicus Judaeorum», dann kam der Name Ghetto dafür auf, der nicht mit der venezianischen Benennung Guidecca zusammenzuhängen scheint und wahrscheinlich aus dem talmudischen Wort «Ghet» gebildet ist, welches Absonderung heißt. Es war am 26. Juli 1556, als die Juden Roms in diesen Ghetto zogen, weinend und seufzend wie ihre Vorfahren, da man sie in die Gefangenschaft führte.

So war Paul IV. Caraffa der grausame Pharao für die Juden Roms, welcher sie all den Übeln aussetzte, die aus Mangel an Raum und aus der niedern Lage der Wohnungen am Fluß entspringen mußten, und diese Übel waren Seuchen und das Fieber und ein ganzes Heer ägyptischer Plagen, deren Schrecken in Wahrheit schwer zu beschreiben sind. Als Caraffa im Jahr 1559 starb, und das römische Volk seine Wut an dem Toten auszulassen aufstand, das Haus der Inquisition plünderte und die Minerva, das Kloster der Dominikaner, stürmte, sah man auch die Juden, furchtsame Menschen, die sich an den Revolutionen selbst zur Zeit des Cola di Rienzo nie beteiligt hatten, aus ihrem Zwinger hervorkommen und Flüche auf das Andenken Pauls IV. schleudern. Ein Jude durfte es sogar wagen, der Statue des Papstes auf dem Kapitol den gelben Schandhut aufzusetzen; das Volk lachte, zertrümmerte die Bildsäule und schleifte ihren Kopf mit der Papstkrone durch den Kot. Welchem Schicksal aber die Juden Roms nach Einführung der neuen Ketzertribunale der Inquisition entgegengingen, wird derjenige wohl wissen, welcher mit der Geschichte jener Zeit bekannt ist. Viele Juden verbrannte man auf dem Platz der Minerva oder auf dem Campo dei Fiori, wo die Autodafés gehalten wurden. Es war die fürchterliche Zeit, da man auch Giordano Bruno lebendig verbrannte.

In den Ghetto eingesperrt, waren die Juden in fremdes Eigentum eingezogen. Denn die Häuser des Viertels gehörten Römern; auch angesehene Familien wohnten daselbst, wie die Boccapaduli. Ausziehend, blieben diese Eigentümer, jene Mieter. Weil sie aber für immer in jene Straßen eingesperrt wurden, mußten sie ein dauerndes Mietverhältnis feststellen, denn ohne dasselbe konnte sich für die Juden zweierlei Not ereignen: Obdachlosigkeit, wenn es dem Eigentümer einfiel, dem hebräischen Mieter zu kündigen; unerträgliche Verschuldung oder Zahlungsunfähigkeit, wenn er darauf verfiel, den

Zins zu steigern. So entstand das Gesetz, welches verordnete: die Römer bleiben im Eigentum der an die Juden vermieteten Wohnungen, aber jene haben die Häuser in Erbpacht; niemals darf dem jüdischen Einwohner die Miete gekündigt werden, sobald er den Zins richtig gezahlt; niemals darf der Zins erhöht werden; der Jude kann nach seinem Willen das Haus verändern und erweitern. Man nannte und nennt dieses noch heute bestehende Recht das «Jus Gazzagà». Kraft desselben ist der Jude im Erbbesitz des Mietkontrakts und darf diesen an Verwandte oder andere verkaufen, und noch heutigentags gilt es als eine köstliche Habe, im Besitz des Jus Gazzagà oder eines erblichen Mietkontraktes zu sein, und hochgepriesen wird das Judenmädchen, welches ihrem Bräutigam als Mitgift ein solches Dokument aufzuweisen imstande ist. So ward durch dieses wohltätige Gesetz dem Juden ein Dach gegeben, welches er gewissermaßen das seine nennen durfte.

Die Bulle Pauls IV. bestätigte Pius V. Ghislieri im Jahre 1566, er erließ strenge Verordnungen gegen das Herumschweifen der Juden, welchen befohlen ward, mit der Nacht im Ghetto sich wieder einzufinden. Denn nach Ave Maria schlossen sich unerbittlich die Tore des Zwingers, und Strafe traf den draußen Ergriffenen, wenn es ihm nicht gelang, durch Geld die Wächter zu bestechen. Im Jahre 1569 untersagte derselbe Papst den Juden, in anderen Städten des Kirchenstaats zu wohnen als in Rom und Ancona, da sie vordem auch in Benevent und Avignon geduldet waren.

Aber kaum war sein Edikt erlassen, als Sixtus V. es wieder umstieß und in das Ghettoelend einen Schimmer von Hoffnung und Menschlichkeit fallen ließ. Der Wechsel der Päpste ließ überhaupt alle Zustände Roms wechseln wie in einer Tombola, einem Lotteriespiel. Sixtus V., ein Mann mit menschlichen Empfindungen, glücklich, geistreich, der christliche Erneuerer Roms, dessen Namen fast jede Straße und jeder Bau ins Gedächtnis ruft, fühlte Erbarmen mit dem Volk Israels; er erließ im Jahre 1586 die Bulle «Christiana pietas infelicem Hebraeorum statum commiserans», worin er die früheren Privilegien der Juden erneuerte. Er gestattete ihnen, frei im römischen Staat zu wohnen, das heißt in den gemauerten Orten, den Städten und Kastellen. Er erlaubt ihnen, jedes Gewerbe und Geschäft zu treiben, außer dem Weinschank, dem Getreide- und dem Fleischhandel. Er gestattete ihnen den freien Verkehr mit den Christen, so daß sie selbst christlicher Dienste sich bedienen durften, ohne jedoch christliche Dienstboten zu halten. Er sorgte für größere Bequemlichkeit ihrer Wohnungen, er bewilligte ihnen großmütig so viel Schulen und Synagogen, als sie deren bedurften, er erlaubte die Anlegung von hebräischen Bibliotheken. Er untersagte es, die Juden an ihren Festtagen vor Ge-

richt zu laden, er schaffte das Judaszeichen ab, er verbot, Judenkinder
mit Gewalt zu taufen, oder reisende Juden mit außerordentlichen
Wegelasten zu plagen. Er ermäßigte den Tribut und setzte ihn auf
ein geringes Kostgeld herab, außer den Gebühren, die er ihnen für
die Karnevalischen Pallii zu zahlen auferlegte. So gab Sixtus der
Welt das Beispiel eines christlichen Papstes und segnete sein Andenken für alle Zukunft, so daß, was er für die Juden aus eigener Großmut tat, eine bleibende Zierde seines Namens ist.

Hier also hatten die Hebräer einmal einen glücklichen Griff in die
Tombola getan, aber weil es ein Lotteriespiel war, konnte das Blatt
plötzlich umschlagen. Und so geschah es auch, denn wenige Jahre
nach dem Tode Sixtus' v. hob Clemens VIII. Aldobrandini alle jene
die Juden betreffenden Verordnungen auf, er erneute das Edikt Caraf-
fas und stieß sie in die Trostlosigkeit zurück.

In diesem Elend blieben sie nicht allein das 17. Jahrhundert hindurch, sondern es steigerte sich noch im 18. durch die Edikte Clemens' XI. und Innocenz' XIII. Dieser verbot den Juden jedes andere
Geschäft als den Handel mit alten Tüchern und Lappen und altem
Eisen, was man «Stracci ferracci» nannte, erst Benedikt XIV. Lambertini gestattete ihnen im Jahre 1740 auch den Handel mit neuen Tuchwaren, welchen die Juden denn auch heute eifrig betreiben. Man sah
sie also bis auf diese Zeit mit alten Sachen hausieren gehen, und in
den Straßen hörte man sie Hep! rufen, womit sie sich ankündigten
und zum Kauf ihres Bettels einluden.

Das 16. und 17. Jahrhundert, wo die Medici den Juden in Toskana
so große Freiheiten gaben, war vielleicht die drückendste Zeit, welche
die römische Ghettobevölkerung erlebte. Ich finde in einer römischen
Schrift vom Jahre 1677 («Stato vero degli Ebrei in Roma, stamperia
del Varese») die Angabe, daß die Judenzahl damals sich auf 4500
Menschen belief, darunter befanden sich 200 wohlhabende Familien.
Der Verfasser sagt, daß der Ghetto im 16. Jahrhundert 4861 Skudi an
Tribut aufzubringen hatte, im 17. Jahrhundert aber nur 3207 Skudi.
Obgleich jene Schrift im höchsten Sinn judenfeindlich ist, wage ich
doch nicht, sie durchweg der Lüge zu zeihen. Der Verfasser bemerkt,
daß trotz der Beschwerden der Juden, welche sie immer und immer
formulierten, der Ghetto reich sei, daß er nach Bezahlung aller Lasten
alle fünf Jahre 19 470 Skudi zurücklege, daß er überhaupt ein Vermögen von einer Million besitze. Ohne Zweifel gab es damals reiche
Juden in Rom; unter den Hehlern, Diebshelfern und Nekromanten
des Ghetto saßen die Wucherer, die Schelme aller Schelme, und scharr-
ten Zins zu Zins. Kein Papst vermochte diese jüdischen Bankgeschäfte
zu unterdrücken. Die verschuldeten Nobili schützten die Juden, und
während der Ghetto mit dem Schimpf der Zeit bedeckt war, empfing

der römische Große und der Kardinal, ja der Papst selbst, den gelb-
behuteten Wucherer in seinem Palast. Der Verfasser jener Schrift
sagt: 235 000 Skudi hätten sich die Juden von den Christen er-
wuchert, und es vergehe kein Abend, wo sie nicht mindestens 800
Skudi aus Christentaschen durch die Tore des Ghetto in ihre Häuser
schleppten. Das verschmitzte Volk wußte mit allen Künsten Geld zu
erschwindeln; und dieser Wucher mußte dem Haß der Christen Nahrung geben. Johann von Capistrano hatte einst Eugen IV. eine Flotte
angeboten, die Juden samt und sonders aus Rom über das Meer weg-
zuführen. «Nun er tot ist», sagt der mit Recht erbitterte Verfasser
jener Schrift, «wäre zu wünschen, daß er dem Papst Clemens IX. eine
Flotte vom Himmel schickte, um all diese Diebe aus Rom zu schaffen.»
Die jüdischen Rothschilde nahmen damals 18 Prozent. So ist bis auf
den heutigen Tag jüdisches Geld eine rächende Macht geblieben; auch
der heutige Ghetto leiht auf Zinsen. Um Geld und Erwerb dreht sich
hier alles, und wie sollte es auch anders sein? Als ich eines Tages
durch eine Straße des Ghettos ging, rief mir ein elendes Judenweib,
welches an Lumpen nähte, nach: «Herr, was befehlen Sie?» Die Gei-
stesgegenwart dieses Weibes zu prüfen, drehte ich mich augenblicklich zu ihr um und rief: «Fünf Millionen!» Hierauf sagte das Weib
augenblicklich: «Gut, Herr, vier für mich und eine für Euch!» – Ja,
Israel kann sich nicht verleugnen.

Mit Strenge hielt man im 18. Jahrhundert darauf, daß die Juden
an bestimmten Tagen christlichen Bekehrungspredigten beiwohnten.
Schon Gregor XIII. (1572) hatte die Verordnung erlassen, sie sollten
gehalten sein, jede Woche eine Predigt anzuhören. Ein Jude selbst
hatte diesen Gebrauch eingeführt, natürlich ein bekehrter, Andreas
mit Namen, welcher mit hündischer Konvertitenseele in den Papst
Gregor drang, jenes Edikt zu erlassen. Man sah also am Sabbat
Häscher der Polizei in den Ghetto kommen und die Juden mit Peit-
schenhieben in die Kirche treiben, Männer, Weiber und Kinder, wenn
diese über zwölf Jahre alt waren. Es mußten sich mindestens 100
Männer und 50 Weiber, später 300 an der Zahl, zur Predigt einfinden.
Am Eingang der Kirche zählte ein Wächter die Eintretenden; in der
Kirche selbst wachten Häscher über die Aufmerksamkeit der Anwesenden, und schien ein Jude teilnahmslos oder schlaftrunken, so
weckten ihn Peitschenhiebe und Stöße. Ein Dominikaner hielt die
Predigt, wobei das Allerheiligste vom Altar genommen war, er
sprach über solche Texte des Alten Testaments, welche die Juden an
demselben Tag in ihrer Synagoge hatten lesen oder erklären hören,
damit auf die jüdische Erklärung die katholische unmittelbar folge,
und der Hebräer imstande sei, die christliche Wahrheit zu erkennen.
Diese Predigten wurden anfangs in San Benedetto alla Regola ge-

halten, später aber in jener Kirche Sant Angelo in Pescaria, vor der
einst Cola di Rienzo seine ersten begeisterten Reden an die Römer
hielt.

Verweilen wir einen Augenblick an dieser kleinen, in die finstere
Halle der Oktavia eingebauten Kirche, des Engels Fischverkäufer; sie
erweckt Erinnerungen an einen der merkwürdigsten Menschen des
römischen Mittelalters. Cola war im Jahre 1313 im Rione der Regola
geboren, also nahe am Judenviertel, und wie die «Vita» Rienzos sagt,
lag seine Wohnung am Flußrand zwischen den Mühlen auf dem
Wege, welcher zur Regola führt, hinter San Tommaso unter dem
Judentempel (sotto lo tempio di li Judei). Dort hielt sein Vater Lorenzo eine Herberge, und seine Mutter Maddalena erwarb ihren
Unterhalt durch Waschen und Wassertragen. Sein Haus also stand in
der Nähe jener Kirche Sant Angelo in Pescaria, und hier war es, wo
er an der äußern Wand das merkwürdige allegorische Gemälde malen
ließ. Man sah auf ihm Könige und Männer aus dem Volke in einem
Feuer verbrennen, auch eine Matrone, die schon halb verbrannt war,
auf der rechten Seite eine Kirche, aus welcher ein weißgekleideter
Engel kam, ein nacktes Schwert in der Hand, während er mit der
Linken die Matrone aus dem Feuer zog. Auf der Höhe des Glockenturms standen St. Peter und St. Paul und sprachen: «Engel, Engel,
hilf unserer Herbergsmutter» (Agnilo, agnilo succuri a l'albergatrice
nostra). Außerdem sah man vom Himmel viele Falken (Barone) in
das Feuer fallen, und eine schöne weiße Taube, die in ihrem Schnabel
einen Myrtenkranz trug und ihn einem kleinen Vogel (Rienzo) gab,
der die Falken vom Himmel jagte, worauf er den Myrtenkranz der
Matrone aufs Haupt setzte. Darunter stand geschrieben: «Ich sehe
die Zeit der großen Gerechtigkeit, und du erwarte diese Zeit.» Dies
war das Bild, welches Cola darstellen ließ. Die «Vita» nennt jene
Kirche die des Engels Fischverkäufer (de santo Agnilo Pescivennolo),
weil schon damals in der Halle der Oktavia die Fische verkauft wurden. Hier werden also auch die Juden zusammengeströmt sein, das
Gemälde zu betrachten, aber wir hören nicht, daß sie sich am Aufstand beteiligten, und nur nach dem Tode Rienzos traten sie in merkwürdiger Weise in diesem Trauerspiel handelnd auf. Sie bestatteten
die Leiche des Volkstribunen. Als er am Kapitol ermordet war,
schleppte das Volk seinen verstümmelten Leichnam auf die Piazza
San Marcello, wo man ihn an den Füßen aufhing. Dort blieb er zwei
Tage, ein Ziel für die Steinwürfe der Straßenbuben, bis am dritten
Tag Jugurta und Sciarretta Colonna den Befehl gaben, den Toten
nach dem Mausoleum des Augustus zu bringen. Hier versammelten
sich, wie die Lebensbeschreibung sagt, alle Juden in großer Zahl, und
nicht einer blieb zurück, und sie machten ein Feuer von trockenen

Disteln, in dies Feuer wurde die Leiche geworfen, sie war fett, und wegen ihrer großen Fettigkeit brannte sie leicht (ardeva volentieri). Es standen dort die Juden sehr geschäftig und emsig, und im Haufen schürten sie die Disteln, auf daß sie brennen; so ward jener Leichnam zu Staub gemacht, und es blieb keine Faser übrig. – Man glaube nicht, daß es Anhänglichkeit war, welche die Juden bewog, dem Cola diesen Dienst zu leisten, den das römische Volk wohl als tiefsten Schimpf betrachtete. Die Juden wollten vielmehr den Colonnas schmeicheln; das strenge Regiment Rienzos, welches in allen Dingen eine neue Ordnung eingeführt hatte, konnte denen nicht erwünscht sein, die im Trüben fischten und von Hehlerei und Wucher sich bereicherten.

Nach dieser Episode kehren wir zu den Judenpredigten zurück. Sie wurden später nur fünfmal im Jahr gehalten, und der Gebrauch wollte von selbst erlöschen, als Leo XII. Genga (1823–1829) ihn erneuerte. Heute ist auch diese Barbarei geschwunden, sie ward abgeschafft im ersten liberalen Regierungsjahr Pius' IX., wie man mir erzählte.

Dem zum Christentum bekehrten Juden lohnte natürlich die Erlösung aus dem Ghetto, das Bürgerrecht und alles Menschenrecht, welches dessen Folge ist. Es ereignete sich nicht selten, daß Juden aus dem Ghetto getauft wurden; dann wurden sie, wie das im Charakter von Konvertiten liegt, bekehrungssüchtiger als ihre Bekehrer. So liest man heute auf einer Kirche gegenüber dem Ghetto an der Brücke Quattro Capi, auf deren Fronte die Kreuzigung gemalt ist, in hebräischer und lateinischer Schrift den zweiten Vers aus dem 65. Kapitel des Jesaias: «Ich recke meine Hände aus den ganzen Tag zu einem ungehorsamen Volk, das seinen Gedanken nachwandelt auf einem Wege, der nicht gut ist.» Es ist dies eine Mahnung, welche ein bekehrter Jude, dem neuen Glauben zu schmeicheln, dort hat aufschreiben lassen.

Nach der mittelalterlichen Sitte empfingen jüdische Täuflinge den Namen ihrer Taufpaten, und weil sie diese unter den angesehensten Männern Roms suchten, geschah es, daß sich Juden in die ältesten Adelsfamilien Roms einschmuggelten. Mancher getaufte Jude nannte sich fortan nach dem Namen des Barons, der sein Pate gewesen war, und es gab jüdische Colonna, jüdische Massimi, jüdische Orsini; ja, man behauptet heutzutage in Rom, daß manches stolze römische Fürstengeschlecht, nachdem es ausgestorben, durch Juden aus Trastevere fortgeführt worden sei.

Heute, wo die alten Mißhandlungen aus dem Tageslichte geschwunden sind, hat man gleichwohl den althergebrachten öffentlichen Akt einer feierlichen Juden- und Türkentaufe als Form beibehalten. Sie findet in jedem Jahr am Ostersonnabend in der Taufkapelle des Lateran statt; und man weiß zu sagen, daß dieses Schauspiel um jeden Preis vollzogen werden muß, selbst wenn man im Fall, daß ein bekehrter Täufling mangele, einen Juden oder Türken von auswärts holen müßte. Im Jahr 1853 taufte man eine Jüdin vor großer Menschenmenge und mit höchst feierlichen Zeremonien. Die Tochter Judas, nicht schön wie Rebekka, sondern von einer ausgesuchten Häßlichkeit, stand in weiße Schleier gehüllt am Taufbecken, eine brennende Kerze, das Symbol der Erleuchtung, in der Hand, und nach vollzogener Salbung des Hauptes und Nackens und empfangener Wasserweihe in jenem Becken Konstantins, in welchem einst Cola di Rienzo sich in Rosenwasser gebadet hatte, ward sie in Prozession nach dem Lateran zurückgeführt. Der Kardinal, der sie getauft hatte, segnete sie vor dem Altar ein, und nach geendigter Zeremonie sprach er, auf den Täufling hindeutend, vor dem Volk seine Freude aus, daß hier ein so erhabenes und göttliches Wunder sich vollzogen habe, da ein Mensch, eben noch von den Dämonen besessen und eine Beute der Hölle, urplötzlich in die reine Unschuld des Kindes und in das reine Licht Gottes sich gekleidet habe.

Ehemals drückte man sich kräftiger aus, denn der Jesuit Stephan Menochio sagt in seinem Buch «Stuore» (Venedig 1662), die Juden stänken am Leibe, verlören aber diesen Gestank gleich nach der Taufe. Sehr naiv erzählt er, daß sich schon der Kaiser Marc Aurel über den Judengestank beklagt habe. Dies sei eine ausgemachte Sache; und so ließen sich die Agarener taufen, um nicht übel zu riechen wie die Hunde.

Leo xii., von dem wir wissen, daß er den Juden nicht freundlich gesinnt war, gab ihnen gleichwohl das Recht, Häuser zu erwerben, wenn sie schon das Jus Gazzagà hatten. Er erweiterte auch den Umfang des Ghetto, indem er ihm die Via Reginella und einen Teil der Pescaria hinzufügte, so daß er im ganzen acht Tore hatte, die überwacht und allnächtlich geschlossen wurden. Während der französischen Herrschaft in Rom war, wie man leicht begreifen wird, die Ghettosperrung aufgehoben und den Juden alle Freiheit, in der Stadt zu wohnen und Gewerbe zu treiben, gestattet worden. Aber Pius vii. schloß im Jahre 1814 den Ghetto von neuem, und er blieb in der alten Verfassung bis auf den heute regierenden Papst.

Es gereicht Pius ix. zur Ehre, daß er, menschenfreundlich und liberaler als seine Vorgänger, die Ghettoschranken niederriß; dies geschah, wie es mir Juden ausdrücklich selbst bemerkten, nicht durch die jüngste Revolution in Rom, sondern ein Jahr zuvor, da die öffentliche Meinung und der reformierende Sinn des Papsts dieses Zugeständnis an die Moral des Jahrhunderts verlangten. Es fielen alle Mauern und Tore, welche den Ghetto sperrten. Der Umschwung der

öffentlichen Grundsätze hatte auch die erfreuliche Folge, daß den
Juden erlaubt wurde, überall in Rom zu wohnen, und nicht minder
das Recht, Gewerbe und Handwerke zu treiben. Der Ghetto ist also
als Zwinger aufgehoben, doch besteht er faktisch fort als das traurigste Quartier Roms, ein Winkel des Schmutzes und der Armut, und
nicht leicht macht der Jude von seinem Recht Gebrauch, in die Mitte
der Stadt zu ziehen, weil, wie man mir sagte, was nun das Gesetz
freistellt, doch durch das unausrottbare Vorurteil unendlich erschwert,
wenn nicht unmöglich gemacht wird. Als ich eines Tages (es war
Sonnabend) am Brunnen der Navona stand, kamen festlich gekleidete
Judenfrauen herzu und betrachteten das Brunnenwerk. Ein römisches
Weib beschaute sie mit Verachtung und sagte darauf zu mir: «Seht,
seht, sie sind jetzt wie die Christen.»

Die politische Reform des Jahres 1847 bezeichnet also das Ende
jener Sklaverei der Juden Roms, welche so viele Jahrhunderte hindurch gedauert hat; so wenigstens hoffen wir, daß die Macht der
öffentlichen Meinung sich stärker zeigen werde als ein willkürliches
Vorurteil, wenn es sich in späterer Zeit erneuern sollte, und daß die
geringen Freiheiten, welche nunmehr die Hebräer errungen haben,
sich auch so weit ausdehnen werden, daß ihnen ein ungeschmälerter
Anteil an allen Gütern der Kultur und Zivilisation gegeben wird. Die
Aussichten stehen freilich in der Ferne, aber sie sind nähergerückt.

Gegenwärtig berechnet man die Gesamtzahl der Ghettobevölkerung auf 3800 Menschen, eine unverhältnismäßig große Menge,
überblickt man den kleinen Raum des Ghetto, welcher an Flächen-
ausdehnung weniger beträgt als der fünfte Teil irgendeines Städtchens von 3000 Seelen. Die ganze Judenschaft (Università degli
Ebrei) steht unter der obersten Kongregation der Inquisition, und ihr
Spezialmagistrat für alle zivilen und kriminellen Vorkommenheiten
ist das Kardinalvikariat, das Tribunal, welches sie richtet, besteht aus
dem Kardinalvikar, aus dem Prelato Vicegerente, dem Prelato Luogo-
tenente Civile und dem Kriminalleutnant. In polizeilichen Angelegenheiten übt die örtliche Magistratur der Präsident der Region von
Sant Angelo und Campitelli. Die jüdische Gemeinschaft selbst hat das
Recht, ihre innere Ordnung durch drei sogenannte Fattori del Ghetto
zu regeln, welche auf ein halbes Jahr gewählt werden. Diese sorgen
für Erhaltung der Straßenordnung, für Erleuchtung und Brunnen,
verteilen die Abgaben auf die einzelnen, taxieren sie nach dem Vermögen, handhaben Krankenpflege, Almosenspende und dergleichen.
Im ganzen beträgt die jährliche Abgabe des Ghetto an den Staat und
an verschiedene religiöse Körperschaften gegen 13 000 Francs.

Wir haben die Geschichte der Juden in Rom zu Ende geführt, doch
soll sich damit die Betrachtung noch nicht schließen. Denn aus eigener

Rom: Portikus der Oktavia

Anschauung wollen wir nun den römischen Ghetto in seinem gegenwärtigen Zustand kennenlernen.

Man gelangt zu ihm entweder von der Stadt her am Marcellustheater und der Oktavia-Halle durch die Straße Savelli, oder von Trastevere über die Tiberinsel und die Brücke Quattro Capi. Von ihr übersieht man das originellste Bild des antiken und mittelalterlichen Rom, ein Gemälde, das fremdartig und hinreißend ist, wie kaum ein zweites in dieser Stadt der Erinnerungen. Dort sieht man das malerische Trastevere mit seinen alten Architekturen und zersplitterten Türmen, sieht über den Fluß die Bogen des Ponte rotto und darüber den schönen Vestatempel, den alten Turm der Santa Maria in Cosmedin, die riesigen Trümmer der Kaiserpaläste mit ihren schwarzen Zypressen, und in der Ferne die Gipfel des Albanergebirges; vor sich aber die Häuserreihe des Ghetto, turmartige Massen, bizarr gebaut, mit vielen Blumenscherben an den Fenstern und zahllosem, an die Wände gehängtem Hausrat, der Reihe nach aus dem Fluß aufsteigend, dessen trübe Wellen an den Mauern hinrollen. Mit wenigen Schritten ist man von der Brücke in den Ghetto getreten, der sich tief absenkt.

Als ich ihn zum erstenmal besuchte, war der Tiberfluß gerade ausgetreten und seine gelbe Flut strömte durch die Fiumara, die unterste Ghettostraße, deren Häuserfundamente unmittelbar als Kai den Strom einfassen; es strömte der Fluß auch am Bogen der Oktavia, und das Wasser bedeckte die unteren Räume der am tiefsten stehenden Häuser. Welch ein melancholischer Anblick, das elende Judenviertel in den trüben Tiberfluten versunken zu sehen! Alljährlich muß Israel in Rom die Sündflut an sich erleben, und der Ghetto schwimmt in den Wellen wie die Arche Noah mit Menschen und Getier. Es steigt die Not, wenn der Tiber, vom Schnee der Berge und der Regenflut schwellend, noch durch den Westwind vom Meer zurückgetrieben, überströmt. Dann flüchtet sich, was zuunterst wohnt, in die oberen Stocke, welche sich unerträglich anfüllen und von erstickender Atmosphäre sich durchpesten. Das Unglück ist größer, weil Nahrung und Erwerb stockt, und die Flut verwüstet, was nicht rettbar ist. Man zeigte mir im Ghetto die Marke, welche den Wasserstand während der Überschwemmung des Jahres 1846 bemerkt; die Flut hatte damals alle unteren Zimmer bis zur Decke angefüllt. Im verwichnen Herbst und in diesem Frühjahr war der Tiber nur für kurze Zeit ausgetreten, doch dünkte mich auch diese Not höchst empfindlich und ihre Folge äußerst traurig bei so großer Enge und so großer Armut. Gleichwohl soll die Sterblichkeit während des Cholerajahres 1837 im Ghetto nur gering gewesen sein, mißt man sie nach den Leichensteinen der Juden, so erscheint die Zahl ihrer Toten sehr klein. Diese weißen Steine mit ihren Inschriften stehen vereinzelt und wie ein ärmliches Häuflein von Verstoßenen beisammen, auf einer klassischen Stelle Roms, in einem Winkel des alten Circus maximus, mitten im wilden Gras und unter giftblumigem Schierling. Denn dort in der ältesten, von Tarquinius Priscus gebauten Rennbahn Roms liegt heute der Judenfriedhof, «Orto degli Ebrei» genannt. So wandeln sich die Zeiten!

Gibt es nicht eine wunderbare Ironie, welche auch das Örtliche in die Physiognomie von Menschen oder Dingen hineinzieht, daß sie von jenem wie von einer charakteristischen Luft umgeben werden? Ich habe dieses Gesetz zu oft wahrgenommen, als daß ich es nicht aussprechen sollte. So fiel mir auch die Physiognomie der Ghettoumgebung als eine solche auf, welche die Atmosphäre mit traurigen Vorstellungen durchdringt. Ich meine nicht einmal jenen judengeschichtlichen Portikus der Oktavia, der nun verfallen im Kot starrt, den schwarzen Trümmerbogen öffnend auf die stinkende Pescaria, den ganz engen dunklen Fischmarkt, wo auf steinernen Platten Fische aufliegen, Judenfastenspeise; noch meine ich die schwarzen Reste vom Theater des Marcellus, in dessen Trümmer die Savelli, einst weit ins Land hin schreckende Raubritter, ihren Palast gebaut haben, und wo in Kerkern manch Unglücklicher endete; auch nicht die Erinnerung an Cola di Rienzo. Lesen wir nun die Namen dort auf der an den Judenplatz hart anstoßenden Piazza: «Platz des Weines», so heißt er von der Kirche Santa Maria del Pianto; ein passender Name, ins Ghettoviertel zu dem jeremiadischen Volk zu geleiten, dem das Klagelied Nationaleigenschaft ist, und nie hat wohl ein Volk mehr geweint als diese Juden hier in Rom. Am Platz der Tränen steht ein alter Palast zwischen zwei Kirchen. Auf der einen sagt die Inschrift, daß sie der Maria des Weinens geweiht sei, auf der anderen steht der grausenerregende Name des Erbauers, Francesco Cenci. Es ist der Palast der Cenci – hier erfaßt den Betrachter Grauen, gedenkt er der schönen Beatrice Cenci, des Francesco unglücklicher Tochter, der Mörderin eines ungeheuerlichen Vaters. Der Palast blickt über den Judenplatz hinweg gerade auf die Synagoge, in der an Festtagen die Psalmen und die Klagelieder der Hebräer sich hören lassen.

Noch mehr – in diesem Palast wohnt der Maler Overbeck; freilich die Ironie ist wunderbar. Sie nötigte mir ein Lächeln ab, als ich in das Atelier trat, welches stille Menschen still betreten wie ein Allerheiligstes, und wo ein blasser Mann mit langem gescheiteltem Haar, liebenswürdig, sanft, kaum hörbar, nicht sprechend, sondern leise Worte aushauchend, die Heiligenbilder auf den Staffeln erklärt. Auch diese sind still und tonlos; ein entschlafener Joseph in den Armen des Heilands, eine schattenhafte weinende Madonna, ein Christus,

den Verfolgern entschwebend und auf luftige Wolken tretend, geflügelte Kinderengelköpfe, leiblos; entleibte Menschen, entleibte
Kunst, Rede ohne Worte, Bilder ohne Farbe, die Madonna dolorosa,
die Passion an der Wand, das Trauerspiel Cenci, drüben der über-
schwemmte Ghetto, hier die heilige Maria vom Weinen, mitten inne
der Beato Angelico der modernen Malerei.

Ich wollte sagen, daß in diesem Palast Cenci, wenige Schritte vom
Ghetto und von der Judensynagoge, Overbeck wohnt und seine
christlichen Bilder malt wie gleichsam unter der Inspiration des
Geistes Jehovas und der Propheten. Es ist also hier beisammen, wie
sich gebührt, Altes Testament und Neues Testament, und wenn ich
zwischen dem Cencipalast und der Judensynagoge stehe, so ist es mir
immer, als liege beides vor mir aufgeschlagen: Alter Bund und Neuer
Bund, Judentum und Christentum.

Vor dem Jahre 1847 trennte noch eine hohe Mauer den Platz Cenci
von jenem der Juden, welcher auch Piazza delle Scuole heißt. Hier
befand sich das Haupttor des Ghetto, Mauer und Tor sind nun niedergerissen, und der Schutt liegt noch zum Teil umher.

Gehen wir nun in eine der Ghettostraßen selbst hinein, so finden
wir Israel vor seinen Hütten in voller rastloser Arbeit und in Mühsal begraben. Sie sitzen in den Türen oder draußen auf der Gasse,
die kaum mehr Licht gewährt als die feuchte und dumpfige Kammer,
und wüsten im Plunderkram oder nähen und flicken emsig. Es ist
nicht zu sagen, welches Chaos von Flicken und Lappen («cenci» genannt im Italienischen) hier zusammengehäuft ist. Die ganze Welt
scheint als Judenplunder in zahllosen Fetzen und Lappen zerzupft
und zerrissen umherzuliegen. Haufenhoch liegen die Lappalien vor
den Türen, und jeglicher Art und Farbe, goldiges Fransengeflitter,
Stückchen Seidenbrokat, Sammetläppchen, rote Flickchen, blaue Fetz-
chen, orange, gelbe, schwarze, weiße, alte, zerschlissene, zerfaserte,
abgeriebene Stücke und Stückchen. Ich habe nimmer ähnlichen Plunder gesehen. Die Juden könnten damit die ganze Schöpfung aus-
flicken und die ganze Erde so bunt belappen wie ein Arlechino bunt
ist. Sie sitzen nun davor und wühlen in dem Meer von Flicken, als
suchten sie nach Schätzen, wenigstens nach einem versunkenen Gold-
brokätchen. Denn sie sind so gut römische Altertumsforscher als alle
jene in Rom, welche den Schutt durchwühlen, um einen Säulen-
stumpf, ein Stück Relief, eine alte Inschrift, eine Münze und dergleichen Plunder ans Tageslicht zu fördern. Jener hebräische Winkel-
mann im Ghetto legt mit einem gewissen Stolz seine Lappen zum
Verkauf aus wie der Händler mit Marmortrümmern. Dieser prahlt
mit einem Stück Giallo antico — dagegen kann der Jude einen vortrefflichen Lappen gelber Seide halten; Porphyr — hier ist ein vor-

trefflich gemustertes Flickchen von tiefrotem Damast. Verde antico –
hier ist ein schönes grünes Sammetflickchen von ausgesuchtester
Antike. Und so gibt es weder Jaspis noch Alabaster, noch schwarzen
und weißen Marmor oder Breccia, wogegen nicht der Antiquar des
Ghetto seine Altertümer stellen könnte. Die Geschichte sämtlicher
Moden von Herodes dem Großen bis auf den Erfinder des Paletots
und sämtlicher Trachten der vornehmen wie der bürgerlichen Welt
läßt sich aus diesen Lappen durch geistreiche Hypothesen kritisch
herausstellen, und manche Flicken sind wahrscheinlich historisch und
einst getragen worden von Romulus, von Scipio Africanus, Hannibal, Cornelia, von Karl dem Großen, Perikles, Kleopatra, Barbarossa,
von Gregor VII., Columbus usw.

Es sitzen nun die Töchter Zions auf diesen Lappen und nähen, was
nähbar ist. Groß ist ihre Kunst, so rühmt man, im Sticken, Stopfen,
Vernähen, und man sagt, daß es keinen noch so fürchterlichen Riß in
irgendeiner Draperie oder Gewandung gebe, welche diese Arachnen
nicht unsichtbar und spurlos zu machen wüßten. In der Fiumara zumeist, der untersten, am Fluß gelegenen Gasse, und in den Winkel-
gassen, von denen eine delle Azzimelle, das heißt der ungesäuerten
Brote, genannt wird, treibt man diese Plundergeschäfte. Ich sah ihnen
manchmal mit peinlichem Gefühl zu, wenn sie, bleiche und ver-
kommene Menschen, in sich gebeugt, mit der Nadel emsig arbeiteten
– Männer so gut als Weiber, Mädchen und Kinder. Das Elend starrt
gesträubt aus dem wirren Haar und klagt aus dem braungelben Angesicht, und keine Schönheit der Gesichtszüge erinnert an Rahel und
Lea oder Mirjam; nur bisweilen begegnet der Blick einem tiefver-
sunkenen, schwarzen, blitzenden Auge, das von der Nadel und dem
Lappen aufblickt, als wollte es sagen: «Es ist von der Tochter Zion
aller Schmuck dahin. Die eine Fürstin unter den Heiden und eine
Königin in den Ländern war, muß nun dienen. Sie weint des Nachts,
daß ihr die Tränen über die Backen laufen: es ist niemand unter allen
ihren Freunden, der sie tröste; alle ihre Nächsten verachten sie und
sind ihre Feinde geworden. Juda ist gefangen im Elend und schweren
Dienst, sie wohnt unter den Heiden und findet keine Ruhe, alle ihre
Verfolger halten sie übel. Wie hat der Herr die Tochter Zion mit
seinem Zorn überschüttet!»

Doch es ist nicht der Zweck dieser Blätter, Ghettomysterien des
Elends auszumalen und jene dunkle Lebensweise der Dürftigen in
ihren von Menschen überfüllten Kammern zu beschauen; findet man
doch allerwegen in den großen Städten der Erde und unter den zivili-
siertesten Nationen Europas ein gleiches, wenn nicht ein größeres
Jammerleben. Auch soll man nicht glauben, daß der Ghetto Roms,
was Straßen und Wohnungen betrifft, an sich elender sei als ähnliche

Viertel der Armut in vielen andern Städten der Welt. Lieber sage ich, daß die Juden Roms reich sind an Menschlichkeit unter sich, daß der Wohlhabende dem Elenden gern hilft, daß der aufopfernde Familiengeist, das dauernde Erbe Israels, nirgends so mächtig und so wohltätig sich zeigen möchte als dort, und daß es Tatsache ist, wie diese nüchternen und fleißigen Menschen selten um Verbrechen willen gestraft werden. Was den Betrachter des Ghetto am meisten schreckt, sind die Enge und der Schmutz dieser gewinkelten Gassen und Gäßchen, deren Häuser hoch und schmal sich heraufstrecken. Es sitzen darin die Judenfamilien wie in einem römischen Kolumbarium übereinandergeschichtet; und auffallend ist gerade hier in Rom eine solche Beengung menschlicher Wohnungen, in einer Stadt, die, in weiter Ebene hingebreitet, selbst charakteristisch ist durch ungeheure Räume, durch große und erhabene Dimensionen in den Architekturen, und durch Paläste, von denen vielleicht einer genügte, die halbe Ghettojudenstadt bestens zu behausen. In herrlichen Säulen wohnt das steinerne Volk der Statuen unter kühlen Springbrunnen. Die marmornen Reste des Altertums sind bis auf die kleinsten Trümmer königlich logiert, die einzigen lebenden Reste des alten Rom, Menschen mit vieles duldenden Herzen, wohnen in dem elendesten Schmutze.

Glücklicher sind die Juden, welche den oberen Teil des Ghetto bewohnen, zumal die Via Rua. Diese breite Straße mit wohnlicheren Gebäuden ist gleichsam der Corso des Judenviertels, denn auch bei gleichem Los vor dem politischen Gesetz und selbst in der Sklaverei macht der Mensch das Recht der Ungleichheit geltend. In der Via Rua wohnen die Juden, welche das beste Dokument Gazzagà in der Tasche haben, selbst Häuser besitzen und vermögend sind. Hier findet man Kaufläden mit Tuchwaren von dem gröbsten Zeug bis zu den kostbarsten Stoffen. Es gibt auch wohlhabende Juden; werden sie reich, so ziehen sie, wie man mir sagte, gern nach Toskana. Es ist auffallend, daß echt jüdische Namen nirgend zu lesen sind. Die Juden Roms nennen sich meist nach italienischen Städten, wie Astrubale Volterra, Samuele Fiano, Pontecorvo, Gonzaga, und es ist komisch genug, sie solche stolz und fürstlich klingende Namen führen zu sehen. Auch ihre Sprache ist römisch, und nur selten hörte ich Juden unter sich hebräisch reden. Ihre Tracht unterscheidet sich nicht von der des römischen Volkes, und selbst an ihrem Fest bemerkte ich kein einziges orientalisches Kostüm.

Ein Fest im Ghetto – fast eine Ironie, wenn man Geschichte wie Lage der Judengemeinde überdenkt –, ein solches Schauspiel dürfte gerade in Rom lockend sein, wo ein Fest das andere drängt, und wo ein schauprangender Tag den ermüdeten Fremden dem andern Festtage zuführt, der seiner schon wartet. Wenn auf den Straßen Roms diese großartigen Triumphfeste einherziehen, und alle Welt bewundernd und fröhlich sie mitgenießt, und wenn das Geld mit vollen Händen von dem Überfluß ausgegeben wird, wenn alle Plätze und Straßen in Blumen und Teppichen oder im Glanz der Lichter strahlen und von Karossen und Fußgängern wimmeln, dann sitzt dunkel, anteillos und festlos Israel in seinem Ghetto und näht im Schweiße seines Angesichts an den Lumpen, die vor seiner Tür liegen.

Nun aber kommen auch seine Feste, der arme Hausierer legt seinen Plunder beiseite, zieht sein bestes Kleid an und erhebt seine gebeugte Gestalt. Und gerade hier, so glaube ich, ist die tiefste Poesie des Festes und sein höchster Sinn zu finden, weil der festliche Mensch aus den Sklavenbanden der Alltagsarbeit und aus dem staubigen Elend sich erheben und zu einem idealen Menschen verwandeln soll, der nicht seiner engen Kammer, noch seinem dumpfen Nahrungsgeschäft, sondern dem Universum angehört. Dies seltsame Volk kommt dann festlich zusammen, und wo sie nur sitzen mögen, in welchem fernen und feindlichen Winkel der Erde es sei, schauen sie sich als das alte Volk Israel an, als Abrahams und Jakobs Kinder und als die Blüte der Menschheit, welche Gottes eigene Hand mitten in die Welt gepflanzt hat. Ich wohnte dem Passahfest im Ghetto bei. Zufällig kam ich zu der Kunde von dem Tage, weil ich den Ghetto durchwandernd vor jeder Tür blankgescheuerte Kessel und an jedem Brunnen die Gefäße reinigen sah. Man sagte mir, es geschehe um des Osterfestes willen, das in einigen Tagen gefeiert werden solle. Das Osterfest der Juden gilt dem Andenken an die Auswanderung aus dem Ägypterland. Dem wundersamen Volk ist es ideelles Freiheitsfest und ein tröstlich-prophetisches, zumal in Ghettogefangenschaft.

Nach den großen kirchlichen Feierlichkeiten der Kar- und Osterwoche in Sankt Peter und in der Sixtinischen Kapelle, die im Verein so großer Werke und so großer Kräfte die allerhöchste Produktion des christlichen Kultus sind, ist es ungemein anziehend, in jenem dunkeln Ghettowinkel einer Osterzeremonie beizuwohnen und hier die uralten, kaum veränderten Grundlagen für jenen katholischen Kultus Roms aufzufinden. Es sind die Wurzeln dieses Kultus, und je prachtvoller der Baum sich entfaltet hat, desto tiefer begräbt sich seine Wurzel in die Nacht. Das Fest ward in der Synagoge gefeiert.

Ich sagte schon, daß die Synagoge der Juden Roms dem Palast Cenci gegenüberliegt, sie vereinigt fünf Schulen in einem Hause: die Scuola del Tempio, Catalana, Castigliana und die Scuola nuova, woraus man erkennen wird, daß der römische Ghetto in fünf Sprengel oder Parochien zerfällt, von denen jede eine besondere Art darstellt, je nach der vorherrschenden Nationalität der Juden, deren Väter entweder seit alters her römisch-jüdisch gewesen sind oder von Spanien und Sizilien hergeleitet werden. Man sagte mir, daß der Sprengel des Tempio behaupte, vor allen andern Hebräern von den Juden vor Titus abzustammen. Jede Synagoge hat ihre Schule, in welcher die Kinder notdürftig lesen, schreiben und rechnen lernen, Wissenschaften aber nicht gelehrt werden, und eine jede hat ihr Allerheiligstes, worin der Pentateuch aufbewahrt wird. – Ich sah diese Tempelsäle am Osterfest. Der Ghetto hat sich hier Gold und Silber abgerungen, um ein mosaisches Haus auszustatten. Schon von außen verrät sich das Synagogengebäude nicht allein durch Inschriften, sondern durch seinen vereinzelten Baustil. Die Juden haben ihr Gotteshaus gleichsam verstohlen und nächtlicherweile ausgeziert, in Rom, wo die Tempel und Kirchen in unübersehbarer Pracht sich ausdehnen. Es scheint, als hätten sie aus der Fülle des römischen Marmors ein paar Säulenstümpfe, ein paar Kapitäler und einige Marmorstücke geraubt, um sie in ihr Heiligtum in aller Stille einzufügen. Das kleine Frontispice in der Mitte des Synagogengebäudes ist mit korinthischen Pfeilern geschmückt und lehrt, daß auch in den Ghetto der römische Baustil eingedrungen ist. Auf dem Fries prangt in Stuck das Abbild des siebenarmigen Leuchters, die Harfe Davids und die Zither Mirjams.

Ein Schriftgelehrter hatte mich auf den Abend in den Tempelsaal eingeladen, wo, wie er sagte, die Vesper gesungen würde und ich ein vortrefflich ausgeführtes Oratorium würde zu hören bekommen. Am Abend drängte sich demnach das Judenvolk am Eingang der Synagoge. Auch Römer, selbst einige Priester waren unter der Menge zu bemerken. Wohl eine halbe Stunde ließ man warten, ehe aufgetan wurde, und es freute mich nicht wenig, zu warten und warten zu sehen, weil mich dies als ein Zeichen der Souveränität ergötzte, geübt einmal auch von einer unterdrückten und verachteten Menschensekte. Als nun die Türen sich auftaten, stieg man über enge Stiegen in den Tempelsaal. Ich sah die stattliche Judensynagoge Livornos, die reichste vielleicht in der Welt, doch erschien sie mir bei weitem weniger merkwürdig als diese Tempelzimmer des römischen Ghetto. Das Haus in Livorno ist groß, vornehm und nüchtern, die Tempelzimmer in Rom sind klein, ganz alt, höchst malerisch, bizarr und fremdländisch. Durchaus in der Weise der katholischen Kirchen Roms, wenn Feste in ihnen gehalten werden, hatte man die Wände der Zimmer mit roten und in Gold gestickten Tapeten behängt, die Pfeiler mit Damast überzogen. Häufig las man Sprüche aus dem Alten Testament daraufgestickt. Die Decke ist nach Art der römischen Basiliken befeldert, doch nur mit gemalten Cassettoni geziert. Ringsum trägt der Fries in

Stuck gearbeitete Reliefs, welche den Tempel und alle auf den Kultus bezüglichen Geräte darstellen, und wundersam sind sie gerade hier in Rom zu sehen, wo man ihrer einige auf dem Titusbogen dargestellt findet. Man sieht den Tempel Salomos kunstvoll abgebildet mit allen seinen Toren, Seitenhallen und Altären, das eherne Meer, die heilige Lade mit dem Cherubim, Priestergewänder und die Priestertiara, Urbilder der bischöflichen und päpstlichen Kostüme. Man sieht aller Art Tempelgerät, Töpfe, Schüsseln und Schaufeln, Becken, Löffel und Pfannen und Gestühle, endlich sämtliche musikalischen Instrumente: Pauken, Tamburins, Harfen, Zithern, Flöten, die Jubeljahrtrompeten, die Sackpfeife, Zimbeln, auch das Sistrum der ägyptischen Isis, wie man es so oft auf Isisbildwerken im Vatikan bemerkt. Mit diesen Erinnerungen an den Tempel Jerusalems hat sich hier die Phantasie des Juden umgeben.

An der nördlichen Wand fällt ein rundes Fenster in die Augen, welches in zwölf Felder verschiedener Farben geteilt ist, dies Symbol stellt die Stämme Israels dar und ist das Bild der Urim und Thummim, jenes aus köstlichen Steinen zusammengesetzten Schmuckes, den der Hohepriester auf der Brust zu tragen pflegte. Westwärts steht der runde Chor, ein hölzernes Pult für Vorsänger und Sänger, auf ihm der silberne Tempelleuchter und andere verwunderliche Gefäße von Silber, die auf den Pentateuch als Schmuck gelegt werden. Gegenüber steht an der östlichen Wand das Allerheiligste, ein kleines Tempelfrontispice mit herausragenden Stangen (für das Tragen der Bundeslade bestimmt), auf korinthischen Säulen ruhend. Der Vorhang bedeckt dasselbe; auf ihm sind in Goldstickerei Sprüche zu lesen und allerlei Werk von Rosen und von zierlichen Arabesken nach Weise des Tempels Salomonis. Die Spitze des Ganzen krönt der silberne siebenarmige Leuchter. In diesem Allerheiligsten liegt der Pentateuch verschlossen, eine große Pergamentrolle. Es wird in Prozession durch den Saal getragen und von dem Pult nach allen vier Weltgegenden gezeigt, wobei die Juden die Arme erheben und ein Geschrei ausstoßen. Dies ist gleichsam die Monstranz und Hostie der Juden. Es ist der gewaltigste Gott der Erde, welcher noch heute die Welt gefesselt hält, der Gott, welcher nicht das Wort ist, sondern der «Buchstabe», ein fürchterlicher, positiver, unverrückbarer Gott der Knechtschaft. Das Judentum ist die positivste aller Religionen, darum dauert es noch heute. Den luxuriösen Formen und phantasiereichen Zeremonien der katholischen Kirche gegenüber erscheint dieser starre, bildlose, phantasielose und gestaltenbare Jehovadienst bewunderungswürdig in seiner absoluten Einfachheit und furchterregend erhaben in der nüchternen Despotie des Gesetzes, welches beides schonungslos verschlingt – den Menschengeist wie die Natur.

Bedeckten Hauptes, Hut oder Mütze auf dem Kopf, sitzen die Juden in ihrem Tempel wie Pairs vor ihrem Gott, oder als wären sie auf der Börse, und ziemliche Ungeniertheit herrscht beim Singen und Beten, da jeder singt, wann er will, oder mit seinem Nachbar plaudert. Der Vorsänger sitzt dabei auf dem Chor. Mir fiel die Hast auf, womit alle diese Gebete abgesungen oder abgemurmelt wurden. Die Frauen sitzen in einer obern Galerie, hinter einem Gitter, gleichsam im Harem, und sind nicht sichtbar.

In einem zweiten Saal wurde die Vesper gesungen. Auch er war auf das beste dekoriert und flimmerte reichlich von Lampen. Nicht platt gedeckt wie der erste, erhob er sich vielmehr stockweise übereinander in einer bizarren Kuppelform. Auf dem Chor saßen die Sänger hinter dem Vorsänger. Dieser trug einen schwarzen Talar, ein hohes schwarzes Priesterbarett, von welchem ein weißer Schleier zu beiden Seiten herabfiel. Die Einfachheit des Ornates fiel mir auf, gedachte ich des alten jüdischen Priesterkostüms, dessen wunderbare Pracht noch das päpstliche Kostüm erhalten hat. Denn der Hohepriester im Tempel Jerusalems muß an herrlicher Gewandung den Papst noch übertroffen haben. Er war, sooft er das Allerheiligste betrat, also gekleidet: gehüllt in einen linnenen Rock, über welchen ein hyazinthblaues gefranstes Oberkleid herabwallte. Goldene Glöckchen hingen abwechselnd mit Granatäpfeln an den Fransen. Eine Binde von fünf Gürteln aus Gold, Purpur, Hyazinth, Scharlach und Byssus befestigt das Oberkleid. Eine Schulterbekleidung in denselben Farben, doch reich an Gold, von schildförmigen goldenen Spangen mit Sardonyxen geschlossen, kam dazu, ferner die Urim und Thummim aus zwölf köstlichen Steinen. Auf dem Haupte trug er die Tiara aus Byssus, mit Hyazinth durchwoben, um die Tiara lief ein goldener Kranz mit den Schriftzeichen «Jehovah». So beschreibt Josephus das Kostüm des Hohenpriesters, und man sieht wohl, daß er stattlich genug muß ausgesehen haben.

Die Chorsänger sangen die Vesper ganz vortrefflich, während der Vorbeter pausenweise betete und das Gesicht in den Schleier barg, bitterliches Weinen ausdrückend. Die Gesänge waren harmonisch, doch nicht von altem Gepräge, sondern doch vielmehr modern und im Stil der Oratorien. Schöne Knabenstimmen, prächtige Bässe – und so war denn auch in dieser Vesper im Ghetto der Einfluß Roms zu erkennen, und auch das Judenvolk hatte sein Miserere aufzuweisen. Nicht wenig fühlten sich diese Menschen erhoben und glücklich, daß auch sie in ihrem Winkel eine Kunstproduktion zu leisten vermochten. Gespendetes Lob wurde mit sichtbarer Freude aufgenommen; der Gast, neben den sich ein jüdischer Jüngling gestellt hatte, hörte mit Vergnügen, wie sein reichlich ausgesprochenes Lob von diesem weitergesagt wurde. «Was hat er gesagt?» – «Er hat gesagt: ‹Herrlich ausgeführt ben bene, eccellentissime, ihr habt eine Sixtinische Kapelle.›»

Doch hier brechen wir ab. Es wollten diese Blätter dazu beitragen, irgendeinen Kundigen zu einer ausführlichen Darstellung der Geschichte der Juden Roms anzuregen. Dieses Stück römischen Altertums ist schreibenswerter als manche unfruchtbare Untersuchung. Die Entwicklung des römischen Christentums von der ältesten Zeit her begleitend, möchte eine Geschichte des Ghetto wohl geeignet sein, einen Teil der Geschichte der Zivilisation überhaupt zu vervollständigen.

Den Verfasser dieser Abhandlung reizte sie, zu schreiben, nicht die bürgerliche Judenfrage, vielmehr allein die Grellheit des Gegensatzes zwischen dem historischen Christentum und dem historischen Judentum hier in Rom. Der Charakter dieser Stadt der Städte, wie er sich dem heutigen Beobachter darstellt, trägt das Gepräge der drei großen Kulturperioden des menschlichen Geschlechts: des Judentums, des Antiken und des Christentums. Man kann sie kaum mehr scheiden, so sehr sind sie ineinandergewachsen, und so sehr hat der christliche Kultus das Jüdische und das Antike in sich vereinigt. Von den Anschauungen des Altertums nicht zu sprechen, so durchwandere man doch Rom und seine Herrlichkeiten; überall springt in die Augen Geist und Gestalt des Hebräertums, selbst auf den Gipfeln der christlichen Kunst. Ist es die Skulptur, so ist mit das Höchste, was christliches Genie in Marmor schuf: der Moses des Michelangelo auf dem Grabmal des Papstes Julius' II. Ist es die Malerei: Stanzen und Loggien des Raffael, die Kapelle des Sixtus und so Ungezähltes sind voll von Darstellungen des Testaments der Juden. Ist es die Musik: was als Höchstes und als Tiefstes der Musik in der Karwoche gesungen wird, die Lamentationen und das Miserere, sie sind die Klagelieder Jeremiä und die Psalmen der Juden. Und von diesem Volk, welchem das Schicksal die Urkunden der Menschheit anvertraute, und dem das Christentum gleichsam von seinem Eigentum hinweggenommen hat, lebt hier im Ghettowinkel einer der ältesten und historisch merkwürdigsten Reste, an welchem die Geschichte seine große tragische Ironie vollzogen hat. Doch hat auch dieses also verachtete Volk seine eigene Ironie an der politischen Welt vollzogen, indem es zu allen andern Symbolen seiner Religion noch ein anderes mächtiges in die politische Geschichte hineingesetzt hat – ich meine das goldene Kalb, um welches die anleihebegehrende Welt tanzt, wie das geweissagt, geschrieben und dargestellt ist in den Büchern Mosis, des Propheten.

DIE VILLA MALTA IN ROM

und ihre deutschen Erinnerungen

1888

Die Villa Malta hätte wohl verdient, deutsches Eigentum zu bleiben, denn manche vaterländischen Erinnerungen haften an ihr. Vierzig Jahre lang ist sie das römische Sanssouci des kunstliebendsten aller deutschen Fürsten gewesen. Ludwig von Bayern hat dort oftmals Hof gehalten, nicht mit besternten Diplomaten, sondern mit lebensfrohen und talentvollen Künstlern. Nun aber sind auch die letzten Veteranen seiner Tafelrunde dahingegangen, die Villa selbst ist das Besitztum eines russischen Edelmannes geworden, und bald wird ihre deutsche Vergangenheit eine Legende sein. Darum will ich ihr ein paar Blätter des Andenkens widmen und sie ganz ernsthaft wie ein historisches Monument behandeln.

Der Ursprung der Villa Malta ist sehr vornehm; ihr Stammbaum wuchs in den Gärten des Lukull.

Ehe Aurelian Rom mit neuen Mauern umgab, lagen die nördlichen Hügel der Stadt im Freien, wie heute die Villa Borghese und die Monti Parioli. Sie waren immer ein beliebter Gartenbezirk. Die gesunde Luft, die Nähe der Weltstadt, die herrliche Aussicht auf diese wie auf die großartige Landschaft lockten die Römer, dort Weinberge und Landhäuser, und dann auch prachtvolle Villen anzulegen. Solche erstreckten sich vom Esquilin und Viminal bis zur Porta Flaminia. Man nannte Kunstgärten mit den dazugehörenden Gebäuden Villae oder auch Horti, und davon erhielt jenes Hügelland (der heutige Pincio) den Namen Collis Hortorum. Nach dem Quirinal hin begrenzte dasselbe die Villa des Geschichtschreibers Sallust (Horti Sallustiani); gegen die Via Flaminia dehnte sich eine Reihe schöner Parkanlagen aus mit Prachtgebäuden und Kunstsammlungen, die Gärten des Lukull, des Pompejus und der Domitier. Lukullus war der erste Römer, welcher auf dem Pincio eine Villa von unvergleichlicher Schönheit baute. Sie lag auf der Strecke, die heute durch Santa Trinità dei Monti, Via Sistina und Capo le Case bezeichnet wird. Zur Zeit des Claudius gehörte sie dem Konsular Valerius Asiaticus, welchen Messalina in den Tod trieb, um sein Landhaus zu besitzen. Tacitus erzählt, daß vor den Augen des Verurteilten der Scheiterhaufen aufgetürmt wurde, aber daß der Sterbende den Befehl gab, ihn an einer andern Stelle zu errichten, wo der Feuerqualm die Baumgruppen seiner geliebten Villa verschonen konnte.

Diese wurde jetzt das Lusttheater für die Ausschweifungen der Messalina, und hier ereilte sie auch die strafende Nemesis. Als Claudius die Kaiserin umzubringen befahl, fanden sie seine Centurionen auf der Erde liegend, den Dolch in der zarten Hand, doch mutlos, sich selbst den Todesstoß zu geben. Ein Tribun erstach sie. Die Villa kam hierauf an den kaiserlichen Fiskus, und dort schwelgten die schreckliche Agrippina und ihr Sohn Nero. Sie blieb Eigentum der Kaiser, die sich fast aller großen Villen der Stadt bemächtigten. Noch im 4. Jahrhundert behauptete sie ihren Ruf gleich den Horti Sallustiani. Weil die Westgoten Alarichs diese durch Feuer zerstörten, mag auch jene in demselben Jahre 410 das gleiche Los getroffen haben.

In der letzten Kaiserzeit war sie in tiefem Verfall. Sie gehörte dem Senatorengeschlecht der Pincii, deren Name auf den ganzen Gartenhügel überging. Die Domus Pinciana, der letzte Rest der Villa Lukulls, war zur Zeit Theoderichs so ruiniert, daß dieser von dorther Marmor nach Ravenna schaffen ließ zum Bau seiner Residenz. Weil damals noch Kunstschätze der alten Villa übriggeblieben sein mußten, so wird der Gotenkönig auch davon manches nach Ravenna entführt haben. Noch tausend Jahre später fand man im Schutte der Lukullischen Gärten den messerschleifenden Skythen, welcher zu einer Marsyasgruppe gehört zu haben scheint. Jeder kennt ihn aus der Tribuna der Uffizien in Florenz.

Im Hause der Pincier hatte noch Belisar sein Hauptquartier, als er Rom gegen die Goten verteidigte; und so endigte mit seiner Heldengestalt die antike Geschichte Roms eigentlich in jenen Gärten des Lukull. Denn nach den Gotenkriegen senkte sich die tiefe Nacht der Barbarei auf die verödete Stadt.

Den Mons Pinzi des Mittelalters bedeckte jahrhundertelang geschichtloses Dunkel. Da er außerhalb des täglichen Verkehrs und des Lebens der Stadt lag, und dieses sich von den Höhen immer mehr in das Marsfeld nach dem Tiberflusse hinunterzog, so blieb der Hügel der Gärten seiner Verwilderung überlassen. Weinberge, Gemüsefelder, Gebüsche, Nachkömmlinge der antiken Horti, reichten bis zur heutigen Piazza di Spagna hinab. Die Trümmer der alten Villen luden, wegen ihrer entfernten Lage, keine Barone ein, dort ihre Türme aufzubauen. Allein sie dauerten in jener Wildnis lange fort, denn noch auf dem Stadtplan Buffalinis (um 1551) sind im Bezirk der Kirche Santa Trinità und der Via Sistina große Ruinen verzeichnet, die der Domus Pinciana müssen angehört haben. Von unten herauf, wo die Straße Capo le Case liegt, führte seit alter Zeit ein Weg, die Via Pinciana, zu dem gleichnamigen Tore, welches erst im vorigen Jahrhundert verschlossen wurde.

Am Ende des 15. Jahrhunderts ließ Karl VIII. von Frankreich die

Kirche Santa Trinità dei Monti errichten, und seit dieser Zeit belebte sich der Hügel der Gärten wieder. Er wurde sogar seiner alten Bestimmung zurückgegeben, denn einige prachtvolle Villen des neuen Rom entstanden in der Spätrenaissance auf ihm. Der Kardinal von Montepulciano erbaute die Villa Medici, welche der Papst Leo XI. noch als Kardinal erwarb, dann der Großherzog von Toskana erhielt, endlich die französische Regierung während der Revolution sich aneignete. Im 17. Jahrhundert errichtete der Kardinal Ludovico Ludovisi die großartige Villa seines Namens, deren Park sich bis zum eigentlichen Pincio längs der inneren Seite der Stadtmauern fortzog. Auf dem westlichen Rande des Zirkus der Sallustischen Gärten bauten auch die Massimi ein reizvolles Landhaus. Den Abschluß aller dieser modernen Anlagen machte der öffentliche Garten des Pincio, der zur Zeit Napoleons entstand und erst unter Pius IX. seine heutige Gestalt erhielt.

Die Villa Malta also ist ein Ableger aus den Gärten des Lukull. Sie steht auf der höchsten Erhöhung des Pincio unweit der Porta Pinciana, zwischen den Villen Medici und Ludovisi, und ist so tief versteckt, daß von der Via Sistina her nicht einmal ihr Turm sichtbar wird. Sie war niemals eine Sehenswürdigkeit Roms; in keiner Stadtbeschreibung wird ihrer gedacht, in keinem Album römischer Bauwerke ist sie abgebildet. Erst im 18. Jahrhundert erscheint sie als ein Garten, Giardino del Pino, von einem Pinienbaum so genannt.

Sie hieß auch Giardino di Malta. Dieser Name, größer und stolzer als die Namen Medici und Ludovisi, scheint anzudeuten, daß sie einst ein Besitz des Ordens der Malteser gewesen ist. Man hat sie auch bis heute für eine alte Sommerwohnung dieser Ritterschaft gehalten. Allein das kann nicht erwiesen werden. Auf meine Bitte ließ einer der edlen Kavaliere, der Marchese Giacomo di Pietramellara, im Mai 1886 das Archiv des römischen Ordenshauses nach Urkunden, die Villa Malta betreffend, durchsuchen, und es hat sich deren keine vorgefunden. Auch in der Villa selbst ist niemals das Wappen der Malteser gesehen worden. Die Entstehung des Namens ist daher noch heute rätselhaft.

Im 18. Jahrhundert war das Landhaus Eigentum des französischen Klosters Santa Trinità in seiner Nähe. Die Mönche dort besaßen in ihrem Bezirk Weinberge und Gärten, und zu diesen muß auch jenes Grundstück gehört haben. Sie selbst erbauten wohl das einfache zweistöckige Kasino mit einem kleinen viereckigen Turm, von welchem man die schöne Aussicht genießen konnte. Fast alle römischen Landhäuser dieser Art sind mit einem solchen Belvedere versehen. Der Baustil der Villetta di Malta deutete höchstens auf das 17. Jahrhundert zurück.

Am 5. Juli 1764 verlieh das Kloster dies Grundstück in Emphyteuse bis zur dritten Generation der römischen Familie Parmegiani gegen

einen Jahreskanon von 150 Skudi (750 Francs). Das ist das älteste beglaubigte Datum in der Geschichte der Villa. Sie wechselte schnell ihre
Pächter: noch im 18. Jahrhundert kam sie an den Grafen Domenico
della Torre, und von ihm an den Ritter Giuseppe Antonio Celani.
Schon diese Besitzer vermieteten, wie vor ihnen die Mönche selbst,
die Räume der Villa als Wohnungen, auch an Künstler zu Ateliers.

Der durch seine Luft gesunde, stille und ländliche Pincio war schon
seit langer Zeit ein Maler- und Bildhauerviertel besonders für deutsche Künstler. Diese haben mit Vorliebe in den dortigen Straßen gewohnt, in der Via Felice und Sistina, in der Via Gregoriana, S. Isidoro, Purificazione, Capo le Case, und auf der Piazza Barberini.

Die Geschichte der deutschen Ansiedlungen in Rom ist noch zu
schreiben, und sie wird hoffentlich einmal geschrieben werden. Sie
beginnt wesentlich mit den Kolonien der Langobarden, Franken und
Sachsen, die sich seit dem 8. Jahrhundert im vatikanischen Borgo gebildet hatten. Die Kirche und das Kaisertum haben während des Mittelalters Scharen von Deutschen nach Rom gezogen. Manche deutsche
Männer dienten den Päpsten als Sekretäre und Skriptoren.

Theoderich von Niem aus Westfalen, einer der Stifter der deutschen Nationalkirche dell'Anima in Rom, hat sich als Geschichtschreiber des großen Schisma im 14. Jahrhundert unsterblich gemacht, und
jedermann kennt die Bedeutung des Elsässers Burckhard, des Zeremonienmeisters Alexanders VI., auf dessen und der Borgia Privatleben sein berühmtes Diarium ein so grelles Licht geworfen hat.

Der Glanz Roms unter den Päpsten der Renaissance, welche die
Ewige Stadt mit monumentalen Kunstwerken ausstatteten und durch
die Sammlung der vatikanischen Bibliothek die Wissenschaften förderten, lockte viele deutsche Gelehrte dorthin. Erasmus und Reuchlin,
Kopernikus, Agrikola, Dalberg, Celtes, Hutten und andere besuchten
dies Zentrum der humanistischen Bildung, und um den berühmten
Luxemburger Goritz sammelte sich ein Kreis von deutschen Dichtern,
welche sich in Rom einbürgerten.

Es ist auffallend, daß in der zahlreichen römischen Kolonie von
Deutschen während der Renaissance nur Dichter und Gelehrte, aber
keine bedeutenden Künstler sichtbar wurden, und das nicht einmal
in der Zeit, ehe die lutherische Reformation ihren erbitterten Kampf
gegen das päpstliche Rom begann. Albrecht Dürer, der größte und
vielseitigste Künstler der deutschen Renaissance, lebte, von seinem
Nürnberger Gönner Wilibald Pirkheimer unterstützt, ein Jahr lang
(1505) in Venedig, von wo aus er Bologna besuchte, aber er hat Rom
nicht gesehen. In seinem letzten Briefe aus der herrlichen Dogenstadt
seufzte er: «Wie wird mich nach dieser Sonne frieren; hier bin ich ein
Herr, daheim ein Schmarotzer.» Ein Verlangen, Rom zu besuchen, hat

er nicht ausgesprochen; sein deutsches Wesen ist nicht durch Italien beeinflußt worden.

Selbst Hans Holbein, der unter allen deutschen Malern den am meisten an die italienische Kunst erinnernden Sinn für Form und Schönheit besaß, hat sich nur in der Lombardei, namentlich in Mailand, aufgehalten, zu einer Zeit, wo Leonardo da Vinci nicht mehr dort lebte. In Rom ist Holbein nicht gewesen, wenigstens haben wir keine Kunde davon. Er hat dann bekanntlich lange in England gelebt. Es werden aber doch manche niederländische, fränkische und schwäbische Maler auch in den Werkstätten Raffaels und Michelangelos in Rom studiert haben.

Die Reformation unterbrach die friedlichen Wallfahrten der Deutschen nach der Ewigen Stadt. Nach dem Dreißigjährigen Kriege stellten sich jene Beziehungen langsam wieder her. Doch erst seit Raffael Mengs, welcher im Jahre 1741 nach Rom kam, hat sich die Niederlassung deutscher Künstler hier ununterbrochen fortgesetzt.

Die Villa Malta muß solchen schon damals, und lange bevor sie namhaft geworden war, zu ihren Werkstätten gedient haben. Die älteste deutsche Erinnerung an den «Garten von Malta» ist aber doch erst an Goethe geknüpft. Er nennt zwar diesen Namen nicht, aber er hat die Villa ohne Zweifel gekannt. Die Tradition erzählt, daß die größte der drei Palmen des Gartens von Goethe gepflanzt worden sei. Er selbst sagt in seiner «Italienischen Reise», daß er kurz vor seinem Scheiden von Rom (im April 1788) Dattelpflanzen, die er aus Kernen gezogen, einem römischen Freunde übergeben habe, von dem sie in einen Garten der Sixtinischen Straße versetzt worden seien, «wo sie noch am Leben sind, und zwar bis zur Manneshöhe herangewachsen, wie ein erhabener Reisender mir zu versichern die Gnade hatte. Mögen sie den Besitzern nicht unbequem werden und fernerhin zu meinem Andenken grünen, wachsen und gedeihen».

Der Garten an der Sixtinischen Straße kann nur jener von Malta gewesen sein; Goethe, der keinen schönen Aussichtspunkt unbeachtet ließ, muß ihn aufgesucht haben. Sein römischer Freund war vielleicht ein deutscher Künstler, der dort sein Atelier hatte, und der Besitzer des Kasinos im Jahre 1788 konnte der Graf della Torre sein.

Bald nach Goethe traf Herder zum Besuche in Rom ein. Es gibt keinen größeren Kontrast als Herder und Goethe in Rom. Dieser lebte dort in menschlich schöner Freiheit; Herz und Seele, die Flügel des Genius, wuchsen ihm empor, und die Sonne Roms gab seinen Idealen die klassische Reife. Jener kam dorthin am 10. September 1788 als «Appendix» launenhafter Freunde, Dalbergs und der Frau von Sekkendorf. Im Anfange des Oktober kam auch die Herzogin Amalie. Herder fand, daß er «zwischen den Weibern garstig in der Mitte sei».

Er sah sich in Rom um allen Genuß betrogen. Dem Kardinal-Staats-
sekretär Buoncompagni und dem Senator Rezzonico wurde er als
«vescovo di Weimar» vorgestellt. Welche seltsame Figur mußte ein
«vescovo di Weimar» in Rom machen! Er verkehrte mit dem alten
Reiffenstein, mit Zoega und Moritz, und mit Angelika Kauffmann.
Der verdrießliche, krankhafte «Bischof» konnte der Ewigen Stadt
nichts abgewinnen. Er begriff dort nur die Schattenseiten, die Pfaf-
fenwirtschaft, die Nichtigkeit der Gesellschaft, das tote Meer der Wissenschaften, die falsche Weisheit und taumelnde Unwahrheit. Erst in
Neapel, wohin er zu Neujahr 1789 mit der Herzogin Amalie ging,
lebte er auf. Beide kehrten am 20. Februar nach Rom zurück. Und damals hat Herder mit der Fürstin in der Villa Malta gewohnt. Er verließ die Ewige Stadt am 15. Mai 1789. Seinen Aufenthalt dort hat
Haym geschildert: «Herder nach seinem Leben und seinen Werken»
(Bd. 2, 1885).

Im Herbst 1802 lebte in der Villa die geistreiche Friederike Brun
mit ihrer Tochter, der Gräfin Ida von Bombelles. In ihrem «Römischen Leben» hat sie folgendes aufgezeichnet: «Das Gebäude, welches
wir bewohnen, war eine ehemalige, klosterähnlich eingerichtete Sommerwohnung der Malteserritter. Ein hoher Turm erhob sich gerade
über dem Teile des Gebäudes, welchen wir bewohnen. Allein es gibt
noch viele Logis in dem mit vielen Treppen versehenen, wunderlich
aus- und eingebauten und doch zusammen um kleine liebliche Gärten
gruppierten Häuserhaufen, Villa Malta genannt. Schon wohnt ein
kranker Engländer, Sir Knight, hier mit ein paar Schwestern; mancher Künstler hat hie und da hinter freien Balkons sein malerisches
Nestchen und phantasiebeflügelte Ausblicke. Aus meinen Zimmern
führt eine Treppe in einen größeren luftigen Saal, welcher einen Flügel des Gebäudes allein bildend wie ein Erker in die Fülle des Grünen
blickt und von drei Seiten mit großen Fenstern umgeben ist. Meine
Wohnzimmer sehen auf die Gärten des Quirinalischen Palastes; es
hat einen Kamin mit einer Marmorplatte. Ein Hofraum trennt mich
von einem Gärtchen, darin sind Springbrunnen, Orangen, Reben,
Akazien, Lorbeeren und Kaktus.»

Friederike versammelte dort manche ausgezeichnete Fremde, die
damals in Rom lebten; Zoega, Fernow, Bonstetten, Thorwaldsen, Keller, Lund. Sie hat das Weihnachtsfest geschildert, welches sie in jenem
großen Saal der Villa veranstaltete, wo später der König Ludwig von
Bayern heitere Zusammenkünfte mit ihm befreundeten Künstlern
hielt. Den geselligen Kreis der deutschen Dichterin versetzte die Ankunft Wilhelm von Humboldts in freudige Aufregung. Der Bruder
Alexanders kam als preußischer Gesandter nach Rom und nahm seine
Wohnung in derselben Villa Malta. Aus ihrem Fenster sah Friederike

den Minister mit seiner Gemahlin und vier Kindern von der Via Pinciana den schmalen Weg zur Villa herauffahren. Sie erstaunte, die älteste, zehnjährige Tochter Karoline als Knabe gekleidet zu sehen, denn der Reise wegen war diese Vermummung für sie gewählt worden. Es war der 25. November 1802, als Humboldt in die Villa Malta einzog.

Das kleine Landhaus wurde alsbald der Mittelpunkt für die geistreiche Gesellschaft Roms. Alle jene Männer aus dem Kreise der Friederike Brun traten auch in diesen neuen Humboldts über. Außerdem verkehrten hier Lucian Bonaparte, Agincourt, Canova, Angelika Kauffmann, Camuccini, Reinhardt, Koch, Schadow, während der später berühmte Altertumsforscher Welcker Hauslehrer in der Humboldtschen Familie war.

Anfang 1805 kam auch der Kurprinz Ludwig von Bayern zum ersten Male nach Rom, nicht ahnend, welche Veränderungen sein Vaterland gerade in diesem verhängnisvollen Jahre erfahren sollte, Veränderungen, welche das Deutsche Reich durch den Rheinbund auflösten, den mit dem Feinde Deutschlands verbündeten Vater Ludwigs zum souveränen König des vergrößerten Bayern und ihn selbst zum widerwilligen Vasallen Napoleons machten. Der Kurprinz nahm in Rom Wohnung bei dem bayerischen Gesandten Häfelin, im Palast Rondanini auf dem Corso, dem Hause gegenüber, worin Goethe gewohnt hatte. Der Name dieses Palastes lebt noch in München mit der berühmten Medusa fort, welche er im Jahre 1811 aus ihm erwarb.

Den jungen Prinzen begeisterten die Monumente und Antiken Roms; sie weckten in ihm die fürstliche Leidenschaft, nicht nur Kunstwerke zu sammeln, sondern sein Vaterland auch durch Neuschöpfungen des Schönen zu adeln. Schon ein Jahr nach seinem Aufenthalt in Rom faßte er den großartigen patriotischen Gedanken zur Walhalla und gleichzeitig den Plan zur Glyptothek.

Sein Verkehr mit Künstlern in Rom war gleichwohl im Jahre 1805 noch nicht sehr lebhaft. Nicht einmal Thorwaldsen, dessen Hebe er schon in Venedig bewundert hatte, scheint er damals persönlich kennengelernt zu haben. Seine ersten Beziehungen zu diesem genialen Meister gehören ins Jahr 1808, wo er den Adonis bei ihm bestellte. Da er mit Wilhelm von Humboldt verkehrte, betrat er im Jahre 1805 auch die Villa Malta zum erstenmal.

Humboldt beherbergte dort in demselben Jahre seinen Bruder Alexander, welcher nach der Rückkehr von seiner epochemachenden Reise in Südamerika erst nach Paris gegangen war und dann im März 1805 mit Gay-Lussac Rom besuchte. Wilhelm blieb in der Villa bis zum Frühling 1807, dann zog er in das Haus Tomati, in der nahen Via Gregoriana; aber er verließ Rom für immer schon im Herbst 1808.

Die Umwälzungen, welche die Ewige Stadt durch den Sturz des
Papsttums erlitt, hemmten hier für eine Reihe von Jahren die Tätigkeit der Künstler, aber sie begünstigten gerade die Absichten des
Kronprinzen Ludwig, der mit Rom in beständiger Verbindung blieb.
Sie erschütterten den Wohlstand der römischen Aristokratie so tief,
daß selbst die Barberini, Braschi und Ruspoli sich mancher Kunstschätze, die ihre Familienpaläste erfüllten, entäußerten. Weil die
schönsten Antiken und Gemälde aus den Galerien des Staates durch
den modernen Vandalen Napoleon nach Paris fortgeschleppt waren,
durfte sich niemand wundern,wenn Privatpersonen Werke ihres eigenen Besitzes verkauften. Zum letzten Male bot sich fremden Fürsten
die Gelegenheit dar, aus Schätzen Roms und Italiens heimische Museen zu gründen, und diesen Zeitpunkt benutzt zu haben ist das große
Verdienst Ludwigs gewesen. So sind durch ihn die alten Münchener
Kunstsammlungen vermehrt und neue angelegt worden.

Die meisten Ankäufe besorgte für ihn Martin Wagner, sein unermüdlicher Agent in Rom. Daß der Barberinische Faun, die Minerva
Ergane, Hunderte von Statuen und die große Vasensammlung nach
München gekommen sind, ist wesentlich seiner Umsicht zu verdan-
ken. Unter vielen Mühen und Gefahren schloß er auch den Kauf der
Aegineten in Griechenland ab und führte dann diese weltberühmte
Giebelgruppe glücklich von Malta nach Rom, wo er die Bruchstücke in
seinem Atelier zusammensetzte, während Thorwaldsen sie restau-
rierte. Dort sah sie der Kronprinz, als er im April 1818 zum zweiten
Male Rom besuchte.

Die durch die Französische Revolution und Napoleon aus den Angeln gehobene Welt hatte sich im Jahre 1815 wieder eingefügt, das
Papsttum sich in Rom neu eingerichtet, und die Ewige Stadt war in
ihr altes göttliches Nirwana, in jene von der Geschichte gesättigte,
zeitlose Stille zurückgesunken, deren narkotischer Odemzug auf alle
idealen Naturen immer wie ein Zaubertrank gewirkt hat. Altertumsforscher und Künstler studierten und arbeiteten wieder, und manche
Fremden von Ruf erschienen.

Die wenigsten Ausländer empfanden das tatsächliche Elend, in welches das römische Volk aus dem besseren Zustande unter der französischen Regierung wieder herabsank, als ihm das Joch der Mon-
signoren mit ihrem Polizeisystem von neuem aufgelegt wurde. Niebuhr aber hat das tief empfunden und in seinen Briefen nach der Heimat ausgesprochen. Dieser große Gelehrte war seit 1816 preußischer
Gesandter in Rom, und sein Legationsrat wurde Bunsen.

In demselben Frühjahr 1818, in welchem Ludwig nach Rom kam,
kehrte dorthin auch die Gemahlin Wilhelms von Humboldt zum Besuche zurück. Sie nahm ihre Wohnung im Hause der Signora Buti,

welches nahe bei der Villa Malta in der Via Sistina lag und die Künstlerherberge jener Zeit war. Thorwaldsen und Schadow, Wach, der Kupferstecher Senff und Wagner wohnten dort. Thorwaldsen arbeitete damals an seinem Merkur und ließ den Triumphzug Alexanders für die Villa Sommariva in Marmor ausführen. Die Malerin Luise Seidler, welcher Karl August von Weimar den Aufenthalt in Rom möglich machte, hat von dem patriarchalischen Leben, dessen Mittelpunkt Frau von Humboldt war, in ihren «Erinnerungen» erzählt. Auch Henriette Herz, die mit ihrer Freundin Dorothea Schlegel zu derselben Zeit in Rom lebte, hat die Abende im Hause Buti geschildert. Dort war der Kronprinz Ludwig gerne zu Gast; sein geistreiches Wesen, seine bürgerliche Einfachheit und Liebenswürdigkeit machten auf jene schöne und hochgebildete Frau einen tiefen Eindruck.

Als sie eines Tages in seiner Begleitung die Spanische Treppe hinaufstieg, fragte sie ihn: «Werden Sie denn auch als König so bleiben, wie Sie jetzt sind?» Der Kronprinz antwortete, die Schlußzeile des «Columbus» von Schiller verändernd:

«Was der Jüngling verspricht, leistet der Mann euch gewiß.»

Das Viertel um die Villa Malta her war zu jener Zeit der Sitz einer zahlreichen deutschen Kolonie. In dem Landhause selbst wohnten immer Maler; auch Overbeck hatte dort seine erste Wohnung genommen, als er im Jahre 1810 nach Rom gekommen war. Bald darauf zog er mit seinen frommen Kunstgenossen in das nahe Kloster Sant Isidoro. Jedem Staatswesen, jeder bürgerlichen Pflicht entfremdet, weder von der erbärmlichen Reaktion in ihrem Vaterlande noch von der Knechtschaft Italiens berührt, lebten diese Künstler in Rom wie auf der Insel der Seligen, in olympischer Freiheit, als Weltbürger einer idealen Republik, versenkt in das Studium der alten Meister und zu eigenen Schöpfungen aufgeregt. Der Geist Carstens', der Klassizismus Canovas und Thorwaldsens wirkte auf diese neue Malerschule, die nach den verlorenen Formen des großen historischen Stils suchte. Die Fresken von Cornelius, Overbeck, Veit und Schadow in der Casa Bartholdy auf dem Pincio erregten damals Aufsehen als kunstgeschichtliche Tat der Umkehr zur Natur. Selbst Niebuhr sprach in einem Briefe an Savigny (vom Februar 1817) die Hoffnung aus, «daß wir jetzt in der Kunst für Deutschland in eine Epoche treten, wie die unserer aufblühenden Literatur im 18. Jahrhundert war».

Den Kronprinzen Ludwig überraschte der kühne Aufschwung der kleinen deutschen Künstlerwelt auf dem Pincio. Er bemerkte den Widerspruch ihrer Ideale, ohne sich für eins oder das andere zu entscheiden. Die Deutschen teilten sich in zwei Schulen: die weltlichklassische der Kapitoliner, deren Häupter Koch und Reinhardt waren, und die christliche der Nazarener und Konvertiten, die im Zusammen-

hange mit den deutschen Romantikern zur vorraffaelischen Mystik
zurückkehrten. Die Führer dieser waren Overbeck, Veit und in seiner
ersten Epoche auch Cornelius. Dagegen blieb die persönliche Richtung
Ludwigs unbegrenzt. Er war kein einseitiger Antiquar und Liebhaber;
er liebte die ganze Kunst als solche, weil sie das Schöne schuf. Die
Hebe und der Adonis Thorwaldsens entzückten ihn ebensosehr wie
die blassen Heiligenbilder Overbecks und Veits.

In seinem phantasievollen Geiste vereinigten sich die Reflexe aller
Kunstepochen und Stile, die griechische Antike, das byzantinische
und romanische Christentum, die mittelalterliche Gotik, die italienische Renaissance. Ihre verschiedenen Formen hat er dann in der bunten Reihe seiner Bauten mit gleichem Enthusiasmus nachgeahmt. Die
Glyptothek, die Pinakotheken, die Propyläen, der Residenzbau, die
Arkaden, das Siegestor, Obelisk, Bavaria, Bibliothek, Walhalla, Basilika, Ludwigskirche, Feldherrnhalle, Ruhmeshalle: alle diese rühmlichen Schöpfungen zeigen ihn als den Sohn seiner weltbürgerlichen
Zeit ohne Originalität, als einen romantischen Eklektiker auf dem
weiten Gebiete des Schönen, wie es, freilich mit den Mitteln und in
den Dimensionen des Römerreiches, einst der Kaiser Hadrian gewesen
war, der letzte große Kunstmäzen des sterbenden klassischen Altertums.

Vielleicht war sich Ludwig seiner innern Verwandtschaft mit Hadrian bewußt, als er dessen Bildsäule neben der des Perikles in einer
Nische der Außenwand der Glyptothek aufstellen ließ.

Es ist für sein Wesen bezeichnend, daß er im Plane hatte, der im
ionischen Tempelstil errichteten Glyptothek gegenüber eine Apostel-
kirche aufzuführen und so Klassizismus und Romantik äußerlich miteinander zu verbinden. Solche Universalität des künstlerischen Gesichtskreises konnte nur die Tat eines sammelnden und nachahmen-
den Zeitalters sein, welches selbst keine eigene Kunstform besaß,
sondern seine Größe im philosophischen Bewußtsein der Einheit des
Menschengeschlechts und ihrer edelsten Kulturideale fand.

Es war noch die Zeit, wo Faust und Helena ihre Wonnemonde
feierten. Der Geist Ludwigs selbst, wie mancher andere in Deutschland, entstammte dieser romantischen Verbindung des Germanen-
tums mit dem Hellenentum, und nichts konnte später natürlicher
sein, als daß ein Sohn Ludwigs den Thron des befreiten Griechenlands als erster König der Hellenen in Athen bestieg.

Weil Ludwig die Künste nach München verpflanzte, wurde er der
Neuschöpfer dieser Stadt. Alles erschien hier noch ungünstiger für
die Aufnahme des Schönen, als es früher der Boden Berlins gewesen
war. Ein an ideale Anschauungen und Bedürfnisse nicht gewöhnter
Volksgeist; eine gleichgültige unfruchtbare Naturumgebung in der

nächsten Nähe; keine andere als die dynastische Geschichte des Herrscherhauses; keine Monumente eines alten und blühenden Gemein-
wesens, welche Regensburg, Augsburg und Nürnberg so stolz und
vornehm machen. Weder Berlin noch München besitzt auch nur eine
wirklich schöne, alte Kirche, wie so mancher kleine Ort Deutschlands
sie aufzuweisen hat. Jetzt strebt München, wie viele andere Städte
unseres Vaterlandes, durch die alles belebende Kraft, welche das
große nationale Reich ausströmt, mächtiger auf. Wenn aber diese
freundliche Stadt mit ihren reichen Bildungsanstalten die Königin des
herrlichen deutschen Alpengebietes wird, so hat sie das noch jenen
Impulsen zu verdanken, welche ihr Ludwig gegeben hat. Was dieser
geistvolle Fürst hier geschaffen hat, ist im Verhältnis zu den geringen Mitteln, über die er verfügen konnte, so bewundernswert, daß er,
wenn er Ähnliches zu Griechenzeiten und für Griechen getan hätte,
als Stadtheros in einem Tempel würde verehrt worden sein. Es kommt
hier nicht einmal auf den künstlerischen Wert seiner Monumental-
schöpfungen an, sondern nur darauf, daß er der Kunst wieder große
Aufgaben gestellt und sie als die vollste Blüte der Kultur begriffen hat.

Ich bin von der Villa Malta abgeschweift, allein sie steht doch
immer im Hintergrunde des merkwürdigen Treibens deutscher Künstler in Rom während der ersten Dezennien dieses Jahrhunderts. Der
Kronprinz Ludwig war der Abgott dieser Künstler, nicht nur als
geistvoller Mäzen, sondern als glühender deutscher Patriot. Noch im
Jahre 1818 trug er in Rom die bereits von den Regierungen des Vaterlandes verpönte deutsche Tracht Jahns und der Burschenschaft.
Künstlern, welche nicht Mittel hatten, sich deutsch zu kleiden, gab er
sie, und so wanderten Maler und Bildhauer unter den Göttern Griechenlands und den Ruinen Roms als Urteutonen des Teutoburger
Waldes stolz umher. Der Weltmann Canova wird sie mit stillem Lächeln betrachtet haben. Henriette Herz hat erzählt, daß in jenem
Jahre 1818 einmal eine römische Prinzessin, mit ihrer Amme in Genzano am Nemisee spazierend, vor der plötzlich auftauchenden Erscheinung eines breitschulterigen Teutonen mit wild herabwallenden
Haaren entsetzt davongelaufen sei. Dieser Schreckliche, welchen die
Amme für den leibhaftigen Simon Magus hielt, war kein Geringerer
als Rückert. Niemand konnte diesem Urgermanen ansehen, daß in
seiner zarten Seele der «Liebesfrühling» keimte.

Es gibt ein Buch von Otto Baitsch: «Johann Christian Reinhardt
und seine Kreise», worin jene Deutschtümelei unserer Künstler in
Rom gezeichnet ist. Sie hinderte dieselben übrigens nicht, sich zuzeiten bei ihren Festen am Ponte Molle oder im Tal der Egeria in die
Formen des antiken Römertums zu kleiden. Das klassische Heiden-

tum verführte selbst fromme Gemüter. Der strenge Niebuhr forderte einst (im Juni 1818) nach der Kindtaufe bei Bunsen, nachts auf der Loggia des Palastes Caffarelli stehend und mit angeheiterten Augen den funkelnden Stern Jupiter betrachtend, Thorwaldsen auf, die Gesundheit des alten Gottes zu trinken. «Von ganzem Herzen gern», antwortete der Künstler mit beklemmter Brust. Einige der Gäste stutzten, aber Cornelius stieß auf den alten Jupiter wacker an.

Mein Freund Dr. Erhardt in Rom besitzt ein altes Festprogramm der deutsch-römischen Künstlerschaft, welches sehr ergötzlich und durch die in ihm auftretenden Persönlichkeiten heute besonders wertvoll ist. Es ist auf vergilbtem Papier mit den guten Schriftzügen unserer Väter geschrieben und lautet so:

«Senatus Consultus.

Nachdem der Rath die ihm vorgelegten Ansprüche auf einen zu haltenden Triumph in Berathung gezogen und die Verdienste eines jeden reiflich erwogen hat, so bewilligt derselbe kraft dieses Rathschlusses, den Nachstehenden die Ehre eines feierlichen Triumphes, und zwar jedwedem nach dem Maße seines Verdienstes in der von unsern Vorfahren herkömmlichen Weise:

1. Als dem Cav. von Thorwaldsen
   einen skandinavischen, deutsch-gotischen Triumph.
2. Dem Baron von Stackelberg
   einen griechischen, orientalischen, deutsch-russischen Triumph.
3. Dem Herrn von Kestner
   einen deutsch-englischen Triumph.
4. Dem Herrn Byström
   einen gotischen, französisch-englischen Triumph.
5. Dem Herrn Eggers
   einen deutsch-mecklenburg-schwerin-preußischen Triumph.
6. Dem Herrn Launitz
   einen deutsch-russischen, kur- und livländischen Triumph.
7. Dem Herrn Koch
   einen wiener Triumph.
8. Dem Herrn Thürmer
   ein (!) Ovation über Konstantinopel und Griechenland.
9. Dem Herrn Stier
   ein Ovation über Sicilien.

Die von den Triumphirenden zu hinterlegenden Gelder haben die Quästoren in Empfang zu nehmen und davon die Kosten zu bestreiten. Die Anordnung des Triumphes bleibt jedoch den curulischen Aedilen überlasen.   S. C.»

Der deutsch-englische Triumphator Kestner, der Sohn der Lotte Buff, war erst seit 1817 hannoverischer und englischer Diplomat in Rom, und der berühmte Landschaftsmaler Koch hatte sich von 1812 bis 1815 in Wien aufgehalten und dort durch seine Gemälde Aufsehen erregt. Otto von Stackelberg, der mit Bröndstedt Griechenland bereist hatte und sich hauptsächlich als archäologischer Forscher und Tourist einen Namen machte, wählte seit 1816 Rom zu seinem Aufenthalt. Demnach wird jener Triumph etwa diesem Jahre angehören.

An solchen frohen Festen auf den klassischen Gefilden der Ewigen Stadt nahmen alle deutschen Künstler ohne Unterschied ihrer Richtung teil. Der Kronprinz Ludwig versäumte sie nicht, sooft er in Rom war, und die Künstler selbst veranstalteten solche für ihren vergötterten Schutzherrn. Im Frühjahre 1818 gaben sie ihm zum Abschiede ein besonders glänzendes, welches Cornelius, schon im Begriffe, seinem Rufe nach München zu folgen, in einem Garten vor der Porta del Popolo, mit künstlerischem Geschmack einrichtete. Es machte Aufsehen selbst im Auslande, wo die Zeitungen davon wie von einem Ereignis berichteten. Es ist in der Lebensbeschreibung Bunsens von dessen Witwe und auch vom dänischen Dichter Atterbom, welcher gleich Rückert dabei war, beschrieben worden.

Das Jahr 1818 bezeichnet ein neues Datum in der Geschichte der Villa Malta, denn am 18. März desselben überließ sie ihr letzter römischer Besitzer Celani dem schwedischen Bildhauer Johann Niclas Byström. Dieser Zeitgenosse Thorwaldsens, mit dem er vergebens, doch nicht ruhmlos, um die Palme des Künstlers rang, war in Stockholm der Schüler Sergells gewesen und, mit einem Preise der Akademie gekrönt, 1810 nach Rom gekommen. Hier entwarf er sein erstes ausgezeichnetes Werk, eine trunkene Bacchantin, welchem im Laufe der Zeit viele andere folgten, teils in Rom, teils in Stockholm ausgeführt, wo er auch eine Reihe von Monumentalfiguren schwedischer Könige schuf. Wie der große Däne hatte sich auch der Schwede Byström an die Deutschen in Rom angeschlossen, und auch er war bei jenem prachtvollen Feste zu Ehren Ludwigs zugegen gewesen.

Byström richtete sein Atelier in der Villa ein, vermietete aber noch ihre Räume an Fremde, oder ließ solche dort wohnen, bis ihr Termin abgelaufen war. Im Herbste 1818 wohnte daselbst der hannoverische Gesandte Baron von Reden, während sein Legationssekretär Kestner das ehemalige Humboldtsche Quartier in der Via Gregoriana innehatte. Reden gestattete der Malerin Luise Seidler, in dem schattigen Garten zu malen. Byström verbesserte die Villa und ihre Gartenanlagen. Deshalb bewilligte ihm das Kloster Santa Trinità am 13. Februar 1823 einen neuen Kontrakt, wodurch die Pacht auf ewige Zeit ausgedehnt, der Jahreszins auf 160 Skudi festgestellt wurde. Erst

Byström setzte die Villa Malta mit der Via Sistina in Verbindung. Um dies zu tun, kaufte er dort im Jahre 1825 zwei Häuser von de Amicis und Lizzani und legte einen Eingang von der Straße an, indem er eine gewundene Treppe (a cordonata) bauen ließ.

Im November 1820, dann im Mai 1821 kam der Kronprinz Ludwig wiederum nach Rom. Er stand hier mit Byström in persönlichem Verkehr und besuchte seine an Kunstschöpfungen reiche Werkstätte in der Villa Malta. Schon damals war in ihm der Wunsch entstanden, diese zu erwerben; und wohl war es Wagner, der ihm solchen Vorschlag machte, um den geliebten Prinzen an Rom zu fesseln. Byström wurde oft nach Stockholm gerufen, wo er sich im Tiergarten ein schönes Landhaus anlegte, und auch in Rom selbst baute er sich auf dem Pincio, seitwärts von der Spanischen Treppe, das noch heute wohlbekannte Haus, welches von seiner freien Lage «A quattro venti» genannt wird. Er entschloß sich zum Verkauf der Villa erst im Jahre 1827, als Ludwig schon König war.

Wagner, welcher seit 1818 an Stelle des Bildhauers Eberhard die Privatangelegenheiten des Fürsten in Rom besorgte, war sein Bevollmächtigter bei diesem glücklichen Erwerbe. Die Summe betrug für die Villa an sich 9000, für ihr Mobiliar 3000, für die beiden Häuser in der Sistina 10 000, im ganzen 22 000 Skudi oder 110 000 Fr. Die Zahlung sollte in 15 Raten, vom Oktober 1827 bis zum Dezember 1828 geleistet werden; der an das Kloster schuldige Kanon blieb vorerst auf dem Besitze haften, um später abgelöst zu werden. Am 7. Februar 1827 wurde der Vertrag in München vom Könige bestätigt und am 14. April in Rom vollzogen. Das Notarinstrument, welches vom Doktor Leopoldo Angelucci ausgefertigt ist, hat mir durch die Güte des heutigen Eigentümers der Villa in einer Abschrift vorgelegen, und ihr entnahm ich auch die wesentlichen geschichtlichen Nachrichten über jene.

Sein römisches Besitztum bezog der König zum ersten Male im Anfange des Jahres 1829. Dies war ein glänzender Festtag für ihn und seine künstlerischen Paladine. In demselben Winter befand sich in Rom der geistvolle Kronprinz von Preußen, dessen Empfänglichkeit für künstlerische Ideale den Neigungen Ludwigs verwandt war. Der römische Aufenthalt Friedrich Wilhelms veranlaßte die Gründung des Archäologischen Instituts durch Bunsen und Gerhard. Während die rühmlichen Bestrebungen unserer Künstler es nicht vermochten, dort in einer deutschen Akademie einen dauernden Mittelpunkt zu finden, gelang dies unsern Archäologen. Die weltberühmte Anstalt auf dem Kapitol, eine Nachwirkung des Geistes Winckelmanns, wurde mehr als zufällig in den Schutz Preußens gestellt. Sie dauert noch heute als wissenschaftliche Schule des Deutschen Reiches fort,

aber sie hat seit kurzem jenen großen internationalen Charakter verloren, welchen die Gründer diesem Institut gegeben hatten.

Da Preußen damals noch nicht den Palast Caffarelli erworben hatte,
war Ludwig der einzige deutsche Fürst, der in Rom ein Grundstück
besaß und deshalb römischer Bürger war. Sein Besitztum war sehr
bescheiden, im Vergleich zu den glänzenden Villen, in deren Mitte es
versteckt lag, der Villa Medici, wo die französische Akademie ihren
Sitz hatte, und der Villa Ludovisi, wo in dem schönsten Parke Roms
eine der berühmtesten Antikensammlungen aufgestellt war. Aber
ihre idyllische Verborgenheit gab der Villa Malta einen hohen Reiz.
Sie erfüllte vor allem den Zweck, dem Könige als stilles Absteige-
quartier zu dienen, sooft er nach Rom kam, um dem rauhen Norden
zu entfliehen, um «seine Ketten abzulegen», auszuruhen und mit
Künstlern selbst Künstler und Mensch zu sein. In einem Distichon
hat er das so ausgedrückt:

Wie wert bist du mir, liebes Asyl, wo endlich den Menschen
Findet der König aufs neu, welchen daheim er verlor.

Entweder lebte noch Leo XII., oder Pius VIII. war eben seit dem
31. März 1829 auf den Heiligen Stuhl gestiegen, als Ludwig seine
Villa zu bewohnen kam. Sie erhielt zum ersten Male die Ehre eines
päpstlichen Besuches als Erwiderung dessen des Königs im Vatikan.
Das wiederholte sich, sooft derselbe in Rom war. Für solche päpstliche Auffahrten wurde, mit etwas verschämter Erinnerung an die
Fahrten römischer und byzantinischer Cäsaren, vom Spanischen
Platze bis zum Eingange des Landhauses eine Wegespur von Gold-
sand gestreut, über welcher dann der Papst in seiner Karosse mit den
Nobelgarden und anderm Gefolge einherzog. Er konnte dort, auf der
alten Stätte Lukullischer Schwelgereien, die spartanische Bedürfnislosigkeit des Königs mit mehr Takt bewundern, als ein reicher römischer Emporkömmling gezeigt haben soll, von welchem man erzählt,
daß er dem Könige einmal ins Gesicht gesagt habe: «Sire, dies ist
keine Villa, sondern nur ein Krautgarten.»

In Wahrheit, jeder Freigelassene der Messalina würde sich ge-
weigert haben, ein so dürftiges Haus zu bewohnen. Die Villa fuhr
fort zu sein, was sie schon vorher gewesen war, ein genial vernach-
lässigtes Künstlerheim. Die wiederholten Beschwerden Wagners, daß
die Möbel abgenutzt seien, daß die Decken einzustürzen, die Fußböden sich zu lösen drohten, wurden nicht beachtet, oder der König
erlaubte nur die notdürftigsten Herstellungen. Dies war Sparsamkeit
und vielleicht auch Künstlerlaune.

Die berühmten Künstler jener Zeit lebten in einer Einfachheit,
welche heute unerhört sein würde. Die enge Wohnung des großen

Thorwaldsen war so ärmlich ausgestattet, daß er seinen Besuchern kaum einen Stuhl anzubieten hatte. Als ihm aber eines schönen Tages Frau Buti ein Kanapee anschaffte, dünkte er sich fürstlich eingerichtet. Die patriarchalische Einfachheit seines Asyls wollte sich der König Ludwig durch keine Standesrücksichten stören lassen. Es geschah einmal in späteren Jahren, daß sein Sohn Maximilian die Villa heimlich mit besseren Möbeln versehen ließ; kaum erblickte sie der König, so befahl er, diesen überflüssigen Luxus zu entfernen. Er hatte sich ein Arbeitszimmer eingerichtet, wo er den Morgen zubrachte. Der Nachmittag wurde zu Wanderungen in Rom, der Abend zu geselligen Zusammenkünften mit Künstlern in der Lorbeerlaube oder im obern Saale verwendet.

Im «Leben Thorwaldsens» von Thiele wird erzählt, daß der König im Jahre 1829, kaum in sein Landhaus eingezogen, die alte ungezwungene Lebensweise wieder aufnahm. Bisweilen kam er die Villa herab in die Via Sistina und rief zum Hause des Künstlers hinauf, ihn zum Mittagessen einzuladen. In der spanischen Weinschenke des Don Raffaele de Anglada auf Ripa Grande am Tiber suchte er seinen gewohnten Platz auf, der am Tisch durch einen festgenagelten falschen Bajacco bezeichnet war. Die erheiterte Gesellschaft stieg einmal auf diesen Tisch und brachte Dom Miguel ein Pereat aus. Man sieht in der Neuen Pinakothek Münchens eine Szene in jener Weinschenke dargestellt: Ludwig sitzt in einem langen, grünen Rock auf dem äußersten Ende der Bank und winkt dem stämmigen Wirte zu, welcher, einen hohen Zylinder auf dem Kopf, eine Weinflasche in jeder Hand, gravitätisch herbeikommt. Um den Tisch sitzen Thorwaldsen, Philipp Veit, Julius von Schnorr, Klenze, Wagner und Catel, sodann der Graf Seinsheim, Ludwigs Jugendfreund und beständiger Begleiter, der Hofmarschall von Gumppenberg und der Doktor Ringseis. Franz Catel, ein trefflicher Landschaftsmaler, ein wohlhabender und wohlgebildeter Mann, dessen sich alle meine Zeitgenossen in Rom gern erinnern werden, ist der Verfertiger dieses Bildes; er hat sich selbst auf ihm, die Gruppe in ein Skizzenbuch zeichnend, dargestellt. Da auf der Rückseite des Bildes das Datum des 29. Februar 1824 eingeschrieben ist, so gehört die heitere Szene noch der Zeit an, wo Ludwig Kronprinz war. Aber solche fröhliche, immer maßvolle Symposien wurden auch später von ihm fortgesetzt. Er besuchte auch die Osteria am Theater des Marcellus, welche Goethe berühmt gemacht hatte, und dort ehrte er das Andenken des Dichters durch eine Marmortafel. Den Römern war die geniale Laune eines regierenden Fürsten neu, der mit Künstlern umherschwärmte und mit dem Volke wie mit seinesgleichen verkehrte. Seine auffallende Erscheinung, die hagere, bewegliche, gestikulierende Gestalt, seine ganze außerordentliche Art verwunderte sie, bis sie sich daran gewöhnten. Kein fremder Fürst ist in Rom populärer gewesen als er.

Die wenigsten Künstler, die in der Villa Malta aus und ein gingen, besaßen eine Bildung, welche dem Könige genügen konnte. Künstler werden, fast so leicht wie Stubengelehrte eines Spezialfaches, einseitig und deshalb auch eingebildet. Bildung ist etwas Höheres als Wissen. Oft sind stockgelehrte Leute des Katheders ganz ungebildete bleierne Menschen. Künstler aber verfallen um so eher in Dünkel, weil sie zu schaffen suchen, was das Seltenste und der Glanz des Lebens ist: das Schöne. Auch ein Stümper, welcher Farben auf die Leinwand kleckst, wird leicht vom schönen Schein zu dem lächerlichen Wahn verführt, daß er einer auserlesenen Rangordnung schaffender Geister angehört. Nur der wahrhaft schöpferische Künstler vermag den Abstand zu messen, in welchem auch das gelungenste Werk von der Natur steht. Je größer er selber ist, desto bescheidener wird er sein.

Niebuhr klagte einmal, daß der Kronprinz Ludwig solchem Dünkel zuviel Nahrung gebe. Wenn er selbst als Gesandter Preußens währens seines Aufenthalts in Rom bis 1823 mit den deutschen Künstlern, namentlich mit Cornelius, Overbeck, Platner und den beiden Schadow innig verkehrte, so tat er dies weniger aus ästhetischen als aus geselligen Bedürfnissen. Von den Zuständen des geistlichen Rom angewidert, war dieser ausgezeichnete Mann mit dem Kassandragemüt in seiner vorurteilsvollen, verdrießlichen Abgeschlossenheit unfähig, das zu begreifen, was in der edlen Natur der Römer und Italiener immer unzerstörbar und lebenskräftig blieb. Deshalb sagte er einmal: «In der lebendigen Gegenwart haben nur unsere deutschen Künstler Wert, und mit ihnen, soweit die Sphäre reicht, versetzt man sich wohl auf Stunden in ein besseres Volk.» Gleichwohl beschwerte er sich über ihren Mangel an Bildung.

Thorwaldsen war ohne alle Kenntnisse, er wußte von Geschichte und Mythologie nichts. Als ihm Ludwig die Statue Konradins auftrug, erkundigte sich der große Meister erst, wer diese Person gewesen sei. Kestner, der ihm in seinen «Römischen Studien» ein liebevolles Denkmal gesetzt hat, behauptete, daß Thorwaldsen nie ein Buch gelesen, wie Walter Scott nie eine Bildsäule angesehen habe. Er verlernte das Dänische und lernte Italienisch nur notdürftig. Bei manchen Künstlern, wie bei dem ohne Schule aufgewachsenen Cornelius, wurde die mangelnde Erziehung durch das eigene Genie ersetzt, und jeder las wenigstens und lernte etwas Ungewöhnliches in dem immer aufgeschlagenen illustrierten Weltbuche Rom. Andere waren von ihrer Jugend her wohlgeschulte Männer, wie Overbeck, Martin Wagner und der von Originalität sprühende Naturmensch Koch, ein Tiro-

ler Bauer, aber wie Schiller in der Karlsschule erzogen. Mit ihm wetteiferte der Landschaftsmaler Reinhardt, welchem der König Ludwig
im Jahre 1829 auftrug, die vier Aussichten der Villa Malta zu malen,
wofür ein eigenes Zimmer in München bestimmt werden sollte.

Unter den Besuchern der Villa zeichnete sich der Leipziger Ernst
Platner aus als ein Mann von Studium und Bildung. Er erkannte in
Rom, wohin er schon im Jahre 1800 als Maler gekommen war, daß
er seinen Beruf verfehlt habe, und wandte sich literarischer Tätigkeit
zu. Auf Niebuhrs Aufforderung widmete er diese der römischen
Stadtbeschreibung, und in ihr sind viele das Mittelalter betreffende
Partien von ihm verfaßt. Er war im Jahre 1823 diplomatischer Agent
Sachsens in Rom geworden: als er dort 1855 starb, erhielt seine Stelle
der Maler Thürmer, ein schöner, aber mit einem kleinen Verdruß von
Natur behafteter, und vielleicht diesem zum Trotz sehr selbstgefälli-
ger Mann. Daß Maler damals in Rom diplomatische Posten erhielten,
war immerhin ein Zeugnis sowohl für die idyllischen Zustände jener
Zeit in der Ewigen Stadt, als für die Achtung, welche dort die Künst-
ler genossen. Freilich waren diese Stellungen sehr bescheidener Natur.
Allein diese sächsischen Konsuln durften doch behaupten, daß sie seit
Rubens die ersten Maler seien, die es zu einer diplomatischen Karriere
gebracht hatten.

Viele andere Künstler, die Brüder Riepenhausen, Overbeck und
Veit, Führich, Riedel, Rhoden, Flor, die Engländer Gibson und Macdonald, die Römer Camuccini und Tenerani, sah der König in seiner
Villa, eifrig an ihren Arbeiten teilnehmend. In den Nischen der
Außenwände seiner Glyptothek ließ er die Statuen Canovas, Thorwaldsens, Teneranis und Gibsons aufstellen, sowohl um ihre Verdienste zu ehren, als zum Denkmal seines persönlichen Verkehrs mit
diesen Meistern in Rom.

Die Villa Malta verwaltete für den König sein langjähriger Ver-
trauter Martin Wagner, mit dem er seit 1810 einen lebhaften Brief-
wechsel unterhielt. Sie blieb nach wie vor ein Anziehungspunkt für
die deutsche Künstlerwelt, aber nur soweit das ihr strenger Kustos
erlaubte. Eine kleine Bibliothek zum Gebrauch der Künstler, wozu
der König den Grund gelegt hatte, war in ihr aufgestellt. Diese
mehrte sich durch ein Vermächtnis aus der Nachlaßschaft des Prinzen
Heinrich von Preußen, jenes Bruders Friedrich Wilhelms III., welcher
sein Leben in Rom im Bette liegend zwischen hoch aufgeschichteten
Bücherhaufen zugebracht hatte. Moltke war im Jahre 1845 kurz vor
des Prinzen Tode bei ihm als sein Adjutant, und damals entwarf er
seine noch heute geschätzte topographische Karte der Umgegend
Roms. Auch diesen herrlichen, unsterblichen Mann hat die Villa
Malta in ihren Räumen gesehen.

In einem Nebengebäude besaß Wagner sein großes, düsteres Atelier, welches mit der Zeit zu einem Museum aufgesammelter, auch wertvoller Altertümer geworden war. Ursprünglich war Wagner Maler gewesen und als solcher im Jahre 1804 nach Rom gekommen; aber ein gelungener Friesentwurf zum Eleusinischen Feste Schillers, den er gemacht hatte, war dem Kronprinzen Ludwig gezeigt worden und hatte diesen bestimmt, dem talentvollen Künstler Aufträge zu ähnlichen plastischen Werken zu geben. Das erste war ein Relief für die Reitschule in München im Jahre 1821, dann folgten der große Walhallafries und die Figuren für das Siegestor.

Die Verdienste, welche sich Wagner in der Kunstwelt erst durch die glückliche Gewinnung, dann durch die geschickte Zusammensetzung der Aegineten erworben hatte, seine langjährigen Bemühungen für die Münchener Antikensammlungen, seine Vertrauensstellung zum König Ludwig, seine Lebenserfahrungen, die gründlichen Kenntnisse im Gebiete der Künste, endlich seine Beziehungen zu vielen namhaften Meistern machten ihn in Rom zu einer künstlerischen Autorität. Er war ein scharfsinniger Mann von gewiegtem Urteil. Rahl hat sein Bildnis gemalt, welches sich in der Neuen Pinakothek befindet; es ist idealisiert, denn das Angesicht Wagners hatte, zumal im Alter, die Züge eines Zynikers oder Satyrs. Eine Kernnatur in rauher Schale, ein aufrichtiger Ehrenmann, aber derb bis zur Grobheit. Wer ihn nicht kannte, fürchtete ihn. Seine Art wird, wenn auch in scherzhaft greller Übertreibung, durch eine Anekdote gezeichnet, die noch in Rom unter ältern deutschen Künstlern fortlebt. An den äußern Stadtmauern gibt es von Strecke zu Strecke hölzerne Gehege, in welche sich Fußgänger flüchten können, wenn sie dort hochgehörnten Campagnaochsen begegnen, die von Hirten zu Pferde dahergetrieben werden. Eines Tages ging Wagner an den Mauern spazieren, und der witzige Maler Riedel kam ihm zufällig entgegen. Sobald Riedel ihn erblickte, schlüpfte er in das nächste Gehege, wo er jenen schweigend vorübergehen ließ. Beide Freunde brachen darauf in ein schallendes Gelächter aus.

Mit den zunehmenden Jahren wurde Wagner immer mehr ein mürrischer Einsiedler in der Villa und diese selbst stiller und weniger zugänglich. Sie belebte sich nur, sooft der König zum Besuche kam, aber auch dann nur mit immer schwächeren Erinnerungen der Vergangenheit. Die Zeiten und die Menschen änderten sich. Der Schwerpunkt der neuen deutschen Kunst, welcher im Anfange des Jahrhunderts in Rom gelegen war, befand sich nicht mehr hier, sondern im Vaterlande, wohin ihn zum Teil Ludwig selbst verlegt hatte. In München hatten Klenze, Ohlmüller, Gärtner, Schnorr, Cornelius, Kaulbach, Schwanthaler, Rottmann und andere seine Ideen ausgeführt oder sie waren noch damit beschäftigt. In Dresden, in Düsseldorf, in Berlin schaffte man eifrig, ohne einen mehr als zufälligen Zusammenhang mit Rom. Hier aber waren die ehemaligen Genossen der genialen Jugendzeit alt geworden oder fortgezogen oder ins Grab gesunken. Koch starb im Jahre 1839, Reinhardt 1847. Thorwaldsen verließ Rom im Jahre 1838 und starb in Kopenhagen 1844. Cornelius arbeitete in München und Berlin, und erst im Jahre 1853 kehrte er nach Rom zurück, wo er bis 1861 in seiner geräumigen Wohnung im Palast Poli ein zurückgezogenes Leben führte. Eine jüngere Generation hatte den deutschen Künstlerverein gestiftet, der im Palast Simonetti auf dem Corso seinen Sitz nahm.

Der gesunde Sinn Wagners konnte nicht mit manchen Richtungen übereinstimmen, durch welche der König, dessen Größe als Schöpfer einer neuen Kunstepoche er bewunderte, seine Regierung verdunkelte. Man mag sich vorstellen, wie tief ihn jene Verirrungen bekümmerten, welche die Thronentsagung Ludwigs nötig machten.

Der königliche Privatmann besuchte seither Italien und seine römische Villa Jahr für Jahr, von seinem alten Freunde Seinsheim und dem geistreichen Grafen Pocci begleitet; doch von Herzen froh ist er dort nicht mehr gewesen. Die Revolution des Jahres 1848 hatte auch in das Leben Roms einen tiefen Einschnitt gemacht. In die neue Zeit konnte sich keiner der alten Gefährten mehr recht finden. Wagner starb im Alter von 81 Jahren am 8. August 1858 in der Villa Malta. Seine Sammlungen und sein Vermögen, durch rastlose und ehrenvolle Arbeit erworben und in einem diogenisch bedürfnislosen Leben gemehrt, vermachte er seiner Vaterstadt Würzburg.

Einige Zeit vor seinem Tode gab mir der ausgezeichnete Mann einen Beweis seines Vertrauens, indem er mich aufforderte, sein Leben zu beschreiben. Ich mußte diesen Antrag ablehnen, obwohl ich erkannte, daß eine Biographie Wagners als Gemälde der deutschrömischen Kunstwelt seiner Epoche eine lohnende Aufgabe sein könne. Im Jahre 1866 hat Ludwig Urlichs in Würzburg eine kleine, aber sehr lehrreiche Schrift: «Johann Martin Wagner, ein Lebensbild», veröffentlicht.

Nach dem Tode dieses Künstlers wurde Kustos der Villa Peter Schöpf, ein Bayer von Geburt. Im Jahre 1847 hatte er jene Bildsäule Konradins für die Kirche del Carmine in Neapel ausgeführt, welche von seinem Lehrer Thorwaldsen schon 1838 modelliert worden war. Auch durch andere Arbeiten war er vorteilhaft bekannt geworden. Seine schlichte, sympathische Persönlichkeit erwarb ihm viele Freunde unter Römern und Deutschen.

Am 13. Oktober 1863 empfing er in der Villa den König Max, welcher einen römischen Winter im Besitztum seines Vaters zubringen wollte. Um die Staaten des neuen Italien zu vermeiden, welches er noch nicht anerkannt hatte, war er von Nizza zu Schiff nach Civita Vecchia und von dort mit der Eisenbahn nach Rom gefahren. Hier begrüßten ihn als die Opfer der großen Revolution, welche die Völker Italiens endlich vereinigte, seine aus Neapel vertriebenen Verwandten, der Exkönig Franz und dessen Gemahlin, die Tochter des Herzogs Max von Bayern. Der Sohn fand ein anderes Rom, als jenes gewesen war, in welchem sein Vater sich zu hohen künstlerischen Entwürfen begeistert und die glücklichsten Tage seines Lebens zugebracht hatte. Die Stadt war zwar noch vom Papste beherrscht, aber bereits tief aufgeregt und schon des nahen Augenblickes gewiß, wo auch sie sich mit dem italienischen Vaterlande vereinigen durfte. Es war nicht die Zeit für den König Max, unter den Ruinen des Altertums und in Kunstmuseen ungestört sich selbst zu leben. Schon in der ersten Woche des Dezembers rief ihn jene schleswig-holsteinische Krisis in sein Land zurück, welche auch für Deutschland der Beginn nationaler Wiedergeburt sein sollte. Der König gab ein Abschiedsdiner in der Villa, und hier sprach er die Hoffnung aus, bald nach Rom wiederzukehren. Sie erfüllte sich nicht, denn wenige Monate darauf starb der edle Fürst, am 10. März 1864, ein Mäzen wie sein geistvoller Vater, doch nicht mehr auf dem Gebiete der Kunst, sondern dem wichtiger gewordenen der Wissenschaft.

Der König Ludwig hat seine Villa zum letzten Male im Jahre 1867 besucht und dort einige Zeit einsam gelebt. Er trug damals Schöpf auf, Thorwaldsens Merkur in Marmor auszuführen. Sein nahes Ende ahnend, nahm er Abschied vom geliebten Rom, von den vatikanischen Museen, von seiner römischen Vergangenheit. Am Abend vor seiner Abreise trank er aus dem Brunnen Trevi, von tiefer Wehmut ergriffen, so daß er weinen mußte. Der alte schöne Aberglaube, daß man nach Rom wiederkommt, wenn man beim Scheiden von der Ewigen Stadt aus jenem Wasser getrunken hat, bewahrheitete sich diesmal nicht. Der König starb zu Nizza am 29. Februar 1868. Von allen deutschen Fürsten, so viele deren die Geschichte kennt, hat keiner ein ähnliches, ausschließlich auf den Idealen des Kunstschönen gegründetes Verhältnis zu Italien und Rom gehabt. Vielleicht darf man behaupten, daß kulturgeschichtliche Wirkungen dieser Art, welche von dort her auf deutsche Geister seit Winckelmann ausgegangen sind, mit jenem Könige ihren Abschluß gefunden haben. Noch einige Jahre blieb die Villa Malta in ihren hergebrachten äußern Verhältnissen, obwohl das Lebenslicht in ihr mit Ludwig erloschen war. Wie in der Vergangenheit wurden jetzt wieder ihre Räume vermietet. Eine Zeitlang wohnte daselbst der bayerische Gesandte Graf Taufkirchen. Die Umwälzung aller Dinge in Rom nach dem Falle der päpstlichen Regierung im September 1870 und die Verwandlung der Ewigen Stadt in die Hauptstadt Italiens machten es endlich den Erben Ludwigs I. wünschenswert, ein Besitztum zu verkaufen, welches unpraktisch geworden war.

In den deutschen Künstlerkreisen hegte man einen Augenblick lang die Hoffnung, daß der preußische Staat oder das Deutsche Reich die Villa erwerben werde, um in ihr eine Akademie oder doch Ateliers für deutsche Künstler einzurichten. Für den letzten Zweck würde sie ausgereicht haben, für den ersten aber doch zu klein gewesen sein.

Am 19. Juni 1873 ging die Villa in den Besitz des Grafen Leon Bobrinski über, welcher seit vielen Jahren Rom zu seinem Aufenthalt gewählt hatte, gleich seinem Freunde, dem Grafen Stroganow, und dieser hat sich in der Via Gregoriana unweit des von Humboldt und Kestner bewohnten Hauses einen schönen Palast aufgebaut. Die Villa Malta, erst skandinavisches, dann deutsches Besitztum, ist jetzt russisch, und der Pincio ein Quartier für russische Aristokraten geworden, so daß die deutschen Traditionen dort verblassen. Selbst das berühmte Denkmal deutscher Kunst aus der Epoche ihres jugendlichen Aufschwunges in Rom, die Freskogemälde in der Casa Bartholdy, werden dort verschwinden, da man sie als nationale Urkunde deutscher Kunstgeschichte nach Berlin bringen wird.

Nach dem Verkauf der Villa mußte Schöpf die Stätte verlassen, wo er so viele Jahre seines Lebens zugebracht hatte. Er zerschlug in Verzweiflung die Gipsmodelle seines Ateliers; bald darauf ist der treffliche Künstler in Gram gestorben.

Der Graf Bobrinski hat die Villa mit großem Kostenaufwand umgebaut. Ihr Aussehen ist so sehr verändert, daß man Mühe hat, ihre ehemalige Gestalt wiederzuerkennen, wie sie Bilder aus Ludwigs Zeit von Quaglio und Alston in der Neuen Pinakothek zeigen. Sie hat zwar nicht den Charakter der Villetta verloren, welchen sie ihres geringen Umfangs wegen behalten mußte, aber doch ihre alte Einfachheit eingebüßt. Mehrere Räume sind neu gebaut. Das obere Geschoß des Turmes ist durch romanische Säulenfenster verschönert, der große Saal mit einem reichen Plafond geschmückt und mit vornehmer Wohnlichkeit ausgestattet. Unten ist eine auf Marmorsäulen ruhende Halle erbaut, deren Fußboden mit köstlicher Steinmosaik bedeckt ist. Der schönste Schmuck dieser Halle ist ein kunstvoller Marmorkamin, welchen der Graf aus dem Palast Altemps erworben hat. Einen solchen Luxus hat das bescheidene Landhaus nie zuvor gesehen. Selbst die Pferde edelster Rasse stehen in einem Stall, der einem Saal gleicht.

Eine breitere Rampe führt jetzt zwischen blühenden Ranken und Gebüschen aufwärts in den sorgsam gepflegten Garten und zum Säulenportal der Villa. In diesem Garten erinnern noch die Fontäne, einige ehrwürdige Bäume, hohe alte Lorbeeren, die Pinie, drei Palmen, von denen zwei vom König Ludwig gepflanzt worden sind, an die alte Zeit. Überall umschlingen Rosen die Baumstämme. Der liebenswürdige Besitzer ist ein Rosenzüchter von Passion; mehrere hundert Arten hat er dort kultiviert, und seine Prachtexemplare erregen auf den Blumenausstellungen die Bewunderung der Kenner.

So ist die Villa Malta zur Villa Bobrinski geworden, doch bei all ihrer neuen, geschmackvollen Ausstattung trägt sie noch immer einen unverwüstlichen Zug idyllischer Heimlichkeit.

Neben ihr nach der Porta Pinciana hin steht noch unverändert die hohe Mauer der Villa Medici mit einem großen Portal, und am Ende der Via Pinciana liegt noch heute wie zur Zeit Goethes vor der innern Stadtmauer ein verwilderter Raum, wo Steinmetzen ihre Werkstätte aufgeschlagen haben. Auch das alte Stadttor Belisarischen Angedenkens ist noch immer in Efeu und Grün begraben. Aber der Villa Malta gegenüber hat sich alles verändert; die hohen Mauern und die einst weltberühmten Gärten der Ludovisi sind gefallen und für immer zerstört.

Das Gemälde dieser Zerstörung hätte es wohl verdient, durch die Kunst auf die Nachwelt zu kommen. Wenn sich ein Salvatore Rosa gefunden hätte, so würde er ein klassisches Bild davon entworfen und dasselbe «Verwüstung eines Paradieses» genannt haben. Der Umbau Roms konnte Künstlern viele Szenen solcher Art darbieten. Zwei von ihnen haben einen unauslöschlichen Eindruck auf mich gemacht: der Anblick der zerstörten Cestischen Brücke mit ihren Trümmermassen vom Mond beleuchtet und jener der Villa Ludovisi, wo Schwärme von Arbeitern wie Zigeuner im Walde an Feuern lagerten, wo sie dann ihr Zerstörungswerk trieben, Bäume und Büsche fällten, Hermen, Statuen und Vasen niederlegten, Hügel abtrugen, Wege ausgruben, Karren und Wagen mit Schutt beluden oder sie unter Staubwolken hinwegführten.

Bald wird ein neues Stadtviertel auf dieser Seite der Villa Malta alle Reize ländlicher Stille vernichtet haben. Ich will deshalb nicht behaupten, daß die Axt des Spekulanten auch über dem ehemaligen Besitztum Ludwigs von Bayern schwebt. Heute aber sieht es aus, als habe sich die Villa Malta in den Schutz der Villa Medici geflüchtet, an welche sie grenzt, und solange dieses herrliche Eigentum Frankreichs dauert, wird vielleicht auch jene fortbestehen.

Ich habe diese Blätter im Jahre 1888 geschrieben; ein Jahr später wurde die Porta Pinciana wieder geöffnet, und an die Stelle der ehemaligen Villa Ludovisi ist bereits das neue Stadtviertel mit breiten Straßen und Plätzen getreten.

AUS DER CAMPAGNA VON ROM

1856 und 1858

Das Land, welches mit dem Namen Campagna von Rom bezeichnet wird, hat einen engeren oder weiteren Begriff, je nachdem man es geographisch beschränkt oder ausdehnt. Zunächst nennt man Campagna jene öde, großartige Landschaft, welche sich rings um die Mauern Roms verbreitet und vom Tiber und Anio durchflossen wird. Man dürfte ihren Umkreis durch folgende bekannte Punkte obenhin bezeichnen: Civitavecchia, Tolfa, Ronciglione, der Soracte, Tivoli, Palestrina, Albano, Ostia. Im weiteren Sinn dehnt sich die Campagna bis gegen das Königreich Neapel und seine Grenze aus, den Liris oder Garigliano, von welchem Fluß weiter bis zum Sarnus, der sich bei Pompeji in das Meer ergießt, jene andere Campania gerechnet wurde, heute die schöne Provinz Campanien mit der Hauptstadt Capua.

Die Campagna von Rom ist also nichts anders als das Land Latium, welches durch den Tiber von Tuskien geschieden wurde. Seit Konstantin dem Großen kam der Begriff Latium außer Gebrauch, indem sich der Name Campania dafür an die Stelle setzte, und dieser bezeichnete im Mittelalter einen großen Teil des sogenannten Ducatus Romanus.

Dies Land wird seit mittelalterlichen Zeiten in zwei Hälften geteilt, die Campagna, welche das Innere, und die Maritima, welche die Strecke längs des Meeres bis Terracina begreift. Von Natur sondert es sich durch Gebirge und Ebenen in bestimmte Gliederungen. Es sind darin drei Ebenen zu unterscheiden: die eigentliche Campagna der Stadt, welche Tiber und Anio durchziehen, die Sabiner und Albaner Gebirge, die Berge von Ronciglione und das Meer begrenzen; ferner die große Ebene zwischen den Albaner- und Volskerbergen auf der einen, dem Meere auf der anderen Seite, worin die Pontinischen Sümpfe sich befinden; endlich tritt die innerste dieser Campagnaebenen hervor. Sie ist das Tal des Sacco, der zwischen den Bergen der Volsker, der Äquer und Herniker fließt und nach kurzem Lauf bei Isoletta unterhalb Ceprano in den Liris mündet. Aus diesem herrlichen Latium will ich meinen Freunden erzählen, von denen manche, wenn sie, statt die Straße über Terracina nach Neapel zu wählen, den Weg über Frosinone und San Germano gemacht haben, der Schönheiten dieses Saccotals und der dasselbe einschließenden Gebirge sich erinnern werden. Zwei Städte will ich auswählen, um die Schilderungen daranzuknüpfen: Genazzano, einen berühmten Wallfahrtsort am Eingange des Tals, und Anagni, die alte Residenz mancher Päpste

Tivoli

im Mittelalter. Ich verlebte viele friedliche Wochen in Genazzano und benutzte diese Zeit, die lateinische Campagna kennenzulernen und ihre Städte und Gegenden für die Geschichte der Stadt Rom im Mittelalter mir deutlich zu machen. Ich befand mich also in einem Mittelpunkt dieser Geschichte, im Erblande jener großen Familie Colonna, welche darin so bedeutend aufgetreten ist, und, wie schon gesagt, in einer der Residenzen alter Päpste, von denen es genügt, den Namen Bonifacius' VIII. zu nennen, um für das Lokal sofort ein lebhafteres Gefühl zu erwecken. Aber der Leser fürchte nicht, daß ich ihn mit allzuviel Namen oder Untersuchungen belästigen werde. Freilich verdienten jene Gegenden einmal eine genauere und angenehmer zu lesende Darstellung, als wir sie von Gell oder von Nibby haben; und sie würden jede Mühe reichlich belohnen, wenn man die Streifzüge bis Anticoli, bis Alatri und Veroli, bis Sora und Arpino, dem Vaterlande des Cicero und Marius, ausdehnt und alle jene wilden und schönen Berge und Täler darin begreift, die unter dem Namen des Ciociarenlandes verstanden werden.

Man fährt von Rom nach Genazzano auf dem labicanischen Wege, aus der Porta Maggiore, von welcher ehedem die alten Straßen Labicana und Pränestina ausgingen. Von ihnen hat sich nur die erste behauptet, eine große Straße, die im Altertum unterhalb Anagni in die Via Latina mündete und also das Tal des Sacco (Trerus) durchziehend bei Ceprano (dem alten Fregellä) über den Fluß Liris fortging. Wer heutigentags aus jenem ehrwürdigen Tore Roms hinausfährt, wird eines neuen Schauspiels genießen; denn dort liegt der provisorische Bahnhof der eben erst eröffneten ersten Eisenbahn Roms oder des Kirchenstaats, welche nach Neapel führt. Seine unansehnlichen Gebäude verstecken sich an den gigantischen Bogen der alten Claudischen Wasserleitung. Es ist, als scheute sich die modernste Erfindung der Kultur, neben diesen riesigen Ruinen des Römertums aufzutreten, welche sie selbst doch an Genie so weit überragt, daß sie ein Plinius und Trajan mit demselben Erstaunen würde betrachtet haben, mit dem heute ein Schafhirt Latiums eine schnaubende Lokomotive fortrennen sieht. Wenn man die schönste Eisenbahnstrecke der Welt, jene von Neapel nach Pompeji, ausnimmt, so gibt es kaum einen auffallenderen Gegensatz der Kulturepochen als jenen, welchen die erste Eisenbahn Roms darbietet, wo man den Bahnzug an den moosigen Bogen der Aqua Claudia über die melancholische Campagna zwischen alten Römergräbern und einsamen Türmen dahinjagen sieht. Drei Millien von Rom entfernt liegt Torre Pignatara, das Grab der Helena, der Mutter Konstantins;* sechs Millien weiter die Brücke über den

* Der Porphyrsarkophag der hl. Helena befindet sich heute im Museo Pio-Clementino in Rom.

Bach Marrana (Aqua Crabra) und dabei Torre Nuova, Kastell und
Landgut des Fürsten Borghese, mit majestätischen Pinien, wohin die
Archäologen Papinia, die Villa des Attilius Regulus, zu versetzen sich
die Freude machten – eine Freude, die wir ihnen nur durch ein Lächeln
verkümmern, sonst nicht rauben wollen. Lacus Regillus – ja, dies ist
wirklich der Regillische See, und deutlich läßt sich der Geist des
Königs Tarquinius sehen, welcher uns selbst diese Wahrheit versichert. Heute ist kein Wasser darin, sondern der vulkanische Krater
liegt trocken: eine nicht bedeutende kreisrunde Austiefung, die man
il Laghetto, den kleinen See, nennt. Es folgt die erste Station, Osteria
della Colonna, am sechzehnten Meilenstein, eine einzelne Schenke
unterhalb eines vom Albaner Gebirge abgetrennten Hügels, auf dem
sich der heutige Ort Colonna erhebt, im Mittelalter die Wiege der
Familie dieses Namens. Station ad Statuas, heute San Cesario, eine
einzelne Osteria zwischen Weinbergen, in einem zerrissenen Grunde,
welcher wegen seiner althergebrachten Räuberanfälle berüchtigt ist.
Denn hier pflegen die Banditen den Diligencen in einem Hohlweg
aufzulauern oder herauszuspringen («saltar fuora»,wie der technische
Ausdruck sagt). Bei San Cesario enthüllt sich aus dem Grün der üppigen Weinberge der Ort Zagarolo, ein altes Lehn der Colonna, deren
Gebiet wir mit diesem Städtchen betreten haben. Es ist oder soll das
alte Pedum sein, dessen Name den Freunden des Horaz aus der vierten Epistel an Albius Tibullus bekannt sein wird:

> Albi, nostrorum sermonum candide judex,
> Quid nunc te dicam facere in regione Pedana?

> *Albus, du lautrer Kritiker*
> *meiner Satiren, mit Verlaub, was treibst*
> *auf deinem Landsitz du bei Pedum jetzt?*

Von hier erreicht man, immer höher hinaufsteigend, nach wenigen
Millien den ziemlich großen Ort Palestrina, das alte berühmte Prä-
neste der Römer, wo sich noch eine Strecke weit das polygonische
Pflaster der antiken Straße erhalten hat.

Hier allerdings müssen wir eine Weile haltmachen, weil meine
Leser mich tadeln würden, wenn ich sie bloß an dem Namen einer so
alten und merkwürdigen Stadt vorüberführte. Doch wollen wir kurz
sein.

Präneste, dessen Nachfolgerin Palestrina wir als eine graue Masse
von Häusern auf dem Abhange eines Kalksteinberges vor uns liegen
sehen, war einst die Gebieterin Latiums, älter als Alba Longa und
Rom. Davon geben noch heute die zyklopischen Mauern Zeugnis, die
sich über der gegenwärtigen Stadt in zwei Linien erhalten haben und

einst die Arx befestigten. Denn diese lag auf dem höchsten Gipfel des pränestischen Berges, in einer von Natur außerordentlich geschützten und kaum einnehmbaren Höhe, wo auch das Kastell des Mittelalters seinen Platz nahm. Die Gründung der alten Stadt wird in die Zeit der Fabeln versetzt und dem König Cäculus zugeschrieben, welchen Virgil (Äneide VII, 678) mit einer ländlichen Legion auftreten läßt, unter der sich auch die Völker vom Anio, vom Hernikerland und vom «reichen» Anagni befinden. Präneste beherrschte die Campagna Latiums weit und breit, bis sie den Römern unterlag. Später wird sie mehrmals in der Geschichte genannt; Pyrrhus eroberte sie und machte hier vor Rom halt; noch wichtiger wurde sie zur Zeit des Sulla, als sich der jüngere Marius dort zu behaupten suchte. Als Sulla nach schwieriger Belagerung Präneste eingenommen hatte, ließ er alle männliche Bewohnerschaft niedermetzeln, verpflanzte an ihre Stelle seine Veteranen und vergrößerte den Tempel der Fortuna, eins der berühmtesten Heiligtümer Latiums, mit solcher Pracht, daß er einen Raum einnahm, der dem Umfange der heutigen Stadt gleichkommen mochte; denn diese ist auf den Fundamenten jenes sullanischen Tempels aufgebaut. Augustus führte neue Kolonisten nach Präneste, und er wie sein Nachfolger Tiberius wohnten gern in ihrer kaiserlichen Villa auf dem Gebiet der Stadt, weil die Lüfte hier rein und heilsam sind. Die Villa Claudia war noch in den Zeiten der späteren Kaiser ein beliebter Sommersitz, wie auch die Stadt sich im blühenden Zustande lange erhielt, bis sie in der barbarischen Zeit verfiel und endlich ihren Namen in Palestrina änderte. Es gibt eine Schenkung vom Jahre 970, worin eben dieses Palestrina vom Papst Johann XIII. an die Senatorin Stefania als Lehen gegeben wird. Deren Enkelin Emilia (Imilia nobilissima comitissa) vermählte sich um 1050 mit dem Besitzer von Colonna, und vielleicht war ihr Sohn jener Pietro de Colonna, mit dem die Herrschaft der Colonnesen auch in Palestrina beginnen mochte. Wenigstens ist so viel unbestritten, daß diese Familie mit dem Anfange des 12. Jahrhunderts in jenem Gebiet mächtig wurde und ihre Besitzungen von den lateinischen Bergen bis zum Volskergebirge und zu dem Lande der Äquer und Herniker ausdehnte. Was Palestrina betrifft, so nahm im Jahre 1298 Bonifacius VIII., der erbitterte Feind der Colonna, ihnen diese Hauptstadt mit Gewalt, oder die darin eingeschlossenen Kardinäle dieser Familie, Jacopo und Pietro, übergaben sie ihm, ohne den letzten Sturm abzuwarten, worauf der wütende Papst die Mauern und die Häuser der Stadt, mit einziger Ausnahme der Kathedrale des Sankt Agapitus, niederreißen, über die Trümmer Salz streuen und den Pflug führen ließ. Doch stellte sich Palestrina wieder her, um dann zum zweitenmal zerstört zu werden. Das geschah im Jahre 1436, als der Patriarch

Vitelleschi, im Krieg mit den Colonnesen, die unglückliche Stadt eroberte und auf den Boden warf, ohne die Kathedrale von diesem Schicksal auszunehmen. Zwei Jahre später wurde auch die Burg auf dem Gipfel des Bergs niedergerissen.

Ich erwähne nicht späterer Plünderungen Palestrinas. Die Stadt, wie sie heute besteht, reicht nicht über die Mitte des 15. Jahrhunderts hinauf. Die Colonnesen fuhren fort, sie als ihren Hauptsitz, neben Pagliano, zu beherrschen, ja sie erlangten sogar im Jahre 1574 von Pius v. den Fürstentitel für Palestrina, verkauften die Stadt aber im Jahre 1630, schuldenhalber, an Carlo Barberini, den Bruder Urbans VIII., für die Summe von 775 000 römischen Skudi. Der letzte Colonna von Palestrina war Francesco, der 1636 starb.

Der heutige Ort ist terrassenförmig auf der Senkung des Bergs errichtet, von düsterm Ansehen, bis auf die Hauptstraße, welche mehrere palastähnliche Häuser besitzt. Seine Höhe nimmt der heutige Palast Barberini ein, ein großer, doch nun gänzlich wüst stehender Prachtbau des 17. Jahrhunderts; er beschreibt einen Halbzirkel, so daß er an den Plan des alten sullanischen Fortunatempels erinnern sollte. In diesem Baronalpalast gibt es bei so viel geräumigen Sälen, Zimmern und Logen heute nichts, was des Betrachtens wert wäre, als das große Mosaik, welches, als würdiges Seitenstück zur pompejanischen sogenannten Alexanderschlacht, in einem Saal aufbewahrt wird. Es stellt Szenerien Ägyptens im ländlichen Genre und auf den Kultus bezüglich dar, in trefflicher Behandlung, sowohl was die Gruppen von Priestern und Priesterinnen, von Opfernden, Kriegern, Fischern, Hirten und Jägern, als was die Darstellung von Tempeln und Landhäusern oder Tieren betrifft. Die Zeit seiner Ausführung ist schwerlich jene des Sulla, auf welchen man das Mosaik hat beziehen wollen, sondern die spätere eines römischen Kaisers, vielleicht Hadrians. Man fand dieses Kunstwerk im Jahre 1638 in den Trümmern des Tempels der Fortuna, wo es eine Nische ausgeschmückt zu haben scheint. Die Familie Barberini hatte es in ihren Palast nach Rom gebracht, dann aber nach Palestrina zurückführen lassen, um den dringenden Bitten der Stadt zu willfahren, die sich ihres besten Kleinods würde beraubt gesehen haben.

Was den Palast in Palestrina noch mehr auszeichnet als dieses Altertum, ist seine unvergleichliche Lage auf der Höhe, wo eine immer bewegte, frische und balsamische Luft weht und der Bewohner aus dem Fenster eine Aussicht genießt, deren Schönheit sich nicht sagen läßt. Hier liegt vor dem Blick der größte Teil von Latium auf der einen, und von Tuskien oder dem Patrimonium des Sankt Peter auf der andern Seite ausgebreitet, eine große, klassische Ebene, aus der sich die Berge der Lateiner und Volsker erheben, zwischen sich ein weites Gefilde öffnend, bis zu dem in der Ferne strahlenden Meer. Dort taucht die Weltstadt Rom aus blauen Dünsten auf; dort ragt einzeln der Soracte; neben ihm ziehen die gewaltigen Ketten der Apeninnen, weiter die Massen des Sabinergebirgs in das Land hinein; links zu den Füßen das tiefe, schöne Tal des Sacco, über dem die flimmernden Berge von Montefortino und Segni stehen; weiter die Höhen der Serra und die luftigen Häupter aller jener Gebirge, die vielgestaltig über Anagni und Ferentino in der sonnigen Bläue sich verlieren. Man denke sich diese Ebenen und Hügel bedeckt mit Städten und Örtern, von denen die meisten an Erinnerungen reich sind und bald die Vorgeschichte Roms, bald die Kaiserzeit oder das Mittelalter ins Gedächtnis rufen, und man denke sich Umbrien, die Sabina, Latium, das Äquerland, das Hernikerland, Etrurien, die Volsker-, die Albanerberge und das Meer in einem einzigen Panorama zusammengefaßt, so wird man sich die Größe dieses Anblicks vorstellen. Wenn die Colonna im Mittelalter aus den Fenstern des alten Palasts oder Kastells blickten, durften sie, indem sie ihre Besitzungen überschauten, sich als die reichsten und mächtigsten Fürsten Latiums glücklich preisen.

Bei dieser erhabenen Landschaft, diesem azurnen Himmel und seinen klaren Lüften, wird man sich gern erinnern, daß Palestrina der Geburtsort jenes großen Meisters der Kirchenmusik ist, welcher von dieser Stadt den Namen trägt.

Noch weiter wird der Horizont, steigt man über dem Palast zur uralten Burg empor. Sie krönt den pränestischen Berggipfel; man erreicht sie auf steilem Pfade über dem nackten grauen Kalkgestein mühsam, in einer kleinen Stunde. Es war ein heißer Augustmittag, als ich die luftige Höhe erklomm, und obwohl die Sonne heftig brannte, fühlte ich mich dennoch leicht und wohl, weil die frischen Lüfte dieser Höhe keine Ermüdung aufkommen lassen.

Auf diesem Gipfel hat sich ein kleiner Ort, San Pietro, angesiedelt, schon seit alten Zeiten, da schon im 6. Jahrhundert hier ein Kloster erwähnt wird. Ihm zur Seite erheben sich die schönen Trümmer der mittelalterlichen Burg, von der noch Mauern und zersplitterte Türme aufrecht stehen, fast erstickt von der Fülle des wilden Ginsters und übersponnen von üppig wucherndem Efeu. Einst saß hier, nach der Schlacht von Tagliacozzo, der unglückliche Konradin gefangen, und von hier wurde er aufs Blutgerüst in Neapel geführt. Bonifacius VIII. hatte dies Castrum Montis Penestrini, die alte Burg der Colonnesen, das Zentrum ihrer Campagnaherrschaft, niederreißen lassen. Wir lesen noch die Beschwerde der Colonna vom Jahre 1304, wo sie klagen: «Auch das Kastell des penestrinischen Berges hat er gänzlich zerstört; darin war eine herrliche Burg (Rocca nobilissima), und waren schöne Paläste, und sehr alte Mauern sarazenischer Art (Saracenico opere) und aus prächtigen Steinen gebaut wie die Stadtmauern, und ferner war darin eine sehr ansehnliche Kirche des Sankt Petrus, einstmals ein Kloster; all dies hat er mit allen übrigen Palästen und Häusern, deren es im Castrum etwa 200 gab, ganz und gar vernichtet.» Indes der berühmte Stephan Colonna stellte Stadt und Rocca wieder her, und noch heute liest man auf den Trümmern der Burg über dem Tor und unter dem colonnischen Wappen diese Inschrift:

MAGNIFICVS D̄N̄S STEFAN̄ DE COLVMNA REDIFICAVIT
CIVITATEM PENESTRE CV̄ MONTE ET ARCE ANNO 1332

Die Burg Präneste ist eine der ältesten historischen Stellen Latiums, der Sitz des fabelhaften Cäculus, dessen Name wie eine Umbildung jenes sagenhaften Königs Cocalus von Agrigent erscheint, der aus der Mythe des Dädalus bekannt ist. Der Blick von hier in die ziemlich nahen sabinischen Berge, welche sich als eine mächtige Wildnis darstellen, ist groß und hinreißend. Ich halte meine Leser nicht damit auf, sie noch in die Ruinen Pränestes zu führen, die unterhalb der heutigen Stadt in den Weinbergen überall, als Labyrinthe von Gewölben und Kammern, zutage kommen und noch immer eine reiche Ausbeute von Altertümern, namentlich von goldenen Kleinodien in Gräbern bergen; denn solche Untersuchungen sind ermüdend und in der Regel nicht fruchtbar.

Palestrina besitzt zwei namhafte Geschichtschreiber, Cecconi und Petrini, dessen «Memorie Prenestine» für die Geschichte des römischen Mittelalters und der Campagna von großem Werte sind.

Gleich unterhalb der Stadt führt der Weg durch eine Bergschlucht im herrlichsten Grün von Kastanienbäumen fort: es ist das Bett eines Baches, zu beiden Seiten von Bergwänden eingeschlossen, welche dem Blick keine Freiheit geben. Endlich öffnet es sich auf eine große malerische Brücke, die über einen der Quellflüsse des Sacco führt, und vor uns liegt auf schwarzen Tuffwänden der finstere Ort Cave auf hohem Hügel, welchen rings Weinberge und Gärten umkränzen und wo der Blick die Volskerberge und die Saccoebene umfassen kann.

Auf dem Markt in Cave steht eine Säule als Wahr- und Wappenzeichen der Familie Colonna, deren altes Feudum der Ort ist. Das Volk redet hier einen Dialekt, welcher der mittelalterlichen Sprache der Chroniken, dem Romanesco, ja selbst dem Kalabrischen sehr nahekommt, weil er die Vokale in Diphthonge aufzulösen liebt. Statt «si» sagt man dort «sei», oder auch mit dem bekannten Anhängsel des gemeinen Mannes: «seine», statt «signor» «signaure»; statt «muratore» «murataure», statt «Roma» «Rauma». Dagegen findet man in Palestrina manchen Anklang an das Lateinische; so sagte dort mein wackerer Winzer Agapito, wenn er mich in seinen Weinberg einlud: «venite in vigna mea» (und nicht mia), worüber die Winzer in Genazzano, als über eine falsche Aussprache, den Palestrinesen gern zum besten hatten.

Noch haben wir drei Millien bis Genazzano auf der Hochebene am Berg von Cave entlangzugehen, und immer den Blick in das entzückende Tal des Sacco gerichtet, aus welchem vor uns in der Ferne der zweite Hauptsitz der Colonna, Pagliano, mit seinem weißen Kastell, und dahinter im Duft des Horizonts das alte Anagni auf einem Hügel hervortreten.

Jetzt senkt sich die Fahrstraße plötzlich nieder und führt uns in ein prachtvolles Gelände von Hügeln und Tälern, die im buntesten Wechsel sich darstellen, ein Bild ländlichen Glücks; hier graue Olivenhaine, dort schattige Kastaniengebüsche, Korn- und Maisfelder, Gemüsegärten und überall Weinberge, deren Reben mit breiten dunklen Ranken die kleinen gegabelten Ulmbäume umschlingen. Auf dem langgestreckten Felsenhügel, welcher diese umschlossene Landschaft beherrscht, steht Genazzano in einer schmalen Linie, schwarz und grau von Ansehen wie die Tuff-Felsen, auf denen es gelagert ist. Diese Häuser scheinen in Prozession zur Kirche Santa Maria del buon Consiglio, dem größten Heiligtum der lateinischen Campagna, aufzuklimmen oder jenem schönen Baronalschloß der Colonna, welches die Spitze des Orts einnimmt, als Vasallen zuzuziehen.

Ein Tor mit Zinnen schließt das Städtchen nach unten zu; sobald man eingetreten ist, fällt der Blick auf ein rohes Freskogemälde an der Wand eines Hauses, worauf das heilige Bild der «Madonna vom guten Rat» in den Händen der Engel schwebt, während Pilger ihm verehrend entgegenziehen. Wüste Straßen führen zu dem Hauptplatz (Piazza imperiale); die Häuser scheinen wenig einladend, wenn nicht der Blick hie und da auf die halbrunden, schwarzen gotischen Fenster dieses oder jenes Gebäudes fiele, welche durch die moreske Rosettenarbeit auffallen und an eine untergegangene Blütezeit des Mittelalters erinnern.

Wenn man in einem abgelegenen Ort für längere Zeit Wohnung nimmt (ich wohnte in Genazzano erst drei Monate mit den ländlichen Musen, dann kehrte ich noch zweimal in zwei Sommern dahin zurück), so ist die nächste Frage, außer der häuslichen Einrichtung, nach dem Raum für angenehme Bewegung, nach den Spaziergängen und Plätzen, wo es Luft und Schatten zum Ruhen, Lesen und Nachdenken gibt. Da überzeugte ich mich bald, daß Genazzano so recht ein Ort für ländliche Neigungen sein müsse. Im Städtchen kann man nicht spazieren, weil es nicht eben und gar zu klein ist; nirgends kann man dort im Grünen sitzen; aber ringsumher sind schattige Kastanien-

büsche und Weinberge mit allen Ergötzungen der Einsamkeit. Auch
ist gleich eine ebene Straße zum Lustwandeln am Ort. Diese zu erreichen, muß man den Palast Colonna durchschreiten. Durch ihn hindurch kommt man an eine Brücke, welche über einen Abgrund hin-
wegführt, auf Steinbogen ruhend, die der Römer nicht ganz unwürdig
scheinen. Auf den Palast selbst ist eine Wasserleitung gerichtet,
gleichfalls ein Werk jener Familie, doch nun zerfallen, aber außerordentlich malerisch mit ihren zertrümmerten Bogen im Grün des
ehemaligen Parks, der nicht minder zerstört ist.

Am Aquädukt geht die Straße für Fußgänger entlang bis zu dem
Kloster San Pio, einem einsamen verlassenen Konvent des Mittelalters. Und so haben wir einander gegenüber zwei verödete Denkmäler des Mittelalters: den Baronalpalast und jenes Kloster, zwischen
denen wir hin- und herwandeln können, an den zerbrochenen Bogen
der Wasserleitung entlang – ein recht nachdenklicher, ja träumerischer Spaziergang, beschattet von einzelnen Zypressen und Lorbeer-
bäumen.

Ich erinnere mich noch mit Lust des ersten Tages, als ich, auf Entdeckung meiner künftigen Spaziergänge ausgehend, diesen Weg weiter fortsetzte. Die Fahrstraße führt hier aufwärts zwischen Weinbergen und Gebüschen fort; aber plötzlich öffnet sich die Szene zur
rechten Seite, und man blickt über wellenförmig abgesenkte Weinberge in die tiefe Ebene des Sacco, auf die schönen Bergreihen zu
ihren Seiten und eine weite Landschaft von majestätischem Stil. An
jener Straße liegt ein Weinrebenhügel, Fagnano genannt, an dessen
Abhang alte Olivenbäume einen Steinblock beschatten; dort machte
ich mir oft das Vergnügen, die «Vita nuova» Dantes zu lesen oder des
Boethius Trostbuch der Philosophie und nach jedem Kapitel im Anblick dieser herrlichen Gefilde auszuruhen. Dort überschaut man sie
am besten: ein grünumbuschter, großer Vorgrund, hinter ihm das
braune, durch eine schwarze Waldpartie unterbrochene meilenlange
Tal, von blauem Duft und sonniger Wärme überzittert, links und
rechts prächtige Bergketten. Jene zur Linken ist die Serra, ein Gebirgszug, aus welchem als Hauptform die riesige Pyramide des Serrone
klar und schön hervortritt, andere Berge in absinkender Linie der Perspektive neben sich, alle zu ihren Füßen einen Teppich von grüner
und brauner Farbe hingebreitet, auf welchem die Kastelle stehen, die
sich in ihrem Schatten aufgestellt haben. Hügel laufen von der Serra
frisch und anmutig in die Ebene hinein, gegen den Fluß sich vor-
ziehend, und sie tragen auf ihren grünen Gipfeln Burgen und schimmernde Städte. Ihnen entgegen kommen von der andern Seite Hügel,
doch minder weit sich vorwagend, Auswanderer des Volskergebirges,
welches rechts in stundenweiter und doch nicht allzu langer Ferne der

Serra gegenübersteht, mit andern Formen das Gemälde belebend, nicht als Pyramiden, sondern in kühnen Wölbungen gekuppelt.

Viele Örter auf den sonnigen Höhen oder in den dunklen Falten der Gebirge; Burgen, Klöster und Städte wie spielend in die Luft gehoben. Eine epische Ruhe überall. Die Linien dieser Gebirge am reinsten Blau des Himmels sind so scharf und klar, daß sie das Auge bezaubern; man möchte hinüber, auf den leuchtenden Kanten und Flächen in der Frische jener hohen Himmelszone einherzuschreiten. Über den Senkungen der Serra hebt sich hie und da ein beschneites, sanft violenfarbenes Berghaupt aus der Wildnis der Abruzzen, noch eine andere Ferne ahnen lassend; im Hintergrund tauchen aus Silbernebeln Berggipfel auf, fern und ferner, schattenhaft, vielförmig, einige wie Obelisken, andere wie Dome geformt, und sie rufen die Phantasie in die unbesuchten Gegenden des Sandalenlandes oder an die Ufer des schönen Lirisstroms.

Wer malt diese lateinische Landschaft, wenn alle Berge im purpurnen Irisspiel des Abends erglühen und unten die weite Talgegend dunkler und dunkler wird? Dann kriecht die Nacht langsam auf die breiten Felsenwände der strahlenden Serra und scheint jene Städte auf den Gipfeln mit ihrer dunklen Hand zu haschen, eine nach der andern, bis sie alle in Finsternis begraben sind. Dort funkeln noch die rosenhellen Sonnenstrahlen in den Fenstern des fernen Orts Serrone, dort in Rojate, jetzt drüben in Piglio; nun verlöscht eins nach dem andern; auch das Kastell Pagliano ist schon erblaßt; aber hinter ihm flimmert die Abendsonne noch in den Fenstern einer dunklen Stadt, die in meilenweiter Ferne auf einem Hügel zu erkennen ist, und welche, indem sie ihn mit ihren Massen bedeckt, ansehnlicher als alle übrigen Städte der Campagna zu sein scheint. Es war gleich am ersten Abend, daß ich jene Stadt erblickte; aus dem Charakter der Gegend erkannte ich, ohne mich zu irren, daß sie Anagni sein müsse, die Vaterstadt Bonifacius' VIII.; und ich begrüßte ihren lange gewünschten Anblick mit den Versen Dantes:

> Veggio in Alagna entrar lo fiordaliso,
> E nel vicario suo Cristo esser catto.

> *Ich seh' die Lilien in Anagni prangen,*
> *In seinem Stellvertreter Christus selbst gefangen.*

Der Eindruck eines großen Landschaftsgemäldes erhöht sich für den Denkenden, wenn er es mit der Geschichte zu verbinden weiß, oder wenn es überhaupt von dieser belebt wird: dies lateinische Tal zu

unsern Füßen ist nun aber der Schlüssel zum Königreich Neapel; es
ist die Heerstraße der Völker des Mittelalters. Goten und Vandalen,
Franken und Langobarden, Belisar, die Ottonen, die Hohenstaufen,
selbst Schwärme von Sarazenen, Franzosen und Spanier, kurz ungezählte Völker waren es, deren Pferde aus den Wellen des Sacco
getrunken haben, als sie die virgilischen Gefilde durchzogen, um sich
über die Liris hinab in die Paradiese Neapels zu versenken.

Im übrigen ist Genazzano keine Stadt antiken, sondern nur mittelalterlichen Ursprungs. Ihr Name allein mag alt sein, da man ihn von
der Gens Genucia herleiten will, welche dort den Fundus Genucianus
besessen habe. Erst im Anfang des 11. Jahrhunderts wird ein Kastell
Genazzano in Urkunden erwähnt, und dieser Ort gehörte den Colonna
von Palestrina. Er gab einem Zweig der Familie Sitz und Namen.
Man sagt, daß der einzige Papst, welchen dies große Geschlecht aufgestellt hat, in Genazzano geboren wurde. Dies war Martin v. Oddo
Colonna, gewählt zu Konstanz im Jahr 1417, mit dem das avigno-
nische Schisma der Kirche endete. Wenigstens stammte dieser berühmte Mann aus dem Zweig der Colonnesen von Genazzano, und
hier wohnte er gern in der Einsamkeit seiner Familiengüter. Er liebte
den Ort; er baute hier Kirchen und erweiterte wahrscheinlich den
Palast, den seine Nepoten verschönert haben. Von den Colonna rührt
auch die Wasserleitung her, und die malerischen Reste von Bädern
in einer Schlucht vor dem Stadttor zeigen durch ihren Stil, daß sie der
Luxuszeit dieser Barone zuzuschreiben sind. Ihr Palast oder Feudal-
schloß war einst groß und schön; aber heute ist es im Verfall wie alle
andern Paläste der Campagna. Sein Hof, von edlem Geschmack, in
doppelter Säulenstellung, anmutig und leicht erbaut, erinnert fast an
die Periode Bramantes. Zwischen den Säulen stehen jetzt alte, kopflose Marmorstatuen, die gut zu dem verödeten Palast stimmen; sie
erinnerten mich an Schilderungen von verkommenen Feudalschlös-
sern, wie sie Walter Scott bisweilen beschreibt. Ehemals hatten die
Colonna auf der Wand einer Loge des Palastes die Abbilder der Städte
malen lassen, welche ihr reiches Haus besaß; die Bilder sind verbli-
chen wie die Titel und Rechte auf jene Städte. Durch die hohen, leeren
Säle schleicht jetzt ein ausgedienter, greiser Arzt mit silberweißem
Bart, daselbst Einwohner, wie ein Magus oder Zauberer.

Wir haben sonst in Genazzano nichts aufzusuchen, uns nicht mit
Altertümern und ihrem archäologischen Wust zu quälen, sondern
unsere Freude ist, ganz der Natur zu leben und uns mit dem Landvolk
zu beschäftigen. Ich will daher gleich von den Weinbergen reden, und
zwar als Landmann, weil wir uns doch nicht immerdar mit himmelblauen Aussichten oder mit alten Familiengeschichten speisen können,
sondern auch nachsehen müssen, was wir werden zu essen und zu

trinken haben. Es scheint nicht viel zu geben, weil die Rebe noch immer krank ist und der Mais in Gefahr schwebt zu verdorren, da seit zwei Monaten nicht ein Tropfen Regen gefallen ist.

Eines Tages war ich in einen Weinberg gegangen, einem verwilderten Pfade zwischen Brombeerhecken folgend, und nachdem ich ein sehr schönes einsames Plätzchen unter Ölbäumen gefunden hatte, setzte ich mich dort nieder, zog ein in Pergament gebundenes Buch aus der Tasche und vertiefte mich ins Lesen. Der Hund meines Hauses, Moringa, mein beständiger treuer Begleiter, der mir immer die schönsten Gegenden zeigte, murrte plötzlich zu meinen Füßen; ich sah auf und erblickte eine gut gekleidete Frau, welche etwa fünf Schritte von mir entfernt mit allen Zeichen scheuer Furcht mir zusah.

«Buon uomo», sagte sie hierauf, «was machst du da?» (In der Campagna geben sich die Menschen das Du wie in den Abruzzen.) «Warum», fragte ich, «gute Frau, fragst du das?» – «Ich meine», sagte sie, «du tust nicht gut», und sie zuckte verächtlich und erzürnt die Achseln; «es ist auch nicht anständig», setzte sie hinzu. Ganz erstaunt fragte ich das Weib, was ihr denn so sehr an mir auffalle, und ob sie in ihrem Leben noch nie einen Menschen habe in einem Buche lesen sehen. «Es mag sein», sagte sie, «aber es schickt sich nicht, und wer weiß, was du vorhast . . . » Mit diesen Worten entfernte sie sich, indem sie sich mehrmals ängstlich und scheu nach mir umsah. Ich fuhr fort zu lesen, doch erhob ich mich bald, über den sonderbaren Auftritt nachdenkend. Abends erzählte ich davon in meinem Hause. «Wißt», sagte meine Wirtin Annunziata lachend, «jene Frau hat sich eingebildet, daß Ihr ein Magus und Zauberer seid und aus dem pergamentenen Buch die Weinreben ihr habt verhexen wollen.» Hier mußte ich herzlich lachen, indem ich an die Möglichkeit dachte, mit jenem Buch Zauberei zu treiben, welches des Platina Lebensgeschichte der Päpste war.

Der Wein erholt sich allgemach, und weil es das erste Jahr ist, wo die Krankheit weicht, so ist die Traube, wie die Leute sagen, eine «cosa santa». Während meines Aufenthalts in Genazzano wurden in der Umgegend fünf Menschen ermordet, alle weil sie Trauben genascht hatten. Ich verschweige nicht den einen Fall, weil er in die Zustände der Justiz ein helles Licht wirft. Ein reicher Mann, Schwager des Priors oder Bürgermeisters von Olevano, erschlug eines Tags einen armen Traubenfrevler an der Landstraße; auf die Tat flüchtete er sich in seinen Weinberg, welcher neben jenem meiner Wirtin liegt. Seine Freunde zogen ihm bewaffnet zu, denn die erwachsenen Söhne des Erschlagenen waren sofort mit ihren Flinten herabgestiegen, den Vater zu rächen. Die Justiz rührte sich nicht während mehrerer Tage; endlich hieß es, die Witwe habe durch einflußreiche Gönner die Gerechtigkeit in Bewegung gebracht, und die Häscher in Olevano seien beordert, den Mörder zu greifen. Diese aber rührten sich nicht, weil sie, wie man sagte, bestochen waren. Die Witwe setzte ihre Hoffnung auf die Häscher in San Vito, aber auch diese bewegten sich nicht. Unterdessen waren vierzehn Tage verstrichen. «Schöne Gerechtigkeit übt ihr in der Campagna», so sagte ich eines Tages zum Apotheker von Genazzano, in dessen Laden wie in jenem seines Kollegen in Hermann und Dorothea die geselligen Zusammenkünfte des Ortes stattfinden. Hierauf sagte der Sohn des Asklepios, seiner schönen Tochter Sofia minder schöner Vater: «O Signore, was denkt Ihr? Dieser tote Mann ist keineswegs von dem Schwager des Priors erschlagen worden, denn seht, unser Medichino, der kleine Doktor, und der Chirurg haben die Sektion gemacht; es hat sich gezeigt, daß der Mensch aus Schreck von einem Abhang gestürzt ist und sich die Milz in zwei Stücke zerfallen hat.» – «So ist es, si, signore, egli si è ben vero», sagte hierauf der Erzpriester von Santa Maria del buon Consiglio. Ich schwieg. «Glaubt doch nicht», sagte mir abends meine Wirtin, «daß er sich die Milz ausgefallen hat, sondern» – und sie zählte mit dem Daumen und dem Zeigefinger der rechten Hand beliebige Geldsummen in ihre Linke. –

Die Fülle der Weinreben ist hier erstaunlich groß. Sie bedecken, soweit das Auge reicht, alle die anmutigen Hügel dieser Campagna. In langen Reihen ziehen sie sich in die Täler hinab, entweder an Stäben und dem starken italienischen Rohr, oder über kleine gegabelte Ahornbäume (ornello) und Ulmen sich rankend. Der Freund des Virgil wird wissen, daß schon der römische Landbau die Weinberge in solche zwei Gattungen unterschied. Es ist ein hoher Genuß, mitten in den Vignen des heutigen Menschengeschlechts das Georgikon Virgils zu lesen, das herrlichste Denkmal der lateinischen Poesie, nicht in bezug auf die Kunst der Komposition, welche mittelmäßig ist, sondern auf die reine, prägnante und ganz unnachahmliche Sprache. Ich las dieses Gedicht wieder und wieder unter den Reben in Genazzano und überzeugte mich, daß alle seine Bemerkungen, Regeln und Lehren so durchaus gültig sind, daß sie für die heutige Bodenkultur der Campagna geschrieben zu sein scheinen.

Der Weinberg ist hier alles in allem; er vereinigt die drei Götter des Feldes, Bacchus, Ceres und Pomona. Denn zwischen den Reben wird das Weizenkorn gesäet, zwischen ihnen erhebt sich anmutig der schlanke Mandelbaum, die Lärche unter den südlichen Bäumen, weil er mit dem ersten leisesten West des Frühlings zu blühen beginnt; ihn verherrlicht sinnreich eine der «Cento novelle antiche», die ihn von Amor als sympathischen Baum der Liebe am Grabe des Narcissus gepflanzt sein läßt. Sodann taucht zwischen den Reben der nicht minder

Albaner See

graziöse Ölbaum auf, mit feingefaserter, kunstvoll geflochtener Rinde
von silbernem Grau und den feinen Blättern, die in dem wechselnden
Licht bald wie Silber, bald wie dunkles Erz glänzen; und gern sieht
man ihn über dem Korn hervorragen, für dessen schmackhaftes Brot
er das Öl verheißt. Da steht auch der Pfirsich-, der Apfel- und Birn-
baum und der feurige Granatbaum, der Walnußbaum, die Kastanie
und der Feigenbaum mit seinen honigsüßen Früchten. Und alle diese
Bäume bilden eine segensreiche Kette der Jahreszeiten, so daß, wenn
der eine seine Früchte dargegeben hat, der andere sie anbietet, und
der dritte sie verspricht. Da ich den ganzen Sommer auf der Campagna zugebracht habe, so haben sie mir, mit alleiniger Ausnahme
des spätesten der Bäume, der Olive, alle ihren Tribut der Reihe nach
dargebracht, und es ist mein Nachtisch nie von wechselnden Gaben
leer gewesen.

Meine Wirtin besaß drei Weinberge, einen bei Palestrina, die andern in der Bergwildnis Olevanos, drei Millien weit von Genazzano.
Dort steht auf einem Hügel ein einsames Winzerhaus mit offener,
blumengeschmückter Veranda, von Feigenbäumen und Kastanien beschattet, und ringsumher den Blick auf die majestätischen Berge der
Serra und die Saccoebene freilassend. Dort lohnt es wohl tagelang
hinzubringen in einer reinen, aromatischen Luft und sich von den
Früchten zu nähren. Welche zuerst brechen, und von welchem der
Bäume, das bringt uns in Verlegenheit, denn ihre Menge ist groß,
und ihrer Früchte sind unzählbare und gleich herrliche. Was soll ich
gar von den Trauben sagen? Denn keine Weinkrankheit hat diese in
der ganzen Gegend berühmte Vigna versehrt; die Reben sinken unter
der Last, sie sind hie und da gestützt, und die Trauben mit starken
Fäden aufgebunden – Trauben, deren Gewicht, und Beeren, deren
Größe ich nicht angeben werde, weil man mich der Unwahrheit beschuldigen könnte. Hier sind goldig-helle Muskatellertrauben, die in
der Sonne durchsichtig funkeln, dort die Gattung der buntfarbigen,
hier die weißlich klare Traube, buon vino genannt, dort die blau-
schwarze schwere Traube, welche den starken blutdunkeln Wein gibt.
Also genährt und gelabt, setzen wir uns in den Kastanienhain am
Fuß des Hügels nieder, zwischen hohen Myrtengebüschen, unter dem
Farrenkraut des Virgil, angeduftet von der Menthe und dem Serpyl-
lum, welches überall wuchert, und dort lesen wir den Horaz oder was
wir sonst mit uns genommen haben. Die Menthe ist das wahre Cam-
pagnakraut; das ganze Gefilde Roms duftet von ihr. Wenn ich fern
bin in Toskana, oder in Oberitalien, und irgendwo auf dem Feld
Menthe finde, so erweckt mir ihr Duft immer die heißeste Sehnsucht
nach der Campagna von Rom.

Sollte man glauben, daß mitten unter der Fülle der Erzeugnisse das

Landvolk arm ist? Überblickt man diese Natur, so scheint sie ein Eldorado glücklicher Bewohner zu sein; aber lebt man mit diesen, so tritt uns aus dem Paradiese hier nur zu oft der hungerleidende Mensch entgegen. Alle diese Früchte (man kauft hier 20 Feigen wie 20 Walnüsse für einen Bajocco, und in guten Jahren für dasselbe Geld eine Flasche Wein) nähren den Landmann nicht; er würde verhungern, hätte er nicht das Mehl des türkischen Korns, das seine einzige Nahrung ausmacht. Die Schuld dieses Mißverhältnisses liegt an den agrarischen Zuständen. Von vornherein muß man wissen, daß der dortige Landbesitzer den vierten Teil des Ertrages dem Prinzen Colonna als Zins schuldig ist. Es ist der alte Fluch der Latifundien, welcher das Volk verarmen läßt; zwar gibt es wenige Landleute, die nicht einen kleinen Weinberg besitzen, aber er genügt nicht, die Familie zu erhalten. Der Wucher ist unbeschränkt; selbst vom Ärmsten werden zehn Prozent genommen. Bei dem geringsten Unglück, bei Mißernten, wie sie schon seit Jahren aufeinander folgen, verschuldet er. Borgt er Geld oder Getreide, so erdrücken ihn die Prozente; der habgierige Reiche wartet auf den Augenblick der Not, um dem kleinen Besitzer sein Landeigentum für einen Spottpreis zu entreißen. Barone und Klöster werden reich, der Bauer wird ihr Vasall und ihr Winzer. Ich habe diese Zustände viel zu beobachten Gelegenheit gehabt. In der Regel geschieht dies so: erst verkauft der Verschuldete nur den Boden allein; die Bäume (gli alberi, worunter man auch die Rebstöcke begreift) bleiben sein, und indem er fortfährt, den Weinberg zu bauen, genießt er für sich entweder die Hälfte oder auch drei Viertel des Ertrags. Kaum vergeht ein Jahr, so erscheint derselbe Winzer vor dem Käufer seines Bodens und bietet auch die Bäume zum Verkaufe an. Er wird nun zum Kolonen seines Herrn, bewohnt mit seiner Familie den Weinberg und hat für dessen Kultur weiterzusorgen, indem er einen Anteil der Produkte empfängt. Ist dieser auch gleich jenem des nunmehrigen Besitzers, oder selbst größer, so wird er doch fort und fort sich in der Verschuldung befinden und einen nicht geringen Teil seines Gewinns dem Herrn vorweg abliefern müssen.

Auf dem Weinberg meiner Padrona, einer durch ihre Rechtlichkeit geachteten Venezianerin, lebte unter ähnlichen Verhältnissen eine Winzerfamilie von acht Personen. Wie sie mir sagte, hatte sie diese Menschen, verarmt und im elendesten Zustand, in ihren Weinberg als Pächter gesetzt, ihnen Vorschuß zur Bekleidung und zur Beschaffung des Hausrats gegeben und sie in den Stand gebracht, sich zu erhalten. Aber sie lebten in so bitterer Armut, waren endlich durch Anstrengung und schlechte Nahrung sämtlich fieberkrank geworden, daß wir ihnen die Lebensmittel aus dem Ort beschaffen mußten. Erst nach der Weinlese haben sie Aussicht, sich für eine kleine Zeit Er-

leichterung zu geben, solange nämlich das Geld hinreicht, welches sie
aus dem Verkauf des Weines gewonnen haben.

Der Wein spannt die Nerventätigkeit an, aber er nährt nicht die
Muskeln. Der Landmann trinkt ihn von der schlechtesten Art, einen
Wein vom zweiten Aufguß; nun muß er Brot haben. Der Weizen ist
zu kostbar; er pflanzt oder kauft die Polenta, das Mehl des türkischen
Korns. Wie in der Lombardei und in den Marken bedeckt die Campagna von Latium die schöne Pflanze des orientalischen Korns, deren
große goldgelbe Kolben die Natur wie ein köstliches Juwel zu betrachten scheint, denn sie hat dieselbe mit neunfacher Einhülle umwickelt. Alles Landvolk genießt die Polenta, entweder als Brei oder
als Kuchen, Pizza genannt. Wenn ich jemand auf dem Wege fragte:
Was hast du heute zum Frühstück gegessen?, so antwortete er: La
pizza – was wirst du des Abends essen? La pizza. Ich habe sie selbst
am Herde des Volkes gegessen. Man bereitet sie so: Der gelbe Mehl-
brei wird zu einem Fladen geformt und dann auf einem platten Stein
über Kohlenfeuer gebacken. Glühend heiß wird der Kuchen verschlungen. Die ganze Familie sitzt um ihn her und genießt in ihm
ihre Mahlzeit. Abends gibt es einen Salat vom Felde mit Öl dazu,
bisweilen eine Wassersuppe aus Zichorien und andern Kräutern oder
Gemüsen bestehend. Oft fehlt das Öl, wie es in diesem Jahre fehlen
wird, wo die Ölbäume, nachdem sie im verwichenen überreich getragen hatten, auch die geringste Frucht versagen – ein Bild menschlicher Tätigkeit, oder auch des Glücks und aller Freude, welche flutet
und ebbt. Man kann sich denken, mit welcher Aufregung das Landvolk der Ernte des türkischen Korns entgegensieht. Am Ende des Julius wölbt sich der Kolben an der Pflanze, dann verlangt sie Regen.
Es fiel keiner; eine glühend heiße Luft lag auf den Feldern. Das Volk
geriet in Angst; man beschloß, den Himmel um Regen anzuflehen.
Tägliche Prozessionen am Nachmittag; indem sie mich an die heidnischen Gebräuche erinnerten, an jene Rubigalischen Feste, an den
Regenstein des alten Rom, den man auf der Via Appia umhertrug,
an das «votisque vocabitis imbrem», konnte ich sie nicht ohne Erstaunen betrachten. Es ist wahrhaft befremdend, sich unter einem Volke
zu befinden, welches noch in unserer Zeit den naiven Glauben hegt,
daß die unerschütterlichen Gesetze der Natur durch Gebet und Geschrei um Gnade können aufgehoben, verändert oder beschleunigt
werden. Jeden Abend zogen die Frauen Genazzanos durch den Ort,
paarweise, mit ihren roten Kopftüchern, welche schleierartig herabfallen und stets getragen werden, wenn das Weib die Kirche betreten
will; vor ihnen die Geistlichkeit mit einem Heiligenbild. Erreichten
sie murmelnd und singend den Hauptplatz, so riefen sie mit einer an
Raserei grenzenden Inbrunst drei- und mehrmal: «Grazie, Grazie,

Maria!», und dieser Schrei, von hundert und aber hundert hellen
Stimmen zugleich ausgestoßen, hallte in den Lüften wider. «Et Cere-
rem clamore vocant in tecta» (bei Virgil). Jeden Tag ein anderer Heiliger: aber einer war tauber oder trockener als der andere. Meine Wirtin — sie war bis zu einem gewissen Grade aufgeklärt und besaß
obendrein kein mit Mais bepflanztes Ackerland — sagte eines Abends,
da wir am Tisch saßen und plötzlich vor unserer Türe jenes rasende
Geschrei «Grazie, Grazie, Madonna!» erschallte: «Warum quälen sie
doch die Heiligen im Himmel? Sie werden das so lange tun, bis sie
böse werden und gar nicht regnen lassen!» Ich selbst war von dieser
fieberhaften Aufregung angesteckt und wünschte sehnlich den Regen
herbei; ja, ich besuchte die Maisfelder alle Tage; sie waren dem Verschmachten nahe. Endlich trug man Sankt Antonius von Padua in
Prozession umher; indem man ihn nach jenem Kloster San Pio
brachte, predigte ein Augustiner von der Treppe desselben, unter Fak-
kelschein, während alles Volk die Straße bedeckte, und Zuhörer selbst
auf die Bäume geklettert waren — eine sonderbare Szene: Der gestikulierende Mönch, das Heiligenbild, die schwarzen Kreuze, die weißen Soutanen der Chorknaben, die roten Schleier der Weiber, grelle
Streiflichter der Fackeln, dunkle Bäume und die herrlichste Bläue über
so mächtiger Landschaft; und alles dies, um Regen vom Himmel her-
abzuziehen. Endlich bewölkte sich am dritten Tag der Himmel; es
donnerte und ein tropischer Regen entstürzte mit heftiger Gewalt.

Es scheint, daß die Götter oder die Heiligen, welche nun ihre Stelle
vertreten, nichts schenken, ohne ein Opfer zu verlangen. So geschah
es hier; mit dem Regen kam eine Wolkentromba, ein herrliches Phänomen, welches ich reitend beobachtete; es zog von den Volsker-
gebirgen, blauschwarz, über das Tal, und indem es zerplatzte, verwüstete es durch Hagelgüsse einen Strich der Weinberge. Alle Nach-
mittage Gewitter, Wolkenbrüche, Donnerschläge und Blitze. Dann
läutet man mit allen Kirchenglocken, aus Angst. Eines Tages bewegte
sich der Ort, alles Volk strömte auf die Gassen; es hieß, vier Personen seien vom Blitz erschlagen worden. Das Gerücht bestätigte sich.
Man brachte die Toten in ein Winzerhaus, wo die Polizei durch
24 Stunden lang Wache hielt. Am folgenden Tag stieg das wohllöb-
liche Gericht auf die Esel, der medichino, der kleine Doktor, und der
Chirurg mit ihm, die Leichenschau zu vollziehen. Diese Toten waren
zweifellos vom Blitz erschlagen worden. Gegen die Nacht holte man
sie herein; sie lagen auf einem Karren, bedeckt mit schwarzen Teppichen; ihnen vorauf ging die Geistlichkeit mit Kerzen, und es begleitete sie die Totenbrüderschaft in schwarzen Mänteln, Windfackeln
in den Händen. Der Anblick war ergreifend. Das Volk harrte draußen vor dem Tor. Als der feierliche Zug mit dem Gesang des Toten-

psalms heraufkam und das Tor erreichte, streckten alle in unsäglicher Aufregung die Hände empor und stießen ein Klagegeheul aus, so wild, furchtbar und ängstigend, daß es auch das härteste Gemüt würde erschüttert haben. Die vom Blitz Erschlagenen werden nämlich mit Scheu betrachtet, als von Gott hingeraffte Wesen, von denen man nicht weiß, ob sie zur Verdammnis bestimmt seien. Da rissen sich Verwandte, Frauen und Kinder aus der Menge los; ein Weib rang in verzweifelter Anstrengung mit den Umstehenden, welche es festhielten, willens, sich auf die Bahre zu stürzen. Als nun die Leichen einzeln nach der Kirche gebracht wurden, wo sie auf dem Boden die Nacht durch liegen blieben, dieselben Szenen und dasselbe Klagegeschrei. Dies finstere Bild kann ich nicht mehr vergessen.

Die Gefühle dieses Landvolks drücken sich in primitiver Weise aus, und vielfach sind die ältesten Naturzustände hier bestehengeblieben.

Auffallend war mir stets die fast an den Orient erinnernde Zurückhaltung beider Geschlechter von einander. Es gilt dort der Grundsatz: Männer haben mit Männern, Frauen mit Frauen zu verkehren. Man findet es lächerlich, wenn der Ehemann seine Frau am Arm führt, und das Mädchen hält seinen Ruf für gefährdet, wenn es von einem jungen Mann auf öffentlicher Straße angesprochen oder gar von ihm des Wegs begleitet wird. Dem Geliebten wird nur der «discorso» gestattet, das heißt das Zwiegespräch am Fenster oder an der Haustür, jenes alte Liebesgeschwätz, die «lenes sub noctem susurri» des Horaz. Man bringt Serenaden auf der Gitarre; und oft hörte ich Schäferständchen von Gesang und klagenden Tönen der Sackpfeife, welche des Nachts melodisch und trauervoll die Luft durchschweben. In schönen Weisen singt das Volk hier die einfachen, langausgedehnten Ritornelli, und es ist angenehm, im Weinberg Frage und Antwort zweier Liebenden zu hören, welche unermüdlich, wie die Zikaden des Sommers, sich singend zurufen.

Man heiratet hier sehr früh, der junge Mann von 21 Jahren nimmt ein Weib, das oft nicht mehr als 15 Jahre zählt. Ein wirkliches Liebesverhältnis und Verkehr längerer Zeit (was man überall far amore nennt) ist eher bei dem gemeinen Manne als bei den wohlhabenden und höhern Ständen zu finden, wo die Heirat gewöhnlich ein Geschäft ist. Ich erlebte davon ein Beispiel. Ein junger Abbate von 21 Jahren, Sohn einer begüterten Familie des Orts, ging mit dem Gedanken um, in den weltlichen Stand zurückzutreten. Eines Tages kam ein Franziskanermönch von Civitella (die Franziskaner sind hier die Mittler in allen Familienangelegenheiten) zur Mutter desselben und sagte ihr: In dem Ort Pisciano befinde sich ein Mädchen von ungefähr achtundzwanzig Jahren, welches einen Mann suche: Es habe 1000 Skudi Mitgift und sei aus der besten Familie. Wenn nun sie, die

Mutter, zu dieser Partie zustimme, möge sie den Sohn befragen. Der junge Mensch ging auf den Vorschlag ohne Besinnung ein; er setzte sich am folgenden Tag in seiner geistlichen Kleidung aufs Pferd und ritt nach dem Wohnort des Mädchens. Nach geschlossener Verlobung wurde der Schneider gerufen, aus dem geistlichen Rock einen weltlichen zu machen; die Schwester nähte in Eile ein Paar graue heiratsfähige, weltliche Hosen, und weil dem jungen Mann eine Weste fehlte, so schickte dessen Mutter in der Heimlichkeit zu mir, mich um eine solche für ihren Sohn zu ersuchen. Also ausgerüstet, präsentierte er sich zum zweitenmal seiner Braut in einem Winzerhaus, wo der Ehekontrakt gezeichnet wurde. Nach Verfluß von drei Wochen kam sie in einem Wagen angefahren, zwei große Säcke voll von Kupfermünzen mit sich führend, und die Trauung wurde auf der Stelle vollzogen. Der junge Ehemann hatte seine Lebensgefährtin vor dieser Zeit nur zweimal, und zwar nur auf Stunden, gesehen. Ein Stübchen im Hause der Eltern war dem Paar eingerichtet, oder vielmehr nur ein kolossales Ehebett darin aufgestellt worden, sonst aber hatte dieses Ereignis keine Veränderung hervorgebracht.

Ich will bei dieser Gelegenheit einer sonderbaren Sitte Latiums nicht vergessen. Eines Abends erhob sich auf dem Platz der Stadt ein fremdartiges, ohrenzerreißendes Getöse von allerhand nicht bestimmbaren Instrumenten; ich trat hinaus und fand die große wie die kleine Jugend Genazzanos vor einem Hause versammelt, wo sie allem Anschein nach eine Katzenmusik darbrachte. Nie, selbst nicht auf deutschen Universitäten, hörte man eine genialer erfundene Disharmonie von Instrumenten. Denn diese stießen schauderhafte Töne aus der gewölbten Meermuschel, die aus dem Kuhhorn, jene klapperten mit Winzermessern, Spaten, eisernen Pfannen; dieser hielt ein Bündel von allerhand eisernen Dingen an einem Faden, welches er mächtig schüttelte, und jener rasselte über dem Straßenpflaster mit einer alten Kasserolle, die er im Halbkreis an einem Strick hin und her schleifte. Ihrer zehn oder zwölf läuteten mit Kuhglocken auf das allervergnüglichste. «Sagt», so fragte ich einen Herrn, welcher dem lärmenden Haufen lachend zuhörte, «was bedeutet dieses sonderbare Wesen?» – «In dem Hause dort», so antwortete er, «wohnt ein Witwer, welcher eben geheiratet hat; man bringt ihm die Scampanellata.» So heißt der ziemlich barbarische Gebrauch von dem Ausläuten der Kuhglocken. In ganz Latium herrscht diese alte Sitte, einem Ehepaar, dessen einer oder der andere Teil vorher verwitwet war, durch drei Abende vor dem Haus eine Katzenmusik zu bringen. Und so taten sie's dreimal in Genazzano, indem sie nach vollbrachtem infernalischem Spektakel durch den Ort zogen, voran auf einer Stange eine Kürbislaterne tragend; die Prozession setzte so ungestört durch alle Straßen diese höllische Musik fort, nicht anders, als zöge eine Schar Dämonen, die Nacht durchschwärmend, durch dieses friedliche Städtchen.

Denn friedlich ist Genazzano wahrlich; seine Bewohner, sanftmütiger und auch abergläubischer als die Nachbarn, scheinen diese Gemütsart der Bedeutung der Stadt mit zu verdanken, welche ein so berühmter Wallfahrtsort ist, daß ihre reiche Kirche heute in Latium die Stelle des Tempels der Fortuna in Präneste vertritt. Ich habe das berühmte Fest der Madonna in Genazzano am 8. September miterlebt und kann daher davon erzählen. Vorher jedoch berichte ich von der fabelhaften Geschichte ihres Bildes, welche ein Seitenstück zu der Sage vom heiligen Hause in Loreto ist.

Zu Skutari in Albanien erschien in derselben Zeit, als die Casa Santa von Nazareth nach Loreto durch die Luft getragen wurde, ein heiliges Bild der Muttergottes, sei es vom Himmel herab oder aus einem unbekannten Ort, vor den Türken flüchtig. Man nannte es die Madonna del buon Officio, das heißt vom guten Dienst. Nun geschah es, daß im Jahre 1467 zwei Pilger, welche den Türken entweichen und nach Italien gehen wollten, vor dieses Heiligenbild traten, um für ihre Wanderung Glück zu erflehen. Aber zu ihrem Erstaunen sahen sie an Stelle des Bildes eine weiße Wolke und diese sich gegen Abend fortbewegen. Sie folgten ihr bis an die Küste des Adriatischen Meeres, und weil das Gewölk seine Reise über Meer fortsetzte, überschritten auch die Pilger trocknen Fußes die Wellen, weiter und weiter nachfolgend, bis die glänzende Wolke in der Nähe Roms ihren Blicken entschwand. Dort hörten sie alsbald, es sei in Genazzano ein Bildnis der Madonna erschienen; sie eilten nach dieser Stadt und fanden hier das Bild von Skutari wieder.

Seit dieser Zeit begann die Madonna in Genazzano, welche «vom guten Rat» genannt wurde, Wunder zu tun; eine Kirche wurde ihr erbaut, nebst daranstoßendem Kloster; der Orden der Augustiner setzte sich in Besitz dieses heiligen Schatzes, der nicht minder, wenn nicht mehr einträglich ist als die Madonna des Augustinerklosters in Rom. Denn diese Gottheit von Genazzano genießt durch ganz Latium eines Rufs, welcher demjenigen alter Orakel der Heiden gleichkommt. Zweimal im Jahre, im Frühling und Sommer, wird ihr Fest gefeiert und so eine doppelte Ernte von Opfergaben gehalten; nicht zu zählen sind außerdem die Geschenke an Geld und Kostbarkeiten, welche Gläubige ihr darbringen. Weil auch der ärmste Landmann sein Scherflein auf den Altar der Jungfrau niederlegt, so darf man sagen, daß dieses eine Heiligenbild die ganze lateinische Campagna so gut besteuert, wie der Staat selbst es tut. Man sagte mir, daß die Opfergaben durch Genossenschaften aufgebracht werden; jeder Teilnehmer legt in die gemeinschaftliche Kasse monatlich fünf Bajocci, und so ge-

schieht es, daß eine wandernde Kompanie bisweilen 100 Skudi mit-
bringt. Die jährliche Rente der Wallfahrtskirche schätzt man auf
7500 Taler.

Das Bild steht in einer sauber geschmückten Kirche, in einer
Kapelle, welche Lampen erhellen. Den unmittelbaren Zutritt verwehrt ein Gitter von Eisenstäben, und auch sonst ist es für gewöhnlich mit einer Decke von gelber Seide verschleiert. Man rühmt von
ihm, daß es, von Engeln durch die Lüfte getragen, auch in jener
Kirche nicht ausruhe, sondern von unsichtbaren Händen schwebend
erhalten werde. Ich sah es mehrmals enthüllt, konnte indes seinen
überirdischen Zustand nicht erkennen.

Schon zur Vigilie des Festes kommen die Pilgerscharen; dann beginnt sowohl der Ort als die ganze Landschaft sich seltsam zu beleben
und die Luft vom Gesange der Litaneien unablässig zu erschallen.
Alle Straßen zieht es entlang, bunte Schwärme, doch geordnet; sie
kommen von den Abruzzen, aus dem Sandalenlande, von Sora, vom
Liris her, die meisten aus dem Gebiet der lateinischen Campagna. Es
scheint sich das Fest des Jupiter Latialis vor unsern Augen zu erneuern, so viel sind diese Tausende, die heranziehen, so verschieden-
artig ihre Kleidung und ihr Dialekt. Sie mit dem Gesange des «Ora»
von den Hügeln herabwandern zu sehen und zu hören, in so großartiger Landschaft, dort die breite Straße herab, hier am Fluß entlang,
auf Feldpfaden, und drüben und dorten wieder und wieder andere
Pilgerscharen in roten, grünen und blauen Farben, die hohen Pilgerstäbe (bordoni) in den Händen, ist ein Schauspiel, welches dem
Künstler, dem Poeten oder dem Historiker gleich merkwürdig sein
wird.

Ich war hinausgeritten an dem Tage, da die ersten Scharen ankommen sollten, um mir für die geschichtliche Anschauung des Mittelalters diese große und alte Szene zu gewinnen. Die Comarca von
Rom, in welcher noch Genazzano liegt, endigt zwei Millien weit ostwärts von der Stadt an einem Arm des Sacco, über welchen eine
steinerne Brücke, der Ponte Orsini, führt, ehedem berüchtigt als
Räuberstation. Jenseits beginnt die Legation Frosinone. Hier senken
sich Hügel gegen den Fluß, sanft und anmutig niedersteigend, und
vor den Augen entfaltet sich das herrlichste Gemälde der Ebene, der
Volskerberge, der Serra und der Höhen von Olevano, zu deren Füßen
im Vorgrunde schöne Baumpartien die Landschaft kraftvoll durch-
gliedern. An jener Brücke ist es ein passender Ort, die Pilger zu erwarten; indem sie mit ihr das Weichbild des Wallfahrtsorts betreten,
halten sie dort eine kleine Rast, und sie überschreiten sie mit in-
brünstigem Chorgesange und auf den Knien rutschend. So sah ich
ungezählte Scharen über die Brücke ziehen; die Weiber kniend an der

einen, die Männer kniend an der andern Seite derselben. Als Chorführerin diente häufig eine alte Frau, und sie erhob, wenn sie das
Ende der Brücke erreicht hatte und nun aufstand, ein helles «Evviva
Maria!», worin der Chor einstimmte. Dann zog die Prozession weiter,
und obwohl sie der anhaltende Gesang ermüdet haben mußte, hob
doch wieder entweder ein Mann oder ein Weib die Litanei zu singen
an. Dieser einförmige Gesang, einfachster Ausdruck des religiösen
Gefühls in der klagenden Tonart des Volks, und hin- und herströmend
wie das monotone Rauschen der Wellen, übt eine bezaubernde Gewalt
auf die wandernden Menschen aus. Die Prozession scheint sich in
dieser trauervollen Harmonie ruhig und sicher fortzutragen. Sie
scheint dieselbe wie ein sittliches Element zu durchdringen und sowohl die Schritte der Füße wie die Empfindungen der Seele zu leiten,
indem sie dieselbe beständig auf das Wanderziel gerichtet hält. Ich
habe bei allen jenen Zügen bemerkt, daß die Pausen nach dem Gesange ziemlich kurz waren, und daß, wenn sich durch das Schweigen
die Gemüter herabspannten und die Wandernden durcheinanderzu-
reden begannen, die Chorführerin sofort wieder den Gesang erhob.

Eine Wallfahrt wird stets auf denjenigen, der sich nicht zur Kirche
bekennt, mit welcher sie zusammenhängt, einen Reiz ausüben, zumal
wenn die Illusion nicht durch die Übel gestört wird, die von einem
gemischten Wanderzuge immer unzertrennlich bleiben. Ihrer sind
weniger bei den Wallfahrten im Süden, als bei denen im Norden;
der heitere Himmel, die Nüchternheit und Bedürfnislosigkeit des
Südländers entfernen von selbst viele Unordnungen; die Schönheit
der Form, in welcher die südliche Prozession auftritt, die herrlichen
Gewänder der Frauen, ihre Wohlgestalt und natürliche Grazie erhöhen sie und scheinen sie der Gemeinheit zu entrücken; endlich
findet die Sitte in dem angeborenen Takt des Wohlanständigen,
welcher dem italienischen Volk eigen ist, ihre beste Schutzwehr.
Unter all diesen Tausenden, die an mir vorübergingen, unter allen
Prozessionen, denen ich mich bei der Rückkehr nach vollendetem Fest
anschloß, streckenweise mitwandernd, um das Volk, sein Vaterland,
seine Gestalt und Sprache kennenzulernen, bemerkte ich nie einen
Zug von Roheit.

Man denke ferner, daß dieses Volk, in solcher Form des religiösen
Lebens erzogen, nichts Höheres hat als eine Wallfahrt nach einem
seiner Heiligtümer. Wenn es ein langes Jahr in Mühe geduldet, und
alle solche Schicksale und Verschuldungen sich jahrdurch ihm aufgehäuft haben, welche seine moralische Welt verwirren und sein
Gemüt belasten, dann greift es für ein paar Festtage nach dem Wanderstab. Von seiner harten Scholle in den Bergen sich lostrennend
und von schwerer Arbeit ausruhend, bewegt es sich einmal wieder

und fühlt sich frei in Gemeinschaft seiner Dorf- und Stadtgenossen, mit denen es ein gleicher Zweck vereinigt.

Und da wandern sie den Sacco entlang und von den Hügeln herab, «come i grù, che van cantando lor lai», wie die Kraniche, die ihre Lieder singend ziehen. Es zieht das Mittelalter vorüber; ich gedachte jener Scharen von Wallfahrern, welche zum Jubeljahre nach Rom pilgerten, und mehr als einmal sprach ich bei solchem Anblick jene schönen Verse des Pilgersonetts der «Vita Nuova» aus:

> Deh! peregrini, che pensosi andate
> Forse di cosa che non v'è presente,
> Venite voi di si lontana gente,
> Com' alla vista voi ne dimostrate?

> *Ihr Pilger, die ihr in Gedanken geht*
> *Vielleicht an etwas, das euch nicht vorhanden,*
> *Kommt ihr denn wirklich aus so fernen Landen,*
> *Als denen nach der Tracht ihr ähnlich seht?*
> *(A. W. Schlegel)*

Sie ziehen zu zehn, zwanzig, zu fünfzig, zu hundert und mehr Personen. Jedes Alter erscheint unter ihnen; der Greis wandert noch an demselben Pilgerstabe, der ihn schon fünfzigmal die Straße geführt hat, und vielleicht zieht er sie heute zum letztenmal; es wandert die Matrone mit ihren Enkeln; die blühend schöne Jungfrau, der rüstige Jüngling, der Knabe; selbst der Säugling wandert mit auf dem Kopf seiner Mutter. Denn so sah ich in einem dieser Züge ein junges Weib daherschreiten, welches auf dem Kopf einen Korb trug, worin ein lachendes Kind lag, die Augen munter aufgetan, wie als freute es sich des schönen Sonnenscheins. Es tragen wohl die meisten dieser Weiber einen Korb mit Mundvorrat oder ein Bündel mit Kleidern auf dem Kopf, was die Schönheit der Erscheinung noch mehr erhöht. Wer nun gar von den Seelen den Schleier heben könnte, der würde die verdeckte Blutschuld neben der Unschuld gemeinsam pilgern und Laster, Reue, Schmerz und Tugend im bunten Wechsel an sich vorüberschreiten sehen.

Es ist wie ein großer, schöner, doch ernster Maskenzug, was sich auf der herrlichsten Szene der Natur vorüberbewegt, in immer neuen Kostümen und Farben, auch in verschiedenen Physiognomien. Da kommen die von Frosinone; die Anagnesen, dort das Volk von Veroli, die Arpinaten, die von Anticoli, die von Ceprano, hier die Neapolitaner von Sora.

Seht die Schar von Sora! Olivendunkle Gesichter vom schönsten Oval! Die Frauen phantastisch aussehend, wie Weiber Arabiens;

dicke Korallenschnüre oder goldene Ketten schlingen sich um den Hals, schwere goldene Ohrgehänge schmücken sie; ein weißes oder braunes Kopftuch mit langen Fransen umwölbt als tief herabhängender Schleier madonnenhaft Haupt und Nacken; der Busen ruht in einem weißen, in zahllose Falten zusammengezogenen, doch weiten und losen Hemde, das eine niedrige purpurrote Büste umschließt. Kurz ist das Kleid, die Farbe brennend rot oder blau, und der Saum ist gelb. Und diese großen und dunklen Augen unter schwarzen und kühn gezogenen Brauen!

Die Pilger von Ceccano! Die Weiber in amarantfarbigen Miedern, mit langen Schürzen gleicher Farbe; das weiße Kopftuch mit weit nach hinten überhängendem Ende; in Sandalen gehend. Die Männer im Spitzhut, mit amarantner Jacke; einen Gürtel um den Leib, aus buntem Band geflochten.

Pilger von Pontecorvo! Die Weiber in purpurroten, schön verbrämten Kleidern; ein roter Kopfbund; prächtig und majestätisch.

Die Pilger von Filettino: schwarzes Samtmieder; einfachste Gewandung; sauber und schön.

Ciociaren! Die Männer und Weiber vom Sandalenland! Vielleicht aus einem Ort bei Ferentino oder weiter hinweg von den neapolitanischen Grenzen des Liris und Melfa. Es ist ein Land schöner Bergwildnisse, welches von Ferentino aufwärts sich weit ins Neapolitanische erstreckt. Dort trägt das Volk die Ciocie, eine sehr einfache Fußbekleidung, wovon auch das Land la Ciociaria genannt wird. Ich fand schon vor Anagni dieses Schuhwerk im Gebrauch. Ein primitiveres läßt sich nicht erfinden, und vielleicht darf man sagen auch kein bequemeres. Wenigstens habe ich die Ciociaren aufrichtig darum beneidet. Der Schuh wird einfach aus einem viereckigen Stück der Esels- oder Pferdehaut hergestellt. Man bohrt Löcher in dieselbe, zieht einen Bindfaden durch und umschnallt mit diesem Pergament den Fuß so, daß die Sandale nach der Fußspitze sich formt und selber in eine gebogene Spitze ausläuft. Das Bein wird bis zum Knie herauf mit grober grauer Leinwand fest umwickelt und mit vielfachen Binden von Stricken oder Fäden umschnürt. So bewegt sich der Ciociare frei und bequem auf dem Feld und über den Felsen, wo er das Land gräbt (zappar la terra), oder als Hirt mit dem Dudelsack, in einen grauen, kurzen Mantel oder in Felle gehüllt, die Schafe und Ziegen treibt. Man sieht, jene Sandalen sind klassisch, und Diogenes würde sie, wenn er nicht barfuß ging, getragen, Chrysippus oder Epiktet in einer Abhandlung über die Bedürfnislosigkeit der Weisen sie verherrlicht haben. Ist dies Schuhwerk wohl hergerichtet, und zumal die leinene Beinschiene noch neu, so sieht es gut aus, aber schlecht und lumpen- oder bettelhaft, wenn sich diese Beinkleidung zerfasert. Und da dies häufiger der Fall ist, gibt es dem Sandalenvolk den ausgeprägten Carakter der zerlumpten Armut, und seine Name wird mißachtend, ja bisweilen als Schimpfwort gebraucht. Als mir eines Tags ein Bürger von San Vito das schöne Panorama der Campagna zeigte, sagte er: «Seht, Herr, dort, dort liegt die Ciociaria», und er lächelte mit einer gewissen vornehmen Geringschätzung.

Die Ciociaren tragen lange, brennendrote Westen und einen spitzen, schwarzen Filzhut, an welchem selten eine bunte Feder, eine Schleife oder Blume fehlt. Ich fand unter ihnen, wie überhaupt in der Campagna von Rom, auffallend viele Menschen mit blonden Haaren und mit blauen Augen. Sie scheren das Haar kurz am Hinterkopf wie die preußische Landwehr, und lassen an den Schläfen lange Büschel niederhängen. Noch einen grauen, zerlumpten Regenmantel, oder ein weißes oder schwarzes Schafsfell hängen wir dem Ciociaren über, und so ist der Sandalenmann fertig; aber eine Flinte geben wir ihm nicht in die Hand, sonst wird er als Räuber im Paß von Ceprano uns anfallen und zurufen: «Faccia in terra!» und mit erstaunlicher Behendigkeit unsere Taschen ausleeren. Auch das Weib trägt die Sandalen, einen kurzen bunten Rock, eine bunte schräg oder quer gezogene Wollenschürze, ein weißes oder auch rotwollenes Kopftuch, und endlich den busto, das Hauptstück der weiblichen Kleidung überhaupt in ganz Latium. Dies ist das Mieder von steifer gesteppter Leinwand, hart wie ein Sattel, breit und hoch, und an Achselbändern auf den Schultern ruhend. In ihm wiegt sich und stützt sich die Brust; es scheint als Bollwerk die Tugend zu schirmen, als ein sogar fester Panzer umgibt es den Busen, doch lose und weit abstehend, so daß es gleichsam noch als Tasche dient.

Mit der Vigilie werden die Pilgerzüge häufiger; man hört bald nichts mehr als den melancholischen Gesang der Prozessionen, welche eine nach der anderen in der Stadt anlangen, die engen Straßen durchschreiten und nach der Kirche ziehen. Hier am Wanderziel angelangt, scheinen die Menschen aller Müdigkeit zu vergessen; ihre Gesichtszüge beleben sich von Inbrunst und Begeisterung. Sie werfen sich vor der Kirche auf die Knie, die Hände auf dem Pilgerstab gefaltet, ihre Bündel noch auf dem Kopf, und mit lauter Stimme singen sie die Litanei; dann erheben sie das gellende Geschrei: «Grazie, Maria!» Sie rutschen auf den Knien die Stufen der Treppe empor; hie und da sieht man Weiber jede Stufe küssen oder mit der Zunge belecken – ein ekelerregender Anblick, der dadurch nicht gemildert wird, daß man sich erinnert, wie auch Karl der Große in so bigotter Weise die Stufen des Sankt Peter hinaufrutschte.

Schreckenerregende Szenen fehlen nicht, ich sah einen Menschen wie einen Hund auf den vieren schleppen; an einem Tuche wurde er so in die Kirche geführt, während er wie ein Werwolf heulte. Man sagte mir in der Tat, daß er diese Krankheit des Werwolfes habe, was man in Latium «Lupomanaro» nennt. Ich hörte ein Weib stundenlang vor dem Gitter der Marienkapelle heulen, man sagte mir, daß es besessen sei.

Fortdauernd rutschen Pilgerzüge durch das Seitenschiff der Kirche vor jenes Eisengitter, singend, betend und mit Ekstase um Gnade schreiend. Dieser Schrei «Grazie, Maria!» gellte mit schrecklicher Kraft, und die fieberhafte, ja rasende Inbrunst, mit welcher er ausgestoßen wird, machte mich tief erschaudern.

Die Lichter brennen; es ist Nacht geworden; die Pfeiler der Kirche werfen tiefe Schatten über den Boden und auf die Menschengruppen, während andere Gestalten in magischem Helldunkel sich herausheben, andere den vollen Lichtreflex empfangen. Schöne Szenen sieht man nun. Denn rings an den Säulen, um die Altäre, auf dem Marmorgetäfel des Bodens, vor den Kapellen sitzen die müden Pilger in Gruppen beisammen, und ihre Kostüme, der Wechsel der Lebensalter, der psychologische Ausdruck ihrer Gesichtszüge geben ein lebendiges Gemälde, welches zum Anschauen wie zum Nachforschen reizt.

An kleinen Tischen sitzen zu gleicher Zeit die Augustinermönche, Ablaßzettel oder Messen verkaufend, und sie scharren mit stumpfer Ruhe das Geld der Armen ein.

Vor der Kirche dieselben Gruppen auf der nackten Erde, und unablässig neue Pilgerzüge, welche ankommen. Sie enden weder nachts noch tags; indem sie die ganze Nacht hindurch, welche dem eigentlichen Fest vorangeht, herbeiziehen, einer dem andern folgend, und die feierlichen Klänge des lateinischen Hymnus fort und fort die Stille durchschweben, verbreiten sie eine mystische Atmosphäre von tiefer Schwermut um den Ort. Und doch hat dieser Strom, welcher Tausende aus der Ferne in einem und demselben Zug fortträgt, wieder etwas Beruhigendes, wie jede harmonische Bewegung der menschlichen Geister, selbst im Schmerz.

Der Ort konnte die Pilger nicht fassen. Als es tiefere Nacht wurde, sah man diese hartgewöhnten Menschen auf dem rauhen Straßenpflaster allerwegen in Scharen sich niederlegen. In allen Straßen, um die Brunnen, auf den Plätzen lagen sie, eine Nachtrast haltende Völkerwanderung im kleinen. Aber es ist ein altes Gesetz des Himmels, daß es regnet, wenn eine festtägige Menschheit beisammen ist, denn es gibt keinen größern Spötter, als dieser Himmel ist, wenn er auf das seltsame Treiben der Menschenkinder heruntersieht. Und kaum lagen die Pilger – ein Knäuel von Hunderten –, als Regen fiel. Jetzt Flucht, Verwirrung und Wehklagen, und das Zusammendrängen der

Bedauernswürdigen unter irgendeinem vorspringenden Dach oder
der Halle eines Hauses. Und wie viele, ermüdet von der Wanderung,
mochten, sei es aus Armut, sei es um des Gelübdes willen, ohne
Nahrung geblieben sein!

Am Morgen des Festtags Gottesdienst und Meßkram. Man verkauft goldenen Schmuck, Heiligenbilder und Rosenkränze am Eingang der Wallfahrtskirche, Fläschchen in Fingerhutgröße, welche Öl
aus den Lampen enthalten, die vor dem Madonnenbilde brennen.
Das Volk kauft sie begierig für einen Bajocco das Stück, als unfehl-
bares Heilmittel für alle Krankheiten.

Nachmittags Konzert einer Musikbande, die niemals fehlende
Tombola oder Lotteria, und am Abend Feuerwerk. Dann tanzen wohl
auch die Pilger fröhlich unter den Eichen des Parks; doch die meisten
ziehen schon wieder heim, sobald sie ihre Gebete verrichtet und ihre
Gaben dargebracht haben; und man sieht nun dieselben Menschen in
geordneten Zügen, mit Gesang hinauswandern, geschmückt mit den
Sträußen von gemachten Rosen oder Nelken, welche im Süden bei
solchen Festen verkauft werden. Auf dem Punkt der Straße, wo man
Genazzano zum letztenmal erblickt, knien sie nieder, und die Hände
an den Pilgerstäben faltend, verrichten sie das stille Abschiedsgebet
– eine Szene unter freiem Himmel, die mir von allen die schönste
erschien; ich sah gern den Frauengestalten zu, wenn sie mit graziöser
Bewegung niederknieten, die Augen nach dem Heiligtum gerichtet,
von dem sie getröstet Abschied nahmen.

Auch wir verlassen Genazzano, um weiter nach Pagliano und
Anagni zu reiten.

Pagliano, eine Stadt von 3700 Einwohnern, liegt sechs Millien von
Genazzano entfernt, auf einem von Baumwuchs und Weingärten
beschatteten Felsenhügel, welcher sich einzeln über der Campagna
erhebt. Eine gute Straße führt dorthin, Maisfelder durchschneidend;
man hat links neben sich die große Pyramide des Monte Serrone,
welche dieser ganzen Gegend einen majestätischen Charakter verleiht.

Noch angenehmer ist der Feldweg, wo man über Wildnisse bequem
fortreiten kann, bis man den Felsenhügel erreicht. Auf seinem Gipfel
steht die kleine, aber starke Festung, ehedem wichtig und oft bestritten, zumal in den vielen Campagnakriegen oder in jenen Fehden,
welche die Colonnesen mit den Päpsten geführt haben. Hoch und
steil, ist sie schwer mit Geschütz zu bestreichen. Gegenwärtig dient
sie zum Bagno oder Gefängnis von mehr als 200 Galeoten, welche
eine Abteilung päpstlicher Jäger bewacht. Die Stadt selbst liegt unter
dem Kastell, um welches sie einen Ring bildet. Die Straßen sind eng,
die Häuser schwarz und unansehnlich, wenn man wenige palastähn-

liche Gebäude ausnimmt; nirgends wird man anderer Regsamkeit gewahr als jener der Landleute, die aufs Feld ziehen oder von ihm heimkehren.

Nur der Palast der Colonna, deren eine Linie sich von Pagliano nennt und der Hauptzweig des berühmten Geschlechts geblieben ist, kann uns hier beschäftigen. Er ist ein schönes Gebäude aus schwärzlichem Tuff, in regelmäßigem Viereck gebaut, von nur zwei Stockwerken Höhe, aber geräumig, und gleich am Eingang der Stadt auf dem Rande des Hügels gelegen, von wo man der köstlichen Aussicht nicht satt werden kann. Der elegante Stil gehört dem Anfange des 17. Jahrhunderts, in welchem der Palast erneuert worden sein muß.

Wenn man die berühmten Personen der Familie Colonna kennt und weiß, wie tief dieses Herrengeschlecht in die Geschichte Roms und Italiens eingegriffen hat, so wird man ihren Sitz in Pagliano mit nicht geringem Interesse betreten. Es ist daher passend, hier von ihrer Geschichte wenigstens die Umrisse anzugeben.

Neuerdings hat sich der Römer Antonio Coppi, als Fortsetzer der Annalen Muratoris rühmlichst bekannt, durch seine «Memorie Colonnesi» (Rom 1855) um die Geschichte des Hauses Colonna und des römischen Mittelalters verdient gemacht. Dieses Buch liefert gute Materialien und verdankt sie dem Hausarchiv der Colonnesen. Coppi, wie dem andern Geschichtschreiber dieses Geschlechts, dem Grafen Litta von Mailand, stellte Don Vincenzo Colonna in Rom dies Archiv zur Verfügung. Unter den Geschichten der Adelsgeschlechter, deren es in Italien so viele gibt, daß sie mit ihren Annalen Bibliotheken anfüllen, verdienen die Denkwürdigkeiten jenes Hauses um ihrer historischen Wichtigkeit willen die größte Beachtung. Unruhig, kriegerisch und ehrgeizig, diente es als ein beständig bewegendes Prinzip in der Geschichte der Stadt Rom. Reich geworden durch den Besitz von Gütern, konnte es doch nicht wie andere, selbst jüngere Geschlechter, zumal im Norden Italiens, zu einem selbständigen Fürstentum gelangen, weil seine Besitzungen im Gebiet der Päpste lagen; daher ewiger Krieg mit diesen und die Anhänglichkeit an die römischen Kaiser. In Waffen ist dies Haus größer und berühmter gewesen als in Taten des Friedens, wenngleich es einen Papst, Martin v., welcher das Schisma beendigte, und viele Kardinäle unter seine Söhne zählt. Kultur und Wissenschaft verdanken ihm im ganzen nicht viel; der Name Colonna verstummt in dieser Beziehung in Rom vor einzelnen, zum Teil fremden Päpsten und ihren Familien, die zu nennen überflüssig ist. Nur vorübergehend sind einzelne Erscheinungen in diesem Hause, welche mit der Blüte der Wissenschaften und Künste zusammenhängen, wie Petrarcas Verhältnis zum alten Stephan Colonna und dessen gebildeten und ritterlichen Kindern, und wie endlich die gefeierte Dichterin Vittoria Colonna, die Zeitgenossin jener beiden schönen Frauen Julia Gonzaga und Giovanna di Aragona, welche in dieses Haus hineingeheiratet hatten.

Der Ursprung der Familie ist ungewiß, aber wohl stammt sie von jenen Grafen von Tusculum, welche im zehnten Jahrhundert Rom beherrschten. Nach dieser Ansicht wäre als Stammvater der Colonna der Markgraf Alberich, Gemahl der berüchtigten Marozia, anzusehen, welcher im Jahre 924 starb, und von dessen Nachkommen fünf den Stuhl Petri fast ununterbrochen besessen haben. Der Name Colonna tritt indes erst am Anfang des zwölften Jahrhunderts auf, mit Pietro de Colonna, von dem ich schon geredet habe. In dieser ersten Periode des Geschlechts finden wir die Städte Colonna, Zagarolo und Monte Porzio in seinem Besitz. Ob nun die Colonnesen jenes alte Haus der Grafen von Tusculum, welches mit der Zerstörung dieser Stadt durch die Römer (1191) verschwand, wirklich fortsetzten oder nicht, gleichviel, sie kamen von jenen Bergen und zogen sich dann weiter in die Campagna hinüber; ihre Güter reichten von Monte Fortino, das heißt vom Volskergebirge, bis zu dem Äquer- und Hernikergebirge, selbst bis in die Sabina; Palestrina wurde ihr Hauptsitz, und sie eigneten sich alles umliegende Land an.

Im 13. Jahrhundert begann ihre Macht und ihr größerer Einfluß in Rom, wo sie seit alten Zeiten einen Palast neben der Kirche Santi Apostoli, in der Region Via lata besaßen. Kardinäle dieses Hauses spielen in jenem Jahrhundert eine große Rolle, und die Geschichte der Hohenstaufen nennt die Colonnesen als eifrige Ghibellinen in Rom. Wer endlich kennt nicht den Anteil, den sie am Sturz Bonifacius' VIII. hatten? Im 14. Jahrhundert, in der Zeit des Exils der Päpste in Avignon, stritten sie um die Herrschaft der Stadt mit den mächtigen Orsini, seither ihren geschworenen Widersachern und Freunden der Päpste. Damals glänzte Stephan der Ältere als ihr Haupt. An ihn richtete Petrarca Sonette und Briefe.

In demselben Jahrhundert trennten sich die Linien von Palestrina und Pagliano.

Im 15. vergrößerte sich die Macht des Hauses durch die Gunst des Königs Ladislaus von Neapel; ferner durch Johanna II., und endlich durch den Umstand, daß Otto Colonna als Martin V. den päpstlichen Stuhl bestieg. Seit dieser Zeit erlangten die Colonnesen viele Lehen auch im Königreich Neapel, zumal das Herzogtum der Marsen (wovon ihr Titel «Marsorum Dux») und die Grafschaft Celano, zusammen 44 Städte und Kastelle.

Zur Zeit Sixtus' IV. waren sie im Krieg mit dem Heiligen Stuhl; Girolamo Riario, Neffe jenes Papstes, belagerte Pagliano, ohne es jedoch zu erobern, da der Papst plötzlich starb. Nicht minder führten

Römische Campagna

sie mit Alexander vi. Krieg, und es vergingen überhaupt wenige
Jahre, ohne daß die Campagna verheert wurde. Hier war es der Zweig
von Pagliano, welcher alle bedeutenden Männer in sich faßte. Ich
nenne nur Fabricius, den ersten Connetabel aus dieser Familie, und
seine zwei Kinder Ascanius (1522–1553), Gemahl der Giovanna di
Aragona, und Vittoria, Gemahlin des Marchese von Pescara, Fernando d'Avalos. Ascanius' Sohn war Marcantonio, berühmt als einer
der Sieger bei Lepanto. Welchen Anteil schon vorher Pompeo Colonna an dem Unglück Clemens' vii. und dem «Sacco di Roma» hatte,
ist allen bekannt, die von jenen Ereignissen irgend gelesen haben.

In der Mitte des 16. Jahrhunderts drohte den Colonna großes Unheil, da sie mit Paul iv. zerfallen, von diesem jähzornigen Papst
ihrer Besitzungen, wie zur Zeit Bonifacius' viii., beraubt wurden.
Pagliano erhob er hierauf zu einem Herzogtum und verlieh es seinem
Neffen Johann Caraffa. Marcantonio, das Haupt der Colonnesen, verteidigte sich, und in Gemeinschaft mit dem Herzog Alba zog er durch
die Campagna, seine Städte wiederzugewinnen. Dies ist der berühmte
Krieg Pauls iv. mit dem König von Spanien, welcher auch der Campagnakrieg genannt wird. Er wurde im Jahre 1557 durch den Frieden
von Cave (bei Genazzano) unter Vermittlung Albas und des Kardinals Carlo Caraffa beendigt. Aber erst nach dem Tode Pauls gewann Marcantonio seine Güter wieder; jene, die sie ihm entrissen
hatten, fanden ein schreckliches Ende: Johann, Herzog von Pagliano,
wurde in der Torre di Nona zu Rom enthauptet und der Kardinal
Caraffa in der Engelsburg erwürgt.

Marcantonio ist mit Recht der letzte große Colonna zu nennen. Er
wurde in Pagliano begraben im Jahre 1584. Seither änderten sich die
Zeiten; die Barone führten mit den Päpsten keine Kriege mehr; ihr
Besitztum schmälerte sich durch Verkauf, zu dem sie aus Verschuldung gezwungen wurden. Der Ruhm von Lepanto war kostbar. Don
Vincenzo sagte mir, daß Marcantonio aus dem Vermögen des Hauses eine Million für jenen Krieg hingegeben hatte, und daß sich die
Familie seither nicht mehr erholte. Schon 1622 verkaufte sie ihre uralten Besitzungen Colonna und Zagarolo; im Jahre 1630 sogar Palestrina, wo nun die Barberini Herren sind. Das Haus sank von seiner
Größe für immer herab, doch besteht es noch im Zweige von Pagliano
fort, dessen Haupt gegenwärtig ist Giovanni Andrea, Gemahl der
Isabella Alvarez von Toledo. Von Rom hat es sich indes nach Neapel
hinübergezogen, wo die Colonna in der Regel leben. Die größere Zahl
ihrer Feuda liegt auch dort: Philipp iii. Colonna († 1818) besaß im
Kirchenstaat 27, im Königreich Neapel 62, in Sizilien 8 Lehen, zusammen mit 149 403 Vasallen. Die Güter im Kirchenstaat sind folgende: Anticoli, Arnara, Castro, Cave, Ceccano, Collepardo, Falva-

terra, Genazzano, Giuliano, Marino, Morolo, Pagliano, Patrica, Piglio, Pofi, Ripi, Rocca di Papa, San Lorenzo, Santo Stefano, Sgurgola, Serrone, Sonnino, Supino, Trivigliano, Vallecorsa und Vico.

Die Feuda waren Majorate, und der größere Teil der Güter blieb fideikommissarisch, je nach den örtlichen Gesetzen. Aber die Französische Revolution änderte dies System. Im Königreich Neapel wurde die Lehngerichtsbarkeit im Jahre 1806, in Sizilien 1812 abgeschafft; im Kirchenstaat verzichtete der größere Teil der Barone darauf im Jahre 1816, nach dem Beispiel des Prinzen Colonna. In Neapel wurden die Fideikommisse teilweise abgeschafft im Jahre 1807 und gänzlich im Jahre 1809. Zur Zeit des Todes Philipps III. waren sie in Sizilien (wo sie am 2. August 1818 aufgehoben wurden) noch in Kraft, und ebenso im Kirchenstaat, wo sie es noch gegenwärtig sind. Deshalb wurde die Nachfolge nach den verschiedenen Gesetzen geregelt und das väterliche Erbe geteilt.

Philipp, der Abkomme Marcantonios in gerader Linie, hinterließ nur drei Töchter, Maria (vermählt mit Giulio Lante della Rovere), Margareta (vermählt mit Giulio Cesare Rospigliosi) und Vittoria (vermählt mit Francesco Barberini); den Stamm pflanzte sein Bruder Fabricius fort.

Dies ist, was ich von einem so berühmten Geschlecht habe berichten wollen, ehe ich den Leser in den Palast Paglianos führe. Aber dieses Schloß, einst durch Pracht und Glanz belebt, ist heute, wie hundert andere Italiens, nur ein ödes, stilles Haus, durch welches ein mürrischer Kastellan den Besucher führt, leere Wände zeigend und bedauernd, daß die alte schöne Waffensammlung der Familie, Trophäen von vielen Schlachten, nicht mehr vorhanden, und daß die kostbaren Gemälde verkauft oder anderswohin fortgebracht seien.

Mit Vergnügen durchwandern wir alte Adelsschlösser, wo jetzt die Stammbäume als dürre Pflanzen an der Wand hängen, und die Tapeten zerfasern wie die Diplome, welche der Vasall endlich zerrissen hat. Wie gespensterhafte Schatten erscheinen noch einige geschwärzte Ahnenbilder in vergoldeten Rahmen, Porträts von Kriegern oder Kardinälen, und von schönen Frauen, deren Stuartkragen ihr Zeitalter kenntlich macht. Freilich fand ich ihrer wenige, kaum dreißig Bildnisse, von denen mir der Kastellan nichts zu sagen wußte. In seinem Kopf sah es noch wüster und leerer aus als im Palast seiner Herren, und alle Erinnerungen der Vergangenheit waren im Bewußtsein dieses modernen Menschen ausgelöscht. Was hätte ich nicht gegeben, vermochte er mir jene schöne bleiche Frau mit dunkelschwarzen Augen zu bezeichnen, gehüllt in eine rote Sammetrobe! Doch war's am Ende nur ein Name, ob Felice Orsini, oder Lucrezia Tomacelli, oder Diana Paleotti, gleichviel. Oder war es jene unglückselige Herzogin von Pagliano selbst, deren tragisches Ende einen der seltsamsten Romane jener Zeit bildet? Sie fand ihren Tod nicht in diesem Palast, sondern in einem andern Schloß ihres Gemahls.

In der kleinen Galerie fehlt nicht das Porträt eines Astrologen, den wir uns einmal gewöhnt haben als spiritus familiaris in jedem großen Adelsschloß der Vergangenheit zu denken, mit langem weißem Bart und in weitem Sammettalar. Solche Tracht stimmt gut zu der gediegenen und schwerfälligen Einrichtung mittelaltriger Paläste, worin heute unser französischer Frack neben Glacéhandschuhen so überaus lächerlich erscheint. Der Sterndeuter, dessen Bildnis ich betrachtete, war «Nicolaus Colinus de Paliano, Astrologus Insignis», wie die Inschrift sagt.

In andern Zimmern findet man die Wände mit Ansichten von Städten und deren Plänen geschmückt, wie von Madrid, Paris, Venedig, Florenz und Genua.

Die Säle sind von mittelmäßigem Raum und ländliche Zimmer im Vergleich zu dem fürstlichen Prachtsaal, welchen man im Palast Colonna zu Rom bewundert.

In unmittelbarer Nähe steht S. Andreas, die Familien- und Gruftkirche der Colonna, ein zierliches Gebäude von mäßigen Verhältnissen. Sie enthält die Gräber des Zweiges von Pagliano. Es war Filippo I. (1578–1639), welcher die Asche vieler seiner Ahnen, die vorher an andern Orten beigesetzt gewesen, nach Pagliano schaffen ließ, wo er diese Familiengruft erbaut hatte. Als ich in dieselbe hinabstieg, erstaunte ich nicht wenig, sie gänzlich leer zu finden. Die Wände dieser großen runden Grabkammer sind weiß übertüncht; kein Sarkophag, noch irgendein Monument von Marmor zeigt sich hier, sondern rings um die Mauern laufen Inschriften, deren gleichförmige Charaktere dem 17. Jahrhundert angehören. Man findet hier die Epigramme auf Marcantonio und seine Gemahlin Felice Orsini, auf Ascanius und Johanna von Aragona, seine Eltern, auf Fabricius und Agnese von Montefeltro, seine Großeltern. Ob die schönste Frau Italiens, Giulia Gonzaga, des Vespasiano Colonna Gemahlin, in Pagliano begraben liegt, weiß ich nicht anzugeben; ebensowenig weiß ich dies von der berühmten Vittoria. In ihrem Testament bestimmte sie, daß man sie in dem Kloster begraben solle, wo sie sterben werde. Sie setzte zugleich ein Legat für die Nonnen von S. Anna de' Falegnami aus, welche sie in ihrer Krankheit gepflegt hatten, und der Testamentsakt selbst wurde am Lager der Sterbenden den 15. Februar 1547 vollzogen, im alten Palast der Cesarini nahe bei der Argentina. Es ist daher sehr wahrscheinlich, daß sie in jenem benachbarten Kloster S. Anna bestattet wurde.

Von Pagliano führt keine Fahrstraße nach dem nur sechs Millien entfernten Anagni, denn jene Stadt hat nur das einzige Tor im Gebrauch, welches gegen Genazzano liegt; wer nach der entgegengesetzten Seite will, muß längs den Mauern hingehen. Nur ein labyrinthischer Feldweg, für Reiter zugänglich, aber oft steil und rauh, weil der vom Regen ausgewaschene Kalkfels nackt zutage liegt, führt durch die öde Wildnis nach Anagni.

Ich machte diese Straße zu Pferd in Begleitung eines Campagnolen, den ich als Führer mitgenommen hatte, an einem köstlichen Septembertage, welchen ich zu den genußreichsten meiner vielen Wanderfahrten durch die «Saturnia tellus» zählen werde, so schön war jene Wildnis und so unvergleichlich der Anblick dieser majestätischen Gebirge. Der Hügel von Pagliano läuft weit gegen den Fluß vor, indem er nach allen Seiten ziemlich schroff niederstürzt. Weinberge umkränzen ihn vom Gipfel bis zum Fuß; auf seinem Kamm, über welchen wir fortritten, wächst dichtes Gebüsch von Mastix, von Erdbeerbäumen und Myrten, worüber ich mich verwunderte, weil doch die Myrte die Küste und die Meeresluft zu lieben pflegt. Auf dem Hügel wohnen Kolonisten, in Strohhütten von konischer Gestalt, wie man sie auf der Campagna von Rom überall findet.

Zwischen diesen Kolonien reitet man zu einem einsamen Kloster fort, welches im grünen Wald von Eichen, Kastanien und Ulmen liegt. Es heißt S. Maria di Pagliano.

Von dort muß man den Wald durchziehen, der den Hügel umgibt und nur von engen Pfaden durchschnitten wird. Er senkt sich in die Tiefe, so daß es schwer ist, auf dieser Jähe fortzureiten. Unten liegt eine romantische Wildnis, ein ödes Gefilde, welches sich zwischen dem Hügel von Pagliano und jenem von Anagni ausbreitet. Nur hie und da steht eine einsame aus braunem Gestein erbaute Meierei oder eine Mühle an einem schäumenden Wildwasser, über das wir hinwegsetzen müssen. Die Landschaft beleben Herden von Rindern und Schafen. Man sieht hier den Pifferaro des weihnächtlichen Rom in seinem Naturzustande und hört hier die fremdartigen Klänge der «cornamusa» oder des Dudelsacks, die der Hirt ertönen läßt, wenn er hinter der Herde hergeht, welche ruhelos wie auf der Flucht das Gras zu weiden scheint.

Gegen Ende September steigen von allen jenen Bergen, die wir um uns her sehen, Schafherden in die Ebenen nieder; sie wandern bis vor die Mauern Roms, dort zu überwintern. Bei meiner Heimkehr stieß ich auf einen solchen nach Rom ziehenden Trupp von Schafen; es war ihrer eine so große Schar, daß sie den Weg buchstäblich erfüllte, von zottigen Hunden, von Schäfern zu Fuß und zu Pferd geordnet und bewacht. Ich schätzte sie auf 3000, aber ein Hirt sagte mir, es seien ihrer nahe an 5000 Stück, die von der Serra nach Rom zögen. Das Geschrei der Mutterschafe und das Blöken der Lämmer erfüllte die Luft mit jenen sanften Klagetönen, von denen die Campagna vor den Toren Roms im Oktober und November widerschallt, so daß sie dann noch mehr einer großen klassischen Idylle gleicht.

Nun nähern wir uns Anagni, und wir sind schon am Fuße des Hügels, auf welchem diese uralte Metropolis der Herniker erbaut ist.

Ein hohes stattliches Tor steht vor uns und zeigt auf seinem Gesims das Wappen der Stadt, einen Löwen, in dessen Rücken ein Adler seine Krallen schlägt.

Anagni überraschte mich; an jene finstern Straßen und verwohnten Häuser der Campagnastädte gewöhnt, ritt ich hier an Reihen von ansehnlichen Gebäuden und Palästen hin, welche den Luxusstil Roms aus dem 17. Jahrhundert zur Schau tragen und der Stadt das Gepräge einer gewissen Wohlhabenheit geben. Dieses moderne Aussehen setzte mich in Verwunderung, und ich konnte mir dasselbe nicht erklären, bis ich mir eine Geschichte Anagnis geben ließ.

Ich kam auf den Platz der Stadt, ein schmales Viereck, dessen eine Langseite wohnliche Häuser, dessen beide Kurzseiten Paläste schließen, während die vierte von einer steinernen Wehr eingefaßt wird. Er liegt am Rande des Hügels, und auf ihm lustwandelnd blickt man in die Saccoebene, durch welche sich die Via Latina von Valmontone her in großen Windungen weiterzieht. Sie berührt Anagni nicht, sondern geht unter seinem Hügel fort, Ferentino und Frosinone vorüber nach dem Liris, den sie gleich hinter Ceprano erreicht. Von diesem Platz aus ist der Blick so schön, daß er auch denjenigen hinreißt, welcher ganz Italien von den Alpen bis an das Afrikanische und Ionische Meer gesehen hat. Geradeüber stehen die Volskergebirge, deren sonnige Felsen sich so deutlich darstellen, daß man die Fenster in den Orten dort oben sehen kann. Allenthalben ziehen volskische Städte den Blick auf sich, weil sie das Gebirge entlang aufgereiht sind: Monte Fortino, das berühmte Segni, Gavignano, Rocca Gorga, Sgurgola; dann Morolo, Supino, Patrica, hinter welchem der hohe, als Pyramide aufragende Monte Cacume blau und schön sich darstellt. Dahinter Berggipfel neben Berggipfel; wieder andere Städte; hier Ferentino hinter einem Hügel, dort Frosinone, dessen Burg noch sichtbar ist, und Arnara, Pofi, Ceccano, viele andere Orte, die der Blick entdeckt. Gegen die römische Seite dehnt sich eine große Ebene aus, begrenzt von den Höhen Palestrinas, welches selbst in so weiter Ferne sichtbar wird. Auch die Lateinerberge erscheinen; und so umspannt hier das Auge ohne Anstrengung einen großen Teil Latiums.

Ganz anders gestaltet sich die Landschaft, kommt man auf jene Seite, welche dem Platz abgewendet ist. Und hier wird uns die Lage

Anagnis erst deutlich. Der Hügel, auf dessen äußerstem Rand es erbaut ist, zeigt sich im Zusammenhang mit der Serra, oder er springt aus ihr in einer sichelförmigen Krümmung hervor. Das braune Gestein ist nackt und schroff, daher man in eine öde Bergwildnis hinabsieht, in welcher nahe bei Anagni Monte Acuto steht, ein schwarzes Kastell, von der Höhe gleichen Namens so benannt.

Überblickt man diese Lage, so wird man sich nicht wundern, daß Anagni ein beliebter Zufluchtsort oder der Sommersitz mancher Päpste des Mittelalters wurde, als Landstadt über der offenen Campagna, auf einem Höhenzug gelegen, welcher durch seine Luft gesund und durch seine Felsen und Mauern geschützt ist.

Es ist auch nur das Mittelalter, dem die Stadt ihren geschichtlichen Namen verdankt. Denn obwohl Haupt der Herniker, eines kräftigen Volksstamms in Latium, war sie doch bedeutungslos zur Zeit der Römer, und nachdem sie von diesen erobert worden war, blieb sie eine unterjochte Landstadt. Noch heute erinnern an das römische Altertum einige Trümmer, aber ihrer sind wenige. Man sieht Überreste antiker Mauern und auf der nördlichen Seite der Stadt eine Reihe kolossaler Bogen, welche den schroffen Hügel stützen. Dieses bedeutendste Denkmal römischer Zeit bietet einen mächtigen Anblick dar. Von den Resten einer Burg ist nichts zu entdecken; wahrscheinlich lag sie auf dem Punkt der Stadt, wo sich heute der Dom erhebt. Auch zyklopische Mauern, wie sie noch Ferentino und Segni haben, finden sich nicht vor.

Erst mit dem Ende des 13. Jahrhunderts wurde Anagni eine wichtige Stadt, als es das seltene Glück hatte, in einem Jahrhundert vier seiner Mitbürger auf den päpstlichen Thron zu erheben. Der erste war Innocenz III. Conti (1198–1216), dann folgte Gregor IX. Conti (1227–1241), Alexander IV. Conti (1254–1261) und endlich Bonifacius VIII. Gaetani (1294–1303). Aber schon früher war die Stadt von Päpsten bevorzugt, weil in der Zeit, als die Römer eine republikanische Regierung einsetzten, mehrere Päpste sich in die Mauern Anagnis zurückzogen. Dort starb Hadrian IV. Breakspeare im Jahre 1159, der einzige Engländer, welcher die Papstkrone getragen hat, flüchtig vor dem römischen Senat, dessen Forderungen, die Republik zu bestätigen, er sich entzogen hatte; dorthin floh Alexander III., sein berühmter Nachfolger, nicht minder dessen Nachfolger Lucius III. (1181–1185).

Der Vorzug, vier Päpste aus seinem Schoß hervorgehen zu sehen, mußte der Stadt vielfach zum Gewinn gereichen. Sie schmückte sich mit Gebäuden und Palästen; der Charakter ihrer Architektur war der gotisch-romanische, den man in vielen Orten Italiens bis ins 15. Jahrhundert hinein anwandte. Selbst in Genazzano fanden wir dergleichen alte gotische Gebäude. Ihrer aber sind in Anagni wenige außer dem Dom, und die merkwürdigsten das Stadthaus und die Casa Gigli.

Der Palast der Commune hat eine mächtige Arkade, über welcher ein einfaches Schloß ruht. Durch sie geht die Straße fort, als wie durch ein Tor. An der Fassade befinden sich in Stein gehauene Wappen des Mittelalters, worunter das Brustbild eines Capitano der Stadt vom Hause Rovere, also dem 15. Jahrhundert angehörend. Merkwürdig ist die Hinterseite durch die Verzierung des Gesimses und der Fenster mit kleinen Säulen im moresken Geschmack, wie man ihn ähnlich in Ravello oberhalb Amalfi wiederfindet.

So hat sich das Stadthaus aus dem allgemeinen Untergange des Mittelalters gerettet und dient nun neben der Casa Gigli als Monument der Vergangenheit. Dies Haus Gigli, ein kleines Gebäude, wohl aus dem 14. Jahrhundert, erinnerte mich an Häuser in Palermo. Es ist ein Viereck mit plattem Dach und einer Vorhalle. Diese besteht aus zwei Rundbogen; wo sie zusammenlaufen, ruhen sie auf einer einzelnen Säule. An ihr geht eine Freitreppe von Stein zu der gewölbten Türe empor, welche in der Tiefe der Vorhalle angebracht ist. Schön wiederholt sich die Architektur dieser Halle in dem einzigen Fenster, welches gleichfalls den Rundbogenstil und die einzelne tragende Säule zeigt. Über den Bogen gliedert sich das Gesims in kleinen Ausschnitten einfach und harmonisch ab; indem nun darüber auf dem platten Dach Vasen voll blühender Blumen stehen, erhält dies Haus einen reizenden und südlich fremden Charakter.

Als ich diese Casa erblickt hatte, setzte ich mich auf einen Stein und zeichnete ihr Bild in meinem Wanderbuch ab. Sofort umringte mich eine Schar von Bürgern; indem sie mein Vorhaben billigten, erkannte ich, daß sie einen patriotischen Stolz in dies Denkmal der besseren Zeit setzten. Sie klagten bitter über jene vier Päpste, ihre Landsleute, weil sie im ganzen so wenig für ihre Vaterstadt getan und sie nicht einmal mit einer Wasserleitung versorgt hatten. Dies ist freilich ein Unglück, denn die Anagninen trinken Zisternenwasser, welches mir faul und ungenießbar erschien; indes ist ein Aquädukt nur mit großen Kosten herzustellen, da er von Monte Acuto über einen tiefen Taleinschnitt müßte hergeleitet werden. «Wohl», sagten jene Bürger, «die Wasserleitung würde große Summen gekostet haben, aber bedenkt, es waren ihrer vier Päpste, und qualche cosa per uomo hätten sie hergeben und so endlich das Werk ausführen können.»

Der Dom Anagnis liegt auf der höchsten Erhebung des Hügels am Tor von Ferentino, auf einer ziemlich verbauten Stelle, so daß seine Fassade und sein freistehender Glockenturm keine Wirkung hervorbringen. Er ist einer der ältesten in Latium, älter überhaupt als die meisten

Dome im Kirchenstaat, da er der Zeit vor dem ersten Kreuzzuge angehört. Denn ihn erbaute Pietro, Bischof der Stadt, aus dem Geschlecht
der langobardischen Fürsten von Salerno, im Jahre 1074; er selbst
nahm am ersten Kreuzzuge als Gefährte Boemunds von Tarent teil.
Heute liest man an der Haupttüre des Doms auf einem Stein in der
Wand:

> Quisquis ad hoc templum tendis venerabile gressum
> Mox Conditorem cunctorum nosce bonorum
> Condidit hoc Petrus magno conamine Praesul
> Quem genuit tellus nobis dedit alta Salernus
> Sic miserere sibi superi patris unice fili.

Die Schriftzüge dieser Verse sind modern und wohl aus dem 16. Jahrhundert, aber Geist und Ausdrucksweise der Inschrift gehören der
Zeit des Gründers des Doms an.

Mehrmals von den Bischöfen der Stadt und den Päpsten erneuert,
hat die Kathedrale doch ihre ursprüngliche gotisch-romanische Gestalt
behalten. Die Fassade ist von roher Architektur; sie gipfelt sich zu
einem stumpfwinkligen Giebel auf, dessen Dreieck ein einfaches Gesims abschneidet. Ein gewölbtes schmuckloses Fenster ist darin angebracht, darunter ein großes viereckiges, offenbar aus späterer Zeit.
Die Pforte – es gibt nur eine – hat ein geschmackloses Gesims, welches
aus verschiedenen Balken von Stein zusammengeflickt ist; Löwen-
und Ochsenköpfe roher mittelaltriger Arbeit zieren diese. Ohne er-
kennbaren Zweck stehen unsymmetrisch, weil nur an der einen Seite
der Türe, zwei aufgemauerte und an die Wand gestellte Pilaster mit
zusammengesetzten Kapitellen. Über der Türe spannt sich ein Rundbogen von Stein, mit einfachen Arabesken geschmückt. Das Mauerwerk besteht durchwegs aus dem schwarzen Kalktuff des dortigen
Gebirgs. Man sieht, daß die Fassade im Grunde die alte Anlage bewahrt, aber daß sie eine spätere Restauration nur zur Not und in
Eile bekommen hat.

Schön und geräumig ist der Dom im Innern, nicht in der Form der
Basiliken, sondern in jenem gemischten gotischen Stil gebaut, welcher
sich in Rom vereinzelt in Santa Maria sopra Minerva findet. Er hat
drei große Schiffe und einen erhöhten, im Kreuz gewölbten Chor. Der
Fußboden ist musivisch ausgelegt, eine Arbeit der bekannten römischen Cosmaten vom Jahre 1226, und auf Kosten des Bischofs Alberto
und des Kanonikus Rainaldo Conti ausgeführt, der als Alexander iv.
1254 den päpstlichen Thron bestieg.

Unter dem Chor steigt man zur Krypta hinab, welche besonders
merkwürdig ist und einmal eine genaue Darstellung verdiente. Sie
ist ein auf Säulen ruhendes Gewölbe von mäßiger Höhe; die Decke

sowohl wie den Boden schmückt bunte Mosaik, während die Wände nicht minder bunt und in gedrängter Fülle mit alten, leider sehr beschädigten, oft schon ganz unkenntlichen Fresken überladen sind. Es lassen sich unter ihnen verschiedene Epochen erkennen, denn manche dieser biblischen Darstellungen sind von sehr rohem byzantinischem Stil, andere freier behandelt; es gibt darunter Köpfe von schöner und graziöser Malerei, namentlich auf einem Bilde, welches die Verehrung des Kreuzes darstellt. Ihre Zeit scheint die des Cimabue zu sein.

In dieser Unterkirche befindet sich das Grab des Sankt Magnus, des Heiligen des Doms, und eine alte Inschrift sagt, daß im Jahre 1231 daselbst Meister Cosma an der Translokation des Märtyrergrabes beschäftigt war. So war also die alte Künstlerfamilie, welche Rom mit manchen architektonischen Ornamenten schmückte, auch draußen in den Landstädten tätig.

Auch die Chorkapelle, im hinteren Schiff, bewahrt eins ihrer Monumente, ein altgotisches Tabernakel über einem Sarkophag von Marmor, dessen Form mich bei dem ersten Anblick an das Grabmal des Bischofs Consalvus erinnerte, welches Johann, der Sohn des Cosma, im Jahre 1298 in S. Maria Maggiore zu Rom aufgestellt hat. Unzweifelhaft ist auch dies Tabernakel von ihm, und nur vier Jahre früher gearbeitet, da die Inschrift sagt:

In isto tumulo requiescunt ossa D. Petri Episcopi
Qui nutrivit D. Bonifacium Pap. VIII Item subtus
Ossa D. Goffredi Cajetani Comitis Casertani.
Item ossa D. Jacobi Cajetani hic recondita Kal. Augusti Anno D. 1294.

Auf dem sehr einfachen Sarkophag, welcher diese Mitglieder der Familie Gaetani umschließt, befindet sich das Wappen des Geschlechts, doch ohne die Adler, da das Schild der Gaetani in der Regel auf zwei Feldern die beiden doppelten sich schlängelnden Bänder oder Streifen und auf den anderen die Adler führt.

In derselben Chorkapelle zieht noch ein andres Altertum unsere Aufmerksamkeit auf sich; es ist ein sehr gutes Madonnenbild, worunter zu lesen ist:

Hoc opus fieri fecit Don. Raynald. Presbyter et
Clericus istius ecclesiae anno Dni. M. CCCXXII.
mense Madii.

Also war es ein Geschenk desselben nachmaligen Alexanders IV. Conti.

Wenig Denkmäler von jenen anagninischen Päpsten sind sonst im Dom übriggeblieben. Dazu gehören vor allen die Gewänder Innocenz' III. und Bonifacius' VIII., welche in einem Schranke der Sakristei gezeigt werden. Das Meßgewand des berühmten Innocenz ist aus blauem Stoff, reich und schwer in Gold rikamiert und mit eingewirkten Bildern neutestamentlicher Gegenstände von so auffallender Schönheit bedeckt, daß sie eher nach Gemälden Giottos oder des späteren Fiesole gemacht zu sein als einer so frühen Zeit anzugehören scheinen. Weit roher ist der schwerfällige Mantel Bonifacius' VIII., der nur Stickereien von Adlern und Löwen enthält.

Der Sakristan zeigte mir neben diesen Schätzen auch mehrere alte Bischofsmitren und Krummstäbe, deren außer Gebrauch gekommene Form den Antiquar beschäftigen mag.

Vergebens suchte ich nach Bildsäulen jener Päpste; es gibt deren keine, nur an der Außenseite des Doms sitzt in einer Nische oder in einem Tabernakel unter dem Dachgesimse die marmorne Figur eines Papstes auf dem Thron. Man sagte mir, daß diese unförmliche Bildsäule von götzenhaftem Ausdruck Bonifacius VIII. vorstelle.

In späterer Zeit stellte man die Brustbilder aller vier Päpste im Chor des Doms auf, große Medaillonbildnisse auf Leinwand, die nun über den beiden Galerien des Chors frei in der Luft stehen; ein bizarrer Einfall, der erst dem 17. oder dem 18. Jahrhundert angehören kann.

Ehe wir den Dom verlassen, um zu dem Palast Bonifacius' VIII. zu gehen, erinnern wir uns an manche Szene, welche von hier aus folgenschwer in die Geschichte Deutschlands eingegriffen hat. Denn die Kathedrale Anagnis steht zu dem Hohenstaufengeschlecht in bedeutender Beziehung. Dort vor jenem Altar verfluchte einst Alexander III. am Gründonnerstage des Jahres 1160 den großen Kaiser Barbarossa; dort las Innocenz III. die Bulle, welche Friedrich II. exkommunizierte, und auf derselben Stelle bannte endlich Alexander IV. den jungen Helden Manfred. Wilde und barbarische Szenen des Mittelalters; sie sind nun lange vorüber, wie die Herrlichkeit unseres großen Reichs und wie die Gewalt des Papsttums selbst.

Der letzte der Päpste aus Anagni war Bonifacius VIII. vom Haus der Gaetani. Wer kennt nicht seine Gefangennahme in seinem Palast, endlich seine Befreiung und sein unmittelbar darauf folgendes tragisches Ende?

Im Jahre 1294 hatte ein seltsamer Zufall den Einsiedler Pietro aus seiner Wildnis vom Berge Majella auf den päpstlichen Thron erhoben. Der unfähige Eremit hatte seinen Sitz in Neapel genommen, wo er ein willenloses Werkzeug in den Händen des Königs Karl war; nach der päpstlichen Krone aber strebte der herrschsüchtige Kardinal Benedict Gaetani von Anagni. Pietro oder Cölestin V. beschloß, die Tiara niederzulegen. Er tat dies fünf Monate nach seiner Erwählung und floh dann in seine Wildnis zurück. Aber kaum war Gaetani als Bonifacius VIII. auf den Stuhl Petri gestiegen, als er den Flüchtling aufgreifen und nach Anagni in seinen Palast bringen ließ. Von dort schaffte er ihn nach der nahe gelegenen Burg Fumone, wo der unglückliche Eremit sein Leben endete.

Bonifacius hatte es nicht vergessen, daß die beiden Kardinäle aus dem Hause Colonna, Jacopo und Pietro, seiner Erwählung widerstanden hatten, und er sann darauf, diese mächtige Familie zu demütigen. Im Jahre 1297 brach die offene Feindschaft zwischen ihm und jenen aus, unter Umständen, welche ich hier übergehe. Im Mai 1297 exkommunizierte er die beiden Colonna zum erstenmal, wiederholte die Bulle bald darauf und konfiszierte ihre Güter, Städte und Kastelle. Es folgte ein förmlicher Kreuzzug des Papstes gegen diese Familie. Die Colonna entwichen vor seinem Grimm; die abgesetzten Kardinäle gingen nach Rieti, Sciarra Colonna aber, das damalige Haupt des Hauses, nach Frankreich, wo ihn Philipp der Schöne mit Freuden aufnahm. Denn dieser befand sich mit Bonifacius VIII. im Krieg, da er von ihm exkommuniziert und des Throns für verlustig erklärt worden war. Mit Sciarra ward ein Anschlag geschmiedet, Bonifacius in Anagni, wo er im Sommer des Jahres 1303 wohnte, zu überfallen und gefangenzunehmen. Zu diesem Zweck verband sich jener mit Wilhelm Nogaret, dem Vertrauten des Königs; sie sammelten 300 Reiter und mehr Fußvolk, und nachdem Nogaret in Ferentino mit einem Trupp sich aufgestellt hatte, um schnell bei der Hand zu sein, brach Sciarra nachts am 7. September von dem nahen Sgurgola auf. Die mitverschworenen Ghibellinen in Anagni öffneten ihm die Tore; er stürmte den Palast Gaetani und drang in das Gemach des Papsts. Bonifacius setzte den Mißhandlungen, die er erlitt, eine heroische Würde entgegen. Drei Tage blieb er Gefangener, von Sciarra und Nogaret mit dem Tode bedroht, die ihn aufforderten, vom päpstlichen Thron herabzusteigen, wie er einst den unglücklichen Cölestin davon herabzusteigen gezwungen hatte. Zugleich räumten die Söldner den Palast aus und raubten, was sich an Besitz dort vorfand. Indes rief der Kardinal Luca Fiesco die Bürger Anagnis auf, den Papst, ihren Mitbürger, aus den Händen des wütenden Haufens zu befreien. Man griff zu den Waffen und verjagte die Eingedrungenen. Dann führte man den Befreiten nach Rom, wo er schon am 11. Oktober in Raserei starb.

Seine eigenen Landsleute, Kardinäle, Mitglieder der Kurie, hatten Bonifacius verraten. Als bald nachher Benedikt XI., sein Nachfolger, die Bulle gegen dessen Verfolger erließ, rief er darin aus: «Das eigene Vaterland schützte ihn nicht, sein Palast bot ihm kein Asyl dar; das höchste Priestertum ward geschändet; die Kirche mit ihrem Bräutigam in Ketten gelegt. Welch ein Ort kann ferner noch Sicherheit bieten? Was kann noch fürder ein heiliges Asyl sein, wenn der römische Papst selbst verletzt ward? O gottloses Verbrechen, o unerhörter Frevel! Wehe über dich, Anagni, die du solches in deinen Mauern geschehen ließest! Nicht Tau noch Regen falle auf dich, auf andere Berge mögen sie fallen und dir vorübergehen, weil, da du es sahest und hindern konntest, der Tapfere gefallen und der mit Stärke Gegürtete überwältigt worden ist.»

Der Fluch Benedikts XI. ruht heute nicht mehr auf diesem Anagni; aber noch im Jahre 1616 gestanden die abergläubigen Einwohner, daß sie unter dessen Wirkungen zu leiden glaubten. Als damals der bekannte Reisende Leandro von Bologna die Stadt besuchte, fand er sie als Schutthaufen und auch den Palast Gaetani in Ruinen, die schrecklichen Campagnakriege unter Alba hatten sie verheert, und die verarmten Anagninen klagten dem Bolognesen, daß seit jenem an dem hochsinnigen Bonifacius verübten Verrat ihre Stadt fortdauernd von Unglück heimgesucht worden sei.

Ich fragte in Anagni nach dem Schauplatze jener berühmten Szene, wo mit Bonifacius VIII. das weltgebietende Papsttum, wie es Gregor VII. geschaffen hatte, für immer untergegangen war. Aber der Palast Gaetani ist längst zerstört, und das Haus, welches die Anagninen heute so benennen, ist ein modernes Gebäude, das der Marchese Traetti besitzt. Es nimmt freilich die Stelle des Familienpalasts ein, nicht weit vom Dom auf dem Rande des Hügels. Man sagte mir, daß der alte Palast mit der Kathedrale selbst im Zusammenhang gestanden habe. Im Hof sieht man noch Mauern davon, und auf der Hinterseite des heutigen Gebäudes den ansehnlichen Rest einer großen Loge, von der noch drei mächtige Rundbogen stehengeblieben sind, welche den Hügel stützen. Ihnen zu Füßen liegt in der Vertiefung ein großes Gemäuer, das man als den Pferdestall Bonifacius' VIII. bezeichnet.

Ich fand auch hier, daß die Gegenwart meist mächtigere Ansprüche an die Betrachtung erhebt als die Vergangenheit. Denn ich verlor diese bald über dem Anblick der großen Landschaft aus den Augen. Man blickt hier in eine steinige Wildnis von ernsten Formen, aus der sich einsam ein dorischer Tempel erhebt, ein modernes Gebäude, der Campo Santo Anagnis. Weiterhin zeigt sich Monte Acuto. Geht man endlich wenige Schritte am Hügel fort, so enthüllt sich aus der Gebirgsferne von höchstens sechs Millien ein grauer Fels, auf dem eine schwärzliche Stadt in traurigster Verlassenheit steht. «Das ist Fumone!» sagte mir ein Weib, welches vorüberkam, und sie setzte mit Geringschätzung hinzu: «Quando Fumone fuma, la Campagna trema» (wenn Fumone raucht, zittert die Campagna). Ich verstand dies Sprichwort nicht und fragte um dessen Sinn; aber die Frau sagte nicht mehr als dies: «Seht, seht, es ist ja so elend, und die Menschen hungern Tag und Nacht.» – Das also ist Fumone, wo Cölestin v. gefangensaß, der einzige Papst, welcher abdankte und dessen Geschichte so romantisch ist wie das Mittelalter selbst.

Hier muß ich eines lächerlichen Vorfalls erwähnen. Ich hatte ein Fernglas mit heller Metalleinfassung herausgezogen, um Fumone zu betrachten; zufällig richtete ich es auf einen Buben, der in geringer Entfernung am Wege stand. Der Junge erhob ein Zetergeschrei, und indem er die Luft mit ihm erfüllte, lief er voll Entsetzen fort. Es kamen auf dies Geschrei Frauen, Männer, Kinder herab, fragend, was vorgefallen sei. Mit Vergnügen gedachte ich jener Szene in Genazzano, wo ich mit einem Buch als Zauberer Schrecken verbreitet hatte.

Wir haben das Merkwürdigste in Anagni gesehen und können diese Stadt verlassen. Mit Bonifacius endet das Interesse für dieselbe, wenn auch nicht ihre Geschichte. Denn noch zweimal wird Anagni namhaft; im Jahre 1378, als nach der Wahl Urbans vi. die französischen Kardinäle, die Gegner der römischen Partei, dorthin flohen, einen Gegenpapst aufzustellen, womit das große Schisma begann; und endlich im Jahre 1556, als während des Campagnakriegs der Herzog Alba die Stadt zerstörte. Sie ging fast ganz in Trümmer, und so erklärt sich ihr modernes Aussehen. Heute ist sie eine einsame und tote Landstadt von etwa 6000 Einwohnern, stolz auf ihre Erinnerungen, ihre Päpste und Adelsfamilien. Noch zählt man deren zwölf, die sogenannten zwölf Sterne Anagnis, und noch dauern Gaetani wie Conti fort, ihre ältesten Geschlechter. Ihnen gesellten sich neuere hinzu, von denen das liebenswürdige Haus Ambrogi rühmend zu nennen mir ein Vergnügen ist.

SUBIACO

das älteste Benediktinerkloster
des Abendlandes

1858

Vierundvierzig Millien von Rom entfernt liegt in einem der schönsten Bergtäler der Campagna, welches der «immerkalte» Anio durchfließt, die berühmte Benediktinerabtei Subiaco. Die Apenninen entsenden hier eine Bergkette, die Simbrivinischen Höhen, und scheiden den Kirchenstaat von dem Königreich Neapel, dessen angrenzende Provinz das alte Land der Marsen ist, heute Marsica, ein zu den Abruzzen gehöriger Distrikt. Der Anio entspringt an ihrer Grenze oberhalb des Orts Filettino, und mit großer Gewalt herabstürzend bildet er ein langes und zum Teil schmales Tal, welches von Oliven- und Kastanienwäldern anmutig beschattete Berge bis nach Tivoli hin einschließen. Auf den Gipfeln dieser Hügel erheben sich längs dem Lauf des schönen Bergstroms braune Kastelle des römischen Mittelalters: Filettino, Trevi, Jenna, Subiaco, Agosta, Cerbara, Marano, Anticoli, Roviano, Cantalupo, Saracinesca, Vicovaro, S. Polo, Castell' Madama und Tivoli. Dies ist auch zum größten Teil das Gebiet jener alten Benediktinerabtei, ein merkwürdiger Schauplatz des noch wenig bekannten Mittelalters des römischen Latiums, und vor allen Dingen die Wiege des Mönchtums im Abendland.

Aus dieser wilden Einsiedelei unfruchtbarer Berge sind die Klöster und Mönche hervorgegangen, welche sich als Kolonien der Hierarchie Roms über Italien und Sizilien, über Deutschland, Frankreich und das ferne Britannien verbreiteten. Sie halfen diese Länder an Rom ketten, und mitten in die Barbarei finsterer Jahrhunderte warfen sie (ihr bleibendes Verdienst!) einige Keime der Zivilisation, erhielten die klassische Wissenschaft der Alten, kopierend, sammelnd und forschend hinter der Nachtlampe dumpfer Zellen, wenigstens am Leben, und bewahrten endlich als Aufschreiber ihrer verworrenen Zeitereignisse in Chroniken und Dokumenten uns unschätzbare Kunden des Mittelalters. Es ist wahr, Menschen, welche von dem Treiben der Welt grundsätzlich entfernt lebten, wurden die Väter der Geschichtschreibung – eine seltsame Tatsache, die indes aufhört, es zu sein, wenn man bedenkt, daß die Klöster in jenen Jahrhunderten mit dem politischen Leben in fortdauernder Beziehung standen.

Ich will in diesen Blättern die Geschichte einer der merkwürdigsten Abteien in ihren Hauptzügen geben. In wissenschaftlicher und histo-

rischer Hinsicht wird Subiaco freilich von Monte Cassino weit überragt. Dies Kloster aber ist die älteste Tochter von jenem im nahen
Grenzland des Liris, das ganze Mittelalter hindurch ein einsamer
Leuchtturm der Wissenschaft, und noch heute durch die Schätze seiner
Archive wie durch Fleiß und Gelehrsamkeit seiner Mönche ausgezeichnet. Doch ist die Geschichte Subiacos für die Kenntnis der mittelalterlichen Zustände im römischen Land wichtig und zugleich als
Bild des geistlichen Feudalismus lehrreich. Indem sich um dies Kloster
nach und nach ein kleiner ihm völlig untertäniger Lehnstaat bildete,
tritt es als mächtiges Fürstentum in der römischen Campagna auf,
dessen König der Abt und dessen stolze und gewalttätige Barone die
Mönche waren, welchen Kastelle und Städte, Ritter und Landvolk
pflichtig und gehorsam sein mußten.

Die Gründung der Abtei fällt in die Zeit, als der Heldenstamm der
Goten unter Theoderich Italien und Rom beherrschte und den Untergang der römischen Kultur durch milde und weise Gesetze noch für
ein halbes Jahrhundert verhinderte. Aber der Sturz des römischen
Reichs war bereits geschehen. Indem sich die alte Ordnung der Welt,
außerhalb deren Formen keine andern damals begriffen wurden, auf-
löste und alle bürgerlichen und staatlichen Bande der Gesellschaft zerrissen, bemächtigte sich der Menschen ähnlich wie am Anfang des
4. Jahrhunderts der Trieb zur Flucht aus der Welt und zum Anachoretenleben. Benedikt begründete das abendländische Mönchtum und
wurde neben seinem jüngeren Zeitgenossen, dem Papst Gregor dem
Großen, der zweite Stifter der römischen Hierarchie. Was diese ihm
verdankte, hat jener Papst mit verständigem Blick gleich erkannt: er
selbst beschrieb im zweiten Buch seiner Dialoge die Taten seines
Waffenbruders, des Mönchs von Subiaco, der das Abendland plötzlich von der Herrschaft der byzantinischen Ordensregel des Basilius
befreite, eine national-römische Regel aufstellte und seine Zöglinge in
die Länder sandte, sie an Rom zu ketten.

Benedikt, um das Jahr 480 in Nursia in der Valeria geboren, kam
mit 14 Jahren nach Rom, dort in den Studien der Humanität sich auszubilden. Aber plötzlich von der Sehnsucht nach der Einsamkeit ergriffen, wanderte er in die grüne Wildnis der Simbrivinischen Berge
und lebte hier, in verzückte und schwärmerische Betrachtungen versenkt, in einer Felsenhöhle. Der Ort hieß Sublacus; er war dem Plinius bekannt als köstliche Villa des Nero, wo dieser Kaiser durch Auf-
dämmung des Anio drei künstliche Seen hatte anlegen lassen, um in
goldenem Netz die Forelle zu fangen. Die letztere ist noch heute ebenso wohlschmeckend als zu Neros Zeit, aber die Seen verschwanden
schon im Mittelalter.

Als nun der junge Einsiedler an jenem Ort lebte, bestand die Stadt

Subiaco noch nicht; nur auf den Ruinen der Neronianischen Villa hatte sich bereits ein Kloster des S. Clemens angesiedelt, und es war einer der Mönche desselben, Romanus mit Namen, welcher dem Jüngling Speise in die Höhle zu tragen pflegte. Benedikt, von seiner frommen Schwester Scholastica ermuntert, trat endlich wie Mohammed aus der Grotte hervor: der Ruf seiner Heiligkeit war schon rings verbreitet, und indem sich an den Anachoreten viele Römer anschlossen, entwarf er selbst die allgemeine Ordensregel und verteilte die Brüder in zwölf kleine Klöster, die man zu gründen geschäftig war. Sie standen alle in demselben Tal und in derselben rauhen, damals wahrscheinlich völlig unkultivierten Felsenwildnis. Blickt man in diesen Kreis ernster und schweigsamer Berge, die bald nackt und steil in den blauen Äther hinaufgreifen, bald mit grünen Büschen sich bedecken, in denen die Nachtigall am Wildwasser flötet, so muß man den guten Natursinn des Schwärmers loben. Keine der entzückenden Fernsichten, an denen die Campagna Roms so reich ist, lockt hier den Sinn in das sonnigwarme Leben, sondern der Horizont wird durch den Felsen rings umstellt und versperrt.

Nordwärts lagern sich gigantischen Vorgebirgen ähnlich zwei große Berge. Zwischen ihnen braust der wilde Anio herab; seine von niederrollendem Gestein vergebens behinderte Straße mit Gewalt sich öffnend, wälzt er seinen schönen Silberstrom durch schattige Schluchten und wiegt durch sein unablässiges und melancholisches Brausen die Seele in Schlaf und Einsamkeit. Hier nun an den Felsenwänden über dem Fluß saßen ringsumher in zwölf Klöstern die Heiligen Roms gleich den Bergraben versammelt, und das Tal von Subiaco mochte einem jener öden Felsentäler Ägyptens gleichen, wo ehemals Athanasius und Antonius zahllose Schwärme der östlichen Mönche um sich her geschart hatten.

Indessen vertrieb der Neid eines Priesters aus dem nahen Vicovaro (Varia) den Patriarchen von Subiaco. Pelagius versuchte eines Tages jene Klöster durch schöne Mädchen in die Luft zu sprengen, welche er gegen die Zellen der Mönche auszusenden die Bosheit hatte. – Benedikt verließ den entweihten Ort, wo er viele Jahre gelehrt hatte, bekümmert und ungewiß, wohin er sich wenden solle, und begleitet von drei jungen Raben, die er erzogen hatte. Er ging nach Monte Cassino, wo er im Jahre 529 das berühmte Kloster stiftete.

In Subiaco waren jedoch seine Anstalten aufrecht geblieben, und er selbst hatte den Bruder Honoratus als seinen Nachfolger und Abt daselbst eingesetzt. Aber die Geschichte der zwölf Klöster wird seitdem dunkel, und es scheint, daß der Vernichtungskrieg der Goten ihr Gedeihen hinderte. Freilich hatte der Abt Honoratus das Hauptkloster aufgebaut und es den Heiligen Cosmas und Damianus geweiht;

es ist dies eben das heutige, welches den Titel der Santa Scholastica
führt, und soll das einzige von den ursprünglichen zwölf Klöstern
übriggebliebene sein. Denn die Langobarden zerstörten diese bereits
im Jahre 601, und die verjagten Kinder des heiligen Benedikt hatten
Mühe, sich nach Rom zu retten, wo ihnen der Papst das Kloster des
S. Erasmus auf dem Cölischen Berge einräumte. Der berühmte Papst
Gregor spielt in der Geschichte der Abtei von Subiaco als Stifter von
deren weltlicher Macht eine Rolle; die Mönche schreiben ihm nämlich
eine Urkunde vom Jahre 599 zu, worin er jenem Kloster eine Menge
von Gütern und Privilegien schenkt, und man behauptet mit Grund,
daß dies Pergament die Basis von vielen Rechten geworden sei, welche
sich die Benediktiner von Subiaco anzueignen wußten. Das Original
dieser Schenkungsurkunde ist, wie das berühmte Dokument des Klosters von Monte Cassino, verlorengegangen und nur in einer sogenannten beglaubigten Abschrift vom Jahr 1654 enthalten. Es gibt
übrigens noch andre Urkunden dieser Art, Schenkungen Gregors IV.
und Nikolaus' I. und der Könige Hugo und Lothar aus dem Jahre 941,
die kein Einsichtiger für echt halten wird. Auch hatten sich die Fäl-
schungen im Kloster so sehr angehäuft, daß der Papst Leo IX. im Jahr
1051 mit eigner Hand viele Dokumente dort verbrannte.

Die Abtei Benedikts blieb 104 Jahre lang öde und verlassen, bis sie
der Papst Johannes VII. im Jahr 705 neu bevölkerte. Aber die Sarazenen zerstörten sie um 840, worauf sie unter dem Abt Peter I. gegen
die Mitte desselben Jahrhunderts wieder aufgebaut wurde. Noch einmal, durch die Ungarn im Jahr 938 verwüstet, wurde Subiaco endlich
unter Benedikt VII. im Jahr 981 von Grund aus wiederhergestellt,
und dieser Papst weihte am 4. Dezember die Klosterkirche unter
dem Titel des S. Benedikt und S. Scholastica ein. Seither erfuhr die
Abtei keine Beschädigung mehr durch Feindeshand, sondern durch
wirkliche und unbestrittene Schenkungen an Gütern bereichert, begann sie herrlicher aufzublühen.

Die Chronisten stimmen in den Berichten überein, indem sie erzählen, daß die feudale Macht der Abtei mit dem 11. Jahrhundert
begann, überhaupt in der Zeit, als die Feudalität in allen Ländern
sich völlig entwickelte. Das Ansehen von Subiaco war so groß
geworden, daß mächtige Barone der Campagna Kastelle und Besitzungen S. Benedikt schenkten; unter andern war es der Marsengraf
Rainald, welcher den Mönchen Arsoli, Anticoli und Roviano verlieh,
und mehrere Kastelle erwarben sie zu ewigem Lehn. Um diese Zeit
wurden demnach die Äbte wirkliche Barone. Aber es ist auffallend,
daß sie Subiaco selbst, einen Ort, der sich seit älteren Zeiten im
Schutz des Klosters gebildet oder vergrößert haben mußte, nicht
unterjochten. Im Klosterhof der S. Scholastica sieht man einen Stein

in die Wand neben der Eingangstür der Kirche eingemauert; er enthält eine merkwürdige Inschrift vom Jahr 1052, dem vierten Leos IX.,
welche besagt, daß der ehrwürdige Abt Hubertus den Klosterturm zu
Ehren Christi, seines Bekenners Benedikt und dessen Schwester
Scholastica erbaut habe; sie zählt alle Besitzungen des Klosters jener
Zeit auf, voran die Grotte Benedikts, die damals noch bestehenden
zwei Seen, den Fluß Anio samt dem Mühlen- und Fischrecht und
24 Kastelle oder Orte im Aniogebiet, Subiaco aber befindet sich nicht
unter ihnen. Erst nachdem der Abt Johannes V. im Jahr 1068 die
Rocca oder Burg über dem Ort erbaut hatte, mochte, wie ein Geschichtschreiber der Abtei behauptet, Subiaco dem Kloster untertan
werden. Diese Burg nebst abtlichem Palast erhebt sich noch heute,
freilich in verwandelter Gestalt, imposant und kühn auf dem pyra-
midenförmigen Berge, um dessen Abhänge her die heutige Stadt
aufgebaut ist.

Johann V., Kardinaldiakonus von S. Maria in Dominica zu Rom,
ein außerordentlich kräftiger und kriegslustiger Abt, scheint der
eigentliche Gründer der weltlichen Herrschaft Subiacos gewesen zu
sein. Volle 59 Jahre regierte er wie ein weltlicher Fürst; er führte
die glücklichsten Kriege mit den Baronen der Umgegend, und nachdem er sein Kloster mit Reichtümern erfüllt und über der Grotte
Benedikts (dem Sacrum specus) zu seinem bleibenden Denkmal eine
Kirche erbaut hatte, starb er im hohen Greisenalter im Jahr 1121.

Seit dieser Zeit traten die Benediktineräbte völlig als kriegerische
Fürsten in der Campagna auf, angesehen und gefürchtet wie die
Orsini und die Colonna, mit denen sie wetteifern durften. Die Vasallen der Abtei, das unglückliche Landvolk und die Bewohner der
hörigen Kastelle, seufzten unter einem feudalen Despotismus, der
um so schrecklicher war, weil er von Mönchen ausgeübt wurde, Menschen, die, in ihren Leidenschaften durch keine bürgerliche Rücksicht
gemildert, oft schonungsloser waren, als die weltlichen Barone es sein
mochten. Sie selbst, obwohl ein ungeregeltes Sinnenleben sich er-
laubend, unterlagen dem eisernen Despotismus des Klosters und der
wenigstens anfangs ganz unumschränkten Gewalt des Abts, welchen
sie wählten; aber sie hielten sich dafür durch die Herrschaft über die
Vasallen schadlos, indem sie Zolleinnehmer, Kastellane, Verwalter
der Klostergüter und Richter über Leben und Tod waren. Denn der
Abt sandte in jedes Kastell einen Mönch als Kastellan, welcher dort
die Justiz ausübte, barbarisch und quälerisch, wie sie im Mittelalter
war; und erst im Jahr 1232 bestimmte der Papst Gregor IX. zur Erleichterung der Vasallen, daß jene Burgvögte, sooft sie Gericht hielten, einen Rechtsanwalt aus der Bürgerschaft zuziehen sollten. Man
nannte ihn nach dem Gebrauch der Zeit buon'uomo, später aber

Kastellan. Denn endlich wurde den Mönchen die Gerichtsbarkeit über die Kastelle entzogen, und während sie als Verwalter und Zinseintreiber darin blieben oder die Türme bewachten, übte der vom Abt bestellte Kastellan unabhängig von jenen, doch in seinem Namen, die Justiz aus.

Die Untertanen der Abtei zerfielen in drei Klassen: Freie, welche nicht die Verpflichtung hatten, als Klostersoldaten zu dienen, weil sie keine Güter von den Mönchen zu Lehn trugen; Milites, welche in ihrer Eigenschaft als Lehnsträger des Klosters ihm mit den Waffen dienen mußten, und endlich die leibeigenen Bauern oder Servi. Alle diejenigen Vasallen, die als Milites in einem Kastell wohnten, standen unter einem Konnetabel. So gebot demnach der Abt über ein kleines Heer dienstpflichtiger Untertanen; er besoldete später auch Banden wie alle andern Barone, und wenn er ein kriegerischer Herr war, führte er seine Truppen zu Roß mit Schild und Schwert selbst in den Kampf. Die beständigen Fehden mit den angrenzenden Bischöfen von Tivoli, von Präneste und Anagni oder die Streitigkeiten mit den umwohnenden Baronen gaben zu Waffentaten oft Gelegenheit. Man gab den toten Äbten selbst in die Gruft das Schwert an die Seite.

Sie gehörten auch hie und da den angesehensten Adelsfamilien der Campagna an, wie unter andern der kampflustige Lando, Neffe Innocenz' III., aus dem berühmten Geschlecht der Conti von Segni. Er starb im Jahr 1244. Indes schützte weder die eiserne Gewalt, welche diese Äbte ausübten, noch die geregelte politische Verfassung das Kloster vor ganz zufälligen Verwirrungen der heillosesten Art. Die Zustände des Papsttums in Rom wiederholten sich im kleinen auch in der Abtei von Subiaco. Es waren die Mönche von wilder Parteiwut ergriffen, und der freche Ehrgeiz einzelner unter ihnen spottete aller Gesetze Benedikts. Nach dem Tode des Abts im Jahr 1276 überfiel der Mönch Pelagius mit bewaffneten Anhängern das Kloster, sich zum weltlichen Gebieter der Abtei aufzuwerfen; er verjagte die widerstrebenden Mönche, und nachdem er das Kloster geplündert hatte, zog er sich nach Cervara in ein wildes Felsennest oberhalb Subiaco zurück, wo er sich vier Jahre lang mit den Waffen behauptete, während welcher Zeit das Kloster leer stand. Der Papst hatte jedoch einen neuen Abt gewählt und mit einem Heerhaufen ausgesandt: aber nur nach schwieriger Belagerung gelang es diesem, den rebellischen Mönch zu überwältigen.

Die Zustände verschlimmerten sich in der Zeit des avignonischen Exils der Päpste; die Mönche, ungehorsam, stolz und zügellos, warfen oft das Joch der Äbte ab, so daß die Abtei viele Jahre hindurch unbesetzt blieb; wenn aber ein Papst aus Avignon einen Abt nach Subiaco schickte, brachte er Mönche wie Vasallen durch schrankenlosen

Despotismus in Verzweiflung. Man weiß von Bartolomeus aus Monte Cassino, im Jahr 1318 zum Abt in Avignon geweiht, daß er das ausschweifendste Leben führte und auf dem Burgpalast sich einen Harem von schönen Mädchen hielt, während ihm die Mönche in Lüsten jeder Art keineswegs nachgaben. Das Kloster drohte sich aufzulösen und nur der fürchterlichen Strenge des Franzosen Ademar mochte es seine Erhaltung zu verdanken haben. Dieser kleine Tyrann war Abt um das Jahr 1353. Man mag sich vorstellen, welcher Art der Zustand in der Abtei war, wenn Ademar sich nicht scheuen durfte, eines Tages sieben aufsässige Mönche an den Beinen aufzuhängen und durch ein unter ihren Köpfen qualmendes Feuer langsam ersticken zu lassen. Ademar war erklärter Ghibellin; er schlug einst die Truppen des Bischofs von Tivoli, des Anhängers des Papstes, am Anio vor dem Tor von Subiaco. Und noch heute sind die Bürger jenes Orts auf diesen lokalen Triumph stolz; sie zeigen dem Fremden die aus einem Bogen gewölbte und mit einem kleinen Turm bewehrte Brücke, welche dort über den Anio führt: dieselbe, die Ademar aus der Beute und durch die Gefangenen von Tivoli hatte erbauen lassen.

Aber die Verwirrung stieg aufs äußerste; die schwelgerischen Äbte hatten sich gewöhnt, ihre Tage bei köstlichen Schmäusen und unter den Dirnen ihres Palasts zuzubringen. Einer nach dem andern ward zur Abdankung gezwungen, und da keine Erlasse der römischen Kurie noch wiederholte Reformen fruchteten, beschloß Urban VI., dem Unwesen durch einen Gewaltstreich ein Ende zu machen. Durch seine Bulle vom Jahre 1386 entzog er den Mönchen von Subiaco das alte und wichtige Recht, den Abt zu wählen. Sie hatten seit dem Bestehen des Klosters der Reihe nach schon 57 Äbte gewählt, stolz auf die Privilegien ihres kleinen Wahlreichs, welches an ehrwürdigem Alter die Königreiche der Welt übertraf. Sie beugten sich murrend dem Machtgebot des Papstes, und seither begann der Glanz dieser Benediktinerabtei mehr und mehr zu schwinden.

Nun wählten die Päpste die Äbte, und man nannte diese so eingesetzten Klosterfürsten «Manuales», weil sie aus den Händen des Papstes ihr Amt empfingen. Der erste Abt in dieser Reihe war Tomasco von Celano, ein warmer Anhänger der Partei Urbans und ein Mann von rühmlichen Eigenschaften. Diese Ordnung der Dinge bestand bis zum Jahre 1455, wo die Äbte, noch immer mit der vollen Lehnsgewalt über ihr Gebiet ausgerüstet, auch dieses Recht verloren.

Man erzählt, daß die fortdauernde Tyrannei, welche sie gegen ihre Hörigen verübten, Veranlassung zu diesem Verlust wurde. Indem das Regiment der Mönche wie ein Fluch auf den armen Untertanen lag, welche durch gottlose Justiz um ihre Freiheit gestraft die Kerker anfüllten, die Tortur duldeten und nicht selten in den unterirdischen

Brunnen der Burg hinabgestürzt wurden, war die Erbitterung des Volkes aufs höchste gestiegen. Ein Zufall gab zum Losbruch das Zeichen. Im November des Jahres 1454 geschah es, daß 15 junge Leute zwei Mönche auf der Straße verhöhnten und endlich mit Hunden hetzten. Die übel zugerichteten Klosterbrüder klagten dem Abt ihre Mißhandlung: in der Nacht sandte dieser seine Häscher nach den Häusern, wo die Jünglinge, unter ihnen einige von angesehenen Familien, wohnten, und als die Sonne aufging, erblickte die Bevölkerung alle jene 15 Unglücklichen am Galgen hängen. Der Hügel, wo dies geschah, wird noch heute «Colle delle forche» genannt. Da erhob sich das Volk in Wut, es strömte nach dem Kloster, hieb die Pforten mit Beilschlägen auf, ermordete die Mönche oder stürzte sie aus den Fenstern in die Tiefe und verwüstete die Klostergebäude. Dieser Vorgang war folgenschwer. Denn am 16. Januar 1455 erhob Calixtus III. die Abtei Subiaco zu einer Kardinalskommende; er verordnete, daß jedesmal ein Kardinal die reiche Pfründe unter dem Titel eines Abts zu verwalten habe. Er verlieh sie dem gelehrten Spanier Johann Torrecremata, Kardinal von S. Maria in Trastevere, und befahl ihm, die Verfassung der Abtei und aller ihr zugehörigen Kastelle zu reformieren. Es wurde hierauf ein neues Statut entworfen und festgestellt, daß der jedesmalige Abt zuerst vor dem Gemeindekörper von Subiaco das gerechte Regiment zu beschwören habe, worauf ihm dann erst die Untertanen der Abtei den Eid der Treue leisteten. Denselben ersten Kardinalabt von Subiaco und dieses Kloster ziert der schöne Ruhm, das erste außerhalb Deutschland in Italien gedruckte Werk ans Licht gefördert zu haben. Es waren die trefflichen deutschen Buchdrucker Konrad Schweinheym und Arnold Pannartz, welche, ehe sie die römische Druckerei in dem Palast des Fürsten Massimi einrichteten, wo sie den Virgil druckten, in der Abtei der Benediktiner von Subiaco gastliche Aufnahme fanden. Sie vollendeten daselbst am 30. Oktober 1465 den Druck der Institutionen des Lactantius, und hierauf im Jahre 1467 Augustins Werk «De civitate Dei». Diese besten Denkmäler der Mönchsherrschaft und zugleich ehrwürdigen Monumente unseres deutschen Vaterlandes bewahrt noch heute die Klosterbibliothek der S. Scholastica.

Der gelehrte Beschützer der Wissenschaften Torrecremata starb zu Rom im Jahre 1467. Sein Nachfolger war gleichfalls ein Spanier, jener berüchtigte Roderich Borgia, nachmals Alexander VI. Man sagt ihm nach, daß er während seiner zeitweiligen Residenz als Kardinalabt in Subiaco die Schwelgereien seiner Vorgänger überbot. Er wohnte ab und zu im Palast der Burg, und wer heute diese Säle und Gemächer durchwandert, mag sein Interesse leicht steigern, wenn sie seine Phantasie mit der üppigen Gesellschaft des damaligen Rom bevölkert,

und wenn er in denselben die berühmten Kinder Alexanders, Lucrezia
Borgia, Cäsar und den unglücklichen nachmaligen Herzog von Gandia erblickt. Die schöne Bergwildnis hatte im Laufe der Zeiten soviel
widerspruchsvollen Wechsel gesehen und in ihrer Einsamkeit die
grellsten Konstraste menschlicher Natur verborgen. Das gottlose
Laster und der Gewissensbiß, welcher den Despoten peinigt, hatten
dort ihr Versteck gesucht, und die fromme Schwärmerei heiliger
Anachoreten dort Verborgenheit vor der Welt und ein Asyl für das
verzückte Gebet gefunden. Nero und Benedikt flüchteten hierher, und
auf demselben Schauplatz schwelgten und jagten die Borgia und ent-
warfen in der Stille dieses Aniotals die ehrgeizigen Pläne ihrer Zukunft.

Borgias Andenken wird nicht durch gelehrte Druckwerke wie das
seines Vorgängers gefeiert; aber im Palast der Burg lebt sein Name
fort. Er baute daselbst im Jahre 1476 einen Flügel aus und setzte
darüber den noch bestehenden viereckigen Turm. Den Stier seines
Wappens sieht man auf der Außenmauer, und die Inschrift sagt, daß
der Kardinal Roderich die Burg von Subiaco gefestigt habe, den
Mönchen und der Abtei zum Schutz und den Grenzen der römischen
Kirche zur Sicherheit. Sechzehn Jahre später wurde er auf den päpstlichen Thron erhoben. Er bezahlte die Stimme des Johann Colonna
im Konklave, indem er diesem Kardinal am 11. August 1492 die
Abtei verlieh, deren Kommende er bisher genossen hatte. Aber die
Freundschaft zwischen dem Papst Alexander und den Colonnesen
dauerte nur kurze Zeit: die mächtigste Familie Roms begann die ausschweifenden Pläne der Borgia zu durchkreuzen, welche sich an-
schickten, mit List und Gewalt und auf Kosten der Großen eine weltliche Herrschaft zusammenzuraffen. Johann mußte jedoch nach
Sizilien entfliehen, und seine Kommende ward ihm entrissen.
Während der Dauer des Pontifikats Alexanders wurde sie von Luigi
de Aspris, einem Palermitaner, verwaltet.

Kaum war jedoch Alexander tot und die Macht seiner Familie
zerronnen, als dessen Nachfolger Julius II. Johann Colonna wieder
in die Abtei einsetzte. Im Jahre 1508 hinterließ er sie seinem
berühmten Neffen Pompeo. Dieser galante und gelehrte Kardinal
lebte in sorgloser Üppigkeit auf dem Palast der Abtei; er verführte
dort, wie erzählt wird, die schöne Marsilia, Tochter des Attilio Corsi,
welche er gezwungen oder überredet hatte, ihm in die Gemächer der
Burg zu folgen. Mit gezücktem Dolch drang eines Tages der Vater in
die Zimmer des Kardinals, aber von den Dienern ergriffen, wurde der
Unglückliche ohne weiteres in das Verlies hinabgestürzt. Pompeo
hatte sich bereits mit Julius II. überworfen, weil dieser Papst die
Abtei von Subiaco mit der von Farfa vereinigte. Dies ist das dritte

der alten und berühmten Benediktinerklöster; es war bereits im sechsten Jahrhundert auf der sabinischen Campagna gegründet und dann von den Langobardenherzögen Spoletos, in deren Gebiet es lag, erweitert und ausgestattet worden. Die Verbindung beider Abteien gab seither zu fortdauerndem Streite Grund. Denn eine Partei unter den Mönchen begehrte die Vereinigung mit Monte Cassino, welche auch im Jahre 1514 durchgesetzt wurde; die andere, deutsche Partei bestand auf der Verbindung mit Farfa. Farfa führte den Titel einer kaiserlichen Abtei und zählte viele deutsche Mönche unter den Klosterbrüdern. Sie führten laute und wiederholte Beschwerden vor dem deutschen Kaiser; die Subiacesen selbst neigten sich zu ihnen, und mehrmals wurden die Benediktiner von Monte Cassino vertrieben, mehrmals durch die Päpste wieder eingesetzt.

Pompeo Colonna nun, von Julius II. exkommuniziert, von Leo X. wieder eingesetzt, trat die Kommende seinem Neffen Scipio ab. Dies war colonnesische Politik: in der lateinischen Campagna sehr mächtige Gebieter, wo sie seit alters aus Städten der Volsker und der Herniker ein kleines Reich sich gebildet hatten, trachteten sie danach, auch die schöne Abtei Subiaco ihren Besitzungen dauernd einzuverleiben, und indem die Kardinäle dieses Hauses es bei den Päpsten durchsetzten, die Kommende an ihre Neffen noch bei Lebzeiten abtreten zu dürfen, konnten sie Subiaco in der unglaublich langen Zeit von 116 Jahren beherrschen. Denn so lange blieb die Abtei in den Händen jener Familie, trotz aller Zerwürfnisse und Kriege mit den Päpsten. Clemens VII. erlitt sogar eine empfindliche Niederlage. Es ist bekannt, daß dieser Papst seinen Ruin den Colonna verdankte, mit welchen er den berüchtigten Campagnakrieg führte. Seine Truppen zerstörten im Jahre 1527 die Rocca von Subiaco, aber sie wurden am 28. Juni des folgenden Jahres unter der Führung des Napoleon Orsini auf den Bergen Subiacos völlig vernichtet. Das eigene Banner des Papstes wurde von den Subiacesen erobert; es hängt noch heute als Trophäe in der Klosterkirche der S. Scholastica, und an demselben Schlachttag feiert noch alljährlich Subiaco eine Prozession zum Andenken an den Sieg über einen Papst. So hartnäckig sind hier im Land historische Erinnerungen.

Die Herrschaft der Colonna in der Abtei war tyrannisch, im Charakter des 16. und 17. Jahrhunderts, ein Baronalregiment von gesetzloser Willkür, wie es Manzoni in seinem Roman auf lombardisch-spanischem Gebiet geschildert hat. Diese Kardinäle auf der Klosterburg, luxuriös und habgierig, sahen in dem Purpur, den sie trugen, nichts als das Fürstengewand; ihre besoldeten Banditen, schon damals mit dem Namen Bravi bezeichnet, führten ihre Winke getreulich aus, und weder Eigentum noch Ehre der Familien waren vor den Söldlingen sicher, die im Hof der Felsenburg lagerten. Während noch die Händel wegen Farfa und Monte Cassino lebhaft waren, geschah es sogar, daß in einer Nacht Scacciadiavolo, der gefürchtete Bravo Pompeos, mit 44 Bewaffneten das Kloster S. Scholastica überfiel, es plünderte und alle Mönche herauswarf. Man sagte sich, daß der Kardinal seine Hand mit im Spiel gehabt habe; und wirklich wurde er vom Papst entsetzt, um bald wieder hergestellt zu werden. Die Geschichte jener Zeiten ist reich an frechen Gewalttaten der Art, und es gibt in Subiaco Orte genug, welche dunkeln Erinnerungen geweiht sind. Man zeigt noch heute den Platz unter der Burg, wo mancher Bürger lebendig in die Erde eingegraben wurde, eine gräßliche Todesart, da man den Verurteilten bis an den Hals in den Boden einstampfte. Unter anderen Szenen erlebte Subiaco auch jenen schrecklichen Muttermord, welcher die Begnadigung der Familie Cenci verhinderte. Ein Sohn des Hauses Santa Croce aus Rom hatte im Jahre 1599 seine eigene Mutter in Subiaco erwürgt, und es ist bekannt, daß auf die Nachricht von dieser Schandtat der Papst das Todesurteil der Beatrice Cenci, ihrer Stiefmutter und ihres Bruders unterzeichnete.

Unterdes wanderte die Abtei aus der Hand des einen Colonna in die des andern; die angesehensten Namen dieser Familie sind mit der Geschichte des Klosters verbunden; so Marcantonio Colonna, so Camillo, endlich Ascanio, der letzte Kardinalabt dieses Hauses. Ascanio lebte auf der Burg mit seiner Mätresse Artemisia öffentlich und so völlig rücksichtslos, daß er dieses verschmitzte und schöne Weib förmlich zu seiner Stellvertreterin in Angelegenheiten der Abtei machte, wenn er nicht anwesend war. Das allgemeine Ärgernis bewirkte, daß den Colonna die Kommende entzogen ward. Denn nach Ascanios Tode im Jahr 1608 verlieh sie der Papst seinem eigenen Neffen Scipio Caffarelli Borghese, welcher sie bis zu seinem Tod im Jahr 1633 behauptete.

Die Colonnesen haben in Subiaco kein gutes Andenken hinterlassen. Der Ort selbst verdankt ihnen wenig, und man zeigt nur die mit ihren Wappen geschmückten Gemächer, welche sie im Burgpalast ausbauten und mit Malereien verzierten.

Wie im frühen Mittelalter bis zur Mitte des 16. Jahrhunderts Colonna und Orsini Herren der römischen Campagna gewesen waren, traten im 17. Jahrhundert bis tief ins folgende hinein die jüngeren Nepotenfamilien Borghesi und Barberini an ihre Stelle. Sie erwarben die schönsten Güter von Latium und behaupten sie noch heute. Die Städte und Kastelle dieses Landes weisen noch die massiven und weiträumigen Landpaläste dieser Familien auf, an deren öden Wänden die Porträts aus jener Zeit hängen. Man findet sie oft, und selbst

in der kleinen Bergstadt des Hernikerlandes, wo ich diese Blätter
schreibe, sitze ich unter Familienporträts alter Kardinäle und stattlicher Damen des 17. Jahrhunderts und unmittelbar vor dem wohl-
behäbigen Antlitz Scipio Borgheses. Es erschien das Zeitalter des
galanten und sinnlich breiten Absolutismus in der gepuderten Perücke
und in seidenen Strümpfen, dessen Charakter weibisch, weichlich und
intrigant und abstoßend prosaisch war. Die in Erz gepanzerten Barone des Mittelalters verwandelten sich in gemächliche Prinzen, welche
das Schwert nicht mehr zogen, sondern sorgenlos auf den Polstern
liegend die Früchte genossen, die der zitternde Fronvasall ihnen keu-
chend auf den Felsenpalast trug. Wenn die Kardinäle in Subiaco ihren
Einzug hielten, um von der Pfründe Besitz zu nehmen, kamen sie mit
einer großen Begleitung des Adels an der Spitze eines kleinen Heers
von Söldlingen und gefolgt von dem Troß übermütiger Diener und
empfingen am Tor aus den Händen des Magisters herablassend die
Schlüssel der Stadt und der Kastelle.

Aus der Abtei Subiaco wurden die Borghese indes von den Barberini schnell verdrängt. Urban viii., Stifter dieses reichen Nepoten-
hauses, verlieh die Kommende seinem Neffen Antonio im Jahr 1633,
und seither wußten die Barberini das Beispiel der Colonna mit Glück
nachzuahmen; denn 105 Jahre lang blieb die Abtei im Besitz ihrer
Familie. Antonio erweiterte sogar die Gewalt des Kardinalabts; er
fügte der Baronalgerichtsbarkeit auch die bischöfliche hinzu, welche
bisher die angrenzenden Bischöfe von Tivoli, Anagni und Palestrina
in den betreffenden Kastellen ausgeübt hatten; und so war der Kom-
mendator von Subiaco Baron und Bischof zugleich, und er herrschte
in doppelter Gewalt über Leiber und Seelen der Vasallen, ein Schrek-
ken des armen Landvolks. Die Gesetze waren so streng und schonungslos, daß selbst der Fang einer Wachtel oder eines Fasans mit
zehn Jahren Galeere bestraft wurde. Die Regierung der Barberini hinterließ jedoch einiges Gute. Subiaco, durch seine Lage an einem wasserreichen Bergstrom von Natur auf den Betrieb von Fabriken angewiesen, verdankt dem ersten Barberini die Erweiterung der Mühlen, welche noch heute dem Kardinalbischof gehören. Es sind Fabriken in Papier, Baumwolle und Farbstoffen, die einige hundert
Menschen beschäftigen und ernähren, aber nicht zu größerer Kultur
sich aufschwingen können, weil alle Industrie ein Regal der Kardinalskommende geblieben ist.

Während nun die Abtei fortfuhr, eine solche Kommende zu sein,
hatten die Mönche es nicht vergessen, daß sie einst die eigentlichen
Feudalherren gewesen waren. Sie erinnerten sich mit Unwillen ihrer
Rechte und nahmen den Augenblick des Todes von Francesco Barberini im Jahr 1738 wahr, um sie wieder zu erobern. Sie ernannten

mit kühnem Entschluß aus eigener Macht ihren damaligen Abt zum Vikar der Abtei. Bernardo ließ sich in die Kirche der Stadt führen, nahm dort vom Gonfaloniere der Bürgerschaft feierlich den Eid der Untertanentreue ab, beschwor hierauf die Statuten der Gemeinde und ward dann nach vollzogener Zeremonie der Besitznahme in öffentlicher Prozession auf einem Sessel durch Subiaco getragen – eine Nachahmung der Besitznahme und des Umzugs eines neugewählten Papstes. Gleich als wäre er einer der Äbte des 13. Jahrhunderts, erließ er Edikte, setzte Beamte in die Kastelle ein, begnadigte, rief Exilierte zurück und führte die Sprache eines absoluten Fürsten. Das Edikt seines Regierungsantritts beginnt mit diesen pomphaften Titeln: «Wir Don Bernardo Cretoni vom Orden S. Benedikts, Mönch und Profoß des heiligen und kaiserlichen Klosters der S. Maria von Farfa und gegenwärtig von Gottes Gnaden Regularabt des heiligen Klosters der S. Scholastica und durch die Gnade des heiligen apostolischen Stuhls sowohl im Geistlichen wie im Weltlichen Vizegerens für denselben heiligen Stuhl.» Doch der dreiste Abt fand sofort den hartnäckigsten Widerstand an dem Volk, welches die Rückkehr unter die Despotie der Kutte verabscheute, und ein gleiches Hindernis an der Eifersucht der städtischen Weltgeistlichkeit. Man wandte sich an den Papst; er gab die Kommendatur dem Kardinal Spinoza. Dessen Bevollmächtigter berief Gemeinderat und Mönchschaft in die Stadtkirche, und während er hier die päpstliche Bulle vorlas, unterbrach ihn das trotzige Murren der Mönche; sie verweigerten den üblichen Huldigungshandkuß, und obwohl sie sich beugen mußten, war ihr Trotz und ihre übermütige Behandlung der Kolonen nicht gebrochen.

Um die Mitte des 18. Jahrhunderts war aber der Haß gegen alle feudalen Institutionen überall hoch gestiegen; der Orden Jesu wie das Mönchtum, soweit es mit der bürgerlichen Verfassung der Staaten in Widerspruch gekommen war, sollten seiner Wirkung erliegen. In Subiaco hatte man eine Verschwörung gegen die Benediktiner organisiert; man sang öffentlich Spottlieder auf die Mönche, und Vorleser in den Straßen erbitterten die Gemüter des Volks durch eine Geschichte des Klosters, welche in grellen Zügen die Leiden der Vorfahren unter der feudalen Despotie der Äbte schilderte. Heimlich zogen die Mönche Soldaten in ihr Kloster, und nachdem sie einen Aufstand am 13. Mai 1752 nicht hatten hindern können, suchten sie größeren Exzessen durch schnelles Herbeirufen römischer Truppen vorzubeugen. Eine Kompanie Korsen rückte in Subiaco ein, mit ihnen kam ein päpstlicher Untersuchungskommissar. Als hierauf die Kommission erkannt hatte, daß die Wurzel des Übels in dem Widerspruch des feudalen Regiments der Mönche zur Gegenwart liege und nur mit ihm entfernt werden könne, entschloß sich der kluge Benedikt XIV.

Lambertini, die Feudalrechte der Benediktiner aufzuheben. Ein Papst, welcher Benedikts Namen trug, hatte den Mut, ihn zu verleugnen, und indem er eins der ältesten geistlichen Fürstentümer der Welt vernichtete, ging er ihr entschlossen auf jenem Wege der Reform voran, auf dem sein unglücklicher Nachfolger ihm bedeutender folgen sollte. Lambertini hob durch die Bulle vom 7. November 1753 die weltliche Jurisdiktion des Kardinalabts von Subiaco für immer auf, er ließ ihm nur gewisse Titel oder Einkünfte feudaler Natur, die größtenteils noch heute bestehen und noch drückend genug sind. Das weltliche Fürstentum wurde zum Staat geschlagen und durch einen Gouverneur und Richter verwaltet, welche die Sacra Consulta ernannte. Die Kardinalkommende blieb eine bloß geistliche Pfründe; ihr erster Eigentümer in dieser veränderten Stellung war der Kardinal Giovanni-Battista Banchieri.

Dies war das Ende der mittelalterlichen Abtei Subiaco, und seither verliert ihre Geschichte den Reiz. Doch tritt unter ihren Kardinalkommendatoren einer glänzend hervor, der im Sinn der neuen Zeit für die Kultur jenes Ländchens wohltätig gewirkt hat. Es war dies Pius VI. Braschi. Im Jahr 1773 zum Kardinalabt bestellt, blieb er es auch als Papst und erfüllte Subiaco mit Wohltaten. Außer manchen Bauten, wie der Hauptkirche der Stadt, eines großen Seminars, der Erneuerung des Palastes und anderer Werke, ist sein bester Titel auf die Dankbarkeit jener Gegend die treffliche Fahrstraße längs des Anio nach Tivoli. Er verband durch sie die Abtei mit der Hauptstadt. Die dankbaren Subiacesen errichteten ihm deshalb einen Triumphbogen an dem Haupt der Straße, einen würdigen Bau nach dem Modell des Bogens des Titus und eine gute Zierde des Orts, den derselbe Papst zur Stadt erhoben hatte. Pius VI. zog durch diese Ehrenpforte im Mai 1789 in Subiaco ein, und die Stadt feierte glückliche und aufrichtige Feste.

Aber bald darauf warf die französisch-römische Republik das Bestehende nieder; zweimal hob sie sogar das Kloster auf, bis es Pius VII. im Jahr 1814 wiederherstellte. Die Verhältnisse der Abtei sind seitdem geblieben, wie sie seit 1753 geordnet waren; der Kardinalabt ist im Besitz einer der trefflichsten Pfründen der Kirche, die man auf eine Rente von 8000 Skudi schätzt; die Mönche, nicht mehr Gebieter über Kastelle und Vasallen, sind doch Herren von vielen Gütern und deren Kolonen und Pächtern, und ihre an Wein und Öl reichen Besitzungen erstrecken sich bis zum Fuß der Volskerberge. Der Reinertrag des jährlichen Zinses, welcher dem Kloster noch heute zufällt, wird immerhin auf 8000 bis 10000 Skudi geschätzt. Die Abtei selbst umfaßt gegenwärtig 21000 und mehr Einwohner, welche 16 Orte und Kastelle bewohnen; Subiaco, Trevi, Jenna, Cervara, Camerata, Marano, Agosta, Rocca di Canterano, Canterano, Rocca di Mezzo, Cerreto, Rocca di Santo Stefano, Civitella, Rojate,

Afile und Ponza. Unter ihnen sind Trevi und Afile alte römische Kolonien.

Man überblickt dieses merkwürdige Land, das obere Berggebiet des Anio, am besten von einer der Höhen des Berges Serrone, welcher das Aniotal von dem breitern lateinischen Tal des Sacco scheidet. Die prachtvollen Gebirgsmassen umschließen ein erhaben schönes Theater; die Orte der Abtei stehen daselbst, mit Ausnahme des am tiefsten gelegenen Subiaco, auf den scharfen Felsenkanten der Gebirge, grau wie das um sie her aufragende Kalkgestein. Ihre bizarre Bauart, ihre Einsamkeit in der romantischen Wildnis, Tracht, Sprache und Sitten der Bewohner machen sie sehr merkwürdig. Aber die Armut dieser Bergbewohner ist erschreckend; ihre Nahrung, oft nur auf das schlechteste Maisbrot beschränkt, ist unsicherer als die der Tiere des Feldes, für welche die Natur reichlicher gesorgt hat. Ich sah nie in Italien ein größeres Elend als in einigen jener Orte; und man muß in die wüsten Steinhütten dieser Bergkolonen dringen oder sie sehen, wenn sie unter dem melancholischen Gesang ihrer Ritornelle die Erde graben oder über die Felsen, angestrengter als das Maultier, ihre Lasten tragen, um sie zu beklagen. In ihren Lumpen und auf den fieberblassen Gesichtern liest man die Geschichte des Feudalismus der Mönche und der Barone sicherlich besser und deutlicher, als sie der Geschichtschreiber aus den Chroniken dürftig zusammenstellen kann.

Erquicklicher als die politische Geschichte des Klosters wird dem Leser eine Schilderung von dessen Merkwürdigkeiten sein, welche den Blick von dem Elend des Volkes entfernen und in andere Richtungen hinüberziehen. Denn während der Vasall frohndete und Hunger litt, saß der wohlgenährte Mönch in seinem Kloster und schmückte dies mit heitern und kunstvollen Gebilden, Denkmälern der alten Zeiten, wofür wir ihm manches zugute halten müssen.

Es gibt zwei Klöster der Benediktiner in Subiaco, welche beide unter demselben Abt stehen und eine einzige Körperschaft ausmachen. Das erste führt den Titel der S. Scholastica, das zweite ist vorzugsweise Benedikt geweiht und heißt auch «die heilige Grotte» (Sacrum specus). Beide liegen außerhalb der Stadt hoch über dem rechten Ufer des Anio und in der Wildnis der Berge. Das Kloster der S. Scholastica, das man zuerst ersteigt, ist das älteste und das Hauptkloster, eine bizarre und malerische Masse von Gebäuden, aus dem braungelben Kalkgestein des Ortes. Ein viereckiger römischer Turm, vom Abt Humbert im Jahre 1053 errichtet, erhebt sich über demselben. Das Gemisch von römischer und gotischer Stilart in Fenstern und Nischen läßt verschiedene Epochen des Baues erkennen; aber im ganzen gibt es nur noch einige Reste der älteren Zeit, namentlich in den Höfen. Denn das Kloster wurde mehrfach erneuert, und seine heutige

Kirche ist ein moderner Bau des vorigen Jahrhunderts. Aus ihm stammt auch die Fassade des Konvents, und der zweite oder innere Hof von römischen Bogen und Pfeilern gehört dem 17. Jahrhundert an. Er ist öde und wüst und zeigt auf den ersten Blick den Verfall. Einige moderne Malereien auf Wänden oder Pfeilern im schlechten Zustand und von mittelmäßiger Kunst erinnern an die Geschichte der Abtei; es sind die lebensgroßen Figuren von Päpsten und von Fürsten, die einst dies Kloster besucht hatten; unter letzteren der Kaiser Otto III. und die Kaiserin Agnes. Inschriften enthalten das Register aller Orte, die einst die Abtei besaß.

Von hier tritt man in einen kleinen Zwischenhof, unmittelbar vor dem Eingang in die Kirche. Er ist durch einige Reste gotischer Architektur merkwürdig, namentlich durch einen großen gereiften Bogen aus Stein, welcher mit vielen kleinen Steinfiguren und Schnörkeln verziert ist. Hier fand ich auch das älteste Denkmal, das überhaupt die S. Scholastica besitzen mag: ein in einen Pfeiler eingemauertes Marmorrelief aus dem Jahre 981, der Periode der deutschen Ottonen und der tiefsten Barbarei Roms, mag man auf die Geschichte des Papsttums überhaupt, oder im besonderen auf Kunst und Wissenschaft Rücksicht nehmen. Das Relief spricht den rohen Charakter der damaligen Skulptur deutlich aus. Es ist ein Viereck von einigen Fuß Breite und Höhe und enthält folgende, im Mittelalter in ähnlicher Weise hie und da angewandte Vorstellung: Auf einem rohen Pflanzenschaft erhebt sich eine Vase; zwei langohrige Tiere sind mit allen vier Füßen von jeder Seite an dem Schaft aufgestiegen, aus dem Gefäß zu trinken. Ihr Aussehen ist so sehr fabelhaft, daß ich mir nicht zu entscheiden getraue, ob sie Wolf und Hirsch, oder Fuchs und Hund, oder andere Tiere vorstellen. Es sitzt auf dem Rücken eines derselben noch ein pickender Vogel. Das Ganze umgeben roheste Steinverzierungen. Diese Skulptur, vielleicht römische Arbeit, ist merkwürdig wegen ihres hohen Alters; und überdies enthält der Leib eines der Tiere die alte Inschrift, welche sagt, daß Benedikt VII. die um seine Zeit erbaute Klosterkirche am 4. Dezember 981 geweiht habe. Sie lautet:

> EDIFICATIO HUIUS ECLE SCE SCOLASTICE TEMPORE DOMNI
> BENEDICTI VII. PP AB IPSO PPA DEDICATA Q. D. S AN
> AB INCARNATIONE DNI CCCCC CCCCLXXXI M. DECB. D. IIII.
> INDICTIONE VIII.

Über dem Relief befindet sich eine zweite verstümmelte Inschrift, von der ich den Anfang nicht habe entziffern können. Ihm gegenüber liest man, neben der Kirchentür, die Inschrift aus der Zeit des Papstes Leo IX., von der ich schon gesprochen habe.

Die Kirche selbst (ihr ursprünglicher Bau war von Benedikt VII.

geweiht worden) ist jetzt modern und reizt uns daher nicht. Aber zu ihrer rechten Seite tritt man in den eigentlichen Klosterhof, einen viereckigen Raum um einen Brunnen, von jenen kleinen Säulenstellungen und Rundbogen, wie sie mehrere Klöster Roms aufweisen: ein Werk aus dem Anfang des 13. Jahrhunderts, Denkmal des mächtigen Abts Lando und der berühmten römischen Künstlerfamilie der Cosmaten. Die Hexameter über dem Haupteingang sagen:

> Cosmus et Filii Lucas et Jacobus alter
> Romani Cives in Marmoris arte periti
> Hoc opus explerunt Abbatis Tempore Landi.

Gleichwohl waren diese würdigen Meister glücklicher in ihren Grabmonumenten und Tabernakeln als in dieser Architektur, die keineswegs die reizenden Verhältnisse des Klosterhofs der Benediktiner von S. Paul bei Rom hat. Die Säulen (je eine gewundene Doppelsäule zwischen zwei einfachen) sind kunstlos und roh, ihre Kapitäler schlecht und balkenartig, und weder Musive noch Steingebilde verzieren irgend Bogen und Gesims. Die Kunst scheint sich hier der Campagna anbequemt zu haben.

Und dies sind überhaupt die einzigen oder bedeutendsten Altertümer des Klosters, ein dürftiger Überrest so langer und reicher Vergangenheit, aber durch die häufigen Verwüstungen erklärlich. Die Klostergebäude, im Innern geräumig, mit vielen Korridoren, Zellen, Gemächern und Sälen des verschiedenartigsten Gebrauchs, sind schmucklos und zum Teil neu. Ich betrat mit Verlangen nur das Archiv und die Bibliothek der Benediktiner; die wohlregistrierten Schränke, die jenes ausfüllen, bergen reiche Schätze aus dem Mittelalter von Latium. Einige stehen der Benutzung frei, aber andere sind tiefer verschleiert als das Bild zu Sais; und selbst Muratoris Zauberrute war es verwehrt, diese Fundgrube ganz zu öffnen. Von hohem Wert ist das «Regestum insigne veterum monum. Monast. Scholastici» in Pergament, eine Sammlung von Dokumenten vom 9. Jahrhundert abwärts. Ältere Urkunden über dies Jahrhundert hinaus fehlen gänzlich, und sie mögen in den Zerstörungen des Klosters ihren Untergang gefunden haben. Keine der Chroniken von Subiaco ist dem Druck übergeben, mit Ausnahme der kleinen und anonymen Chronik, welche nur bis zum Jahre 1390 reicht und von Muratori ediert ward. Man verwehrte ihm den Druck der ausführlicheren Chronik, die ein Deutscher von Trier und Mönch jenes Klosters im Jahre 1629 zusammenschrieb: «Chronicon Sublacense P. D. Cherubini Mirtii Trevirensis anno Dni 1629» (in der Arca vi, Nr. 11). Die Mönche verstatten indes die Einsicht in dies Werk. Es ist umfassender als die ältere, ebenfalls ungedruckte Chronik des Wilhelm Capisacchi von Narni aus dem Jahre 1573, aber keineswegs eine ausgezeichnete Arbeit, vielmehr nur Kompilation, ohne Urkunden-Apparat. Die Geschichte der Abtei liegt daher noch in jenem Archiv begraben; sie schrieb freilich neuerdings der Kanonikus Janucelli, aber auch dies Werk ist unwissenschaftlicher Art. Es überraschte mich übrigens, in Subiaco ein Manuskript vom Jahre 1833 in die Hände zu bekommen, welches eine ziemlich genaue Geschichte der Abtei enthält. Der Verfasser ist Livius Mariani, ein Bürger von Subiaco, der vor kurzem als Fuoruscito in Griechenland starb. Er schöpfte aus jenen Chronisten und benutzte einige Dokumente, und auch dies im liberalen Geist geschriebene Werk von 492 Seiten ist nur in einem einzigen Manuskript vorhanden. Ich verdanke ihm die meisten Nachrichten, die ich oben gegeben habe.

Die Bibliothek ist klein, aber durch jene ältesten Drucke der deutschen Buchdrucker merkwürdig, von denen ich schon berichtete. Ich nahm die ehrwürdigen, sehr gut und klar gedruckten Folianten mit Freude aus den Händen eines Landsmanns, eines jungen deutschen Benediktiners. Am Schluß des Lactantius steht: «Lactantii Firmiani de divinis institutionibus adversus gentes libri septem, nec non ejusdem ad Donatum de ira Dei liber unus, una cum libro de opificio hoīs ad Demetrianum finiunt. Sub anno Dni MCCCCLXV pontificatus pauli papae. Anno ejus secundo. Indictione XIII. die vero antipenultima mensis Octobris. In venerabili monasterio Sublacensi.» Deo gratias – ein schlichter Freudenausruf der trefflichen Buchdrucker, welche aus Bescheidenheit nicht einmal ihre Namen nannten. Er erinnerte mich an den guten alten Spruch, womit Griechen wie Lateiner des Mittelalters die Mühe ihrer Arbeit am Schluß der Manuskripte zu krönen pflegen:

ὥσπερ ξένοι χαίρουσι πάτριδα βλέπειν,
οὕτως καὶ ἃ γράφουσι τέλος βιβλίου.

Wie sich der aus der Fremde Heimkehrende des Anblicks der Vaterstadt freut, so auch der Schreiber über das Ende des Buches.

Das Kloster der S. Scholastica zählt noch heute gegen 70 Brüder, darunter mehrere Deutsche. Der gegenwärtige Abt Don Petro Casaretto hat es strenge reformiert, und man sagte mir, daß die Mönche auf magere Kost gesetzt seien. Indes habe ich auch in die ansehnliche und hochgewölbte Küche hineingesehen, und ein lieblicher homerischer Fettgeruch, der daselbst verbreitet war, schien mir nicht gerade nach der pythagoräischen Regel Benedikts zu duften, welche die animalische Speise verboten hatte.

Wir steigen jetzt zu dem eigentlichen Heiligtum der Benediktiner empor, jenem kleinern und zweiten Kloster, welches um die Mitte des 11. Jahrhunderts über der Grotte Benedikts erbaut wurde und deshalb «il sacro speco» genannt wird. Die Mönche von Monte Cassino haben im Jahr 1688 die Straße angelegt, die über die Felsen zur Grotte hinaufführt, ein beschwerlich steiler Weg, aber reich an entzückenden Aussichten. Denn indem man über dem tief unten rauschenden Anio emporklettert, blickt man dort auf das schöne Tal von Subiaco hinunter, hier aber in die große Schlucht des Anio; in der Ferne, wo sich dieselbe zu schließen scheint, sieht man das Felsenstädtchen Jenne, den Geburtsort des Papstes Alexander IV. und des Abtes Lando aus der Familie der Grafen von Segni. Unmittelbar vor der heiligen Grotte tritt man in einen schwarzen, schattigen Eichenhain, der vielleicht schon den Einsiedler Benedikt umfangen hatte, und welcher nun wie ein Götterhain der Alten die Nähe eines Mysteriums verkündigt. Die kleinen Klostergebäude und Kirchen, nach und nach über der Grotte errichtet, sind an schwindel-steiler Felsenwand angeklebt, ein originelles Gemisch verschiedener Stile, und schon von außen hie und da mit Farbengemälden geziert. Man geht über eine gemauerte Brücke, die im Mittelalter als Zugbrücke benutzt werden mochte, und tritt hierauf in eine lange und schmale Galerie, die in das Innere führt. Sie ist mit guten Gemälden der vier Evangelisten aus jüngerer Zeit geschmückt, und einige Sprüche auf den Wänden unterhalten angenehm. Man liest hier: «Peccare pudeat, corrigi non pigeat» – und dort die geistreichen Distichen:

> Lumina si quaeris Benedicte quid eligis antra?
> Quaesiti servant luminis antra nihil.
> Sed perge in tenebris radiorum quaerere lucem,
> Nonnisi ab obscura sidera nocte micant.

Darunter steht geschrieben: «D. O. M. ordinis S. Benedicti Occidentalium Monachorum Patriarchae cunabula.»

> *Benedikt, suchst du das Licht, was wählst dazu dir die Grotte?*
> *Grotten bewahren nichts von dem Licht, das du suchst,*
> *Aber suche nur weiter im Finstern die Strahlen des Lichtes,*
> *Nur im Dunkel der Nacht leuchten die Sterne dir hell.*
> *– Die Wiege des Patriarchen des abendländischen*
> *Benediktinerordens.*

Man atmet hier unwillkürlich Geist des Mittelalters, dessen mystischen Charakter jene Verse so völlig aussprechen. Und in Wahrheit, ich glaubte in das geheimnisvolle Wesen jener merkwürdigen Zeiten tief versenkt zu sein, als ich aus der Galerie in die erste kleine Kirche

trat und mich plötzlich in einem kleinen Dom mit reizender gotischer
Säulenarchitektur befand, und von Wänden und Decke das Gewirr
bunter, hie und da schon geschwärzter Fresken herabschimmerte. Unsichtbare Mönche im Chor sangen eben die Vesper; ihre kraftvollen
Baßstimmen schallten feierlich und gemessen durch das Dämmerdunkel der Kirche, und die Pausen ihrer Litaneien wurden durch das
heisere Gekrächz von Raben ausgefüllt. Denn drei junge Raben ernährt man hier im Klosterhof zum Andenken an S. Benedikt, und es
scheint, daß die Zahl dieser lebendigen Symbole des Ordens nicht
überschritten wird.

Eine Beschreibung des Klosters, welches durch seine Gemälde berühmt ist, zu geben, ist schwer. Der kleinen Tempel und Kapellen
sind viele von labyrinthischer Anlage, weil diese sich dem Bau der
Felsenhöhlen anbequemt. Sie sind teils in und aus den Grotten selber
erbaut, deren nacktes Gestein bisweilen sichtbar wird, teils hat man
sie an die Felsenwand angelehnt, und man steigt daher von einer
Kirche in die andere auf Stufen hinab und glaubt sich in den wunderlichsten Bergkatakomben zu befinden, welche, mit Farben überladen,
von Altarkerzen funkeln. Es gibt aber der Gemälde unzählige, denn
man sieht keine Decke oder Wandfläche in diesen Krypten, die nicht
mit Fresken verziert wäre. Sie stellen das Leben und die Wunder
Benedikts dar, beziehen sich auf die Geschichte des Klosters und enthalten Szenen aus dem Leben anderer Heiliger oder allegorische Darstellungen. Die Geschichte des Mönchtums hat im Leben Benedikts
ihr Heldenepos aufgestellt, und es liegt den romanischen Rittersagen
völlig parallel. Nicht blutig und grell wie die Legenden der Märtyrer
des mit dem Heidentum kämpfenden Christentums, sondern von
einer milden Phantasie durchdrungen, durch Zeit und klassische Lokale bedeutend und anziehend, entfaltet es einen großen Reichtum von
angenehmen Bildern. Ich finde sogar, daß die Wunder Benedikts mehr
Poesie haben als die meisten anderen Taten der Heiligen. Die Liebe
zwischen Bruder und Schwester mildert den rauhen Egoismus eines
weltabgeschiedenen Einsiedlerlebens; sie stellt sich schön und religiös
in Benedikt und Scholastica dar, und ihre Abenteuer, Einsamkeit,
Wanderung über die Berge, Zerstörung alter Heidentempel, der Bau
von Klöstern bieten reichen Wechsel dar. An den Meister schließen
sich ebenso schön die Jünger, vor allem Placidus, der Apostel Siziliens, und Maurus, der Apostel Frankreichs, und sie leiten die Phantasie aus der engen Anachoretenwildnis wieder in eine bedeutende
geschichtliche Ferne. Es eignete sich daher Benedikts Leben sehr wohl
zu malerischer Behandlung; und so hat diese große Romanze des
Mönchtums (sie wirkte wohl auf die Poesien vom Gral und vom
Titurel ein) hier in Subiaco ihre klassische Darstellung gefunden.

Ganz Latium hat nichts aufzuweisen, was jenen Gemälden gleichkäme, außer in gewissem Betracht die Malerei in der Krypte des
Doms zu Anagni. Für die Geschichte der Kunst ist ihr Studium von
Nutzen, weil diese Fresken verschiedenen Stilen angehören: dem
strengen Byzantinismus, der Zeit Cimabues und Giottos und dem
15. wie dem 16. Jahrhundert. Ich werde nur Einzelnes und Bedeuten-
deres herausheben.

Die erste kleine Kirche im gotischen Stil, nach einer dortigen Inschrift vom Abt Johann V. um 1116 ausgebaut, wurde von Johann VI.
um das Jahr 1220 mit Fresken geschmückt. Sie bedecken im eigentlichen Sinn des Worts die Wände, Malereien, deren ursprünglicher
Charakter leider sehr gelitten hat. Obwohl sie hart und in der Zeichnung ungeschickt sind, zeigen sie doch ein auffallend frisches Leben
naiver epischer Volkskraft des Chronikenstils in der Malerei, wenn
man diesen Ausdruck gestatten will. Zur Rechten und Linken stellen
sie in ungeteilter Zusammenstellung viele Szenen aus dem Leben
Christi dar, darunter seinen Einzug in Jerusalem, ein Gemälde von
sehr figurenreicher Komposition, ferner seine Leiden und die Begebenheiten nach seinem Tode. Sie sind zum Teil gänzlich geschwärzt,
doch glücklicherweise durch Restauration viel weniger verdorben als
die Gemälde, welche sich auf S. Benedikt beziehen. Unter diesen stellt
ihn eins vor, wie er sich in den Dornen wälzt, die lockende Phantasie
eines schönen Weibes aus Rom zu verscheuchen, und in einem anderen sieht man ihn in der Grotte die Regel schreiben und liest dabei
dies alte leoninische Tetrastichon:

> Hic mons est pinguis, multis claruit signis,
> A Domino missus sanctus fuit Benedictus,
> Mansit in cripta, fuit hic nova Regula scripta.
> Quisquis amas Christum talem sortire Magistrum.

> *Dieser Berg ist behaglich, er glänzt durch vielerlei Zeichen,*
> *Wurde Sankt Benedikt doch von dem Herrn gesandt.*
> *In der Höhle blieb er und schrieb hier die Regel, die neue.*
> *Du, der du Christus liebst, wähle zum Meister dir ihn.*

Es schließt diese Vorkirche eine kleine Tribüne, die durch das nackte
Gewölbe des Felsens gebildet wird; vor ihr stehen, als am Ende des
Kirchenschiffes, drei Spitzbogen auf den zierlichsten Säulen, gleichsam den Triumphbogen bildend, dessen Lunette die Porträts der
Eltern Benedikts, des Probus und der Abundantia, zieren. Dahinter
ein kleiner Altar samt Tabernakel, die einzige alexandrinische Arbeit,
die ich im ganzen Kloster fand, wo das Musiv im Widerspruch zu
jener Zeit von der Freskomalerei völlig verdrängt worden ist.

Eine Reihe von sehr kleinen Kapellen führt sodann in das tiefer gelegene Innere; sie bilden einen kurzen und schmalen Gang, gleichsam das Querschiff der Kirche. Auch hier sind alle Wände mit Gemälden bedeckt; aber leider hat man sie vor kurzem so schonungslos restauriert, daß sie ganz grell und bunt heraustreten. Es sind Einzelbilder oder kleinere Kompositionen. Man sieht Benedikt mit seiner Schwester speisen, den Tod dieser Heiligen, den Tod des Placidus und des Maurus. Auch findet man dort einen antiken Kindersarkophag, welchen anmutige Reliefs von Vögeln umgeben, über einer kleinen Säule als Wasserbecken aufgestellt.

Eine Treppe führt in die besonders merkwürdige Unter- oder Mittelkirche. Auch hier sind alle Wände mit Gemälden bedeckt, und einige Inschriften haben uns sowohl Epoche als Namen der Maler aufbewahrt. Man liest in gotischen Charakteren: «Magister Conxolus pinxit hoc opus»; anderswo: «Stamatico Greco Pictor perfecit A. D. MCCCCLXXXIX.» Conxolus malte am Anfang des 13. Jahrhunderts, also noch vor Cimabue, und ehe sich die italienische Malerei von dem typischen Charakter des byzantinischen Stils lossagte. Vielleicht war er derselbe Maler, welcher die Vorhalle von S. Lorenzo vor Rom unter Honorius III. mit Wandgemälden schmückte; denn beide Arbeiten, sowohl in Subiaco als in Rom, gehören derselben Zeit und Art an. Conxolus' Gemälde, und es rühren wohl die meisten Fresken in jenem Kloster von ihm her, haben noch die griechische Manier, aber keineswegs in ihrer ganzen Strenge und steifen Magerkeit. Man findet unter ihnen ganz vortreffliche Gestalten von edlen Formen und einer Einfachheit der Gewänder, die ans Antike streift. Jedenfalls ist dieser alte Meister, dessen Name (von κομψός ?) einen Griechen zu verraten scheint, von Bedeutung, und vielleicht malte er, wie die Cosmaten, seine Namensverwandten (κοσμήτης) und Zeitgenossen, meißelten, so in Rom wie in Subiaco und in der Krypta des Doms von Anagni.

Es gibt in jener Unterkirche von Subiaco Gemälde der verschiedensten Vorstellung; die meisten indes beziehen sich auf die Geschichte des Klosters. Unter der Treppe sieht man z. B. den Papst Innocenz III. dem Abt Johann VI. ein Diplom überreichen und Gregor I., welcher dem Abt Honoratus die Schenkungsurkunde einhändigt. Auf das Leben Benedikts beziehen sich mehrere: eins, welches ihn mit seiner Amme darstellt, ist durch die schöne und anmutige Gestalt des Weibes und die sehr gute Gewandung besonders ausgezeichnet. Ein anderes stellt seinen Tod höchst originell vor: der Heilige liegt in schwarzer Kutte auf dem Lager; aus seinem Mund führt ein Lichtstrahl auf die kleine und nackte Puppengestalt seiner Seele, welche ein geflügelter Engel bereits in den Händen hält. Der Engel ist von

sehr gutem Ausdruck, mit streng griechischem Profil und den man-
delförmig geschlitzten Augen; die sanfte Neigung der Häupter, schon
lange vor Giotto ein charakteristischer Ausdruck des Graziösen, erinnert lebhaft an die besten Katakombengemälde. Dies merkwürdige
Bild von brauner Mittelfarbe ist glücklicherweise nicht retuschiert worden. Ihm ähnlich an kindlicher Naivität sind noch mehrere andere Gemälde, die ich übergehen muß. Nicht alle sind von demselben Meister,
und es finden sich auch einige, die ohne Zweifel schon dem 11. Jahrhundert angehören, da sie den schlechtesten Byzantinismus der Formen festhalten; so die kolossalen Deckengemälde, Apostel und Heilige vorstellend und in grellem Widerspruch zu den Fresken auf den
Wänden stehend. Sie sind obendrein auf das ungeschickteste ange-
frischt worden.

In derselben Mittelkirche befindet sich auch die Grotte Benedikts.
Sie erinnerte mich lebhaft an die berühmte Grotte der heiligen Rosalia
auf dem Berg Pellegrino bei Palermo. Denn hinter einem reichgeschmückten Altar sieht man die marmorne Figur des jungen Benedikt
knien, im Gebet vor dem Kreuz niedergeworfen; sie ist ein nicht
schlechtes Werk aus der Schule Berninis, und obenein wird ihre Wirkung durch das Halbdunkel der Höhle erhöht. Freilich hat hier alles
einen spielenden Charakter; die Kleinheit und Zierlichkeit dieser
flimmernd bunten Kirchlein, Kapellen und Grotten gleicht einem
niedlichen Phantasiespiel, wie ich es in ähnlicher Weise auf dem Gebiet religiösen Vorstellens nicht wieder gefunden habe. Es ist ein
illustriertes Bilderbuch von Legendenpoesien, welche unblutig und
schmerzlos, aber phantastisch sind wie das Leben von frommen Anachoreten in der grünen Wildnis und unter den Vögeln des Feldes. Die
Religion tritt hier als ein Märchen auf und bringt nur eine dement-
sprechenden Stimmung hervor. Dies ist entschieden der Charakter
jenes Klosters, insofern höchst merkwürdig und vielleicht einzig in
seiner Art. Nirgends wird hier der Geist zum Ernst gestimmt; nicht
einmal in jener heiligen Grotte kann selbst das gläubigste Gemüt des
Katholiken von Ehrfurcht oder von religiösem Schauer durchdrungen
werden. Die Künstler, welche dies etwa durch einige schwermütige
Gemälde erregen wollten, wurden um die feierliche Wirkung sofort
betrogen, und die reizende Spielerei des Ganzen um sie her scheint
ihre Phantasie selbst geneckt zu haben.

Dies merkte ich an zwei Freskobildern, welche sich dort an den
engen Wänden gegenüberstehen, wo neben jener Grotte eine Treppe
in die unterste Kapelle hinabführt. Sie stellen den Triumph des Todes
nach den bekannten Kanzonen des Petrarca dar: der auf einem Pferd
reitende Tod sprengt über Leichen fort und erschlägt mit dem Schwert
einen Jüngling, der sich mit seinem Gefährten unterredet. Gegen-

Subiaco

über drei offene Särge; in dem ersten liegt ein eben verstorbenes junges Weib; in dem andern erblickt man ihre Leiche in ekelhafter Verwesung; in dem dritten endlich ist sie als völliges Skelett dargestellt. Ein Greis deutet auf diese Stufen des Nichts, indem er drei schöne Jünglinge zu belehren scheint,welche in vornehmer Tracht und Falken auf den Händen tragend mit trauervollem Ernst dastehen. Der Meister dieses merkwürdigen Gemäldes (es hat leider sehr gelitten) ist nicht bekannt; es scheint, daß er der Zeit Ghirlandajos angehört. Von derselben Hand mag der bethlehemitische Kindermord über ebenderselben Treppe herrühren. Die Handlung ist auf das einfachste und schönste so entwickelt: eine Gruppe von Müttern, ihre Säuglinge in den Armen, ängstlich und liebevoll sie an die Brust drückend; es bewegen sich gegen sie Krieger lebhaft mit gezücktem Schwert. Ich habe diese greuelvolle Szene, ein Lieblingsgegenstand der Malerei aller Epochen, nie so fein und mit so künstlerischem, ja dramatischem Gefühl behandelt gefunden; und man lobe den Verstand des Künstlers in Erinnerung an die schonungslose Metzgerszene des Kindermordes, wie sie auf den Tapeten im Vatikan abgebildet ist. Der Maler in Subiaco wußte, daß er nur dann rühren konnte, wenn er das Unmenschliche ahnen oder fürchten ließ. Die Ausführung des Bildes ist sehr im kleinen.

Ich fand daselbst noch einige andere originelle Vorstellungen, besonders zwei Figuren des S. Stephan und des L. Laurentius. Der erste Heilige wird gesteinigt; wunderlicherweise hat der Maler oder eine spätere Restauration wirkliche Steine in das Gemälde eingefügt, und er scheint in solchen Eifer geraten zu sein, daß er sich selbst den Nimbus des Heiligen materiell vorstellte, indem er ihn durch einen derben Steinwurf zerschlug. Laurentius ist eine anmutige Jünglingsgestalt; mit seiner reichen Diakonengewandung bekleidet, hält er die Palme in der Rechten, das Buch in der Linken, und er steht aufrecht auf dem Rost.

Ich füge noch hinzu, daß man aus der eben beschriebenen Kapelle in die letzte, sehr kleine Grotte hinabsteigt. Man sagt, Benedikt habe daselbst seine Schüler in der Schrift unterwiesen. Ihre Wände sind mit Stuck bekleidet und zeigen noch Reste sehr alter Malerei.

Und dies sind die hauptsächlichsten Merkwürdigkeiten jenes Klosters. Doch wollen wir nicht vergessen, uns noch den oberen Hof anzusehen. Denn von hier hat man den besten Anblick der gigantischen Felswand, unter welcher alle diese Heiligtümer aufgebaut sind. Sie fällt lotrecht herab, ja sie scheint über das Kloster herstürzen zu wollen; es steht aber glücklicherweise im Hof die Figur des Heiligen, welche die Rechte abwehrend gegen diesen Fels ausstreckt und die Worte ausruft: «Ferma, o rupe, non danneggiare i figli miei!» (Stehe still, o Fels, und beschädige meine Kinder nicht.) Als ich in diesen Hof trat, fand ich zu Füßen der Figur sämtliche drei Raben sitzen und kläglich krächzen. Diese unheimlichen Vögel mit ihren Baßstimmen und ihren schwarzen Benediktinerkutten erschienen mir als sehr originelle Attribute des Heiligen, wie in der Mythologie der Alten andere Vögel anderen Göttern beigesellt sind. Die Raben spielen mehrfach eine Rolle in der Geschichte Benedikts; ich habe schon gesagt, daß sie ihn auf seiner Wanderung von Subiaco nach Monte Cassino begleiteten, und der Leser mag wissen, daß sie ihm zuvor das Leben retteten. Denn als der Feind Benedikts ihm einst einen vergifteten Kuchen schickte, trugen sie diesen in die Felsenwüste fort. Es schien mir überhaupt der Bergrabe ein wahrer Mönchsvogel zu sein, und jedenfalls ist er ein besseres Attribut als der Hund mit der Fackel im Maul, welchen sich die Dominikaner zum Symbol erwählt haben.

Ich wurde noch an einer anderen Stelle an das Altertum oder vielmehr an einen berühmten Namen erinnert. Es gibt nämlich am Kloster ein Felsengärtchen, welches voll von Rosen ist. Ehedem waren sie Dornen und ebendieselben, in welchen sich Benedikt nackten Leibes wälzte. Als im Jahr 1223 der berühmte Gründer des Franziskanerordens Subiaco besuchte, pfropfte er jenen Dornen Rosen ein, und deren Nachkommen stehen noch heute in üppiger Blüte. Man entdeckte mit der Zeit an diesen Rosen Wunderkräfte. Ein Mönch sagte mir ernsthaft, daß sie, zu Pulvern gerieben und verschluckt, jede Heilung von Krankheit oder Zauberei bewirken. Ob sie auch die köstliche Eigenschaft der Rosen des Apulejus besitzen, sagte mir der treffliche Mönch nicht und war auch sonst nicht wahrzunehmen.

AUS DEN BERGEN DER HERNIKER

1858

In der Campagna Roms liegen einige Orte, die durch Altertum, Schönheit der Gegenden, Charakter des Volks und manche merkwürdige Denkmäler zum Besuch einladen. Das Land, welches ich im Sinn habe, gehört zur Legation Frosinone und breitet sich oberhalb des Flusses Sacco auf den Abhängen des Apennin aus. Die Hauptstädte in diesem Gebiet der alten Herniker sind Anagni, Ferentino, Alatri, Veroli und Frosinone — Orte, die ein höheres Alter haben als Rom, ja deren Anfänge in die mythischen Zeiten des Saturn und der mauerbauenden Zyklopen sich verlieren.

Es war mein Plan, diese Städte zu besuchen, zugleich aber hoch in die Wildnis hinaufzugehen, um die berühmte Kartause Trisulti kennenzulernen und in ihrer Nähe die Grotte von Collepardo wie den seltsamen Felsentrichter Santulla zu sehen, welcher unter dem Namen «Brunnen Italiens» weit und breit genannt, aber nur selten besucht wird. Ich ritt demnach in Begleitung meines braven Campagnolen Francesco Romano, der mir als Führer und Diener zur Hand sein sollte, von Anagni aus in dies schöne Land hinein.

Wenn man von der Höhe herabkommt, hat man in einer Weite von acht Millien die Stadt Ferentino vor sich. Sie erscheint als ein ansehnlicher Ort auf einem langgestreckten Hügelzug gelagert, dessen Fuß reiches Grün von Weinreben und Gartenpflanzen bedeckt, während braune Türme, Klöster und Kirchen malerisch von den Gipfeln aufsteigen. Die lateinische Straße ist bis Ferentino sehr einförmig, wenn sie nicht durch Wanderzüge von Ciociaren belebt wird. Ihrer begegnet man manchen; denn die Via Latina führt der Stadt Rom die Produkte nicht allein der Landschaften, sondern auch der neapolitanischen Grenzstädte zu, und die Landsleute des Cicero und Marius, die Arpinaten, bringen gern ihre Hühner auf den Markt der Hauptstadt. Ich sah mehrere dieser Züge jener Gegenden, Reihen von großen, plumpen, zweirädrigen Karren, die man Barocci nennt, und welche von hochgehörnten weißen Ochsen gezogen werden. Einige waren mit Korn, andere mit Wolle beladen, die meisten aber mit Hühnerkörben befrachtet. Die Campagnolen, welche sie führten, machten in ihrem spitzen Hut, in der langen roten Weste und den Sandalen von Eselleder eine gar stattliche Figur.

Als ich Ferentino erreichte, hoffte ich hier auf die Gefälligkeit einer städtischen Familie, an welche ich einen Auftrag hatte. Ein junger Mann meiner Bekanntschaft, Gerichtsherr eines sabinischen Orts, wo ich mich längere Zeit aufgehalten, hatte in Ferentino seine Schöne. Dieses zärtliche Verhältnis war in der letzten Zeit eingeschlafen, der junge Mann wollte es wieder aufnehmen, und da er selbst verhindert war, mich, wie er erst gewollt, auf meinem Ritt zu begleiten, so ersuchte er mich, die Rolle des Galeotto oder Liebesboten zu übernehmen, was ich ihm gern zusagte. Er gab mir also eine sauber geschriebene Epistel mit dem ausdrücklichen Bemerken, sie der Freundin nicht in Gegenwart ihres Bruders, eines Priesters, zu übergeben, sondern in aller Heimlichkeit, wie einem Mittler geziemt. Kaum war ich nun am Gasthaus der Stadt abgestiegen, so ging ich nach dem mir bezeichneten Haus; die Schöne lag im Fenster, ich eilte die Treppe hinauf, und da wir uns in dem ersten Zimmer, welches ich betrat, allein befanden und nichts von Priestern zu sehen war, so richtete ich erst in bester Form die Grüße des Freundes aus und zog dann den Brief hervor. Die junge Dame war jedoch in sichtlicher Verlegenheit; sie wurde blaß und rot, und ohne ein Wort zu sagen eilte sie in ein Nebenzimmer, woraus sie bald zurückkam, mich zu bitten, in jenes zu kommen. Kaum dort eingetreten, sah ich den Priester vor mir faul auf ein nicht sauberes Bett gestreckt und den Liebesbrief in den Händen, welchen er eben aufmerksam las.

Ich erkannte, daß die Arme unter dem despotischen Einfluß ihres Bruders stand, daß schlimme Szenen im Haus mußten gespielt haben und dies Mädchen nicht die moralische Kraft besaß, sich der Tyrannei des Priesters zu entziehen. Dieser Mann, der mir sonst in Beziehung auf Geschichte und Sehenswürdigkeiten seiner Vaterstadt hätte nützlich sein können, empfing mich kalt und ängstlich, und ich verließ das Haus mit Unwillen darüber, diesen Liebeshandel vielleicht noch mehr verwirrt zu haben. Indes fand ich mich mit Hilfe anderer in Ferentino zurecht und durchwanderte diesen alten Ort Latiums in allen Richtungen.

Die ansehnliche bischöfliche Stadt besteht aus einem Gewirr enger Straßen, die nur hie und da durch einen Platz unterbrochen werden. Die ländliche Stille, die Verkommenheit der Geschäfte, die Wüstheit der meisten Häuser bringen einen sonderbaren Eindruck mittelalterlichen Wesens hervor, während zugleich Säulenstümpfe, Grabcippi und andere Postamente mit römischen Inschriften an das klassische Altertum erinnern. Ich setzte mich auf einem kleinen viereckigen Platz nieder, der sich nach der Campagna öffnet und einen herrlichen Blick in das Volskerland gewährt, und versank dort bald in einen Zustand idyllischen Behagens. Ich sah Frauen zu, die dort um eine graue Zisterne geschart dastanden, eine jede ihren blechernen Tubus am Strick hinunterlassend und emporziehend – eine langweilige und mühevolle Arbeit; denn Fontänen besitzt Ferentino nicht und besitzen überhaupt die wenigsten dieser Landstädte Latiums. Der Reisende hat oftmals Mühe, sich in diesen Orten aus jenem Torpor träger Beschaulichkeit emporzuraffen, in welchen heiße Sommerluft und verzaubernde Lebensstille so leicht versenkt. In solcher fremdartigen und doch zugleich traulichen Einsamkeit zieht dann wohl Erlebtes, Empfundenes und was in weiter Ferne liegt, schattenhaft und leise an der Seele vorüber. Doch ein Blick auf eine römische Inschrift dicht neben mir ermunterte mich und mahnte mich an mein Vorhaben, die alten Mauern Ferentinos aufzusuchen. Die Stadt hat davon noch sehr ansehnliche Überreste.

Wie manche andere Orte Latiums umgab sie ursprünglich ein Ring von Zyklopenmauern, während sich oben auf der höchsten Höhe die in gleicher Weise befestigte Burg befand. Daß diese Werke einer von uns unbegriffenen Urzeit erster, doch schon bestimmt geformter Zivilisation sich noch in bedeutenden Resten erhalten haben, ist kein Wunder, vielmehr befremdet ihre teilweise gänzliche Vertilgung. Denn an vielen Stellen sind diese ungeheuren Steingefüge völlig abgetragen, an anderen sind auf ihre Reste römische Mauern von länglichen Quadern gesetzt, über welchen dann hie und da noch Mauerwerk des Mittelalters in der «Saracinesco» genannten Bauweise angefügt worden ist – so daß man mit einem einzigen Blick drei weit voneinander getrennte Kulturperioden und ihre Charaktere vereinigt sieht. Am besten zeigt sich dies neben dem Tor von Frosinone und an der Porta Sanguinaria, einem merkwürdigen uralten zyklopischen Bau, welchen die Römer hernach zu einem gewölbten Tor verändert haben, und worauf sich endlich die schlechteste Arbeit des Mittelalters angesetzt hat. Die riesigen vieleckigen Steine, fest ineinandergefügt, bilden bis zu einer beträchtlichen Höhe die Grundlage.

Sehenswürdig ist die alte Burg von Frosinone mitten in diesem Mauerringe, der die Stadt umgab und umgibt. Diese Arx steht hoch auf einem Felsenhügel und war ursprünglich durchaus von Zyklopenmauern umringt. In der Römerzeit stand hier eine mit Toren und Türmen versehene Befestigung, deren Unterlagen aus großen Quadersteinen sich noch erhalten haben. Eine solche Festung mußte uneinnehmbar sein, und selbst noch heutigentags ließe sich dort mit geringer Mühe ein tüchtiges Werk dieser Art herstellen. Während der Herrschaft der Römer stand hier der Palast des Präfekten. Im Mittelalter behauptete sich diese Burg in manchen Kämpfen und Belagerungen. Noch sieht man die Reste des oberen Kastells, namentlich zwei stumpfe Türme, welche ehemals ein viereckiges Gebäude bewehrten. Sie sind von überaus malerischer Wirkung.

In fast allen Städten Latiums kann man bemerken, daß sich die Kathedralen auf den Burgen niedergelassen haben, und kein passenderer Platz konnte für sie gefunden werden. Die Bischöfe bauten zugleich daneben ihre Paläste, und so waren sie imstande, von dem Kastell aus die Stadt zu beherrschen. Ferentinum ist eins der ältesten Bistümer dieser Gegenden; die es gründeten, wählten dazu mit Einsicht die Burg, indem sie den alten Palast der römischen Präfekten in die bischöfliche Wohnung verwandelten, den Dom aber aus den Materialien alter Monumente errichteten.

Wenn man durch das römische Tor, ein Werk von erstaunlich fester Anlage, getreten ist, so hat man unmittelbar neben sich sowohl den Dom der Stadt als die daranstoßenden bischöflichen Gebäude. Alles dies macht den Eindruck des reinsten Mittelalters. Die Kirche ist klein, doch von guten Verhältnissen, reich an Inschriften und Fragmenten wunderlicher Skulpturen, die noch bis ins 10. Jahrhundert hinaufreichen mögen und bald in den Wänden, bald auf dem Boden sichtbar sind.

Überhaupt hat Ferentino einige ausgezeichnete Denkmäler des Mittelalters, worunter ich nur die schöne Kirche S. Maria Maggiore nenne. Sie steht unten in der Stadt auf einem kleinen Platz und ist eins der vollkommensten Werke gotisch-römischen Stils aus dem 14. oder 15. Jahrhundert, welche man in Latium antrifft. Ihr ganz ähnlich an Charakter sollen die Kirchen in Fossanova und Casamari sein, welche ich noch nicht gesehen habe. Obwohl mich diese mittelalterlichen Bauten hauptsächlich beschäftigten und meine Aufmerksamkeit auf Inschriften gerichtet war, die jener Epoche angehören, so versäumte ich doch nicht, mich zu den übrigen römischen Altertümern führen zu lassen, welche hie und da zerstreut liegen. Indes ihrer sind nicht viele, noch sehr bedeutende. Der Stolz Ferentinos in dieser Hinsicht ist das sogenannte «Testament». Mühsam kletterte ich über Felsen und durch Brombeergewinde eines Weinbergs, um diese Merkwürdigkeit zu erreichen, und sah endlich eine große Tafel vor mir, welche in den lebenden Stein selbst eingehauen ist. Eine lange Inschrift in trefflichen Charakteren verkündet, daß Aulus Quinctilius, Quatuorvir und Ädil, der Wohltäter seiner Vaterstadt gewesen, die er testamentlich mit Gütern beschenkt, und die ihn selbst dankbar verehrt hat, indem sie seine Statue öffentlich auf dem Forum aufstellen ließ.

Als ich von diesen Wanderungen ermüdet in meine Herberge am Tor von Frosinone zurückgekehrt war, fand ich das ganze Haus in lärmender Bewegung. Es war an diesem Tage das öffentliche Examen im Gymnasium der Stadt gehalten worden, und die wohlhabenden Familien vieler volskischen und lateinischen Orte der Umgegend waren gekommen, um ihre Söhne zu den Herbstferien nach Hause zu nehmen. Mütter, Väter, Kinder füllten alle Gemächer des Gasthauses,

und der tobenden Freude von jung und alt war kein Ende: die einen
reisten ab, die andern rüsteten das Nachtmahl oder richteten sich zum
Übernachten ein: es kostete mich die äußerste Mühe, mein Zimmer zu
behaupten, welches ich von vornherein für mich ausbedungen hatte.
Einzuschlafen indes gelang mir nicht, weil die Frauen und Mädchen,
die Kinder und Dienstboten in beständiger Bewegung und fast
schreiender Unterhaltung blieben. Kaum aber hatte sich in tiefster
Nacht dieser chaotische Wirrwarr gelegt, als draußen feierliche und
sonderbar tönende Gesänge erschallten. Es waren Pilgerzüge, die vorüberkamen, Menschen, welche in der Nachtkühle nach irgendeinem
entfernten Wallfahrtsort wanderten. Ihre Litaneien hallten trauervoll
durch die Stille und brachten eine mächtige Wirkung hervor; denn
nichts ist reizender, als solchem Gesang in dem nächtlichen Schweigen zuzuhören, da die Phantasie den Ziehenden folgt, welche das
Auge nicht sieht, und von denen man nicht weiß, von wannen sie
kamen und wohin sie mitten in der Nacht ihre Reise richten. War
nun ein Zug vorüber, so schallte schon das «Ora pro nobis» eines
andern aus der Ferne hervor und verschwebte, dem Haus vorüber-
kommend, dann wie jener in die Weite. Und so wiederholte sich dies
die ganze Nacht hindurch.

Ich war endlich froh, den Morgen hereinschimmern zu sehen, und
die Sonne war noch nicht über die Berge gekommen, als ich frischen
Mutes durch die Stadt ritt, um nach Alatri hinaufzureisen. Es ging
erst zwischen vielen Weinbergen, dann auf felsigen und rauhen
Wegen durch ein verwildertes Hügelland fort, welches von riesigen
Kastanienbäumen beschattet und von muntern Quellen bewässert
wird. Aber je weiter wir vordrangen, desto wüster wurde das Gestein,
desto einsamer die Landschaft, bis wir endlich den Fuß eines hohen
Bergkegels erreichten, auf dem sich ein schwärzlicher und melancholischer Ort erhebt, einige zersplitterte Türme und zerfallene Mauern
emporstreckend. Dieses Kastell reizte meine Vorstellung in nicht geringem Maße. Ich hatte es bereits von Anagni aus mit Verlangen betrachtet und nicht gewußt, daß mein Weg nach Alatri mich ihm so
nahe bringen würde. Es ist das alte Fumone, der Kerker Cölestins v.;
hier starb er nach einer peinlichen Haft von zehn Monaten am 19. Mai
1296, im hohen Alter von 81 Jahren.

Indem ich Fumone betrachtete, konnte ich mir vorstellen, daß nicht
leicht anderswo ein so trauriger Verbannungsort mochte zu finden
sein. Jedoch die Einsamkeit schmerzte jenen Gefangenen nicht, welcher sein Leben als Eremit in Höhlen und Wildnissen hingebracht
hatte. Ich mußte mich begnügen, dies Kastell anzuschauen, wie es,
einem finstern Räubernest ähnlich, über meiner Straße herabdrohte.
Ich wanderte diese fort; zwei mächtige Berge steigen zu ihren beiden

Seiten auf, und eine Höhe sperrte den Mittelgrund. Sobald ich diese erreicht hatte, öffnete sich dem Blick ein Panorama von hoher Schönheit, da sich die herrlichste Apenninlandschaft mit Ebenen und Hügeln und dahinter große Bergreihen entfalteten, worauf Städte, wie Vico und Guercino, in der Ferne sichtbar waren. Die Straße senkte sich jetzt sanft abwärts und führte in die reiche Campagna Alatris, welche bedeutende Stadt ich endlich vor mir sah, als ich um einen Hügel bog. Durch die altersschwarzen Mauern hinreitend – es war ein sonniger Vormittag – erfreute ich mich an der Lebendigkeit des Orts, wie an der Menge stattlicher Paläste, welche auf ein blühendes Gemeinleben der Vergangenheit schließen lassen. Keine gleich ansehnliche Stadt hatte ich noch in den Bergen Latiums gesehen, noch irgendwelche von so hervortretendem Charakter gotisch-römischer Architektur.

Alatri ist ein Fabrikort für Wolle, Teppiche und Tuch, ein großer Verkehrsplatz der lateinischen Bergciociaren, die dort ihre Wämser und jene spitzen schwarzen Filzhüte kaufen, welche in Latium allgemein getragen werden. Zudem war es Markt; Straßen und Plätze, bedeckt mit Früchten des August, mit Feigen, Pfirsichen, Aprikosen und großen Birnen, gewährten einen reichen Anblick und wimmelten von Volk. Die hochgewachsenen Bergbewohner in ihren roten Westen und mit Sandalen, den mit Blumen geschmückten Filzhut keck auf dem Scheitel, erinnerten mich daran, daß ich in dem Latium ferox des Virgil sei, dessen robuste Bevölkerung auch das ganze Mittelalter hindurch ihre Eigenart behauptet hat.

Die Straßen sind meist eng und finster, denn alle Häuser sind aus dunkelm Tuffstein erbaut und nur selten mit Kalk übertüncht. Unter ihnen überraschte mich eine nicht geringe Menge palastähnlicher Gebäude; Palast aber nennt man in den römischen Städten jedes Haus mit einem Portal, und um so mehr beansprucht es diesen Namen, wenn es einem alten Adelsgeschlecht angehört. Zahlreiche Familien des Mittelalters müssen demnach in Alatri während des 15. und 16. Jahrhunderts geblüht haben, da die meisten Paläste der Stadt dieser Epoche anzugehören scheinen. Sie sind in der Regel mit einem platten Dach von sehr starker Ausladung versehen. Die Fassade besteht aus einem Gefüge von sauber behauenen viereckigen Tuffsteinen, deren schwarze Farbe die schönste Wirkung hervorbringt. Die Türen sind gotisch mit leichtem Bogenbruch; ich bemerkte deren sechs an einem schönen Palast, über ihnen ein feines Gesims, worauf sechs Fenster in den angenehmsten Verhältnissen die Wand durchbrechen. Diese Fenster sind alle im gotisch-römischen Stil gebaut, gleich jenen, welche die älteren Kirchtürme Roms gliedern, da sie aus zwei Bogen bestehen, die in der Mitte durch eine kleine Säule geteilt werden. Diese Bauart verleiht der Stadt einen imposanten Charakter.

Es gibt dort Gebäude, welche mich an die toskanischen Republiken, namentlich an Siena, erinnerten. Der Palast Jacovazzi zeichnet sich vor allen andern durch seine turmgleiche Höhe und seine Fassade halbgotischen Stils aus. Da er gegenwärtig Eigentum der Stadt ist, so bildet er als das Kommunalhaus ein prächtiges Zentrum dieser Bauten.

Ich war von Rom aus an eine der angesehensten Familien Alatris gewiesen, welche ehemals durch Reichtum und Einfluß in der Geschichte der Stadt eine nicht unbedeutende Stellung gehabt hatte. Ich suchte also den Palast Grapelli auf, und in der Tat verdiente dieses alte Haus, so zu heißen. Ein geräumiger innerer Hof, stattliche Treppen von Stein, ein prächtiger Saal, in welchem eben ein Liebhabertheater aufgestellt war, viele Zimmer mit gemalten Decken und Fresken auf den Wänden, endlich über zerstörten Nebengebäuden ein verfallener Turm, der einst dieses Haus zur Festung machte, zeigten mir, daß es die Besitzung reicher Signoren gewesen sein mußte. Nun aber war alles im Zustande der Verwilderung, die innere Einrichtung höchst ärmlich, nur aus Resten alter Wohlhabenheit zusammengesetzt; man sagte mir auch, daß die Familie, wie so manche andere des Orts, zu großer Armut herabgesunken sei. Indes die Jugend, die sich im Hause zeigte, blühte von Kraft und Gesundheit, und ich betrachtete mit Vergnügen die muntern Mädchen, welche in dieser frischen Bergluft herrlich emporgewachsen waren. Sie entbehrten hier vielleicht nicht ungern die langweiligen Freuden Roms, in kleinen städtischen Kreisen sich heiter bewegend, und ihre Abende bringen sie mit Tanz und Spiel zu.

Als ich nach den Sehenswürdigkeiten Alatris fragte, machte man mich vor allen andern auf die Kirche Santa Maria Maggiore und die zyklopischen Mauern aufmerksam, um derentwillen ich allerdings die Reise unternommen hatte. Jene Kirche, auf einem von mittelalterlichen Gebäuden eingefaßten Platz gelegen, ist klein und von römisch-gotischem Stil. Sie war auf zwei Türme berechnet, von denen indes nur einer, und zwar unvollendet oder halb zerstört, aufrecht steht. Römische Bogenfenster gliedern ihn. Eine unregelmäßige Fassade von drei gotischen Türen macht den sonderbarsten Eindruck, da über dem Portal ein ganz außerhalb der Verhältnisse angelegtes rundes Fenster eingebrochen ist. Seine Rosette ist mit gemaltem Glas ausgefüllt. Das Gesims der großen Türe zeigt Zieraten von Akanthusblättern, und ihr Bogen ruht auf übereinander vorspringenden Säulen.

Als ich in das Innere der Kirche trat, wurde ich enttäuscht; denn obwohl ihre drei Schiffe, von je vier großen Bogenspannungen gebildet, halbgotischen Stils sind, zeigte sich doch alles von modernem Ungeschmack entstellt, mit falschem Marmor belegt und mit sehr

bunten Farben, wie man sie jetzt in Rom liebt, selbst bis in die Kreuzgewölbe hinauf bemalt. Das Mittelschiff wird durch zwei Rosetten-
fenster von jeder Seite erhellt, und auch die Tribüne ist von einem
ähnlichen durchbrochen. Vergebens suchte ich nach alten Bildwerken;
das einzige, was der Betrachtung wert sein konnte, war ein Taufstein,
eine Vase von Gips, getragen von drei Karyatiden in der rohesten
Arbeit des Mittelalters.

Ich wanderte zu den zyklopischen Mauern empor. Wie Ferentino
war auch Alatri rings von solchen umschlossen gewesen; aber der
städtische Ring ist beinahe gänzlich zerstört worden, und nur die
Mauern der Burg haben sich erhalten, ein erstaunliches Denkmal
jener Kulturepoche, ohnegleichen unter allen Städten Latiums, so daß
ein so wunderbares, ägyptischen Bauten völlig zu vergleichendes
Werk gesehen zu haben eine tagelange mühevolle Reise belohnt.

Die alte Burg Alatri (man nennt sie heute Civita, die Stadt an und
für sich) ist der höchste Hügel des Orts und gegenwärtig der Dom-
bezirk, denn auch hier, wie in Ferentino, hat sich das Bistum auf der
alten Befestigung niedergelassen. Dieser Hügel nun, auf dessen großer, durchaus geebneter Fläche die Hauptkirche steht, ist von allen
Seiten umfaßt, gestützt und bekleidet von Zyklopenmauern in einer
Höhe von 80 bis 100 Fuß. Als ich diese schwarzen titanischen Steingefüge sah und umschritt, welche so wohlerhalten sind, als zählten
sie nicht Jahrtausende, sondern nur Jahre, wurde ich zu weit größerer
Bewunderung menschlicher Kraft hingerissen, als mir der Anblick
des Kolosseums in Rom eingeflößt hatte. Denn in vorgeschrittener
Kultur, mit ausgebildeten Mitteln der Mechanik, lassen sich Amphitheater oder Thermen wie die des Caracalla und Konstantin auftürmen, ohne daß der Menschenkraft Übermäßiges zugemutet wird,
und selbst die Dionysischen Mauern in Syrakus, das Großartigste
solcher Bauten, was ich bisher gesehen hatte, machen nicht so sehr
erstaunen. Hier sehen wir Mauern vor uns, von denen jeder Stein
nicht ein großes Quaderstück, sondern ein geglätteter Felsblock ist,
von unregelmäßiger Form, mehr- und vieleckig; und wenn wir verwundert nach der Mechanik fragen, welche imstande war, so große
Felsenstücke übereinander zu erheben, so begreifen wir noch weniger,
wie man es vermochte, diese Vielecke so kunstvoll aneinander-
zufügen, daß sie ohne ausgefüllte Zwischenräume auf das genaueste
aneinanderpassen und so die sauberste Riesenmosaik herstellen.

Die Sage versetzt diese Gattung urlateinischer Bauten in die Zeit
des Saturnus und rückt sie damit überhaupt über die geschichtliche
Zivilisation hinaus; die wissenschaftliche Forschung aber, welche sich
so viel mit Indogermanen und Pelasgern in Italien zu tun macht, ist
zum Geständnis verdammt, daß sie nichts von den Völkern weiß,

welche jene Werke aufgetürmt haben. Ihr Anblick zeigt, daß ein Menschengeschlecht, welches solche Mauern baute, im Besitz einer schon bedeutenden materiellen Kultur war und geordnete staatliche Verhältnisse besaß. Da diese zyklopischen Städte sich nahe beieinander und über ganz Latium zerstreut finden, so ergibt sich daraus, daß sich hier eine große Anzahl für sich bestehender Republiken oder Gemeinden in uralten Zeiten anbaute, deren Verbindung miteinander wir nicht kennen. Aber so ungeheure Befestigungen lassen auf beständigen Krieg der Städte untereinander schließen und überhaupt auf räuberische, unsichere und vereinzelte Zustände. Wollte man nun zu den Dimensionen der Werke auch die Kräfte der Menschen in ein passendes Verhältnis bringen, so müßte man wahrhafte Giganten in denen sehen, welche sie errichteten oder mit feindlicher Gewalt zu stürmen kamen; indes diese Bauten deuten nur die Periode des Kolossalen an, womit die menschliche Kultur bei allen Völkern und in allen Weltteilen beginnt, bis sie dann von dem materiell Erhabenen zu dem hinabsteigt, was sich als Wohlgefälliges und Schönes mit ausgebildeten Mitteln herstellen läßt. Überhaupt dürfte man jene zyklopischen Werke in keine zu dunkle Zeit hinaufrücken; vielleicht wurden deren noch in Latium gebaut, als bereits Rom gegründet war, und der Schritt von dieser vieleckigen Konstruktion zu den Quadermauern der Etrusker und Römer ist keineswegs ein großer.

Aus den Mauern dieses Kapitols des alten Alatri führte ein Haupttor, welches noch heute vorhanden ist, ein ungeheurer aus horizontalen Steinen zusammengefügter Bau; außer ihm zeigt sich noch ein kleinerer Eingang, und drei in der südlichen Mauer angebrachte viereckige Nischen lassen auf Götterbilder schließen, die dort aufgestellt gewesen sind, während zugleich ein zyklopischer Überrest mitten auf der Burg für den Gemeindealtar gehalten werden kann, auf dem die festlichen Opfer vollzogen wurden.

Bis zum Jahre 1843 waren diese Mauern unter Schutt und Schlinggewächsen halb begraben, und kein Weg führte um sie herum. Ein Besuch Gregors XVI. brachte die Alatriner auf den glücklichen Gedanken, so unvergleichliche Monumente des höchsten Altertums zu reinigen und zu befreien; es arbeiteten demnach 2000 Menschen zehn Tage lang, den Schutt zu entfernen, und so wurde die Akropolis nicht allein wieder bloßgelegt, sondern ringsum mit einer Straße versehen, Via Gregoriana genannt. Damals wurde auch das große Tor ausgegraben und der Aufstieg wieder eröffnet. Dieser breite, ganz ebene Burgplatz ist nun von einer steinernen Wehr umfaßt, die sich über den Zyklopenmauern erhebt; da er keine Gebäude außer dem Dom enthält, gibt er dem Blick die weite Aussicht in die Gebirgslandschaft frei. Es ist ein so hinreißend großes und schönes Gemälde umher verbreitet, daß ich nicht versuchen werde, es in Worte zu fassen oder nur die Linien der Gebirge anzudeuten, die sich in dem sonnigen Blau über paradiesischen Gefilden entfalten. Bei einer vollkommenen Stille, ja einer wahrhaften Einöde auf dieser rätselhaften Stätte uralter Menschenkultur ist der Eindruck des Erhabenen ein doppelt wirksamer.

Ich sage auch nichts von dem kleinen Dom, der sich auf der einen Seite des Burgplatzes einsam erhebt, mit einem bizarren Glockenturm und einer Fassade, die dem Geschmack des 18. Jahrhunderts angehört. Eine breite steinerne Treppe führt zu dem Eingang empor. Leider ist im Innern alles modernisiert, und so erkannte ich mit Bedauern auch hier, daß selbst in den abgelegensten Ortschaften Latiums der falsche Ehrgeiz der Priester oder der Gemeinden das Ehrwürdige und Altertümliche durch das Neue zerstört. So wie die Modesucht allmählich die national ererbte Tracht der Bewohner vertilgt, so greift sie auch die Gebäude überall an, bedeckt sie mit nüchternen Fassaden und entstellt ihr Inneres mit grellen und kindischen Farbenbildern wie im heutigen Rom, wo man in Geschmacklosigkeit mit den Sizilianern wetteifert.

Ich durchwanderte die Straßen Alatris, und immer besser gefiel mir die Stadt. Eine ziemlich reiche Kultur von Gärten umher, und drinnen ein rüstiges und arbeitsames Leben deuteten auf behagliche Zustände. Da in allen diesen Orten aus der Beschaffenheit des Brotes und des Weins, als der hauptsächlichsten Nahrungsbedürfnisse, mit Recht ein Schluß auch auf andere Verhältnisse gezogen werden kann, so überzeugte ich mich, daß die Alatriner nicht Mangel leiden.

Ich erinnere mich nicht, in Alatri von Bettlern angesprochen worden zu sein, wie man sie überall in der Sabina und im Albanergebirge scharenweise nach sich zieht. Doch dort betteln aus ihrem Kerker heraus Gefangene – ein wunderlicher Anblick, den man übrigens in fast allen römischen Orten haben kann. Während unsere strengen Systeme des Gefängniswesens darauf hinzielen, den Schuldigen soviel als möglich von der Welt abzusondern, ja ihn wie einen verpesteten Gegenstand in die Zelle einzumauern, gönnt ihm hier die Toleranz des Südens wieder einen zu großen Spielraum. Ich hörte oft Gefangene in römischen Städten die heitersten Lieder hinter ihren Gittern singen, in Ritornellen denen auf der Straße antworten, oder ich sah sie mit der Gebärdensprache zum Fenster hinaus Geschichten erzählen, die der Fremde freilich nicht versteht. Nun aber ist ihnen selbst das Betteln noch im Kerker gestattet. Diese Verbrecher, oft nur um geringe Vergehen bestrafte Nichtstuer, strecken ein langes Rohr aus dem Gitter heraus, an welchem mittels eines Fadens ein leinenes Beutelchen befestigt ist. Zwei, drei, vier solcher Rohrstangen sieht man zu gleicher Zeit in Bewegung, und die sie herausstrecken, gleichen den Anglern, welche mit der größten Seelenruhe ihr Rohr in den Händen halten, um es heraufzuziehen, wenn der Fisch angebissen hat. So baumeln dort die leeren Beutelchen in der Luft hin und her; geht nun jemand an dem Gefängnis vorüber, so senkt sich Angelrohr und Beutel ihm vor der Nase nieder, und der Gefangene bittet um der Madonna willen, ihm ein Geldstück hineinzulegen. Er ist nicht minder vergnügt, wenn man ihm eine Zigarre hineinsteckt, die er dann mit Wohlbehagen hinter den Eisenstäben rauchen wird; hat er aber ein paar Bajocci erhascht, so läßt er sich Wein holen, oder was ihm sonst wünschenswert erscheint. Ich konnte diese klassische Art zu betteln niemals ohne Heiterkeit betrachten und mußte mich stets der Sage erinnern, welche von Belisar erzählt, daß er aus dem Fenster seines Turms die Vorübergehenden angebettelt habe – wenigstens zeigt diese Fabel, daß jene Toleranz sehr alt ist, und vielleicht streckten die Gefangenen aus den Kerkern schon in alten Römerzeiten solche Rohrangeln hervor.

Ich brach von Alatri auf, um die Grotte von Collepardo zu besuchen, von deren Schönheit ich mir so viel hatte erzählen lassen. Ein Gebirgspfad führt zu ihr hin; denn wenige Millien hinter der Stadt verwandelt sich der Charakter des Landes, die Kultur verschwindet, nackte rote Kalkfelsen führen in das Gebirge, dessen wilde Einsamkeit nun den Wanderer umfängt.

Ein Kohlenbrenner aus dem kleinen Gebirgsort Collepardo, welcher in Alatri seine Last abgesetzt hatte und zufällig mit mir zusammentraf, wurde mein Begleiter und Führer durch die Berge. Ich hörte gern den Erzählungen dieses gutmütigen Menschen von der Ärmlichkeit, aber Genügsamkeit des Lebens in seiner Heimat zu, obwohl sein Bergdialekt mir das Verständnis etwas schwermachte.

Die Felsenmassen wurden rauher und rauher, die Täler romantischer und wilder, und wir kamen nun über den Fluß Cosa, welcher mit Gewalt durch diese Berge herunterbraust. Sein Wasser, grünlich an Farbe wie der Inn im Engadin, wimmelt von Forellen. Diese Lebensader des Gebirgs zieht den einzigen schmalen Kulturstreifen durch die Felsenwildnis; nach einem jähen Lauf stürzt sie sich in den Saccofluß und eilt mit ihm dem Liris zu.

Hoch über der Cosa, wo sie am Fuß einer steilen Felsenwand sich durch enge Schluchten zwängt, liegt Collepardo. Nichts Melancholischeres mag man sehen: kleine Häuser aus Kalk stehen in gestreckter Reihe beisammen, durch eine bizarre Kirche unterbrochen, und eine schwarze zersplitterte Mauer zieht sich rings umher – ein Beweis, daß auch diese arme Ortschaft nicht vor dem räuberischen Feind sicher war. Wenige Gärten, Olivenbäume und Weinreben gaben hier

äußerste Dürftigkeit zu erkennen; denn außer der kleinen Fläche,
worauf Collepardo steht, schien ringsumher alles von Felsen zu
starren. Der wackere Kohlenbrenner lud mich ein, in seinem Haus
abzusteigen, was ich gern tat, da ich sonst wegen des Unterkommens
in Verlegenheit geblieben wäre. Ich richtete mich in dem ärmlichen
Gemach, so gut ich konnte, ein, um die Sonnenhitze vorübergehen zu
lassen. Nun traf es sich mir äußerst erwünscht, daß einige Herren aus
Velletri eben zu Pferd angekommen waren, welche die gleiche Absicht, die Grotte zu sehen, hierhergeführt hatte, denn so wurde es
mir möglich, dieses Wunder auch bei Fackelbeleuchtung zu betrachten.

Die Höhle liegt tief unterhalb Collepardo. Eine steile Bergwand
führt zu ihr hinab; hier braust der Cosafluß durch eine Schlucht; man
reitet eine Zeitlang an seinem Ufer hin, welches Kastanienbäume beschatten, und hat zu beiden Seiten Felsenwände in den großartigsten
Formen. Zur Linken steigt der Berg Marginato auf und streckt seine
verwitterten Massen in die Luft hinaus, tiefe und schwarze Schatten
in das Wasser werfend, welches um das Gestein mit Wut siedet und
kocht. Rechts erhebt sich eine nicht minder abschüssige, von Baumwuchs umbuschte Felsenhöhle, in welcher eben die Grotte liegt.

Schon der Eingang zu ihr verspricht etwas Außerordentliches. Ein
schwärzlicher Schlund gähnt aus finstern Blöcken hervor, und ein
kalter Luftstrom scheint aus der tiefsten Tiefe heraufzuquellen. Wir
hüllten uns sorgsam ein, ehe wir hinabstiegen. Die Führer mit den
Fackeln waren vorausgegangen, und bald zeigten uns leichte Rauchwolken, die aus den Spalten der äußern Wand hervorstiegen, daß
jene drinnen seien. Ich habe sehr viele Grotten im Gebirge gesehen
und bin für diese Naturspiele im ganzen nicht mehr empfänglich; ich
versprach mir daher auch nicht viel von der Grotte bei Collepardo,
als ich sie betrat. Indes machte sie doch Eindruck auf mich, und dies
zumal deshalb, weil sie sehr großen Raum hat. Sie besteht nämlich
aus zwei Hauptteilen, gleichsam zwei ungeheuren Sälen, die in der
Mitte durch eine zerrissene niedrige Mauer getrennt sind. Die Farbe
der Wände und des Bodens ist schwarz oder gelbbraun; große Felsen
liegen umher, die man zum Teil erklettern muß, und von den unregelmäßigen Wölbungen der Decken hängen Stalaktitenbildungen in
mannigfaltigen Formen herab, während andre wieder vom Boden
selbst in bizarrsten Gestalten und Gruppen ihnen entgegenzuwachsen
scheinen. Die seltsamsten Gestalten haben sich in dem hintern Teil
der Grotte gebildet; ihn völlig zu übersehen, ließ man uns im vordern
Raum so lange warten, bis jener erleuchtet war. Denn viele Männer
und Knaben hatten sich nicht allein mit ihren Fackeln hie und da aufgestellt, sondern auch große Haufen von Werg an verschiedenen
Orten angezündet. Als ich nun in den so erhellten Zaubersaal hinein-

blickte, war es allerdings ein befremdender Anblick. Bald schien man in einen ägyptischen Tempel von schwarzen Säulen einzutreten, zwischen denen Bildwerke von Sphinxen und Göttern standen, bald schweifte man in einem Wald von steinernen Palmenkronen und andern phantastischen Gewächsen, und wieder starrten hier Lanzen und Schwerter oder hingen Rüstungen von Riesen und Zwergen von den Wänden nieder. All dies lebte und flackerte vom Schein der Fackeln, welche hier die Massen grell heraustreten ließen und dort um so mächtigere Schatten erzeugten. Die wallenden Rauchwolken zogen wie Schleier hin und wider, und durch die feuchte Luft warfen sich mit wildem Schrei die aufgestörten Fledermäuse und Nachteulen hervor. Es ist von solchen Höhlen kein Bild zu machen, denn die Einbildungskraft eines jeden sieht sie auf besondere Weise und bevölkert sie mit Phantomen. Natürlich fehlt es nicht an Benennungen einzelner besonders hervortretender Tropfsteingebilde, von denen mir nur die sogenannten «Trophäen der Römer» im Gedächtnis geblieben sind. Ohne Zweifel enthält die Höhle von Collepardo noch einen größeren Zusammenhang von Gemächern und erstreckt sich tief in den Berg hinein, aber man hat es noch nicht möglich gemacht, weiter vorzudringen.

Überhaupt finden sich in dieser Gegend viele Höhlenbildungen im Kalkgestein, die ehedem manchen Einsiedler mögen beherbergt haben. Noch im Jahre 1838 wohnte bei Collepardo in einer Grotte des nahen Berges Avicenna ein Eremit. Es erschien dort im September jenes Jahres ein junger Franzose, der sich Stefan Gautier nannte und erklärte, Eingebungen des Himmels zu folgen, welcher ihn in diese Wildnis berufen habe, um ein Anachoretenleben zu führen. Der Fremdling richtete sich in jener Höhle ein; man brachte ihm Speise und Trank, er betete und kasteite sich, und man sah ihn oft in Collepardo, in Veroli oder in der Kartause Trisulti, wo er die Kirchen besuchte und mit den Mönchen verkehrte. Seine Lebensweise war untadelhaft, ja die eines angehenden Heiligen, obwohl er noch bei jungen Jahren war. So hatte Gautier bereits zwei Jahre in jener Einsamkeit gelebt, als eines Tages Häscher seine Höhle umstellten, ihn ergriffen und gefangen mit sich führten. Niemand wußte die Ursache, und niemand konnte nachher von dem Schicksal des Eremiten eine bestimmte Kunde geben; man wußte nur, daß der Heilige in die Hände der französischen Justiz ausgeliefert worden sei; ein Gerücht sagte, er sei an einem der Attentate gegen das Leben Louis Philipps beteiligt gewesen.

Die Natur hat viel Merkwürdiges um Collepardo zusammengedrängt, denn nur eine kurze Strecke von der Stalaktitenhöhle entfernt liegt jener berühmte Brunnen Italiens, der Pozzo di Santulla, hart an der Straße nach der Kartause. Diese aber wollte ich noch vor

Abend erreichen, um die Gastfreundschaft der Mönche anzusprechen. Nach einem halbstündigen Ritt zwischen Gärten und auf einer steinigen Hochfläche sah ich mich plötzlich an dem Rand einer kreisförmigen Vertiefung, welche auf das lebhafteste an die großen Latomien in Syrakus erinnerte. Bei einem Umfang von ungefähr 1500 Schritten versenkt sich dieser rätselhafte Brunnen in eine Tiefe von 150 Fuß und zeigt in seinem Grund einen dunkelgrünen Wald von Baumwipfeln und Schlinggewächsen, welche, wenn ein Lüftchen sich hinunterwagt, sanft wie die Wellen eines Sees auf- und niederschwanken. Die Sonne ließ von dem klarsten Himmel Streiflichter in diese Tiefe fallen, und ich sah weiße Schmetterlinge munter hin und her über dem versunkenen Walde spielen. Blühende Ranken hingen über den Zweigen dieser Bäume, welche, wie man versichert, mehr als 30 Fuß hoch aus der Tiefe emporsteigen und von oben gesehen dennoch nur Sträuchern ähnlich sind. Die unerreichbaren Blumen in diesem Grunde, die wilden labyrinthischen Pfade im dunkeln Dickicht, das Flattern des Geflügels, welches dort sein Wesen treibt, locken die Phantasie hinunter; sie stellt sich in diesem unterirdischen Zauberhain ein Feenparadies und einen Lustgarten für Oberon und Titania vor. Reichlich sickern dort Quellen geheimnisvollen Laufs und ernähren ein immergrünes Kraut, während dieses Becken den Tau der Nacht zu sich niederzieht. Mit Bewunderung senkt sich dann der Blick längs den Wänden in die Tiefe; in bizarren und phantastischen, tropfsteinähnlichen Formen und Figuren stürzen sie ringsum herab, überbuscht von goldblumigem Ginster und von Mastixsträuchern. Sie sind mit einem bunten Irisspiel von Farben geschmückt, denn bald ist das Gestein zart silbergrau, bald brennend rot, wieder dunkelblau, gelb und tiefschwarz. Die wilde Bergszenerie um diesen Brunnen bildet ein seltsames Theater: hier die braune Ortschaft Collepardo hinter grünen Bäumen schwermütig gelagert, dort lange Blicke in absinkende Felsentäler; weiterhin riesige Berge von majestätischen Formen, um deren nie betretene Gipfel einsame Goldadler schweben oder phantastische Nebel ihre weißen Schleier ziehen.

Wild aussehende Hirten, Sandalenmänner des Gebirgs, mit lanzenähnlichen Stäben, waren am Rande des Brunnens mit ihren Kletterziegen gelagert und brachten Leben in die große Szene, während einige kräftige Buben sich vergnügten, Steine hinabzurollen. Sie fielen mit dumpfem Gekrach in den Wald hinunter und schreckten dann die grauen Tauben aus ihren Nestern auf, so daß sie aus den Wipfeln emporschossen und verzweifelt hin und wider fuhren. Obwohl diese Hirten mir einreden wollten, daß in dem geheimnisvollen Brunnen ein Tiger sich aufhalte, so gestanden sie doch, daß sie dann und wann Ziegen an Stricken hinunterließen. Diese Tiere finden dort Wasser

und Kraut in Fülle und bleiben drunten monatelang, bis sie wohlgenährt wieder heraufgeholt werden.

Läge der Pozzo in Deutschland oder in Schottland, so würde ihn
die Phantasie des Volks ohne Zweifel mit den fabelhaftesten Wesen
bevölkern; aber die Italiener haben im ganzen keinen Sinn für das
Märchen- und Geisterhafte, weil es die Klarheit der Lüfte bei ihnen
nicht gedeihen läßt. Und so war mir auch die Erzählung von dem
Ursprunge dieses Brunnens charakteristisch, wie ich sie aus dem
Munde der Hirten hörte, denn sie ist eine Legende. Der Pozzo, so sagten sie mir, war ehemals eine große kreisrunde Tenne; eines Tages
erfrechten sich Leute, dort Getreide auszustampfen, obwohl das Fest
der Assunta der heiligen Jungfrau gefeiert wurde. Die Madonna erzürnte über diesen Frevel; sie versenkte plötzlich die Tenne mit allem,
was sich auf ihr bewegte, und so sei der kreisförmige Pozzo entstanden.
Vulkanische Erscheinungen zeigen sich übrigens nirgend, daher mag
wohl die Ansicht richtig sein, daß dieser Brunnen ehedem eine Höhle
war, deren Gewölbe einstürzte. Nur ungern riß ich mich von dieser
merkwürdigen Erscheinung los; ich dachte mir mit Verlangen das
magische Schauspiel nächtlicher Beleuchtung, wenn der Mond durch
diese große Bergwildnis schwebt, und sein dunstiges Licht von den
Kraterwänden auf den Geisterwald dort unten niederquillt. Die Zie-
genhirten führten mich und meinen Campagnolen auf steinigen Pfaden seitwärts weiter, bis wir die betretene Felsenstraße erreichten,
welche man einschlagen muß, um nach der Kartause Trisulti zu gelangen. Diese weit und breit berühmte Abtei sollte etwa eine deutsche
Meile vor uns liegen; sie war nicht sichtbar, aber man zeigte mir oben
in der hohen Bergregion, die zu ersteigen war, den finstern Streifen
eines Eichenwalds, hinter welchem ich sie, ein wahres Kulturwunder
des Gebirgs, finden würde. Ich erinnerte mich kaum einer wilderen
und schöneren Berglandschaft, als jene war, die ich nun absteigend
durchritt. Der Blick fiel bald in schwindelnde Tiefen, aus denen dumpfen Schalles das Getöse des Cosaflusses emporkam, bald erhob er sich
wieder zu prächtigen Bergpyramiden, unter denen die Monna gigantisch gen Himmel ragt. Wir zogen hinunter, hie und da an grauen
Felsenobelisken vorüber, welche, den Weg versperrend, sich einzeln
vorgeschoben hatten, und nach einer beschwerlichen halben Stunde
waren wir unten an dem Fluß angelangt. Er hat hier zwei Berggebiete
durchrissen, und donnernd stürzt er seine Schaumwellen durch finstere Schluchten weiter. Die Sonne war schon hinter die Berge gesunken, sie vergoldete noch mit verschwebender Glut die Gipfel
ringsumher. Nun stiegen wir über breite Flanken des Gebirgs empor.
Ich wandte mich nach jener Richtung um, von der ich gekommen war,
und sah in nicht zu großer Entfernung acht bis zehn Soldaten mit

raschem Schritt den von mir zurückgelegten Pfad herunterkommen. Waren es Banditenjäger? Ich bezweifelte es, denn die berüchtigte Räuberbande des Gasparone trieb ihr Wesen in diesen Bergen nicht mehr, wo man noch an mancher Stelle Räubernamen lesen soll, welche jene Briganten mit ihren Dolchen in die Felsen eingegraben haben. «Diese Soldaten», so sagte mein kundiger Begleiter, «kommen aus Alatri zum Besuch nach der Kartause, bei den Mönchen Nachtlager und Kost zu finden. Denn Ihr müßt wissen, daß die reichen Weißkutten durch ein Gesetz gezwungen sind, jeden Wegwanderer drei Tage unentgeltlich zu verköstigen; und wenn ein ganzes Heer in ihre Kartause einrückte, so dürften sie ihr Klosterhaus ihm nicht versperren.» Da ich nun wußte, daß jene Gesellschaft, mit der ich die Grotte von Collepardo gesehen, die vorige Nacht auf Unkosten der Mönche gelebt hatte, da ich hinter mir her halbverhungerte Soldaten sah, welche schon in Gedanken das Kloster durchschwelgten, und weil ich die gleiche Absicht hegte und mir eines rücksichtslosen Hungers bewußt wurde, so stiegen mir einige Besorgnisse auf. «Komm denn, Francesco», sagte ich, «und laß uns die Schritte verdoppeln, damit uns jene Soldaten nicht überholen und die Gesichter der Mönche für uns finster machen, wenn auch wir an ihre Türen pochen, Speise, Trank und Herberge zu begehren.» Francesco lachte, und wir trieben uns rüstig vorwärts.

Ich hatte die Höhe erreicht, auf welcher die Kartause von Trisulti steht; es ist die breite Absenkung herrlicher Bergpyramiden, welche sich unmittelbar über ihr auftürmen. Aber noch entdeckte ich das Kloster nicht, der schönste Eichenhain verbarg es meinem Blick. Ihm zureitend, sah ich schon von fern zwei weißgekleidete Klosterbrüder in ihm auf und nieder gehen. Diese heiligen Männer wandelten nachdenklich in dem kühlen Schatten majestätischer Bäume, so daß ich die philosophische Ruhe beneidete, die sie genossen. Wenn irgend das menschliche Gemüt sich in Ergebung, Ernst und hoher Betrachtung sammeln mag, so dürfte es hier in einer der erhabensten Einsamkeiten sein, welche ich irgend sah. Ein Abendlüftchen rauschte durch die tiefschattigen, jahrhundertealten Wipfel, und rings standen in feierlicher Majestät ewige Berge umher. Die Glocke des Klosters scholl plötzlich über den Wald her; ich fühlte den Geist des Mittelalters mächtig auf mich wirken.

Ich trat auf einen der Mönche zu, kündigte mich als Reisenden an und bat um Gastfreundschaft für eine Nacht. Der stattliche und wohlgenährte Bruder wies mich ans Kloster selbst, wo ich mich beim Guardian zu melden hätte. Nachdem ich nun eine kurze Strecke den Hain durchritten hatte, enthüllte sich die Kartause meinen Blicken. Auf solcher Höhe eines unwegsamen Gebirgs, über dessen rauhe Felsen-

wände der Wanderer mühsam kletterte, plötzlich vor einer blühenden
Oase der Kultur sich zu finden, dies hat etwas unbeschreiblich Reizendes. Das kleine Himmelreich und Eden der Heiligen schimmerte
aus grünem Laub hervor, phantastisch, heimlich und wunderbar;
nicht ein einzelnes Gebäude, sondern ein Verein von saubersten Kapellen, Kirchen, umschlossenen Höfen, Anlagen verschiedenster Art,
im wohnlichsten Zustande, Reichtum und friedliches Glück verkün-
dend. Ringsumher alte schattige Bäume, einzeln oder in Gruppen,
umfriedete Gehege, Rinder, Schafe, Ziegen, Mönche auf und ab
gehend, arbeitende Dienstmannen, ein lebhaftes Treiben von vielerlei Menschen, welche das Kloster ernährt.

Der Guardian, ein großer und ernster Mann mit langherabwallen-
dem Bart, nahm mich am Tor des Vorhofs freundlich an und bedeutete mir, dem Superior mich vorzustellen, welcher dann die weiteren
Befehle für meine Aufnahme erteilen würde. Ich wurde in den inneren Hof geführt, ein großes Viereck, welches die Klostergebäude und
die Fassade der Kirche umschließen. Alles ist hier in der aufmerk-
samsten Reinlichkeit gehalten und gepflegt, aber die Gebäude haben
nichts Altertümliches, sondern zeigen den Luxusstil des 18. Jahrhunderts. Im Innern lange und luftige Korridore, zu deren beiden Seiten die Zellen der Brüder sich befinden. Den Superior fand ich in
einem geräumigen Gemach hinter einem Schreibtisch beschäftigt,
Dienstleuten zuhörend, welche irgendein Anliegen vorzutragen schienen. Er genehmigte gern meine Bitte um Aufnahme, ohne mich nach
Vaterland oder Konfession zu fragen; freilich genügt den Mönchen
ein flüchtiger Blick auf Gestalt, Physiognomie und Ausdrucksweise
des Fremdlings, um den Katholiken oder Protestanten zu erkennen.

Nachdem mir der Superior einen Laienbruder zugewiesen, verließ
ich ihn und ward in die Foresteria geführt. So nennt man die ab-
gesondert gelegenen Gastzimmer, welche in solchen Klöstern für die
Herberge der Fremden bestimmt sind: sie sind ersten und zweiten
Ranges, je nach dem Stande des Gastes. Denn wer zur anständigen
Klasse gerechnet wird, erhält ein Zimmer in der Foresteria nobile
oder de' Signori; wer niedriger taxiert wird, begnügt sich mit einem
bescheidenen Unterkommen, und die unterste Stufe der menschlichen
Ansprüche führt endlich zu den Kammern der Knechte, oder in die
Stallungen, wo das arme Wandervolk sich auf Stroh ausstrecken mag.
Man hatte mir ein gutes Zimmer neben dem Gastsaal angewiesen.
Ein reinliches Bett, frisch bezogen, verhieß ein bequemliches Lager,
und der Diener, ein gewandter junger Mensch, welcher in verschie-
denen Städten Gasthauskellner gewesen und nun in den Dienst der
Foresteria gekommen war, tröstete mich mit der Aussicht auf ein
Abendessen, welches er mir zur vorschriftsmäßigen Stunde in jenem

Saal auftischen werde. Bis dahin, so sagte er, könnte ich mich in aller Ruhe mit Besichtigung der Klosteranstalten vergnügen.

Der Laienbruder führte mich herum und machte den Erklärer. Der Merkwürdigkeiten gab es in der Kartause wenige, denn leider ist alles Altertümliche verschwunden, so daß ich für meine Wißbegierde nicht viel zu verzeichnen fand. Die Lage im Gebirge, die Lebensweise der Mönche in ihrer einsamen Republik, ihre praktische Wirkung auf die Gesellschaft, die Geschichte dieses seltsamen Ordens gaben indes reichen Stoff zu Betrachtungen. Bruno, einer jener Heiligen, welche die Epoche der Kreuzzüge erzeugte, hatte die Regel der Kartäuser gestiftet, gegen das Ende des 11. Jahrhunderts. Dieser Orden, geselliges Mönchtum und Anachoretenleben in sich vereinigend, zur äußersten Strenge der Entsagung verdammt, erhielt seinen Namen von dem Ort la Chartreuse bei Grenoble, wo er seine Anfänge nahm. Seine Statuten (Consuetudines Cartusianae) sind vom Jahre 1134, seine Bestätigung durch den Papst erlangte er im Jahre 1170. Die Kartäuser breiteten sich bald in vielen Ländern aus. Schon im Jahre 1208 siedelten sich diese Väter in Trisulti an, welchen Ort ihnen Innocenz III. übergab. Sie fanden hier ein verfallenes Kloster vor, das ehedem den Benediktinern gehört hatte, und errichteten aus dessen Trümmern im Jahre 1211 die ursprüngliche Kartause. Man sagt, ein Kastell Trisalto habe jener Gegend den Namen gegeben, welcher gewöhnlich «a tribus saltibus», von drei waldbewachsenen Höhen, erklärt wird.

Obwohl das Gelübde der Armut den Mönchen durch die Regel auferlegt wird, schließt sie dennoch den Reichtum des Klosters nicht aus, und Trisulti wurde mit der Zeit in Besitz großer Landgüter in der Provinz Frosinone gesetzt, die es noch heute behauptet. Es prangt freilich nicht, wie jenes bei Pavia, durch Schönheit der Gebäude und Kunstwerke, vielmehr hat es einen durchaus ländlichen Charakter. Auch werden nicht so glänzende Räume in ihm gefunden, wie sie die Kartause Roms in den Thermen Diocletians aufzuweisen hat, welche übrigens eine junge Stiftung des 16. Jahrhunderts ist und diese alte und ehrwürdige Certosa Trisulti als ihre Mutter anerkennt. Die kleine Klosterkirche, von Innocenz III. im Jahre 1211 gebaut, endlich im Jahre 1768 völlig erneuert, ist mit buntem Marmor und vielen Bildern geschmückt. Über dem Eingange erinnert ein Gemälde an die Stiftung der Certosa, da Innocenz III. dargestellt ist, wie er die Kartäuser in den Besitz derselben setzt. Auf beiden Seiten im Innern ist das Martyrium der Makkabäer und ihm entsprechend die Verfolgung zu sehen, welche die Kartäuser in England unter Heinrich VIII. erlitten. Im prachtvoll geschmückten Priesterchor sieht man Moses die Quelle aus dem Felsen schlagen, und ihm gegenüber Bruno, der dasselbe erquickende Wunder wiederholt.

Das Refektorium, passend geschmückt mit einem Gemälde, welches die Brot- und Fischvermehrung darstellt, ist ein geräumiger Saal. Hier versammeln sich die Brüder zu einem gemeinschaftlichen Mahle an Festtagen, denn sonst schreibt die Regel das einsame Essen in der Zelle vor. Man zeigte mir die saubere Küche und die Bäckerei, wo ein schmackhaftes Brot von feinerer und gröberer Qualität in Menge bereitet wird. Ein Wasserbecken, aus dem sich ein Kanal ergießt, versorgt die Mühle in einem nahen Hof. Das Sehenswürdigste jedoch, was man mir mit dem gerechtesten Stolz zeigte, ist die Apotheke, und ich betrat sie mit größerer Andacht, als mir die Kirche eingeflößt hatte. Die Vereinigung des medizinischen Heils mit der Sorge für die Seele ist eine natürliche und uralte Aufgabe dieser Klosteranstalten in einsamen Gegenden; die Mönche, welche der Arzneiwissenschaft obliegen, üben eine Tätigkeit aus, die weithin wirksam und wahrhaft preiswürdig ist. Die Natur der Berge ladet sie zu unausgesetztem Studium der Heilkräuter ein, die hier in Fülle wachsen, und welche angenehmere Beschäftigung kann es geben, als in diesen Gebirgen an Fels und Fluß zu botanisieren, wunderwirkende Balsampflanzen zu sammeln und medizinisch zu bereiten?

Ein schöner Mönch, mit einem langen rötlichen Bart, so daß er einen Magier des Mittelalters trefflich darstellte, empfing mich in dem saubersten Tempel Äskulaps, den man sich vorstellen mag. Dieses Haus liegt nicht weit vom Eingange zum Kloster innerhalb der Ringmauer. Vor seiner offenen Galerie erfreut Auge und Sinn ein wohlgepflegter botanischer Garten voll von frischen duftigen Gewächsen mannigfaltiger Art, unter denen es auch nicht an Zierblumen fehlt. Blühende Stauden in großen Vasen schmücken die Terrasse. Tritt man durch die Glastüre in das Innere, so sieht man sich in einem reichen Apothekerladen. Der gelehrte Mönch zeigte mir mit Zuvorkommenheit seine Schätze in Flaschen und Gefäßen und machte mich bedauern, daß ich ihn nicht durch medizinische Teilnahme zu unterhalten verstand. Mittlerweile erschienen Landleute, sich Medikamente zu holen, welche unentgeltlich gereicht werden. Die Apotheke Trisulti ist weit und breit als eine Heilanstalt in diesen Bergen verehrt, so daß ihre Wohltat bis tief hinein in die fiebervolle Campagna Latiums empfunden wird.

Wenn nun die Orte der Umgegend vielfachen Gebrauch von den Heilkräften dieser Apotheke machen, so wird sie von den Klosterbrüdern selbst wenig in Anspruch genommen. Ich erinnere mich nicht leicht, Mönche so kräftigen Aussehens gefunden zu haben. Die Ruhe des Gemütes, eine immer gleich strenge Diät, und vor allem andern die köstliche Bergluft erhalten sie im Wohlsein, und ihre Nächte und Tage, durch wiederholtes Gebet und Kirchendienst unterbrochen oder ausgefüllt, werden sonst nicht in geistigen Anstrengungen hingebracht. Das Kloster besitzt zwar eine kleine Bibliothek, und es gibt Mönche, welche gelehrte Studien betreiben, aber im ganzen gedeihen solche in dieser Wildnis nicht. Ich überzeugte mich davon, als ich mit dem Bibliothekar, im großen Hof umherspazierend, mich unterhielt, und da meine Fragen diesen würdigen Mann in Verlegenheit zu setzen schienen, so hielt ich es für passend, dergleichen Gespräche nicht fortzuführen. Ich verabschiedete mich von ihm, setzte mich in einem der Höfe nieder und betrachtete die Gestalten der umherwandelnden Brüder. In ihren schneeweißen Kutten nahmen sie sich stattlich aus. Es fiel mir auf, daß sie weder Bart noch Haare tragen. Denn jeden Monat wird zweimal auch das Haupt geschoren, bis auf die Korona oder den Haarkranz, welcher stehenbleibt. Nur die Laienbrüder tragen einen langen Bart, wie die Kapuzinermönche. Überhaupt gibt es hier manche Abstufungen unter den Brüdern, gleich jenen des mystischen Bundes der Pythagoräer.

Die in ihre Zellen verschlossenen Heiligen des äußersten Grades sah ich nicht. Das Schweigen, in welches diese sich hüllen, muß als das Höchste von selbstquälerischer Entsagung betrachtet werden, wozu der fanatische Mensch es gebracht hat. Indem sie das Wort, den Schlüssel des Lebens und der Dinge, von sich werfen, bannen sie die Seele in eine entsetzliche Geistesstille, welche völliger Blindheit gleichkommt. Ein Memento mori unterbricht sie nur als schauerlicher Gruß, den sie, einander begegnend, sich zurufen. Man sagt, daß diesen wandelnden Toten, oder Gespenstern bei lebendigem Leibe, gestattet sei, ihre Zellen mit einigen Liebhabereien zu schmücken; der eine erzieht sich Blumen in Scherben, mit denen er schweigende Gespräche führt; der andere weidet seinen Blick an einem geliebten Heiligenbild, oder er pflegt einen Vogel im Bauer und horcht seinem Gesange, wenn überhaupt ein Vogel in solcher Geisterzelle singen mag. Bisweilen durchbricht die empörte Natur gewaltsam den Bann, der ihre göttlichste Lebensoffenbarung verschließt, und der Schweigende beginnt zu reden; dann wird er öffentlich mit Geißelschlägen gestraft. Es mag sein, daß in diesen ernsten, stummen Bergen die Qual des Schweigens erträglicher ist; denn hier scheint die Stimme Gottes allein zu reden, im Rauschen des Waldes, im Brausen der wilden Cosa, im Sturm und Donner der Wetterwolken, die sich um die Berggipfel rollen. Und welch düstere Gemüter mag hier die Natur, die Zelle und die Klosterregel erziehen? Vermöchte der Blick in diese verschlossenen Seelenzustände hinabzudringen, er würde wohl das Ungeheuerste gewahren.

Aus solchen Betrachtungen erlöste mich glücklich das Abendessen. Mein flinker Diener meldete mir, daß es angerichtet sei, und Appetit wie Neugierde waren gleich groß. Keine Fleischspeise wird im Kloster genossen, der Gast muß sich eben der Regel fügen; Öl und Essig mag er dagegen zum Überdruß haben. Nun bestand mein Tisch aus folgenden Speisen: in Öl gesottene Makkaroni, vortrefflich zubereitet und mit Bergkräutern statt des Parmesankäses gewürzt; kalte grüne Bohnen in Öl und Essig; eine Flasche ungenießbaren essigsauren Weins; zur Nachkost ein Stück in Öl gebackener Torte. Obwohl ich meinen Wirten alle Ehre zu machen suchte, konnte ich doch nur wenig von diesen Speisen zu mir nehmen; ich begnügte mich mit Makkaroni und dem vortrefflichen Brot. Ich ging gesättigt hinaus, nachzusehen, wie mein Campagnole versorgt worden sei; er sagte mir, man habe ihm ein Brot und einen kalten Fisch zu essen gegeben.

Es war tiefe Nacht geworden, der volle Mond stand an dem klarsten blauen Himmel und erleuchtete das herrliche Bergtheater ringsumher. Die in Licht getauchten Bäume, die schwarzen Schatten der Felsen, schimmernde Dämpfe in den Tälern, das schauerliche Schweigen, durchbrochen vom melancholischen Ruf des Upupa, der großen Bergeule, oder von dem dumpfen Rauschen der Cosa — all das wirkte magisch um das Kloster her.

Um Mitternacht weckte mich die Glocke vom Turm: man läutete die Matutine — ich wußte, daß nun der Exzitator von Zelle zu Zelle ging, um die Mönche zu wecken. Nun beten sie die ersten vier Bußpsalmen, dann gehen sie hervor in die Kirche, wo sie drei Stunden lang die Matutine singen. In ihre Zellen zurückgekehrt, setzen sie auch dort noch die Gebete fort, und dann ist ihnen zur Erholung eine kleine Pause des Schlafs gestattet. So geht es Nacht für Nacht. Ich horchte den Glockenklängen, die seltsam und gespensterhaft zu klingen schienen, und gern wäre ich zur Kirche hinuntergegangen, wenn ich nicht gefürchtet hätte, die Heiligen zu stören. Ich schlief über den Gesängen ein, und als der Morgen graute, pochte mein Führer schon an meine Zelle, um mich zum Ritt nach Veroli zu wecken.

Ich verließ das Kloster, ohne dem Superior meinen Dank sagen zu können, denn keine Seele zeigte sich außer dem Pförtner und dem Gastbedienten, welcher sich entschuldigte, mir den abends vorher zugesagten Kaffee nicht bringen zu können, denn auch für das Frühstück schreibe die Regel eine bestimmte Stunde vor. Dies war mir sehr unlieb, weil der Weg durch das Gebirge bis nach Veroli lang ist, und wir Kulturmenschen fühlen uns selten am Morgen in völliger Nüchternheit wohl aufgelegt. Indes tröstete mich Francesco mit einem Stück Brot, welches er zu sich gesteckt hatte, und die schmackhaftesten Brombeeren wurden mir von einem Strauch in unmittelbarer Nähe des Klosters gastlich dargeboten.

Der Morgen in dieser Alpennatur war von einer entzückenden
Schönheit, der Blick in die wechselvollen Berge immer neu belebend.
Eine Stunde lang ging es neben Abgründen fort, welche die Cosa
durchrissen hat, dann senkt der Pfad sich zu langen und anmutigen
Alpenwiesen nieder. Dies alles ist Eigentum der Kartäuser. Die Pferde
des Klosters weideten dort rudelweise, und von Zeit zu Zeit sah man
Ziegenherden; die Hirtenfamilien waren ums Feuer geschäftig, die
saure Milch in Käse zu verwandeln. Kleine Meiereien, von denen
viele Klostergut sind, unterbrechen bisweilen die Einsamkeit; ich fand
deren von so reizender Lage in grünen Tälern und an frischen Berg-
quellen, daß ich die Menschen glücklich pries, die dort in Frieden ihre
Tage zubrachten. Sie alle sahen wohlgenährt aus, und keiner bettelte
den Reisenden an.

Nach mehreren Stunden erreichte ich, das Gebirge hinter mir lassend, die fruchtbare Campagna von Veroli und sah diesen großen
Ort auf einer wahrhaft bedeutenden Höhe vor mir. Er beherrscht ein
erhabenes Theater, da der Blick über Latium bis ins Königreich Neapel
dringt und überall auf den blauen Vorhöhen in der Ferne und Nähe
weiße Kastelle und Städte sichtbar sind.

Veroli ist eine bischöfliche Stadt von einiger Betriebsamkeit; sie
versorgt die Gegenden umher besonders mit Teppichen einer geringen, aber vielbegehrten Art, welche aus bunten Tuchstreifen gewebt
werden – eine echt national-ciociarische Ware. Die Straßen sind eng
und vielfach gewunden, manche Viertel von ganz labyrinthischer Anlage und voll von kleinen bizarren Häusern, die meist offene Galerien
haben. Ich fand die Plätze mit Früchten des Sommers bedeckt, deren
Wohlfeilheit hier nicht in Erstaunen setzt. Um diese Zeit bringt man
hauptsächlich die großen Wassermelonen zu Markt, deren ich hier
vortreffliche fand. Ein ausgedienter Soldat, Veteran noch aus napoleonischen Zeiten, hörte zufällig in dem Café, wo ich mich niedergelassen hatte, daß ich von der Certosa komme, und indem er sich zu
mir setzte, brach er in eine wahrhaft begeisterte Schilderung des paradiesischen Lebens in jener Klostereinsamkeit aus; er sagte, daß es der
letzte Wunsch seines Alters sei, dort als Laienbruder Aufnahme zu
finden. Er würde sich, meinte er, sofort in die Pension des Klosters
begeben, wenn er die Summe besäße, die man in die dortige Kasse
einlegen müsse. Und hierauf nahm das Gespräch die gewöhnliche
Wendung: er überschüttete das päpstliche Regiment mit all den Invektiven, die man täglich und aus aller Munde hören kann. Der ehr-
liche Veteran machte mich neugierig, das große Landgut der Kartäuser unterhalb Veroli zu sehen. Die Zeit drängte mich; ich beschloß
demnach, die Stadt Frosinone, die mir so nahe lag, beiseite zu lassen
und über jenes Gut nach Ferentino zu reiten.

Ich verließ Veroli während eines prächtigen Gewitters. Die Volskerberge und der Apennin standen in düsteres Blau gehüllt, und hastige Sonnenstreiflichter brachten auf diesem finsteren Grund eine bezaubernde Wirkung hervor, wenn sie diesen oder jenen Berg, und hier und dort ein Schloß oder Kloster, in hellstem Widerschein hervorhoben. Ich eilte, schon vom Regen erreicht, durch eine üppige und flache Landschaft, zwischen Obst- und Weingärten, und befand mich bald vor der Wirtschaft der Kartäuser. Sie würde in der Tat einem römischen Fürsten alle Ehre machen. Die Wirtschaftsgebäude sind ansehnlich, höchst sauber gehalten, und sie vereinigen das Klosterartige mit dem Schloßähnlichen. Auch hier schreibt Kartäuserregel vor, dem anpochenden Reisenden Speise und Trank zu reichen und im Notfall Herberge zu geben. Ich begehrte weder das eine noch das andere, aber ich bat um die Erlaubnis, die Wirtschaft besehen zu dürfen. Der Inspektor, ein robuster Laienbruder in weißer Kutte und langem Bart, gab mir Einlaß und führte mich selbst umher. Indem ich nun aus dem Vaterlande daran gewöhnt war, mir unter einem Gutsverwalter einen Menschen von ziemlich derbem Wesen, mit hohen Stiefeln und Sporen, die Reitpeitsche in der Hand und den Fluch im Munde, vorzustellen, so erschien mir ein Ökonom in der Mönchskutte und mit allen Manieren eines Heiligen als etwas höchst Sonderbares. Es war auch der erste Schritt, den ich in seiner Begleitung machen mußte, der Gang zur Kirche, die unmittelbar in die Wirtschaftswohnungen hineingebaut ist. Als wir in diese Kapelle traten, erkannte mein Führer nur zu bald, daß er einen Ketzer neben sich habe, und der heilige Ökonom warf sich mit einem tiefen Seufzer auf die Knie, in welchem ich mein Schicksal nach dem Tode und sein wohlgemeintes Gebet um Errettung meiner armen Seele zu vernehmen glaubte.

Das Gut der Kartäuser (Ticchiena genannt) ist eine der reichsten Besitzungen in der Campagna. Tausend Kolonen gehören ihm an, arbeitspflichtige Menschen, welche für den Genuß von Äckern einen Zins in Handdienst und Frucht zahlen. Sechs Laienbrüder bewirtschaften das Gut, ab und zu dort wohnend. Korn, Wein, Öl, Früchte werden in Menge gezogen; der Erlös fällt den Zwecken des Klosters anheim, von denen die ersten die der Wohltätigkeit sind. Und im ganzen Lande wird diese der Kartause Trisulti nachgerühmt; ja, man sagte mir, daß vor mehreren Jahren bei einer schweren Teuerung die Campagna durch eine geraume Zeit von dort aus mit Lebensmitteln versorgt worden sei. «I certosini hanno governato la campagna per moltissimo tempo», dieses Lob habe ich oft und an vielen Orten gehört. Und so will ich aus Dankbarkeit, wie einem Gast geziemt, mit ihm diese Blätter beschließen.

AUS DEN BERGEN DER VOLSKER

1860

Ich wollte von Genazzano aus, wo ich wieder einen Sommer in ländlicher Stille verlebt hatte, über das Volskergebirge reiten, das so einladend vor meinen Blicken stand, um dann auf die andere Seite in die Maritima hinabzusteigen; ich setzte mich also eines Morgens aufs Pferd und habe dort die köstlichsten Tage zugebracht.

Von Genazzano bis an den Fuß des Gebirgs zu gelangen, braucht man kaum drei Stunden. Man reitet über eine von Hügeln durchschnittene oder von grasreichen Flächen durchzogene Ebene, welche der Saccofluß durchzieht. Sie hat durchaus den Charakter der nächsten Umgebung Roms. Denn auch hier fehlen nicht die verwitterten schwarzbraunen Türme, die sich hie und da als Reste der Feudalzeiten melancholisch und einsiedlerisch erheben. Sie geben der Landschaft einen großen Reiz, sie erinnern zugleich an die wilde Epoche, in welcher die Baronengeschlechter des Mittelalters Latium beherrschten. Neben den Colonna hatten sich hier die Conti eines großen Teils des Landes bemächtigt, und diese berühmte Familie hatte zumal alles Gebiet in der Nähe der Volskerberge an sich gebracht. Sie teilte sich in verschiedene Zweige, von Segni, Valmontone und Anagni; sie nannte sich vorzugsweise das Geschlecht der Grafen der Campagna und führte in ihrem Wappen das Bild des römischen Campagna-Adlers. Ihr Haus, berühmt durch große Päpste, die aus ihm hervorgingen, ist seit 300 Jahren ausgestorben, aber die Familie Colonna besteht, und sie besitzt noch einen Teil von Latium.

Jüngere Nepotengeschlechter haben sich hier eingedrängt und den Colonna durch Kauf- oder Familienvertrag viele Besitzungen entzogen: die Borghese, die Doria und die Barberini. Wenn man heute diese lateinischen Gefilde durchzieht und den Hirten oder Landmann auf dem Felde, oder den Bürger in den schwarzen Kastellen fragt, wem das Gebiet gehöre, so hört man zumeist die Namen Colonna oder Borghese, und diesen letzteren häufiger als jenen. Steigt man aber von den Volskerbergen in die Maritima nieder, so beginnt die Herrschaft einer anderen berühmten Baronalfamilie Roms, der Gaetani oder der Herzöge von Sermoneta.

Ich passierte den Sacco bei der Mola de' Piscari, einer sehr malerisch gelegenen Mühle, die sich in den Trümmern eines alten colonnischen Kastells angesiedelt hat, von dem noch der Kern erhalten ist. In Urkunden begegnete mir dieses unter dem Namen Turris de Piscoli. Der Sacco braust hier als ein lebhafter Bach an schwarzen Tuff-

Felsen vorüber, auf denen die ganz von Gestrüpp umwilderte Burg
in Ruinen liegt. Sie beherrschte einst die lateinische Straße, die kaum
eine halbe Stunde entfernt von Valmontone herüberkommt.

Ich ritt auf einem Feldweg weiter über öde Fluren, die nur der Hirt
mit seiner Schafherde belebt. Die Hirten tragen hier Ziegenfelle um das
ganze Bein gebunden, mit der rauhen Seite nach außen; dies zottige
Vlies gibt ihnen das Ansehen von Satyrn, und man begreift bei
ihrem Anblick, wie die Mythe und Gestalt jener Wesen aus dem Gefolge des Pan entstanden ist. Nicht anders gingen die Hirten in der
fabelhaften Zeit gekleidet.

Wenn man die lateinische Straße erreicht hat, ladet erst Valmontone zu einem Besuch ein. Man reitet in kurzer Zeit dahin. Auf einem
nicht hohen, aber steilen, ganz schwarzen Tuffhügel erhebt sich das
Kastell, der Palast Barberini, und die mit ihm zusammenhängende
Kirche, ansehnliche Gebäude im Rokokostil des 17. Jahrhunderts, und
ringsumher liegt der Ort zusammengedrängt, mitten in einem an
Fruchtgärten und Weinbergen reichen Gefilde. Die heutigen Topo-
graphen nehmen an, daß auf der Stelle Valmontones im Altertum
Tolerium gestanden habe. Der neuere Name kommt in Urkunden des
Mittelalters erst seit dem 12. Jahrhundert vor. Er bezeichnete einen
Flecken, der dem Kapitel der lateranischen Basilika angehörte. Diese
einst unermeßlich reiche Kirche verkaufte den Ort im Jahre 1208 an
Innocenz III. aus dem Hause Conti und an dessen Bruder Richard
Grafen von Sora, welcher hierauf Feudalherr und Stifter des Zweiges
der Conti von Valmontone und Segni wurde. Die Conti behaupteten
den Besitz des Ortes bis zu ihrem Aussterben im Jahre 1575. Giovanni Baptista hinterließ nämlich nur eine Erbtochter Fulvia, welche
die Güter ihres Geschlechts an das Haus Sforza brachte, in das sie
durch Heirat übergegangen war. Die Sforza verkauften Valmontone
im Jahre 1634 an die Barberini, und vom Kardinal Francesco erstand
es sodann Camillo Pamfili, Nepot Innocenz' X., im Jahre 1651. Seit
dieser Zeit ist der Ort Eigentum des Hauses Doria-Pamfili.

Camillo, einer der reichsten Fürsten des 17. Jahrhunderts (seine
Mutter Olympia Maldachini raffte gierig Schätze wie eine Harpyie
zusammen), war es auch, der den Palast und die Kirche in Valmontone baute. Auch wenn man die Zeit nicht wüßte, in welcher diese
Gebäude entstanden sind, so würde sie doch schon der erste Blick erkennen lassen. Sie tragen den Charakter der Epoche Berninis und versetzen den Beschauer in das 17. Jahrhundert Roms zurück. Man
möchte in der Tat glauben, nicht in einem Kastell der Campagna, sondern vor dem Palast Pamfili und der Kirche S. Agnese auf der Navona
zu stehen. Die Pamfili legten ihre Reichtümer in wahrhaft fürstlichen
Luxusbauten an; der Neffe Innocenz' X. schuf vor dem Tor S. Pancra-

zio die größte und schönste Villa Roms, die noch heute das Entzücken der Fremden ist; er baute im Corso einen der herrlichsten Paläste der Stadt, der heute nach der Familie Doria genannt wird; er legte dort die berühmte Bildergalerie an, eine der reichhaltigsten Roms. Innocenz x. selbst errichtete den Palast Pamfili bei der Kirche S. Agnese in der Stadt, deren Neubau von ihm herrührt, und er ließ durch Bernini den prachtvollen Brunnen auf der Navona schaffen, welcher zu den großartigsten öffentlichen Werken Roms gehört.

So fügte diese Familie der Physiognomie Roms einige bedeutende Züge hinzu, nachdem die Borghese und Barberini kurz vorher in gleichem Sinne tätig gewesen waren. Was man nun auch über den Stil jenes Jahrhunderts urteilen mag, so wird man wenigstens zugeben, daß er, bei aller Überladung und Übertreibung, doch viel Großartiges besitzt und mit Entschiedenheit eine ganze Epoche ausspricht: nämlich die Zeit des baronalen Luxus wird darin vollkommen abgespiegelt, die Entfaltung des Reichtums, der Eleganz und der räumlichen Bequemlichkeit, worin ein vom Schweiß seiner Kolonen gemästeter, nichtstuender, nichtsnutziger, in Samt und Seide gehüllter Baron sich gemächlich bewegte. Die Französische Revolution ist über dieses schwelgerische Wesen mit Feuer und Schwert hingegangen und hat es für immer vernichtet. In diesem Jahrhundert haben die Päpste nichts mehr gebaut. Seit Pius vi. gibt es keine Nepoten mehr, und der prächtige Palast seines Neffen Braschi, der sich nicht weit von dem der Pamfili auf der Navona erhebt, beschließt die Reihe jener großen Luxusbauten Roms, die der Nepotismus auf Kosten des gedrückten Volkes geschaffen hat. Es wird nun keine Nepoten mehr geben, es werden keine Paläste Barberini, Borghese, Doria, Albani, Odescalchi, Rospigliosi und Corsini mehr entstehen. Es wird ein anderer Charakter über Rom kommen, und an Stelle jener prachtvoll geschmückten Häuser und Villen der päpstlichen Familien und Kardinäle werden sich dort erheben: Eisenbahngebäude, Theater, Hotels, Kasinos und dergleichen moderne Kasernen.

Nichts Bemerkenswertes sonst in Valmontone. Kein Denkmal des Mittelalters hat sich dort erhalten, denn im Jahre 1527 wurde die Stadt durch jenes Kriegsvolk Karls v. zerstört, welches Rom geplündert hatte, und kaum wieder aufgebaut, erlitt sie dasselbe Schicksal durch die Soldaten Albas und des Marcantonio Colonna. Nur der Blick vom Platze des Baronalschlosses auf das nahe Volskergebirge fesselt einige Zeit; man sieht hinüber in die Häuserreihen von Monte Fortino, einem den Borghese gehörenden Kastell, welches schwarz und finster auf jenen Bergen liegt, von dem großen Baronalschloß überragt.

So klein und vereinsamt auch Valmontone ist, so ist es doch durch starken Verkehr belebt. Denn alles, was sich zwischen Rom und der neapolitanischen Grenze über Frosinone hin bewegt, berührt jenen Ort; man sieht fortdauernd Wagenzüge der Campagnolen, welche von weißen Ochsen gezogen ihre Ware nach der Stadt führen, sei es Getreide oder Wolle, Wein, Hühner und dergleichen. Auch die Post kommt hier dreimal in der Woche durch, aber sie führt nicht weiter als bis nach Frosinone, dem Hauptorte der Delegation, so daß man dort für die Weiterreise nach Ceprano oder ins Neapolitanische gezwungen ist, ein Fuhrwerk zu mieten.

Von Valmontone führt die lateinische Straße durch ein von Bäumen beschattetes Tal, dann zwischen stillen Fluren, neben alten Türmen, an den Fuß des Volskergebirgs. Hier zweigt sich der Weg ab, welcher erst über den Sacco und dann bald aufwärts nach Segni führt. Man reitet nun über die ersten Anhöhen des Volskergebirgs; zur Rechten liegt Monte Fortino, zur Linken auf einem anmutigen Hügel Gavignano. Der ansteigende Weg ist einförmig, aber je höher hinauf man kommt, desto prachtvoller wird der Anblick dieser klassischen Ebene Latiums, welche so ernst und schön mit ihren Hügeln und Kastellen sich dahinzieht, in der Ferne von den blauen Gebirgen des Apennin begrenzt, während weit hinaus gegen das Neapolitanische hin weiße Bergkuppen sichtbar werden.

Ich habe die meisten Gefilde Italiens durchzogen, ich habe die berühmten Fluren von Agrigent und Syrakus durchwandert, aber trotz aller Farbenpracht jener südlichen Zone muß ich doch bekennen, daß mir die Campagna von Rom und Latium den mächtigsten Eindruck macht. Diese Landschaft, mir so wohlbekannt wie meine Heimat, und auf der ich für die Geschichte der Stadt Rom im Mittelalter so viel nachforschte, bleibt immer neu und groß für mich, und sie erweckt mir, wenn ich sie verließ, immer wieder dieselbe Sehnsucht, so daß ich nicht vom Monte Mario aus in das Tal blicken kann, welches zwischen Palestrina und Colonna in jene lateinische Campagna führt, ohne das heftigste Verlangen zu fühlen, wieder dort hinüberzugehen. Es ist möglich, daß die großen Erinnerungen der Geschichte jener Landschaft einen so gewaltigen Reiz verleihen; aber auch ohne sie würde dieselbe durch das edle Gepräge entzücken, welches ihr die Natur verliehen hat. Es gibt Gegenden, die vollkommen mythologischen Stils erscheinen; der Wald von Castell Fusano bei Ostia mit seinen hohen Pinien am Meer und der breiten Tibermündung ist eine solche, so daß er die Phantasie von selbst auffordert, ihn mit Gestalten der Mythenwelt zu bevölkern. Andere Gefilde sind vorwiegend lyrischer Natur, andere episch-homerisch, wie Astura und das Kap der Circe. Durchaus von großem historischem Stil und von der feierlichsten Ruhe des Tragischen ist die Campagna von Rom allein. Sie liegt da wie ein erhabenes Theater der Geschichte, eine große Bühne der Welt. Kein Wort des Poeten, kein Pinselstrich des Malers, so viele Bilder davon gemalt sind, kann die verklärte Heldenschönheit Latiums auch nur andeutend denjenigen ahnen lassen, der sie nicht selber sah und empfand. Nichts von Romantik, nichts von phantastischem Reiz — alles still, groß, männlich schön und ernst, und das Antlitz dieser Natur steht vor dem verstehenden Beschauer da wie das der Juno des Polyklet.

Wenn man so über das Volskergebirge aufwärts reitet, höher und höher, unter sich immer tieferes und weiteres, immer herrlicher scheinendes Land, möchte man sich in einen jener Adler verwandeln, die hier die wahren Conti di Campagna sind, und so wie sie durch die sonnigen, alles beseligenden Lüfte kreisen. Diese Prachtgeschöpfe, welche still und königlich auf den Felsen thronen oder so feierlich über ihnen schweben, scheinen auch die große Natur zu haben wie die Landschaft unter ihnen; sie stimmen so herrlich dazu in ihrem lautlosen und majestätischen Fluge.

Man sieht Segni nicht eher, als bis man est fast erreicht hat, denn der Weg zieht sich in Krümmungen an den steilen Kalkfelsen von rötlicher Farbe fort, und an einer tiefen Bergschlucht entlang. Die Gebirgswände sind in Blöcke zerrissen, welche oft schichtweise in weiten Strecken sich übereinandertürmen und nebeneinanderlagern, so daß sie einem riesigen Mauerbau ähnlich sehen. Als ich diese Formation des Kalkgesteins betrachtete (die sich so in allen lateinischen Gebirgen wiederholt), wurde mir plötzlich deutlich, daß es eben diese Natur war, welche den Menschen auf den Bau der Zyklopenmauern führte. Denn in der Tat, sie selbst hat hier überall zyklopische Mauern aufgerichtet, und es bedurfte im Grunde nur der Nachahmung, um jene Bauweise zu bilden, die man die zyklopische nennt. Auf keinem anderen Gebirg als einem kalkaren war sie möglich, sie verstand sich hier von selbst.

Die Sonne brannte heiß im Mittag, als ich mich vor Segni befand. Diese uralte Stadt liegt hoch auf einer felsigen Fläche, deren zyklopische Mauerumfassung noch in großen Resten und in langen Strecken erhalten ist. Der erste Anblick der grauen Häuserreihen aus Kalkgestein, über welche hie und da ein unansehnlicher Turm aufsteigt, und die sich hoch auf dem Berggipfel terrassenartig, wie Palestrina, übereinanderschieben, hatte viel Sonderbares, aber wenig Einladendes. Kein Dom, kein mittelalterliches Kastell fällt in die Augen; nur öde Häuser, einförmig bis zur Ermüdung, ohne Schmuck, ohne besondere Gestalt, begegneten meinem neugierigen Blick, und nachdem ich mir Hoffnung gemacht hatte, eine altertümliche und durch Denkmäler ausgezeichnete Stadt zu sehen, fand ich mich enttäuscht. Die

Städte im eigentlichen Latium, wie Anagni, Ferentino, Alatri, Veroli, tragen alle mehr oder minder den Stempel des Mittelalters; doch diese uralte Signia zeigte sich als ein durchaus öder, trauriger, völlig unhistorischer Ort. Ja, langweilig sah Segni aus, denn dies ist der rechte Ausdruck. Nur das prachtvolle Grün der Baumgruppen, die es von der einen Seite umgeben, und der Blick in den tiefschattigen Buchenwald, der sich in unmittelbarer Nähe tief hinunter und hoch hinauf in das Gebirge zieht, verheißen reiche Entschädigung.

Ich habe nun freilich die Erfahrung gemacht, daß die volskischen Städte, so viel ich deren eben sah, einen auffallend andern Charakter tragen als die lateinischen. Zunächst liegt dies darin, daß sie wesentlich einsame Gebirgsstädte sind und weder Industrie noch Handel haben. Die meisten von ihnen besitzen nur wenig zur Agrikultur geeignete Felder; sie ziehen dagegen Wein und Öl, auch Baumfrüchte genug. Das Gebirge liefert die trefflichsten Kirschen und Pfirsiche, der Wald die Kastanie und vor allem die Eichel, welche zur Schweinemast dient; denn die Zucht der Schweine (von schwarzer Rasse) wird im Volskischen stark betrieben, und die Schinken jener Gegend sind berühmt und gesucht. Wenn man Städte wie Cori ausnimmt, die schon näher nach Rom und nicht eigentlich mehr im Gebirge selbst liegen, so haben die übrigen volskischen Orte schon äußerlich das Ansehen der Verlassenheit und Dürftigkeit.

Die Häuser in Segni sind aus dem weißen Kalkstein des Gebirgs in abwechselnden Lagen von schwärzlichem Tuff und von Ziegeln errichtet. Dadurch wird ein bunter Charakter hervorgebracht, der wie die erste kindliche und rohe Stufe der Pisaner Bauweise erscheint, welche im Äußern der Dome, wie bekannt, schwarze und weiße Steinschichten abzuwechseln liebt. Ich habe in alten Urkunden oftmals den Ausdruck «Signino opere» von Häusern gefunden und mich in Segni belehrt, daß er von dieser Bauart hergenommen sei. Aber ich kann nicht gerade sagen, daß sie von glücklicher Wirkung auf mich war, als ich Segni sah; vielmehr fand ich den Charakter der Stadt überall grau und monoton, zumal nirgend ein Garten, nirgend ein grüner Baum dieses ewige Einerlei der kalksteinernen Häusermassen unterbricht.

Ich ritt durch die Porta Maggiore, ein Gasthaus aufzusuchen. Sie ist das einzige Tor des Ortes, denn nur hier ist die zusammengedrängte, auf drei Seiten von steilen Abhängen umgebene Stadt zugänglich, und kein anderer Weg führt nach Segni. Dieses Tor lehnt sich schon an die zyklopischen Mauern. Über ihm steht das Baronalschloß oder der Palast der Conti, welche einst Segni beherrschten, ein großes Gebäude «Signino opere», das indes eher einem Kloster als einem Grafenschloß ähnlich sieht. Es hat nichts Kastellartiges, nicht einmal einen Turm. Ohne Zweifel sah die Burg der Grafen von Segni anders aus, ehe die Söldner Marcantonios die Stadt zerstörten.

Ich habe schon in Valmontone bemerkt, daß die Grafen aus der Familie Innocenz' III., welcher auch Gregor IX. und Alexander IV. angehörten, Segni besessen haben. Nach der Wiederherstellung der römischen Stadtfreiheit oder des Senats im Jahre 1143 wurden Päpste oftmals gezwungen, sich in die festen Orte der Campagna zu flüchten, wo sie dem Haß und der Verfolgung der Römer entgingen. Sie lebten bald in Palestrina, bald in Tusculum, bald in Anagni oder in Segni. Eugen III. flüchtete sich vor dem römischen Senat zuerst nach Segni und baute dort eine päpstliche Wohnung im Jahre 1145. Der berühmte Alexander III., Lucius III., Innocenz III. lebten abwechselnd in diesem Ort, und Innocenz soll dort im Palast seines Vaters geboren worden sein.

Auch später behauptete sich die Familie Conti im Besitze Segnis, wo sie seit 1353 die Gewalt erst des Podestà, dann des Vicarius im Namen des Papstes ausübte. Als sie ausgestorben und die Contische Erbschaft an Mario Sforza übergegangen war, erhob Sixtus V. die Grafschaft Segni zu einem Herzogtum. Die Kriegsvölker Albas eroberten die Stadt trotz ihrer felsenfesten Lage und zerstörten sie am 13. August 1557. Daher hat Segni fast gar keine Überreste gotischer Bauart mehr aufzuweisen. Der Ort richtete sich wieder auf, aber dem Hause Sforza wurde wegen seiner Schuldenlast der Besitz entzogen; Urban VIII. gab Segni seinem Nepoten, dem Kardinal Antonio Barberini, als Lehen. Ein halbes Jahrhundert hindurch führten deshalb die Sforza Prozeß mit den Barberini, bis sie ihn am Ende des 17. Jahrhunderts gewannen, so daß die Sforza Cesarini noch heutigentags Barone oder vielmehr Herzöge von Segni sind. Dies ist in Kürze die mittelalterliche Geschichte der Stadt; ihre antike Epoche liegt uns so fern, daß wir uns bis in die Urzeiten des Janus und Saturn zurückversetzen müßten, um die Anfänge der uralten Signia zu erreichen.

Wenn ich in einer Campagnastadt bin und mich über die Lage derselben aufgeklärt habe, so pflegt mein erster Gang der in die Hauptkirche zu sein. Die Kirchen solcher Orte sind die wahren Museen ihrer Geschichte, und es ist selten, daß man nicht ein Denkmal mittelalterlicher Zeit darin findet. Meist sind Inschriften darin, welche wichtige Begebenheiten verzeichnen, oder Grabdenkmäler, die mit ihren Skulpturen und lateinischen Charakteren einen großen Reiz für den haben, dem sie als Urkunden der Geschichte dienen. Aber leider zerstört die umwandelnde Zeit alles; sie verwischt den altertümlichen Stil der Gebäude, welche sie nach und nach in ein schlechtes modisches Äußere verhüllt, und sie entfernt aus dem Innern der Kirchen die alten Gräberplatten und Inschrifttafeln. Wie viele sind deren in

Rom verschwunden! Hier war einst jede Kirche erfüllt mit Grabdenkmälern des Mittelalters; jede große Familie hatte dort ihre Gruftkapelle. Aber seit Julius II. die Grabmäler selbst der Päpste aus dem
S. Peter entfernte, zerstörte und hinauswarf, scheute man sich nicht
mehr, Monumente solcher Art überall zu vernichten, wo nur immer
eine Kirche erneuert ward. Mit Mühe liest der Forscher nur noch in
wenigen Kirchen Roms die Geschichte der Vergangenheit in Inschriften, so viele deren übriggeblieben sind, so im S. Peter, im Lateran,
in der Minerva, in S. Maria in Araceli, der berühmten Kirche des mittelalterlichen Senats, und in wenigen anderen, deren Boden nicht völlig umgewühlt worden ist. Erst wenn es zu spät ist, erwacht die Liebe
zu dem, was man mutwillig zerstört hat; so in Rom, wo de Rossi, der
unermüdliche Erforscher der Katakomben, so viele altchristliche Inschriften gerettet und in das Museum des Lateran eingefügt hat.

Ich hatte mich auf den Anblick des Doms in Segni gefreut, denn
wie altertümlich mußte nicht die Kathedrale einer Stadt sein, welche
schon im Jahre 499 als Bistum genannt wird. Aber ein rohes und doch
modernes Gebäude stand vor mir, auch innen im römischen Geschmack aufgeputzt, mit einer gemalten Kuppel, einem überflüssigen
Luxus, der in Kirchen völlig verlorengeht. Denn kein Mensch gibt
sich die halsbrechende Mühe, die Gemälde einer Kuppel zu betrachten. Zwei moderne Statuen stehen in dieser Kirche; beide sind berühmten Männern gesetzt, welche Segni geziert haben: dem Papst
Vitalian und dem Bischof Bruno. Vitalianus aus Segni war Papst
zwischen den Jahren 657 und 672, also in der Periode Roms, wo die
Byzantiner die Stadt beherrschten. Er war es, welcher den Kaiser Konstans II. in Rom empfing, als er im Jahr 663 dorthin kam. Der kostbare Gast raubte damals den letzten Rest der bronzenen Kunstwerke,
welche die Vandalen noch übriggelassen hatten; er deckte auch die
vergoldeten Bronzeziegel vom Dach des Pantheon ab, um sie nach
Byzanz zu schleppen.

Die andere, ebenso mittelmäßige Statue steht jener Vitalians ge-
genüber. Auf ihrem Postament liest man die Inschrift: «S. Brunoni
Doctori Eucharistico Episcopo Signino Abbati Casinensi Qui Beren-
gario Converso Haeresim Extinxit Henrico IV. Imp. Reducto Schisma
Compressit Adulpho Expulso Tyrannidem Abrogavit P. H. M. Mylord
Ellis Congr. Casin. Abbas Episc. Signin. S. Q. S. Protectori Exim. P. P.
MDCCXII.» Bruno stammte aus Asti in Piemont, kam nach Rom, wurde
Gregor VII. empfohlen und später von Urban II. zum Bischof von
Segni gemacht. Wider die Vorschrift des Kanon verließ er seinen bi-
schöflichen Stuhl und ging nach Monte Cassino, wo der Abt Oderi-
sius ihn unter die Benediktiner aufnahm. Obwohl Paschalis II. dem
Flüchtling befahl, in sein Bistum zurückzukehren, blieb er doch in

Monte Cassino. Er wurde dort sogar zum Abt gewählt und verfaßte
in der Muße des Klosters seine exegetischen Schriften.

Infolge des Streits um die Investitur war eben jener Papst Paschalis
von Heinrich v. gefangengenommen worden; er erließ dann jenes
Dekret, womit er dem Kaiser das Recht der geistlichen Investituren
zusprach. Nachdem Heinrich nach Deutschland zurückgekehrt war,
drangen Kardinäle und Bischöfe in Paschalis, die Bulle aufzuheben
und seinen Eid zu brechen; unter diesen Fanatikern war Bruno der
eifrigste. Seine Heftigkeit erzürnte Paschalis; er verbot ihm, zu gleicher Zeit Bischof und Abt zu sein. So legte Bruno seine Würde in
Monte Cassino nieder und kehrte in sein Bistum zurück, wo er im
Jahre 1123 starb. Die Kirche sprach ihn 1183 heilig.

Die Inschrift auf seiner Bildsäule erwähnt noch zweier anderer
Punkte in seinem Leben. Er bekämpfte die Lehre Berengars von Tours,
der das Dogma der Transsubstantiation verwarf, sowohl mündlich auf
der Synode zu Rom als in seinen Schriften, weshalb er den sonderbaren Titel «der Abendmahls-Doktor» davontrug. Der Tyrann Adolf
endlich war ein Graf von Ceccano aus der Campagna, dessen gewalt-
samen Handlungen Bruno Einhalt tat.

Ein Engländer Ellis, Abt von Monte Cassino und Bischof von Segni,
setzte seinem Vorgänger dieses Denkmal. Die Kirche hier hat noch
eine merkwürdigere Beziehung zu dem fernen England. Denn auf
einer in ihr gehaltenen Synode wurde im Jahr 1173 Thomas von Can-
terbury durch Alexander III. seliggesprochen, wenige Tage nachdem
er ermordet worden war. Eine Inschrift sagt dies im Dom.

Lord Ellis wurde im Jahr 1708 Bischof von Segni. Er erneuerte den
Dom und gründete ein Seminar. In diese Anstalt kommen von weit
und breit aus Latium Zöglinge, um dort in den humanen Wissenschaften unterrichtet zu werden, so daß sie als ein Gymnasium betrachtet werden kann. Die Schüler gehen in priesterlicher Uniform,
auch wenn sie sich nicht für den geistlichen Stand bestimmen. Das
Seminar liegt neben der Kirche S. Pietro, auf der höchsten Höhe und
dem denkwürdigsten Punkt der Stadt, dort nämlich, wo im grauen
Altertum die volskische Zyklopenburg stand.

Hier in einer Höhe, die ganz Latium beherrscht, standen Burg und
Tempel der alten Signia, aber nur wenige Reste sind davon erhalten,
darunter eine große kreisrunde Zisterne in der Nähe des Seminars.
Die Bewohner der Stadt haben hier einen ihrer beliebtesten Spaziergänge; sie wandeln dort an den zyklopischen Mauern auf der höchsten Fläche des Gebirgs wie auf einem großen steinernen Tisch umher
zwischen grauen Felsblöcken, auf denen Moose oder wilde Blumen
wachsen. Man kann sich nichts Eigenartigeres denken als diesen Spaziergang in der Wolkenhöhe bei so gewaltiger Felsennatur. Tief unter

den Spazierenden (und ich sah, da es Sonntag war, manche geschmückte junge Dame im seidenen Kleid und mit dem Fächer dort auf- und abstolzieren) steigt der Berg lotrecht in die Tiefe nieder, und unten liegt Latium. Das Auge schweift über ein kaum abzusehendes, hinreißendes Gemälde von Provinzen mit ihren Bergen und Städten, die zu zählen man kein Ende findet, und deren jede von historischen oder mythischen Erinnerungen erfüllt ist. Denn dieses Panorama reicht von Rom, das dort fern in der verschwindenden Ebene sichtbar ist, bis zu Arpino, der Vaterstadt Ciceros, die man weit im Königreich Neapel auf dem blauen Gebirge hervorschimmern sieht.

Die Luft weht hier kühl, fast scharf. Die braunen Halme auf den Felsblöcken, die wilden Rosen und die gelben Ginsterzweige neigen sich auf und ab. Der Geist der Urzeit und der Urwildnis, einer großen schauerlichen, vorgeschichtlichen Welt, weht um diese verwitterten Zyklopensteine.

Ich stieg über die Felsen weiter fort, um die berühmten Zyklopenmauern zu erreichen. Wie in allen Städten Latiums umziehen sie in langen Linien die eigentliche Arx oder Burg und senken sich schräg über die Berghänge herab. Das Gefüge ihrer ungeheuren Steine ist noch so wohl erhalten, als hätte es der Baumeister gestern errichtet; hie und da unterbricht sie eine kleine Pforte in etruskischer Gestalt. Am Ende der einen großen Mauerlinie steht das malerische, berühmte Zyklopentor, welches man noch heute benutzt. Gewaltige Blöcke von fast viereckiger Form bilden es, so daß die beiden Seitenwände sich oben in einem durch den Schlußstein abgestumpften Winkel entgegenneigen. Das Gigantische dieser grauen Mauern, ihr von Jahrtausenden verwitterter Bau, der wilde Wuchs der Pflanzen, der darumhängt, die mächtige Gewalt des Gebirgs, an welches sich die Riesensteine anlehnen, und die große Natur umher bringen das Gemüt in einen Zustand von Empfindungen, den ich nicht schildern kann. Ihm mag allein ein solcher gleichen, wenn man bei stürmender See auf den wilden Wogen schwebt. Hier kommt nichts Kleinliches und Zersplittertes an die Seele mehr, die ganz im Erhabenen sich auszudehnen scheint.

Aus jenem Tor führt der felsige Weg tief abwärts längs der andern Seite der Bergwände, wo nun der Blick auf Latium verschwindet. Ich traf unten wiederum eine kreisrunde und noch viel größere in den Fels gehauene Zisterne von mindestens 30 Fuß im Durchmesser. In ihrem weiten steinernen Rande sind viele Kufen ausgehauen, worin die Weiber Segnis waschen. Ich habe in jeder volskischen Stadt solche uralten und wohlerhaltenen Zisternen gefunden; sie scheinen jenen Gegenden eigentümlich zu sein, denn ich erinnere mich nicht, sie in Latium irgendwo in dieser Größe und Gestalt angetroffen zu haben.

Ein zweiter Spaziergang der Städter ist das Felsental vor dem Stadttor, welches zunächst zu dem im Walde versteckten Kloster und weiter hinauf in das Gebirge führt. Riesige Kastanien, Ulmen und Eichen beschatten grüne Flächen; hier gibt es Waldeinsamkeit mit Romantik und Feerei, soviel nur das Herz begehrt. Da es Abend geworden war, strömten die Bewohner dort in Scharen hinaus. Die höhere Klasse kleidet sich auch hier schon in französischer Mode, aber das Volk ist der Gebirgstracht treu geblieben. Drunten in Latium tragen die Weiber rote Tücher; die Farbe blüht in der Ebene heller und, wie es scheint, auch das Gemüt, denn das Leben ist dort leichter als auf dem mühsamen, rauhen Gebirge unter Gewitterwolken. Man trägt hier allgemein die Kopftücher von schwarzblauer Wolle, und die dunkle Farbe dieser Mantillen, wie sie in Sizilien genannt werden, kam mir in der Szenerie Segnis durchaus naturgemäß vor. Blau und Schwarz waren die alleinigen Farben, die ich dort das Volk tragen sah.

So groß und schön nun auch die Lage dieser Stadt ist, so würde ich mich doch nie entschließen, hier einen Sommer zuzubringen. Diese grauen Steine, diese dämonische und schwermütige Natur würden bald die Musen verstummen machen. Auch weht hier der Wind fast immer recht scharf herein; die Berge schleudern im Sommer täglich eine donnernde Wetterwolke hinunter, die ihre plötzliche Regenflut auf Segni ergießt.

Ich wohnte hier gut im Ort; das einzige Gasthaus, welches er besitzt, ist reinlich und billig in den Preisen wie überall im Gebirge. Die Pfirsiche von weißlichgelber Farbe waren köstlich und der bleichaussehende Wein gut, obwohl stark säuerlich von Natur. Der Dichter Martial sagt von ihm, daß er etwas Zusammenziehendes habe:

> Potabis liquidum Signina morantia ventrem;
> Ne nimium sistant, sit tibi parca sitis.

> *Trinke Signiner Wein, er hält den flüssigen Leib auf,*
> *Daß er zu sehr nicht stopf, bleibe dir mäßig der Durst.*

Am Morgen wollten ich und mein Gefährte, der bekannte Aquarellmaler Müller, mit der aufgehenden Septembersonne zu Pferde steigen, um über den Gebirgskamm zu klimmen und dann durch die volskischen Urwälder nach dem alten Norba zu reiten; aber der Himmel war dicht umhangen, die Berge warfen sich donnernd Wolken auf Wolken zu, und es regnete stundenlang. Wir verzweifelten schon an der Weiterreise, bis auf einmal Jupiter Pluvius zu lächeln begann. Wir sprangen daher geschwind auf die Pferde, und unser Führer schritt flink voraus, uns die Wege zu zeigen. Der Wind warf die weißen zusammengeballten Wolken um die Felsen hin und her oder trieb sie wie fliegende Segelschiffe weit in die Luft hinaus; es war ein großes und entzückendes Schauspiel.

Gleich hinter Segni beginnt grüner und dichter Wald. Froh ritten wir da hinein, denn ein Wald im italienischen Lande ist etwas so Seltenes und darum das Heimatlichste, was dem deutschen Wanderer begegnen kann. Doch hier sind keine schwarzen, weihnachtlichen Tannen und keine sausenden Fichten, sondern herrliche Buchen, Ulmen, Eichen und Pinien. Die Pinie klingt wie eine Harfe, wenn der Wind in ihrer Krone spielt; sie saust nicht wie die schwermütige Fichte, ihr Ton hat etwas ganz Wonnesames von geisterhaftem Gesang.

Die Pfade trieften noch, aber wir saßen ja zu Pferde und brauchten uns nicht zu durchnässen wie jene armen Mädchen und Knaben, die mit nackten Füßen im Walde kletterten, Pilze zu lesen, welche der Regen mochte über Nacht hervorgelockt haben. Tiefe Stille und Einsamkeit: hie und da die Schläge der Axt eines Holzfällers – und hier holen wir einen Handelsmann ein, der neben seinem beladenen Maultier einhergeht, um Waren nach Cori zu bringen. Über diesen steilen Gebirgskamm muß der hausierende Krämer mühsam klettern, um in jene Stadt zu gelangen; die Verbindung zwischen Segni und Cori kann daher nicht sehr lebhaft sein.

Nach einem zweistündigen Ritt, teils durch Waldung, teils, je höher wir stiegen, über nackte und schwarze Felswände, erreichten wir den höchsten Paß im Gebirge, weideten noch unsern Blick an der Schönheit Latiums zu unsern Füßen und stiegen dann langsam auf die andere Seite nieder. Aber von hier aus sahen wir noch nicht das Meer und die Maritima, denn ein Höhenzug türmte sich vor uns auf, um welchen wir hinwegzureiten hatten. Er bildete mit den Bergen von Segni ein idyllisches Wiesental, Colle Mezzo genannt, welches von Quellen durchrieselt wird. Nichts Lachenderes als diese Bergwiesen, über die wir nun hinritten oder vom Pferde gestiegen in der heitersten Stimmung wanderten.

Nun ging es wieder aufwärts und in den eigentlichen Urwald hinein, durch den wir mehr als zwei Stunden lang ritten. Die Abwechslung von Berg und Tal, die tiefschwarzen Schluchten, in welche bemooste Stämme wie besiegte Helden hinabgestürzt waren, dämmernde Wiesen und dunkle Weiher, an denen Viehherden weideten, die üppigsten mit Blüten bedeckten Gebüsche, schattige Hohlwege, in welche das Sonnenlicht spielend einfiel, das alles versetzte uns oftmals in die heimischen Gebirge zurück. Ehe ich südliche Wälder sah, glaubte ich immer, nur in Deutschland oder im Norden sei der wahre dichte «Wald» zu finden. Als ich aber wieder nach der Heimat zurückkehrte und deren Wälder betrat, war ich um den stolzen Wahn

betrogen. Dies darum, weil ihnen die Untergebüsche, die Schlingpflanzen und die reiche Blumenflora fehlen.

Wie prächtig ist der Volskerwald! Ich sah nie zuvor eine solche
Wildnis voll poetischen Lebens. Hier ist das Land der Elfen und
Feen, und im tiefsten Dickicht in einer grauen Höhle schläft der alte
Saturn mit langem silberweißem Bart. Ich bewunderte die herrlichsten
Baumphänomene; die Buche mit ihrem in den blauen Äther greifen-
den Wipfel gleicht an Farbe ganz und gar dem Felsgestein, auf dessen
sanftem Grau die Moose haften. Manchmal schien es, als wäre dieser
riesige Baum nur die organische Fortsetzung des Felsens selbst, auf
dem er stand.

Wir sprangen an einem schönen Ort von den Pferden und warfen
uns ins Gras. Ringsum standen Brombeersträucher mit ihren reichen
Früchten bedeckt und boten uns die Nachkost zu einem ländlichen
Frühmahl. Nicht weit davon ein grüner Teich, von Schilf und Gras
umwoben, in einer träumerischen Versunkenheit. Wie schön muß es
hier zu streifen sein, wenn der Mond hoch droben durch die Buchen-
wipfel wallt und alle Elfen über dem blumigen Grund ihre Ringel-
reihen tanzen.

Endlich öffnete sich der Wald an dem südwestlichen Abhange, wir
kamen auf die andere Seite des Gebirgs, und plötzlich war mir wie
einem, dem man die verbundenen Augen löst, daß ihn ein wunderbarer Anblick überrasche. Vor mir lag das strahlende Schauspiel der
Maritima, das weite pontinische Sumpfland, ein in sanftesten Farben
glühender Teppich, das von der Sonne vergoldete Meer, die fernen
Ponza-Inseln in seiner strahlenden Flut, das Kap der Circe, der Turm
Astura, die Linea Pia, das Kastell Sermoneta zu unsern Füßen. Der
Anblick dieses Gemäldes, eines der schönsten, welches Italien überhaupt besitzt, war, da wir eben aus dem Walddunkel hervorgekom-
men waren, so überwältigend, daß ich dafür weder damals ein Wort
fand, noch heute eines habe. Man hatte mir in Rom gesagt, daß der
Ritt über den Kamm des Volskergebirgs und dann der Blick von der
Höhe auf die Sümpfe und das Meer das Schönste sei, was der Wanderer weit und breit genießen könne, und man sagte mir nicht zuviel.
Ich will jedem Reisenden raten, dies einzige Schauspiel sich nicht ent-
gehen zu lassen, wenn er im Römischen sich befindet.

Wir erreichten nach sechsstündigem Ritt den kleinen Ort Norma.
Er steht auf der luftigen Fläche einer hohen, an manchen Stellen
schwindelnd steil abstürzenden Bergwand, seitwärts von den zyklopischen Trümmern des uralten Norba. Norma, Norba, Ninfa sind hier
die märchenhaften Wesen, die man überall nennen hört, die man
aufsucht, und deren dichterische Namen diese Berge mit einem
phantastischen Hauch von Mythen umgeben. Norma, Norba, Ninfa,

Cori, Sermoneta, welche melodischen Namen, wie reizen sie nicht die Phantasie!

Als wir in das Gasthaus zu Norma traten und der Wirt uns in das Zimmer führte, aus dessen Fenstern all die Herrlichkeit der Maritima übersehen wird, fiel unser Blick tief unten am Rande der Bergwand und gerade unter uns auf einen großen Ring wie von efeugrünen Mauern, und darin lagen viele wunderliche Hügel, die alle von Blumen gebildet zu sein schienen. Graue Türme stiegen daraus hervor, Ruinen, alle grün umhängt, und mitten durch diesen seltsamen Kreis sahen wir einen silbernen Quell forteilen, die Pontinischen Sümpfe durchziehen und in einem lichtstrahlenden See fern am Meeresstrand verschwinden. Ich fragte erstaunt, was jener rätselhafte große Blumenkranz und Kreis mit den vielen grünen Hügeln dort unten sei. «Nympha, Nympha!» sagte unser Wirt. Nympha! Das also ist Nympha, das Pompeji des Mittelalters, diese im Pontinischen Sumpf versunkene Stadt und Geisterwelt. Wir werden sie heute am Abend durchwandern, wenn die sanfte Selene sich über die grauen Zyklopensteine Norbas erhebt.

Wir hielten im Gasthaus ein gutes Mittagsmahl und eine erquickende Rast; dann durchschritten wir den kleinen Ort, um Norba zu besuchen. Norba ist der altvolskische Name der Stadt, und erst später entstand daraus Norma, ich weiß nicht in welcher Zeit. Zum erstenmal begegnete er mir so am Anfang des 8. Jahrhunderts, wo der griechische Kaiser Konstantin v. dem Papst Zacharias zwei Grundstücke Nymphas et Normias schenkte, die dem Staat angehört hatten. Schon damals war also (denn so muß ich annehmen) die volskische Stadt Norba verlassen, und in ihrer Nähe mußte sich Normia oder Norma bereits angesiedelt haben.

Die Ruinen des alten Norba liegen nur wenige Minuten seitwärts von Norma entfernt. Sie bestehen aus den noch bedeutenden Überresten der Burg und der zyklopischen Mauern, welche jene umgaben. Die Arx lag auch hier auf einer Felsenfläche, die, schon von Natur befestigt, nach der Seite der Pontinischen Sümpfe in schwindelerregender Steile abwärts fällt. Doppelte Mauern umgeben das innere Viereck der Burg. Noch führt ein altes Tor hinein, an dessen einer Ecke sich eine runde Masse von Zyklopensteinen in einer Höhe von 36 Fuß wie ein Pfeiler oder Turm erhebt. Die Mauern haben bisweilen eine Höhe von 40–50 Fuß und bieten ein gewaltigeres Ganzes dar als die in Segni. Sie umziehen in langen Linien den steilen Kalkberg; oben aber auf einer Felsenfläche, welche zu einem ebenen Viereck abgearbeitet worden ist, sieht man noch drei aus Zyklopensteinen aufgebaute große Fundamente, auf denen einst vielleicht die Heiligtümer der Stadt oder andere Gebäude der Burg standen.

Wenn man sich einen solchen Bau, sei es Tempel oder Haus, im Verhältnis zu den Zyklopenmauern selber denkt, so muß er von einem großartigen, obwohl schweren und düsteren Charakter gewesen sein. Wir können uns eine Architektur der Art, wenn auch nur aus der Ferne annähernd, etwa aus dem Tabularium Roms wiederherstellen, welches einer Zeit angehört, die an die volskische und etruskische Bauepoche grenzt. Denn es ist irrig, anzunehmen, daß jene sogenannten Zyklopenmauern einer fabelhaften Urzeit angehören. Von ihnen bis zum Mauerbau der sogenannten servischen Zeit in Rom war nur ein Schritt zu tun, wie ich dies schon bei Alatri bemerkt habe.

Eine antike Zisterne, einige unterirdische Gemächer und Grotten: dies ist alles, was außer der Akropolis und den Mauern vom alten Norba sichtbar blieb. Mir fiel es auf, daß man nirgend Grabmäler oder Loculi in den Felsen bemerkt, wie in den alten Städten Etruriens oder in jeder antiken Stadt Siziliens; und namentlich sind es die sizilianischen Städte, welche wie Syrakus, Leontium, Agrigent und Enna eine erstaunliche Menge von Felsengräbern enthalten. In Norba sah ich deren keins, doch ist es möglich, daß sie meinem Blick entgingen. Das Volk in Norma nennt übrigens die alte Stadt Civita la Penna, und ich kann mir nicht erklären, wie dieser Name hierhergekommen sei. Denn aus dem Spanischen scheint er abzuleiten, wo Pegna oder Peña Felsen bedeutet. Der Name Felsenstadt ist passend für das mythische Norba, welches Herkules erbaut haben soll.

In späteren Römerzeiten hing Norba dem Marius an. Es wurde deshalb von Emilius Lepidus, dem General Sullas, belagert; er drang mit Hilfe von Verrätern in die feste Zyklopenstadt, aber die verzweifelten Einwohner stürzten sich selbst, wie die Bürger Numantias, in die Flammen ihrer Häuser. Vielleicht blieb Norba schon seit jener Zeit in Ruinen; wenigstens kennt sie schon Plinius als verödet.

Oben auf der Arx ist das Panorama der Maritima überaus herrlich. Deutlich wird der ganze Ufersaum des Meeres erkannt, welcher von Antium bis zum Kap der Circe bei Terracina reicht; selbst weiterhin werden Ostia, Pratica und Ardea und viele Strandtürme sichtbar, die sich einsam wie Obelisken am Meer erheben. Diese Wachttürme wurden seit dem 9. Jahrhundert gebaut, als die Sarazenen anfingen, die Küste Italiens zu überfallen, und noch heutigentags ist ganz Italien, sind alle italienischen Inseln an ihrem Saum von solchen malerischen Türmen umkränzt. In jedem liegen etwa fünf Mann Artillerie, welche alte, wunderlich aussehende Kanonen hüten, die nun schon seit Jahrhunderten verrostet sind. Lamoricière, der neue Generalissimus der päpstlichen Armee, hat die Kanoniere aus den Türmen nach Rom gezogen und auch die Feldschlangen abholen lassen, die dort auf den Plattformen ins Meer hinausgähnten, wo nun statt der Sarazenen Garibaldische Freischaren heimlich zu landen versuchen.

Dort sehe ich einen Turm am Meeresstrand schimmern, wo der dunkle Wald ganz nahe herbeikommt: es ist das berühmte Schloß Astura. Eine Meile weiter ein anderer Turm: Foceverde, von dem Fluß so genannt, der dort aus der versumpften Waldeswildnis ins Meer fließt. Weiterhin ein Turm an einem großen See; dessen Wasserfläche leuchtet wie fließendes Gold, und ringsum zieht sich dichter grüner Wald. Eine geisterhafte Stille umfängt dort den Wandersmann; er steht wie in eine fremde Welt versunken am See und blickt den Fischadlern zu, die darüber hinkreisen, oder dem fieberbleichen Fischer, der auf dem schwankenden Nachen schwebt, oder dem halbnackten Blutegelsucher, der dort sein Wesen treibt. Das ist Turm und See Fogliano, einst im Altertum Clostra Romana, wo Lucullus eine Villa besaß. Der Nymphäus, jener reißende Bach, den wir durch die grünen Ringe von Nympha fortstürzen sehen, ergießt sich in jenen See; wir können seinem Lauf durch das ganze pontinische Sumpfland bis dahin folgen. Weiter neben ihm wird der Lago de' Monaci sichtbar, dann der Lago di Crapolace, endlich der große See von Paola mit seinem Turm, und nicht weit von ihm steigt das Kap der Circe inselartig auf.

Wer die Pontinischen Sümpfe nicht auf der Via Appia bis nach Terracina durchreist hat, macht sich die irrigste Vorstellung von ihrer Natur, indem er nur an ekle Moräste denkt. Es gibt dort freilich Sumpf und See genug, aber sie liegen in Wäldern und Büschen versteckt, wo das Stachelschwein, der Hirsch, das wilde Schwein, der Büffel und das halbverwilderte Rind umherstreifen. Im Mai und Juni ist das pontinische Land ein Meer von Blumen, die, so weit das Auge reicht, sich über die Gefilde ergießen. Im Sommer ist es ein Tartarus, wo das blasse Fieber umherschleicht und die armen Hirten oder Ackerleute auf den Gehöften plagt, die dort ausdauernd ihr Brot erwerben.

Je näher am Meer, desto mehr Wald, und wir sehen ihn von Norba aus deutlich sich bis zum Kap der Circe fortziehen. Es reihen sich von der Tibermündung her aneinander die Wälder von Ostia, von Ardea, von Nettuno, Cisterna und Terracina. Mitten in ihrem Dickicht oder an ihren Säumen liegen einzelne Gehöfte, hauptsächlich für den großen Viehbestand bestimmt, aber auch Ackerwirtschaften; so Conca, Campo Morto, Campo Leone, Tor' del Felce und andere. Wo der Wald nach dem Innern zu aufhört, ziehen sich endlose Wiesen hin, dann festes Ackerland, und wir sehen deutlich die von Pius VI. erneuerte Appische Straße die Maritima durchschneiden. Wir sehen an ihr Cisterna, den größten Ort in den Sümpfen, woneben im Altertum Tres Tabernae lag, und weiterhin For' Appio, das alte Forum Appium.

Kein Jahrhundert ist imstande gewesen, die Pontinischen Sümpfe auszutrocknen. Julius Cäsar hatte diesen Plan, aber er starb, ehe er an die Ausführung desselben ging. Die römischen Kaiser, so verschwenderisch in Bauten jeder Art, taten nichts dafür; es ist daher merkwürdig genug, daß erst unter einem Barbarenkönig, dem Erben oder Eroberer Roms, unter dem großen Theoderich sowohl die verfallene Appische Straße hergestellt, als ein Teil der Sümpfe bis Terracina ausgetrocknet worden ist. Noch heute liest man die Urkunden jener rühmlichen Tat eines Goten auf zwei Inschrifttafeln in Terracina. Unter den Päpsten war es erst Sixtus v., ein Mann von praktischem Römergeist, welcher die Austrocknung der Sümpfe wieder unternahm, und ihm folgte darin mehr als zwei Jahrhunderte später Pius vi. Dieser Papst stellte die Via Appia (von ihm Linea Pia genannt) wieder her, zog den großen Kanal neben ihr, ließ andere Kanäle ausgraben, verwandelte einen Teil der Sümpfe in ackerbares Land und erwarb sich dadurch ein bleibendes Verdienst um diesen Teil der Maritima.

Wir steigen von der Zyklopenburg Norbas nach Nympha hinunter, denn diese verlassene Stadt liegt tief zu deren Füßen, schon am Rande der Sümpfe, und man gelangt zu ihr entweder auf der bequemen im Zickzack hinabführenden Straße Normas, oder man sucht sich selbst einen Pfad auf dem steilen Niederhang des Bergs von Norba. Da wir flink zu Fuße sind, wählen wir den letzten Weg, und es geht mit «Donnergepolter» über die Felsen im Sprung hinab.

Da ist Nympha, die märchenhafte Ruine einer Stadt, mit ihren Mauern, Türmen, Kirchen, Klöstern und Wohnungen halb versunken im Sumpf und begraben unter dichtestem Efeu. Wahrlich, dieser Ort sieht reizender aus als Pompeji selbst, dessen Häuser umherstarren wie halb zerfallene Mumien, die man aus der vulkanischen Asche emporgezerrt hat. Aber über Nympha wogt ein duftiges Meer von Blumen; jede Wand, jede Mauer, jede Kirche, jedes Haus ist mit Efeu verschleiert, und auf allen Ruinen wehen die purpurnen Fahnen des triumphierenden Gottes des Frühlings.

Es macht einen unbeschreiblichen Eindruck, in diese Efeustadt einzuziehen, in den begrasten, blumenbedeckten Straßen, zwischen ihren Mauern umherzuwandeln, wo der Wind in den Blättern spielt, keine Stimme schallt als der Schrei des Raben im Turm, als das Rauschen des schäumenden Bachs Nymphäus, das Lispeln des hohen Schilfs am Weiher, und das melodische Singen und Säuseln der Halme ringsumher.

Blumen wimmeln durch alle Straßen, sie ziehen in Prozession nach den verfallenen Kirchen, sie klettern auf alle Türme, sie liegen lachend und kichernd in allen öden Fensterräumen, sie verrammeln jede Türe, denn drinnen hausen Elfen, Feen, Wassernymphen und tausend reizende Geister der Fabelwelt. Gelbe Kamillen, Malven, duftige Narzissen, graubärtige Disteln, die einst hier als Mönche gelebt hatten, weiße Lilien, die im Leben fromme Nonnen gewesen waren, wilde Rosen, Lorbeersträucher, Mastix, hohe Farren, die Klematiswinde und der Brombeerstrauch, die roten Fuchsschwänze, die wie verzauberte Sarazenen aussehen, die phantastische Kaperblume in den Ritzen der Mauern, der duftige Goldlack, die Myrte und die würzige Menthe, ganz von Gold starrende Ginster, und nun der dunkle Efeu, der alle Trümmer überwallt, der über die Mauern sich ergießt in grünen Kaskaden – ja, man wirft sich in dies Meer von Blumen, ganz trunken und vom Duft berauscht, und das reizendste Märchen hält die Seele umfangen.

Noch stehen die Mauern der Stadt aufrecht: sie umziehen sie in einem großen Ringe, aber sie sind überall von Efeu dicht bedeckt, nur hie und da taucht aus ihm eine zerbröckelte Zinne und ein viereckiger zerbrochener Turm hervor. Die Stadttore sind nicht minder von wildem Wein, Efeu und Brombeergestrüpp verrammelt und verbarrikadiert, als fürchteten die Blumen in Nympha einen Feind, der von draußen eindringen wollte, wie ehemals die Sarazenen, oder das Soldheer Barbarossas oder des Herzogs von Alba und der Colonna. Sie haben sich hinter Efeuwällen verschanzt; vielleicht sind es nachts die wilden Schwärme von Meteoren und Irrwischen im Pontinischen Sumpf, welche die verzauberte Stadt belagern oder stürmen, um die Blumengeister drinnen in ihre Sümpfe zu entführen.

Mancher Platz und manche Straßen stehen noch da; zu ihren Seiten verfallene, vom Efeu umsponnene Häuser; manche palastartig, mit halbgotischer Architektur, einst Wohnungen des reichen Adels. Wunderbar sehen die Kirchen aus, von denen noch vier oder fünf in Ruinen stehen. Ich sah nie so phantastische Trümmer. Aber wie soll ich sie in Worten malen? Wie soll ich einen solchen braunen, zersplitterten Glockenturm mit den runden oder von kleinen Säulen geteilten Fenstern, mit seinen mittelalterlichen Friesen von spitzkantigen Ziegelsteinen, und mit dem romantischen Festschmuck von Efeu und im Winde schaukelnden Blumen zeichnen? Oder die Trümmer der gewölbten Nischen und der Kirchenschiffe schildern, die alle von Blütenteppichen überhängt sind? Diese Kirchen sind alt, sie gehören dem 11. oder 12. Jahrhundert, wenn nicht einem frühern an, denn ihr Stil ist von einfacher Basilikenform. In ihren öden Räumen beten nun die Blumen, und die Weihrauchfässer schwingen die bacchantischen Rosen. Von den Wänden, und hie und da aus einer von Efeu umsponnenen Tribüne blicken noch alte Freskobilder herunter. Das sind alte Christen mit ihren Palmen in der Hand und mit den Marterwerkzeugen zu ihrer Seite. Den verlöschenden Nimbus um das bleiche Haupt, in goldiger Dalmatika, mit der Stola um die Schulter, starren sie mürrisch aus den Blumenschleiern hervor und scheinen sich über den Heidendienst zu ärgern, den die Kinder der Flora in diesen verlassenen Kirchen aufzuführen wagen.

Der Käfer summt seine Sommerromanze fort und fort, und die Grille schrillt unablässig ihre anakreontischen Liebeslieder. Die Blumen und Käfer weichen nicht mehr aus diesen Tempeln. Dem heiligen Bernhard wurde einst geklagt, daß von einer Kirche, welche eben neu geweiht werden sollte, zahllose Schwärme von Fliegen Besitz genommen hatten und sie nicht mehr verlassen wollten; er rief hierauf: «Ich exkommuniziere sie»; und siehe da, als die Boten in die Kirche zurückkehrten, lagen alle Fliegen darin tot. Aber schwerlich würde es einem heiligen Beschwörer gelingen, die Blumen aus den Kirchen Nymphas zu exkommunizieren, und so zornig sich die gemalten Märtyrer darin gebärden, schon kommt der Efeu geschlichen und wird sie selber bald ganz verschleiert und eingemauert haben. Von manchem ist bereits nichts mehr sichtbar als der Zipfel seines Gewandes und der Name in alten lateinischen Charakteren: Sanctus Xistus, oder Sanctus Cesarius, und Sanctus Laurentius. Ich trat in die letzte dieser Kirchen ein – welch ein Anblick! Die ehemalige Mosaik des Bodens, mit ihren Arabesken und Kreisen oder Quadraten, schienen nun lebendige Blumen nachzuahmen, und aus der Konfession, wo einst die Gebeine des Heiligen lagen, wächst nun fröhlich der indische Wein mit seinen blauroten Beeren. So fehlt auch hier nicht das Seitenstück zu Pompeji. Wie sich dort das klassische Altertum in den heitern Freskobildern entschieden ausspricht, redet in Nympha die christliche Epoche der Menschheit auch aus Malereien auf den Wänden der Ruinen. Dort sind es die anmutigen Gestalten des Lebens und der Lust: Amoren, die am Weiher angeln, tanzende Satyrn, Grillen, die ein Wägelchen lenken, schwebende Bacchantinnen in weißen Schleiern, Zimbeln schlagend, oder ein geheimnisvolles Kästchen in den Händen, oder auf einer Fruchtschale saftige Feigen erhebend – doch im Pompeji des Mittelalters stellen die Fresken nur den Tod und den Schmerz dar. Statt jener fröhlichen Bilder sind es die schwermütigen Gestalten der Katakomben, die mythischen Götter der Marter und der Pein, in Flammen, ans Kreuz geschlagen, oder mit gefalteten Händen vor dem Henker kniend, der sein Schwert schon erhoben hat.

Ist es nicht Zeit, alle diese Märtyrer, Heiligen und morschen Kreuzesbilder endlich einmal in Blumen zu bestatten? Auf die Gräber der armen Büßer und Mönche und aller derer, die in der Zeit des finstern Aberglaubens sich geißelten und quälten, streut sie hier die Natur mit vollen Händen aus – ahmte doch auch die katholische Menschheit ihr nach, und gäbe sie den Toten Frieden und ein Blumengrab!

Am Eingange Nymphas ragt noch das Kastell auf, einst Sitz der Barone, in dessen Verliesen die Opfer des Feudalismus schmachteten. Hoch steigt der viereckige Turm empor, aus Ziegelsteinen so fest gebaut, wie die Torre delle Milizie in Rom, und wie es scheint, gehört er auch derselben Periode an. Er steht ganz nahe an einem Weiher, der hier wie ein stygischer Sumpf am Eingang der Totenstadt sich verbreitet. Ihn umkränzt hohes Schilf. Es ist hier ein mythischer Sitz, wie aus der Schattenwelt des Äneas oder Ulyß. Der finstere Turm und andere Ruinen werfen ihr zitterndes Bild auf das stille Wasser des Sumpfs. Das Schilf rauscht so schwermutsvoll. Manchmal schluchzt tief in ihm die Stimme eines Wasserhuhnes auf, wie die Seele eines Abgeschiedenen, die in diesem Hades wohnt und nach oben verlangt. Ich sitze auf Trümmern und blicke in dies grüne Geisterreich, dann empor zu den blauen, entzückenden Bergen, auf denen die Zyklopensteine Norbas und die Kastelle ragen, dann über die Pontinischen Sümpfe in das abendsonnige Meer, dem funkelnd das Kap der Circe sich entschwingt.

Sollte wohl die Zauberin Circe ihr Schloß drüben verlassen haben? Wohnt sie vielleicht jetzt in Nympha? Wurde sie zur Efeukönigin? So viel Efeu ist hier – mir schien es, als sei dies Nympha die Efeurüstkammer Italiens, und als versorgten von hier die Efeugeister der Geschichte alle Ruinen dieses herrlichen Landes mit ihren Ranken.

Man muß hier sitzen, wenn der Abend diese Efeuhallen und jede Ruine erst in Purpur, dann in Gold taucht und Berge, Meer und das Kap der Circe mit unsagbarem Farbenduft umstrahlt – doch ich will davon nichts sagen, noch es schildern, wie dies Feenmärchen sich gestaltet, sobald der Mond darin zu wandeln beginnt.

Aus dem Weiher stürzt der Quell Nymphäus. Er scheint hier seinen Ursprung zu nehmen, und plötzlich bringt er einen überraschenden Gegensatz jungen, brausenden Lebens in diese grüne Gräberwelt; gleich einem lebendigen Wesen ist er anzusehen, wenn er so blitzend und schäumend durch die Pontinischen Sümpfe dem Meere zufließt.

Er treibt am Weiher eine Mühle, die in einem Bau des Mittelalters eingerichtet ist, denn ein Teil dieses Hauses hat noch gotisch-römische Säulenfenster. Auf einem Speicher steht geschrieben, daß Franciscus Gaetani, Herzog von Sermoneta und Herr von Nympha, ihn und den Eingang in den Ort, samt den Mühlen im Jahre 1765 erbaut habe.

Im Altertum soll an der Quelle und dem See ein Nymphentempel

gestanden haben, von welchem die Stadt auch ihren Namen erhalten
hat. Auf der Stelle jenes Nymphäums soll dann die Kirche S. Michael
erbaut worden sein. Im Jahre 1216 gründete hier Ugolino Conti,
nachmals Gregor IX., die Kirche S. Maria del Mirteto, vom Myrten-
hain. Auch wohnten die Ritter vom Orden des Lazarus hier.

Die Geschichte Nymphas ist übrigens sehr dunkel. Im 12. Jahrhundert besaßen diese Stadt die Frangipani; der berühmte Alexander III.
wurde dort am 20. September 1159 zum Papst geweiht. Dann setzte
sich das Geschlecht der Gaetani seit dem Ende des 13. Jahrhunderts
in den Besitz Nymphas, und die Nachkommen dieses berühmten
Hauses haben ihn bis heute behalten. Die Archive der Familie in Rom
bewahren noch viele Urkunden, welche zeigen, wie der Nepot Bonifacius' VIII., Pietro Gaetani, lateinischer Pfalzgraf und Graf von
Caserta, nach und nach die Häuser und Güter Nymphas ihren Besitzern abgekauft hat. Ich fand dort kein Aktenstück mehr aus dem
15. Jahrhundert. Aber noch am 22. Februar 1349 ist eine Urkunde in
jenem jetzt verfallenen Baronalschloß gezeichnet. Es heißt darin: «Ac-
tum Nimphe in scalis palatii Rocce Nimphe presente Nicolao Cillone
Vicario Sculcule . . .»

Ich weiß nicht zu sagen, wann Nympha verlassen ward. Den Geschichtschreiber, der alles wissen möchte, grämt es, aber der Poet
deckt dies Mysterium gern mit Efeuranken zu. Der Wanderer, der
hier umhergeht, ruft die Geister herbei und glaubt sich umschwärmt
von Wassernixen und Feen. Dies entzückende Nympha ist das
reizendste Märchen der Geschichte und der Natur, das ich irgend in
der Welt gesehen habe.

Am folgenden Morgen mieteten wir Maultiere in Norma, um nach
dem alten, berühmten Cori oder Cora zu reiten, welche Stadt man in
drei starken Stunden erreichen kann. Ein Fahrweg führt in der Tiefe
dorthin, Ninfa vorbei, aber wir zogen es vor, den kürzern Felsenpfad
zu wählen, welcher sich über die Abhänge des Volskergebirges fortzieht. Denn hier ist die Aussicht groß und schön, weil der Blick über
die pontinische Ebene und das Meer, bis nach Rom hinreichen kann.
Die Frische des Morgens, der klarste Septemberhimmel machten diesen Ritt entzückend genug, obwohl die Berge, an denen wir hinzogen,
einförmig und ohne Leben waren, es sei denn, daß hie und da Schaf-
hirten sich versammelt hatten, ihre Herden zu melken, den frischen
Käse am Feuer zu bereiten oder aus Ginsterzweigen ihre konischen
Nomadenhütten zu errichten.

Wenn man so von oben in diese pontinische Landschaft blickt, und
zumal gegen den lateinischen Strand gewendet, wo das uralte Ardea
im Land der Rutuler liegt, so ruft die poetisch erregte Phantasie gern

die Gestalten aus dem Virgil herbei. Denn dort ist das Land des römischen Troja, dort ist die Szene der Heldenkämpfe der Äneide, und wir sehen über den Wiesenplan oder durch die Wälder die schöne Amazone Camilla jagen, die Heroin des Volskerlandes:

> Hos super advenit Volsca de gente Camilla,
> Agmen agens equitum, et florentes aere catervas,
> Bellatrix.

> *Diesen gesellte sich noch aus volskischem Stamme Camilla,*
> *führend der Reisigen Zug und mit Erz umfunkelte Haufen,*
> *Streiterin sie!*

Die Schilderung ihres Todes und das tragische Geschick von Euanders Sohn Pallas sind die schönsten Blumen in dem Gedichte Virgils. Man muß die melodischen Verse der Äneide auf dem römischen Gefilde lesen, um ihren Zauber erst ganz zu empfinden. So verklärt, so voll ernster Schönheit ist die Poesie Virgils, wie die Campagna von Rom. Diese unsterbliche Dichtung wird als das Seelenhafteste, was von der Römerwelt übrigblieb, durch alle kommenden Jahrtausende diesen Bergen, diesen Wäldern und Fluren Begeisterung verleihen. Turnus, Mezentius, Lavinia, Ascanius und der treue Achates . . . ja hier leben sie . . . und welches Gemälde! So episch und groß, wie nur jenes am Skamander sein kann, oder wahrscheinlich erhabener. Denn kann es überhaupt etwas Erhabeneres geben als das Feld von Rom und sein Meergestade?

Durch die virgilischen Erinnerungen ziehen sich hier Troja und Hellas in dies Lokal der Uranfänge Roms hinüber. Die Atmosphäre wird dadurch hellenisch, und immer mehr, je näher man Cori kommt. Denn diese alte Stadt gehört der uritalischen oder pelasgischen Mythe an. Rom heißt ewig, aber nicht seines Alters wegen; die meisten Städte der Campagna sind viel älter, und nun gar Cori, das nach den Berechnungen antiker und moderner Topographen eine der ältesten Städte der Welt ist und 1470 Jahre vor Christi Geburt, also sieben Jahrhunderte vor Rom erbaut worden ist.

Nach der Mythe gründete Cori der Trojaner Dardanus, Sohn des Corytus, Königs von Italien, und der Electra, einer Tochter des Atlas; dann floh er, ein Brudermörder, vor Siculus und seinem Vater nach Asien, wo er Dardania gründete, das erst von seinem Enkel Tros Troja genannt wurde. Im siebenten Buch der Äneide (Vers 670 und folgende) kommt der Name Coras vor:

> Tum gemini fratres Tiburtia moenia linquunt,
> Fratris Tiburti dictam cognomine gentem,
> Catillusque acerque Coras, Argiva juventus.

Zwei Gebrüder darauf verlassen tiburtische Mauern,
Und das Geschlecht, dem Namen verliehen der Bruder Tiburius.
Beide Catillus und Coras voll Mut, argivische Jugend.

Die drei Brüder Catillus, Coras, Tibur oder Tiburtus waren nämlich Söhne des Amphiaraus von Argos; sie kamen aus Griechenland nach Italien und gründeten hier Tibur oder Tivoli. Coras soll Cora erbaut haben. Dies ist eine zweite Mythe von der Entstehung dieser Stadt.

Da liegt sie vor uns, eine Pyramide von Häusern auf einem Berge; hoch oben stehen die schönen Reste des Herkulestempels, zu den Füßen der Stadt liegen Fruchtgärten und Olivenhaine. Cori hat gegen 5000 Einwohner. Seit mittelalterlichen Zeiten ist sie ein Lehn des «römischen Senats und Volks», ein Kammergut der Stadt Rom – in der Tat eine köstliche Besitzung. Ich werde den Leser nicht mit der Beschreibung der Ruinen Coris ermüden, denn er hat davon genug. Aber wohl verdienen die zyklopischen oder pelasgischen Mauern auch hier Bewunderung. Sie sind an vielen Stellen in der Stadt sichtbar; man vergleicht sie mit den Mauern des alten Mykene oder Tirynth. Sie stützen die Akropolis, das Haupt der Stadt. Wenn man dort emporklimmt, findet man sich voll Überraschung vor dem Rest des Peristyls eines Tempels, welcher völlig griechisch erscheint. Es ist ein kleiner, graziöser Bau dorischer Art, sehr wohl erhalten; die blaugraue Farbe, welche der Travertin der Säulen angenommen hat, sieht schön altertümlich aus. Man nennt diesen Tempel vom Herkules, aber wahrscheinlich ohne Grund.

Castor und Pollux, Fortuna und Diana, die Göttin der pontinischen Jagdgefilde, Sol, Janus und Äolus, Apollo und Äskulap hatten in Cori ihre Tempel. Man zeigt noch tiefer unten vier schöne korinthische Säulen, welche in einem Hause eingemauert sind, und schreibt sie dem Tempel der Dioskuren zu. Reste von Bädern und Zisternen, eine römische Brücke über den reißenden Bergbach, der von Cori herunterbraust, andere zerstreute Altertümer mögen den Forscher hier beschäftigen.

Das Mittelalter ist in Cori schwach vertreten. Der Dom S. Pietro, in den Trümmern jenes Herkulestempels erbaut, bietet nichts Merkwürdiges dar; dagegen ist Santa Oliva wegen ihrer Architektur der Beachtung wert. Indes alle diese Trümmer, was sind sie gegen den hinreißenden Blick auf die Maritima, den man überall in Cori genießt? Es verlohnte sich wohl, hier sommers zu leben. Die Luft ist kühl und balsamisch, der Wein köstlich, die Früchte sind in solcher Fülle vorhanden, daß ich für einen Bajocco 26 frische Feigen erhielt. Aber Cori wird von den Römern gar nicht besucht. Sie ziehen es vor, in das städtische Albano und Frascati zu gehen, und die wenigsten von ihnen kennen die Reize ihrer eigenen Campagna. Gibt es ein herrlicheres Leben, als die Gebirge der Sabina, der Herniker, der Volsker zu durchstreifen und in der unverfälschten Natur seinen Geist zu stählen?

Ich verließ Cori, zu Pferde steigend, um nach Velletri zu reiten; und wie in Ninfa, so gelobte ich auch hier, wiederzukehren und in dieser klassischen Stille einige Zeit hinzubringen.

Nach angestrengter Winterarbeit wollten wir (Freund Lindemann und ich) uns in der Pfingstwoche etwas zugute tun, indem wie sie in den wilden, noch so wenig besuchten Abruzzen zubrachten. Wir wollten Rieti, Aquila und den Gran Sasso d Italia sehen, über das Gebirge von Popoli zum Fuciner See hinabsteigen, die dortigen Wasserwerke Torlonias kennenlernen, die glorreiche Auferstehung des Deutschen Reichs auf dem Schlachtfelde des letzten Hohenstaufen feiern, und dann über Tagliacozzo auf der Via Valeria heimwärts nach Rom ziehen. All dieses herrliche Land, unbeschreibliche Paradiese, haben wir gesehen in der Blütenpracht des sonnigen Mai. Da will ich doch etwas davon aufzeichnen, wenigstens über unsere Fahrt von Popoli nach Tagliacozzo, da eine Betrachtung des merkwürdigen Aquila mehr Zeit beansprucht, als ich daran wenden könnte.

Um vorweg den Anblick der Szenerie des Abruzzenlandes zu gewinnen, welches wir durchziehen sollten, stiegen wir am Abend vor unserer Abreise von Aquila auf die Burg dieser Stadt hinauf. Sie ist eine Anlage Karls v. Ein mächtiger doppelköpfiger Reichsadler von Stein und eine lange lateinische Inschrift betreffend die Erbauung dieses Schlosses durch den Vizekönig Don Pedro de Toledo, Marchese von Villafranca, stehen noch über dem unversehrt erhaltenen Marmorportal von prächtiger und reicher Renaissancearchitektur. Dieses flach gelegene, von einem tiefen Graben umzogene Kastell erinnert an die ähnliche Burg in Mailand. Es hat heute keine strategische Bedeutung mehr, sondern dient zur Militärkaserne. Wir mußten uns beim wachthabenden Offizier melden, um Einlaß zu erhalten. Als wir diesem gelangweilt aussehenden Manne von herkulischer Körpergestalt auf seine Frage nach unserer Nationalität antworteten: «Wir sind, der eine Süddeutscher, der andere Norddeutscher aus Preußen, und Bundesgenossen Italiens», zog er seine Militärmütze ab und bat uns mit den freundlichsten Mienen, nach Gefallen einzutreten. So ändern sich die Zeiten; vor nur wenigen Jahren würde die Nennung unseres Vaterlandes die entgegengesetzte Wirkung hervorgebracht haben.

Von den Zinnen der Burg blickten wir in dieses wundervolle Panorama des Abruzzenlandes, worin die beschneiten Hochalpen Italiens sich machtvoll zusammendrängen oder in großen Gebirgszügen auseinanderfalten. Aquila steht schon auf den Absenkungen des Gran Sasso. Wir sehen diesen König der Apenninen unmittelbar vor uns

zur Linken; in der abendlichen Klarheit der Luft erscheint er so nahe,
daß man die Faltungen seiner Geklüfte und die scharf gemeißelten
Kanten und Zinken seiner Pyramiden deutlich erkennt, und doch
braucht man noch zweier Tagereisen, um zu ihm selbst zu gelangen.
Wenige haben diesen Berg bestiegen, und fast mythisch unbekannt
ist all das entzückende wilde Alpenland rings um ihn her. Er ist ein
langer Gebirgszug von gigantischen, fast plumpen Formen, wenigstens von Aquila aus gesehen. Aus der Mitte der Gebirgsmassen erhebt sich ein nicht schön geformter Kegel, fast höckerartig, in Schnee
gehüllt; das ist der «große Stein», der höchste Punkt Italiens überhaupt, von 9000 Fuß Höhe. Rechts über Aquila steigt ein anderes
braunes Bergland ohne Schneekuppen auf; den Vordergrund aber
schließen die duftigen, mit Schnee beschimmerten, vom Abendpurpur
umwallten Gebirge oberhalb Sulmona, aus denen sich der blitzende
Monte Majella majestätisch heraushebt. Rückwärts nach Rieti zu
steht die in Schnee gehüllte Lionessa, jenes herrlich geformte Gebirge,
welches von Rom aus gesehen wird; erst im Juni verliert es seine
Schneehülle, wenn auf dem Pincio die Granaten blühen. Von Rieti
aus waren wir ihm bis gegen Aquila hin entlanggefahren. So fuhren
wir auch dem Gran Sasso entlang nach Popoli.

Dieses Abruzzenland hat noch keine Eisenbahnstraße. Man beginnt sie zu ziehen, und schon aus militärischen Gründen ist sie notwendig. Man baut sie von Pescara am Adriatischen Meer herauf, wo
die Bahn von Ancona herabkommt und jetzt der Stapelplatz für die
Produkte der Abruzzen sich befindet. Sie soll über Sulmona, Popoli
und Aquila auf Rieti und Terni treffen und durch eine Abzweigung
das Marsenland mit dem Fuciner See und mit Sora in das Verkehrs-
system aufnehmen, also bei Rocca Secca sich mit der neapolitanisch-
römischen Bahn in Verbindung setzen.

Man fährt in kleinen Poştwagen sehr primitiver Natur, die sich in
nichts von den in der Sabina und der römischen Campagna gebrauchten unterscheiden. Der Fahrweg ist vortrefflich; es geht hoch über
Berg und Tal, durch entzückende Gebirgslandschaften, im beständigen Anblick des Gran Sasso, an kleinen malerischen Kastellen mit
zertrümmerten Burgen hin, wie Poggio Picenza, Barisciano, Castel
Nuovo, Ritegna, Navelli, immer am brausenden Aterno fort. Zwischen Colle Pietro und Popoli überstiegen wir noch einen hohen Ge-
birgspaß. Wenn man seine Höhe erreicht, blickt man in das reiche
blühende Tal von Sulmona hinab. Es erscheint wie ein einziges mei-
lenlanges Gartenland; schneebeglänzte Alpen umschließen es. Einst
war es von einem See ausgefüllt, ganz so wie jenes des Velino bei
Rieti. Zu Urzeiten füllten wohl alle diese Täler des Abruzzenlandes
Seen aus; heute ist von ihnen, kleinere Becken nicht mitgerechnet,

nur der Lago Fucino übriggeblieben, und auch dieser wird bald verschwunden sein. Tief unten zeigt sich Popoli an einem rötlichen Felsenberg gelegen; hoch darüber die gelben Türme und Trümmer der Burg der Cantelmi; hinterwärts taucht Sulmona auf, die Vaterstadt des Ovid, schon zu Füßen des Monte Majella, welcher dieses schöne weite Tal abzusperren scheint. Im Zickzack führt der Weg nach Popoli hinunter, in so steilen und mächtigen Windungen, daß sie an jene der St.-Gotthard-Straße oder andere Alpenpässe erinnern.

Nichts ist lachender als dieses kleine altertümliche Popoli in der Ebene, mit seinen Fruchtgärten und sonnigen Weinbergen; der Fluß Aterno fließt an der Stadt hin und trägt hier schon den Namen Pescara. Wer kennt diesen berühmten Namen nicht aus der Geschichte Karls v.! Als wir in die Vorstadt einfuhren, fanden wir die sehr ländlich aussehende Bevölkerung in lebhafter Bewegung; ein wunderlicher Zug von Menschen kam uns entgegen mit schallender Musik, voran Jünglinge, welche auf hohen Stangen einen mächtigen kupfernen Kessel und anderes blinkende Küchengerät einhertrugen, all dies mit Fähnchen, Blumen und Kränzen geschmückt. Es war ein Hochzeitszug, oder vielmehr die Aussteuer der Braut wurde nach Landessitte in Prozession durch den Ort getragen. Popoli ist eine Stadt von Ackerwirten und Weinbauern. Die Abruzzenweine, welche man dort und in Sulmona zieht, sind im Lande berühmt und würden es weiterhin sein, wenn die Straßenverbindung besser wäre. Man verkauft hier den Litro vortrefflichen Landweins, wie man uns sagte, für den unglaublich geringen Preis von einem Soldo und zieht sonst die edelsten Gewächse, die dem Burgunder in keiner Weise nachstehen. Da Popoli einen Knotenpunkt der Verkehrsstraßen von Aquila, Pescara und Sora-Avezzano bildet, so ist es schon heute einer der lebhaftesten Orte des Abruzzenlandes. Es war ein Gewühl und Treiben dort, welches an südliche Städte Neapels erinnerte.

Wir stiegen zur alten Rocca hinauf, von wo aus der Blick in die Landschaft unvergleichlich schön ist. Die Cantelmi bauten sie, ein provenzalisches Geschlecht, welches mit Karl i. von Anjou nach Neapel gekommen war, diesem Eroberer große Dienste in der Bekämpfung Manfreds und Konradins leistete und, mit vielen Lehen im Königreich Neapel ausgestattet, eines der mächtigsten Feudalgeschlechter wurde. Die Cantelmi besaßen lange Zeit auch das schöne Sora am Liris. In keinem Land Italiens hat das Feudalwesen so üppig geblüht wie im Königreich Neapel. Die Normannen, die Hohenstaufen, die Anjous, die Aragonen, dann die Spanier seit Karl v. schufen zahllose Lehnsherrschaften, so daß es im Neapolitanischen kaum einen Ort gibt, an dem nicht der Lehnstitel eines Grafen, Marchese oder Herzogs haftet. Kein Land erfuhr auch einen so starken Wechsel des Lehnsbesitzes – dies auf Grund des ewigen Schwankens der Dynastien und der beständigen Revolutionen der Adelsparteien. Wenn ich nicht irre, folgte der jetzige Duca di Popoli dem Exkönig Franz in sein Exil nach dem fernen, kalten Norden an den Starnberger See. Der Starnberger See ist wohl eine der reizendsten Kulturidyllen, die Deutschland besitzt; an seinem stillen und gastlichen Ufer, welches Landhäuser und schattige Haine so schön umkränzen, mögen sich jene Verbannten beruhigter fühlen, die von der Sturmflut der Geschichte aus dem Sonnenlande Neapels dorthin verschlagen worden sind. Aber es gehört doch eine deutsche Empfindung dazu, um die blonde Schönheit jener Natur zu genießen und nicht zu frostig zu finden. Welche deutsche Idylle könnte einen neapolitanischen Verbannten, welches Paradies überhaupt einen Exilierten trösten?

Wir leben in Zeiten, wo die Göttin des Glücks schnell genug ihr Rad dreht, und wann gab es mehr Stoff für die seit alters beliebten Betrachtungen de exilio und de varietate fortunae? Die alten Römer haben seit Scipio, dem erlauchten Urbild aller resignierten Verbannten, in der Kunst, das Exil würdig zu ertragen, viel geleistet. Man sagt, daß die christliche Religion und die verallgemeinerte Bildung der Welt die Leiden desselben erträglicher gemacht habe als im Altertum, wo die Vaterlandsliebe das stärkste aller Gefühle war – man sagt es, und es wird eine schöne Phrase sein und bleiben. Diese Betrachtungen machte ich also auf der Burg der Cantelmi, bis nach Starnberg und Chiselhurst hinüber sie ausdehnend. Nun aber stand im Hintergrund unserer Reise, wie eine schwarze wetterleuchtende Wolke, stets das Schicksal von Paris, der grauenvolle Kampf mit der Kommune dort. Wir brannten vor Begier, uns im Zusammenhang mit diesen Ereignissen durch Zeitungen zu erhalten, nach denen wir in jedem Ort fragten. In Popoli sagte man uns, daß es hier ein «Kasino» gebe, oder vielmehr «la Casina»; denn so nennt man in den Abruzzen und im Marsenlande die höchst bescheidene Einrichtung von dem, was in süddeutschen Städten «Museum» genannt wird. Abends führte man uns in ein Café, und über Treppen und Stiegen in ein paar Zimmer, wo «la Casina di Popoli» ihren heimlichen Sitz aufgeschlagen hatte. Einige Herren spielten daselbst bei einem zweifelhaften Dämmerlicht von rauchenden Lampen Billard, und man führte uns Fremdlinge mit Freundlichkeit in das Lesekabinett. Dort fanden wir italienische Zeitungen, doch nicht letzten Datums, welche die Post von Aquila und Pescara gebracht hatte.

Wir mieteten für den folgenden Morgen einen Wagen, um über das wilde Gebirge von Rajano zum Fuciner See zu gelangen – eine weite Strecke und ganze Tagesfahrt. Ehemals war Postverbindung mit Avezzano; jetzt hat sie aufgehört, ich weiß nicht aus welchem

Grunde, es sei denn wegen des Baues der neuen Straße, die gegenwärtig von Aquila über das Gebirge gezogen wird. Der alte Weg ist stellenweise vortrefflich und überall fahrbar. Wir überschritten den Pescara, ein lebhaftes, von Forellen wimmelndes Bergwasser, etwa so breit wie der Liris bei Ceprano. Über blühendes Gartenland gelangten wir erst nach Pentima, dann auf die Hochfläche des alten Corfinium der Peligner.

Es ist ein über jedes Wort erhabenes Gefilde, von welchem man in das Tal von Sulmona und Popoli, in die Gebirge des Gran Sasso und aller andern Alpen ringsumher niederblickt. Ich sah kein gleich großstilisiertes Landschaftsgemälde irgendwo wie dieses hier um den Horizont Corfiniums her, als Binnenlandschaft nämlich, wodurch der Vergleich mit Gegenden Siziliens keine Stelle hat. Es ist ein Zentrum gewaltiger Alpenwelt, aber einer italienischen, in dem smaragdenen feenhaften Lichte des Südens. Auch auf diesen vom Sonnenglanz umflossenen Bergen liegt wie auf den Schweizer Alpen ewiger Schnee; doch lastet er nicht darauf mit Lawinenwucht als Element, er ist nur über die leuchtenden Felsenzacken wie von Geisterflügeln hingehaucht, um die magische Schönheit dieser Berge zu erhöhen. Unter dem Azurblau des Himmels bringt dieser Schneeschimmer der Gipfel eine ganz zauberhafte Wirkung hervor. Für die große Rundszene der prachtvollsten Alpenwelt ringsumher ist die Ebene von Corfinium das natürliche Theater. Wohl könnte man sich hier stunden-, ja tagelang in diesen Anblick versenken und die verworrene Welt darüber ganz vergessen.

Eine große Stadt von starken, mannhaften Bürgern in dieser Heldennatur, in diesen kühlen frischen Lüften gestählt, mußte hier ihre Entstehung finden. Wir sahen manche Reste von antikem Gemäuer und die überraschende Gestalt einer nicht nur altertümlich, sondern fast antik aussehenden Kirche, welche die einsame Charakterfigur dieses Gefildes ist. Sie ist aus einem gelblich glänzenden, regelrecht behauenen Travertin erbaut. San Pelino ist ihr Name, und von ihr wird auch diese Hochfläche Corfiniums ebenso genannt. Im 13. Jahrhundert soll sie erbaut worden sein. Doch muß, nach Inschriften zu schließen, schon vorher dort eine Kirche gestanden haben, und diese wurde wohl aus den Trümmern eines alten Tempels errichtet. Ihre Bausteine sind von Corfinium hergenommen, wie Fragmente von antiken Inschriften zeigen, die man an einer Außenwand sehen kann. An einer Stelle fand ich in der unmittelbaren Nähe einer solchen Inschrift diese mittelalterliche: VGO. HOC. F. OPVS ARNVLFVS EP. PLEBI. DI., vollkommen in den Schriftcharakteren des römischen Mittelalters der Cosmatenzeit; durch Zufall auch in Worten und Namen mit Cosmaten-Inschriften übereinstimmend, so daß ich in nicht geringe Verwunderung geriet.

Noch heute ist auf dem Tabernakel in S. Paul vor Rom zu lesen: «Hoc opus fecit Arnolfus cum socio suo Petro.»

So unvergleichlich groß hier die Natur, so groß ist hier auch der Blick in die Geschichte Roms. Corfinium war das jahrelange Zentrum der gewaltigsten Revolution Italiens, jener schrecklichen Empörung der Bundesgenossen gegen die Privilegien der Alleinherrschaft Roms. Hier machten die heldenhaften Marsen, die Samniter und andere Völkerschaften den italienischen Bund, rissen sich von Rom los, stellten Konsuln und Senat unter Quintus Silo auf und nannten Corfinium fortan Italica. In furchtbaren Kriegen erkämpfte sich die Kommune der italienischen Völker das römische Bürgerrecht; andere soziale Kämpfe folgten, auch der große Sklavenkrieg; die Gestalten des Marius und Sulla, Octavius, Cinna, Sulpicius Rufus, selbst Pompejus und Cäsar erscheinen vor dem Blicke des Wanderers, der diese galvanische Kette von erschütternden Kämpfen der Demokratie mit der Aristokratie, des Volksstaats mit dem Privilegium verfolgt, bis sie zur Erscheinung des Christentums und seiner demokratischen Ideale führt. Sie endet hier nicht; der Kampf ist ewig wie sein Prinzip.

Während wir hier auf dem sonnigen Plane Corfiniums jenen Revolutionen und Bürgerkriegen um die Gleichberechtigung der italienischen Kommunen nachdenken, rufen die Kommunisten in Paris die Städte Frankreichs auf, sich zu einem Bunde wider das alte Staatsprinzip der Zentralisation zu vereinigen; und sie stürzen die Cäsarsäule um, sie werfen die Petroleumfackel in die herrlichsten Monumente des Kaisertums und des Königtums; sie machen aus dem großen Paris einen flammenden Scheiterhaufen. Wenn je Vernunft und Recht einem Bürgerkrieg zugrunde lag, so war es in dem marsischen. Ein Körnchen Vernunft fand auch Bismarck in dem tollen Hexensabbat der Pariser Kommune. Dieselben fanatischen Züge der lateinischen Parteifurie, auch etwas von der wilden Großartigkeit römischen Wesens haben wir sicherlich in jenen Exzessen der jüngsten Pariser Vergangenheit gesehen. Vielleicht wird die Nachwelt besser als wir imstande sein, den wüsten Unsinn dort vom Sinn zu scheiden, und diesen Ausbruch sozialer Krankheitsstoffe milder, weil geschichtlicher beurteilen. Die neuere Geschichte Frankreichs bietet in Wahrheit eine starke Analogie mit der des alten Roms dar.

Schon achtzig Jahre lang durchkämpft dieses Land seine Revolutionen und schwankt zwischen Republik und Kaisertum. Der römische Cäsarismus hat seltsamerweise keinen Boden in Italien gefunden, wo er entstanden war, sondern er ist nach Frankreich hinübergewandert. In Italien aber ging die römische Zentralisation nicht auf den Staat, sondern auf die Kirche und das gewaltige Papsttum über. Gar sehr wären die Italiener zu beklagen, wenn sie mit der Zeit aus ihrer neuen Hauptstadt Rom einen Vampyr ihres Landes machten; dann dürfte später ein Corfinium nicht fehlen. Zu sehr sind schon die Unterschiede und Autonomien der Provinzen hier verwischt worden, und nur die starken Traditionen und auch Überreste der mittelaltrigen Kommune machen bei der Neuheit des Einheitsstaates dessen Übelstände heute noch nicht fühlbar.

Dort unten ragen aus der Tiefe von einem Hügel dunkle Häusermassen auf und die Türme einer Kathedrale! Es ist Sulmona, und die Gestalt des heitern Dichters der Metamorphosen und der Heroiden, dann des unglücklichen Verbannten steht vor uns. Ovid war der rechte Mann, die tiefsinnigsten Betrachtungen über den Wechsel des Glücks anzustellen. Zu den wilden, in Felle gehüllten Skythen des Schwarzen Meeres wurde er aus der glänzenden Kulturwelt Roms verschlagen. Wie oft mag er nicht dort an diese Berge und Täler seiner Vaterstadt hier und an die Spiele seiner Jugendzeit am Fuße des Majella sehnsuchtsvoll zurückgedacht haben!

Eine andere geschichtliche Gestalt, so verschieden von der Ovids wie Nacht vom Tage, wie ein büßender Heiliger von einem leichtsinnigen Heiden, erscheint gleich hinter Sulmona und belebt für den Kundigen jenes purpurblaue, leise von Schnee umschleierte Gebirge Majella mit phantastischen Szenen des Mittelalters. Dort ward aus seiner Einsiedlergrotte ein scheuer Waldbruder auf den Thron des Papstes gesetzt; Cölestin V., der Vorgänger Bonifazius' VIII. In S. Maria di Collemaggio vor Aquila, wohin er von jenem Berge durch den König Karl von Neapel zu seiner Papstkrönung geführt wurde, liegt er begraben, und dort sah ich eben sein Denkmal. Seine Geschichte ist die seltsamste Episode des Papsttums, ein Heiligenpoem, duftend von mittelalterlicher Romantik, unvergleichlich und einzig in den Annalen der Päpste.

Da steht noch ein anderer echtester Sohn des Mittelalters auf demselben wunderbaren Berg Majella; Cola di Rienzo, der letzte Tribun von Rom, jetzt im Exil, nicht mehr in den goldbrokatenen Mantel von weißer Seide gehüllt, sondern in die Kutte jener Cölestiner, welche der Einsiedlerpapst gestiftet hatte. Auch er ist Einsiedler auf dem Majella. Fünfzig Jahre nach Cölestin erschien er auf jenem Berge. Nach seinem Sturz vom Kapitol im Neapolitanischen umherirrend, flüchtete er sich in diese Wildnisse, lebte mit den Eremiten, versenkt in Träume von der neuen Weltreform, zu welcher er sich berufen glaubte. Von dort machte er sich auf den Weg nach Prag, dem Kaiser Karl die Weissagungen der Eremiten des Abruzzenlandes und seine genialen Ideen mitzuteilen. Es sind wohl weite Perspektiven in die Geschichte, die sich dem Blick des Wanderers hier in Corfinium auftun: Quintus Silo, Ovidius, Cölestin v., Cola di Rienzo. Wo man in Italien auch gehen mag, in diesen Paradiesen der Natur, die immer wechseln und vom Schönen zum Schöneren führen, überall rauschen die Quellen der Geschichte. Überall steigen von der Mythe bis auf unsere Gegenwart herab Geister und Gestalten der mächtigsten und reichsten Geschichte auf, die ihren Bezug auf die Welt nimmt. Es gibt kein Land der Erde, das so durchgeistigt ist, so an allen Gliedern vom Blut der Zivilisation pulst und lebt wie dieses. Wenn es heute monumental versteinert erscheint – es wird diese Maske sprengen. Dieses unerschöpfte Saatfeld der Kultur hat noch eine andere Mission als diese: der Kirchhof großer Vergangenheit zu sein. Der glänzende Lebensgeist dieser Nation voll Kraft und Schönheit wird, so hoffen wir, einmal wieder erscheinen wie zu Dantes und Raffaels Zeit!

Wir bestiegen unsern Wagen und gelangten bald nach Rajano, einem nur kleinen Ort am Ende der Hochebene, von wo aus man zu Costa, der mächtigen Flanke des Gebirges, aufsteigt, welches man sodann viele Stunden lang durchziehen muß, um zum Fucinus abzusteigen. Im Zickzack geht es mühsam aufwärts. Wir nahmen in Rajano einen Vorspann von Ochsen. So weiterfahrend gerieten wir mitten in eine große Herde von Schafen und Ziegen, welche Hirten, gigantische Männer, das Schafsfell auf der Schulter, die Lanze in der Hand, langsam in das Gebirge hineintrieben. Seither sahen wir weit und breit dessen Abhänge von Herden bedeckt, die dort übersommern. Zottige Hunde von der Größe der Bernhardiner bewachen sie; sie tragen um den Hals ein starkes mit Eisenstacheln besetztes Lederband zur Schutzwehr gegen den Biß des Abruzzenwolfes.

Wir kamen auf die erste Höhe oberhalb Rajano, von wo aus die Ansicht des Gran Sasso, des Golganogebirges, des Majella und dieser gewaltigen Alpennatur immer neue Szenerien bildete. Hinreißend ist der Blick in die ungeheure Wildnis rötlicher Felsenmassen, die kühn ineinandergeschoben und tausendfach in Schluchten auseinandergebrochen sind, dahinter der Gran Sasso in dunkler Majestät hervortritt. Das Flußgebiet des Pescara versinkt nun; man kommt durch ein Tal nach dem Kastell Curiana Siculi; dann öffnet sich ein ödes Gebirge zu einem Paß, welcher, wie viele ähnliche in der Schweiz, Furka genannt wird. Wir erreichten diese Höhe um zwölf Uhr mittags. Sie mochte mehr als 4000 Fuß über dem Meer betragen; aber die Luft wehte mild und sanft; Lerchenlieder ertönten über uns, und aus einem Gebüsch flöteten Nachtigallen.

Wir begegneten auf der Furka den letzten vereinzelten Reitern und Fußgängern; seither sahen wir in dieser Alpenwildnis nur kletternde Schafherden. Seitwärts führen Pfade für Saumtiere nach Alba und Avezzano, deren Anlage uralt ist; sie dienten im Mittelalter als Militärstraßen. Durch Felsengründe, über weite braune Hochflächen, ging es so stundenlang fort. Freunde in Rom hatten unsern Entschluß, dieses wilde Land zu durchreisen, bedenklich gefunden, denn nächst Kalabrien sind die Abruzzen das verrufenste Theater des Brigantenwesens. Bis zum Jahre 1860 waren sie von Räubern viel geplagt, und auch jetzt treiben solche ihr Wesen im Gebiete von Sulmona. Unser Fuhrmann wurde nicht müde, uns haarsträubende Geschichten aus diesen Bergen zu erzählen, wovon mir eine im Gedächtnis geblieben ist. Sieben Brüder, alle von Löwenstärke, Aquilaner, wurden eines Tages Banditen, zogen in dieses Gebirge hinauf, raubten und mordeten, schleppten Gefangene mit sich, erwürgten nachts Hunderte von Schafen reicher Besitzer. Fünf Brüder kamen um, zwei verschollen. Bürger von Aquila, welche ein paar Jahre später rohe Seide auf den Markt in Triest brachten, erkannten diese Räuber in zwei Kaufleuten, die dort ein blühendes Geschäft gegründet hatten. Die österreichische Regierung lieferte sie der italienischen aus, und diese Banditen sitzen heute in einem Turm zu Aquila, wo sie ihr Todesurteil erwarten.

Noch eine Höhe, und vor uns tut sich eine meilenweite Tiefe auf, prachtvoll umrahmt von himmelhohen Gebirgen, welche aufsteigende Gewitterluft dunkel stimmt. Zur Rechten ragt ein herrliches System von Bergen auf, deren höchstes Haupt, eine Doppelpyramide von großartigen Linien, noch Schnee bedeckt. Das ist der Monte Velino, welcher das Gebiet Aquilas von dem Albas scheidet; zu seinen Füßen liegt das Schlachtfeld Konradins, und tiefer unten der Fuciner See. Ich war doch sehr enttäuscht. Ich hatte mir vorgestellt, einen weiten blauen Wasserspiegel plötzlich aufblitzen zu sehen, nun trat der See, von den Bergen und der Luft verdunkelt, kaum aus der Tiefe hervor, grau und bleiern anzusehen. Wie ein Sterbender, der vom süßen Leben Abschied nimmt, erschien er mir, und dies erfüllte mich ganz mit Unwillen und Mißmut.

Erst als wir uns um eine Stunde ihm genähert hatten, begann er doch blau hervorzulächeln und sich als ein noch immer mächtiges Becken zu zeigen, so groß etwa wie der See von Bracciano. Doch wird er kaum noch dessen Umfang von 21 Millien haben. Er hatte in den Zeiten seiner Fülle deren 35. Bis auf 15 Millien schien er mir eingeschrumpft. Über braunes Gelände stiegen wir zu dem nächsten Ort am Seeufer abwärts, Cerchio genannt, einem Kastell, das jetzt vier Millien weit vom See zurückgetreten ist. Wir rasteten unterhalb desselben in einer einsamen Schenke und fuhren dann weiter nach Avezzano. Überall sahen wir Menschen tätig, Wege zu machen, Brücken zu bauen, behauene Steine fortzuschaffen – ein rühriges Leben zeigte sich, durch die Austrocknungsarbeiten in Bewegung gebracht. Lachende Uferhöhen, jetzt weit zurückgetreeen, mit üppiger Garten-

und Weinkultur, steigen über der trefflichen Fahrstraße auf. Ein großes Schloß mit hohen Mauern und Zinnen zeigt sich über einem ansehnlichen Ort: das ist Celano, einst neben Alba und Tagliacozzo eine der Hauptstädte des Marsenlandes im Mittelalter.

Das alte Marsenland, von der Konsularstraße auch die Provinz Valeria, dann Abruzzo genannt, reichte bis zum Fuciner See. Weder für das Altertum noch für das Mittelalter sind seine Grenzen genau bestimmbar. Über seinen mittelaltrigen Schicksalen aber liegt Dunkel oder unentwirrbare Verworrenheit. Am Anfange des siebenten Jahrhunderts wird Valeria als bischöfliche Hauptstadt der Marsica genannt, aus welcher der Papst Bonifacius iv. stammte (608–615). Ob diese Stadt unterging, ob sie das alte Marruvium war, ob es je eine Civitas Marsicana gegeben hat, ist ungewiß. Als die Langobarden die alten Römerstädte in Besitz nahmen, behielt die Marsenlandschaft am See doch ihren antiken Namen und wurde ein Castaldat. Der Castaldius Marsorum findet sich oft in Urkunden des achten Jahrhunderts genannt, wie die Städte Celano, Transaqua, Atrano, Alba und andere. In Celano mochte er seinen Sitz gehabt haben. Als sodann die Langobardenherzöge von Spoleto den Franken erlagen, wurde der Castaldat in eine Grafschaft verwandelt. Die Marsengrafen datieren, wie es scheint, vom Kaiser Ludwig ii. her. Fränkische Geschlechter verdrängten die langobardischen. Im elften Jahrhundert wird das Haus der Grafen Trasmundus, Berardus und Oderisius namhaft, welches von den Karolingern abzustammen behauptete. Die Grafen von Celano waren noch mächtig zur Zeit des Kaisers Friedrich ii., von dem sie abfielen und sich zum Papst wandten. Neue Verhältnisse entstehen hierauf mit den Anjous. Da dringen die römischen Orsini in das Gebiet des Fuciner Sees; am Ende des 13. Jahrhunderts verleiht ihnen Karl ii. von Neapel die Grafschaften Tagliacozzo und Alba. Mit ihnen kämpfen später um den Besitz des Marsenlandes die Colonna, nachdem Martin v. seinen Brüdern Alba und Celano erworben hatte. Die Colonna nannten sich seit 1432 Herzöge der Marsen, und sie besaßen damals 44 dort liegende Orte mit Alba, Avezzano, Celano, Transaqua. Sie verloren Celano im Jahre 1463 an Antonio Piccolomini, den Nepoten Pius' ii. Tagliacozzo und Alba behielten sie. Avezzano wurde zwar Eigentum der Orsini, doch nur für einige Zeit; die Colonna verdrängten sie aus dem Marsenlande.

Wir hatten keine Zeit für das einladende Celano übrig, sondern beschränkten uns auf Avezzano. Diese kleine Stadt liegt ganz flach, in üppiger Gartenlandschaft, dreiviertel Stunden vom See entfernt. Sie hat noch alte Bauten gotisch-romanischen Stils und die stattliche Burg der Orsini. Der berühmte Gentilis Virginius baute sie im Jahre 1490; sie erinnert an das Schloß in Bracciano, welches Napoleon, des

Virginius Vater, erbaut hatte. Marcantonio Colonna, der Sieger von Lepanto, erweiterte das Schloß, stellte dort Trophäen aus dem Türkenkrieg auf und schmückte die Säle mit Malereien, von denen heute nichts mehr übrig ist. Auf dem Portal der Burg sieht man noch die Inschrift, worin er sich nennt: «Marsorum Talliacotiique Dux, Marchio Atisse Albe et Manupelli Comes.» Die Zeiten der Orsini und Colonna, dieser römischen Campagnakönige, deren Namen und Taten Jahrhunderte erfüllen, sind ins Reich der Sagen versunken wie das Herzogtum der Marsen. Die Burg von Avezzano, heute Besitztum der Barberini-Colonna, ist zur elenden Kaserne heruntergekommen, und nur die Wappenschilder der Orsini und Colonna erinnern an ihre frühere Bestimmung. Der König der Marsen ist jetzt Torlonia. Er hat Geld und das Genie der Industrie. Nur ein paar Schritte weit von dem alten Schlosse sieht man einen neu entstehenden großen Platz, an dessen Ecken zu lesen ist: «Piazza Torlonia.» Dort baut der Krösus Roms sich ein wohnliches Palais. Wo man immer steht und geht, hört man seinen Namen nennen. In den Marsenstädten verwünschten einst die armen Kolonen und Lehnsvasallen die großen Namen Orsini und Colonna, denn dies waren Zwingherren, durch deren Ländergier das lachende Paradies am Fuciner See jahrein, jahraus mit Blut- und Feuerströmen bedeckt ward. Aber den unhistorischen Namen des Emporkömmlings Torlonia spricht hier arm und reich, niedrig und hoch nur mit Achtung und Dankbarkeit aus. Er hat Geld und macht das Marsenland aufleben. Tausende von Menschen bewaffnet er mit dem Spaten und der Hacke. Tausende gewinnen ihr Brot von ihm; Äcker verpachtet und leiht er aus an Gemeinden und Familien. Meilenweite Landstrecken zaubert er aus dem See hervor; neue Städte wird er gründen; hundert Jahre lang weniger eines wird er der Marsenkönig sein und das neue Land besitzen, und dann dort ein Monument erhalten, welches den Ruhm dieses großen Seccatore oder Austrockners der Nachwelt überliefern wird.

Im Gasthause zu Avezzano forderten wir Fische aus dem See, boshafterweise. Sie hatten sie nicht – zu Tausenden starben die armen Fische auf dem Ufer, als die Wasserwerke in Bewegung gesetzt wurden. Silbern soll der ganze Uferrand von ihnen geglänzt haben. «Was kümmern uns die Fische», so sagte die Wirtin, eine fanatische Anhängerin des Austrocknungsprinzips, «wenn wir nur den Acker gewinnen? Was kümmert uns der See, wenn nur das Gartenland daraus hervorsteigt? Ein herrliches Land wird neu gewonnen, worauf einst blühende Gemeinden sich ansiedeln werden.» Dies ist wahr; aber ein herrliches Werk der Natur wird zerstört und Italien um ein Wunder der Landschaft, um eines seiner schönsten Juwele für ewige Zeiten gebracht werden. Ich kann mich nicht damit zufriedengeben, daß dieser entzückende See, in dessen blauen Wellen sich jahrtausendelang jene majestätischen Berge und jene uralten Städte gespiegelt haben, nun für immer verschwinden soll. Ich fürchte, es wird über kurz oder lang auch dem Trasimenus nicht besser ergehen. Auch ihn wird man ins Meer spedieren, um Acker und Weideland zu gewinnen, und wer weiß, welche neue mörderische Kapitalisten und Austrocknungsmenschen schon an seinen reizenden Ufern umherschleichen und die Kosten berechnen, mit denen diese zaubervolle Dichtung der Natur in rentable Industrieprosa umzuwandeln sei. Ja, Geld und Dampfmaschinen trocknen die Poesie der Welt aus: nur wer ein Kaufmann ist, wird dessen froh. Drei Millien weit ist das Seeufer zurückgewichen. Wo noch vor kurzem die Wellen wogten und der Fischer seine Netze auswarf, keimen jetzt grüne Saaten und sind weite Äcker mit Furchen durchzogen und mit Grenzmarken bezeichnet, welche das Wappen und die Initialen Torlonia tragen. Die Lerche nistet schon in dem neugewonnenen Lande, und über ihm scheint sie, die wirtliche Tochter des Feldes, Jubellieder zu singen. Die Gemeinde von Avezzano erhob Prozeß gegen Torlonia, indem sie ihre Rechte auf das neue Land geltend machte; die Streitenden verglichen sich in einer Geldsumme.

Wir gelangten zu den Wasserwerken, und hier bot sich uns eine überraschende Szene dar, ein kleines Bild von dem Treiben am Suezkanal. Ein tiefer und breiter Kanal ist vom Seeufer her ausgegraben: in ihn soll nach seiner Vollendung durch Durchstich des Dammes das Wasser eingelassen werden. Massive Schleusenwerke aus weißen Quadersteinen von der solidesten und saubersten Bauart sind dort aufgeführt. Im Kanal und um ihn her waren Hunderte von Menschen geschäftig, die Schlammerde in Körbe zu schaffen und diese auf den Köpfen hinwegzutragen, wo sie seitwärts zu einem Hügel aufgeschichtet wird. Es waren meist Weiber, welche diese Arbeit verrichteten. Ihre roten Kopftücher und bunten Trachten nach der Landesart von Sora brachten am Seeufer eine außerordentlich lebendige Wirkung hervor. Der neue Kanal kommt jetzt wegen des vertieften Wasserstandes auch viel tiefer zu liegen als der frühere, durch welchen ein Teil des Sees schon abgelaufen ist. Er nimmt seine Richtung gerade auf den Monte Salviano, wo die antiken Emissare des Claudius liegen.

Wir sahen auch diese, drei kolossale Stollen übereinander, teils gemauert, teils in Felsen gehauen. Jetzt liegen sie hoch über der Fläche des Seeufers. Jenseits des Berges fließt bei Capistrello der Liris durch die Valle di Nerfa, worin er bei Cappadocia entspringt, und in ihn wird der Fucinus hinübergeleitet. Der Emissar des Claudius ist schon vom Kaiser Friedrich ii. wieder gereinigt worden, dann hatte man nach Jahrhunderten, und noch im Jahre 1826, den Versuch der Ableitung des Sees mehrmals wiederholt. Er glückte erst in unserer Zeit; eine Gesellschaft von Kapitalisten, worunter viele Franzosen, übernahm vor etwa zwölf Jahren dieses große Werk. Der Emissar des Claudius wurde dazu vollkommen wieder instand gesetzt und breiter und tiefer ausgearbeitet. Torlonia nahm endlich das ganze Unternehmen auf seine alleinige Rechnung. Nach wenigen Jahren wird der Abzug des Sees vollendet sein.

Von oberhalb des Emissars des Claudius überblickt man gut dieses ganze Seegefilde mit den Bergen ringsumher. Südwärts treten auch die Gebirge von Sora hervor; ich erinnerte mich bei ihrem Anblick meiner Wanderungen dort am Liris. Vor fünf Jahren wollte ich von Sora, wo ich Choleraquarantäne halten mußte, nach Avezzano fahren, aber die Briganten versperrten mir damals diesen Weg. Auch die Gebirge des Majella schimmern weiß vom Osten herüber. Doch mit magischer Gewalt zieht immer wieder der Monte Velino die Blicke an sich. Wenn man sie anderswo hinwendet, muß man bald wieder diesen Berg betrachten. Mit seinen Schneeflächen auf beiden Gipfeln funkelt er so wunderbar, als bestünde er aus massivem durchsichtigem Diamant. Er scheint nicht das Licht des Himmels zu empfangen, sondern aller Glanz dieser Lüfte scheint von ihm selbst auszustrahlen, als ob er allein Berge, Ebenen und den See beleuchtete.

Welch ein prachtvoller Spiegel muß der See in seiner ganzen Fülle gewesen sein! Auch jetzt noch erscheint er so zaubervoll im Abendglanze, daß man wähnen mag, Nymphen und Galateen auf Muschelwagen aus seinen Fluten heraufsteigen zu sehen. Die Nymphen werden bald sterben wie die armen Fische, ihre kristallenen Paläste bald Heuschobern Platz machen. Die Gestirne des Himmels, die sich noch in der märchenhaften Flut mit Entzücken spiegeln, werden bald von ihrem Götterfreunde Fucinus Abschied nehmen müssen. Da fahren noch dunkle Nachen bei Transaqua! Dort weiter wirbeln weiße Dampfwolken auf. Es sind wohl Maschinen, die dem armen See die Seele aus dem Leibe pumpen. Torlonia, der große Seccatore der Natur, ist taub für das Flehen der Nymphen; er fürchtet auch nicht die aufgesperrten Rachen der Fische, die ihm im Traum erscheinen. Er glaubt nicht mehr an die Mythologie Ovids. Er hat Geld und kann daher den Göttern trotzen, die täglich bankrotter werden. Wenn er wenigstens die im See versunkenen Städte, Marruvium und Pinna, wieder hervorbrächte! Eine alte Fabel sagt, daß sie dort begraben seien.

Wir nahmen in der Frühe einen Wagen, um nach dem Schlachtfelde Konradins und weiter nach Tagliacozzo zu fahren. Es war ein entzückender pfingstsonniger Morgen. Der Monte Velino mit seinen Schneefeldern, alle die prachtvollen Berge umher, der blaue, sonnige Seespiegel, die betürmten Kastelle auf den grünen Hügeln glänzten in unbeschreiblicher Klarheit: es ist all zauberisches, trunken machendes Licht hier und durchgeistigte Form wundervoller Linien und Gestalten, entzückender Täler und hereinschimmernder Fernen, in Großheit ruhender Felsenberge. Mit Worten kann man dies nicht sagen. Nicht in den sonnigsten Träumen würde die Phantasie eines Dichters, und wäre es Homer oder Dante, eine Szenerie von solcher ätherischen Schönheit anzuschauen vermögen, als diese hier am Fuciner See, als dieses magisch strahlende Theater für das dunkle Trauerspiel «Konradin». Nur noch ein Schlachtfeld kenne ich, von gleich großer, obwohl anderer Magie: es ist jenes, wo der letzte Gotenheld Teja am Golf des Vesuv fiel.

An den Velino lehnt sich diese ganze große Szene an; wie einen Teppich hat sie ihm die Natur huldigend zu Füßen ausgebreitet, See und lachende Ufer, Hügel und Täler, die Palentinische Ebene und den Fluß Salto, der diese durchzieht. Vorhöhen gehen vom Berg aus, worauf alte Burgen der Marsen stehen, verfallen und vom Efeu umwildert, Kastelle des Mittelalters mit Kirchen, Klöstern und Schlössern. Zur Rechten erhebt sich wie ein grünes Eiland (und einst ragte es wohl aus den Fluten des Fuciner Sees hervor) ein Felsenhügel; auf ihm steht das märchenhafte Alba Marsorum oder Fucentia, mit Resten von zyklopischen Mauern und antiken Tempeln. Dort trauerte einst, in der Gefangenschaft der Römer, Perseus, König von Mazedonien, ein Schicksalsgenosse Konradins. Wie ein Verzauberter mußte er sich hier in diesem fernen Alba vorkommen, und wohl gab es kaum einen reizenderen Kerker für einen König. Unterwärts ragt Androsano auf. Weiterhin steht auf einer sanften Höhe im Grün Magliano, und hoch darüber auf dunklen gigantischen Felsenmassen zeigen sich Massa und Corona, und Rosciolo. Der Imele, der auch Salto heißt, in den Velinofluß, durch ihn in die Nera und so in den Tiber fällt, schlängelt sich in Windungen an diesen Bergen durch ein Tal, an dessen anderer Seite sich das mächtige Gebirge Fonte Celeste erhebt. Auf dessen Abhängen steht Tagliacozzo; aber noch sehen wir diesen Ort nicht.

Mit verzweifeltem Entschluß gaben wir Alba auf und fuhren geradeswegs zur Palentinischen Ebene. Erst kamen wir durch den kleinen von Gärten umkränzten Flecken Capella. Hier ist schon das Palentinische Feld, welches sich unterhalb Scurgola und dann weiter bis gegen Tagliacozzo ausbreitet. Es ist geschlossen rechts durch den Berg S. Nicola, auf welchem Scurgola steht; auf derselben Seite umkränzen es die Bergzüge von Magliano und die von Alba. Alba gegenüber liegt der Hügel S. Felice, wo der Tradition nach der alte Erard von Valery hinter Gebüsch jene Nachhut aufgestellt hatte, welche die Schlacht entschied. Noch heute nennt man dort einen Ort Le difense.

Im Hintergrund schauen hervor der schneebedeckte Monte S. Antonio, die hohen Berge von Capistrello und Corcomello und viele andere gigantische Häupter. Die Talebene zwischen Scurgola und S. Felice ist die Palenda, das eigentliche Zentrum des Palentinischen Feldes, welches vom Salto durchflossen wird. Karl von Anjou war von Aquila durch den Paß des Monte Velino hergekommen. Seine Stellung hatte er auf der rechten Seite des Salto unterhalb Alba genommen. Auf der Valeria von Tagliacozzo war Konradin gekommen und hatte links des Salto sich aufgestellt, an der Villa Pontium unterhalb Scurgola. Eine Nacht lang standen so die feindlichen Lager getrennt, bis der Senator Roms, Don Arrigo von Castilien, den Salto überschritt und den Kampf begann.

Die Schlacht ist von den Chronisten jener Zeit mit verschiedenen Namen, nach Tagliacozzo, nach Alba, nach dem Campus Palentinus und Scurgola benannt worden. Auch Dante sagt:

e là da Tagliacozzo,
Dove senz' arme vinse il vecchio Alardo.

Und dort bei Tagliacozz,
wo waffenlos der Greis Alardo siegte.

Dies beweist nur, daß Tagliacozzo zur Zeit Dantes der größte Ort jener Gegend war, während Scurgola nur ein kleines, wohl von Alba angelegtes Kastell sein mochte, dessen Namen man kaum kannte. Unzweifelhaft muß die Schlacht von Scurgola benannt werden, denn der von Karl in einigen Urkunden als Schlachtfeld bezeichnete Campus Palentinus liegt Scurgola zu Füßen. Der bluttrunkene Sieger baute zum Andenken an die Schlacht auf dem Kampfplatze selbst das Kloster S. Maria della Vittoria, unmittelbar an der Brücke des Salto und nahe an der Villa oder dem Castrum Pontium, wo Konradin sein letztes Hauptquartier gehabt hatte.

Da ist der Fluß mit seiner Brücke! Pappeln umsäumen die Ufer. Weiber und Kinder waschen darin geschäftig. Nur ein paar Schritte weiter, und wir stehen vor schwarzen Trümmermassen von Mauern und Pfeilern: das sind die Reste der Abtei S. Maria Vittoria. Karl von Anjou besuchte bisweilen dieses Kloster, um in seiner Schlachterin- nerung zu schwelgen. Ein paar seiner Urkunden sind von dort datiert. Man weiß nicht, wann die Abtei unterging.

Wir eilten nach dem nahen Scurgola hinauf. Dieser kleine Ort be- deckt mit wüsten labyrinthischen Gassen den Abhang eines Felsens, dessen natürlicher Stein zum Teil als Straßenpflaster dient. Auf seiner Höhe steht die Hauptkirche S. Maria, angelehnt an die alte jetzt ver- fallene Burg mit einem Rundturm. Die Orsini erbauten sie, wie man

mir sagte, dann gehörte sie den Colonna, die noch Barone von Scurgola sind. Efeu umwindet Mauern und Portal, dessen Wappenschild
keine erkennbare Gestalt mehr hat.

Ganz Scurgola ist wie das Monument jener einen Schlacht. Mit
Verwunderung liest man die historischen Namen dieser schmutzigen
und engen Gassen: Via Carlo d'Angio, Via Corradina, Via Ghibellina.
Selbst die Bewohner erscheinen wie lebendige Traditionen dieses
Ereignisses; es ist ihr lokaler Ruhm und Stolz. Nur deswegen be-
suchen Fremde Scurgola. Wie in Benevent die Erinnerung an die
Manfred-Schlacht nicht erloschen ist, so weiß in Scurgola jeder von
Konradin. Jeder gebildete Scurgolaner scheint die Geschichte seines
Unterganges bis in die kleinsten Einzelheiten zu kennen und könnte
zum Führer für den Fremden dienen. Ein freundlicher Kanonikus
führte uns in die Kirche. Sie hat noch ein gotisches Portal aus der
Zeit der Anjou, ist aber im Innern ganz erneuert. Der Geistliche zeigte
uns als größten Schatz seines Heimatortes eine Madonnenfigur,
welche Karl in S. Maria della Vittoria gestiftet hatte, und er be-
schenkte uns auch mit einer Zeichnung davon. Die Figur ist von Holz,
übergoldet, eine sitzende Gestalt; sie hält das Kind auf den Armen,
welches die Weltkugel in der Hand trägt. Es ist eine keineswegs barbarische Arbeit, wohl eher in Italien gefertigt als in Frankreich, wie
das die Tradition in Scurgola angibt. Man fand die Statue unter den
Trümmern jenes Klosters im Jahre 1757 und trug sie dann in die
Kirche des Orts. Mit barbarischem Geschmack bekrönte man bei
dieser Gelegenheit beide Köpfe mit goldenen Flitterkronen. In der
Sakristei wird auch der hölzerne Schrein dieser Figur aufbewahrt. Er
ist mit den Lilien der Anjou geschmückt und mit noch wohlerhaltenen, sehr bemerkenswerten Bildern feinster Ausführung ausgestattet,
welche die Kreuzigung Christi und andere biblische Szenen darstellen.

Von der Burg und der Kirche herabsteigend wanderten wir noch im
unteren Teile der Stadt umher, ob wir etwas Merkwürdiges entdecken
möchten. Ein kleiner Platz mit der Aufschrift Piazza del Municipio
erregte unsere Aufmerksamkeit, zumal durch das Wappen des bescheidenen Stadthauses, worauf geschrieben steht: «Domus Univer-
sitatis Scurculae.» Es enthält das Abbild einer Brücke und fünf Lilien.
Der Bürgermeister des Orts, ein stattlicher alter Mann mit langem
grauen Bart, erklärte mir, daß dieses Wappen von dem Castrum
S. Mariae in Pontibus herstamme, welches die Tempelherren einst an
der Saltobrücke besessen hatten; es muß dies also das Castrum Pontium gewesen sein, wo Konradin lagerte.

Der Bürgermeister und andere Herren ergingen sich in Bewunderung der deutschen Heldenschlachten, denen eben das große Frankreich erlag, und wir überdachten in erregter Stimmung den Zusam-

menhang von Vergangenheit und Gegenwart, die Größe und den
Fall unseres alten Reiches in der Hohenstaufenzeit, die langen Leiden
und Kämpfe unseres Vaterlandes, die darauf folgten: das Erwachen
Barbarossas in unseren Tagen, die späte Erfüllung der deutschen
Messiashoffnung, das Wiedererstehen des Reichs der Hohenstaufen in
den Hohenzollern. Was Heinrich vi. vergebens erstrebt hatte, die
Einheit Deutschlands unter einer erblichen Dynastie, das ist nun nach
mehr als 600 Jahren erreicht worden. Die Hohenstaufen gingen unter,
weil sie sich von dem nationalen Boden losrissen und den Schwerpunkt des Reichs in das fremde Italien verlegten, wie noch später
Dante in den Träumen von der römischen Weltmonarchie befangen.
Noch der edle Heinrich vii. büßte denselben Cäsartraum durch ein
italienisches Grab. Welche Kämpfe und Revolutionen im Meinen und
Denken, in der Politik und Religion der Völker mußten erst durchge-
kämpft werden, ehe dieses römische Kaiserprinzip überwunden werden konnte, ehe vor dem Angesicht des belagerten Paris, in dem Ver-
sailler Schlosse Ludwigs xiv., das deutsche Nationalreich verkündet
werden konnte! «Es muß das unschuldig vergossene Blut Chunradini
allerweilen gerochen werden», so sagte noch zur Zeit Karls v. Reiß-
ner, der Biograph Frundsbergs. Das Blut Konradins ist gerochen für
alle Zeit; auch die Sünden der Hohenstaufen an diesem Land Italien
(wenn man nach den Rechtsbegriffen jener Zeit überhaupt von solchen reden kann) sind alle gesühnt. In Verklärung stehen die großen
Schwabenkaiser auf den Gipfeln unserer Geschichte, deren glänzendste Heldengestalten sie bleiben werden, solange das deutsche Erinnern dauert.

Ich denke, keinem Deutschen war es je zuvor vergönnt, mit so gehobenen Gefühlen auf dem Schlachtfeld Konradins zu stehen, als uns
beiden am dritten Pfingsttag des Jahres 1871. Mit welchen Empfindungen würde heute der ehrwürdige Raumer diese Palentinische
Ebene betrachten, die er im Jahre 1817 durchforscht hat, zwei Jahre
nach der endlichen Niederwerfung des ersten Napoleon. Wie fern lag
damals ihm, der uns das Nationalwerk der Geschichte der Hohenstaufen liefern sollte, der Gedanke, daß er im Patriarchenalter den Sturz
noch eines Napoleon und die Wiederherstellung Deutschlands zu
einem nationalen Reich und zur ersten Macht der Welt erleben sollte!

So lange Unbill, so viel Hohn und Schimpf, Zerstückelung und
Verwüstung erlebte unser Vaterland durch Frankreich seit den Zeiten
der Anjou; in so lange Ohnmacht waren wir durch unsere eigene
Zerrissenheit und jammervolle Schwäche versunken, daß uns heute
wohl erlaubt sein darf, unser Haupt voll Nationalstolz aufzurichten.
Vom Palentinischen Felde Scurgolas sei darum ein Jubelgruß dem
Vaterlande dargebracht, dem ehrwürdigen neuen Kaiser vom Stamm

der Hohenzollern, dem Wiederhersteller des Reichs, und allen den
Männern des Geistes und des Schwerts, die uns dieses Deutsche Reich
so heldenhaft errungen haben. Ihre Namen und Taten werden von
Geschlecht zu Geschlecht und bis zur Mythe hinüberwandern, und wie
auf dem Felde von Scurgola noch nach langen Jahrhunderten Enkel
vergangenen Heroenzeiten nachsinnen, so werden solche einst auch
mit Hochgefühl auf den Feldern von Wörth und Metz, von Sedan
und Paris der großen Zeiten gedenken, wo das freie, einige Deutschland heiß erstritten worden ist.

Da ist Tagliacozzo! Ein aus der Ferne finster aussehender Ort mit
der verfallenen Burg der Colonna auf dem Felsen droben, dicht zusammengedrängt und über mächtig ausstrebendem Bergrücken hingelagert. Einen Steinklumpen glaubten wir zu betreten, als wir durch
das große stattliche «Marsentor» einfuhren, und erstaunten dann,
einen freundlichen Platz mit schönem Brunnen vor uns zu sehen, umstellt von malerischen Gebäuden mit Logen oder mit gotischen Fenstern, oder von Renaissancepalästen. Wir kehrten in einem Gasthaus
ein, dessen palastähnliche Dimensionen, wie überhaupt die ganze
großstädtisch aussehende Straße, uns in Verwunderung setzten. Hier
müssen im 15. und 16. Jahrhundert reiche Familien unter dem Lehens-
schutze der Colonna geblüht haben. Einen Gastfreund hatte ich dort,
einen Patrizier Tagliacozzos, der mich in Rom oft eingeladen hatte,
ihn in seiner Heimat zu besuchen. Dieser Herr war leider verreist,
aber wir fanden vor des Apothekers Türe seinen Neffen, einen jungen
Mann, der nun mit Freuden die Rolle seines Oheims übernahm. Seiner
Güte verdanken wir es, daß wir alles Sehenswürdige dieses Ortes
kennenlernten. Er heißt in Urkunden Taliacotium, eine alte Stadt der
Equer oder Cicolaner. Da man nun im Vulgär daraus Tagliacozzo
machte, so erfand man das wunderlichste Stadtwappen: zwei Ritter,
die ein Wams durchschneiden. So sah ich dieses Wappen im Gemeindehaus, welches sich in einem alten verlassenen Kloster eingenistet
hat.

Herr B. führte uns in mehrere altertümliche Kirchen und endlich in
den Palast Colonna, ein burgähnliches Gebäude, dessen obere Teile
noch den gotischen Stil des 14. Jahrhunderts an den Fenstern zeigen,
während das Portal aus der Renaissancezeit stammt. Das Wappen
Aragons gibt zu erkennen, daß der Bau orsinisch ist, da mehrere
Orsini in die Familie der Aragonen von Neapel aufgenommen waren.
Dieses Schloß baute vielleicht Johann Jordan Orsini, der Feind Cesar
Borgias; er nannte sich de Aragonia, Conte di Tagliacozzo. Erst im
Jahre 1499 fällte der König Federigo von Neapel das endgültige Ur-
teil, daß Tagliacozzo und Alba und die Baronie Carsóli den Colonna
gehören sollten. Wie fanden im Innern großartige Säle mit alten

Familienbildern, deren Namen niemand mehr zu sagen weiß. Fromme
Schwestern haben jetzt dort Schulen für Töchter der unteren und bes-
seren Stände eingerichtet. Wir verwunderten uns über die Jugend, die
Anmut und die feinen Weltformen zweier dieser «Schwestern», die
aus Piemont nach Tagliacozzo gekommen waren. Sie zeigten uns bereitwillig die Räume des Palastes, worunter die Kapelle mit alten
Fresken sehenswert ist. Diese Gemälde, dem 15. Jahrhundert ange-
hörig, sind stark übermalt. Eins ist eine vortreffliche Verehrung der
Jungfrau und des Kindes. Auch die Loggia des Palastes ist sehenswert.
Solche Logen mit einer Aussicht in die freie Natur pflegen nirgends
in Baronalpalästen zu fehlen. Ich sah viele ähnliche. Die von Tagliacozzo erinnerte mich ganz und gar an die Loge des colonnischen
Palastes in Genazzano, worin die Städte abgemalt sind, welche diese
Familie besaß. Die Loggia dieses Schlosses öffnet sich gegen den
Monte Velino hin. Sie ruht auf korinthischen Säulen. Auf den Wänden sind Freskobilder toskanischen Stils gemalt, Einzelfiguren von
römischen Kaisern und Feldherren; auch Ovidius, in roten Gewändern, fast wie ein Kardinal anzusehen.

Wir besuchten zum Schluß und auf ausdrückliches Verlangen der
«Schwestern» ihre Töchterschule, deren Lokal einer der großen Säle
ist. Da mußten wir mit Inspektormienen Schreibhefte durchsehen,
welche herbeizureichen diese Kinder nicht müde wurden, und auch
einem geographischen Examen beiwohnen. Keine bessere Bestimmung
kann so ein altes Baronalschloß heute finden als die einer Schule.
Volksschulen tun in Italien not; sie allein werden die tiefe Unwissenheit und auch die Unmoral zerstreuen, in welcher dieses Volk noch
zum Teil versunken liegt.

Die reaktionäre Partei war in Tagliacozzo sehr stark, wie man uns
sagte, und noch zählt das alte neapolitanische Regiment dort seine
Anhänger. Nach dem Jahre 1860 gab es blutige Zusammenstöße mit
den Freischaren genug und heftige Fehden zwischen beiden Parteien.
Dieses Wesen wurde durch die Nähe der römischen Grenze unterstützt, von woher die Reaktion unterhalten werden konnte. Jetzt aber
ist auch hier wie im ganzen Grenzlande Ruhe eingetreten, und die
offiziellen wie privaten Briganten sind verschwunden.

In Tagliacozzo endet die Via Valeria wie in einem Sack. Keine
Fahrstraße führt in die Sabina, wohin wir gelangen wollten, nur
Saumpfade gibt es über das steile Grenzgebirge. Wir mieteten Ge-
birgspferde, starkknochige große Tiere, welche diese steinigen Pfade
zu erklettern gewohnt sind. An einer Leine führte ein jedes sein
Führer, gleich ihnen ans Klettern gewöhnt. So ritten wir von Taglia-
cozzo hoch aufwärts in die gigantische Bergwildnis hinein und acht
Stunden lang fort über hohe Felsenmassen, durch tiefschattige

Buchen- und Eichenwälder, in Rinnsalen von Bergwassern, über Flüsse und sie durchwatend, wo es keine Brücken gab. Wir kamen erst an der zerstörten Burg Tagliacozzo vorbei, dann nach der wolkenhohen Rocca di Cerro, wo wir uns rückwärts wendeten, um von dem Theater des Marsenlandes Abschied zu nehmen. Es ist ein überwältigend großes Panorama von farbigen Bergreihen, die in riesigen Abstufungen übereinander zum Himmel steigen. Majestätisch steht der Monte Velino da; aus der Ferne strahlen auch die Berge Sulmonas und die von Sora, während im Mittelgrunde die zersplitterte Burg von Tagliacozzo auf der schwarzen Felsenmasse sich monumental erhebt und adlergleich in den Lüften frei zu schweben scheint. Mein Freund Lindemann, Meister der italienischen Landschaft, war hingerissen von der Erhabenheit dieser unvergleichlichen Szene. Sie würde ein Gemälde vom größten heroischen Stil geben, und ich wünschte, daß er dies als Seitenstück zu seinem «Ätna» malen möchte. Auch das Schlachtfeld Konradins mit dem Monte Velino im Hintergrund wünschte ich von seiner Hand gemalt zu sehen.

Ein entsetzlicher Pfad von Felsengeröll führte uns nach Colle, einem in der Wildnis an Abgründen schwebenden Felsennest. Auch hier machten wir die Bemerkung, daß der Renaissancestil am Ende des 15. und dem Anfange des 16. Jahrhunderts die durchgehende architektonische Form in allen, selbst den kleinsten Orten des Landes ist. In diesen Kastellen dauern Häuser, weil sie aus dem Stein des Gebirges erbaut sind, 300 und 400 Jahre unverändert fort. Selbst an den kleinsten und elendesten fanden wir oft die feinsten Renaissancefenster und -türen. In den Abruzzen, schon von Antrodóco und Citta Ducale ab, bemerkten wir das Vorherrschen der Gotik. Sie scheint sich in jenem Lande länger erhalten zu haben als im Römischen, wo sie nach der Mitte des 15. Jahrhunderts zu weichen beginnt. Beide Stilformen sind die architektonischen Charaktere in allen Landschaften, die wir durchzogen hatten.

Von Colle stiegen wir ab und senkten uns in einen prachtvollen Eichenwald, durch dessen Grund noch ein Nebenfluß des Salto, der Torano, fließt. Dann erreichten wir Carsóli und, nach mehrstündigem Ritt durch entzückende Wildnisse unterhalb der öden und rauhen Gebirge von Riofreddo und Oricola, beim Mondeslicht endlich Arsoli an der Via Valeria, ein Feudum der römischen Massimi. Hier begrüßten wir mit Heimatsgefühl das alte römische Land wieder, die Campagna di Roma, wie jenes Gebiet schon dort genannt wird. Die Straße führt von Arsoli weiter durch das schöne Aniotal nach Tivoli, und dann nach Rom.

VON DEN UFERN DES LIRIS

1859

Eine friedliche Wanderung durch das lateinische Grenzland von Veroli über Casamari, Isola und Sora, Arpino, Arce und Aquino nach S. Germano und Monte Cassino, dies ist es, wozu die Leser eingeladen werden, während Mittelitalien in Waffen steht, die Romagna sich von der päpstlichen Herrschaft losgerissen hat und die «question romaine» die Gemüter bewegt.

Jenes Grenzland ist die Fortsetzung Latiums; der Liris sondert nämlich Kampanien in zwei natürliche Hälften; die römische wird vom Sacco durchzogen, bis er unterhalb Ceprano in jenen Strom fällt. Dies ist die eigentliche römische Campagna. Die andere Hälfte, eine Ebene zwischen dem Apennin und dem Volskergebirge, an welchem der Liris hinströmt, ist das neapolitanische Kampanien. Es setzt sich zwar bis über Capua fort, aber die Berge gegenüber S. Germano umstellen dieses Gefilde und sondern es von dem «glücklichen Kampanien» ab. In Monte Cassino zeigte man mir eines Tages auf jenen Bergen das Kastell S. Pietro in Fine und erklärte mir diesen Zusatz durch «in fine Latii»; freilich bemerkte der gelehrte Don Sebastiano Kalefati: er argwöhne, das «in fine» bedeute im Grunde nur das Ende der Diözese Monte Cassinos. Doch wir wollen uns darüber keinen geographischen Kummer zuziehen, sondern vor der Weinschenke in Veroli aufs Pferd steigen, um nach den Ufern des Liris hinunterzureiten – an einem lateinischen Oktobernachmittag, während der warme Sonnenschein auf dem Gefilde liegt, die Berge im Farbenspiel des Herbstes strahlen, die klassische Campagna vor uns sich verbreitet, durchströmt vom grünen Liris, dessen Name, der schönste unter den Flüssen, das Gemüt mit lyrischem Wohllaut füllt, indem er durch diese Fluren weit und breit einen poetischen Hauch ergießt.

Als ich aus dem Tor der hohen Felsenstadt Veroli an den zerfetzten Stadtmauern entlangritt, um dann hinabzusteigen, hatte ich den ersten vollen Anblick des Landes, welches ich durchziehen sollte: rechts in der Tiefe die Gefilde von Ceprano, an dessen Brücke König Manfred verraten ward, darüber hinaus die Volskerberge, eine lange Kette blauer Höhen; links die majestätischen Berge von Sora, die, von den Abruzzen herangedrängt, den Liris oberhalb umstellen. Indes wurde mein Blick besonders von dem breiten Bergzuge vor mir gefesselt, oder vielmehr von einer deutlich auf ihm sichtbaren weißen Stadt. Das ist Arpinum! Da wurden Cicero und Marius geboren!

Es hat einen großen Reiz, zum erstenmal und in noch geheimnis-
voller Ferne einen Ort vor sich zu sehen, dem zwei weltberühmte,
Epochen bezeichnende und seit der Kindheit bekannte Namen angehören. Da kommen selbst kleine Erinnerungen aus der Jugendzeit
herbei und sind geschäftig, den Eindruck zu verstärken – Szenen von
der Schulbank, da Cicero erklärt wurde, selbst die Gestalt des zer-
lesenen Schulbuchs auf grauem Papier mit Ciceros Reden, obenan das
donnernde und unvergeßliche «Quousque tandem Catilina». Und da
liegt denn vor mir Ciceros Vaterstadt, die einmal im Leben zu sehen
ich schwerlich geträumt oder gehofft hatte.

Ich mußte vom Pferde steigen, um über den steilen Kalkfelsen
Verolis hinunterzugelangen: denn eine fahrbare Straße gibt es hier
nicht, außer weiter unten gegen Casamari zu, und überhaupt besitzt
dieses römische Grenzland nur einen einzigen großen Verbindungs-
weg mit dem Nachbarstaat, die Via Latina, die nach Capua geht.

Alle jene Campagnaorte, die wir ringsum bemerken, größtenteils
älter als Rom, ja noch der saturnischen Epoche angehörend, stehen
schwarz und finster auf ihren Felsenhügeln und befinden sich seit
Jahrhunderten in demselben Zustande. Die Grafen und Feudalherren
des Mittelalters haben in jedem ihr Schloß gebaut, und ein jedes steht
nun verödet als ein Nest für Eulen da. Der Kolone baut nach wie vor,
einem römischen Fürsten oder einem Kloster pflichtig, im Schweiße
seines Angesichts Wein oder Öl oder Türkischkorn, und seine Lage
bleibt im Grunde wie sie war, obwohl er nicht mehr leibeigen ist.
Wenn man die agrarische Verödung der nächsten Umgebung Roms
mit einigem, doch nicht allem Grunde den Einflüssen der Malaria
zuschreiben darf, so findet diese Ursache in dem gesunden Latium
nicht statt. Es ist sehr befremdend, ein Land zu durchziehen, welches
sich von fern wie ein Elysium dem Blicke darstellt, und wenig mehr
in ihm zu finden, als eine malerische, spärlich mit Mais bebaute
Wüste, über deren öden, von Ginster und Asphodelos starrenden
Feldern wilde Falken kreisen. Man wundert sich, hier nicht ein tätiges
und erfinderisches Volk in blühenden Städten zu sehen, während
man nur hie und da einen Häuserklumpen auf einer Anhöhe zusammengedrängt erblickt. Die Bewohner von Latium, ein starkes, gut-
herziges und schönes Menschengeschlecht, sind ganz primitiv geblieben; ihre Lebensweise, ihr Kultus, ihre Bedürfnisse sind unverändert, und käme einer ihrer Vorfahren wieder in seinen Ort zurück,
so würde er darin wenig mehr Neues entdecken, als etwa den Gebrauch des Tabaks, des Zündhölzchens und des Pulvers. Fast alle
jene Kastelle, welche Namen sie immer haben, Veroli, Pofi, Arnara,
Bauco (Babucum), Ripi, dauern seit Urzeiten. Man findet sie in Diplomen des neunten und zehnten Jahrhunderts mit ihren heutigen

Namen, mit ihren selben Kirchen, mit ihren ehemaligen Grafen und Judices meist langobardischen Stammes erwähnt; aber ich weiß hier keinen Ort zu nennen, der in späterer Zeit neu entstanden wäre.

Die Nachmittagssonne brannte noch heiß auf dem dürren Felde, als ich auf entsetzlichen Wegen, auf einem kaum bereitbaren Felsenboden unterwärts weiterzog, Casamari zu erreichen. Ich kam an einem einsamen Gehöft vorbei, wo sich eine Gesellschaft von Einwohnern Verolis vergnügte; der Anblick wohlgekleideter Mädchen, welche mitten in dieser Einöde ländliche Spiele spielten, war eine erfreuliche Überraschung. Sie glichen einer Schar von Singvögeln, die sich in der Wildnis zusammen niedergelassen hatten.

Ein guter Fahrweg führte sodann weiter, und ein wohlgepflegter Wein- und Olivenbau zu beiden Seiten kündigte ein größeres wirtschaftliches System an, welches irgendwo in der Nähe seinen Sitz mußte aufgeschlagen haben. Dieses belebende Prinzip enthüllte sich alsbald: Wallfahrer kamen mir entgegen, die Pilgerstäbe in der Hand, die Frauen ihre schwerbelasteten Körbe auf dem Kopf, die Männer unbeschwert daneben schreitend, alle in der bunten Tracht des lateinischen Berglandes. Sie kamen von dem weit und breit berühmten Casamari.

Ich hatte dieses Kloster so oft nennen hören; man sagte mir, daß es nebst Fossanova das schönste in ganz Latium und ein vereinzeltes Wunderwerk gotischer Baukunst sei, und nun sah ich es vor mir liegen, einsam, bedeutend und beherrschend in der Hochebene, eine Masse großer grauer Gebäude, über denen sich der Giebel der Klosterkirche erhebt. All dies umschlossen von einem Hof mit mächtigem römischen Portal, eine Arkade darauf hinführend, als Rest jener arcus deambulatorii der reichen Mönche des Mittelalters; daneben ein fließendes Wasser, die Amasena, mit melancholischen Pappelgruppen — ringsum eine schweigende, sonnverbrannte Wüste.

Ein solches weltabgeschiedenes Kloster zu betrachten, erregt heute ein eigentümliches Gefühl. Denn nirgends ist die Vergangenheit so ganz wirklich und fast greifbar. Die Zeit scheint hier in Wahrheit stillegestanden, die moralische Atmosphäre eines lange verflossenen Jahrhunderts und Menschengeschlechts hier versammelt geblieben zu sein. Womit die Mönche sich damals beschäftigten, singen, beten, schweigen, arbeiten, das tun sie noch heute in gleichen Kutten, in denselben Räumen, mit derselben monotonen Geschäftigkeit. Die Weltgeschichte hat sich draußen verwandelt, sie aber nehmen daran nicht Anteil; es genügt, daß die Kirche, die Bischöfe, der Papst in Rom dauern wie zuvor. Ihre nächste Umgebung ist unverändert geblieben, denn noch stehen Veroli, Pofi und S. Giovanni mit ihren Kirchen und Heiligen wie zuvor, und die Wallfahrer pochen an die Klosterpforte wie zuvor. Die Furcht vor den Sarazenen, vor Raubgrafen und Condottieri quält sie nicht mehr, doch hat sie der Angst vor der Revolution Platz gemacht, die am Ende unerbittlicher sein wird als Raubgraf und Sarazen. Denn ehemals galt es nur Plünderung und Verwüstung mit Feuer und Schwert, aber heute gilt es Sein oder Nichtsein überhaupt. Außerdem: die Klostergüter sind geschmälert und der Kirche dadurch ihr Wirken nach außen verengt. In der Tat, solch ein Kloster ist wie eine pergamentene Chronik, worauf die alten Miniaturen, als ein Schattenspiel, lebendig werden.

Man hat den Namen Casamari fälschlich durch «casa amara» erklärt, wie noch Westphal in seiner römischen Campagna tat, als wäre dieses Kloster «Bitteres Haus» genannt wegen des furchtbaren Schweigens, zu dem die Brüder von der Trappe dort verdammt sind. Aber in Wahrheit heißt der Name Casae Marii, die Häuser des Marius, weil die Abtei auf dem fundus Marii, einer alten Besitzung des berühmten Helden von Arpino, erbaut worden ist. So berichtet die Tradition und Rondinini, der die Geschichte des Klosters schrieb: «Monasterii S. Mariae et Sanctorum Johannis et Pauli de Casaemarii brevis historia, Romae 1707.» Fromme Bürger Verolis haben dasselbe im Jahre 1036 gestiftet. Seine ersten Bewohner waren Benediktiner. Als ihre Zucht verfiel, führte Eugen III. im Jahre 1152 Zisterzienser ein, die auch das benachbarte Trisulti besitzen. Friedrich II. bestätigte im Jahre 1221 die Güter Casamaris in einem aus Veroli datierten Diplom, welches wir noch lesen; aber seine Kriegsvölker zerstörten die Abtei, als er Rom belagerte.

Die Geschichte Casamaris bietet sonst nichts Außerordentliches dar, nur die Wechselfälle von Krieg, Zerstörung,Wiederherstellung, denen alle Klöster ausgesetzt gewesen sind. Kein berühmter Mann ist von dort hervorgegangen. Casamari hat keine eigenen Annalen aufgezeichnet wie das benachbarte Fossanova, dessen Chronik Muratori herausgegeben hat. Es war niemals reich wie Trisulti, doch besitzt es noch einige Güter in der Campagna. Sein größter Ruhm ist die herrliche Kirche, deren Grundstein im Jahre 1203 gelegt wurde, also in der Zeit, da man in Italien anfing, gotisch zu bauen.

Als ich in den Klosterhof und vor die Kirche trat, glaubte ich mich enttäuscht; denn die Fassade, zu der eine breite Steintreppe führt, und das Vestibulum mit Bogenöffnungen versprachen nicht viel. In dieser Vorhalle fand ich eine Statue Pius' VI. und eine Gedenktafel für Pius IX., zum Gedächtnis dessen, daß er dem Kloster das Patrimonium hergestellt hat. Nun ins Innere der Kirche tretend, wurde ich lebhaft überrascht; ein dreischiffiger hoher Bau in den reinsten Verhältnissen, von vollendeter Einheit, in den wohlgefälligsten Spitzbogenwölbungen, der Chor nur durch ein Gitter abgetrennt, öffnete sich vor mir.

Die Harmonie der Architektur, die Einfachheit des Baues, der sanfte Travertin, die vaterländische Gotik brachten einen tiefen Eindruck hervor. Wenn das Auge seit Jahren nur an die römische Basilikenform mit ihrer platten Decke, oder an den späteren Luxusstil der Kuppelkirchen gewöhnt ward, stellt sich ihm plötzlich die Gotik als ein neues, lebhaft und kühn nach oben strebendes System dar und imponiert durch die Verbindung des Reichtums mit der Einfachheit, der Kühnheit mit der Grazie, der Stärke mit der Leichtigkeit, da das Massenhafte durch ein überall fortgesetztes, geteiltes, dennoch sich bindendes Leben einer und derselben Grundidee überwunden wird. Sonst gewohnt, die Kirchen mit Skulpturwerk, mit barockem und schwerem Schmuck, mit Gemälden und Inschriften oder mit Grabmälern und Altären überladen zu finden, sah ich hier nichts dergleichen, sondern diese Kirche erschien mir als reiner und schöner Tempel, einem reinen und bildlosen Gottesdienst geweiht.

Keine Bilder, keine Nischen, keine Kapellen, nur ein einziger Hauptaltar unter einem gekuppelten Tabernakel; so sehen protestantisch gewordene Dome in Deutschland aus. Casamari ist in der Tat sehenswert. Eine gleiche Einfachheit gotischen Stils erinnere ich mich nicht in Italien angetroffen zu haben. Das Mittelschiff hat je sieben Spitzbogen auf zusammengesetzten Säulenschäften; am fünften beginnen die Schranken, die den saubersten Chor abschließen. Darin war nichts von bizarrem Wesen, nichts von Figuren zu sehen, sondern hinter dem Gitter standen zu seiten des Altars zwei hohe, vollblühende Amaranten in großen Vasen. Man denke sich, wie gut diese Naturerscheinung in einem herrlichen und einfachen Raum wirken mußte.

Die reinere Gotik ist übrigens nur in der Kirche selbst zur Anwendung gekommen; denn im Kloster wird der Stil schon stark romanisch. Der Hof ist ein geräumiges Quadrat, welches halbgotische Öffnungen mit je zwei Doppelsäulen in ihrer Mitte durchbrechen. Er ist nicht besonders schön. Der Kapitelsaal neben ihm macht einen fremdartigen Eindruck. Seine Gotik geht ins Moreske über; seine Decke tragen vier Säulenbündel, aus je acht Säulen zusammengestellt, auf deren achteckigen Platten dann die Spitzbogen ansetzen, um sich von der Decke bis in die Mitte der Wand zu ziehen, wo sie in einem phantastischen Knauf endigen. Die abwechselnde Schichtung des weißen und braunen Steins bringt ein buntes Wesen hervor.

Ich sah nur wenige Mönche im Kloster still und schweigend hin und her gehen, und sie nahmen keine Notiz von mir. Ein Laienbruder reichte mir einen Krug Wassers, und da er hörte, daß ich aus Rom komme, fragte er mich, wie es dort aussehe, und wo Garibaldi gegenwärtig sei. Der langobardische Name dieses tapferen Bandenführers schwebt an der Grenze Neapels von Mund zu Mund, wie vor langen Jahrhunderten derselbe Name des Dux Garibald oder der Herzöge Grimoald, Romoald und Gisulfus von Benevent. Seine Figur, populär auch, wo sie statt Hoffnung Furcht erregt, scheint dort auf das Vorstellen wie etwas Dämonisches zu wirken. Dessen sollte ich bald im Neapolitanischen noch mehr gewahr werden. Im Mittelalter gingen so aufregend durch die Campagna die Namen Niccolo Piccinino, Fortebraccio von Montone, Sforza d'Attendolo und anderer Kapitäne, welche durch hundert Märsche, Schlachten und kühne Städteeroberungen ihren Ruf sich verdient hatten. Sie waren indes nur kühne Räuber, ihr Waffenhandwerk die schändlichste Pest Italiens, während der Volksheld Garibaldi sein Schwert und sein Leben der Freiheit des Vaterlandes geweiht hat.

Ich stieg wieder aufs Pferd, um weiterzureiten, da der Abend die schönen Berge Arpinos schon dunkler zu malen begann. Vom Kloster ist die neapolitanische Grenze nur eine kleine Stunde entfernt. Es macht immerhin ein besonderes Vergnügen, sich in einem Grenzlande zu befinden. Wo Völker, Staaten, politische und soziale Formen aneinanderstoßen, bildet sich ein mittlerer Raum hüben und drüben, darauf eine gewisse Spannung der Geister, aus Anziehen und Abstoßen erzeugt, bemerkt wird. Grenzbewohner befinden sich in einem natürlichen Stande der Wachsamkeit. Wenn die Menschen in der Mitte des Staates in sicheren und eingelebten Formen indolent werden, sind Grenzer immer beweglich, neugierig, erfinderisch, verschlagen, treulos, weil ewig von der Fremde berührt. Ein neuer, halbgeöffneter Horizont reizt ihre Phantasie, erweitert ihr Bewußtsein und zwingt sie, zu vergleichen und zu kritisieren. Das Übergehen eines Zustandes in den anderen bringt eine sonderbare Ungewißheit hervor; daher wohnt das Gerücht, die Göttin Fama, am liebsten auf der Grenze, wie im Leben Argwohn und Neid in der Regel Bastarddämonen einer moralischen Grenze sind.

Ich erreichte bald die römische Maut, ein einsames Haus an der Straße, wo die Grenzsoldaten vergnüglich dasaßen und Zigarren rauchten. Dann bogen wir vom Weg in ein Weingartenland ein und kamen gleich zur Grenze selbst, die durch einen einfachen Stein bezeichnet wird. Friedlich mischt hier der Gott Terminus die Äcker Roms und Neapels, denn sie sind nicht einmal durch eine Furche getrennt.

Von diesem Grenzstein ist es nicht mehr weit bis zum ersten neapolitanischen Ort Castelluccio, einem kleinen Flecken, unterhalb dessen gleich Isola, die reizende Lirisinsel, liegt. Mächtige Baumgruppen, in einem tiefen verschatteten Grunde, der das Flußbett ahnen läßt, anmutige Villen, Fabrikgebäude, die aus dem Grün hervorsehen, endlich weiter hinauf ein reiches Kulturland verraten schon das Leben, welches ein voller Strom erzeugt. Und über diese mannigfach gegliederten Ufergefilde, die hier in kultivierter Gestaltung hervortreten, dort sich in die Tiefen verlieren, erheben sich in unbeschreiblicher Pracht die mächtigen Berge von Sora in nicht zu weiter Ferne. Ich mußte diese vom Abendschein rosig strahlende Gegend mit der goldenen Muschel bei Palermo vergleichen; sie hat wie sie majestätischen Ernst der Gebirgsformen und eine reiche Ebene; nur freilich nicht das Meer, sondern den Strom des Liris oder Garigliano, der von den Abruzzen, wie ein junger Apollo, tönend herunterkommt und diese Gefilde durchwallt, Römer und Neapolitaner tränkend, bis er durch die Volskergebirge sich nach totenstillen Meeresufern die Bahn bricht.

Wenn man die Grenze der «heiligen Republik S. Petri» verläßt, um in das «Königreich» einzutreten, so darf man sich keineswegs auf erfreuliche Dinge gefaßt machen. Denn es ist nicht zu leugnen: einige Spuren der doppelten Größe Roms tragen die Bewohner des Kirchenstaates noch heute. Im Römischen herrscht ein Zug von Ernst, Bedächtigkeit und Maß, von ungezwungener und freier Haltung, ja selbst von Liberalität, zumal in der Rede, die sich hier seit alters frei erhalten hat, und auch sonst bemerkt man wenigstens im Gewährenlassen eine gewisse Sorglosigkeit. Die eigentümliche Verfassung des Kirchenstaats, in welchem alle monarchische und rein politische Gewalt, der Natur des Staats gemäß, nur schwach auftritt, der Mangel einer kräftigen weltlichen Regierung, das von den päpstlichen Untertanen nicht genug geschätzte Glück, daß sie von keiner stehenden Soldatenmacht bedrückt werden, der durch Vertrag und Statuten lange Zeit dauernde Munizipalismus der Orte (er ward erst aufgehoben durch die französische Republik, dann durch die Restauration unter Consalvi), endlich das Nichtvorhandensein einer erblichen Landesdynastie, erklären die wohltuende republikanische Atmosphäre in römischen Landen. Betritt nun der Wanderer die neapolitanische Monarchie, so darf er darauf gefaßt sein, daß er vieles kleinlicher finden wird; das ernste Naturell der Römer verschwindet mit einem Schlag; die Sprache wird barbarisch und unverständlich; die Menschen minder wohlgebaut, lebhaft, gutmütig, zudringlich, doch furchtsam. Es wimmelt von Soldaten, von Polizisten, Spionen, von Mautbeamten eines argwöhnischen, unsichern, knechtischen Regiments. Kein Mensch redet mehr frei von der Leber weg, und es ist für den Neapolitaner ein äußerstes, wenn er nicht mehr räsonieren darf.

Isola empfing mich mit einem lauten Wasserschwall und vielem Grün von Hängeweiden am Fluß, doch zugleich mit der Dogane. Um sechs Bücher willen wurde ich hier lange Zeit aufgehalten. Außer einem Horaz betrafen sie alle die Geschichte des Mittelalters, waren also unverfänglich genug, aber die Beamten begriffen ihre Titel nicht. Diese Herren beklagten zu mir den Tod Humboldts, als sei auch die wissenschaftliche Kultur Neapels schwer davon betroffen worden; sie priesen die Bildung des preußischen Staats, wo jeder Mann mit den Schriften der Philosophen vertraut sei, und sie erklärten in demselben Atemzuge, daß meine sechs Bücher Konterbande seien, daß sie dieselben weiter ins Land an eine höhere Behörde schicken müßten, die mich dann nach ein paar Tagen bescheiden würde. Ich bemerkte, daß ich allerdings Ursache habe, mit meinem Vaterland Deutschland zufrieden zu sein, wo man die Reisen wissenschaftlicher Männer erleichtere, statt sie zu erschweren, und daß ich ihre Mautgesetze in diesem Punkte barbarisch finde. Ich pries meinen guten Geist, der mich in Rom gewarnt hatte, meine geschriebenen Materialien nicht nach Monte Cassino mitzunehmen, denn ich hätte sie, die Mühe von Jahren, nimmer wiedergesehen. Solchen Zufällen ist der Fremde, der aus Zwecken friedlicher und ernster Wissenschaft reist, im Zeitalter, wo diese blüht, in jenem unglücklichen Lande ausgesetzt. Und es gibt in der Tat weder ein mehr barbarisches noch ein unnützeres Verbot, als dieses gegen das Einführen von Büchern. Ich kam endlich gut davon, ohne daß der Beamte, ein wackerer und anständiger Mann, seine Pflicht verletzte, denn ich überzeugte ihn endlich von dem Charakter der Bücher. Um wie vieles nun die römische Art liberaler sei, will ich hier zeigen; als ich später von Monte Cassino zurückkehrte, mit denselben Schriften, mit dort gesammeltem Material, mit anderen Büchern, die mir Don Luigi Tosti zum Geschenk gemacht hatte, und als ich mit dieser Konterbande an der Brücke von Ceprano dem römischen Doganen-Offizianten mich vorstellte, warf er nur einen flüchtigen Blick darauf und sagte mit römischer Gentilezza: «Passate pure, signor.» Ich hatte demnach die köstlichste Zeit verloren, in vollem Abendsonnenschein Isola zu sehen. Dieser kleine freundliche Ort liegt auf einer Insel im Liris, schön von Bäumen umschattet. Der herrliche Strom, von smaragdgrüner Farbe, gewaltig brausend und reißenden Laufes, stürzt sich am Haupt der Insel, also im Ort selbst, als ein Wasserfall herab. Ein 80 Fuß hoher Fels bewirkt diesen, und auf ihm ragen über dem milchweißen Sturz die Trümmer eines Kastells empor. Schon in der Ferne hört man das Tosen des Wassers, und wo man sich auch hinbewege, überall erfreut sich der Blick entweder an der Bewegung des Stromes selbst, oder an zahllosen Kanälen, die reißend schnell in ihn fallen, während sich tiefschattige Gärten mit prächtigen Platanen, Pinien und all dem reichen Baumwuchs des Südens ringsum verbreiten. Die Fülle des Wassers ist groß, denn oberhalb der Insel stürzt der Fibrenus in den Fluß, in mehrere Arme getrennt. So hat die Verbindung zweier Flüsse ein reiches Kulturleben erzeugt, denn das Wasser treibt hier viele Fabriken von Wolle und Papier, welche die ganze Gegend beschäftigen, Tausende von Menschen ernähren, rüstige Arbeiterkolonien erzeugen und weit in das Land hinein wohltätig wirken.

Sowohl Isola als Sora sind Fabrikorte, und die gute Fahrstraße, welche sie verbindet, ist zu beiden Seiten mit Anlagen, Kasinos und Gärten besetzt. Es ist in der Tat eine überraschende Kulturoase, die hier seit dem Anfang dieses Jahrhunderts entstand, und der lang entbehrte Anblick industrieller Tätigkeit in so paradiesischer Gegend tut dem Reisenden wahrhaft wohl.

Bei dem vollsten Mondschein fuhr ich nach dem nur eine Stunde entfernten Sora, auf einem Char-à-banc, wie man hier die neapolitanischen Curriculi französisch nennt; denn der Gebrauch dieser Einspänner beginnt schon hier, und man läßt mit derselben rasenden Wut wie in Neapel den armen Gaul in gestrecktem Galopp dahinrennen. Der Mondschein, welcher den Reiz der Straße erhöhte, ließ mir die ununterbrochenen Anlagen schöner erscheinen, als ich sie bei Tageslicht wiederfand. Die moderne Gestalt der Gebäude wirkt sonderbar auf den Reisenden, der eben aus dem Römischen kam, wo alles der Vergangenheit angehört, wo alles Geschichte ist und die finsteren Felsenstädte daran erinnern, daß sie dort schon seit dem fabelhaften Janus und Evander stehen.

Die jetzigen Fabriken, meist Papiermühlen in einem großen Maßstab und nach neuestem System, verdanken ihren Ursprung hauptsächlich den Franzosen aus der Zeit Murats, unter ihnen einem Herrn Le Febvre. Dieser Mann kam arm dorthin, aber das Lirisufer wurde ihm zum Eldorado, denn er zog aus der Wasserkraft reines Gold. Er hinterließ seinem Sohn Fabriken und Millionen. Der König von Neapel, ich glaube Ferdinand ii., erhob seine Familie in den Grafenstand; sie hat diese Würde reichlich verdient, denn eine bisher wenig kultivierte Landschaft verdankt dem erfindenden Verstand jenes Fremdlings ein reiches Leben, welches nicht mehr schwinden, sondern hoffentlich sich steigern wird. Das schöpferische Wirken eines Mannes in einem bestimmten Kreis der Industrie gehört zu den Erscheinungen menschlicher Tätigkeit, die man mit dem reinsten Anteil betrachten darf; wenn solches in England, Deutschland und Frankreich häufig, in Neapel selten ist, so mag man leicht denken, wie hoch hier die Verdienste dieser Art anzuschlagen sind. Die zwei Hauptfabriken Le Febvres, die Cartiera del Liri und die Cartiera del Fimbreno, sind schloßartige Gebäude. Es ist ein Genuß, der Tätigkeit jener Menschenschwärme zuzusehen, die dort das Papier bereiten oder vielmehr gießen, denn die aufgelöste Breimasse fließt als ein grauer Strom, wird milchiger, dichter, hemmt sich, kommt über der heißen Walze als Papier hervor, ja als eine endlose weiße Gedankenstraße. So ungefähr hat Gott die Welt geschaffen wie Monsieur Le Febvre das Papier und hat sie dann den Menschen als ein endloses weißes Blatt hingebreitet, ihren Sinn und Unsinn daraufzuschreiben. Man kann solchen genetischen Papierstrom nicht fließen und gerinnen sehen, ohne daß sich die Phantasie alle die Möglichkeiten vorstellt, die der das Leben beherrschende wunderbare Stoff, welcher Papier heißt, auf sich nehmen wird. Denn dieser papierene Fluß wird einst irgendwo an den Tag kommen als gedrucktes Produkt des Genies oder der Albernheit in Kunst und Wissenschaft, als politische Zeitung, als falscher oder echter Wechsel, falsche oder echte Verfassungskarte, Hiobs- oder Freudenpost, Todesurteil, Friedenstraktat, Trauerspiel, Reisepaß, als ein Pamphlet «Le Pape et le Congrès», als Spielkarte in der Spielhölle, als Fotografie, Liebesbrief, und in tausendfacher, das Leben verbindender und trennender Gestalt!

Ich war in einer Villa bei Isola empfangen worden; der freundliche Besitzer führte mich in den nahe gelegenen Park des Grafen, welcher ihm selbst ehedem gehört hatte. Dieser schöne Garten wetteifert in der Tat mit denen der Villen Roms, wenigstens darf der Fürst Doria oder Borghese Herrn Le Febvre um den Reichtum des Wassers beneiden, der dort nicht künstlich erschaffen zu werden braucht. Denn ein Arm des Fibrenus stürzt sich durch den Park; er bildet, über Felsen kommend, tausend kleine Kaskaden und fließt dann beruhigt als ein grüner Spiegel zwischen duftigen Hainen fort. Seine Ufer bedeckt der üppigste Baumwuchs, den ein ewiger Tau befeuchtet, und malerisch hängt die Weide ihre Zweige in ihn hinab. Dunkle Gänge, Höhlen, elysische Ruhesitze, blühende Gebüsche laden zum Wandeln am Fluß, zum Schlafen und zum Nachsinnen ein; kurz hier ist ein kleines Tivoli und Nymphenparadies schön zusammengefaßt.

Sora, die erste neapolitanische und bischöfliche Stadt auf dieser Seite, erreichte ich vor zehn Uhr abends, und ich übernachtete in einem guten Gasthof. Wie schnell die politische Grenze auch zu der des Gebrauchs und der Sprache wird, zeigte sich hier in unmittelbarer Nähe des Kirchenstaats. Der Kellner nannte mir eine Liste von Speisenamen, die kein Mann im Römischen mehr würde verstanden haben; auch wird hier schon das Don gehört.

Am Morgen enthüllte sich Sora als eine ziemlich saubere und moderne Stadt mit einigen guten Straßen, mit Industrieleben und lebhaftem Verkehr. Sie liegt am Liris, der hier smaragden grün zwischen hohen Pappeln, wie ein deutscher Fluß, träumerisch und sanft daherkommt. Eine hölzerne Brücke führt darüber und an den Kai. Entzückende Stellen am Ufer lockten mich, und ich fand hier manchen

Ort, wo ich gern würde verweilt haben. Denn ringsum breitet sich eine reichbebaute Campagna, ein vieldurchschnittenes Garten- und Weinland aus, durch welches treffliche Straßen in die Nachbarstädte führen.

Sora liegt flach in dem sich weit in die Berge ziehenden Liristal, welches im Hintergrund ein Gebirgskranz schließt. Es verengt sich an einigen Stellen, und die Berge rücken vor. Unmittelbar über der Stadt erhebt sich ein durchaus pyramidenförmiger Berg, hoch, steil, wildzerrissen, und völlig nackter brauner Fels. Er trägt auf seiner Spitze die malerischen Reste der uralten Burg, Sorella genannt, welche so tiefbraun aussehen wie das Gestein selbst. Im Schatten jener natürlichen Pyramide liegt Sora harmlos und idyllisch da, jetzt ganz neu von Ansehen, doch einst eine mächtige Volskerstadt, die ihren Namen niemals verändert hat. Sie wurde später samnitisch, dann lateinisch, dann römisch. In der römischen Periode zierten sie als ihren Geburtsort die drei Decier, der berühmte Attilius Regulus, das Geschlecht der Valerier, unter ihnen der Redner O.Valerius, dann Lucius Mummius, Namen, die hinreichend sind, diesem Ort Glanz zu verleihen. Während des frühesten Mittelalters findet sich Sora als Grenzstadt erwähnt, welche die Langobardenherzöge von Benevent oftmals überfielen und plünderten. Sie mochte damals byzantinisch sein. Abwechselnd von Grafen langobardischen Stammes beherrscht (denn die ganze Landschaft um den Liris war von Langobarden erfüllt), fiel sie in die Gewalt des Kaisers Friedrich II., der sie zerstörte. Sie gehörte später den mächtigen Grafen von Aquino, die fast alles Land zwischen dem Vulturnus und Liris besaßen. Dann machte Karl von Anjou die Cantelmi, Verwandte der Stuarts, zu Grafen von Sora, und Alfons von Aragon erhob Sora zum Ducat, dessen erster Herzog Niccolo Cantelmi war. Nun hatten jedoch die Päpste längst nach dem Besitz der schönen Grenzlandschaft getrachtet; sie erlangten sie unter Pius II., dessen Hauptmann Napoleon Orsini Sora eroberte. Der König Ferdinand I. von Neapel bestätigte den Besitz; aber Sixtus IV. entzog ihn der Kirche im Jahre 1471, als er seinen Nepoten Lionardo della Rovere mit der Nichte des Königs vermählte, welche nun das Herzogtum als Morgengabe erhielt. Später kaufte Georg XIII. Sora, im Jahre 1580, vom Herzog von Urbino für seinen Sohn Don Giacomo Buoncompagni, und selten hat ein römischer Nepot einen reizenderen Besitz gehabt. Dieses Ländchen verblieb den Buoncompagni-Ludovisi bis zum Ende des 18. Jahrhunderts, wo es wieder an Neapel fiel, und von jener römischen Nepotenherrlichkeit blieb in Rom nur der Palazzo di Sora und nur der Titel eines Duca di Sora übrig, den heute der erste Sohn des Prinzen Ludovisi-Piombino führt.

Unter der Herrschaft der Rovere wurde hier ein merkwürdiger

Mann geboren, Cäsar Baronius, die letzte Berühmtheit jener Land-schaft. So entzückend, melodisch und träumerisch sind jene Ufer des pappelreichen Liris, daß es uns wundernimmt, warum hier nicht irgendein poetisches Genie, ein Horaz, oder Ovid, oder Ariost, seine Wiege gefunden hat. Jedoch diese Fluren erzeugten Kriegsmänner, endlich Redner, und freilich für Rhetoren sind sie immerhin vorbil-dende Umgebungen von unerschöpflicher Naturberedsamkeit im Wechsel der Bilder und Tropen.

Cäsar Baronius wurde am 31. Oktober 1538 geboren. Er ist der Muratori der Kirche, deren Annalen (von Christi Geburt bis zum Jahre 1198) er geschrieben hat. Ihr erster Band erschien im Jahre 1588, ein Werk riesiger Mühe, vatikanischen Materials, unschätzbar an Stoff, in vielen Partien, namentlich in den dunkeln Jahrhunderten des Mittelalters, unbrauchbar und lückenhaft, weil ihm damals noch nicht die Quellen zu Gebot standen, die der Wissenschaft heute ge-öffnet sind – an Geist unfrei und ungerecht, geschrieben unter der Er-bitterung der großen katholischen Reaktion gegen die Reformation. Von seinen Landsleuten, jenen Rednern, hatte Baronius kein attisches Salz, keine Urbanität, nicht den Geist philosophischer Diskussion, nicht die Sprache geerbt. Tullianisch kann man an ihm nur die Breite nennen. Aber er besitzt eine gewisse Großartigkeit, welche um so grö-ßer erscheint, weil die Leistungen seiner Fortsetzer Rainaldus, Lader-chius und Theiner so tief unter ihm geblieben sind. Er hatte seine Schule in Veroli empfangen, dann in Neapel studiert; in Rom wurde er der eifrigste Schüler des wunderlichen Heiligen Filippo Neri, in dessen Oratorium S. Maria della Vallicella er auch als Mönch sein Leben zubrachte. Er wurde Kardinal; die Papstkrone schwebte über ihm nach dem Tode Clemens' VIII., aber der nicht ehrgeizige Mann setzte sie seinem Freunde Leo XI. Medici aufs Haupt. Nach zwei Jah-ren starb er am 30. Juni 1607 und ward begraben in jener Kirche der Väter des Oratoriums zu Rom. Er bleibt ein Stolz der Wissenschaft der Kirche und seine Arbeitskraft ewiger Bewunderung wert.

Ich fordere den Leser auf, den Blick nach jenem hohen uns noch sichtbaren Veroli umzuwenden, von dem wir den Ausgang genom-men haben. Wer weiß oder hörte nicht von einer berühmten italieni-schen Schrift «Von der Wohltat Christi»? Im Jahre 1542 in Venedig erschienen, in zahllosen Exemplaren, in Übersetzungen verbreitet, war dieses Büchlein schon nach dreißig Jahren spurlos verschwunden, von tausend geschäftigen Händen beiseite gebracht, von tausend Scheiterflammen verzehrt. Wir erlebten es in den vierziger Jahren, daß plötzlich in einer Bibliothek zu Cambridge ein Exemplar davon gefunden wurde; nun ist es in England, in Deutschland und Italien wieder gedruckt. Aonio Paleario aus Veroli war der Verfasser dieser berühmten Schrift, und ich wende nun die Gestalt dieses Mannes jener des Baronius entgegen, seines jüngeren Zeitgenossen, fast seines Landsmannes, da nur zwei Stunden Wegs ihre Städte trennen. Paleario starb nicht als Kardinal, er endete nach dreijährigem Inquisitionskerker am Galgen und wurde auf dem Scheiterhaufen im Jahre 1570 verbrannt.

Wir begreifen heute kaum, wie ein Mann hingerichtet werden konnte, weil er mit der Inbrunst eines Heiligen die Rechtfertigung durch den Glauben an Christum lehrte; aber wenn in späteren Jahrhunderten ein glücklicheres Menschengeschlecht diese fromme, nur auf die Lehren des Evangeliums gegründete Schrift wieder lesen wird, so möchte es an der Wirklichkeit der Tatsache zweifeln, daß sein Autor dafür von Christen selbst konnte mit dem Tode bestraft werden. Es war die Zeit, wo auch Carnesecchi, der Freund Clemens' VII., hingerichtet wurde, die Zeit der italienischen Reformatoren, der Juan Valdez, Bernardino Ochino, der Vergerii, Paolo Ricci, Antonio Flaminio, die Zeit, wo auch die Kardinäle wie Contarini, Morone und Pole vor die Inquisition geladen wurden. Die Flammen des Scheiterhaufens, die einen Aonio verbrannten, haben den Geist des Baronius erhitzt, und seine Annalen der Kirche sind angeflackert von solchem Schein, denn unter ihrem Lichte schrieb er sie.

Die Stadt Sora war gerade von Militär erfüllt, wie alle Orte der neapolitanischen Grenze, um welche ein Soldatenkordon gezogen ist. Gebirgskanonen standen auf einem der Plätze, Lanzenreiter sprengten daher, und kurz vor meiner Abreise rückte das 7. Linienregiment aus Capua ein, welches die Straßen mit Bajonetten erfüllte. Ich fand, daß die Infanterie sehr gut und besser als die Reiterei aussah, namentlich bemerkte ich unter den Offizieren manche blühende Gestalt. Die Kleidung der Kavallerie wie der Infanterie ist durchweg von blaugrauer Leinwand, was ein trauriges Ansehen gibt. Die vielen funkelnden Bajonette, die mohrenhaft verbrannten Gesichter, der dichte weiße Staub auf allen Kleidern, das Drängen in die Quartiere und das Kommandorufen gaben ein kleines kriegerisches Bild, und so war ich denn hier allerdings auf die «question romaine» gestoßen. Diese Truppen marschierten nach den Abruzzen. Wenn sie eine Vorstellung von einem Feinde haben, so verkörpert sie sich in der Person Viktor Emanuels und Garibaldis. Die verschiedenartigsten Berichte kreuzten sich hier; man wußte sich zu erzählen, daß Garibaldi bereits in die Abruzzen eingefallen sei; andere versicherten: die Franzosen bewegten sich durch Latium gegen Ceprano. Die völlige Absperrung Neapels, die Unterdrückung der Zeitungen und Nachrichten begünstigten und begünstigen noch diese aufregenden Gerüchte, um so mehr, als die militärischen Maßregeln völlig nach Krieg aussahen.

Ich traf auf meiner Weiterreise überall marschierende Truppen, aber ich traute meinen Augen nicht, als ich bei der Heimkehr von Arce ab bis fast an die Brücke von Ceprano auf der friedlichsten Heer-straße wirkliche Vorposten aufgestellt fand, als stände der Feind schon an der Grenze. Diese ängstlichen Vorsichtsmaßregeln erregten lautes Gelächter im Römischen. «Ihr könnt nicht denken», so sagte man mir in Ceprano, «wie groß die Furcht der Neapolitaner vor Garibaldi ist; wir haben vor einigen Tagen hier ein Kirchfest ge-feiert und, wie üblich, ein paar Böller abgebrannt und Raketen stei-gen lassen – was tun diese Neapolitaner? Sie blasen und trommeln gleich Alarm in Arce und Isola.» -- «Was meint Ihr», so sagte mir ein Römer, «von diesen Neapolitanern? Wenn wir nur 500 Mann irgendwo in ihr Land hineinwerfen, so reiten sie mit Hurra durch ganz Neapel, ma bisogna che sieno buoni parlatori, sapete (aber sie müssen tüchtige Schwätzer sein)», eine Phrase, die echt italienisch ist und dasjenige freilich trifft, was not tut.

Die Kriegswolke hatte sich in die Quartiere verzogen, und ich setzte mich auf einen Schnellfahrer, um in die Vaterstadt des Marius zu fahren. Wie toll rannte dieses winzige Fuhrwerk davon und warf gleich an der Brücke ein Weib um; ich schrie auf, doch glücklicher-weise erhob sich die arme Frau sogleich, und mein Wagenlenker jagte wieder fluchend und das Tier peitschend davon. Um von Sora nach Arpino zu fahren, muß man die Straße bis hart vor Isola wieder zu-rücklegen. Wir nahmen hier zwei Herren aus Arpino auf; solange nun unsere Fahrt dauerte, waren sie sehr gesprächig, obwohl ich jedem politischen Gegenstand auszuweichen suchte; sobald wir aber ihre Stadt erreicht hatten, kannten sie den Fremden aus Furcht nicht mehr.

Nahe bei Sora kamen wir an der einst berühmten, nun verfallenen Klosterkirche S. Domenico vorbei. Sie liegt auf einer Insel des Fi-brenus oder Carnello, wie der Fluß genannt wird, kurz vor seiner Mündung in den Liris, an einem wahrhaft entzückenden baumreichen Ort. Hier stand die Villa Ciceros, wo er und sein Bruder Quintus ge-boren wurden.

S. Domenico war ein Heiliger des 10. Jahrhunderts, ein Zeitgenosse des S. Nil und Romuald. Im Jahre 951 zu Foligno geboren, wurde er Benediktiner in Monte Cassino unter dem Abt Aligern; er stiftete dann viele Klöster in der Sabina, und auf Bitten des langobardischen Grafen Petrus von Sora dieses Kloster um das Jahr 1011. Die Ur-kunde seiner Stiftung lesen wir noch. Dominicus war hier Abt, und unter ihm lebte hier als Benediktinermönch Gregor VII., wie wenig-stens die Tradition behauptet.

Oft mag dieser wunderbare Mensch in träumerischen Betrachtun-

gen auf dieser schönen Insel Ciceros unter den Flüsterpappeln geses-
sen, aber wohl niemals geträumt haben, daß einst ein Kaiser im
Büßerhemd an seiner Türe stehen werde, und daß seiner in Rom, ja
in der Weltgeschichte eine größere Aufgabe warte, als sie Marius oder
der schwache Cicero gehabt hatten. Trotz der Erinnerung an Gregor
lösten die Mönche von S. Domenico später ihre Zucht in Wohlleben
auf, verführt durch die Sirenenstimmen einer zu schönen Natur; denn
es ist gefährlich, Mönche, statt auf rauhen Bergen, wie Benedikt es
tat, im Paradies der Ebene anzusiedeln. Honorius III. vereinigte daher im Jahre 1211 S. Domenico di Sora, den «hortus deliciarum», wie
er ihn in seiner Bulle nannte, für immer mit Casamari. Fünf Jahrhunderte lang blieb das Kloster geschlossen, bis Clemens XI. Trap-
pisten dorthin schickte; sie vereinigten sich mit denen von Casamari.
Der König Ferdinand II. schenkte endlich S. Domenico dem Kapitel
der vatikanischen Basilika, die gegenwärtig eine kleine Rente davon
bezieht.

Die gotische Kirche liegt in Trümmern, und das Kloster hat nichts
Merkwürdiges mehr; nur die Erinnerung an Cicero macht es zu einer
Stelle, an der man gern verweilt.

Hier war es, wo Cicero, Quintus und Atticus das Gespräch führten, welches wir als die drei Bücher «De legibus» besitzen. Sie wandern spazierend von Arpinum nach dem Fibrenus, sie gelangen nach
der «insula quae est in Fibreno», sie wollen hier sitzend weiterphilo-
sophieren. Atticus wundert sich über die Schönheit des Orts, und
Cicero, welcher bemerkt, daß er hier gerne nachdenke, lese oder
schreibe, sagt ihm: er habe außerdem noch einen besonderen Reiz für
ihn, denn er sei seine eigene Wiege: «quia haec est mea et hujus fratris
mei germana patria; hinc enim orti stirpe antiquissima, hic sacra, hic
gens, hic majorum multa vestigia.» Schon sein Großvater, so erzählt
er, habe dieses Landhaus besessen; sein kränklicher Vater, der es vergrößert, sei dort in den Studien alt geworden. Beim Anblick seiner
heimischen Stätte gesteht Cicero, daß ihn das Gefühl überschleiche,
welches Odysseus gehabt, da er den Anblick Ithakas der Unsterblichkeit vorgezogen. Er bekennt, daß Arpinum seine Heimat als civitas
sei, daß er aber dem arpinatischen Ager angehöre, und Atticus malt
nun die schöne Lage der Insel in den Armen des Fibrenus, welcher das
Wasser des Liris erfrische und so kalt sei, daß er es kaum mit dem
Fuß berühren dürfe. Sie sitzen nieder, um sich über die Gesetze weiter zu unterhalten, und wir sehen lieber der Gruppe dieser drei Männer von römischer Urbanität und feinster Bildung in ihren Togen zu,
als jener Gesellschaft von Mönchen in Kutten, da Gregor VII. neben
einem Heiligen mit verwildertem Bart sitzt, im 11. Jahrhundert, der
Zeit der tiefsten Barbarei Roms. Wie würden ein Cicero, Atticus

und Quintus die Menschen des 11. Säkulum von Rom angestarrt haben!

So umstanden die Wiege Ciceros die redseligen Pappeln des Fibrenus. Ja, eine recht beneidenswerte Geburtsstätte hat Cicero gehabt; aber was hilft's denen davon zu reden, die nicht selbst einen Blick in dieses nymphäische Land eines ewigen Frühlings werfen können? Ringsumher, welches Panorama von Bergen, die braun oder hyazinthfarbig in stiller Majestät sich in die Fernen verlieren! Cicero war ein Kind der Ebene, nicht des Gebirges; sein großer Verstand sammelte in sich wie ein breiter Strom die Bäche des Wissens seiner Zeit auf; aber Marius war ein Sohn des Bergs, oben in Arpinum auf den Mauern der Zyklopen geboren, und dahin wollen wir uns nun aufmachen.

Ich habe selten einen so unruhigen und geschwätzigen Boden durchzogen als diese ciceronische Heimat, denn überall hier Quellen, Kanäle, reißende Bäche, bald blau, bald grün, bald milchweiß, dazu das Klappern von Mühlrädern, das Rufen der Arbeiter, und unser wie proskribiert und auf der Flucht toll dahinschießender Char-à-banc. Über lachende Fluren, immer an Kasinos, an Gärten ging es eine Zeitlang fort, dann verließen wir das Fibrenustal, und die gute Straße stieg bergan. Neue Blicke auf die ferne Campagna Roms und die Ebene von Pontecorvo in hinreißender Mannigfaltigkeit.

Die Fahrt von Sora nach Arpino beträgt sieben Millien; vier davon fährt man aufwärts über ein ölreiches Bergland, tief unter sich den Liris. Der Anbau wird auf der Höhe sparsamer, und nur selten steht am Wege ein Landhaus.

Ich erreichte endlich auf der im Zickzack fortgehenden Straße Arpino um ein Uhr nachmittags und fuhr durch das alte römische Stadttor ein.

Die Vaterstadt des Cicero und Marius zählt heute 12 000 Einwohner. Ihre Straßen sind eng, ihr Platz ist klein, an palastähnlichen Häusern fehlt es nicht. Indes alles sieht hier abgestorben aus. Die Städte im Römischen pflegen altertümliche Kirchen auszuzeichnen; Arpinum hat deren keine, obwohl die Kathedrale einst ein Tempel der neun Musen gewesen ist. Nun gehört sie den neun Engelchören, denn so vieler massenhafter himmlischer Musik und so vieler Musikanten bedurfte es, um die süßredenden heidnischen neun Jungfrauen vom Olymp durch das Christentum zum Schweigen zu bringen.

Arpino zerfällt in zwei Teile, die Altstadt oder hochgelegene uralte Burg, und die eigentliche Stadt zu ihren Füßen, die sich über der Höhe fortzieht. Diese Einteilung ist uralt und allen volskischen und latinischen Städten gemein. Daß übrigens das neue Arpinum auf dem Lokal des alten steht, lehren noch heute die zyklopischen Mauern, die sich von der Burg herunterziehen. Schon das Stadttor selbst zeigt sich als ursprüngliche zyklopische Anlage. Die Mauern gleichen denen in Segni und anderen Städten Latiums. Sie sind in sehr langer Strecke erhalten, da sie von der alten Burg herabkommen. Zu dieser führt ein steiler Weg im Zickzack auf den öden von Kalkgestein starrenden Berggipfel, welchen Olivenbäume schmücken. Ein schöner grüner Hang sinkt von ihm zur Stadt hinab. Hier oben lag die zyklopische Arx, im Mittelalter die langobardische Grafenburg.

Noch steht ein von Efeu umsponnener Turm aufrecht, in dessen unmittelbarer Nähe sich in mächtigen Lagen diese saturnischen Mauern erheben, die man nicht ohne Staunen betrachten kann. Sie bilden auf der Burg ein Viereck, und noch sieht man hier ein merkwürdiges Zyklopentor. In der Regel schließen solche Tore mit einem spitzen oder gestumpften Winkel ab, wie in Alatri, Segni und Norba; aber dieses hier läuft in einer beinahe gotischen Linie aus. Doch liegt auch auf seiner Spitze der Schlußstein, so daß die Wölbung durch zufällige Senkung entstanden sein kann. Die Wände bestehen aus dreifach nebeneinandergestellten Blöcken, zu sechs in jeder Reihe, so daß das Tor acht Schritte breit, sieben Schritte innerhalb lang und etwa fünfzehn Fuß hoch ist. Seine Kalktuffsteine von sehr poröser Art sind fast quadratisch behauen.

Von dort ziehen sich die Mauern wie in Segni in sanfter Neigung abwärts, hie und da durch ein viereckiges etruskisches Tor unterbrochen und durch mittelalterliche Wehrtürme verstärkt. Efeu umspinnt sie, Oleaster und blühende Kräuter hängen in ihren tiefen Spalten, und ihr verwittertes Aussehen versetzt in jene Urzeit Italiens, mit der die Historia Miscella beginnt: «Zuerst herrschte in Italien Janus, dann Saturnus, der vor seinem Sohn Jupiter aus Griechenland in die Stadt Saturnia floh. Weil nun dieser Saturn in Italien sich versteckte (latuit), wurde das Land von seinem Versteck Latium genannt.»

Die Arpinaten behaupten, daß der König Saturnus ihre Stadt gegründet habe (und welche hätte er in Latium nicht gebaut), und daß er auch dort begraben sei; und so zeigen sie dem Fremden an der Porta dell'Arco ein altes kolossales Grabmal und nennen es dreist «Grab des Saturn». Eine moderne Inschrift auf der Burg lautet also: «Arpinum a Saturno conditum, Volscorum civitatem, Romanorum Municipium, Marci Tullii Ciceronis eloquentiae Principis et Caji Marii septies Consulis patriam ingredere viator; hinc ad imperium triumphalis aquila egressa urbi totum orbem subjecit; ejus dignitatem agnoscas et sospes esto.» So uralten Städten ist ihr munizipaler Stolz schon zu verzeihen; zumal wenn sie Saturn, Cicero und Marius für sich haben. Das heutige Wappen der Stadt besteht aus zwei Türmen, über denen der Adler des Jupiter oder der Legionen Roms schwebt.

Man mag mit heiterer Zustimmung in jenem alten Grabmal den grauen Saturn begraben sein lassen, aber alle Grenzen übersteigt doch die Naivität, mit welcher die Arpinaten dem Fremdling das Haus des Cicero zeigen. Man führte mich auf der Burg, worin sich einige Häuser und eine Kapelle angesiedelt haben, zu einem solchen aus Backsteinen, in Weise der Hirten-Capannen aufgebauten Stall, und das war denn «la casa del famoso Cicerone»!

Ich setzte mich oben auf die zyklopischen Mauern und betrachtete bewundernd die latinische Landschaft, denn die sehr hohe Lage der Burg macht die Aussicht ringsum weit und groß. Der Berg von Sora erschien nur als kleine Pyramide, wie eine derer am Nil; in seinem schwarzen Schatten lag die Stadt; völlig dem Blick offen das Liristal, welches hohe Berge umziehen. Dort liegt la Posta, von woher der Fibrenus niederkommt, dort Sette Frati, Siebenbrüder, den Söhnen der Felicitas geweiht, wo jener wunderliche Alberich die Vision hatte, welche der Danteschen voraufging und vielleicht wirklich zugrunde liegt. Viele andere Orte und Burgen flimmern im blauen Duft der Bergreihen; im Römischen zeigt sich Veroli, Monte S. Giovanni, Frosinone, Ferentino, und seitwärts ragt ein Bergobelisk auf, welcher die Burg Arce trägt; ein anderer, auf dem der schwarze, einzelne Turm Monte Negro steht. Alle jene Burgen sind saturnischen Ursprungs, und man genießt das wunderbarste Schauspiel, selber sitzend hoch auf efeuumstrickten Zyklopenmauern, über denen die Elemente von Jahrtausenden hingegangen sind.

Auf diesen selben Mauern kletterte einst der junge Plebejer Cajus Marius umher, seine wilden Kräfte übend, oder er saß hier, in der Zeit, da alle Völker von Kalabrien bis zum Liris und zum Adriatischen Meer um das Bürgerrecht rebellierten, auf Latium blickend, nach dem großen Rom sich sehnend, wohin die Gedanken aller kräftigen Geister in den Provinzen strebten, ihr Glück zu machen. Ich mußte mir sagen, daß dieses zyklopische Arpinum eine dem Marius wohl angemessene steinerne Wiege sei, die Wiege eines Giganten, dessen schreckliche rohe Natur etwas ungeschlacht Zyklopisches hat, zumal neben dem feinen Aristokraten Sulla, der seine Wege wie ein Fuchs durchkreuzt und ihm beständig das Glück zu stehlen weiß.

Die Atmosphäre in Arpinum wird von den Namen Marius und Cicero ganz durchdrungen. Man befindet sich hier auf einer jener Stellen in der Geschichte, die man mit demselben Anteil aufsucht wie in der Natur das steinerne Quellenhaus von Strömen, von denen Bewegung und Leben durch Länder und Zeiten kommt. Das Wissen Ciceros hat sich als ein Hauptstrom der alten Literatur durch die Jahrhunderte des Mittelalters ergossen, und noch heute wird aus ihm geschöpft – ein unsterblicher Ruhm, der durch die Schwächen und

Eitelkeiten des Menschen nicht geschmälert wird. Aber Cajus Marius war einer der Blutströme der Geschichte Roms und des Reichs. Man denke, welchen Stoß dieser Mann Rom und der Welt gegeben hat. Ohne ihn war kein Kaisertum, und Augustus, Tiberius, Caligula, wie die ganze Reihe der Despoten oder Helden der Proskription der Menschheit, entsprangen aus den Blutspuren des Marius. So ist Arpinum die wahre zyklopische Drachenhöhle der römischen Kaisergeschichte zu nennen.

Die afrikanische Gestalt Jugurtha, sein schreckliches Ende im Verlies des Kapitols, die Cimbern und Teutonen, welche den einstigen Fall Roms durch die Germanen weissagen, die fürchterlichen Bürgerkriege, die asiatische Gestalt Mithridat, Marius im Sumpf von Minturnä versteckt, Marius finster auf den Trümmern Karthagos als Flüchtling dasitzend, Marius triumphierend in Rom einziehend, ein zweiundsiebzigjähriger Greis, das Abschlachten der Proskribierten – und wunderbar, eines solchen Mannes ruhiger Tod – all dies zieht hier am Blick vorüber und stimmt so merkwürdig mit der Umgebung überein. Dann erscheint Cicero, ein Jüngling, als jener grau war, und führt vor uns den Fall der Republik auf, welchen die Bürgerkriege unter Marius und Sulla einleiteten. Um ihn steht die wissenschaftliche, die rednerische, die staatsmännische Blüte der sinkenden Republik; mit ihm werden Namen und Gestalten lebendig wie Pompejus, Cäsar, Antonius, Octavian, Brutus, Cassius, Cato, Atticus, Agrippa – dann Ciceros Kopf aufgestellt auf der Rednerbühne, wo er so oft und so viel gesprochen hatte.

Der Leser mag diese historischen Betrachtungen ausführen, welche als natürliche Streiflichter in jene Gegend fallen, und er würde sie selbst auf der Burg Arpinum gemacht haben. Wie gewisse Höhepunkte eine landschaftliche Aussicht dem Blicke darbieten, so haben andere ein historisches Panorama um sich her. Arpinum ist ein solcher Höhepunkt, und ich verlasse diese Burg nicht, ohne an das kurze und gute Bild zu erinnern, in welchem Valerius Maximus die Laufbahn und Natur des Marius zusammengedrängt hat. «Aus jenem Marius», so sagt er, «einem so niedrigen Arpinaten, einem so ignoblen Menschen in Rom, einem gleichsam zum Ekel werdenden Kandidaten, ging jener Marius hervor, welcher Afrika unterjochte, welcher den König Jugurtha vor seinem Wagen hertrieb, der die Heere der Teutonen und Cimbern vernichtete, dessen zwiefache Trophäen in der Stadt gesehen werden, dessen sieben Konsulate die Fasten verzeichnen, der aus einem Exilierten Konsul, aus einem Proskribierten ein Proskribierender wurde. Was ist widerspruchsvoller als seine Lage? Ja, dies ist ein Mann, der, rechnet man ihn unter die Elenden, als der Elendeste, unter die Glücklichen, als der Glücklichste erscheint.»

Den rohen Marius, den listigen Sulla mit dem blassen schlaffen Gesicht, entnervt, blasiert, alle Verhältnisse durchschleichend und beherrschend, alles verachtend und verwirrend, doch begleitet von der feilen Metze Glück, hat Rom als typische Gestalten der Geschichte aufgestellt. Indes auf dem Platz in Arpinum weiß man nichts von jenen Römerzeiten – es ist heute, am 4. Oktober, des Königs Franz II. und der Königin Geburtstag. In einer grell und kulissenhaft ausgeschmückten Loge des Stadthauses hängen die Porträts des jungen Königspaars, hängt das Bild einer bayerischen Prinzessin, einer Enkelin jener Teutonen und Cimbern, welche der furchtbare Marius ehedem von Rom zurückgeschlagen hat.

Dort steht auf demselben Platz ein großes Gebäude, in dessen Fassade die Büsten des Marius, Cicero und Agrippa in Nischen aufgestellt sind, denn auch Agrippa soll nach dem Glauben der glücklichen Arpinaten ein Sohn ihrer Stadt sein. Die stolze Inschrift sagt: «Arpinum a Saturno conditum Romanorum Municipium, M. Tullii Ciceronis, C. Marii, M. Vipsanii Agrippae Alma Patria.» Und dieses Gebäude heißt Collegium Tullianum; es ist das Jesuitenseminar. Die Weltgeschichte hat sich seit Cicero ein wenig verändert. Alle Fenster jenes Hauses stehen offen, in allen liegen Jesuiten in ihrer schwarzen Tracht, die allmächtigen Günstlinge und Garden der bigotten Dynastie Bourbon, und schauen dem Feste zu. Eine Bande in harlekinmäßigem Putz spielt auf dem Platz. Man ruft: «Evviva il rè!» Die Bande geht, den Richter oder Giudice einzuholen, und dieses munizipale Haupt Arpinums erscheint hinter der Musik, nicht in einer purpurverbrämten Toga, sondern in schwarzem Frack und Glacéhandschuhen, neben sich den Sindaco und den Primo Eletto, welche ebenfalls in schwarzen Röcken stolz einhergehen. Man ruft wieder: «Evviva il rè», und man zieht in die Kathedrale. Abends Musik, oder vielmehr Gelärm der Bande auf dem Platz, welches «il concerto» genannt wird; Feuerwerk, oder vielmehr Raketen und Abbrennen von Böllern, wie man sonst bei Festen der Heiligen zu tun pflegt.

Ich will nicht vergessen, daß Arpino noch eine moderne Berühmtheit hat, einen Maler, Giuseppe Cesari, der unter dem Namen «il Cavalier d'Arpino» bekannt ist. Wie Marius und Cicero ging auch er nach Rom, um sein Glück zu machen, und er malte dort viel, namentlich im Palast der Konservatoren, dessen großen Saal er mit Freskobildern aus der römischen Geschichte verziert hat. Seine Wandgemälde gehören zu den besseren vom Ende des 16. Jahrhunderts. Die Kathedrale in Arpino bewahrt als einen Schatz eine Madonna von seiner Hand.

Ich verließ Arpinum auf einem Char-à-banc, um Monte Cassino zu erreichen. Die Fahrstraße steigt über ein ölreiches Hügelland ab.

Man blickt auf die nahe römische Grenze und fährt unter dem hochgelegenen Monte S. Giovanni den Liris entlang, dessen grünes Wasser hie und da aus Pappeln hervorscheint. Das große Bergland zur Linken ist ziemlich öde; bisweilen auf einem Felsengipfel ein mittelaltriger Turm, so Monte Negro, so die steile Burg Santo Padre. Nun kommt man über einen niedern waldigen Höhenzug, die Wasserscheide des Melfa und des Liris, und nahe an einigen Felsenstädten vorbei, ohne sie zu berühren, so an Fontana, dann an Arce. Wenn man diese schwindelerregend steile, höchst seltsame Burg Arce betrachtet, so erscheint sie wie ein wahres Aornos. Sie galt in der Tat als unersteigliche Festung im Mittelalter; und dennoch erkletterten und eroberten sie die wilden Provenzalen Karls von Anjou so flink wie Zuaven unserer Zeit. Ihr Fall schreckte alle ghibellinischen Städte im Königreich, und er war das böse Omen für Manfreds Untergang.

Diese uralte Arx der Volsker erhebt sich auf einem wolkenhohen, wildzerrissenen und grauen Felsenberge; darauf stehen die finstern Reste der Burg, die sich an Zyklopenmauern lehnt, während unten am Abhang des Bergs die neuere Stadt Arce liegt. Die Anlage dieser Orte ist also überall gleich; hoch oben die Zyklopenburg, tiefer unten die Stadt. Auf die Burgen flüchteten sich im Mittelalter Städte- und Landbewohner vor den Ungarn und den Sarazenen Afrikas. Wer diese Lirisufer durchreist, wer zumal weiterhin die lachende Ebene von Aquino vor sich sieht, erinnert sich der fürchterlichen Zeit, als die Sarazenen hier hausten. 30 Jahre lang behaupteten sie ihre Raubburg am untern Garigliano oder Liris bei Minturnä und drangen von hier verheerend durch Kampanien bis nach Tuskien und der Sabina hinauf; sie legten die schönsten Klöster in Asche, Monte Cassino, S. Vincenz am Vulturnus, Subiaco und Farfa, zerstörten ihre Bibliotheken und Archive – ein unersetzlicher Verlust. Dann bezwang sie, durch eine italienisch-byzantinische Liga, der kraftvolle Johann x. im August 910, und ein Papst schmückte sich mit dem Ruhm, der Retter Italiens gewesen zu sein.

Unterhalb Arce ist eine Maut, Le Muratte genannt; man forderte meinen Paß, aber man visitierte zu meinem Trost meine Bagage nicht. Ein mir kostbares Buch und mein Reisejournal hatte ich zuvor mit Hilfe meines kühnen Wagenlenkers, eines lustigen jungen Arpinaten, im Wagen versteckt gehabt; hinter der Maut zog er es dann lachend hervor, und ich schloß es wieder in mein Gepäck ein.

Überall sah ich Truppen, welche auf diesem uralten Kriegstheater sich gut ausnahmen und mich noch lebhafter zu Betrachtungen über die Schicksale dieses schönen Landes anregten. Denn hier beginnt das Gebiet der süditalischen Geschichte. Im früheren Mittelalter zerfällt sie in drei Gruppen: in die der langobardischen Staaten Benevent,

Salerno, Capua, in die des byzantinischen Kalabriens und in die Geschichte der Seerepubliken Neapel, Amalfi, Gaëta, Sorrent. Später wird all dieses Land normannisch. Indem nun hier so viele streitende Mächte um den Besitz ringen, Langobarden, Griechen, die Kaiser Deutschlands, die Päpste, die Republiken, die Sarazenen, wird die Geschichte Süditaliens ein wahres Chaos. Die Hölle Dantes ist nur ein schwaches Schattenspiel gegen all die Leidenschaften und Verbrechen, die in Wirklichkeit in den Staaten und an den Höfen dieses heißen Landes gespielt haben. Ihre Geschichte fehlt noch; sie ist ein Labyrinth. Monte Cassino hat noch viele Schätze dafür in seinen Diplomataren, namentlich dem von Gaëta. Die berühmte Geschichte Giannones, in den Partien über Justiz und bürgerliche Einrichtungen trefflich, ist doch im ganzen nicht gründlich und unter die Forderungen der heutigen Wissenschaft herabgesunken.

Da ist die Brücke über den Fluß Melfa, der seinen alten Namen nicht geändert hat. Er fließt noch im Oktober als ein fast vertrockneter Bach in seinem weißen breiten Kieselbett dem Liris zu. Man glaubt, daß er einst die Grenze des Kirchenstaats oder römischen Ducats gegen das langobardische Herzogtum Benevent gebildet habe, aber dies ist zweifelhaft, und wahrscheinlich war die alte Grenze, wie noch heute, der Liris. An der Brücke lagern Reiter um einen Heuschuppen, ihre Lanzen mit den roten Fähnchen rings angelehnt – ein prächtiges Bild für Niederländer.

Bald nachdem man die Brücke hinter sich hat, öffnet sich die blühende Campagna von Aquino und Pontecorvo, die man auf der herrlichsten der Straßen, der von Capua, durcheilt. Links hat man ganz nahe die Kette des Apennin mit dem hohen Cimarone, mit den Felsenorten Castello, Rocca Secca, Pallazuolo, Piedemonte; weiter steht der gewaltige Berg Cairo, das Ziel unserer Reise, und hoch neben und unter ihm sehen wir schon die palastartigen Gebäude und die Kuppel von Monte Cassino, dem mittelalterlichen Athen in der Nacht langer Jahrhunderte. Dort oben schrieb Paul Diaconus seine Geschichte der Langobarden.

Auf der rechten Seite der Ebene die blauen Reihen des Volskergebirgs in ähnlicher Bildung wie die Berge von Segni und Gavignano; auf ihnen mancher Ort, S. Giovanni in Carico, Pontecorvo, die kleine päpstliche Enklave, einst Besitz Bernadottes, ferner Oliva, Rocca Guglielma und andere. Der Liris fließt zu Füßen der Berge durch das reiche Gefilde, das er nur zögernd zu verlassen scheint, denn er windet sich in vielen Krümmungen hin und her; rauschende Bäche stürzen sich noch von allen Seiten in ihn hinein, und es ist wahrhaft entzückend, seinen sonnengoldigen Wasserspiegel hie und da aufleuchten zu sehen.

Wie mögen hier die Sarazenen geschwelgt haben! Denn wohnlichere Ufer fanden sie weder am Guadalquivir, noch am Sebethus oder am Fluß Cyane. Viele Völker zogen seit den Römerzeiten verheerend durch dieses Paradies: die Westgoten Alarichs und Ataulfs, die tapferen Goten des Totila und Teja, Isaurier, Hunnen, Sarmaten, Griechen; die furchtbaren Fremdenhorden des Leuthar und Bucelin; die bildsamen Langobarden, welche dieses Land endlich erfüllten, kolonisierten, wieder blühen machten; die Araber, die Ungarn, die Normannen, Franzosen, Spanier, Deutsche — alle hat dieses Gefilde als Feinde in ihren blutigen Zügen in das untere glückliche Campanien gesehen; denn es ist der Schlüssel der neapolitanischen Landschaft.

Da sehen wir auch im Hintergrund die Berge gegen S. Germano über, auf denen Rocca d'Evandro (eigentlich Bantra), S. Pietro in Fine, S. Elia stehen, und wo der hohe Aquilone hervorragt. Der größte Teil der alten Diözese Monte Cassino lag in dieser schönen Ebene, und jenem Kloster verdankten viele Orte ringsumher ihr Entstehen. Dieses «letzte» Latium hat keineswegs den großen Ernst der römischen Campagna; alles ist hier südlicher, wärmer an Farbe, weicher, besser bebaut; alles näher zusammen und auch weniger von Hügeln durchschnitten.

Da eben Fiera in S. Germano gewesen war, zogen mir viele Landleute entgegen. Ihre Tracht gleicht noch der im Saccotal; Ciociaren oder Sandalenmänner sind noch sichtbar, aber die Frauen tragen statt des Busto einen weichen Latz an Achselbändern und zwei Kleider übereinander, deren oberstes wie eine Schürze von hinten umgenommen wird, was sehr gut aussieht.

Ich lade nun den Leser ein, die capuanische Straße zu verlassen und rechts ab nach dem nahen Aquino zu fahren, welches mitten in der Ebene liegt. Wir durchschneiden mit Vergnügen die frisch gelegten Schienen der Eisenbahn, die bis hierher fast beendigt ist. Leider wird ihre Eröffnung sich verzögern; wir rühmen die neapolitanische Regierung, daß sie mit dieser wichtigen Bahn vorrückte, und wir beklagen, daß von der römischen Grenze her ihr noch nicht entgegengekommen wird. Denn die Campagnabahn führt dort erst bis unter Albano. — (Seit dem Frühling des Jahres 1862 ist die ganze Bahnstrecke von Rom bis Neapel in Gang gesetzt, und zwar verdient die päpstliche Regierung das Lob, daß sie mit ihrer Linie bis Ceprano früher fertig war als die italienische mit der Strecke von Capua bis zur Lirisbrücke.)

Auf einem Feldweg zwischen Maisäckern hinfahrend erreicht man Aquino in einer Viertelstunde. Die zur Römerzeit große Stadt Aquinum ist zu einem langen und schmalen Borgo zusammengeschrumpft, aus dem ein einzelner Kirchturm hervorragt. Ihre ganz ebene Lage an einem Bergwasser hat nichts Ausgezeichnetes, aber das Grün der Bäume und Gärten umher macht sie idyllisch schön, und der Horizont ist unvergleichlich. Seitwärts liegen die Trümmer der römischen Stadt, Tore, Mauern, Überreste von Tempeln der Ceres und der Diana, doch sie bieten nichts Merkwürdiges dar. Nahe am Wasser eine mittelalterliche Kirche des 11. Jahrhunderts, Santa Maria Libera, in Ruinen, von trefflichem Stil, eine dreischiffige Basilika, über deren Portal eine byzantinische Madonna in Mosaik noch sehr gut erhalten ist. So grenzen die Trümmer der zwei Epochen Aquinos, des Altertums und des Mittelalters, aneinander, und ihnen gehören auch die Berühmtheiten der Stadt.

Ein Kaisername verherrlicht kaum Aquino; es ist Piscennius Niger, der hier aus niederm Stande wie Marius geboren war. Der tüchtige Mann schwang sich zum Befehlshaber Syriens auf, nahm nach des Pertinax Ermordung den Purpur und erlag bald dem Afrikaner Septimius Severus, der ihn schlug, ergriff und enthaupten ließ. Größern Ruhm erwarb Aquino durch zwei andere Söhne. Sie sind Charaktergestalten jener beiden Epochen und stehen hier so nebeneinander wie die Ruinen eines römischen Tempels und der Basilika S. Maria Libera.

Gibt es grellere Gegensätze, als welche durch die Namen Juvenal und S. Thomas von Aquino ausgesprochen werden, des größten Satirikers heidnischer Fäulnis Roms, und des größten Philosophen scholastischer Theologie, welchen man den «Doctor Angelicus» nennt? Es scheint, als hätten sich die schneidenden Widersprüche in Aquino hervorgefordert, wie die römische Verderbnis die christliche Buße gefordert hat.

Juvenal führt uns unmittelbar in den Zustand Roms ein, den jener Marius von Arpino einleitete und das julische Geschlecht nach dem Sturz der Republik befestigte – Rom eine Blutlache, ein moralischer Sumpf, eine einzige Lüge – alles darin verpestet, geistig und physisch krank, und alles feil; der Adel, die Bürger, alle schwelgend oder hungernd um die Tafel eines einzelnen Despoten – die Alleinherrschaft das furchtbare Fatum der Welt – der Gedanke, die Schrift, die Tribune geknebelt, nur die Schmeichelei frei – nichts als Sklavensinn, Genußsucht und grenzenlose Prostitution der Natur – in dieser von Wollust und Furcht gequälten Masse einige in sich gekehrte stoische Geister, welche ihrem moralischen Ekel in Satiren und Geschichtsbüchern Luft machen, sobald es ein milderer Despot erlaubt.

Juvenal war in Aquino geboren, doch sein Leben ist dunkel, wie das der meisten Poeten des Altertums, und diese Dichter sind deshalb nicht zu beklagen. Ihre Gestalt tauchte schön in die Mythe hinab.

Kein indiskreter Erbe, Freund oder Verwandter edierte ihre Briefe, kein Journalist beschrieb mit tantenhafter Sorgfalt ihr Aussehen bis zum kleinsten Muttermal, noch begleitete er jeden ihrer Schritte von Kindesbeinen an, noch zählte er ihre Tugenden, Schwächen, Fehler und Schulden bei Juden und Christen und andere Verlegenheiten auf. Das dunkle Leben des Horaz, Virgil und Ovid umfaßt ein paar Blätter; von des Äschylus und Euripides Tode erzählt nur die Mythe; der feine Terenz erlosch in der Stille irgendwo in Hellas am Stymphalischen Sumpf.

Daß Juvenal in Aquino geboren sei, erfahren wir aus einem einzigen seiner Verse. War er in Ägypten oder in Schottland verbannt? Wo starb er? Die Götter wissen es allein. Sein langes Leben wurde durch die Zeiten des Claudius, Nero, Galba, Otho, Vitellius, Vespasian, Titus, Domitian, Nerva, Trajan und Hadrian erfüllt, verfinstert und erhellt; worin er also die schrecklichsten Widersprüche sah, eine Reihe von wüsten Teufeln, eine Reihe von guten Genien auf dem Thron der Welt, die in Wahrheit elendeste, die unwahr «glücklichste» Epoche des Menschengeschlechts.

Es läßt sich kaum ausdenken, was ein fühlender Mensch über das Leben gedacht und empfunden haben muß, der das verzerrte Antlitz eines Nero und das milde Angesicht eines Titus leibhaftig gesehen hat.

Wenn nun jene Doppelreihe von Imperatoren umgekehrt in sein Leben gefallen wäre, wenn er statt unter Claudius unter Titus wäre geboren worden, so besäßen wir vielleicht Juvenals Satiren nicht; aber die Eindrücke der Jugend bestimmen die Richtung des Geistes, und im Grunde: die römische Gesellschaft war zu Titus' Zeit wie sie zu jener Neros gewesen war. Unglücklicher Juvenal! weil verdammt, der Dichter seiner Epoche zu sein. Seine Sprache, seine Darstellung, unter dem Druck der römischen Atmosphäre, unter dem Krampf seiner Erbitterung schon dunkel, schwer und gezwungen wie die des Tacitus, gleicht klassischen Gebilden, für deren Form nicht Marmor oder Ton, nein Kot den Stoff hergab. Wer wird ohne Ekel seine zwei Satiren über die Männer und Frauen Roms lesen? wer nicht einen reichbegabten Geist beklagen, für den die Quelle der Begeisterung der Sumpf des damaligen Geschlechts sein mußte? «Facit indignatio versum, qualemcunque potest.»

Man hat Juvenal mit seinem edlern und größern Zeitgenossen Tacitus verglichen, und darin ist manche Wahrheit; aber den Geschichtschreiber jener Epoche befreite doch einigermaßen das Bewußtsein von dem tragischen Gericht, welches an der Despotie stets vollzogen wird. Was dagegen erlöst den Satiriker oder Unzuchtmaler von der endlosen breiten Masse der Gesellschaft, die er voll Abscheu schildern muß? Und doch, wie hoch steht selbst ein Geist wie Juvenal über heutigen Roman- und Dramenschreibern, welche, lüsterner als Petronius, doch schwächlicher, das Laster mit süßlich sentimentalen Reizen malen und feile Metzen als engelhafte Ideale schildern. Preisen wir Deutsche uns doch wenigstens darin glücklich, daß wir weder einen Juvenal, noch einen Sue oder Dumas in unserer Literatur zählen, sondern Schiller, dem hochherzigen Dichter der Freiheit und des Menschenideals, noch frische Kränze auf das Haupt setzen dürfen.

Beide Römer, Juvenal wie Tacitus, seufzten nach der verlorenen republikanischen Freiheit Roms; beide verzweifelten an der Zukunft, die ihnen nur als Abgrund erschien, doch mehr noch Juvenal als Tacitus. Vor beiden stand das von ihnen schon erlebte, noch als Judensekte verachtete, unverstandene Christentum als ein verschleiertes jugendliches Menschheitsideal. Es sollte einst die Despotie und Lüge Roms durch die Germanen zertrümmern, deren Naturfrische und heroische Einfalt Tacitus bewundert hat.

Das Christentum ... wir stehen in den Trümmern von Aquino ... ein berühmter Heiliger, der Doctor Angelicus, tritt aus den Ruinen der S. Maria Libera hervor, ein Mann in der Dominikanerkutte, Bücherrollen unter dem Arm, von hoher, trockener Gestalt, doch gekrümmt, mit einem mächtig großen Kopf, das Gesicht dunkelbraun und runzelig, aber von weichlichem Fleisch, «molli carne quae acumen ingenii et excellentiam indicaret».

Tausend Jahre und mehr waren nach Tacitus und Juvenal vergangen, als, nicht in Aquino, sondern dort oben in der malerischen Burg Rocca Secca, Thomas im Jahre 1224 geboren wurde. Dieses Kastell hatte der Abt Manso von Monte Cassino auf dem Berg Aspranus am Ende des 10. Jahrhunderts gebaut. Es gehörte dann den langobardischen Grafen von Aquino aus der alten Familie Landulf. Der Vater des Thomas war der Graf Landulf, seine Mutter Theodora Caracciolo, sein Oheim Landulf aber war Abt von Monte Cassino. Als der Knabe fünf Jahre alt geworden, brachten ihn die Eltern oben im Kloster dem S. Benedikt dar, aus Eitelkeit, denn sie hofften, daß er einst Abt sein werde. Es war immer Sitte bei den Benediktinern, Kinder zarten Alters unter die Mönche aufzunehmen, und sie ist es noch. Don Luigi Tosti, heute ein berühmter Geschichtschreiber Italiens, Don Sebastiano Kalefati, der gelehrte Bibliothekar, beide würdige Männer, deren Namen mancher deutsche Gelehrte mit Freude begrüßen wird, kamen schon mit acht Jahren dort ins Kloster.

Sieben Jahre blieb Thomas dort, dann ging er nach Neapel, wo er ebensolange Theologie studierte; er wurde Dominikaner, er studierte in Paris, er ging nach Köln, Weisheit von dem Wundermann Albertus Magnus zu lernen; er ward Professor in Neapel, und er starb am 7. März 1274 bei Piperno im Zisterzienserkloster Fossanova, nur wenige Stunden von seiner Heimat entfernt. Dies also ist der große Mann des Mittelalters, der die Philosophie eigentlich in die Theologie eingeführt oder sie zu einem philosophischen System erhoben hat. Wenn man heute den Namen der Scholastik nennt, so denkt man nicht mit Unrecht an ein Labyrinth, welches der nüchterne, kleinliche, zerteilende, wieder einschachtelnde und verdumpfende Verstand in einer öden Muße von Jahrhunderten gebaut hat. Wer wird heute noch in die «Summa» des Thomas von Aquino hineintauchen, wer sich in diesen finstern Geisterwald wagen, in dessen Dickicht der aristotelisch-christliche Gedanken-Minotaurus liegt? Diese kolossale Gotik der Philosophie betrachten wir heute wie ein staunenswürdiges Altertum, und ihre haarscharfen Distinktionen, ihre moralischen und spekulativen Untersuchungen, ihre weit von jedem Lebenszweck abliegenden Probleme beschäftigen ein praktischer oder materieller, oder im Denken freier und einfacher gewordenes Geschlecht nicht mehr. Doch vergessen wir nicht, daß auch jene Systeme Fundamente für die Wissenschaft des Denkens sind, und gestehen wir, daß der Mensch des 19. Jahrhunderts den höchsten Fragen, die der Geist aufwerfen mag, gerade so ratlos gegenübersteht wie ein Scholast des Mittelalters oder wie der erste Mensch im Paradies. Scheiden wir denn von Aquino, froh, auch solchen Boden gesehen zu haben. Wir kehren auf die Straße von Capua zurück, von wo uns eine kleine Stunde an den Fuß des Cairo bringt; wir rollen um den Berg; das römische Amphitheater bei S. Germano*, diese freundliche Stadt selbst, die berühmte Burg Janula über ihr, liegen vor uns, und Monte Cassino dort oben erwartet uns. Indes es ist genug, und dieser Blätter schon zuviel. Wenden wir uns aber zurück, zu überdenken, was alles der Wanderer auf einer so kurzen Wegestrecke, als wir durchmessen haben, betrachten darf, so müssen wir den Reichtum dieses Landes bestaunen. Keines in der Welt ist so ganz von Geist durchdrungen und beseelt. Natur und Geschichte haben ihr vollstes Füllhorn über Italien ausgeschüttet, und jede Epoche hat ihre Entwicklungsformen in ihm dargestellt. Ist doch Italien die Mutter des Abendlandes und die Pandora seiner Kultur, im guten wie im bösen Sinne. Wenn es sich nun immer wieder erhebt und von den Völkern, die es zum Teil einst gebildet hat, und von denen allen es reichlich genossen, ausgebeutet, beherrscht worden ist, endlich seinen selbständigen Sitz unter den Nationen Europas begehrt, so fordert es nur sein unbestreitbares Recht zurück. Ja! Dies

---

* An die Stelle des mittelalterlichen Namens S. Germano ist seit 1871 auch für den Ort der Name Cassino getreten, da er auf dem Boden des antiken Casinum steht.

Land ist edel und der Liebe des Menschengeschlechts wert. Selbst mitten in dem grenzenlosen Chaos der Gegenwart, bei der ekelhaften Vermischung von Trug und Wahrheit, selbst heute nicht können wir Deutsche die Stimme des wärmsten Mitgefühls für die Befreiung dieses Landes, noch werden wir je sie unterdrücken.

IDYLLEN VOM LATEINISCHEN UFER

1854

Das lateinische Meeresufer liegt nur fünf Stunden von Rom entfernt; dreimal in der Woche führt ein Omnibus Gäste dahin, welche sich einige Tage in Porto d'Anzio oder in Nettuno vergnügen wollen, oder solche, die dort Bäder nehmen oder sich nach Neapel einschiffen. Wie zu den Zeiten der Kaiser sind noch heute jene Ufer Vergnügungsorte der Römer, und es gehört zum römischen Leben, einmal nach Antium zu fahren, wie nach Frascati, Tivoli und Albano, um für eine Zeit Rom zu vergessen. Denn selbst die herrlichste Stadt der Erde kann ermüden.

Ich fühlte das recht gegen Ende des Frühjahrs 1854, nachdem der Schirokko, der Plagegeist Roms, fast acht Wochen lang auf der Stadt gelegen hatte, und als ich nun am 24. Juni früh um 5 Uhr aus Rom mich aufmachte, hatte ich das heiterste Gefühl wirklicher Befreiung. Es war ein sonniger Morgen, das Volk schon auf den Straßen; Blumen in den Händen, zogen sie nach dem Lateran, wo der schöne Platz einem Blumenmarkt glich. Denn heute war das Fest Sankt Johann, eins der lebhaftesten Roms.

Draußen aber auf der Campagna wehte die weichste Luft über die schimmernde Grasebene und die jüngst gesichelten Weizenfelder, welche dieses Jahr zwanzigfältig getragen haben.

Die Fahrt geht fünf Stunden lang meerwärts unterhalb des Albaner Gebirges hin. In Fontana di Papa wird gehalten. Dies ist eine einsame Schenke zwischen Weinbergen und heißt so von einem von Innocenz XII. angelegten Brunnen. Auch pflegt der Papst dort zu rasten, wenn er im Monat Mai an den lateinischen Strand zieht, in seiner Villa zu Porto d'Anzio die Meereskühle zu genießen.

Da herrscht nun das bunteste Leben. Man sitzt an den Tischen umher und verspeist Makkaroni oder vortreffliche Eierkuchen und trinkt den schlechtesten Wein dazu. Alle Augenblicke kommt eine Karosse oder ein Reiter, ein Trupp Sbirren, welcher den Wald durchstreift hat, und von denen der eine sich laut rühmt, gestern einen Räuber erschossen zu haben. Eben langt von Anzio ein Zug Galeerensklaven an; sie sitzen paarweise gefesselt auf einem Karren, mitunter schöne junge Leute, sauber gekleidet, mit einem Strohhut, weißem Hemdkragen und flatterndem seidenen Halstuch, denn diese Galeoten werden in Rom losgesprochen. Man bringt ihnen Wein und Zigarren, die Sbirren stehen mit geschultertem Gewehr neben ihnen und lassen sich gleichfalls einschenken. Dies sind die Szenen aus Fontana di Papa.

Nun geht es zwei Stunden lang durch den Buschwald fort, welcher die Pontinischen Sümpfe bis gegen Terracina begleitet, meerentlang die Küste bedeckt, und bevölkert wird vom Eber, vom Stachelschwein, vom Büffel und Stier, vom Fieber und vom Räuber, der aus dem Wald auf die Appische Straße streift, den Reisenden bei Cisterna oder bei Forappio oder unter dem Felsen von Terracina auszuplündern.

Endlich blitzt das blaue Meer auf, und wir grüßen alle freudig die azurnen Wellen von Antium, jener alten Volskerstadt, wo der verbannte Coriolan seinen Tod gefunden hatte, und auf dessen Küste einst das weltberühmte Kunstwerk, der Gipfel aller auf uns gekommenen Skulptur, in seiner Tempelnische stand, der Apollo vom Belvedere.

Nun sind es neun Jahre, daß mich jeden Sommer das Meer erquickt hat. Die schönsten Stunden meines Lebens und die heitersten Wanderungen sind an Meeresstrand und Welle geknüpft gewesen. Unzählige Bilder und Erinnerungen tauchten mir jetzt bei jenem ersehnten Anblick des Lateinermeeres wieder auf. Aber indem hell und heller vor meine Phantasie traten die elysischen Küsten von Korsika und von Campanien, die schönen Golfe von Palermo und Cefalù, von Syrakus und vom Ätnastrand, stimmte mich der Anblick der lateinischen Küste ganz herab. An jenen Meeren stehen herrliche Felsenufer und Vorgebirge in den edelsten Formen, dort erheben sich Burgen und Städte kühn auf den Ufern, und Ölbäume, Orangengärten und blühende Granaten hängen ihre Zweige fast in die Wellen nieder. Wer kann im Anblick des Meeres die Zauberwelt von Sorrento vergessen, die Gärten von Palermo oder den rebenumschlungenen, sagenvollen Strand von Aci reale am Ionischen Meer? Daß ich es also gestehe, der Eindruck dieser Ufer und des darauf stehenden kleinen Anzio enttäuschte mich. So weit nur der Blick gegen Ostia reicht, sah ich nichts als öde Heide, ein niedriges Ufer aus Ton und Sand, eine kleine Schanze darauf und Herden, welche weideten. Das Städtchen ist ein Gemisch von Villen im römischen Palaststil, von steinernen Häusern und von strohbedeckten Campagnahütten, welche sich um einen kleinen Golf hinziehen, auf dessen Strand eine Reihe von Barken und in dessen Hafen einige Segelboote sich bemerklich machen.

In seinem Zimmer der kleinen Locanda saß ein talentvoller Landschafter an der Staffel, und frisch gemalte Seestücke an den Wänden bewiesen mir, wie reich seine Ausbeute gewesen war. Ich verschwieg ihm meine Enttäuschung nicht. Er aber zeigte zum Fenster hinaus auf das spiegelnde Meer und die blauen Volskergebirge im Hintergrunde. Und kaum war der Tag vergangen, als jene Erinnerungen schönerer Küsten zur Ruhe kamen, und der ganz neue Zauber dieser einsamen und heimlichen Ufer von Antium mich gefangen hatte. Sie sind an-

mutig wie der baltische Strand meiner Heimat, und wenn auch unendlich schöner und von feinerem Wesen, so doch ihm manchmal
ähnlich, und mehr als einmal habe ich an diesen gelben felsenlosen
Küsten verwandter Form und Bildung ausgerufen: Das ist ja leibhaftig Neukuhren, Wangen und Sassau! Die baltische Küste und die
lateinische verhalten sich so zueinander wie ein schönes, naturfrisches
Volkslied zu einer klassischen Idylle des Theokrit.

Weder Poussin, noch Claude, noch Salvator Rosa würden hierher
kommen, eine Meerlandschaft zu malen. Es gibt hier nichts Episches
oder Heroisches von grandiosem Stil, nichts Gewagtes oder Bizarr-
Phantastisches. Hier ist alles weite, atmende, sagenvolle Ferne, Stille
und Anmut, im eigentlichen Sinn Meeridylle. Weit und breit sind
diese Ufer von einer durchaus lyrischen Stimmung. Nun begreife ich
recht, was dieses Meer von Antium für das weltgeschichtlich bewegte
Rom sein mußte. Jene Römer zur Zeit des Augustus, des Caligula und
Nero (und dieser wurde in Antium geboren) liebten es, sich aus der
großen Welt zu flüchten, einen müßigen Sommermonat in Antium
zu verleben, wie es ja noch heute der Papst tut.

Ja, diese Meereseinsamkeit überschleicht unversehens das Gemüt!
Jene feinen, sanften Uferlinien, welche in Meilenweite sich im Duft
verlieren, jener weiche und schimmernde Sand, dieses wohlig rauschende Meer in seinem Farbenspiel, das märchenhafte Kap der Circe
drüben, welches als Insel wie ein großer Saphir herüberfunkelt, die
fernen kleinen Ponza-Eilande, die ihre blauen Gipfel wie Blumen-
glocken kaum aus den Wellen erheben, hundert weiße Segel, welche
kommen, gehen und dahinschwinden, der melancholische Gesang der
Fischer, Flöten- und Harfenklänge – wahrlich! die ganze Welt draußen dürfte mit glühenden Bomben und Raketen beschossen werden,
hier spürte man es nimmer. In Rom konnte ich noch vor wenig Tagen
die Stunde kaum erwarten, wo die Zeitungen ins Café gebracht wurden, und über den «Monitore di Toscana», die «Gazetta di Genova»
oder die Augsburger «Allgemeine» fiel ich daher, sobald sie sich nur
zeigten. Hierher gelangt keine Zeitung: nicht einmal das «Giornale
di Roma», ein Tagesblatt, das so harmlos ist wie eine Ekloge des
Virgil, wird hier gehalten, und wenn man die Leute fragt: Was macht
Omèr Pasciá, wie steht es mit dem großen Admiral Napieri, und hält
sich noch Silistria? so zucken sie die Achseln und verstehen es
nicht.

Wenn ich im Fenster meines Zimmers liege, vor welchem die neapolitanischen Fischer auf dem weißen Sande sitzen und die Netze aus-
bessern, tut sich der ganze herrliche Golf vor mir auf, und ich sehe
das liebliche Ufer vor mir bis zum Circeischen Kap. Auf der Küste erhebt sich nahe bei Anzio die edelgeformte Villa des Fürsten Borghese

in einem wilden Park von Steineichen und Olivenbäumen, weiterhin
Kastell und Stadt Nettuno, braun und pittoresk, ins Meer gebaut, und
in aller Welt berühmt durch die Schönheit der Frauen und ihre herrliche Tracht. Die Linie der Ufer wird nun immer sanfter, feiner und
länger ausgezogen; an ihrem Ende steht in traumhafter Ferne ein kleines weißschimmerndes Schloß. Dies Kastell breitet um Küste und
Meer eine melancholische Stimmung aus, wie das Kap der Circe homerische Poesie verbreitet. Die Blicke jedes Deutschen zieht es magisch an und rührt sein Herz zur Wehmut und Trauer; denn es bezeichnet einen der größten Abschnitte in der Geschichte unseres Vaterlandes. Ist es doch jener einsame Turm Astura, wo der letzte Hohenstaufe, Konradin, nach der verlorenen Schlacht von Tagliacozzo hin-
überfloh, und wo der Verräter Frangipani ihn festnahm und in die
Hände des blutgierigen Karl von Anjou auslieferte. An jenem Turm
sank die Sonne der Hohenstaufen in das Meer. Nun blickt das Schloß
Astura zu mir herüber in mein Fenster, gemahnt mich wie ein sehn-
suchtsvoller Klang des fernen Vaterlandes und mehrt mir die heimat-
liche Stimmung, in die mich die Küste schon an sich versetzt. Es hat
mir nicht Ruhe gelassen, bis ich eines Tages hinüberwanderte und
sein altes Gemäuer durchsuchte, und nun kann ich die blinkenden
Zinnen wieder beruhigt ansehen. Und auch dahin wollen wir gehen;
denn überall streifen wir hier umher, weil uns doch die Götter diese
Muße geschenkt haben.

Als noch die römischen Herren nach dem alten Antium gingen, um
dort ihre Villeggiatur zu halten, war die Stadt groß und ein blühender Hafen. Nero hatte ihn prächtig ausgebaut, und noch heute sieht
man die Reste des steinernen Molo in den Wellen; sie sehen fast so
aus wie die sogenannte Brücke des Caligula im Golf von Pozzuoli.
Schon im frühen Mittelalter verfiel und versandete der Hafen; die
Stadt selbst, den Sarazenen zur Beute überlassen, verschwand vom
Erdboden, und auch heute ist Anzio nur ein Dorf zu nennen. Im
Jahre 1700 hatte Innocenz XII. den Hafen erneuert, die Wege verbessert, einige Häuser und einen Brunnen gebaut. Seitdem sind die
Päpste ab und zu hierher gekommen, um in dieser Stille zu wohnen,
ehe die Fieberluft aus den Pontinischen Sümpfen aufsteigt. Pius IX.
hat gegenwärtig die ansehnliche Villa gekauft, welche der berühmte
Kardinal Alexander Albani im Jahre 1710 erbauen ließ, und wo
Winckelmann manchen Tag in seiner und der Prinzessin Albani Gesellschaft zubrachte. Mit den Ausgrabungen, die der Kardinal hier
veranstalten ließ, trieb er nicht allein überhaupt ein ansehnliches Geschäft, sondern er versorgte auch seine eigene Villa in Rom mit Statuen auf das reichste.

Die Villa in Antium ist ein Palast im Luxusgeschmack jener Zeit, in einem großen, doch verwilderten Garten, welcher an Blumen und Zierbäumen arm ist, aber an Orangen Überfluß hat. Hier kann der Papst in einer ländlicheren Einsamkeit leben als in Castel Gandolfo; er muß selbst den Anblick der elenden Strohhütten ertragen, in welchen arme Fischerfamilien wohnen, und einen noch schlimmern. Denn hart am Molo liegt der Bagno, ein großes, vom Kastell auf der einen und von einer Kirche auf der anderen Seite umschlossenes Haus, worin die Galeerensklaven bewacht werden. Sie arbeiten alle Tage auf dem Bagger, der den Hafen reinigt; aber verschämt tragen sie ihre Ketten unter den Kleidern, welche meist auch keine Abzeichen haben. Man sieht viele junge Räuber unter ihnen. Diese Galeoten lassen die Industrie in Porto d'Anzio nicht aufkommen, weil sie jedes Handwerk betreiben, dem unbescholtenen Handwerker also das Brot nehmen. Sie sammeln sich ein Ersparnis, leben gut, wissen die Wächter zu bestechen und mancher Freude zu genießen; wenn sie entlassen werden, bleiben sie meistens im Ort und heiraten ihre Liebschaft. Ein Bagno und ein idyllischer Sommeraufenthalt des Heiligen Vaters scheint wenig zusammenzustimmen; doch das ist echt römisch, denn irgendein Widerspruch und Mißton muß sich in dem römischen Leben und mitten in der paradiesischen Natur offenbar machen. Der Papst will übrigens Antium wieder emporheben; er läßt viele Häuser bauen; er hat gesagt, er wolle den Anblick der schimpflichen Strohhütten nicht länger dulden.

Auch der Hafen wird mit jedem Jahre lebhafter. Seine Lage ist so ausgezeichnet, daß er einen großen Verkehrspunkt abgeben würde, weil er näher an Neapel liegt als Ostia und Civitavecchia. Eine römische Gesellschaft hat bereits ein Dampfschiff gebaut, welches nun zwischen hier und Neapel zweimal in der Woche fährt und mit der Post in Verbindung steht, die an diesen Tagen Reisende von Rom bringt. Man kann in 13 Stunden das schöne Neapel erreichen und zahlt den Spottpreis von 5 Skudi für die Fahrt. Dieser Verkehr zieht einiges Leben und die Anfänge der Industrie nach Anzio; und auf diese allein sind die Bewohner angewiesen, weil sie das Land fast gar nicht bauen. Es gibt hier weder Weinberge noch Olivenpflanzungen, nur Herden weiden auf der Küste; die Lebensmittel kommen landwärts herein; Nettuno schickt Wein und täglich sogar das frische Brot, Genzano Öl und Früchte, und selbst vom Volskergebirge kommen aus Cori her Kirschen und Feigen.

Die Gasthäuser sind klein und mangelhaft. Man zahlt hier für ein Zimmer täglich 25 Bajocci und kann auf römische Art nach der Karte essen; oder man gibt für die ganze Verköstigung täglich 7 Paul, einen Taler preußisches Geld. Dafür hat man vier Schüsseln zu Mittag und drei Schüsseln zu Abend. Es sind meist die deutschen Maler, welche das Gasthausleben in den kleinen Küsten- und Gebirgsörtern auf solchen Fuß bringen, und vielfach kann man sie als Missionäre der Gasthauskultur betrachten.

Es gibt hier eins vollauf, das sind Fische, die feinsten Seefische und Hummern, welche der Golf täglich spendet. Aber nicht die Bewohner von Anzio fischen hier, denn wie sollten sie sich bis zum Besitz einer Barke emporschwingen, sondern es kommen die beweglichen Neapolitaner auf ihren zierlichen Barken von Pozzuoli, von Bajä, von Portici und von Torre del Greco, rings von allen Küsten ihres herrlichen Golfs, und viele Monate des Jahres bleiben sie hier und schlafen auf ihren Barken. Andere bewohnen die Strohhütten, und es sind dies meist solche Neapolitaner, welche vor der Konskription geflüchtet sind und ihr Vaterland aufgegeben haben. Weithin an den Küsten des Mittelmeers kann man diese Marinari Neapels, die Fischer aller Fischer, finden, selbst an den spanischen Inseln, selbst an den Ufern Afrikas, wo sie den Korallenfang betreiben; und so durchschneiden ihre bunten, graziös geformten Barken nach allen Richtungen dieses ausgedehnte Meer.

Es war mir eine große Freude, die alten Bekannten hier wiederzufinden. Wie erinnerten sie mich durch ihre lebhafte Gestikulation, ihre Mimik, ihren Dialekt, ihr Kostüm an ihre Fischerszenen, die man an den Küsten Neapels sieht. Sie sind bis zum Überdruß gemalt worden, in der Natur aber, am Meer selbst bleiben sie ewig neu. Drei Schritte weit vor meinem Fenster stehen ihre Barken, gegen zwanzig an der Zahl; eine jede ist zum mindesten mit fünf Mann besetzt und hat einen Führer.

In der Regel gehen die Fischer gegen Ave Maria in See und fischen die Nacht durch. Der Fang wird des Morgens in die strohbedachten Verschließe getragen, abends aber verpackt, um nachts auf Karren nach Rom gebracht zu werden. Da gibt es nun eine sehr belebte Szene. Die Schreiber sitzen am Tisch bei einer Laterne und registrieren; ringsumher sind die Fischer beschäftigt, ihren Fang in Körben herbeizubringen, während andere Eisstücke zerschaben und die Fische auf diesen Eisgrus legen. Die Mannigfaltigkeit und wunderliche Form dieser Meertiere ist erstaunlich. Da gibt es den langen Grongo, den großen und prächtigen Palombo, die schön gefleckte Murena, den flunderähnlichen stachlichten Rochen, die große Menge von glitzernden Triglien und von Sardinen, und den Merluzzo. Bisweilen kommt auch ein Delphin mit herauf, und an einem Abend sah ich im Fischlager zwei Haifische («pesce cane»), welche man eben gefangen hatte. Sie waren 8 bis 10 Fuß lang; ihre schwärzlich-stahlblaue Farbe hat etwas Widerliches. Man fängt sie mit dem Köder, und wenn der Hai angebissen hat, zieht man ihn herauf und erschlägt ihn mit einer

Keule. Sein Fleisch, weißlich wie das des Störs, wird gegessen, doch ist es ziemlich hart.

So treiben es die armen Fischer Tag für Tag und führen ein rauh-gewöhntes Leben der Entbehrung, welches nur demjenigen reizend erscheint, der, wie wir, müßig am schönsten Meer dahinschlendert und den tanzenden Barken und schwebenden Lichtern auf dem Wasser zuschaut. Wir kennen es ja auch von unserm baltischen Ufer her. Aber hier zeigt sich der Unterschied des nebelfeuchten Nordens und des sonnigen Südens. Der neapolitanische Fischer, so armselig er ist, halbnackt, im aufgeschürzten Beinkleid von Linnen und im bloßen Hemd, die rote Beutelkappe auf dem Kopf, lebendig, beweglich, übersprudelnd von Laune, von Witz und gutmütigem Geschwätz, immer sangesfroh und zu Schwänken aufgelegt, macht neben unserm stummen und einfältigen baltischen Fischer eine theatralische, ja selbst ideale Figur. Ich möchte sie gern einmal in einen Kahn nebeneinander setzen, den baltischen und den neapolitanischen Fischer, und möchte sie zwingen, miteinander einen Tag lang zu verkehren; ich glaube, einer würde vor dem anderen ins Wasser laufen. Man wird es nicht möglich finden, daß baltische Fischer je eine geschichtliche Rolle spielen könnten wie die neapolitanischen, welche auf Masaniello stolz sein dürfen.

Masaniello war keine große, nur eine seltsame Erscheinung, eine mit dem Sturm vertraute Fischerseele, waghalsig, ehrgeizig, ein Mensch des Augenblicks wie sein Glück, gedankenlos, kopflos, ohne bestimmte Richtung, nur eine sich überschlagende Welle. Unter ähnlichen Figuren der Geschichte möchte ihm durch Stand und phantastische Laune des Glücks am nächsten stehen Johann von Leyden, der gekrönte König von Münster. Er war ein Schneider, und die Schneidergesellen sind bei uns der beweglichste aller Stände, wahre Neapolitaner, Pulcinellen und geborene Abenteurer. Johann von Leyden steht weit höher als Masaniello, weil er in einer Idee schwärmte; das können nur Schneider, Fischer vermögen es nicht. Beide bizarre Figuren passen gut für die Oper. Aber es ist immer ein ernsthaftes Spiel der Dinge, daß im neapolitanischen Lande, wo der uralte Stand der Fischer zahlreicher vertreten ist als irgendwo anders, dieser auch einmal einen König haben mußte.

Ich sah in der Bildergalerie der Studien zu Neapel Masaniellos Porträt von seinem Zeitgenossen Spadaro. Er ist dargestellt im Kostüm der Lazzaroni, das heißt im Hemd, mit offener, sonnverbrannter Brust, die Kalkpfeife im Mund, und gerade so sitzen vor uns die neapolitanischen Fischer am Strande. Aber der Maler setzte ihm dazu ein spanisches Barett mit Federn auf den Kopf, und so hat er geistreich den seltsamen Widerspruch in dem Schicksal dieses Mannes angedeutet. Sein Gesicht ist ohne Adel und alles höhern Wesens bar, breit und fleischig, von fast weiblicher Weichheit. In den Augen liegt etwas Lauerndes und Verschmitztes. Dies Porträt ist kostbar, weil es treu und aus der Zeit ist; man erkennt darin die echt neapolitanische Fischernatur, und danach war Masaniello nicht so ein halber Heros und halber König Lear, wie ihn die Oper darstellt. Von Spadaro gibt es noch andere historische Szenen aus der Zeit Masaniellos, zum Beispiel den Aufstand im Mercato, wo der Fischerkönig als Lazzarone zum Volke redet, im Vordergrund aber wieder als spanischer Caballero zu Pferd sitzt, und viel Hängens und Schießens von Adel auf dem Platze zu sehen ist. Neuerdings hat Alfred von Reumont in seinen «Caraffa von Maddaloni» die Geschichte Masaniellos sehr anziehend behandelt.

Doch uns hat diese Erinnerung von den Fischern am Strande Antiums entführt. Ihre Barken wollen noch einen aufmerksamen Blick. Sie sind höchst malerisch. Der Rand des Bordes ist jedesmal zierlich mit Arabesken auf weißem Grund bemalt, und da sieht man Delphine, Sirenen und Sterne, und mitten unter diesen fabelhaften Gestalten wieder die Madonna oder den heiligen Antonius, den Schutzpatron der Fischer überhaupt. Gegen die Sonnenglut sich zu schützen, spannt man ein leinenes Dach über die Barke, und die harmonischen Farben von Schwarz, Braun und Weiß, wie das bunte Gewirr von Rudern und Stangen, von Segeln und herabbringelnden Netzen, bringen eine sehr malerische Wirkung hervor.

Der Hafen Anzios wimmelt jetzt von diesen Schifferbarken; aber auch andere neapolitanische Fahrzeuge liegen am Molo, kleine Schiffe, welche hier Holz und Kohlen laden. Denn jährlich führt diese waldbedeckte Küste für eine Million Skudi Brenn- und Baumaterial nach Neapel. Man sieht weithin auf dem Ufer von Anzio und Nettuno große Kohlenhaufen, die in den Wäldern gebrannt sind, und von dort her ziehen schwarze Büffel die riesigen Eichenstämme an den Strand. Man spannt wohl 16 Büffel vor einen Zug und stachelt sie dann mit der Lanze weiter. Die Neapolitaner haben große Urwälder in Kalabrien, aber es scheint, daß sie lieber das Holz aus den Pontinischen Sümpfen holen, weil sich dort die Wälder bis ans Meer erstrekken und die Küste flach ist, also die Kosten des Transports bedeutend verringert werden.

In diesem bunten Ur- und Naturleben der den Strand umlärmenden Fischer und Schiffsleute verlieren sich nun einzelne städtische Gestalten. Hier und da sitzt ein Maler unter seinem großen weißen Schirm und malt seine Strand- oder Fischerskizze. Solche Erscheinungen gehören schon als Charaktere zu einer italienischen Landschaft. Wo man auch sein mag zu schöner Frühlings- oder Sommerzeit, man wird einen solchen Malerschirm wie einen Pilz irgendwo auftauchen sehen. Selbst in den verlassenen Gegenden Siziliens traf ich diese Gestalten, und ich erinnere mich, daß ich, zu einsamster Stunde den Felsen Taorminas hinaufsteigend, plötzlich lachen mußte, denn schon von weitem blickte mir ein Schirm entgegen; ein Landschafter aus Weimar saß darunter. Ich habe an den Küsten des Samlands auffallend selten Maler zeichnen gesehen, und doch gibt es dort reiche Schönheiten, ja jene bizarren Ufer von Groß- und Kleinkuhren überwiegen an großartiger Form weit alles, was dieser lateinische Strand besitzt. Nur fehlt ihnen der Zauber der warmen Farbentöne. Die Farbe der Flut ist bei uns heftig strahlend, hart oder stumpf; sie hat nicht den feinen Duft und Lichtnebel, noch die magische Spiegelung, noch das Ineinanderschwimmen zarter, schimmernder Lichter, noch diese smaragdne Ätherhelle. Aber was kann der Maler nicht malen? Was dem Unkundigen bildlos erscheint, faßt der innerlich bildende Sinn bedeutend auf und dichtet es als ein anmutiges Bild hervor. Es ist wie mit der lyrischen Poesie; Gedanke und beseelende Stimmung sind unerschöpflich. Die Natur will nur recht gesehen und empfunden sein: es ruhen in ihr zahllose Gedanken und Formen, an denen der unmusische Mensch ahnungslos vorübergeht. So gibt es auch an dieser stillen Küste wahrhaft geniale Erscheinungen, aber sie sind nicht leicht zu fassen, weil die Natur hier eine gar feine Seele hat, die mit plumpen Griffen nicht zu entschleiern ist.

Nun aber das Skizzenbuch fortgelegt und ins Meer gesprungen! Dieser narkotische Wasserduft, unendlich durchdringender als bei uns, zieht ja mit Gewalt ins Meer, und die klarste Welle lockt unwiderstehlich. Unten ist der Meeressand schneeweiß und weich wie Samt, und weithin der Grund flach und sicher. Man sieht Badende überall und hier und da Badehütten aus Laubgeflecht. Die Gäste kommen aus Rom, aus Velletri, aus den Gebirgen, aber selten vor dem Juli, weil der Italiener den Juni zum Baden noch zu kalt findet. Mehr als zwanzig Bäder hält man für ungesund. Das scheint in den klimatischen Verhältnissen allerdings begründet zu sein, ich habe es auf Capri selbst erfahren. Das Wasser ist hier wirksamer und aufregender als bei uns, und der zu häufige Gebrauch der Bäder bringt um Schlaf und Appetit. Von einem Badeleben und jener reizenden Heimlichkeit gesellschaftlichen Verkehrs, welche den Sommer an unserer Küste zu einem schönen Fest macht, ist hier nicht die Rede. Jeder Gast, jede Familie lebt für sich, und der Fremde ist auf das einzige Café im Hafen als Versammlungsort angewiesen, wo unter dem Zeltdach an einem und demselben Tisch in demokratischer Weise und in jener herrlichen Unterschiedslosigkeit der Stände, welche Italien eigen ist, der Badegast neben dem halbnackten Fischer sitzt, der das

Zelt zu benutzen kommt, ohne Kaffee zu trinken, und den Rauch aus seiner Kalkpfeife vor sich hinbläst.

Einige Offiziere vom Genie, ein alter päpstlicher Hauptmann, der mich durch seinen venezianischen Dialekt für sich eingenommen hat, sind die Herren, mit denen ich dort plaudere.

Über den Juli hinaus bleiben selten die Badegäste in Anzio, denn dann wird die Luft fieberhaft. Auch jetzt, wo die Hitze oft unerträglich ist und schon um sieben Uhr des Morgens beginnt, fällt es nach Sonnenuntergang feucht, und die laue, wollüstige Wärme, welche nun das Meer ausatmet, ist verräterisch. Man darf dann nicht ausgehen. Die schönen Mondnächte am Ufer, auf dem Wasser und im Wald, die das Leben an unserm Strande so angenehm machen, darf man hier nur aus dem Fenster genießen, denn eine einzige solcher Mondnächte im Freien brächte das Fieber und nach wenig Tagen vielleicht auch den Tod. Es ist hier gefährlich, die Sirenen zu belauschen. Wir müssen uns also begnügen, im purpurnen Abendsonnenschein am Strand zu lustwandeln und die bunten Muscheln aufzulesen oder die kleinen flinken Taschenkrebse zu haschen. Diese Tierchen sind höchstens so groß wie ein Viertel der Hand und geformt wie die Spinnen. Sie laufen mit ihren Füßen wunderbar schnell, und wenn man sie greifen will, so versenken sie sich geschwind in den Ufersand, geradeso wie Geister auf dem Theater. Die Menschen, die hier alles essen, Frosch und Igel wie die Nachtigall, nehmen diese Krebse vom Boden auf, beißen die Schale entzwei und essen das Lebendige, wie es ist.

An diesem Strand dachte ich oft des blitzenden Bernsteins, den man daheim auflesen kann. Hier wirft das Meer solche Geschenke nicht aus, aber dafür Stücke köstlichen Marmors aller Arten. Ja, man könnte ganze Karren mit dem glänzenden, von den Wellen geschliffenen Marmor beladen, der auf das Ufer, soweit man immer gehen mag, ausgespült wird. Da lesen wir Verde antico, Giallo antico auf, den herrlichen orientalischen Alabaster, Porphyr, Paonazetto, Serpentin, blauen Smalto. Wo all das seltene Gestein herkommt, sagt uns ein Blick in die Wellen. Denn aus ihnen ragen noch die Fundamente alter römischer Wasserpaläste, und eine Viertelstunde weit ist das Ufer von Anzio nichts als eine Ruine oder ein fortlaufendes Gemäuer. Anscheinend sind es Felsenmassen und umhergestürzte Klippentrümmer, aber sieht man sie genau an, so sind sie antikes Mauerwerk aus Peperinsteinen und dem unzerstörlichen Puzzuolankitt, von der saubern römischen Netzarbeit. Nun gähnt die alte Küste geisterhaft aus Grotten und Hallen alter Bäder und Villen, und oben auf dem Ufersaum ziehen sich die Fundamente von Tempeln und Palästen hin. Dort standen einst die schönen Marmorvillen der Kaiser.

Hier schwelgte Caligula, welcher Antium besonders liebte und sogar den Plan gefaßt hatte, seine Residenz hierher zu verlegen; hier feierte er sein Hochzeitsfest mit der schönen Lollia Paulina. Hier hielt Nero, der in Antium geboren war und eine Kolonie dahin ausführte, seine Bacchanalien; mit weißen Rossen zog er hier triumphierend ein, als er von seinen theatralischen Vorstellungen in Griechenland heimkehrte.

Auch früher schon war Antium der beliebte Lustort der Römer; Atticus, Lucullus, Cicero, Mäcenas und Augustus hatten hier ihre Villen, und wo, in welchem kühlen Gebirg, an welchem lieblichen Strande Italiens hätten die Glücklichen nicht ihre Villen gehabt! Wie muß einst dieses Ufer von all dem Gestein geglänzt haben, das die Welle nun als Scherben der Geschichte fort und fort und schon jahrhundertelang an den Strand wirft! Diese Trümmer bringen einen seltsam elegisch-geschichtlichen Zug in die Idylle Antiums, und die erinnerungsvolle Stimme, welche den Wanderer hier überall begleitet, erhöht nicht wenig den Reiz des Ufers. Bei uns ist es die gänzliche Geschichtslosigkeit, das völlige Abhandenkommen von der Menschenwelt und ihren großen Schicksalen, was unserm Strand seinen Charakter gibt, aber in Italien kann man sich in keine, noch so stille Einsiedelei der Natur flüchten, ohne daß nicht der ernste Geist klassischer Vergangenheit vor die Seele träte und sie zum Nachdenken über das große Menschenleben aufforderte. So sitzt man denn hier auf einem zertrümmerten Römerpalast, den die Wellen umrauschen, und spricht dem Horaz nach:

> O diva, gratum quae regis Antium,
> Praesens vel imo tollere de gradu
> Mortale corpus, vel superbos
> Vertere funeribus triumphos!

> *O die du thronst im lieblichen Antium*
> *Und bald aus tiefstem Staube den Erdensohn*
> *Emporhebst, bald in Leichenzüge*
> *Stolzer Triumphe Gepränge wandelst.*

Und wiederum entführt ein Blick auf das schöne Kap der Circe in die Dichtung Homers, und jenes immer sichtbare ferne Astura in andere Geschicke und andere Dichtungen, so daß mich hier dreifache Weltkulturen und Weltpoesien umgeben; Homer, Horaz und der hohenstaufische Wolfram von Eschenbach.

Die Göttin Fortuna hatte in Antium einen weitberühmten Tempel; auch Apollo, die aphrodisische Venus, Äskulap und Neptun hatten daselbst ihre Tempel. Denkt man ihrer, so belebt sich diese nun von Rinderherden umweidete nackte Küste mit den herrlichsten Gestalten,

und das Bewußtsein, daß hier der Apollo vom Belvedere seine göttlichen Glieder leuchten ließ, gibt dem Ufer eine ideale Weihe. Es war
zur Zeit des Papsts Julius II., als man diesen Gott hier aus den
Trümmern zog; und wieviel fand man seitdem, was nun dem Vatikan,
dem Kapitol und der Villa Albani zur Zierde gereicht. Hier grub man
auch den berühmten sterbenden Fechter aus, viele Kaiserstatuen und
Büsten des Hadrian, des Septimius Severus und der Faustina, Satyr-
figuren, Athleten, Statuen des Zeus und des Äskulap, schöne Dreifüße
und jene merkwürdigen Altäre vom Kapitol, welche den Winden geweiht sind. Auf der Uferhöhe, wo jetzt über den Fundamenten eines
Tempels eine kleine Strandschanze steht, auf welcher neben einer
alten rostigen, riesengroßen Feldschlange aus mittelalterlicher Zeit
ein Soldat ins Meer hinauslugt, sieht man noch heute Säulenbasen
auf ihrer alten Stelle, und neben ihnen die Schafte von Cipollino und
22 korinthische Kapitäler von höchst graziöser Form. Ihre Voluten
und die Ornamente unter dem Abacus haben eine besonders phantastische Bildung, wie ich sie sonst nirgends sah; denn sie stellen
Muscheln, Delphine und Seekrebse vor. Der Architekt hatte also auf
das Lokal Bezug genommen, und vielleicht war dieser Tempel dem
Neptun selbst geweiht.

Ich fand auch in dem kleinen Anzio, wie ich es vermutet hatte,
einen Mann, der sich mit den Altertümern beschäftigt. Denn es gibt
keinen nur einigermaßen namhaften Ort in Italien, der nicht seinen
patriotischen Geschichtschreiber oder Altertumsforscher hätte. In
Antium ist es der Kanonikus und Hafenpräsident Lombardi. Er wohnt
im Bagno der Galeerensklaven auf der obersten Terrasse. Ich fand
diesen Herrn eben nachdenklich vor einer zerschlagenen Marmorinschrift, welche die Galeerensklaven ausgegraben hatten. Lombardi
hat ein Buch über Antium geschrieben und beschäftigt sich mit einem
größern Werk über Geschichte und Ruinen seiner Vaterstadt. Ich las
seine sorgsame Schrift mit Dankbarkeit.

Nun bin ich an diesem Strand über Astura drei Stunden fort-
gewandert und habe überall Reste alter Villen und Bäder, Marmor
und Mosaiktrümmer gefunden, ja vor dem einsamen Turm Astura
selbst fand ich einen noch ziemlich erhaltenen Mosaikboden an der
Brücke im Sande. Es ist kaum glaublich, wieviel die Römer und welche
Prachtbauten sie hier aufgeführt haben. Das ganze Meeresufer
Toskanas bis nach Terracina entlang, von Terracina bis nach Neapel
und rings um den Golf, und weiter über Salerno hinaus zog sich eine
Reihe von Marmorpalästen, von Bädern, Gymnasien und Tempeln
hin, ein fortlaufender Kranz römischer Herrlichkeit. Wie prächtig alle
diese Villen waren, die zum Teil in den Fluten standen, sieht man
noch aus ihren Trümmern. Wer damals an dem Strande entlang fuhr

und die Menge der Lustanlagen sah, die mit den Städten wetteiferten, der mußte dieses Anblicks menschlicher Kultur froh werden. Heute stehen an diesen elysischen Ufern einsame verwitterte Türme des Mittelalters, welche zum Schutz gegen anlandende Sarazenen gebaut wurden. Sie umkränzen ganz Italien und alle Inseln des Mittelmeeres und geben diesen Küsten einen sagenhaften ritterlichen Charakter.

Auch aus jüngerer Zeit gibt es hier Erinnerungen, welche die Phantasie in fremde Länder und Zonen entführen. In jenem stattlichen Palast Mencacci, der sich über einem grünen Tal am Ufer erhebt, wohnte viele Jahre lang in jüngster Zeit ein verbannter König. Am schönen Strom des Tajo hatte er um die Krone gekämpft, im tropischen Amerika hatte er gelebt. Dom Miguel war dieser verwünschte Prinz von Portugal. Er kam hierher flüchtig und ohne Krone, mit weniger Begleitung. Er lebte lange in dieser Einsamkeit neben den Galeerensklaven und in wahrhaft trostloser Verbannung; denn für einen flüchtigen König muß dies einsame Ufer an den Pontinischen Sümpfen, welches uns, die wir nichts abzubüßen haben, idyllisch erscheint, grauenvoll gewesen sein. Er tobte seine Pein aus in dem wilden Walde Asturas als ein waghalsiger Jäger. Eines Tages verschwand er wieder. Man erzählte mir in Anzio, daß er gern mit den Fischern verkehrte und sich auch nicht scheute, von seinem unglücklichen Kampf um die Krone Portugals zu reden. Und so entfaltet sich hier im Anblick jenes Landhauses das Gemälde der fernen Zonen Brasiliens und Portugals in ihrer heißen und wilden Geschichte.

An sie schließt sich ein anderes Bild. Im Jahre 1848 landeten in diesem Hafen jene Spanier, welche der flüchtige Pius zu Hilfe gerufen hatte, den Kirchenstaat zu retten. Er saß damals, ein Verbannter, auf dem Felsen Gaeta, in dem Koblenz der italienischen Emigration von 1848 und 1849, während die Franzosen gegen Rom marschierten, die Österreicher Bologna besetzten, die Neapolitaner von Terracina heraufzogen, die Spanier, seit so langen Zeiten nicht mehr in Italien gesehen, in Anzio landeten. Sie besetzten alles Land aufwärts zu den Albaner und Sabiner Bergen. Sie waren schöne und fröhliche Leute, aber schlecht gekleidet und armselig ausgerüstet, so sagte man mir. Die Franzosen lösten sie ab, und mit großem Herzeleid verließen die jungen Offiziere von Valencia und Barcelona das Albaner Gebirge, wo die Blüte der Frauen sie entzückt hatte. Noch heute mag dort manche Schöne an die armen Hidalgos aus Spanien seufzend zurückdenken.

Porto d'Anzio besitzt kaum eine Frauenschönheit und kein nationales Kostüm, weil es überhaupt erst eine werdende und zusammengewürfelte Bevölkerung hat. Aber beides, schöne Frauen und eigentümlicher Volkscharakter, zieren jene kleine Stadt Nettuno, welche malerisch auf dem östlichen Ufer steht, die schwarzen Mauern seines Kastells in die Wellen hineinsenkend. In drei Viertelstunden ist man drüben; es ist von Porto d'Anzio aus ein rechter, wohlgemessener Spaziergang und der schönste an dieser Küste. Das bebuschte Ufer trägt in der Mitte zwischen beiden Orten die schöne Villa des Fürsten Borghese, welcher alles Land ringsum zu eigen besitzt. Weiterhin steigen die Volskerberge auf, und das Kap der Circe schwebt vor den Augen in seiner leuchtenden Gestalt, so zauberisch in Licht und Schatten gemalt, daß es durch Form und Erscheinung an die schönsten Felsen Europas erinnert, an Capri und den Berg San Pellegrino bei Palermo. Man geht nach Nettuno auf der Fahrstraße der Villa vorbei, zwischen Kork- und Steineichen, und an manchem römischen Gemäuer vorüber. Ja selbst auf die Landstraße ziehen sich alte Mosaikböden hinunter, die wie natürliche Schichtungen des Bodens aus dem Erdreich hervorragen. Aber noch angenehmer ist es, unten auf dem weißen Strande den Wellen entlang zu gehen. Das Ufer besteht durchweg aus Sand von hochgelber oder glühendroter Farbe, oder aus vulkanischem Tuff. Die bläuliche Stranddistel vom Baltischen Meer wächst hier allenthalben, wie die Skabiose und die Kamille, aber statt der Weiden, der Erlen und Buchengebüsche muß man sich die Gewächse des Südens denken, weißblühende Myrten in herrlichster Fülle, den Mastixstrauch, den Erdbeerstrauch, den goldblütigen Ginster, der alle Küsten des Mittelmeers so reizend umbuscht, und den wilden Ölstrauch. Malerisch hängen die Malven mit ihren großen weißen Kelchen und die zartfarbigen Brombeerblüten in überreichen Kränzen von den Büschen und ringeln sich schaukelnd über den Rand der Tuffwände hinunter; prächtig blüht jetzt unter duftigen Kräutern der klassische Akanthus, breitet stolz seine schönen korinthischen Blätter aus und streckt die hohe Blumenpyramide hervor, welche weiß und rosa gefärbte Blumenlappen bilden. Hin und wieder stehen an den Ufern Kaktus und Aloe, doch erscheinen sie hier nur als fremde Gäste. Noch immer weilt die Nachtigall auf diesem lyrischen Ufer. Es ist nun lange Sankt Johann vorüber, wo die Vögel schweigen und der Grille Anakreons den Gesang überlassen, aber sie kann sich nicht von diesem Grün und diesen Wellen trennen; die ganze Seeküste entlang bis nach Astura und am Pontinischen Sumpf erschallt ihr melodisches Lied.

Eine tiefe Stille herrscht um und in Nettuno, der Stadt des Neptun. Alte Türme aus schwarzem Tuff und krenelierte Mauern, welche der Sarazene oft genug bestürmt hat, umringen den Ort von allen Seiten. Kein Fischer noch Matrose macht das spiegelglatte Wasser lebendig, denn Nettuno hat keinen Hafen; es nährt sich von Wein- und Gartenbau und der Viehzucht. Eine einzelne alte Säule steht auf dem Platz,

als Wappen und Wahrzeichen der Colonna, denen einst Nettuno gehört hat. Die Straßen durchdufteten Nelken mit ihrem Arom, denn
überall stehen sie vor den Fenstern, schlingen sich wie Winden herab
und wiegen die unglaubliche Fülle ihrer roten Blüten in der Luft. So
schöne Blumen verraten schönere Frauen; ja die Nelken sind hier die
Nationalfahnen, welche die Frauen Nettunos aus den Fenstern
hängen; ihre eigene Tracht ist so flammend rot wie die Nelkenblüte.
Es ist höchst merkwürdig, daß auch die kleinsten Orte in Italien
sich nach uralter Weise als Republiken für sich behaupten in Sitte,
Volksphysiognomie und Tracht. Da hat ein jeder Felsen- oder Strand-
ort ein eigengeartetes Volk. Man muß diese Nettunesen bei ihren
Kirchenfesten sehen, um ihre malerische Tracht vollständig vor sich
zu haben als Nationalkostüm. An gewöhnlichen Tagen sind es nur
Einzelheiten, die als bestimmte Merkmale auffallen, wie die schöne
Weise, das Haar in der Mitte zu scheiteln und ohne Hinterzopf glatt
um den Kopf zu winden, wie ferner die grünen Bandschleifen im
Haar, welche dem Mädchen, die roten, welche der Frau, die schwarzen, die der Witwe unerläßlich sind, so daß man immer weiß, wer
noch «zitella» ist, oder schon «maritata».
Ich habe dort zwei Feste erlebt, Sankt Johann und San Luigi. Am
ersten Tage ging eine Prozession mit Musik durch die Straßen; das
Kreuz war ganz und gar mit Nelken umwunden, und Blumen trugen
alle Leute. Der Prozession folgten Mädchen und Frauen; es war erstaunlich, so viele herrliche Gestalten in strahlenden Gewändern
durch den schwarzen Ort schreiten zu sehen. Die Tracht ist diese: ein
gold- und silberstreifiges Tuch liegt auf dem Kopf, in Form eines
steifen, nach innen gebogenen Deckels, welcher über das Profil des
Kopfes weit vorragt. Ein langes dunkelrotes Kleid von Seide oder
Samt, mit breiten Silber- oder Goldborten gestickt, fließt feierlich
herab; darüber sitzt ein Jäckchen von demselben Rot, und Schöße
und Ärmel mit Brokat gebrämt. Blitzender Schmuck von goldenen
Ringen, Ohrgehängen, Korallen und Armbändern vollendet den
schönsten Anzug. Die Farbe der Gewänder ist aber auch meergrün
oder veilchenblau oder ganz schwarz oder dunkelblau. Es scheint, als
zwinge diese fürstliche Tracht schon an sich auch zu einer stolzen und
edeln Haltung, und wahrlich, ich sah diese armen Nettunesen durch
ihr verwittertes Städtchen einherschreiten mit der Grandezza der
Römerinnen und nicht minder schön als sie, viele mit dem edelsten
griechischen Profil, rabenschwarzen Haaren und funkelnden Augen,
ein wonniger Anblick, auch das härteste Herz zu bezwingen. Als man
die unvermeidlichen Böller losbrannte und die Kanonenschläge knat-
tern ließ, welche über eine alte Mauer wie eine Girlande gezogen
waren, und nun jene edlen Frauengestalten in Gruppen hoch auf

diesem schwarzen Gemäuer standen und aus den Pulverwolken die goldgestickten roten Gewänder hervorschimmerten, war es anzusehen wie ein ganzer Olymp von Götterbildern.

Und auch ohne diese Tracht sind die Nettunesen schön. Man sieht sie alle Tage an dem gemeinschaftlichen Brunnen in patriarchalischer Weise waschen, ihrer stets eine Schar beisammen. Dem Fremden stehen sie nicht Rede, sie sind scheu wie Rehe und antworten kaum auf den Gruß, es sei denn mit niedergeschlagenen Augen.

Der Tag des heiligen Luigi hatte einen andern Charakter. Er ist ein Volksfest, und lebhaft erinnerte er mich ans Vaterland. Auf dem Marktplatz der Vorstadt hatte man ein galgenförmiges Gerüst errichtet und mit Zweigen geschmückt; vom Querbalken hing eine bewegliche Wassermulde herab; darunter mußten junge Leute auf Eseln wegreiten und geschickt ein Loch im Zapfen der Mulde mit der Lanze treffen. Ob dies nun getroffen wurde oder nicht, immer drehte sich die Mulde um und übergoß den Reiter. Schallendes Gelächter erntete jeder ein. Wer getroffen hatte, erhielt zwei Paul als Siegerlohn, welche ihm ein kampfrichtender Priester einhändigte. Als dies Spiel und ein Topfschlagen vorüber war, ging es an die Tombola oder Lotterie, ohne welche kein Fest in italienischen Landen bestehen kann. Man verspielte ein Stück Kattunzeug, welches als Fahne auf einem Balkon wehte. Ein Knabe griff die Lose und las jede Nummer und jeden Sinnspruch desjenigen ab, der das Los gezeichnet hatte. Die Sinnsprüche erregten oftmals schallendes Gelächter. Alle diese Festlichkeiten vollzog man mit dem gebildeten Schicklichkeitsgefühl, welches dieses fein geartete und glücklich begabte Volk Italiens auszeichnet.

So lebt und vergnügt sich die kleine nettunische Nation von kaum 500 Seelen in ihrer großen Abgeschiedenheit, denn Meer und pontinischer Sumpfwald umschließen sie von beiden Seiten, und die Verkehrsstraßen, hier nach Anzio, dort durch die Wildnis nach Velletri, sind wenig belebt. Doch hat Nettuno Gärten und Ackerbau und versorgt selbst Anzio mit Wein; täglich sendet es seinen Wagen voll weißen Brotes nach dem Hafen, weil hier nur das gröbere Brot gebacken wird. Ich habe auch trefflichen Wein in Nettuno getrunken, und das will in diesen Zeiten etwas sagen, wo der Gott Bacchus von der Pest ergriffen ist. Eines Tages führte uns ein Bürger in seinen Tinello, seinen Weinkeller; höchst geheimnisvoll stieg er in ein Verlies hinunter und kam herauf mit dem prächtigsten roten Wein, wie ich ihn seit Syrakus nicht mehr gekostet hatte.

Nun aber hört mit Nettuno die menschliche Kultur an dieser Küste auf, denn gleich hinter der Stadt beginnt die pontinische Wildnis. Der Buschwald zieht sich bis gegen Terracina hin. Kein Ort steht mehr

am Strande, nur einzelne Türme steigen aus der romantischen Einsamkeit empor, jeder etwa zwei Millien von dem andern entfernt.
Die schwermutsvolle Verlassenheit dieser Ufer und der Reiz ihrer
Urwildnis ist wunderbar. Man möchte glauben, nicht mehr auf dem
klassischen Strande Italiens, sondern an den wilden Küsten der Indianer Amerikas zu wandern. Das stete Rauschen der Meereswellen,
die flimmernde Sommerluft auf dem immer flachen und weißsandigen
Ufer, der endlose tiefgrüne Wald, der bis auf einige hundert Schritte
nahe das Meer begleitet, das Klagegeschrei der Habichte und Falken,
die still und hoch schwebenden Adler, das Stampfen und Brüllen
wilder Rinderherden, Luft, Farbe, Ton, Gestalt von Wesen und Elementen verbreiten hier eine Stimmung vollkommen mythologischer
Natur.

Am 28. Juni machten wir uns auf, der Maler und ich, längs dieser
Küste drei Wegstunden nach Astura zu gehen. Es war ein Morgen
von kristallreiner Frische; die rosenfingerige Eos blühte eben über
dem Meer auf und verklärte jenes homerische Kap der Circe vor uns,
dessen Anblick über diese Ufer einen klassischen Hauch ergießt. In
Nettuno kauften wir uns Brot und Wein, und so wanderten wir von
dannen. Auf einem alten Baumstumpf neben einem großen Kohlenhaufen hielten wir unser Frühbrot; es schmeckte uns so gut, wie es
nur den wandernden Odysseus erquicken konnte, als ihm Circe das
wohlbereitete Mahl in ihrem Palast aufgetragen hatte. Wie ist es
doch herrlich, in solcher seligen Frühe, im Anblick dieser homerischen
Ufer, sich hinzulagern an dem endlos blauenden Meer, welches sich
weiter und weiter in Licht und Rosenduft aufzulösen scheint.

Und bis soweit war alles Herrlichkeit in und um uns. Nun aber
hob ein Sorgen an, denn wir waren in die Region gekommen, wo der
Buschwald nahe ans Meer tritt. Wir fürchteten nicht die Räuber,
wohl aber die Büffel- und Rinderherden, welche hier in wildem Zustande, nicht einmal von Hirten gehütet, umherschweifen.

Alles Küstenland bis Terracina ist mit zahllosen Herden bedeckt,
mit hoch und prächtig gehörnten Ochsen, Kühen und Stieren von
derselben klassischen Gestalt, wie man sie lebend auf der Campagna
von Rom sieht und in den Opferszenen am Fries des Parthenon dargestellt findet. Ihre Hörner sind fast drei Fuß lang, weit auseinander-
stehend, in den kühnsten Linien geschweift, dick, klar, und schön gefärbt. Man sieht solche Hörner fast in jedem Hause im Süden als
Amulette gegen den Malocchio, den bösen Blick, und ihre Abbilder
im kleinen trägt der Principe an der Uhrkette, das Fischerkind an der
Halskette. Die Ochsen sind scheu und wild und höchst gefährlich, nur
der Hirt auf seinem Pferde weiß sie mit der Lanze zu schrecken. Aber
noch weit gefährlicher sind die Büffel. Sie leben hier in Gehegen oder

laufen wild umher; gern wälzen sie sich in Morästen wie das Schwein. Sie schwimmen mit großer Leichtigkeit. Wenn man die Pontinischen Sümpfe oder die Niederung von Pästum durchreist, so kann man diese schwarzen Ungeheuer rudelweise im Moor liegen sehen, woraus sie oft nur die plumpen Köpfe schnaufend emporstrecken. Der Büffel hält den Kopf stets zur Erde und blickt tückisch von unten auf. Er gebraucht sein Horn nicht, weil dies wie beim Widder rückwärts gekrümmt ist. Aber mit der ehernen Stirn stößt er den Menschen um, welchen er verfolgt und erreicht, dann senkt er seine plumpen Knie auf seinen Leib und zerstampft ihm die Brust, so lange er noch einen Odemzug darin verspürt. Das fürchterliche Tier bändigt der Hirt mit dem Speer. Er zieht ihm den Ring durch die Nase, und so wird es vor den Karren gespannt, die schwersten Lasten, Steinblöcke und Stämme fortzuschleppen. Die Büffelkuh gibt aus ihrer Milch die Provatura, den Büffelkäse, welcher schwer verdaulich ist. Das Büffelfleisch ist hart, und weil es verachtet wird, kaufen es die armen Juden im Ghetto zu Rom, deren allgemeine Fleischspeise es ist. Büffelherden bevölkern die Pontinischen Sümpfe, jene trostlosen und fieberfeuchten Reviere von Cisterna, Conca und Campo morto, wo selbst der Mörder nicht gefahndet wird, wenn er sich dort hinüberrettet; die Menschen aber, welche jene Büffelherden beaufsichtigen, fieberhaft und elend, leben selbst im Zustande der Verwilderung, fast den Indianern der Prärien zu vergleichen.

Vor solchen Begegnissen hatten wir nicht geringe Angst, und kaum waren wir in jene Region des Buschwaldes gekommen, als wir das ganze Ufer von Herden wimmeln sahen. Sich allein überlassen, haben sie hier ihre althergebrachten Pfade, wie die Regel ihrer Stunden. Mit dem Morgen kommen sie aus dem Buschwald ans Meer, um das Salzwasser zu saufen, dann strecken sie sich am Strand hin oder weiden an der Küste. Sie bleiben dort die heiße Tageszeit über, und wenn die Nachmittagskühle zu wehen beginnt, erheben sie sich vom Sande und wandeln langsam grasend die Küste hinauf und ziehen sich weiter ins Gebüsch, bis sie im tiefen Wald zur Nachtzeit sich niederlegen, um dann morgens wieder zur Küste hinabzusteigen.

So standen wir zweifelnd bei diesem Anblick der wimmelnden Küste still. Wie sollten wir hindurchkommen, da zahllose Rinder sie bedeckten, uns den Weg abschnitten, und da viele schon in den Wellen standen, um die Flut zu schlürfen. Wenn wir nun auf dem Strande fortgingen, so durchschnitten wir offenbar ihre Richtung, weil sie doch den Zug meerwärts nahmen, und irgendein wütender Stier schleuderte uns vielleicht nach dem Kap der Circe hinüber. Wir überlegten daher, ob es nicht besser sei, uns dem Buschwalde nahe zu halten, und «dieser Rat schien den Zweifelnden endlich der beste».

Immer stiegen neue Scharen herab, und andere ließen sich im Walde vernehmen, wo sie aus dem Myrtendickicht hervorbrachen. Ein paar herrliche Stiere sahen uns, hoben die schimmernden Stirnen auf, stutzten; wir wandten uns stillschweigend seitwärts nach dem Busch, und im Augenblick waren wir darin.

Schwerlich kann sich die Phantasie einen Buschwald denken, der sich zum Räuberwesen besser eignete als dieser Wald von Astura. Hier sind es noch nicht hochstämmige Eichen, die ihn bilden, sondern dichtestes Gestrüpp von Korkholz, Oleaster, Mastix, Arbutus, Schwarzdornen und Myrten. Die Gebüsche sind von Schlingpflanzen dicht verfilzt oder vom Efeu so ganz übersponnen, daß sie hohe Kuppeln nebeneinander bilden, gleich grünen Waldmoscheen, undurchdringlich für die Sonne oder den Regen. Wir fanden Myrtengebüsche in Baumeshöhe, und rings flog und wehte ein Geruch der Wildnis, welcher alle Sinne durchdrang. Der Boden ist wellenförmig gehügelt, von Quellen durchrieselt oder von Sümpfen durchzogen. Das Stachelschwein, die Schildkröte und die Schlange wohnen hier. Oft sahen wir die zerrauften Flügel und Federn eines wilden Huhns am Boden hingestreut, Reste eines Adlermahls, deren Anblick die düstere Poesie dieses Ufers noch erhöhte.

Wir vermieden glücklich die Herden, und so oft ein Nachzügler herabkam, hielten wir uns still im Busch, bis er vorüber war. Nachdem wir kreuz und quer über Quellen und Gräben und Hecken gestiegen waren, gelangten wir endlich wieder ans Ufer, sahen den Strand frei und ruhten behaglich an einem Gemäuer am Meer, von dem eine Verzäunung quer über den Strand gezogen war, die Abteilung einer Herde zu bezeichnen. Auch dies Gemäuer gehörte zu einem alten römischen Palast, wie uns ein Stück Mosaik überzeugte.

Wir hatten nun Astura eine Stunde weit vor uns, und indem wir auf dem öden Strande den melancholisch rauschenden Wellen entlang gingen, überschlich mich selbst eine Traurigkeit, wie solche die Seele an Gräbern großer Vergangenheit zu rühren pflegt. Es ist nicht die Erinnerung an das Ende des jungen Konradin und des Hohenstaufengeschlechts allein, was diesen Ufern ihre wehmütige Stimmung gibt und das deutsche Gemüt mehr als ein anderes ergreifen muß, es ist auch der Charakter der Natur selbst. Ich wünschte ihn so ganz ausdrücken zu können, wie es mein Gefährte in seiner Zeichnung vermochte, auch will ich hoffen, daß er die Blätter, die er hier entworfen hat, bald veröffentlichen wird. Überhaupt sollte irgendein artistisches Institut Deutschlands ein Hohenstaufenalbum herausgeben.

Landwärts schließt hier die Gegend der Sumpfwald, über welchem die Volskergebirge aufsteigen und in ernsten Formen sich zum Meere niedersenken; seewärts erhebt sich inselartig das Kap der Circe; im

Mittelgrunde zieht der schneeweiße Strand hin und endet in einer aufs Meer laufenden Düne. Auf ihr steht einsam eine kleine gemauerte Kapelle, und wenige Schritte weiter erhebt sich mitten in der Flut das Schloß Astura, ein kleines Viereck von krenelierten Mauern, aus dessen Mitte ein Turm ragt. Kapelle und Schloß sind die einzigen Gebäude, die man in dieser grenzenlosen Einsamkeit erblickt. Weit und breit sahen wir keine andere lebende Seele als ein paar dunkle Gestalten auf den Zinnen der Burg, und zwei graue Fischer saßen am Gemäuer schweigend und wie verzaubert in der flimmernden Sonnenwärme und flochten still vor sich hin ein Trugnetz von Binsen, den Fisch zu umgarnen, während ihre Barke auf den smaragdenen Wellen schaukelte.

Es war in den letzten Tagen des August 1268, nach der verlorenen Schlacht bei Tagliacozzo, als über diesen Strand gesprengt kamen fliehend und angstvoll der junge Konradin, Friedrich, Prinz von Österreich, der Graf Galvan Lancia mit seinen Söhnen und die beiden Grafen della Gherardesca, Verwandte des unglücklichen Ugolino von Pisa, welchen Dante unsterblich gemacht hat. Sie waren von Rom gekommen, denn so erzählt der Chronist Saba Malaspina, daß sie nach der Schlacht in jene Stadt geflüchtet waren, wo Guido von Montefeltre als Vikar des Senators Heinrich von Castilien zurückgeblieben war. Konradin war dort eingezogen «mit abgelegtem Pomp der Macht, nicht wie ein Oberhaupt, sondern wie einer, der seine Beute im Stich gelassen und entflohen war, heimlich, verstörten Sinnes» («latenter ingreditur mente captus»). Aber zugleich waren seine Feinde Johann und Pandolf Savelli, Berthold und viele Guelfen vom Schlachtfeld her nach Rom gekommen und wiegelten die Stadt auf: da rieten dem Jüngling seine Freunde, schnell zu entfliehen. Sie flohen gegen das Meer, um von dort Pisa zu erreichen und dann nach Sizilien zu gelangen. Sie suchten ein Schiff, das sie fortbrachte: die Leute im Schloß Astura gaben es ihnen, und also stachen sie in See. Aber Johannes Frangipani, der Herr von Astura, erhielt davon Kunde, und indem er aus den Kleinodien, welche Konradin hergegeben hatte, erkannte, daß die Flüchtlinge vornehme Herren seien, bemannte er sogleich ein anderes Schiff, setzte ihnen nach und führte sie in das Schloß zurück. Vergebens beschwor ihn Konradin, ihn und die Seinigen durch die Flucht zu retten, sie nicht in die Hände des blutgierigen Karl zu liefern; er mahnte ihn an die Dankbarkeit, die er dem Schwabenhause schulde, denn die Frangipani hatten vom Kaiser Friedrich große Lehen und Johann selbst den Ritterschlag erhalten. Konradin versprach ihm den reichsten Lohn; es heißt, er verpflichtete sich sogar, Frangipanis Tochter seine Hand zu geben. Der Herr von Astura schwankte, vielleicht gerührt von der Jugend, von der Anmut und dem Unglück

Konradins, hauptsächlich aber, wie auch die Chronisten sagen, ungewiß, wo er größern Gewinn zu ziehen habe, von Konradin oder von Karl von Anjou.

Während sie so im Schloß hin und her unterhandelten, erschien Robert von Lavena, Kapitän der Galeeren Karls, vor dem Kastell und forderte Frangipani auf, ihm die Flüchtlinge auszuliefern. Saba Malaspina erzählt, daß Frangipani diese Unglücklichen in ein anderes Kastell in der Nähe gebracht habe, um nicht wider seinen Willen und ohne Ausbedingung des Lohns von Robert zur Überlieferung Konradins gezwungen zu werden. Aber dies Kastell wird nicht benannt.

Bald darauf erschien auch von der Landseite der Kardinal Jordan von Terracina, Rektor der kampanischen Grafschaft für den Heiligen Stuhl, mit Volk zu Fuß und zu Roß vor Astura und forderte die Auslieferung. Da gab der feige Verräter die edeln Herren, welche das Gastrecht bei ihm angesprochen hatten, um Judaslohn in die Hände der grausamen Feinde. Man führte sie durch den Wald in die Burg oberhalb Palestrina und von dort weiter durch die schönen Gefilde, welche Konradin kurz vorher siegreich durchzogen hatte, nach Neapel. Schon am 29. Oktober fielen die Edeln auf dem Schafott, Konradin zuerst, dann Friedrich, die tapfern Grafen della Gherardesca, der hochherzige Galvan Lancia, der Bruder jener schönen Blanca, welche dem großen Kaiser Friedrich Manfred geboren hatte, und seine beiden jungen Söhne Galeotto und Gherardo, die man in des Vaters Armen zuvor erwürgte.

Am Turm Astura auf dem einsamen Ufer kamen mir wieder alle jene fernen Stätten, welche die Geschichte der Hohenstaufen geheiligt hat, und die ich, Italien durchwandernd, besuchte, in die Erinnerung. Da trat auch vor mich die schöne blondgelockte Gestalt Manfreds vom Feld von Benevent, wie sie Dante erschien mit doppelter Wunde auf Stirn und Brust, und klagte: «I' son Manfredi, Nipote di Costanza imperadrice!» Ich ließ meine Blicke fern über das Meer schweifen, dorthin, wo das schöne Sizilien liegt und unter immer blühenden Gärten jenes alte, berühmte Schloß von Palermo steht, in dem einst Friedrich als Jüngling gelebt hatte, und von wo er dann nach Deutschland gezogen war. In der Erinnerung stand ich wieder im Dome Palermos, in jener Kapelle, wo in blutroten Porphyrsarkophagen Heinrich VI., Friedrich und die beiden Konstanzen ruhen, die Kronen auf dem Haupt und angetan mit der seidenen Dalmatika, deren Saum sarazenische Inschriften verzieren.

Wir gingen ins Schloß. Eine gemauerte Brücke verbindet es mit dem Lande, und eine Zugbrücke führt in das Innere. Aus dem kleinen Hof erhebt sich der achteckige Turm, und oben läuft um ihn her eine Terrasse, auf welcher eine einzige verrostete Kanone stand. Die Besatzung, acht Mann Artillerie, exerzierte eben im Hofraum, und Don Pasquale, Leutnant von Astura, sah von der Terrasse nieder wie einer, der gern irgendwo anders, nur nicht hier sein möchte. Er führte uns in sein kleines Turmgemach; er selbst malt gut und tröstet sich in seiner schauervollen Einsamkeit mit Zeichnen von pompejanischen Arabesken. Der Leutnant sagte uns, daß jeder dieser Küstentürme acht Mann Besatzung habe mit einem Marschall oder Offizier, und daß die Küstenwacht, aus Furcht vor mazzinistischen Handstreichen, nun strenger gehandhabt werde.

Wir besahen die kleinen Räume des Schlosses, traurige Turmzimmer, an deren Wänden die Spinne ihre Netze webt, und in deren Ritzen der Skorpion sich eingegraben hat; aber die Aussicht nach allen Fernen in die grüne Wüste landhinein und in die strahlende Meeresweite, über welche Wanderschiffe dahingleiten, ist ergreifend, ja ich möchte sagen, sie ist berauschend. Es ist ein Turm für einen Barden, hier die Harfe zu schlagen und mit einem Schwanenlied zu sterben, wenn die niedersinkende Sonne das Kap der Circe in Purpur malt. Dann, in dieser sirenischen Stille, wandelt es über das Meer, ein Schein, nicht in Worte zu fassen, ein Geist der Beseligung, ohne Namen; es ist, wie wenn Schlaf und Tod über See schweben, und jenes eilende Schiff, das um das Kap der Circe geisterhaft zu kreisen scheint, trägt vielleicht den Gott des Traumes, welcher Schlummer und Ruhe über die Wellen streut.

In sanften Übergängen wechselt die Stimmung. Wenn das Kap der Circe fort und fort an die homerischen Sagen erinnert und odysseische Gestalten vor die Seele führt, erhebt auch der alte Turm Astura seine Stimme und redet von ebenso großen und tiefsinnigen Sagen. Was verknüpft er nicht mit den Namen der Hohenstaufen und Karls von Anjou aus der Provence! Ehe man es gewahr wurde, ist man schon in den «Parzival» Wolframs von Eschenbach versenkt, und Konradin wird zum Parzival, der in die Welt hinausreitet, die heilige Blutschale des Grals zu finden, Elisabeth von Bayern aber wird zur Herzeleide, zu seiner Mutter, die ihn nicht will ziehen lassen, und so erscheinen Gottfried von Anjou, der Ritter Gawein und Feirefiz, Arthur und Titurel, das Gralschloß im wilden Walde, die Sarazenen, Harfner, Büßer, Pilger und tiefsinnige Weise des Morgenlandes.

Astura ist die Warte der Romantik, der deutsche Poetenturm in Italien. Er gehört den Romantikern wie die Blaue Grotte in Capri. In der Stille habe ich von ihm in ihrem Namen Besitz genommen und dies Sagenschloß für deutsches Nationaleigentum erklärt.

Aus der Zeit der Frangipani blieb nur der Turm allein, alles übrige Gemäuer ist späteren Ursprungs, denn schon ihm Jahre 1286 kamen die Sizilianer, welche den Mord Konradins durch die Vesper an dem

Könige Karl so blutig gerächt hatten, unter ihrem Flottenhauptmann Bernardo da Sarriano vor das Schloß, zerstörten es bis auf den Turm und erstachen auch den Sohn Frangipanis. Heute sieht man an der Außenmauer das Wappen der Colonna, denn diese mächtigen römischen Ghibellinen besaßen einst das Schloß. Nach den Frangipani war es Lehn der Gaetani geworden, dann hatten es nacheinander besessen die Malabranca, die Orsini, die Colonna, welche es im Jahre 1594 an Clemens VIII. verkauften. Heute ist Astura ein Besitztum der Borghese.

Aber auch ältere historische Erinnerungen knüpfen sich an dies Astura. Schon vor der Schloßbrücke war mir ein Marmormosaikboden aufgefallen, welchen der Ufersand nur leicht bedeckt, und bald sah ich, daß dies Kastell mitten in den Wellen auf den Fundamenten eines großen römischen Palastes steht, welche noch von allen Seiten, und um vieles umfangreicher als das Schloß, unter der Flut heraufspiegeln oder frei hervorragen. Auf einer Sandbank war dieser Palast aufgebaut; vielleicht nennt deshalb Plinius Astura, die Kolonie Antiums, eine Insel, denn so bezeichnet er den alten Ort als Fluß und Insel. Strabo nennt den kleinen Fluß Storas (Στόρας ποταμός); Plutarch den Ort Astyra (τα Ἄστυρα), und er erzählt von einer andern tragischen Flucht, die hier ihre Szene hatte, von jener Ciceros. Fürwahr, meine Leser sollen nicht wenig erstaunen, zu erfahren, wie viel andre dunkle Erinnerungen dies Astura verbirgt, und wie es schon lange vor Konradin ein verhängnisvoller, den Eumeniden geweihter Ort gewesen ist.

Cicero besaß hier eine Villa. Er nennt sie oft in seinen Briefen und schreibt einmal von Astura aus an Atticus: «Est hic locus amoenus et in mari ipso, qui et Antio et Circaeis aspici possit.» (Es ist hier ein angenehmer Ort und im Meere selbst, den man von Antium und Circëi erblicken kann.) Er wohnte gern in diesem Landhaus, das ihm mehr als jede andere seiner köstlichen Besitzungen Einsamkeit und Muße bot. Kurz vor seinem Ende hielt er sich hier auf, ja Astura selbst brachte ihm das Verderben. Als er im Frühling vernahm, daß er auf die Proskriptionsliste gesetzt sei, flüchtete er dorthin; Plutarch erzählt, er habe hier ein Schiff bestiegen, um nach Mazedonien zum Brutus sich zu retten. Aber er schwankte in seinem Entschluß, er kehrte wieder um. Indem er nun nach Rom wollte, das Herz Oktavians zu erweichen, verließ er Astura in der Richtung auf die Stadt, doch nach zwölf Millien kehrte er plötzlich von Furcht bewegt wieder um. Nun ließ er sich in einer Sänfte gegen Gaeta tragen; unterwegs ereilten ihn an einer Stelle, die man noch heute bezeichnen will, nachfolgende Reiter und gaben ihm den Tod.

Wunderbar! Derselbe Oktavian holte sich, wie Sueton erzählt, in demselben Astura den Todeskeim. Er kam hierher vor seinem Ende, auf seiner letzten Reise nach Campanien. «Und nachdem er seine Fahrt begonnen hatte, gelangte er nach Astura, und wie er von hier wider seine Gewohnheit zur Nachtzeit ausfuhr, den günstigen Wind zu benutzen, zog er sich den Grund seiner Krankheit zu aus einer Dysenterie.» Er starb bald darauf in Nola, nachdem er kurz vorher in Capri gewesen war.

Aber hier endete der dämonische Einfluß Asturas noch nicht. Auch des Augustus Nachfolger Tiberius erkrankte in demselben Astura kurz vor seinem Tod. Dies sind die Worte des Sueton: «Er kehrte eilig nach Campanien zurück und verfiel in Astura sogleich in eine Krankheit. Er erholte sich ein wenig und schiffte dann nach dem Kap Circe.» Hier wurde er kränker, hielt sich jedoch aus Furcht aufrecht, schiffte nach Misenum, da er Capri nicht erreichen konnte, und fand dort seinen Tod.

Und was soll man dazu sagen, wenn eben dies Astura seine dämonische Gewalt auch an Tiberius' Nachfolger geltend gemacht hat? Denn kurz vor seinem Tode landete auch Caligula hier, und Plinius erzählt: »Ein Fischchen, Remora genannt, hängte sich an den Mast des Fünfruderers, welcher den Caligula von Astura nach Antium führte, und das betrachtete man als eine Vorbedeutung seines nahen Todes.»

«Astura mala terra, maladetta!» Und auch uns, harmlose Wanderer, sollte der verhängnisvolle Turm noch in atemlose Flucht und in schimpfliche Todesangst versetzen.

Als wir Astura verließen, beschlossen wir, nicht wieder den Weg am Meer entlang zurück zu nehmen, sondern durch den Urwald zu gehen, von dessen Pracht wir so viel gehört hatten. Der wegewirren Wildnis nicht kundig, nahmen wir mit uns einen Soldaten aus dem Turm, einen schönen, athletisch gebauten jungen Mann, der uns einige Millien begleiten und zugleich als Beistand nicht gegen Räuber, wohl aber gegen Büffel und Stiere dienen sollte. Wir wandten uns rechts, eine Weile am Strand entlang gehend, wo wir auf dem Ufer die prächtigsten schwarzen Stiere sahen, von so herrlicher Gestalt, daß Jupiter keine andere gewählt hat, als er die schöne Europa durch das Meer trug. Bald umgab uns der Wald. Wir gingen zwischen duftigen Myrtengebüschen und unter riesengroßen breitwipfeligen Eichen auf Waldpfaden fort und ergötzten uns an der Sommerdämmerung, welche überall durch die Wipfel ihre Lichter spielen ließ.

Der Wald bei Astura ist sehr schön. Ich dachte an die heimatlichen Küsten und ihre hochstämmigen Eichen, durch die das blaue Meer scheint, und konnte mich ganz in die Vergangenheit zurückversetzen. Dort ist es auch schön zu wandern und Reh und Hirsch zu belauschen, wenn sie im Busche stutzend und neugierig ihr gekröntes Haupt hervorstrecken; hier blickt aus dem Waldesschatten statt ihrer manchmal das schwarze Haupt eines Büffels oder die hochgehörnte Stirn eines wilden Rindes, und lange schöngefleckte Schlangen schlüpfen über den Pfad.

Der Pflanzenwuchs hier ist von einer tropischen Pracht; der Efeu umschlingt die majestätischen Eichen, Stamm neben Stamm, und bewundernd stand ich vor dieser noch nie in solcher Herrlichkeit gesehenen Naturkraft. Denn die Efeuranke selbst hat einen Stamm so dick wie ein Baum; so umstrickt sie die große Eiche, ringelt sich mit Gewalt um sie, wie die Schlange Laokoons, zieht sich zusammen, als wollte sie den ungeheuern Stamm mit den Wurzeln dem Boden entreißen und in herkulischer Umarmung ersticken, und tausend grüne Äste, Zweige und tanzende Ranken läßt sie herniederhängen und windet und knüpft ihre Schlingen durch alles knorrige und laubige Eichengeäst fort bis zum sonnigen Wipfel, welchen der Flügelschlag wilder Waldvögel umkreist.

Wir waren so in immer angespannter, froher Betrachtung einige Millien fortgegangen. Der Soldat von Astura hatte uns auf den Weg gebracht, der nun wieder an die Küste hinabführte, und verließ uns, als der Wald lichter wurde. Bald, so sagte er, würden wir in niedriges Gebüsch kommen und das Meer sehen. Wir gingen nun allein fort zwischen Myrten und Ölgesträuch in der heitersten Stimmung. Plötzlich sahen wir vor uns eine Herde, wohl mehr als hundert Stück beisammen. Wir blieben stehen. Ein Stier stutzte, hob die Stirn auf, sah uns mit majestätischem Ernst an, löste sich von der Herde ab und kam gegen uns. In diesem Augenblick machte mein Gefährte den verdammten großen weißen Malerschirm zu, und kaum hatte er das getan, als der Stier wild wurde und einen Sprung tat; sogleich setzte sich die ganze Herde gegen uns in Bewegung. Eine Staubwolke erhob sich im Walde, und wie wir in wilder Flucht davonsprangen, voll Angst immerfort umschauend, war es ein grauser doch schöner Anblick, im wirbelnden Staube diese mächtigen Geschöpfe daherstürmen zu sehen. Wir sprangen ins Dickicht, und über hohe Gebüsche setzten wir hinweg und schlüpften durch die Myrtensträucher und sprangen weiter, an den Händen von Dornen blutend, die uns zerrissen, hinter uns die wirbelnde Staubwolke, die herausblitzenden Hörner und das Gekrach der brechenden Büsche.

Ich sah niemals so die lebendige Physiognomie des Entsetzens als auf dem Angesicht meines Gefährten, und mein Schreck war um nichts geringer. Endlich wurde es still, wir waren im dichten Wald, und nichts mehr war zu sehen. Die wilde Herde war meerwärts fortgestürzt.

Wir holten jetzt Odem und gingen tiefer in die Wildnis hinein, immer nach den Stieren umschauend, bis wir gegen die Küste kamen und, da wir diese frei fanden, auf den Strand sprangen. Und nie habe ich die Meereswelle mit solcher Freude begrüßt. So mußte ich in Astura, auf den Spuren Konradins, selbst erfahren, was atemlose Flucht und Todesangst sei. Es war, als hätte mir irgendein Geist, der Dämon dieses Ortes, weil er mich von Erinnerung so tiefbewegt gesehen, von des armen Konradins Flucht ein lebendiges Nachgefühl geben wollen. Doch waren die Stiere der Wildnis barmherziger, als es einst die Menschen hier gewesen sind.

So wanderten wir weiter und ruhten wieder an den Trümmern des alten Palastes eine Stunde vor Astura, dessen melancholisches Schloß nun schöner die sinkende Sonne umstrahlte. Neue Sorge erfaßte uns, als wir hierauf den ganzen Strand bis Nettuno hin mit Herden erfüllt sahen. Einige lagerten noch am Meer, andere zogen sich schon aufwärts, denn es begann die Abendkühle, wo sie wieder zu Walde gingen. Als wir nun vorwärts schritten, war es wie ein Spießrutenlaufen an hundert und aber hundert spitzen Hörnern vorbei; aber die herrlichen Geschöpfe taten uns kein Leid, weil wir hinter ihrer Richtung an den Wellen blieben; auch kamen zwei stattliche Hirten, die ersten, die wir sahen, mit ihren Lanzen das Meer entlang gesprengt und flößten uns guten Mut ein.

Glücklich erreichten wir Nettuno und betrachteten von hier aus freudigen Gefühls die zurückgelegte Straße und das Schloß Astura, welches nun wieder in traumhafter Weite wie ein Schwan auf den abendlichen Wellen zu schwimmen schien.

DAS KAP DER CIRCE

1873

Von Terracina aus, wo ich die Ostern zubrachte, wollte ich nach dem Kap der Circe hinüber, wenn auch nur zu einem flüchtigen Besuch. Es liegt drei Stunden von dieser Stadt entfernt, obwohl die Durchsichtigkeit der Luft es weit näher erscheinen läßt. Wie an einem Bande scheint das herrlich geformte Vorgebirge an der langen Düne zu schweben, und dies läßt überall einen Strandsaum frei, auf welchem man wie über einen Teppich von Samt fortschreiten kann.

Es lockte mich sehr dies zu tun und zu Fuße nach dem Kap zu gehen. Aber Fischer in Terracina beredeten mich, diesen Plan zu ihren Gunsten aufzugeben, und dies tat ich nur aus dem Grunde, weil ich nicht darüber gewiß war, daß der Strand von Büffelherden wirklich und an allen Stellen frei sei.

Diese Fischer waren eben über einen seltenen Fang erfreut: sie standen am Ufer mit anderm Volk, und alle folgten sie mit den Blicken einem Gegenstande, der sich von Weile zu Weile aus dem Wasser erhob und augenscheinlich mit einem Seile zusammenhing, welches an einem Pflock befestigt war. Es war eine gewaltige Meerschildkröte, die sich in den Maschen des Netzes verfangen hatte. Das arme Tier war mit einem eisernen Hacken tief verwundet worden, dann hatte man es, einem Pferde gleich, an einem Bein mit dem Strick umbunden und so an dem Pfahle festgemacht. Nun strebte es gewaltsam sich loszureißen, und pausenweise hob es Kopf, Hals und einen Teil seiner dunkelroten Schale empor, um Luft zu schöpfen. So ließ man es die Nacht über in seiner Qual, und noch am Morgen sah ich diese Tartaruga an demselben Ort, als ich in die Barke stieg, um nach dem Kap zu fahren.

Vier kräftige Ruderer befanden sich in ihr und ein Diener des Gasthauses, den ich mit mir nahm, weil er in dem Ort San Felice auf dem Vorgebirge gelebt hatte und daselbst mein Führer sein konnte. Die Barke faßte nur sechs Mann.

Es war 4 Uhr in der Morgenfrühe, als wir einstiegen. Der helle Mond stand am westlichen Himmel und warf noch, mit dem Nachtgrauen kämpfend, einen breiten goldenen Schimmer über die leise bewegte See. Dichte Nebel lagerten ostwärts über den Maremmen von Fundi und verhüllten den Felsen Sperlonga wie die Vorgebirge von Gaeta und Mondragone. Auch das Circekap trug noch einen Schleier, aus welchem nur die höchsten Zacken hervorragten.

Nur wer zwischen Mondesuntergang und Sonnenaufgang auf See

gefahren ist, empfand, was die «heilige Frühe» ist, dieses ahnungs-
volle Werden eines neuen Lebenstages. Wie der Urhauch der Schöpfung ist dieser tief ausströmende Meeresodem aus dem quellenden,
endlos flutenden Element. Warum erweckt in uns das Meer, ja nur
sein Anblick in der Ferne, oder nur das Rauschen seiner Welle, die
sich in rhythmischen Zügen am Strande bricht, eine so tiefe Sehnsucht, wie sie auch die erhabenste Alpennatur nicht erregen kann?
Vielleicht, weil da dieses unser kleines Ich, die persönliche Notwendigkeit, das in einem Punkt zusammengepreßte Bewußtsein der
Natur, unmittelbar mit dem Unendlichen und Ewigen sich berührt,
was nicht Geschichte und Zeit, nicht Grenze und Gestalt hat.

So fuhren wir in der frischen, belebenden Morgenluft schnell dahin, «von Wind und Ruder sanft geleitet», und immer deutlicher entfalteten sich das dunkle Kap, der weiße Ort auf seinem Vorberge und
ein grauer Turm zu seinen Füßen am Meer. Nun aber will ich, ehe
wir an jenem Wachtturm landen, ein paar Worte über die Geschichte
dieses Mons Circeus oder Monte Circello sagen.

Seit alten Zeiten wurde der Ort der Circesage auf das schöne Vorgebirge verlegt, welches in seiner fast inselartigen Abgeschlossenheit,
mit seinen dichten Waldungen, seinen von balsamischen Kräutern
erfüllten Abhängen auf der Landseite und seinen Tropfsteingrotten
am Meer, ein wenigsten nicht unpassendes Lokal für das Zauber-
märchen antiker Seefahrer darbot. Der Mons Circeus war in vorhisto-
rischen Zeiten offenbar eine Insel, wie es heute die ihm naheliegenden Ponzaeilande sind, und wie es einst auch der Soracte gewesen ist.
Erst allmählich, aber sicherlich schon unvordenklich lange vor den
odysseischen Zeiten, verband sich diese Insel mit dem Land und
wurde zum Kap. Die alten Geographen berichten, daß auf ihm eine
Stadt lag mit dem Circetempel und dem Altar der Minerva, und daß
man dort den Becher der Circe zeigte, aus welchem Odysseus getrunken habe. Auch der Grabhügel Elpenors mit daraus entsproßten Myrten wurde den Besuchern gezeigt.

Die Stadt Circeji oder Circeum war volskisch wie Anxur, das heutige Terracina. Die Römer eroberten sie und verpflanzten in sie eine
Kolonie. Sie konnte niemals groß und mächtig sein, aber sie war durch
ihre Lage eine der schönsten Festungen und zugleich ein reizender
Aufenthalt. Lukull legte am Fuße des Kaps seine Fischereien an und
baute sich eine Villa, und Lepidus wohnte in Circeji, als er vom Tri-
umvirat zurücktreten mußte.

Die antike Stadt ging in ungewisser Zeit unter, vielleicht wurde sie
von den Goten zerstört. Auf ihren Trümmern entstand der heutige
Ort San Felice, dessen Kern wohl ursprünglich die alte Burg mit ihren
mächtigen Zyklopenmauern sein mochte. Denn diese «Arx Circaea»

oder «Rocca Circeji» wird in Urkunden und Geschichten des Mittelalters öfter genannt, und erst später erscheint der Name San Felice. Es
gab in diesem Ort noch im achten Jahrhundert einen Bischof. Die
Circeburg galt als die festeste der ganzen pontinischen Maritima. Um
ihren Besitz stritten daher die Gemeinde Terracina, die Grafen von
Gaeta und die Fundi, während sie die Päpste als Oberherren beanspruchten.

Im Anfange des 12. Jahrhunderts, wo die Normannenherzöge Süditalien beherrschten, bemächtigten sie sich auch der Circeburg, doch
nur vorübergehend, denn die Päpste hüteten mit Eifersucht die Rechte
der Kirche auf die Grenzstadt Terracina und das von dieser abhängige
Kap. Am Ende desselben Jahrhunderts wurden die römischen Frangipani, welche Astura, und viele andere Ländereien am lateinischen
Meer besaßen, Herren der Circeburg, welchen sie der Gemeinde Terracina zu entreißen wußten. Sie besaßen die «Rocca Circeji» lange Zeit.
Oddo und Robert Frangipani verliehen sie an Roland Guidonis de
Leculo, von welchem sie Innocenz III. an die Kirche zurücknahm.

In der Mitte des 13. Jahrhunderts erscheinen hierauf die Tempelherren als Besitzer dieses Vorgebirges, wo noch immer die Sage von
dem Sonnenkind Circe fortlebte, und wo man einst die Schale des
Odysseus gezeigt hatte, den Gral dieses antiken Zauberberges. Eine
Urkunde vom 3. Mai 1259 besagt: daß Petrus Fernandi, Ordensmei-
ster der Templer in Italien, aus Vollmacht des Meistergenerals Thomas Berardi «den Ort Sancti Felicis auf dem Mont Circego, welcher
dem Orden durch Rechtstitel zugehöre», mit Genehmigung des römischen Ordenshauses der Templer auf dem Aventin (des heutigen
Priorats von Malta) in Tausch gab an den Vizekanzler Jordan für das
Casale Piliocta (heute Cechignola an der Via Ardeatina). Dies war
derselbe Kardinal Jordan, der als Rektor der Campania und Maritima
neun Jahre später mit Kriegsvolk vor Astura erschien, um im Namen
der Kirche die Auslieferung Konradins von den Frangipani zu verlangen, was er, wie bekannt, zum Unglück des letzten Hohenstaufen
nicht durchsetzen konnte.

Jordan war ein Edler von Terracina, aus dem mächtigen Haus der
Peronti. Durch ihn mochte die Circeburg wieder an Terracina zurück-
gebracht sein oder in seiner Familie verbleiben, bis sie gegen das Ende
des 13. Jahrhunderts an die römischen Anibaldi kam. Diese behielten
das Kap bis zum Jahre 1301, wo es in den Besitz der Gaetani überging.

Die Macht dieses Hauses hatte eben Bonifacius VIII. begründet;
sein Nepote Petrus besaß bereits die volskischen Städte Sermoneta
und Norma und einen großen Teil des pontinischen, durch Viehzucht
reichen Sumpflandes von Ninfa bis ans Meer. Diesem herrlichen

Besitz, dessen sich seine Nachkommen noch heute erfreuen dürfen, gab Petrus Gaetani durch den Erwerb des Circekaps den Abschluß. Er kaufte dasselbe mit allen Ländereien, die zu ihm gehören und noch heute den Titel «Feudum von San Felice» tragen, sowie auch mit dem fischreichen See von Paola, von Richard Anibaldi, dem Herren des Turms der Milizen in Rom, um 2000 Goldfloren. Seither besaßen die Gaetani die Circeburg durch vierhundert Jahre. In dieser langen Zeit wurden sie nur einmal daraus vertrieben, und nur für zwei Jahre, als ihnen Alexander vi. alle ihre Kirchenlehn entriß und dem Sohne seiner Tochter Lucrezia schenkte, dem kleinen Rodrigo von Biseglia. Damals erhob er Sermoneta zum Herzogtum. Doch schon nach seinem Tode setzten sich die Gaetani wieder in den Besitz ihrer Güter. Da sie zugleich Grafen von Fundi waren, welches auf der andern Seite Terracinas und nur wenige Millien entfernt liegt, so bildete das feste Circeschloß den Grenzstein ihrer Herrschaft am lateinischen Meer. Vom Söller ihres Palastes in San Felice überblickten sie in dem Ringe dieses schönen Panoramas ihr eigenes ausgedehntes Landgebiet von Fundi bis gegen Astura, von den Zyklopensteinen Norbas bis zum pontinischen Strande.

Erst im Jahre 1713 veräußerten sie das Kap; der Herzog Michel Angelo Gaetani verkaufte es damals den Ruspoli in Rom, zugleich mit dem gaetanischen Palast am Corso, welcher seither Palast Ruspoli heißt.

Hierauf ging das Kap im Jahre 1718 an die Orsini über, als Mitgift der Donna Giacinta Ruspoli; weil sich aber die päpstliche Regierung den Rückerwerb dieses alten Kirchenlehns vorbehalten hatte, mußten es die Orsini schon im Jahre 1720 der apostolischen Kammer um 100 000 Skudi abtreten. Diese behielt es fortan achtundachtzig Jahre lang, bis sie dasselbe im Jahre 1808 an den Fürsten Stanislaus Poniatowski verkaufte. So wurde ein polnischer Magnat, der letzte seines berühmten Hauses, Herr des Kaps der Circe und blieb es vierzehn Jahre lang. Die päpstliche Kammer erstand es von ihm wieder im Jahre 1822. Mit dem Fall des Kirchenstaats wurde es endlich eine italienische Staatsdomäne.

Dies ist die kleine Chronik des Mons Circeus, und darüber ist die Sonne hinter den Bergen Gaetas aufgegangen und der Mond verblaßt. Das Kap liegt jetzt vollkommen entschleiert vor uns. Die Morgensonne bescheint es mit einer fast nüchtern zu nennenden Klarheit, so daß all der magische Duft von ihm hinweggeweht ist.

Die wenigsten Dinge in der Welt vertragen zu große Annäherung, oder vielmehr das Verhältnis unserer Einbildungskraft zu ihnen verträgt sie nicht. Berge wie Menschen und ihre Taten, die Größe und der Ruhm, bedürfen meist einer Hülle von Luft und Licht, welche sie für

die Phantasie geheimnisvoll macht und das kritische Bewußtsein
ferne hält; sie werden oftmals minder groß und minder schön sein,
wenn ihre Legende durch unmittelbare Nähe zerstört und das Me-
dium der Illusion aufgehoben ist. Nicht grundlos ist das Bild der Isis
in Schleier gehüllt.

Wie zauberhaft erscheint nicht den Blicken dieses Circekap, wenn
man es von Astura, von den lateinischen oder volskischen Bergen,
selbst noch von Terracina aus betrachtet, zumal im Abendglühen!
Nun sah ich es vor mir, grau und grün von Farbe, und der Berg war
wie mancher andere auch; was in der perspektivischen Weite als
Inselgestalt sich darstellte, war dies nicht mehr, sondern es senkte
sich jetzt in einen breiten Landrücken nieder und verzog sich in die
pontinische Ebene. Die schönen Formen verschwanden; dichter Wald
bedeckt das Kap bis zu den Gipfeln, während es von ferne gesehen
aus nackten Felsmassen zu bestehen scheint, die von Lichtreflexen
strahlen.

Ich landete am Wachtturm Vittoria, wo sich der Fuß des Vorgebirges in einen Strandsaum herabsenkt, ohne jedoch einen hafenähn-
lichen Landungsplatz zu haben. Es gibt daher keine Fischer und keine
Barken am Kap. Der Turm ist ein viereckiger Bau und wohl von den
Gaetani aufgeführt. Seine Besatzung ist wie die aller andern Strandtürme der Maritima seit dem Ende der päpstlichen Herrschaft eingezogen. Er dient jetzt den Doganabeamten zur Wohnung. Ein solcher
kam auch sofort die hohe Treppe herab, die ihm bekannten Fischer
zu begrüßen und ihren Fahrschein an sich zu nehmen.

Ich ließ die Barkarolen am Strande und stieg mit dem Führer nach
San Felice hinauf. Die Lage dieses kleinen Orts und der schmale Weg,
der zu ihm emporführt, erinnerten mich an Capri; doch hat das Kap
sonst nichts oder nur wenig, was sich mit jenem Eiland vergleichen
ließe. Nach einer Viertelstunde mühelosen Steigens über den von
Myrten und Lentiscussträuchern bedeckten Abhang, an einigen
Trümmern vorüber, erreichte ich den Ort, dessen Lage wahrhaft
schön ist.

San Felice steht auf einem natürlichen Flächenraum von mäßiger
Breite; hinterwärts ragen darüber die waldigen Wände des Kaps auf,
vorwärts breitet sich die sonnige Ferne aus und unten in der Tiefe das
blaue Meer. Das Städtchen hat nur wenige und geradlinige Straßen,
welche das Baronalschloß und die neben ihm stehende ansehnliche
Kirche überragt. Vor dem Palast liegt der Platz oder die Hauptstraße.
Die Häuser sind meist einstöckig und ohne jede monumentale Architektur. Ich war daher nicht wenig erstaunt, einen so alten, vom Weltverkehr so ganz abgeschiedenen Ort als offenen Borgo von gleich-
gültigem Charakter zu finden. Denn daß San Felice die Stelle des

alten Circeji einnimmt, kann nicht bezweifelt werden, weil es sonst
nirgends auf dem Kap eine gleiche große Fläche gibt, wo eine Stadt
gebaut werden konnte.

Alle antiken Reste sind hier verschwunden. Zwar nimmt der
Palast der Gaetani offenbar die Stelle einer mittelaltrigen Burg ein,
die wohl schon vor der Herrschaft jener Barone von irgendeinem ihrer
Vorgänger angelegt war, aber dieses Baronalschloß war nicht die
alte «Arx Circeji». Denn diese lag über der heutigen Stadt auf einer
hohen Felsenmasse, wo noch Reste von zyklopischen Mauern aus
fünf Fuß dicken und ebenso langen Steinen erhalten sind. Ich kam
darum, diese Reste zu sehen, wegen meiner falschen, vorgefaßten
Meinung, daß der Palast Gaetani auf den Trümmern der alten Arx
erbaut worden sei.

Dieser Palast bildet ein großes Viereck mit einem geräumigen Hofe,
welcher ehemals Burghof war. In seiner Mitte steht eine prächtige
Gruppe von hohen Oleandern und Myrtenbäumen. An einer Mauer
liegen sechs marmorne Säulenbasen, die einzigen Altertümer, die ich
in San Felice wahrnahm. Vergebens suchte ich nach Wappenschildern
und Inschriften des Mittelalters über den Türen, von denen nur eine
einzige gotische Form zeigte. Von dem älteren Schloßbau stammt
noch der viereckige Turm her, an welchen sich das Hauptgebäude anlehnt, aber auch er ist erneuert. Der Umbau dieses Baronalschlosses
gehört einer spätern Epoche der Gaetani, welche sich wohl im 17. Jahrhundert hier gemächlicher einrichteten, um ab und zu einige Wochen
in diesem Schlosse zuzubringen. Die gründlichste Veränderung erfuhr dasselbe hierauf durch Poniatowski.

Er hat das Innere neu ausgebaut, Säle und Zimmer angelegt und
mit Malereien schmücken lassen. Die jetzt öde Wohnung war sicherlich ein reizender Sitz, und kein schöneres Asyl konnte der Neffe des
Königs von Polen wählen als dieses Circekap. Er kam oft hierher,
von Rom, wo er die Villa vor der Porta del Popolo besaß, die noch
seinen Namen trägt. Er scheint ein Wohltäter dieses kleinen Orts
gewesen zu sein: er verbesserte ihn, legte eine Fontäne und einen
Weg zum Strande an, er lohnte reichlich die ihm geleisteten Dienste
und Arbeiten.

Neben dem Städtchen erbaute er sich auch ein Kasino, welches
jetzt wie der dazugehörige Garten in gänzlichem Verfalle liegt. Es
steht am Rande der Hochfläche über dem Meer und ist deshalb das
herrlichste Belvedere, welches man sich denken kann.

Wie ich gesagt habe, verkaufte Poniatowski das Kap im Jahr 1822;
bald darauf verkaufte er auch seine Villa und Antikensammlung in
Rom und zog nach Florenz, wo er im Jahre 1831 starb.

Das Volk von San Felice zählt 1200 Seelen. Seine Beschäftigung ist Weinbau und Ackerbau auf den fruchtbaren Feldern zu Füßen des Kaps. Es gab früher einige Industrie, namentlich in Gefäßen von Ton, auch gaben die Alabastergruben Beschäftigung. Diese Nahrungszweige sind eingegangen. Doch schien mir die Bevölkerung nicht gerade Mangel zu leiden oder in bettelhaftem Elend zu leben. Es gibt hier nur eine Herberge sehr primitiver Natur, die Kaffeeschenke auf dem Platz, und dort hätte ich übernachten müssen, wenn ich den Gipfel des Kaps besteigen wollte, wie es wohl mein Wunsch war, weniger um die antiken Gemäuer zu sehen, welche dort oben als Reste des Circetempels gezeigt werden, als um die unvergleichliche Aussicht zu genießen. Denn in klarer Luft, so sagte man mir, sieht man von der Spitze des Kaps, welche etwa 1900 Fuß beträgt, das Kloster Camaldoli oberhalb Neapel und die Peterskuppel von Rom.

Von San Felice kann man am bequemsten zum Gipfel des Berges steigen, denn dorthin führen Felsenpfade durch das dichte Waldgebüsch. Man braucht jedoch viele Stunden, um sich emporzuarbeiten. Ich begnügte mich dem ganzen Kap entlang zu gehen, und dies kann man nur auf der Landseite tun, denn auf der Meeresseite fallen die Felsen so schroff ab, daß sie keinen Strandsaum übriglassen. Die Entfernung von San Felice bis zu dem Punkt, wo der breite Landrücken des Kaps wieder das Meer trifft, also beim Kanal von Paola, beträgt drei Millien, und dies ist auch die Länge des Kaps, während seine Breite auf eine Millie oder weniger berechnet wird.

Ich ging von San Felice erst eine kurze Strecke auf einem bequemen Wege fort und stieg dann über den Felsenabhang in die bewaldete Ebene nieder. So wanderte ich am Fuße des Kaps fort, dessen ganze Gestalt ich stets vor Augen hatte. Es ist eine mächtige Pyramide, deren höchste Spitze am äußersten Ende nach Westen zu sich emporstreckt. Bis zum Kamm hinauf ist der Berg landwärts mit Eichenwäldern und anderm Gebüsch bedeckt, aus dem hier und da schroffe rote Steinmassen hervortreten. Die Wände erheben sich oft perpendikulär und scheinen ein Dach zu tragen, auf dessen First man zum höchsten Punkte gelangen kann. Das ganze Kap scheint überhaupt wie ein einziges schräg absinkendes Dach sich bis zum Gipfel fort zu erstrecken, doch unterscheidet man zehn Berge oder Gliederungen des Vorgebirges, welche ihre besonderen Namen tragen. In den Ritzen des Felsgeklüftes wächst wild die Zwergpalme; von dort pflegen sie die Gärtner Roms zu holen. Viele Palmen dieser Gattung, welche den Pincio zieren, sind auf diesem Circekap gewachsen. Ich kam erst durch ein Gebüsch von Myrten, Lentiscus und Erika, die hier baumartig aufstreben; dann folgten hohe Korkeichen, immergrüne und deutsche Eichen. Die nordische Eiche, welche bei uns am spätesten zu grünen beginnt, ist in diesem Klima einer der frühesten Bäume.

Ich fand sie längs des Kanals der Linea Pia schon im vollentwickelten Schmuck ihres Laubes, während der Ulmbaum noch nicht soweit vorgeschritten war. Der schöne Wald am Kap trägt den Namen Selva Plana. Zahlreiche Herden von Schafen und Rindern weideten in ihm, und sie gaben dieser stillen Landschaft den Charakter einer großen Idylle. Wenn man überhaupt auf diesem Kap eine Stelle für das Tal und den Palast der «hehren melodischen Göttin» Circe suchen will, so gibt es dafür entweder nur auf der Hochfläche von San Felice selbst oder an diesen Abhängen ein passendes Lokal. Denn hier sind, wenn auch nicht eigentliche Täler, so doch breite Flanken des Berges, wo das homerische Zauberschloß zugleich in schattiger Waldeinsamkeit und in «weitumschauender Gegend» gedacht werden kann. Eine unerschöpfliche Flora wuchert hier. Vielleicht blüht darunter auch das heilsame Kraut Moly, welches Hermeias dem duldenden Odysseus darreichte: «Schwarz war die Wurzel zu schauen und milchweiß blühte die Blume.»

Weil aber der Held selber sagt, daß es den sterblichen Menschen zu graben schwer sei, so werden die Botaniker darauf verzichten müssen, es ohne eines Gottes Beistand aufzufinden.

Die Phantasie des Volks hat übrigens auf dem Kap keinen eigentlichen Ort als Wohnung der Circe festgestellt. Die Sage selbst lebt hier mehr als Name der Maga Circe denn als Fabel fort. Ihr Dasein ist ein künstlich archäologisches. Man scheint sich die Maga als eine Loreley zu denken, welche Schiffe an sich zog und stranden machte. Man sagte mir, daß sie endlich durch ein fremdes Schiff überlistet wurde, welches ganz aus Kristall gebaut gewesen sei. Dorthinein habe man die Zauberin gelockt und dann entführt. Seither sei ihre Spur verschwunden. Ich glaube kaum, daß die Einbildungskraft dieses nüchternen und hart arbeitenden Volks auf dem Kap an dem schönen Circemärchen weiter dichtet. Und vielleicht machte sich mein Führer nur ein Vergnügen daraus, mir zu erzählen, daß in der Zeit seines Aufenthaltes in San Felice eines Morgens ein Wachtposten am Turm del Fico bewußtlos aufgehoben wurde, weil er des Nachts einen Hund mit feurigen Augen magische Kreise um ihn her hatte schlingen sehen.

Als ich aus dem prächtigen Walde trat, lag der See von Paola vor mir zur Rechten, links der Meeresstrand und über ihm am Ende des Kaps ein großer Turm, die Torre di Paola. Der See zeigte sich als ein grauer melancholischer Wasserspiegel, zwischen flachen Ufern, ein wahrer Maremmensee. Er zieht sich landwärts mehrere Millien weiter fort. Zwei kleine sehr alte Kirchen stehen an ihm, San Paola und Santa Maria della Surresca genannt. In alten Zeiten hing er mit dem Meere zusammen und bildete einen Hafen. Nachdem er sich geschlossen hatte, wurde seine Verbindung mit jenem durch einen Kanal hergestellt.

Lukull hatte dort eine Villa und seine berühmten Fischereien. Auch im Mittelalter betrieb man daselbst Fischfang und Entenjagd (die wilde Ente heißt hier Folaga), so daß die alte Kanalisierung des Sees wohl nur zeitweise in Verfall geriet. Innocenz XIII. ließ das stattliche Kasino und die Kirche aufführen, die noch am Kanal stehen, doch verwitternd und verlassen, und andere Häuser unmittelbar am Seeufer, Wohnungen für Fischer und Aufseher oder Magazine. Heute hat ein Spekulant aus Sperlonga die Fischerei des Sees gepachtet, für die geringe Summe von 7500 Lire jährlicher Abgabe.

Die warme Mittagssonne flammte auf diesem bleifarbenen See in der tiefsten Wildnis von Sümpfen und Wald. Kaum regten sich die hohen Binsen und die Tamarisken an seinem Ufer; kein Nachen war auf ihm sichtbar: diese düstere versumpfte Stille ringsumher hatte etwas Märchenhaftes.

Wir schritten auf die Häuserreihe am Ufer zu, einem ummauerten Garten entlang, der von Poniatowski angelegt wurde und jetzt ganz verwildert ist. Am Eingang des Hauses saß ein Fischerweib mit ihren Kindern, die keineswegs fieberkrank, sondern frisch und blühend aussahen, unter weit umhergestreuten Netzen, Stangen und anderm zum Fange dienenden Geräte. Nun kamen auch Männer hervor und mit ihnen der beglückte Fortsetzer der lukullischen Geschäfte, jener Spekulant aus Sperlonga. Dieser Mann befahl einem jungen Knecht, mir die Fischbehälter zu zeigen. Wir bestiegen demnach einen Sandalo.

Ich sah hier zum erstenmal das Fahrzeug, welches so genannt wird, und hörte hier zuerst diesen Begriff in der lebenden Sprache. Denn er ist alt; ich kannte ihn bereits aus Urkunden, welche das pontinische Sumpfland betreffen. So wird in einer solchen vom Jahre 1223 der Abtei Grotta Ferrata das Recht verliehen, zu halten «duos sandalos ad piscandum in Lacu Folianensi» (zwei Sandalen zum Fischen im See von Fogliano). Der Sandalo ist das Fahrzeug für Sumpfwasser, viereckig und platt; die Größe richtet sich nach dem Bedürfnis. Er ist Lastschiff und Reisekahn zugleich. Von den ältesten Zeiten herab hat sich demnach Name und Gebrauch diese Bootes erhalten, welches ohne Zweifel von seiner Form so genannt wird. Auf solchen Sandalen fuhren wohl schon in Römerzeiten die Reisenden, wenn sie beim Forum Apii auf dem Kanal Decemnovius eine Strecke im Kahn zurücklegten.

Die Fischbehälter befinden sich in der Nähe des Ufers; sie bilden einen Zusammenhang von Kammern, die mit Geflecht umzogen sind. Ich hatte gehofft, hier das seltenste Aquarium zu sehen, aber meine

Täuschung war groß; denn weder in diesen Behältern, noch in den gemauerten antiken Bassins, welche noch heute benutzt werden, bekam ich auch nur einen einzigen Fisch zu sehen.

Ich ging vom See längs des Kanals zurück, um an das Meer zu gelangen. Dieser Kanal von römischer Anlage ist etwa 30 Fuß breit und zu beiden Seiten aus Backsteinen aufgemauert. Innocenz XIII. ließ ihn im Jahre 1721 wiederherstellen. Massive Schleusen sperren ihn gegen den Meeresandrang; man öffnet dieselben, um die Fische hereinzulassen, deren ich dort auch einige sah. Das eine der Schleusenwerke dient zugleich als Brücke. Ich fand auf dieser eingemauert das Wappen der Conti, den Campagnaadler mit Schachbrettwürfeln, und darunter folgende Inschrift, das Denkmal jenes Papstes vom Hause Conti: «Quod Inter Mare Tyrrhenum Lacumque Circejum Pristino Aquarum Restituto Commercio Carolo Collicola Aerario Ac Rei Marittimae Praefecto Piscatorio Urbis Foro Fisci Rationibus Ac Publicae Utilitati Providerit Anno Pont. Primo.»

Mitten in der circeischen Wildnis, am äußersten Ende des alten päpstlichen Landgebietes, mutete mich diese Inschrift auf dem bleichen Marmorstein mit so historischer Kraft an, als gehörte sie einer viel längeren Vergangenheit, ja als stände sie in gleicher Zeitlinie mit der berühmten Inschrifttafel im Gemeindehause von Terracina, die das Andenken der Austrocknung der Pontinischen Sümpfe durch den großen Gotenkönig Theoderich verewigt. Der Zeitraum von zwölf Jahrhunderten, welcher zwischen beiden Tafeln liegt, umfaßt beinahe die ganze Entwicklung des Abendlandes seit dem Falle des Römerreiches, er erscheint deshalb sehr groß – aber was sind im Weltleben zwölf Jahrhunderte? In Wahrheit nur ein Gestern und nichts mehr. Auf andern Lokalen wird man sich der vielen und langen Umwandlungen des menschlichen Geistes deutlicher bewußt, aber in diesem Pontinischen Sumpfe scheint die Zeit als eine unterschiedlose gleichgültige Fläche sich auszudehnen.

Ich empfand niemals so sehr, wie schnell die menschlichen Dinge legendär werden, als vor dieser Inschrift. Das weltliche Reich der Päpste, welches erst vor kaum drei Jahren für immer zu Fall kam, dünkte mich hier schon eine Mythe, auf deren Geschichtlichkeit man sich besinnen muß, wie auf die Herrschaft der Goten. Viele unauslöschliche Spuren haben die Päpste dem Lande eingedrückt, welches sie von Etrurien herab bis zum Circekap beherrschten. Wenn die gesamte historische Gestalt des Christentums wird vergangen sein, wenn die Dogmen und der Kultus der Kirche für die kommenden Geschlechter nur noch eine kulturgeschichtliche Bedeutung haben werden, wie sie heute für uns der Tempeldienst des Ptah und des Osiris hat, so wird man die Wappenschilder, die Inschriften und

Denkmäler der mächtigsten aller Priesterkönige, die man Päpste nannte, mit noch größerer Wißbegierde aufsuchen als heute die Monumentalinschriften des Altertums; und die Ruinen des Sankt Peter und des Lateran werden für den Betrachter und Forscher Gegenstände tieferer Teilnahme sein als die Riesenmassen des Kolosseums und die Trümmer der Tempel und Thermen Roms.

Die Päpste haben vieles mit großem Römersinn zu schaffen vermocht. Selbst die Sümpfe hier bezeugen es. Denn seit jenem Gotenkönig Theoderich waren es zuerst wieder Sixtus v. und Pius vi., welche die Via Appia und das pontinische Kanalsystem herstellten. Jetzt hat die Regierung Italiens mit ihrem Erbe auch die Aufgabe übernommen, Begonnenes fortzuführen und noch Größeres zu leisten. Die Zeit, welche seit dem Untergange des «Dominium Temporale» verfloß, ist noch zu kurz, als daß man jener einen Vorwurf daraus machen könnte, daß sie noch nicht an die Vollendung des Hafens von Terracina gedacht hat. Dringender aber als diese wäre der Ausbau dessen von Brindisi, da er dem ganzen Süditalien ein neues Leben und den Handel mit dem Orient zurückgeben würde.

Ein Blick auf die Bucht Paola am Circekap, wie sie sich hier unter dem Schutze des Vorgebirges als Ankerplatz darbietet, lehrt, daß auch sie noch eine Zukunft haben wird. Hier ist die einzige Stelle am Kap, wo man landen kann. Dort stieg also Odysseus aus:

> Dort mit dem Schiffe gelangt an den Felsstrand,
> lenkten wir heimlich zur
> Herbergenden Bucht, und ein Gott war unser Geleiter!

Dort landete Tiberius, als er von Astura herkam; dort die Sarazenen, welche mehrmals das Cicekap plünderten. Noch dauert der von Gaetani erbaute viereckige Küstenturm, Torre di Paola, ein schartiger und verwitterter Held, welcher manchen grimmigen Kampf mit den Meerpiraten bestanden hat.

Er steht auf einem Felsenvorsprung unmittelbar am Kap, welches hier seinen schönsten Gipfel emporstreckt. Das Meer und der Kanal sind nur wenige Schritte entfernt.

Diese Stelle am Turm war das schönste Ziel meiner Wanderung. Es ist eine köstliche, von der homerischen Sage durchdrungene Meereseinsamkeit. Die Saracinesca ist zerfallen; Fenster und Türen sind zugesperrt, so daß ich vergebens einzudringen versuchte. Das bleiche Salbkraut wächst auf dem grauen Gemäuer, und vom bittern Seewind verdorrte Halme wilden Korns schwanken ringsumher, während die Felsen droben von purpurroten Moosen glühen. Alles ist hier wie in Schlummer versenkt. Die Meereswelle rauscht an dem stillen Ufer in gleichförmigen Takten, welche alles Gegenwärtige in

Schweigen begraben und ferne Bilder und Erinnerungen in der Seele wachrufen. Manchmal fliegt aus dem Myrtendickicht am Ufer ein Falk auf, einen hellen Jagdruf ausstoßend, dann zieht er seine geisterhaften Kreise weiter über Sumpf und See.

Die blendendweiße Düne umfaßt das blaue Meer in meilenweiter sanft gebogener Linie, bis wo sie sich nach Astura hin in Duft verliert. Hinter ihr liegen Wälder und Sümpfe als schwarze Massen. Sie verdecken andere Maremmenseen, den Lago di Caprolace, dei Monaci und Fogliano, welche eine ähnliche Beschaffenheit haben wie der See von Paola, aber hafenlos sind.

Soweit mein Blick diesem schönen Strande folgte, sah ich ihn vollkommen leer; nicht Hirt noch Herden entdeckte ich auf ihm. Keine Barke war irgend am Ufer sichtbar; nur drei oder vier weiße Segel schwebten auf dem Meer in der Richtung von Astura. Aus der Ferne flimmerte ein Turm, entweder die Torre di Fogliano oder das größere Schloß Astura. Man kann bis dorthin, ja bis Ostia am Strand entlang wandern oder reiten. Im Altertum aber ging hier hinter den Dünen entlang die Via Severiana bis zum Kap und um dasselbe herum nach Terracina. Ihre Stationen waren von dieser Stadt aus: Ad Turres, Circejos, Turres Albas, Clostra Romana, Astura und Antium.

Von der Höhe über dem Turm Paola blickt man in das weite strahlende Meer, aus welchem Ischia und die Ponzainseln deutlich auftauchen. Unter sich hat man die schroffsten Felsenabstürze von grauen oder rötlich glühenden Massen, so daß man hier durchaus an den Monte Solaro in Capri erinnert wird. Ich stieg wieder zum See hinab und kehrte dann auf derselben Straße nach San Felice zurück.

Nach zehnstündigem Fasten, nach der Meerfahrt, dem Wandern und Klettern in der schon wirksamen Sonnenwärme labten wir uns, mein Führer und ich, mit Wohlbehagen an den herrlichen, durststillenden Orangen dieses Landes. Das Zimmer der Kaffeeschenke war von Bewohnern des Kaps angefüllt, zum Teil großen und schönen Männern, doch ohne besonderes Kostüm. Man zeigte mir einige von ihnen mit der Bemerkung, daß sie beim Papst gedient haben, was unter den jetzigen Verhältnissen als etwas Besonderes, und zwar Ehrenvolles betrachtet zu werden schien. Man sagte mir auch, daß bis zur letzten Umwälzung die Besatzung aller Strandtürme von Terracina bis nach Porto d'Anzio aus San Felicianern bestanden habe.

Ein Fischer war heraufgekommen, meine Rückkehr zu erwarten oder zu beschleunigen; denn wie ich schon vom Turm Paolo aus beobachtet hatte, war mittlerweile der Wind stärker geworden und das Meer mit Wellenschaum bedeckt. Beim Gedanken an eine mehrstündige Fahrt gegen Wind und Wogen war mir dies ein nicht gerade erfreulicher Anblick.

Wir stiegen an einer andern Stelle des Abhangs herab zum Strande, wo sich einige antike Trümmer zeigten. Es würde wohl belohnend sein, hier einige Tage zu verbringen, auf den Felsen herumzuklettern, die schönen Höhlen zu sehen und die Türme del Fico, Cervia und Moresca zu besuchen, welche dort auf vorspringenden Rändern des Kaps stehen. Auf dem Strande fortschreitend gelangten wir wieder zum Turme Vittoria und bestiegen die Barke.

> Alle sie stiegen hinein, auf Ruderbänke sich setzend,
> Saßen gereiht, und schlugen die grauliche Woge mit Rudern.

Wir blieben eine Millie weit vom Strand entfernt. In Wahrheit nur wie eine Nußschale erschien mir die Barke auf dieser wogenden Flut, bald über die Linie des Horizonts und die Berggipfel im Hintergrunde hoch aufsteigend, bald tief unter dieselbe hinabtauchend. Dies machte mir großes Vergnügen, weil ich das bewegte Meer nicht fürchte und niemals auf ihm seekrank werde. Die Ruderer arbeiten mühsam, und mit fehlloser Kunst vermieden sie hier und benutzten sie dort jeden stärkeren Wellenzug. Ich sah dort in der Tat, was «ein gleichschwebendes» Meerschiff sei, denn unsere Barke hing fest und sicher in ihren vier Rudern, welche ihre Arme und Anker zugleich zu sein schienen. Es war indes eine harte Arbeit, vorwärts zu kommen, und schon hatten sich die Ruderer mehr als zwei Stunden lang angestrengt, als wir uns erst dem Turme Badino gegenüber befanden.

Dieser Turm und ein Kasino neben ihm bezeichnen die Stelle, wo sich der Portatore, ein Arm des pontinischen Kanals, ins Meer ergießt. Molen sind daselbst aufgeworfen. Die Fischer beschlossen hier unter Wind zu kommen und, statt die ermüdende Seefahrt fortzusetzen, auf dem Kanal nach Terracina zu fahren.

Die Brandung wälzte sich in hohen grauen Wogen in die Mündung des Portatore; die Barke taumelte darüber hinweg, und wir fuhren alsbald unter einer Zugbrücke in den mehr als stillen, völlig toten, sumpfschwarzen Wasserarm ein. Aus ihm gelangten wir sodann in die Linea Pia, welche in gerader Richtung nach Terracina führt. Sie ist auf beiden Seiten mit hohen Ulmbäumen eingefaßt, und um ihre Ufer blüht der reichste Flor von gelben Wasserlilien. Stellenweise war der Kanal versumpft oder mit wucherndem Pflanzenwuchs buchstäblich angefüllt. Es stiegen daher drei Ruderer aus der Barke und zogen diese, auf dem Lande fortgehend, an einem Seil weiter.

Zu jeder Zeit im Jahre wird die Linea Pia streckenweise gereinigt, und ebenso schnell füllt sie sich wieder mit dem dichten Gefaser der Sumpfgewächse. Die Reinigungsmethode ist sehr einfach: man treibt nämlich von Stelle zu Stelle ein Rudel von Büffeln in den Kanal und läßt von ihnen das Sumpfkraut niederstampfen. Diese Tiere streben natürlich sich zu befreien und das feste Land zu gewinnen, nicht weil sie das Wasser scheuen (sie sind im Gegenteil Sumpftiere), sondern weil die Arbeit des Stampfens und Zerreißens so dichter Pflanzengewebe auch ihre gewaltigen Kräfte bald ermüdet. Aber die sie begleitenden Treiber stoßen sie mit langen Lanzen in das Wasser zurück, und hinter dem Rudel fahren noch andere Peiniger auf dem Sandalo, den Speer in der Hand. So sah ich folgenden Tages an der Appischen Straße bei der Station Mesa diese wilde Sumpfszene; nichts Sonderbareres kann man sich vorstellen als jene im Kanal zusammengedrängten schwarzen Untiere, die Nilpferden ähnlich scheinen, ihre mächtigen Häupter mit zurückgewendeten Hörnern schnaubend aus dem Wasser heben und so schwimmend und stampfend dahergezogen kommen.

Je mehr wir uns Terracina näherten, desto belebter wurde der Kanal. Viele belastete Sandalen fuhren auf ihm daher; auf manchen saßen Männer in guter bürgerlicher Kleidung, welche Reisende zu sein schienen und wohl pontinische Landbesitzer sein mochten.

Wir stiegen aus dem Boot an der Brücke beim großen Militärhospital. Ich ging sofort zum Ufer, neben dem Gasthaus, um zu erfahren, was aus der Riesenschildkröte geworden sei. Sie lag jetzt auf einem zweirädrigen Karren mit Stricken umbunden und sorgsam in eine Hülle von Bast gewickelt, wie als wollte man sie vor Erkältung schützen. Viel Volk stand umher, sie zu betrachten. Ihre starke Schale war vom schönsten Braun mit schwarzen Flecken; ihr Kopf wie eines Adlers Kopf, selbst das Maul hatte Schnabelform. So lag sie noch lebend und blickte aus geöffneten Augen mit stoischem Gleichmut die Gaffer an. Vielleicht wollte sie sagen: ein wieviel greulicheres Geschöpf als ich, bist du, o Mensch, tausendmal grausamer und gefräßiger als der Hai, da du selbst die Ungetüme des Meeres ihrer Tiefe entreißest, um sie dann in deinem Magen zu begraben, dem großen Schlund und Abgrund der lebenden Welt! Nachts sollte die Schildkröte ihrem letzten Schicksal entgegengeführt werden, nach Piperno nämlich im Volskergebirge, wo man sie als Fastenspeise verkaufen wollte.

CIRCE

Die Winde schlafen all', am abendhellen
Gestade schlummert ein das Meer und ruht;
Fern steigt verklärt von letzter Sonnenglut
Der Circe Kap, ein Märchen, aus den Wellen.

Ein Schiff! ein Schiff! es läßt die Segel schwellen
Lichtstreifen ziehend durch die stille Flut;
Und seh' ich's an, so wird es mir zu Mut,
Als ob ihm Sehnsuchtsklänge süß entquellen.

Es schwebt so sanft, geheimnisvoll und leise,
Bald naht es sich, bald treibt es wieder fort,
Und schlingt um mich die stillen Geisterkreise.

Ein rosig Traumbild sitzt an seinem Bord,
Es singt auf sagenvollen Wellen dort
Frau Circe noch die alte Zauberweise.

DAS BOURBONENSCHLOSS CASERTA

1866

Eine halbe Stunde vor Neapel hält der römische Eisenbahnzug wenige Minuten bei Caserta. Orangenduft weht dem Reisenden aus offenen oder versteckten Gärten entgegen, während er mit Verwunderung auf die gewaltige Barock-Fassade eines Prachtschlosses in unmittelbarer Nähe der Station blickt. Wenn er des Landes nicht kundig ist, ahnt er kaum, daß dieses Schloß wie eine riesige Kulisse eine ganze belebte Stadt seinem Blicke fast verbirgt; er erinnert sich flüchtig an die jetzt vertriebene Dynastie, welche vor mehr als hundert Jahren diesen Luxusbau errichtet hat, und rollt durch das blühende Land voll Ungeduld weiter nach dem großen Neapel.

Der Palast von Caserta verdient aber doch einen Besuch. Er galt am Ende des 18. Jahrhunderts als einer der großartigsten und schönsten Europas, und noch spiegelt er die letzte Epoche des absoluten Königtums ab, dessen bourbonisches Prinzip gewesen war: «tel est mon bon plaisir.» Alle durch Größe und Pracht berühmten Residenzen von Königen gehören den Zeiten vor der Französischen Revolution an, zumal der Epoche Ludwigs xiv. und xv.

Als Karl iii. von Bourbon, der Stifter des letzten Herrscherhauses von Neapel, dessen einzige Zierde er war, das Schloß Caserta zu bauen unternahm, gab es schwerlich eine Stimme, die ihn nutzloser Verschwendung anklagte, sondern jedermann pries ihn, weil er ein Denkmal des Friedens, der Künste und des Glanzes der neapolitanischen Monarchie erschuf, womit er selbst die Bauwerke von Versailles und das berühmte Schloß La Granja, welches sein eigener Vater Philipp v. im Jahre 1716 erbaut hatte, zu überstrahlen gedachte. In der Tat war es dieser Wetteifer, der den ehrgeizigen König trieb, die Schlösser von Portici, Caserta und Capo di Monte zu errichten, da die Residenz in Neapel selbst schon seit Philipp iii. bestand, und er ihr nur das große Theater San Carlo hinzufügen konnte.

Der Baumeister Casertas war Luigi Vanvitelli, welchen Karl aus Rom kommen ließ, während sein eigener berühmter Architekt Carasale, durch den er jenes Theater San Carlo hatte erbauen lassen, mit Undank belohnt oder wegen begünstigten Unterschleifs im Castel San Elmo gefangen saß, wo er im Elend starb. Der König Karl begann den Bau des Schlosses im Jahre 1752; er vollendete ihn nicht; er bestieg im Jahre 1759 den spanischen Thron und übergab das Königreich Neapel seinem Sohne Ferdinand iv., welcher den Palast Caserta weiter baute. Der materielle Bau kostete die Summe von sieben Millionen Dukaten, ungerechnet die innere Ausrüstung durch Möbel und Kunstgegenstände.

Das riesige Bauwerk, 780 Fuß lang, 125 Fuß hoch, mit vier Höfen, mit kaum zählbaren Gemächern, wirkt durch seine imposante Masse, durch die Großartigkeit der Anlage, die durchgehende Klarheit und Sicherheit, die Ruhe und das Ebenmaß der Verhältnisse. Dies ist freilich alles, was man zum Lobe seiner Architektur sagen kann. Es ist ein weiter Abstand von Bramante und Palladio zu Vanvitelli; was dazwischen liegt, die Blüte der Rokoko-Periode mit ihrer Überladung, aber auch mit ihrer wunderbaren Fülle, ist hier abgetan, und die uniforme Nüchternheit der modernen Zeit kommt zur Darstellung. Es ist das Genie der Prosa, ein geheimnisloser nackter Verstand, ins Große gehend.

Das Schloß Caserta konnte schwerlich durch das Leben des neapolitanischen Hofes jemals ganz erfüllt werden; es hätte dazu des Glanzes der spanischen oder französischen Monarchie bedurft. Bald genug, nach dem Ausbruche der Französischen Revolution, wurde dieser ungeheuere Palast das sorgenvolle Sanssouci des Königshauses unter Stürmen von Empörung, Krieg und Restauration voll quälerischer Despotenfurcht und schlaflosem Argwohn.

Heute ist hier alles tot und leer. Die langen Reihen der Fenster sind mit grauen Jalousien geschlossen; kein Kerzenschein flimmert aus den Prunksälen am Abend; kein Ton erschallt; keine Karosse fährt durch das hohe und prachtvolle Portal. Nur zwei Soldaten unter Gewehr wandeln dort auf und ab. Sind sie die respektvolle Ehrenwache für ein großes Monument der geschichtlichen Vergangenheit, welche die Gegenwart ausgelöscht hat? Nein! Sie hüten dies unbrauchbar gewordene Bauwerk für den neuen Besitzer, welcher wahrscheinlich niemals dort wohnen wird. Es könnte die Briganten, die auf dem Monte Taburno lagern, gelüsten, nächtlicherweile herabzusteigen und in den Gemächern des Schlosses nachzusehen, ob ihr legitimer verjagter König dort einige Kostbarkeiten für sie zurückgelassen hat.

Im Innern des Portals und des Bogenganges, welcher die ganze Tiefe des Schlosses zwischen den Höfen durchzieht und geradezu auf den Park führt, sitzen Kustoden schläfrig auf Stühlen; sie haben nichts mehr zu tun. Die Schildwache vor der Hauptwache erlaubt dem Neugierigen, auch wenn er nicht mit einer Eintrittskarte aus der Präfektur versehen ist, diese großartige Treppe bis zum obersten Aufsatz zu besteigen.

Das Treppenhaus in Caserta, hoch und luftig, bequem und glanzvoll, mit Säulen, Gemälden, Stukkaturen überreich ausgestattet, ist der Musterbau dieser Art; keines der berühmten Treppenhäuser in Palästen Italiens kann mit ihm wetteifern. Die Scala regia Berninis im Vatikan weicht ihm wenigstens in Eleganz. Über diese glänzenden Marmorstufen und durch die strahlende Vorhalle von dorischen Säulen aus sizilianischem Stein hätten sich Könige und Königinnen des größten Reichs mit ihrem Troß von Kavalieren und Hofdamen gehobenen Gefühls auf- und abbewegen können, zu Festen in den Sälen, zum Lustwandeln im Park, zu den Jagden und Spazierfahrten. Für den neapolitanischen Hof war all diese Pracht doch zu groß, auch in der Zeit der Königin Karoline. Ich glaube, daß hier rechte volle Lebensfreude niemals geherrscht hat, daß sich hier der Hof der Neapolitaner gelangweilt hat. Die Ebene Casertas ist einförmig, und es fehlt das Meer.

Ein Gefühl langweiliger, geistloser Leere ergreift den Besucher in den Prunkgemächern und Sälen, wo nichts als genial und bedeutend sich bemerkbar macht. Nur der Reichtum an dem herrlichsten Marmor jeder Art macht erstaunen.

Als das Schloß begonnen wurde, waren Herkulanum und Pompeji aufgefunden worden. Manches antike Material wanderte nach Caserta hinüber, eine Menge von Säulen gab der Serapistempel von Pozzuoli für das Schloß her. Mosaizisten, Maler, Holzschneider, Stukkaturarbeiter strengten sich an, diesen königlichen Palast zu einem Museum aller Künste damaliger Zeit zu machen. Aber die Malereien von Bonito, Mengs, Hackert und andern Meistern, die damals Größen waren, sind heute nicht mehr genießbar.

Als Goethe Caserta besuchte, wo er sich zwei Tage lang aufhielt, fand er dort Hackert, der im Auftrage des Königs Gemälde ausführte, während Tischbein an dem Porträt der schönen Miß Emma beschäftigt war. Sein Urteil über den Palast ist vollkommen zutreffend; er fand ihn ungeheuer, escorialartig, königlich, aber unbelebt und durch seine leeren Räume unbehaglich. Manche Teile des Innern waren damals erst im Entstehen begriffen; einige sind sogar heute unvollendet geblieben.

Ich fragte in Caserta, wozu man dieses Riesenschloß zu verwenden beabsichtige, und jedermann war in Verlegenheit mir darauf Antwort zu geben. Die Umwälzung Italiens hat überhaupt die Folge gehabt, daß eine große Zahl zum Teil kolossaler königlicher Gebäude leer und inhaltslos an den Fiskus gekommen sind, ohne daß man weiß, was mit ihnen anzufangen sei. Die entthronten Fürsten haben eine ganze Reihe von Palästen, Residenzen und Lustschlössern zurückgelassen. Was soll damit geschehen? Wodurch kann das gigantische Schloß von Parma ausgefüllt werden? Auch die vom Staate nicht mehr anerkannten Orden lassen in Italien viele burgähnliche Abteien und Konvente leer. Womit sollen diese großen, oft prächtigen Bauwerke, in deren Zellen und Höfen schon jetzt die Spinne webt und das Gras wächst,

wieder belebt werden? Sie stehen obenein meistenteils an abgelegenen, oft mühsam zu erreichenden Orten, also außerhalb des
Verkehrs.

Zu diesen Monumenten einer abgestorbenen Zeit werden sich auch
manche Kirchen gesellen, denn die Zahl der Gotteshäuser ist größer,
als das Bedürfnis der Gegenwart und Zukunft sein kann. So viele
Hunderte von verlassenen, großen Bauwerken können schwerlich
mehr durchweg für die Zwecke der modernen Gesellschaft dienstbar
gemacht werden, denn es gibt schon Museen, Hospitäler und Kasernen
mehr als genug.

Mancher Bauten wird sich die Industrie bemächtigen können, wie
es bereits geschehen ist und geschieht. Das einst prachtvolle Schloß
der Prinzen Ludovisi in Sora ist heute für eine Tuchweberei eingerichtet. Die Zentralisation Italiens, der Fall der ehedem mit fürstlichen Rechten ausgestatteten Kirche und die Aufhebung ihrer geistlichen Korporationen wird demnach dieses Land um die dritte ansehnliche Ruinenmasse vermehren. Zu den Monumenten des Altertums und der früheren wie späteren Feudalzeit werden sich die Trümmer des Kleinfürstentums und der Kirche gesellen.

Die Zeit hält in bestimmten Epochen ihr Scherbengericht, welchem
nichts entrinnen kann. Sie hat das Privilegium des Vandalismus, auch
ohne daß sie mit gewaltsamer Hand zerschlägt. Sie raubt den Denkmälern der Architektur, die einst lebensvolle Produkte der menschlichen Gesellschaft waren, das Bedürfnis der Gegenwart, welches ihre
Seele ist, und sie zerfallen dann, wie ein toter Körper zerfällt. Das
Gesetz des moralischen Unterganges der Menschenwerke hat freilich
und glücklicherweise seine Ausnahmen; das Pantheon Agrippas steht
noch heute aufrecht; es verdankt seine Rettung der Kirche, die es in
ihren Dienst zog. Wir wollen hoffen, daß die Italiener Patriotismus
genug besitzen werden, um die prachtvollen Abteien von Monte Cassino, Pavia, San Martino und andere Denkmäler der Kunst noch für
lange Zeit zu erhalten. Auch Caserta dürfte solchen Schutz beanspruchen.

Zu einem Schloß gehört auch ein Park. Man wird von einem solchen im sonnigen Lande Neapels, in einer durch ihre Schönheit berühmten Natur alle Fülle und allen Zauber des Südens erwarten, doch
man findet nichts davon im Parke Casertas. Er stimmt in seinem Charakter durchaus zu der imposanten Einfachheit des Palastes, und vielleicht machte gerade dies den mächtigsten Eindruck: ein ungeheures
Feld zu den Hügeln des Hintergrundes aufsteigend, durchschnitten
von einem breiten Wege, der Länge nach daneben von einem Wasserkanal durchflossen. Dieser fällt von der Höhe herab in Kaskaden, bildet sodann Teiche, die von Marmorgruppen in edler Einfachheit ver-

ziert sind, und wird wieder zum Flusse, welcher endlich unterirdisch
fortströmt, um als Wasserleitung in Neapel auszumünden.

Der Wassersegen, den diese große Stadt empfängt (er ist freilich
nicht ausreichend), ergießt sich demnach aus dem Füllhorn jener königlichen Ubertas, welche diesen Prachtpalast erschuf, aber ihn doch
zugleich mit dem öffentlichen Wohle der gesamten Residenz in Verbindung brachte und dadurch den Egoismus seines Ursprungs min-
derte. Es ist bekannt, daß diese karolinische Wasserleitung aus dem
Berge Taburnus durch das kühne großartige Brückenwerk von drei
Bogenreihen übereinander über dem Tale Maddaloni nach dem Garten von Caserta geführt ist. Dieser Ponte alla Valle ist unter dem
Könige Karl von Vanvitelli erbaut worden und hat so viel gekostet
als der Palast selbst, nämlich sieben Millionen Dukaten.

Nichts belebt die Buschwerke und Alleen des Parks, oder die großen Wiesenflächen, als zahllose Fasanen. Da sie alle von derselben
braunen Farbe des Gefieders sind, so vermehren sie noch den Eindruck der Monotonie des Ganzen. Über diese armen Geschöpfe legi-
timistischer Abkunft ist neuerdings eine fatale Seuche hereingebro-
chen, so daß sie zu Hunderten abstarben, die unschuldigsten von allen
Höflingen der Bourbons. Es gibt im Park auch manchen schönen Versteck, kleine Anlagen, Meiereien, Kioske, ein Rokokoschlößchen im
Wasser und dergleichen Lieblingspartien der Königin Karoline. Ich
verdankte die Kenntnis davon nicht dem Kustoden, sondern einem
Turiner Offizier, der vom Schlachtfelde von Custozza in seine Garnison nach Caserta zurückgekehrt war und meinen Führer machte.

Ein paar Millien vom Schloß entfernt liegt der Hügel von S. Leucio;
er verdankt seine Berühmtheit einer philanthropischen Anwandlung
des Königs Ferdinand iv., welcher dort eine Musterkolonie zu gründen beschlossen hatte. Sein Edikt vom Jahre 1789, dem Jahr der Französischen Revolution, beginnt wörtlich so: «In der großartigen Wohnung von Caserta, welche mein erlauchter Vater begann, und die ich
fortsetzte, fand ich nicht die Stille und Einsamkeit, welche ich für das
Nachdenken und die Erholung des Geistes bedurfte, sondern nur eine
andere Stadt mitten in der Campagna, mit denselben Ideen des Luxus
und der Pracht einer Hauptstadt. Ich suchte daher einen abgelegene-
ren Ort, gleichsam eine Einsiedelei, und ich fand dazu den Hügel von
S. Leucio wohl geeignet.» Man erwäge dies Selbstbekenntnis eines
Königs – was war Caserta schon damals? Ein verfehltes Sanssouci,
wohin dem Monarchen, der damals noch, trotz seiner plebejischen
Grundnatur, einige höhere Impulse von außen erhielt, der ganze Bac-
chantenzug des großen Hoflebens auf den Fersen folgte. Der König
also, der sentimentalen Mode der Zeit Rechnung tragend, bedeckte
jenen Hügel mit Gebäuden und Fabriken, und setzte in diese eine

Kolonie von 31 Familien, deren Pflicht es war, glücklich zu sein. Er gab ihnen einen Kodex ikarischer Gesetze, an deren Spitze die völlige Gleichheit aller geschrieben stand. Sie trugen alle das gleiche Kleid; sie hatten nicht Unterschied von Stand und Rang. Die Familienhäupter wählten Älteste, ihre Magistrate für ein Jahr und ihre Richter in Zivilsachen. Die Ehen wurden durch freie Wahl geschlossen; es gab kein Heiratsgut; der König setzte die neue Familie in ein neues Haus und versorgte sie mit allen Werkzeugen, deren ihre Handarbeit bedurfte. Die Testamente waren abgeschafft. Das Gut des Erblosen fiel der Gemeinde zu. Alle Kinder mußten Schulunterricht genießen; außerdem wurde jedes nach Talent und Neigung in einer Kunstfertigkeit ausgebildet.

Der König hatte diese Verfassung für seine Kolonie mit eigener Hand geschrieben, und er schloß sie mit diesen Worten: «Ich gebe euch diese Gesetze, Bürger und Kolonisten von S. Leucio; beachtet sie und ihr werdet glücklich sein.» Wenn man sich Ferdinand IV. zehn Jahre nachher vorstellt, fraternisierend mit Blutmännern, Brigantenchefs und einem Kardinal Ruffo, in der Mitte des schrecklichen Pöbels von Neapel als Lazzaronikönig, gefühllos bei dem Anblick des Leichnams des Herzogs Carracciolo, befriedigt durch das Blut der edelsten Männer, eines Cirillo und Pagano und so vieler anderer, so wird man Mühe haben zu glauben, daß es derselbe Monarch war, welcher die Republik freier, gleicher und glücklicher Bürger von S. Leucio gestiftet hatte. Und doch war sie sein Lieblingswerk gewesen und hatte seinen Namen in ganz Europa verherrlicht. Das war in Wahrheit die wunderbarste Eroberung, welche die französische Philosophie Voltaires und Rousseaus, welche überhaupt die Philosophie jemals seit den Tyrannenbändigern des Altertums gemacht hat. Schon dies war wunderbar, daß ein König wie Ferdinand IV., der sich damit vergnügte in einer Garküche als Koch verkleidet aufzutreten, überhaupt nur zu der Vorstellung kam, daß es so etwas wie «Nachdenken» gab. Die berühmte Kolonie S. Leucio also war für das Gefühl des Königs eine Art von philanthropischem Treibhaus neben seinem Palast zum Zeitvertreibe, wo der launische Despot die seltensten aller Geschöpfe auf Erden erziehen wollte, nämlich Menschen, die wirklich glücklich sind.

Das utopistische Problem wurde im ganzen gelöst; die Kolonisten arbeiteten, namentlich in Seide, und sie mehrten sich. In einigen Jahren verdoppelte sich ihre Zahl. Der Geschichtschreiber Colletta, welcher dies seltsame Phänomen in die Geschichte der Meinungen seiner Zeit aufgenommen hat, rühmt ihr Gedeihen, bis auch diese stille Gemeinde in den Strom der Revolution und der Parteileidenschaften hineingerissen wurde. Ihre Gesetze gingen unter; doch der bewohnte kleine Ort mit einem Kasino des Königs und noch tätigen Seidenfabriken besteht.

Ich bedauere es, daß ich ihn zu besuchen verhindert wurde – durch die Briganten, welche dort streifen. Diese bourbonischen Ritter vom Busch waren auch schuld, daß ich nicht zu der alten Stadt Caserta hinaufgelangte. Sie liegt nämlich mehrere Millien entfernt auf einem felsigen Höhenzuge über der modernen Stadt, halb in Ruinen, doch nicht ganz verlassen. Noch steht in mächtigen Trümmern das alte Grafenschloß der Gaetani von Rom. Denn diese erhielten einst in der Zeit, da Bonifacius VIII. den heiligen Stuhl bestieg, vom zweiten Anjou die Grafschaft Caserta zum Lehen. Sie blieb ihrem Hause bis zum Jahre 1750, wo sie Karl III. dem Herzoge von Sermoneta-Gaetani abkaufte, um sein Schloß anzulegen. Die alte Burg mag noch langobardischen Ursprungs sein; ihr mittelalterlicher Name ist Casa Erta, das steile Haus.

NEAPEL

1853

Seit der Revolution des Jahres achtzehnhundertachtundvierzig ist Rom noch stiller geworden, als es schon seinem Charakter nach immer sein mußte; Freude und Lebenslust sind aus dem Volke gewichen; der Vermögende hält sich ruhig daheim; die arbeitende Klasse ist gedrückt. Immer seltner werden die Volksfeste; der Karneval verfällt; selbst die sonst so heitre Oktoberfeier, welche die Menge vor die Tore ins Freie trieb und beim Becher und Saltarello fröhlich sein ließ, ist fast hingeschwunden. Rom ist eine große Ruine der Zivilisation, durch welche nur Prozessionen von Geistlichen einherziehen, und die nur vom Klange der Glocken und kirchlicher Musik belebt wird. Alles Lebendige scheint dort von der Kurie, den Kardinälen, Priestern und Mönchen allein auszugehen. Das Volk verhält sich nur anschauend. Betrachtung ist hier alles; gleichviel ob ihr Gegenstand die römische Ruine sei, oder die Galerie des Vatikan, oder eine Funktion in Sankt Peter und in der Sixtinischen Kapelle, wo der Papst und die Kardinäle in ruhender Stellung sich immer gleich zu einem fertigen Bilde gruppieren, welches man so anschaut, als wäre es bereits auf die Leinwand getragen. Selbst auf dem Corso, wo der Römer mittags und abends gravitätisch einhergeht, bewegt er sich nicht, um sich zu bewegen, er findet sich dort ein, um die schönen Frauen zu bewundern, die in Karossen auf und ab rollen.

Nun Neapel. Diese fieberhafte Erregung der Lebenstätigkeit, dieses allgemeine Mit- und Ineinanderhandeln des gesamten Volkes ist ganz erstaunlich. Die Stadt scheint in fortdauernder Revolution; nichts bleibt, alles fließt, strömt von Lebensflut. Gleich groß das Gewühl am Hafen, gleich groß auf den Kais, den Märkten, dem Toledo, und glaubt man sich aus ihm auf Capodimonte, den Vomero oder den Posilip gerettet zu haben, so gerät man in ein neues Chaos strömender Menschenverwirrung. Man hat hier keine Zeit und keinen Raum. Man kann nicht betrachten; wo man auch sei, überall sind die Sinne in beständigem Verteidigungskriege. Selbst die strahlenden Lichter des Meers und der Küsten machen unruhig; sie blenden das Auge und regen die Phantasie auf. Auch nicht in tiefster Nacht hat das Ohr vor dem Lärm der Stimmen und dem Rollen der Wagen Ruhe.

Ich war zum Castel Sant Elmo, nach dem Kloster San Martino hinaufgegangen. Der fürstliche Bau der Benediktiner, der kaum seinesgleichen an Pracht noch an Lage haben mag, prangt hoch über Neapel auf dem Vomero, wo er eine überwältigende Aussicht auf den unge-

Neapel: Castel Nuovo

heuren Golf, seine Inseln und die vom Posilip bis unter den Vesuv hin sich ausbreitende Stadt darbietet. Hier dachte ich das schweigende Neapel ruhig zu betrachten. Aber selbst bis zu dieser Höhe stieg das Brausen der Stadt empor, vernehmlich wie eine nimmer ruhende Brandung; es schien, als kämpfte das Volk dort unten mit wildem Getöse eine Revolution durch. Fragt man, weshalb und was diese Tausende von Stimmen unablässig zu rufen haben, so muß man sich endlich sagen: nichts weiter als Genuß; sie bieten alle nichts als Genüsse aus. Ein neben mir stehender Benediktiner versicherte mir, daß er aus diesem brausenden Gewoge von Stimmen mit Entschiedenheit einzelne Worte fruchtausgellender Weiber heraushöre. Und was bieten sie aus? Was schaffte diese gesegnete Erde oder industrieller Menschenwitz, was dort nicht seinen Ausruf fände, vom Thunfisch im Wasser, vom Pfirsich auf dem Baum bis zum Pulcinella auf der Straße und dem hölzernen Heiligen, der eben fertig aus der Werkstatt kam. Nur das schöne Mädchen wird nicht ausgeschrien; der bleiche Ruffiano wankt den Toledo entlang und zischelt im Vorüberschleichen, wie die Schlange der Verführung: «una ragazza, fresca, bella, bellissima, di tredici anni.» Ich stand lange auf der Balustrade von San Martino und horchte nach Neapel hinab. Wenn dieses Volk, so dachte ich, schon in der alltäglichen Regung seiner Tätigkeit, in dem ganz gewöhnlichen Takt seiner Lebensempfindung die Lüfte mit solchem Schall erfüllt, wie erst muß es tosen, wenn es in Schmerz und Wut aufschreit, wenn diese Tausende von Lazzaroni im Straßenkampf lärmen oder nach Beute schreien – wie sie es nach dem 15. Mai 1848 getan haben, als sie hinter dem Wagen des Königs Ferdinand herliefen und Plünderungsfreiheit begehrten.

Doch alles bewegt sich hier fröhlich, friedlich und selbst in der buntesten Unordnung dennoch geordnet. Einzelne wie ganze Klassen, ob sie sich tausendfach durchkreuzen, gehen wie die Ameisen in ihrem Staat in gewohnten Richtungen, auf bekannten Geleisen. Das ungeheure Leben zirkuliert hier wie das Blut; uns scheint dieser Pulsschlag bis zur wahnsinnigen Aufregung fieberhaft, und doch ist er normal und geregelt.

Die Revolution wie die moralische Niederlage der jüngsten Jahre ist an Neapel spurlos vorübergegangen. Das Leben hat ihre Erscheinung hinweggeflutet, und kaum wüßte man von ihr, wenn man nicht von Wohlmeinenden gewarnt würde, in Reden vorsichtig zu sein und die Spione zu scheuen, die allerorten umherwandern, und wenn man nicht zufällig einige verwüstete Häuser und Paläste bemerkte, namentlich auf Medina und Monte Oliveto, wo die Kanonen des Castel Nuovo schonungslos gefeuert haben. Nun ist dem Fremden auch unverwehrt, spitzen Hut und spitzen Bart zu tragen, seitdem die französische Gesandtschaft für einen Schimpf Genugtuung verlangt hat, der einem französischen Untertan in Neapel widerfuhr. Die Polizei hatte ihn auf der Straße aufgegriffen und ohne weitere Umstände in eine Barbierstube gebracht, wo ihm von Staats wegen der Bart abrasiert wurde. Neapolitanischen jungen Leuten begegnet es, daß sie das Verbrechen eines revolutionären Hutes und Bartes in irgendeinem Verbannungsort, einer Insel oder einem Kastell abbüßen, wie ein Staatsgefangener selbst in Puzzuoli mir erzählte.

Man merkt keine Verstimmung, denn diese elysische Natur ist ja niemals verstimmt; man sieht nirgend ein düsteres, nachdenkliches Antlitz, denn dieser lachende Himmel ist eitel Seligkeit. Tausende Barken tummeln sich nach wie vor im Hafen, tausend Karossen jagen über die Chiaia, Santa Lucia wimmelt von Austern- und Makkaroniessern, auf dem Molo geigt und harft es nach Herzenslust; alle Theater spielen, das Blut des heiligen Gennaro fließt noch wie sonst, keine Bombe hat den kleinen Pulcinell in die Luft gesprengt, und die Villa Reale ist voll von Fremden, welche Geld ausstreuen. Dies Volk lebt nur für den Augenblick. Es ist im innersten Wesen unpolitisch, untragisch und jener männlichen Leidenschaft bar, ohne welche das geschichtliche Tun nicht denkbar ist. Solange Neapel steht, waren seine Herrscher Fremde: Byzantiner, Normannen, Schwaben, Anjous, Spanier, Bourbonen, Joachim Murat. Ein unnationales, charakterloses Volk nimmt jeden Herrscher hin; und noch heute ist es in Neapel höchst ergötzlich, die Münzen mit dem Kopfe Murats friedlich neben denen mit dem Kopfe Ferdinands im Gebrauch zu sehen.

Aufgeklärte und denkende Männer, welche aus diesem Volkscharakter kein Hehl machen, sind ratlos. Ich fuhr in einer Nacht von Portici nach Neapel zurück. Unterwegs gesellte sich in meinem Wagen ein Arzt zu mir, ein kräftig blühender Mann, lebhaften Geistes, wohlgebildet. Er prüfte meine Gesinnung, dann sprach er rückhaltlos seine Ansichten über die gegenwärtige Lage Neapels aus. Sie waren so scharf, wie ich nicht erwartet hatte, daß sie vor einem Unbekannten würden ausgesprochen werden. Die Italiener politisieren leidenschaftlich gern mit Fremden und sind dann grenzenlos offen. Jener Mann hatte einige Verfolgungen erlitten, weil er mit Poerio obenhin bekannt gewesen war. Ich unterbrach unser Gespräch, indem ich auf die zahllosen Ampeln deutete, welche man eines Festes wegen auf der Marinella angezündet hatte. «Wie märchenhaft schön», rief ich aus, «ist dieser Anblick vereint mit jenem Lichterkranz um den Hafen!» «Ja», sagte mein Begleiter, «es ist leider zu schön. Seht, das ist unser Volk. Sie tanzen um jeden Despoten, wenn er ihnen nur ein Kinderspielzeug, ein Licht, eine bunte Ampel vor die Augen hält. Kann diese geblendete Masse einen ernsten Gedanken haben?»

Sie sind erbittert, aber sie lachen. Und wohl nirgend auf der Welt läßt sich der Despotismus leichter ertragen als in Neapel, denn diese unerschöpflichen Schätze der Natur sind nicht zu zerrütten, dieser Boden ist nicht auszusaugen, dieser Himmel macht alle Lebenstätigkeit öffentlich und läßt der Sitte eine fast schrankenlose Freiheit. Die Natur gleicht hier alles aus, sie ist nirgend demokratischer als in Neapel. Wer kann diese Magna Charta der Freiheit je vernichten? Es war mir für das Wesen Neapels folgende Erscheinung immer charakteristisch: um die Mittagszeit liegen im Portikus einer glänzenden Kirche, des Doms San Francesco di Paola, im Angesicht des königlichen Schlosses, Lazzaroni schlafend ausgestreckt, in unschönen Gruppen, mit zerrissenen Wämsern, diese Säulenhalle keineswegs verzierend. Ich dachte dabei an jene Lazzaroni des alten Rom, die wohl auch so in den Säulenhallen des Pompejus und des Augustus Siesta hielten, nur hatten sie Getreidemarken in der Tasche, und diese haben keine. In jeder andern Residenz Europas würde die Polizei solche Schläfer von den Stufen des Doms und aus dem Angesicht des Schlosses hinweggefegt haben. Hier schlafen sie den ruhigsten Schlaf, und vor ihnen schreiten die Wachen, welche an den beiden Reiterstatuen Karls III. und Ferdinands I. schildern, achtlos auf und ab.

Diese Piazza Reale, so nahe am Meere und doch nicht frei genug gelegen, da vorgebaute Paläste den Blick in die See sehr beschränken, wohlgepflastert, daß sie einem Tanzsaale gleicht, von eleganten Gebäuden eingefaßt, ist für den neapolitanischen Staat sehr bezeichnend. Hat doch der König, der Hof, die Staatsgewalt hier den Sitz aufgeschlagen, und scheint es doch, als blicke man hier nicht in das Herz Neapels (das ist der Hafen), aber wohl in das Zentralorgan seiner denkenden und leitenden Tätigkeit. Hier fällt der Charakter völliger Ungeschichtlichkeit, modernster Nüchternheit und Wesenlosigkeit auf, so in dem schönen königlichen Schlosse mit seiner glatten Fassade, deren rötliche und graue Wandfläche, deren ermüdende Symmetrie eine nüchterne Wirkung hervorbringt, so in den beiden ganz gleichen Seitenpalästen, endlich in jenem Dom Francesco di Paola, einem Abbilde des Pantheon zu Rom, welches bei innerer Unselbständigkeit nur in der Art einer geistlosen Kopie zu wirken imstande ist. Selbst die bronzenen Reiterstatuen Karls III., des Gründers der gegenwärtigen Dynastie, und Ferdinands I., Werke Canovas und des Antonio Cali, munter hellgrün in ihrer Farbe, glatt und leicht in ihren Formen, haben gar nicht den Charakter des geschichtlich Monumentalen, sondern nur den des zufällig Verzierenden. Und so ist überall hier der Geist des Gegenwärtigen, Modernen und einer flachen Heiterkeit verbreitet. Das Schloß würde, ohne daß sein Charakter sich dagegen sträubte, als große Villa in einen Park sich verpflanzen lassen und das sein können, was Caserta oder Capodimonte ist, dem es ziemlich ähnlich sieht. Auch dies ist für dasselbe wesentlich, daß San Carlo, das größte aller Theater, mit ihm verbunden einen seiner Flügel vorstellt. Die Musen der Oper und des Balletts wohnen unter einem Dach mit dem Oberhaupt des Staats, und in einem Seitenhof, in welchen man von der Straße aus hinunterblickt, exerzieren jeden Morgen Schweizer, von Kopf bis zu Fuß in nüchtern blaugraue Leinwand gekleidet, die ich niemals anblicken konnte, ohne zu finden, wie vortrefflich diese grauen Reihen mit der kalten Heiterkeit der Architektur des Schlosses zusammenstimmten.

Der König Ferdinand zürnt noch auf Neapel. Das Schloß war wie ausgestorben; der Hof befand sich in Ischia. Aber eines Tages kehrte er nach der Hauptstadt zurück, um dem Fest der Madonna auf dem Mercato beizuwohnen, welche eines fast gleichen Ansehens genießt wie ihre Schwester von Piedigrotta. Ich hatte also das Vergnügen, den gesamten Hof sowohl nach dem Mercato, als zurück nach dem Residenzschlosse fahren zu sehen. Es war ein überaus prächtiger Zug von ungezählten, in Gold strotzenden Kutschen, welcher sich über den Largo di Castello dorthin bewegte, und plötzlich erhielt dies leblose Gebäude den Ausdruck strahlender Lebendigkeit. Aus keinem Munde hörte ich den Ruf «viva il rè!». Man entblößte die Häupter, wie man es tut, wenn die Glocken die Ave-Maria-Zeit ankündigen. Prächtig nahm sich das Militär aus, zumal die Husaren auf schönen Pferden, in malerischer Tracht. In Rom nur an die Züge marschierender Franzosen gewöhnt, war es mir interessant genug, wieder national-italienisches Militär zu sehen. Die Neapolitaner sind stattliche Soldaten, trefflich gekleidet, aber man merkt ihnen an, daß sie nur Soldaten scheinen, daß sie gleichsam ein theatralisches Militär sind.

Es gibt in Rom charakteristische öffentliche Straßenerscheinungen, die stets paarweise einherwandelnden Korporationen, welche in langen Zügen feierlich sich fortbewegen und in der Totenstille der Straßen malerisch auffallen; sie sind höchst wesentlich für den Begriff der Stadt, weil sie dem Betrachter das aufschließen, was sich im innern Leben derselben geistig geordnet und gegliedert hat. Ich will der Hauptsache nach zusammenstellen, was so paarweise in Rom wandelt: Züge der Mönche, der Nonnen, der Jungfrauen aus den verschiedensten Instituten, der armen Waisenkinder, Züge der Kollegienschüler, der Roten, Schwarzen, Weißen; Züge der Totenbrüderschaften in ihren Kapuzen, die Schwarzen, Grünen, Weißen, Violetten, endlich das Militär. Auch Neapel hat die meisten dieser stereotypen, wandelnden Erscheinungen, aber in der ungeheuren Menschenflut fallen sie nicht auf, und das Weltliche drängt das Geistliche zurück. Das Militär ragt hervor, und noch auffallender als dieses treten aus dem Straßengewühl jene unseligen Galeerensklaven heraus, welche paarweise und kettenklirrend, von Soldaten geleitet, je nach ihren Klassen, bald in die Farben des Mordes, blutrot, bald in die des Betrugs und der Schande, hochgelb, uniformiert, durch die Gassen ziehen und selbst in meilenweiter Entfernung bei Portici und Torre del Greco noch den Blick entsetzen. Dies Schauspiel ist entwürdigend, zumal im Angesicht einer Natur, welche Herz und Seele erweitert und mit Empfindungen des Lebensgenusses erfüllt.

Wie ich schon sagte, tritt in Neapel keine jener sozialen Gliederungen so stark und für sich auffällig in die Erscheinung wie in Rom. Und selbst Geistlichkeit und Mönchschaft, wie allgemein bekannt, in unverhältnismäßiger Anzahl vorhanden und das parasitische Gewächs, welches die Lebensentwicklung Neapels hindert, verlieren sich in der Menge, zu deren greller Buntheit allein sie beitragen. Ich habe an jenem Fest der Madonna del Mercato, wie später Gelegenheit gehabt, zu bemerken, wie auch hier alles ins Weltliche, Heitere, ins Volk selbst hineingezogen wird. Man geht nicht zum Fest, um den Anblick geistlichen Pomps oder kirchlicher Schaustellungen zu haben, man geht, um im Freien an der Dekoration der Natur sich zu ergötzen, in welche diese Menschenmenge einen nicht zu sagenden Farbenreichtum hineinträgt. Ich sah das neapolitanische Volk bei dem Feste Centesimo, dem hundertjährigen Besuch der Madonna des Posilip beim Könige, und nimmer sah ich ein ähnliches Festtheater. Die Chiaia und die Villa Reale bis an die Grotte des Posilip mit buntem Menschengewühl übergossen; Fahnen, Teppiche, Blumen; der Golf lichtstrahlend, im Bogen von der Chiaia bis zum Hafen in sechs ausgeflaggte Kriegsschiffe aufgestellt, welche unablässig feuerten. Gewühl und Getöne sinnverwirrend. Die Prozession aber unbedeutend, weder voll feierlicher Würde, noch von wirklichem Glanz, ja wunderlich für den, welcher eben aus Rom kam.

In Rom haben auch die kleinsten Prozessionen immer einen Anstrich von künstlerischer Schönheit, und man merkt wohl, daß die Kunst wohltätige Wirkungen ausübt selbst noch bis auf die geringsten kirchlichen Darstellungen, Sinnbilder und Figuren der Heiligen. Nichts ist dort ganz des Sinnes für das Schöne bar; die Götter Griechenlands im Vatikan und auf dem Kapitol wehren selbst noch von den christlichen Heiligen das allzu Christliche, das allzu Barocke oder Häßliche schützend ab. Solche Wirkung auf den Schönheitssinn im Volk übt in Neapel das bourbonische Museum gar nicht aus. Die Plastik, welche das römische Wesen durchaus zu bestimmen scheint, hat auf Neapel keinen Einfluß; eher, und fast allein nur die Malerei, und ganz unbezweifelt das heitere Freskowerk von Pompeji, welches überall nachgebildet in die Augen fällt. Je phantastischer, desto beliebter.

Welche Bildwerke in kirchlichen Prozessionen Neapels zur Schau getragen werden, ist mir zu schildern nicht möglich. Ich sah die geschmacklosesten Ausgeburten bizarrer Phantasie in einer an das Indische grenzenden Übertreibung. Was hier das Volk anzuschauen verträgt, lernt man schon aus den barocken Skulpturen der Heiligen kennen, welche an den Straßen stehen, auch aus jenen hölzernen Christusbildern, nicht etwa plastischen Figuren, sondern flach aus dem Brett geschnittenen Bildern, die auf den Plätzen zu finden sind.

Endlich muß man einen Blick in irgendeine Werkstätte des Heiligen Neapel tun, um sich darüber zu belehren, wie in diesem Süden Religion und Kunst dem Volk vor die Sinne gebracht und von ihm empfangen werden. Ich war eines Tags in eine jener engen unheimlichen Straßen gekommen, welche sich vom Hafen gegen die Berghöhen emporziehen; der Anblick emsig beschäftigter Künstler, die in einem offenen Zimmer saßen, fesselte mich. Ich blickte in ein langes, nach innen sich verdunkelndes Gemach; dort standen an den Wänden übereinander Reihen von schon fertigen Heiligenbildern, in der Mitte eine Agnes mit dem Lamm, im fliegenden weißen Röckchen, mit kirschrot gefärbten Wangen. Am Eingange arbeiteten Künstler, von denen einer eben beschäftigt war, eine hölzerne Puppe mit Flittern auszuputzen. Es gab da wohl Hunderte von Heiligen in jeder beliebigen Größe von Puppengestalt bis zu menschlicher Höhe, mit Gold und Silber überflittert, in den ungeheuerlichsten Stellungen, geräderte, gespießte, mit dem Beil zerhackte, geschundene, an den Gliedern verstümmelte Figuren. Wie soll ich sie nennen? Wie ferner die Grellheit dieser Farben, endlich die bunte Menge von Amuletten und Symbolen des Aberglaubens bezeichnen, welche dort umherlagen? Ich schaute diesen geheimnisvollen Künstlern zu. Wahrhaftig, man möchte sagen, sie machen Götter für das Volk, wie einst Homer und Hesiod die Götter gemacht haben. Mit diesem Blick in eine Fabrik neapolitanischer Heiligen glaubte ich einen Blick in die Religion des Volks selbst getan zu haben, und ich gestehe, ganz verwirrt ging ich hinweg und schöpfte wieder auf dem Molo Atem, als mein Auge auf die ewig klare, heilig große Natur fiel. Nein, der Mensch ist nicht wie sie, ist nicht wie die Natur, die ihn umgibt; würde er sonst im Angesicht dieses Meeres, dieses Himmels und dieser Berge so abscheuliche, kleine, beflitterte Puppen anbeten können?

Man merkt es bald an seinem eigenen innern Drange, daß alles Leben von Neapel nicht in die Stadt, sondern aus ihr hinaus in die Umgebung strebt. Neapel selbst hat geradezu etwas Abstoßendes; dies

Chaos himmelhoch getürmter Häuser mit barocken Architekturen, die Schwüle und der Staub der Straßen, das sinnbetäubende Gefühl fesseln nicht für lange; wer in Neapel verweilt, bleibt nur, weil die Natur ringsumher das zaubervollste Paradies aufgebaut hat, und weil man von der Stadt wie aus dem Mittelpunkt desselben überallhin in kurzer Zeit gelangen kann, nach Pompeji, Ischia, Sorrento, nach Bajae, auf den Vesuv und nach Capri.

Es gibt daher eine immerwährende Bewegung der Massen von der Stadt weg ins Freie, in drei Hauptrichtungen, welche zugleich die topographische Beschaffenheit Neapels bestimmen. Die eine geht zu den schönen Hügeln Capodimontes hinauf durch die Pulsader Neapels, den Toledo, bis auf die mit Villen bedeckten Anhöhen und die Eremitagen der Camaldoli; die zweite und dritte führen rechts und links vom Ende des Toledo längs des Meeres, hier über den Hafen und die Marinella nach Portici, Pompeji und dem Vesuv, dort über die Chiaia den Posilip hinauf oder durch die große Grotte nach Puzzuoli und Bajä.

Dies sind die drei großen Lebensströme Neapels; es gewährt ein einziges Schauspiel, sie, namentlich nachmittags und abends, in unablässiger Bewegung zu sehen. Hier rollen sowohl die Karossen als die Curriculi, die vom bebänderten Maultier gezogenen zweirädrigen Wagen, in unabsehbarer Linie auf und nieder; in diesen Richtungen drängen sich alle Industrie, aller Luxus, alle Lebensbedürfnisse zusammen: das Glänzende in den Magazinen des Toledo, dessen Untergeschosse Warenlager jeder Art sind; das Notwendige zu den beiden andern Seiten am Meer. Doch auch hier mit einer besonderen Eigentümlichkeit. Denn das elegante Neapel, dessen Gebiet eigentlich der Toledo ist, setzt sich noch bis zur Chiaia fort. Die Chiaia ist einer der herrlichsten Kais der Welt; ihre modernen Paläste sind Wohnungen der Reichen, der Gesandten und die ersten Hotels der Stadt. Vor ihnen liegt die Villa Reale, deren Garten nur den sogenannten anständigen Klassen geöffnet ist. Das Volksleben ist also hier ausgeschlossen; die vornehme Welt hat dies Gebiet für sich in Beschlag genommen. Selbst am Strande sieht man kaum einige Fischer, und die Bäder, die dort angelegt werden, kosten teures Geld. Erst wo die Chiaia sich nach der Grotte des Posilip und der Mergellina teilt, beginnt wieder das Revier der Volksbedürfnisse, des Volkslebens, der Fisch- und Gemüsemärkte und der Schenken.

Es hat daher diese Richtung ein stilles und vornehmes Ansehen. Dies ändert sich wie mit einem Zauberschlage, wenn man über das Kastell hinaus den Kai Santa Lucia betritt. Von hier ab ergießt sich das Volksleben, noch einmal auf kurzer Strecke durch das königliche Schloß unterbrochen und durch das Castel Nuovo gleichsam gezügelt, in steigender Progression über den Hafen hinaus bis zum Mercato, dem großen Markt hin, und setzt sich, schwächer werdend, in den Vorstädten Neapels, man kann sagen bis nach Portici fort. Den Übergang vom aristokratischen Neapel zum demokratischen macht also Santa Lucia, welches einen gemischten Charakter hat, und wo Gasthäuser zweiten Ranges stehen. Vom Hafen an, um den sich aller Verkehr zusammenhäuft, der die unteren Klassen in Bewegung setzt und wie ein Zentralpunkt nach allen Seiten eine unglaubliche Tätigkeit, Arbeit und Industrie ausstrahlt, wächst die Bewegung des Gewerbes, des Volksbedürfnisses, des Volksgenusses. Diese ganze Seite sieht verwohnt, verlebt, verarbeitet aus; der Kai ist schmutzig von Kohlenstaub und von unzähligem Material bedeckt, dichtgedrängt voll Lazzaroni, voll Barkenführer, Fischer, Hausierer. Hier kauft der gemeine Mann seine Kleider und Schuhe, und diese Waren häufen sich in vielen engen Straßen. Jeglicher Artikel häuslichen Bedarfs ist hier vorrätig. Hier sind die Volksbutiken, die Kaffee- und Likörschenken; hier stehen die Fruchttische bedeckt mit schon in Scheiben zerlegten Orangen und Wassermelonen, die man für einen Tornese kauft und stehend verzehrt. Hier ist die Speise des gemeinen Mannes, die indische Feige, bereits geschält. Und hier sammeln sich auch die Straßensalons der Volksunterhaltung. Jeden Nachmittag sieht man in einer Winkelgasse am Hafen einen Vorleser aus einem abgerissenen Buch Romanzen, Rittergeschichten, Räubertragödien nachdrücklich vor einem Zuhörerkreise vortragen. Auch der Schreiber sitzt hier, welcher Liebesbriefe schreibt. Hier stehen die Pulcinellatheater, das Pulcinellhäuschen am Eingange, woraus die schnalzenden Töne des kleinen Männchens lockend hervorschallen. Auch das höhere Volkstheater San Carlino befindet sich nahe am Hafen. Selbst für Bäder ist hier gesorgt; denn der ganze Kai wimmelt von Badehäusern, worin der Unbemittelte ein Bad erschwingen kann.

Aber all dies ans Meer und um das Schiffsgewühl des Hafens gedrängte Leben scheint noch Ebbe zu sein, vergleicht man es mit jener ungeheuren Flut, die sich über die beiden großen Speisemärkte ergießt, den Porto Nuovo und den Mercato. Es ist nicht in Worte zu fassen, welche Volksmenge namentlich im Porto Nuovo durcheinander wogt. Ganz Kampanien scheint seine Früchte und der ganze Golf alle seine Fische auf diesen Platz geworfen zu haben. Das Volk ist nur da, um zu kaufen, zu essen. Hier ist das Theater für den Hunger Neapels. Man flüchte sich in eine jener wunderlichen Garküchen, wo hinter Bretterverschlägen die «pizzi», große, flache Kuchen, gegessen werden, welche mit Käse oder mit Schinkenstücken belegt sind, je nach dem Geschmack des Bestellers. Man fordert sie, und in fünf

Minuten sind sie gebacken. Es gehört der Magen eines Lazzarone dazu, sie zu verdauen.

Auf dem Mercato werden die Wochenmärkte gehalten. Der ungeheure Platz, dem Deutschen eine Stätte der Trauer, weil hier der letzte Hohenstaufe enthauptet ward, ist zugleich dadurch charakteristisch, daß auf ihm die Geschichte Masaniellos gespielt hat. Die Lazzaroni haben hier ihren König gekrönt und erschlagen. Er ist darum das historische Lokal des neapolitanischen Volks, sein Bastilleplatz, blutig durch schreckliche Szenen der Volksjustiz, welche hier die Köpfe des Adels abschlug und zur Schau stellte, und schrecklich durch die Erinnerungen an die Pest.

Diese Menschenwelt zu entwirren und in Gruppen ihrer besondern Art zu ordnen, möchte eine ebenso interessante wie schwierige Aufgabe sein. Man hat so viele Darstellungen neapolitanischen Lebens, so viele fleißige und geistreiche Bücher, aber ihrer tausend könnte man zuvor gelesen haben und stünde doch vor diesem Wechsel der Erscheinungen ganz unberaten da. Am ehesten ließe sich noch das Leben in Santa Lucia in einen Rahmen zusammenfassen. Ich habe schon gesagt, daß dieser Kai, einer der merkwürdigsten Punkte Neapels, die neutrale Mitte ist, wo sich die obern und untern Schichten der Bevölkerung begegnen und die mittlere Bürgerklasse den Sieg davongetragen hat. Der schöne Kai von geringer Länge wird links von den Gebäuden des Schlosses, rechts von dem malerischen Castell dell' Ovo abgeschlossen. Fast in der Mitte des großen Bogens gelegen, welcher den Golf umfaßt, steht er offen gegen das Meer, und hier kann der Blick frei über die Wasserfläche streifen, weil kein Schiffsgewühl, wie im Hafen, ihn behindert. Dies zieht daher sowohl die Fremden in Gasthäuser, welche sich in Santa Lucia aufgetan haben, als den Mittelstand auf den Kai, um abends sich des unvergleichlichen Schauspiels und sonstiger Genüsse zu erfreuen.

Ich habe sechs Wochen auf Santa Lucia zugebracht. Wenn ich auf den Balkon meines Fensters trat, lagen vor mir der Golf, der Vesuv, die weißen Städte an seinem Fuß, die Küsten von Castellamare und Sorrent bis zum Kap der Minerva, und die Felseninsel Capri. Jeden Morgen weckte mich der Golf selber, sobald er die Rosenhelle seines stillen Spiegels in mein Zimmer strahlte, und jeden Morgen betrachtete ich das Wunder des Sonnenaufgangs und die Farbenpracht der Berge und des Meeres, welche auch die ungeheure Stadt zu entzünden und zu erwecken scheint. Diese Lage hat Santa Lucia; aber noch ein feenhafteres Schauspiel gewährt sie, wenn der Mond sein magisches Licht über Berge, Meer und Stadt ergießt, während den ganzen Golf bis zum Kai ein breiter Lichtstrom durchflutet. Der schwarze Mastenwald im Hafen schwebt dann geisterhaft in einem weißen Silberdunst, der schlanke Leuchtturm funkelt matter, Barken gleiten traumhaft wie dunkle Schatten über die Lichtfläche, tauchen auf und verschwinden. Am Horizont steigt der schöne Fels von Capri aus der Nacht märchenhaft empor, und ganz überwältigend, wie phantasmagorische Lichtbilder, glänzen drüben die Somma, der Vesuv und die Berge von Castellamare und Sorrent. Wer kann in solcher Nacht schlafen? Man steigt in eine Barke und rudert hinaus durch die phosphoreszierenden Wellen, oder man setzt sich zum Volk auf dem Kai und ißt «frutti di mare».

Denn hier lärmt unmittelbar am Wasser das fröhlichste Leben. In zwei Reihen stehen die kleinen Buden der Austernhändler. Santa Lucia ist der Sammelpunkt aller Meerfrüchte. Muscheln und Austern jeder Art liegen hier zierlich geordnet auf schrägen Laden. Jede Bude ist numeriert und mit dem Namen des Besitzers versehen. Unaufhörlich wird zum Genuß eingeladen; die Lichter flimmern; in ihrem Schein blitzen die schönen, bizarren Muscheln, und Seeigel, Seesterne, Meerkorallen, Krebse locken mit ihren seltsamen Formen und bunten Schalen weniger zum Genuß als zur Betrachtung. Das geheimnisvolle Reich der Tiefe ist hier aufgeschlossen; so märchenhaft sieht dieser kleine Muschelmarkt aus wie ein Meeresweihnachten, und alle Abende hat man die Freude des Anblicks.

Geht man die steinernen Treppen an das Wasser hinunter, so befindet man sich plötzlich in einem großen, nächtlich erleuchteten Saal unter freiem Himmel. Hier verzehrt das Volk an Tischen Austern, und hier kann man auch die Makkaronivertilger anstaunen. Man macht sich wohl das Vergnügen, einem Lazzarone oder Fischerjungen ein paar Gran zu schenken, damit er sich Makkaroni kaufe und sich im Verschlingen derselben produziere. Wo dieses Gewühl endigt, beginnt eine andere bunte Szene. In einem Gewölbe sprudelt am Kai die Schwefelquelle von Santa Lucia. Vom frühen Morgen bis in die späte Nacht schöpfen dies Heilwasser Weiber und Mädchen in Gläsern und bieten den Trunk aus. Man sitzt auf Stühlen umher, man trinkt ein Glas des mineralischen Wassers und ißt dazu kleine Kringel. Von allen Seiten strömen Besucher, von der Stadt her wie aus den Barken, welche kommen und gehen. Und hier wirft auch die nächtliche Nymphe ihre Netze nach dem Fremden aus. Die losen Mädchen kommen mit der Mutter oder gewöhnlich mit einer grauhaarigen Kupplerin, welche die Ehrenwächterin spielt, nach Santa Lucia und knüpfen sehr ominös bei einem Glase Schwefelwasser ihr Liebesabenteuer an.

So ist der Abend auf Santa Lucia. Auch der Tag ist nicht minder geräuschvoll. Man badet hier öffentlich vor den Augen der Welt. Vom Kai am Castel dell'Ovo sieht man zu jeder Stunde Buben und

Jünglinge in das Wasser springen und köpflings ihre Schwimmkünste zeigen. Die Neapolitaner schwimmen gleich Delphinen. Das Element erhält den Menschen am ursprünglichen Naturzustande; der warme Himmel bringt die Nacktheit wieder zu Ehren, und die herrlichsten Studien der Antike lassen sich hier auf der Straße machen. Dieser Gegensatz ist sehr grell; am Kai rollen die Wagen mit Aristokraten der höchsten Gesellschaft; vor den Augen der feinsten Damen aus den Salons von Paris oder London springen Scharen nackter Menschen in paradiesischer Unschuld in die Wellen. Fischerbuben laufen nackt selbst auf die Straße und begrüßen mit vielen graziösen Verbeugungen und lebhafter Gestikulation den Fremden, der ihnen dann und wann einen Gran zu schenken pflegt. Ich machte mir oft das Vergnügen, vom vierten Stock meiner Wohnung herab diese Buben mit einem Gran auf die Straße zu locken. Auf einen Wink sprangen sie ins Wasser und kehrten triefend zurück, um den Lohn zu empfangen. Den Anblick des Nackten wird man im ganzen Golf nicht los. Selbst auf die eisernen Gitter des Hafens klettern Knaben, um sich dann kopfüber ins Meer zu stürzen.

Seit dem 18. Mai 1853 ist landeinwärts noch eine Straße für die Bewegung des Volkes eröffnet worden, die Strada Teresa, von dem jetzigen Könige angelegt und zu Ehren seiner Gemahlin so genannt. Sie führt in einer Parabole um das Castel Sant Elmo durch Hügel und Täler über den Vomero und mündet dann auf die Chiaia. Sie ist noch nicht vollendet, noch nicht gepflastert; über manche Austiefungen sind erst Bretter gelegt, aber schon jetzt wälzt sich der Volksstrom über sie hin; Reiter, zu Pferd, auf Eseln und Maultieren, sprengen darauf einher, und Scharen von Fußgängern durchziehen diese Anlage, zumal an den Sonn- und Festtagen. Es scheint, als genügten der Volksströmung Neapels jene drei angegebenen Richtungen nicht mehr, und als habe so das Leben dieser ungeheuren Stadt sich durch die Berge ein neues Bett gewühlt, um sich dann vom Vomero wieder auf die Chiaia zu ergießen.

Die neue Straße wird sich überall mit Häusern besetzen, aber immer den Charakter des Ländlichen behalten und dem Bedürfnis der Meeranwohner nach Land- und Gartenluft vollkommen genügen. Hier wechseln die Ansichten der Stadt, des Golfs, der Berge und Inseln mit jeder Windung des Weges, mit jedem Hügel und Tal; man weiß nicht, wohin schauen, in diese blauen Meeresfernen, auf dieses lichtumflossene Amphitheater der Stadt, oder in jene üppigen Gärten mit heitern Villen und auf jene malerischen Gruppen von Pinien, Palmen und Zypressen. Wer hier von der Natur nicht ergriffen wird, muß fühlloser sein als eine Lavaschlacke.

Man steigt zu der Straße von den Studien herauf, wo stets Reihen

von Eseln zum Vermieten bereit stehen. Besser wandelt es sich zu
Fuß. Wir wollen hier hinaufgehen und vorwärtsschreitend nur die
wechselnden Szenen still aneinander reihen. Das ungefähr würde
unser Auge nacheinander festhalten: Castel Sant Elmo mit seinen
weißen Mauern auf gelbbraunen Felsen, von Kaktus und Aloe um-
wuchert, von grünen Ranken umschlungen; Gärten in der Tiefe, nun
an einer Schenke vorüber, welche ganz in Weingewinden begraben
liegt; wieder braune wüste Tuffelsen; ein Tal von Zitronen, Tulpen-
bäumen, Granaten, ein narkotisch süßer Duft überall; wieder eine
Vorstadt mit städtischem Gewerbe; wieder freie, lachende Hügel,
Blicke auf Landhäuser; eine Schlucht mit Kaktus und Palmen; ein
plötzlicher Blick auf die Stadt zur Linken, auf den Golf, auf Capri; ein
Hain von Pinien, über welchem der Vesuv in dem zartesten Violett
schwebt. Wieder eine wilde Felsenpartie; darauf Gärten und bizarre
Landhäuser mit offenen Hallen. Eine ländliche Szene, Hirten, welche
Ziegen treiben. Ein Kloster mit Staffage von Mönchen. Höhere Hügel
mit Pinien – ach, wer kann alle jene schönen Bilder nennen! Meer,
Himmel und Erde tanzen hier im Licht, und die Seele wird von dem
Duft der Pflanzen berauscht. Ich warf mich an einer Zypresse hin,
blickte in die Gärten unter mir und sah den Weinreben zu, wie sie in
bacchantischer Lust sich um die Bäume wanden, leicht bewegt vom
lauen Hauch der Sommerluft. Sie kamen mir vor wie die schwebenden
Bacchantinnen von Pompeji. In einem Buch habe ich gelesen, wie sich
ein Gelehrter den Kopf mit der Frage zerbricht, warum die Bacchan-
tinnen jener Fresken in der Luft tanzen; weil dies unnatürlich sei und
die Füße doch auf dem Boden stehen müßten, so könnten, meinte der
Pedant, diese Figuren eigentlich doch nur als Arabesken gelten. Es ist
ein schreckliches Ding die Gelehrsamkeit und Archäologie! Wie die
Alten empfunden haben, fühlt man auch in diesem paradiesischen
Grün auf dem Rücken liegend. Es ist eitel Bacchusdienst umher, die
Seele wogt vor Lust in den Lüften wie eine Bacchantin mit dem
Thyrsusstab, von der Erde weg schwingt sie sich, hebt sich über sich,
wird ganz eine losgelöste Existenz, ein Jauchzen schwebender Lust.

Aber liegt es in der Schönheit der Natur oder nur in dem christ-
lich gewöhnten Gemüt, daß die höchsten Wunder der Erde endlich
doch immer zur Wehmut stimmen? Ich war auf eine Höhe hinaufgegangen; Schweizersoldaten zechten dort vor einer Strohschenke. Zu
Füßen lag in abendlicher Klarheit das Meer mit den Eilanden Nisida,
Procida und Ischia. Ich blieb von diesem Schauspiel hingerissen
stehen. Ein gemeiner Schweizersoldat hatte sich zu mir gesellt und
sagte plötzlich, auf dieses Paradies weisend: «Ach, es ischt zu schön,
es macht ganz traurig!»

Ich habe die drei schönsten Seestädte Italiens, Genua, Neapel und Palermo gesehen, welche um den Vorzug ihrer Lage streiten, und kann sie also miteinander vergleichen. Unbezweifelt wird hier Neapel den Sieg davontragen, denn welche Stadt rühmte sich eines so klassischen Amphitheaters der Natur, eines solchen Golfs, des Vesuvs, der Küsten von Castellamare und Sorrent, und solcher schönen Inseln? Die Farbenpracht, die Größe und Weite dieses Gemäldes ist wohl ohnegleichen in der Welt; die Dimensionen sind so groß, daß sie das Auge nicht zusammenfassen kann; ins Unendliche scheint sich hier das Werk der Menschen wie der Natur auszudehnen und die schöne Erscheinung in Licht und Glanz sich aufzulösen. Man kann dies Totalbild Neapel nicht übersehen, wenn man es aus der Nähe anschaut; es sondert sich dann gleich in Gruppen. Um es mit dem Blick ganz zu umspannen, will es einen verkleinernden Augenpunkt, die Perspektive aus der Höhe oder die aus der Meeresferne, wo dann die Formen der Stadt sich verlieren und nur die der Natur allein wirken.

Dagegen gewähren Genua und Palermo die Anschauung eines von dem prächtigsten Rahmen übersichtlich umfaßten Gemäldes; jenes amphitheatralisch mit seinen Palästen und Landhäusern auf die Berge hinaufgestellt, dieses im üppigsten Tal verbreitet und von plastischen Bergen umringt, welche zu beiden Seiten das Kap Pellegrino und das Vorgebirge Zaffarano in nicht zu großer Weite in das Meer hinausstrecken. Sie machen also ein Bild, dessen Farbenreichtum sowohl als dessen Formen entzücken. Bei Neapel ist alles Weite, ja in Licht schwimmende Unendlichkeit, welche die Sinne mit sich fortreißt und dem zerteilten Blick keine Ruhe gestatten will. Wo man auch seinen Ort wählen mag, um die Stadt anzuschauen, auf Sant Elmo, Camaldoli oder dem Vesuv selber – und das sind die erhabensten Standpunkte für dieses wunderbare Panorama –, überall wird sich Neapel selbst als formlose Masse darstellen, überall die Landschaft und das Meer übermächtig hervortreten. Die Häusermenge, welche sich um den Golf ergossen hat, wirkt nicht architektonisch, sondern durch die Vorstellung schrankenloser Ausdehnung, welche das Leben in einer elysischen Natur genommen hat. Lage und Aussicht ist dem Menschen hier genug; es scheint, als habe er in Bewunderung solcher Herrlichkeiten seine Hände in den Schoß gelegt und es aufgegeben, mit der Natur in erhabenen Werken zu wetteifern. Nichts strebt in diesem Häusermeer auf; endlos dehnen sich die platten Dächer, ebenso viele Schauplätze, auf denen man des Anschauens froh werden kann; wenige Kirchenkuppeln, und diese klein und unscheinbar, fast nirgend ein Turm, unterbrechen die Einförmigkeit der horizontalen Linie. Unvergleichbar schöner nimmt sich Konstantinopel aus, dessen Kuppeln sich über die vielgegliederte Stadt aufschwingen, und dessen zahllose schlanke Minarette über Zypressen und Pinien dem Gemälde einen fremdartigen Reiz geben.

Diese architektonische Unterschiedlosigkeit, ja völlige Unbedeutendheit Neapels ist mir immer höchst wesentlich für seinen Begriff erschienen. Sie spiegelt so vollständig auch die Geschichte des Landes ab, den Unbestand und Wechsel flüchtiger Herrschaften, das Unorganische, die Bestimmungslosigkeit des Volksgeistes für irgendeine kulturgeschichtliche Aufgabe, Passivität und Genuß, das Gegenwärtige, höchste Lebendigkeit der Sinne und allgemeine, heitere Lebensentfaltung. Die Geschichte hat hier keine Form gewonnen; deshalb ist auch die Stadt formlos und unmonumental im höchsten Grade. Weder der Geist der Dynastien, noch des Volks hat sich hier in großen Monumenten ausgesprochen; und Monumente sind Verkörperungen von Kulturprinzipien, sinnliche Darstellungen des innern Wesens, der lebendigen Ideen, welche eine Zeit beherrscht haben oder noch beherrschen. Es ist für Neapel charakteristisch, daß seine vorzüglichste Kulturleistung der Musik angehört. Scarlatti und sein Schüler Porpora, Leonardo Leo, Francesco Durante, Pergolese, Paisiello, Cimarosa und alle jene Meister, welche bis auf Bellini und Mercadante aus der musikalischen Schule Neapels hervorgingen, sind seine Größen. Alle andern geistigen Potenzen, so viele glänzende Köpfe auch diese mit dem lebhaftesten Talent ausgerüstete Stadt hervorgebracht hat, haben entweder keine dauernd organische Entwicklung gewonnen oder sind nur als einzelne Erscheinungen bedeutend.

Dies unmonumentale Wesen wird dem Beschauer noch mehr in die Augen fallen, wenn er eben aus Rom kam, welches das Denkmal der Weltgeschichte selber ist. Aber auch abgesehen von diesem innern Charakter Roms, glaube ich, daß es keine Stadt auf der Erde gibt, welche so wie diese Landschaft und Architektur in völliges Gleichgewicht setzt, und wieder auch ohne die Natur gesehen, allein durch ihre architektonischen Massen zur Bewunderung zwingt. Man muß sich, um jene Verbindung des Landschaftlichen und Architektonischen zu erkennen, auf den Monte Testaccio, den Monte Mario, auf San Pietro in Montorio, auf den Turm des Kapitols stellen; um die Größe der architektonischen Wirkung allein zu erfahren, genügt schon ein Blick vom Monte Pincio, wo sich die Stadt für sich selbst in großen Linien und gewaltigen Formen als ein Riesenwerk der Geschichte darstellt. Hier bestimmen die Monumente der Kulturperioden, die Ruinen des Altertums, die triumphierende Kuppel des Christentums, die Vorstellung von dem, was Rom bedeutet.

Was sich in Neapel, dieser Stadt der Gegenwart, als architektonisch auffallend sondert und in die Augen springt, sind weder Ruinen noch Kirchen. Die Überreste des Altertums sind verschwunden; nie wurde

hier für die Ewigkeit gebaut. Das einzige, erstaunliche Monument
alter Zeit, welches Neapel besitzt, sind seine Katakomben, die vielleicht nicht einmal von denen in Syrakus an Ausdehnung erreicht
werden; auch ist's die merkwürdige Grotte des Posilip, und beide
Werke sind unterirdisch. An Kirchen besitzt Neapel mehr als genug,
aber die wahrhaft demokratische Unterschiedslosigkeit, mit welcher
sie sich anspruchslos den Häusern anreihen und in der Straße auf-
gehen, turmlos und mit schlechten Fassaden, gibt den Beweis, daß das
neapolitanische Volk, obwohl von Geistlichen und Mönchen wimmelnd, dennoch zu jeder Zeit religiös indifferent gewesen sein muß.
Begeisterung für die Größe der Kirche, für den Glauben hat hier nicht
geherrscht; lange Zeit hat Neapel unter den Hohenstaufen mit den
Päpsten in entschiedenem Kampfe gelegen. Die Lebenslust hat endlich alles Geistliche verweltlichen müssen, und ich glaube, recht deutlich spricht sich dies in dem neuesten Prachtbau Neapels aus, der
Kirche San Francesco di Paola, welche Ferdinand I. für die Wiederherstellung seiner Herrschaft gelobt und gebaut hat. Diese Nachbildung
des Pantheon dient eigentlich nur zur Verschönerung der Piazza
Reale; und wie weit die Kirche davon entfernt ist, auf religiöse Würde
Anspruch zu machen, kann man an ihrer Arkade sehen, in welche
Läden hineingebaut sind, in denen Klaviere verkauft werden. Auch
die Paläste, nebst den Kirchen die ansehnlichsten Gebäude in italienischen Städten, verlieren sich in der Unendlichkeit der Häuser, um-
baut und eingeengt, als große zum Teil geschmacklose Massen, oder
selbst wenn sie durch Majestät imponieren könnten, wie der burgartige Palast Maddaloni, nicht recht genießbar, weil sie eben nicht frei
genug stehen. So springt nirgends das Mittelalter, überall der moderne Charakter in die Augen.

Wer nun in diesem Sinne des architektonisch Auffallenden Neapel
betrachtet, wird finden, daß sich am meisten bemerkbar machen die
schönen Villen auf den Hügeln, die Arsenale und Hafenbauten, das
Schloß und vor allem die drei großen Kastelle. Überall treten sie in
dem Totalbilde als die wesentlichen Glieder der Stadt hervor. Hoch
auf dem Vomero thront über ganz Neapel das Castel Sant Elmo, unendlich malerisch gelegen und von bezaubernder Schönheit in der
Morgen- oder Abendbeleuchtung; in den Golf hinein stehen Castel
dell' Ovo und Castel Nuovo, bizarre Massen aus grauem Tuff. So
wird das feurige Roß Neapel gezügelt.

Es war mir nicht gestattet, das Innere des Castel dell' Ovo zu betreten. Es gehört zu den ältesten Gebäuden Neapels, da es schon dem
Lukullus den Ursprung verdanken soll und Romulus Augustulus, der
letzte Kaiser Roms, darin sein Leben beschloß. Friedrich II. vollendete
es im Jahre 1221, ohne zu ahnen, daß es einst der Kerker seiner letz-

ten Nachkommen werden sollte. Denn mehrere Jahre nach der unglücklichen Schlacht bei Benevent, in welcher König Manfred Reich und Leben verlor, schmachteten dort dessen Kinder in Ketten; nur seine Tochter Beatrix verdankte ihre Befreiung der Sizilianischen Vesper. Es war am 5. Juni 1284, als die Sizilianer die große Seeschlacht im Angesicht von Neapel schlugen, unter dem Befehl des berühmten Admirals Ruggiero Loria. Karls von Anjou Tochter schaute derselben von den Zinnen des Kastells zu, ängstlich des Ausgangs harrend; und nicht minder besorgt mochte die unglückliche Tochter Manfreds der Entscheidung entgegengesehen haben. Jene Prinzessin sah die neapolitanische Flotte untergehen oder fliehen; ihr Bruder Karl ward gefangen; es kamen zwei sizilianische Galeeren vor das Kastell; Loria forderte die unverzügliche Auslieferung der Tochter Manfreds und drohte, wenn sie verweigert werde, Karls von Anjou Sohn auf seinem Schiff enthaupten zu lassen. Die Gefangene wurde ausgeliefert. Nach achtzehn Jahren sah sie die Freiheit wieder; ihre ganze Jugend hatte sie im Gefängnis verlebt. Man führte sie im Triumph nach Messina, wo ihre Schwester Constanza, Gemahlin Peters von Aragon, sie wie eine von den Toten Erstandene begrüßte.

In derselben Burg endeten die Söhne Manfreds ihr Leben.

Das Castel Nuovo ist noch bedeutender und das größte Architekturwerk Neapels. In ihm befindet sich der merkwürdige Triumphbogen, den Alfonso I. von Aragon im Jahre 1470 von Giuliano da Majano, oder nach andern von Pietro di Martino errichten ließ. Er spannt sich zwischen zwei Türmen aus und zeigt in mehreren Abteilungen übereinander viele interessante Reliefs, die sich auf den Einzug jenes siegreichen Königs in Neapel beziehen. Auch hier fällt es auf, daß ein solches Werk der Öffentlichkeit entzogen, in einem Kastell versteckt gehalten wird. Man hatte zwar die Absicht, den Bogen vor dem Dom aufzustellen, aber zufällige Bedenken verhinderten dies.

Das Castel Nuovo ist eine Anlage Karls von Anjou aus dem Jahre 1283. Überhaupt sind es die Anjous gewesen, welche die größten Bauten in Neapel ausgeführt haben, und auch die wichtigsten Kirchen schreiben sich aus ihrer Zeit her. Sie sind die wahren geschichtlichen Denkmäler Neapels, nicht allein um mancher Grabmäler willen, sondern weil sie ihre Entstehung größtenteils historischen Ereignissen zu verdanken haben. Den Dom baute Karl I. auf den Ruinen eines Neptuntempels, und ihn vollendete Robert I. San Domencio Maggiore baute Karl von Calabrien im Jahre 1289, um ein Gelübde zu lösen, welches er getan hatten, als er in die Gefangenschaft des Loria fiel. San Lorenzo Maggiore gründete Karl I. im Jahre 1265, um ein Gelübde zu lösen, welches er nach der Schlacht von Benevent geleistet hatte. San Pietro Martire baute Karl II. von Anjou; Santa Chiara der

Neapel

König Robert im Jahre 1310; die Incoronata, verherrlicht durch Giottos Fresken*, gründete Johanna I. zum Andenken an ihre Vermählung mit Ludwig von Tarent. San Giovanni a Carbonara, Monte Oliveto, S. Antonio Abbate bauten Ladislaus und Johanna. Auch das Kloster San Martino auf Sant Elmo verdankt Ursprung und Ausbau den Anjous, und endlich bezeichnen Carmine Maggiore und das Purgatorio del Mercato den Fall des Hohenstaufengeschlechts, weil in jener Kirche die Grabstätte Konradins und seine im Jahre 1847 von Maximilian von Bayern errichtete Statue sich befinden, und in dieser Kapelle die Porphyrsäule steht, welche Karl I. auf der Stelle soll errichtet haben, wo Konradin und Friedrich von Baden enthauptet wurden. Die Inschrift darauf lautet:

> Asturis ungue Leo pullum rapiens aquilinum
> Hic deplumavit acephalumque dedit.

> *Bei Astura ergriff der Löwe das Junge des Adlers.*
> *Hier entfedert er es, trennt ihm vom Rumpfe das Haupt.*

Weder die Normannen noch die Hohenstaufen haben in Neapel irgendeinen nennenswerten Bau ausgeführt, und keine jener maurisch-normannischen Architekturen, von denen Sizilien angefüllt ist, darf man hier suchen. Die Gründung der neuen Dynastie Anjou, welche sich nach dem Verlust Siziliens auf Neapel beschränkte, entwickelte auch die einzige Blüte der Architektur und Skulptur, die Neapel hervorgebracht hat. Indem hier der romanische Baustil der Basiliken aufgegeben wurde, trat an seine Stelle der germanische. Diese Periode dauerte etwa bis zum Ende des 14. Jahrhunderts; ihr Gipfelpunkt ist die Regierung des kunstliebenden Königs Robert. Neapel brachte damals die beiden Masaccio hervor, von denen der zweite als Bildhauer ausgezeichnet war. Er machte die Grabmäler des Karl von Durazzo, der Katharina von Österreich, Roberts von Artois und der Johanna von Durazzo in der von ihm nach älteren Plänen ausgeführten Kirche San Lorenzo; er baute auch die gotische Kirche Santa Chiara und verfertigte dort hinter dem Hauptaltar das merkwürdigste Werk neapolitanischer Skulptur, das Grabmal Roberts, der im Jahre 1343 starb. Es erhebt sich im gotischen Tabernakelstil mit vielen Skulpturen; wenn auch die Formen noch nicht frei entwickelt sind, so machen diese Bildwerke doch immer den Eindruck künstlerischer Komposition und wohltuender Naivität. Santa Chiara ist reich an solchen Grabmonumenten, denn es liegen daselbst noch viele andere Anjous bestattet, Karl von Kalabrien, Roberts Sohn, Johanna I. und mehrere Prinzessinnen.

Im allgemeinen drängt sich vor den Grabmälern der Anjous die

* Nicht von Giotto selbst, sondern von Pietro Cavallini.

Bemerkung auf, daß sie alles wahrhaften Ernstes und aller Würde
bar sind. Sie zeigen Reichtum gotischer Ornamentik, schon nach dem
Bizarren und Seltsamen neigend, bisweilen glückliche Naivität, öfter
ein wunderliches, geziertes Wesen. Man fühlt sich auch hier in Neapel.
Und rettungslos, nicht durch den Verfall des Hauses Anjou, noch
durch die Schuld der Zeiten, ging die neapolitanische Kunst in das
Überladene und Bizarre über. Sie erzeugte dann dies ungeheuerliche
Wesen im Innern wie Äußern der Kirchen, Fassaden wie jene von
Gesù Nuovo, die von einem Festungsbau entlehnt scheint, oder an-
dere, die ganz kindisch ausschweifend sind; selbst die ältere gotische
Architektur wurde durch öftere Restauration infolge von Erdbeben
verzerrt.

Der Gipfel dieses Ungeschmacks sind die drei Obelisken della Con-
cezione, di San Gennaro und di San Domenico, pyramidalisch aufge-
türmte Stockwercke, welche die vergoldeten Heiligen tragen und mit
ganz unbeschreiblichen Bildwerken bedeckt sind.

Hier erkennt man bereits den Einfluß Spaniens, das unter seinen
Vizekönigen, in einer Folge trostlosester Zeiten, das schöne Land
Neapel beherrscht hat. Die Spanier haben manches Denkmal zurückgelassen; so auch die Fontana Medina, ein Werk des Domenico Auria,
auf Befehl des Vizekönigs Olivares im Jahre 1593 entworfen. Dreimal wurde dieser Springbrunnen, unter Castro, Alba, Monterey, bald
hier, bald dort aufgebaut, bis ihn Donna Anna Caraffa, Gemahlin des
Vizekönigs Medina, auf seine jetzige Stelle setzen ließ. Auch er ist
reiches überladenes Figurenwerk von Tritonen, Delphinen, Meerwesen, aus deren Mitte sich über einer von drei Satyrn getragenen
Muschel Neptun erhebt. Aus seinem Dreizack springen, nicht übel
anzusehen, Wasserstrahlen.

Das beste Denkmal spanischer Vizekönige wird immer der Toledo
bleiben, welcher dem bekannten Pietro di Toledo aus der Mitte des
16. Jahrhunderts seinen Glanz verdankt.

Ich habe die merkwürdigen Katakomben Neapels besucht. Der Eindruck, den man dort empfängt, ist gemischt aus Grauen und lebhaftem Interesse an jenen Zeiten, welche dieses unterirdische Werk schaffen und pflegen, ja mit Leben durchdringen und mit Kunst verzieren
konnten.

Die Katakomben von Syrakus erscheinen minder düster, weil ihre
Galerien durch feste Symmetrie geregelt werden. Dagegen sind die
römischen Katakomben, soweit sie zugänglich gemacht wurden, nur
enge, niedrige, kunstlose Gänge und Kammern von freilich unermeßlicher Ausdehnung, aber doch die merkwürdigsten, weil sie in der
Hauptstadt der Welt selber die Stätten waren, wo das Christentum
sein nächtliches Leben nährte und sich gleichsam aus der Erde empor-

wühlte, um endlich Rom und die Welt zu beherrschen. Die Katakomben Neapels liegen gegen die nördlichen Höhen von Capo di Monte unterwärts in dem Tuffelsen, durchbrechen die Hügelkette, zwei, ja wie man behauptet, drei Stockwerke hoch, und dehnen sich als eine weite Totenstadt bis gegen Puzzuoli aus. Kein Stein konnte leichter zu bearbeiten und kein Felsen leichter zu durchgraben sein als dieser gelbe vulkanische Tuff Neapels. Wie mit der Zeit solche unterirdische Höhlungen und Stollen entstanden sind, kann man überall da erkennen, wo diese Tuffwände als Steinbrüche für den Häuserbau angegriffen werden. So auf der neuen Straße des Posilip, wo sich Grotten, Austiefungen und Gemächer im Fels zeigen, die nun zu Vorratskammern, selbst zu Wohnungen benutzt werden.

Die ungeheuren Räume, welche so in der Erde entstanden und allmählich zu einem troglodytischen Labyrinth anwuchsen, mußten sich von selbst zu irgendeiner Benutzung darbieten. Man hat von den Kimmeriern gefabelt, den Anwohnern des neapolitanischen Meeres, daß sie sich hier in die Erde hineingewühlt hätten. Aber wer kann sich ein noch so rohes Menschengeschlecht vorstellen, welches im Angesicht einer solchen Natur, unter dem glücklichsten Himmel sich in ein unterirdisches Dunkel verkröche? Jene uralten Felsenwohnungen, wie sie im Tale Ispica und in Malta gefunden werden, öffnen sich doch immer dem Tageslicht. Gegen feindlichen Anfall konnten diese Räume wohl Schutz bieten. Indem nun die Stadt anwuchs, die von dorther das Material zu ihren Häusern holte, war nichts natürlicher als der Gedanke, die Toten daselbst zu begraben. Daß nicht erst die Christen diesen Gebrauch von den Katakomben machten, ist unzweifelhaft; daß bereits die Römer und Griechen dort Grüfte anlegten, ist eine Tatsache. Man findet noch heute eine kleine Säule in einem ziemlich geräumigen Gemach der Katakomben, auf welcher in griechischer Schrift das Wort «Priapos» steht*.

Die Katakomben werden ursprünglich der Begräbnisort des armen Volks gewesen sein, welches kostbare Denkmäler über der Erde nicht errichten konnte. Mit geringer Mühe war hier ein Grab in den Tuff gehauen, waren hier Loculi eingegraben, worin man die Aschenkrüge aufstellen konnte. Man findet in diesen Grüften noch Malereien, welche durchaus der heidnischen Vorstellungweise angehören; die meisten freilich sind christlichen Ursprungs. Denn nachdem die verfolgte Gemeinde in diesen unterirdischen Stätten Schutz gesucht und sie zum Vereinigungspunkt ihrer Andachtsübungen gemacht hatte, schmückte man die Grüfte der geliebten Toten, welche man in dem gemeinsamen Asyl bestattete, mit Bildern und Symbolen des Glau-

---

* Sie ist nicht antik, sondern stammt aus dem Mittelalter. (Anmerkung von Schillmann)

bens. Ihre Formen blieben noch die hergebrachten heidnischen; man findet den heitern Sinn der pompejanischen Arabesken auf den Wänden dieser Christengräber wieder. Selbst die symbolischen Darstellungen sind noch heidnisch, wie namentlich die vom Bacchus entlehnten Bilder der Weinlese und Kelter. Man sieht Rebengewinde, Genien, Trauben, an denen Vögel naschen. Christus wird als Orpheus vorgestellt. Dann entwickeln sich wesentlich christliche Symbole, der gute Hirt, welcher das Lamm trägt und die Schafe weidet, der Hirsch, der Pfau, der Fisch, die Taube, das Bild des Kreuzes und Engel. Es macht einen seltsamen Eindruck, diese nun leider durch den Dampf der Fackeln geschwärzten Wandbilder zu betrachten, und hier die Anfänge der christlichen Kunst aus der römischen Wandmalerei hervorgehen, vom pompejanischen Stil zu dem von Byzanz fortschreiten, und unmittelbar an die heidnische Mythologie eine neue christliche sich anschließen zu sehen.

Da das Samenkorn der christlichen Entwicklung in eine Grabkatakombe gelegt war und aus ihr emporwuchs, so ist kein Wunder, daß der Charakter des Christentums ein katakombenhaftes Wesen mit in die freie Luft hinübernahm. Das Totenhafte der Lebensanschauung, Weltentsagung, Märtyrertum, Lebensverachtung, Lust am Schmerz, endlich Unduldsamkeit und Fanatismus, würden sie dem Christentum so tief eingedrückt worden sein, wenn es seinen Kultus in der sonnigen Luft über der Erde, in der fröhlichen Natur entwickelt hätte und nicht wäre gezwungen worden, in der dunklen Grabhöhle der Martyrer bei düsterm Fackellicht, in beständiger Angst vor dem Verfolger zu wohnen?

So hat mich in Neapel nichts so tief bewegt als der Eintritt in diese Katakomben und der Besuch Pompejis. Man kann die Katakomben das Pompeji des Christentums nennen. Beide Stätten erschließen uns zwei große Perioden der Menschheit; ihr Widerspruch kann nicht greller sein. Sehen wir dort die nun auch leichenhaft öden Wohnungen des Heidentums, so lacht uns doch aus Haus und Säulentempel der heitere Menschensinn entgegen, der sich mit den Formen des Schönen umgibt und mit seinen Göttern das Leben genießt. Hier blicken wir in die Wohnstätte eines andern und doch desselben Menschengeschlechts. Es sind Griechen und Römer, wie jene in Pompeji, noch derselben Kultur angehörig, und wie verschieden! Den pompejanischen Frohsinn scheinen sie noch nicht vergessen zu haben, selbst in der Nacht der Katakomben. Wie aus Gewohnheit haben sie die Freske, die zierliche Arabeske, die Weinkelter des Dionysos auf die dunkeln Wände übertragen; aber sie schmücken Gräber. Sie selbst sitzen an Gräbern, sie genießen unter und mit den Toten ihre Liebesmahle, die Agapen. Sie erfüllen diese Galerien mit ihren Klagegesängen und ihren monotonen Gebeten. Einst werden sie hervorkommen; sie werden an das Tageslicht mit sich nehmen Götter von schreckendem Angesicht, wie das Medusenhaupt, vor denen das schöne Leben der Natur versteinern wird, Märtyrer, Totenschädel, Gebeine, Reliquien der Hingerichteten, welche sich über die Welt verbreiten werden, und die man einst auf jene Altäre zur Anbetung niederlegen wird, wo die Statuen griechischer Götter standen. Das wird von hier hervorsteigen, und mehr als der Vesuv über Pompeji ausschüttete, wird die Katakombe über die Welt ergießen – Asche der Trauer.

Sollten diese unheimlichen Vorstellungen vielleicht mehr als Katakombenphantasien sein? Ich lasse es auf sich beruhen. Es gibt kein besseres Lokal für spekulative Theologie und Gespenster als jene Grüfte. Die Luft ist feucht und schauerlich; tiefes Dunkel oder grauer Dämmerschein, Modergeruch, fürchterliche Totenstille. In die wirren Kammern, durch die langen, verworrenen Galerien, zu deren Seiten mit Knochen und Moder gefüllte Gräber sich endlos ausdehnen, oder Nischen und Loculi sich sehen lassen, schlüpft man hinein, wühlt man sich hervor. Grell leuchten die Fackeln in die Schatten und herauf zu den Malereien in den Nischen, zu Gestalten der Abgeschiedenen, die mit aufgehobenen Händen, gespenstisch und überirdisch herunterblicken. Verwischte Inschriften, griechische, römische, selbst hebräische, ob zu entziffern oder nicht, und zahllose Symbole, Monogramme, Zeichen bringen recht ins Bewußtsein, daß man in einer Welt sich befindet, wo alles Mysterium, Allegorie und Rätsel ist. Zwei Hospitaliten von San Gennaro dei Poveri, Greise, die in jenem Kloster am Eingange der Katakomben verpflegt werden und die Fremden in die Grüfte führen, halten die Fackeln, erklären und gehen voran. Passendere Führer in diese Unterwelt kann man nicht finden. Sie schleichen in ihren langen blauen Kutten, die Fackeln in den Händen, wie Gespenster; von Alter gekrümmt, mit silberweißem Haar, eingefallene Gesichter und totenbleich; wenn ich diese Alten betrachtete, so schienen sie mir bereits tot wie die Gerippe, welche ihr Fackelschein beleuchtete, und als wankten sie schon tausend Jahre in den Katakomben. Der eine las vor zwei Figuren in einer Nische, indem er die Fackel hielt: «Votum solvimus nos quorum nomina deus scit» (Wir haben unser Gelübde gelöst, wir, deren Namen Gott kennt). Man muß es an Ort und Stelle empfinden, wie bei aufgeregter Phantasie solche mysteriösen Sprüche sich anhören; mir schien es, als sagten diesen Spruch die beiden Alten von sich selber, und als wollten sie mir damit zu verstehen geben, daß sie bereits abgeschieden seien. Ich sah ihnen ins Gesicht, und wie sie so dastanden in ihren Kutten und mit diesen totenfarbenen Gesichtern, überkam mich ein Grauen; ich wollte nichts mehr hören noch sehen. Diese Mysterien, dieser tiefe, schwarze, nächtige Grund des Lebens, in welchen uns die Natur wieder einmal hinunterstürzt – bliebe er doch dem menschlichen Auge stets verschlossen! Ich bat die Alten, mich wieder ans Licht zu führen, ich hätte genug. Sie lächelten und schlichen zurück. Am Eingange überzeugte ich mich denn auch, daß sie beide noch lebten, denn sie bedankten sich für das Silberstück, das ich ihnen gab, ihr altes Herz mit einem Trunk Wein zu erlaben.

Um sich nun auch mit dem Gedanken an den Tod auszusöhnen, kann man nichts Besseres tun, als von jenen Katakomben nach dem neuen Campo Santo Neapels hinüberzugehen. Man sagt, daß er der schönste Friedhof Europas sei, und wohl möchte ich es glauben, denn seine Lage ist so entzückend, wie seine Monumente inmitten eines paradiesischen Gartens freundlich und dem Auge wohlgefällig sind. Man hat ihn auf einem Hügel unter Poggio Reale angelegt, welcher die Straße nach Nola beherrscht, und von wo aus das Panorama auf Stadt und Golf, die Küsten von Sorrent, den Vesuv und die reiche Vegetation zu seinen Füßen offen liegt. Dieser Hügel ist ganz mit Grabmonumenten bedeckt, welche meistens in der Form kleiner, sehr zierlicher Säulentempel sich erheben. Sie bilden hier ganze Straßen, da sie sich auf beiden Seiten aneinander reihen, und indem man zwischen ihnen hingeht, möchte man ungefähr in kleinerem Maßstab die Vorstellung von dem haben, was einst die Via Appia gewesen ist. Andere stehen wieder in anderen Gruppen vereint oder schließen sich zu einer kleinen Totenstadt zusammen. Etwa auf der Höhe des Hügels erhebt sich eine Säulenhalle und eine Kirche, wo Totenmessen gelesen werden. Auch hat man weiterhin ein kleines Kloster in gotischem Stil aufgebaut, worin zwölf Kapuzinermönche wohnen und Gottesdienst halten. Die größte Anzahl jener Tempel gehört den Brüderschaften Neapels; diese uralten, höchst wohltätigen Vereine zum Zweck der Bestattung von Toten, ohne Frage die trefflichsten sozialen Gemeinschaften, da sie auch Kranke und Notleidende pflegen, belaufen sich auf die Zahl 174. Man liest ihre Namen an den Frontispizen der Grabmäler. Andere Monumente sind Familiengräber. Die kleinen Tempel haben Raum zu einer Kapelle, welche durch eine Gittertür verschlossen wird. Es befindet sich darin ein Altar, ein Madonnenbild, die ewige Lampe; auch fehlt es nicht an Bildern und Büsten der Toten. Hier können sich die Nachgebliebenen zum Gebete versammeln und sind nicht ganz von der Gemeinschaft mit ihren Geliebten getrennt. In jeder Weise erinnern diese Grabmonumente an die der Alten: heiter und sinnreich, in schönen Formen, selbst in pompejanischer Weise mit Farben geschmückt, machen sie einen beruhigenden und versöhnenden Eindruck. Dazu diese Haine von blühenden Bäumen, diese Oleanderbüsche, Amaranten, Tulpenbäume, Hortensien, Myrten; sie

Neapel: Virgils Grab

drängen alles Düstere und Farblose zurück. Wenn man unter solcher Blütenpracht dasitzt, den Blick auf das gesegnete Campanien und das abendlich verklärte Meer gerichtet, muß man glauben, daß den Toten hier recht wohl gebettet sei. Der schöne Kirchhof wurde erst im Jahre 1845 eingeweiht.

Man wird schwerlich Neapel verlassen, ohne den Vesuv bestiegen zu haben; aber nicht viele mag es geben, die auch seinen Zwillingsbruder, den Berg Somma besuchten. Alles Interesse nimmt der rauchende Vulkan in Beschlag, so daß seine zweite ausgebrannte Spitze unbeachtet bleibt; und doch gar so schön gipfelt sich die Somma mit ihren steilen schwarzen Lavawänden neben dem Vesuv empor und senkt ihre grünbewaldete Seite in die Ebene Campaniens allmählich nieder.

Ich beschloß eine Fahrt auf den Berg, denn schon ein Blick von seinem Gipfel auf den Aschenkegel des Vesuv dürfte belohnend sein, da dieser, so von oben herab und in unmittelbarer Nähe angeschaut, sich in einer neuen Form darstellen muß. Wir waren eine heitere Gesellschaft von sieben Männern, darunter auch zwei Naturforscher, ein französischer Zoologe und ein Arzt aus Tambow in Rußland. Um sechs Uhr morgens fuhren wir von der Stadt aus, und nachdem wir San Giovanni verlassen hatten, wendeten wir uns links durch blühendes Gartenland nach Santa Anastasia unter der Somma. Wir nahmen uns hier Führer, die des Wegs durch die Bergwaldung kundig waren. Ein kräftiges Weib trug unsern Speisekorb, und zwei malerisch aussehende Männer, von denen der eine im Gürtel einen langen Dolch und auf der Schulter eine Flinte mit sich führte, schritten uns voraus. So setzte sich die kleine Karawane in der fröhlichsten Laune in Bewegung, entzückt durch den strahlenden Himmel des Julimorgens und durch die schon jetzt wundersame Fernsicht in das Paradies Campaniens, welches dem Berge zu Füßen ausgebreitet liegt.

Wir stiegen zuerst durch Gärten aufwärts, in denen der edle Wein von Somma wächst, dann kamen wir in Kastanienwälder, bis das Aufsteigen beschwerlicher und die Bergsenkung immer steiler wurden. Durchweg und bis gegen die Kante des Gipfels ist die Somma mit Kastanienwuchs bedeckt und mit einer üppigen Flora geziert. Feuerlilien, Nelken, Trifolium, purpurnes Antirrhinum, die köstliche Valeriana lockten den Botaniker, während der Zoologe auf die bunten Schmetterlinge eifrig Jagd machte.

Je weiter wir hinaufstiegen, desto wegeloser wurde der Berg; nicht einmal Hirten haben ihre Straße hier ausgetreten; oft verschwinden die schmalen Pfade und verlieren sich in Gebüschen oder in Abgründen und Schluchten. Wir fanden tiefe, steile Rinnen, nun trockenge-

legte Betten der Regenflut, deren Wände in vulkanischer Aufschich-
tung bald Asche, bald Lapilli und feste Lava bildeten.

Drei von unserer Gesellschaft stiegen in eine solche vulkanische
Schlucht nieder, mit Hammer und Schaufel ausgerüstet, um den Kri-
stallisationen nachzuspüren. Wir fanden ihrer genug in den Grotten,
welche hier von der basaltischen Lava und den verhärteten Aschen-
schichten gebildet sind. Vielfache Eisenkristalle und das herrlichste
vulkanische Gestein liegt teils auf dem Boden, teils läßt es sich her-
vorschlagen; die mineralogische Ausbeute könnte hier groß sein,
wenn man sich die Mühe nicht verdrießen läßt und die Gefahr nicht
scheut, von den lockern Wänden der Schluchten verschüttet zu werden.

Mit Gestein beschwert gesellten wir uns wieder zu den andern, die
unterdes im Schatten des Baumwuchses auf uns gewartet hatten. Wir
stiegen rüstig weiter, bis wir, von der Anstrengung des Kletterns
und der Sonnenglut erschöpft, ungefähr auf dem zweiten Drittel des
Bergs an einer Quelle niedersanken. Die Quellen sind auf der Somma
sparsam; unsere Führer nannten diese, deren Wasser nicht reichlich,
aber erquickend frisch war, Fontana di Mennone. Wie beschlossen,
sie in der Tat Quelle des Memnon zu taufen, den Kastanienhügel
aber, auf dem sie fließt, den Berg des Memnon zu nennen. Auch ist
alles Gestein ringsum tönend, weil es gebrannt ist; schlägt man mit
einem Eisen oder Stock an diese graublauen Tuffe, so klingen sie mit
fast metallischem Ton, nicht anders als die Säulen auf dem Forum in
Pompeji, wenn man an sie schlägt.

Höher hinauf wurde der Berg immer wüster, mehr und mehr
häufte sich die Asche und das Lapilligebröckel; das Aufsteigen ward
beschwerlicher, aber auch immer lohnender die Aussicht. Vom Vesuv
sahen wir noch nichts, weil der steile Kamm der Somma ihn verdeckte; dagegen erweiterte sich landhinein der Horizont fast mit jedem Schritt und umfaßte eine der erhabensten Ansichten von der Bai
Bajäs und den Gipfeln Ischias über Neapel und den Golf hinweg, über
die Ebene von Caserta und das ganze große Gartenland Mittelcam-
paniens bis gegen Sarno hin. Vom Golf, an dem sich das unermeßliche Neapel die Hügel hinaufzieht, bis soweit das Auge zu den Apenninen, den Bergen von Mattese und Santa Vergine reicht, dehnt sich
diese Ebene aus; sie gleicht einem ungeheuren Park, von weißen
Wegen durchschnitten und bedeckt mit Schlössern, Villen, Kirchen
und Klöstern, und mit Städten, die im Grünen inselgleich hervorschimmern. Auf dem letzten Vorhügel unter dem Kamm der Somma
standen wir von Entzücken hingerissen, denn wir konnten nun Neapel und das Meer auf der einen, die Ebene Campaniens auf der andern
Seite wie mit einem Blick übersehen.

Wir zählten folgende Städte: Santa Anastasia und Somma, weiterhin Pomigliano d'Arco, Acerra, Afragola, Santa Maria unterhalb Capua, rechts von hier Caserta und sein Schloß, Maddaloni zu Füßen blauer Berge, gerade vor uns, über Somma hinaus, Marigliano, und weiterhin Nola, dann Ottajano, Palma und Sarno, wo die Berge zur äußersten Rechten bei Nocera die Ebene schließen. Es war heute das Fest der Mutter der Gnaden. Aus den Städten unten drang wie dumpfes Pelotonfeuer der Schall von Kanonenschlägen aufwärts, und wie wir hoch auf dem ausgebrannten Krater der Somma standen, glichen die rollenden Schüsse vulkanischen Feuern, die im Innern des Berges verknatterten.

Wenn man dies Meer und Land erblickt, so begreift man, daß, wer einst hier Herrscher war, eher sterben als den Verlust verschmerzen mochte; so die Schwaben, so Aragon und Joachim Murat. Auf einem solchen Standpunkt mochte einst der Kaiser Friedrich II. ausgerufen haben: «Jehova würde seinem Moses das gelobte Land weniger angepriesen haben, hätte er Neapel gesehen.» Und nun wartete ein größeres Schauspiel auf uns. Noch sahen wir den Vesuv nicht; wir näherten uns dem Gipfel der Somma, welchen ein hölzernes Kreuz bezeichnet, und noch ein paar Schritte auf dem scharfen Grat vorwärts, so wuchs plötzlich aus dem Boden empor, so stand vor uns die unbeschreibliche Gestalt des Aschenkegels, nah und nächst uns gegenüber. In grellstem Kontrast wurden wir von den lachenden Gefilden Campaniens in die graue, leichenstarre Todeswüste versetzt, wo die freudenlose Natur in Asche trauert. Die Gewalt dieses Gegensatzes kann ich nicht schildern, noch den Eindruck bezeichnen, den der plötzliche Anblick des dampfenden Aschenberges machte; schien er doch mit einemmal in dämonischer Furchtbarkeit aus dem finsteren Höllenschlund schwefelflammend emporzusteigen.

Von keinem Punkt aus kann der Vesuv ein gleiches Bild gewähren wie von der Spitze der Somma, die ihn an Höhe beinahe erreicht. Wenn man auf dem Wege von Resina zu ihm emporklimmt, sieht man ihn nur von unten auf, hier von oben nach unten; man schaut fast in seinen Rachen hinein und sieht ihn in seiner vollen Gestalt auf dem herrlichsten Hintergrunde von Landschaft und Meer; außerdem hat man das Theater des Sommakraters vor sich mit allen seinen abgestürzten Lavawänden. Wer nun endlich vom Fuß des Vesuvs sich zum Aschenkegel emporwindet, sieht überhaupt nicht mehr die Gestalt desselben, sondern nur seine Asche und Lavafelder.

Drei von uns wagten sich auf dem schmalen Grat des Berges bis an die äußerste Spitze vorwärts, und hier war die Szene diese: dreifach zerschmettert und zerrissen gipfelt sich die Somma dreimal, nach dem Vesuv senkrecht hingestürzt. Zur Rechten und zur Linken starrt

der alte zerschellte Krater, ein schwarzer, zerbrochener Trichter, rötliche und graue Felsenzinken, massige, scharfe Lavasplitter werden
von zusammengeballtem vulkanischen Geschiebe unterbrochen.
Wenn der Beschauer auf dem mittelsten Auslauf des Sommarandes
steht, sieht er diesen Rand in pyramidischen Bildungen halbkreisförmig um den Vesuv gebogen, von dem er durch den schwarzen Abgrund getrennt wird. Nah vor den Augen steht der Kegel, überwältigend erhaben, vom Scheitel bis zum Fuß in Asche gehüllt, graugelb von Farbe, nur an den Seiten, wo ihn die Lava überfloß, tiefschwarz gestreift; der Kraterrand hochgelb und weiß umfaßt, einen
leichten Dampf ausatmend.

Mit der Bewunderung des Erhabenen verbindet sich das Entzücken
über die sanften Formen und Linien dieses schönen Kegels, wie über
die nicht zu beschreibende Zartheit seiner Farben. Ich kenne keine
Ansicht der Natur, in welcher sich eine so vollkommene Verbindung
des Furchtbaren mit dem Reizenden zeigte wie in dem Aschenkegel
des Vesuvs; und nun, da ich auch den Krater des Ätna bestiegen
habe, darf ich sagen, jene Verbindung ist das Charakteristische, welches dem Vesuv eigen ist. Es ist schwermütige Majestät; die Farbe der
Asche, mit deren Anblick sich zugleich die Vorstellung des Sanften
und Weichen verbindet, ihr bräunlicher oder bläulich milder Ton,
endlich die schönen Linien des Kegels kommen hinzu, um ein wunderbares Gemälde hervorzubringen. Wenn die glänzende blaue
Meeresfläche, das violette Gebirge und die duftige Landschaft den
Aschenkegel als Hintergrund umgeben, und so diese lebhafteren
Lichter gleichsam hervorquellen, wird hier eine bezaubernde Farbenstimmung hervorgebracht.

Wir lagerten auf der steilen Wand der Somma, alle Seligkeit der
Welt in Himmel, Erde und Meer über, um und unter uns verbreitet.
Ruhig ließ uns der Vesuv gewähren; nur aus dem hochgelben Schwefelrande dampfte er, um uns zu sagen, daß mitten in das Paradies aller
Wonnen der Dämon der Zerstörung hingestellt sei. Jene beiden Lavastreifen, welche den Aschenkegel schwarz einfassen, sind die erstarrten Ströme zweier jüngerer Eruptionen. Der auf der linken Seite
stammt vom Jahre 1850 her. Damals hatten sich, gegen den Fuß des
Aschenkegels hin, fünf kleine Krater gebildet; wir sahen diese sonderbaren schwarzen Kegel. Herr Berncastel zeigte mir auch die Stelle,
wo beim Ausbruch von 1847 ein Amerikaner und ein Deutscher ums
Leben kamen. Tollkühn sich vorwagend wurden beide von glühenden
Steinen niedergeschlagen.

Ein wunderbares Schicksal traf im Jahre 1822 einen Schuster aus
Sorrent. Er war auf den Vesuv gegangen, ohne einen Führer mitzunehmen. Der Krater, ausgeleert durch den Ausbruch vom Jahre 1820,

lag frei; der verwegene Mensch stieg hinein, und es wandelte ihn die Lust an, dem Höllengeist nicht allein in den glühenden Rachen zu schauen, sondern ihm als ein obszöner Titane noch ein Schimpflicheres anzutun. Bei dieser Verunglimpfung überfiel ihn ein Schwindel; der Mann stürzte in den Krater hinab. Erstarrte Lava hielt ihn auf. Mit einem zerschmetterten Bein und Arm blieb er zwei Tage lang am innern Kraterrande schweben, bis einige Vesuvfahrer sein Wimmern hörten. An Seilen zog man den Unglücklichen in die Höhe; der Schuster aber schien die unzerstörliche Natur Ahasvers zu haben, denn er kam aus dem Spital lebend und gesund in seine Heimat zurück. Diese schrecklich heitere Geschichte erzählte uns Don Michele, Pfarrer der Einsiedelei auf dem Vesuv, zu dem wir hinabgestiegen waren. Denn nach einer Stunde Aufenthalts hatten wir den Gipfel der Somma verlassen, um rechts fort zur Einsiedelei zu gelangen.

Die Szene wechselte hier. Ein Nebel kam über den Vesuv gezogen, und ein heftiger Wind jagte sein Gewölk durch Schluchten und Felswände über den Aschenkegel fort – ein prachtvoller Luftkampf, der dem wüsten Schauplatz neues Leben und neuen Reiz verlieh, wenn durch die flatternden Gespinste dunkle Felszacken, Lavablöcke und Krater hervorgrauten. Der Nebel teilte sich bald, und vor unseren Füßen lagen wieder Neapel, der Golf, Capri, Ischia, Misen, und rechts hin die campanische Ebene.

«Voilà la Cléopâtre!» Dieser seltsame Ruf weckte mich aus allen Betrachtungen. Es war der 67jährige französische Naturforscher, der ihn wiederholt ausstieß und fortsprang, die Kleopatra zu fangen, der neue und doch so alte Antonius. Die Neigungen der Menschen sind seltsam. Der liebenswürdige Greis, vom heitersten Temperament und von unermüdlicher Kraft, würdigte weder den Vesuv noch die Landschaft eines Blicks: er hatte nur Augen für die kleinen Schmetterlinge.

Wir waren auf dem steilen Rande der Somma nicht ohne Gefahr hinuntergestiegen, und nach einem mühsamen Weg über Asche und Lavageschiebe aus dem Jahre 1850, die nun in ihrer Erstarrung einem schwarzen Sturzacker gleichsehen, gelangten wie sehr ermüdet zu dem Eremiten. Die kleine Einsiedelei liegt nahe am Observatorium, einem zierlichen Gebäude von weithin herrschender Lage. Zweihundertjährige Linden umgeben sie, und ihre vom Vulkan unversehrte Kraft belehrte uns, daß dieser Punkt besonders geschützt sei. Es fällt nämlich der Aschen- und Steinregen in einer Parabole über die Einsiedelei hinweg, und der Hügel, auf welchem das Kirchlein steht, wird von dem Vesuv durch eine tiefe Austalung geschieden, also vor jedem Lavastrom geschützt. Außerdem zeigte uns ein schwarzes Schild mit gelben Buchstaben, daß das Ganze in die Magdeburger Feuerversicherungsgesellschaft eingekauft sei. Am Herde des

Vulkans und in unmittelbarer Nähe seiner furchtbaren Verwüstungen ein Magdeburger Feuerversicherungspatent – das ist gewiß im höchsten Maße ergötzlich.

In früheren Jahren wohnte ein wirklicher Eremit an dem Kirchlein San Salvadore; der Pfarrer von Resina hat ihn aus der einträglichen Stelle verjagt und kommt nun selber von Zeit zu Zeit hinauf, dort Messe zu lesen und die Gäste mit Lacrimae Christi zu bewirten. Die kleine Gemeinde besteht aus einigen Kolonen, die am Fuße des Vesuvs sich angesiedelt haben, ferner aus der Bewohnerschaft des Observatoriums und der Gendarmenwache. Zur Pfingstzeit wird hier ein Fest gefeiert; dann kommen von den umliegenden Städten wohl 12 000 Menschen herauf und ziehen in Prozession von San Salvadore bis zum Kreuz am Fuße des Vesuvs, um mit Gebeten den Feuerdämon zu beschwichtigen. Nun ruht der Berg seit 1850, und auch damals war seine Verheerung nicht groß, der Lavastrom floß gegen Ottajano in ziemlicher Breite, verwüstete die Gärten des Fürsten dieses Namens und zerstörte das Kloster der heiligen Teresa wie einige Wohnungen.

Nach einem trefflichen Mahl beim Pfarrer Don Michele, der uns obenein die liberalste Rechnung machte, weil er unsern Freund B. persönlich kannte, stiegen wir über die Lavaströme nach Resina hinunter. Dieses schwarze, endlose Lavafeld gewährt einen trostlosen Anblick. Aber auch hier ist der Mensch in seiner alles bewältigenden Industrie bewundernswert; denn kaum ist der Lavastrom erkaltet, so macht er sich daran, ihn zu benutzen. Selbst im Observatorium fand ich die bizarrsten Grotten und Gartenumzäunungen von Lava, und in der Einsiedelei hatten wir unsern Kaffee auf einem zierlich gearbeiteten Tische von Lava getrunken. Man meißelt selbst Büsten aus diesem Material; wie gut es nach Politur sich ausnimmt, sollte ich erst in Catania erfahren, wo die Mannigfaltigkeit der Ätnalaven und ihre schöne Färbung mich in Erstaunen setzte.

Wir stiegen nach Resina nieder. Scharf grenzt hier die Lavawüste an die üppigste Rebenvegetation, und unmittelbar in der Asche selbst entwickelt der Granatbaum seine Blüten, welche so brennend rot sind, als wären sie Blumen gediegenen Feuers. –

Die Fahrt war so heiter und lohnend gewesen, daß wir beschlossen, bald eine ähnliche zu unternehmen, und so rollte mit uns wenige Tage darauf der Wagen von neuem über die Magdalenenbrücke nach dem Vesuv hinaus. Diesmal wollten wir seine Ansicht von der entgegengesetzten Seite genießen. Wir fuhren also nach den Lavaströmen von 1850, die sich über Bosco Trecase und Bosco Reale hinaus erstrecken. Zum erstenmal sah ich hier diese merkwürdigen Dörfer, die auf der gefährlichsten Stelle am Vesuv selber sich angesiedelt haben. Ihre Lage mitten unter dem schönsten Grün, welches die vul-

kanischen Mächte nähren, ist so idyllisch wie die der Ätnadörfer;
aber noch mehr als diese haben sie ein so ganz orientalisches Ansehen.
Klein und gewölbt wie die Häuser auf Capri, sind ihre Wohnungen
aus der schwarzen Lava gebaut, und selbst die Türme der Kirche bestehen aus diesem düstern Material. Das Volk sieht wild, scheu und
ärmlich aus – nirgends ein schönes Antlitz. Wir waren in einer
Schenke in Bosco Reale abgestiegen, um von dort aus unsere Wanderung nach dem Lavafelde fortzusetzen. Vergebens fragten wir nach
Früchten; unsere Begierde nach ihnen wurde durch die Unmöglich-
keit sie aufzutreiben gesteigert. Da bemerkten wir plötzlich, daß ein
Pferd neben unserm Tisch aus einem Eimer mit größter Seelenruhe
Johannisbrotfrüchte fraß. Es gab nun eine wunderliche Szene, da wir
alle über den Eimer herfielen und das schmackhafte Pferdefutter mit
verzehren halfen. Hier erfuhr ich's handgreiflich, daß man in Neapel
die Pferde mit Johannisbrot füttert.

Wir besuchten die Lavaströme. Scharf haben sie in die Weingärten
hineingeschnitten, so daß unmittelbar an der Lava vieljährige Ulmen-
bäume stehen, um welche die Rebe ihre Girlanden schlingt. Um so
grauenhafter erscheint durch den Kontrast des heitersten Lebens der
Natur die schreckliche Verwüstung. Ich sah auch die Trümmer vom
Palast des Duca di Miranda in der Lava und Spuren anderer ver-
heerter Wohnungen. Immer gleich prächtig zeigte sich auch von dieser Seite der Aschenkegel.

So war ich denn genugsam in die Mysterien des Vulkans eingeweiht, um nun endlich auch seinen Krater zu ersteigen. Ich hatte
mir oft erzählen lassen, daß dieses Anklimmen auf den Aschenkegel
ermüdender sei als die Besteigung des Ätna. Nachdem ich beide Müh-
sale genossen habe, darf ich sagen, daß mir das Erklettern des Vesuvs
wie ein Spaziergang vorkommt gegen die ungeheure Anstrengung,
welche der Ätnakegel kostet, zumal in so verdünnter Luft und bei so
starken Gasausströmungen des heißen und schwankenden Bodens. Ja,
wenn man durch jene phlegräischen Wüsten des Ätna, die nimmer zu
enden scheinen, und über jene gigantischen Lavafelder stundenlang
geritten ist, will dieser städte- und volkverschlingende Vesuv sich zu
einem artigen Feuerspielzeug für die Neapolitaner verkleinern. Indes
gewährt sein Krater doch ein gedrängteres und lebhafteres, farben-
glühenderes Gemälde der Hölle, als ich auf dem Ätna sah.

Man hatte mich in Neapel auf das Fest des heiligen Paulinus in Nola
aufmerksam gemacht, als auf eine höchst merkwürdige Erscheinung.
Ganz Campanien, so sagte man, ströme dort zusammen, und es gebe
ein Schauspiel, das seinesgleichen nicht mehr habe. Ich machte mich
also am 26. Juni dorthin auf, neugierig, Nola kennenzulernen, wel-

ches so manche Erinnerung darbietet: Marcellus hatte einst vor den
Toren Nolas dem großen Hannibal die erste Niederlage beigebracht,
der Kaiser Augustus war hier gestorben, Tiberius hatte hier seine
Herrschaft angetreten. Wer wüßte ferner nicht, welche unerschöpfliche Fundgrube herrlicher Vasen Nola geworden ist; die schönsten,
welche das Bourbonische Museum besitzt, hat man hier, in Ruvo und
in Santa Agata dei Goti gefunden, und wer sie gesehen hat, wird sich
mit Vergnügen jener großen nolanischen Vase erinnern, welche in
einer figurenreichen Komposition die Zerstörung Trojas darstellt.
Endlich müssen wir auch der Erfindung der Glocken gedenken, deren
sich diese campanische Stadt rühmt; und auch der heilige Paulinus,
einst ihr Bischof, ein trefflicher Poet und gelehrter Kirchenvater, ist
ein gar nicht zu verachtender Stolz Nolas. Saverino de Rinaldis hat
ihn in einem lateinischen Epos besungen. Dies Gedicht ist dem Virgil nachgeahmt und heißt die Paolineide. Ich kaufte es eines Tages im
Hafen zu Neapel, wo es mir bei einem Straßenbuchhändler in die
Hände fiel; aber obwohl mich das wunderliche Fest des Heiligen ge-
nung für ihn interessiert hatte, brachte ich es doch nicht über mich,
das Gedicht auszulesen. So viel wollen wir uns merken, daß der berühmte Mann im Jahre 351 in der heutigen Gascogne geboren war,
daß sein Vater, Präfekt von Gallien, sich noch zum Heidentum bekannte und auch der Sohn darin aufwuchs. In Bordò zum Christentum übergetreten, wurde Paulinus bald sein eifrigster Anhänger. Er
hatte den Konsulat erlangt und war zum Verwalter der Provinz
Campanien ernannt worden. Hier verlegte er seinen Sitz von der
Hauptstadt Capua nach Nola, aus keinem andern Grunde, als weil
der heilige Bischof Felix dort begraben lag und durch seine Wunder
alle Welt herbeizog. Er entsagte dem weltlichen Leben; seine innern
Neigungen und unglücklichen Erfahrungen trieben ihn zum geistlichen Stande; war er doch einst des Brudermordes öffentlich angeklagt gewesen und nur durch die Dazwischenkunft seines Lehrers
Felix von der fürchterlichen Anklage gereinigt worden. Paulinus
wurde Geistlicher; sein Genie als Dichter und Kirchenschriftsteller
brachte ihm Ansehen, sein heiliger Lebenswandel eine grenzenlose
Verehrung. Er wurde Nachfolger des heiligen Felix auf dem Bischof-
stuhle zu Nola. Als er im Jahr 431 gestorben war, begrub man ihn in
der Kathedrale; später kam sein Körper nach Benevent und endlich in
die Kirche des heiligen Bartholomäus in Rom. Was Paulinus im Ge-
müte des Volks lebendig erhält, sind weder sein Genie noch seine
Wunder, sondern es ist eine gute Tat, die von ihm berichtet wird.
Als er nämlich Bischof war, wurde der einzige Sohn einer nolanischen
Witwe von den Vandalen in die Sklaverei nach Afrika weggeführt.
Paulinus machte sich voll christlicher Selbstaufopferung auf die Reise.

den Sohn zu erlösen und an seiner Stelle das Joch der Knechtschaft zu
tragen. Nach vollbrachter Tat kehrte er aus Libyen heim; die Nolaner
aber zogen ihm festlich entgegen und führten ihn mit Musik und
Tänzen und seltenen Festlichkeiten auf seinen Bischofssitz zurück.
Das war geschehen am 26. Juni eines ungewissen Jahrs; das Andenken dieses Tags wird noch alljährlich in Nola gefeiert und versammelt eine große Menschenmenge, welche von den entlegensten
Gegenden Campaniens heranzieht.

Ich begab mich am frühen Morgen auf die Eisenbahn. Die Fahr-
preise waren auf ein Minimum herabgesetzt, der Zudrang groß, alle
Straßen mit Wagen jeder Art bedeckt, welche auf dem Landwege
nach Nola eilten. Eine und eine Viertelstunde lang fuhr der Zug durch
das blühende Land, dessen unerschöpfliche Fülle ein ewiges Fest der
Natur zu sein scheint. In Nola sah ich schon vor den Toren eine unabsehbare Menschenflut sich gegen die Stadt ergießen. Ein Krammarkt war am Eingange aufgeschlagen, die alte Stadtmauer und ein
daranstoßender Turm beklebt mit riesengroßen Bildern; da gab's im
Turme selber die «gran Foca marina» zu sehen, und Musikanten wie
Ausschreier machten über diesen Seehund einen schrecklichen Lärm
von Trompetenstößen und Anpreisungen. Zugleich erscholl Geschrei
von Schauspielern, die auf einem Brett stehend zu ihren Künsten einluden. Nicht zu sagen ist die bunte Menge von Waren, die in den
Buden ausgerufen wurden, noch der Lärm der in die Stadt Strömenden, noch die Grellheit der Farben, die sich hier in Tüchern und Kleidern und den zahllosen Fähnchen zusammenfanden, welche man in
Händen schwang.

Kaum war ich in die wimmelnde Stadt eingetreten, als mich ein
nie gesehener Anblick verwirrte. Rauschende Musik drang aus einer
Seitenstraße, ein sonderbares Ungetüm kam dahergewandelt, dessen
Erscheinung mich aus Campanien geradezu nach Indien versetzte.
Ich sah einen hohen, grell mit Gold, Silber und Rot überkleideten
Turm von Lastträgern herbeitragen; er war fünf Stockwerke hoch,
aus Säulen aufgebaut, mit Frontispizen, Friesen, Nischen, Bogen,
Figuren geschmückt, zu beiden Seiten mit bunten Fähnchen besteckt,
mit Goldpapier, roten Decken und jeglichen Farben überzogen. Die
Säulen metallglänzend rot, die Nischen goldgrundig mit den aus-
schweifendsten Arabesken verziert; die Figuren, Genien, Engel, Heilige, Ritter, in buntesten Kostümen; sie standen stockwerkweise übereinander, hielten Füllhörner in den Händen oder Blumenbüsche, Girlanden oder Fahnen. Alles rauschte, knitterte, flatterte in der Luft,
da der Turm selber auf den Schultern von etwa dreißig Lastträgern
hin und her schwankte. Es saßen in seinem untersten Stockwerk
blumenbekränzte Mädchen, mitten inne ein Chor von Musikanten,

mit Trompeten, Pauken, Triangeln, Zinken eine sinnverwirrende Musik erhebend.

So bewegte sich dieser Turm langsam weiter, über die Häuser der Straße wegragend und oben auf der Spitze einen sonnenstrahlenden Heiligen gen Himmel haltend; nun hörte ich auch von einer andern Seite her schallende Musik und sah über den Häusern weg hie und da noch einen, und wieder einen, und immer wieder mehrere solcher Wandeltürme hervorragen. «Mein Gott», fragte ich einen neben mir stehenden Mann, «was ist denn dieses?» Er antwortete mir in einer unverständlichen Sprache, von der ich nichts begriff als die Worte «guglia di San Paolino». «Ihr müßt wissen», bemerkte hierauf ein Neapolitaner, welcher sich zu mir wandte, «daß dies die Festobelisken für den Heiligen sind; denn als er aus der Barbarei nach Nola zurückkehrte, gingen ihm die Bürger dieser Stadt tanzend entgegen und trugen ebensolche Obelisken vor sich her. Da könnt Ihr auch die andern sehen, sie alle ziehen nach der Kathedrale, um zu tanzen.»

Wir eilten auf den Platz des Doms, denn dort sollten jene Obelisken aufgestellt werden. Es kamen ihrer neun von verschiedenen Seiten herangezogen. Sie mochten alle von der nämlichen Größe sein, bis auf einen, der sich 25 Meter hoch erhob, und dieser gehörte der Körperschaft der Landbauern an. Jedes bedeutende Gewerk («arte») stellt nämlich einen solchen Obelisken für das Fest her. Man arbeitet daran vier bis sechs Monate. Die Kosten werden von den Gewerken aufgebracht und belaufen sich für jeden Turm auf etwa sechsundneunzig neapolitanische Dukaten. Als ich diese sonderbaren Dinge in der Nähe betrachtete, fiel mir erst auf, daß sie die architektonischen Abbilder jener barocken Obelisken waren, welche auf Plätzen Neapels stehen und durch ihre phantastische Skulptur und Architektur von der Richtung neapolitanischer Phantasie ein so auffallendes Zeugnis geben. Ein jeder der Obelisken hat seinen Standort in einer Straße neben dem Haus eines angesehenen Gewerkmeisters. Man zimmert dort das wunderliche Wesen unter einem mit Leinwand überzogenen hohen Verschlage auf, welcher die Arbeiter und das Werk vor der Witterung schützt. Aus Mastbäumen und Querstangen macht man das erste Gerippe; man setzt Stockwerk auf Stockwerk, dann überkleidet man das Ganze mit Papiertapeten, doch nur an der Front und den Seiten, denn die vierte, hintere ist mit Myrtenästen, grünen Zweigen und einem Wald von Fähnchen bedeckt. Die Nebenseiten zeigen auf der bunten Papierverkleidung schwebende Genien, welche Girlanden halten. Auf das kunstreichste wird die Fronte dargestellt; Maler wie Architekten sind dabei reichlich beschäftigt. Jedes Stockwerk hat korinthische Säulen, zwischen ihnen Nischen, darüber einen Fries. Man füllt die Nischen mit Gestalten aus; in die des untersten

Stockwerks stellt man lebende Figuren: Mädchen oder Knaben, welche kurze Röcke und goldpapierene Helme tragen. In der mittleren Nische steht das Hauptbild: auf dem Obelisken der Landbauern oder Schnitter war es eine kolossale Judith in prachtvollem Gewande, das Haupt des Holofernes in der Hand erhebend; in andern Obelisken Heilige oder Schutzpatrone. Nun folgen über dem Mittelbilde und an den verschiedenartigsten Emblemen: Engel, welche Fahnen, andere, welche Harfen tragen, Genien mit Blumenkränzen und Füllhörnern. In der Mittelnische des obern Stockwerks steht ein Engel, der ein Weihrauchfaß schwingt; dann folgt die goldene Kuppel, die das Ganze krönt, oder eine lilienartige Ausschweifung, über der sich das oberste Heiligenbild abschließend erhebt. Auf dem Obelisken der Schnitter war dies der heilige Georg mit dem Malteserkreuz und einer weißen Fahne in der Hand.

Welchem Gewerk jeder Obelisk angehört, sagt ein Attribut, das vom Fries der Mittelnische herabhängt; am Obelisken der Schnitter sah man eine Sichel; an dem der Bäcker zwei gewaltige Kringel; bei den Fleischern ein Stück Fleisch; die Gärtner hatten einen Kürbis; die Schneider eine weiße Weste; die Schuster einen Schuh; die Pizzicagnoli einen Käse; die Weinhändler eine Flasche herausgehängt. Nun ging jedem Obelisk noch ein Emblemträger voraus: bei den Gärtnern ein Jüngling, welcher ein Füllhorn trug; bei den Schenkwirten sah ich zwei Doppelfiguren vorauftragen, angelehnt an einem versilberten Pfeiler, worauf ein Weintönnchen lag. Mir schienen diese dem Sankt Peter und Paul ähnlich zu sein.

Die Obelisken zogen, ein jeder mit dem Musikchor im untersten Stockwerk, nach der Kathedrale. Die rauschenden Klänge, die bunte wogende Menschenmasse mit den zahllosen Fähnchen von Gold- und Silberpapier, die von Blumen und Mädchen lachenden Balkone der Häuser, die hereintaumelnden bizarren Türme, die flimmernde Sonnenglut des campanischen Himmels – dies war ein so sonderbares, grelles, schreiendes Schauspiel, daß es mich betäubte und mitten in das Heidentum zurückversetzte. Den Zug des Hauptobelisken eröffneten zwei sehr kleine, in deren Unterstock bekränzte Kinder saßen; dann folgte ein Schiff, worauf ein als Türke gekleideter Knabe saß, eine Granatblume in der Hand. Hinter diesem Schiff trug man ein großes Kriegsfahrzeug mit einem Stück Meer, das ihm als Fundament diente; die Galeere war auf das vollendetste ausgerüstet. Auf dem Bugspriet stand ein junger Mensch in maurischer Tracht, vergnüglich eine Zigarre rauchend, auf dem Steuerbord aber kniete vor einem Altar die Figur des heiligen Paulinus selber.

Sobald nun ein Obelisk vor dem Dom anlangte, begann das seltsamste Schauspiel; denn der ungeheure Turm begann zu schallender

Musik zu tanzen. Vor den Trägern her schritt einer mit dem Stab, und indem er den Takt angab, bewegten sich jene im Rhythmus hin und her. Der Koloß schwankte, er schien fallen zu wollen; die Figuren bewegten sich, die Fahnen rauschten. Und so stellte sich jeder Obelisk tanzend vor dem Dome dar; dann und wann tanzte einer gegen den andern. Der Einzeltanz und Gegentanz währte etwa fünf Minuten. Hierauf blieb der Obelisk vor der Kathedrale stehen, und sobald er dort Posto gefaßt hatte, begann vor ihm ein Ringeltanz von Jünglingen und Männern. Deren zwanzig etwa schlossen sich im Kreise so zusammen, daß ein jeder seine Arme auf die Schultern seiner Nebentänzer legte; während sie in dieser Stellung im Kreise sich bewegten, führten in der Mitte des Ringes zwei Solotänzer die graziösesten Touren auf. Sie hoben einen dritten auf ihre Arme, und indem sie mit ihm tanzten, tanzte dieser selbst in liegender Stellung mit den Gliedern. Zuletzt wurde er matter und matter, bis er vom Taumel hingenommen das Haupt niedersinken ließ – er war tot. Indes umtanzte der ganze Kreis im lebhaftesten Takte diese Gruppe; nach kurzer Zeit richtete sich der Tote wieder auf, und lachend sein Haupt erhebend, schlug er mit den Fingern Kastagnetten in der Luft. Mir fiel der Kultus des Adonis ein; aber niemand hat mir über diesen mystischen Tanz eine Aufklärung zu geben vermocht. Vor jedem Obelisken tanzte man ihn, doch auch in wechselnder Weise, denn ich sah in der Mitte des Kreises athletische Künste ausführen, da jener dritte Tänzer sogar auf dem Kopfe eines Trägers balancierte und in den gewagtesten Bewegungen sich sehen ließ. Auch das große Kriegsschiff ließ sich den Tanz nicht nehmen. Oft schallte die Musik von vier Obelisken zugleich, und vereint mit dem Geschrei der Tausende gab sie ein Konzert, das nicht auszusprechen ist. –

All dies heidnische Wesen vollzog sich vor dem Dom, während drinnen der Bischof von Nola in unerschütterter Seelenruhe die christliche Messe las, und die Gläubigen ungestört auf den Knien lagen.

Nachdem der Tanz der Obelisken und die Messe beendigt waren, schloß die religiöse Zeremonie mit einer Prozession der Geistlichkeit. Ich machte die Bemerkung, daß ich nirgend in italienischen Ländern so stattliche und in Gesundheit blühende Mönche gesehen habe als hier. Dies bewirkt der Himmel Campaniens, die Fülle und Heiterkeit der Natur, endlich die Freiheit des Genusses, welche sich neapolitanische Mönche herausnehmen. Die Prozession hielt ihren Umzug durch die ganze Stadt, und hinter ihr her folgten auch die Obelisken; ein unaufhörliches Schießen und Knallen von Handbomben verbreitete sich im Augenblick über alle Straßen.

Es war Mittagstunde; die religiösen Funktionen waren beendigt, das Volk ging seinem Vergnügen nach. Ganz betäubt von dem infernalen Spektakel und von dem Gedränge ermattet, fand ich mich in einer Trattoria, die von Landleuten bereits erfüllt war. Überall liebt man hier das Grelle und Bunte; selbst die Wände dieser Schenke waren bunt bemalt und die Ziegel farbig ausgestrichen. Ich sah unglaublich große Schüsseln voll Makkaroni und Massen von gebratenem Lammfleisch auftragen und verschwinden. Der rotdunkle Wein wurde aus zweihenkligen Vasen von Terrakotta getrunken. Nicht wie in Ober- und Mittelitalien trinkt man hier den Wein aus gläsernen Gefäßen, sondern wie in uralten Zeiten aus Krügen. Lebhaft mußte ich hier der Terrakotten Campaniens gedenken und mich daran erinnern, daß der Boden Nolas dieser Gefäße voll ist. Selbst unter den pompejanischen Gebrauchsvasen, die im Museum Neapels aufbewahrt werden, hatte ich eben diese Krüge mit zwei Henkeln und der in Kleeblattform gebildeten Mündung betrachtet. Die jetzt in Campanien allgemein gebrauchten Trinkkrüge sind weiß überlasiert; ihre Topfmalerei hat freilich nichts von dem griechischen Stil an sich.

Nachmittags trieb die fast unerträgliche Hitze in die Cafés. «Nobile Caffé» heißt in campanischen Städten jedes einigermaßen anständige Kaffeehaus. Ich suchte das alleredelste auf; es war zum Ersticken angefüllt; Bauern, welche «ritornelli» sangen, Improvisatori, Herren, Damen in Festkleidern, alles saß, stand, ging durcheinander. Eis wurde in großen Scheiben gegessen, von vortrefflicher Zubereitung. Niemals hatte ich so sehr empfunden, welch ein köstliches Labsal Sorbetto sei, als hier, denn die schwüle Luft war erstickend; und so währte es nicht lange Zeit, daß ich in diesem Menschengewühl in einen halben Schlaf versank, von den wunderlichsten Vorstellungen heimgesucht, von Marcellus und Hannibal, dem sterbenden Augustus, der Livia und Tiberius, von den Bacchantinnen pompejanischer Fresken, von nolanischen Vasen, und durch meinen Kopf tanzten die seltsamen Obelisken und der heilige Paulin. Draußen wogte das endlose Geschrei der Menge. Wenn es so recht wie ein Element anschwillt, läßt sich dabei schlafen wie beim Wellenrauschen des Meeres.

Die Stadt, welche ich durchwanderte, hat nichts Merkwürdiges, aber sie ist freundlich und sauber, und zu allen Seiten lacht das Grün der Gärten herein. Im Altertum war sie nicht unbeträchtlicher als Pompeji, welches damals mit Nola im lebhaftesten Verkehre stand, weil alle drei Städte Campaniens, Nola, Nocera und Acera, in Pompeji, am Ausfluß des Sarno, ihren gemeinschaftlichen Hafenplatz hatten. Das Meer, welches sich jetzt weit hinter Pompeji zurückgezogen hat, bedeckte einst einen großen Teil dieser Ebene.

Ich war aus der Stadt gegangen, um zu dem Kloster Sant Angelo hinaufzusteigen, einem schön gelegenen Franziskanerkonvent mit

luftigen Hallen in einem Hain von Fruchtbäumen. Auf der Landstraße erreichte ich eine schon vom Fest heimkehrende Familie. Es
war eine Matrone mit ihren Enkeln, wohl achtzigjährig und von
einer klassischen Schönheit, groß von Körper, ja von tragischen Maßen der Gestalt, gekleidet in ein langes weitfaltiges Gewand von
karmoisinfarbener Seide mit einem breiten Saum von Goldbrokat, die
Taille hoch nach griechischer Weise; über dem Gewand trug sie eine
gleich rote gestickte Jacke, um das greise Haar ein Stirnband nach der
antiken Weise Pompejis. Wie diese stattliche Gestalt dahinschritt,
schien sie einem antiken Fürstenweibe, einer Königsmutter zu gleichen; und wahrlich sie hätte in den «Persern» des Äschylus als die
Atossa, des Dareios erhabene Gemahlin, und die Mutter des Xerxes
wohl figurieren können. Ich hatte mich an diese Gesellschaft angeschlossen, und obwohl eine der Enkelinnen der Alten von hoher
Schönheit war, vergaß ich dennoch über dieser Matrone alle Freude
an der blühenden Jugend. Denn kaum konnte ich den Blick von ihrer
imponierenden Gestalt wegwenden. Die Enkelinnen waren nicht so
reich gekleidet, sie trugen bunte bauschärmelige Röcke und das Kopftuch dieser Gegenden. Man nennt es hier Mucadore; es wird nicht
ganz um den Kopf gewunden, sondern nur leicht um den Hinterkopf
geschlungen, so daß die Haarflechten um die Schläfe sichtbar bleiben.
In eben dieser Weise sieht man auf Fresken Pompejis Frauen das
Kopftuch tragen. Leider verstand ich fast gar nichts von dem Dialekt,
welchen diese Landleute redeten. Sie luden mich in ihr Haus zu Gaste;
es liege, so sagten sie, nur wenige Millien von Nola entfernt. Gern
hätte ich in das Hauswesen der Familie hineingeblickt, aber ich schlug
ihre Einladung aus, weil der Tag sich neigte und mich Sant Angelo
und die Aussicht in die Ebene von Nola reizte.

Es ist ein schöner Blick in diesen unermeßlichen Fruchtgarten, den
man von jenem Kloster aus genießt. Links sieht man den Monte
Somma, der seinen Zwillingsbruder, den Vesuv, verdeckt, rechts die
Berge von Maddalone, über dem Kloster hinauf die verfallene Burg
Cicala, welche malerisch einen Hügel krönt. Zwischen diesen Bergen
liegt die Campagna Nolas, ein Wald von Pappeln, Ulmen, Fruchtbäumen, um welche die Rebe ihre Girlanden windet. Zwischen den Bäumen wächst Mais und Weizen in Fülle, und allerorten prangt die Zi-
trone und die Granate. In diesem Park liegt die Stadt begraben, in
Laub, Weinranken, Blumen und Sonnenlicht versunken. Wohl ist
dies ein Land, wo solche Feste entstehen müssen; die Natur ist hier
ein ununterbrochener Schöpfungsjubel.

Ich verließ Nola am Abend. Es sollte noch ein Pferderennen gegeben werden, und nachts Illumination mit Lichtern und bunten
Ampeln das Auge ergötzen. Als ich nun am Spätabend auf dem Kai

Amalfi

Santa Lucia in Neapel am Fenster lag, sah ich zahlloses Fuhrwerk mit Rückkehrenden über die Chiaia eilen; die Maultiere mit Bändern und Blumen geschmückt, die Menschen ihre Fähnchen schwenkend, Wagen, Tiere, Volk vom Staube weiß gepudert; und so jagten sie jubelnd und jauchzend auf der Chiaia hin, um auch noch den Corso in der Stadt mitzunehmen.

Wer je von Salerno aus längs dem Meere nach Amalfi gewandert ist, wird wohl mit Freude dieses Strandes gedenken. Nichts Schöneres wird er in neapolitanischen Landen gefunden haben. Von allen Wanderstraßen, die ich in Italien gezogen bin, hat mir diese den lebhaftesten Eindruck zurückgelassen.

Sie führt hoch am Gestade entlang, da der Weg spiralförmig am Ufer hinläuft. Man hat also zur Rechten über sich die Bergkuppen, die grünen mit Ortschaften bedeckten Täler, die sich zwischen ihnen herniedersenken, unter sich das azurblaue Meer, und immer den Blick über die See auf Pästum und die Berge Kalabriens bis zum Kap Licosa, wo sich die Küste, nach dem Golf von Policastro umbiegend, dem Auge entzieht.

Der erste Ort auf dieser Straße und nahe bei Salerno ist Vietri. Die Lage dieses Städtchens erinnerte mich an Tivoli. Eine tiefe, große Schlucht zieht sich dort hinunter, vom Wasser durchbraust, welches vielerlei Mühlen treibt. Auf dem Rande steht Vietri, braun und bizarr, mit gekuppelten Kirchen und Kapellen. Tief unten an dem weißen Strande liegt die kleine Marine mit ihren Segelkähnen. Fast ein jeder dieser Orte, die hoch auf dem Ufer stehen, hat seinen kleinen Hafen. Da gab es die stillsten Fischerszenen, die sich besser in der Natur ausnehmen aus auf der Leinwand, und blickt man von den Klippen auf die smaragdgrünen Wellen hinunter, so scheinen die Barken auf ihnen wie in ätherischer Luft zu schweben.

Nun regt der Anblick so vieler Türme am Meer und so mancher Burg auf den Felsenkronen die Erinnerung an, daß man jener Zeit gedenken muß, wo hier die Normannen ihr merkwürdiges Reich stifteten, welches in der Geschichte der Kultur Epoche machte und weit hinein ins Abendland wie ins Morgenland gewirkt hat.

Es waren wunderliche Zustände in Süditalien; wüste Herrschaft der Griechen und Langobarden, ewige Streifzüge der Araber, und glänzende Republiken wie Amalfi, Gaeta und Neapel. In jenem schönen Salerno, das sich nun so friedlich am Meere erhebt, herrschte der Langobardenfürst Waimar; eben lag eine Flotte der Sarazenen vor der Stadt, und die Moslems stürmten die Mauern. Die Salernitaner waren verweichlicht; die schlecht bewehrte Stadt drohte zu fallen. Nun fügte es sich, daß zu dieser Zeit vierzig Pilger, Normanhen, auf amalfitanischen Schiffen vom heiligen Grabe zurück und nach Salerno gekommen waren. Sie forderten Waffen, stürmten aus dem Tor und stürzten unter die Moslems; ihnen folgten die beschämten Salernitaner; nach einem großen Blutbade hoben die Sarazenen die Belagerung auf. Waimar belohnte die Pilger fürstlich, und nachdem diese in die Normandie zurückgekehrt waren, entzündeten sie die Phantasie ihrer Landsleute durch Erzählungen von jenen Küsten Salernos, von dem ewigen Frühling des Landes, den süßen Früchten und den Schätzen, welche tapfere Männer dort erbeuten könnten. Also machten sich abenteuernde Normannen zuerst unter Dragut nach dem Süden auf. Es war der Anfang des elften Jahrhunderts. Dies Geschlecht war glücklicher als Napoleoniden und Muratisten.

Sismondi erzählt, daß sich seit jenen Tagen in der isländischen Sprache, der altskandinavischen Mundart, noch das Wort «figiakasta» erhalten habe, das heißt nach Feigen Lust haben, eine bildliche Redeweise für den Begriff einer heftigen Sehnsucht überhaupt.

Aber nun sind wir vor Cetara am Ufer angelangt, einem unbeschreiblich reizenden Ort, ja einer elysischen Fruchtoase in rauhfelsigen Bergmassen. Mir fiel gleich die maurisch pittoreske Bauart auf. Die Häuser sind klein und einstöckig, mit Logen und Verandas versehen, welche Weinreben umschlingen; ihre Dächer gewölbt und schwarz übertüncht. Die bizarre Architektur der kleinen Kirchen hebt sich phantastisch aus dem dunklen Laube der Orangenbäume. Es war eine so fremde Erscheinung, daß man wohl wähnen mochte bei Kairewan zu sein, mitten in einer uneuropäischen Kultur. Alles lachte von Sonnenglanz, Goldfrüchten und fremden Blüten; die weißen Häuser mit ihren Verandas waren alle in das üppigste Grün wie eingesponnen. Nirgend Unreinlichkeit, alles sauber und zierlich wie die Orangen, die Johannisbrotbäume und Maulbeeren, und fremd wie der blütenbedeckte, stachlichte Kaktus und die hohen Aloestauden.

Das schöne Cetara war der erste Ort an dieser Küste, wo sich Sarazenen niederließen, worauf sie dann weiter bis nach Amalfi hinauf über Majori und Minori, bis nach Scala und Ravello Kolonien gründeten.

Denn schon vor der Eroberung Siziliens streiften sie an diesem Strande. Die langen Kämpfe der Griechen mit den Städten und dieser mit den Langobarden Süditaliens zogen sie herein. Die Stadt Neapel selbst machte damit den Anfang im Jahre 836, da sich ihr Konsul Andreas an die Araber um Hilfe wandte, um sich dem Fürsten Sicard von Benevent zu entziehen. So schloß die damals blühende Republik ein Bündnis mit den Sarazenen, ungeachtet der Bannstrahlen der Päpste und der Drohungen des griechischen wie des römischen Kaisers. Dies Bündnis dauerte ein halbes Jahrhundert, und Chronisten erzählen, daß der Hafen Neapels damals aussah wie ein sarazenischer

Sorrent

Port. Als nun nach Sicards Tode im Jahre 839 die Langobarden-
herrschaft in Benevent und Salerno auseinanderfiel, und dort Radelchis, hier Siconulf sich befehdeten, rief jeder dieser feindlichen Fürsten
einen Sarazenenschwarm zu sich. Siconulf nahm in Dienst Apolofar
mit einem Heerhaufen von Kreta; diese Araber bauten sich in der
Umgegend Salernos an.

Nachdem jedoch Siconulf und Radelchis im Jahre 851 sich in Benevent und Salerno geteilt hatten, setzten sie in den Friedenspakt ausdrücklich die Bestimmung: die Sarazenen nicht mehr auf der Küste
zwischen Amalfi und Salerno zu dulden. Trotzdem blieben ihrer viele
zurück, die sich hatten laufen lassen. Sie haben jenen Orten für die
Dauer ein maurisches Gepräge aufgedrückt. Andere kamen von Sizilien herüber, als im Verlaufe des neunten Jahrhunderts ganz Kalabrien muselmanisch zu werden drohte, in Bari ein Sultan herrschte,
Tarent in die Gewalt der Araber gefallen war, und sie selbst Rom
bedrohten, wo sie die Kirchen Sankt Peter und Sankt Paul plünderten,
während Neapel ihnen fortdauernd Freundschaft hielt, trotz dem
Kaiser Ludwig II.

Sie siedelten sich in Cetara von neuem an im Jahre 880; im selben
Jahre gab ihnen die Republik Neapel ein Stück Land am Sebetos;
unter dem Vesuv setzten sie sich fest, in den klassischen Gegenden
Pompejis, endlich auch am Garigliano, von wo aus sie ganz Campanien durchstreiften. Auch in der Nähe von Paestum stifteten sie
ihre Kolonie Agropolis.

Sie schwanden aus diesen Gegenden nicht einmal zur Zeit der Normannenherrschaft. Viele waren Christen geworden, andere blieben
im Dienste Ruggieros, und so brachten sie in das Land Salerno orientalische Sitten und Kultur. Der Name Cetara selbst scheint arabisch
und klingt nach der Gitarre.

Die Sonne brannte schon heiß auf die nackten Felsen, an denen wir
rüstig weiter schritten, und noch war es weit bis Amalfi. Von hier ab
wird die Küste immer entzückender. Wolkenhohe Berggipfel steigen
schroff empor; ihre braune Farbe im glänzenden Sonnenlicht, welches
das Meer zu unseren Füßen immer tiefer erblauen ließ, lag im schönsten Gegensatz zu Himmel und See. Auf einzelnen Bergspitzen
schwärzliche Ruinen alter Kastelle aus der Normannenzeit. Sie beschirmten einst die Ortschaften, welche unter den Berghängen liegen.
Dort stehen Majori und Minori, Städtchen gleich jenem maurischen
Cetara, in märchenhafter Stille, in Gärten versteckt und an die Berge
angelehnt.

Der Strand bei Minori und Majori ist das Reizvollste, was die Ufer
der Golfe von Salerno, Amalfi und Sorrent zu bieten haben, und auf
die Gefahr, der Ketzerei beschuldigt zu werden, will ich es dreist be-

haupten, daß ihre Lage die Sorrentos weit übertrifft. Nirgend sah ich Orte von solcher Grazie. Da liegt zuerst Majori, welches Sicard von Salerno im neunten Jahrhundert erbaute; ein schmaler Strand, schneeweiß und feinsandig, faßt seine Marine ein. Oben hängen Gärten von den terrassierten Bergen; lockend stehen dort die zierlichen weißen Häuser, von denen ein jedes eine Villa zu sein scheint. Hoch oben erhebt sich ein altes Schloß. Die stillsten Wege und Straßen verlieren sich in den Berg hinein, von dem ein munteres Wasser herunterströmt. Die zauberische Einsamkeit befängt das Gemüt, und wohl steigt jedem Wanderer die Sehnsucht auf, hier zu leben oder doch einen Sommer zuzubringen; nun gar dem Nordländer wird ganz und gar «figiakasta» zumute.

So saßen wir denn auch in einer zierlichen, buntgemalten Schenke am Meer, bei den Weinbechern, saftige dunkle Feigen und goldne Orangen vor uns aufgeschichtet. Die heiße Luft, das Atmen des Meers und der Duft der Blumen machten uns schlaftrunken.

Auch in Minori rasteten wir in einem Kaffeehause. Die Häuser sind hier alle so klein und niedlich wie die pompejanischen. Jenes Stübchen war so enge, daß nicht vier Menschen darin bequemen Platz hatten. Am Schenktisch stand der Wirt mit einem Fliegenwedel in der Hand und wehte uns Luft zu und die Fliegen ab und schwatzte allerlei Geschichten im Dialekt jener Gegenden, besonders von den Makkaroni, welche hier wie am ganzen Ufer von Amalfi gefertigt werden und das ganze Königreich Neapel versorgen.

Wir stiegen in der Nachmittagssonnenglut die Berge Minoris aufwärts, bogen dann um einen Ufervorsprung und sahen vor uns Atrani, welches durch einen gigantischen Fels von Amalfi getrennt wird.

Die Lage Atranis ist durch Großartigkeit überraschend. Auf dem höchsten Ufer, dessen Felsen sich wolkenhoch auftürmen, zieht es sich in Pyramidenform bergan. Die pittoreske Bauart der Häuser mit Logen macht den Anblick noch fremdartiger, und blendend wirkt die weiße Farbe der Mauern auf dem schwärzlichen Grunde der Felsen. Diese teilten sich zur Seite des Orts in zwei Massen, durch welche sich ein grünes Tal niedersenkt. Die Felsen krönen Türme und Kastelle; hoch oben wächst in den Spalten des Gesteins die Fächerpalme. Ringsum liegen auf den steilsten Bergen andere Orte, nur mit Mühe zu erklettern, in der wildesten Felseneinsamkeit, doch selbst auf dieser Höhe noch umgrünt von Weinwuchs und schattigen Kastanienhainen. Hoch über Atrani stehen Pontone, Minuto, Scala und Ravello.

Unter diesen Orten ist Ravello ausgezeichnet als sarazenische Erinnerung. Es liegt hoch über Atrani. Man steigt von hier auf einem schwierigen Pfade, durch bedeckte Galerien und über Felsgestein einen wildromantischen Weg empor, immer zwischen Weingärten, Johannisbrotbäumen und Kastanien. Der Blick auf das Meer wird, je höher man klimmt, desto entzückender. Über braune Felsen blickt man in die blaue See hinunter, welche zwischen den bizarren Bergkuppen Pontones hereinzuquellen scheint. Unter den Füßen grüne Abhänge, bedeckt mit den Wohnungen friedlicher Menschen, die kein Sarazene mehr aufstört.

Wir kamen an den verlassenen Konvent der Klarissinnen und sahen hier zuerst den maurischen Bogenstil. Dann stiegen wir nach der Villa Cembrono hinüber, einem in Oleandern und Rosen vergrabenen Landhause eines reichen Neapolitaners, welches von der Höhe des Felsens kühn ins Meer hinuntersieht. Diese Vigna ist unvergleichlich, und vor allem setzte mich die große Pergola oder Rebenlaube in Erstaunen, die quer durch den Garten läuft. Es war ein von weißen Pfeilern getragenes Dach, ganz in Rebenlaub gehüllt und voll von schwellenden Trauben; in dem sauber gehaltenen Garten die köstlichste Blütenpracht ungezählter Gewächse des Südens, in der vollen Glorie des Julimonats. Am Felsenrande ein Belvedere, von erschrecklichen Marmorfiguren eingefaßt, die aber aus der Ferne gesehen von guter Wirkung waren. Von hier aus sieht man die strahlenden Meeresweiten, die Küsten Kalabriens mit ihren silbernen Bergspitzen, die mächtig ragende Punta di Conca und das finstre Kap d'Orso bei Magiori; alle diese Berge von den schönsten Schwingungen der Formen, von einer ernsten, bronzenen Plastik. Ja, dies ist eine Aussicht, die man mit tagelanger Mühe erkaufen würde; und hier ist sehen und schweigen besser als reden. Blickt man aus diesem Armida-Garten voller Rosen und Hortensien in jenes sirenische Meer, das ein zweiter lichtdurchdrungener Himmel zu sein scheint, dann sehnt man sich zu fliegen. Ich glaube, Dädalus und Ikarus saßen einst in seliger Abendruhe auf solchem Felsenvorsprung über dem kretischen Meer; da erfaßte sie Sehnsucht zu fliegen; sie erhoben sich und machten sich Schwanenflügel.

Wir stiegen weiter aufwärts nach dem Kloster Sant' Antonio. Auch dies ist ganz moresk, mit kleinen Ziersäulen in gebrochenen Bogen. Nun traten wir in das alte Ravello ein und hatten plötzlich, mitten in dieser Felsenwildnis, eine maurische Stadt vor uns, an Türmen und Häusern mit phantastischen Arabesken ganz arabisch anzusehen. Sie ist aus schwarzem Tuff gebaut, in grüner Bergöde vereinsamt und verlassen. Hier ist die Welt hinweggeschwunden; nichts als Bäume und Felsen; tief unten in träumerischer Ferne bisweilen das purpurfarbene Meer. Hohe, schwarze Türme in Gärten, bizarre Architekturen moresken Stils mit halbzerstörten Arabesken über den Fenstern und den graziösen, kleinen Säulen in den Bogen.

Am Markt steht neben der Kirche ein altes maurisches Haus, ebenfalls aus schwarzem Tuff, mit Arabesken geschmückt. Zwei wunderlich gebildete Säulen schließen die Ecken. Das Dach besteht aus einer Reihe gewölbter Aufsätze nebeneinander. Man nennt dieses Gebäude «il teatro moresco». Ohne Zweifel war es einer der Paläste der alten Signoren Ravellos. Denn diese jetzt öde Stadt war ehemals eine blühende Kolonie Amalfis und zählte 36000 Einwohner. Reiche Familien verpflanzten allen Luxus hierher, welchen die Verbindung mit dem Orient und den Sarazenen Siziliens erzeugen mußte. Besonders mächtig waren die Afflitti, Rogadei, Castaldi, und vor allem die Ruffuli. Diese Herren bauten sich prächtige Paläste in den schönsten Gärten, mit Fischweihern und springenden Fontänen, streng nach dem Stil der Araber, und arabische Baumeister führten die Anlagen aus. Ravello blieb in beständigem Verkehr mit den Sarazenen, solche wohnten selber hier, und bis auf Manfreds Zeit lagen Araber hier in Garnison. So geschah es, daß dieser Ort einer der ersten in Süditalien war, welcher rein maurische Architektur in sich aufnahm, und daß er heute einer der wenigen ist, die deren Überreste erhalten haben.

Ich fand in dem kleinen Ravello fast ebensoviel moreske Bauten als in Palermo selbst, wo die Schlösser Cuba und Zisa bis auf die Umfassungsmauern geschwunden sind. Da ist gleich der Palast Ruffuli eine wahre Fundgrube sarazenischen Baustils jener Zeit und Gegenden. Er liegt in einem Garten und gehört seit drei Jahren dem Engländer Sir Francis Nevil Reed, der ihn erst aus dem Schutt hat ausgraben lassen. Der schöne Palast ist eine kleine Alhambra zu nennen, ein Gebäude von mehr als dreihundert Gemächern in drei Stockwerken, die alle von moresken Säulen getragen werden. Die Säle sind mit Arabesken reich verziert und haben ganz den sizilisch-arabischen Charakter. Sie müssen von einer feenhaften Pracht gewesen sein. Daneben steht noch eine Rotunde in sarazenischem Stil mitten im Garten, ein Rest von Mauern und ein viereckiger Turm; Bogen und halbversunkene Hallen lassen auf andere Anlagen von Bädern und Höfen schließen, die ein wohlgeschlossenes und zugleich kastellartiges Ganzes müssen gebildet haben. Man kann sich hieraus eine Vorstellung von dem Reichtum machen, der bei den Familien Ravellos zu jener Zeit aufgehäuft lag.

Wie nun alle jene Landschaften Neapels herabgekommen sind, lehren solche Überreste alter Herrlichkeit in den verarmten Städten. Zweimal blühten jene von der Natur überschwenglich gesegneten Küsten: im griechischen Altertum, wovon das nahe Paestum das redende Zeugnis gibt, und im republikanischen Mittelalter, als Neapel, Gaeta, Amalfi und Sorrent mit ihren Flotten die Meere bedeckten,

Paestum

lange bevor sich der republikanische Geist, der letzte Rest altgriechischer und römischer Städteverfassungen, nach Norditalien zog, und Genua, Pisa und Venedig zur Macht gelangten. Das erstemal zerstörten die Römer die Blüte Süditaliens, das zweitemal sank sie unter der Fremdherrschaft der Normannen, und tiefer und tiefer bis zum heutigen Elend. Es fehlt noch an einer gründlichen Geschichte jener süditalienischen Republiken vom siebenten Jahrhundert bis auf Roger von Sizilien. Ich sah unterdes ein wunderbares Lichtphänomen über dem Meer, als ich im Garten Ruffuli stand. Die Sonne ging eben unter. Die Berge über Paestum und Salerno erblaßten schon zu einer tiefgrünen Samtfarbe; hoch über Paestum schwebte ein riesiges weißes Gewölk, welches den vollen Glutbrand der Abendröte empfing. Es glich einer über die Himmel wachsenden Feuerrose, und so warf es sein Licht über das Meer, den ganzen weiten Golf Salernos entzündend, bis es sich nach und nach vergoldete, dann mit blaßgrünen Farbenstreifen durchzog, ins Viole, Gelbliche, Graue hinüberspielte und endlich erstarb.

Ich könnte noch mancherlei Dinge von Ravello erzählen, zumal vom alten Dom, den Niccolo Ruffuli im elften Jahrhundert erbaute, wo eine seltsam mosaizierte Kanzel und alte Bronzetüren zu sehen sind, und in einer Ampolla das Blut des San Pantaleo so gut flüssig wird wie jenes des San Gennaro; aber es sei genug, denn man muß weder zu viel sehen noch zu viel erzählen.

DIE INSEL CAPRI

1853

Einen ganzen Sommermonat lebte ich auf dem Eiland Capri und genoß die Fülle zaubervoller Einsamkeit des Meers. Nun möchte ich
auch diese märchenhaften Erscheinungen festhalten; aber ihre Schönheit, ihre Stille und Heimlichkeit ist mit Worten kaum zu sagen.

Jean Paul hat Capri mit einer Sphinx verglichen; mir kam die
schöne Insel, wenn ich sie vom Festland betrachtete, wie ein antiker
Sarkophag vor, dessen Seiten schlangenhaarige Eumeniden schmük-
ken; darinnen aber liegt Tiberius. Und so reizte mich dies klassisch
geformte Eiland immerdar durch seine Gestalt, durch seine Einsamkeit und die düsteren Erinnerungen an jenen Kaiser Roms.

An einem Sonntag, es war die heiterste Frühe, stiegen wir in Sorrento in die Barke und ließen uns nach Capri hinüberrudern. Das
Meer war so still wie der Himmel, und alles in weiter Ferne in träu-
merischem Duft verloren; aber Capri stand vor uns groß und ernst,
klippenstarr und felszackengepanzert, in der melancholischen Wildheit seiner Berge und in der Schroffheit der steilen Kalkwände von
roter Farbe, fürchterlich und lieblich zu gleicher Zeit. Auf den Höhen
braune Kastelle, nun zerfallen; verlassene Strandschanzen mit ver-
rosteten Kanonen, die schon der Ginsterstrauch mit gelben Blumen-
ästen überdeckt; Klippen wild und schartig, in den Äther hinaufgrei-
fend und von Seefalken überflattert, «vogelheimisch und sonnge-
wohnt», wie Äschylus sagt; Höhlen tief unten, dämmervoll und
märchenhaft; aber oben auf dem gebogenen Rücken des Eilandes ein
heiteres Städtchen mit weißen gewölbten Häusern, mit hohen Mauern und einer Kirchenkuppel; unten an der schmalen Marina der
Hafen der Schiffer und viele aufgereihte Barken.

Die Glocken läuteten eben und verhallten, da wir an den Strand
fuhren, auf dem Ufer aber stand ein Fischermädchen, die Holzbank
haltend, welche sie gleich in die Wellen hineinschob, als das Boot
landete, damit wir trockenen Fußes ans Land kämen. Wie ich ans
Ufer sprang, auf dies seltsame Capri, das ich mir im Norden so oft
vorgestellt hatte, fühlte ich mich gleich wie zu Hause. Alles war still
und verschwiegen, kaum ein Fischer war zu sehen, nur ein paar
badende Kinder an einer Klippe, ein paar Fischermädchen am Ufer,
die Felsen ringsumher ernst und still. In eine wilde und zauberische
Einsiedelei war ich eingetreten. Und nun ging es von der Marina
gleich aufwärts auf einem steilen und mühsamen Pfade zwischen
Gartenmauern nach der Stadt Capri.

Tritt man in dieselbe, über eine hölzerne Brücke und durch das alte Tor, so hat man gleich das originellste Bild von Frieden, Bedürfnislosigkeit und Kindlichkeit vor sich. Denn dort sitzen auf den steinernen Stufen der Kirche auf einem ganz kleinen Platze Bürger in ihren Festkleidern und plaudern, hier spielen Kinder mit lärmender Fröhlichkeit, und der Platz selbst sieht aus, als hätten sie ihn im Spiel aufgebaut. Die Häuser sind klein, mit platten und in der Mitte gewölbten Dächern; fast über jedes schlängelt sich ein Rebenstock. Durch enge Straßen, die niemals ein Wagen befuhr, geht man zur Locanda des Don Michele Pagano, vor welcher ein Palmbaum seine majestätische Krone erhebt. Auch hier glaubt man in die stillste Einsiedelei einzukehren, in eine Herberge für Pilger mit Stab und Muschelhut.

Kaum waren wir in unser Zimmer eingezogen, als uns ein murmelnder Gesang wieder auf die Gasse trieb. Es war Sonntag, und eine Prozession durfte nicht fehlen. Aber wie bizarr und fremd war der Anblick! Sie gingen, Männer und Frauen, jene in weißen Kapuzen, diese in weißen Schleiern, hinter dem Kreuz einher. Um die Kapuzen hatten sie einen grünen Kranz aus den Zweigen des Brombeerstrauchs gewunden, und auch der Strick auf der Schulter zeigte, daß es um Buße zu tun war, denn die Prozession galt der Traubenkrankheit. So zogen sie mit Gesang durch die Straßen, und so heidnisch sahen diese dornbekränzten Gestalten aus, daß es schien, es sei dies ein Zug von Bacchuspriestern, die zu einem Tempel des Dionysos zogen. Fast alle Männer trugen diese Kränze und auch solche, welche nicht in der Kapuze der Brüderschaft gingen. Vor allen fiel mir der Kopf eines alten Invaliden mit silberweißem Haar und Bart auf, der unter dem Brombeerstrauch ganz und gar wie ein Satyr aussah. Hinter den Männern, Frauen und Mädchen in langen Schleiern. Weil nun die Gassen so eng sind, daß nur zwei Menschen nebeneinander Raum haben, so waren sie, wenn die Prozession sie durchschritt, von einer Wand bis zur andern erfüllt.

Das war mein Willkomm in Capri. Seitdem lebte ich dort die glücklichsten Tage, und weil ich nun kaum eine andere Stelle der Welt so eifrig durchwandert und durchklettert habe, in allen Höhen wie in allen zugänglichen Grotten der Tiefe, und weil mir Capri und sein Volk so überaus lieb geworden ist, so will ich es mit diesem Inselbilde machen wie dankbare Schiffer, die eine Votivtafel stiften und darunter schreiben: «Votum fecit, gratiam recepit.»

Die Insel hieß bei den Griechen und Römern Caprea oder Capreae. Man will den Namen aus dem Lateinischen erklären, wo er Ziegeninsel bedeutet. Andere leiten ihn aus dem Phönizischen ab, wonach Capraim Zweistadt heißen soll. Den Griechen galt die Insel als ein Sireneneiland, und noch heutzutage hat eine Stelle am Ufer den Namen La Sirena beibehalten. Doch liegen die Sireneninseln des Homer, wie man es einmal angenommen hat, Capri gegenüber an der amalfitanischen Seite des Kaps der Minerva, und dieses selbst, heute Capo di Campanella genannt, wird auch für die Insel der Circe gehalten. Ringsum also ist fabelhaftes, odysseisches Land, die Heimat der Sirenen, deren Gesang den Schiffer hier berückte, wenn er aus dem Golf von Posidonia an diesen schroffen Inselklippen vorüberfuhr.

Man weiß nicht, wann Capri seine ersten Bewohner erhalten hat. Vielleicht waren es Osker vom Festland, die sich hier zuerst niederließen. Daß sich auch Phönizier dort ansiedelten, nimmt man für gewiß an, und ihnen schreibt man die Gründung der beiden Städte zu, denn die von Natur in eine niedere und höhere Hälfte geteilte Insel hatte wohl schon vorzeiten zwei Orte; Strabo sagt: «Capri hatte ehemals zwei kleine Städte, nachher nur eine.»

Später kamen Griechen in das schöne Wasserbecken Neapels, den Krater, wie ihn die alten Geographen nennen, und ließen sich an den Küsten und auf den Inseln nieder. Nach Capri aber zogen die Teleboer, Männer akarnanischen Stammes, wie Tacitus und Virgil sagen. Der erste griechische Herrscher der Insel wird Telone genannt.

In jener Zeit, etwa im 8. Jahrhundert vor Christi Geburt, siedelten sich Griechen an beiden Golfen von Posidonia und Neapel an, sie erbauten Cumae und Neapolis und bemächtigten sich der Insel dieses herrlichen Meers. Dem höchstgelegenen Ort in Capri gaben sie den noch dauernden Namen Ana-Capri oder die Oberstadt. Horcht man auf die Sprache der heutigen Capresen, so möchte man manchen griechischen Laut zu hören meinen, und blickt man in die kleinstirnigen, edelgeschnittenen Gesichter der Weiber, so möchte man hellenische Züge darin erkennen wollen, ein Wahn, der durch die kunstlos ideale Tracht des tiefgeknoteten Haars noch verstärkt wird. Aber die Griechen, obwohl auch noch in nachrömischer Zeit Herren des Eilandes, sind doch sehr ferne Ahnen dieses Inselvolks, in dessen Adern sich das Blut mischte wie in denen der Neapolitaner selbst.

In jener Zeit bauten die Hellenen Tempel auf der Insel, von denen keine Spur blieb. Noch Augustus erfreute sich an den gymnastischen Spielen der Jünglinge Capris, denn zu seiner Zeit hatte diese Insel noch hellenisches Wesen. Er liebte Capri. Er trat den Neapolitanern, welchen sie damals gehörte, das Eiland Ischias ab und tauschte dafür diesen klassisch geformten Felsen ein. Als er nämlich hier am Strande aus dem Schiffe stieg, brachte man ihm als gute Vorbedeutung die Nachricht, daß eine altersdürre Steineiche plötzlich frisch zu grünen begonnen habe. Dies erfreute den Kaiser so, daß er jenen Tausch beschloß.

Die balsamische Luft der kühlen Insel, die seltene Schönheit der
Felsform wie der griechische Charakter des Volks behagten Augustus;
er baute sich in Capri eine Villa und Gärten. Dieses Landhaus stand
nach dem Glauben der Altertumsforscher auf der Stelle, wo heute die
mächtigen Trümmer der Villa Giove liegen, welche das Volk vorzugsweise Villa des Tiberius nennt.

Ohne Zweifel waren es seine letzten Lebensjahre, in denen Augustus das Eiland besuchte. Kurz vor seinem Tode brachte er hier in
Gesellschaft des Tiberius und des Sterndeuters Thrasyll vier heitere
Tage zu, wie Sueton erzählt. «Als er zufällig dem Golf von Puteoli
vorbeifuhr, war eben ein alexandrinisches Schiff gelandet; Reisende
und Mannschaft legten weiße Gewänder an und bekränzten sich; sie
opferten Weihrauch, erhoben sein Lob und wünschten ihm Heil, denn
von ihm hätten sie Leben, Schiffahrt, Freiheit und Glücksgüter. Das
erfreute ihn so sehr, daß er unter seine Begleiter 400 Goldstücke verteilte; sie mußten ihm zuschwören, dies Geld nicht zu andern Dingen
verwenden zu wollen, als von den Alexandrinern Waren zu kaufen.
Aber auch an allen übrigen Tagen verteilte er Geschenke, Togen und
Pallien, und befahl, daß die Römer griechisch und die Griechen
römisch sich kleiden und sprechen sollten. Beständig sah er den
Übungen der Epheben (in Capri) zu, von denen noch aus dem alten
Institut eine Anzahl übriggeblieben war. Er gab ihnen einen Schmaus
und erlaubte ihnen Äpfel und Nachtisch und zugeworfene Geschenke
scherzend sich aus den Händen zu reißen, einer dem andern. Und
keine Art von heiterm Vergnügen schloß er aus. Ein Capri nahe ge-
legenes Eiland nannte er Apragopolis wegen des Nichtstuns derer, die
aus seinem Gefolge dahin sich entfernten. Einen von seinen Lieblin-
gen, Masgaba, pflegte er, gleich als wäre er der Gründer des Eilands,
Ktistes zu nennen; als er nun von der Tafel aus das Grab dieses Masgaba, welcher ein Jahr zuvor gestorben war, von einem großen
Schwarm mit vielen Lichtern besucht sah, sprach er mit lauter Stimme
den improvisierten (griechischen) Vers:

Des Gründers Grab, im Brande seh' ich es.

Er wandte sich dabei an Thrasyll, den Begleiter des Tiberius, der
ihm gegenüberlag, und fragte ihn, von welchem Dichter er wohl
glaube, daß der Vers sei.
Als dieser stockte, fügte er einen zweiten hinzu:

Schaust du den Masgaba mit Fackelschein geehrt?

Auch um diesen Vers fragte er. Jener antwortete nur, die Verse, von
wem sie auch seien, wären vortrefflich. Augustus aber brach in ein
Gelächter aus und strömte von Scherzen über.»

Bald darauf fuhr er nach Neapel, um dann in Nola zu sterben. Dies hat Sueton von dem letzten Aufenthalt des Kaisers in Capra erzählt. So wenig es ist, so viel ist es doch wert, dies heitere Bild des greisen Augustus, welcher mit den Bewohnern des Eilandes fröhlichen Scherz treibt. Und doppelt anziehend wird seine menschliche Erscheinung durch den Gegensatz zu Tiberius. Denn nun folgt: der greise Tiberius auf Capri.

Die kleine Insel war elf Jahre lang Mittelpunkt der Welt. Die Zeit war grau und greisen geworden wie der Eremit dieser Felsenklippe, die Weltgeschichte nur ein düsterer Monolog dieses schrecklichen Mannes. Die Erinnerung an ihn lebt noch im Volk. Nicht Jahrtausende verwischen sie, denn das Böse dauert im Gedächtnis der Menschen länger als das Gute. Sie nennen ihn hier Timberio und nennen Capri Crap; und wo man auf dem Eilande gehen mag, überall sieht man die Tigerspuren des Tiberius. Selbst den ausgezeichneten Wein auf Capri nennt man hier «Tränen des Tiberius», wie jener vom Vesuv «Tränen Christi» heißt. Sehr hoch muß im Preise der Natur die Träne stehen, die ein Mann wie Tiberius geweint hat.

Ich begegnete hier einem seltsamen Volksglauben, der mich nicht wenig überrascht hat. Das Volk behauptet nämlich, daß tief in dem Berge, worauf die Trümmer der Tiberius-Villa liegen, dieser Kaiser auf einem bronzenen Rosse sitze, er selbst von Erz, mit brillantenen Augen, und auch sein Roß habe Augen von Demant. Ein Jüngling, der in einen Bergspalt gekrochen, habe ihn so sitzen sehen, aber die Spur des Orts bald wieder verloren. Ich hörte diese Sage aus dem Munde des alten Franziskaners, der nun als Eremit auf der Villa einsiedelt, und fand sie auch im Buche Mangones über Capri. Sie erinnert an den Kaiser Rotbart im Kyffhäuser; aber schwerlich wird das Volk die Wiederkehr des Tiberius ins Leben wünschen.

Er kam auf die Insel im Jahre 26 nach Christi Geburt und lebte hier elf Jahre lang, bis er, bei kurzer Abwesenheit, am Berg Misen erstickt wurde. Er hatte das Eiland zu einem prachtvollen Lustgarten umgestaltet. Seine zwölf den Obergöttern geweihten Villen nebst andern herrlichen Gebäuden müssen Capri in Verbindung mit den großartigen Felsen ein schönes Aussehen gegeben haben. Heute ist die Insel mit Trümmern von Bauten überstreut, und viel birgt noch die Erde unter den Weingärten.

Als Tiberius tot war, blieb das schöne Theater seiner Lüste verödet; die Pracht Capris verfiel. Das Volk erzählt, daß Römer auf die Insel kamen und ihre Gebäude niederrissen. Zwar weiß die Geschichte nichts davon, aber sie sagt auch nicht, daß Tiberius' Nachfolger Capri besuchten. Caligula war noch mit ihm auf der Insel gewesen, hatte hier zum erstenmal den Bart abgelegt und die Toga genommen und sich in der Schule des Oheims gebildet. Auch der Schwelger Vitellius lebte als Jüngling in Capri. Später duldeten zur Zeit des Commodus sein Weib Crispina und seine Schwester Lucilla die Verbannung auf diesem Eiland, wie Dio Cassius erzählt und ein im vorigen Jahrhundert auf Capri gefundenes Relief bestätigt, welches beide Fürstinnen in der Gestalt schutzflehender Trauer darstellt.

Nachher teilte die Insel das Los der naheliegenden Küstenländer. Sie geriet nach dem Falle Roms in Besitz erst der Barbaren, dann der Griechen, wie Neapel selbst. Sie wurde Eigentum des griechischen Herzogs von Neapel und fiel im neunten Jahrhundert an die Republik Amalfi, welche sie als Geschenk vom Kaiser Ludwig erhielt.

Mit dem Beginn der normannischen Herrschaft in Süditalien kam Capri in den Besitz des tapfern Roger von Sizilien, der die Insel den Amalfitanern entriß, und so wurde sie seither von den Normannen, den Hohenstaufen, den Anjous und Aragoniern besetzt und durch Kapitäne regiert.

Im Jahre 1806 entrissen sie die Engländer den Neapolitanern; sie besetzten sie im Namen des Königs Ferdinand von Sizilien, befestigten sie stärker und gaben ihr zum Kommandanten jenen Hudson Lowe, welcher später als Kerkermeister Napoleons in Sankt Helena unsterblich werden sollte. Fast drei Jahre behaupteten die Engländer Capri, bis die Muratisten durch einen kühnen Handstreich sich des Eilands bemächtigten. Es war der Geschichtschreiber Coletta, damals Ingenieur unter Murat, welcher Capri zuvor auskundschaftete und die Stelle bezeichnete, wo das Felsenufer könnte erstiegen werden. Am 4. Oktober 1808 wurde die Insel nach heftigem Kampf erobert, Hudson Lowe aber als Gefangener nach Neapel abgeführt. Diese Nachrichten mögen hinreichen, uns über die historischen Schicksale Capris aufzuklären. Eindruckslos, bis auf die letzten Ereignisse, sind sie am Erinnern des Volkes vorübergegangen. Es lebt hier allein das Gedächtnis an den grausamen Timberio, und oft war es mir wundersam, den fürchterlichsten Namen der Geschichte aus dem Munde spielender Kinder zu vernehmen. Allerorten hört man ihn, weil er mit dem Lokal verwachsen ist. Die Lebensgeschichte dieses einen Mannes hat das Eiland ganz durchdrungen und zu dem Ernst seiner Natur noch den tragischen Hauch der Geschichte gesellt. Dies gibt Capri den Reiz des Schauerlichen für den, welcher für dunkle Szenen in der Natur und Geschichte empfänglich ist.

Es liegt hier Fürchterliches und Liebliches in einem seltsamen Kontrast. Das lachende grüne Tal stößt hart an schroffe Felsenwände, welche das heitere Pflanzenleben zerreißen und nackt und gigantisch in die Wolken ragen; und wiederum findet das tägliche Bild einfacher Naturmenschen, welche Armut und Frömmigkeit verschönert und die Arbeit veredelt, seinen grellsten Gegensatz, an der immer wieder sich aufdrängenden Vorstellung des finstern Despoten Tiberius.

Die wunderbare Weise, in welcher die Natur hier Entgegengesetztes zu einem plastischen Ganzen verbunden hat, ist es hauptsächlich, was mein Erstaunen erregt. Es gibt hier so viel wüstes Gestein, daß es auf größern Flächen den Eindruck trostloser Öde hervorbringen würde; auf Capri aber ist es anders. Die Natur wehrt hier überall dem Wüsten durch Linie und Form, dem Toten durch die Wärme der Farbe, dem Dürren durch das verstreute Grün, und so stellt sie ein Gemälde dar, in welchem das Große groß und das Fürchterliche fürchterlich bleibt und doch zu gleicher Zeit von der Macht der Form bezwungen ist. Die Berge, Klippen und Täler umfangen den Sinn mit heimlichem Zauber, sie klausen ihn wie in ein Gitter ein, durch das der schönste Golf der Erde hereinscheint, welchen wiederum traumhaft stille Küsten gefangen halten, und so ist es wahrhaft ein magischer Ring, von dem man sich hier umschlossen fühlt.

Die Ähnlichkeit der Natur Capris mit der von Sizilien ist auffallend. Sie ist wahrlich eine Vorstudie dieses großen Insellandes, nicht allein wegen der Dürre des Bodens, sondern auch durch die glühendrote Farbe des Kalkgesteins, durch die phantastisch-grandiose Form der Klippen, und selbst wegen des Pflanzenwuchses.

Die Vegetation ist hier ganz südlich, aber sie ist spärlich. Zwischen dem roten Gestein, wie in die Falten der Berge hineingesät, wächst all das balsamische Kraut der südlichsten Inseln Europas, die Luft mit Wohlgeruch durchwürzend. Dort findet man die Myrte, den Citisus, die Raute und den Rosmarin, den Mastixstrauch und den Albatro, die schönblumigen Heiden. Brombeeren und Efeuranken, wie die Gewinde der Klematis umschlingen Trümmer und Klippen, und der goldgelbe Ginster hängt in vollen Büschen um alle Höhen. Auch der schönste Strauch Capris, welcher zufällig den Namen der Insel trägt, ist nicht das Caprifolium oder Geißblatt, sondern der Kapernstrauch; er hängt sich hier an alle Gemäuer und Felsenwände und schmückt sie mit seinen weißen Blumen voll langer, lilafarbiger Staubfäden.

Um die Abhänge selbst hat der Mensch mit großer Mühe Terrassen angelegt und, indem er durch Aufmauerung kleine Ebenen gewann, Gärten darauf gebaut. Da gedeiht jegliche Frucht und jeder Baum Campaniens. Reichlich wachsen die Eichen, die Maulbeerbäume in großer Zahl; stark und fruchtgesegnet der Ölbaum; sparsam die Zypresse und die Pinie; groß und mächtig der Johannisbrotbaum; überaus fruchtreich und in Menge die Feige; häufig der Mandelbaum; kärglicher die Kastanie und der Nußbaum, aber reichlich die Orange und die Limone, die man in den Gärten in erstaunlicher Kraft findet und deren Früchte oft die Größe eines Kindeskopfs erreichen. Die

Rebe wächst hier zwar nicht so üppig wie in Campanien, aber sie trägt schwere Trauben, deren berühmten Feuerwein die Sonnenglut aus-kocht. Was den Landschaften der kleinen Insel vollends den Charak-ter Siziliens verleiht, ist die Fülle von Kaktusfeigen. Ihre bizarren, afrikanischen Formen stimmen wohl zu der Dürre der Felsen und ihrer Farbenglut.

Wie nun die Natur, in Formen und Farben ganz harmonisch, dies Eiland gebildet hat, so scheint sie auch den Menschen gezwungen zu haben, in einem phantastisch-idyllischen Charakter seine Häuser zu bauen. Das Städtchen Capri, welches sich auf dem Bergsattel zwischen den Hügeln San Michele und Castello aufreiht, ist sehr originell. Die Häuser, klein und weiß, haben ein plattes Dach, das sich in der Mitte aufwölbt; auf ihm stehen Blumen, und dort sitzt man in der Abend-kühle und blickt in das rosenfarbene Meer. Alle Zimmer sind ge-wölbt, wie die Unterbauten der Villen aus der Zeit des Tiberius. Das Haus umläuft entweder eine Terrasse, oder es öffnet sich zu einer ge-wölbten Loggia oder Veranda, welche sehr freundlich aussieht, da sie in der Regel eine Weinrebe umrankt, und schöne Blumen, zumal blaue Hortensien, purpurrote Nelken und rosenfarbiger Oleander reich verzieren. Stößt das Haus an den Garten, so findet sich vor der Türe die Pergola oder Weinlaube. Sie ist der schönste Schmuck der Insel-wohnungen; da sie aus einer Doppelreihe von gemauerten und weiß-getünchten Säulen besteht, welche das Weinrebendach tragen, gibt diese Menge von Säulen auch dem ärmlichsten Hause einen Anstrich von Festlichkeit, seiner Architektur aber etwas Antikes und Ideelles. Die von der Rebe umschlungenen Säulenreihen sehen oft aus wie Arkaden eines Tempels; sie erinnern mich an die kleinen Häuser in Pompeji. Hie und da steht in den Gärten eine Palme; die herrlichste erhebt sich im Garten des Gastwirtes Pagano, dessen Haus unter den übrigen Capris der Palast zu nennen ist.

Auch außerhalb der kleinen Stadt wohnen Weinbauern zerstreut in ihren Masserien, um die Höhen oder an den Füßen der Felsen. Ein jedes dieser Landhäuser scheint das Asyl der Glückseligen und des Friedens zu sein.

Die Capresen, etwa 2000 an Zahl, sind in der Tat das friedlichste Volk der Welt, milde von Sitten, bitter arm und emsig tätig. Sie sind Acker- und Weinbauern oder Fischer, und nur diese besitzen im all-gemeinen ein Eigentum, ihre Barke und den Fisch, den sie fangen. Die anderen sind in der Regel Pächter, weil die meisten Masserien Nea-politanern gehören.

Der Pächter zahlt jährlich 80–120 neapolitanische Dukaten Zins, die er samt seinem Unterhalt aus dem Wein, dem Öl und den Früch-ten erzielen muß. Schlägt die Weinlese fehl, wie nun schon seit drei

Jahren, so muß er verarmen, und es ist wahrlich ein Jammer, diese von der Traubenseuche verödeten Weinberge zu sehen und die Klagen der unglücklichen Weinbauern anzuhören. Ich fand Frauen, welche mir sagten, daß sie all ihren Halsschmuck, Ringe und Ohrgehänge verkauft hätten, und dies ist ein Zeichen sehr großer Not, denn nur äußerste Verzweiflung entreißt dem Weibe seinen Goldschmuck. Sie tragen ihn hier beständig, so daß es ein auffallender Widerspruch ist, ein Mädchen elende Lastarbeit verrichten zu sehen, welches lange Ohrgehänge von Gold und auf der Brust ein goldenes Herzchen trägt. Das ist ihr Kleinod, oft ihr einziges Vermögen, aber der Schmuck ist weder vom stärksten noch vom feinsten Golde.

Die Viehzucht Capris ist gering, doch werden jährlich mehr als 200 Stück nach dem Festland geführt, und auch der Käse der Insel läßt sich rühmen. Im Herbst und im Frühjahr nährt die Inselbewohner die Vogeljagd. Es kommen dann die Schwärme von Zugvögeln aus dem Norden rückkehrend oder vom Süden nach dem Norden wandernd, hauptsächlich Wachteln. Die armen Vögel ruhen auf dem ungastlichen Felsen von ihrer Reise aus und werden dann in Scharen ergriffen oder in Schlingen gefangen. Capri hat sonst keine Jagd und kein jagdbares vierfüßiges Tier, weder Fuchs noch Marder, nur eine große Menge von Kaninchen, welche nachts aus den Felsenritzen hervorhüpfen und in die Felder laufen, von der Armut des Landbauern ihr ärmlich Teil zu rauben.

Den dauernden Erwerb sichert den Capresen das Meer. Der Fischer fängt hier Fische jeder Art, auch den Thunfisch und den Schwertfisch, die Murena, vor allem die Sardine und den Calamajo oder Tintenfisch. Dieser wird besonders nachts gefangen. Die Fischer fahren mit der Dunkelheit in See und locken den Fisch durch den Schein einer Fackel an die Oberfläche; das greuliche, polypenartige Tier krallt sich dann in die vielen Nadeln eines rückwärts widerstachelnden Stabes und wird so heraufgezogen.

Der Fischer liegt die ganze Nacht auf See, er kehrt erst mit der Sonne wieder; dann geht es ans Trocknen und Flicken der Netze, dann schläft er ein paar Stunden, dann macht er sich frisch wieder zum Fange auf. Es ist ein armseliges und mühevolles Leben, das Meer oft trügerisch, und nicht ein paar Carlin wert, was eine ganze Fischergesellschaft in dem Netze findet.

Das emsige Leben an der Marina grande, dem einzigen Hafen der Insel, wo eine Reihe von Häusern steht, gewährt zu allen Zeiten einen großen Reiz. Der Strand ist hier kurz und schmal, vor dem Wogenschlage nicht sicher und gibt nicht Raum genug. Deshalb werden die Kähne beim Sturm in gemauerte Schuppen hineingezogen.

Es gibt etwa hundert Barken auf diesem Strande, und drei große vermitteln den Verkehr zwischen der Insel und dem Festlande. Jeden Dienstag und Freitag kehren diese aus Neapel zurück, wohin sie tags zuvor abgegangen waren. Dann gibt es das bunteste Treiben auf dem Ufer, weil auch Mädchen und Frauen von Ana-Capri die große Felsenstiege herabkommen, um dasjenige in Empfang zu nehmen, was die Barke für sie gebracht hat. Ist das Meer bewegt, so springen, ehe das Boot landet, die jüngsten Fischer in die Wellen; sie stürzen sich kopfüber in das Wasser wie Taucherenten; die in der Barke werfen ihnen Taue und Ruder zu, es vermindert sich die Last des Schiffchens, da einer nach dem andern über Bord springt. Jene zu Land ziehen das Fahrzeug mit lautem Geschrei am Tau, und die Stimme des Barkenpatrons übertönt das Rauschen der Brandung und das wilde Rufen aller dieser zu fieberhafter Tätigkeit aufgeregten Menschen. Am Strande harren die Weiber auf das Mitgebrachte; es sind Gemüse, Melonen, Zwieback oder Kleidung und sonstiger Hausbedarf. Auch mancher Blumenstrauß von Napoli wird mitgebracht, und manche neugedruckte Kanzone vom Kai Santa Lucia. Der Fremdling aber setzt sich auf eine der Klippentrümmer am Ufer und erbricht den Brief, der für ihn aus demselben Boote ausgeschifft worden ist.

Fast alle Barken der Marina gehören Fischern in Capri, nur wenige auch Leuten von droben in Ana-Capri. Denn die Natur hat dieses zweite Städtchen der Insel vom Meere abgesperrt. Dagegen gehen viele junge Männer Ana-Capris und mehr als von Capri in die Fremde auf den Korallenfang. Jährlich verlassen ihre Heimat etwa 200. Für Rechnung der Korallenhändler in Torre del Greco wagen sie sich in ihren Barken in die Meerenge von Bonifazio und an die Küsten Afrikas. Sie gehen im März und kommen im Oktober wieder; dann finden sie, was seitdem das Schicksal in ihrer kleinen Welt zur Freude und zum Leide gereift hat, Treue und Untreue, neues Leben und plötzlichen Tod. Wenn sie hundert Dukaten gewonnen haben, heiraten sie ihren Schatz. Denn in Capri gelten hundert Ducati als Erfordernis zum Heiraten. Mir erzählte ein Maler, daß er mit seinem Jungen, der ihm die Staffelei nachträgt, folgendes Gespräch gehabt habe. Der Junge: Herr, habt Ihr eine Frau? Der Maler: Nein. Der Junge: Habt Ihr denn nicht hundert Ducati? Der Maler: Ja, ich habe hundert Dukaten. Der Junge (höchlichst erstaunt): Wie, Herr, Ihr habt hundert Ducati und heiratet nicht? – Lebhaft wurde ich eines Tags an jene heimatlosen Korallenfischer erinnert, als mir auf der Stiege von Ana-Capri ein junges Mädchen einige arabische Münzen anbot. Ihr Bruder hatte sie ihr verwichenes Jahr mitgebracht als Geschenk von den «Heiden». Ich kaufte sie mir zum Andenken und als Zauberpfennige.

Auch an den Strand Capris treiben viel Korallenstücke. Die kleinen
Fischerkinder und die jungen Mädchen sammeln sie; sie flechten ganz
kleine Körbe von Stroh und tun in sie hinein rote Korallen, Seepferd-
chen und Meersternchen und kleine bunte Muscheln, und wenn du
am Strand entlang gehst, vertreten sie dir den Weg und bieten dir
das zierlichste Körbchen mit lachenden Augen zum Kauf an, so daß
du es wohl kaufen wirst.

Ja, alles ist hier graziös, lieblich und klein, und gar reizend die
Beschäftigung der Mädchen in den Häusern, wo sie die schöne goldgelbe Seide aufhaspeln oder abspinnen und die bunten Bänder weben.
Die Industrie der Frauen besteht hier in etwas Seidenkultur, hauptsächlich im Weben von Band, sowohl droben in Ana-Capri als drunten. Viele Webstühle sind dort tätig. Die Mädchen sitzen dabei von
Sonnenaufgang bis zur Nacht. Die Baumwolle oder die Seide liefert
ihnen der Kaufmann von Neapel, der ihre Arbeit dürftig bezahlt. Sie
weben Band in allen Farben. Der stillen homerischen Geschäftigkeit
bei so reizend frauenhaftem Tun, in den kleinen gewölbten Gemächern
oder auf den Terrassen, unter den blühenden Blumen und bei dem
beständigen Anblick des Meeres sieht man gerne zu.

Es gibt in Capri ein einsames Haus auf einem Hügel, darin sitzen
vier Mädchen schwesterlich beisammen und weben rastlos Seide und
Stroh zu Damenhüten. Diese vier Mädchen sind die Elite der jung-
fräulichen Welt von Capri. Ihr Stübchen ist der Gesellschaftssalon
der Insel. Fremde führen sich dort selbst ein. Die Künstler nennen sie
die vier Altäre, weil vor ihnen beständig geopfert wird, mein Wirt
aber nennt sie die vier Jahreszeiten. Als ich eines Tages bei ihnen
saß, fiel mir ein Blatt ins Auge, welches eine der Schwestern sorgsam an ihren Webstuhl geheftet hatte. Es war eine Efeuranke darauf
gemalt und der Vers des Sophokles darein geschrieben, mit welchem
der «Ödipus Tyrannos» beginnt:

Ω τεκνα Καδμου του παλαι νεα τροφη

O Kinder ihr, des alten Kadmos junge Brut.

Die Weberin bat mich, ihr zu erklären, was die fremde Schrift sage,
denn ein Engländer wäre dagewesen, der hätte das aufgeschrieben.
Ich sagte ihr, die Worte hießen also: «O Kind, du bist am Tag mein
Basilikum und des Nachts bist du mein Stern.» Sie lächelte und war
zufrieden.

Ich habe mich oft in Gebirgen Italiens an der Naivität des Volkes
erfreut, aber mich dünkt, nirgends ein naiveres gefunden zu haben
als hier. Die Abgeschiedenheit von der Welt hat die Milde seiner
Sitte bewahrt und den Zauber der Natur erhalten. Man weiß hier
nichts von den Verbrechen der Zivilisation, es gibt nur Frieden, Ar-

mut und Tätigkeit. Der Fremde wird wie ein Bekannter empfangen und fühlt sich gleich heimisch, und wahrlich, einen grellern Gegensatz als den zwischen der Welt in Capri und jener Neapels kann es nimmer geben.

Die Mädchen in Capri sind weniger schön als graziös. Ihre Züge haben oft etwas Fremdartiges. Die Linien der auffallend kurzstirnigen Gesichter sind regelmäßig und manchmal sehr edel geschnitten; das Auge ist von einem glühenden Schwarz oder von einem schwülen Grau. Die braune Farbe, das schwarze Haar, das umschlungene Kopftuch, die Korallen und die goldenen Ohrgehänge geben dem Antlitz etwas Orientalisches. Ich sah oft, besonders aber in dem ganz verlassenen Ana-Capri, Gesichter von einer wilden, seltsamen Schönheit, und blickte ein solches, die Haare verwirrt, die Augenbrauen schwarz und scharf gezogen und die wetterleuchtenden Augen groß aufgeschlagen, vom Webstuhl in der dunklen Kammer empor, so war es, wie ich mir das Antlitz einer Danaide denke. In Capri dagegen sieht man auch Gesichter, welche denen der Gestalten Peruginos und Pinturicchios ähneln und oft von einem auffallend schwärmerischen Ausdrucke sind. Sie tragen die Haare kunstlos schön, am schönsten in Ana-Capri, tief herabgeknotet, einen silbernen Pfeil hindurchgesteckt. Manchmal binden sie den Mucadore wie einen Fes auf und gleichen dann wahrlich den Frauen einer fernen Zone. Ein ganz allgemeiner Schmuck der Weiber Capris und köstlicher als Gold sind ihre Zähne. Ich glaube, die Menschen in Capri haben so herrliche Zähne, weil sie nichts zu beißen haben.

Man muß diese zierlichen Gestalten in Gruppen vereinigt sehen oder sie betrachten, wenn sie bergauf kommen, die antik geformten Wasserkrüge oder Körbe voll Erde oder Steine auf den Köpfen tragend. Weil sie arm sind, erwerben sie sich durch Lastträgerdienste kümmerlichen Lohn. Das Mädchen in Capri ist das eigentliche Lasttier der Insel. Man sieht die lieblichsten Kinder von 14 bis 20 Jahren, Gabriele, Constanziella, Mari Antonia, Concetta, Teresa und so viele andere, deren Köpfe draußen in England, in Frankreich und Deutschland auf manchem Gemälde bewundert werden, vom Meeresstrand aufwärts Lasten, kaum für Männerstärke zwingbar scheinend, auf eben diesen Köpfchen tragen.

Es kam vor vierzehn Tagen ein neapolitanisches Schiff und lud auf der Marina eine Fracht von Tuffsteinen aus, welche zum Ausbau des alten Klosters dienen sollten. Diese Steine wurden sämtlich innerhalb fünf Tagen auf Mädchenköpfen nach dem Kloster befördert. Der Weg ist so steil, daß ich ihn täglich verwünschte, wenn ich vom Bade frisch und unversehrt zurückkehrte, weil man oben ganz erschöpft anlangt. Aber fünf Tage hindurch schleppten Mädchen, etwa dreißig an der

Zahl, die Steine diesen Weg aufwärts. Sie trugen zwei übereinander, die schwächeren nur einen. Mich von dem Gewicht zu überzeugen, hob ich einen dieser Steine, und mit aller Kraft beider Arme gelang es mir, ihn so hoch zu erheben, daß ich einen dieser reizenden Köpfe belasten konnte, und das dünkte mich ein sehr unritterlicher Dienst zu sein.

Es bitten diese naiven Kinder, wenn sie am Wege ausruhen, den Vorübergehenden oft, ihnen mit den Steinen aufzuhelfen. Sie gingen an diese Sisyphusarbeit vor der Sonne und endeten, wenn sie in ihrer vollen Purpurglut hinter der fernen Ponzainsel versank. Täglich stiegen sie in der Hitze des August sechzehnmal also belastet den Berg empor. Nahmen sie die Steine an der Marina auf, so stand ein Schreiber dabei und notierte, und oben an der Certosa stand wieder einer, der schrieb es ernsthaft in ein Buch: Gabriele hat zweimal zehn Steine im Brett des Schicksals, aber die schöne Costanziella ach! nur zehn. – Ihr Lohn war zehn Groschen für den Tag. In ihrer Einfalt hatten die Kinder mit dem Unternehmer nicht einmal Kontrakt gemacht, sondern wenn man sie fragte, was sie für so große Mühsal erhalten würden, so sagten sie: «Wir glauben, einen Carlin täglich, oder Brot von Castellamare für ebensoviel. Sonntag wird die Zahlung sein.»

In jenen Tagen gewährte also das Eiland einen seltsam schönen Anblick, und die Maler versäumten nicht, diese Gestalten zu zeichnen. Da nun der Tuff von Herkulanum von schöner grauer Farbe ist, so machte er mit den jugendlichen Köpfen und auf dem roten Mucadore, von einem oder beiden Armen festgehalten, das reizendste Bild. Diese Reihen der armen wandelnden Steinträgerinnen schienen mir die antiken Figuren der Kanephoren auf neue originelle Weise zu vermehren; sie glichen Töchtern Ägyptens, welche Steine zum Pyramidenbau tragen. Und wahrlich, ich konnte sie nie ohne Bewunderung und ohne Rührung betrachten. Sie scherzten noch unter ihrer Last und waren heiter und graziös wie immer. Mich dünkte, nie ein schöneres Bild menschlicher Armut gesehen zu haben. Um die Mittagszeit sah ich dieselben Mädchen in einem Kreise auf der Erde sitzen, im Schatten eines Johannisbrotbaums ihre Mahlzeit haltend; sie bestand aus halbreifen Pflaumen und trocknem Brot, und wenn sie diese kärgliche Kost verzehrt hatten, standen sie plaudernd und lachend auf und schritten wieder flink wie Gazellen die Treppen hinunter an ihre Tageslast.

Wenn ich die Armut in dem friedlichsten und heitersten Bilde malen sollte, so würde ich sie darstellen in der Gestalt der schönen Costanziella. Wenn sie den heißen Tag hindurch eine Pyramide von Steinen auf ihrem Köpfchen nach dem alten malerischen Kloster befördert hat, dann lehnt sie des Abends in der kleinen Tür ihres Hauses und ergötzt sich mit der schönsten Musik. Denn sie ist eine vollendete Virtuosin auf der Maultrommel oder dem Brummeisen. Sie hat mir manches reizende Stück darauf vorgespielt, mit einer unnachahmlichen Kunst und Grazie, allerlei Meerphantasien, Sirenenkantaten aus der Blauen Grotte, Lieder ohne Worte, wunderbare Arien, die kein Sterblicher gehört hat noch zu benennen weiß. Das alles spielte sie meisterhaft, wobei ihre schwarzen Augen wie Sirenen lachten und die schwarzen krausen Haare um die Stirn sich ringelten, als tanzten sie vor Seligkeit. Wenn Costanziella ihr Konzert ausgespielt hatte, so lud sie mich mit den feinsten Manieren zum Abendessen ein, oben auf dem Dach bei ihrer Mutter; da gab es reife indianische Feigen von dem einzigen Kaktusbaum, der vor dem Hause stand, welche sie sehr geschickt mit dem Messer abzureißen wußte, ohne sich die kleinen Finger mit den Stacheln zu verletzen. Ihre Mutter war eine Frau zum Malen, wie man sagt, und unterhielt sich am liebsten von Nahrungsmitteln. Costanziella aß niemals Fleisch, sie trug nur Steine und spielte des Abends die Maultrommel, dazwischen aber aß sie trocknes Brot und Pataten mit Salz und Öl. Sie lachte einmal laut auf, als ich sie fragte, ob sie schon einmal im Leben Braten gegessen habe. Frischer aber und blühender und ringellockiger war weder Hebe im Olymp, noch Circe, noch die delische Diana, und keine war heiterer und mit dem Brummeisen verständiger.

Allgemein ist in Capri das Bitten um einen «Gran» oder Bajocco oder la Butiglia, wie sie sagen. Es sind besonders Kinder und Mädchen, welche so bitten, ich will nicht sagen betteln, denn es geschieht in keiner bettelhaften Weise. Weil sie arm sind, so ist es natürlich, daß ihnen andere geben, welche haben, und gibt man ihnen nichts, so machen sie doch ein fröhliches Gesicht und sagen: «Addi Signoria.» Auf jedem Schritt und Tritt wird man angesprochen. Als ich eines Tags in die Schule zu Ana-Capri trat, rief die ganze Schuljugend von den Bänken: «Signore, la butiglia», und es fehlte wenig, so hätte es auch der Schulmeister selbst gerufen. Geht man in ein Haus, so ist man sicher, daß ein Mädchen eine Blume Basilikum oder eine Nelke entgegenbringt. Dafür muß man etwas geben. Es ist ein Betteln durch die Blume, doch nicht immer, denn auch ohne dies bitten sie sich frank und frei den Gran aus. Man kann sie glücklich machen, wenn man ihnen bei Gelegenheit von einem Hausierer Kleinigkeiten kauft, sie freuen sich über bunte Dinge wie Kinder; und hier wünscht man sich die Schätze nur eines Freigelassenen des Tiberius, um sie unter dieses freundliche und dankbare Volk zu verteilen.

Gegenwärtig macht die Heirat viel von sich reden. Ein reicher Engländer verliebte sich in ein armes Mädchen von Capri so sterblich, daß er um ihretwillen katholisch geworden ist. Das schöne Kind befindet sich in einem Kloster Neapels; im Herbst aber kehrt sie als große Dame zurück in ihr neuaufgebautes Haus am Berge Tuoro. Das Glück der schönen Annarella erregt keinen Neid, noch erscheint es hier als etwas Außerordentliches. Es hat sich auf Capri bereits ein anderer Engländer niedergelassen, welcher seine Heimat aufgab, um in diesen Bergen zu einsiedeln.

Capri ist fürwahr ein rechter Ruheort für lebensmüde Menschen, und ich wüßte keine andere Stelle in der Welt, wo jemand, der im Leben Schiffbruch gelitten, seine Tage so wohl beschließen könnte. Das lehren auch die Invaliden, welche hier leben.

Dreihundert verstümmelte oder altersschwache Soldaten wohnen nämlich in ihrem Quartier am Ende der Stadt. Sie geben der Insel vollends den Charakter eines Asyls, weil man sie überall sitzen oder herumwandern sieht und ihre Lieder hört. Einige sind noch Veteranen Napoleonischer Zeit, andere datieren ihr Schicksal von den Revolutionskämpfen des Jahres 1848. Es sind Menschen aus allen Provinzen des Königreichs. Die meisten sind blind. Weil es nun auf der Insel nicht Lasttiere noch Wagen gibt, so laufen die Blinden keine Gefahr. Ohne Führer gehen sie in den Straßen umher, den Weg mit einem Stabe sich erfühlend; ja kaum merkt man, daß sie erblindet sind. Beim Fest der heiligen Anna sah ich ihrer eine Schar die Prozession eröffnen; aneinandergereiht wankten sie in die Kirche; und mir fiel bei ihrem Anblick der Bibelvers ein: «Selig sind, die da nicht sehen und doch glauben.» Am Abend aber genossen sie das Feuerwerk auf dem kleinen Platz, indem sie die Raketen und Schwärmer wenigstens prasseln hörten. Welch ein Los, auf Capri blind zu sein, wo das entzückendste Gemälde der Welt in wunderbarem Farbenspiegel rings verbreitet liegt! Hier ohne Sehkraft umherzugehen, ist eine bittere Ironie. Und doch spazieren die armen Blinden viel und gern; sie haben auch einen Lieblingsspaziergang, den einzigen, welcher etwas eben ist, nämlich den schönen Feldweg am Rand des Tals Tragara unter den Olivenbäumen. Gern sitzen diese Alten auf den steinernen Bänken innerhalb des Tors, den Schritt der Hereinkommenden behorchend, oder draußen vor dem Tor selbst, wo der Blick auf den Golf, auf das ferne Neapel und auf den Vesuv bezaubernd schön ist.

Auch die Musik machen die Blinden gern; alle Abende geben sie ihr Konzert. Es sitzen dann zwei Invaliden auf der Terrasse des Soldatenquartiers; der eine spielt die Gitarre, der andere bläst dazu auf dem Kamm. Wahrlich, es ist die sonderbarste Musik, die man hören mag, sie schallt hell und fremdartig in die Nacht hinaus, oft von den melancholischen Klagetönen einer Arie begleitet. Mit derselben Musik ziehen die Invaliden auch des Morgens auf den Platz, Blinde und Sehende, Krumme und Gerade, alle vergnüglich hinter ihrer Regimentsmusik her, nämlich hinter dem Gitarrenspieler und dem Kammbläser. Und so erscheint auf dem harmlosen Eiland sogar das physische Unglück wie die Armut heiter ergeben und schicksalversöhnt.

Alles trägt hier einen Zug von Kindlichkeit, und selbst in den schönen Greisengesichtern mancher Männer und Frauen kann man diesen Zug kindlicher Einfalt wiederfinden. Unter den Kindern gibt es viel bildschöne Mädchen und Buben, und obwohl sie wild und kaum unterrichtet aufwachsen, setzt ihre Fassungskraft doch in Erstaunen. Alle tragen ein Amulett am Halse, die ganz kleinen geweihte Hörnchen gegen den bösen Blick, die größern eine Marienmünze oder ein kleines auf Zeug gesticktes Bild der Madonna del Carmine.

Ich sah einmal die Leiche eines Kindes in der Kirche ausgestellt. Sie lag unter einem weißen Schleier, mit Blumen und gezuckerten Mandeln überstreut; schwerlich hatte das Kind im Leben solches Naschwerk gekostet; man gibt es den armen Fischerkindern zum Spielen erst, wenn sie tot sind. Man trug das Kind ohne Zeremonie in die Gewölbe der Kirche, wo hier noch alle Toten nach alter Sitte begraben werden. Nur wer kein Christiano, das heißt kein Katholik gewesen, bekommt ein einsames Grab an irgendeiner schönen Stelle über dem Meer.

So also ist das Volk in Capri, und weil der enge Raum alles zusammenhält, dringt der Fremde schon nach wenig Tagen in die Verhältnisse der Bewohner ein und wird mit ihnen bekannt und vertraut. Es schwindet so sehr alles Gefühl der Fremde, daß man sich gewöhnt, sich als Mitglied dieser kleinen Volksgemeinde zu betrachten. Auf dem Platz am Tor drängt sich alles Öffentliche zusammen, der Verkauf von Handelsartikeln, die ganz der Bedürfnislosigkeit dieser Menschen entsprechen, wie das Festleben an Kirchentagen und das tägliche Vergnügen der Muße und des Geplauders nach der Arbeit. Dann und wann unterbricht die beschauliche Einsamkeit die Ankunft von Reisenden, welche im Gasthause Don Micheles einkehren, die Merkwürdigkeiten der Insel zu besehen und gleich wieder zu verschwinden. Aber es bildet sich ein Stamm von Gästen, die zusammen an einer Tafel speisen; meistens sind es Maler von verschiedenen Nationen, und diese Künstler werden bald zu einer charakteristischen Staffage der Insel, denn überall sieht man sie sitzen und malen, bald eines jener Häuschen mit der Weinlaube, bald einen Felsen, bald eine Baumgruppe oder eine Uferansicht.

Es gibt nichts Herrlicheres, als auf dieser schönen Scholle umherzuschlendern; an den Klippen entlang zu klettern oder am Meer zu

spazieren, wo die Wellen wohlig rauschen und das ausatmende See-
gras diesen scharfen, fast betäubenden Meeresgeruch verbreitet. Die
stillste Einsamkeit und die Weite des Golfs mit seinen fernen Inseln
und Küsten ist ganz wunderbar ergreifend, und wohl kann man stundenlang auf dem Felsen sitzen und dem Farbenspiel auf den Küsten
und dem Meere zuschauen.

Ich nun führe euch allerwegen auf der Insel umher, denn gar wohl
bin ich hier zu Hause. Zuerst gehen wir nach der Stelle, wo einst das
alte Capri lag, welches jetzt verschwunden ist, seit es die Sarazenen
zerstörten. Aber dort, wo die schroffen Felsen Ana-Capris plötzlich
emporsteigen, liegt in den Gärten noch der letzte Überrest der alten
Stadt, die Kirche San Costanzo. Sie war die Parochie der Insel und
Sitz des Bischofs; denn Capri war seit dem zehnten Jahrhundert ein
Bistum unter der Hoheit des Erzbischofs von Amalfi und blieb es bis
auf das Jahr 1799; seitdem wurde der bischöfliche Stuhl nicht mehr
besetzt, sondern die Kirche Capris unter Sorrent gestellt.

San Costanzo ist klein, plump und ganz dörflich. Um sie her sieht
man altes Gemäuer im Boden stecken. Man fand dort viele Graburnen,
Reliefs und Münzen, und noch heute zeigt man in einem Weingarten
einen großen Marmorsarkophag, welcher vor Jahren dort ausgegraben worden ist. Seit man die Altertümer der Inseln überhaupt durchsuchte, wurden Statuen, Reliefs, Mosaiken, Urnen und Säulenüber-
reste teils von den Bauern um ein Spottgeld verschleudert, teils von
Agenten an Privatpersonen fortgegeben, teils heimlich beiseite gebracht.

Vieles raubten die Engländer während ihrer dreijährigen Anwesenheit, und nur das Wenigste hat man nach Neapel für das Museum
gerettet. Nirgends in der Welt, so scheint es, ging man mit Altertümern so liederlich um als in Neapel.

Erst die Ausgrabungen in Pompeji lenkten die Aufmerksamkeit
der Archäologen auch auf Capri, der erste, welcher die Insel durchsuchte, war, soviel ich weiß, Luigi Giraldi von Ferrara im Jahre 1777,
dann folgten ihm Hadrawa, und im Anfange dieses Jahrhunderts
Romanelli, dann Giuseppe Maria Secondo und der Graf della Torre
Rezzonico, welche alle Schriften über Capri veröffentlicht haben.
Noch 1830 wurde Feola mit Ausgrabungen auf der Insel beauftragt
und lebte daselbst längere Zeit. Man deckte also die Trümmer auf und
fand an vielen Orten noch ziemlich erhaltene Gemächer und manches
Kunstwerk aus der besten römischen Epoche. Aber weil der Insula-
ner den Boden brauchte, warf er die Ausgrabungen wieder zu, verwischte ihre Spuren und pflanzte über den Altertümern seine Gärten.
Auch birgt an manchem Orte die Erde, was noch nicht ans Tageslicht gezogen ist. Viel Marmor sieht man im Pflaster der Wege Capris

und in Ana-Capri auf der Ebene Damecuta. Auch findet sich hie und
da eine Marmorplatte mit zerstörter Inschrift als Schwelle an Haustüren benutzt. Fundamente alter Gebäude aber gibt es viel, und wo
man wandern mag, unterbricht Träumerei und Nachdenken irgendein
antiker Überrest.

Nicht weit von San Costanzo stand eine der alten Villen des Tiberius hart am Meer. Hadrawa ließ sie im Jahre 1790 ausgraben, fand
ihren größten Teil bereits verwüstet, aber doch noch immer ansehnliche Reste, darunter zwei schöne Säulen von Cipollino, zwei von
Porta Santa, ein herrliches korinthisches Kapitäl, welches heute im
Museum Neapels steht, zwei prächtige Fußböden, von denen einer
an einen Engländer, der andere an die Gräfin Woronzow kam, endlich
einen Altar der Cybele, welchen der Ritter Hamilton an das Britische
Museum zu bringen wußte. Heut ist der Palast das Bild der wüste-
sten Zerstörung. Große Massen von Gemäuer sind ins Meer gestürzt,
andere bedecken den Küstenabhang, doch erkennt man noch eine Reihe
von Gemächern und einen gemauerten Halbzirkel, vielleicht einst
der Tempel der Gottheit, welcher die Villa geweiht war. Eine zerbrochene Säule von orientalischem Granit ragt aus dem Schutt hervor.

Noch dürftiger sind die Reste der Villa, die einst jenen schönen
Hügel Castello krönte, der sich hart über der Stadt am südlichen Ufer
erhebt. Von der Seeseite zeigt er sich als schroffe Felsenwand, welche
mittendurch eine Grotte zerreißt. Nach der Landseite zu umgeben
ihn Weingärten, oben aber trägt er das am besten erhaltene Kastell
Capris, ein kleines Fort mit krenelierten Mauern und Türmen, welches der Insel einen mittelalterlichen Charakter gibt. Dort grub Hadrawa im Jahre 1786 nach und entdeckte Bäder und Kammern in
großer Zahl, doch schon verwüstet, und fand Fußböden, Bildsäulen,
eine schöne Vase von weißem Marmor, ein Relief, das den Tiberius
opfernd vorstellt, eine Gemme mit dem Bilde des Germanicus und
andere Figuren von Marmor und Stuck. Man verschleuderte auch
diese Gegenstände an Hamilton, an den Maler Tischbein, an den
Fürsten Schwarzenberg, an unbekannte Russen und Engländer. Im
Jahre 1791 schüttete man die Ausgrabungen wieder zu. Doch was
sind alle Raritäten des Altertums gegen diesen Blick vom Hügel
Castello in das Meer Siziliens, in den blauen Golf von Neapel und
auf die majestätische Felsenbildung Ana-Capris. Auch die schroffsten
Abstürze des südlichen Ufers übersieht man hier und jene drei hoch-
ragenden Klippen, welche Faraglioni heißen.

Dem Hügel zu Füßen liegt eine der märchenhaftesten Stellen des
Eilands, die kleine Marina, ein schmaler Strand auf der südlichen
Seite, in wüste Klippen eingebogen, deren schwarze Blöcke das Ufer

bedecken und im Meer eine kleine Halbinsel bilden. Zwei Fischer-
häuser sind dort wie Klausen ins Gestein gebaut, welches für ein paar
Barken notdürftigen Schutz gewährt. Der Strand ist ein bizarres
Spielwerk der Natur und der einzige auf der ganzen Südküste Capris.
Wenn man dort sitzt, ist man ganz aus der Welt verloren.
Der Golf von Neapel mit seinen Inseln, Küsten und Segeln ist
entschwunden, und vor dem Blick dehnt sich die uferlose See aus,
weit in die Ferne, wo Sikelia und Afrika beisammen liegen. Dort sitzt
man und blickt in die endlosen Wasser und läßt Phantasieschiffchen
nach Palermo und Cagliari und nach Karthago abschwimmen, eins
nach dem andern. Wild und schauerlich ist alles umher, eine öde Felsenwüste, zu beiden Seiten gewaltige Höhlen hoch im Ufer selbst,
zur Rechten das Kap Marcellino, eine kolossale braune Bergmasse,
ins Meer hineingelagert, zur Linken gezackt und gezinnt wie ein
Schloß das Kap Tragara, und neben ihm die seltsamen Klippen-
kegel Faraglioni, über hundert Fuß hohe, unersteigliche Riffe, welche
mitten in den Meereswellen stehen gleich Pyramiden im See von
Möris. Die eine ist wie von Menschenhand abgeglättet, die andere
phantastisch ausgezackt. Ihr dunkler Schatten wallt auf der Flut und
macht sie melancholisch, aber die Mitte der einen Klippe durchbricht eine Höhle in prächtiger Bogenform, so daß die Barke hin-
durchfahren kann. Auf ihren Spitzen schwanken im Seewind Zwerg-
bäume und verwilderte Gräser, und es sitzt dort die Möwe oder um-
flattert sie, ihre junge Brut im Fluge übend.

Wenn du hier sitzest, so wird dir die Stelle aus dem «Gefesselten
Prometheus» des Äschylus einfallen, wo er, an die Klippe geschmiedet, plötzlich den heranwitternden Flügelschlag der Okeaniden und
ihren Chorgesang vernimmt. Ich habe den Seevögeln an jenen Klippen oft am Morgen zugehört, wenn sie in ihrer heiligen Frühe, da das
Meer zu schimmern beginnt, von den Felsen stürzen, in die Wellen
hineinjauchzend mit langen Flügelschlägen, oder am Abend, wenn es
still wird, wo sie gern einsamlich auf den Faraglioni stehen und verlorene, harfenstimmige Laute ausstoßen, die man nicht hören kann,
ohne in eine märchenhafte, elementarische Stimmung zu geraten.
Denn der Gesang der Meervögel ist liedlos wie das Geräusch der
Wellen und erweckt wie die verschwebenden Akkorde der Äolsharfen
eine unbestimmte Sehnsucht in die Ferne.

Es waren auf den Faraglioni, wie ich wohl weiß, auch Möwen zum
Besuch aus der Insel Ustica und von der Grotte Alghero aus Sardinien; wenn ich nun noch zwanzig Jahre jünger gewesen wäre, so
hätten sie mir den Gefallen getan, mich über Meer nach jener seltsamen Grotte zu tragen, oder in den schönen Orangenwald von Milis
auf Sardinien, wo 500 000 Orangenbäume beisammen stehen und

ihre Millionen Blüten und Goldfrüchte tragen, und die Nachtigallen
alle diese Blüten und Goldfrüchte Tag und Nacht besingen. Dort hätten sie mich eines Morgens abgesetzt unter dem größten Orangen-
baum Europas, der so groß ist wie eine Eiche, und unter welchem der
Marchese Boyl seine Gäste zu Nektar und Ambrosia einladet.

Siehe da, ein Phantasieschiffchen, welches abgeschwommen ist!

Aber in Wahrheit, wer kann an der kleinen Marina in Capri liegen
ohne solche Träumereien? Die Wildheit dieser Uferszenen und ihre
Verlassenheit ist gar zu zauberhaft, und vollends im Mondlicht oder
bei wogender See, wenn die Höhlen schlürfend Welle auf Welle hin-
unterziehen, oder in der Stille der Nacht, wenn um die Riffe und die
dunklen Kaps Lichter aufblitzen, Fackeln der Fischer, die sterngleich
und wie Meteore in den Wellen bald verschwinden, bald wieder auf-
glänzen, eins um das andere, das dritte und das vierte, und hier noch
eins und dort am Kap wieder eins um das andere.

Man sieht die Fischer auf den weißen Kieseln des Strandes sitzen,
ihre Netze ausbessernd, und mitten in dieser klippenstarren Öde hat
ihre stille Geschäftigkeit etwas Seltsames. Sie scheinen geheimnisvoll,
als wüßten sie wunderliche Dinge von der Tiefe und den Sirenen, die
dort wohnen. Ein schroffer Fels über dem kleinen Strand heißt auch
die Klippe der Sirenen. Die Phantasie des Volks wählt immer die
passendsten Bezeichnungen für ein Lokal, und keins in Capri ist so
sirenisch als dieses. Man kann hier stundenlang, wie vom Meeresduft
betäubt, auf den Klippen liegen und das grüngoldene Wasser ansehen; das wogt und wallt unten, flimmert und atmet, saust von
Fittichen in stiller Luft, und unausgesetzt tönt das sommerliche
Singen der Zikade, deren Lieder die Luft zu durchschillern scheinen
wie fliegende Sonnenstäubchen und wie das Flimmern der Hitze um
die Felsen. Luft, Licht und Duft durchdringen alle Sinne.

Zwischen den Faraglioni und der kleinen Marina wölbt sich über
Kalksteinblöcken eine der geräumigsten Grotten dieser an Höhlenbildungen so überaus reichen Seeküste. Sie heißt «La grotta dell' arsenale». Das Wasser bedeckt sie nicht, sie ist eine Erdhöhle. An ihren
Wänden klebt noch römisches Mauerwerk, und es zeigen sich auch
Spuren von Kammern. Nun lehrt der Name der Höhle wohl richtig,
das sie einst ein Vorratshaus für die Marine war, wenn nicht auch
eine Schiffswerft für die Galeeren des Tiberius, denn sie ist hoch genug, und an ihrem Eingange sieht man auch manche Spur des Eisens,
welches das Gestein bearbeitet hat. Der Ort heißt «L'unghia marina».
Manche Reste alter Gemäuer zeigen sich hier, am steinigen Ufer wie
auf der Höhe. Auch am Kap Tragara, um welches die Faraglioni und
die Klippe Monacone im Wasser stehen, erblickt man antikes Gemäuer. Wohl befand sich hier zur Zeit des Tiberius ein kleiner Port.

Vielleicht führte ein bedeckter Gang von der darüber gelegenen Villa des Berges Tuoro zu dem Hafen, wo für Fälle der Not gerüstete Galeeren lagen. Denn auch auf dieser Inselscholle schwebte der Tyrann in steter Furcht und hatte alle Anstalten getroffen, daß er zu jeder Zeit seewärts entfliehen konnte.

Man kann am Kap Tragara aus der Barke steigen und zum Hügel Tuoro grande hinaufklimmen. Da oben ist es schön wie auf jedem Gipfel Capris. Es sitzt aber dort über altem Gemäuer ein Telegraph. Fürwahr, es ist seltsam, daß fast auf jeder Bergspitze des Eremitenlandes ein Einsiedel wohnt, sei es ein Klausner oder ein Telegraphenwächter. Der vom Tuoro grande sitzt in einem weißen Häuschen. Sein Zimmer hat zwei kleine Fenster, in dem einen steckt ein Fernrohr und in dem andern auch eins. Nun sitzt der Telegraphos, ein ganz kleiner altertümlicher Mensch, dem vom vielen Gucken die Augen zwinkern, zwischen beiden Fenstern an einem Tisch vor einem großen Register; alle Augenblicke springt er an das Fenster links und guckt durch das Fernrohr, an das Fenster rechts und guckt auch da durch das Fernrohr, dann setzt er sich wieder mit philosophischer Seelenruhe an das Register, sitzt ein Weilchen und läuft wieder an die Fenster und vor die Fernrohre, und so geht es vom Morgen bis zum Abend fort. Sein Hund aber sitzt vor der Türe aufrecht und sieht ohne Ferngläser auch in das Meer. Dies verhält sich nun so. Oben über Ana-Capri sitzt der Telegraph auf dem Gipfel Solaro in seinem Hause und späht in das Meer von Sizilien, ob und welche «segelbeschwingte» Schiffe einlaufen. Sieht er nun etwas Merkwürdiges, so sendet er dem Telegraphen auf dem Berg Tuoro eine Botschaft; der schickt sie flugs weiter über die Meerenge von Capri zu dem Telegraphen von Massa, der über dem Vorgebirge der Minerva sitzt, ein Meereswächter schlummerlos; der wirft die luftige Kunde flügelschnell weiter nach Castellamare zum zeichenkundigen, luftpostdeutenden Späher; der aber schleudert die Botschaft machtvoll weiter nach dem Castel Sant Elmo oberhalb Neapel; der Späher nun von Sant Elmo befördert die Kunde in das königliche Schloß zu Neapolis. Und so fängt der auf dem Solaro an und ist der eigentliche Urheber von all dieser luftdurchwandernden Botenjagd. Als mir dies der Telegraph sehr deutlich auseinandergesetzt hatte, fiel mir sofort der Anfang des «Agamemnon» von Äschylus ein, wo der Wächter auf dem Atreusschloß nach dem Feuertelegraphen späht, welcher die Einnahme Iliums melden soll:

Θεοὺς μὲν αἰτῶ τῶνδ' ἀπαλλαγὴν πόνων

Die Götter fleh' ich an ums Ende meiner Müh'n

– und ferner die Verse der Klytämnestra, welche in einer staunenswürdigen Malerei die wandernde Flammenpost beschreiben. Sie steigt

Capri

auf vom Berge Ida, dann eilt sie zum hermischen Lemnosfelsen, der schickt die Flammenbotschaft auf das Athosgebirge des Zeus, das sendet den goldighellen Freudenstrahl wie eine Sonne auf die Warte von Makistos, und so weiter eilt der Feuerstrahl über die Wogen des Euripos, erweckt die Wächter von Mesapios, fliegt vorwärts über die Flur Asopos, fällt wie der Mondenstrahl auf den Felsen von Kithäron, sendet den Schein über den Gorgopissee, gelangt zum Gipfel Aigiplanktos, bis er dann über das Saronische Meer zum Felsen Arachnaios und endlich in die Burg der Atriden kommt.

Hätten nun die Griechen von Troja einen unterseeischen elektrischen Telegraphen gelegt, so wären wir um diese schöne Stelle im Äschylus gekommen, welche überhaupt eine der am meisten malerischen Schilderungen ist, die gedichtet worden sind.

Es war nun Abend geworden. Der Hochwächter vom Solaro gab plötzlich ein Zeichen, der vom Tuoro schickte es nach Massa. Ich fragte den fernspähenden Mann, was er gemeldet habe. «Heute nichts Neues», sagte er vergnügt und zwinkerte mit den Augen, dann packte er seine sieben Sachen zusammen, winkte seinem Hunde und stolperte den Berg hinunter. Er wohnt aber hoch oben in Ana-Capri, und jeden Abend muß er die 560 Stufen der Felsenstiege hinaufklettern. Des Morgens kommt er wieder 560 Stufen hinabgestiegen, und weil er nun schon seit zehn Jahren alle Tage bis auf einen Feiertag zu Ostern seine einsame Kunst betreibt, so kann man es mathematisch berechnen, daß dieser merkwürdige Mann schon hundertfache Cimborassohöhen erstiegen hat. Dreißig Groschen aber bekommt er täglich.

Außer diesem Äschyleischen Wächter habe ich gar keine Altertümer auf dem Berg Tuoro gefunden. Doch hat auch auf ihm eine Villa des Tiberius gestanden. Nun senkt sich zwischen dem Tuoro und dem Castello zum Meer das Tal Tragara, welches von Reben und Ölbäumen grünt. Auf seinem Rande steht der schönste mittelalterliche Bau der Insel, die Certosa, ein jetzt verlassenes Kloster. Es nimmt einen großen Raum ein; seine originelle Architektur, seine Arkaden, geschnörkelten Glockenstühle und Terrassen, und die Reihe gewölbter Dächer heben sich aus dem Grün und auf dem Hintergrunde des blauen Meeres so grotesk hervor, daß dieser Anblick zu dem Reizvollsten gehört, was die Insel besitzt. Das schlanke turmlose Schiff der Kirche ist zugleich das einzige Gebäude Capris, welches ein gotisches, mit roten Ziegeln gedecktes Dach hat. Tritt man in den Kreuzgang, so erfreut man sich an dem großen, von Arkaden umschlossenen Raum. Die Zellen nun gar, die kleineren Höfe und die verwilderten Gärten, welche die üppigste Vegetation bedeckt, machen dieses öde Kloster zu einem romantischen Labyrinth.

Die Certosa wurde im Jahre 1363 von einem edeln Capresen, Giacomo Arcucci, gegründet. Sein Weib war unfruchtbar geblieben wie Sara; er aber hatte ein Kloster zu bauen gelobt, wenn ihm der Himmel zu einem Sohn verhelfen würde. Eilig tat dies der Himmel und nahm den Mann beim Wort; da baute er ein Gotteshaus nach dem Plan jener herrlichen Certosa San Martino, welche auf dem Vomero Neapels steht. Mit der Zeit wurde dies Kloster reich, die besten Äcker Capris fielen ihm zu. Aber die Parthenopeische Republik hob dasselbe und noch zwei andere Klöster in Capri auf, und ihre Güter fielen an den Fiskus. Heute sind sie der Kathedrale von Ischia zugewiesen, und so erleidet die arme Bevölkerung Capris das große Unrecht, daß ihre besten Ländereien ihr entzogen sind, um die faule Priesterschaft einer fremden Insel zu nähren. Zur Zeit der englischen Besetzung Capris war das Kloster das Hauptquartier Hudson Lowes und auch unter der Herrschaft der Franzosen zu militärischen Zwecken eingerichtet; man baut es gegenwärtig zu einem Militärlazarett aus.

Auch im Tal Tragara sieht man antikes Mauerwerk, und hier wollen die Archäologen die Stelle der alten Ephebenschule und die Fundamente der Villa Julia erkennen, welche Augustus zu Ehren seiner verliebten Tochter gebaut haben soll. Auch die Sellaria des Tiberius verlegt man hierher, jenes schändliche Lusthaus, von welchem Sueton erzählt, daß es mit den frivolsten Bildern ausgestattet war. Indes was jene Trümmer bedeuten weiß man nicht, und selbst vor den großen Mauerresten, die über der Tragara bis Tuoro grande in einer gebogenen Linie fortlaufen, kennt man die ehemalige Bestimmung nicht. Man nennt diese Mauer Camerelle, wie einen ähnlichen Überrest in der hadrianischen Villa zu Tivoli. Sie ist teils aus Kalkstein, teils aus Ziegeln fest und stark aufgebaut und zeigt an ihrer Außenseite nebeneinander gereihte Kammern, deren Wölbungen noch zu erkennen sind. Die Meinung Rasarios Mangone, diese Camerelle hätten eine Straße getragen, die zur Villa Tibers hinaufführte, mag wohl richtig sein. Die Straße teilte sich dreifach; die eine wird nach dem Berg Tuoro, die andere nach der Villa auf San Michele, die dritte zu der des Zeus geführt haben.

Über den Camerelle erhebt sich der schöngeformte Hügel San Michele, eine der reizvollsten Höhen des Eilandes, von der man die herrlichste Ansicht auch der untenliegenden Stadt genießt. Über sie ragt das Fort Castello, hoch über diesem stehen die schroffen Felsen des Solaro, zu beiden Seiten grüne Täler und das blaue Meer. Daß auf dem Gipfel San Michele einer der schönsten Paläste des Tiberius stand, sagt schon die Lage dieses Ortes. Man sieht schon am Fuß des Berges mächtige Trümmer, Reihen von gewölbten Kammern, ohne Zweifel die Unterbauten der sanft aufsteigenden Straße. Oben auf der Fläche stehen Gärten und Vignenhäuser auf hohlem Boden, der unter den Füßen klingt und anzeigt, daß unten Gewölbe liegen. Man sieht auch römische Mauerungen in Netzarbeit und mehrere alte Gemächer. Das eine zeigt Spuren einer Kapelle, die dem heiligen Michael geweiht war, und von ihm hat der Berg den Namen. Heute steht ein Kirchlein dieses Heiligen ganz einsam am Berge und zieht durch seine originelle Architektur den Blick auf sich.

Man grub auch auf San Michele manches aus, betrieb jedoch die Nachforschungen hier nicht so eifrig. Der Bauer hat den ganzen Berg nach der Landseite zu terrassiert und mit Ölbäumen bepflanzt; es stoßen aber die Häuser der Stadt hart an die Felsen, so daß man vom Berge auf die Dächer steigen kann. Eines Abends nahm ich so meinen Rückweg, denn mir selber einen Pfad suchend, stieg ich zuletzt von dem Berg auf ein Dach, vom Dach durch das Zimmer auf die Straße.

Die nahe Ostküste der Insel steigt zur Höhe von 970 Fuß auf und stürzt senkrecht ins Meer, so daß auf dem höchsten Uferrand die Villa des Zeus liegt. Hier ist das ganze Ufer von furchterregender Wildheit. Geht man vom Tuoro grande zuerst durch das kleine Tal Matromania nach der südöstlichen Seite, so gelangt man an eine Stelle, wo sich die Küste in einem Winkel von den steilsten Linien zusammenzieht. Da blickt man in einen phantastischen Wald von Felszinken, die das Ufer in greulicher Verwirrung umstarren. Mitten dazwischen öffnet sich ein Fels zu dem prachtvollsten Bogen, dem Arco naturale. Nächst der Blauen Grotte ist er die überraschendste Einzelmerkwürdigkeit der Insel. Tief unten das Meer, schwarz verschattet, hoch oben der Himmel, rings rotbraune Klippen, über dem Meer der magische Anblick des Kaps der Minerva und der Küstenberge von Amalfi und Salerno.

Hier führt eine schroffe Stiege hinab, wo mitten im Ufer eine tiefe, schöne Grotte sich auftut, die rätselhafte Matromania. Sie hat ungefähr 55 Fuß Breite und 100 Fuß Tiefe, ein Werk der Natur, wurde sie doch von Menschenhand erweitert; schon am Eingange sieht man römisches Gemäuer, und im Innern hängt noch Mauerwerk an den Wänden. In der Tiefe erheben sich im Halbkreise zwei Aufmauerungen gleich Sitzen übereinander; mitten hindurch führten Stufen, wahrscheinlich zu der Nische des Gottes, dessen Bildsäule hier aufgestellt war. Alles spricht dafür, daß man die Zelle eines Tempels vor sich habe.

Der Name Matromania, den die Grotte führt und das Volk in bewußtloser Ironie zu Matrimonio verdreht hat, als ob Tiberius hier seine Hochzeiten vollzogen hätte, wird erklärt aus «Magnae Matris Antrum» oder aus «Magnum Mithrae Antrum». Dies Heiligtum war dem Mithras geweiht; denn man fand in der Grotte eines jener zahllosen Reliefs, welche das Mithrasopfer darstellen. In den Studien zu Neapel sah ich zwei dieser Vorstellungen; das eine Relief wurde in der Grotte des Posilip gefunden, das andere in der Matromania. Sie stellen Mithras in persischer Tracht vor, kniend auf dem Stier, in dessen Hals er das Opfermesser stößt, während Schlange, Skorpion und Hund den Stier verwunden. Zu dem mystischen Sonnendienst war diese Grotte Capris wohl geeignet; sie schaut gen Osten, und wer aus ihrer Tiefe Helios aufsteigen sieht und das Purpurglühen der Berge und des Meeres betrachtet, der wird hier wahrlich zum Sonnenanbeter.

In dieser Höhle machte man einen geheimnisvollen Fund, eine Marmortafel mit griechischer Grab-Inschrift, welche also lautet:

Die ihr das stygische Land, ihr guten Dämonen, bewohnet,
Nehmt auch mich nun auf, den Unseligen nehmt in den Hades,
Den nicht Moiras Gebot fortraffte, die Herrschergewalt nur
Jählings traf mit dem Tod, da schuldlos nimmer ich's ahnte.
Eben noch häuft' auf mich der Geschenke so manches der Cäsar,
Aber er hat nun mir und den Eltern vernichtet die Hoffnung.
Noch nicht funfzehn hab' ich erreicht, nicht zwanzig der Jahre,
Ach! und ich schaue das Licht nicht mehr des erleuchtenden Tages.
Hypatos bin ich genannt; dich ruf' ich noch an, mein Bruder,
Eltern, ich flehe zu euch: O weint nicht länger, ihr Armen!

Von welcher schrecklichen Tat spricht in so mysteriösen Worten diese Grabschrift eines Knaben? Hier ist ein Roman von Capri angedeutet. Des armen Hypatos Los ist verschollen, doch ich weiß es. In einer dämonischen Stunde opferte Tiberius seinen Lieblingsknaben der Sonne, hier in dieser Höhle, hier vor dieser Zelle. So opferte später Hadrian den schönen Antinous dem Nil. Damals waren Menschenopfer, wenn auch nicht häufig, so doch immer noch in der Gewohnheit, und am meisten brachte man sie dem Mithras dar.

Ja, könnte diese Höhle den Mund auftun, und wollten diese starren Klippen zu reden anfangen, grause Fabeln des Altertums würden sie zu berichten haben.

Die Überlieferung hat auf dieses wilde Ufer überhaupt den Wohnsitz des Tiberius verlegt. Es ist die schauerlichste Stelle auf der Insel. Geht man am Südostrand höher hinauf, so kommt man an einen Ort, welcher «Salto di Tiberio», Sprung des Tiberius, genannt wird. Das Ufer fällt hier mehr als achthundert Fuß tief in die See. Von diesem Punkt, so sagt die Überlieferung, stürzte der Kaiser seine Opfer hinab, und daß es ebenderselbe Ort sei, den man schon zu Zeiten Suetons als Merkwürdigkeit auf der Insel zeigte, unterliegt kaum einem Zweifel. Bei Sueton heißt es: «In Capri wird der Ort seiner Mordlust gezeigt, wo er die Verurteilten nach langen und ausgesuchten Martern in seiner Gegenwart ins Meer stürzen ließ. Sie fing unten ein Schwarm von Matrosen auf, um die Körper mit Segelstangen und Rudern zu zerschlagen, auf daß in keinem ein Lebenshauch überbliebe.» Es ist wahrlich ein diabolisches Vergnügen, von diesem schroffen Absturz Steine rollen zu lassen, welche in entsetzten Sprüngen von Zacken zu Zacken sich fortschnellen und die Felsen vom Donner ihres Falls widerhallen machen.

Zwei Schritte weit von dem grausigen Salto liegt jetzt ein kleines Haus, über dessen Türe das Wort «Restaurant» zu lesen ist. Im Zimmer steht zu jeder Stunde ein gedeckter Tisch, beladen mit Früchten, mit Brot und mit Flaschen voll Tränen des Tiberius. Derselbe Wirt, der dies Tischchendeckedich eingerichtet hat, ließ auch den schmalen Rand des Salto mit einer kleinen Mauer einfassen, und so bietet er den Fremden das Gräßliche gleichsam auf dem Präsentierteller dar.

Man geht durch dieses Haus, um zu dem alten Faro Capris zu gelangen, welcher kaum 30 Schritte vom Salto entfernt steht. Bis auf die mächtigen Unterbauten aus gebranntem Stein ist er zerfallen, auch schlug vor einigen Jahren der Blitz den obern Teil der Trümmer herunter. Ringsumher liegen Stücke des Gemäuers, und weit bis in die Weinberge hinein bedecken sie den Boden. Sie und die noch stehenden Reste, welche auch Spuren von gewölbten Gemächern sehen lassen, bezeugen es, daß der Leuchtturm einst ein großartiger Bau war. Er wetteiferte mit dem Faro zu Alexandria, mit den Türmen in Ravenna und Puteoli. Der Dichter Statius nennt ihn in einem Verse den Nebenbuhler des nachtdurchschweifenden Mondes. Nach Sueton stürzte derselbe Faro wenige Tage vor der Ermordung des Tiberius ein, erschüttert durch ein Erdbeben, doch wurde er wieder aufgerichtet, sonst hätte ihn Statius nicht preisen können. Seine heutige Höhe beträgt kaum 60 Fuß. Im Jahre 1804 veranstaltete Hadrawa auch neben dem Leuchtturm Ausgrabungen; er fand dort Spuren einer unterirdischen Stiege, vielerlei Marmor und auch jenes Relief, welches die flehenden Gestalten der Crispina und Lucilla darstellt.

Nun aber gelangen wir mit wenigen Schritten, aufwärts steigend, zu der berühmten Villa des Zeus. Nach Sueton war sie der eigentliche Wohnsitz des Tiberius, und ausdrücklich sagt er, daß der Tyrann nach der Hinrichtung Sejans aus Furcht vor einer Verschwörung neun Monate lang sich darin eingeschlossen hielt. Es ist zweifellos, daß die Reste auf dem höchsten Nordostufer der Insel, dem Capo, zu jener Villa gehören. Denn dafür spricht die Bestimmtheit der Überlieferung, der die Insel beherrschende Ort, mehr noch die Ausdehnung des Palasts, dessen Ruinen die größten Capris sind und überhaupt zu dem Ansehnlichsten gehören, was sich von römischen Lustbauten erhalten hat. Man irrt dort in einem Labyrinth von Gewölben, Galerien und Gemächern, welche jetzt zum Teil zu Weingärten oder zu Viehställen benutzt werden. Kapitäle, Vasen, Säulenstümpfe, Marmorschwellen liegen noch umher; einzelne Kammern zeigen Reste ihres Stucks, und man erkennt selbst die Malerei in tiefem Gelb oder in dem Dunkelrot von Pompeji. Einige Böden haben noch ihre Mosaik von weißen Marmorstücken mit schwarzer Einfassung, und hie und da sind die Stiegen zu den untern Sälen gut erhalten.

Die Villa scheint mehrere Stockwerke gehabt zu haben; das unterste steckt noch unausgegraben im Boden. Der oberste Teil überrascht durch den vollkommen erhaltenen Plan seiner Gemächer, welche nach der Seite des Ufers ein Halbkreis umgibt, vielleicht ein Theater; Nischen und Rundmauern lassen weiter auf einen Tempel schließen. Alles, was zur überschwenglichen Pracht des fürstlichen Lebens gehört, hat diese Villa vereinigt, und weil sie so lange Zeit Kaisersitz war, muß sie, ehe Nero und Hadrian bauten, alle andern Villen Roms an Herrlichkeit übertroffen haben. Dazu kommt die unvergleichliche Lage über der Meerenge, wo zwei Golfe dem Blicke frei liegen. Von hier aus sah Tiberius alles, was auf der Insel vorging, er sah auch die Schiffe, welche von Hellas, von Asien und Afrika in den Golf einliefen, oder die von Rom herabkamen. Schön aber muß auf der See selbst der Anblick gewesen sein, segelte man zwischen Capri und dem Kap der Minerva und betrachtete dort die Marmorschlösser und den Faro, hier die Tempel. Denn Tiberius sah auf jenem Vorgebirge, dessen Spitze heute ein Turm krönt, noch die weitberühmten Tempel der Minerva, der Sirenen und des Herakles.

Ich saß manche Stunde lang auf den Trümmern und baute mir Capri wieder auf. Welch ein Anblick, denkt man sich alle diese Gipfel mit Marmorpalästen geschmückt und das Eiland bedeckt mit Tempeln, Arkaden, Statuen, Theatern, mit Lusthainen und Straßen. Und welch ein Bild würde es sein, sähe man alles dies von dem Hof eines römischen Kaisers belebt.

Man sieht in Neapel schöne Büsten und Kolossalfiguren des Tiberius, die trefflichsten aber besitzt das Vatikanische Museum. Ich habe bemerkt, daß jene in Neapel ihn eher im Alter, diese in Rom in jüngern Jahren vorstellen, wahrscheinlich weil die meisten Büsten des Kaisers, welche in Herkulaneum und Pompeji ausgegraben wurden, seiner caprischen Periode angehören. Im Vatikan steht seine kolossale Figur, die in Veji gefunden ist, aufgestellt in der Galerie Chiaramonti; sie stellt ihn in idealer Jugendlichkeit als Heros dar, mit porträtgetreuen Zügen. Sein Kopf ist geistvoll und edel geformt, der Mund fein und schön; in jugendlicher Erscheinung sind seine

Züge dionysisch, und auch die Fülle des Körpers ist wollüstig, ja weibisch zu nennen. Dies moralische Ungeheuer war, wie Cäsar Borgia zu seiner Zeit, der schönste Mann unter den Lebenden, von allen Kaisern Roms übertrifft ihn nur Augustus an klassischer Schönheit. Man vergißt den Kopf des Tiberius nicht mehr, wenn man ihn einmal gesehen hat; man erwartet das verzerrte Antlitz eines Dämons zu erblicken und ist überrascht von der Feinheit seiner Züge, die einem Sardanapal so wohl entsprechen würden. Nur im Alter zieht sich um den Mund ein schneidend scharfer Zug von Hohn und Skepsis, und der Ausdruck bekommt etwas widerwärtig Starres, hartherzig Verschlossenes, selbst Gemeines. So zeigt ihn der kolossale Kopf in Neapel, und so ihn seine Büste im Kapitol.

Tiberius war der erste eigentliche Monarch nach Augustus, der noch in den Formen der Republik regiert hatte. Er erbte eine schon sklavisch gewordene Menschheit. An der Schlechtigkeit der Welt ging er selbst zugrunde. Caligula wurde bei dem Gedanken wahnsinnig, Herrscher der Erde zu sein, und dauerte nur wenig Jahre. Das ist kein Wunder. Denn diesen Menschen warf eines Tags der Zufall die Welt mit allen ihren Genüssen vor die Füße; sie wurden darüber sinnlos, sie hätten die Erde auf einmal ausschlürfen mögen wie ein Ei. Nach den Bürgerkriegen und nach Augustus trat eine Stille in der Weltgeschichte ein, die wüsteste Pause im Leben der Menschheit, da die Alte Welt unaufhaltsam verrottete. Augustus war groß und glücklich, weil er seine Herrschaft errungen hatte; seine Nachfolger waren elend, weil sie nichts zu erstreben hatten. Auf einmal in den Besitz eines schon längst eroberten Weltreichs gesetzt, wußten sie nicht, womit sie ihre Tage hinbringen sollten, denn auch der Genuß des Herrschens wird unerträglich, wenn ihn nicht Mühe würzt und Entbehrung unterbricht. Caligula überbrückte im Wahnsinn das Meer, Claudius ward ein Bücherwurm, Nero steckte Rom in Brand und spielte dazu die Zither, er machte Verse und wollte wenigstens als Wagenlenker und Komödiant etwas gelten. In jener Periode des antiken Weltschmerzes finden wir hintereinander Tiberius, Caligula, Claudius und Nero, Dämonen und Verrückte, weil das Räderwerk der Geschichte stille hielt. Beispiellos teuflisch wäre die Natur, schaffte sie solche Ungeheuer nacheinander grundlos und als ein abgeschmackter Zufall.

Aber man würde dem Charakter des Tiberius Unrecht tun, würfe man ihn mit seinen Nachfolgern zusammen. Diese waren plumpe, nackte Bösewichte, die ihre bestialische Natur offen zur Schau stellten. Tiberius, seiner Zeit an Geist überlegen, war ein feiner Kopf, ein vollendeter Diplomat aus der Schule des Heuchlers Augustus. So fein, verhüllt, still herauslauernd und vorsichtig spähend ist auch sein

Antlitz, zumal der jesuitische Zug um den Mund, und schwerlich hat die Natur einen vollkommeneren Diplomatenmund geschaffen. Scharf geschlossen sagt er das Wort Talleyrands, daß die Sprache dazu da sei, die Gedanken zu verbergen. Wir aber wissen aus dem Tacitus, welcher Art die Kunst des Tiberius im Sprechen war. Die Grammatik und Logik der Diplomaten hat Tiberius erschaffen. Dieser Mann versprach nicht, noch schwor er, noch log er, der eine fortwährende Lüge war. Wie plump erscheinen gegen diesen feinen, klassischen Despoten Herrscher der neueren Geschichte, Abenteurer, die sich auf einen Thron hinaufgelogen, und Könige, welche offenbar die Eidschwüre brachen. Tiberius würde sie unter seine Freigelassenen verweisen, mit verächtlichem Lächeln. Dieser Mann ließ niemals ahnen, was er tun würde, denn auch das Gegenteil war gewiß. Er schlug nie den Dingen geradezu und mit der brutalen Gewalt der sogenannten Staatsstreiche auf den Kopf, er umschlich sie. Sein Wille und seine Absicht waren wie Helldunkel zweifelhaft. Man lese nur die meisterhafte Geschichte vom Sturze des Sejan.

Der Mann von Elba hat einst den Charakter des Tiberius warm verteidigt und gegen die Urteile des Tacitus und der Geschichte in Schutz genommen.

Nachdem nun Tiberius die Diplomatie Augusts zu dem System des Jesuitismus verfeinert hatte, zog er sich in diese Villa zurück, um lebensekel sich im Genusse zu betäuben. Er erschöpfte jede Wollust, aber die menschliche Natur ist so dürftig angelegt, daß sie nur einen winzigen Teil von Lust genießen kann. Das lehrt die Felsenscholle Capri und diese Villa des Zeus, in welche sich der Herrscher der Welt verbannte, der diese selbst nur als ein Exil zu betrachten gelernt hatte.

Innerhalb derselben Wände, die einst widerhallten von lydischen Flöten und von dem Lachen der schönsten Weiber, wohnt jetzt Vieh der armen Bauern; und dies ist heute die Ausstattung der Säle des Tiberius: Efeu, wilde Feigenbäume, Malven, Rosen, Zinerarien, Granatbäume, das wuchert in diesen zerstörten Zimmern durcheinander, und im Winde tanzen die Reben, die Enkel des alten capräischen Bacchus, als wären sie die Geister jener Hetären, welche einst hier den Cancan um Tiberius getanzt haben.

Oben steht eine Kapelle, Santa Maria del Soccorso, auf der höchsten Höhe der Villa und über ihren Ruinen. Dort wohnt ein Eremit. Kein Ort in der Welt ist zum Büßen so passend als die Ruine dieser Villa des Tiberius, unter dessen Regierung und während dessen Aufenthalt in Capri Jesus ans Kreuz geschlagen wurde. Die Kapelle steht hier wie das Christentum selbst auf den Trümmern der heidnischen Welt, deren Buße es war. Dies Zusammentreffen ist seltsam, und ich meine, hier ist eine der tiefsinnigsten Stellen, an denen man verweilen mag. Denn hier steigen vor dem Blick zwei ungewöhnliche Gestalten auf, Zeitgenossen, Repräsentanten zweier Weltperioden: hier im Westen der greise Dämon Tiberius, der Beherrscher der Erde, der Repräsentant der untergehenden heidnischen Welt und als Ebenbild ihres sittlichen Elends; dort im Osten der junge ideale Mensch, Jesus, an das Kreuz geschlagen, aber umringt von begeisterten Propheten eines neuen Erdenfrühlings. Diese beiden Gestalten stehen sich gegenüber wie Ahriman und Ormuzd, der Gott des Lichts und der Finsternis.

In solchen Betrachtungen über die Jugend des ersten Christentums stand ich auf diesen Trümmern, und siehe, da trat mir plötzlich die historische Erscheinung jener idealen Religion entgegen, in der Gestalt des schmutzigen Franziskanereremiten, und fast wich ich vor dem Mann zurück: ein alter Mönch mit langem, weißem Bart, in schwarzer Kutte, ein Klumpfuß, hinkend, häßlich, mit habgierigen Augen. Da war es mir, als sah ich Tiberius als Mephistopheles vor mir, und mit satirischem Lachen hörte ich ihn sagen: «Das ist die Geschichte des Christentums!»

Der Klumpfuß hinkte mir voran in seine Zelle. Ich suchte unter seinen Büchern und las auf deren einem diesen Titel: «Legendarium der heiligen Jungfrauen, welche für unsern Herrn Jesus Christus sterben wollten.» Auch der Eremit Tiberius las auf derselben Stelle Bücher von Jungfrauen, aber nicht von solchen, die für seinen Zeitgenossen sterben wollten, sondern es waren die Schriften der griechischen Hetäre Elephantis, welche die Kunst der Wollust behandelten und damals in Rom Mode waren. Sueton erzählt, daß er diese Bücher in Capri bei sich gehabt habe. Indes auch Laszivitäten fand ich bei dem jetzigen Einsiedler. Er zeigte mir die Kopie eines Reliefs, welches man im Museum zu Neapel sehen kann. Es stellt einen ältlichen nackten Mann zu Roß dar; vor ihm sitzt auf dem Sattel ein nacktes Mädchen mit einer Fackel, ein nackter Jüngling führt das Roß gegen die Statue eines Gottes. Die Ähnlichkeit des Reiters mit Tiberius ist so auffallend, daß man glaubt, jenes Relief stelle eine nächtliche Szene aus seinem Leben in Capri dar, etwa ein Opfer vor dem Priap; aber die Halskette, welche die Gestalt trägt, ist genau dieselbe, die der sterbende Fechter und andere Gallier tragen, sie paßt also nicht für Tiberius. Der Eremit hatte das Relief in Wasserfarben mit sichtbarem Behagen am Nackten kopiert; es gehört nämlich zu seinem Lokal, weil es unter den Trümmern der Villa ausgegraben wurde.

Zweimal wurden diese durchsucht, doch jedesmal unvollständig, im Jahre 1804 von Hadrawa, von Feola 1827. Man fand schöne Fußböden von Marmor, wovon einer sich in der Hauptkirche Capris vor den Altar gerettet hat, auch viele köstliche Säulen, darunter eine kleine von Lapislazuli, welche ein Engländer erstand, Bildsäulen, die man verschleuderte, Mosaiken, welche das Museum in Neapel aufbewahrt.

Kein Kaiser in der Welt kann sich rühmen, im Besitz eines Hauses von gleich schöner Aussicht zu sein, als dem Eremiten seine merkwürdige Klause gewährt. Aus seinen Fenstern überschaut er die Golfe von Neapel und Salerno und die schönen Küsten und Inseln Italiens. Nichts gleicht dem Blick auf das nahe Vorgebirge der Minerva, dessen Formen von der herrlichsten Plastik sind; hinter ihm sieht man die Bergreihen des Sant Angelo und des ganzen Ufers von Amalfi und Salerno in der Verkürzung aufgereiht, wie Kulissen eines ungeheuern Theaters. In klarer Luft sah ich Paestum weit über Meer, dann das Kastell Baro und die Punta Licosa in meilenweiter Ferne. Bei Sonnenuntergang ist das Irisspiel der Farben über den Bergen hinreißend wie eine Phantasmagorie, und oft war es mir, als wäre, was ich sah, nicht Wirklichkeit, sondern das strahlende Bild einer Vision.

Eines Abends saß ich auf den Ruinen der Villa und weidete mich an dem großen Anblick jenes Kaps, da fiel mein Blick auf die silberweiße Haut einer Schlange, die, jüngst abgestreift, mir zu Füßen lag. Ich nahm sie auf wie ein göttliches Geschenk, das für mich selbst mit vergangenen Tagen in einer gewissen symbolischen Verbindung stand. Mir fiel aber auch ein, daß Tiberius hier eine Lieblingsschlange gehalten hatte, die er fütterte, und mit der er zu spielen pflegte. Ich stieg mit meinem Fund den Berg hinunter. Da kam mir Mephistopheles auf einem Esel entgegengeritten. Ich zeigte dem Mönch die Schlangenhaut und erfuhr bei dieser Gelegenheit, daß der geheimnisvolle Mensch auch Schlangenzauberer sei. Er erzählte mir, daß er Schlangen fange, und zwar lebendige, zu jeder Zeit und jede, welche er wolle. Ich fragte ihn hierauf, wie er das mache. «Ich greife sie», sagte er, «wenn ich ihnen befohlen habe, stille zu liegen; sie wickeln sich sogleich um meinen Arm, dann sperre ich sie in ein Gefäß und schicke sie nach Neapel zum Apotheker.» – «Wie aber könnt Ihr ihnen befehlen, stille zu liegen?» Er antwortete mit einem satanischen Lächeln: «Ich sage ihnen einen Spruch vor und den Namen Sankt Paul, dann liegen sie gleich still.» – «Könnt·Ihr mir den Spruch nicht geben», fragte ich, «damit ich auch den Schlangen befehlen könne?» – «Nein», sagte er, «ich habe ihn von einem andern Einsiedler und mit dem heiligen Schwur gelobt, ihn nicht wegzugeben.»

Als ich fragte, warum im Spruch der Name Sankt Paul vorkomme, so entgegnete er, daß der heilige Paulus der Patron der Schlangen sei, und daß alle Tiere ihre Patrone hätten. Wie mir nun der Mönch das gesagt hatte, so fragte ich ihn nach den Patronen von allem, was da

kreucht und fleucht. Von den Eidechsen ist die Patronin die heilige
Gertrude; dies nimmt mich für sie ein, denn die Eidechsen liebe ich
gar sehr; sie haben etwas Graziöses und Mädchenhaftes, auch lispeln
sie mit dem Zünglein auf die allerliebste Weise. Sankt Antonius ist der
Patron der Fische, die heilige Agathe die Patronin der Löwen, die
heilige Agnes die der Lämmer.

So hatte ich also richtig geahnt, daß dieser Eremit ein Schwarz-
künstler sei, und ich glaube, er treibt noch andere dunkle Sachen im
Mondschein auf den Ruinen und an den Klippen mit Kräutern, Wurzeln und schädlichem Gewürm.

Wir haben wahrlich vergessen, daß es auf dem Eiland noch ein zweites Städtchen, Ana-Capri, gibt. Dies ist kein Wunder, denn wer auf
Unter-Capri lebt, hört und sieht von jenem Orte nichts. So sehr hat
ihn die Natur von allem Verkehr abgeschieden. Man sieht eben nur
die steile Felsenstiege, welche dort hinaufführt, und deren Beschwer-
lichkeit nicht zum Steigen reizt; und so möchte es nicht leicht irgendwo die gleiche Sonderbarkeit geben, daß zwei Städte auf einem
und demselben Eiland, deren Entfernung auf ebenem Boden wenig
mehr als eine Viertelstunde betragen würde, so gänzlich voneinander
gesondert sind, daß ihre Bewohner nur selten miteinander verkehren,
an ihren Festen selten teilnehmen und selbst einen verschiedenen
Dialekt reden.

Die Liebe, so erzählt die Sage, war die Gründerin von Ana-Capri.
Ein junges Paar entfloh in alten Tagen aus der Unterstadt, erstieg die
schroffen Felsen der obern Insel und baute sich dort im Gebüsch
hoch oben am Fuße des Solaro eine Einsiedelei. Seitdem folgten andere Verliebte, und so entstand mit der Zeit diese Kolonie der Liebes-
götter, welche jetzt Ana-Capri heißt.

Und auch heute fliegt der beschwingte Amor wie ein Bergfalke herüber und hinüber von Capri nach Ana-Capri und leiht dem Jüngling
seine Flügel, welcher eins jener wilden und schönen Mädchen liebt,
die oben in ihrem kleinen Hause unter Rebenranken am Webstuhl
sitzen, seidene Bänder weben und Lieder singen, wie Circe in der
Odyssee.

So ist also Ana-Capri von der untern Insel geschieden, daß nirgends ein Weg nach oben führt als jene 560 Stufen hohe Jakobsleiter.
Denn plötzlich steigen die Felsenwände, steil und senkrecht wie
Mauern, in den wildesten Formen über dem unteren Capri auf und
bilden gleichsam die gigantische Wand, über welcher, dem Dach einer
Basilika gleich, der Berg Solaro sich lagert und auf seiner Senkung
das weltabgeschiedene Volk und die Stadt Ana-Capri trägt, gleichsam ein Volk von Eremiten. Im Zickzack führt die in den lebenden

Stein gehauene Stiege an dem scharfen Felsenrande aufwärts und endet oben an der Plattform. Man schreibt dies sonderbare Werk den ältesten Zeiten zu, als Phönizier oder Griechen die Oberstadt anlegten, denn nur auf dieser Stelle ist eine Verbindung mit der Oberstadt möglich. Man sieht auch noch Spuren der ältesten Stiege. Auf der Hälfte dieses Wegs steht die kleine Kapelle des heiligen Antonius, wo man Odem schöpfen kann, denn man erreicht die Höhe nicht, ohne entatmet zu sein. Aber die unvergleichliche Fernsicht von der Plattform, Capo di Monte genannt, belohnt die Mühe reichlich, da man den ungeheuern Fels mit seiner breiten Brust und den schwebenden Bäumen, welche hängenden Gärten der Semiramis gleichen, frei in die Luft ragen sieht und unter sich den Anblick von ganz Nieder-Capri und den Prospekt in beide Meere hat. Hoch über der Plattform steigt der Solaro, von wüstem, grauem Gestein überdeckt, noch einige hundert Fuß empor und trägt auf einer scharfen Kante die schönen Ruinen des Kastells Barbarossa, welches seinen Namen von dem berühmten Korsaren führt, der einst Capri zerstörte.

Sobald man wenige Schritte auf der Plattform weiter geht, breitet sich vor den Augen eine neue und fremde Welt aus. Der Berg Solaro, das Ebenbild des Monte Pellegrino von Palermo, gipfelt sich hier steil empor; er ist ganz öde und mit zahllosen Felsblöcken wie mit Trümmern bedeckt. Gegen Westen und Norden senkt er sich zur größten Ebene nieder, welche die Insel besitzt, und auf dem schrägen Abhange steht hoch über dem Meer, unter grünen Bäumen und blühenden Gebüschen, Ana-Capri.

Die kleinen, originell gebauten Häuser dieses Städtchens liegen in Gärten zerstreut; und hier gibt es viel Ölbäume und sehr viel Reben, die nach campanischer Art um die Bäume ranken. Die Luft ist rein und balsamisch, aber die Sonnenglut wirkt um so stärker auf der schiefen Ebene. Blickt man auf diesen malerischen Ort, auf diese seltsame sonnverbrannte Felsenöde über ihm, in die grenzenlose Stille des blauen Meers in allen Fernen, so möchte man hier den Wanderstab in die Erde stecken und der Welt Lebewohl sagend seine Eremitenzelle bauen.

Hier ist es noch stiller als in Capri. Man sieht nur Menschen, welche singend arbeiten, vor der Türe am Webstuhl sitzen oder die Spindel mit der gelben Seide drehen, oder im Garten graben und die Maulbeerblätter für den Seidenwurm abpflücken, oder solche, die mit dem Wasserkrug auf dem Kopf daherkommen. Weil die Männer draußen sind und, da es Sommer ist, viele Jünglinge auf den Korallenfang nach Afrika oder Korsika gezogen sind, sieht man hier fast nur Frauen. Es scheint, wir seien zu den Weibern von Lemnos gekommen, welche männerlos auf ihrem Felsen sitzen, endlose Gewebe webend.

An den Tagen und Stunden, wo die Barken von Neapel heimkommen, fand ich bisweilen über der Stiege eine Schar Mädchen sitzen, oft mehr als dreißig, viele von seltner Schönheit. Plaudernd saßen sie um die Felsen und spähten den nahenden Segeln entgegen, um dann an den Strand hinabzusteigen. Ich setzte mich unter sie und blickte nicht minder sehnsüchtig über den Golf auf das weiße Schiff, ob es mir einen Brief in diese Einsamkeit herüberbrächte. Fast alle hatten sie einen Strauß in der Hand oder einen Zweig Basilikum, durch die Blume zu bitten; Antoniella aber hielt den prächtigsten Strauß vor sich von Basilikum, Nelken, purpurroten Rosen und Myrten, mit einem bunten Band kunstvoll in Schleifen zugebunden. Dieser Strauß wurde das Sinnbild unserer Freundschaft und der Schlüssel zu dem reizendsten Weberhäuschen in Ana-Capri, wo ich manche Stunde mit den naivsten Naturkindern verbracht habe.

Antoniella webte in einer Gartenkammer, ganz im Grün unter Weinlaub und blühenden Oleandern, und sie war flink und geschickt wie die Spinnerin Arachne; ihre ältere Schwester webte neben ihr weißes Baumwollenband, sie aber ein buntgemustertes. Sie verstand nicht auf der Maultrommel zu spielen, aber desto geübter schlug sie die Handpauke. Ihre Brüder waren draußen auf dem Meer.

Der Fleiß dieser Mädchen, die alle mit der Weberei beschäftigt sind, ist erstaunlich, denn schon mit Sonnenaufgang setzen sie sich an den Webstuhl, und mit wenig Unterbrechung weben sie bis zum Sonnenuntergang, und so das ganze Jahr hindurch. Freilich sind sie nicht zu jenem Lasttragen verdammt, wie ihre Schwestern in Capri; nur wenn das Regenwasser in den Zisternen ausgeht, müssen sie die Treppe hinuntersteigen und in Krügen das Wasser von Capri holen, wo vier dürftige Quellen fließen. Goldnes Geschmeide und Korallenschmuck, auch silberne Pfeile in den Haaren tragen sie alle, und das Mädchen würde unglücklich sein, welches solchen Schmuck nicht besäße.

Es gibt im Ort einen Campo Santo, voll von Zypressen und Blumen; der größte Stolz der Ana-Capresen aber ist das sogenannte irdische Paradies, nämlich der Fußboden ihrer Kirche, auf dessen Fliesen in Smalto das Paradies dargestellt ist, eine Arbeit aus dem 17. Jahrhundert. Auch hier ist die Achitektur bizarr und maurisch. Es gibt Masserien, die mit ihrer Pergola reizend genug aussehen.

Wenig tiberische Ruinen sind in Ana-Capri aufzufinden; der Weinbauer hat sie hinweggetilgt, auch standen hier weniger Gebäude als auf Capri. Die meisten Reste von Altertümern hat die Ebene Damecuta, ein fruchtbares Land, welches zur Küste sanft niedersteigt und in dessen Ufer die Blaue Grotte liegt. Es ist eigentümlich, daß Ober-Capri trotz seiner Höhe doch niedrigere Küsten besitzt als Unter-

Capri; denn der hohe Berg senkt sich lang hingestreckt nach Westen
wie nach Norden ins Meer, aber dennoch ist das Ufer weder der Barke
noch dem Menschenfuß zugänglich, strandlos, hafenlos und dem
Schiffbrüchigen sicheres Verderben bringend.

Der Turm Damecuta bezeichnet ungefähr die Stelle, wo unten am
Ufer die nun weltberühmte Blaue Grotte liegt, das Wunder Capris,
doch nicht das einzige dieser sirenischen Insel. Von dem Tage, da sie
entdeckt wurde, erzählt mir mein Wirt Michele ausführlich. Er
machte damals die Unternehmung als Knabe mit. Es waren sein
verstorbener Vater Giuseppe, August Kopisch, der Maler Fries und
der Schiffer Angelo Ferraro, welche es wagten, in diese Grotte
einzudringen. Alle sind sie nun tot, nur Michele weiß von der
Entdeckung zu erzählen. Ein Onkel Paganos, Priester auf Capri,
ermahnte die Gesellschaft, von dem Versuch abzustehen, denn die
Höhle sei der Aufenthalt böser Geister, und viele Seeungeheuer
hausten in ihr. Auch war das Eindringen schwierig, weil es vor der
Entdeckung keine einzige kleine Barke auf der Insel gab. Es drang
also Angelo auf einer Wanne ein, Kopisch und Fries schwammen.
Mein Wirt beschrieb mir lebhaft das Jauchzen beider Maler, als sie
in der Grotte waren, und zumal, sagt er, war Fries wie von Sinnen,
er schwamm bald heraus, bald hinein, und immer mit Jubel und mit
Jauchzen. August Kopisch hatte keine Ruhe, er eilte sofort nach Neapel und holte seine Freunde, und so tat er ab und zu. Pagano bewahrte
ein altes Fremdenbuch wie eine Reliquie; darin hat Kopisch unter
dem 17. August 1826 folgende Entdeckungsurkunde hineingeschrie-
ben:

«Freunde wunderbarer Naturschönheiten mache ich auf eine von
mir nach den Angaben unsers Wirts Giuseppe Pagano mit ihm und
Herrn Fries entdeckte Grotte aufmerksam, welche furchtbarer Aberglaube jahrhundertelang nicht zu besuchen wagte. Bis jetzt ist sie
nur für gute Schwimmer zugänglich; wenn das Meer ganz ruhig ist,
gelingt es wohl, mit einem kleinen Nachen einzudringen, doch ist dies
gefährlich, weil die geringste sich erhebende Luft das Wiederheraus-
kommen unmöglich machen würde. Wir benannten diese Grotte die
blaue («la grotta azzurra») weil das Licht aus der Tiefe des Meeres
ihren weiten Raum blau erleuchtet. Man wird sich sonderbar überrascht finden, das Wasser blauem Feuer ähnlich die Grotte erfüllen
zu sehen; jede Welle scheint eine Flamme. Im Hintergrund führt ein
alter Weg in den Felsen, vielleicht nach dem darüber gelegenen Damecuta, wo der Sage nach Tiber Mädchen verschlossen haben soll,
und es ist möglich, daß diese Höhle sein heimlicher Landungsplatz
war. Bis jetzt ist nur ein Marinaro und ein Eseltreiber so herzhaft,
diese Unternehmung mit zu wagen, weil allerhand Fabeln von dieser

Höhle im Umlauf sind. Ich rate aber jedem, sich vorher mit diesen beiden des Preises wegen zu verständigen. Der Wirt, welchen ich seiner Kenntnis der Insel wegen empfehle, will einen ganz kleinen schmalen Nachen bauen lassen, womit dann bequemer hineingefahren werden könnte. Bis jetzt will ich es nur guten Schwimmern raten. Sie ist des Morgens am schönsten, weil nachmittags das Tageslicht stärker und störender hineinfällt und der wunderbare Zauber dadurch gemindert wird. Der malerische Eindruck wird noch erhöht, wenn man, wie wir, mit flammenden Pechpfannen hineinschwimmt.»

Der treffliche Kopisch hat sich auf diesem Eiland ein herrliches Denkmal entdeckt, und mir ist es, als wäre die wunderbare Grotte deutsches Eigentum und deutsches Symbol. An dieser Stelle verweben sich mit jenem Dichtermaler viel Erinnerungen auch an Tieck, an Novalis, an Fouqué, an Arnim, an Brentano, die nun alle heimgegangen sind bis auf Eichendorff und bis auf Heine, den letzten verwunschenen Prinz dieser Dichterschule. Wir wollen denn als Grabesspenden aus dem blauen Feuerwasser von Capri einen Weiheguß auf die Gräber jener toten Dichter gießen. Denn von dieser Grotte haben sie alle geträumt, und wahrlich, es konnte der Preis ihrer Auffindung auch nur einem Maler und Dichter zukommen, aus der Zeit derer, welche die blaue Wunderblume der Poesie suchten bei den Undinen in der Tiefe, bei der Frau Venus im Berge und in den unterirdischen Grotten der Isis. Sie waren alle liebenswürdige kleine und große Kinder, Knaben mit dem Wunderhorn. Ihr Hoherpriester Novalis sieht aus wie ein schöner, bleicher Knabe, der sich in das lange Predigergewand seines toten Urgroßvaters gesteckt hat und mystische Weisheit redet, von der niemand weiß, wie das Kind dazu gekommen sei. Ihre Muse aber ist eine Sirene. Sie wohnt in der Blauen Grotte auf Capri, der Insel des grausamen Wollüstlings Tiberius. Sie haben alle ihren herzbewegenden Gesang gehört, und keiner hat sie gefunden, sie haben sie alle gesucht und sind vor Sehnsucht nach der blauen Wunderblume gestorben. Goethe hat es ihnen prophezeit in dem «Fischer»: «Halb zog sie ihn, halb sank er hin und ward nicht mehr geseh'n.» Und nun, da die blaue Wunderblume, nämlich die blaue Wundergrotte, denn das war das unbekannte Mysterium, gefunden ist, ward der Zauber gelöst, und kein Lied der Romantiker wird mehr gehört werden in deutschen Landen.

Als ich in die Grotte einfuhr, war es mir, als wäre ich in eins jener Märchen zurückgekehrt, in die man sich als Kind hineinlebt. Welt und Tag sind auf einmal verschwunden, und da ist man in der wölbenden Erde und in einem Dämmer von blauem Feuerlicht. Die Wellen atmen still und perlen Funken empor, wie als sproßten aus den Tiefen blitzende Smaragde und rote Rubinen und tausend Karfunkelseine auf. Geisterhaft blau sind die Wände und mysteriös anzusehen, wie Paläste von Feen. Es ist Schein von fremdem Wesen und von fremdem Geist, ganz wunderbar, heimlich und unheimlich zugleich. Alles ist still wie in einer Schattenwelt, da niemand auch nur reden mag. Du jauchzest zuerst auf, dann bist du still, und es schallt nur das plätschernde Ruder oder das Kichern der Wellen, welche Phosphorkränze um die Felsenwände schlingen. Das blaue magische Wasser lockt unwiderstehlich. Man muß hinabspringen, und man taucht sich wie in ein Lichtmeer nieder.

Ja, ich glaube wohl, daß Tiberius hier badete und unter den schönen Mädchen seines Harems umherschwamm, wie Sueton erzählt. In dieser wollüstig strömenden Phosphorflut glühten dann die Mädchenleiber wie strahlende Leiber von Meerfeien, und nicht hat hier Sirenengesang und Flötenspiel gefehlt, um solches Bad zu einem unsagbaren Wollustspiel zu machen. Ich sah auf einer griechischen Vase eine Sirene gemalt, ein wunderliebliches Wesen, das hebt beide lilienweiße Arme auf, kichert und schlägt zwei blitzende Erzbecken zusammen. So kommen hier die Sirenen aus der blauen Feuerglut herauf, schlagen die Erzbecken zusammen, kichern und tauchen auf und unter. Aber nur Sonntagsmenschen sehen sie und kleine Kinder.

Man muß über den Reichtum dieses Eilandes an Grotten sich verwundern. Erdgrotten und Meergrotten, seltsam geformt und alle schön, gibt es hier so viele, daß man nicht alle kennenlernen kann. Ich bin in mehr als fünfzehn dieser Grotten eingedrungen und habe darunter auf der südlichen Seite eine kleine gefunden, welche genau die blauen Lichteffekte der «Grotta azzurra» zeigt. In andern findet man grüne Lichter, je nach der Beschaffenheit des Grundes, in weißlichem Feuer phosphoreszierend, zumal in der «Grotta verde», der herrlichsten Capris durch ihre prächtig gewölbte Architektur und die Umfassung grandioser Felsenzinnen. Sie ist nicht ganz unterirdisch bedeckt, sondern hat eine Felsendurchfahrt von einer Seite zur anderen.

Einige dieser Grotten haben Namen, wie die Marmolata, die Marinella, andere sind namenlos. Ich machte mir das Vergnügen, alle die namenlosen, die ich besuchte, zu benennen, ohne den Ruhm eines Höhlenentdeckers zu beanspruchen. Und so weiß ich nur allein, wie schön es ist in der Grotte «Stella di Mare», in der meerblumengeschmückten Grotte «Euphorion», in der Grotte der Meerspinne, deren Wände gelb sind und deren Gestein, wo es die Welle benetzt, rosig, samtgrün und weißlich schimmert. In einer Grotte war es ein Wogenschlürfen und ein anapästisches Wellenschlagen, so daß ich sie den Eumeniden geweiht habe. Alle liegen sie vom Ufer des Solaro bis hinaus über die Faraglioni, unscheinbar außen, da ihre Mündung oft dem oberflächlichen Blick entgeht, drinnen hochgewölbig, dunkel, wellenstill, von Meerspinnen, Seeigeln, Meersternen bewohnt, eine zauberische Geistereinsiedelei.

Es ist höchst belohnend, die ganze Insel zu umfahren. Man braucht dazu drei Stunden und kann in dieser Zeit auch einige Grotten besuchen. Die Westküste hat die Höhlenbildung nicht, denn hier sinkt das Ufer vom Solaro nieder zwischen beiden Kaps Punta di Vitareto und Punta die Carena. Es sendet dort drei niedrige, doch schroffe Spitzen aus, Campetiello, Pino und Orica, welche mit Schanzen bewehrt sind. Und hier war auch die Stelle, wo die Muratisten bei Nacht die Felsen erklommen. Rudert man aber um die Carena, so wird das Südufer plötzlich furchterregend hoch und steil; die gigantischen Felsen steigen senkrecht vom Wasserspiegel auf bis in das Gewölk, welches ihre Gipfel umspinnt. So geht die Südküste fort bis zur Punta Tragara, und nicht minder erhaben, bizarr und wild zugleich ist die ganze Ostküste bis zum Lo Capo, dem Nordostkap der Insel. Hier ist das Ufer voll von stalaktitischen Höhlenbildungen.

Nun noch hinauf zum Gipfel der Insel, zum Solaro. Steigt man über Ana-Capri auf pfadlosen Felsen mühsam empor, so gelangt man zum Kamm des Berges. Form und Anblick ist überraschend, weil der Solaro auf der Höhe selbst sich tief einsenkt und eine dürre braune Fläche darbietet, das Dach jener Felsenwände, die nach Capri abstürzen. Auf braunem Heideland geht man fort zwischen starren Kalksteinblöcken, und jeder Schritt stört Schwärme von Heuschrecken auf, welche in unglaublicher Zahl den Boden bedecken.

Am Rand dieser Fläche aber hängt an schauerlichen Felsen hoch über dem Meer die Klause des Eremiten von Ana-Capri, und nimmer sah ich noch eine Eremitage, die es so ganz gewesen. Ich fand alle Türen offen und den Siedler nicht daheim. Seine Kutte hing über der Mauer seines Felsengärtchens, über seinem Bette der heilige Antonius von Padua, ein geweihter Ölzweig und ein Rosenkranz; in seiner Vorratskammer die weinende Madonna dolorosa, gerade über einem Häuflein Zwiebeln, und da standen umher ein Korb voll Brot und ein paar leere Teller.

Ich sah im Campo Santo zu Pisa jenes phantasiereiche Freskogemälde von Ambrogio und Piero Lorenzetti, welches das Leben heiliger Eremiten in der Wüste darstellt, und fand einen Zug daraus hier lebend wieder. Ich glaube, der alte Eremit predigt hier jeden Freitag den Fischen, gleich dem heiligen Antonius, den man auf einem Bilde in Rom sehen kann, wie er auf einer Felsenklippe steht und in das Meer hinunterpredigt. Es strecken aber die dummen Fische ihre Köpfe heraus und sperren alle die Mäuler weit auf. Wie ich nun in der Klause umherging, kam der Alte, ein Laienbruder. Er trug ein Bündel Reisig auf der Schulter. Sehr froh einen Gast zu finden, entschuldigte er sich, daß er keinen Wein habe. Schon 32 Jahre klaust er oben in der Felsenwüste, und auch er hinkt vom Klettern, doch nicht mephistophelisch wie der Tiberius-Eremit, sondern nur sanft wie Heilige und wie die indischen Götter, wenn sie die Erde der Sterblichen berühren.

Über seiner schwindelnden Klause steht der Gipfel des Solaro, die Spitze Capris und, wie ich schon sagte, die Warte eines Telegraphen. Hat man sich dort hinaufgearbeitet, so genießt man endlich den Lohn des Herkules. Denn hier liegt zu Füßen hingebreitet das ganze Eiland und ein Kosmos wunderbarer Schönheit.

Dies ist der Horizont, den hier das Auge umfaßt: südwärts endloses Meer, nach West und Nord die Ponzainseln, Ischia, das Eiland Vivara, Procida, hinter ihnen traumhaft und weit die Berge von Gaeta und Terracina mit dem Kap der Circe, weiter die Bergpyramide des Misen, an deren Fuß Tiberius ermordet wurde, die elyseischen Ufer und die der Kimmerier, die blauen Küsten von Bajä und von Puteoli, Cumae mit dem Berge Gaurus und der Solfatara, das schloßgekrönte Eiland Nisita, der schlanke Posilip, die Spitze der Camaldoli, ferne Berge von Capua, dann das Ufer von Neapel, ein langer Kranz von Städten bis nach Torre del Greco; der rauchende Vesuv über Pompeji, hinter ihm hervor die Berge von Sarno und Nocera, vielgegliedert und reichgefaltet; ostwärts das braune, scharfgemeißelte Ufer von Massa mit dem Kap Sorrento und dem der Minerva, dahinter der hohe Sant Angelo, weiterhin die sirenusischen Klippen und die Golfe von Amalfi und Salerno, endlich weit hinaus in der Ferne die bleichen Berge Kalabriens, der Ufersaum von Paestum und Kap Licosa in Lukanien.

Auf solcher Höhe und in solcher Weite des Gesichtskreises fühlt man einmal auch Sonnenweiten menschlicher Existenz. Denn fürchterlich eng ist das Menschenleben, und es rücken die Dinge hart auf den Leib, welcherlei Namen sie haben, so daß es ein ewiger kleinlicher, peinlicher Kampf ist um größern Horizont. So ist auch alle Bildung Horizontalvergrößerung; ihr herrlichster Lohn ein Blick von Höhen der Kultur, wo sich die Künste und Wissenschaften, alles Geschaute, Gedachte und Gelebte in göttlicher Ordnung schön und weit zu einem kosmischen Ringe schließen.

Auf dem Gipfel des Solaro dachte ich an Humboldt. Ich glaube, um dessen Geist liegt die Welt so schön und klar gegliedert; und auch an Plinius dachte ich hier, den Humboldt der Römer, weil ich den Berg Misen und den Vesuv sah; und an Aristoteles, den wahrhaft kosmischen Geist und Ordner des menschlichen Wissens.

Doch wir, schon zufrieden, nur mit dem leiblichen Auge eine so große Ordnung der Natur einmal angeschaut zu haben, steigen jetzt

herab; denn es sinkt die Sonne hinter Ischia. Schon glüht das weite
Meer im Westen von dunklem Purpur, und der Fels von Ponza, der
sich aus der Flut emporhebt, schön und fern, als läge er in einer andern Sphäre des Raums und Lichts, ist ganz durchglüht und erschim-
mert in durchsichtigem Purpurbrande. Also lebe wohl, du schönes
Eremiteneiland Capri.

BENEVENT

1874/1875

Die Stadt Benevent hat niemals ihre ursprüngliche Stelle geändert wie Capua. Ihre Mauern, durch die natürlichen Verhältnisse in ihrem Umfange bedingt, beschreiben noch heute nahezu dieselben Linien wie im Altertum.

Sie ist auf einem niedrigen Hügelzuge gelegen, der nach zwei Tälern hin sanft niederfällt. Durch das größere fließt der Sabato, durch das kleinere der Calore, in welchen sich jener nahe unterhalb Benevents ergießt. Diese Flüsse bilden sodann vereinigt den schönen Strom Volturnus. So schaffen die Täler einen weiten fruchtbaren Raum um die Stadt her, während über ihnen näher und ferner mächtige Gebirge aufragen, aus denen der hohe Taburnus hervortritt.

Von drei Seiten ist Benevent durch jene Flüsse gedeckt; wo sich der Hügel landwärts weiter zieht und die schwächste Stelle für einen Angriff darbietet, erhebt sich das Kastell. Dort stand vielleicht schon im Altertum die Arx, und ohne Zweifel auch die älteste Langobardenburg. Hohe Mauern mit Rundtürmen, aus Kalksteinquadern regelrecht aufgebaut, umschlossen die ganze Stadt, von mehreren Toren durchbrochen, deren höchstgelegenes die Porta Summa am Kastell war.

Die Stadtmauern bestehen noch in langen Strecken. An einigen Stellen sind sie verfallen oder abgetragen und von Häuserreihen überbaut. Was sich heute von ihnen erhalten hat, zeigt fast durchweg tumultuarische Wiederherstellungen. Ich sah in diesen Mauern zahllose antike Fragmente von Marmor stecken, Reliefs, Säulenstümpfe, Bruchstücke von Statuen. An einer Stelle, in der Nähe des Sabato, tritt aus der Mauer ein halb verstümmelter kolossaler Marmorkopf hervor. Überhaupt ist Benevent voll von antiken Trümmern solcher Art. In vielen Häusern sieht man eingemauerte Altertümer, namentlich Säulen und Reliefs, die kümmerlichen Reste der alten Marmorpracht. Die Beneventer Antiquare, welche im 18. Jahrhundert die Altertümer ihrer Vaterstadt mit großem Fleiß beschrieben haben, dachten leider nicht daran, solche in einem Museum zu vereinigen. So ist vieles zugrunde gegangen und verschleudert worden; manche Reste hat man jedoch hie und da in größeren Massen gesammelt. Im Hofe des erzbischöflichen Palastes sind nicht wenige antike Fragmente teils aufgestellt, teils eingemauert; darunter befindet sich das schöne Relief eines Sarkophags römischer Arbeit, welches die Fabel des Hippolyt darstellt.

Ein anderes Relief findet man unter Altertümern im Hof des Gemeinde-Palasts eingemauert, wohin es von dem Brunnen vor der Kirche Santa Sofia gebracht worden ist. Es wird als Raub der Sabinerinnen erklärt. Jedoch stellt es einen Amazonenkampf vor.

Viele Grabcippi und Inschriften hat man in dem ehemaligen Jesuitenkloster, dem jetzigen Collegium Giannone, im Portikus des Hofs aufgestellt. Einzelne Säulen, auf Postamente gestellt oder noch am Boden liegend, und Fragmente von Gesimsen sieht man auf dem öffentlichen Spaziergang vor der Chiesa Nuova. Wahrscheinlich stand dort ein Tempel einer ägyptischen Gottheit. Man hat daselbst die Figur eines Apis aus Granit gefunden und im Jahre 1629 auf ein Postament gesetzt. Die Inschrift erklärt dieses Bildwerk irrig für ein samnitisches Symbol.

Der Kaiser Domitian hatte den Isis-Kultus in Benevent entweder eingeführt oder begünstigt. Aus seiner Zeit sollen die kleinen Obelisken von Granit herstammen, welche hier gefunden wurden. Das Bruchstück eines solchen steht im Hofe des Erzbistums; ein anderer Obelisk, etwa 50 Fuß hoch, in mehrere Stücke zerbrochen und wieder zusammengefügt, ist seit dem Jahre 1872 auf dem Platze Papiniano aufgerichtet und eine schöne Zierde Benevents. Die Antiquare der Gegenwart erhoben sich bei dieser Gelegenheit zu der philologischen Anstrengung einer griechischen Inschrift, welche sie auf das Postament dieses Obelisken setzten.

Der größte Stolz der Beneventer ist der marmorne Triumphbogen Trajans, die Porta Aurea, in Wahrheit eines der schönsten Monumente dieser Art überhaupt. Schon wegen der Kunstepoche der er angehört, ist er edler als die Bogen des Septimius Severus und des Konstantin in Rom, und wenn auch seine vortrefflichen Skulpturen nicht mit dem Stil derer am Titusbogen wetteifern können, welchem er offenbar nachgeahmt ist, so ist er doch besser erhalten als dieser.

Aus engen und schmutzigen Gassen steigt man an den alten Stadtmauern zu ihm hinab. Er hat nur einen Durchgang, diente ursprünglich zum Eingangstor und steht jetzt völlig frei. Inschriften an den Mauern in seiner Nähe verzeichnen die Epochen seiner Wiederherstellung unter der Herrschaft der Päpste. Herrliche Reliefs schmückten beide Außenflächen, das Gesimse und die Attica. Sie stellen die Triumphe Trajans über dacische und germanische Völker, den Einzug des Kaisers in Rom, seine Opfer, seine Aufnahme unter die Götter dar, und andere Szenen, worunter die Vermählung Hadrians mit Sabina merkwürdig ist. Das ganze Denkmal macht den Eindruck wahrhafter Würde und Majetät. Es erfüllt den Beschauer um so mehr mit dem reinen Gefühl des Schönen und Großen, weil es einem der edelsten Kaiser gewidmet ist. Das Motiv seiner Errichtung ist auch ein wohltuendes und menchliches. Denn dieser Bogen war ein Triumphtor der das Abendland mit dem Orient vermittelnden Via Appia. Der römische Senat setzte ihn dem Kaiser Trajan, weil er diese große Straße auf seine Kosten erneuert und bis Brindisi geführt hatte.

Ein fast rätselhaft zu nennendes Glück hat den Triumphbogen so wohl erhalten, daß selbst die Rosetten im Gewölbe des Durchgangs beinahe unversehrt geblieben sind und die zahlreichen Reliefs nur weniger Wiederherstellung bedurften. Man darf glauben, daß die Beneventer zu jeder Zeit ihrer Geschichte dieses Denkmal als den Augapfel ihrer Stadt gehütet haben, und daß selbst in der tiefsten Barbarei des Mittelalters ihr patriotischer Sinn nie so weit erloschen war, um die Marmorblöcke des Monuments beim Bau der Stadtmauern oder der Häuser zu verwenden. Wenn nun dies von der Bürgerschaft zu rühmen ist, so darf man auch jene Barbaren loben, welche Benevent eroberten, plünderten und verwüsteten, ohne den Triumphbogen anzutasten. Lange Zeit hat man geglaubt, daß Goten und Vandalen Rom mit Absicht zerstört haben, und dieses Frevels ist vor allen der Heldenkönig Totila angeklagt worden. Derselbe Totila eroberte Benevent, er warf die Stadtmauern nieder, aber das herrliche Denkmal Trajans ließ er so gut fortbestehen wie die Triumphbogen in Rom. Auch die Langobarden haben es verschont; auch der griechische Kaiser Leo der Philosoph, welcher Benevent im Jahre 891 eroberte, hat dasselbe so wenig angetastet wie im 13. Jahrhundert der Kaiser Friedrich II., welchen noch heute eine Inschrift am Glockenturm des Doms als Verwüster der Stadt anklagt.

Der Bogen Trajans ist das einzige große noch dauernde Denkmal des Altertums in Benevent, einer Stadt, deren Ursprung sich in das mythische Zeitalter verliert; denn als ihr Gründer gilt der Heros Diomedes. Sie war ein Hauptort der mächtigen Völkerfamilie der Samniten, dann seit dem Jahre 268 römische Kolonie. Als Schlüssel zu Apulien wurde sie wegen ihrer Lage an der Via Appia von großer Bedeutung. Sie dauerte in ihrer römischen Gestalt bis zu den Gotenkriegen, in deren Stürmen sie verfiel.

Ihre Trümmer überdeckte dann eine andere germanische Völkerschicht, und diese gab ihr ein neues Leben. Die samnitische und römische Geschichte Benevents ist für immer im Dunkel begraben, die langobardische lebt in Geschichtsbüchern und Erinnerungen fort. Ein halbes Jahrtausend lang war die Stadt das Haupt des Langobardenstaats in Süditalien. Mit diesem germanischen Herzogtum beginnt die selbständige Geschichte dieses Landes oder des Königreichs Neapel. Denn, die festen Seestädte an beiden Meeren ausgenommen, welche im Besitze des griechischen Kaisers blieben, umfaßte Benevent fast das ganze Gebiet eben dieses späteren Königreichs. So wurde hier zum erstenmal ein politisches Ganzes geschaffen, Herzogtum Benevent genannt, zwar ein lehenpflichtiges Glied des langobardischen Königreichs, dessen Hauptstadt Pavia war, aber doch nur im losen Verbande mit ihm. Die Gründung dieses südlichen Staates seit der Eroberung Benevents durch den König Autharis und seine Befestigung und Erweiterung sind Tatsachen, welche sowohl die kriegerische Kraft als die politische Klugheit dieses keineswegs sehr zahlreichen Langobardenvolks in das hellste Licht stellen.

Die Bildung des Langobardenstaates im Süden rettete Unteritalien vor dem Schicksal, erst eine byzantinische Provinz, dann ein sarazenisches Emirat zu werden, und sie bewahrte endlich den Zusammenhang des schönen Landes mit der römischen Kirche und der abendländischen Kultur.

Nach dem Tode Zotos, des ersten Herzogs von Benevent, im Jahre 591, setzte der König Agilolf ihm zum Nachfolger Arichis, vom Hause der Gisolfinger in Friaul, einen furchtbaren Kriegshelden, der seine Eroberungen alsbald bis an beide Meere ausdehnte. 50 Jahre lang saß Arichis auf dem Herzogstuhl in Benevent, und er vererbte ihn auf seinen Sohn Ajo.

Die nibelungenhafte Wildheit dieser Langobarden muß schrecklich gewesen sein, zumal im Gegensatz zu der Bevölkerung Apuliens, die, wenn auch wehrlos und kraftlos geworden, doch noch immer die milde Lebensweise unter dem sonnigen Himmel ihres Landes und die gebildeten Traditionen wie die Sprache der Römer und Griechen bewahrt hatte. Die Zähmung dieses Volkes, welches die Samniten und Apulier dauernd aus dem Besitze des Landes verdrängte, durch das Klima, die Verbindung mit den Lateinern und endlich durch die Kirche vollzog sich sehr langsam. Erst nach der Mitte des 7. Jahrhunderts entsagten die Langobarden ihren heidnischen Gebräuchen infolge der Bemühungen Theodoradas, der frommen Gemahlin des Herzogs Romuald, und des mit ihr befreundeten Bischofs Barbatus. Dieser Heilige fällte den in der Volkslegende bekannten Nußbaum zu Benevent, worunter die Hexen ihre Zusammenkünfte hielten. Und noch heutigentags gilt diese Stadt, von der Langobardenzeit her, als das uralte Lokal für die Walpurgisnächte der Zauberweiber.

Hundert Jahre später finden wir dieselben Langobarden als eifrige Katholiken, als Erbauer von Kirchen und Klöstern, als ein lernbegieriges Volk und im Besitze der lateinischen Bildung jener Zeit. Die große Abtei Monte Cassino, von den Herzögen Benevents fürstlich mit Ländern ausgestattet, war ihre Hochschule und ihr geistiger Mittelpunkt. Ihr beliebter Wallfahrtsort war die Kapelle des Erzengels Michael auf dem Vorgebirge Garganus. Benevent erreichte sogar eine Höhe der Kultur unter der Regierung des Herzogs Arichis II., des Schwiegersohnes des letzten Langobardenkönigs Desiderius. Denn damals zerstörten die Päpste und ihre Retter, die Franken, dieses Königreich. Der Langobardenstaat in Nord- und Mittelitalien ging unter, aber das Herzogtum Benevent dauerte weiter fort, geschützt durch seine Größe, durch seine entfernte Lage und Kostspieligkeit dorthin auszudehnender Kriege. Karl der Große mußte an den Grenzen Benevents haltmachen, und jetzt erlangte der dortige Herzog sogar seine politische Unabhängigkeit. Arichis nahm nach dem Falle seines Schwiegervaters im Jahre 774 den Titel eines Fürsten an; er ließ sich von den Bischöfen seines Landes salben und weihen, trug die Krone und prägte sein Bildnis auf die Münzen. Sein Reich war das blühendste Italiens. Benevent, Capua und das zur See mächtige, von ihm mit prächtigen Gebäuden geschmückte Salerno waren seine Hauptstädte. Alle die reichen Landschaften Campaniens, Apuliens, Lucaniens und Kalabriens, einige griechische Seestädte ausgenommen, gehorchten ihm, unter der Verwaltung seiner Grafen und Gastalden. Er hielt einen königlichen Hof in dem «Sacrum Palatium» zu Benevent, wo sich um seine gebildete Gemahlin Adelberga Männer von Wissen und Geist versammelten. Der Geschichtschreiber der Langobarden, Paul Diaconus, sein Sekretär und Freund, nahm an diesem Hofe etwa die Stellung ein, welche Alcuin an jenem Karls des Großen hatte. Die Stadt Benevent war damals die reichste und schönste des südlichen Italien; Arichis selbst erweiterte sie durch Anlegung einer Neustadt.

Die staatliche Unabhängigkeit konnte freilich auch dieser kräftige Mann nicht behaupten; er wurde dem Frankenkönig tributbar, aber er vererbte doch im Jahre 787 das Fürstentum seinem tapferen Sohne Grimoald II., welcher dasselbe unter wiederholten Kriegen mit den Franken behauptete.

Mit Grimoald erlosch die Dynastie seines Hauses, und seither stürzten zahllose Revolutionen, Kämpfe um den Herzogthron, Frevel der Fürsten und Kriege mit den Griechen, den Sarazenen, den deutschen Kaisern und den Päpsten die Macht dieses letzten Langobardenstaats. Selbst die politische Einheit des Herzogtums zerfiel, denn Capua und Salerno trennten sich von ihm im 9. Jahrhundert als besondere Staaten ab. Endlich traten die Normannen als Eroberer des zerrissenen Landes auf. Wenn sich die kühnen Eindringlinge Benevents bemächtigt hätten, so würde diese Stadt vielleicht nur die Dynastie gewechselt haben und zum Hauptsitz des gesamten Normannenreiches geworden sein.

Aber die Päpste, schon lange nach diesem Erbe begierig, erwarben es für sich in der Mitte des 11. Jahrhunderts. Das Herzogtum des

Arichis war damals bereits auf die Stadt und wenige Provinzen um sie her beschränkt, denn alles übrige, ganz Apulien, hatten die Normannen an sich gerissen. Die Furcht vor diesen raubgierigen Eroberern trieb Benevent endlich in die Arme der Kirche. Die päpstliche Partei erhob einen Aufstand; die letzten machtlosen Langobardenherzöge Pandulf III. und sein Sohn Landolf VI. wurden verjagt, und die Stadt,welche der Kaiser Heinrich III. bereits dem Papst für die Abtretung seiner Rechte auf Bamberg geschenkt hatte, rief Leo IX. zu ihrem Gebieter aus. Zwar kehrten die Vertriebenen später zurück, aber nur als Lehnvasallen der Kirche. Landolf starb im Jahre 1077, und mit ihm endete die lange Reihe langobardischer Fürsten Benevents. Dieser germanische Staat in Süditalien hatte also eine Dauer von 500 Jahren gehabt, während welcher Zeit der größte Teil desselben Landes mit langobardischen Einrichtungen, Gesetzen und Geschlechtern so stark erfüllt worden war, wie dies in der Lombardei geschehen ist. Und selbst noch im 11. Jahrhundert nannten die Byzantiner in ihrer amtlichen Sprache Apulien das «Langobardenland».

Trotzdem hat Benevent nur sehr wenige Denkmäler jener Epoche bewahrt. Vom herzoglichen Palast, welchen Arichis II. neu ausgebaut hatte, blieb hier so wenig eine Spur übrig als von den langobardischen Residenzen in Pavia und Spoleto. Nur der Name eines Platzes, Piazza della Corte, in der Nähe der Santa Sofia, läßt mit Grund schließen, daß dort in alten Zeiten der Fürstenhof, die Curia, gestanden hat. Kein langobardisches Grabmal hat sich erhalten. Von den Grabinschriften der vielen Herzöge, welche Pellegrino in seiner Geschichte der langobardischen Fürsten zum Teil gesammelt hat, sieht man nur noch wenige auf der Fassade des Doms eingemauert, und diese gelben Steintafeln mit ihren langen lateinischen Inschriften sind dort die alleinigen ehrwürdigen Denkmäler Benevents aus der Langobardenzeit.

Von Klöstern und Kirchen gehört ihr heute mit Sicherheit nur noch die Santa Sofia an. Der Herzog Gisulf II. gründete sie zwischen den Jahren 732 und 749, und Arichis baute und vollendete sie um das Jahr 774, in derselben Zeit, als das langobardische Königreich unterging und er selbst sich für unabhängig erklärte. Seine Feinde waren Karl der Große und der Papst; seine Bundesgenossen konnte er nur am Hofe von Byzanz suchen, wohin sich auch bald sein Schwager Adelchis, der Sohn des Desiderius, begab, um von dort her, im Bunde mit Benevent, seine Herstellung zu versuchen. Der Name des von Arichis gestifteten Klosters spricht byzantinische Beziehungen aus, und selbst der Kuppelbau scheint auf Byzanz zu deuten.

Diese einst berühmte Klosterkirche der Benediktiner ist freilich nur ein Bau von bescheidenen Verhältnissen und Mitteln. Ihre unansehnliche Fassade, ganz erneuert und weiß übertüncht, bildet jetzt ein Viereck mit Giebel, von zwei antiken Säulen eingefaßt, die einen Bogen tragen. In der Lünette des Portals stellt ein Relief den thronenden Heiland und den knienden Herzog Arichis dar, welcher jenem von S. Mercurius empfohlen wird. Doch gehört dies einem spätern Jahrhundert an.

Das Innere der Kirche besteht aus einem Rundbau. Sechs antike korinthische Säulen tragen in der Mitte das Kuppelgewölbe; zwei andere stehen gegen den Eingang hin, und noch andere stützen um die Rotunde her die Kreuzgewölbe. Der ganze Bau ist von einer nüchtern zu nennenden Einfachheit; nur durch das Säulenrund erinnert er an die reicher und größer gedachte altchristliche Kirche S. Maria Maggiore bei Nocera. Die Kirche bildete den Mittelpunkt großer Klostergebäude. Diese sind zum Teil abgetragen, so daß der Glockenturm gegenwärtig in weiter Entfernung abgesondert dasteht, während er ursprünglich an einen Hof sich anlehnte. Von den Klosterhöfen ist noch einer erhalten, ein origineller Bau von Kreuzgängen, welche jenen in Monreale ähnlich sind, da sie auf kleinen Säulen ruhende Bogen bilden. Diese Säulen haben ungleiche Kapitäle von charakteristischer Form, oder vielmehr es tragen die Kapitäle oblonge hohe Steinplatten, worauf Arabesken mit Tiergestalten und Kämpfe von Männern mit Bogen und Lanzen dargestellt sind.

Ich fand diese Kreuzgänge durch Verschläge zu geräumigen Sälen eingerichtet, in denen die Frati Ignorantelli (sie verdienen wahrscheinlich ihren Namen als Lehrer) eine zahlreiche Schuljugend unterrichteten. Ein schöneres und luftigeres Lokal für solchen Zweck könnte man diesen munteren Knaben nicht wünschen. Die Lehrer, in schwarzer Ordenskleidung, führten mich darin bereitwillig umher, und ich gedachte jener Zeit wo Paul Warnefried hier aus und ein ging, oder wo Desiderius, ein Prinz aus dem langobardischen Königshause in Benevent, später als Abt von Monte Cassino, dann als Nachfolger des Papstes Gregor VII. in der Welt berühmt, hier seine Studien machte. Das Kloster Santa Sofia war lange Zeit hindurch die erste wissenschaftliche Anstalt Benevents; es glänzte durch theologische, scholastische und grammatische Studien im 9. Jahrhundert so sehr, das die «Philosophen» dieser Stadt in ganz Italien Ruhm genossen. Wenn wir heute vornehm auf die wissenschaftliche Kultur jener fleißigen Langobarden zurückblicken, so mögen wir nicht vergessen, daß sie im Verhältnis zu ihrer Epoche stand, und daß ihre Bildungsanstalten damals dieselben und vielleicht noch höhere Verdienste beanspruchen konnten, als die gelehrten Schulen in unserer Gegenwart haben.

Es ist unzweifelhaft, daß auch die erste Anlage des Doms in die langobardische Zeit fällt, doch ist nichts mehr von ihr erkennbar. Er gehört demnach wesentlich der päpstlichen Epoche an. Dieselbe begann, wie wir gesehen haben, im Jahre 1077, nach dem Tode des letzten Herzogs Landulf. Seither regierten Benevent Rektoren der Kirche. Diese wurden anfangs vom Volke gewählt, vom Papste bestätigt und gehörten dem Langobarden-Adel der Stadt an. Denn noch war die Gewalt des Papstes in Benevent nicht so stark befestigt, daß er es wagen durfte, den eingeborenen Geschlechtern ihre Privilegien zu nehmen. Erst nach und nach geschah dies, bis die Rektoren endlich geradezu vom Papst eingesetzt und zu Kardinallegaten wurden. Der Rektor hatte das politische Regiment, ein Contestabile befehligte die kleine Truppenmacht. Außerdem bildete die Bürgerschaft eine Gemeinde unter selbstgewählten Konsuln. Ihre Statuten haben sich erhalten; sie datieren vom Jahre 1202.

Man darf überhaupt nicht glauben, daß die päpstliche Gewalt in Benevent eine absolute und monarchische war; das Bewußtsein der früheren Selbständigkeit und das langobardische Stammgefühl lebten dort fort, nicht minder in der Gemeinde als im Klerus. Die Stadt betrachtete sich als Republik unter der Schutzhoheit der Päpste, deren Herrschaft dieselbe, wie viele andere Städte, duldete, weil sie ihr mehr Freiheit ließ als das normannische Regiment ihr würde gelassen haben. Benevent blieb daher, einige Rebellionen abgerechnet, der Kirche treu. Es diente oftmals den Päpsten zum Asyl während ihrer Kämpfe mit dem deutschen Kaisertum. Sie aber behaupteten die Stadt durch Verträge mit ihr wie mit der Normannen-Dynastie des Königreichs beider Sizilien, und dieses selbst, innerhalb dessen Grenzen jene Stadt lag, blieb fortdauernd ein Lehen der römischen Kirche.

Der Dom ist das Denkmal der ersten Periode der päpstlichen Herrschaft über Benevent, obwohl er nicht von den Päpsten, sondern von der Stadt und ihren Erzbischöfen errichtet wurde. In seiner heutigen Gestalt gehört er dem 12. und 13. Jahrhundert an, worauf spätere Wiederherstellungen und Veränderungen folgten. Säulen und Steine eines alten Tempels, dessen Platz er wahrscheinlich einnimmt, gaben Material zu seinem Bau her. Sein Stil ist romanisch. Die altertümliche von der Zeit geschwärzte Fassade hat die sonderbare und schwerfällige Gestalt einer viereckigen Wandfläche, welche durch Arkadenreihen gegliedert ist. Das mittlere Portal ist durch Erztüren ausgezeichnet – ein Werk, welches in der Kunstgeschichte neben den Türen der Dome zu Amalfi, Ravello und Trani seine Stelle hat, aber ihnen weit nachsteht. Ein Erzbischof hat dieselben im 12. Jahrhundert, wahrscheinlich in Byzanz, fertigen lassen.* Ihre Reliefs stellen

---

* Sie gehören bereits der ersten Hälfte des 13. Jahrhunderts an.

in einer Reihe von Feldern biblische Szenen und Figuren der Bischöfe der Diözese Benevent dar.

Der innere Raum des Doms hat die Formen einer Basilika, deren fünf Schiffe von bogentragenden Säulenstellungen gebildet werden, und diese Säulen sind alle antik. Zu beiden Seiten des Hochaltars erheben sich zwei schöne Ambonen, mit Mosaik ausgelegt und mit vorzüglichen Marmorskulpturen geschmückt. Die Inschrift auf einem derselben bezeichnet als Künstler Nicolaus de Monforte im Jahre 1311; die Zeit dieser Werke ist daher eine spätere als die Kunstepoche der Cosmaten, deren gotisches Prinzip hier nicht mehr zur Anwendung kam.

Ein Erdbeben hatte im Jahre 1456 den altertümlichen Dom halb zerstört; man stellte ihn hierauf wieder her, dann beschädigte ihn ein zweiter Erdstoß am 5. Juni 1688 nochmals so stark, daß seine Wiederherstellung neu begonnen werden mußte. Dieses Erdbeben zertrümmerte viele andere Denkmäler und vernichtete vollkommen die alte berühmte Kirche S. Bartolommeo, welche hart am Dome stand. Erzbischof der Stadt war damals Vincenzo Maria Orsini, nachmals Papst Benedikt XIII. Dieser fromme Mann wird noch heute als Wohltäter Benevents geehrt, für dessen Wiederaufbau nach jener schrecklichen Katastrophe er Sorge trug. Der Hauptplatz der Stadt neben der Kathedrale, wo ein von ihm angelegter Brunnen steht, trägt seinen Namen. Er baute den Erzbischöflichen Palast aus seinen Trümmern wieder auf. Derselbe ist ein geräumiges, doch stilloses Gebäude mit vielen Sälen und Kammern, zu welchen man aus dem Hof auf einer steinernen Freitreppe emporsteigt. Die Wände des großen Empfangssaales enthalten Wappenschilder und Bildnisse der Erzbischöfe und topographische Ansichten der Stadt und Diözese. In einer Kapelle sieht man das Bildnis Orsinis und eine Darstellung des Zusammensturzes des Palastes bei jenem Erdbeben, wo der Erzbischof selbst vom Schutt begraben, aber glücklich aus ihm befreit wurde.

Neben der Kathedrale steht der Glockenturm, ein Bau ohne Spitze und Abschluß, aus antiken und neuen Quadersteinen aufgeführt. Auf einer seiner Seitenflächen ist das Wappen Benevents eingemauert, nämlich ein großes antikes Relief, darstellend einen zum Opfer geschmückten Eber. Der Sage nach hatte der Gründer der Stadt, Diomedes, in ihr die Zähne des kalydonischen Ebers als ein Palladium zurückgelassen, und daher schreibt sich das Stadtwappen. Noch zur Zeit des Procopius zeigte man in Benevent die fabelhaften Eberzähne als die heiligste Reliquie des Altertums. Eine Inschrift unter jenem Wappenbilde sagt, daß der Glockenturm am 11. Februar des Jahres 1297 angefangen worden ist. «Post Devastatam A Frederico II. Anno MCCXXXIX Hanc Civitatem Turris Haec Campanaria Coepta Est Sub

Archiepiscopo Romano De Capoferris Anno MCCLXXIX. XI. Februarii
De Oblationibus Fidelium Et Cleri. Post Eandem Urbem Prope Uni-
versam Terraemotu Ann. MDCLXXXVIII. Dejectam Ipsa Immunis In-
staurata Tribus Campanis Supra Quatuor Aucta Et Ad Fastigium
Perducta Est Proprio Sumptu A Fr. Vinc. Mar. Ord. Praed. Card.
Ursino.»

Diese Inschrift atmet noch den Priesterhaß gegen den großen Hohenstaufen, denn nicht allein bringt sie den Bau des Glockenturms,
welcher doch erst 40 Jahre nach der Eroberung Benevents durch jenen
Kaiser erfolgte, mit der «Verwüstung» der Stadt in Zusammenhang,
sondern sie scheint an diesem Ort die Vorstellung erwecken zu wollen, daß Friedrich an den Dom selbst Hand gelegt habe.

Hier also zuerst begegnen wir in Benevent einem Hohenstaufen-
namen. Dann wird man uns im Atrium des Gemeindepalastes unter
dort eingemauerten Inschriften und Skulpturfragmenten einen marmornen Kopf zeigen und dreist behaupten, daß er das wirkliche Bildnis Friedrichs II. sei.

Den Hohenstaufen gelang dasjenige, wonach die Normannen vergebens gestrebt hatten: sie entrissen Benevent dem Papst und vereinigten es mit dem Königreiche Sizilien. Friedrich II. belagerte diese
Stadt zuerst im Jahre 1229, ohne sie einzunehmen, da ihn der bald
folgende Friedensschluß mit der Kirche daran hinderte, dann eroberte
er sie elf Jahre später. Wie einst Totila getan hatte, warf auch er ihre
Mauern zu Boden. Nach dem Tode des Kaisers lieferte sein Sohn
Manfred Benevent der Kirche aus, dann aber besetzte er die Stadt
wieder und behauptete sie, bis er auf dem Schlachtfeld in ihrer Nähe,
am 26. Februar 1266, seine Krone und sein Leben verlor.

Dieses berühmte Schlachtfeld ist es, was unter allen Denkmälern
der Stadt Benevent einen unsterblichen Namen in der Geschichte verliehen hat. Neben jenem andern Konradins bei Sgurgola ist es die
Stelle, wo das germanische Kaiserreich unter den staufischen Epigonen sein tragisches Ende nahm.

Keine Denksäule bezeichnet dasselbe, nur die Überlieferung, welche
niemals erlöschen konnte, hat die Kunde der Örtlichkeit bewahrt,
und die topographischen Bedingungen bestätigen ihre Richtigkeit.

Schon von Telese her durchzieht man, dem Fluß Calore entlang, die
Gegenden, welche durch die Märsche Karls von Anjou historisch geworden sind. Die französische Armee drang von dort südwärts vor
über die beiden heutigen Eisenbahnstationen Ponte di Benevento und
Vetulano. Sie fand das Heer Manfreds nördlich vor Benevent, seiner
Stütze und seinem Rückhalt, aufgestellt, diesseits des Calore. Dort
dehnt sich die einzige nicht von Flüssen durchzogene Fläche aus,
welche sich zum Kampfplatz eignen konnte.

Das Schlachtfeld hat in den Berichten der Zeitgenossen verschiedene Namen, es heißt: Feld von Benevent («Campus Beneventanus» oder «campus dominicus Beneventanus»), oder Rosenfeld («campus rosarum»), auch Blumenfeld («floridus»), oder Rosenstein («pietra del Roseto»), mit der näheren Bezeichnung einer dort gelegenen Kirche S. Maria della Grandella. Karl selbst bezeichnete in seiner vor Lucera am 24. Juni 1269 erlassenen Schrift, welche den Bau eines Klosters auf dem Schlachtfeld anbefahl, dieses wörtlich so: «Auf dem Beneventer Feld, wo wir den Sieg über Manfred gewannen, auf dem Territorium des heil. Marcus jenseit Benevent.»

Die Tradition hat den Namen «Roseto» festgehalten, obwohl jede Spur der Kirche verschwunden ist. Alle mit den Erinnerungen ihrer Vaterstadt vertrauten Bürger, die ich darum fragte, bezeichneten mir eine nordwärts von der Eisenbahnstation gelegene, zu sanften Hügeln ansteigende Fläche als das Feld der Rosen, wo Manfred gefallen sei. Nichts ist dort zu finden als Saatfelder und ein paar Wirtschaftshöfe. Vor sich nach dem Norden hin sieht man die großartigen Gebirgszüge von Vetulano, rückwärts die Stadt über dem Calore und in ihrem Hintergrunde die blaue Bergkette mit dem hohen Taburno. Es ist ein blühendes Kulturgefilde von Höhen und wasserreichen Tälern, von mächtigen Bergen umfaßt, eins der schönsten Schlachtfelder der Geschichte, wenn auch von minder erhabener Natur als jenes bei Sgurgola, wo der letzte Hohenstaufe, nur zwei Jahre nach Manfred, von demselben Anjou überwunden wurde.

Manfred hatte ein glücklicheres Los als Konradin. Statt dem blutgierigen Sieger in die Hände zu fallen und dann, gleich seiner Gemahlin Helena und seinen Kindern, in langer Kerkerqual das Leben zu schließen, oder, wie ihm noch wahrscheinlicher geschehen wäre, auf Befehl Karls umgebracht zu werden, fand er den gesuchten Heldentod in der einen Schlacht, die sein Schicksal entscheiden mußte. Es ist allen Lesern wohlbekannt, daß und wie sein Leichnam unter den Toten endlich aufgefunden und von gefangenen Ghibellinen unter heißen Tränen anerkannt und beglaubigt wurde, und wie er dann auf Befehl Karls wie ein einfacher Soldat auf dem Felde begraben ward, über welcher Stelle die französischen Krieger, den Heldenmut des Königs ehrend, ein Mal von Steinen zusammenhäuften.

Wo dieses Grab Manfreds lag, ist heute sehr fraglich. Nach den zeitgenössischen Berichten ergeben sich nicht übereinstimmende und nur ungenau bezeichnete Orte. Es werden als Grabesort genannt: ein Hügel auf dem Schlachtfelde, neben einer in Ruinen liegenden Kirche; eine Stelle am öffentlichen Wege bei Benevent; neben dem Flusse Calore; neben einer Brücke; am Haupt der Brücke bei Benevent (sagt Dante); an der Brücke Valentino («pons Valentinus»). Übereinstimmend ist die Angabe: daß Manfred bei Benevent, das heißt in nicht zu weiter Entfernung von der Stadt, begraben wurde; unzweifelhaft ferner, weil durch Berichte beglaubigt, daß die Stelle an einer Brücke lag. Die Leiche Manfreds wurde am Sonntag dem 28. Februar auf dem Schlachtfelde gefunden, wo Karl von Anjou noch im Lager stand. Dieses befand sich nicht in der Stadt, welche die Sieger gleich nach der Schlacht mit allen Greueln der Plünderung und des Bürgermordes erfüllt hatten, sondern draußen im Bereiche des Schlachtfeldes, aber wohl nicht zu weit von der Stadt und dem unter ihr strömenden Calore entfernt. Karl schrieb seine zweite Depesche an den Papst «aus dem Lager bei Benevent, am 1. März». In diesem Briefe sagt er: «Am Sonntag dem 28. Februar fand man Manfreds nackte Leiche unter den Erschlagenen. Um in einer Sache von solcher Wichtigkeit jeden Irrtum zu entfernen, ließ ich dem Grafen Richard von Caserta, meinem Getreuen, den ehemaligen Grafen Jordan und Bartholomäus und ihren Brüdern, wie anderen Personen, die einst Manfred im Leben persönlich nahestanden, den Toten zeigen; sie anerkannten ihn und erklärten, daß dies unzweifelhaft die Leiche Manfreds sei. Von dem Gefühle der Natur bewegt, habe ich hierauf den Toten mit Ehren, doch nicht in kirchlicher Weise, zu Grabe bestatten lassen.»

Manfred wurde am 28. Februar oder 1. März begraben und ein allen sichtbares hohes Steinmal über ihm errichtet.

Da diese Stelle an einer Brücke bei Benevent zu suchen ist, so können hier nur in Frage kommen: der Ponte di Benevento (Eisenbahnstation), der Ponte Valentino (Eisenbahnstation), die große Brücke des Calore, hart unter der Stadt, und der Ponte de' Leprosi über dem Sabato, seitwärts von jener und ebenfalls ganz nahe bei Benevent gelegen.

Die nördliche und entfernte Lage der ersten dieser Brücken schließt dieselbe aus der Berechnung aus, aber einige Antiquare der Stadt entscheiden sich für den Ponte Valentino, obwohl auch diese Brücke von Benevent entfernt ist. Sie liegt nämlich ostwärts auf der Straße nach Foggia, welche die fliehenden Trümmer von Manfreds Heer zum Rückzug wählen mußten, um das von den treuen Sarazenen besetzte Lucera zu erreichen. Manfred selbst aber suchte den Tod, als er seine Scharen erliegen und fliehen sah. Es war in der Nähe des Ponte Valentino, wo später Karl von Anjou zum Andenken seines Sieges ein Kloster stiftete: das haben Minieri Riccio und Del Giudice urkundlich nachgewiesen.

Zwischen dem Ponte Valentino und Benevent liegt ein Hügel, Capo di Monte genannt; auf diesem scheint Bartolommeo Capasso (in seiner kürzlich gedruckten «Diplomatischen Geschichte Siziliens von 1250 bis 1266») den Grabesort Manfreds zu suchen. Ich fragte darum

in Benevent den alten kundigen Antiquar Giovanni Colle de Vita;
auch er behauptete mit Entschiedenheit: daß an der Brücke Valentino
Manfred begraben worden sei, weil in dieser Richtung dessen fliehen-
des Heer sich fortgezogen haben mußte, hier also die letzte Entscheidung stattgefunden habe und hier auch der König gefallen sei. Ich
will die Ansicht nicht bestreiten, daß die Schlacht in jener Richtung,
ostwärts von Benevent, zur Entscheidung kam, und daß Manfred aus
diesem Grunde eher dort als anderswo den Tod gefunden hat; aber
dies zugegeben, wird damit noch nicht festgestellt, daß er auch auf
der Stelle begraben wurde, wo er gefallen war.

Karl von Anjou hat die Leiche seines berühmten Feindes mit eigenen Augen gesehen, ehe er sie bestatten ließ, und er hat sich nicht
auf das Schlachtfeld und zu der Stelle hinbemüht, wo sie gefunden
worden war, sondern der Tote wurde, als die kostbarste Trophäe des
Sieges, nach seinem Lager gebracht. In dessen Nähe ließ ihn Karl begraben, wie ich annehme, absichtlich nahe bei der Stadt, im Angesicht
vieler Zeugen, um dem gefährlichen Wahne zu begegnen, daß Manfred noch lebe und vom Schlachtfelde entronnen sei.

Die volkstümliche Tradition bezeichnet aber den Ponte de' Leprosi
als die Stelle des Grabmales, und es ist eher glaublich, daß die Berechnungen der Gelehrten irren, als daß die Erinnerung des Volks
sich täuschte. Wenigstens war die Bestattung eines so erlauchten Königs unter so merkwürdigen Umständen ein Ereignis, welches sich
und den Ort, wo sie auf freiem Felde geschah, dem Gedächtnis der
Beneventer tief einprägen mußte. Sie bewahrten diese Stelle sicherlich in Erinnerung, auch nachdem später der rohe Erzbischof von Co-
senza das Steinmal hatte auseinanderwerfen, die Gebeine Manfreds
ausgraben und fern irgendwo am Ufer des Verde (das ist der Liris)
hatte hinwerfen lassen.

Für den Ponte de' Leprosi spricht, so scheint es mir wenigstens,
selbst der Name oder die Bestimmung des Lokals, denn dort lagen
eine Kirche und ein Hospital der Aussätzigen (Leprosi). Es müßte
freilich nachgewiesen werden, was ich nicht weiß aber glaube, daß
dieses Hospital schon zu Manfreds Zeiten bestand; dann aber konnte
irgendein fanatischer Priester Karl von Anjou den Rat gegeben haben, den als Ketzer von der Kirche verfluchten König dort neben den
Aussätzigen zu begraben. Über diese Brücke führte zu jener Zeit noch
die Via Appia; es konnten daher alle, die dort des Weges zogen, das
Steinmal sehen, worunter der einst so furchtbare Feind des Papsttums
bestattet lag.

Die Brücke liegt eine Viertelstunde unterhalb der Stadt. Ein Weg
geht neben antiken Ruinen und durch Gartenland hinab zu der kleinen Kirche S. Cosimo, hinter welcher einige Mühlen am Flusse Sabato

stehen. Über diesen führt die lange steinerne Brücke, deren Grundmauern und Bogen zum Teil noch antik sind. Fragt man dort die Leute nach dem Ré Manfredi, so wird man von ihnen naiverweise eine steinerne Mühle als sein Grab bezeichnen hören. Hier fließt also der Sabato und nicht der Calore; aber nur zehn Minuten weiter abwärts ergießt sich jener in diesen, in einem schönen mit hohen Pappeln geschmückten Tale, wo dann der schon ansehnliche Fluß an sanften Höhen weiterzieht.

Die Erinnerung an Manfred ist in Benevent nicht erloschen. Überhaupt wacht jetzt in allen Städten Süditaliens, welche monumentale Beziehungen zu den Hohenstaufen haben, das Andenken an diese großen Kämpfer gegen die Alleingewalt des Papsttums wieder auf. In vielen Städten Apuliens sind heute Plätze und Straßen mit Namen der Hohenstaufen genannt. Und auch in diesem bis vor kurzem noch päpstlichen Benevent las ich mit Genugtuung an der Ecke eines Hauses neben dem Kastell den Namen «Piazza Ré Manfred».

Die Burg schützt die schwächste Stelle der Stadt. Ursprünglich stand sie unweit der Porta Summa über den Stadtmauern, welche später hier abgetragen wurden. Ein avignonischer Papst, Johann XXII., erbaute dieses Kastell im Jahre 1321, sowohl um die Bürgerschaft im Zaume zu halten, als um den Rektoren einen geschützten Wohnsitz zu geben. Die Legaten hatten bisher im alten Palast der langobardischen Fürsten mitten in der Stadt gewohnt, wo sie bei Aufständen des Volks oftmals genötigt wurden, sich in das Kloster Santa Sofia zu flüchten. Im Eingangstor der Burg liest man die in der Wand eingemauerte Inschrift: «Anno Domini MCCCXXI. Tpe: Dni Johis. PP. XXII. Inceptum Fuit Hoc Castrum Quod Construi Fecit Ven. Vir. Dns. Guilelmus De Balaeto.» Andere Inschriften sind durch Übertünchung unlesbar geworden.

Die kleine Burg macht den Eindruck eher eines Turmes als einer wirklichen Festung. Sie wurde im 18. Jahrhundert durch einen Umbau so stark verändert, daß nur noch ein Teil der Anlage aus der Zeit Johanns des XXII. übrig geblieben ist. Dieser hat die Gestalt eines stumpfen, viereckigen Turms mit gotischem Gesims und gleichen Fenstern. Das Material ist gelblicher Kalkstein; der Bau aus sauber geglätteten und fest gefügten Quadern so vorzüglich, daß er antik aussieht. Ursprünglich bildete dieser Turm zugleich ein Durchgangstor der Straße, welches später vermauert wurde. Man hat dasselbe gegenwärtig wieder frei gemacht, und so ist der Durchgang eben erst an den Tag gekommen: ein Tonnengewölbe von so fester und zugleich schöner Ausführung, daß ich es beim ersten Anblick für römischen Ursprungs gehalten habe, bis der Vergleich mit dem Mauerwerk der Burg überhaupt mich von meinem Irrtum überzeugte. Eine Wendeltreppe von Stein führte daraus zu dem obern Geschoß; sie ist erst bis zur Hälfte vom Schutt befreit.

Vor dem Kastell steht auf einer Säule ein altertümlicher steinerner Löwe. Eine Inschrift nennt diese Figur unsinnigerweise das Sinnbild der Wachsamkeit, Majestät und Stärke des alten Samnitervolkes, und sagt, daß dieselbe unter Trümmern der Burg gefunden und im Jahre 1640 zu Ehren des Papstes Urban VIII. vom Senat und Volk Benevents aufgerichtet worden sei.

Der Löwe scheint ein Werk des hohen Mittelalters zu sein: er zierte wohl die Burg der Langobardenfürsten; denn daß eine solche hier vorhanden war, ist sehr wahrscheinlich. Reste von Gemäuer unter der Plattform des Kastells und viele Marmorstücke, die bei der Aufmauerung des Hügels verwendet worden sind, lehren, daß die Burg über den Trümmern antiker Bauten steht.

Dort wohnten die Kardinallegaten noch länger als fünfhundert Jahre, wie jene im Schlosse zu Avignon. Ein halbes Jahrtausend ist ein recht ansehnlicher Zeitraum für die Fortdauer eines so kleinen Zustandes, als ihn diese inselartig abgeschlossene römische Priesterkolonie darbietet. Vorübergehend haben sich einige eroberungslustige Könige Neapels, wie Ladislaus und Alfonso von Aragon, Benevents bemächtigt, aber die Päpste stellten den Besitz dieser Stadt immer wieder her, und selbst Karl V., welcher sie im Jahre 1527 besetzen ließ, vermochte nicht sie festzuhalten und mit Neapel zu vereinigen.

So dauerten hier die Verhältnisse fort, bis die französische Revolution das Königreich Neapel umwälzte. Im Jahre 1799 wurde Benevent der parthenopäischen Republik einverleibt; dann gab es Napoleon als Fürstentum an Talleyrand. Die Restauration im Jahre 1815 lieferte es wieder der Kirche aus, und erst in unserer Zeit erlosch hier deren Gewalt. Ein Dekret Garibaldis, welches wenige Freischaren und die Erhebung der nationalen Partei in der Stadt zu schneller Ausführung brachten, erklärte im Jahre 1860 die Regierung des Papstes für abgeschafft. Durch allgemeine Abstimmung vollzog sodann Benevent seine Einverleibung in das Königreich Italien. Die letzte Umwälzung dieses alten langobardischen Fürstentums bewirkte demnach durch einen seltsamen Zufall ein Bandenführer mit langobardischem Namen, dessen Vorfahren in demselben Volke zu suchen sind, dem einst die Arichis, Romuald, Grimoald und Garibald angehört hatten.

Heute bewohnt den Palast des ehemaligen Kardinallegaten der Präfekt der Provinz Benevent, und schwerlich werden die vertriebenen Monsignori jemals wieder dort ihren Einzug halten.

Die Stadt ist aus einem langen Scheintode aufgewacht, aus ihrer Vereinsamung erlöst und dem gemeinsamen Vaterlande zurückgegeben. Man mag sich vorstellen, wie hier, unter so langer und ausschließlicher Verwaltung von Priestern, alles bürgerliche Leben verfallen und dumpfe Grabesstille sich darüber verbreiten mußte. Jahrhunderte hindurch waren die einzigen Ereignisse öffentlicher Teilnahme für Benevent nur der Wechsel des Kardinallegaten auf der Burg und des Erzbischofs in der Kathedrale. Dogana und Polizei sperrten die Stadt von dem Königreich Italien ab; weder Handel noch Industrie konnten sich emporschwingen, und selbst der große Reichtum an Wasserkraft, welchen zwei ansehnliche Ströme darbieten, ist bis auf den heutigen Tag unbenutzt geblieben. Feldbau und Weinkultur (der Tauraso Benevents ist in ganz Apulien berühmt) sind die einzigen Erwerbsquellen des Volks.

Ein großer Teil der Einwohner, deren man etwa 18 000 zählt, besteht aus Ackerbauern. Bei meiner letzten Anwesenheit erfuhr ich dies auf folgende Weise. Des Morgens um zwei Uhr weckte mich in dem schmutzigen Gasthause der Stadt am Corso (die Wirtschaft ist dort noch langobardisch zu nennen) ein Lärmen auf der Straße. Ich hörte Volk von allen Seiten zusammenlaufen, schreien, Namen rufen und das Getöse flutgleich strömen und wachsen. Ich trat an das Fenster und sah auf das Gewühl hinab, doch niemand antwortete auf meine Fragen. Später erklärte man mir die Ursache dieses Zusammenlaufs. Es sind die Feldarbeiter, die sich in der Frühe erheben, sich am Dom sammeln und dann massenweise zu ihren friedlichen Geschäften aufbrechen. Weil nun diese Ackerbauer mit ihren Tieren nicht im Felde, sondern in der Stadt selbst wohnen, sind die Straßen derselben so schmutzig.

Der Schmutz ist hier sprichwörtlich. Ich fand Straßenviertel, zumal rings um die Stadtmauer her, die ich kaum zu durchschreiten wagte. Aber im ganzen ist Benevent doch besser als sein Ruf, und jedenfalls ist ein Fortschritt sichtbar. Der Corso, welcher sich von der Brücke des Calore aufwärts nach dem Kastell hinzieht, hat einige schöne Gebäude, und es gibt Paläste aus der Spätrenaissance reicher Patrizierfamilien, wie der Simeoni und Pacca. Aus der letzten stammte der bekannte Kardinal, welcher Pius VI. in die Gefangenschaft begleitete und über sein Exil Memoiren geschrieben hat. Die Häuser sind in der Regel einstöckig gebaut, wahrscheinlich aus Rücksicht auf den besseren Widerstand bei Erdbeben, von denen Benevent mehrmals heimgesucht worden ist. Die ärgsten Verwüstungen richtete das Erdbeben im Jahre 1688 an; denn damals wurde fast die ganze Stadt zerstört, so daß ihr mittelalterlicher Baustil verschwunden ist. Die Klöster sind aufgehoben. In dem ehemaligen Jesuitenhause, einem sehr großen Gebäude, hat man seit kurzem ein Schülerkollegium eingerichtet, welches den Namen Giannone trägt. Dieser berühmte Geschichtschreiber Neapels war nicht in Benevent, sondern in dem kleinen Ort Ischitella am Vorgebirge Garganus geboren. Es fehlt an Lehranstalten. Denn unter der päpstlichen Regierung wurde nur für das Priesterseminar gesorgt, welches noch in dem dafür errichteten Palast am Platze Papiniano besteht.

Ich suchte die öffentliche Bibliothek auf; man wies mich in ein altes graues Haus in einer entsetzlich schmutzigen Gasse, wo ich eine kleine Büchersammlung vorfand, die einen mäßigen Saal füllt. Darin saß einsiedlerisch der Bibliothekar, ein Geistlicher; ich glaube, daß seine tiefe Ruhe nur selten gestört wird. Die Bibliothek gehört dem Erzbistum. Benevent besitzt außer ihr einen literarischen Schatz von großer Wichtigkeit, das Archiv der Kathedrale, eine an langobardischen Urkunden und Handschriften reiche Quelle mittelalterlicher Geschichte.

Aus diesen Urkunden hat der Kardinal Stefano Borgia zum Teil das Material für seine Geschichte Benevents gezogen. Dieses Werk, welches zu Rom im Jahre 1763 erschien, ist, außer den Arbeiten Pellegrinos, noch immer das umfassendste, was wir über Benevent besitzen, obwohl eine formlose Kompilation und den heutigen Forderungen der Wissenschaft nicht mehr genügend.

Während Borgia wesentlich die kirchliche Geschichte behandelte, beschäftigten sich zu derselben Zeit Antiquare mit dem Studium der Altertümer der Stadt, und so entstand der im Jahre 1754 in Rom gedruckte «Thesaurus Antiquitatum Beneventanarum», zwei Bände in Folio. Sein Herausgeber war der Canonicus Johannes de Vita. Der erste Teil dieser Arbeit ist der römischen, der zweite der langobardischen und mittelalterlichen Epoche gewidmet. Auch dieses Werk enthält ein schätzbares Material, aber ihm fehlt Kritik und wirkliche Gelehrsamkeit.

Weil es, nach meinen langen Erfahrungen, kaum einen irgend namhaften noch so kleinen Ort in Italien gibt, der nicht unter seinen lebenden Bürgern einen Antiquar als verkörperte Chronik der Vaterstadt aufzuweisen hätte, so war es eine meiner ersten Bemühungen, in Benevent diesen «genius loci» aufzusuchen. Man führte mich durch viele finstere Winkel und Gassen in ein Haus von patrizischem Aussehen, und hier kam mir der Gesuchte entgegen, ein alter Mann, welcher sich mühsam auf Krücken fortbewegte. Hr. Colle de Vita ist aus der Familie jenes verdienten Herausgebers der Altertümer Benevents, und so haben sich die gelehrten Überlieferungen seines Hauses in ihm fortgeerbt. Die Kenntnisse dieses Antiquars von allen Epochen der Stadtgeschichte und ihren Lokalen und Monumenten sind so gründlich, daß wohl kein anderer Bürger mit ihm wetteifern kann. Seit seiner Kindheit hat er die Denkmäler seiner Vaterstadt durchforscht und alles darauf Bezügliche zu sammeln gesucht. Sein größter Stolz und Schatz scheint ein antiker Sarkophag zu sein, den er in einem kellerartigen Verschlage aufbewahrt, wo ich ihn, doch nur im Halbdunkel, gesehen habe.

Solche Antiquare sind die natürlichen Erzeugnisse ihrer von Ruinen, Inschriften und Erinnerungen erfüllten Städte; oft sind sie Patrizier, häufiger Geistliche. Sie lassen selten ein zusammenhängendes Werk zurück, denn wer würde diesen Druck bezahlen? Sie schreiben Dissertationen. Mitten in der Unwissenheit, welche sie umgibt, steht doch immer um sie her ein teilnehmendes, lernendes mitwissendes Häuflein von Adepten, unter welchen niemals ein Canonicus fehlen wird. Wenn der wackere Antiquar, das Orakel seiner Vaterstadt, tot und begraben ist, so ist in der Regel schon ein anderer da, der seinen bestaubten Lehnsessel einnimmt.

Auf meine Frage nach einem Münzkabinett in Benevent sagte mir Herr Colle de Vita: daß sich die einzige Sammlung dieser Art, zumal von langobardischen Münzen, im Privatbesitze des Marchese Pedicini befunden habe, und daß dieselbe unglücklicherweise im Jahre 1857 gestohlen und spurlos verschwunden sei. Herr de Vita hat den Katalog davon veröffentlicht, und dieser ist keineswegs sehr reich an Nummern.

Ich lernte noch einen Pfleger der Geschichte Benevents kennen, den ich aber nicht Antiquar nennen darf. Er ist ein jüngerer Mann, der Advokat Graf Isernia. Er schreibt gegenwärtig die Zivilgeschichte seiner Vaterstadt, wovon ich das erste Heft sah. Es ist schon aller Anerkennung wert, daß sich in Benevent selbst eine Buchhandlung bereit gefunden hat, diese Arbeit zu drucken. Wie Graf Isernia mir sagte, beabsichtigt er nur eine übersichtliche Darstellung der Geschichte der Stadt zu geben. Es ist aber sehr wünschenswert, daß die gesamte Geschichte der Langobarden Süditaliens aus den Quellen neu bearbeitet werde.

Benevent hat im Altertum einen großen Juristen hervorgebracht, Papinian, der hier geboren sein soll. Seinen Namen trägt ein Platz der Stadt. Im Mittelalter war sie der Geburtsort eines andern berühmten Juristen, Rofred, eines genialen Mannes aus langobardischem Geschlecht, wie das sein Name beweist; er diente lange Zeit dem Kaiser Friedrich II. als Sekretär, bis er sich von der Kurie gewinnen ließ und in den Dienst des Papstes trat.

Drei Päpste waren Beneventer von Geburt: Felix IV. Fimbrius, Victor III., ein Prinz des langobardischen Fürstenhauses, und Gregor VIII. vom Geschlecht Morra.

Die Historiographie in Benevent ist durch einige Chronisten vertreten, einen Ungenannten, welcher die kurze Geschichte des Klosters

Santa Sofia schrieb, und durch den Notar Falco, der im 12. Jahrhundert eine schätzenswerte Chronik verfaßt hat.

Der größte Ruhm der Stadt im Mittelalter ist Paul Warnefried, oder Paul Diaconus. Dieser ausgezeichnete Mann stammte zwar aus einer langobardischen Familie Friauls, aber er kam von Pavia an den Hof nach Benevent, wohin ihn entweder der Untergang des Desiderius trieb oder seine gelehrte Schülerin Adalberga, dieses Königs Tochter, berief. Denn nach dem Falle des langobardischen Throns in Pavia fanden Patrioten dieses Volkes nur in Benevent ein Asyl, und dort lebte auch Warnefried mehrere Jahre, bis er Benediktiner in Monte Cassino wurde. Er söhnte sich jedoch mit den neuen Verhältnissen unter der Frankendynastie aus; Karl der Große selbst berief ihn an seinen Hof als Zierde des Gelehrtenkreises, den er dort versammelte. Nach mehreren daselbst zugebrachten Jahren kehrte Warnefried nach Monte Cassino zurück. Dort starb er, nachdem er den Tod seines Beschützers Arichis im Jahre 787 erlebt hatte. In der Stille jenes Klosters, welches von Langobarden erfüllt war, und wo er vielleicht selbst den ehemaligen König dieses Volkes, den ihm befreundeten Rachis noch als Mönch umhergehen gesehen hatte, schrieb Warnefried die Geschichte der Langobarden. Er setzte in dieser seiner politisch untergehenden Nation ein dauerndes, ganz unschätzbares Denkmal. Denn ohne sein aus Sagen, Liedern, Traditionen und vielen seither verlornen Schriften geschöpftes Werk würde uns heute die Geschichte dieses merkwürdigen deutschen Volksstammes, welcher Italien umgewandelt hat, und aus dessen Vermischung mit den Lateinern die italienische Nation entstanden ist, fast gänzlich unbekannt geblieben sein.

Langobardische Geschlechter und Namen erfüllten das ganze Mittelalter hindurch die Geschichte Italiens, wo bekanntlich eine große, vielleicht die größte Zahl der angesehensten historischen Familien germanischen Ursprungs ist. Es ist ein unnützes und auch kindisches Bemühen, das wegleugnen zu wollen, denn die Italiener sind ebensogut ein Mischvolk wie die Franzosen. Es würde den Ruhm Dantes und der italienischen Literatur schwerlich mindern, wenn man etwa, was ich nicht behaupten will, nachweisen könnte, daß er von einem langobardischen Geschlecht Aligern hergekommen ist; noch wird es die Napoleoniden kränken, wenn ihr Stammvater ein toskanischer Langobarde aus dem zahlreichen Geschlechte der Bonipert gewesen ist.

LUCERA

die Sarazenenkolonie der Hohenstaufen in Apulien

1874

Seit langen Jahren hatte ich den Wunsch, Lucera, Manfredonia und den Garganus in Apulien zu besuchen, jenen weltberühmten Pilgerberg am Adriatischen Meere, das Hagion Oros des Abendlandes. Erst im Monat Mai des Jahres 1874 konnte ich meinen Plan ausführen.

Meine Gefährten auf der schönen Fahrt durch Apulien waren mein Bruder und Rafael Mariano von Capua, den wir, von Rom kommend, der Verabredung gemäß in Caserta aufnahmen.

Manchem Deutschen ist der Name dieses talentvollen jungen Mannes bekannt als eines der wärmsten Verehrer Deutschlands und seiner Kultur. Oft hat er als solcher seine Stimme erhoben. Die besten Artikel im «Diritto», der angesehenen Zeitung, welche die deutschen Sympathien unumwunden bekennt und das Bündnis Italiens mit Deutschland verficht, stammen aus seiner Feder oder aus der seines geistreichen Freundes Maraini, des Eigentümers desselben Journals. Mariano ist Schüler Veras, des Hauptes und Stifters der Hegelschen Schule in Neapel. Er hat eine Reihe von Schriften und Abhandlungen in französischer und italienischer Sprache verfaßt, von denen besondere Auszeichnung verdient seine kritische Beleuchtung der modernen italienischen Philosophie – eine Schrift, die er meinem verehrten Lehrer Karl Rosenkranz gewidmet hat.

Vera selbst hat, soviel ich weiß, noch keine angemessene Würdigung seiner Verdienste in Deutschland gefunden, und doch ist die Schule der Hegelianer, die er gegründet hat, schon ein Faktor in der modernen Kultur Italiens. Alles, was hier der Theologie und Scholastik das Bewußtsein, die Selbsttat des freien Geistes entgegenstellt, und was dem reformatorischen Gedanken Deutschlands eine Bahn zu öffnen sucht, um jenes in religiösem Indifferentismus versunkene Land moralisch zu erneuern und zu befreien, hat seinen Ausdruck zum großen Teil in der Schule Veras gefunden. Ich traf auf meiner apulischen Reise dessen begeisterte Schüler und somit auch leidenschaftliche Freunde Deutschlands selbst am Adriatischen Meer in Barletta und Trani.

Am 15. Mai fuhren wir von Caserta über Benevent nach Foggia: eine herrliche Fahrt durch das Berggebiet der Flüsse Volturno und Calore, wo die geschichtlichen Gestalten aus dem großen Drama des Untergangs der Hohenstaufen überall der Phantasie entgegentreten:

die Märsche des Heeres Karls von Anjou, zumal bei Telese, dann das Schlachtfeld bei Benevent.

Je näher man Foggia kommt, nachdem man jenes Berggebiet verlassen hat, desto übersichtlicher breitet sich vor den Blicken der Tavoliere di Puglia aus, der Tummelplatz italischer Hirten und Herden seit unvordenklichen Zeiten. Er dehnt sich bis zum Adriatischen Meere fort, aber dieses ist noch nicht sichtbar; denn es liegt viele Millien weit von Foggia entfernt und wird von einer Bodenaufschwellung verdeckt.

Schon stundenlang hat man eine lang hingestreckte azurblaue Gebirgsmasse vor sich, die sich nordostwärts wie eine riesige Felsenmauer hinzieht. Dies ist der Garganus, das vorläufige Ziel unserer Fahrt.

Gegen Westen umstellt diese apulische Ebene ein Halbkreis von Hügeln und Höhen, die der Apennin aussendet; sie scheiden die Wassergebiete des Candelaro und Cervaro von dem des nordwärts strömenden Fortore. Man sieht auf ihnen viele Städte und Kastelle. Zwei davon betrachten wir von fern mit der lebhaftesten Aufmerksamkeit, Troja und Lucera, jenes ein Denkmal der byzantinischen Herrschaft in Apulien, dieses die berühmte Sarazenen-Kolonie der Hohenstaufen.

Foggia liegt schon im Tavoliere, in ganz flacher Gegend. Es ist die Hauptstadt der Capitanata und war schon im Mittelalter eine der ansehnlichsten Städte Apuliens. Sie verdankt dem Kaiser Friedrich II. ihre Bedeutung. Sie war seine bevorzugte Residenz in jenem Lande. Nicht die Schönheit der Natur, sondern ihre geographische Lage machte sie für ihn wichtig. Zwar kann die Umgebung Foggias ohne Mühe in das schönste Gartenland umgeschaffen werden, und rings breitet sich ein weiter und glänzender Horizont aus; aber doch liegt die Stadt schon in der fast baumlosen und wasserarmen Ebene des Tavoliere, wo die Sonnenglut vom Mai bis zum Oktober geradezu unerträglich sein muß. Mit wenigen Schritten befindet man sich hier in einer von Herden bevölkerten grasbedeckten Einöde, die man erst stundenlang durchzieht, ehe man an den Golf von Sipontum und Manfredonia oder in die üppigen Gefilde von Cerignola, Canosa und Barletta gelangt. Jedoch Foggia war schon in der Hohenstaufen-Zeit ein Knotenpunkt der großen Straßen, die nach Ancona, Neapel und Rom, nach Bari und Brindisi führen. Heute ist es der Zentralpunkt ebenso vieler Eisenbahnen, und diese Lage macht die Stadt zu einem der Stapelplätze für den Handel und Verkehr Süditaliens, daher sie im raschen Emporblühen begriffen ist und einer bedeutenden Zukunft entgegengeht.

Gerade in den Tagen unserer Anwesenheit war die Stadt in voller

Bewegung, weil eine industrielle und agrarische Ausstellung eröffnet werden sollte, wozu man ein großes Gebäude aufgeführt hatte. Der Eröffnung sollte der Kronprinz Umberto beiwohnen. Es scheint überhaupt, daß man Foggia zu einem landwirtschaftlichen Mittelpunkt Süditaliens machen will. Die Fülle aller Naturprodukte der Provinz strömt hier auf den Markt, und der Kaufmannstand ist sehr zahlreich. Heute hat Foggia bereits 30 000 Einwohner und ist ein großer schön gebauter Ort mit modern aussehenden Straßen und Plätzen, die stets vom Gewühl des Volkes belebt sind.

Das Mittelalter ist hier bis auf einige Kirchen verschwunden, unter denen der Dom Santa Maria als ein merkwürdiges Gebäude des 13. Jahrhunderts hervorragt. Von dem großen Schloß und Residenzpalast Friedrichs II. hat sich nur ein dürftiger Überrest erhalten, eingemauert in der Fassade eines Privathauses. Es ist ein Bogen romanischen Stils. Wo er auf den Pfeilern ansetzt, stehen zwei Kaiser-Adler von Stein. Die wohlerhaltene Inschrift auf einer Marmortafel besagt, daß Friedrich II. diesen Palast im Jahre 1223 erbauen ließ: «Hoc Fieri Jussit Fredericus Cesar Ut Urbs Sit Fogia Regalis Sedes Inclita Imperialis.» Der Baumeister desselben hieß Bartholomäus, wie das eine andere Inschrift besagt: «Sic Cesar Fieri Jussit Opus Istum Proto Bartholomäus Sic Construxit Illud.» Eine dritte lautet: «A. Ab Incarnatione MCCXXIII. M. Junii XI. Ind. R. Dno. N. Frederico Imperatore R. Sep. Aug. A. III. Et Rege Sicilie A. XXVI. Hoc Opus Feliciter Inceptum Est Prephato Dno. Precipiente.»

Mit tiefer Erregung wird jeder Deutsche vor diesem letzten Rest des kaiserlichen Palastes stehen, in welchem der genialste der Hohenstaufen so oft wohnte, versenkt in seine das Abendland und Morgenland umfassenden Herrscherideen und ratschlagend mit seinem vertrauten Kanzler Piero delle Vigne über die Pläne und Mittel für seinen ungeheuren Kampf mit den Guelfen Italiens und dem römischen Papsttum. Im Jahre 1241 starb in diesem Palast die Gemahlin des Kaisers, Isabella von England. Sie wurde nicht in Foggia, sondern in der Krypta des Doms zu Andria begraben, wo auch die zweite Gemahlin Friedrichs, Jolantha von Jerusalem, ihre Gruft gefunden hatte.

So oft die vielen Kriege es gestatteten, die ihn rastlos hind und her von den Alpen bis nach Sizilien trieben und immer wieder aus seinem geliebten Paradies Apulien entführten, wohnte der große Kaiser in seinem Palast zu Foggia. Sein erstes in dieser Stadt erlassenes Schreiben ist aus dem Februar 1221. Sodann verlebte er die Monate Mai und Juni des Jahres 1225 dort in seinem neugebauten Schlosse. Von 1228 an sind es nur wenige Jahre, in denen seine dortige Anwesenheit nicht durch Urkunden festgestellt werden kann. Von Foggia aus konnte er seine andern Residenzen, seine Jagd- und Lustschlösser in

Apulien leicht erreichen, wie Andria, wie das herrliche Castel del Monte, und die auf der andern Seite gelegenen Schlösser in Fiorentino und Lucera.

Es war außer dem Vergnügen der Jagd wohl die ausgezeichnete Lage des Orts, welche auch die Nachfolger Friedrichs bewog, denselben als Residenz auszuzeichnen. Sowohl Manfred, welcher die Stadt dem Papst entriß, als auch später sein Besieger Karl von Anjou waren oft in Foggia. Karl I. erbaute sich dort in der Nähe ein Jagdschloß («in pantano»); er vermählte in der Kathedrale seine Tochter Beatrix mit Philipp, dem Sohne des Kaisers von Konstantinopel Balduin, und er starb auch in dieser Stadt.

Wir mieteten einen Wagen, der uns zunächst nach Lucera und dann von dort zurück an den Golf von Manfredonia bringen sollte.

Lucera ist nur zwei Stunden von Foggia entfernt. Die vortreffliche Straße führt dorthin durch die meilenweite Ebene, bis diese allmählich zu einer Hügelreihe aufsteigt. Wir kamen nur an wenigen Villen und Meierhöfen vorüber in unbelebter Landschaft, deren Horziont in der Ferne prachtvolle Gebirge umschließen, während zur Linken auf grünen Höhen sich das byzantinische Troja zeigt. Auf unserer Fahrt begegneten wir nur einem Trupp von Polizeisoldaten, welche auf Wagen sitzende Verbrecher begleiteten, die ihr Urteil vor dem Tribunal in Lucera empfangen hatten. Sonst war die Straße vollkommen tot. Nach mehr als einer Stunde steigt sie leise an.

Lucera selbst liegt auf einer Höhe, welche, einem Vorgebirge ähnlich, sich aus dem Flachland erhebt und an einigen Stellen schroff in dasselbe niederfällt. Dieser den Tavoliere Apuliens abschließende und beherrschende Höhenzug forderte durch seine Natur zur Erbauung einer festen Stadt auf; so entstand im Altertum das samnitische Lucera Apulorum. Nach dem Falle des römischen Reichs war dieser Ort erst gotisch, dann ein Zankapfel zwischen Byzantinern und Langobarden. Den Herzögen in Benevent entrissen ihn die Normannen. Endlich machte Friedrich II. dieselbe Stadt zur stärksten Burg seines Königreichs.

Sie lag vor uns als ein ansehnlicher Ort (von etwa 15 000 Einwohnern) auf dem von Weinreben und Fruchtbäumen grünenden Hügel, mit Resten der alten Stadtmauer, mit einigen Türmen der Feudalzeit und mit kleinen Kirchenkuppeln in buntschillernden Farben, die uns nur deshalb arabisch anmuteten, weil wir eben wußten, daß Lucera achtzig Jahre lang von den Sarazenen Siziliens bewohnt gewesen war. Wir hätten durch die Porta di Foggia in die Stadt und ihre Hauptstraße einfahren sollen, aber diese war nicht passierbar, weil man sie neu pflasterte; wir fuhren deshalb um die Stadtmauer und durch die Porta di Troja in Lucera ein.

Drinnen empfing uns jene Stille historischer Landstädte Italiens, deren Zauber so wunderbar anmutet und nirgends in der Welt seinesgleichen hat. Die warme sonnige Luft weht und wittert vom Hauche der Vergangenheit; die Zeiten und Kulturen, welche nicht mehr sind, strömen aus ihren Monumenten eine elektrische Kraft aus: es ist Magnetismus der Geschichte. Nichts Nebelhaftes und Romantisches hier wie im Norden. Alles Ereignis liegt so ruhig und klar vor der Phantasie wie die blaue Ferne dort und die purpurnen Berge am Horizont.

Lucera, mit freundlichen Straßen und Plätzen, die meist eng und klein sind, ist wie die meisten süditalienischen Orte gebaut und wie solche fast durchweg weiß übertüncht. Der Süditaliener liebt nicht, wie der Lateiner, die schwärzliche Naturfarbe des Steins an den Häusern; er überweißt sie, unbekümmert um den blendenden Sonnenreflex. Dadurch geschieht es, daß der Charakter altertümlicher Gebäude von der Tünche verschleiert wird. Es ist, wie wenn man vornehme Möbel mit Leinwand überzieht. Die bedauerliche Manie, ehrwürdige alte Paläste mit weißer Farbe anzustreichen, ist jetzt in Italien allgemein und als Mißverstand des gegenwärtigen Triebes der Erneuerung zu erklären. In Bari fand ich den malerischen Palast des Großrichters Roberto vom einst mächtigen Geschlecht der Chyurlia – er war der richterliche Henker Konradins – mit Kalk angestrichen und dadurch aller architektonischen Wirkung beraubt. Dieselbe Wut des Übertünchens ist seit dem Jahre 1871 auch in Rom eingedrungen, wo schon manche alten Paläste ihre historische Patina verloren haben. Es fehlt nur noch, daß man das Colosseum und die Engelsburg von Kopf bis zu Füßen weiß anstreicht; dann würde das alte Rom recht schön und nagelneu aussehen.

Im übrigen darf man sich nicht vorstellen, daß Lucera einen besonders fremdartigen oder altertümlichen Eindruck macht. Der moderne Stil ist auch in dieser apulischen Stadt längst zur Macht gelangt. Aber ihre Kirchen und Klöster und die bewunderungswürdigen Trümmer des Kastells sind Denkmäler alter Zeiten von originalem Gepräge.

Die berühmte Sarazenenburg steht nur eine Viertelstunde von der Stadt entfernt. Der Anblick ihrer langen, hohen und gewaltigen Mauern von tiefbrauner Farbe und ihrer Türme, die noch zum Teil aufrecht stehen, macht eine großartige Wirkung, zumal sich dieses Schloß in feierlicher Einsamkeit auf einer kahlen Höhe erhebt, deren Abhänge, von Gras bekleidet oder gelbe Steinflächen darbietend, in kühnen oder langen Linien sich niedersenken. Als noch alle zwanzig Türme und die Umfassungsmauern ganz aufrecht standen, muß diese Burg eine Festung ersten Ranges gewesen sein; sie war der Schlüssel Apuliens und der Stützpunkt der hohenstaufischen Herrschaft in Süditalien, sowohl zu Friedrichs II. als zu Manfreds und Konradins Zeit.

Die Anlage derselben ist folgende. Die Hochfläche des Hügels umschließt eine Umfassungsmauer aus Ziegeln und Steinen, aus welcher sich fünfzehn rechteckige Türme in gleicher Entfernung voneinander erheben. Dies war die Zitadelle über das befestigte arabische Quartier. An sie schloß sich nach der Stadtseite zu, eine Ecke einnehmend, der Kern der Festung, die Schloßburg oder der Palast des Kaisers, worin derselbe wohnte, so oft er in Lucera war, oder wo der sarazenische Burgvogt seine Wohnung hatte.

Diese Burg war in einem vollkommenen Viereck gebaut. Sie stand der Stadt Lucera zugewendet; ein Graben mit Fallbrücken verteidigte ihren Eingang nebst mehreren Türmen, von denen zwei runde Form hatten. Von diesen beiden ist der eine Turmkoloß fast vollständig erhalten. Der Zugang zur Burg überhaupt lag auf der Stadtseite, denn auf den andern Seiten fällt der Hügel schroff und unzugänglich ab.

Heute stehen von diesem großartigen Bau nur die Umfassungsmauern, und kaum erkennt man von den kaiserlichen Gemächern im Palast mehr als den Plan eines Hauptsaals. Hie und da sieht man Reste von Treppen in der Front und von verschütteten Kammern. Drinnen ist alles leer und öde; der ganze große Bau dient schon seit vier Jahrhunderten als Hürde für Ziegen und Schafe.

Friedrich II. erbaute die Burg im Jahre 1233, nachdem er den verzweifelten Aufstand der Sarazenen in Sizilien unterdrückt hatte. Wenn er ein Fanatiker gewesen wäre, wie Ferdinand der Katholische oder wie Philipp von Spanien, so würde auch er diese Mohammedaner entweder nach Afrika zurückgetrieben oder zur Ehre Gottes samt und sonders umgebracht haben. Aber statt dies zu tun, verpflanzte er die tapfern, fleißigen und kunstfertigen Kinder des Orients auf das Festland nach Apulien.

Ihre Überführung dorthin geschah zu wiederholten Malen. Der Kaiser gab ihnen einige Städte zur Wohnung, wie Lucera, Girofalco und Acerenza. Sehnsüchtige Liebe zu ihrer schönen Heimat, der sie gewaltsam entrissen worden waren, trieb diese Sarazenen, heimlich nach Sizilien zu entweichen. Hierauf vereinigte Friedrich, um dieses ihr Entrinnen zu verhindern, alle Mohammedaner aus den Orten Apuliens in dem einen Lucera. Dies geschah im Jahre 1239. Die letzten Sarazenen Siziliens wurden noch im Jahre 1245 ebendorthin gebracht. So entstand die Kolonie Lucera Saracenorum. Nur aus Irrtum verwandelte man den Namen Lucera in Nucera, wo niemals Araber gewesen sind.

In Apulien fanden sich diese Fremdlinge auf einem Boden, welchen ihre Stammesgenossen schon vor Jahrhunderten betreten und teilweise beherrscht hatten, als nämlich noch ein arabischer Sultan in Bari wohnte und das Garganusland von Sarazenen besetzt war. Sie richteten sich fortan in Lucera bleibend ein, erst widerwillig und voll Haß gegen den Kaiser, welchen sie nur als den Usurpator und Tyrannen des rechtmäßigen Besitztums ihrer Vorfahren, des schönen Siziliens betrachten mochten, dann mit orientalischer Resignation in das Fatum, endlich mit wahrhaftiger Liebe und Treue zu ihrem Sultan, dem großen Kaiser, dem erbitterten Feinde des Papstes, dem freisinnigen Freunde des Morgenlandes und seiner gebildeten Herrscher. So ward Lucera das Grabmal der Araber Siziliens, deren Geschichte hier ihr Ende nahm.

Diese alte Stadt war um die Zeit der Ansiedlung der Sarazenen im tiefsten Verfall, obwohl ein Bischof fortfuhr in ihr neben der Kathedrale zu wohnen. Ihre christliche Einwohnerzahl konnte nur sehr gering und den heidnischen Eindringlingen gegenüber nur machtlos sein. Trotzdem trennte Friedrich anfangs beide Volks- und Glaubensgemeinden voneinander; er legte neben der alten die neue Stadt Lucera an, das befestigte Sarazenenquartier, zu dessen Bau die damals noch zahlreichen Trümmer des Altertums das Material hergaben.

Amari, der Geschichtschreiber des mohammedanischen Siziliens, ist der Ansicht, daß es arabische Ingenieure waren, welche diese Burg erbauten. Doch das läßt sich nicht beweisen und ist auch wenig wahrscheinlich, da Friedrich II. über so viele einheimische Architekten zu verfügen hatte.

In der Zitadelle muß man sich die Waffenplätze und Kasernen der sarazenischen Krieger denken, die Arsenale und Fabriken mancher Art, wie auch die Moscheen. Sodann werden sich auch außerhalb Wohnungen des arabischen Volks vorstadtartig ausgebreitet haben. Diese bürgerlich von dem Kadi Luceras regierte Kolonie war zahlreich, auch wenn die zeitgenössischen Angaben, daß sie 60 000 Seelen gezählt habe, übertrieben sind. Sie blühte unter dem Schutze des Kaisers so sehr auf, daß sie eine nicht geringe Gewerbetätigkeit entwickelte. Denn die Araber hatten aus ihrer sizilischen Heimat eine reiche Industrie mit sich gebracht; es gab in Lucera Fabriken von Waffen, von Webereien und ausgezeichneten Tischlerarbeiten. Der Kaiser legte Gestüte arabischer Pferde an, und man züchtete Kamele. Er hatte daselbst auch Menagerien wilder Tiere, welche er aus Afrika herbeibringen ließ; namentlich wurden Leoparden zur Jagd abgerichtet. Der Burgpalast Friedrichs war sicherlich mit orientalischem Luxus eingerichtet, denn die Formen des kaiserlichen Hofes in Apulien blieben so gut sarazenisch, wie es jene der Normannenkönige in Palermo gewesen waren. Man will noch heute die Stelle in Lucera zeigen, wo der wohlversorgte und von Eunuchen bewachte Harem des Kaisers stand. Er zierte seine Kolonie auf jede Weise und gedachte ihrer selbst auf seinen fernen Kriegszügen. Als er im Jahre 1243 vom Albanergebirge aus Rom belagerte, nahm er aus der Grotta Ferrata zwei antike Figuren von Bronze mit sich, um sie in Lucera aufzustellen, und auch aus Neapel ließ er Statuen dorthin bringen.

Von Foggia her wird der Kaiser öfter nach Lucera gekommen sein, um die Fortschritte seiner arabischen Kolonie zu sehen und in dem schönen Schlosse zu wohnen, wo sich auch seine Schatzkammer befand. Zwar ergibt sich aus seinen Regesten, welche Huillard-Bréholles herausgegeben hat, seine Anwesenheit in Lucera nur für den April 1231, den April 1240 und den November 1246; aber desto häufiger sind die Daten seiner Residenz im nahen Foggia.

Die Gründung dieser Sarazenenburg mitten in Apulien war begreiflicherweise ein Dorn im Auge des Papstes. In früheren Jahrhunderten hatte die römische Kirche und hatten die germanischen Kaiser nur mit der größten Anstrengung den Raubzügen der Araber in Italien ein Ende gemacht und ihre festen Burgen in Campanien zerstört; jetzt war es der Kaiser selbst, der diese Heiden in das Herz Italiens verpflanzte, um sich ihrer wider die Kirche oder den Papst zu bedienen. Von Lucera her nahmen seine erbitterten Gegner wesentlich alle die Beschuldigungen und Anklagen, welche sie gegen den großen Kaiser als einen gottlosen Heiden und Feind Christi schleuderten. Der Papst erhob vor der ganzen Welt ein Geschrei, daß Friedrich die christliche Religion absichtlich zerstöre und das Heidentum in eine alte bischöfliche Stadt Italiens verpflanze. Die Araber scheinen in der Tat sich manche Gewaltsamkeiten gegen die christliche Bevölkerung in Lucera und den umliegenden Landschaften erlaubt zu haben; sie zerstörten sogar, so meldete man nach Rom, die Kathedrale des Ortes, und überhaupt mußten sie sich desselben ganz bemächtigt haben, so daß die christliche Gemeinde fast verschwand.

Nie besaß ein Monarch dankbarere und treuere Untertanen als Friedrich II. an den Sarazenen Luceras hatte. Sie waren seine Prätorianer, seine Zuaven und Turkos. Ihre leichte Reiterei, welche mit Speeren und vergifteten Pfeilen kämpfte, bildete allein den stehenden Teil seines Heeres. Die große Sarazenenkaserne hier war das immer gerüstete Arsenal für seinen Kampf mit dem Papsttum. Diese Moslem plünderten und verbrannten auf manchem Kriegszuge christliche Bistümer und Klöster, und gegen sie half kein päpstlicher Bannstrahl.

Unablässig forderte die Kirche die Bekehrung dieses furchtbaren Heidenvolkes, und Friedrich ließ sogar Franziskaner-Missionare in Lucera zu, wo er mit ironischem Lächeln Bischöfe an derselben Tafel mit vornehmen und verdienten Sarazenen speisen ließ. Aber er zwang seine treuesten Krieger nicht, ihren Glauben zu ändern, denn ihr Übertritt zum Christentum würde ihre Waffen im Kampfe mit dem Papst abgestumpft haben. Friedrich ehrte vielmehr die Religion dieser Araber, deren Kultus er vielleicht weniger götzendienerisch fand als den römischen, und sicherlich der Staatsgewalt minder feindlich.

«O glückliches Asien, o glückliche Monarchen des Orients, denen die Erfindungen der Päpste keinen Kummer machen», so schrieb einmal Friedrich II. seinem Schwiegersohn Vatazes. – «O glücklicher Saladin», so rief auch später der König Philipp von Frankreich aus, «weil er nichts von den Päpsten zu leiden hat.» Jahrhunderte sind seit jenen Zeiten dahingegangen, und trotzdem könnte derselbe Ausruf noch am heutigen Tage gehört werden, aus dem Munde nämlich des deutschen Kaisers.

An große Zeiten erinnert dieses Sarazenenschloß Lucera. Berührt man seine Mauern mit dem Zauberstabe der Phantasie, so beleben sie sich von historischen Gestalten einer der merkwürdigsten Epochen Europas überhaupt. Dort umherkletternd bei einem heftigen Winde, der uns von den Zinnen herabzuwerfen drohte, waren wir drei Gefährten auch die Repräsentanten des neuen Deutschlands und Italiens. Ich gedachte mit Vergnügen, daß mein italienischer Freund ein Sohn desselben Capua ist, aus welchem der geniale Piero delle Vigne stammte, während mein Bruder die großen deutschen Schlachten in Frankreich mitgeschlagen hatte, welche dem Guelfentum in der Welt den Todesstoß gegeben und das weltliche Reich der Päpste für immer zerstört haben.

Aber mit uns ging ein junger Priester Luceras, der sich uns zufällig angeschlossen hatte und unsern Führer machte. Wenn ich auf seine Gestalt blickte, erschien er mir, trotz seiner liebenswürdigen Zuvorkommenheit, als der Repräsentant des Lagers der wutentbrannten Feinde Friedrichs II. und als der dunkle Schatten, welcher neben der Freiheit des Geistes einherschreitet und noch lange neben ihr wandern wird.

Auf einmal entführte mich die Phantasie vom Kastell Lucera über die sonnigen Berge Apuliens hinweg nach einer Bergruine im fernen Deutschland, nach dem Hohenstaufen im sagenreichen Schwabenland, und ich durchmaß mit Verwunderung die weiten Wege der Geschichte, welche das Heldengeschlecht Friedrichs von Büren aus der schwäbischen Stammburg in das apulische Land geführt, und jene auch mit der Burg Lucera in Verbindung gesetzt haben.

Nur wenige Stunden Wegs trennen den Hohenstaufen vom Hohenzollern, aber die Geschichte des Deutschen Reichs brauchte sechs volle Jahrhunderte, um diese Strecke zurückzulegen. Im Jahre 1870 langte

sie dort an. Da stand das Deutsche Reich in der Dynastie der Hohenzollern neu gegründet, und die Fortsetzung der Mission der Hohenstaufen wurde auf jene übertragen. Derselbe Kampf, welchen die
Schwabenkaiser mit Rom gekämpft haben, ist alsbald mit gleicher
Leidenschaft wieder entbrannt, und Deutschland, kaum zu einem
nationalen Reich erstanden, ist wiederum gespalten in die Parteien
der Guelfen und Ghibellinen, in Anhänger des Reiches und der
Kirche. Diese Tatsache erscheint erstaunlich, doch sie befremdet nur
diejenigen, welcher die Zusammenhänge des geschichtlichen Prozesses
nicht kennt. Die beklagenswerte Renaissance dieses Streites erschwert die ruhige Ordnung des deutschen Nationalreiches, welches
offene oder maskierte Feinde umlauern, aber sie ist eine geschichtliche
Notwendigkeit. Vielleicht wird es Deutschland nicht beschieden sein,
ein friedliches nationales Glück auf lange zu erreichen, wie es England nach dem Abschlusse seiner Revolutionen darzustellen vermocht
hat. Denn die deutsche Nation ist durch das reformatorische Prinzip
dazu berufen, die Gegensätze auszutragen, auf welchen die Entwicklung des inneren Lebens Europas beruht. Dieses Prinzip hat bei ihr
seinen Sitz und Mittelpunkt genommen, wenn nicht geradezu auf
Grund ihrer geistigen Eigenart, so doch sicherlich auf Grund der ihr
seit Karl dem Großen und den Ottonen für lange Jahrhunderte zuge-
teilten Reichsgewalt, wodurch das deutsche Volk eben so lange in
Kampf mit der Papstgewalt und dem römischen Christentum geraten
mußte.

Die Strömung der Geister in Europa scheint einen ewigen Kreis-
lauf zu beschreiben, innerhalb dessen Reich und Kirche, Kaiser und
Papst, noch immer denselben Standpunkt halten, wie zur Zeit Friedrichs II. und Gregors IX. In Wahrheit, es liegen in unserer Kultur alte
organische Grundgedanken fest, um welche sich dieselbe noch bewegt,
obwohl die politische und die kirchliche Verfassung der Welt sich
vielfach verändert haben. Der deutsche Kaiser, welcher heute das
hierarchische Prinzip des Nachfolgers Gregors IX. und Innocenz
des IV. bekämpft, steht nicht mehr wie der geniale Friedrich II. von
der Zeit unbegriffen und vereinsamt da. Der hartnäckige Feind, den
er bestreitet, gebietet nicht mehr über die unermeßlichen Mittel und
die vielen Bundesgenossen wie damals, wo die Kirche seit Gregor VII.
und Innocenz III. die Idealmacht der Welt, ihr allgemeiner geistiger
Organismus war, wo die Theologie die unumschränkte Herrschaft im
Reiche des Wissens führte, wo die neuen Orden der Franziskaner und
Dominikaner die ganze menschliche Gesellschaft mit fieberhafter
Glaubensglut erfüllten, und wo selbst noch die Kreuzzüge als höchste
politische Aufgabe der Fürsten und Völker galten. Dieser römischen
Kirche, einer die Welt umfassenden Zaubermacht, welche über alle

jene Elemente gebot und obenein den demokratischen und nationalen Geist Italiens zu ihrem Bundesgenossen hatte, mußte sich der große Hohenstaufe entgegenstellen, allein auf sein Genie gestützt und nicht einmal getragen von Deutschland, seiner naturgemäßen Basis. Man stelle sich vor, wie schwer und furchtbar der Kampf mit Rom für diesen Kaiser sein mußte, wenn die Schwierigkeiten des kirchlichen Streites, in welchem sich heute sein mächtiger Nachfolger im Deutschen Reiche befindet, noch immer groß erscheinen.

Denn die römische Kirche von heute ist nur noch eine entseelte Maschinerie im Vergleich zu der alles Leben durchströmenden Macht, die sie im Zeitalter der Hohenstaufen war. Die deutsche Reformation, für welche das ghibellinische Prinzip Friedrichs II. die Voraussetzung gewesen ist, hat ihr mehr entzogen als ein großes Länder- und Völkergebiet. Sie hat sie innerlich verarmen gemacht. Alles, was ehemals ihre Größe bildete, die Wissenschaft, die humanen und fortbildenden Ideen jeder Richtung sind das Eigentum der Reformation geworden. Alles, was die europäische Menschheit seit drei Jahrhunderten geistig entwickelt und vorwärts treibt, ist die Wirkung des reformatorischen Prinzips allein.

Das römische Papsttum, in welchem sich jetzt die katholische Kirche vollkommen zentralisiert hat, ist als Weltmacht und Führer der Kultur erloschen, und kein die Menschheit begeisternder und mit sich fortreißender, kein prophetischer und zukunftsvoller Gedanke kann irgend mehr im Vatikan entdeckt werden. Der Glaube hat seine Macht verloren: die Wissenschaft und die Kritik zersetzen täglich mehr das historische und dogmatische Christentum. Was ist heute die Bedeutung der Theologie im Vergleich zu den Zeiten des Thomas von Aquino? Die geistlichen Orden, durch welche ehemals das Papsttum seine Gewalt über die Völker Europas wesentlich errang, sind geschwunden; der letzte in der Reihe, der Orden Jesu, irrt zum Teil verbannt und im Exil. Wenn man den Ideengehalt der jesuitischen Doktrin mit den Regeln jener Franziskaner vergleicht, so wird man sehen, daß seinen Kern nicht mehr die christliche Religion, sondern die römische Politik bildet. Es ist das Programm der päpstlichen Absolutie. Kann das Prinzip der Infallibilität des Papstes, der Ertötung der Vernunft in der Kirche und der Knechtung des Gedankens überhaupt als eine Idee begriffen werden, die die Menschheit begeistern muß, weil sie ihr das hohe Ziel ihrer Entwicklung in der Zukunft vor Augen stellt? Nur mit Lächeln wird man diese Frage anhören und beantworten.

Aber wohl, dieses römisch-jesuitische Papsttum ist noch sehr stark durch die Tradition, durch das bewundernswürdige System der Einheit und durch die große Zahl der ihm Ergebenen und Gehörigen.

Seine Kraft ist eine politisch-soziale Kraft. Es ist der traditionelle Einheitspunkt für eine dogmatische Ansicht der Weltverfassung und für die große Menge der Menschen, die sich dazu bekennt. Es sammelt um sich her alle Anhänger des in seinen alten Formen vergehenden Christentums, alles Konservative und Legitime, alles was sein Ideal im Autoritätsglauben der Vergangenheit sucht. Ihm gegenüber steht die andere Verfassungspartei, die von der Selbstbestimmung des Einzelnen ausgeht, dessen politische Gemeinde der moderne, sich frei entwickelnde konfessionslose Staat ist.

An die Stelle der Guelfen und Ghibellinen sind so heutzutage die Kirche und der Staat überhaupt getreten, oder in bezug auf Deutschland die römische absolute Papstkirche und das moderne nationale Reich.

Das Deutsche Reich ist trotz Rom und den Jesuiten in der protestantischen Dynastie der Hohenzollern hergestellt worden, und auf dem festen Boden dieses erst heute national geeinigten Deutschlands kann der neue Kaiser mächtiger dastehen, als es die größten Hohenstaufen und selbst Karl v. gewesen sind. Er ist es gerade deshalb, weil das Dogma von der römischen Weltherrschaft im Deutschen Reiche für immer erloschen ist. Dieses Dogma lebt aber noch fort im römisch-jesuitischen Papsttum, und dasselbe auch hier für immer auszulöschen, darin besteht zum Teil der Kampf unserer Gegenwart, der neuen Welt mit der alten Welt.

Ehemals hatten die Ghibellinen diese Aufgabe übernommen, aber nicht durchgeführt, denn sie beanspruchten das Prinzip der Universalmonarchie für sich selbst, und die Hohenstaufen gingen unter, weil sie das fremde Italien zur praktischen Basis für ein weltgebietendes Kaisertum machen wollten. «Italien ist mein Erbteil!» dies war das Wort Friedrichs II. Dasselbe aber sagte der Papst von sich. Rom, der Kirchenstaat, Italien waren seit den Zeiten der fabelhaften Schenkung Konstantins die von den Päpsten erstrebte, mehr oder weniger erlangte und behauptete Grundlage für ihre Weltherrschaft, und man muß sagen, daß diese Grundlage für sie mindestens eine nähere und natürlichere war, als sie es für die deutschen Kaiser sein konnte. Die Päpste des Mittelalters wußten, daß ihre Weltmonarchie ohne Italien unmöglich war. Nun, diese Grundlage ist ihnen für immer entrissen worden: sie fiel im Jahre 1870; die Ghibellinen haben sie doch vernichtet, die Hohenzollern haben den Kirchenstaat für immer zerstört.

Auf der Burg Lucera erwog ich die Entwicklung dieses großen Weltprozesses, und ich grüßte freudevoll den Schatten des unsterblichen Hohenstaufen, den selbst noch Dante, obwohl das Kaisertum und seine Weltmonarchie vergötternd und Feind der weltlichen Priesterherrschaft, aber ein frommer Katholik, als Heiden und Sarazen in den Flammen-Sarkophag der Ketzerhölle zu versenken wagte.

Wie würde Friedrich ii. staunen, gewahrte er heute Rom, wo jener unchristliche weltliche Priesterthron, welchen umzustürzen ihm nicht gelingen konnte, jetzt endlich am Boden liegt, und wo der Papst im Vatikan sich verschlossen hält, heute von den Mächten der Zeit so verlassen, wie es einst Friedrich war: ein freiwilliger Gefangener und doch zugleich auch der wirkliche Gefangene der neuen Zeit selbst, welche ihn dorthin verbannt hat. Wenige Schritte aber von diesem Papst entfernt sitzt als König Italiens ruhig auf dem Thron in Rom der Stammfürst des kleinen Savoyens, von allen Staaten und Völkern der Welt darob beglückwünscht und freudig anerkannt.

Auch nach dem Tode Friedrichs ii. blieben die Sarazenen in Lucera dem Hause der Schwaben unerschütterlich treu, während der Papst eilte, diesem Apulien zu entreißen. Manfred verdankte es nur ihnen, wenn er sich auf den Thron seines Vaters zu schwingen vermochte. Seine glänzende Heldenlaufbahn begann er ganz eigentlich in dieser Burg Lucera. Er rettete sich hierher im November 1254 auf seiner kühnen Flucht von Acerra durch die Gebirge Samniums. Am Tore angelangt, gab er sich den Moslem zu erkennen, und diese trugen ihn mit Frohlocken in die Burg und riefen ihn zu ihrem Herrn aus. So faßte er hier zuerst festen Fuß. Dann vertrieb er die Feinde aus dem nahen Foggia und aus Troja, wo der Kardinallegat Guglielmo Fieschi die Flucht ergriff und nach Neapel zum Papst entrann.

Nichts erbitterte diesen so sehr als die Fortdauer der Sarazenen-kolonie Luceras; vergebens waren die Bekehrungsversuche der Kirche, vergebens die an Manfred gestellte Forderung, diese Mohammedaner nach Afrika fortzuschaffen. Er ehrte in ihnen seine treuesten Bundes-genossen und Krieger. Wie sein Vater umgab er sich mit Sarazenen; den Sultan von Lucera nannten ihn die Priester und Karl von Anjou.

Auf dem Schlachtfelde bei Benevent kämpften diese Araber tapfer, und dort fielen sie auch zu Tausenden. Ehe der König Manfred dem Anjou entgegenzog, hatte er sein junges schönes Weib Helena von Epirus und seine Kinder den sarazenischen Wachen in der Burg Lucera zur Obhut anvertraut. Und es war hier, wo die Unglückselige erfuhr, daß ihr Gemahl bei Benevent gefallen sei. In tiefer Verzweif-lung raffte sie sich mit ihren Kindern auf und floh nach Trani, um sich dort einzuschiffen und nach Epirus zu retten. Aber der Kastellan der dortigen Burg lieferte diese Opfer den nachsetzenden Verfolgern aus.

Die Sarazenen Luceras schlossen in ihrer Bestürzung mit dem sieg-reichen Usurpator einen Vertrag, wodurch ihnen gestattet wurde, als seine Untertanen mit den Einrichtungen und Gesetzen fortzuleben, die ihnen die Hohenstaufen gegeben hatten. Aber schon im Jahre 1267 pflanzten sie wieder die Fahne des Hauses Schwaben auf den Zinnen ihrer Burg, als der junge Konradin sich zum Zuge nach Italien anschickte. Lucera war damals der Sammelplatz und Stützpunkt der Ghibellinen Süditaliens und die größte Sorge des Papstes wie Karls von Anjou.

Auf das dringende Begehren jenes hatte dieser eine Armee zur Belagerung der Sarazenenburg abgeschickt, welche jedoch alle Stürme siegreich abschlug. Er kehrte dann in Person aus Toskana im April 1268 nach Apulien zurück, um Lucera zu unterwerfen, wie das der Papst forderte; allein er hob die Belagerung wieder auf und zog Konradin entgegen, sobald dieser letzte der Hohenstaufen auf der valerischen Straße zum Lago Fucino herabkam.

Die Schlacht bei Sgurgola entschied das Schicksal des Unglücklichen, und nach seinem Fall wurde Lucera von neuem belagert. Die Sarazenen verteidigten sich mit verzweifeltem Mut, bis sie am 28. August 1269, ein Jahr nach der Niederlage Konradins, der Hunger zur Ergebung zwang. Ihre Anzahl war zusammengeschwunden, doch behaupteten sie sich in Lucera auch jetzt, wennschon ihrer Freiheit beraubt. Sie erhoben sich sogar noch einmal wider den verhaßten Anjou, den Vasallen des Papstes, im Jahre 1271, und sie stellten sogar einen falschen Konradin in Lucera auf. Nochmals zur Unterwerfung gezwungen und grausam bestraft, blieben sie gleichwohl in ihrer Zitadelle wohnen. Denn auch der Anjou erkannte die Wichtigkeit dieser Kolonie tapferer Krieger: er baute die Burg noch fester aus. Ein großer Teil der heute noch stehenden Mauern und Türme rührt geradezu von Karl I. her; eine große Zahl von Dekreten dieses Königs bezieht sich auf den Ausbau der Festung Lucera, wo auch der königliche Schatz verwahrt lag.

Seit jener Zeit, wo die Hoffnung auf eine Wiederherstellung der Ghibellinen entschwunden war, während die unglücklichen Kinder Manfreds in den tiefsten Kerkerverliesen begraben lagen, traten die Sarazenen aus Selbsterhaltung in die Dienste der Anjou, welche sich ihrer geradeso bedienten, wie es die Hohenstaufen getan hatten. Karl II. gebrauchte sie im Kriege der Sizilianischen Vesper, wo sie unter dem Kreuzbanner und unter den Augen päpstlicher Legaten gegen Aragon kämpften.

Indes forderte der Papst mit Entschiedenheit die Ausrottung dieser Heiden, und Karl II. fügte sich endlich in sein Gebot. Ohne andere Veranlassung ließ er die Burg Lucera überfallen und die Sarazenen darin niederhauen. Was verschont ward und übrigblieb, mußte das Christentum annehmen. Die Moscheen wurden dem Erdboden gleichgemacht, die christliche Kathedrale ward neu erbaut, und selbst der uralte Name Lucera wurde in den von S. Maria verwandelt. Doch dieser behauptete sich nicht.

So erlosch die Sarazenenstadt im Jahre 1300, nachdem sie fast 80 Jahre gedauert hatte. Schon um 1525 fand Leandro Alberti die Zitadelle Lucera in Trümmern und von Vieh bewohnt. Ihre Geschichte verdiente doch wohl von einem gründlichen Kenner des Arabischen besonders behandelt zu werden. Wenn sie auch an sich von geringer Bedeutung ist, so würde sie doch immer ein anziehends Kapitel in dem Leben der Sarazenen Siziliens bilden. Es ist deshalb zu bedauern, daß Michele Amari seine ursprüngliche Absicht nicht ausführte. Als er sein gründliches Werk über die Muselmanen Siziliens begann, war ihm das Staatsarchiv Neapels noch nicht vollkommen zugänglich, und dort liegen, wie er selbst in der Einleitung zu jenem versichert, in den Registern des Hauses Anjou viele hundert Urkunden, welche sich auf die Sarazenen Luceras beziehen. Für einen Mann von so seltener Arbeitskraft, wie Amari sie besitzt, würde es auch heute nicht zu spät sein, aus jenen Urkunden eine Geschichte der Araber Luceras zusammenzustellen.

Blickt man von den Mauern dieser Burg rings um sich in die schönen Landschaften Apuliens, über welchen ein blauer Äther glanzvoll schwebt, so hat man in Wahrheit ein unvergleichliches Theater von Ereignissen um sich her, welches die Geschichte Süditaliens wie in einem Spiegel zurückstrahlt. Römer, Karthager – denn tief unten sieht man die Gefilde der Hannibalschlacht von Cannae – Goten, Langobarden, Sarazenen, Byzantiner und Normannen, die Kreuzfahrer, welche zuerst von jenen Küsten ihren Lauf nahmen, die Hohenstaufen, die Anjou, die Aragonier, die Spanier und Franzosen: alle diese Erscheinungen ziehen hier am Blick vorüber.

Der Horizont rings umher ist wundervoll. Nordwärts steht die purpurne Gebirgskette des Garganus: das Meer strahlt links von ihm aus der Ferne, und die Eilande Tremiti tauchen aus einem silbernen Spiegel auf. Ostwärts über Foggia hinweg dehnt sich Apulia Plana bis zum Golf von Manfredonia hin, in weiten sonnigen Flächen ausgebreitet. Gegen Westen und Süden steigen die Apenninen Benevents und die Berge von Campobasso und Bojano in schönen Reihen auf. Dort tritt auch ein grüner Höhenzug, gegen die Landschaft Luceras vor, und auf ihm stellt sich deutlich Troja dar.

Der klassische Name dieser Stadt entführt uns weit hinweg zu homerischen Küsten und Zeitaltern, aber ihre Gründung fällt in den Beginn des 11. Jahrhunderts. Troja ist eine der Städte, welche die Byzantiner in Apulien gebaut haben. Der Katapan Bugianus gründete sie in jener Zeit, wo sich der von den Griechen unterdrückte Langobarden-Stamm jenes Landes erhoben hatte, und schon im Jahre 1022 war das junge Troja ein so fester Ort, daß ihn der Kaiser Heinrich ii. auf seinem Zuge nach Süditalien belagern und stürmen mußte. Heute zählt die Stadt 6000 Einwohner. Sie ist besonders merkwürdig durch ihre altertümliche Kathedrale.

Rückkehrend vom Kastell besuchten wir einige Kirchen: Sant Antonio Abbate, ehemals das Besitztum des deutschen Ritterordens, welcher in der Hohenstaufenzeit reiche Güter in Apulien erwarb, S. Domenico und den Dom.

Diese Kathedrale ist ein Werk der Anjou. Denn da der alte bischöfliche Dom der Stadt in Trümmern lag (mit ihnen hatten die Sarazenen Friedrichs ihre Moschee gebaut), so beschloß der Nachfolger Karls von Anjou im Jahre 1300, S. Maria von Grund auf neu zu errichten. Sie wurde schon zwei Jahre später eingeweiht, obwohl sie noch nicht vollendet war. Diese Kirche ist neben dem Kastell das ehrwürdigste Monument der Stadt und ihr achitektonischer Mittelpunkt, ein gotischer Bau von drei Schiffen, in mäßigen Verhältnissen, einfach und würdevoll. Die Fassade hat einen stumpfwinkeligen Giebel mit großer Fensterrose und drei gotische Portale von schwärzlichem Kalktuff. An sie lehnt sich der nicht hohe Turm, welchen ein achteckiger Aufsatz krönt.

Im Innern suchte ich vergebens nach Denkmälern und Inschriften vergangener Zeit; überall in Italien verschwinden solche aus den Kirchen. Nur im Baptisterium steht noch die marmorne Statue des königlichen Erbauers, eines jungen Mannes von anmutigem Gesicht. Er hält die Arme gekreuzt auf der Brust, und seine Füße treten, wunderlich genug, auf zwei sich krümmende Hunde. Auf dem Postament steht in moderner Schrift geschrieben: «Carolus ii. Andeavensis a. s. mccc. Templum Deo et Deiparae Dicavit». Der Sarkophag, zu welchem diese Grabfigur ursprünglich gehört hat, ist leider verschwunden.

Unser Führer im Kastell, jener junge Priester, brachte uns auch nach der Gemeindebibliothek, welche im Stadthaus aufgestellt ist. Dort nimmt sie zwei saubere Zimmer ein. Man zeigte mir hier unter anderm eine Reihe von Manuskripten, moderne Kompilationen von Urkunden, die sich auf die Geschichte Luceras beziehen. Diese selbst ist noch nicht ausreichend geschrieben worden. Im Jahre 1861 erschien zwar in der Druckerei des Salvatore Scepi in Lucera die Geschichte dieser Stadt von Giambattista d'Ameli Baron v. Bineto und Meledugno, aber dieses Buch genügt in keiner Weise den Forderungen der Wissenschaft. Wir fanden im Bibliothekzimmer nur einen einzigen Leser, woraus ich indes keine üblen Schlüsse auf die städtischen Studien ziehen will. Sehr lebhaft werden diese freilich nicht sein, obschon das Lyzeum Luceras in gutem Rufe steht.

MANFREDONIA

1874

Nach Foggia zurückgekehrt, beeilten wir uns, nach Manfredonia zu fahren, um dieses einzige noch fortdauernde Denkmal des Heldenkönigs Manfred zu sehen. Die Entfernung beider Städte voneinander ist genau die von Rom und Tivoli. Die Fahrstraße führt durch die Ebene fort, welche zur Linken von dem langen Bergrücken des Garganus abgeschlossen wird, während sie sich zur Rechten unabsehbar ausdehnt und am Horizont verliert.

Diese Ebene rings um Foggia ist der obere Teil des Tavoliere Apuliens. Sie erinnert an die Campagna Roms, wo auch vom Oktober bis in das Frühjahr hinein Tausende von Schafen weiden, die vom Abruzzenland und der Sabina dorthin getrieben werden. Aber sie ist grasreicher und steppenartiger und weniger malerisch, weil sie eine vollkommene Fläche für das Auge darbietet.

Nach dem Garganus hin und vorwärts gegen Manfredonia ist der Tavoliere fast ganz baumlos. Die Stelle der Bäume und Sträucher nehmen die hohen Schäfte des Fenchels ein, welche schöne Blütenbüschel von goldgelber Farbe tragen. Wie auf dem römischen Gefilde wuchern auch hier die Asphodelen, die Labien und die Menthe, und all das balsamische Kraut, welches Schafe und Rinder lieben. An manchen Stellen war es wie ein wogendes Blumenmeer.

Die grüne Steppe ist, soweit das Auge reicht, mit gemauerten Höfen überstreut. Sie enthalten Vorratshäuser, Wohnungen für Hirten und Verwalter, Hürden, eine Halle für Fuhrwerk und Gerätschaften und dergleichen mehr. Aus jeder solcher Wirtschaft ragt eine kleine Pyramide hervor, deren Spitze ein Schornstein ist. Das sind Öfen, worin der Schafkäse bereitet wird; sie sind die charakteristischen Gestalten dieser endlosen Triften, wie es für die Campagna von Rom die mittelalterlichen Türme und die antiken Grabmäler sind. Auf der ganzen Strecke bis nach Manfredonia hin bemerkte ich nur einen einzigen alten Turm, und dieser stand an der Straße selbst, ehemals ihr Wacht- und Zollturm und dann eine Soldatenstation, als das ganze Gebiet des Garganus von Briganten voll war.

Die warme Jahreszeit hatte sich diesmal auch in Apulien verspätet, denn der Mai war auffallend kalt. Deshalb mochten noch viele Herden auf dem Tavoliere zurückgeblieben sein, statt ihre Sommerquartiere in den Bergen zu beziehen. Wir sahen davon genug, und von jeder Sorte: Rinder, Schafe, Ziegen, Büffel, Rudel von verwilderten dickbehaarten Eseln und von Pferden. Die Hirten zu Roß, die Lanze in der Hand, und zottige Hunde, wie in Etrurien und in Latium.

Der Anblick dieser apulischen Steppe versetzt den Reisenden in weit entlegene Länder und in eine vergangene Zivilisation, und doch ist diese wesentlich italisch und schon den Zeiten angehörig, als das apulische Land noch Daunia hieß. Durch alle Jahrhunderte erhielt sich hier der Urzustand des Hirtenlebens; er begleitete als ein kaum veränderter Naturbestand alle politischen und sozialen Wandlungen Italiens und dauert noch in der Gegenwart fort.

Der Tavoliere umfaßt 800 italienische Quadratmeilen oder 300 000 Hektar. Er dehnt sich durch die ganze Capitanata aus und setzt sich südwärts fort bis in die Provinzen von Bari, in die Basilicata und die Terra von Otranto. Dieses Weideland ist nicht in solcher Ausdehnung, wohl aber zu einem großen Teil, seiner Bestimmung nach älter als die Zeit der Eroberungskriege der Römer in jenen Gegenden, welche sodann, wie man annimmt, unkultiviertes Eigentum des Staates blieben und dazu bestimmt wurden, die Zölle der öffentlichen Weiden zu vermehren. Wie weit der Tavoliere noch während des römischen Kaiserreichs, sodann zur Zeit der Herrschaft der Goten und Byzantiner dem «ager publicus» zugehörte, oder ihm entzogen ward, kann nicht ermittelt werden. Im späteren Mittelalter, zur Zeit der Normannen und der Hohenstaufen, erscheint das apulische Weideland durchaus wieder als königliche Domäne, unter dem Begriff «Regie Difese».

Doch erst am Anfange des 15. Jahrhunderts wurde die Verpachtung der königlichen Weiden systematisch eingeführt. Alfonso I. von Aragon gab das Gesetz, wonach alle Besitzer von Herden in den Berglandschaften gezwungen wurden, jene gegen Abgabe auf dem Tavoliere überwintern zu lassen. Eine darauf bezügliche Verwaltung wurde eingesetzt unter dem Titel «Dogana della mena delle pecore in Puglia». Sie soll dem Fiskus die jährliche Summe von 300 000 Goldfloren eingebracht haben.

Wanderstraßen für die Herden wurden durch den Tavoliere abgesteckt und wie Chausseen mit Grenz- und Meilensteinen versehen. Sie heißen «Tratturi».

Nichts ist sonderbarer als diese Tratturi. Sie durchziehen einen großen Teil Süditaliens von den Abruzzen Aquilas, vom Gran Sasso und vom Monte Majella bei Sulmona herab bis zu den Bergen in Kalabrien, wo sie ihr Ende nehmen. Seit Jahrhunderten sind sie dieselben geblieben, und es haben sich Millionen von Schafen und Rindern auf ihnen bis zum heutigen Tage gleichmäßig fortbewegt, wie nur immer die Armeen Roms es auf der Via Flaminia oder Appia getan haben.

So zieht sich der Tratturo hin als ein grüner Streif Erde von 40 bis 80 und 100 Meter Breite. Auf ihm wandern die Herden fort, im Herbst in die Ebene herabsteigend, im Mai zu den heimatlichen Bergen zurückkehrend. Ich bin oft in Etrurien und Latium solchen Wanderzügen von Herden begegnet, wenn sie, zuweilen bis 5000 Köpfe stark, die gewöhnliche Fahrstraße anfüllten, alles hemmend, was ihnen entgegenkam. Ihr Anblick war seltsam und bisweilen furchterregend, wenn die Herde aus Rindern bestand. Ich werde nie eine Hirtenszene in Cervetri vergessen, wo ich ein paar tausend gehörnte Rinder vorüberstürmen sah, hinter sich die mit Lanzen hoch zu Roß einhersprengenden Hirten, ihre Generale.

Wie sonderbar muß erst der Anblick der einherziehenden Herden auf dem Tratturo Apuliens sein. Zu ihren Zeiten wandern sie hier Tag für Tag fast ohne Unterbrechung fort. Eine zusammengehörende Herde nennt man hier «punta»; sie besteht aus einer Menge von bisweilen 10 000 Stück. Jede «punta» ist eine wohlgeordnete wandernde Republik; denn sie zerfällt wieder in Unterabteilungen von 300 bis 400 Stück, von denen jede sechs und mehr gewaltige Hunde bei sich hat. Zur Seite reiten die Hirten; den Zug schließt eine Menge von beladenen Maultieren und Pferden. So bewegen sich diese geregelten Massen auf dem Tratturo fort, wo das Vieh auch wandernd immer etwas Gras und Kraut abzurupfen findet.

Von Manfredonia her begleitet ein Zweig des Tratturo in einiger Entfernung die Fahrstraße. Wir fuhren dort auf ihm eine Strecke entlang, um den Weg abzukürzen. Dann sah ich später den großen Tratturo Apuliens, wo er, von den Abruzzen kommend, an den Mauern der Stadt Andria vorbeizieht und südwärts sich in die Provinz Bari wendet. Dort steht ein Grenzstein mit der Inschrift: «P. T. 1810», das heißt «Publico Tratturo». Er stammt demnach aus der Zeit, wo Murat König von Neapel war. Ich betrachtete diesen Stein mit Respekt, wie ein geschichtliches Monument, und zeichnete seine Ziffern in meine Schreibtafel ein. Dieses Zwangssystem der öffentlichen Weiden im Tavoliere (pastorizia sforzata) wurde übrigens schon im vorigen Jahrhundert als ein den Interessen des Ackerbaus schädliches Institut wiederholt angegriffen und die Ansicht aufgestellt: daß jene ausgedehnten Triften in Kulturland zu verwandeln und den Pächtern im Wege des Abkaufs als Privateigentum zu überlassen seien. Unter dem französischen Regiment wurde in der Tat jenes System aufgehoben durch ein Gesetz vom 21. Mai 1806. Aber die bourbonische Regierung führte im Jahre 1817 den alten Zustand im Tavoliere wieder ein. Endlich wurde nach der Annexion Neapels an das Königreich Italien durch das Gesetz vom 26. Februar 1865 das Edikt von

1817 wieder aufgehoben und die Befreiung der Weidetriften durch Abkauf festgestellt.

Der Weidezwang soll demnach aufhören, die Tratturi sollen verschwinden, die Pächter Eigentümer werden, und der Hirte soll sich in den Bauer verwandeln. Dieser Plan kam bereits teilweise zur Ausführung, aber er stößt auf vielen Widerspruch und große Hindernisse. Eine Reihe von Schriften ist darüber veröffentlicht worden, von denen ich nur zwei nenne: «Studien und Vorschläge über das Gesetz der Befreiung des Tavoliere Apuliens» vom Deputierten Giuseppe Andrea Angeloni (Neapel 1872), und «Der Tavoliere Apuliens oder die ökonomisch-industrielle Zukunft Italiens und Deutschlands» vom Ingenieur Consolini (Neapel 1872), ein Programm und Statut der internationalen Kreditbank, welches dem Fürsten Bismarck gewidmet ist. Diese beiden Schriften verteidigen die Aufhebung des Weidezwanges, aber andere Stimmen haben sich erhoben und erheben sich noch täglich gegen den Plan der Regierung. So brachte die «Unità Nazionale» Neapels am 1. Juli dieses Jahres einen bemerkenswerten Aufsatz «über die Aufhebung der Tratturi», worin der Verfasser nachweist, daß diese Maßregel die Viehzucht Süditaliens zerstören, mit ihr auch den Ackerbau beeinträchtigen und ein Chaos von Rechtsverletzungen, von Streitigkeiten und Prozessen erzeugen müsse.

Die große Lebensfrage des Tavoliere, schon seit zehn Jahren Gegenstand des Studiums für die italienische Regierung und der Debatten im Parlament, schwebt demnach noch unentschieden. Da wir keine berufenen Richter darüber sein können, so wollen wir uns mit dieser Frage nicht den Kopf zerbrechen, sondern unsere Straße weiterziehen und beobachtende Blicke auf die Gefilde werfen. Sie sind in Wahrheit vollkommene Einöden.

Auf der ganzen Strecke von drei Stunden Wegs bis nach Manfredonia berührten wir keinen Ort, es sei denn hie und da ein vereinzeltes Hirtengehöft. Die Via Appia von Cisterna bis Terracina und das pontinische Sumpfland zu ihrer Seite sind zehnmal belebter als diese apulische Landschaft. Auf der übrigens sehr gut gehaltenen Fahrstraße begegneten wir kaum drei bis vier Wagen, worunter sich die Post befand, und nur ein paar Reiter trabten sie entlang, um einer mitten in der Wildnis gelegenen Meierei zuzueilen.

Doch kamen uns hie und da Gruppen von Menschen zu Pferd und zu Fuß entgegen, anscheinend tief ermüdet von langer Wanderung. Weiber und Männer trugen den herkömmlichen langen Pilgerstab (bordone) in der Hand, an dessen Spitze ein grüner Fichtenzweig mit Pinienzapfen und ein in brennend roten Farben gemaltes Heiligenbild befestigt waren. Sie sahen seltsam und fremdartig aus. Woher sie kamen, zeigten sofort jene Symbole; denn der Pinienzweig war ohne Frage dort oben auf dem Garganus gewachsen, und das Heiligenbild stellte den geflügelten Drachentöter S. Michael dar. Diese Pilger kamen hoch vom Vorgebirge aus der wunderbaren Kapelle des Erzengels herab, wo am 8. Mai das große Pilgerfest gefeiert worden war und sich noch den ganzen Monat hindurch fortsetzte. Noch viele Tage später, selbst noch bei unserer Rückreise von Tarent her, begegneten wir an den lachenden Ufern des Aufidus solchen Scharen der vom Garganus heimkehrenden Pilger. Wir näherten uns unterdes immer mehr diesem Gebirge, welches wir stets zur Linken hatten. In meilenweiter Linie, wie eine unübersteigliche chinesische Mauer emporgetürmt, streckt es sich nach dem Adriatischen Meer aus. Es zeigt jetzt seine mächtigen Gliederungen, wild zerrissene Felsenkegel, Schluchten und Täler, finstere Pinien- und Eichenwälder und Abhänge, grünend von Olivenkultur, aber nur wenige kleine Ortschaften zu seinen Füßen. Die Luft war durch Wolken verdunkelt, welche für unsern Blick auch die hochgelegene Pilgerstadt Sant Angelo verdeckten. Es war empfindlich kalt geworden; wir hüllten uns ein so gut wir es vermochten, als durchreisten wir diese Landschaft mitten im Winter.

Auf der Hälfte des Weges rasteten wir ein wenig an einer Schmiede, welche zugleich Schenke war. Viele Hirten standen dort mit einem Rudel zottiger Esel, welche sie beschlagen oder von Schäden heilen ließen. Diese verwilderten Menschen und Tiere, große Blutlachen auf dem Boden, die berußten schwarzen Gebäude und neben ihnen ein Sumpf, durch welchen ein Fluß nach dem Meer seinen stillen Lauf nahm, bildeten die bizarrste Szene einer vollkommenen Räuberherberge. Wir forderten einen Trunk Wein, uns zu erwärmen, worauf der Wirt aus einer großen Kanne einen echten Räuberwein einschenkte, schwarz wie Tinte und nicht genießbar.

Von dort an steigt das Land zu öden Hügeln auf, die noch den Golf von Manfredonia verdecken. Wir fuhren an einem Steinbruch vorbei, aus welchem das Material für die Bauten in Foggia gezogen wird. Er hatte das Aussehen von Syrakuser Latomien in kleinen Verhältnissen. Der Kalkstein, welcher dort gebrochen wird, ist von der zartesten weißen Farbe. Man zerschneidet ihn in kleine längliche Würfel. Er verhärtet erst an der Luft und wird fest wie Travertin.

Vier Millien vor Manfredonia kamen wir an den Ruinen einer verlassenen Abtei vorüber, mit höchst malerischen Portalen und einer wohlerhaltenen Tribüne von edlem romanischen Baustil. Sie war einst eine der reichsten Kommenden der Deutschritter und hieß «San Leonardo ordinis Theutonicorum». Nach der Angabe Ughellis warf sie die jährliche Rente von 20 000 Goldfloren ab. Außer ihr gab es in der Diözese Siponto noch zwei andere Abteien, die der Zisterzienser von «S. Giovanni in Lamis» und die brühmte Abtei der Benediktiner «Santa Maria de Pulsano», beide im Garganuslande, wo ihre schönen Kirchen noch fortbestehen. Heute bildet San Leonardo den Kern einer Meierei und wird nur von Hirten bewohnt.

Unterdes stieg unsere Ungeduld, das Meer und das ersehnte Ziel unserer Fahrt zu erblicken, denn es war bitter kalt, und der Sturmwind ermüdete uns. Der Himmel stand ostwärts von Gewittern überzogen, die uns beklagen machten, daß der erste Anblick dieses sonst in südlicher Lichtfülle strahlenden Meeres uns verlorengehen müsse. Als wir aber endlich die Höhe oberhalb San Leonardo erreichten, sahen wir vor uns ein Küstengemälde von wahrhaft überwältigender Schwermut und dunkler Pracht. Nimmer hätte auch die klarste und glänzendste Sommersonne solche Farben hervorgezaubert, wie sie jetzt der Abendhimmel im Kampf mit dem Schatten jener über dem Golf lagernden Wetterwolken hervorbrachte. Vor uns lag das Meer in unbeschreiblich finsterglühenden Farbentönen von tiefstem Schwarz, dunkelstem Grün und Blau, umfaßt von einem meilenweiten niedern Küstensaum, der in Violett schimmerte, während große Sümpfe und Maremmenseen, der Pantano Salso, und südwärts nach Barletta hin der See von Salpi bald vom zartesten Rosenrot, bald von grünen und gelben Farben glänzten. Nordwärts stand darüber in dunkler Majestät der Garganus, jetzt als riesiges Vorgebirge in das Meer gelagert — zu seinen Füßen am Golf eine kleine Stadt mit einem altersgrauen Kastell und einem Leuchtturm am Hafen, worin ein paar schwarze Segelschiffe ankerten. Alles dies überflattert von Gewölk und Windessausen. Da riefen wir jubelnd den Namen Manfred und Manfredonia!

Eine halbe Stunde vor der Stadt steht, hart an der Fahrstraße und nicht weit vom Meer, eine kleine altertümliche Kirche mit Vorhalle in romanischem Bogenstil. Ihr Portal ruht auf Säulen, die von Löwen getragen werden. Die Fassade ist ein einfaches Viereck aus gelbem Travertin, ohne jede Gliederung. Ein Glockenstuhl und ein kleiner Turm erheben sich darüber. Auf dem verödeten, mit Gras bewachsenen Platz vor dem Portal steht melancholisch eine einzelne antike Säule ohne Kapitäl und liegen einige Bruchstücke eines antiken Tempels am Boden. Das ist alles, was von der alten Hafenstadt Sipontum übrigblieb, denn zu deren Stätte sind wir nun gelangt, und jene Kirche ist Santa Maria Maggiore, die ehemalige Kathedrale des Erzbistums und jetzt der einzige mittelalterliche Überrest der untergegangenen Stadt. Bis auf weniges Gemäuer im Boden ist das alte Sipontum heute völlig verschwunden, während noch um das Jahr 1525 Leandro Alberti so viele und große Ruinen davon übrig sah, daß er aus ihnen den Schluß zog: es müsse eine ansehnliche und edle Stadt gewesen sein.

Die Gründung des ursprünglich griechischen Orts (Sipus bei Strabo) verliert sich in der Mythe, denn von Diomedes soll er erbaut worden sein. Die Stadt lag an einer Einbiegung des großen Golfs und war noch als römische Kolonie ein belebter Hafenplatz. Als solcher dauerte sie, obwohl verfallen, bis auf die Zeit Manfreds fort. Nach der christlichen Legende war Sipontum eines der ältesten Bistümer Italiens und sein Bischof von S. Petrus ordiniert. Allein der erste bekannte dortige Bischof war Felix, welcher in einem Konzil des Jahres 465 genannt wird. Die uralte Kathedrale war Sitz der Erzbischöfe, doch diese verlegten ihn, wahrscheinlich aus Furcht vor den Raubzügen der Sarazenen, einige Zeit lang auf den Monte Gargano, und Leo IX. vereinigte Sipontum sogar mit Benevent. Nachdem die alte Kirche Santa Maria verfallen war, wurde sie am Anfange des 12. Jahrhunderts unter Paschalis II. neu gebaut. Diesem Bau gehört auch die merkwürdige Unterkirche an, zu welcher 21 Stufen hinabführen. Ihr Gewölbe wird von 20 kleinen Granitsäulen getragen, welche antik sind. Dicke moderne Rundpfeiler stützen dasselbe. In der Oberkirche, einem prächtigen Bau aus dem Anfange des 16. Jahrhunderts, gehören auch die Außenmauern mit dem Portal noch dem 12. Säkulum an.

Paschalis II. besuchte Sipontum, als er im Jahre 1117 ein Konzil in Benevent hielt, und damals weihte er jene Kathedrale ein. Mehrmals werden Stadt und Hafen im 12. Jahrhundert erwähnt. Dort schiffte sich im Jahre 1177 der große Papst Alexander III. ein, als er sich zu dem berühmten Kongreß nach Venedig begab, um mit dem Kaiser Barbarossa Frieden zu schließen. Es scheint, daß der Hafen Sipontos damals, als Stapelplatz der ganzen Provinz, Porto di Capitanata hieß. Er dauerte als solcher fort, obwohl die Stadt bereits verfallen war, zumal infolge eines heftigen Erdbebens im Jahre 1223. Denn in demselben Hafen landete noch der Hohenstaufe Konrad IV. am 8. Januar 1252 auf seinem Königszuge nach Süditalien, und hier empfing ihn sein Halbbruder Manfred, ihm neidlos die Herrschaft Apuliens und anderer Provinzen übergebend, welche er mit Klugheit und Kraft von Lucera aus erobert und beruhigt hatte.

Drei Jahre später warf eine zweites Erdbeben Siponto vollends zu Boden, und Manfred, nach Konrads Tode Erbe und Herr jenes Landes, beschloß alsbald den Bau einer neuen Stadt auf einer gesünderen und auch gegen die Seeräuber mehr geschützten Stelle, zwei Millien von den Trümmern Sipontums entfernt, näher am Berg Garganus, und unmittelbar am großen Golf. Er selbst entwarf den Plan dazu; den Bau leitete als Vorstand sein Verwandter Malecta. Die neue Stadt,

für welche man die Trümmer der alten verwendete, nannte er Manfredonia.

Im Jahre 1256 begonnen, war sie schon nach zwei Jahren so weit
vorgeschritten, daß der sipotinische Erzbischof Ruggiero d'Anglona
mit seinem Klerus in die neue Kathedrale einziehen konnte. Diese
war dem Bischof S. Laurentius von Sipontum geweiht, und auf sie
gingen die Rechte und Titel des alten Erzbistums über. Der Bau der
Stadtmauern aus massiven Quadern, des Kastells und anderer Teile
beanspruchte freilich eine längere Zeit, so daß Manfredonia noch
nicht vollendet war, als der König selbst bei Benevent den Heldentod fand. Die Anjou vollendeten die Stadt und ihre Befestigung.

Weil das Bild, welches man sich von Dingen wie von Menschen
macht, ehe man diese wirklich vor sich hat, niemals der Wirklichkeit
entspricht, so mußte ich auch die eingebildete Vorstellung von Manfredonia erst auslöschen. Denn statt einer altertümlichen, hoch-
betürmten und von der Zeit geschwärzten Stadt sah ich vor mir einen
kleinen, freundlichen, weiß übertünchten Hafenort mit wenigen
Türmen und mit zum Teil eingerissenen Stadtmauern. Sie steht hart
am Meer auf dem ganz flachen gegen den Garganus hin leise an-
steigenden Ufer, dessen Boden Kalkstein ist. Überall wuchert hier die
Kaktusfeige; die ummauerten Gärten rings um Manfredonia sind
von ihr angefüllt, und dies macht auf dem zutage liegenden dürren
Felsboden einen sehr südlichen Eindruck. Die große wilde Uferlandschaft, von nur spärlicher Oliven- und Gartenkultur belebt, erinnert
überhaupt an sizilianische Gegenden. Die Masse des Garganus, welcher hier, nur wenige Millien entfernt, die Form eines kolossalen
Vorgebirges hat, schließt das schöne Halbrund des Golfs und verleiht
dieser einsamen Küste eine feierliche Erhabenheit.

Wir fuhren in die jetzt offene Stadt und ihre Hauptstraße ein,
welche ehemals die Porta di Foggia schloß. Dieses alte Tor ist im
Jahre 1860 abgetragen worden, und noch heute liegen dort die Stadtmauern halb in Trümmern, was gleich von vornherein den Eindruck
verlumpten Wesens macht.

Das erste, was mir in die Augen fiel, war, zu meiner nicht geringen
Freude, der Name der Hauptstraße selbst: «Corso Manfredi». Die
wackere Bürgerschaft hat demnach die Erinnerung an den Gründer
ihrer Stadt dankbar bewahrt, und ihr geschichtlicher Sinn vermochte
dem Mißbrauch der gegenwärtigen Mode zu widerstehen. Denn Bürger von solchem Sinne muß es im Gemeinderate Manfredonias geben,
sonst würde die Hauptstraße der Stadt sicherlich zum Corso Vittorio
Emanuele umgetauft worden sein.

Seit der letzten Umwälzung Italiens ist es leider zu einer förm-
lichen Manie geworden, die Straßennamen in Städten gewaltsam zu

ändern und nach den Hauptpersonen oder den wichtigsten Ereignissen der jüngsten Geschichte zu bezeichnen. Alle Ehre dem Patriotismus, aber auch dieser hat seine vernünftigen Grenzen. Die alten Namen der Straßen sind ebenso viele Überschriften von Kapiteln der Geschichte der Städte, und darum soll man sie achten und festhalten wie historische Denkmäler der Vergangenheit. Nun aber sind die Städte in ganz Italien, von den Alpen bis zum südlichen Meer, mit denselben modernen Straßennamen versehen worden, welche mit der Örtlichkeit selbst nichts zu tun haben. Wäre ich der König dieses Landes, oder Garibaldi, oder der Kronprinz, so würde ich es mir verbitten, meinen Namen so zu mißbrauchen. Bis zum Überdruß und Ekel erfüllt mich schon dieses Einerlei der Straßennamen. In welcher italienischen Stadt man auch sei, so wird man sich darauf gefaßt machen, einem Corso Vittorio Emanuele, oder Garibaldi, oder Umberto zu begegnen, und die ewig wiederholten Schlachtennamen Magenta, Solferino, Castelfidardo, Montebello, Marsala an den Straßenecken zu lesen, oder, was noch widerlicher ist, den ganz abstrakten und nichtssagenden Begriffen Piazza del Plebiscito, Independenza und Unita zu begegnen.

In Trani fand ich das neue im Bau begriffene Viertel mit allen diesen Namen bezeichnet – das mag hier hingehen, weil es eben ein neues und noch geschichtsloses Quartier ist, wie jenes nach denselben Namen benannte neue Stadtviertel Roms, welches gegenwärtig auf dem Lokal des prätorianischen Lagers entsteht. Aber was hat in Tarent Garibaldi zu tun, wo der alte Kai am Mare piccolo jetzt seinen Namen trägt? So ist auch in Andria der alte Platz Catuma zur Piazza Vittorio Emanuele umgetauft worden; so hat man selbst in Neapel den seit drei Jahrhunderten geschichtlich gewordenen Namen der weltberühmten Hauptstraße Toledo in Roma umgeändert, und man will das sich sträubende Volk zwingen, diese Gewaltsamkeit anzuerkennen. Im Gegensatz zu solchem Unverstand freute es mich nicht wenig, auf vielen Straßen Baris lokalgeschichtliche Namen zu lesen: Via Melo, Via Argiro, Calefati, Roberto di Bari. Sie brachten mir sofort die wesentlichsten Züge aus der Geschichte dieser merkwürdigen Stadt entgegen. Es ist überhaupt das erste, worauf ich in einer mir unbekannten Stadt achte, ihre Straßennamen zu lesen und sie mir aufzuschreiben.

Als wir in Manfredonia einfuhren, ungewiß ob und wo wir eine Herberge finden würden, stürzte uns ein Schwarm von braunen, halbnackten und verwildert aussehenden Menschen entgegen, mit heftigen Gebärden und Ausrufen, ein jeder sich erbietend, unsere Sachen zu tragen und uns in ein Gasthaus zu bringen. Der Anblick dieser Burschen, welche man ohne weiteres für Galeoten eines Bagno hätte halten können, machte den übelsten Eindruck auf uns; ich erinnerte mich dabei alles dessen, was man mir von der Wildnis des Gargano-Landes erzählt hatte, welches von Banditen erfüllt und deshalb nicht ohne Gefahr zu durchstreifen sei. In der Folge, und nachdem wir uns von jenen Zudringlichen befreit hatten, fanden wir eine ruhige und stille Bevölkerung, sowohl in der Hafenstadt als auf dem Vorgebirge.

Wir erhielten auch eine recht gute Wohnung in dem größten Gasthaus der Stadt im «Corso Manfredi» – wenn man eine sehr bescheiden eingerichtete Herberge mit vielen Schlafkammern so nennen will. Der Wirt, ein ehemaliger Schneider, schien nicht wenig stolz auf sein Hotel (ursprünglich ein Kloster) zu sein, er führte uns in den Zimmern umher, deren es wenigstens zwanzig gab, was denn doch auf einen gewissen Grad von Verkehr schließen ließ. Wir bestellten unseren Tisch, und ehe dieser gerichtet war, durchstreiften wir die Stadt Manfredonia.

Sie zählt etwa 8000 Einwohner, erscheint aber wie ein Ort von höchstens 5000 Seelen. Sie liegt ganz eben, ist in einem Viereck gebaut und nach der Landseite zu noch von einem Teil der alten Mauern umgeben. Sie hat vier oder fünf parallele Hauptstraßen, welche von Querstraßen durchschnitten werden. Die Namen der ansehnlichsten, außer dem Corso Manfredi, sind Via Grazie, Cristallina, Cisterne, S. Matteo, Tribuna, Castello. Das Straßenpflaster aus regelmäßig geschnittenem Kalkstein ist durchweg gut, im Corso Manfredi sogar vorzüglich zu nennen. Das ganz moderne Aussehen Manfredonias überraschte mich sehr. Aber die Geschichte der Stadt erklärt dasselbe.

Die Türken überfielen und verbrannten sie im Jahre 1620; seither wurde sie neu aufgebaut. Man findet deshalb nichts Altertümliches, nichts Gotisches hier, nichts, was aus der Zeit Manfreds und der Anjou stammte, mit Ausnahme einiger Kirchen, des Restes der Mauern und des Kastells. Wenn man wenige Gebäude von palastähnlicher Anlage abrechnet, zumal Klöster, so besteht alles übrige aus kleinen weiß übertünchten Häusern mit platten Dächern und offenen Logen, in jenem arabisch aussehenden Stil, wie man ihn an den Golfen von Salerno und Neapel sieht. Die Wandflächen sind auch hier nach der Straße zu von nur wenigen Fenstern durchbrochen, welche bisweilen die wunderliche Form eines Blattes haben. Über vielen Haustüren ist eine Nische angebracht, in der eine kleine Figur des Erzengels Michael steht, aus dem alabasterähnlichen Stein von Gargano gefertigt. Der künstlerische oder moralische Reflex der S. Michael-Legende ist also schon hier fühlbar, und wahrscheinlich steht das ganze große Gebiet des Garganus als das Erzengelland unter der Herrschaft dieser einen Figur; ich bemerkte dieselbe geflügelte Puppe mit Schwert und Schild sogar schon über mancher Haustür in Foggia und fand sie dann auch überall an den Meierhöfen, an denen wir längs der Straße bis Manfredonia vorüberkamen.

Ungefähr in der Mitte der Stadt erhebt sich der Dom, ein mittelmäßiger Bau mit einer kleinen Kuppel; innen ganz modern und ohne Schiffe. Zu seiner Seite steht ein schöner kleiner Glockenturm mit einem kuppelartigen Aufsatz, aus Quadern eines gelben Kalksteines errichtet. Diese Kathedrale wurde nach der Zerstörung durch die Türken vom Kardinal Orsini neu aufgebaut; sie enthält daher keine Monumente, denn alle Denkmäler des alten Doms gingen im Jahre 1620 mitsamt dem Archiv unter. Daneben steht der große Palast, welchen die Erzbischöfe Tolomeo Galli und Domenico Ginnasi seit dem Jahre 1565 erbauten: ein stattliches, aber nüchternes Gebäude, an welchem mir nichts anderes bemerkenswert erschien, als im Hof einige Marmortrümmer vom alten Sipontum und zwei schöne korinthische Säulenkapitäle, die am Eingange aufgestellt sind.

Die Klöster in Manfredonia sind aufgehoben, oder es bestehen, wie im übrigen Italien, nur solche öffentlich fort, welche Unterrichtsanstalten sind. Wir sahen kaum drei oder vier Mönche. Das ehemalige Dominikanerkloster, ein großes gelb übertünchtes Gebäude mit offener Loge im obersten Stockwerk, hängt mit der Kirche des gleichen Ordens zusammen, und diese ist eine der ältesten der Stadt, wie ihr romanisches Portal beweist. Davor liegt ein mit einem Garten gezierter Platz. Das Kloster selbst dient jetzt zum Sitz des Munizipiums. Manfredonia hat übrigens niemals ein selbständiges Gemeindeleben gehabt: es war eine königliche Stadt und zuweilen ein baronales Lehen. So hatte einst dasselbe die Königin Johanna II. dem berühmten Condottiere Sforza verliehen.

Am äußersten Ende des Corso Manfredi steht hart am Meer das angiovinische Kastell, ein gemauertes Viereck mit stumpfen Türmen, anderen Festungswerken in den adriatischen Seestädten ähnlich und wie solche halb verfallen.

Karl I. hatte diese Burg, deren ursprüngliche Anlage wohl schon dem König Manfred angehörte, errichten lassen durch seinen Architekten, den Meister Jordan von Monte Sant'Angelo auf dem Garganus, welcher auch die vorzüglichen Mauern der Stadt erbaute.

Der Besieger Manfreds wollte den Namen Manfredonia unterdrücken, um hier die Erinnerung an die hohenstaufische Dynastie auszulöschen; die Stadt wurde demnach amtlicherweise Siponto Novello genannt. Aber das Volk hielt den Namen Manfredonia fest, wahrscheinlich anfangs aus Pietät gegen den Gründer der Stadt, dann aber hauptsächlich deshalb, weil dieser Name wohlklingend und leicht auszusprechen ist. Diese erfreuliche Tatsache beweist, daß die willkürliche und gewaltsame Veränderung geschichtlicher Namen nicht immer durchgesetzt werden kann. Heute ist übrigens die Erinnerung oder die Vorstellung von dem, was der König Manfred gewesen ist, aus dem Bewußtsein des Volkes meist hinweggeschwunden; das zeigt mir die Erklärung, welche irgendein Mann in unserem Wirtshause vom Namen seiner Vaterstadt mit der Zuversicht eines Pedanten zu geben wußte. «Manfredonia», so sagte er, «kommt her von Manfredi, der war ein Regent, und von Onia, das war dieses Regenten Weib, daher heißt die Stadt Manfredonia.»

Das Kastell widerstand den Stürmen des Marschalls Lautrec, als er seinen berühmten Feldzug gegen Neapel machte, aber nicht dem Angriff der Türken. Heute ist es ganz zwecklos, denn wenige Schüsse würden es auf den Boden werfen.

Es deckte zu seiner Zeit den Hafen, und dieser ist zum Teil versandet. Man verbessert gegenwärtig und vergrößert den von Manfred herrührenden Molo, auf dessen Spitze ein Leuchtturm steht. Der herrliche Golf ist unbelebt; kein größeres Fahrzeug ankert in ihm. Selbst der Verkehr mit den gegenüberliegenden Küsten Dalmatiens scheint nur sehr mittelmäßig zu sein. Ab und zu legen die Dampfschiffe der Linie Ancona–Neapel an, und bisweilen halten hier italienische Kriegsfahrzeuge ihre Übungen. So groß ist die Verlassenheit des Hafens, daß ich, an ihm entlang gehend, mir einbilden konnte, mich auf irgendeiner vereinsamten Reede einer Insel im Mittelmeer zu befinden. Die italienische Regierung hat den Plan, eine Eisenbahn von Foggia nach Manfredonia zu bauen, um dadurch diese Stadt zu beleben. Ein Blick auf die Lage ihres Hafens zeigt dessen große Vorzüge vor anderen Häfen der adriatischen Küste, denn der Golf hier ist durchaus der größte von allen und bietet den sichersten Ankerplatz dar. Er dringt tief in das Land und wird nordwärts vom Garganus gedeckt. Zugleich ist sein Ufergebiet die natürliche Öffnung des ganzen nördlichen Apulien, wo also wie von selbst der Stapelplatz für die Ausfuhr der Erzeugnisse des Landes entstehen mußte. Gleichwohl hat sich kein solcher von entsprechender Bedeutung dort gebildet, weder im Altertum noch im Mittelalter. Denn das griechische Sipontum hat niemals eine Bedeutung gehabt wie Tarent, Metapontum, Heraclea, Sybaris und andere Städte; noch hat dasselbe, oder das spätere Manfredonia, jemals das Leben von Barletta, Bari, Brindisi und Otranto erreicht.

Die Ursache dieser auffallenden Tatsache muß wohl in Nachteilen derselben Lage Manfredonias liegen, welche jene Vorteile mindern, die ihr der Golf gewährt. Die Stadt hat kein fruchtbares Hinterland; rings um sie her liegt die apulische Weidetrift, eine Einöde durch alle Jahrhunderte; Sümpfe und Lagunen breiten sich um die untere Seite des Golfes aus, in welchem wohl hie und da ein kleiner Fluß, aber kein lebendiger Strom fällt, während nordwärts die Landschaft von der riesigen Felsenmauer des Garganus abgesperrt wird. Die Eisenbahn von Foggia wird in Manfredonia immer wie in einem Sack endigen und nicht mit jener wetteifern können, welche die Produkte Apuliens und der angrenzenden Provinzen in einer oder in zwei Stunden nach den Stapelplätzen von Barletta, Trani und Bari führt; Bari namentlich mit seinem reichen Kulturland um sich her, wo die Erzeugung von Wein und Öl seit zehn Jahren einen großen Aufschwung genommen hat, und mit seinen zwei Häfen, wird Manfredonia stets am Aufblühen verhindern.

Wenn man diese stillen Straßen der kleinen Seestadt durchwandert, zeigt sich überall Dürftigkeit. Wir fanden nur die bescheidensten Läden, aber keine Spur von Wohlhabenheit und von Ausdehnung der Bedürfnisse. Das Volk erschien uns durchaus ländlich. Es lebt hier in einer der erhabensten Szenerien der adriatischen Küste, im beständigen Anblick des majestätischen Kaps und des Meeres, von der Welt ganz abgeschieden, in ursprünglichen idyllischen Zuständen, welche im wesentlichen noch dieselben sind wie zur Zeit der Anjou und Aragon. Denn ewig berührt es sich hier mit den gleichen Vorgängen in drei Richtungen, mit dem, was ihnen der Golf, der Tavoliere und endlich der heilige Pilgerberg bringt. Manfredonia lebt von einigem Ackerbau, von Viehzucht und der Fischerei. Weinbau gibt es nicht im Flachlande. Der Wein kommt von Barletta oder von einigen Orten auf den Abhängen des Garganus. Man nennt diesen im allgemeinen «Vino di Montagna». Er ist von vorzüglicher Güte.

Der Wirt setzte uns solchen Garganuswein von Carbonara vor, welchen wir vortrefflich fanden, dem Muskatwein ähnlich und mit jenem Grundgeschmack von Erdigkeit. Überhaupt nahmen wir im Corso Manfredi ein heiteres und treffliches Mahl ein, so am Abend wie am folgenden Tage. Sein Hauptbestand waren die Fische des Golfs, köstlich «alla marinara» zubereitet, wie wir sie nicht besser in Tarent genossen haben. Auf unsere Nachfrage nach frischer Butter, welche wir der Viehzucht im nahen Tavoliere wegen voraussetzten, brachte man uns solche in einem großen irdenen Gefäß. Sie hatte Kugelgestalt und eine fast blau zu nennende Farbe. Es war Schafbutter, für uns völlig ungenießbar, was den wackern Wirt in Erstaunen setzte, da er versicherte, daß sie vollkommen frisch und von ausgesuchter Beschaffenheit sei.

Nach einem guten Nachtlager bestiegen wir sodann in der Morgenfrühe den Wagen, um auf den Pilgerberg Garganus hinaufzufahren, und wir sahen mit nicht geringer Spannung den seltsamen Mysterien entgegen, welche wir in diesem dreizehn Jahrhunderte alten Heiligtum des Erzengels vorfinden sollten.

Die Verehrung der Engel in der christlichen Kirche ist eine von ihr aus dem Judentum herübergenommene Erbschaft. Es gibt viele und oft sehr dichterische Szenen im Alten Testament, worin Engel auftreten, den Erzvätern, den Propheten und Heroen Israels die Gebote Gottes zu überbringen, oder ihnen schützend und führend zur Seite zu stehen. Sie erscheinen dort als namenlose Wesen, als «Engel des Herrn», bis zuerst der Prophet Daniel den Engel Michael geradezu als einen Schutzgeist des jüdischen Volkes bezeichnet. Sein Name ist chaldäischen Ursprungs. Denn erst in der babylonischen Gefangenschaft lernten die Juden die chaldäischen und persischen Vorstellungen von jenen himmlischen Geistern näher kennen, welche bei der Weltschöpfung tätig gewesen waren und stets vor dem Throne Gottes stehen.

Die sieben großen Planetengeister, die Amschaspans der persischen Mythologie, wurden zu den sieben Erzengeln der kabbalistischen Lehre. Ihre Namen sind, chaldäisch: Michael, Raphael, Gabriel, Hamiel, Zadykiel, Zaphiel, Chamael. Jeder dieser Genien regierte eine Welt: Raphael die Sonne, Gabriel den Mond, Michael den Merkur.

Während in der jüdischen Mythologie und später in der von altasiatischen Ideen durchdrungenen Theosophie der Christen die vier zuletzt genannten Erzengel in den Hintergrund traten oder verschwanden, erhielten sich die Namen und Gestalten der drei ersten. Kapitälskulpturen an einer Ecke der Halle des Dogenpalastes in Venedig stellen alle drei Erzengel dar: Michael trägt das Schwert, und unter ihm sind Adam und Eva abgebildet, welche die verbotene Frucht gepflückt haben; Raphael trägt einen Stab in der Hand, und Gabriel eine Lilie.

Aber auch Raphael und Gabriel traten hinter Michael zurück, denn dieser Erzengel allein erhob sich zum Haupt der himmlischen Miliz, und es verwoben sich mit seiner Gestalt die mythischen Vorstellungen vom Drachentöter Herkules und vom Seelenführer Merkur. Er wurde zum Heros der Engelgeister im Dienste Gottes und des Prinzips des Lichts; so bestritt er das feindliche Prinzip der Finsternis. Als die Engel die große Rebellion gegen den Weltschöpfer erhoben, überwand Michael ihren Führer, und er stürzte Lucifer gekettet in den Abgrund der Welt hinab.

Die Heldentat des Erzengels erzählt die Apokalypse, welche man selbst das mystische Buch der Engel nennen kann; aus ihr schreibt sich die Darstellung Michaels her als des himmlischen Herkules, welcher das Schwert über den niedergestürzten Drachen oder Typhon schwingt. «Und es erhob sich ein Streit im Himmel: Michael und seine Engel stritten mit dem Drachen, und der Drache stritt und seine Engel. – Und es ward ausgeworfen der große Drache, die alte Schlange, die da heißt der Teufel und Satanas, der die ganze Welt verführet; und ward geworfen auf die Erde, und seine Engel wurden auch dahin geworfen.»

Die Apokalypse führte so Michael in die christliche Mythologie ein, während im Brief Judä die jüdische Legende erzählt wird, daß dieser Erzengel die Leiche des Moses dem Satan abgekämpft und ihr das Begräbnis gesichert habe. So entstand die andere Vorstellung, daß er der Genius der Toten und der Führer der abgeschiedenen Seelen sei. Im zweiten Gesange des Purgatorium sieht Dante ein Schifflein landen, in welchem der Engel Gottes eine Schar Seelen überführt, die zum Fegefeuer bestimmt sind. Dieser himmlische Steuermann, «il celestial nocchiero», ist der Seelenführer Michael. Auf vielen Bildwerken erscheint er mit der Waage in der Hand abgebildet, worauf er die Seele des Menschen und ihre guten und bösen Werke wägt.

Im Neuen Testament treten, wie im Alten, Engel als Boten Gottes (angeli) auf; sie setzen ihre Tätigkeit im Dienste Christi fort: doch nur an den bezeichneten Stellen wird Michael namentlich genannt. Sabäische, talmudische und gnostische Vorstellungen bildeten die Lehre von den Engeln unter den Christen weiter aus, und der Himmel bevölkerte sich mit Legionen einer ätherischen Miliz, die in Hierarchien und Chöre geteilt war. Die Verehrung dieser Genien blieb jedoch einige Jahrhunderte lang apokryph und unkanonisch, so lange nämlich, als die christliche Kirche noch die Kraft behielt, sich der heidnischen Ideen Syriens, Ägyptens und Griechenlands zu erwehren, welche auf hundert Wegen in ihren Kultus eindrangen.

Noch das Konzil von Laodicea im vierten Jahrhundert befahl in seinem 35. Kanon: «Die Christen sollen nicht die Kirche Gottes verlassen und die Engel anrufen. So aber jemand erfunden wird als einer, der dieser versteckten Idolatrie ergeben ist, der soll verflucht sein, weil er unsern Herrn Jesus Christus, den Sohn Gottes, verlassen hat und zum Götzendienst übergegangen ist.» Vier Jahrhunderte später wurde eben dieser «Götzendienst» durch das zweite Konzil von Nicäa für kanonisch erklärt.

Im Morgenlande und Abendlande war also der chaldäische Kultus der Engel durchgedrungen und Michael wurde als ihr Fürst verehrt. Die Welt war voll seiner Legenden und Erscheinungen. An hundert Orten, auf Bergen, auf Küsten des Meeres und in Städten hatte der Bezwinger Luzifers sich in Erscheinungen geoffenbart, die alten heidnischen Kulte des Mithras, des Merkur, des Herkules, der Herta und Vesta und der Druiden verdrängt und deren Stelle eingenommen.

Die «Erscheinung» ist ein wesentlicher Begriff in dem religiösen Traumleben der Menschen zu jeder Zeit. Alle Mythologien der Völker sind davon erfüllt. Götter und gottähnliche Wesen erscheinen den irrenden Sterblichen, Verderben oder Heil bringend, in den Religionen Indiens und Persiens, beim Homer, im Alten und Neuen Testament und in der katholischen Kirche bis auf unsere Gegenwart, wo die Madonna in der Grotte von Lourdes erschienen ist. Denn die Einbildung ist ein dichterischer Trieb in der Religion und als mythenbildende Kraft noch heute in der von Eisenbahnen und Telegraphendrähten umsponnenen Welt so gut fortwirkend wie in den Urzeiten am Sinai, in Memphis, in Dodona und Delphi und am römischen Palatin. Luftgebilde der Phantasie verdichteten sich in irgendeinem örtlichen Vorgange zu wirklichen Kultusgestalten, und so und nicht anders sind die meisten Tempel und Orakel im Altertum, so endlich zahllose Heiligtümer der christlichen Kirche entstanden.

Die ersten Erscheinungen Sankt Michaels gehören dem byzantinischen Orient an; die Legende verlegt sie schon in die Zeit Konstantins. Dieser Kaiser sollte in Byzanz drei eherne Kreuze aufgestellt haben, und dreimal im Jahre ließ sich der Erzengel aus Himmelshöhen herab, jene Kreuze mit dem Gesang eines Hymnus zu umwandeln. Konstantin baute ihm zu Ehren vor den Mauern von Byzanz eine Kirche, das sogenannte Michaelion. Noch vier andere Basiliken soll er demselben Erzengel errichtet haben. Die byzantinischen Kaiser folgten diesem Beispiel: Sankt Michael kam im griechischen Reiche in Mode, wie sein Mitstreiter, der neue christliche Perseus, Sankt Georg. Justinian allein soll ihm sechs Kirchen geweiht haben. Mit der Zeit erlangte der Engelfürst Altäre in fünfzehn byzantinischen Basiliken. Die Griechen verehrten ihn als ihren Schutzpatron; deshalb ist auch der Taufname Michael in den byzantinischen Kaiserfamilien und in anderen Geschlechtern Griechenlands und später Rußlands so häufig anzutreffen. Viele Heiligtümer des Erzengels standen in den Provinzen des östlichen Reiches: am berühmtesten war seine Erscheinung und sein Tempeldienst in Colossae oder Chone.

Sodann nahm der Erzengel seinen Flug über Meer ins Abendland, und er erschien auf dem Kap Garganus, im Jahre 493. Auf diesem Vorgebirge gab es im Altertum, gemäß den Angaben Strabos, zwei Heiligtümer, ein Orakel des Podalyrios, eines Sohnes des Äskulap, mit einer Heilquelle, und ein anderes des homerischen Sehers Kalchas. Dem Kalchas opferten Heilbedürftige einen schwarzen Widder, auf dessen Vlies sie die Nacht schliefen, um der Erscheinung und Verkündigung des Priesterheros teilhaftig zu werden. Im fünften Jahrhundert mochten jene alten Heiligtümer und ihre Kulte oberhalb Sipontum noch bestehen, denn Süditalien war damals von Anhängern des antiken Götterdienstes noch immer erfüllt. Der Gotenkönig Theoderich mußte Edikte gegen den heidnischen Kultus erlassen, während Gelasius I., in derselben Zeit Papst, die Feste der Lupercalien bekämpfte, welche vor seinen Augen in Rom noch gefeiert wurden. Der Zeitgenosse beider, des Theoderich und des Gelasius, der heilige Benedikt, fand auf Monte Cassino noch den Apollotempel und seinen Gottesdienst vor, als er dort sein berühmtes Kloster gründete.

Die Legende der Erscheinung des Erzengels auf dem Garganus ist folgende: In Sipontum lebte ein reicher Mann, Garganus genannt, dessen Herden auf dem Vorgebirge weideten. Eines Tages verschwindet ihm ein schöner Stier. Lange sucht er diesen mit seinen Hirten in allen Schluchten des Gebirges, bis er ihn am Eingang einer Grotte findet. Ergrimmt über die lange Mühe seines Suchens will er den Stier erschießen, aber der abgeschossene Pfeil wendet sich um und verwundet den Schützen selbst. Man meldete dieses Wunder dem Bischof Laurentius in Sipontum, und dieser ordnete ein dreitägiges Fasten an. Am dritten Bußtage, dem 8. Mai (des Jahres 493), erschien ihm der Erzengel und verkündigte ihm: daß die Grotte durch ihn selbst geheiligt sei, und fortan eine Stätte des Kultus zu seiner und der andern Engel Ehre sein solle. Er erschien dem zaudernden Bischof noch einigemal, bis dieser endlich Mut faßte und mit andern Gläubigen die schauerliche Grotte betrat, nachdem auch den Sipontinern derselbe Erzengel bereits als Retter in einer Schlacht gegen Heiden erschienen war, welche ihre Stadt bedrängten. Als die Christen in jene Höhle eintraten, fanden sie dieselbe von einem himmlischen Licht erleuchtet, von Engelhänden in eine Kapelle verwandelt, und an der Felsenwand einen mit Purpur bedeckten Altar errichtet. Laurentius baute vor dem Eingange der Grotte eine Kirche und weihte dieses Heiligtum dem Erzengel mit Bewilligung des Papstes Gelasius am 29. September 493.

Die Legende ist wahrscheinlich oft von italienischen und deutschen Malern dargestellt worden. Ich sah sie in der Bildergalerie des königlichen Schlosses zu Schleißheim bei München in einem sehr originellen Gemälde des Hans Dürer abgebildet.

Am 8. Mai feiert die katholische Kirche die Erscheinung des Erzengels auf dem Garganus, am 29. September aber das Fest der Engelerscheinung überhaupt. Neuere Forscher haben nachgewiesen, daß an eben diesem Septembertage noch zur Zeit Konstantins die «ludi fatales» gefeiert wurden. Selbst wenn die Legende die Zeit der Entstehung der Erzengelkapelle auf dem Garganus zu hoch hinaufrückte, so gehörte sie doch wohl der Periode an, wo nach dem Untergange der gotischen Herrschaft die Byzantiner Herren Süditaliens geworden waren. Nur von Byzanz her konnte der Kultus Sankt Michaels nach dem Westen gebracht worden sein. Auf die Verbindung mit Byzanz weist sogar der legendäre Bischof Laurentius von Sipontum zurück, welcher für einen Verwandten des Kaisers Zeno ausgegeben wird. Der Inhalt der Legende selbst scheint anzudeuten, daß durch den neuen Kultus des Erzengels auf dem Garganus alten heidnischen Stieropfern ein Ende gemacht wurde.

Wie die Abtei auf dem Gipfel des Monte Cassino in Campanien die Mutterkirche zahlloser Benediktinerklöster im ganzen Abendland wurde, ganz so wirkte fortan die Erzengelkapelle auf dem Garganus. Denn von hier aus verbreitete sich der Kultus der Engel überhaupt in alle Länder des Westens, und Kirchen Sankt Michaels traten in England und Frankreich, in Spanien, in Deutschland, auf den Bergen, in Höhlen und an Meeresufern an die Stelle der Heiligtümer antiker Landesgötter.

In Rom selbst, wo während der Herrschaft der byzantinischen Kaiser manche Heilige aus dem Orient Altäre und Kirchen erhielten, mochte auch der Erzengel schon im sechsten Jahrhundert verehrt werden. Eine Kirche S. Michael stand auf der Via Salara; sie war älter als die berühmteste aller Kapellen, welche der Engelfürst in der Stadt erhielt. Und geradezu die schönste seiner Erscheinungen machte Sankt Michael in Rom. Als hier der große Papst Gregor im Jahre 590, während der Pest, welche das in Trümmer fallende Rom verheerte, eine Prozession nach dem S. Peter führte, erschien plötzlich der Erzengel schwebend über dem altersgrauen Grabmal Hadrians. Er steckte heilverkündend sein Flammenschwert in die Scheide, worauf die Pest erlosch. Auf dem Gipfel des Grabmals wurde ihm zu Ehren eine Kapelle erbaut, und dort schwebt der Engel noch heute mit breiten von der Sonne vergoldeten Flügeln, das Schwert in die Scheide steckend: das schönste Symbol der christlichen Kirche, dessen Bedeutung und Lehre so wenige Päpste verstanden haben. Engelsburg, Castel Sant' Angelo, so wurde das Mausoleum Hadrians fortan genannt. Die Kapelle des Erzengels bestand dort oben schon im siebenten Jahrhundert. Im Beginne des achten scheint die berühmte Diakonie S. Angelo in Pescaria in den Trümmern des Portikus der Oktavia entstanden zu sein, welche noch heute einem Stadtviertel Roms den Namen gibt. Sodann ward im neunten Jahrhundert S. Michele in Sassia im vatikanischen Borgo gebaut, eine Kirche der Sachsen, in deren Lande demnach S. Michael schon verehrt wurde. Auf der Kirchenversammlung zu Mainz im Jahre 813 ward der S. Michaelstag bereits als christlicher Feiertag anerkannt.

Noch im 16. Jahrhundert entstand in Rom die herrliche Engelkirche

S. Maria degli Angeli in den Thermen Diocletians: sie ist das letzte Werk des unsterblichen Künstlers, welcher den Namen des Erzengels trug, wie auch sein berühmter Zeitgenosse, der große Architekt Veronas Michele Sammichele, den Namen desselben Engels getragen hat. Von dem zweiten Erzengel aber nannte sich der größte Maler überhaupt. Raffael hat den Drachentöter S. Michael gemalt; das berühmte Bild ist im Louvre.

Auch in vielen andern Städten errichtete man Michael-Kirchen; die älteste von diesen war vielleicht San Michele in Affrisco zu Ravenna, deren Bau in das sechste Jahrhundert fällt; sodann S. Michele in Pavia, wo die Könige Berengar und Adalbert und später Barbarossa mit der lombardischen Krone gekrönt wurden. Unterdes hatte der Erzengel bis nach dem fernen Westen Galliens seinen Flug genommen. Eines Tags weckte er den Bischof Aubert von Avranches vom Schlaf und befahl ihm zu seiner, des Engels, Ehren eine Kapelle zu bauen hoch auf dem Felsen am Meer, wo das uralte gallische Druidenheiligtum Tumba lag. Der Bischof zauderte wie Laurentius in Sipontum, und wie diesem erschien auch ihm Sankt Michael zum andernmal, wobei er seine Stirn berührte, so daß ein schmerzvolles Zeichen darauf zurückblieb. Aubert baute hierauf die geforderte Kapelle und weihte sie im Jahre 710, indem er daselbst Benediktiner ansiedelte. So entstand das weltberühmte Heiligtum Mont Saint-Michel, der Garganus der Normandie.

Nachdem die Normannen jene Provinz erobert hatten, machten sie die Erzengel-Kapelle zu einem großen Wallfahrtsort. Die Völker Frankreichs und Englands pilgerten dorthin; sie wurde unermeßlich reich; sie hielt Schiffe auf dem Meer. Der höchste Orden des alten Frankreich, welchen Ludwig XI. stiftete, die goldene Kette mit der Medaille des Erzengels und den Pilgermuscheln, schreibt sich von diesem Heiligtum her. Auch in anderen Ländern wurde derselbe Orden gestiftet. Noch heute dauert jene Kapelle als Wallfahrtsort fort, und nur eben erst machte der Mont Saint-Michel in der Welt von sich reden, da die Bischöfe Frankreichs Tausende von Pilgern dorthin in Bewegung setzten, welche daherzogen mit dem Gesange des modernen Rachehymnus der Franzosen: «Sauvez la France et Rome.»

In der Legende von der Stiftung dieses französischen Heiligtums spiegelt sich, wie man erkannt hat, jene vom Garganus. Die Grottenkirche in Apulien war und blieb die Metropole des S. Michael-Kultus im Abendlande. Die französischen Normannen erkannten diese Tatsache an, und die Beziehung beider so weit voneinander entfernten Orakel dauerte im ganzen Mittelalter fort.

Um die Kapelle auf dem Garganus war schon im sechsten Jahrhundert ein befestigter Ort entstanden, das heutige Sant' Angelo. Es stritten sich um seinen Besitz die Langobarden, die griechischen Kaiser und die Sarazenen. Nachdem die Langobarden unter ihrem Führer Zoto sich Benevents bemächtigt hatten, unterwarfen sie sich auch den größten Teil Apuliens, und schon im Beginne des siebenten Jahrhunderts reichte ihr Herzogtum Benevent bis über Sipontum zum Garganus hin. Sie plünderten den Erzengel dort oben im Jahre 657, dann entriß ihnen das Land der griechische Kaiser Konstans II. Seither scheint der Garganus in der Gewalt der Byzantiner geblieben zu sein bis gegen die Mitte des neunten Jahrhunderts, wo sich die Sarazenen in Apulien festsetzten. Sie eroberten Bari im Jahre 841. Dort residierte ihr Sultan. Im Jahre 869 plünderten diese Heiden die Garganus-Kapelle. Aber zwei Jahre später gelang es dem kraftvollen Kaiser Ludwig II. nach langen Mühen, Bari mit Sturm zu erobern.

Doch die Araber behaupteten das Vorgebirge auch nach dem Falle jener Stadt; sie setzten sich daselbst fest und unternahmen von dort aus Streifzüge in die Landschaften Apuliens. Das Kap oder ein Teil desselben hieß von ihnen sogar Monte Saraceno; und dieser Name dauert noch heute fort.

Im Jahre 952 wird von einer Plünderung des Heiligtums durch die Araber gemeldet. Dann hörten ihre Raubzüge auf, als der griechische Kaiser nach der schrecklichen Niederlage Ottos II. bei Stilo in Kalabrien (982) wieder Herr Apuliens wurde. Ein griechischer Statthalter saß seitdem in Bari als Katapan (Capitaneus), von welchem Titel auch Apulien den Namen Capitanata erhielt.

Unter dem Schutze der griechischen Kaiser stand noch der Erzengel auf dem Garganus, als der schwärmerische Sohn Ottos II. und der Byzantinerin Theophano als Pilger auf dem Kap erschien. Die Wallfahrt Ottos III. ist die erste eines Kaisers überhaupt, dessen der Erzengel sich rühmen konnte.

Der berühmte Gerbert, Papst Sylvester II., hatte in dem jungen Kaiser den ersten Gedanken eines Kreuzzuges zur Befreiung Jerusalems angeregt; und die Seele von Bildern des Orients erfüllt, pilgerte Otto III. zum Garganus im Jahre 998. Barfuß zog er aus dem Tore Roms; barfuß wanderte er von Benevent nach Sipontum, und mit Priestern, Mönchen und Rittern klomm er das wilde Kap empor. In der heiligen Grotte wollte er vor dem Fürsten der Engel, so sagte man, die Blutschuld sühnen, welche er durch die grausame Hinrichtung des Freiheitshelden Roms, des schönen Herzogs Crescentius, auf sich geladen hatte. Er fand die Kapelle verarmt, weil 40 Jahre zuvor von den Sarazenen ausgeraubt. Viele Schätze wird er dort niedergelegt haben.

Die Pilgerfahrt des Kaisers der Römer auf den Garganus machte großes Aufsehen in der damaligen Welt, und sie steigerte ohne Zweifel die Verehrung des Erzengels in allen Ländern des Westens. Langobarden Nord- und Süditaliens, Franken, Sachsen, Angeln, Normannen, Große und Geringe, sah man seither jahraus jahrein die steilen Pfade zum Kap emporklimmen, in der heiligen Grotte ihre Gebete zu verrichten und Opferspenden darzubringen, und dann herabsteigen mit geweihten Amuletten, an Hut und Kleid mit der apulischen Pilgermuschel geschmückt und in den Händen den garganischen Pinienzweig.

Hätten die Tempelhüter dort oben seit dem 11. Jahrhundert den modernen Gedanken gehabt, ein Fremden- oder Pilgerbuch in der Kapelle des Erzengels aufzulegen, so würden wir in ihm die größten Namen des Mittelalters lesen.

Zwölf Jahre nach jener Wallfahrt Ottos III. erschienen auf dem Garganus pilgernde Ritter aus jener Normandie, wo derselbe Erzengel sein berühmtes Heiligtum bei Avranches besaß. Gerade damals hatte sich der langobardische Stamm in den apulischen Seestädten gegen die Herrschaft der Byzantiner erhoben, und zugleich waren Apulien und Campanien wiederum von den Sarazenen bedrängt, die das langobardische Herzogtum Salerno zu erobern trachteten. Die Legende hat das erste Auftreten der Normannen in Apulien romantisch ausgeschmückt; soviel aber ist geschichtlich, daß es der Fürst von Salerno war, der diese fremden Abenteurer zuerst in seine Dienste nahm. In derselben Zeit, als dies geschah, erhob sich Melus, ein großartiger und heldenhafter Mann langobardischen Geschlechts in Bari, wider die byzantinische Herrschaft. Er wanderte flüchtig an die langobardischen Höfe von Capua und Benevent, Bundesgenossen und Helfer zu finden, und es ist hier, wie die Sage erzählt, daß er normannische Pilger, die von Jerusalem zurückgekehrt waren, am Garganus fand und diese überredete, unter seinen Fahnen gegen die Griechen zu dienen und auch ihre Landsleute in das fruchtreife Land Apulien zu rufen, wo er ihnen Sold, Beute und Ehren versprach.

Die Legende kann immerhin einen Zug von Wahrheit enthalten, denn es ist nicht unwahrscheinlich, daß normannische Ritter damals die Wallfahrt zum Garganus machten. Die Beziehung zweier entlegener Heiligtümer desselben Erzengels, jenes in der Normandie und dieses auf dem Kap in Apulien, würden demnach dazu mitgewirkt haben, daß aus den abenteuerlichen Unternehmungen der Normannen in Apulien das Königreich beider Sizilien entstand.

Melus nahm im Jahre 1017 eine Normannenschar unter Rainulf in Sold; mit ihnen und anderm Kriegsvolk kämpfte er erst glücklich gegen die Byzantiner, bis er vom tapfern Katapan Bugianus im Jahre 1019 beim alten Cannae aufs Haupt geschlagen wurde. Es war dies derselbe Katapan, welcher die Stadt Troja gründete. Melus starb als Flüchtling, mit dem Titel eines Herzogs von Apulien geschmückt, am Hofe des Kaisers Heinrich II. zu Bamberg, wo er im Dom begraben ward.

Dieser fromme Kaiser unternahm hierauf im Jahre 1022 seinen siegreichen Zug nach Apulien, welches Land er den Griechen entriß und der deutschen Krone unterwarf. Ehe er von dort in das Vaterland zurückkehrte, stieg auch er als Pilger auf den Garganus.

An seine Wallfahrt heftete sich eine Legende, welche dies erzählt: Als der Kaiser in der Kapelle des Erzengels betete, erscholl plötzlich die heilige Grotte von angelischen Chören; ein himmlisches Licht erstrahlte; S. Michael erschien, das Missale in den Händen, welches er dem sichtbar werdenden Heiland darbot, der dasselbe küßte. Christus gebot dem Erzengel vor den Kaiser hinzutreten, und als dies geschah, blieb Heinrich in frommem Schauder starr und regungslos; da faßte ihn der Engel an der Hüfte und zog ihn über das heilige Buch herab, es zu küssen. Seit diesem Augenblick blieb der Kaiser an der Hüfte lahm. So erklärte die Legende das Hinken, welches Heinrich II. wirklich verunstaltete.

Wer in Rom die altertümlichen Wandmalereien sah, mit denen Honorius III. am Anfange des 13. Jahrhunderts die Vorhalle von S. Lorenzo fuori le mura ausschmücken ließ, wird sich einer dort gemalten Szene erinnern. Sie stellt den Streit Satans mit einem Engel dar, welcher die Seele eines Menschen und ihre Werke auf der Waage wägt. Ein goldener Kelch macht die Waage zu deren Gunsten sinken. Der Engel ist der himmlische Seelenführer Sankt Michael, und die Seele ist die des frommen Kaisers und Pilgers Heinrich II. Den goldenen Kelch hatte er vielleicht dem Erzengel auf dem Kap Garganus als Weihgeschenk dargebracht.

Ich weiß nicht, ob auf dem Grabmal dieses Kaisers in seinem Dom zu Bamberg (es ist ein Werk deutscher Renaissance vom Jahre 1513) seine Pilgerfahrt und die Garganus-Legende abgebildet ist. Schon vor seinem Zuge nach Apulien muß Heinrich II. den Erzengel besonders verehrt haben; denn in Bamberg steht der Michelsberg und auf ihm die alte Benediktinerabtei, deren Stiftung durch denselben Kaiser schon ins Jahr 1009 fällt.

Michelsberge gab es viele in Deutschland, zumal in Franken, Schwaben, Bayern und im Elsaß. Sie alle sind Sitze desselben Erzengels, wo er sich auf den Trümmern alter heidnischer Tempel niederließ. Es gibt einen Michelsberg bei Ulm, eine Michelskapelle bei Gundelsheim, einen Michelsberg bei Hersbruck zwischen Nürnberg und Regensburg, und viele andere. Wohl jeder einzelne hat seine Engellegende. Eine der ältesten dieser ist die Sage vom Michelsberg bei Besigheim, dessen Kapelle auf einem alten Heiligtum der Diana steht. Dort verkündete einst Bonifatius, der Apostel der Deutschen, den Heiden das Christentum; Satan hinderte ihn in seinem Werk. Der Apostel rief den Erzengel, ihm beizustehen, und der himmlische Herzog ließ sich herab, mit dem Teufel zu streiten, den er mit Ketten band und in die Hölle niederstürzte. Der Fürst der Finsternis aber hatte ihm im Kampf aus seiner Schwinge eine Feder gerissen, die von Diamanten und Rubinen funkelte. Bonifatius hob die Feder vom Boden auf und legte sie in ein Kästchen, welches er unter dem Altar der Kirche verbarg, die er auf der Stelle des Dianatempels errichtete. Die kostbare Erzengelfeder blieb daselbst bis auf die Zeit der Reformation, in deren Stürmen sie verschwand.

Es mochte während der Kreuzzüge sein, daß viele Heiligtümer und Legenden Sankt Michaels in allen Ländern Europas entstanden; jener Epoche gehört vielleicht auch die Legende vom Michelsberg an, worauf das Schloß Arthurs steht, in dessen Tiefen der Held Kimri mit den Rittern der Tafelrunde sitzt und schläft, und so lange schlafen wird, bis ihn der Erzengel erweckt.

Die Kreuzzüge führten zahlreiche Pilger nach dem Garganus-Heiligtum. Seine östliche Lage am Adriatischen Meer, gegenüber den von Byzanz beherrschten Küsten und auf der Straße des Orients, rückte dasselbe gleichsam Jerusalem nahe. Die Kapelle wurde deshalb von vielen Kreuzfahrern besucht, sei es auf ihrer Rückkehr vom Heiligen Grabe, oder ehe sie sich in den apulischen Häfen Barletta, Bari und Brindisi einschifften. So dankten sie Sankt Michael, welcher den in Syrien kämpfenden Kreuzfahrern oftmals als Helfer erschien, wie Sankt Theodor und Sankt Georg, oder sie sicherten sich vorweg seinen Schutz.

Um die Mitte des 11. Jahrhunderts erlosch die Herrschaft der Griechen in Apulien. Benevent wurde päpstlich, aber der Garganus kam in den Besitz der Normannen, denn schon Rainulf, der Söldner des Melus und der erste Graf von Aversa, hatte sich dort zum Herrn gemacht. Dasselbe Volk der Normannen hütete seither die beiden berühmten Kapellen Sankt Michaels; denn die Herzöge der Normandie beschirmten jene bei Avranches, und die Herzöge Apuliens normannischen Stammes diese auf dem Garganus. So war der uralte Schutzgeist der Juden im Laufe der Zeit zum Schutzengel der Normannen geworden.

Im Jahre 1137 wallfahrtete noch ein deutscher Kaiser dorthin, Lothar II. von Sachsen. Die Reihe von Fürsten, Päpsten und berühmten Personen, welche zum Garganus pilgerten, ist sehr groß; denn nie erlosch der Ruf dieses wunderbaren Heiligtums.

Als die Hohenstaufen die Erben der Normannen-Dynastie in

Apulien wurden, übernahmen sie den Schutz der Kapelle des Erzengels. Es wird zwar nicht gemeldet, daß Friedrich II., Konrad IV. und Manfred eine Wallfahrt zum Garganus machten, aber daß sie es taten, ist nicht unwahrscheinlich, da sie sich so oft in seiner Nähe zu Foggia und in Sipontum aufhielten. Neugierde und vielleicht auch wirklicher Glaube an die Macht Sankt Michaels wird sie getrieben haben, seine Grotte zu besuchen und mit Weihgeschenken zu ehren. Man behauptet, daß Friedrich II. ein Stück vom Kreuz Christi in die Kapelle des Erzengels stiftete, und daß dieses noch heute dort bewahrt wird.

Nach dem Falle der Hohenstaufen waren es sodann die bigotten Anjou, welche das Heiligtum ganz besonders auszeichneten. Karl I. hatte vielleicht während seines Kampfes mit Manfred und Konradin dem Sankt Michael ein Gelübde getan, oder er bildete sich ein, unter dem Schutze des Erzengels zu stehen, denn er baute die Kapelle auf dem Garganus mit großer Pracht neu aus und gab ihr diejenige Gestalt, welche sie im wesentlichen noch heute besitzt. Er legte auch einen bequemeren Weg über das Gebirge nach Sant' Angelo an.

Alle seine Nachfolger auf dem Throne Neapels beschützten und pflegten die Engelkapelle. Sie blieb einer der besuchtesten Wallfahrtsorte Italiens, trotz Loreto und dem Sankt Nikolaus in Bari.

Dreizehn Jahrhunderte sind vergangen, seitdem dieses seltsame Heiligtum auf dem wilden Kap am apulischen Meere gegründet worden ist; Reiche, Völker und Völkersprachen sind untergegangen, neue Weltteile sind entdeckt worden, tausend Revolutionen, tausend Schöpfungen und Erfindungen des Menschengeschlechts haben Europa erschüttert, verwandelt und umgestaltet, aber der Erzengel dauert auf dem Garganus unverändert fort, und wie zur Zeit des Belisar und Narses beten auch noch heute Pilger in derselben Grotte zu demselben himmlischen Cherub des alten Chaldäa, dessen wirkliches Dasein irgendwo zwischen Sonne und Erde nie ein Astronom entdeckt hat, noch jemals entdecken wird. Wir selbst sind die Augenzeugen dieser erstaunlichen Tatsache, denn auch wir unternehmen jetzt, im Mai des Jahres 1874, unsere Wallfahrt auf den Garganus.

Wir verlassen Manfredonia in der hohen Morgenfrühe des 17. Mai zu Wagen. Die pilgernde Menschheit hat sich ihre religiösen Mühen bequemer gemacht als die Väter in Vorzeiten. Über das ehemals nur zu Fuß oder zu Maultier erklimmbare Vorgebirge führt jetzt ein breiter durch den Alabasterkalk gehauener Fahrweg aufwärts bis in die Stadt des Erzengels. Man braucht etwa eine Stunde, um von Manfredonia unmittelbar an den Fuß des Kaps zu gelangen, und von dort noch zwei andere Stunden, um die Grotte selbst zu erreichen.

Der Weg führt erst durch die großartige Uferlandschaft des Golfs an einigen Olivengärten und Höfen vorbei, welche fast alle aus mittelalterlichen Türmen entstanden sind. Immer gewaltiger steigt das Kap vor uns auf; es drängt seine rötlichen Felsenmassen weit in das Meer hinein, welche umschiffend man zu der Reede von Viesti gelangen würde, wo im Altertum ein Tempel der Vesta stand. Hier stellt sich der Garganus durchaus als ein Vorgebirge dar, als der Sporn an der Stiefelform Italiens, wie man vulgärerweise zu sagen pflegt («lo sperone d'Italia»). Von Foggia oder von San Severo aus gesehen erscheint er nicht als Kap, sondern als ein lang hingestrecktes Gebirge, dessen Ausdehnung 37 Millien beträgt. Wenn er im abendlichen Purpur strahlt, möchte man ihn für eine einzige glühende Felsenmauer halten, welche Götter erbaut haben, um ein Paradies zu schützen.

Aber diese Masse ist ein ganzes System von Bergen und Tälern, 120 Millien im Umfang. Nach dem nördlichen Meere sinkt der Garganus allmählich zu flachen Ufern nieder, worin zwei Seen liegen, der Lago di Lesina und der Varano. Am ersteren fließt der Fortore vorüber in jenes Meer; er bildet die westliche Wasserscheide des Garganus und trennt Apulien von den Abruzzen. Nach Süden zu steigt das Gebirge über den Tavoliere in steilen Kalksteinwänden auf, und dort liegt ihm zu Füßen der See von San Giovanni Rotondo, während weiter unterwärts der Fluß Candelaro dem Maremmensee Pantano Salso zuströmt.

Im Norden und Süden umgibt demnach den Garganus ein weiter, von Sümpfen erfüllter Ufersaum; aber östlich lagert er sich als schroffes Kap ins Meer. Dort erreicht er auch seine höchste Höhe von 1800 Fuß im Monte Calvo oberhalb Sant' Angelo. Auf dieser Seite gibt es nur schmale Strandsäume und kleine Felsbuchten, und dort liegen zwei Hafenorte, Matinata, ein Dorf unter dem Monte Sant' Angelo mit einer kleinen Reede, und jenseits der Punta della Testa der kleine Hafen Viesti (Vestix oder Bestis im Mittelalter), der alte Sitz eines Bischofs. Im nördlichen Littoral liegen zwei andere Hafenorte, Peschici und Rhodi; im südlichen endlich der größte des Garganuslandes, Manfredonia.

Außer diesen Küstenplätzen enthält das Vorgebirge auf seinen südlichen und nördlichen Abhängen die kleinen Binnenorte S. Marco in Lamis, S. Nicandro, Monte Saraceno, Rignano, S. Giovanni Rotondo, Monte Sant'Angelo, Vico, Cagnano, Carpino und Ischitella.

Schon im Altertum war der Garganus durch seine herrliche Flora und seine finstern Pinien- und Eichenwälder berühmt («Querceta Gargani», beim Horaz). Sie sind heute stark gelichtet, bedecken aber noch immer weite Strecken des Gebirges, namentlich in seiner Mitte, wo sich der große Eichenwald befindet, Bosco delle Umbrie genannt. In den Tälern gibt es Ackerbau und Viehzucht, und die Abhänge sind meist terrassenförmig angebaut und mit Weinreben und Olivenbäumen bedeckt.

Ein kräftiges Volk von einfachen Sitten bewohnt dieses Gebirge. Seine Tracht ist eigenartig und malerisch, besonders die der Männer. Sie tragen einen weiten mantelartigen Rock von brauner Wolle mit Kapuze, welcher meist doch mit schwarzem Schafpelz gefüttert ist, einen roten Gürtel und eine phrygische Mütze von blauer Farbe. Diese Nationaltracht ist wahrhaft schön, und viele Apulier mit ihren gebräunten und edel geformten Gesichtern sehen darin recht vornehm aus, zumal wenn jene Kleidung von feinerem Stoffe ist. Wir sahen ihrer ganze Scharen den Weg entlang, da es Sonntag war.

Die Fahrstraße, welche die Seite des Kaps emporführt, ist so kühn und zugleich so bequem angelegt wie nur immer eine Straße über die Gebirgspässe der Schweiz. Sie zieht sich an schneeweißen Felsenwänden im Zickzack aufwärts, begleitet von Telegraphendrähten. Der Anblick dieser steht im schärfsten Gegensatz zu der mysteriösen Pilgerwelt des wilden Vorgebirgs und ihrer tausendjährigen Legende. Stellen diese einfachen Apparate, diese häßlichen Stangen und zusammengeknüpften Eisendrähte nicht ein Wunder der menschlichen Kultur dar, größer und wunderbarer als alle legendären Werke Sankt Michaels? Doch erzürnen wir den himmlischen Heros nicht, der den Typhon der Finsternis bezwungen hat. Diese Drähte stehen ja im Dienst des Lichts. Geister des Lichts, der Freiheit und des Friedens gleiten an ihnen als unsichtbare Blitze hin und her. Vielleicht kommt einst ein ferner Tag, wo der Cherub wieder über der Menschheit schwebend erscheint und sein Schwert in die Scheide steckt: dann wird die Finsternis bezwungen sein, dann werden keine Kriege mehr um ein paar elende Schollen Landes, um die blutigen Purpurfetzen von Herrschaft und die Seifenblase Ruhm auf Erden geführt werden.

Streckenweise sieht man noch die alte nicht fahrbare Straße, die wohl den Zeiten der Anjou oder noch früheren angehört. Sie ist jetzt nur ein Pfad für Maultiere und dient den Pilgern zur Abkürzung ihres Wegs.

Das Kap war von Wallfahrern belebt, die in Gruppen hinauf- oder herabstiegen; denn obwohl das große Fest des Erzengels am 8. Mai schon vorüber war, setzten sich doch die Wallfahrten durch den ganzen Monat fort. Viele gingen zu Fuß, die Pilgerstäbe mit dem Pinienzweige geschmückt, und dieses Zeichen haben die Waller sicherlich schon zur Zeit Ottos II. mit sich geführt. Andere ritten, truppweise, ohne alle Ordnung und begreiflicherweise auch ohne Gesang.

Je höher wir kamen, desto prachtvoller erschienen in der Tiefe der blaue Golf, das Ionische Meer und die paradiesischen Gefilde Apuliens mit zahllosen Städten. Es war ein Schauspiel von überwältigender Größe, aber wir konnten es nur halb genießen, denn der Wind wurde zum Sturm. Dabei durchdrang uns die Morgenkälte bis zur Unerträglichkeit. Wir erstarrten an Händen und Füßen. Es half uns nichts, daß wir aus dem Wagen stiegen und eine Strecke weit zu Fuß aufwärts gingen. So oft der Weg die Richtung nach Osten nahm, warf sich uns der Strum heulend entgegen, und er zwang uns, wieder im Wagen Zuflucht zu suchen.

Mit steigender Ungeduld blickten wir zu unserem Ziele auf, zu der Stadt Sant' Angelo dort oben. Sie zeigte sich mit ihrem großen Gemeindehaus von roter Farbe, mit ihren weißen Häusern und grauen Türmen und Mauern in einer langen Linie über steilen Abgründen schwebend, aber es schien, daß wir uns derselben niemals näherten, sondern daß sie uns ewig unerreichbar blieb. Stieß uns Ketzer der Erzengel selbst von seinem Heiligtum zurück? So hatte er im Mittelalter mit einem häretischen Bischof getan, welcher, um seine Schuld zu sühnen, nach dem Garganus gepilgert war, aber ein ganzes Jahr sich vergebens anstrengte, den heiligen Berg zu ersteigen. Ich konnte indes meine Gefährten mit der Überzeugung trösten, daß wir nicht dasselbe Schicksal zu befürchten hätten. Denn ich bin stets ein großer Verehrer dieses guten Dämons gewesen. Vierzehn lange Jahre sah ich ihn täglich vor den Fenstern meiner Wohnung schweben, hoch über der Engelsburg und über Rom, auf strahlenden Flügeln von Erz, das breite Cherubschwert in die Scheide steckend. Nun besuche ich ihn auf seinem Berg Garganus, wie ich es längst gewollt hatte. Eine goldene Krone kann ich ihm nicht darbringen, aber diese Blätter will ich ihm als Pilgerspende weihen.

Endlich näherten wir uns der Hochfläche und waren unseres Zieles gewiß. Der Wind brauste dort oben über verwittertem Gestein in einer melancholischen und erhabenen Wildnis mit schauerlicher Gewalt. Wir sahen seitwärts vom Wege unter einem Felsen einen Pilger kauern, welcher ein Kind im Arm hielt und vor dem Sturm zu decken suchte, tröstend über das weinende Geschöpf gebeugt, mit dem Ausdruck väterlicher Liebe. Wie wird der Mann mit dem Kinde die Felsen herabkommen in diesem Sturm? Ein altes Lied fiel mir ein: «Ich komme vom Gebirge her, es heult der Sturm, es braust das Meer.» Es ist ein Gedicht Schmidts von Lübeck, voll von tiefsinnigem Unsinn; die Melodie Schuberts hat es unsterblich gemacht: «Im Geisterwald ruft es zurück: Dort, wo du nicht bist, da ist das Glück!»

So erreichten wir, vor Frost bebend, die seltsame Stadt des Garganus, welche dem Erzengel ihre Entstehung und ihren Namen verdankt. Sie stand vor uns wie auf dem kalkigen Dache des Kaps hangend, in einer großartigen Öde hoch über dem Meer, eine Masse von bizarren weißen Häusern, welche zahllose sonderbar gestaltete Schornsteinknäufe emporstrecken, und überragt von einem hohen schwarzen Turm. Die Straßen stehen alle auf dem nackten Kalkboden; einige ziehen sich treppenartig die Felsen aufwärts, darüber finstere Gebüsche von Eichen schweben.

Als wir in die Stadt einzogen, vom Winde umheult und von weißem Kalkstaub umwirbelt, konnten wir uns einbilden, zu den Wohnungen fabelhafter Geschöpfe gekommen zu sein. Denn die ganze männliche Einwohnerschaft schien draußen versammelt zu sein, und sie sah aus wie ein Volk schweigend hin und her wandelnder schwarzer Dämonen. Der Kälte wegen hatte sich jeder Mann in den dunkeln Mantel gehüllt und die Kapuze über den Kopf gezogen, so daß sie alle zusammen den Kapuzinern oder Totenbrüdern ähnlich sahen. So wandelten sie stumm auf und ab, während die Glocken vom Heiligtum läuteten, welches wir noch nicht sahen.

Wir waren ungeduldig, dasselbe zu betreten, nachdem wir uns in einer höhlenartigen unsauberen Schenke erwärmt hatten. Der Weg zur Kapelle führte über den kleinen Stadtplatz, wo sich auf einer Säule die marmorne Figur des Erzengels erhebt, und diese wird als ein Werk der Pietät Michelangelos ausgegeben. Seitwärts steht ein großer schwarzer Turm von zwei Stockwerken, ein schöner Bau Jordans von Monte Sant'Angelo, des Architekten Karls von Anjou. Der Platz wimmelte von Volk; Pilger zogen nach dem Heiligtum, wo in der Grotte die Messe beginnen sollte. Der Wind brauste über und um uns: die eiserne Fahne auf dem Turm, ein beweglicher Sankt Michael, rasselte und schrillte in schauerlichen Tönen. Wie unter dem Geheul der Elementargeister stiegen wir in das geheimnisvolle Schattenreich hinab.

Die Grotte liegt tief im Schoß eines Felsens, dessen Wände von den heiligen Gebäuden bedeckt sind, während auf seinem Gipfel ein uraltes Eichengebüsch steht, an dessen Zweigen Pilger Steine aufzuhäufen pflegen.

Ein gotisches Portal, auf je zwei Säulen ruhend, bildet den obern Eingang zu den Heiligtümern in der Tiefe. In der Mitte seines Spitzbogens sitzt die Jungfrau mit dem Kinde zwischen S. Peter und Paul, eine edel durchgeführte Marmorgruppe. Die Inschrift des Portals scheint den Pilger, statt ihn zum Eintritt einzuladen, davon zurückzuschrecken, gerade als sei dies ein Allerheiligstes der Isis. «Terribilis Est Locus Iste. Hic Domus Dei Est Et Porta Celi.» Dieses Portal führt zu einer breiten steinernen Treppe von 25 Stufen, an deren Ende sich eine zweite gotische Pforte erhebt. Als wir die obere durchschritten hatten, lag jene große Treppe vor uns, eine in den lebenden Felsen gehauene Stufenleiter, überwölbt von gotischen Bogen und vom Tageslicht schwach beleuchtet, welches durch Öffnungen des Felsens selbst eindringt.

Wir traten erst seitwärts in mehrere Kammern, die von Käufern wimmelnden Kramläden dieses Sanktuarium, wo man Amulette, Medaillen, Rosenkränze, Pinienzweige, Haufen von Pilgermuscheln, die grellsten Bilder des Erzengels und namentlich seine Statuetten feilbot. Auf Tischen und Brettern längs den Wänden standen diese Figuren zu vielen Hunderten in verschiedener Größe. Sie sind aus dem weichen Marmor des Garganus gefertigt und zerlegbar. Die Flügel, den Kopf, die Krone, Schild und Schwert und das gelbe hölzerne Fußgestell kann man abnehmen und in ein Kästchen legen. Auf diese Weise brachte ich meinen Sankt Michael glücklich heim, und er steht jetzt wohlbehalten vor mir.

Kaum stiegen wir die Treppe abwärts, so warf sich uns ein Schwarm von Krüppeln und Bettlern schreiend entgegen und hinderte uns weiter vorzudringen. Ein Kirchendiener machte uns Luft, indem er uns zugleich seine Dienste als Virgil in dieser Unterwelt anbot.

Wir bemerkten an vielen Stellen auf den Stufen der Treppe, wie an den Wänden derselben, die Abbilder von Händen und Füßen eingemeißelt, was einen schauerlichen Eindruck machte. Es sind altherkömmliche Pilgerzeichen. Auch sahen wir die Wände überall mit Pilgernamen beschrieben und bekritzelt wie in den Katakomben Roms.

Aus dem untern Portal traten wir sodann in einen kleinen viereckigen Hof, wo wir uns wieder unter freiem Himmel befanden. Es ist der älteste Kirchhof der Pilger hier. An den Wänden desselben sind einige steinerne Grabmäler aufgerichtet, doch reicht deren keines über das 15. Jahrhundert hinauf.

Aus diesem Atrium gelangt man in eine Kirche, die mit ihrer Langseite vor der heiligen Grotte liegt. Ein romanisches Portal auf der östlichen Seite des Vorhofs öffnet und schließt den Zugang zu ihr mit Bronzetüren, welche der reiche Amalfitaner Pantaleon im Jahre 1076 zu Konstantinopel fertigen ließ. Sie enthalten auf 24 Feldern in Niello ausgelegte Figuren eines kindlich naiven, aber ausdrucksvollen Stils, samt und sonders Erscheinungen der Engel darstellend: die Vertreibung des Menschenpaares aus dem Paradiese, die Engel vor Abraham und Jakob, vor Daniel und Zacharias, die Befreiung Petri aus dem Kerker und ähnliche Szenen, bis auf die Erscheinung Sankt Michaels vor dem Bischof Laurentius in Sipontum. Über diesem Eingang stehen als Inschrift die legendären Worte, welche der Erzengel zu jenem Bischof geredet hatte: «Ubi saxa panduntur, ibi peccata hominum dimittuntur.» Sodann: «Haec est domus specialis, in qua noxialis quaeque actio diluitur.»

Diese Kirche wurde unter dem ersten Anjou ausgebaut; sie ist ein-
schiffig, ein kühnes Werk gotischer Architektur und zur Hälfte in den
Felsen gehauen. Von links her wird sie durch Tageslicht erhellt, und
dort befindet sich auch der Chor mit hölzernen Schranken und Stühlen für die Domherren. Rechts öffnet sich der Zugang zum Allerheiligsten, zur weltberühmten Grotte, dem Mittelpunkt des Engel-
kultus im ganzen Abendlande. Die Öffnung beträgt 40 Fuß, ihre
höchste Höhe 16 Fuß.

Als wir vor ihr standen, sahen wir eine fremdartige und unbeschreibliche Szene, gleichsam ein Märchen mitten in einem erleuchteten Zauberberg. Dante würde sie für die göttliche Komödie ver-
wertet haben, wenn er ihr Zeuge hätte sein können. Dichte Scharen
von Pilgern, vom Dämmerschein geisterhaft übergossen, bedeckten
die Marmortreppe, welche aus der Kirche zur Grotte emporführt. Sie
drängten sich aufwärts, oder sie standen oder sie lagen auf den Knien.
Im finstern Hintergrunde der Höhle funkelten Kerzen auf dem mit
Purpur gedeckten Altar, die weiße Gestalt des Erzengels bestrahlend,
welcher seine Flügel zu regen schien. Ein Priester und Chorknaben
bewegten sich davor phantastisch mit Kniebeugungen hin und wieder. Der Gesang des Geistlichen hallte mit starker Stimme, und Orgel-
klänge fielen von unterwärts her ein. Die schattigen Gewölbe der
Kirche, droben der schwarze Höhlenschlund, die aus ihm hervor-
quellenden Schimmer, die feierlichen Töne, die schweigende Menge
des Volks – all dieses unterirdische Wesen und Geheimnis brachte
einen unsagbaren Eindruck hervor. Man hätte glauben können, es sei
das ein Traum.

Der Priester des Erzengels hatte soeben die Messe begonnen; wir
scheuten uns deshalb, in den Chor vorzudringen, aber der uns begleitende Kirchendiener forderte uns auf, ihm zu folgen. In der rück-
sichtslosesten Weise, als befänden wir uns vor der Schaubude eines
Puppentheaters, machte er uns durch die Volksmasse Bahn; er zog
uns die Treppe aufwärts hinter sich nach, dem Hierophanten dicht
vorüber und an den Altar, hinter welchem wir uns aufstellen mußten.

Dort befanden wir uns in einer sehr peinlichen Lage: wir waren
Eindringlinge in fremde Mysterien, und das ohne unsere Absicht. Im
übrigen erkannten wir bald, daß auch hier dieselbe schrankenlose
Toleranz geübt wurde, wie sie sonst in Kirchen Italiens gebräuchlich
ist, wo das Profane neben dem Heiligen unbehindert einhergehen
darf. Der Priester am Altare warf wohl ab und zu einen fragenden
Blick auf uns, aber einen solchen, der eher von einem flüchtigen Lächeln als von einem Vorwurf begleitet war.

Die Männer und Frauen, welche neben uns standen (und die Grotte
war von Pilgern vollkommen ausgefüllt), zum Teil in Andacht ver-

sunken oder doch deren Gebärden machend, blickten uns mit Gleichgültigkeit an, und wenn wir noch einige Skrupel fühlten, so mußte
uns die unglaubliche Naivität des Kirchendieners davon befreien.
Denn dieser offizielle Tempelwächter betrachtete den himmlischen
Erzherzog so wenig als ein unnahbares Wesen, daß er eine an einem
Rohr befestigte Wachskerze dreist an einem der Lichter auf dem Altar
selbst anzündete und mit ihr die Figur des Erzengels von hinterwärts
hin und wieder beleuchtete, damit wir sie deutlicher beschauen könnten – und dies tat er, während drei Schritte von uns entfernt der
Domherr vor eben diesem Engel die Messe las. Wir machten abweh-
rende Zeichen, doch der Mann achtete nicht darauf; der Oberpriester
des Engels selbst mußte diese freche Handlung bemerken, doch war
sie niemandem auffällig.

Ich betrachtete die wunderbare Kultusszene in unmittelbarer Nähe
mit derselben Wißbegierde, mit welcher Herodot und Plutarch die
Mysterien in Ägypten, in Syrien und Griechenland betrachtet haben.
Ein seltsameres Schauspiel hatte ich nirgends zuvor gesehen; als Gemälde in der Beleuchtungsweise des Honthorst würde es ein Nonplusultra des Phantastischen darstellen. Indem wir in der innersten Tiefe
der Höhle standen, von deren schwarzem Gewölbe die sickernden
Wassertropfen auf uns niederfielen, hatten wir neben uns betende
Pilger, unmittelbar vor uns den erleuchteten Altar mit dem Erzengel
darüber, den singenden und kniebeugenden Priester mit seinem Knaben, und wir überblickten sodann die Treppe dieser Grotte, welche
mit Andächtigen bedeckt war, über deren dunkle Massen bis tief in
die Kirche hinunter breite Kerzenschimmer niederglitten.

Die Vorstellung, daß dieser Kultus eines erdichteten Wesens oder
einer Puppe schon dreizehn Jahrhunderte lang in derselben Höhle
gefeiert wird, und mehr noch, daß sich sein semitischer Ursprung
über die Entstehung des Christentums hinaus in ferne Jahrtausende
verliert, machte einen großen Eindruck auf mich. Dieser Erzengel ist
durch eine Reihe von kosmographischen Mythen hindurchgewandert,
ehe er seine heutige Gestalt erhielt. Sie selbst hat eine Geschichte, die
unbekannt ist. Vielleicht schon im sechsten Jahrhundert stand die
Figur Sankt Michaels auf diesem Altar. In der byzantinischen Bilder-
verfolgung wird man sie zertrümmert, dann aber im achten Jahrhundert von neuem aufgerichtet haben. Wie sie heute gesehen wird,
ist sie ein Werk der Spätrenaissance. Die marmorne Figur hat etwa
drei Fuß Höhe; sie stellt den Erzengel dar im Panzerrock, eine hohe
Krone auf dem von Locken umwallten Haupt, die breiten Flügel ausgespannt, in der Linken den Schild; über dem Panzer ein Gewand,
welches hinterwärts niederfällt.

Trotz der martialischen Ausrüstung macht Sankt Michael doch den

Eindruck des Kindlichen wie alle andern Engel auch. Der ganze Kultus trägt denselben Charakter puppenhafter Kindlichkeit. Diese Mysterien in der Grotte des Garganus haben nichts Schreckendes und Schauerliches; sie sind nur ein phantastisches Märchen, wie jenes vom Arthurschloß, vom Dornröschen, vom Venusberg und vom Kyffhäuser, aber zur religiösen Idealität erhoben. Die Gläubigen, welche hier beteten, schienen auch in keiner Weise durch düstere Vorstellungen aufgeregt; nur ein einziges altes Weib, welches neben uns stand, machte Zeichen der Verzückung, indem sie sich dröhnende Schläge gegen die Brust versetzte, während eine junge Frau in ihrer Nähe volle Ursache hatte, sich schonender zu behandeln.

Ich glaube, daß alle diese Pilger sich unter dem geflügelten Erzengel nichts anderes vorstellen als ein freundliches himmlisches Wesen, einen Retter und Beschirmer, überhaupt einen Schutzgeist. Er steht am Throne Gottes, und seine Wohnung ist das Licht. Was ist die finstere Grotte hier? Sie ist, nach dem kindlichen Glauben des Pilgers, das Symbol der Erde oder der Menschenwelt, darein ein Himmelsstrahl gefallen ist. Aber nicht in der schauerlichen Nacht der Katakomben, sondern in ätherischen Regionen sucht der Gedanke des Wallfahrers den Genius selbst mitten in dieser Höhle, und nur ein erfreuendes Bild von Schönheit und Anmut tritt ihm entgegen, welchem keine Vorstellung des Häßlichen, der Marterqual und des Todes beigemischt ist.

Die Engel oder Genien sind die einzigen leidlosen Gestalten, welche die christliche Mythe erschaffen oder vielmehr aus den alten Religionen Asiens aufgenommen hat. Sie sind die graziösesten Dichtungen der asiatischen Kosmogonie; und welcher Glaube wäre anmutiger als der an Schutzengel, welche die Pfade des irrenden Menschen umschweben? So verliert auch die Gestalt Michaels nicht diesen Charakter, obwohl ihm sein Kampf mit den rebellischen Titanen des Himmels die Züge des Herkules verleiht. Sein Tempeldienst ist frei von jener abstoßenden Materialität des Reliquienwesens und der Fetischzauberei, welche sonst vom Heiligenkultus unzertrennlich bleibt. Es ist immerhin ein Dienst des guten Genius und des Lichts, menschlicher und sicherlich idealer als der vor den Altären vieler Märtyrer der Kirche: Pythagoras und Sokrates, die Dichter Milton und Klopstock würden ihn anerkannt haben.

Der Anblick dieses Genius kann die Pilger hier nur zu milden Empfindungen stimmen, welche, nicht an bestimmte Dogmen noch an Vorgänge in der Kirche geknüpft, in allgemeine Begriffe sich auflösen. Denn diejenigen Vorstellungen, welche sich das Rittertum im Mittelalter von Sankt Michael machte, als von dem himmlischen Kavalier und Streiter im Kampfe mit den Ungläubigen und andern

Feinden der Kirche, sind erloschen. Nur die tendenziöse Propaganda hat aus diesem Erzengel wieder in Frankreich den Marschall der Revanche gemacht für die ungeheure Niederlage dieses Landes und des Papsttums im Jahre 1870. So soll er die Deutschen aus dem von Bazaine verratenen Metz und aus Straßburg, und den neuen Heliodor aus dem geschändeten Quirinal vertreiben – eine schwere Aufgabe für den guten Erzengel von Avranches, da auch er wohl in der Kriegswissenschaft hinter den Forderungen der Zeit ein wenig zurückgeblieben sein wird. Und wer weiß, ob er diese ihm zugedachte Aufgabe überhaupt als eine im Dienst des Prinzips des Lichts stehende Mission anerkennen würde? Mit feiner Ironie hat der geniale Kaulbach den deutschen Michel gerade im Bilde dieses Erzengels dargestellt, welcher, das Haupt mit dem preußischen Helm bedeckt, die Mächte der Finsternis des Jahres 1870 als ein siegreicher Reformator niederschlägt.

Dies ist mit Gewißheit anzunehmen, daß der italienische Erzengel auf dem Garganus niemals sein kindliches Schwert gegen Viktor Emanuel ziehen wird. Er ist nicht fanatisierbar für die Zwecke der Legitimität und der jesuitischen Propaganda. Don Carlos und Heinrich v. haben wenig von ihm zu hoffen. Zur Rettung des «Dominium temporale» hat er seinen Degen nicht aus der Scheide gezogen, als die Italiener in seine Engelsburg einrückten. Keine Nation war und ist in religiösen Dingen leichter aufzuregen als die französische; ihre vielen und schrecklichen Religionskriege beweisen es, die Albigenserkriege, die Hugenottenkriege, die Bartholomäusnacht, die Dragonaden usw. – und keine andere ist dies so wenig wie die italienische. Prozessionen, wie solche heute Frankreich durchziehen, würde keine priesterliche Macht, nicht einmal das ausdrückliche Gebot des Papstes, in Italien zustande bringen, und sollte sie der Heilige Vater in Person nach dem Garganus, nach Loreto oder nach S. Niccolo in Bari führen wollen.

Als ich das weltberühmte Heiligtum zu Bari sah, den besuchtesten Wallfahrtsort in Süditalien, und dort die Sakristei betrat, erblickte ich hier die Bildnisse Pius' IX. und Viktor Emanuels in voller Eintracht einander gegenüber aufgestellt. Der König beider Sizilien ist nämlich nach altem Herkommen Canonicus in Bari, und so ging diese kirchliche Würde ohne weiteres auf den Usurpator Roms über. Die Priesterschaft in Süditalien hat sich zu allen Zeiten mit vollendeten politischen Tatsachen abzufinden gewußt. Es ist ihr niemals auf die Dynastien des Landes viel angekommen, wohl aber darauf, daß man sie selbst gewähren ließ und ihren Tempeldienst nicht antastete. Die Geistlichkeit beherrscht das Volk nach wie vor fast unumschränkt, denn die Veränderung, die hier vor sich ging, ist nur eine politische, nicht eine moralische. Ein uraltes Wesen ererbter Gewohnheiten dauert mit einem tausendjährigen Aberglauben unerschüttert fort, und die Zeit, wo der Kultus alter italienischer Heiligtümer erloschen sein wird, ist gar nicht abzusehen. Die einzige Veränderung, welche die Mysterien auf dem Garganus erfahren haben, besteht in der geminderten Zahl der Opferspenden und im Verschwinden von Kaisern und großen Fürsten aus der Liste der Pilger. Aber auch das dürfte nur unwesentlich sein, denn es ist keineswegs unmöglich, daß eines Tages wieder ein Papst oder irgendein strengkatholischer König als Wallfahrer auf dem Garganus sichtbar wird.

Die Messe war beendigt, und die Grotte leerte sich. Wir sahen diese nun mit Muße. Ein Wasserbecken steht in der Nähe des Altars, woraus die Pilger von der heiligen Quelle zu schöpfen pflegen. Daneben ist eine altertümliche Figur des Erzengels aufgestellt. Auch zeigt man hier die von ihm in einem Stein aufgedrückte Fußspur, seine einzige Reliquie. Sind aber Engel so schwerfüßig und schwerwandelnd, daß sie solche Spur zurücklassen können? Wir sahen auch eine alte Kathedra von Marmor mit einem Abbilde Sankt Michaels und eine altertümliche Figur des Sankt Jakob, dessen weltberühmtes Heiligtum zu Compostella mit dem des Garganus wetteiferte. Der Fußboden der Grotte selbst ist nicht der natürliche Stein, sondern mit weißem und rotem Marmor gepflastert.

Als wir aus der Höhle wieder an das Tageslicht traten, hatte sich der Sturm gelegt, und wir durchwanderten die Stadt Sant' Angelo. Sie entstand ursprünglich aus Pilgerhospitälern, deren es hier noch heute einige gibt. Schon im 11. Jahrhundert war sie ein ansehnlicher befestigter Ort und bildete mitsamt dem Garganuslande ein königliches Lehen, von welchem große Herren den Titel führten. Die darauf ruhenden Rechte wurden «l'onore di Monte Sant Angelo» genannt. Friedrich II. hatte testamentarisch seinen geliebten Sohn Manfred damit ausgestattet.

Die Stadt zählt heute mehr als 10 000 Einwohner. Ihre weiß übertünchten Häuser, fast durchweg mit kleinen Figuren des Erzengels in Nischen geschmückt, sind vom bizarrsten Baustil, meist einstöckig, mit Freitreppen von Stein, die durch gewölbte Pforten auf eine Terrasse führen. Die Fassade besteht in der Regel aus einem Quadrat, worin die Tür zugleich Fenster ist. Das Innere dieser Häuser starrt von Unsauberkeit. Wir sahen keins von einiger Schönheit, und doch soll es viele reiche Leute in Sant' Angelo geben. Man sagte uns, daß sie Haufen von Gold und Silber in der Erde vergraben halten und das ärmlichste Leben führen, während ihre Söhne in Neapel studieren.

Wo die Stadt gegen das Innere des Gebirges ihr Ende nimmt, blickt man in die großartigsten Wildnisse des Garganus hinein. Schwarze

Pinien- und Eichenwälder ziehen sich dort in tiefe Felsenschluchten nieder; aber fast überall sieht man Terrassen angelegt, die Oliven und Reben tragen. Tiefer unten gibt es auch Saatfelder und Gärten, denn an Bergwassern mangelt es nicht.

In den Jahren 1860 bis 1869 wimmelte dieses Gebirge von Briganten, gleich den Abruzzen; heute ist es von dieser Plage gesäubert. Die Regierung sorgt dafür, alle Orte im Garganus durch Straßen und Telegraphen miteinander zu verbinden, was das sicherste Mittel ist, dieser vereinsamten Gebirgswelt eine höhere Kultur zu geben.

Wir blickten mit Verlangen in das Innere der unbekannten Berge und Täler: es müßte eine Lust sein, sie zu durchreiten. Aber mit noch größerer Begierde betrachtete ich die wilden Felsenmassen, welche sich ostwärts zum Meere senken. Dort weiter abwärts liegt das weltverlorene Viesti, dessen Einsamkeit bezaubernd sein muß. Indes diesen Hafen zu sehen, wurde uns nicht zuteil. Wir kehrten vielmehr von Sant' Angelo nach Manfredonia zurück, froh, unsere Pilgerfahrt zum Erzengel auf dem Garganus glücklich vollbracht zu haben.

ANDRIA

1874/1875

Eine gute Stunde von den Häfen Trani und Barletta entfernt liegt Andria, eine volkreiche ackerbautreibende Stadt Apuliens, in der Terra di Bari. Der Kaiser Friedrich II. liebte sie vor vielen andern Städten; in ihrer Nähe erbaute er das schönste seiner Jagdschlösser, Castel del Monte. Dieses zu sehen – denn von allen hohenstaufischen Denkmälern Süditaliens ist es das am besten erhaltene – war der hauptsächlichste Zweck meines zweimaligen Aufenthalts in Andria. Aber auch dieser Ort selbst ist merkwürdig und seine Geschichte ein nicht unbedeutender Teil der Feudalgeschichte Neapels überhaupt. Ich will daher etwas davon sagen.

Die Städte Apuliens, eines Landes von uralter zum Teil hellenischer Ansiedelung, suchen alle mit verzeihlichem Stolz ihren Ursprung im mythischen Zeitalter. Derselbe Heros Diomedes, von welchem Benevent sein Gemeindewappen herleitet, soll auch Andria erbaut haben.

Der Geschichtschreiber dieser Stadt, Riccardo d'Urso (er veröffentlichte seine Geschichte im Jahre 1842 zu Neapel), glaubt, daß sie der von Strabo genannte Ort Netium sei; aber Netium oder Natiolum würde richtiger auf der Stelle von Giovinazzo zu suchen sein. Kurz und gut, weder das hellenische noch das römische Altertum weiß etwas von Andria.

Später läßt man hier auch den heiligen Petrus auftreten. Sankt Petrus ist der Legende nach ein großer Gründer gewesen; er ist der christliche Diomedes, der mythische Heros der Bistümer; denn wie viele deren hat dieser eine Apostelfürst nicht gegründet, anfangend mit Rom! Auch in Andria soll er die erste Kirche gestiftet haben. Der Schutzpatron dieser Stadt ist Sankt Riccardus. Um nun auch diesem Heiligen ein möglichst hohes Alter zu geben, läßt man ihn im Jahre 492 aus England nach Andria kommen. Jedoch die geschichtliche Reihe der dortigen Bischöfe kann erst im 13. Jahrhundert begonnen werden. Richard ist ein normannischer Name. Erst in normannischer Zeit tritt Andria als Stadt auf. Sie war, aller Wahrscheinlichkeit nach, eine Gründung der Normannen, welche Apulien den Griechen und den Langobarden Benevents entrissen und in diesem Lande ihre Grafschaften einrichteten.

Als ihr erster Graf und ihr mutmaßlicher Erbauer wird der Normanne Petrus um das Jahr 1042 oder 1046 genannt. Er war Herr im nahen Trani. Mit ihm und seinem Sohne, Richard von Andria, be-

ginnt die Geschichte dieser Stadt als Lehngrafschaft unter der Oberhoheit der Herzöge Apuliens.

150 Jahre lang saß hier ein normannisches Dynastengeschlecht, bis
Apulien in den erblichen Besitz der Hohenstaufen kam. Roger war
der letzte dieser Grafen, ein Anhänger des Kaisers Heinrich vi., in
dessen Kriegen um den Besitz Süditaliens er seinen Untergang
fand.

Nach dem Tode Heinrichs bemächtigte sich der Papst vorübergehend dieser Landschaft, bis Friedrich ii. dort Herr wurde. Sein
Lieblingsland war das sonnige Apulien mit seiner entzückenden
Meeresweite und der breiten Küste, die sich von den Bergen niedersenkt, bedeckt mit Olivenhainen und Mandelgärten und meerwärts
eingefaßt von einem Kranz schöner Städte und Hafenplätze. Er baute
dort seine Residenzen und Jagdschlösser, Foggia, Castel Fiorentino,
Castel del Monte und die Sarazenenburg Lucera.

Im Dom Andrias ließ der große Kaiser seine beiden Frauen begraben, Jolantha von Jerusalem, welche ihm hier im Jahre 1228
Konrad geboren hatte und bald darauf starb, und Isabella von England, die am 1. Dezember 1241 zu Foggia starb. Schon diese Tatsache
beweist, daß er Andria ganz besonders auszeichnete; denn ohne dies
würde er seine Gemahlinnen entweder im Dom zu Foggia oder in der
herrlichsten und schönsten Kathedrale Apuliens, im Dom zu Trani,
bestattet haben.

Die Bürger Andrias, so viele ihrer mit der Vergangenheit ihrer
Vaterstadt bekannt sind, rühmen sich noch heute ihrer Bevorzugung
durch den größten Kaiser des Mittelalters. Als viele Städte Apuliens
während Friedrichs Abwesenheit in Jerusalem von ihm zum Papst ab-
gefallen waren, blieb jene ihm treu. Sobald der Kaiser heimgekehrt
war, schickte ihm die Bürgerschaft fünf edle Jünglinge als Geiseln,
welche ihn mit folgenden Versen begrüßten:

> Rex felix Federice veni, dux noster amatus,
> Est tuus adventus nobis super omnia gratus:
> Obses quinque tene, nostri pignamin' amoris,
> Esse tecum volumus omnibus diebus et horis.

> *Friedrich, glücklicher König, dein Kommen wollen wir preisen.*
> *Nimm fünf der Geiseln, die unsre Liebe beweisen.*
> *Mit dir wollen wir sein zu allen Tagen und Stunden,*
> *Dir, geliebtester Fürst, zu allen Zeiten verbunden.*

Der Kaiser dankte den Andrianern durch ein Privilegium, und er be-
antwortete jenen Glückwunsch durch diese Artigkeit:

Andria felix nostris affixa midullis,
Absit quod Federicus sit tui muneris iners.
Andria vale felix, omnisque gravaminis expers.

Heil Dir, Andria, glückliche Stadt,
Die unserm Herzen innig verbunden sich hat,
Stets wird Friedrich den Wert solcher Treue erkennen.
Andria Heil! Mögst glücklich du immer dich nennen.

Die erste Zeile dieser Verse (worin man «felix» in «fidelis» verwandelt hat) steht noch auf einem der Stadttore geschrieben, und die Beneventer sind nicht stolzer auf den Triumphbogen Trajans, als es die Andrianer auf jene (erneuerte) Inschrift sind.

Dem Kaiser Friedrich werden noch mehr Epigramme auf Städte Apuliens zugeschrieben; man kann sie noch heute mehr oder weniger entstellt aus dem Munde gebildeter Leute hören. Sie alle sind satirische Mottos und sollen sich auf jenen Abfall der Städte im Jahre 1229 beziehen. Es ist keineswegs unwahrscheinlich, daß ein und das andere Epigramm wirklich von Friedrich ii. herrührt. So soll er Bari mit Versen bestraft haben, welche er auf eins der Tore der Stadt schreiben ließ, und so gehen dort im Lande Sprüche des Kaisers auf Barletta, Trani, Molfetta usw. um. Das stärkste oder gröbste ist Bitonto zugefallen:

Gens Bitontina tot capita asinina.

Du Bitontinisches Geschlecht,
Dir stehn die Eselsköpfe recht.

Nach dem Tode Friedrichs ii. fiel indes Andria, erbittert durch die Steuerlast, welche es zu tragen hatte, von seinem Sohne Manfred ab, dem Baliven Apuliens für den König Konrad. Manfred zog mit Truppen gegen Andria, verzieh aber der Stadt, welche sich sofort unterwarf, und seither blieb sie den Hohenstaufen unerschütterlich treu.

Auf seinem italienischen Zuge besuchte sie, seinen Geburtsort, König Konrad; er residierte, so behauptete man, eine kurze Zeit zu Castel de Monte. Öfters mag daselbst auch Manfred gewesen sein, nachdem er die Krone beider Sizilien erlangt hatte. Gleich seinem Vater hielt er am liebsten Hof in den Städten Apuliens. In Trani war es, wo er seine zweite Gemahlin empfing, die schöne Helena, Tochter des Despoten von Epirus. Der Fall Manfreds bei Benevent gab Apulien in die Gewalt Karls von Anjou, und so wechselte auch die Grafschaft Andria ihren Herrn. Der neue König Siziliens machte sie zur Krondomäne, vereinigte sie mit dem Fürstentum Altamura und verlieh sie seinem zweitgeborenen Sohne Philipp zu Lehen. Nach dessen baldigem Tode gab er dieselbe dem Sohne seines erstgeborenen Karl, dem Raimondo Berlingieri.

Seither wanderte der Besitz Andrias im Hause Anjou von Hand zu Hand. Denn schon Karl II. entzog die Grafschaft seinem Sohne, um sie als Mitgift seiner jüngsten Tochter Beatrix zu schenken, welche sich im Jahre 1305 mit Azzo von Este, dem Markgrafen von Ferrara, vermählte. Sie wurde Witwe im Jahre 1308 und brachte Andria ihrem zweiten Gemahl als Heiratsgut, dem Beltrando del Balzo. So wurde das Haus der Balzo, bald eins der berühmtesten und mächtigsten Feudalgeschlechter im Königreich Sizilien, in den Besitz Andrias gesetzt, in welchem es bis gegen das Ende des 15. Jahrhunderts geblieben ist.

Die Balzi (Baux) leiteten ihren Stammbaum lächerlicherweise von Baldassar ab, einem der drei Weihnachtskönige aus dem Morgenlande. Sie führten deshalb in ihrem Wappen einen silbernen Stern mit 16 Strahlen im roten Felde. Sie stammten aus der Provence und waren mit Karl von Anjou auf seinem Eroberungszuge nach Neapel eingewandert. Hugo de Baux hatte sich bei Benevent hervorgetan; wir besitzen noch ein Bruchstück seines eigenen Schlachtberichts. Als später, nach dem Einzuge in Neapel, der Schatz Manfreds vor Karl von Anjou gebracht wurde, übertrug dieser König jenem Ritter die Teilung der Beute. Hugo lachte und sprach: «Was ist da lange zu teilen?» und indem er mit dem Fuß drei Striche durch den Haufen Goldes machte, sagte er zum König: «Sire, dies ist für Euch, dies für die Königin, Eure Gemahlin, und der Rest ist für Eure tapfern Ritter.» Karl belehnte ihn mit der Grafschaft Avellino und Montescaglioso, und dieses Hugo Sohn war jener Beltrando del Balzo, Gemahl Beatrices, Graf zu Andria und Stammvater eines großen dem Königshause blutsverwandten Geschlechts, dessen Geschichte auch ein wesentlicher Teil derjenigen des Hauses Anjou in Neapel ist.

Die Balzi nahmen ihren Sitz in Andria, wo sie im Palast neben dem Dom wohnten. Dort ward auch Beatrix, die Tochter Karls II. und die Schwester des berühmten Königs Robert, im Jahre 1330 begraben. Ihr Denkmal ist untergegangen, nur die stolze Inschrift liest man noch in der Kathedrale Andrias, wo sie neben dem Chor eingemauert ist:

Rex Mihi Pater Erat, Fratresque Robertus,
Loysiusque Sacer, Regia Mater Erat,
Bertrandi Thalamos Non Dedignata Beatrix,
A Quo Deducta Est Baucia Magna Domus.
Si Tangunt Animos Haec Nomina Clara Meorum,
Esto Memor Cineri Dicere Pauca: Vale.

König war mein Vater und meine Brüder Robert und
 der fromme Ludwig,
Königin war auch meine Mutter Beatrix,
 nicht unwürdig des Beltrando Thalamos,
 des Stammvaters des großen Hauses der Balzi.
Wem diese berühmten Namen der Meinen das Herz rühren,
 der rufe wenigstens meiner Asche ein Lebewohl zu.

Beltrando hatte von Beatrice Anjou nur eine Tochter Maria, welche sich im Jahre 1327 mit Humbert, dem Dauphin von Vienne, vermählte. Sie war die Erbin Andrias, aber sie trat ihrem Vater diese Grafschaft für die Summe von 30 000 Unzen Goldes ab, so daß sie beim Hause der Balzo verblieb. Beltrando vermählte sich wieder im Jahre 1331 mit Margareta, der Witwe des Grafen Louis von Flandern, und deren Sohn Francesco del Balzo setzte später den Stamm fort.

Dieses mächtige Geschlecht hatte schon damals die Geschicke Neapels in seiner Hand. Nach der Ermordung des jungen Andreas von Ungarn durch seine Gemahlin, die Königin Johanna, war es Beltrando, welcher dieser schönen Verbrecherin den Thron rettete. Als Großjustitiar des Königreichs Neapel vom Papst mit der Untersuchung des Frevels beauftragt, sprach er seine Nichte frei. Er flüchtete, wie diese, nach Avignon, während der von Rachlust entbrannte Ungarnkönig Ludwig in Apulien einzog. Damals, im Jahre 1350, wurde auch Andria von den Ungarn geplündert und halb zerstört.

Beltrando hatte die Ehe Johannas mit ihrem Geliebten und Vetter, dem Prinzen Ludwig von Tarent, gutgeheißen und seinen eigenen Sohn Francesco mit Margherita, der Schwester dieses neuen Königs, vermählt. Andria wurde bei dieser Gelegenheit zum Herzogtum erhoben, und es war überhaupt das erste Herzogtum im Königreich Neapel. Die Balzi selbst standen dem Thron zu nahe, um nicht den ehrgeizigen Gedanken zu fassen, ihn einst einzunehmen. Doch dies gelang ihnen nicht. Als der mächtigste Mann nach dem König starb Beltrando zu Neapel im Jahre 1357. Dort liegt er in San Domenico Maggiore begraben.

Zu noch mehr Größe stieg sein Sohn Francesco auf. Durch seine zweite Ehe mit Donna Sueva Orsini traten die Balzi Andrias in die innigste Verbindung mit diesem im Königreich Neapel gewaltigen Hause. Francesco entzweite sich mit der Königin Johanna, welche ihn aus seinen Staaten vertrieb. Er ging nach Avignon, später nach Rom, wo er den Papst Urban VI. bewog, Karl von Durazzo als Kronprätendenten Neapels aufzustellen. So wurde er das wesentliche Werkzeug zum Sturze Johannas I.

Sein Sohn Giacomo del Balzo erhielt die Hand der Prinzessin

Agnes, der Erbtochter Philipps Anjou von Tarent; so war er dessen Erbe, Herzog Tarents, des größten Kronlehens des Hauses Anjou, mit dem zugleich der Kaisertitel von Byzanz verbunden war. Im Dome zu Tarent sieht man noch das Mausoleum, welches Francesco del Balzo diesem seinem berühmten Sohn im Jahre 1383 errichtet hat. Er selbst starb im Jahre 1420.

Sein Geschlecht dauerte in Andria, in Tarent und Neapel fort (hier haben die Balzi zu Santa Chiara eine Gruftkapelle) unter vielen Stürmen und Revolutionen des Königreichs, und in dessen Geschichte gibt es kaum ein Blatt, worin man nicht diesen großen Herren begegnete. Sie und ihre Feinde, die Sanseverini, waren die mächtigsten Dynasten des Landes. In den Kämpfen zwischen den Häusern Anjou und Aragon standen die Balzi Andrias auf der Seite des letzteren, mit welchem sie selbst verschwägert waren. Sie blühten noch im 15. Jahrhundert unter Francesco II., der im Jahre 1482 starb und in S. Domenico zu Andria begraben liegt. Dann gingen sie plötzlich unter.

Der Letzte ihres Stammes war dieses Francesco Sohn, Pirro, Herzog von Andria und Fürst von Altamura, welches er gekauft hatte. Zu seinem Unglück nahm er Anteil an der berüchtigten Verschwörung der Barone gegen Ferdinand I. von Aragon. Der König ließ ihn im Jahre 1487 mit vielen anderen Großen umbringen.

Pirro hatte nur Töchter zurückgelassen, von denen Isabella sich mit Federigo von Aragon vermählt hatte. Dieser nachmalige unglückliche letzte König Neapels aus dem Hause Aragon war ein Sohn Ferdinands I. An ihn fiel das Herzogtum Andria.

Bald darauf folgte die Umwälzung Neapels durch den Zug Karls VIII. von Frankreich, der Sturz der Aragonen und endlich die Eroberung des Königreichs durch Spanien. Es war in jenen Kriegen des großen Kapitäns Consalvo mit der französischen Armee, wo in der Nähe Andrias der weltberühmte Zweikampf stattfand, welcher als «Disfida di Barletta» unsterblich geworden ist. Ferdinand der Katholische verlieh demselben Consalvo zum Lohn seiner Dienste im Jahre 1503 auch das Herzogtum Andria. Hierauf schenkte Consalvo, welcher von dem kastilianischen Könige nach Madrid entführt worden war, im Jahre 1515 Andria seiner Tochter als Mitgift, und diese brachte das Herzogtum an ihren Gemahl, Don Luis Guevara de Cordova, und an dessen und ihre Nachkommen. Als sodann im Jahre 1527 der Marschall Lautrec seinen tollkühnen Zug nach Neapel unternahm, wurde Andria, vielleicht aus Rache des Schimpfs jener «Disfida di Barletta», von den Franzosen in Brand gesteckt. Ein Enkel Guevaras, mit Namen Consalvo, verkaufte im Jahre 1552 Andria dem Don Fabrizio Caraffa, welcher Graf des benachbarten Ruvo war. So ging das Herzogtum an diese Familie über. Sie war im 17. Jahrhundert eins der mächtigsten unter den Baronalgeschlechtern Neapels und fast den Balzi vergleichbar.

Die Caraffa von Ruvo wohnten im Palast zu Andria fast drei Jahrhunderte lang, bis sich die Katastrophe der Familie Balzo in ihrem Hause wiederholte. Der Erstgeborene, Ettore Caraffa Graf von Ruvo, war ein glühender Anhänger der Republik, welche die Franzosen unter Championnet in Neapel eingerichtet hatten. Er führte im Jahre 1799 neben dem General Duhesme republikanische Truppen nach Apulien, um diese Provinz den Bourbonen wieder zu entreißen, welche bereits Andria und Trani besetzt hatten. Ettore leitete selbst den Sturm gegen seine eigene Vaterstadt, und hier zeigt man noch die Stelle, wo dieser kühne Republikaner als der erste die Mauern erstiegen hatte. Zehntausend Bourbonische und das von den Pfaffen fanatisierte Volk verteidigten Andria mit Wut, aber die Republikaner drangen ein. Sie metzelten die Bürgerschaft nieder. Auf den Rat des wilden Caraffa wurde Andria, sein eigenes Besitztum, in Asche gelegt. Aber bald genug eroberte der gräßliche Kardinal Ruffo ganz Apulien. Caraffa ergab sich in Pescara; wider den Vertrag wurde er in den Kerker nach Castel Nuovo abgeführt und hier, nach der Rückkehr der Bourbons, hingerichtet. Colletta erzählt von ihm: «Er, ein Edelmann, sollte durch das Beil sterben; rücklings wollte er hingelegt sein, um mit Verachtung die Maschine herabfallen zu sehen, welche Feiglinge fürchten.»

Das Haus Caraffa wurde gleichwohl später in den Besitz seiner Güter in Andria gesetzt, und erst vor wenigen Jahren hat die verarmte Familie diese verkauft. Sie hat dort nichts mehr behalten als das Hohenstaufenschloß Castel del Monte. Dies ist es, was ich von der Geschichte Andrias zu sagen hatte.

Die Stadt liegt wenig mehr als eine Stunde vom Meer entfernt, auf einer reichbebauten Ebene. Hinterwärts wird dieses Flachland von einer wellenförmigen Hügelkette abgeschlossen, auf welcher, einer Pyramide ähnlich, eine Anhöhe hervortritt, auf ihrer Spitze ein Schloß tragend. Es ist Castel del Monte.

Die Landschaft ist ein unabsehbarer Mandelgarten. Oliven- und Weinkultur, auch Orangenpflanzungen wechseln damit ab, doch vorherrschend ist der Mandelbau. Wer die volkswirtschaftlichen Verhältnisse Apuliens nicht kennt, möchte glauben, daß die in solcher paradiesischen Fülle der Natur lebenden Menschen im Reichtum schwelgen, und er wird dann mit Verwunderung wenige reiche Besitzer und Tausende von mühselig ihr Leben fristenden Bauern und Tagelöhnern vorfinden.

Hart vor Andria überschreitet man den Tratturo, die mit Gras bedeckte breite Wanderstraße der Herden Apuliens. Die Mauern der

Stadt sind gefallen oder nur noch stellenweise erhalten. Sie breitet sich in weißen Massen in dieser Ebene aus, denn alle Häuser sind entweder weiß übertüncht oder aus dem apulischen Kalkstein von weißgelber Farbe erbaut. Der herzogliche Palast der Balzi und Caraffa neben der Kathedrale mit hohem Turm bildet den monumentalen Mittelpunkt Andrias, aus deren Straßen noch viele andere Kirchen und Türme und hie und da ein Palast aufsteigen. Es ist eine massiv und solid gebaute Stadt moderner Erscheinung, aber trotz ihrer Größe – sie zählt 35 000 Einwohner – von so wenig vornehmem Aussehen, daß sie durchaus den Eindruck einer Stadt von Ackerbauern macht.

Ich fand sie in den Tagesstunden leer und tot, am Abend von Volk wimmelnd, das heißt nur von einer und derselben Klasse belebt, von Bauern und Feldarbeitern, in die blaue Jacke des Landes gekleideten Menschen von brauner Gesichtsfarbe und meist edel geformten Zügen. Die ruhige Gelassenheit dieser Hunderte von Menschen, wie sie auf den Plätzen umherstanden, ist mir ganz besonders aufgefallen. Es scheint ein gesittetes und gutgeartetes Volk zu sein, welches sich in einem immer gleichen Tempo zwischen Arbeit und Muße ohne Hast bewegt. Aber diese Ruhe macht nicht den Eindruck des Bewußtseins behaglichen Daseins, sondern den eines apathischen Zustandes in althergebrachten, stets erduldeten Verhältnissen. Die Geschichte Andrias, und sie gilt hier für hundert andere Städte des Königreichs Neapel, wo, wie in keinem andern Lande der Welt, der Feudalismus sich in Jahrhunderten schichtweise abgelagert hat, wird es klargemacht haben, daß die Bevölkerung dieser Stadt keine Entwicklung zum Wohlstand hat nehmen können. Sie ist die Geschichte eines nie unterbrochenen, bis auf die moderne Zeit fortgesetzten Feudaldrucks. Die Blutsauger des Volkes waren hier der Baron und sein Verbündeter, der Priester. Beide teilten sich in den Besitz der Äcker; fast die größere Hälfte der Landschaft Andrias war das Eigentum der toten Hand. Die Barone sind schließlich dahingeschwunden. Auch das Kirchengut ist endlich zum großen Teil verkauft worden. Aber diese Veränderung wurde eine Wohltat, die praktischerweise nur einzelnen Besitzern zugute gekommen ist, welche nämlich reich genug waren, die ausgebotenen Güter zu kaufen. Ein freier Bauernstand ist nicht geschaffen worden. Die Zustände sind dieselben geblieben; wenige besitzen, die große Masse sind Kolonen und Löhner.

Die schreienden Übel eines solchen Wesens in Süditalien und die soziale Krankheit, welche sich als dessen Folge in manchen Provinzen eingewurzelt hat, haben neuerdings die lebhaftesten Erörterungen veranlaßt, sowohl im italienischen Parlament als in der Presse. Ich erinnere u. a. an die in der «Opinione» erschienenen mittelländischen Briefe Villaris, welche ein wohlverdientes Aufsehen gemacht haben.

Auch Andria lehrt, daß der Mangel des besitzenden Bauernstandes den andern einer durch Arbeit und Industrie reich gewordenen Bürgerschaft bedingt. Den bei weitem größten Teil der Bevölkerung dieser Stadt bilden noch heute die Ackerbauern: sie wohnen nicht auf den Feldern, sondern in der Stadt selbst. Täglich ziehen hier zehntausend Feldarbeiter mit ihren Tieren aus und ein; so sagte mir der Syndikus Andrias, und er ließ mich selbst damit meine Frage beantworten: warum man die Straßen eines so stattlich gebauten Ortes nicht sauberzuhalten vermöge.

Die Läden der Kaufleute und Handwerker zeigen einen nur primitiven Grad fast durchgehends bäuerischer Bedürfnisse. Im Mittelalter war Andria durch seine Töpfereien berühmt, und diese mochten noch eine Überlieferung der alten Vasenkunst sein; denn das nahe Ruvo, fortdauernd ein Fundort herrlicher Gefäße, wie sie das Museum Jatta daselbst gesammelt hat, lehrt, daß jene Kunst hier im Lande heimisch war. Heute ist auch dieser Fabrikbetrieb auf das Notwendigste beschränkt.

Das jahrhundertelange Stehenbleiben volkreicher Orte Apuliens auf einer und derselben Stufe, des Ackerbaues nämlich, ohne daraus einen höheren bürgerlichen Organismus zu entwickeln, ist etwas durchaus Befremdendes. Man denke sich eine Stadt von 35 000 Einwohnern irgendwo in Toskana und Oberitalien, von Deutschland und England nicht zu reden, so würde sie ohne Zweifel ein vielfach gegliedertes Leben darstellen, welches sich in sozialen Vereinen, in Assoziationen von Arbeit und Kapital, in vielerlei Anstalten geselliger, musikalischer und wissenschaftlicher Natur auseinanderlegt. Nichts der Art ist hier zu finden; das einzige korporative Wesen ist das althergebrachte geistlicher Genossenschaften.

So große Städte dieses Landes wie Andria haben weder ein Lokal für gesellige Zusammenkünfte der Bürger noch überhaupt irgendein Gasthaus, wo Reisende auch nur mittelmäßigen Standes einkehren können. Sie müßten denn in irgendeiner schmutzigen Taverne sich einquartieren wollen. Der Grund dieser auffallenden Tatsachen liegt nicht gerade darin, daß Andria noch keine Eisenbahn besitzt, denn in Trani selbst fand ich noch im Jahre 1874 das erste Gasthaus der Stadt in einem geradezu unerträglichen Zustande; er liegt vielmehr darin, daß die mangelnde Betriebsamkeit und das unentwickelte Leben der Bürgerschaft die Entstehung von Hotels noch nicht zum Bedürfnis gemacht haben. Der Reisende ist demnach noch heutigentags, wie im Mittelalter, auf die Gastfreundschaft der Bürger angewiesen, und hier tritt ihm wieder die Lichtseite dieses Zustandes entgegen, nämlich die Fortdauer einer alten und edeln Tugend.

Wir genossen in Andria die liebenswürdigste Gastfreundschaft einer angesehenen Familie, deren Haupt ein ehrwürdiger Greis, der Domherr Guglielmi, ist. Sein Neffe Domenico war mir schon durch Rafael Mariano in Rom bekannt geworden als ein leidenschaftlicher Verehrer der deutschen Kultur. So fand ich in Andria ein Haus, worin man deutsche Studien betrieb und dem deutschen Wesen eine aufrichtige Liebe entgegenbrachte.

Ich will bei dieser Gelegenheit bemerken, daß die geistige Annäherung Italiens an Deutschland überhaupt im Zunehmen begriffen ist. Denn so ist die gegenwärtige freundliche Beziehung zu nennen: sie ist Annäherung, aber keine Sympathie. Die platonische Freundschaft, welche die Italiener heute für uns Deutsche empfinden, hat zu ihrer festesten Grundlage die Achtung der deutschen Wissenschaft. Die politischen Motive, welche seit 1866 hinzugekommen sind, haben zwar einen augenblicklich hohen Wert, aber dauernd und wesentlich sind sie nicht. Es lauert im Herzen vieler Italiener leider noch immer der alte Widerwille gegen die Deutschen. Denn die Eindrücke einer jahrhundertealten Geschichte, in welcher sich dieses Land mit und ohne sein Verschulden tatsächlich als Beute deutscher Eroberung und Fremdherrschaft befunden hat, lassen sich nicht in wenigen Jahren aus dem Volksgefühl vertilgen. Die Sympathien Italiens gehören auch heute noch dem ihm stamm- und kulturverwandten Frankreich an. So kurz ist nicht das Gedächtnis der Italiener, daß sie die einzige ruhmvolle Epoche ihrer jüngsten Nationalerhebung vergessen sollten, die Zeit, als Cavour mit Hilfe Napoleons III. seinen kühnen Plan ins Werk setzte und so Großes erreichen konnte. Nur die Erinnerung an jenes Bündnis mit Frankreich ist für sie reich an genialen Taten der Staatskunst und an tapfern Taten der Armee; und nur sie ist frei von dem Bewußtsein tiefer Demütigungen, wie sie Italien im Jahre 1866 erfahren hat.

Selbst der Verlust Nizzas und Savoyens hat die Sympathien der Italiener für Frankreich kaum gemindert. Im Jahre 1870 verhinderte nur die Schnelligkeit unserer Siege das Bündnis Italiens mit Napoleon, und der Zug Garibaldis, eines Patrioten, den man als Repräsentanten des italienischen Volksinstinkts gelten lassen darf, nach Frankreich, zur Bekämpfung derselben Preußen, denen sein Vaterland nacheinander die Befreiung Venedigs und den Fall des Papsttums in Rom verdankte, entsprang nicht der Schwärmerei für ein republikanisches Ideal allein, sondern auch dem romanischen Verwandtschaftsgefühl. Wenn sich das neue Italien heute aus Notwendigkeit unter den Schutz des Prinzips und der Macht des neuen Deutschlands stellen muß, so kann doch eine Zeit kommen, wo es ein viel wärmer und national empfundenes Bündnis mit Frankreich schließt.

Trotzdem dürfen wir hoffen, daß die Kraft rationeller und praktischer Ursachen die gegenseitige Achtung und die freundliche Beziehung der deutschen und italienischen Nation zueinander mit jedem Jahre stärker machen wird.

Deutschland trennt von Italien eine schwer auszugleichende Verschiedenheit der Rasse, der Religion und der ganzen hier lateinischen, dort germanischen Bildung. Es fehlt noch den Italienern, dem Volk der schön begrenzten Formenplastik, in seinem natürlichen und geistigen Wesen das Verständnis für ganze große Distrikte in der germanischen Volksnatur. Vieles, was diese gerade aus den Tiefen ihres Seelenlebens offenbart, bleibt jenen unzugänglich. So viele Versuche auch gemacht worden sind, die deutsche Poesie und Musik in Italien einzuführen, so sind sie doch alle als gescheitert zu betrachten. Wir haben es vermocht, so gut dem Dante wie dem Shakespeare einen Kultus zu weihen, welcher fast national zu nennen ist: aber es ist zweifelhaft, ob unsere größten Dichter und Musiker ihre Altäre und Jünger in Italien haben werden, wenn ihre Werke und deren Wirkung in der Welt den langen Zeitraum Dantes und Shakespeares werden zurückgelegt haben.

Gleichwohl ist es nicht übertrieben, zu sagen, daß die Italiener heute mit Ehrfurcht auf Deutschland blicken, als auf eine terra sacra, worauf die Weihe des Gedankens liegt, und wo die Tempel des Wissens stehen. Die ungeheure Geistesarbeit, welche das deutsche Volk in seinem von der Natur nur mittelmäßig ausgestatteten Lande seit drei Jahrhunderten geleistet hat, und die logische Methode, in der es diese Arbeit darstellt, erregen das Erstaunen der Lateiner. Hier ist es das klare, wenn auch nicht in unserm Sinn schöpferische Denken, die Reflexion, der lebendige Trieb, alles Gedachte praktisch zu verwerten, endlich das Gefühl der Reformationsbedürftigkeit seiner im römischen Katholizismus dumpf gewordenen Geisteswelt, was den Italiener der deutschen Wissenschaft entgegenführt. Um dieser willen lernt er unsere Sprache. Er will vor allem die deutschen Denker begreifen.

In seiner geistvollen Schrift über Cavour und dessen Formel «Freie Kirche im freien Staat» hat der Philosoph Vera die Behauptung aufgestellt, daß die vollkommensten Offenbarungen des deutschen Geistes Luther und Hegel seien, und diese Ansicht wiederholte er mir persönlich in Neapel. Wir selbst haben Luther diese höchste Stelle in der Nation gegeben, und wenn wir der Zukunft das Urteil überlassen, ob einst Hegel einen solchen Ehrenplatz einnehmen wird, so werden wir doch schon heute neben Luther noch einige andere Männer der Vergangenheit als die Typen deutschen Geistes zu nennen haben. Es ist bezeichnend für das Verhältnis der Italiener zu unsrer Kultur, daß einem ihrer scharfsinnigsten Denker der Gegenwart Lessing, Goethe und Schiller auf einem nicht gleichhohen Gipfel des deutschen Geistes zu stehen scheinen, als ihn Hegel einnimmt: während doch diese großen Männer gerade die verständlichsten und vollkommensten Zeugen unsers gesamten Nationalbewußtseins sind, in denen die reformatorische und philosophische Idee Deutschlands ihre künstlerische Realität gewonnen hat. Es mag indes sein, daß Vera hier den deuschen Geist wesentlich nur von seiner spekulativen Seite betrachtete, denn er selbst ist ein so gründlicher Kenner und so aufrichtiger Verehrer der germanischen Literatur wie wenige seines Volks.

Luther steigt gerade jetzt immer höher vor der Welt auf. Die Italiener begreifen erst heute mehr und mehr diesen größten Freiheitshelden der modernen Kultur, nachdem sie angefangen haben, seine Heldengestalt vom Schmutze zu reinigen, mit dem die jesuitische Literatur dieselbe beworfen und unkenntlich gemacht hat. Sie erkennen, daß jene ganze unermeßliche Geistesarbeit der Deutschen die Wirkung der Reformation gewesen ist und daß selbst die jüngste Wiedergeburt und Machtentfaltung des Deutschen Reiches den Gedanken Luthers zu ihrer Voraussetzung hat. Sie wiederholen täglich das Wort Machiavellis, daß der moralische und politische Verfall Italiens die Schuld der Priesterreligion sei, aber sie selbst überliefern sich noch heute demselben Priestertum, welches nach wie vor ihr Gewissen und ihre Schule beherrscht, und derselben Papstkirche, deren Ziel die Alleingewalt des Priesters ist, deren Mittel zu diesem Ziele sind: die Knechtung des wissenschaftlichen Bewußtseins und die Zerstörung der politischen Nation. Bei der verzweifelten Unfähigkeit, den politischen Gedanken mit dem reformatorischen zu verbinden, wodurch allein erst ein Volk lebensfähig wird, blicken die Italiener mit Achtung auf Deutschland, wo sie das Volk sehen, dessen Gewissen sich nicht durch die Priesterlüge ketten ließ und dessen Kulturstaat zu seiner Basis nicht eine tote politische Formel, sondern die lebendige Wissenschaft hat. So verschieden von der unsrigen auch ihre, namentlich der einseitigen Cavourianer Ansicht über die Mittel des sogenannten «Kulturkampfes» sind, so verkennen sie doch dessen Bedeutung für Europa nicht, und sie begreifen, daß ein Staat, der aus dem Prinzip der Reformation entstanden ist, den Beruf und die Macht hat, auf ihren Wegen vorwärtszugehen. Dieselben von Deutschland geführten Kämpfe mit der römischen Kirche und dem Jesuitismus haben, in Verbindung mit dem Sturze des weltlichen Papsttums in Rom, auch die Erinnerung an die Hohenstaufen in Italien wieder lebendig gemacht. Denn auch die Heldengestalten Barbarossas, Friedrichs II. und seiner Epigonen steigen gerade jetzt immer größer empor, und immer verständlicher wird ihre kulturgeschichtliche Bedeutung im Licht der Gegenwart.

Hier in Andria sind mehrere Straßen mit hohenstaufischen Namen benannt. Alle diese aber sind neu eingeführt; sie gehören einem neuen Bewußtsein der Italiener von ihrer Vergangenheit und einer modernen Auffassung der Geschichte an. Diese Wahrnehmung wird man heute oft in Städten Italiens machen. Ich habe mich bei Gelegenheit Manfredonias bereits darüber ausgesprochen und auch die Gewaltsamkeit beklagt, mit welcher diese städtische Neutaufe nur zu oft betrieben wird. Bisher waren, wie in Rom, so in allen Städten Italiens, die Straßen zum größten Teil von Kirchen und ihren Heiligen benannt, denn die Kirche hat hier überall dem Leben ihren Stempel und Kalender aufgedrückt. Wo es nur irgend möglich ist, löscht nun heute das neue Geschlecht die mittelaltrige, das heißt kirchliche Legende ihrer Städte aus und ersetzt sie durch die nationale und bürgerliche. Das ist sehr passend, wenn das lokal Bedeutende dabei festgehalten wird. Nicht immer ist dies in Andria geschehen, denn auch hier gibt es viel Willkürlichkeit in der Namengebung. Es ist in der Ordnung, wenn Straßen nach verdienten Bürgern genannt werden, wie nach Flavio de Excelsis oder nach Carlo Troya, dem bekannten liberalen Minister Neapels im Jahre 1848 und hochverdienten Geschichtsforscher, welcher in diesem Ort geboren war. Aber warum hier Straßen den Namen Salvator Rosa und Cimarosa tragen, weiß wohl niemand recht zu sagen.

Es gibt in Andria Plätze und Straßen, die nach Friedrich II., nach Konrad IV. und Manfred benannt sind; auch fand ich eine Via Jolantha und Via Pier delle Vigne. Die Via Frederico II. di Svevia ist die Fortsetzung der langen Straße Corrado IV.; sie führt auf das Tor S. Andrea, auf welchem die schon bemerkte Inschrift steht: «Imperator Federicus ad Andrianos: Andria Fidelis Nostris affixa midullis 1230.» Dieses Tor, das letzte übriggebliebene der alten Stadttore Andrias, ist im Rokokostil erneuert worden im Jahre 1593. Neben ihm steht die älteste Kirche der Stadt, Sant'Andrea, und daneben liegt das Viertel le Grotte di Sant'Andrea, wo nach der Ansicht der Antiquare der erste Ursprung der Stadt zu suchen ist. Dieses Quartier ist ein malerisches Labyrinth von noch altertümlichen Häusern mit Hallen und Terrassen. Es wird von dem ärmlichsten Teil des Volks bewohnt, den Frascari, Menschen, die vom Verkauf von Reisigbündeln kümmerlich ihr Leben fristen.

Wenn es im Mittelalter in Andria noch Denkmäler aus der Hohenstaufenzeit gegeben hat, so sind diese in den Katastrophen der Stadt unter den Anjou und Aragonen, endlich in dem Brande des Jahres 1799 untergegangen. Dieses letzte furchtbare Unglück hat den Verlust vieler Monumente in Kirchen und anderen öffentlichen Gebäuden zur Folge gehabt.

Damals wurden nur wenige Kirchen verschont. Einige haben ihre Fassaden und Portale gerettet. So die der Porta Santa, ein einfacher und schöner Kuppelbau mit Kreuzgewölben. Sie führt ihren Namen von der Legende, welche erzählt, daß Petrus durch das Stadttor in der Nähe seinen Einzug in Andria gehalten habe. Die Gründung der Kirche wird Konrad IV., ihre Vollendung dem König Manfred zugeschrieben. Aber diese Angaben sind unsicher; wenn sie ein ursprünglich hohenstaufischer Bau gewesen ist, so wurde sie doch später umgebaut, und sie erscheint heute durchaus als ein Werk der Renaissance. Auf den Pilastern ihres schönen Portals sieht man zwei steinerne Bildnisse in Medaillenform, und diese benennt man ohne jeden Grund Friedrich und Manfred, da sie modernen Ursprungs sind.

Älter sind die Kirchen S. Francesco, mit einem Kloster gotischen Stils, in dessen Kreuzgang altertümliche, verwischte Fresken zu sehen sind; S. Domenico mit einem zerstörten Klosterhof in gleichem Stil, worin der Herzog Francesco II. del Balzo begraben liegt, und die ursprüngliche Templerkirche Sant'Agostino mit einem bemerkenswerten gotischen Portal von schöner Zeichnung und mit vorzüglichen Skulpturen in der Lünette. Diese Kirche hatte Friedrich II. dem Orden der Deutschen Ritter zum Eigentum gegeben, den er im Jahre 1230 mit vielen Gütern in Andria ausstattete. Die Deutschherren besaßen überhaupt in Apulien reiche Kommenden, wie die Abteien bei Siponto, bei Terlizzi und Cerignola, und große Hospitäler in Brindisi und Barletta. Ihre Kirche zu Andria kam im Jahre 1387 in den Besitz der Augustiner. Jene genannten Kirchen sind hier die hauptsächlichsten Denkmäler der Gotik; außer ihnen hat sich derselbe Stil nur noch in wenigen Gebäuden erhalten, wie im Palast Torre.

Der gotisch angelegte Dom San Riccardo erfuhr einen mehrfachen Umbau, namentlich seit 1463, wo ihn der Bischof Antonius de Joannocto erneuert hat. Er ist eine schöne und stattliche Kirche von drei gleich großen Schiffen, bietet aber nichts besonders Denkwürdiges dar. Die Denkmäler in seinem Innern sind untergegangen. Vergebens bemühte ich mich, eine Spur von den Mausoleen der beiden Kaiserinnen Jolantha und Isabella aufzufinden. Beide Frauen Friedrichs II. waren in einer unterirdischen Kapelle bestattet, welche später zu einem Beinhaus diente und verschlossen wurde. Man müßte die Kapelle von dem in ihr angehäuften Schutt befreien, um die Reste der kaiserlichen Sarkophage und die Grabinschriften wieder ans Licht zu bringen.

Unmittelbar neben dem Dom steht der Palast der Herzöge Andrias, ein großer viereckiger Bau, welcher seinen mittelalterlichen Charakter, die Türme und Zinnen, längst verloren hat. Hier wohnten die Balzi und dann die Caraffa. Der Brand im Jahre 1799 beschädigte den Palast und zerstörte zugleich den größten Teil des herzoglichen Archivs; was davon noch gerettet worden war, soll, wie man mir in Andria erzählte, an die Gewürzkrämer verkauft worden sein, als nämlich die Herzöge Caraffa selbst ihren Palast verkauften. Es erstand ihn ein wohlhabender Besitzer der Stadt, Herr Spagnoletti. So ging diese alte Residenz feudaler Grafen und Herzöge in die Hände eines einfachen Bürgers über, wie viele andre Schlösser und Paläste berühmter Geschlechter im ehemaligen Königreich Neapel das gleiche Schicksal erfahren haben.

Es gibt in Andria noch einige ansehnliche Paläste, die im Besitz reicher Bürger sind. So jene der Familie Ceci in der besten und saubersten Straße Sant' Agostino. Auch das Munizipium, welches über beträchtliche Einkünfte verfügt, hat sich im Jahre 1860 einen schönen Gemeindepalast gebaut. Seinen Hauptsaal zieren viele Porträts der Balzi und Caraffa; auch zeigt man dort das Bildnis Konrads IV., natürlich ein fingiertes.

Eine Stunde von der Stadt entfernt liegt mitten im Felde der Kampfplatz der berühmten «Disfida di Barletta». Dort fochten am 13. Februar 1503 dreizehn italienische Ritter mit ebenso vielen auserwählten Franzosen einen Zweikampf aus, welchen höhnische Bemerkungen französischer Edler über die Kriegsuntüchtigkeit der Italiener veranlaßt hatten. Der große Kapitän Consalvo, Oberbefehlshaber der spanischen Macht, bekämpfte damals von Barletta aus die Franzosen in Apulien, und unter seinen Fahnen dienten viele Italiener im Solde Spaniens, namentlich Ritter aus dem Hause der Colonna. Das militärische Ansehen Italiens war so tief gesunken, daß es mit Recht den Spott der Franzosen erregte. Dieses Land, worin noch am Anfange des 15. Jahrhunderts der Ruhm großer Generale, wie der Sforza und Braccio, und ihrer kriegerischen Einrichtungen geglänzt hatte, war so wehrlos geworden, daß es Karl VIII. von Frankreich von den Alpen herab bis nach Neapel durchziehen und erobern konnte, mit Sporen aus Holz an den Stiefeln und dem Kreidestift in der Hand, um die Quartiere der Armee in den Städten aufzuzeichnen, wie Alexander VI. ironisch sagte. Die Ausforderung der Italiener galt der Ehre des Vaterlandes, und der ritterliche Zweikampf sollte dartun, daß in dem unglücklichen, zerrissenen, von Spaniern und Franzosen zerfleischten Lande, wenn auch nicht mehr die politische Kraft und Tugend, so doch die Tapferkeit der Väter noch fortlebte. Der Zweikampf erhielt eine nationale Bedeutung, und in Wahrheit ist nie ein so vernünftiger irgendwo ausgefochten worden.

Seine Ordner waren für die beiden Parteien die berühmtesten Kriegsmänner jener an Helden so reichen Zeit, der Ritter Bayard und der Römer Prospero Colonna, der Richter und die Zeugen waren die

Tapfersten beider Heere, angehörig den drei romanischen Nationen. Man hatte festgesetzt, daß jeder Besiegte seine Pferde und Waffen und hundert Golddukaten dem Überwinder ausliefern solle. Die tapfern und fröhlichen Franzosen erschienen in ihrem nationalen Übermut so siegesgewiß, daß ihrer keiner jene Summe Goldes mit sich gebracht hatte. Aber das Los fiel anders aus als ihre Erwartung; ein Franzose blieb tot auf dem Kampfplatz, die andern wurden verwundet in das Kastell Barletta abgeführt, wo sie erst ihr Lösegeld aufzubringen hatten und dann freundlich entlassen wurden.

Der für die Ehre Italiens ruhmvolle Ausgang des Zweikampfes ist in hundert gleichzeitigen und späteren Schilderungen beschrieben worden. Die französische Eitelkeit erlitt die verdiente Züchtigung, und diese war das Augurium des baldigen Untergangs der Armee Frankreichs in Neapel. Ganz Italien jubelte, nur mischte sich in diese patriotische Freude das demütigende Bewußtsein, daß der ritterliche Sieg nicht für die Freiheit des Vaterlandes, sondern unter den Fahnen des spanischen Eroberers erfochten war, der bald darauf halb Italien knechten sollte. Gleichwohl ist jene Stelle mit Recht den Italienern heilig; denn hier erhob sich doch ihr Selbstbewußtsein wieder aus einer langen Schmach. Diesen Kampfplatz tapfrer Männer, wo nur 26 Streiter gegeneinander fochten, darf man immerhin mit mehr innerem Anteil betreten als hundert Schlachtfelder, worauf ganze Armeen für die Launen der Könige oder die Ländergier der Eroberer verbluteten.

Die Stelle liegt unter Weingärten auf ebenem Felde. Sie ist durch ein steinernes Denkmal in Form eines antiken Grabmals mit gegiebelter Front bezeichnet, welches vom Volk «Epitaffio» genannt wird. Dasselbe setzte im Jahre 1583 der Herzog Ferrante Caracciolo als Präfekt der Terra d'Otranto. Die Inschrift darauf lautet:

Quisquis Es Egregiis Animum Si Tangeris Ausis
    Perlege Magnorum Maxima Facta Ducum
Hic Tres Atque Decem Forti Concurrere Campo
    Ausonios Gallis Nobilis Egit Amor
Certantes Utros Bello Mars Claret Et Utros
    Viribus Atque Animis Auctet Alatque Magis
Par Numerus Paria Arma Pares Aetatibus Et Quos
    Pro Patria Pariter Laude Perisse Juvet
Fortuna Et Virtus Litem Generosa Diremit
    Et Quae Pars Victrix Debuit Esse Fuit.
Hic Stravere Itali Justo In Certamine Gallos
    Hic Dedit Italiae Gallia Victa Manus
              O-P-T. Max. Exercituum Deo.

Ferdinandus Caracciolus Aerolae Dux Cum A Philippo
Regum Max. Novi Orbis Monarca Salentinis Japicibusque
Praefect. Imperaret Virtutis
Et Memoriae Causa Octaginta Post Annis
Anno a Christo Deo Nato MDLXXXIII.

Darunter: Patriae Gloriae Monumentum
Capitulum Tranense Refecit MDCCCXLVI.

Wer du immer auch seist, dem kühnes Wagnis das Herz rührt,
Lies die Taten hier jetzt, die große Führer vollbracht.
Edelste Liebe trieb an hier dreizehn tapfre Ausonier
Kühn zu schreiten zum Kampf mit dreizehn Tapfren der Gallier.
Beiden leuchtete Mars voran in krieg'rischem Kampfe,
Gebe er beiden auch Mehrung an Geist und an Kraft.
Gleich war bei beiden die Zahl, gleich waren das Alter, die Waffen,
Gebe das Schicksal auch, daß mit gleichem Ruhme sie starben,
Wenn für des Vaterlands Wohl einstens der Tod sie erreicht.
Tapferkeit edelster Art hat hier das Streiten geendet.
Sieger blieb schließlich der, dem es das Schicksal bestimmt.
Italiener sie warfen im rechten Kampfe die Gallier,
Gallien aber besiegt, gab hier Italien die Hand.

Von diesem Denkmal nach Andria zurückkehrend, nahmen wir den
Weg über Corato, einen kleinen aus gelbem Kalkstein zierlich erbauten Ort, mitten in Wein- und Olivengärten. Ich sah kaum eine so
freundliche und reinliche Stadt in Apulien, und meine Verwunderung
darüber ausdrückend, erhielt ich die Erklärung: daß sie sauber sei,
weil die Feldarbeiter nicht in ihr, sondern auf den Feldern wohnen.
Diese selbst, namentlich die Weinberge, sind musterhaft gehalten.
In ihnen bemerkt man an vielen Stellen kegelförmige Häuschen («ca-
sella» genannt), welche aus Kalkstein ohne Mörtel zusammengesetzt
sind. Sie dienen zur Aufbewahrung von Werkzeugen des Feldbaues
und zur Lagerstätte für die Wächter.

Ich hatte einen ganz besonderen Grund, Corato zu besuchen; denn
diese Stadt ist jenes Quadrata oder auch Curiata, welches der unglückliche Don Alfonso von Aragon nebst Bisceglie von der Krone Neapels
empfangen und seiner Gemahlin Lucrezia Borgia als Heiratsgut mitgebracht hatte. Von Corato aus ist auch das nahe Bisceglie (im Altertum Vigilia) zu sehen, eine schöne Hafenstadt am Meere, mit weißen
Häusermassen und vielen Türmen. Alfonso war davon Herzog, und
diesen Titel führte auch Donna Lucrezia fort, nachdem ihr Bruder
Cesar ihren Gemahl hatte erwürgen lassen. Zur Zeit jenes Zweikampfes lebte sie schon in Ferrara, aber Corato wie Bisceglie gehörten noch

ihrem kleinen Sohne Rodrigo. Cesar Borgia selbst war im Jahre 1502, zur Zeit als er und sein Vater Alexander sich enge an die Politik Spaniens angeschlossen hatten, vom König Ferdinand dem Katholischen sogar zum Herzog Andrias («Dux Handrie») ernannt worden. Er war also der unmittelbare Vorgänger jenes Consalvo, welcher ihn nur ein Jahr später in Neapel verräterisch gefangennahm und nach Spanien schickte und dann selbst Andria von der Krone Spaniens zum Lehn erhielt.

Von Corato gelangt man in weniger als zwei Stunden nach der Stadt Ruvo, welche seit dem Anfange dieses Jahrhunderts als Fundort antiker Vasen aus gebranntem Ton berühmt geworden ist. Ruvo ist ein ansehnlicher Ort von etwas mehr als 12 000 Einwohnern, in einer fruchtbaren, überaus weinreichen Landschaft gelegen, wie Corato und Andria. Seinen unzweifelhaften griechischen Ursprung beweisen die antiken Gräber, die überall nicht nur draußen auf den Feldern, sondern mitten in der Stadt gefunden werden. Aus den bildlichen Darstellungen auf vielen jener Vasen, die man aus ihnen hervorgezogen hat, aus Szenen nämlich der Theseussage und andern attischen Mythen, hat ein literarisch gebildeter Bürger der Stadt, Herr Giovanni Jatta, den Schluß gezogen, daß Ruvo eine alte attische Kolonie gewesen sei.

Dies mag auf sich beruhen; genug, daß es eine Reihe von antiken Münzen gibt, welche die griechische Aufschrift
ΡΥΒΑ, ΡΥΨ, ΡΥΒΑΣΤΕΙΝΩΝ
tragen. Horaz nennt den Ort Rubi:

> Inde Rubos fessi pervenimus, utpote longum
> Carpentes iter et factum corruptius imbre.
> Postera tempestas melior, via peior ad usque
> Bari moenia piscosi.
> Satir., I., v, 94.

> *Müde erreichten wir Rubi, denn lang war die Strecke,*
> *die wir durchwandert, und gründlich verdorben*
> *vom tückischen Regen.*
> *Besser war folgenden Tages das Wetter,*
> *doch schlechter der Weg noch.*
> *Bis an Bariums Mauern, der Stadt des ergiebigen*
> *Fischfangs.*

Die Einwohner der Stadt nennt Plinius «Rubastini». Von ihren geschichtlichen Verhältnissen während des Altertums und in langen Jahrhunderten des Mittelalters ist kaum etwas bekannt. Jatta mußte daher in einige Verlegenheit kommen, als er die Geschichte seiner Vaterstadt zu schreiben unternahm. Sein Werk erschien im Jahre

1844 zu Neapel unter dem Titel: «Cenno storico sull' antichissima città di Ruvo nella Peucezia.»

In der normannischen Zeit gehörte die Stadt zur Grafschaft Conversano, dann wurde sie ein eigenes Lehn, dessen Zustände jedoch völlig dunkel geblieben sind. Im 15. Jahrhundert waren die Balzi des benachbarten Andria, später die Caraffa Grafen von Ruvo.

Die Residenz dieser Feudalherren war das dortige Kastell, von dem sich noch starke Überreste mit einem kolossalen Turm erhalten haben. Die Zeit der Erbauung der Burg ist unbekannt.

Dem 12. oder 13. Jahrhundert gehört die Kathedrale Ruvos an, wie das aus ihrem Baustil geschlossen werden darf. Diese Kirche, eine mäßige Basilika von drei Schiffen und drei Apsiden, hat ein mit Skulpturen reich verziertes Portal im Rundbogenstil und zwei Seitenportale; in der Mitte der Fassade eine Fensterrose. Neben ihr steht ein finstrer, hoher Glockenturm. Das Ganze, ernst und düster, von der Zeit geschwärzt, sieht in der Umgebung der engen, kleinen Straßen sehr fremdartig aus. Es ist die plastische Gestalt einer für uns rätselhaft gewordenen Vergangenheit, die sich hier plötzlich dem Blick enthüllt.

Das Menschengeschlecht, welches diese Kirche gebaut hat, von deren Entstehungszeit, unter uns gänzlich unbekannt gebliebenen Bischöfen und Grafen, wir gar nichts wissen, ist für uns kaum minder geheimnisvoll als jenes antike, welches die kunstvoll geformten und bemalten Vasen in die Gräber Ruvos legte.

Denkmäler sind psychologische Offenbarungen des Lebens der Menschheit. Der Architekt und der Kunstkenner mißt und zergliedert sie, und er ordnet sie den Systemen der Kunstgattungen und Stile ein; der Kulturforscher bringt sie in synthetischen Zusammenhang mit dem Leben selbst, und er würde das innerst Wahre und Wirkliche angedeutet haben, wenn es ihm gelänge, nach Denkmälern den geistigen Organismus des Menschengeschlechts zu ermessen, aus dessen Bildung und Denkweise gewisse Schöpfungen mit Naturnotwendigkeit entspringen mußten. Aber noch sollen die Geschichtschreiber kommen, welche dieses Geheimnis aufschließen. Wir besitzen heutzutage nur erst das lückenhafte historische Material für eine Philosophie der Entwicklung des schöpferischen Menschengeistes.

Diese Abschweifung hier entstand keineswegs durch etwas Außerordentliches, was der Dom Ruvos darböte, denn diese Kirche ist nur dritten Ranges unter den schönen Bauwerken solcher Natur. Sie entstand vielmehr aus der zufälligen Empfindung des Rätselhaften und Mythischen, welche mich dort durchdrang, und dieses erregte mich nicht weniger, als es der Anblick der Vasen im Museum Jatta tat, in welches wir uns unmittelbar von jener Kathedrale begaben.

Ruvo würde heute ein unbedeutender und von Fremden schwerlich besuchter Ort sein ohne dies sehr merkwürdige Museum.

Schon lange bevor die antiken Tongefäße dieser Stadt von sich reden machten, wurden solche hier gefunden. Arbeiter im Felde und Bürger, welche Häuser bauten, mußten oft genug auf alte Gräber und ihren Inhalt stoßen. Aber man beachtete diese nicht; zahllose Vasen wurden im Lauf der Zeit als Scherben weggeworfen. «In meiner Jugend», so erzählt der Geschichtschreiber Ruvos, «hörte ich von alten Leuten, daß Feldarbeiter, wenn sie antike Gräber fanden, aus Ärger, in ihnen statt Geld nur tönerne Gefäße vorzufinden, diese mit ihren Hacken zerschlugen. Daher kommt es, daß man die städtischen Gründe, wo man Gräber zu entdecken pflegt, mit vielen Scherben antiker Tongefäße bestreut findet. Wie haben sich seither die Zeiten geändert! Denn heute sind es eben diese Feldarbeiter, welche den Anspruch machen, daß jedes Stück einer beliebigen Vase ein Stück Goldes wert sei.»

Die Gefäße Ruvos kamen plötzlich im Jahre 1810 in Ruf, nachdem nämlich ein Maurer mit Namen Rinaldo di Zio beim Graben der Fundamente eines Hauses an den alten Stadtmauern ein Grab entdeckt und in ihm Vasen von besonderer Schönheit der Form und Malerei gefunden hatte. Die königliche Regierung erwarb diese; sie kamen nach Neapel, dann aber mit andern, in Canossa gefundenen im Jahre 1815 nach München, wo sie noch einen ausgezeichneten Bestandteil der dortigen Vasensammlung bilden.

Seit diesem Fund bemächtigte sich der Rubestiner eine wahre Ausgrabungswut. Sie erreichte, nach dem Bericht Jattas, ihre Höhe im Jahr 1822. Ruvo bot damals im kleinen den Anblick der Goldgräbereien Kaliforniens dar. Es bildeten sich Gesellschaften; man durchwühlte die ganze Umgebung der Stadt. Die Felder verwandelten sich in Märkte. «Wenn man alle Vasen», so erzählt Jatta, «die man damals ausgrub, in eine Sammlung vereinigt hätte, so würde dieselbe durch ihre Zahl und ihren Wert vielleicht jede andere in der Welt übertroffen haben.» Die Gefäße Ruvos gingen massenhaft ins Ausland; nebst denen aus Nola, Nocera, Cumae, aus den Städten Apuliens und Lucaniens, und denen Siziliens stehen sie heute im Nationalmuseum Neapels aufgestellt, und auch sonst gibt es schwerlich ein Museum in Europa, welches nicht rubische Tonvasen besäße. Im Angesicht eines so außerordentlichen, glücklich verteilten Reichtums konnten die Bürger Ruvos auch den fremden Museen ihre Schätze gönnen, um so mehr, als der Rechtsgelehrte Giovanni Jatta und sein Bruder Giulio damals den patriotischen Gedanken gefaßt und durchgeführt haben, ihrer Vaterstadt einen guten Teil jener Kostbarkeiten zu erhalten. Diese Bürger gründeten ein Museum der Tongefäße im

Jahre 1820 und vollendeten dasselbe im Jahre 1835. Heute ist es in einem der genannten Familie gehörigen neuen und schönen Gebäude vereinigt. Sein gegenwärtiger Besitzer ist Herr Giovanni Jatta, ein Neffe des eigentlichen Gründers der Sammlung. Er hat sein Museum, den Stolz Ruvos und der ganzen apulischen Umgegend, in einem umfassenden 1178 Seiten starken Katalog beschrieben. («Catalogo del Museo Jatta con breve specificazione dei monumenti da servir di guida ai curiosi per Giovanni Jatta. Napoli 1869.»)

So wunderlich sind die Zusammenhänge von Ursache und Wirkung im Menschenleben: irgendein armer Maurer findet ein paar schöne Vasen, und dieser Fund, der ihm selbst nichts eingetragen hat als ein wenig Geld, gründet in der Folge das Glück und auch den Ruf einer andern Familie. Dem Namen Jatta ist nun für lange Zeit die Fortdauer in der Kunstgeschichte gesichert worden.

Das Museum enthält, alles zusammengerechnet, etwa 1700 Gefäße. Dazu kommt eine Sammlung von Terracotten und Anticaglien verschiedener Natur, und ein Münzkabinett.

Die Vasen Ruvos zeigen mehrere Epochen der Kunst. Viele gehören schon der Zeit des ins Barocke gefallenen Geschmackes dieser schönen griechischen Industrie an. Und sie gibt uns, wenn auch nur in handwerksmäßigem Betriebe, noch heute einen Begriff von der Blüte der hellenischen Malerei überhaupt, deren stofflicher Inhalt, deren vollendeter Adel in der Form im öffentlichen und häuslichen Leben des Volkes sich abgespiegelt hat. In der Blütezeit jener Vasenkunst, die man in Italien die etruskische zu nennen pflegt, erschienen die Figuren in der Regel rot oder gelblich auf dem glänzend schwarzen Grunde des Gefäßes. Der ältere, strengere Stil hat schwarze Figuren auf rotem Grunde.

In der Zeit des Verfalls der Kunst wurden die Vasen an Umfang größer, bunter in der Dekoration und überhaupt rokokohaft überladen.

Ein Sohn des Herrn Jatta hatte die Güte, uns einige Gräber zu zeigen, von denen eins eben erst beim Legen der Fundamente eines Hauses mitten in der Stadt entdeckt worden war. Solche Gräber, zumal vornehmer Personen, sind in der Regel in den lebenden Stein eingegraben. Die viereckige Vertiefung schloß stets eine fest eingefügte Steinplatte; doch hat der Mörtel, welcher dieselbe befestigte, nicht den Einflüssen der Witterung widerstehen können, so daß sich fast alle, auch die noch nie durchsuchten Gräber mit Erde angefüllt haben.

Die meisten zeigen mit Stuck bekleidete, oft auch bemalte Wände. Der Körper des Toten liegt mit dem Kopf nach Sonnenuntergang gewendet. An seinem Fußende steht die größte und schönste Vase; an seinen Seiten befinden sich die Gefäße mittlerer Größe; endlich steht, wie Herr Jatta versicherte, ohne Ausnahme eine Vase auf der Brust des Toten. Dieselbe Anordnung zeigen die etruskischen Gräber, wie man solche im Museum Bolognas sehen kann. Unzweifelhaft sind diese Vasen in Fabriken Ruvos selbst gearbeitet worden.

CASTEL DEL MONTE

Schloß der Hohenstaufen in Apulien

1875

Von den Bergen Apuliens zieht sich eine lange Hügelkette südost-
wärts in die Terra di Bari und hinweg über Altamura und Gravina
bis gegen das Vorland des Golfs von Tarent. Dieser Gebirgszug steht
auf der Grenze der Basilicata. Man nennt ihn Le Murgie: ein einförmiges und ödes Bergland, teils mit Eichenwäldern bedeckt, teils
baumlos und kahl. Die Abhänge der Hügel bieten die trefflichsten
Weiden dar, und hier sind seit uralten Zeiten Hirten und Jäger um-
hergewandert. Die Murgie stehen dem Meer parallel, von dem sie nur
wenige Meilen entfernt sind.

Von der Küste wie vom Flachlande aus sieht man überall, schon
auf Meilenweite, aus jener niederen Bergkette einen pyramidenför-
migen, baumlosen, grünen Hügel sich erheben, auf seiner Spitze
ein einsames Schloß tragend, denn kein anderes Gebäude steht auf
ihm. Dies berühmte Castel del Monte erscheint, von weitem gesehen, kreisrund und zeigt keine Türme. Nur die tiefen Schlag-
schatten oder Falten dieser Rundmasse von Mauerpfeilern lassen
auch aus der Ferne schließen, daß es ein Oktogon sei, mit stumpf-
en Türmen an jeder Ecke. Als weithin sichtbares, die unermeßliche Ebene beherrschendes Wahrzeichen nennt es das Volk das
Belvedere oder den Balkon Apuliens. Man könnte es noch passender
die Krone Apuliens nennen. Denn gleich einer Mauerkrone ruht dieses
gelbe Schloß auf jenem Hügel. Wie das Diadem des Hohenstaufen-
reichs, das herrliche Land krönend, erschien es mir, wenn es die
Abendsonne von Purpur und Gold funkeln ließ.

Herr Marchio, Exsyndikus Andrias, hatte uns eine Einladung geschickt, mit ihm das Schloß Friedrichs II. zu besuchen und zu diesem
Zweck auf sein Landgut Palese hinauszukommen, wo er den Monat Mai
mit seiner Familie zubrachte. Seine Meierei liegt in den Murgie und nur
eine Stunde von Castel del Monte entfernt. Mit Freuden dieser Einladung folgend, fuhren wir in der Morgenfrühe des 12. Mai von Andria
ab, begleitet von einigen Herren der Familie Spagnoletti zu Pferde.

Die Fahrt ging erst durch Kulturland und auf gebahnter Straße
fort, dann auf schwierigen Landwegen durch Gebüsche und Wildnisse, wo wir Reste der Via Appia vorfanden. Nach kaum zwei Stunden erreichten wir Palese, ein vereinzeltes Gehöft auf der Absenkung
der Murgie, mitten im Eichengebüsch und zwischen Wiesen- und

Ackerland. Die Familie begrüßte uns am Eingange mit großer Herz-lichkeit: kraftvolle Menschen, von blühender Gesundheit strahlend, einfach und naturwüchsig; wir fühlten uns da sofort zu Hause.

Ein Blick aus dem Hofe Palese in die stillen Wildnisse umher zeigte mir, warum Friedrich II. diesen Ort zu seinem Lustschloß gewählt hat. Indes Lustschloß ist nicht das richtige Wort dafür, vielmehr war Castel del Monte offenbar ein Jagdschloß. Die Natur ist hier nicht in dem Sinne schön zu nennen, daß sie einlüde, fürstliche Luxusvillen mit Parks zu bauen, wie an den Golfen Neapels. Es ist ein monoto-nes, fast schwermütig zu nennendes Heideland, worin grüne Täler mit öden zerrissenen Hügeln abwechseln, ganz geeignet für die Falken-jagd. Wir besitzen noch das Werk, welches der große Kaiser selbst über diese damals edelste aller Weidmannskünste verfaßt hat; er hat darin als ein Ornithologe ersten Ranges das Leben und Wandern und kurz die ganze Natur der Vögel meisterhaft dargestellt. An diesem Buche schrieb er in seinen Mußestunden auf irgendeinem seiner Jagd-schlösser. Er besaß mehrere solcher in Apulien und Lukanien, bei Foggia und Gioja, bei Apricena und Avigliano. Wo er sich immer be-finden mochte, führte er seine Falken und Falkenierer mit sich. Da nun Castel del Monte das großartigste aller seiner Jagdschlösser war, so wird der Kaiser hier wohl am häufigsten gejagt haben.

Der Ritt nach dorthin gehört zu meinen schönsten Wandererinne-rungen. Wir bildeten eine Kavalkade von sieben Personen auf stark gebauten apulischen Pferden. Die Herren, welche uns, ihre Gäste, geleiteten, jugendliche und stattliche Männer aus Andria und Palese, hatten sich mit Doppelflinten bewaffnet, und selbst in den Halftern der Sättel steckten Pistolen. Die Murgie sind wohl zuzeiten, wie der Sila-wald in Kalabrien, nicht ganz geheuer gewesen, doch gegenwärtig hört man hier nichts von Räubern. Diese Herren trugen ihre Gewehre nur als Jäger überhaupt, oder weil es von früher her festgehaltene lan-desübliche Gewohnheit ist. Sie boten zu Roß einen stattlichen Anblick auf den Heiden und Hügeln dar.

Es ist eine rechte Wonne, diese apulische Wildnis zu durchreiten, die balsamischen von Blumenduft gewürzten Mailüfte einzuatmen, das tiefblaue Meer drüben strahlen zu sehen und den ätherreinen Himmel, welcher Land und Meer umschlingt. Es sind wirklich Flam-menpfeile, die hier Helios versendet; aber sie beschädigen nicht, wenigstens noch nicht im Mai. Das Licht dieses Himmels berauscht die Seele wie Trank perlenden Weins: man schlürft und atmet es gierig ein; es zehrt die Nebel im Gemüt auf, jene giftigen Dünste, welche in den Nordlandmenschen grundlose Stimmungen erzeugen, Qualen der Einbildung, den Spleen und den Weltschmerz und den verzweifelten Humor. Das Licht ist Freude, es entfesselt die Seele, und es setzt sie unmittelbar in Verbindung mit dem Universum, wie die Musik. Wenn die Sonne dort unten so recht heiß scheint, ist es mir immer, als setzten sich Flammen an Seele und Leib, wie Fittiche, welche beflügeln und heben. Es ist wohl eine menschen- und götterwürdige Religion gewesen, der Sonnendienst der Perser und jener Apollokultus, welchem Hellas seine Kultur verdankt.

Und darf man es den Hohenstaufen verargen, daß sie dieses sonnige Land, ihr apulisches Reich, nicht missen konnten, daß sie immer wieder darum kämpften, bis auch der Letzte ihres großen Geschlechts erschlagen war?

Hinaufreitend über die grünen Hügel, hatte ich das wunderbare Schloß stets vor Augen, dessen gelbe Massen sich immer deutlicher gestalteten. Dies vereinsamte Denkmal einer großen Vergangenheit ruft keine Erinnerungen an Schlachten und Kriege, an höfische und politische Frevel, an Ränke von Päpsten und Pfaffen hervor: vielmehr gilt unser Besuch den friedlichen Räumen, wo der geniale Kaiser sich den Studien in ländlicher Stille und den Freuden der Jagd hingegeben hat. Und doch fallen selbst in dieses schöne Bild finstere Schatten, die es zerstören; denn es sind die letzten Hohenstaufen, die unglücklichsten Enkel Friedrichs II., die Söhne Manfreds, welche uns in diesem Schloß entgegentreten, ihre Ketten zeigen und ihre namenlosen Leiden klagen.

Ich wußte, daß Castel del Monte das am besten erhaltene Schloß Friedrichs II. ist; denn seine Paläste in Foggia, Capua und Lucera und seine schönen Villen zu Castel Fiorentino und am Lago Pesole sind zerfallen. Trotzdem war ich überrascht, dieses herrliche Gebäude in einem viel besseren Zustande zu finden, als ich erwartet hatte. Es ist innen verwüstet, außen stellenweise beschädigt, aber keineswegs eine so verzweifelte Ruine wie das Heidelberger Schloß. Vielmehr steht die ganze Masse mit Mauerflächen und Türmen fast überall bis zu der ursprünglichen Höhe aufrecht, so daß das Ganze noch heute nahezu den Eindruck der Vollendung macht.

Es ist ein Achteck. An jeder Ecke steht ein stumpfer runder Turm von so mäßiger Höhe, daß er nur um ein weniges den Kranz der Wandflächen überragt. Das Material ist der Kalkstein des Hügels selbst, von schöner hellgelber Farbe, zu Quadern geschnitten und auf das sauberste zusammengefügt. Das Ganze sieht vollkommen aus, wie ein Marmorbau. Es hat nichts, was einer Festung ähnlich ist.

Die Formen sind von einer klassisch zu nennenden Einfachheit und Reinheit, welche Erstaunen erregt und einen hohen Begriff von der hohenstaufischen Architektur in diesem Lande gibt. Sie war offenbar vom Ideal des Altertums durchdrungen. Man glaubt, hier ein Bauwerk der Frührenaissance vor sich zu sehen. Das schwere burgartige

Wesen ist vollkommen überwunden, die Gotik selbst durch antikes Formgefühl abgeklärt. Denn gotisch oder halbgotisch sind Fenster und Portale, aber deren Spitzbogen sind mit antikisierenden Gesimsen, Fronten, Pilastern und Säulen in Verbindung gebracht.

Es ist nicht leicht möglich, einen architektonischen Gedanken mit mehr mathematischer Regelmäßigkeit durchzuführen, als es hier geschah, wo das einfachste Grundsystem die edelste Durchbildung in reichen Einzelheiten empfangen hat, ohne ins Phantastische überzugehen. Alles ist harmonisch zusammengedacht, streng zusammengehalten, auf ein und dasselbe Prinzip bezogen, luftig und leicht, elegant und zugleich von starker Gediegenheit.

Der Gedanke war: ein Achteck um einen Hof zu stellen, dieses mit Rundtürmen zu stützen und zwei Geschosse zu bilden, wovon jedes acht Säle enthielt.

Zwischen je zwei Türmen ist ein gotisches Fenster angebracht. Der Eingang liegt auf der östlichen dem Meere zugewendeten Seite zwischen zwei Türmen: ein schönes marmornes Portal von klassischen Formen des Gesimses und der Säulen aus rotem Marmor, welche zwei sauber gearbeitete Löwen aus demselben Brecciastein tragen. Zwischen ihnen öffnet sich das gotische Bogentor. Darüber steht das größte der Schloßfenster, welches in der Mitte von zwei kleinen Säulen geteilt wird, während alle übrigen nur je eine Säule haben.

Durch das Portal gelangt man in das Untergeschoß von acht zusammenhängenden Sälen. Diese, je zwanzig Schritte lang und zwölf Schritte breit, werden in den vier Ecken von starken Halbsäulen aus roter Breccia mit korinthisierenden Kapitälen getragen; auf ihnen setzen die Rippen der Spitzbogen an, welche das Kreuzgewölbe bilden. Ein marmorner Sockel zum Sitzen umzog ursprünglich die Wände dieser herrlichen Gemächer, welche alle eine Bekleidung von weißem und rosigem Marmor hatten. Dieser Schmuck, wie der getäfelte Boden von Stein, ist überall abgerissen, und nur noch hie und da sind Spuren davon erhalten. Die Gewölbe waren mosaiziert. Die Türen der Säle sind mit rotem Marmor eingefaßt. Große Fenster nach dem Hof, in antikisierenden Formen, geben den Sälen Licht, während in diesen achteckigen Hof selbst aus dem Untergeschoß drei kleinere Ausgänge führen, alle von ogivaler Form, aber nicht von einer und derselben Bildung. Mitten im Hof liegt eine jetzt verschüttete und vom Pflanzenwuchs überdeckte Zisterne.

Aus diesem Untergeschoß steigt man auf steinernen Wendeltreppen der Türme zu den oberen acht Sälen, und diese bildeten die Wohnung des Kaisers. Ihre räumliche Anlage entspricht den unteren, aber sie zeichnen sich durch größere Pracht der Ausschmückung aus. Statt der roten Halbsäulen stützen hier in den Ecken jedes Saales

Bündel von drei weißen Marmorsäulen mit zusammengesetzten Kapitälen das Kreuzgewölbe. Nicht jeder Saal hat ein nach dem Hof führendes Fenster. Ich fand fünf Säle ohne solches. In einem sieht man noch die Reste des Marmorkamins.

Die Fenster nach außen haben eine tiefe, mit roter Breccia ausgelegte Brüstung. Sechs marmorne Stufen führen in dieser zu einem Sitz oder Sockel von Stein, auf welchem man die Aussicht genießen kann. Ich bemerkte schon, daß das größte Fenster über dem östlichen Portal steht. Es gehört dem oberen Saal dieser Richtung an, welcher nicht wie die andern zwei Türen, sondern nur eine hat, demnach die ganze Reihe der Gemächer schließt. Dieser Saal war ohne Frage der Lieblingsaufenthalt des Kaisers. Er wird ihn, wie das ganze Jagdschloß, mit aller Pracht damaliger Zeit ausgerüstet haben. Friedrich II. liebte den Luxus des Morgenlandes. Die kostbarsten Seidenstoffe, Teppiche und Gewänder brachten ihm Gesandte des Orients zum Geschenk, oder lieferten ihm seine Handelsschiffe oder seine Fabriken zu Palermo. Wir wissen nicht, wann und wie oft er sich in Castel del Monte aufgehalten hat und ob er hier auch von seiner Gemahlin begleitet war. Die Menge der Gäste im Schloß selbst konnte niemals sehr groß sein; denn sechzehn Säle würden nicht ausgereicht haben, ein zahlreiches Gefolge zu beherbergen.

Wenn der große Hohenstaufenkaiser sich in der Fensterbrüstung jenes Saales niederließ, um Meer und Landschaft zu seinen Füßen zu betrachten, lag vor ihm sein Lieblingsland Apulien, eine weite, zum Meer gesenkte Terrasse, bedeckt mit blühenden Gärten und Feldern, erfüllt von Herden, übersät mit Schlössern und betürmten Städten. Hier zogen an seinem Blick vorüber Hellenen, Römer, Karthager, Byzantiner, Goten, Langobarden, Sarazenen und jene Normannen, deren Erbe sein Vater Heinrich VI. durch Constanza von Sizilien geworden war. Auch aus seinem eigenen Leben kamen ihm hier zahllose Erinnerungen entgegen; mit tiefem Nachdenken wird er zumal das Meer dort unten betrachtet haben, wo er sich, mit dem Bann der Kirche beladen, nach Jerusalem eingeschifft hatte und von dort heimgekehrt war – der erste Monarch, der sich über die einseitigen Zwecke der Kirche und ihrer Kreuzfahrten erhoben hatte.

Die acht Türme des Schlosses treten weit aus den Ecken desselben vor. Vier von ihnen enthalten kleine sechseckige gewölbte Kammern; die Türme selbst haben nur den Durchmesser von zwanzig Fuß. In der Fensterscharte eines derselben fand ich drei rosenrote Vogeleier, größer als solche einer Taube. Sie lagen frei auf dem nackten Stein nebeneinander, und von einem Nest war nichts zu sehen. Dieser Fund machte mir große Freude: es waren Falkeneier. Der Raubvogel, welcher sie hier niedergelegt hatte, stammte unzweifelhaft in gerader

Linie von einem Edelfalken Friedrichs ii. Wer das nicht für wahr hält, versuche einmal meinen Irrtum nachzuweisen. Wir nahmen unsern Schatz auf dem Rückwege mit nach Palese, aber nur ein Ei brachten wir unzerbrochen heim.

Zwei Türme haben noch ihre steinerne Wendeltreppe, auf welcher man zum Dach des Schlosses oder zu der Terrasse aufsteigt, die aus Steinplatten gebildet ist. Alle Türme sind stumpf; ich bezweifle überhaupt, daß sie jemals Aufsätze, seien es Kuppeln oder Spitzen, getragen haben. In jedem befindet sich oben eine Regenzisterne.

Von diesem Dach aus stellt sich den Blicken ein ganz unvergleichliches Panorama von Meer und Land dar; hier stehend, begreift man, warum das Schloß das Belvedere Apuliens genannt wird. Der ganze Küstensaum, von dem großartig hingelagerten Vorgebirge des Monte Gargano und von Sipontum oder Manfredonia bis zu den duftumschleierten Gestaden von Bari, Monopoli und Brindisi, liegt vor dem Beschauer da. Am Meeresufer sieht er eine lange Reihe von zum Teil uralten und berühmten Städten, die Hafenorte Apuliens oder die Landstädte des Innern von Lucera bis nach Canosa und Ruvo. Landwärts ragen die Gebirge der Basilicata mit dem prachtvoll geformten ausgebrannten Vulkan Monte Vulture bei Melfi, und zur Rechten zieht sich die wildzerklüftete Kette der Murgi fort.

Vergebens suchte ich im Schlosse nach Inschriften hohenstaufischer Zeit. Nur an den Wänden des Hofes gibt es einige aus der Epoche der Balzo oder der Caraffa, doch sind sie unlesbar geworden. Die Marmorbüste des Pier delle Vigne, welche daselbst früher gezeigt worden sein soll, habe ich nirgends mehr entdecken können. Ebensowenig sah ich die Reste einer kleinen Statue in Relief, welche den Kaiser selbst vorgestellt haben soll, und von Demetrio Salazaro neuerdings als ein vorzügliches Werk beschrieben worden ist. Hoch an einer Mauer im Hofe sieht man ein geschwärztes und verstümmeltes Relief, dessen Figuren zu unterscheiden mir nicht möglich war. Es soll ein Weib vorstellen, welches furchtsam vor einer Gruppe von Kriegern dasteht. Darunter befindet sich eine rätselhafte Inschrift, die nicht zu entziffern ist.

Man behauptet, daß Castel del Monte schon vor der Zeit Friedrichs ii. als eine Burg bestanden hat. Erst sollen die Langobarden auf der Spitze des Hügels eine Kriegswarte angelegt und dieselbe Guardia Lombarda genannt haben; dann sollen die normannischen Herzöge hier ein Schloß gebaut und ihm den Namen Bellomonte gegeben haben. Nach dieser durch nichts verbürgten Ansicht hätte der Kaiser Friedrich jenes Normannenschloß nur verschönert. Wie aber Castel del Monte heute vor uns steht, ist es in allem Wesentlichen das Werk eines und desselben Künstlers, einer und derselben Zeit und so aus einem Gusse, daß sich, wenige Äußerlichkeiten abgerechnet, verschiedene Bauepochen daran nicht nachweisen lassen. Als Zeit der Erbauung ergibt sich, wenigstens nach einem am 29. Januar 1240 aus Gubbio datierten Dekret Friedrichs zu schließen, eben dieses Jahr. Der Architekt des schönen Schlosses ist unbekannt geblieben; wüßten wir seinen Namen, so würde ihm dieser klassische Bau die Unsterblichkeit gesichert haben.

Von Nebengebäuden fand ich keine Spur; daß aber solche dort standen, ist unzweifelhaft. Denn wie hätten die den Kaiser begleitende Dienerschaft, wie sein Jagdtroß und seine Pferde anders untergebracht werden können? Im Schlosse selbst gibt es keinen einzigen Raum dafür. Da nun die Spitze des Hügels keine hinreichende Fläche darbietet, um darauf noch andere Gebäude hinzustellen, was auch ohnehin den Zweck und die architektonische Wirkung des Schlosses würde beeinträchtigt haben, so muß man annehmen, daß solche tiefer unten am Berge lagen. In der Hohenstaufenzeit stand zu Füßen des Berges in einem kleinen Ort, Casale di Castro genannt, eine Benediktinerkirche, Santa Maria del Monte. Nach ihrem Namen wurde bisweilen schon zu Friedrichs Zeit, dann aber stets seit Karl von Anjou das Schloß selbst genannt; es hieß nicht mehr Castrum Montis, sondern Castrum Sanctae Mariae, mit und ohne Zusatz Montis.

Nach dem Tode Friedrichs erbte das Schloß als Krondomäne sein Sohn Konrad. Die Überlieferung in Andria behauptete sogar, daß er in demselben geboren und seine Mutter Jolantha hier gestorben sei. Jedenfalls wird Konrad IV. von Barletta und Trani aus, wo er urkundlich im Winter des Jahres 1252 und im Mai des folgenden gewesen ist, sowohl das Grab der Kaiserin in Andria als das Schloß seines Vaters besucht haben. Es ist freilich auffallend, daß sich von keinem der Hohenstaufenfürsten ein aus Andria oder aus Castel del Monte datiertes Schreiben findet; dies zeigt, daß ihr dortiger Aufenthalt entweder nie ein langer oder doch stets ein von Staatsgeschäften unbelästigter gewesen ist. Manfred hat nachher das von seinem Vater erbaute Schloß am Lago Pesole allen anderen Villen vorgezogen, aber deshalb ist an seiner Anwesenheit in Castel del Monte nicht zu zweifeln. Und hier sollten einst seine eigenen Kinder in Ketten schmachten!

Ich will von dem Schicksal der unglücklichen Gemahlin Manfreds und seiner Kinder reden, denn die Erzählung gehört zum Teil in dieses Schloß.

Nachdem Manfred bei Benevent gefallen war, entwich seine Gemahlin Helena mit ihren Kindern aus der Sarazenenburg Lucera, wo sie zurückgeblieben war, nach der Meeresküste, um ein Schiff zu besteigen und sich zu ihren Verwandten nach Epirus zu retten. Da

Widerwinde unglücklicherweise das Auslaufen der Galeere aus dem Hafen Trani verhinderten, begab sich die Königin vertrauensvoll in den Schutz des Kastellans der Burg dieser Stadt; hier aber lieferte sie der geängstigte Schloßvogt am 6. März 1266 den nachsetzenden Reitern Karls von Anjou aus. Sie blieb zunächst im Gewahrsam der Burg Trani, samt ihren Kindern. Diese waren Beatrice, damals sechs Jahre alt, Enrico, vier Jahre alt, und die jüngsten, Federico und Anzolino (oder Enzius).

Einen Monat später ließ der König Karl Helena vor sich bringen, nach Lago Pesole, wo er selbst sich damals befand; der deshalb am 5. April von dort an Pandolfo di Fasanella, den Justitiar der Terra di Bari, erlassene Befehl ist uns noch erhalten. Daß die Gefangene auf dieser peinvollen Fahrt zu dem Verderber ihres Glücks von ihren Kindern begleitet wurde, ist nicht als wahrscheinlich anzunehmen.

Die Witwe Manfreds erschien im Trauergewande vor dem herzlosen Sieger in demselben Schlosse, welches jahrelang ihr und ihres Gemahls beliebtester Lustsitz gewesen war, und es war kaum erst ein Monat vergangen, seitdem der edle Manfred unter dem Steinmal bei Benevent bestattet worden war. Karl hatte die unglückliche Fürstin schwerlich aus Neugierde, oder um sich am Anblick ihres Elends zu weiden, vor sich bringen lassen, sondern er mußte dabei irgendeinen politischen Zweck im Auge haben. Da nun aus wenig späteren Briefen des Papstes Clemens IV. und des Königs hervorgeht, daß es sich darum handelte, den Infanten Don Arrigo von Kastilien mit einer Tochter des Despoten Michael von Epirus zu vermählen, so liegt die Vermutung nahe, daß die Hinüberführung Helenas nach Lago Pesole mit diesem Plan in Verbindung stand.

Don Arrigo, ein Bruder des erwählten römischen Königs Alfonso des Weisen, mit Karl von Anjou nahe verwandt, hatte diesen zu seinem italienischen Eroberungszuge mit großen Summen ausgerüstet, welche ihm nicht erstattet waren. Der König Karl wollte ihn anderweitig entschädigen und überhaupt den Gläubiger loswerden, dessen baldiges Erscheinen von Tunis her in Italien er fürchtete. Er hinterging ihn mit Heiratsplänen und vorgespiegelten Aussichten einer großen Laufbahn im Orient. Die Verhandlungen wegen der Vermählung Don Arrigos mit einer Tochter des Despoten Michael, des Vaters der Witwe Manfreds, sind unzweifelhaft; aber da diese Tochter in diesen Briefen nicht mit ihrem Taufnamen genannt wird, so ist die neuerdings mit Entschiedenheit aufgestellte Behauptung, daß unter ihr Helena selbst zu verstehen sei, doch nicht zweifellos.

Ein solcher Plan, die junge Witwe Manfreds, welche die Insel Korfu und mehrere andere Landschaften in Griechenland als ihr Heiratsgut rechtlich beanspruchte, mit dem kühnen ruhelosen Don Arrigo zu vermählen, konnte wohl aus manchen Gründen vom Papst gefaßt werden, aber mit der Staatskunst Karls von Anjou sich niemals vereinigen lassen. Denn gab er diese Verbindung zu, so mußte Helena, selbst wenn nur sie allein, ohne ihre Kinder, die Freiheit erhielt, ihren neuen Gemahl unfehlbar zum Prätendenten Neapels machen, während Don Arrigo eines starken Rückhalts an Kastilien, an noch anderen Mächten und an den Ghibellinen Italiens sicher war, welchen außerdem sein eigener Bruder Don Federigo, Manfreds Waffengefährte bei Benevent, angehörte. Der Vermählungsplan war kaum minder gefährlich, wenn etwa statt Helenas eine dritte Tochter Michaels die Gemahlin des Infanten werden sollte. Eine solcher aber ist nicht bekannt; wir wissen nur, daß Helena eine Schwester Agnes hatte, welche mit Wilhelm Villehardouin, dem Fürsten Achajas, vermählt war.

Wir hören nichts weiter über jene rätselhafte Zusammenkunft der unglücklichen Gefangenen mit Karl, und wir kennen auch nicht den Gegenstand der dort ihr gemachten Anerbietungen und Forderungen. Der Anblick der Schönheit und Jugend und des grenzenlosen Unglücks seines Opfers rührte nicht das gefühllose Herz des Eroberers, welcher seinen Thron nur behaupten konnte, wenn alle Prätendenten vom Hause Schwaben unfähig blieben, ihn jemals einzunehmen. Auch nahm er alsbald Besitz von Korfu und den anderen Ländern Helenas.

Wohin die Königin nach jener Zusammenkunft gebracht wurde, wissen wir nicht; nur die größte Wahrscheinlichkeit spricht dafür, daß sie von Lago Pesole sogleich in die Burg zu Nocera gesetzt ward, einer Stadt, die zwischen Castellamare und Salerno liegt. Die erste Urkunde, welche von ihrer dortigen Anwesenheit redet, ist ein Schreiben Karls, datiert aus Capua am 13. März 1267; er ernannte darin zum Burgvogt Noceras den Ritter Radulfo de Faiello, und übertrug ihm zugleich die Bewachung der dort eingeschlossenen Witwe Manfreds, ohne daß ihrer Kinder dabei Erwähnung geschah.

Man hat behauptet, daß Helena sofort von diesen getrennt ward, daß Karl die Söhne Manfreds erst in die Burg Canosa, sodann nach Castel del Monte bringen ließ, während die Prinzessin Beatrice zu Neapel eingekerkert wurde. Eine so teuflische Grausamkeit, diese kleinen Kinder der Mutter zu entreißen, darf dem König Karl wohl zugetraut werden, wenn auch die Tatsache selbst, wenigstens für das Jahr 1266, nicht ganz zweifellos erwiesen ist. Es war auch keineswegs ein religiöses oder menschliches Gefühl, was den Anjou bewog, das Leben der jungen Erben Manfreds zu schonen, da es doch nur eines Winkes bedurfte, um ihnen das Schicksal der Kinder Eduards zu bereiten. Er ließ sie leben, weil sie ihm anfangs wegen ihres zarten

Alters unschädlich, später aber aus Staatsgründen sogar nützlich erschienen.

Die Königin Helena erlebte in ihrem Kerker zu Nocera die schnellen Erfolge und dann den jähen Fall jenes Konradin, welchem ihr Gemahl Manfred einst die Krone seines Vaters, Konrads IV., genommen hatte, um sie selbst zu tragen. Wenn der Schloßvogt die Kunde von dem siegreichen Heereszuge Konradins und seines Verbündeten Don Arrigo von Kastilien zu ihr dringen ließ, so mußte ihr Herz von Hoffnung und Furcht zugleich bestürmt werden. Denn beim Annahen des jungen Hohenstaufen erhoben sich viele Städte Apuliens für ihn, und auch das getreue Andria zog die Fahne des Hauses Schwaben auf und vertrieb die Besatzung Karls, welche sich nach Castel del Monte flüchten mußte. Wenn nun statt Konradins Karl von Anjou auf dem Schlachtfelde bei Tagliacozzo erlegen wäre, so würden Helena und ihre Kinder entweder die Freiheit erlangt oder durch einen schnellen Blutbefehl den Tod gefunden haben, ehe die Retter vor den Toren des Kerkers erscheinen konnten. Doch das Haupt Konradins fiel in Neapel, und der blutgesättigte Sieger ließ den Kindern Manfreds das Leben, die er nicht mehr fürchtete.

Nur noch ein paar Jahre schmachtete Helena im Kerker zu Nocera. Sie wurde hier mit Kargheit ernährt, doch sind die Vorstellungen derer übertrieben, welche behaupteten, daß Karl von Anjou sie einer Bettlerin gleich behandeln ließ. Die Summe von vierzig Unzen Goldes, die für den Unterhalt der Königin und ihrer Dienerschaft jährlich ausgeworfen war, konnte freilich nur zur Bestreitung des Nötigsten ausreichen, doch war der Witwe Manfreds wenigstens eine Dienerschaft und der Gebrauch eines Teils ihrer Habe aus früheren Tagen gelassen worden.

Über die Zeit, wo die Unglückliche durch den Tod von ihren Qualen erlöst wurde, klärt uns endlich ein Reskript Karls I. auf. Es ist aus Sutri im römischen Etrurien am 11. März des Jahres 1271 an den Burgvogt Noceras gerichtet, welchem befohlen wird: «Wir gebieten Dir, daß Du alsbald nach Empfang dieses die dienenden Frauen (domicellas) und die ganze Familie der weiland Helena, der Schwester des Despoten, mit ihren Sachen frei aus dem Schloß Nocera abziehen lassest, ohne daß ihnen eine Kränkung oder Belästigung von irgendwem widerfahren darf. Du sollst ihre Namen und Zunamen dem Magister Nicolaus Buczellus aufschreiben, damit er jene mit einem sichern Geleite dorthin versehen kann, wohin sie zu gehen wünschen.» Dieser Erlaß macht es gewiß, daß Helena im Jahre 1271 in ihrem Gefängnis allein lebte, von ihren Kindern durch die barbarische Grausamkeit Karls von Anjou getrennt; denn unter der «Familie», von welcher dort gesprochen wird, ist selbstverständlich, und

nach altem italienischen Sprachgebrauch nur die Dienerschaft zu verstehen. Da nun dieser insgesamt der freie Abzug aus dem Schlosse
gestattet wurde, so geschah das infolge des Todes der gefangenen
Königin. Die Witwe Manfreds starb, neunundzwanzig Jahre alt, in
den letzten Tagen des Februar oder den ersten des März 1271, und in
irgendeiner Kirche Noceras wird man sie begraben haben. Ich suchte
in dieser Stadt vergebens nach einer Kunde ihrer Gruft. Niemand weiß
dort etwas zu sagen, und auch die Burg auf dem Berge über Nocera,
worin Helena gefangensaß, ist längst zerfallen und jetzt eine der
schönsten Schloßruinen Italiens.

Vom 18. Juli 1271 ist das Inventar der Nachlassenschaft der Verstorbenen datiert, welches der Burgvogt Noceras, Enrico di Porta, auf
königlichen Befehl aufgenommen hat. Dieses Schriftstück verzeichnet
den Bestand alles dessen, was die Königin mit sich in den Kerker
hatte nehmen dürfen: Schmucksachen, Perlen und Edelsteine, silber-
nes Tafelservice, Bronzen, einen Schrank von Elfenbein, die Gar-
derobe, deren meiste Stücke mit dem Zusatz «vetus et consumptum»,
alt und abgenutzt, bezeichnet sind, Teppiche, Mäntel, Kleider von
Goldbrokat, fadenscheinige Rester vergangener Herrlichkeit.

Der Tod ihrer Mutter konnte nur der Wendepunkt zu schlimmerem
Elend für die unseligen Kinder Manfreds sein, von denen die ältesten
jetzt groß genug geworden waren, um ihr Schicksal ganz zu begreifen. Und Worte fehlen uns, dessen Furchtbarkeit auszusprechen. Wir
wissen nicht, wo sich die drei jungen Prinzen damals befanden. Selbst
ihre Schwester Beatrice war der Mutter entrissen worden, denn auch
von ihrer Anwesenheit in Nocera verlautet kein Wort. Erst am
5. März 1272, also ein Jahr nach dem Tode Helenas, wird sie erwähnt
als Gefangene im Schlosse San Salvatore a Mare zu Neapel, welches
heute dell' Ovo heißt.

Beatrice scheint dort mit einiger Schonung und Rücksicht behandelt worden zu sein; sie empfing zu ihrem Unterhalt täglich zwei
Goldtari, und zu ihrer Aufwartung hatte sie eine Dienerin («don-
zella»). Neben ihr saß in derselben Burg gefangen die Tochter des
Grafen Jordanus Lancia, eines Oheims von Manfred. Dieser einst
mächtige und glänzende Mann war bei Benevent gefangen worden,
dann aus einem scheußlichen Kerker in Frankreich entronnen und
wieder aufgegriffen, wonach man ihm auf Befehl des Königs die
Augen ausgestochen und Hand und Fuß abgehauen hatte, so daß er
seiner Qual durch Erhungern ein Ende machte.

Das Castell dell' Ovo war damals sowohl ein Staatsgefängnis als
auch wegen seiner entzückenden Lage im Meer ein beliebtes Lustschloß der Anjou. Zur Zeit, als Beatrice darin gefangensaß, wohnten
daselbst junge Prinzen und Prinzessinnen des königlichen Hauses.

Und seltsamerweise saß in einem Verlies desselben Kastells damals
ein Mann, welcher sich für den König Manfred ausgegeben hatte und
im Jahre 1273 ergriffen worden war. Dieser Betrüger wurde später
im Castel del Monte eingesperrt.

Nichts verlautet unterdes von den Brüdern Beatrices. In den Registern des Hauses Anjou findet sich während der ganzen Regierung
Karls I. keine Erwähnung von ihnen. Offenbar wollte der König den
Glauben verbreiten, daß sie gestorben seien. Und selbst unter der Regierung seines Sohnes und Nachfolgers Karl II. datiert die erste Spur
ihres Daseins vom Jahre 1291, wo sich die drei Prinzen nachweislich
im Castel del Monte befanden.

Doch wo sonst sie während dieser langen Zeit gewesen waren, wissen wir nicht. Aktenstücke des Jahres 1284, welche das Castel del
Monte und seine Staatsgefangenen betreffen, erwähnen ihrer mit keinem Wort; weil aber dieses Stillschweigen seine Gründe hatte, so darf
daraus nicht geschlossen werden, daß die Söhne Manfreds sich damals
noch nicht in diesem Lustschloß ihrer Ahnen befunden haben. Vielmehr würde nichts der Annahme entgegentreten, daß sie schon seit
langen Jahren gerade dort gefangensaßen.

Unterdes brach die große Katastrophe herein, welche plötzlich als
rächende Nemesis über den Tyrannen Karl von Anjou das Gericht
hielt: die Sizilianische Vesper. Die heldenmütigen Sizilianer erhoben
sich im Jahre 1282: sie gaben die Krone ihres Landes Don Pedro von
Aragon, dem Gemahl Constanzas, der Tochter Manfreds aus seiner
ersten Ehe mit Beatrice von Savoyen. So erschienen die Hohenstaufen
wieder in Sizilien als ein aragonisches Königshaus. Der Erbprinz und
Sohn Karls I. wurde zwei Jahre später, am 5. Juni 1284, in der Seeschlacht im Golf Neapels geschlagen und selbst gefangen. Der siegreiche Admiral der Sizilianer, Ruggiero Loria, erschien sofort vor dem
Castel dell' Ovo, und er erzwang hier die Auslieferung der Tochter
Manfreds. So wurde die Prinzessin Beatrice nach einer achtzehn Jahre
langen Gefangenschaft erlöst, im Triumph nach Messina gebracht und
dort von ihrer Schwester, der Königin Constanza, in Empfang genommen. Diese vermählte sie bald darauf mit Manfred, dem Sohne des
Markgrafen von Saluzzo.

Von den Kindern des Königs Manfred erlangte sie allein die Befreiung. Daß aber die drei Prinzen damals im Juni des Jahres 1284
sich nicht mit ihr im Castel dell' Ovo befanden, ist klar: denn waren
sie dort, so würde wohl Beatrice ohne ihre unglücklichen Brüder die
Burg nicht verlassen, eher die Fortsetzung ihrer eigenen Gefangenschaft vorgezogen haben. Und gerade hier hätte auch der Admiral die
Befreiung der Prinzen fordern müssen, trotz der aragonischen Staatsgründe, welche später deren Erlösung verhinderten.

Die Söhne Manfreds waren nach dem Tode Konradins die einzigen legitimen Erben der staufischen Rechte; deshalb forderte weder Loria ihre Auslieferung aus der uns nicht bekannten von Neapel entfernten Burg, wo sie damals gefangengehalten wurden, noch tat dies Don Pedro, obwohl Leben und Tod des Erbprinzen Karl in seiner Gewalt lagen. Aber wenigstens wurde ihr eigenes Leben durch die Gefangenschaft dieses Prinzen gerettet, denn sein Vater Karl I. durfte es jetzt nicht wagen, die Kinder Manfreds umzubringen. Der grausame Despot starb, in Wut und Verzweiflung, zu Foggia am 7. Januar 1285.

Erst im November 1288 erlangte sein Nachfolger Karl II., hauptsächlich durch die Vermittlung des Königs von England, seine Befreiung aus dem Gefängnis in Katalonien; aber unter den Bedingungen, welche ihm dabei auferlegt wurden, befand sich keine, die das Schicksal der Söhne Manfreds betraf. Don Giacomo, der Sohn des im Jahre 1285 verstorbenen Königs Pedro und Constanzas, wurde als Herr Siziliens anerkannt: die Kinder Manfreds blieben in ihrer Kerkernacht.

Es ist ein unauslöschlicher Schimpf für diese ersten Aragonen Siziliens, daß sie ihre unglücklichen Verwandten hilflos verschmachten ließen. Selbst ihre Schwester, die Königin Constanza, tat nichts für sie. Sie kam im Jahre 1297 nach Rom, und hier schlossen die feindlichen Häuser Anjou und Aragon Frieden und Familienverschwisterung. Die Tochter Manfreds vermählte ihre eigene Tochter Violanta mit Robert von Neapel. Unter dem Lärm jener Versöhnungsfeste ward der verhungernden Söhne Manfreds nicht oder nur mit Kälte und wahrscheinlich nur so weit gedacht, daß man die Stimme des Gewissens mit einigen Bitten um Erleichterung ihrer Haft beschwichtigte. Und doch war die Königin Constanza, welche der Papst absolviert hatte, zur bigotten Betschwester geworden: als solche starb sie im Jahre 1302 zu Barcelona.

Zu ihrer Entschuldigung wollen wir annehmen, daß sie den Forderungen gegenüber, welche ihr der Papst, Neapel und Aragon entgegenstellten, machtlos blieb, und außerdem: die Religion der Großen reicht nur bis dorthin, wo die Staatsgründe anfangen, denn weiter hinaus wird Religion zur Torheit!

Um alle Hoffnungen getäuscht, welche die Ereignisse seit der Sizilianischen Vesper in ihnen erweckt haben mußten, hatten jetzt die drei Söhne Manfreds keine andere Zukunft vor sich als ewige Gefangenschaft, wie einst ihr edler Oheim Enzius.

Im Castel del Monte saßen zu jener Zeit andere erlauchte Gefangene, alte Ghibellinen, Freunde und Verwandte des staufischen Hauses. Das waren der berühmte Infant Don Arrigo von Kastilien, Ex-senator Roms, seit dem Jahre 1267 der erbitterte Feind Karls von Anjou, und ferner Corrado, der Sohn des Grafen Richard von Caserta und Violantes, einer natürlichen Tochter des Kaisers Friedrich II. Beide edle Herren, die Waffenbrüder Konradins, waren nach der Schlacht bei Tagliacozzo als Gefangene in die Burg zu Canosa gesetzt worden (diese durch den Normannenhelden Boemund berühmte Stadt liegt nur zwei Stunden von Andria entfernt und ist von Castel del Monte her sichtbar), und dort waren sie bis zum Anfange des April 1277 geblieben; denn am 28. März dieses Jahres erließ der König Karl I. einen von Bari datierten Befehl, jene Gefangenen nach Castel del Monte hinüberzuführen.

Der Infant war durch Donna Blanca, die Mutter Karls, dessen naher Verwandter, und nur dieses Verhältnis, wie die Verwandtschaft mit andern mächtigen Königen, hatte ihn vor dem Tode geschützt: aber keine noch so dringende Verwendung der Monarchen Spaniens, Frankreichs und Englands vermochte den König, seinem Vetter die Freiheit zu schenken.

Wir besitzen noch Antworten Karls auf solche Bittgesuche und einige Reskripte, welche unter Anwendung größester Vorsicht den Besuch des Gefangenen durch Personen gestatteten, die namentlich vom aragonischen und englischen Hofe abgeschickt worden waren, um sich von dem Zustand des Infanten zu überzeugen.

Don Arrigo bezog, wie der Graf von Caserta, zu seinem täglichen Unterhalt drei Goldtari; auch hatte er zwei Diener zu seiner Aufwartung. Dagegen war für jeden der Prinzen nur die klägliche Summe von 54 Gran täglich ausgesetzt, und von den Dienern für sie ist keine Rede.

Endlich gelang es doch den Bemühungen des Königs Eduard von England, die Befreiung des Infanten zu erwirken, welcher der leibliche Bruder seiner Gemahlin Donna Eleonora von Kastilien war. Am 5. Juli 1291 befahl Karl II. seinem Stellvertreter, dem Grafen von Artois, Don Arrigo aus Castel del Monte zu entlassen.

Der unglückliche Infant konnte endlich in sein Vaterland Kastilien zurückkehren, und dort starb er, von seinen Leiden und Schicksalen nicht gebeugt, hochangesehen, im Jahre 1304.

Im Castel del Monte blieb zurück sein Unglücksgenosse Corrado, der Letzte vom alten Grafenhause Caserta, nebst seinem Weibe Catarina di Gebenna, bis auch diese beiden im Jahre 1304 die Freiheit erlangten.

Nur der Söhne Manfreds erbarmte sich niemand. Wie bemerkt worden ist, wird ihrer in königlichen Erlassen erst des Jahres 1291 Erwähnung getan, und zwar als Gefangener im Castel del Monte.

Sollen wir uns in diesem Schlosse irgendeinen der Säle des Ober- und Untergeschosses als das Gefängnis der armen Prinzen denken?

Ein menschlich fühlender Schloßvogt konnte das den Enkeln eines Kaisers, den Kindern eines Königs gönnen; aber ich glaube, daß selbst Karl II. diese Räume für die Söhne Manfreds zu groß und schön gefunden hat, und daß er sie in den kleinen Turmgemächern einsperren ließ. Denn auch dieser König, welcher doch selbst die Bitterkeit der Gefangenschaft, obwohl in anständigem Gewahrsam, erfahren und alle Mächte Europas um seine Befreiung angefleht hatte, war so gefühllos, daß er jene Prinzen, die schuldlosesten unter allen seinen Staatsgefangenen, fortdauernd in Ketten hielt. In Ketten waren sie groß geworden; aus Kindern Jünglinge, aus Jünglingen Männer werdend, hatten sie an dem veränderten und zunehmenden Gewicht der Eisenlast das Wachstum ihres Leibes und Leidens ermessen können. Wie Bettler waren sie gekleidet und genährt, und sicherlich ließ man sie absichtlich in Unwissenheit und Elend zu Idioten werden. Spätere Berichte wollen sogar wissen, daß man sie geblendet und verstümmelt hatte; doch die Wahrheit dieser Angaben entzieht sich unserem Urteil, auch machen sie einige Reskripte des Königs nicht glaubwürdig.

Am 18. Juni 1295 befahl Karl II. von Anagni aus seinem Reichsvikar und Sohne Karl, ihm unverzüglich die Kinder Manfreds zu schicken. Dieses Reskript lautet: «Gewisse Gründe machen es im Augenblick rätlich, daß Heinrich, Friedrich und Enzius, die Söhne Manfreds, des weiland Fürsten von Tarent, welche in unserem Castel Santa Maria del Monte eingekerkert sind, aus diesem Gefängnis befreit werden. Wir befehlen Dir daher den genannten Heinrich und seine Brüder ohne Verzug und wohlbehalten aus dem vorgenannten Schloß zu uns zu schaffen, sie aus dem Kerker zu befreien und sofort unter sicherer und kurialer Bedeckung zu uns zu befördern. Wir aber befehlen gleichzeitig durch andere Briefe dem Ritter Stormito de Guagnonville, dem Vogt des genannten Schlosses, alle Gefangenen unserem Boten zu übergeben.»

Um diesen überraschenden Befehl zu erklären, muß man wissen, daß zu jener Zeit der Papst Bonifacius VIII., zu welchem sich der König Neapels begeben hatte, den Frieden zwischen diesem und Jakob von Aragon, dem Sohne Constanzas, vermittelte. Infolge dieser Übereinkunft verzichtete der damals hart bedrängte aragonische König auf den Besitz Siziliens, was freilich die Sizilianer sich nicht gefallen ließen. Demnach war jener Befehl Karls II. auf Grund einer ihm vom aragonischen Hof auferlegten Bedingung erlassen worden, denn nach dem Verzicht auf Sizilien mußten für diesen Aragonen die Ansprüche der legitimen Erben Manfreds bedeutungslos sein.

Wir wissen nicht, ob und in welcher Weise dem Reskript des Königs Karl Folge gegeben wurde. An Freilassung der drei Prinzen war nicht zu denken; denn wurden sie auch ihrem Kerker augenblicklich entnommen, so behielt sie doch Karl II. noch als Pfänder in Gewahrsam, bis die Friedensartikel tatsächlich ausgeführt waren. Sie kamen aber nicht zur Ausführung, denn Don Federigo, der Bruder Jakobs von Aragon, sagte sich alsbald von diesem und seiner furchtsamen Politik los, er bot selbst dem Papste Trotz, und schon am 25. März 1296 ließ er sich in Palermo krönen.

Die Söhne Manfreds blieben daher, um ihre Hoffnungen betrogen, in Castel del Monte, oder sie kehrten dorthin, nach einer kurzen Veränderung ihres Ortes, zurück.

Hier finden wir sie wiederum im April des Jahres 1297; denn am 25. dieses Monats erließ Karl II. an den Schloßvogt folgendes aus Neapel datierte Schreiben: «Wir befehlen Euch durch dieses, daß Ihr Heinrich, Friedrich und Azolin, die Söhne des ehemaligen Fürsten Manfred, welche in dem genannten Schloß in Ketten gehalten werden, augenblicklich von diesen Ketten befreiet und sie ehrenvoll behandelt, wie es sich geziemt. Und weil es heißt, daß einer derselben krank ist, so sollt Ihr irgendeiner Person zu seiner Pflege in angemessener Weise den Zutritt erlauben. Wir gestatten auch, daß Fra Matteo von Matera vom Orden der Minoren zu den vorgenannten Brüdern ungehindert Eingang habe. Doch sollt Ihr nichtsdestoweniger sie unter sorgsamer Wache halten.»

Auch dieser Befehl war die Wirkung von Friedensverhandlungen zwischen Neapel und Aragon und des Kongresses der betreffenden Fürsten in Rom. Denn dorthin hatte sich der König Jakob schon am Ende des März 1297 begeben, und Donna Constanza war ihm mit ihrer Tochter gefolgt, welche sie dem Prinzen Robert von Kalabrien zuführte. Auch Don Federigo, von dem sich die Mutter abgewendet hatte, während er den Krieg wider seinen Bruder Jakob mannhaft fortsetzte, sollte bewogen werden, Sizilien in friedlichem Vertrage an Neapel abzutreten. Die geringe Milderung des Schicksals der gefangenen Prinzen war demnach alles, was ihre Schwester Constanze damals für sie zu erreichen wagte – und dieser Tropfen des Erbarmens mußte zentnerschwer auf ihrer Seele lasten. Wie tief mußte sie der Gedanke an die großmütige Königin Eleonore von Kastilien beschämen, welche die Befreiung ihres Bruders Don Arrigo durchgesetzt hatte, während sie selbst ihre Brüder in Ketten verschmachten ließ.

Die Prinzen blieben im Kerker, denn Federigo behauptete Sizilien. Warum aber wurden die Unglücklichen nicht befreit, nachdem derselbe König im Jahre 1302 mit Neapel Frieden gemacht hatte? Wir wissen es nicht, oder vielmehr wir wissen es. Staatsgründe! Was mehr?

Da sind noch ein paar Reskripte, jene Unglücklichen betreffend.

Am 5. Mai 1298, wo die Prinzen bereits zweiunddreißig Jahre lang im Kerker zugebracht hatten, erinnerte sich Karl ɪɪ. plötzlich, daß es seiner königlichen Majestät keine Ehre bringe, wenn die Kinder Manfreds vor Hunger sterben. Er befahl dem Schloßvogt, sie besser zu nähren. Man kann sich nicht eines Wutanfalls erwehren, wenn man dieses königliche Schreiben liest, dessen Anfang lautet: «Es gereicht nicht zur Ehre des Königs, was die Söhne Manfreds, weiland Fürsten von Tarent, und Konrads, ehemals Grafen von Caserta, betrifft, welche im Castel Santa Maria del Monte eingekerkert gehalten werden, nämlich wenn sie aus Mangel des Unterhalts, den sie nach Mandat der Kurie durch Dich erhalten sollen, vor Hunger umkommen (‹fame peribunt›), da ihnen die Einsperrung im Kerker und das Schmachten (‹maceratio›), welches sie so lange Zeit erduldet haben, genug ist.»

Ein Jahr später erfolgte das letzte uns erhaltene Reskript desselben Königs, die Gefangenen betreffend. Am 25. Juni 1299 erließ er an den Ritter Guillaume de Ponciac folgenden Befehl: «Wir haben in andern Schreiben dem Ritter Giovanni Picicco, unserm Burgvogt zu Santa Maria del Monte, befohlen, daß er auf Deine Requisition die Söhne Manfreds, weiland Fürsten von Tarent, welche im vorgenannten Schlosse eingekerkert sind, ohne weiteres befreie und also frei dieselben Dir überweise. Deshalb befehlen wir Dir, daß Du im Angesicht dieses den genannten Kastellan aufforderst, jene zu entlassen. Jedem von ihnen sollst Du eine passende Kleidung machen lassen, und sollst sie dann unter der Führung eines Ritters oder einer anderen geeigneten Person zu uns schicken, nachdem Du ihnen Pferde gegeben hast, auf denen sie reiten, und die man an Riemen führen soll, und so viel Geld als nötig für sie ist bis zu ihrer Ankunft bei uns in Neapel.»

Der weite Ritt von Castel del Monte nach Neapel, durch das schöne Land ihrer Väter, ihr eigenes rechtmäßiges Erbe, im heißen Sonnenbrande, mußte für diese armen Gefangenen höchst qualvoll sein, obwohl ihnen hier zum erstenmal während eines hinter Kerkermauern hingebrachten Menschenalters der längere Genuß von Luft und Licht gewährt wurde. Wenn sie sich mit der Hoffnung trösteten, daß endlich die Stunde der Befreiung geschlagen habe, und daß der König sie ihren aragonischen Verwandten ausliefern werde, so wurde dieselbe alsbald bitter getäuscht. Denn Karl ɪɪ. ließ die Gefangenen in das Castel dell'Ovo setzen, dasselbe, in welchem ihre Schwester Beatrice lange Zeit eingekerkert gewesen war.

Die letzten legitimen Erben Friedrichs ɪɪ. hatten in der von neuen Machtverhältnissen geregelten und von neuen Dynastien in Besitz genommenen Welt keinen andern Platz mehr als den Kerker, worin sie sterben sollten. Es forderte sie niemand aus den Händen ihres

Quälers, weder Aragon noch der deutsche Kaiser vom Hause Habsburg, welcher die Majestät des Reiches dem Machtgebot der Kirche
schmachvoll unterworfen hatte. Schon Rudolf von Habsburg hatte
feierlich geloben müssen, niemals an dem Könige von Neapel wegen
der Hohenstaufen Rache zu nehmen, und zur Verleugnung jeder
praktischen Erinnerung an diese wurde auch Albrecht gezwungen.
Kein Papst erhob je seine Stimme zugunsten der Unglücklichen; denn
erbarmungslos und mit jener kalten hochmütigen Genugtuung, mit
welcher Priester auf die zufällige Erfüllung ihrer Flüche blicken, ließ
die Kirche das erbfähige Geschlecht Friedrichs ii. bis auf den letzten
männlichen Sproß umkommen, weil sie selbst dieses ganze Geschlecht als die «giftgeschwollene Vipernbrut» verflucht hatte.

Die Söhne Manfreds waren im vollsten Sinne des Worts von der
Welt verlassen und vergessen. Ihr Ende ist unbekannt. Es gibt darüber nur Sagen oder Vermutungen, die sich auf nichts Tatsächliches
gründen. Federigo und Enzio sollen zuerst gestorben sein; nach einer
Volkssage zu Canosa bezeichnete man sogar im Dom dieser Stadt,
nicht weit von der Gruftkapelle des Fürsten Boemund, zwei Steine
als die Gräber jener Söhne Manfreds. Andre Sagen berichten, daß
Federigo glücklich nach Ägypten entronnen sei. Der älteste der Prinzen endlich, Enrico, soll noch im Jahre 1309 im Castel dell' Ovo gelebt haben, und dann, erblindet und alt geworden, unter der Regierung des Königs Robert gestorben sein.

Dies war das Los der Söhne Manfreds. Das an ihnen verübte Verbrechen schändet die Anjou, jene grausamen Söldlinge des Pfaffentums mit frommen Heuchlermienen, mehr als die Hinrichtung Konradins.

Ich habe schon bemerkt, daß Castel del Monte seit den Anjou mit der
Grafschaft Andria vereinigt blieb. Schon Karl i. hatte das Schloß
stärker befestigen lassen und mit einer Wache von dreißig Mann versehen. Diese Befestigungen werden in Mauern und Wällen bestanden
haben, von denen heute keine Spur übriggeblieben ist. Das Schloß
dauerte sodann als Besitztum der Balzo, der Aragonen und der Caraffa fort. Es blieb im wohnlichen Zustande noch lange Zeit. Wir
lesen, daß der König Ferdinand i. von Aragon im Jahre 1459 einen
Monat lang im Castel del Monte wohnte, als er sich in Barletta krönen ließ.

Erst nach der Verwüstung Andrias durch Lautrec soll das Schloß
nicht mehr bewohnt worden sein; die erste Zerstörung, die es erlitt,
mögen ihm damals die Franzosen zugefügt haben. Wenn dies wirklich der Fall gewesen ist, so wird das Verbrechen des Vandalismus,
mit dem sich dieselben in Heidelberg gebrandmarkt haben, noch

durch Castel del Monte vermehrt. Doch müssen es die Caraffa wiederhergestellt und noch als Villa oder Jagdschloß benutzt haben, denn
im Jahre 1656 flüchtete die gesamte herzogliche Familie vor der Pest,
die in Andria wütete, nach Castel del Monte, wo sie ein halbes Jahr
verblieb.

Die Zeit der gänzlichen Verödung dieses schönen Schlosses ist
nicht mit Bestimmtheit anzugeben. Es wurde endlich dem Verfall
schonungslos preisgegeben. Kein Wächter schützte mehr die prachtvollen Säle vor mutwilliger Zerstörung durch Ackerbauer und Hirten;
man durchwühlte die Gemächer, den Hof und die Zisterne nach
Schätzen; man brach den kostbaren Marmor aus den Wänden; selbst
Räuber benutzten das Schloß Friedrichs zu ihrem Versteck. Nur der
Umstand, daß es kein herrenloses Gut, sondern das Eigentum des
Herzogs von Andria war, verhinderte die vollkommene Zerstörung.
Denn die Caraffa führten fortdauernd den Titel Principe di Castel
del Monte. Er ist dem Zweig ihres Geschlechts von Andria noch heute
geblieben. Sie haben alle ihre dortigen Güter verkauft, nur dieses
Schloß nicht, entweder des Titels wegen, der an ihm haftet, oder weil
sich kein Käufer für eine nutzlose Ruine fand. Mit ihr selbst ist keine
Scholle Ackers mehr verbunden: der Prinz von Castel del Monte besitzt hier nichts mehr als die nackten Mauern des Schlosses.

Der Syndikus Andrias sagte mir, daß man dieses einzigartige
Denkmal der Hohenstaufen um einige tausend Francs erstehen könne,
und daß Hoffnung vorhanden sei, die Gemeinde Andria zum Ankauf
desselben zu bewegen. Ich beschwor ihn und andere einflußreiche
Herren der Stadt, auf diesem Wege und durch Beteiligung des Pro-
vinzialrates von Bari für die Erhaltung des Monuments zu sorgen.
Sein Verfall ist noch keineswegs so weit fortgeschritten, daß der Aufwand von Kosten und Mühen dafür ein unverhältnismäßiger sein
würde. Selbst die Wiederherstellung des Schlosses würde keine zu
große Schwierigkeit darbieten, denn noch steht es in seinem Grund-
bau und mit allen seinen Räumen aufrecht da.

Es wäre Schimpf und Schande zunächst für Apulien, wenn Castel
del Monte, ein Denkmal, welches, wie kein anderes mehr, so rein und
unverfälscht und unmittelbar eine große Epoche dieses Landes darstellt, aus Geiz oder Stumpfsinnigkeit, um des Lumpengeldes von
einigen tausend Lire willen, der Zerstörung überlassen bliebe. Mit
ihm ginge nicht allein eine monumentale Erinnerung an den größten
Herrscher des Mittelalters zugrunde, sondern auch dasjenige Bauwerk, in welchem die profane Architektur ihre letzte klassische Höhe
vor Bramante erreicht hat. Denn nach der schwäbischen Zeit sinkt sie
in Verfall.

Die Erhaltung der geschichtlichen Monumente kann heute praktischerweise nur das Werk der Gemeinden und der Provinzen sein, in deren Gebiet solche liegen, und sie ist auch ihre nächste Pflicht. Dies haben vor kurzem Ferrara und die dortige Provinz begriffen, denn sie erstanden das berühmte Schloß der Este, welches der Fiskus an den Meistbietenden losschlug. Der Reichtum an historischen Monumenten ist in keinem Lande der Welt so groß wie in Italien; daraus folgt, daß die Regierung sich außerstande sieht, sie alle als Nationaleigentum zu behandeln und ihre eigenen ausgetrockneten Finanzen mit ihrer Erhaltung zu belasten. Der Fiskus verkauft sie, denn was kümmern ihn die Denkmäler der Geschichte? Als das Schloß Astura, wo der letzte königliche Hohenstaufe, Konradin, auf der Flucht von den Frangipani gefangen und an Karl von Anjou ausgeliefert worden war, um die Vorschlagssumme von 5000 Frs. vom Fiskus angeboten werden sollte, verwendete ich mich in Rom für die Zurückziehung dieser fiskalischen Maßregel, und ich erhielt die tröstlichste und liberalste Zusicherung. Astura ist später unter den Hammer gebracht worden; der Fürst Borghese hat das Schloß gekauft, doch sind ihm dabei gewisse Bedingungen auferlegt worden, dort nicht zu bauen und nicht zu graben ohne Genehmigung der Regierung.

Unser Ritt nach Castel del Monte schloß zu Palese mit einem ländlichen apulischen Gastmahl von wahrhaft phäakenartiger Fülle. Hier ward das Köstlichste aufgetischt, was dieses Land darbietet: Fische des nahen Meeres in verschiedener Zubereitung, homerisch aufgehäufte Fleischmassen, Schüsseln voll dampfender Makkaroni, zahllose Leckerbissen von Latticini der Murgie, das heißt von Gerichten, welche aus Milch bereitet werden, Oliven und andere Früchte und die feurigen Weine des Landes in hohen gläsernen Gefäßen. Unsere liebenswürdigen Wirte versicherten, daß sie nicht übermäßige Anstrengungen gemacht hätten, dieses Mahl auszurüsten, denn so ungefähr sei ihr täglicher Tisch bestellt. Die Apulier essen nur eine Mahlzeit am Tage. Ich nahm mir zu der Bemerkung Gelegenheit, daß wir Deutschen nicht ganz mit Recht bei den Italienern im Rufe der Vielfresser stehen («i Tedeschi lurchi», sagt Dante): wir essen zwar mehrmals am Tage, aber alle täglichen Mahlzeiten einer bürgerlichen Familie Deutschlands zusammengenommen machen noch nicht die Menge dessen aus, was eine apulische Familie zu ihrem einmaligen Tisch gebraucht.

Am Abend geleitete uns Herr Marchio nach Andria zurück, wo uns wiederum Herr Lionetti, der Syndikus der Stadt, empfing, um uns am folgenden Morgen bis nach Trani das Geleite zu geben. So schieden wir aus diesem Lande mit der freundlichsten Erinnerung an eine wahrhaft glänzende Gastfreundschaft.

LECCE

1875

Lecce ist die Hauptstadt der Provinz Terra d'Otranto; und diese ist ein durch das Alter seiner Kultur und seiner Geschichte höchst merkwürdiges Land. Es umfaßt die südliche Halbinsel Süditaliens am Ionischen Meer. Noch heutigentags liegt es wie am Ende der Welt und wird nicht häufig von Reisenden besucht.

In der alten Geographie trug diese Halbinsel verschiedene Namen: Japygia, Peucetia, Messapia, Calabria, auch Salentina, von einem kretischen Volksstamm, welcher das südliche Ende der Halbinsel bis zum Japygium Promontorium bewohnte. Der Name der Salentiner hat sich seltsamerweise noch heute als Gesamtbegriff für die Provinz behauptet, deren Geschichte und Literatur fortdauernd als salentinische bezeichnet werden. Nur für die Sprache der vorgriechischen Urbevölkerung hat man den Namen der messapischen beibehalten.

Die im Altertum für diese Halbinsel gewöhnlich gebrauchte Bezeichnung war «Calabria»; sie erhielt sich bis gegen das Ende des siebenten Jahrhunderts unserer Zeitrechnung; denn erst infolge des Eindringens der Langobarden, welche unter dem Herzog Romuald von Benevent im Jahre 668 Brindisi und Tarent eroberten, übertrugen die Byzantiner den Titel des Thema Kalabrien auf die südwestliche oder bruttische Halbinsel, deren Hauptstadt Regium (Reggio) wurde. So erhielt eben dieser Teil Großgriechenlands, das Vaterland berühmter Philosophen und Staatsmänner, den Namen Calabria, während er dort verschwand. Er ging dort, wie es scheint, schon in der Zeit der Langobarden im Gesamtnamen Apulia unter, welcher sich auf den größten Teil der östlichen Hälfte Süditaliens überhaupt ausgedehnt hat. Weil aber unter der byzantinischen Herrschaft die Stadt Hydruntum, das heutige Otranto, der Haupthandelsplatz und Sitz der kaiserlichen Verwaltungsbehörden geworden war, so entstand für das alte ehemalige Kalabrien schon frühe der provinzielle Begriff der Terra d'Otranto.

Wenn man von oberhalb Brindisi bis zum Golf von Tarent eine Linie herabzieht, so daß diese Stadt noch von ihr umfaßt wird, so begrenzt dieselbe nach Apulien hin jene Halbinsel. Ihre äußerste Spitze ist das Promontorium Japygium, das heutige Kap Santa Maria di Leuca. Dieses fast ganz flache Land zählt etwa 500 000 Einwohner und zerfällt in die vier Distrikte: Lecce, Brindisi, Gallipoli und Tarent.

Ich werde kaum irren, wenn ich voraussetze, daß die allermeisten

Leser dieser Blätter kaum eine dunkle geographische oder geschichtliche Vorstellung von Lecce haben, und daß sie in einige Verlegenheit
geraten, wenn ich ihnen andere uralte Städte dieses Landes nenne,
wie Ostuni, Galatone, Nardo, Gallipoli, Oria, Manduria, Francavilla.
Denn sind sie aufrichtig, so werden sie bekennen, daß sie davon ge-
radesoviel wissen wie von irgendwelchen Orten in einer Provinz
Kleinasiens.

Das alte Kalabrien hat sich seit vier Jahrhunderten gleichsam aus
der Geschichte der Welt verloren und mit einem mythischen Dunkel
bedeckt, aus dem höchstens nur zwei Gestalten sichtbar hervorragten,
Brindisi, das alte Brundusium, welches die größten Namen der römischen Geschichte niemals haben sterben lassen, und Tarent, auf dem
der unzerstörliche Zauber der hellenischen Welt ruht. Alles übrige,
selbst die Normannenstadt Lecce nicht ausgenommen, ist in so tiefe
Vergessenheit gefallen, daß noch in den dreißiger Jahren unseres
Jahrhunderts ein unermüdlicher Wanderer, der treffliche Heinrich
Wilhelm Schulz, für uns Deutsche fast den Ruhm eines Entdeckers beanspruchen konnte, als er dieses Halbinselland durchforschte und dort
verschollene Denkmäler der Kunst des Mittelalters auffand.

Das Land selbst hat dieses Dunkel nicht verschuldet. Es ist keineswegs wild und innerlich verschlossen wie das heutige, von hohen
Gebirgen und tiefen Schluchten durchzogene Kalabrien, sondern wird
nach vielen Richtungen hin von Straßen durchschnitten. Es hat zahlreiche Städte, und seine uralten Häfen Brindisi, Tarent, Otranto und
Gallipoli haben, wenn auch sehr herabgekommen, doch niemals aufgehört, Überfahrtsorte nach Griechenland und dem Orient zu sein
oder am Mittelmeerhandel sich zu beteiligen.

Noch weniger hat das dortige Volk das Bewußtsein seiner im Altertum großen, im Mittelalter nicht geringen Bedeutung verloren. Man
wird kaum eine seiner Städte finden, welche nicht ihre gedruckte
Chronik oder antiquarische Beschreibung besäße. Diese einheimische
Literatur füllt heute einige Schränke der Bibliothek in Lecce aus. Sie
begann bereits am Anfange des 16. Jahrhunderts, wo ein Humanist
aus Galatone, Antonius de Ferrariis oder Galateus, der Freund des
Sannazar und Pontanus, sein Vaterland in einer Schrift beschrieben
hat, welche «De Situ Japygiae» heißt. Aber die gesamte Literatur des
Landes ist kaum über ihre provinziellen Grenzen gedrungen. Auch
der angesehenste neue Dichter, welchen die messapische Halbinsel,
die Heimat des Ennius, hervorgebracht hat, ist im übrigen Italien unbekannt geblieben. Das war Ascanio Grandi, Verfasser des epischen
Gedichtes «Tancred», womit er dem Ruhme Tassos nacheifern wollte.
Er starb zu Lecce im Jahre 1634.

Lecce also, nicht Hydruntum, ist die bürgerliche Hauptstadt dieses

Landes. Obwohl heute keine Ruinen des Altertums mehr von ihrer antiken Geschichte Kunde geben, so ist sie doch unzweifelhaft uralten Ursprungs. Sogenannte pelasgische Einwanderer, die über Meer gekommen waren, gründeten sie, gleich vielen andern Städten Apuliens und Kalabriens. Ihr fabelhafter Erbauer wird Malennius genannt.

Der ursprüngliche Name Lecces war Syrbar oder Sybaris, wie jener der berühmten Stadt am Golf von Tarent. Sie vertauschte denselben später mit Lupia oder Lupiae, unter welchem sie zur Römerzeit bestand. Dort war es, wo der junge Oktavian von Apollonia her landete, nachdem er die Ermordung Cäsars erfahren hatte. Noch heute schreibt sich von diesem Namen das Stadtwappen Lecces her: ein Wolf, der unter einer Steineiche steht. Lupia verwandelte sich sodann in Lycium, wie die Stadt zur Normannenzeit hieß, und endlich in Lecce.

Geschichtliche Berühmtheit erlangte dieser Ort erst durch die Normannen, nachdem der große Robert Guiscard Apulien und Kalabrien der Herrschaft des griechischen Kaisers entrissen hatte. Im Jahre 1063 eroberte er Tarent, fünf Jahre später Otranto. Seinem tapfern Bruder Goffred übergab er die Stadt Lecce als Grafschaft, und von diesem ersten dortigen Herrn aus dem Hause Hauteville stammte die Dynastie der Grafen von Lecce, welche bis auf den Kaiser Heinrich VI. dort regiert hat.

Der Untergang dieses alten Grafenhauses ist mit demjenigen des normannischen Königreichs in Sizilien enge verknüpft, und zwar durch die bekannte romantische Verbindung der schönen Sibilla, der Tochter des Grafen Robert von Lecce, mit Roger, dem Sohne des Königs Roger II. von Sizilien. Der Sprößling des heimlichen Liebesbundes war der letzte Normannenkönig, jener Tancred, Graf von Lecce, welchem seine Landsleute im Jahre 1189 die Krone Siziliens gaben. Der tapfere Bastard starb nach nicht immer unglücklichen Kämpfen mit Heinrich VI., dem Erben Siziliens durch seine Gemahlin Constanza, im Jahre 1194. Seinen Sohn Roger, welchen er im Jahre 1191 mit Irene, der Tochter des griechischen Kaisers Isaak Angelus, vermählte und in Brindisi krönen ließ, hatte er sterben sehen, und der Kummer um diesen Verlust raubte ihm das Leben.

Seine Ansprüche auf das Reich beider Sizilien hinterließ er seinem zweitgeborenen Sohne Wilhelm unter der Vormundschaft seiner Mutter Sibilla, vom Haus der Grafen von Acerra. Diese Königinwitwe ergab sich im Schlosse zu Palermo Heinrich VI. unter der Bedingung, daß ihr Sohn Wilhelm die Grafschaft Lecce und das Fürstentum Tarent zu erblichem Lehn erhielt. Aber der Kaiser brach sein Wort, als er in der schrecklichen Weihnachtsnacht des Jahres 1194 unter dem Vorwand einer angezettelten Rebellion die normannischen

Barone umbringen ließ; er schickte Sibilla mit ihrem Sohne und drei
Töchtern in die Kerker der Festung Hohenems.

Glücklicher als die Witwe des letzten Normannenkönigs Tancred
war jene seines Sohnes Roger: denn Irene vermählte sich im Beginne
des Jahres 1195 mit Heinrichs Bruder Philipp, dem spätern Könige
der Römer. Der letzte Erbprinz der Normannenhauses, Wilhelm,
ging in Deutschland kläglich zugrunde; aber die Ansprüche seines
Hauses auf Lecce vererbte seine von dort nach Frankreich entlassene
Mutter Sibilla ihrem Schwiegersohn Gauthier von Brienne, dem Gemahl ihrer Tochter Albiria.

So geschah es, daß jenes französische Geschlecht Brienne, nach dem
Fall der Hohenstaufen, unter den Anjou die Grafschaft Lecce wirklich
in Besitz nahm und sie bis zur Mitte des 14. Jahrhunderts behauptete.
Durch Erbschaft kam Lecce sodann an das französische Haus Enghien, durch dieses an die Balzo-Orsini und endlich im Jahre 1463 an
das aragonische Königshaus Neapel.

So bildet die Geschichte der Stadt einen wesentlichen Teil der
Feudalgeschichte des Königreichs Neapel überhaupt; in Beziehung
auf das gesamte alte Kalabrien, die Provinz Otranto, ist sie das wichtigste Glied neben dem Fürstentum Tarent. Sie selbst hat als bürgerliche Gemeinde keine eigene Bedeutung gehabt. Wenn noch in den
barbarischen Zeiten des Verfalls jeder politischen Selbständigkeit
dieser äußersten Landschaft Großgriechenlands Städte wie Brindisi,
Gallipoli und Tarent durch ihre Häfen sich immerhin eine gewisse
bevorzugte Stellung sichern konnten, so vermochte das Lecce dadurch
nicht. Denn diese Stadt liegt nicht, wie jene am Meer, sondern mehrere Meilen von ihm entfernt. Ihr alter Hafen, welchen der Kaiser
Hadrian erbaut hatte und der noch im 15. Jahrhundert brauchbar
war, ist schon seit lange gänzlich verlassen und zu einer kleinen Zoll-
station herabgesunken. Und trotzdem ist Lecce geradezu eine der ansehnlichsten und, wenigstens dem Anscheine nach, wohlhabendsten
Städte des ehemaligen Königreichs Neapel. Sie muß also diese Bevorzugung besonderen Verhältnissen verdanken, die ihrer Vergangenheit angehören. In Wahrheit verschwindet selbst Tarent, trotz seiner
ausgezeichneten Lage an zwei Meeren, trotz seines Hafens ohnegleichen, trotz der Fruchtbarkeit seiner Gefilde und der Bedeutung,
welche es lange Zeit im Mittelalter als Sitz eines sehr mächtigen und
ausgedehnten Feudalfürstentums gehabt hat, hinter der Stadt Lecce;
während die beiden andern berühmten Städte des Landes, Otranto
und Brindisi, nur noch dürftige Schattenbilder ihrer Vergangenheit
sind.

Ich war ganz erstaunt, als ich Lecce betrat. Ich hatte von ihr sagen
gehört, daß sie der sauberste Ort des Königreichs Neapel sei, nächst

der großen Hauptstadt selbst, und dies Urteil, welches übrigens schon
im Jahre 1767 ein Besucher jenes Landes, der Baron Riedesel, ausgesprochen hat, bestätige ich.

Die Stadt mag heute über 23 000 Einwohner haben; da sie zur
Zeit jenes Reisenden deren 15 000 zählte, so hat sie in mehr als hundert Jahren nur den geringen Zuwachs von 8000 Menschen erlangt;
diese Ziffern lehren mehr als jedes andere Verhältnis den langen
Stillstand des Lebens in diesem Lande, welches seine Bevölkerung
weder durch wachsenden Ackerbau, noch durch industrielle Tätigkeit
zu steigern vermocht hat. Die Villen, Baumgänge und Anlagen um
die wohlgefügten Stadtmauern her, manche schöne Straßen und
Plätze, gut gepflastert, mit vielen geschmückten Palästen und Gebäuden besetzt, durch Kirchen und Klöster eines an Ornamenten
überreichen Stils ausgezeichnet, verleihen Lecce ein wenn auch täu-
schendes Ansehen von stattlichem Reichtum und heiterer Grazie,
welche durchaus italienisch ist, aber orientalisch erscheint, weil sie
mit Prunk überladen ist.

Die Architektur Lecces hat ihre wesentliche moderne Blüte in und
nach der Epoche Karls v. entfaltet. Die meisten Klöster und Paläste
sind Bauten des 16. und 17. Jahrhunderts. Ihr Material ist ein Kalkstein von schöner goldgelber Farbe. Dieser leicht zu bearbeitende
Stein bot sich zugleich dem Bildhauer als ein vorzüglicher Stoff zur
Dekoration von Außenflächen der Gebäude dar. Ich sah nirgendwo
einen gleichen Reichtum solchen Schmucks an Fassaden wie hier. Obwohl die Kunst hier fast durchweg in Manier und Überfülle geraten
ist, und das Spiel südlicher Phantasie oft ins Barocke fällt, so hat dies
doch der Stadt das gleichmäßige Wesen einer Epoche aufgedrückt, und
so ist ein harmonisches Ganze hervorgebracht worden. Man kann
Lecce das Florenz der Rokokozeit nennen. In ganz Italien ist in dieser
Kunstrichtung ihresgleichen nicht zu finden. Dieses barocke Wesen hat
sich hier, durch den Anhauch des nie verlöschten antiken Formgefühls
und unter dem Einfluß des Himmels dieser glücklichen Zone, doch zu
einer gewissen Idealität verklärt. Schon der erste Anblick zeigt, daß
die Stadt unter besonders günstigen Verhältnissen mehr als eine
Kunstblüte erlebt hat. Nach den Angaben einheimischer Kenner ent-
faltete sich dieselbe zuerst unter den normannischen Grafen. Ihre
Periode, so sagt ein Autor der Gegenwart (Herr Francesco Casotti),
war die Zeit, wo Lecce und die gesamte Grafschaft, sowohl in bezug
auf die Künste als in jeder andern Hinsicht die höchste Stufe erreichte, während das französische Haus der Brienne, welches auf jene
Grafen in der Herrschaft Lecces folgte, wegen beständiger Kriege und
namentlich wegen seiner Tätigkeit in Griechenland und dem Orient
nichts Nennenswertes geschaffen hat.

Ohne Zweifel wetteiferten die normannischen Grafen mit ihren königlichen Vettern in Sizilien an Prachtliebe, aber leider sind ihre Bauten in Lecce wie außerhalb der Stadt bis auf wenige Reste untergegangen. Die Kirchen, welche sie gegründet hatten, wurden zerstört oder umgebaut, wie der Dom der Stadt, welchen schon der erste Graf Goffred begonnen hatte, und die Kirche der Trinità, in welcher sich die Grüfte einiger der letzten Mitglieder des Grafenhauses befunden haben.

Die zweite Kunstblüte begann etwa zwei Jahrhunderte später unter der Herrschaft des Hauses Enghien und der prachtliebenden Orsini del Balzo, deren Monumente in der ganzen Provinz Otranto noch zahlreich sind. Die dritte endlich, welche der Stadt ihr wesentliches Gepräge gab, gehört dem 16. und 17. Jahrhundert an. Dies besteht, wie ich schon bemerkt habe, in der Entfaltung eines ungewöhnlichen Reichtums architektonischen Schmuckes, der oft die Grenze des Schönen überschreitet, und bunt, zopfig, schwerfällig und überladen wird.

Der architektonische Mittelpunkt der Stadt ist ihr Dom oder die Kathedrale der Assunta, deren erste Anlage in das Jahr 1114 fällt. Nach mehrmaligem Umbau wurde sie mit dem hohen Glockenturm zur Seite im Jahre 1659 aus den Fundamenten vollständig neu erbaut, unter der Leitung des namhaften Bildhauers Zimbalo. Sie hat eine mächtige, aber nicht gerade künstlerisch schöne Fassade im Rokokostil. Der prächtige weit sichtbare Turm neben ihr, von vier Aufsätzen übereinander, ist mehr als fünfzig Meter hoch. Eine Inschrift besagt, daß der Bischof Aloysius Pappacoda im Jahre 1659 den Grundstein des Neubaues gelegt hat.

Zur linken Seite des Doms steht eine künstliche Grotte mit hölzernen Heiligenfiguren (Christus von Engeln umgeben), deren ich nur erwähne, weil ihre dörfliche Plumpheit den Eindruck stört, welchen der von schönen Bauwerken umgebene Domplatz im ganzen macht. Die Götter der christlichen Religion gehören nicht auf die Straße, sondern in die Kapellen oder Kirchen, schon deshalb, weil sie häßlich sind.

Mit dem Dom steht die Wohnung des Bischofs in Verbindung, ein mit einem Portikus aus Halbsäulen geschmücktes Gebäude. An dieses schließt sich das Seminar, ein ansehnliches Bauwerk aus gelbem Kalkstein, mit überreicher Fassade, einem großen Hof, welchen Arkaden bilden, und einer mit Büsten geschmückten Eingangshalle. Die Erbauer dieses schönen Palastes waren die Bischöfe Michele und Fabrizio Pignatelli am Ende des 17. und am Anfange des 18. Jahrhunderts. Man sieht ihre Wappen auf den kunstvoll gearbeiteten Türen im Portikus. Heute dient das Seminar zum Teil als Soldatenkaserne.

Das Bistum Lecce ist ein Suffragan des Erzbistums Otranto. Seine

Stiftung wird auf Sankt Oronzius zurückgeführt, den ersten legendären Christen und Märtyrer der Stadt, deren Schutzheiliger er ist. Der größte Platz Lecces ist diesem Heiligen geweiht. Wie in Rom die Figuren der Apostel Petrus und Paulus auf den beiden großen Säulen römischer Cäsaren stehen, so hat man dort die Statue des Oronzius auf einer alten höchst merkwürdigen Säule aufgestellt. Sie stammt aus der Stadt Brindisi.

Dort nämlich steht, gegenüber dem Eingange des Hafens, auf einer kleinen Anhöhe, eine antike Marmorsäule unbekannten Ursprungs, auf deren Postament die bekannte Inschrift des Protospatars Lupus zu lesen ist, des rühmlichen Wiederherstellers von Brindisi im neunten Jahrhundert. Neben ihr befindet sich noch die Basis einer zweiten ähnlichen Säule, die bis zum Jahre 1528 aufrecht stand, wo sie niederstürzte und lange Zeit am Boden liegen blieb. Im Jahre 1683 schenkte die Stadt Brindisi der Gemeinde Lecce diese Säule, um das eherne Standbild ihres Heiligen daraufzustellen, was dann geschah. Eine pomphafte und schwülstige Inschrift auf dem Fußgestell sagt, daß der göttliche Oronzius den alten Herkules der Brundisiner besiegt habe:

«Columnam hanc, quam Brundusina civitas suam ab Hercule ostentans originem profano olim ritu in sua erexerat insigna, religioso tandem cultu divo subjecit Orontio, ut lapides illi, qui ferarum domitorem expresserant, novo coelamine voto aereque Lupiensium exculto truculentioris pestilentiae monstri triumphatorem posteris consignarent.»

Auf demselben Platz steht das ehemalige Gebäude des Munizipiums, welches Sedile heißt, eine Halle mit Bogen gotischen Stils und einem reichgeschmückten Portal. Daneben sieht man eine Kapelle, über welcher sich das tönerne Bild des venezianischen Löwen erhebt. Sie gehörte nämlich der Republik Venedig, die in Lecce eine Handelsniederlassung besaß.

Unter allen dreißig Kirchen der Stadt ist die merkwürdigste die alte der Benediktiner, San Nicola e Cataldo. Sie liegt eine kleine Strecke von der Stadt entfernt. Graf Tancred baute sie im Jahre 1180, und dies war der Sohn jenes obengenannten Erbprinzen Siziliens Roger und der schönen Sibylla. Sein erzürnter Großvater hatte ihn und seinen Bruder Wilhelm in Palermo einsperren lassen, aber Tancred war aus seinem Gefängnisse nach Griechenland entwichen, von wo ihn später der König Wilhelm II. zurückrief, um ihn mit der Grafschaft Lecce zu belehnen. Er baute hier die schöne Kirche San Nicola und Cataldo, neun Jahre bevor er von den Normannen zum Könige erwählt wurde. Sie ist das letzte Denkmal des letzten Normannenkönigs überhaupt, und schon deshalb von geschichtlicher Merkwürdigkeit.

Auf zwei Portalen, dem des Einganges und einem andern des Ausganges in den Klosterhof, haben sich die auf den Bau bezüglichen Inschriften erhalten:

Hac In Carne Sita Quia Labitur Irrita Vita
Consule Dives Ita Ne Sit Pro Carne Sopita
Vide Tancredus Comes Eternum Sibi Fedus
Firmat In His Donis Ditans Hec Templa Colonis.

Anno Milleno Centeno Bis Quadrageno
Quo Patuit Mundo Christus Sub Rege Secundo
Guillelmo Magnus Comito Tancredus Et Agnus
Nomine Quem Legit Nicolai Templa Peregit.

Weil das Leben im Fleische sündhaft dahingeht,
Sorge, daß es nicht reich für das schlafende Fleisch.
Siehe, Tankred der Fürst sichert sich ewiges Bündnis,
Da er den Tempel hier für seine Kolonen geweiht.

Im Jahre 1180, seit Christus der Gewaltige
Und zugleich Lamm der Welt erschien,
Unter der Regierung König Wilhelms II. hat Tankred,
Den er zu seinem Grafen bestimmt,
Den Tempel des Nikolaus vollendet.

Die Kirche hat ihresgleichen nicht im ganzen Lande, mit alleiniger Ausnahme der berühmten Franziskanerkirche Santa Catarina zu San Pietro in Galatina, und diese wurde erst zwei Jahrhunderte später erbaut. Sie ist geradezu eins der herrlichsten und eigenartigsten Denkmäler der normannischen Kunstepoche, und vielleicht dasjenige, welches den vollkommensten Eindruck klassischer Einfachheit und Symmetrie macht. In ihr, so sagt Heinrich Wilhelm Schulz, hat sich jener in diesen Gegenden seit den Zeiten des griechischen Altertums heimische feine Sinn und Geschmack am glänzendsten offenbart.

San Cataldo ist ein dreischiffiger Pfeilerbau von nur mäßigen Raumverhältnissen, mit einer kleinen Kuppel über der Kreuzung, ruhend auf Spitzbogen. Das Mittelschiff ist erhöht und hat ein Tonnengewölbe. Die Pfeiler haben Halbsäulen mit korinthisierenden Kapitälen; in gotischer Weise setzen sie sich zum Deckengewölbe fort. Die rohe und grelle Malerei, mit welcher im 17. Jahrhundert das ganze Innere der Kirche überzogen worden ist, hat auch die Pfeiler nicht verschont; später hat man diese Gemälde meist mit Tünche zugedeckt.

Überhaupt hat das Bauwerk, im Innern wie an den Außenflächen, im Lauf der Zeit manche gewaltsame Veränderung erlitten. Das Ganze jedoch, mit den schönsten Teilen der dekorativen Bildnerei in Stein, gibt noch immer den Eindruck der ursprünglichen Schöpfung wieder. Das Material besteht aus Quadern eines gelblichen Kalksteins, von der saubersten Zusammenfügung. Die Außenseiten sind durch Wandpfeiler gegliedert, zwischen denen sich halbgotische Bogen spannen.

Den herrlichsten Schmuck dieser Kirche bildet die Verzierung der beiden glücklicherweise noch vollkommen erhaltenen Portale. Der Stein, aus dem diese Ornamente gemeißelt sind, hat eine goldgelbe Farbe angenommen, welche an die der Tempel Siziliens und Griechenlands erinnert, und die Zierlichkeit und Feinheit, die Durchsichtigkeit der in ihm dargestellten arabesken Formen ist so überraschend, daß diese selbst wie aus Wachs gebildet erscheinen und die Leichtigkeit und Anmut von Malereien oder Stickereien haben.

Das Hauptportal ist ein Bogen mit doppeltem Umfassungsgurt von der reichsten Blätterdekoration. Eine gradlinige Türe führt in die Kirche; auf dem Architrav über ihr steht die erste Inschrift Tancreds, und über dieser sieht man ein ausgemeißeltes Gesims, welches zwischen Blättern sechs Frauenköpfe enthält, deren symbolische Bedeutung unklar ist.

Ein zweites ähnliches, mit nicht minderer Kunst behandeltes Portal führt in den Klosterhof; es enthält die andre der bemerkten Inschriften. Die Türe ist von zwei kleinen Säulen eingefaßt, welche ehemals auf Löwen ruhten. Der Klosterhof selbst ist erneuert worden und zeigt nichts mehr von seinem ursprünglichen Stil.

Das Kloster gehörte den Benediktinern; am Ende des 15. Jahrhunderts kam es an die Olivetaner. Seit der napoleonischen Umwälzung Süditaliens ist es eingegangen.

An Grabdenkmälern findet sich nichts Nennenswertes in dieser Kirche, außer dem Mausoleum des Dichters Ascanio Grandi.

Man wird kaum irren, wenn man behauptet, daß die in jenem Tempel Sant Nikolaus' zu solcher Vollendung gebrachte Dekoration in Stein die wesentliche Schule und das ideale Vorbild gewesen ist, wonach sich der bildnerische Geschmack in Lecce geformt hat. Denn in allen späteren Epochen kam dasselbe Prinzip in Anwendung, bis es sich in den Zeiten des Verfalls durch Überladung zugrunde richtete. Um so mehr ist es zu beklagen, daß die Bauwerke der ältern Periode in Lecce bis auf wenige Reste untergegangen sind.

Von den Denkmälern aus der Zeit der Brienne scheint Santa Croce das bedeutendste gewesen zu sein. Diese Kirche war im Jahre 1353 von jenem Walter von Brienne gegründet worden, welcher als Herzog von Athen und Herr von Florenz in der Geschichte eine flüchtige Berühmtheit erlangt hat. Im Jahre 1549 fand ihr Umbau und der des Klosters statt, und dieser dauerte (nach der Angabe De Simones in seinem neuesten Werk «Lecce und seine Monumente») 146 Jahre. Im

Jahre 1807 wurde das großartige neue Kloster der Cölestiner aufgehoben, und später machte man es zum Sitz der Intendantur und des Präfekten. Die Fassade dieses Gebäudes wurde erst am Anfange unseres Jahrhunderts vollendet. Sie ist das Barockeste, was Lecce aufzuweisen hat; gleichwohl bringt die Überfülle der Dekoration einen Eindruck von Pracht und Reichtum hervor, den man der armseligen Nüchternheit modernster Bauten vorziehen muß.

Beim Umbau der alten Kirche gingen leider manche historische Denkmäler zugrunde, so das marmorne Grabmal der berühmten Gräfin von Lecce und Königin Neapels, Maria von Enghien, der Gemahlin des Königs Ladislaus. Das gleiche Schicksal der Zerstörung haben auch die Grabmäler der Normannengrafen erfahren.

Unter andern Kirchen der Stadt ist auch die von San Domenico bemerkenswert; in ihr befindet sich das Grabmal des Humanisten Galateus, welcher der Stolz Lecces ist. Ihr gegenüber steht das schöne Gebäude des Hospitals, ein Prachtbau des 16. Jahrhunderts, ausgeführt nach den Plänen des Giovan Giacomo dell' Acaya.

Von hier gelangt man zu der Porta Rugge, so genannt von einem unweit Lecce liegenden Ort, der alten messapischen Stadt Rudiae, wo der Dichter Ennius geboren war. Dies vor wenigen Jahren erneuerte Tor ist mit Figuren geschmückt, welche die mythischen Heroen des Landes vorstellen, Malennius, Daunus und Idomeneus. Nach der Sage soll nämlich Malennius Lecce gegründet haben und sein Sohn Daunus König Apuliens gewesen sein, welches im Altertum auch den Namen Daunia führte.

Ich will es rühmen, daß die Bürgerschaft Lecces mit Pietät die geschichtlichen Erinnerungen ihrer Stadt festhält; das zeigen die Namen der Straßen; denn obwohl es auch hier solche gibt, welche nach Victor Emanuel, Garibaldi und andern Hauptcharakteren der Gegenwart benannt worden sind, so bietet doch die Liste der Straßennamen, wie sie De Simone in seiner bemerkten Beschreibung Lecces zusammenstellt, gleichsam den Auszug der Geschichte dieser Stadt dar, von den ältesten Zeiten bis auf die Gegenwart. Solche bis in die Mythenzeit hinaufreichende Namengebung ist freilich nur eine Spielerei gelehrter Antiquare. Der gewöhnliche und unstudierte Bürger Lecces hat ein mythographisches und historisches Lexikon nötig, um den Sinn der ganz unpopulären Namen seiner Vaterstadt zu verstehen. Jedoch sie erwecken wenigstens bei denen, die etwas von der Sagengeschichte dieses Landes wissen, immerhin Vorstellungen lokalgeschichtlicher Natur.

Es gibt also in Lecce Plätze und Straßen mit den fabelhaften Namen Malennius, Daunus und Idomeneus. Eine Straße ist von «Messapischen Gräbern» genannt, welche man daselbst entdeckt hat. Die römischen Zeiten sind durch Ennius, Augustus, Hadrian, Marcus Aurelius, Antonius, Verus und Lucius Epulo vertreten. Das Mittelalter prangt mit zahlreichen Namen von Königen und Feudalgeschlechtern, wie Graf Gaufried, Boemund, König Trancred, Manfred (welchem sein Vater Friedrich ii. die Grafschaft Lecce und das Fürstentum Tarent verliehen hatte); Gräfin Albiria, Walter von Brienne, der Duca d' Atene, Raimondello Orsini, die Königin Maria, Ferdinand von Aragon usw. Endlich sind auch die in Wissenschaften und Künsten berühmten Leccesen nicht vergessen worden, wie Antonio Galateo, Ascanio Grandi, Acaya, der Chronist Antonello Coniger, der Geschichtschreiber Ammirati, der Syndikus Marangio und viele andere.

Der Bürger von Lecce kann also in seiner schönen Stadt mit antiquarischem Stolz umhergehen und die Chronik seiner Vorfahren von Malennius abwärts an den Straßenecken ablesen.

Ich hätte nun aber beinahe Karl v. vergessen. Und doch veranlaßte dieser Kaiser teilweise einen Umbau der Stadt, als er das Kastell baute und die Stadtmauern erneuerte. Diese Burg besteht in einem großen Quadrat ohne Türme, welches einige Höfe umschließt. Sie ist mehrfach umgewandelt worden. Im Innern liegt der Schloßpalast, ein mächtiges Gebäude im Renaissancestil, aus gelben Steinquadern, dessen Ursprung viel älter ist als die Zeit Karls v., wie das der stumpfe Turm mit gotischem Bausystem beweist. Ich nehme an, daß auf derselben Stelle bereits zur Zeit der Grafen eine Burg stand. Diese besaßen übrigens ihren Palast in der Stadt, von dem noch Überreste in der Via Nuova erhalten sind.

Die Bürgerschaft Lecces weihte dem großen Kaiser im Jahre 1548 einen Triumphbogen, welcher zugleich als Stadttor diente. Es ist ein prächtiger, 60 Fuß hoher Bau mit korinthischen Säulen und geschmückt mit dem Wappen Karls. Die pomphafte Inschrift lautet:

«Imperatori Caesari Carolo V Triumphatori Semper Augusto Primo Indico Secundo Gallico Tertio Africano Christianorum Rebellantium Domitori Turcarum Pavori Fugatrique Reipublicae Christianae Toto Orbe Factis Consilijsque Amplificatori Arcum Ex Auctoritate Fernandi Loffredi Turcis Et Caeteris Caroli Hostibus Omni Salentinorum Japigiumque Litore Propulsandis Praefecti Ordo Populusque Lyciensis Devotus Numini Majestatique Ejus Dedicavit.»

Aus diesem Tore, welches nach Neapel führt, gelangt man zu den Spaziergängen rings um die Stadtmauern. Zwei liebenswürdige Bürger Lecces, der Baron Francesco Casotti und Herr Romano, führten uns dort umher, und ihnen verdankten wir bei unserem viel zu kurzen Aufenthalt die Kenntnis des Sehenswürdigsten.

Lecce verdient in der Tat einen langen Besuch. Denn wie Tarent (welches ich viel besser kenne, da ich zweimal, im Jahre 1874 und

1875, mich dorthin begab) ist diese Stadt ein Mittelpunkt für geschichtliche und kulturgeschichtliche Studien über das alte Kalabrien.

Ich verdankte Herrn Casotti und den Schriften des Herzogs von
Castromediano und De Simones in der Folge die Anregung zu einer
eingehenderen Beschäftigung mit der salentinischen Literatur, namentlich in Beziehung auf die Geschichte des Landes, und darüber
will ich einen kurzen Bericht geben. Er wird den Lesern, wie ich
denke, willkommen sein, da es sich hier um ein uraltes und berühmtes Land handelt, welches noch mehr durch politische als geographische Ursachen seit langen Zeiten für uns gleichsam eine «terra incognita» geblieben ist.

Die kulturgeschichtliche Bedeutung des alten Kalabrien ist zunächst
diese, daß es auf Grund seiner nach dem Orient hingewendeten Lage
eine der ersten italienischen Landschaften war, wohin sich die über-
seeische Einwanderung kretischer, illyrischer und pelasgischer
Stämme, und dann der Griechen gerichtet hat. In diesem äußersten
Winkel Italiens entstand vielleicht die früheste, vorhellenische Kultur. Hier berührten sich auch und wirkten aufeinander die Sprachen
der Osker, der Latiner und Griechen. Der Dichter Ennius rühmte sich
aller drei Idiome mächtig zu sein, und gleich ihm waren Kalabresen
auch Livius Andronicus und Pacuvius: alle drei merkwürdigerweise
wenn nicht geradezu die Schöpfer der römischen Dichtersprache, so
doch von wesentlichem Einfluß auf ihre Entwicklung. In gleicher Art
hat dann wohl in der Zeit der Blüte großgriechischer Städte die
wissenschaftliche und künstlerische Kultur von dieser Halbinsel aus
ihre Einwirkung auf Rom ausgeübt.

Die drei Epochen des alten Kalabrien, die messapische, die griechische und die römische, kann man passend durch drei Städte bezeichnen, durch Oria, die uralte Königsburg der Messapier, durch Tarent
und Brundusium.

Wir besitzen von der uns völlig dunklen messapischen Urzeit keine
andern Urkunden mehr als die unentzifferten Reste der Sprache der
Autochthonen des Landes. Die Entdeckung des messapischen Dia-
lekts der Inschriften gehört schon dem 16. Jahrhundert an, denn die
beiden namhaften kalabrischen Humanisten, Antonius Galateus und
Quintus Marius Corradus, haben davon Kenntnis gehabt. Aber erst
seit den Veröffentlichungen des Giambattista Tommasi aus Lecce
(1830) sind diese fremdartigen Sprachreste zum Gegenstande wissenschaftlicher Behandlung gemacht worden.

Der Sprachschatz von einigen fünfzig messapischen Inschriften,
welchen sodann Mommsen in seinem Werk über die unteritalieni-
schen Dialekte (im Jahre 1850) zu sammeln vermochte, ist seither

durch die fortgesetzten Nachforschungen der Antiquare Kalabriens auf 122 Nummern angewachsen. Denn so viele enthält die im Jahre 1871 zu Lecce gedruckte Schrift «Le Iscrizioni Messapiche raccolte dai Cav. Luigi Maggiulli e Duca Sigismondo Castromediano».

Die griechische Sprache verdrängte die messapische, und sie selbst starb im alten Kalabrien niemals ganz aus. Sie erhielt sich auch nach dem Untergange der römischen Herrschaft in Schulen, in der Kirche und selbst im bürgerlichen Gebrauch. Sie belebte sich dort wieder, als diese Provinz mit dem byzantinischen Reich verbunden wurde. Seit Leo dem Isaurier war der Ritus der Kirche dort zum großen Teile griechisch. Das Bistum Hydruntum wurde unter den Patriarchen von Konstantinopel gestellt. Die ältesten kalabrischen Klöster gehörten dem Orden der Basilianer an, und dieser stiftete im neunten Jahrhundert zu Nardò ein griechisches Gymnasium. Als eine der ältesten Klosterbibliotheken des Abendlandes, älter vielleicht als die von Cassiodorus im Coenobium Vivariense errichtete, galt die von Sankt Nikolaus bei Otranto. Sie war reich an griechischen Handschriften. Der Kardinal Bessarion hatte sich davon einen Teil angeeignet, und dieser verunglückte mit seiner Bibliothek in Venedig. Was noch in jenem Kloster von Manuskripten geblieben war, vernichteten die Türken, als sie im Jahre 1480 Otranto eroberten. Galateus spricht davon in seiner Schrift «De Situ Japygiae». Er selbst hatte einen griechischen Codex gerettet, welchen er dem Papste Julius II. verehrte, aber unglücklicherweise enthielt diese Handschrift nicht Wichtigeres als die Schenkung Konstantins.

Die griechischen Schulen in Otranto, in Galatina und Nardò überdauerten selbst den Untergang der byzantinischen Herrschaft in jenem Lande. In seiner Schrift «Scritti inediti e rari di diversi autori trovati nella Provincia d'Otranto» (Neapel 1865) hat Francesco Casotti dies durch griechische Dokumente der Bibliothek Nardò nachgewiesen, welche dem zwölften Jahrhundert angehören, also der Zeit, wo die Normannen Kalabrien beherrschten und wieder mit der römischen Kirche sich in Verbindung gesetzt hatten. Aus dem erzbischöflichen Archiv derselben Stadt Nardò stammt auch eine Reihe griechischer Urkunden, welche in dem von Francesco Trinchiera im Jahre 1865 herausgegebenen «Syllabus Graecarum membranarum» veröffentlicht worden sind. In den Prolegomenen dieses Werkes ist nachgewiesen, daß die griechische Sprache weder unter den Normannen und Hohenstaufen noch selbst unter den Anjou in beiden Kalabrien ausgestorben war. Diese Provinzen teilten sogar noch im Beginne der Renaissance die Kenntnis des Griechischen wiederum, wie in alten Zeiten, dem übrigen Italien mit; denn Barlaam, der Lehrer Petrarcas, und Pilatus, der Lehrer Boccaccios, waren Kalabresen.

Nachdem unter der byzantinischen Herrschaft lange Zeit Hydruntum der Mittelpunkt des Landes gewesen war, trat, wie ich schon bemerkt habe, seit der Eroberung Apuliens und Kalabriens durch die
Normannen geschichtlich hervor die Stadt Lecce. Mit der Stiftung der
dortigen Grafschaft begann die romanische Feudalepoche Kalabriens,
die sich unter den Hohenstaufen, den Anjou und Brienne, den Enghien und Balzo-Orsini bis zu den Aragonen fortgesetzt hat.

Was nun die einheimischen Chronisten und Geschichtschreiber betrifft, aus welchen während jener sehr dunklen Periode und überhaupt während des Mittelalters die Kenntnis der Zustände des alten
Kalabriens geschöpft werden kann, so sind sie leider außerordentlich
gering an Zahl und auch an Wert. Neuere Sammelwerke salentinischer
Autoren haben zwar die Annalen des Lupus Protospata von Bari, den
Wilhelm von Apulien, und die Chronik des Anonymus Cassinensis
in sich aufgenommen, aber diese Schriften und ihre Autoren, deren
Lebensumstände wir nicht kennen, gehören nicht durchaus zur messapischen Halbinsel.

Die Ursachen jenes Mangels liegen auf der Hand: sie sind die jahrhundertelange Verkommenheit der Städte des Landes, welche kein
selbständiges, politisch wichtiges Gemeindeleben entwickelten, die
wiederholten Kriege und Plünderungen, und endlich der schnelle
Wechsel der Feudalherrschaften bis auf das 13. Jahrhundert. Die bedeutendste Epoche Kalabriens gehört dem Altertum an; aber schon
zur Zeit des Strabo, des Pomponius Mela und Plinius waren die dortigen Städte fast alle bis auf Brindisi und Tarent zerstört, und nie
mehr sind sie zu neuer Blüte emporgekommen.

Seit dem Falle des römischen Reichs, von den Gotenkriegen und
den Eroberungen der Langobarden bis zu den furchtbaren Raubzügen der Sarazenen, und weiter zu den Normannen herab, war dies
offene, von allen Seiten zugängliche, im Innern von keinen Gebirgszügen gedeckte Land dem fortgesetzten Überfall von Feinden preisgegeben, unter deren Verheerungen die antiken Bauwerke und auch
die historischen Urkunden zugrunde gingen. Zu seiner Zeit verglich
Erchempert die Verödung Kalabriens mit der Wüste, welche die Erde
nach der Sündflut darbot. In der späteren feudalen Epoche gewannen
auch die dortigen Lehnsherrschaften keine geschichtliche und politische Festigkeit, welche stark genug gewesen wäre, um das Bedürfnis
heimischer Geschichtschreibung zu erzeugen. Es gibt daher nur vereinzelte genealogische Arbeiten über die kalabrischen Geschlechter,
aber keine lokale Geschichte weder des Fürstentums Tarent, noch der
Grafschaft Lecce; und diese beiden feudalen Hälften des Landes sind
es, welche bald getrennt, bald vereinigt seit dem Anfange des 12.

Jahrhunderts bis zum Ende des 15. die ganze Geschichte jener Halbinsel umfassen.

Als im 15. Jahrhundert die Renaissance der Wissenschaften unter den Aragonen das Königreich Neapel ergriff, begann auch im alten Kalabrien ein wissenschaftliches Leben wieder wach zu werden. Es nahm seinen Ausgang von der Philologie schon deshalb, weil sich dort neben der lateinischen Sprache auch die griechische in den Schulen behauptet hatte, und von diesen war um jene Zeit die von Nardò sehr besucht und berühmt. Im folgenden Jahrhundert konnte sich Oria eines Latinisten ersten Ranges rühmen, des Q. Marius Corradus, welcher dem Kreise des Sadoleto, Bembo, Contarini, Aldus und Jovius angehörte und zu Oria im Jahre 1575 starb.

Der größte Ruhm der kalabrischen Halbinsel war und ist noch heute Antonius de Ferrariis, welcher im Jahre 1444 in Galatone bei Nardò geboren wurde und deshalb den Namen Galateus annahm. Dieser Latinist, Philosoph, Arzt, Rhetor, Kosmograph und Antiquar, der Freund des Pontanus, Sannazar und Summonte, des Valla und Platina, zierte als gelehrter Humanist sein Vaterland bis zum Jahre 1517, wo er in Lecce starb. Galateus hat kein Geschichtswerk verfaßt außer der von Muratori herausgegebenen Schrift «Über die Eroberung Otrantos durch die Türken im Jahre 1480», welche er ursprünglich lateinisch unter dem Titel «De Bello Hydruntino» geschrieben hat. Unter seinen zahlreichen Schriften und Abhandlungen ist die beste sein kleines Buch «De Situ Japygiae», welches zuerst in Basel im Jahre 1558 im Druck erschien. Diese in elegantem Latein verfaßte Beschreibung des alten Kalabrien macht heute keine Ansprüche auf den Wert antiquarischer oder historischer Forschung, aber sie ist ein national zu nennendes Büchlein und die wahrhaft grundlegende Arbeit der topographischen Literatur Kalabriens. Denn mit ihr begann das geschichtliche Bewußtsein dieser Provinz wieder zu erwachen.

Sie wirkte auf Nachfolger, welche entweder Monographien über einzelne Städte der messapischen Halbinsel geschrieben oder eine allgemeine Darstellung desselben Landes versucht haben. Dem Ende des 16. Jahrhunderts gehört die fleißige Arbeit des Tarentiners Johannes Juvenis «De antiquitate et varia fortuna Tarentinorum»; Grävius hat dieselbe nebst jener Schrift des Galateus im neunten Bande seines «Thesaurus» abgedruckt. Mit ihr regte sich auch die antiquarische und historische Erinnerung an Tarent wieder, und kaum ist eine andere berühmte Stadt des Altertums von der Wissenschaft so stiefmütterlich behandelt worden als die Vaterstadt des Archytas, des Freundes Platons, des Lysis, Lehrers des Epaminondas, und so vieler anderer Pythagoräer von Ruf. Dieselbe Vernachlässigung hat freilich das gesamte Großgriechenland erfahren, dessen Geschichte noch keine irgend befriedigende, geschweige denn umfassende Darstellung gefunden hat.

Das Werk des Juvenis ist, mit allen Mängeln seiner Zeit, die einzige nennenswerte Arbeit über Tarent. Später schrieb Ambrosio Merodio eine «Historia Tarentina raccolta da molti scrittori antichi e moderni, e fedelissimi manoscritti», welche abschriftlich in der Nationalbibliothek zu Neapel und anderswo vorhanden ist.

Nach Galateus hat sich erst im Anfange des 17. Jahrhunderts ein kalabrischer Arzt an ein Werk über die ganze Halbinsel gewagt. Es ist im Jahre 1855 zu Neapel gedruckt worden als «Descrizione, Origini e Successi della Provincia d'Otranto del Filosofo e Medico Girolamo Màrciano di Leverano con aggiunte del filosofo e medico Domenico Tommaso Albanese di Oria, prima edizione del manoscritto». Marcianos brauchbare Arbeit ist die umfassendste über jene Provinz, die es gibt; sie führt den Galateus aus und gibt eine übersichtliche Darstellung der geographischen, ethnographischen und geschichtlichen Verhältnisse des Landes nach den einzelnen Städten, aber sie ist eine unkritische Kompilation.

Ein eigentliches Geschichtswerk ist im alten Kalabrien nicht entstanden. Zwar brachte Lecce im 16. Jahrhundert einen namhaften italienischen Geschichtschreiber hervor, Scipione Ammirato, welcher dort im Jahre 1531 geboren wurde; aber dieser Mann eines durch ganz Italien ruhelos bewegten Lebens blieb seinem engern Vaterlande fern; er schrieb im Auftrage des Großherzogs Cosimo in Florenz die «Istorie Fiorentine».

Das biographisch-literarische Werk des Domenico de Angelis «Le Vite de' Letterati Salentini» (gedruckt zu Florenz 1710) führt keine Geschichtschreiber auf. Doch verdient für das 17. Jahrhundert eine ehrenvolle Erwähnung Giulio Cesare Infantino wegen seiner im Jahre 1636 gedruckten «Lecce Sacra», in welcher er die kirchlichen Verhältnisse dieser Stadt behandelt hat. Dieselben sind vielfach freilich dunkel geblieben, weil die Urkunden des bischöflichen Archivs fast sämtlich untergegangen sind.

Im 17. und 18. Jahrhundert entstand eine massenhafte Produktion von Monographien über Städte der Halbinsel, welche man jetzt zu sammeln und herauszugeben begonnen hat, nachdem im 18. Jahrhundert Francesco Antonio Piccinni damit in bezug auf Lecce den Anfang gemacht hatte. Es gibt eine Reihe von Stadtbeschreibungen und Stadtgeschichten, wie von Brindisi, Lecce, Otranto, Oria, Gallipoli, Ostuni, Galatina, Nardò, Francavilla, Manduria u. a. m. So schätzbar diese Schriften auch für die Kenntnis des Landes sein müssen, so ist doch dabei zu bemerken, daß sie nicht einen kommunalen und offiziellen Ursprung haben, sondern eben nur monographische Arbeiten einzelner Antiquare sind, bei denen Tradition und Lokalpatriotismus in der Regel an die Stelle der Kritik getreten sind. Zugleich erklärt das unermeßliche Alter der Städte und ihre antike Bedeutung das Vorherrschen der antiquarischen Betrachtung und Forschung über die geschichtliche bis zum heutigen Tage. Selbst der erfreuliche Aufschwung der literarischen Studien in der Terra d'Otranto seit drei Dezennien scheint durch die Entdeckung jener messapischen Inschriften mit veranlaßt worden zu sein; denn sie erst haben die Aufmerksamkeit auch des Auslandes wieder auf dieses altberühmte Land hingelenkt.

Schon die Namen von Straßen Lecces haben gezeigt, daß hier der Sinn für die geschichtliche Erinnerung besonders lebhaft sein muß. Mit jener Begeisterung des munizipalen und provinziellen Patriotismus, welcher eine besondere Eigenschaft der Italiener ist, hat man sich der Erforschung der Altertümer und der Sammlung der literarischen Erzeugnisse des Landes zugewendet, und dieser Eifer hat sich mit dem Augenblicke verdoppelt, wo die tiefe geistige Finsternis, in welcher die bourbonische Dynastie aus Regierungsprinzip das ganze Königreich Neapel gehalten hatte, von diesem endlich genommen wurde.

Lecce ist seither der Mittelpunkt neuer literarischer Tätigkeit geworden. Dort machte man sich seit den fünfziger Jahren an die Herausgabe einheimischer Autoren. So entstand erst die «Biblioteca Salentina» in fünf Bänden 1855–59, dann seit 1867 das wichtigste nationale Sammelwerk, die «Collana di opere scelte edite et inedite di scrittori di terra d'Otranto», besorgt von Professor Salvatore Grande. Bisher sind davon 19 Bände erschienen. Die Sammlung vereinigt alle bedeutenden oder im Lande als bedeutend geltenden Schriften vom frühen Mittelalter abwärts, gedruckte wie noch ungedruckte jeder Gattung.

Was besonders die Geschichtsforschung betrifft, so sind auch darin neuerdings Versuche von mehr wissenschaftlichem Charakter gemacht worden. Ich habe bemerkt, daß die Geschichte der Terra d'Otranto während des späteren Mittelalters in zwei Hauptgruppen sich darstellt, in dem Fürstentum Tarent und in der Grafschaft Lecce. Eine Geschichte jener Provinz würde sich deshalb wesentlich auf die dort einander gefolgten Feudalherrschaften beziehen. Über die Anjou Tarents hat Luigi Giuseppe de Simone im Jahre 1866 eine Dissertation verfaßt, «Degli Angioini principi di Taranto (1292–1373)», die als ein Wegweiser zu umfassenderen, namentlich archivalischen Studien zu betrachten ist. De Simone ist ein sehr tätiger Sammler wissenschaftlichen Materials, welches er seit zwanzig Jahren herbeizuschaffen bemüht ist, um eine salentinische Geschichte herzustellen. Seine Kenntnisse auf diesem Gebiete sind zweifellos; sie zu beglaubigen reicht schon der erste Band seines vor kurzem begonnenen Werkes «Lecce e i suoi Monumenti descritti ed illustrati» hin, welcher eine Fülle von Gelehrsamkeit enthält, wenn auch in etwas formloser Weise.

Über die Grafen von Lecce aus dem Hause Brienne besitzen wir seit kurzem das von einem Franzosen, dem Grafen Ferdinand de Sassenay geschriebene Buch «Les Brienne de Lecce et d'Athènes» (Paris 1869). Diese Schrift ist mit Benutzung des Staatsarchivs in Neapel aus fleißigen literarischen Studien entstanden, aber die Verhältnisse Lecces und des Landes überhaupt sind in ihr fast gar nicht berührt worden. Die Brienne, deren Epoche von 1200 bis 1356 reicht, haben dort nur selten ihren Sitz gehabt.

Die Geschichte dieser tapfern französischen Abenteurer, welche alle nacheinander von Gauthier III. an, dem Gemahl der Albiria d'Hauteville und erstem Grafen von Lecce seines Hauses, bis zum letzten ihres Namens Gauthier VI., dem bekannten Herzog von Athen und Signor von Florenz, ein blutiges Ende gefunden haben, gehört wegen ihrer Verbindung mit Cypern, Jerusalem und Athen fast mehr dorthin als nach Kalabrien.

Gauthier III. war der Sohn Erards aus dem alten Grafenhause der Brienne in der Campagne, und der Agnes von Mömpelgard. Er vermählte sich mit Tancreds Tochter Albiria, im Jahre 1200; von dem Papst Innocenz III. unterstützt und in den Rechten seiner Gemahlin auf Lecce anerkannt, warf er sich zum Rächer der Normannen und zum Prätendenten der Krone Siziliens auf, welche Heinrich VI. seinem jungen Sohne Friedrich vererbt hatte. Er fiel jedoch schon im Jahre 1205 in Campanien in einer unglücklichen Schlacht, wo er zum Tode verwundet in die Gewalt des Grafen Diepold geraten war.

Sein Sohn Gauthier IV., Neffe jenes Königs von Jerusalem, Johann von Brienne, dessen Tochter Jolantha die Gemahlin Friedrichs II. wurde, konnte seine Rechte auf Lecce nicht mehr geltend machen. Er ging nach Jerusalem, wo er mit heldenmütiger Tapferkeit gegen die Sarazenen kämpfte. In einer Schlacht gefangengenommen und nach Kairo fortgeführt, ward er dort ermordet im Jahre 1246. Er hatte sich mit Maria von Lusignan vermählt, einer Schwester des Königs Heinrich I. von Cypern. So wurde durch ihn die Verbindung des Hauses Brienne mit den Angelegenheiten des Orients fortgesetzt.

Sein Sohn Hugo machte die Rechte seiner Mutter auf Cypern geltend und beanspruchte sogar die Krone Jerusalems. Doch kehrte er, da seine Hoffnungen fehlschlugen, nach Italien zurück, und hier gab ihm Karl von Anjou nach der Besiegung Konradins die Grafschaft

Lecce zum Lehn, die sein Großvater besessen hatte. Er diente seither als Vasall der Krone in den Kriegen Karls, ging aber bald nach Griechenland, wo er die Witwe Guillaumes de la Roche heiratete, des Herzogs von Athen. Hugo von Brienne fiel im Jahre 1296 vor den Mauern Lecces, welche Stadt der sizilianische Admiral Roger Loria bestürmte.

Sein Sohn und Nachfolger Gauthier v. wurde im Jahre 1308 Herzog von Athen, nach dem Tode des Sohnes jenes Guillaume de la Roche, in welchem diese Linie der athenischen Herzöge endigte. Dort fiel auch dieser Brienne im Jahre 1311 in einer mörderischen Schlacht gegen die katalonischen Banden.

Seine Witwe Jeanne de Châtillon flüchtete aus Griechenland mit ihren beiden Kindern Gauthier und Isabella an den Hof Neapels. Es war ihr Sohn Gauthier, der Titularherzog von Athen, welchem die Florentiner, geängstigt durch die Wut der Parteien und durch ihr Unglück im Kriege wider Pisa, auf unerhörte, ja unbegreifliche Weise die lebenslängliche Signorie ihrer Republik übertrugen. Dies geschah am 8. September 1342. Der ehrgeizige Brienne setzte alle seine Künste in Bewegung, um Tyrann der reichen Republik zu werden; er wälzte die florentinische Verfassung um und nahm dem Volk seine Freiheiten, bis ihn dieses in dem berühmten Aufstande des 3. August 1343 aus der Stadt verjagte.

Der verbannte Herzog von Athen kehrte in seine Grafschaft Lecce zurück; später ging er nach Frankreich, ward dort Connetable und fand endlich einen ruhmvollen Tod in der Schlacht bei Poitiers. Mit ihm erlosch das Haus Brienne.

Er war vermählt mit Margarete von Anjou, einer Tochter Philipps I., des Fürsten von Tarent, hinterließ aber keine Kinder. So fiel die Grafschaft Lecce an die Nachkommen seiner Schwester Isabella, welche sich im Jahre 1320 mit Gauthier von Enghien vermählt hatte. Dessen Sohn war Jean d'Enghien-Bourbon, nachmals Vater der Königin Maria di Enghenio, welche unter den geschichtlichen Persönlichkeiten Lecces noch heute vielleicht die volkstümlichste ist.

Diese schöne und kluge Frau, eine Tochter der Sueva del Balzo, war im Jahre 1367 geboren. Sie folgte ihrem Bruder Pirro, dem Letzten des Hauses Enghien zu Lecce, in der Regierung im Jahre 1384 und vermählte sich mit Romandello Balzo-Orsini, dem berühmten Fürsten von Tarent und mächtigsten Feudalherrn Neapels. Nach dem Tode ihres Gemahls im Jahre 1405 regierte sie als Vormünderin ihrer Kinder auch das Fürstentum Tarent, dessen Gebiet sich damals fast über die ganze kalabrische Halbinsel erstreckte. Vom Könige Ladislaus im Jahre 1406 belagert, verteidigte sie Tarent erst mit kühnem Mut, dann übergab sie die Stadt und sich selbst dem Feinde, welcher sie als seine Gemahlin nach Neapel führte. Nach dessen Tode im Jahre 1414 wurde sie von der Königin Johanna II. mit ihren Kindern in Neapel gefangengehalten, aber sie entkam nach Lecce und regierte ihre Länder unter vielen Kriegen und Umwälzungen bis an ihren Tod, im Jahre 1446. Mit ihrem Sohn Gianantonio erlosch im Jahre 1463 die feudale Dynastie von Lecce und Tarent.

Die wissenschaftlichen Bestrebungen in jenem Lande haben endlich dadurch einen festen Mittelpunkt gefunden, daß im Jahre 1869 zu Lecce eine Kommission der Archäologie und der vaterländischen Geschichte der Terra d'Otranto eingesetzt worden ist. Ihr ist die Aufgabe gestellt, alles die Altertümer und die Geschichte der Provinz betreffende Material zu ordnen, Ausgrabungen zu veranstalten, Vasen, Münzen, Inschriften, Bücher und Manuskripte zu sammeln und in einem Provinzialmuseum zu Lecce niederzulegen.

Dies Museum ist eingerichtet worden und beginnt sich zu füllen, sowohl durch Schenkungen aus dem ganzen Lande, als durch den Erfolg von Ausgrabungen, mit denen in Rugge, der Vaterstadt des Ennius, unter der Leitung De Simones der Anfang gemacht worden ist. Ob die Ausgrabungen in der Terra d'Otranto noch sehr lohnend sein werden, ist zweifelhaft; denn seit vielen Jahrhunderten sind dort die Altertümer geplündert, verschleudert und zerstört worden, wie das der Vorstand jener Kommission, der Herzog Sigismondo von Castromediano, ein verdienter Patriot und Förderer der Wissenschaft und Kunst, in seinem ersten Sitzungsbericht namentlich von Rugge, Oria, Brindisi und Tarent beklagt hat. Vielleicht ist überhaupt zu wünschen, daß die einseitig vorherrschende Richtung auf archäologische oft ganz unfruchtbare und sehr kostspielige Forschungen gemäßigt werde, und daß durch einsichtige Arbeitsteilung auch die historischen Studien zu größerer Kultur kommen. Dies würde geschehen durch Überweisung des geschichtlichen Gebietes an eine Abteilung der Kommission und durch Gründung von Bibliotheken und Archiven. Die mit dem Museum vereinigte Sammlung salentinischer Autoren und Manuskripte umfaßt gegenwärtig mehr als 320 Nummern. Die Handschriften bestehen größtenteils in ungedruckten Chroniken und Stadtbeschreibungen.

Die neugegründete öffentliche Bibliothek zählt erst 16 000 Bände. Im allgemeinen ist es um die Büchersammlungen des Landes schlecht genug bestellt. Tarent, einst ein Athenäum der Wissenschaften, besitzt heute weder ein Museum von Altertümern noch selbst die kleinste Bibliothek. Nardò hat die Biblioteca Sanfelice, die der Bischof dieses Namens am Anfange des 18. Jahrhunderts stiftete; Brindisi besitzt die reichhaltigste des Landes, welche vom dortigen Erzbischof Leo am Anfange dieses Jahrhunderts dem öffentlichen Gebrauch übergeben wurde. Auch Gallipoli, Ostuni und Oria haben Kommunal-bibliotheken. Es gibt sodann einige Privatbibliotheken, wie in Lecce die des Hauses Romano, in Galatina die der Familie Papadia, in Galli-poli die der Fonto und Ravenna.

Solche Büchersammlungen stammen noch aus Stiftungen her, welche einzelne einheimische Gelehrte und Bibliophilen seit dem 16. Jahrhundert gemacht und dann ihren Familien hinterlassen haben. Andere waren feudalen und geistlichen Ursprungs; die Barone des Landes gründeten nämlich Klöster zu dem Zweck, die Sorge für ihre Familiengrüfte Mönchen dauernd zu übergeben, und zugleich legten sie dort Büchersammlungen an. Die erste und auch berühmteste Stiftung dieser Art ist die Fransizkanerkirche der heiligen Catarina zu San Pietro in Galatina, zugleich ein schönes Baudenkmal, welches Heinrich Wilhelm Schulz für das bedeutendste in der Terra d'Otranto erklärt hat. Dieses Kloster gründete um das Jahr 1384 jener aus der Zeit des Papstes Urban VI. und Karls III. von Neapel bekannte Ramondello del Balzo-Orsini, Graf von Soleto. Die Klosterbibliotheken erhielten sich bis auf den Anfang dieses Jahrhunderts. Als damals unter dem französischen Regiment Neapels die Klöster überhaupt aufgehoben wurden, wanderten deren Bücherschätze teils in die Nationalbibliothek zu Neapel, teils in die Generalordenshäuser in Rom, teils in Privatbesitz. Soviel sich endlich nach der letzten Aufhebung der Klöster in unserer Zeit an Büchern vorgefunden hat, soll nun der Anlage öffentlicher Gemeindebibliotheken zugute kommen.

Was den Bestand des archivalen Materials betrifft, so liegen die Quellen dieser Natur für die Geschichte der Terra d'Otranto heute wesentlich im großen Staatsarchiv zu Neapel. Infolge des Gesetzes vom 12. November 1818, welches jenes Archiv zu einer zentralen Reichsanstalt machte, wurden die Urkunden der Provinzial- und Gemeindearchive dorthin übertragen. So sind auch die kalabrischen Archive ausgeleert worden, bis auf wenige Reste in einzelnen Kommunen. Das Museum zu Lecce besitzt nur dreizehn Urkunden, von denen die älteste ein Diplom der Königin Johanna I. vom 7. August 1362 ist. Reichhaltiger ist der Bestand einiger Archive der Kathedralkirchen. Nach einem mir von Herrn Casotti übergebenen Bericht besitzt zum Beispiel das Domarchiv Brindisi noch heute an Urkunden 58 Bullen der Päpste, ein griechisches Diplom des Kaisers Basilius, 10 normannische, 6 der Hohenstaufen, 16 der Anjou, 1 der Grafen von Lecce, 24 der Fürsten von Tarent, 4 der Könige vom Haus Aragon und 2 der Republik Venedig. Die Archive der Feudalgeschlechter sollen durchweg verschleudert und vernichtet worden sein.

Das Gesagte mag hinreichen, dem Leser einen Begriff von den geschichtlichen Verhältnissen und den historischen Studien in jenem merkwürdigen Lande zu geben, wo ehemals die feinste hellenische Bildung auf dem Grunde des sogenannten messapischen Barbarentums sich ausgebildet hatte und dann jählings verschwand, ohne, wie es in manchen Teilen Siziliens der Fall gewesen ist, durch eine andere bedeutende Kultur ersetzt zu werden.

Es ist aber wohl möglich, daß jenes alte Kalabrien noch einer schönen Zukunft entgegengeht, und daß Brindisi von neuem eine internationale Wichtigkeit gewinnt, nämlich als die europäische Mittelstation der neuen Via Appia des Weltverkehrs, die sich heute von England bis nach Indien und China forterstreckt.

TARENT

1874/1875

Noch vor einigen Jahren war eine Reise nach Tarent ein so schwieriges Unternehmen, daß nur wenige Ausländer, Gelehrte und Altertumsforscher diese berühmte Stadt gesehen haben. Heute ist sie in das Eisenbahnsystem aufgenommen, wie fast schon das gesamte Großgriechenland, und ohne Mühe und Gefahr können fortan alle die Stätten durchforscht werden, auf denen einst um den herrlichen Golf her die großgriechischen Kolonien geblüht haben.

Die adriatische Bahn teilt sich in Bari in zwei Linien; die eine geht längs des Meeres über Brindisi fort und endet im Hafen Otranto; die andere führt quer durch das Land geradezu nach Tarent. Die Fahrt auf dieser Linie ist kurz, aber wenig anziehend. Wenn man mehr vom Lande kennenlernen will, muß man bis Brindisi oder Lecce fahren, um entweder von jener Stadt über Oria oder von dieser über Manduria Tarent zu erreichen, und das ist so hier wie dort eine bequeme Tagereise im Mietwagen. Man durchschneidet dabei die ganze messapische Halbinsel an ihrer Basis.

Im Jahre 1874 war ich von Bari nach Tarent gefahren; diesmal wählten wir die andere Straße von Lecce aus. Es ist eine Reise von zwölf Stunden auf einer vorzüglichen Fahrstraße.

Nahe vor dem Tor Lecces, aus welchem man auf diese gelangt, steht ein moderner Obelisk mit den Symbolen der vier Distrikte der Terra d'Otranto. Das Wappen Otrantos ist ein Delphin, welcher einen Halbmond im Maule trägt. Er wurde der Stadt zur Erinnerung an ihre Befreiung aus der Gewalt der Türken verliehen, welche sie im Jahre 1480 unter unsagbaren Greueln erobert hatten.

Das Land ist durchaus eben, ein fortgesetzter Olivengarten, und deshalb ermüdend und eintönig. Die wohlgeordnete Kultur desselben würde auf Wohlstand des Landvolkes schließen lassen, wenn man nicht wüßte, daß sich die meisten Güter in den Händen großer Barone befinden. Trotzdem macht die Bevölkerung in den Ortschaften nicht den Eindruck der Armut, wie in andern vom Weltverkehr minder entfernten Gegenden Süditaliens. Sehr sauber erschienen die Fuhrwerke der Bauern; die weißen Ochsen, welche sie ziehen, sind stets mit einem roten Stirnbande geschmückt.

Daß man sich hier in einem Lande uralter bis zur Mythenzeit hinaufreichender Völker befindet, lehren hie und da antike Namen, so der eines Ortes «Campi Salentini».

Wir erreichten um die Mittagszeit Manduria, eine alte Stadt, welche erst vor kurzem ihren neuern Namen Casal nuovo wieder abgelegt hat. Manduria wird mehrmals in der Geschichte genannt. Vor ihren Mauern fiel Archidamus von Sparta, der Sohn des Königs Agesilaos, im Kampfe mit den Messapiern als General der Tarentiner. Hannibal eroberte die Stadt, Fabius Maximus entriß sie den Karthagern; so wurde sie römisch. Sie muß im Altertum ein ansehnlicher Ort gewesen sein; das zeigen noch Reste der antiken Stadtmauern, welche man draußen auf dem Felde, wie neben dem Marktplatze wohlerhalten sieht, Bauwerke aus kolossalen Quadersteinen, hie und da noch in der ursprünglichen Höhe aufrecht stehend. Man trifft auch antike Zisternen und eine berühmte Quelle in einer Grotte, von deren immer sich gleichbleibender Fülle schon Plinius geredet hat.

Die Stadt soll erst von den Goten unter Totila zerstört worden sein; dann bauten sie die Byzantiner wieder auf, aber im 10. Jahrhundert erlitt sie wiederholte Verwüstungen durch die Sarazenen. Diese von Afrika und Sizilien herübergekommenen Horden waren die eigentlichen Verderber beider Kalabrien und Apuliens. Sie vernichteten die Städte dieser gesegneten Länder und schleppten deren Bewohner in die Sklaverei. Italienische Geschichtschreiber gefallen sich heute in einer gewissen romantischen Vorliebe für die arabische Epoche Siziliens. Hat sich aber die Herrschaft der Araber dort im Grunde wirklich viel über den Charakter afrikanischer Raubstaaten erhoben? Wenigstens waren sie geradeso ohnmächtig, eine neue für das Abendland bedeutende Kultur in Sizilien und Kalabrien zu erschaffen, wie die Türken in Kleinasien und Griechenland. Sie zerstörten dort (und das ist tief zu beklagen) die Reste der antiken Welt; mit den Klöstern, welche sie verbrannten, gingen auch viele literarische Schätze des Altertums zugrunde.

Die Normannen retteten endlich Süditalien und Sizilien aus der Gewalt dieser Afrikaner, und mit ihrer ewig denkwürdigen Herrschaft stellte sich die lateinische Kultur in Sizilien wieder her und belebte sich auch das ganz wüst gewordene Kalabrien wieder.

Manduria wurde von Roger, dem Sohne Robert Guiscards, im Jahre 1070 aus dem Material der alten Stadt kümmerlich aufgebaut und fortan Casal nuovo genannt. Mit der Zeit ward sie ein Lehen der Marchesi von Oria und Prinzen von Francavilla. Der schöne, doch nicht alte Palast dieser Feudalherren ist noch das ansehnlichste Gebäude des kleinen Orts. Man sagte mir, daß der Prinz ihn an irgendeinen reich gewordenen Bürger verkauft habe, und solches Schicksal erleiden seit der letzten Umwälzung Italiens zahllose Baronalschlösser in allen Provinzen des Südens.

Manduria hat heute gegen 9000 Einwohner. Es ist eine Stadt von orientalischem Aussehen: die Häuser sind würfelförmig, mit platten

Dächern; die Straßen eng und entsetzlich unsauber. Da es Sonntag war, strömte das Volk nach den Kirchen oder tummelte sich auf den Plätzen umher. Es trägt keine Nationaltracht. Die Bildung und dunkle Farbe des Gesichts und die schwer verständliche Sprache erinnerten mich daran, daß ich auf der südlichsten Halbinsel des Festlandes uralter Japygen und Messapier mich befand. Der Eindruck des Orientalischen, welchen Land, Volk und Bauart der Stadt machen, wurde durch die kaum erträgliche Sonnenglut und deren heftigen Reflex von den weißen Wänden der Häuser verstärkt. Wenn die Hitze in Manduria schon in der Mitte des Monats Mai so gewaltig ist, wie furchtbar muß sie erst im Juli und August wirken.

Wir verbrachten die Mittagsstunden in dem unheimlichen Gasthause, oder vielmehr in einer kellerartigen Schenke, wo wir trotz des Festtages mit dem dürftigsten Mittagsmahl abgefertigt wurden. Und doch erscheint das Land ringsumher in Meilenweite als ein herrlicher Garten, aus welchem sich die Fülle aller Produkte erwarten läßt. Es wird aber hier meist nur Öl und Safran gebaut.

Als wir Manduria verließen, um die Reise nach Tarent fortzusetzen, und kaum ins Freie gelangt waren, hielt unser Fuhrwerk an, und ein großer, starkbeleibter Bürger des Orts pflanzte sich ohne Umstände neben den Kutscher hin. Da der kleine Wagen verschlossen war, so wurde uns durch ihn die Aussicht aus dem vordern Fenster zugedeckt. Wir bedeuteten dem ungebetenen Gaste wieder abzusteigen, und, wenn er nun einmal der Fahrgelegenheit sich bedienen wolle, nachzusehen, ob er hinterwärts einen Platz sich einrichten könne. Der Eindringling protestierte mit einer Entschiedenheit, als sei er der wahre Inhaber des Wagens, und da wir auf unserm Willen bestanden, entfernte er sich ungehalten, aber doch mit guter Art. Als wir hierauf von unserm Fuhrmann Aufklärung über diesen Vorfall verlangten, antwortete er uns: «Dieser Mann ist ein wohlhabender Bürger Mandurias; er hat nach Tarent mitfahren wollen, woran ich ihn nicht hindern durfte; denn wisset, meine Herren, er ist ein Haupt der Camorra!» Also breitet auch in diesem stillen Halbinsellande jene furchtbare Genossenschaft des Betrugs und der Erpressung ihr unzerreißbares Gewebe aus.

Die Landschaft bleibt immer ein einförmiges Flachland und von derselben reichen Kultur unabsehbarer Olivenwälder bedeckt, welche mit Weizenfeldern abwechseln. Nur nordwärts ragt ein Höhenzug auf, und über diesem wird eine große weiße Stadt sichtbar, deren Mittelpunkt ein mächtiges Kastell einnimmt. Das ist das uralte Oria oder Uria, die Königsburg und Metropolis der Messapier, eine der berühmtesten Städte des alten Kalabrien. Mit Verlangen blickte ich auf diesen monumentalen Ort eines unermeßlichen Alters, dessen emporgetürmte Massen über dem blauen Gebirge im Sonnenlicht einen herrlichen Anblick gewährten, während von seiner Burg ein fremder Mythenhauch vorhellenischer Zeiten herabzudringen schien. Jetzt bedauerten wir es lebhaft, daß wir nicht die Straße von Brindisi nach Tarent gewählt hatten, denn sie würde uns nach Oria geführt haben.

Nach der Mythe war Oria (Herodot nennt die Stadt Hyria) eine Gründung des Japyx, eines Sohnes des Dädalus, also kretischen Ursprungs; ohne Zweifel war es dies meerbeherrschende Inselvolk, welches das nahe Kalabrien mit Kolonien erfüllt hat. Die Japygen vereinigten sich mit Messapiern, die sie in jenem Lande bereits vorfanden, und Oria wurde der messapische Königssitz. Die mächtige Stadt führte Krieg mit dem benachbarten Tarent; Hannibal eroberte sie, und nach dessen Besiegung wurde sie römisch. Sie dauerte unter dem Wechsel der Zeiten fort, doch ihre alten Monumente gingen unter. Der König Manfred, welchem sein Vater Tarent als Fürstentum verliehen hatte, soll die Burg neu aufgebaut haben.

Oria gehörte lange zu diesem großen Tarentiner Lehen, bis es der König von Spanien im Jahre 1572 dem genuesischen Geschlecht Imperiali als Marchesat verlieh. Man behauptet, daß die berühmte Familie Doria, die schon am Anfange des 12. Jahrhunderts in der Geschichte Genuas erscheint, aus eben dieser kalabrischen Stadt hergekommen sei; doch gibt es keine genealogischen Beweise dafür.

Die Höhen Orias bilden die Wasserscheide zwischen dem Golf von Tarent und dem östlichen Meer; sie sind eine Aufschwellung des Bodens um den Nordostrand jenes großen Golfs. Wir fuhren nun diesem entgegen über ein wellenförmiges, überaus reich bebautes Land und kamen durch die Orte Sava, Fracagnano, Monteparano und San Giorgio. Wenn diese nicht irgendeine Kuppelkirche aus dem 17. oder 18. Jahrhundert und ein altes Baronalschloß besäßen, so würde man sie ihrer Bauart nach für Städte einer afrikanischen oder syrischen Küste halten können.

Fracagnano ist vor allen andern ganz und gar orientalischen Ansehens; die Straßen bestehen hier aus einstöckigen und gesonderten Häusern in Würfelform und in der Regel ohne Fenster nach außen.

Der letzte Ort vor Tarent, San Giorgio, ist eine albanesische Kolonie aus der Zeit Skanderbegs, wie es deren noch mehrere in der Terra d'Otranto gibt. Die Einwohner haben einen Rest ihrer heimischen Sprache und Gebräuche bewahrt, aber sonst unterscheiden sie sich nicht von den andern Bewohnern des Landes.

Von dort aus öffnet sich der Blick auf den Golf von Tarent. Die Höhe, welche man hier erreicht hat, fällt in meilenweiten Abhängen nieder, die gleich dem unermeßlichen Halbrund eines Theaters eine duftige Tiefe umschließen, und aus dieser blitzt ein purpurblaues Wasserbecken hervor: es ist das kleine Meer von Tarent!

Der Anblick ist eher befremdend als überwältigend schön zu nennen. Es sind nicht die herrlichen Gebirgsformen der Gestade Neapels, die sich hier wiederholen; es sind vielmehr leise und sanft geschwungene, nach dem inneren Lande zu allmählich aufsteigende, endlos weite Ufer, welche in vorgeschichtlichen Zeiten das Meer bespülte und worauf jetzt Ackerfluren und Olivenhaine sich hinziehen – eine meilenlange Einöde, nicht starr und zerrissen, wie jene steinerne um Syrakus, sondern grünend von Pflanzenwuchs, aber doch von dem unsagbaren Zauber geschichtlicher Verlassenheit erfüllt. Denn nur selten gewahrt der überraschte Blick in jenen blauen Tiefen und auf jenen sanften Höhen einen Ort. Alles ist weit und still und menschenleer.

Wir stiegen leise abwärts zum Golf durch herrliche Olivenhaine und zwischen Weizenfeldern von solcher Üppigkeit, daß sie das Herz jedes Landmannes entzückt haben würden, und je näher wir Tarent kamen, desto mächtiger und reicher wurde diese Kornkultur. Nun zeigte sich auch die Stadt selbst mit Mauern und Türmen inselartig zwischen den beiden strahlenden Meeren hingelagert.

Durch eine Vorstadt von einfachen Landhäusern auf einer staubigen Straße gelangten wir endlich in das Tor von Tarent, und so betraten wir diese gefeierte Hauptstadt Großgriechenlands, einst die in Purpur prangende Königin der Meere, von deren Herrlichkeit wie von jener ihrer sizilischen Schwester Syrakus nichts übrigblieb als der unsterbliche Name, und dieser ergreift noch mit Macht die Phantasie dessen, der ihn nennen hört.

Die insularische Lage Tarents zwischen zwei großen Häfen und Meeren, in deren blauen Fluten sich ihre Türme spiegeln, in der tiefsten sagenvollen Stille verlassener Küsten, rief mir beständig Syrakus in Erinnerung, so daß ich anfing, die Namen beider Städte miteinander zu verwechseln. Nur sind die Meeresweiten um Tarent her größere, denn was vergliche sich in der Mittelmeerwelt diesem prachtvollen Golf, dem Sinus Tarentinus? In einem weiten Halbkreise, dessen Linien und Endpunkte der Blick nicht umfassen kann, spannt sich diese Meeresbucht zwischen den beiden Vorgebirgen aus, dem Promontorium Salentinum oder Japygium (heute Capo di Santa Maria di Leuca) und dem Lacinium, dem heutigen Capo delle Colonne. In dem ersten endet die messapische Halbinsel, das alte Kalabrien; an seinen Ufern gründeten die Griechen nur eine ansehnliche Hafenstadt, das noch dauernde Kallipolis. In dem anderen Kap endet die längere Linie des Halbkreises, und an diesen glücklichen

Küsten des alten Lucanien entstand und blühte die reichste Pflanzung der Griechen in einem Kranz weltberühmter Städte: Metapontum, Heraklea, Siris, Sybaris, Thurii und Kroton.

Tarent selbst liegt auf der günstigsten Stelle am Golf, in dessen Mittelpunkt, auf einer zur Insel gemachten Landzunge, zwischen dem kleinen Meer (Mare piccolo), wie die innerste Einbuchtung des Meerbusens genannt wird, und dem großen Meer (Mare grande), das heißt dem Golf selbst. Dieser herrliche große Hafen hat einen sichtbaren natürlichen Abschluß durch das Capo San Vito auf der messapischen Küste und durch das Capo San Collichio auf der anderen Seite, während zwischen beiden Vorgebirgen zwei kleine flache Inseln liegen, San Pietro und San Paolo, im Altertum Choerades genannt.

Den ersten umfassenden Anblick Tarents gewinnt man nicht auf der Straße von Lecce, sondern nordwärts auf der von Massafra, der letzten Station der Bahn, die von Bari herabführt, einem kleinen Ort von ganz orientalischem Charakter. Von diesem Ufer her übersieht man beide Meere und die von der Stadt bedeckte erhöhte Landzunge. An der Spitze derselben steht ein mächtiger krenelierter Turm des Mittelalters. Er schützt den Eingang in die Stadt an der langen Brücke, welche die Landzunge mit dem Festlande verbindet. Unter ihrem Bogen strömt die Flut des Golfs in das «Mare piccolo» ein.

Da nun diese Landzunge hinterwärts durch einen Wasserkanal durchschnitten ist, welcher auch dort das große und kleine Meer in Verbindung setzt, so wird Tarent zur Insel. Auf ihr steht die Stadt zusammengedrängt mit hohen, weißen Häusern, mit großen schwärzlichen Klöstern und wenigen nicht großen Türmen, scheinbar terrassenförmig sich erhebend, da auf der einen Seite, nach dem Golf zu, der Boden etwa achtzig Fuß hoch über der Flut aufsteigt. Dies heutige Tarent nimmt nur die Stelle ein, wo im Altertume die Akropolis gelegen war, denn die alte Stadt breitete sich weit über die Hochfläche des Isthmus landwärts nach Osten aus.

Ich will von den geschichtlichen Schicksalen Tarents in kurzen Zügen eine Anschauung geben, denn das wird doch immer die Hauptsache für denjenigen sein, welcher dies Schattenbild vergangener Größe vor Augen hat. Aber selbst die alte Geschichte der Stadt ist nur ein Schatten für uns; sie besteht nur in Fragmenten wie diejenige des gesamten Großgriechenlands, das heißt der hellenischen Kolonien in Italien. Keine einzige von ihnen steht deutlich vor uns als eine historische Persönlichkeit, deren Leben sich in einer Folge von bürgerlichen und politischen Entwicklungen faßbar darstellte, wie dasjenige von Athen, Sparta, Korinth, Theben, und selbst von kleineren hellenischen Orten.

Die griechischen Pflanzstädte an den Küsten Italiens erscheinen noch in viel höherem Maße, als es mit den sizilischen der Fall war, aus dem Mittelpunkt der hellenischen Handlung weit westwärts vorgerückte, halbverlorene Posten unter italischen Barbaren, den uns rätselhaft gebliebenen Messapiern und Japygen, den wilden Lucanern und Bruttiern, mit denen sie fortdauernd in heißen Kämpfen lagen.

Sie übten trotzdem einen nicht geringen Kultureinfluß auf diese einheimischen Stämme aus; sie machten aus den südlichen Landschaften ein zweites Hellas, worin Handel und Künste, Gewerbe und Wissenschaften ein paar Jahrhunderte lang in Blüte standen, und wo Philosophen und Staatsmänner weltberühmte Schulen stifteten. Eine große Kulturbewegung, deren Mächtigkeit wir nicht mehr im Zusammenhange mit anderen Strömen des griechischen und italiotischen Geistes ganz zu erkennen vermögen, pulsierte den Küsten des Ionischen Meeres entlang, in Städten, die vereinzelt blieben, die es nie zu einer Eidgenossenschaft brachten, welche sich einander heftig befehdeten und selbst zerstörten, und endlich in dieser Vereinzelung zugrunde gingen.

Der Ursprung Tarents ist in Göttersagen verhüllt. Taras, ein Sohn des Neptun und einer Nymphe des Landes, ein Bruder des Messapus, gründete die Stadt, tausend Jahre vor Rom. Man sieht diesen Halbgott auf den schönen tarentiner Münzen abgebildet, wie Arion reitend auf einem Delphin, eine Krone auf dem Haupt, einen Dreizack in der Hand, in der anderen einen Schild, oder eine Traube, oder eine Victoria, einen Polyp, eine Schnecke, ein Seepferd. Auf dem Delphin reitend ist er auch auf den Münzen der Brundusier abgebildet.

Neptun war der Hauptgott der alten Tarentiner, und neben ihm der weltumwandernde libysche Herakles, von welchem die Legende erzählt, daß er die Stadt beherrscht habe. Sie nannte sich deshalb die herakleische, und so hieß auch der Golf selbst. Eins der berühmtesten Kunstwerke Tarents war der eherne Koloß des Herakles, ein angebliches Werk des Lysippus.

So verhüllt die Sage die Gründung der Stadt durch vorhellenische, wahrscheinlich kretische Einwanderer, bis ihre geschichtliche Zeit mit der spartanischen Kolonie beginnt, welche sich im achten Jahrhundert dort niederließ. Auch sie ist in Mythen gehüllt. Phalantus führte die lakonischen Parthenier nach Tarent und wurde der zweite Gründer dieser Stadt.

Ihr Wachstum, ihre Verfassung und Geschichte bedeckt für Jahrhunderte ein undurchdringliches Dunkel. Es scheint, daß aus einem Königtum, nach dem Muster Spartas und den Einrichtungen Lykurgs, unter heftigen Kämpfen sich ein demokratischer Staat ausbildete. Die Tarentiner wurden mächtig zur See, und ihre Kraft entwickelte sich in Kriegen mit den benachbarten italischen Völkern wie mit den andern großgriechischen Pflanzstädten, zumal mit Metapontum und Sybaris, achäischen Orten. Ihre eigene Kolonie war Herakleia.

Im sechsten Jahrhundert trat die Stadt in den pythagoräischen Bund ein; die Schule des großen Philosophen von Samos und Kroton reformierte auch sie; die Einrichtung ihres Staates wurde aristokratisch. Die pythagoräische Weisheit blühte dort in zahlreichen Schulen fort und erzeugte eine Reihe von Staatsmännern und Talenten in jeder Wissenschaft und Kunst, namentlich berühmte Ärzte und Mathematiker. Unter ihnen glänzte als der größeste der Tarentiner der Pythagoräer Archytas, der Freund des Platon, ein von den Alten hoch bewunderter Mann, der weiseste Führer der Republik, der genialste Mathematiker, und zugleich ein kriegsgewaltiger Feldherr. Nach ihm machten sich berühmt der Tarentiner Lysis, der Lehrer des Epaminondas, die Philosophen Aristoxenus, Philolaus und Euritus, der Mathematiker Nikomachus, der Feldherr Dinon, die Dichter Kleanthes und Leonidas, Rinthon, der Erfinder der Tragikomödie, der Komiker Skiras, die Musiker Nikokles und Eumenus.

Die glücklichste Entfaltung Tarents fällt in die perikleische Zeit, und sie dauerte bis zum verhängnisvollen Zusammenstoß mit den Römern fort. Die Stadt schmückte sich mit schönen Tempeln, Thermen, Gymnasien und Museen, und mit den edelsten Werken hellenischer Kunst. Ihr Reichtum gab dem von Syrakus nichts nach. Ihr Handel an allen Küsten des Mittelmeeres, ihre Fabriken, namentlich die Purpurfärbereien, der Fischfang in dem von Muscheln wimmelnden Golf und die Fülle der Landesprodukte auf den von der Natur überschwenglich gesegneten Fluren erzeugten einen solchen Lebensüberfluß, daß die Üppigkeit der Tarentiner sprichwörtlich wurde, wie die der Sybariten. Sie brachte dann naturgemäß den Verfall der pythagoräischen Einrichtungen und der staatlichen Kraft hervor.

Strabo sagt (c. 280): «Einstmals waren die Tarentiner gar gewaltig, da sie sich demokratisch regierten. Sie besaßen die stärkste Flotte, ein Landheer von 30000 Mann, 3000 Reiter, 1000 Reiterobersten. Sie hatten die Grundsätze der pythagoräischen Philosophie angenommen; in ihr aber ragte ganz besonders Archytas hervor, welcher lange Zeit das Haupt der Stadt war. Später wurde ihre Schwelgerei wegen des Überflusses so groß, daß ihr Jahr mehr Festtage als Arbeitstage zählte. Infolgedessen verfiel ihr Staatswesen. Ein Zeichen davon war schon dies, daß sie Fremde zu ihren Heerführern machten. Denn gegen die Messapier und Lucaner sandten sie den König der Molosser Alexandros aus; sodann bedienten sie sich des Archidamos, eines Sohnes des Agesilaos, später des Kleonymos und Agathokles, endlich des Pyrrhus, zur Zeit als sie mit den Römern in Krieg gerieten.»

Die Kämpfe Roms mit den Samniten brachten diese erobernde Macht den Städten Großgriechenlands immer näher und näher. Der Übermut der verweichlichten Tarentiner zog endlich das Strafgericht herbei. Der Pöbel mißhandelte einen römischen Abgesandten öffentlich im Theater: der Krieg ward erklärt, und der herbeigerufene König von Epirus kam nach Tarent, im Jahre 280. In diesem Heldenkampf des Pyrrhus mit den ihm ebenbürtigen Römern Fabricius und Curius Dentatus endete die Selbständigkeit Tarents, im Jahre 272. Die prächtige Stadt wurde den Römern untertan. Im Triumph führte man in Rom die ersten Spolien Tarents auf.

Sechzig Jahre später, im zweiten Punischen Kriege, suchten die Tarentiner das römische Joch abzuwerfen. Denn Hannibal bemächtigte sich mit ihrem Einverständnis der Stadt, aber die römische Besatzung behauptete mannhaft die Akropolis zwei Jahre lang, bis sie Fabius Maximus im Jahre 209 entsetzte. Der Eroberer Tarents überließ die Stadt seinem Heer zur Plünderung. Dreißigtausend Einwohner wurden in die Sklaverei verkauft, und der nach Rom entführte Raub an Gold und Purpur, an Statuen und Gemälden jeder Art konnte der Beute aus Syrakus an Wert gleich geschätzt werden. Von Bildsäulen, welche damals nach Rom geführt wurden, erregte das größte Aufsehen der bronzene Koloß des Herakles; man stellte ihn später auf dem Kapitol neben der Reiterfigur des Fabius Maximus auf. Ein zweiter Koloß, der des Zeus, der größte der Welt nach dem von Rhodus, konnte nicht fortgeschafft werden und blieb in Tarent zurück.

Fabius Maximus betrachtete die Kunstwerke der Stadt nur mit Gleichgültigkeit, und schwerlich hatte er den Blick des Kenners dafür; als man ihn fragte, was mit den Götterbildern geschehen solle, sagte dieser rauhe Held: «Laßt sie den Tarentinern, denn sie zürnen ihnen, weil sie von ihnen beleidigt sind.» Viele Statuen blieben dort zurück, eine der berühmtesten stellte erst Cäsar in seiner Kurie über dem Altar auf. Es war jene geflügelte Victoria von Erz auf der Weltkugel, mit dem Lorbeerkranz in der Hand, die das Sinnbild des römischen Staates wurde, und noch in der Zeit des Falles des Römertums, am Ende des vierten Jahrhunderts nach Christus, in den Tagen des edeln Symmachus und seines Gegners Ambrosius war sie der berühmte Gegenstand des erbitterten Kampfes der heidnischen Aristokratie im römischen Senat mit der christlichen Partei.

Seit jenem Jahre 209 hörte das politische Leben Tarents auf, welches eine römische Kolonie wurde. Aber während der langen Römerherrschaft behauptete die Stadt ihre griechische Sprache und Bildung, und diese wirkte auf die Römer selbst bildend ein. Schon bei der ersten Eroberung im Jahre 272 war ein Tarentiner Andronicus als Kriegssklave nach Rom gekommen, wo er die Odyssee ins Lateinische übersetzte, griechische Komödien in derselben Sprache nachahmte und den Geschmack an der griechischen Bildung unter den Römern verbreitete. Diese Bemühungen setzte nach ihm der Kalabrese Ennius fort, der Freund der Scipionen, und auch dessen Neffe Pacuvius aus Brundusium, der im Jahre 130 in Tarent starb, glänzte als lateinischer Dramatiker.

Die römischen Dichter, zumal Virgil und Horaz, liebten den Aufenthalt in der schönen griechisch gebildeten Stadt, an den sanften Ufern des Golfs und der Flüsse Galesus und Taras. Sie alle gaben ihr den Zunamen die «weichliche», oder die «bekränzte» oder «unkriegerische». In der siebenten Epistel an Mäcenas sagt Horaz:

mihi iam non regia Roma,
Sed vacuum Tibur placet aut imbelle Tarentum

Nicht mehr das königliche Rom, das stille Tibur
Oder das unkriegerische Tarent hat meinen Beifall.

Juvenal nennt sie in der sechsten Satire sogar:

atque coronatum et petulans madidumque Tarentum

das bekränzte, üppige und wasserreiche Tarent.

Die Stadt teilte die Schicksale der anderen Städte Süditaliens während des Bestandes des römischen Reiches und nach dessen Fall. Sie dauerte, in immer geringeren Verhältnissen, als ein Hafen- und Handelsplatz, wie Brundusium fort. Ihre antike Pracht verfiel in sich selbst, und noch ehe neue Kriegsstürme sie ganz zerstörten, wurden viele ihrer Tempel durch den Fanatismus der Anhänger der christlichen Religion zertrümmert. In den letzten Zeiten des Reichs war Tarent nur noch ein Haufen von Ruinen und die Bevölkerung bereits auf das Gebiet der Akropolis beschränkt.

Die Goten unter Totila eroberten und befestigten die Stadt, dann fiel sie in die Gewalt der Byzantiner zurück. Es wohnte in ihr ein griechischer Befehlshaber.

Aus dem Dunkel, in welches sie gesunken war, tauchte sie im Jahre 663 wieder auf, denn in ihrem Hafen landete der byzantinische Kaiser Konstans, um von dort aus gegen Benevent zu ziehen und die Langobarden zu vertreiben, was ihm nicht glückte. Vielmehr eroberte ihr Herzog Romuald im Jahre 668 Tarent.

Die Byzantiner entrissen die Stadt den Langobarden wieder, aber neue Verwüstungen brachen über das unglückliche Kalabrien herein. Zweimal hintereinander, in den Jahren 845 und 864 überfielen und zerstörten die Sarazenen Tarent. Endlich baute der Kaiser Nikephoros im Jahre 967 die Stadt aus den Trümmern wieder auf, und von dieser Zeit etwa kann man die Entstehung des neuen Tarent rechnen. Zu seinem Aufbau wurden ohne Frage die Reste der antiken Monumente verbraucht, so viel sich deren noch erhalten hatten.

Bis 1080 blieb sodann Tarent byzantinisch, wegen seiner ausgezeichneten Lage und Festigkeit noch immer einer der wichtigsten Kriegshäfen des griechischen Reichs in Unteritalien. Dann eroberte es der Normanne Robert Guiscard. Er machte Tarent zu einem Fürstentum, und dies erhielt sein Heldensohn Boemund. Hundert Jahre blieb darauf die Stadt im Besitze der normannischen Fürsten, bis sie durch deren Erben, den Kaiser Heinrich VI., an die Hohenstaufen kam.

Friedrich II. verlieh sie seinem Sohne Manfred. Dann kam sie an Karl von Anjou. Karl II. schenkte im Jahre 1292 dies Fürstentum seinem Sohne Philipp, welcher durch seine dritte Gemahlin Catarina, die Tochter des Kaisers Balduin, den Kaisertitel von Konstantinopel erhielt. Schon in dessen Enkel Philipp II., der im Jahre 1368 starb, endete der Mannesstamm der Herzöge von Tarent aus dem Hause Anjou.

Seine Erbin und Schwester Margareta, Witwe des Königs Eduard von Schottland, vermählte sich mit Francesco del Balzo, dem Herzoge von Andria. Durch sie kam auch das Fürstentum Tarent an jenes Haus der Balzi, und zunächst an Giacomo del Balzo, ihren und Francescos Sohn. Dieser starb im Jahre 1383 zu Tarent, wo ihm sein Vater im Dom S. Cataldo das noch dauernde Mausoleum errichtete.

In den Verwirrungen jener Zeit, als das Königreich Neapel durch feudale und dynastische Revolutionen erschüttert wurde, ging das Fürstentum Tarent von den Balzi auf die Orsini über. Ramondello, ein Sohn Roberts und der Maria del Balzo, gewann dasselbe am Ende des 14. Jahrhunderts; sein Haus nannte sich Balzo-Orsini. Er vermählte sich mit der Erbin der Grafschaft Lecce, der schönen Maria von Enghien, und vereinigte durch diese Ehe den größten Teil der Terra d'Otranto; so wurde er der mächtigste Feudalherr des Königreichs. Als er im Jahre 1405 zu Lecce gestorben war, suchte der König Ladislaus von Neapel dies große Lehen an sich zu ziehen. Er schloß mit Maria einen Vertrag: sie übergab ihm Tarent und sich selbst. So wurde sie Königin Neapels. Ihr und Ramondellos Sohn Gianantonio Balzo-Orsini war der letzte Fürst Tarents aus diesem berühmten Hause. Er starb ohne legitime Erben zu Altamura im Jahre 1463, worauf seine Länder und unermeßlichen Schätze vom Könige Neapels Ferdinand von Aragon, seinem nahen Verwandten, zur Krone eingezogen wurden.

Seither blieb Tarent beim Hause Aragon, bis es mit dem gesamten

Königreich in die Gewalt Spaniens kam. Consalvo belagerte im Jahre 1501 die feste Stadt und in ihr den letzten Aragonen, den jungen Don Ferdinando, den Sohn des unglücklichen Federigo II.; nachdem der Prinz unter der Bedingung freien Abzuges sich ergeben hatte, nahm ihn der berühmte Feldherr verräterisch gefangen und schickte ihn nach Spanien. So erlosch in Tarent die Herrschaft des Hauses Aragon.

Während von den griechischen Städten in Sizilien entweder noch herrliche Überreste von Tempeln und andern Monumenten erhalten sind, wie in Syrakus, in Agrigent und Segesta, oder staunenswürdige Trümmermassen ihre ehemalige Größe und Schönheit kundgeben, wie in Selinunt, hat ein mißgünstiges Schicksal die Städte Großgriechenlands, bis auf das eine Paestum, fast spurlos hinweggetilgt. Aus der Wildnis Metapontums ragen nur noch 15 Säulenstümpfe melancholisch auf; von der Pracht Krotons spricht nur noch eine einzige dorische Säule einsam am Meer; in Tarent erinnert nichts mehr an das Altertum, außer ein paar geringen Überbleibseln der Stadtmauern, eines Theaters und einiger im Mare piccolo versunkener Fundamente von Villen.

Ich will daher nicht den Untersuchungen der Tarentiner Archäologen folgen, um mit ihrer Hilfe den Umfang der alten Stadt herzustellen, die Lage ihrer zwei Hauptstraßen und ihrer beiden Tore, der Temenides und der Rinopyle zu bestimmen, und diejenige des Forums, des großen Museums oder der Akademie, des Prytaneums, worin das schöne Weihgeschenk des jüngeren Dionys stand, ein Kandelaber mit so viel Lampen als Tage im Jahr, oder der Bäder des Herkules, der Tempel des Neptun, des Merkur und anderer Götter; denn dies sind nur noch Namen ohne Anhalt an der Wirklichkeit, zumal für denjenigen, welcher das Lokal gar nicht kennt.

Schon zur Zeit Strabos war Tarent so zusammengeschwunden, daß sich die Stadt auf ein kleines Gebiet um die Akropolis beschränkte. Er bemerkte dort namentlich das schöne Gymnasium und den großen Platz, worauf der Koloß des Zeus stand. Von der Akropolis zwischen diesem Forum und der «Mündung des Hafens» sagte er, daß sie nur noch wenige Überreste der vielen Weihgeschenke enthalte, welche sie im Altertum zierten; «denn die meisten zerstörten die Karthager, als sie die Stadt eroberten, die anderen raubten sodann die Römer, unter ihnen den ehernen Koloß des Herkules, welchen Fabius Maximus nach Rom brachte».

Die alte Akropolis hatte den Umfang einer ansehnlichen Stadt. Sie erhob sich zwischen beiden Meeren auf Tuffelsen und war eine kaum einnehmbare Festung. Auf ihrem Lokal steht das heutige Tarent.

Dieses beschreibt ein Dreieck, dessen Spitze an jener langen Brücke liegt, welche den Isthmus mit dem festen Lande verbindet. Diese Brücke von sechs Bogen dient zugleich als Kanal der byzantinischen Wasserleitung, welche zwölf Millien weit herkommt und die Stadt versorgt. Dort stehend überblickt man rechts den großen Golf, links das Mare piccolo mit den Fischerbarken und zahllosen aus dem Wasser ragenden schwarzen Pfählen, deren Zweck uns bald deutlich werden wird. Man hat also hier die Ansicht der Häfen Tarents und des Lebens in ihnen, und dieses ist auf die dürftigsten Verhältnisse herabgesunken. Ich sah kaum zehn Handelsschiffe in dem herrlichen Golf ankern, und zwei oder drei Fahrzeuge der italienischen Marine. Sie schienen nur da zu sein, um als Staffage in diesem hinreißend schönen, großen und erhabenen Seegemälde zu dienen.

Nach der Stadt zu sperrt die Brücke ein viereckiger Turmkoloß, der sich an Mauern und Bastionen über dem Wasser anlehnt. Dies ist die Zitadelle, welche Ramondello Orsini erbaut hat, den nördlichen Eingang zu decken. Sie umschließt zugleich nach der Meeresseite den einzigen großen Platz Tarents, Piazza di Fontana genannt, von dem Wasserbrunnen in ihrer Mitte, eine Anlage Karls v.

Dieser Platz ist der Mittelpunkt des ärmlichen Volkslebens. Die Hauptstraßen der Stadt münden hier. Weißübertünchte Häuser mit platten Dächern und Balkonen umschließen ihn, darunter einige schmutzige, dürftige Gasthäuser, Kaffeeschenken und Läden. Landvolk tummelt sich umher, Früchte und Gemüse verkaufend, halbnackte Menschen wie die Lazzaroni Neapels. Da der Blick auf das Meer hier nicht frei ist, möchte man glauben, sich in irgendeiner kleinen Landstadt des Südens zu befinden, wenn man nicht hin und her rennende Fischer sähe, welche in Körben Austern und Muscheln darbieten, und wenn nicht die Luft vom scharfen Geruch des Meeres ganz und gar durchdrungen wäre. Und nur mit wenigen Schritten gelangt man links vom Platz durch eine kleine Halle unmittelbar an den Rand des Mare piccolo, wo etwa zwölf Fischbänke stehen, ähnlich denen auf Santa Lucia in Neapel. Auch dieser kleine, schmutzige Fischmarkt ist ein Bild der Verkommenheit.

Drei Hauptstraßen führen vom Platz in die Stadt; die untere, die ehemalige Marina, jetzt sinnloserweise Garibaldi genannt, ist das unsaubere Fischerquartier am Mare piccolo, von welchem sie jedoch durch eine häßliche Mauer getrennt wird, und diese hat Ausgangspforten nach dem Wasser hin. Schmale, schmutzige Quergassen münden in diesen Kai; er endet an den Stadtmauern, welche landwärts Tarent umgeben und sich an das große Kastell schließen.

Die Festung ist byzantinischen Ursprungs; die Hohenstaufen und die Anjou erneuerten sie; die Aragonen, Karl v. und die Könige Spaniens bauten an ihr, wie das die Wappenschilder auf ihren Mauern lehren. Sie gleicht den Meerkastellen, die man sonst in Apulien sieht: ein Fünfeck mit fünf mächtigen Rundtürmen, zwischen beiden Meeren, welche ein kurzer schiffbarer Wasserkanal verbindet, so daß dadurch Tarent zur Insel wird.

Die Hauptstraße ist die mittlere, Strada Maggiore genannt. Sie führt ins Innere der Stadt und ist ihr Corso. Der enge Raum erlaubte hier keine breiten Straßenanlagen und nur hier und da einen kleinen Platz. Die Häuser, alle weiß übertüncht oder aus gelblichen Quadern aufgebaut, sind hoch und schmal, und zusammengedrängt. Ein Gewirr von Gassen, oft so eng und so still, wie die venezianischen, und sehr unreinlich, durchzieht diesen soliden Kern Tarents, die alte Akropolis. Das Pflaster ist durchweg sehr gut. Mächtige Klostergebäude ragen hie und da schloßartig hervor, nur durch die Masse, nicht durch Schönheit der Architektur auffallend, und dasselbe gilt von den Kirchen. Doch zeigen einige Paläste aus der guten Epoche der Renaissance, daß auch hier ein reicher städtischer Adel sich entwickelt hatte, so die Häuser Carfogli und Carducci. Die Carducci gelten als die älteste Familie Tarents; sonst ist der Adel hier meist spanischen Ursprungs. Überhaupt macht dieser Hauptteil der Stadt den Eindruck patrizischer Wohlhabenheit, obwohl ein Blick auf die Läden, welche die Untergeschosse der Häuser einnehmen, dartut, daß sich die Bedürfnisse der Einwohner nicht über diejenigen einer sehr mäßigen Provinzialstadt erheben.

Die Bevölkerung selbst schien mir regungslos und hoffnungslos verkommen, wie eingeschlafen auf der Jahrtausende alten kleinen Scholle zwischen den Meeren, wo sie samt ihrer Geschichte von der Welt vergessen ist und sich selbst vergaß. Syrakus hat heute ein stärkeres Bewußtsein von sich als Tarent. Denn dort lebt das Altertum noch in unverwüstlichen monumentalen Spuren fort, während es hier ganz verschwunden ist.

Nicht einmal das Mittelalter ist in Tarent durch außerordentliche Bauwerke vertreten. Aus den fünf Jahrhunderten der byzantinischen Herrschaft hat sich kein Denkmal, nicht einmal eine griechische Inschrift erhalten, und selbst an die Normannen und Hohenstaufen erinnert hier nichts mehr. Einige Kirchen sind alt, aber mehrfach erneuert, wie S. Domenico und der Dom.

Die Kathedrale ist Sankt Cataldus geweiht, dem modernen Hauptgott und Schutzpatron der Tarentiner, eine sehr alte Basilika, welche im Jahre 1070 unter dem Erzbischof Drogo begonnen und später im Jahre 1588 unter dem Papst Sixtus v. neu ausgebaut worden ist. Sie ist dreischiffig. 24 antike Säulen mit korinthischen Kapitälen, die schönen Reste irgendeines Tempels der alten Stadt, tragen die Rundbogen. Der Fußboden besteht aus weißem und schwarzem Marmor, die Decke aus vergoldetem Holzgetäfel. Über dem Hochaltar erhebt sich ein schönes Tabernakel aus rotem Marmor.

Der größte Stolz der Tarentiner ist die Sankt Cataldus geweihte Kapelle dieses Doms, ein Kuppelbau des 17. Jahrhunderts, mit prachtvollem buntem Marmorschmuck überladen und mit Heiligenfiguren in den Nischen geschmückt, zwar barock, aber in überreicher, das Auge blendender Fülle. Sie erinnert an die Kapellen in Santa Maria Maggiore zu Rom. Hier liegt Giacomo del Balzo begraben. Die Grabschrift sagt:

> Hoc tuus Andriae Dux Franciscus Baucia proles
> Exstruxit templum Jacobi tegit ossa Tarenti
> Principis. Huic mater Caroli de stirpe secundi
> Imperii titulis et Bauci sanguine claro.
> Hic Romaniae et Despotus Achaias urbes
> Subiecit bello.

Von außen stellt sich der Dom weder als ein schönes noch erhabenes Bauwerk dar; er ist weiß übertüncht wie der stumpfe Glockenturm neben ihm und wie der erzbischöfliche Palast zu seiner Seite. In dies mächtige, aber nicht durch seinen Stil ausgezeichnete Gebäude führt ein schönes Portal, durch welches man in einen großen Hof tritt. Dort sagt eine Inschrift, daß der Erzbischof Josephus Capycius Latro (Capocelatro) den Palast im Jahre 1786 von Grund aus erneuert hat.

Mit wenigen Schritten erreicht man von hier die neue Straße Vittorio Emanuele, welche die höchste Stelle der alten Akropolis bezeichnen mag. Sie besteht aus einer Reihe von Häusern hoch über dem Golf oder dem Mare grande. Eine Balustrade schließt sie gegen das steil niederfallende Felsenufer ab. Dies ist der schönste Spaziergang der Tarentiner in der Abendkühle. Wenn der strahlende Mond über dem Golfe schwebt, ist es ein hinreißendes Schauspiel, die unvergleichliche, von sanften Ufern umfaßte Meeresbucht zu betrachten. Auf ihren äußersten niedrigen Vorgebirgen und auf den kleinen Inseln leuchten Fanale. Im Hintergrunde weit landwärts stehen, im Duft verschleiert, die Gipfel der Gebirge Kalabriens.

Dieser schönen Straßenanlage, dem Belvedere Tarents, hat man durch Abreißen alter Häuser über den Stadtmauern Raum geschaffen. Sie ist die einzige Neuerung im Innern der Stadt; in ihrer Nähe ist auch der neue Munizipalpalast aufgeführt worden.

Die Einwohnerzahl Tarents, welche heute mehr als 30 000 beträgt, hat schon die Anlage eines neuen Viertels nötig gemacht. Dasselbe liegt jenseits der Brücke des Kastells. Eine Inschrift besagt dort, daß es am 12. April 1869 begonnen wurde. Man baut Straßen aus weißen

Kalksteinquadern. Das Lokal ist eine Hochfläche zwischen beiden Meeren, mit der schönsten Aussicht namentlich auf das Mare piccolo, dessen liebliche Ufer zum Bau von Villen ganz besonders einladen. Es gibt deren hier einige, wie die Villa Santa Lucia, welche im Besitz des Generals Guglielmo Pepe gewesen ist. Hie und da erheben sich schlanke Palmen auf den Uferhöhen, und blühende Gärten steigen bis zum Saum des kleinen Meeres nieder, in märchenhafter Verlassenheit, daß sie Sehnsucht erwecken, dort zu wohnen, im beseligenden Hauch dieser ionischen Lüfte, fern vom Treiben der Welt und ihren häßlichen Leidenschaften.

Wandernd und dichtend an den Ufern dieses Mare piccolo, in welches sich der kleine Fluß Galesus (auch Eurotas genannt) ergießt, schrieb Horaz die bekannte Ode an Septimius nieder, worin er diesen glückseligen Winkel der Erde vor allen andern preist und sich zum Asyl wünscht, wenn ihm die mißgünstigen Parzen sein geliebtes Tibur verweigern.

> Unde si Parcae prohibent iniquae,
> Dulce pellitis ovibus Galaesi
> Flumen et regnata petam Laconi
> > Rura Phalanto.
> Ille te mecum locus et beatae
> Postulant arces; ibi tu calentem
> Debita sparges lacrima favillam
> > Vatis amici.

> *Doch will dies Glück die Parze mir beneiden,*
> *So zieh ich nach Galäsus Uferrand,*
> *An dem die edlen Seidenlämmer weiden*
> *Und nach der Flur, die einst beherrscht Phalant.*
> *Ja, jene sel'gen Hügel, jene Auen,*
> *Sie rufen mich und dich. Dort mag dereinst*
> *Die letzte Träne liebend niedertauen,*
> *Die du des Dichterfreundes Asche weinst.*
> > *(H. Stadelmann)*

Das kleine Meer hat sechzehn Millien im Umfang. Es gleicht einem jener schönen Landseen, woran Italien noch reich ist. Wenn nicht seine immergrünen Ufer in langgedehnten, sanft aufschwellenden Linien sich hinzögen, hätte ich glauben können, an den See von Bracciano versetzt zu sein. Sein entzückender Spiegel leuchtet im Hochsommer oft so purpurn wie die Farbe, welche die Alten aus der Muschel zogen, die in seinen Tiefen ruht. Jetzt, im Mai, glänzte er von einem sanften Schmelz, einem durchsichtigen, unbeschreiblichen Blau, gleich dem Golfe draußen. Es sind Farbentöne von so idealer Schönheit, daß sie bald Ströme eines zerflossenen Himmels zu sein scheinen, bald Ströme von Musik, welche tönend dahinschweben, und die Seele dessen, der vom Ufer niederblickt, berauschen und durchglühen. Wie natürlich erscheint hier die wundervolle Sage von Arion auf dem Delphin, oder von Taras, dem Gründer Tarents; das lichtausatmende melodische Meer hat diese Dichtungen erzeugt.

Im Altertum war das kleine Meer von reichen Landsitzen und von üppigen Bädern umkränzt; Fabriken der Purpurfärberei standen an ihm, sodann Arsenale der Flotte. Denn in diesem ruhigen Seebecken ankerten die Kriegsschiffe der Tarentiner. Als Hannibal die tapfere römische Besatzung der Akropolis unter M. Livius vom Fluß Galesus aus, wo er lagerte, vergebens bedrängte, ließ er Kriegsschiffe aus dem Mare piccolo über Land nach dem Golf schaffen, was mit ungeheurer Mühe durch Maschinen und Walzen bewerkstelligt wurde.

Ein Blick auf diesen alten Hafen Tarents genügt, um zu erkennen, daß er die vorzüglichsten Eigenschaften einer Marinestation besitzt, noch mehr als jener Brindisis. Die italienische Regierung hat auch den Plan gefaßt, ihn zum Kriegshafen wieder einzurichten und dort Arsenale zu bauen.

Wir stiegen unterhalb der Villa Pepe in eine Barke. Ihr Führer war ein alter prächtiger Mann, einst Matrose der Marine, der sich in allen Weltteilen umhergetrieben hatte und jetzt seine Tage auf diesem Golf in Frieden beschloß. Die Barcarolen Tarents sind nicht jene lärmenden, fieberhaft aufgeregten, moskitoartig ihre Beute umschwärmenden Zudringlinge Neapels; sie sind die artigsten und bescheidensten Menschen, wie überhaupt das gesamte Tarentiner Volk von ausgesprochener Sanftmut zu sein scheint.

Wir fuhren an den stillen Gestaden entlang, über Trümmer antiker Bauten, welche unter der kristallhellen Woge deutlich sichtbar sind, wie jene der versunkenen Römervillen an den lieblichen Ufern des alten Antium. Man zieht hier aus der Flut noch oft Scherben antiker Vasen herauf; und Tarent war wie andere großgriechische Städte durch seine Vasenkunst berühmt. Das Ufer ist mit Staub von Korallen und mit zerbröckelten Muscheln fußhoch verschüttet. Der Barkenführer bot uns Hände voll von Stücken jener Purpurschnecken dar, die man «murex» nannte. Die Bereitung des Purpurs aus ihrem Saft hat das alte Tarent reich gemacht. Mit der in Purpur getränkten feinen Wolle der weißen Schafe, die am Galesus weideten, versorgte es einst Rom und Griechenland.

Der große Golf und namentlich das kleine Meer sind noch heute wegen des Reichtums an Fischen, besonders aber an Schaltieren berühmt. Muscheltiere jeder Gattung werden hier gefangen; doch sind es hauptsächlich die «cozze nere», und die Austern, welche in erstaunlichen Massen erzeugt werden. «Cozze nere» nennt man längliche, schwarze Schaltiere, etwa von der Größe eines kleinen Fingers. Sie sind eine Lieblingsspeise des Volks, und werden nach allen Hafenstädten bis nach Bari und Neapel hinauf verschifft. Ich kann nicht sagen, ob sie wohlschmeckend sind; denn ein so leidenschaftlicher Fischesser ich auch bin, so unüberwindlichen Abscheu habe ich vor dem Genuß jeglichen Muscheltiers, und nur einmal in meinem Leben versuchte ich eine Auster zu essen, oder vielmehr mit Schaudern hinunterzuwürgen.

Die Wasserfläche des Mare piccolo ist an vielen Stellen mit Muschelfängen oder Muschelgehegen bedeckt, das heißt Gerüsten aus schwarzen Pfählen, welche mit Tauen überspannt sind. An diesen werden die «cozze nere» und die Austern auferzogen. Ihre Zucht betreibt man nur in dem ruhigen kleinen Meer. Sie hängen hier an Seilen in jeder Größe ihres Wachstums in dichten schwarzen Massen, ähnlich den Schnecken, welche sommers die dürren Disteln überziehen. Von Zeit zu Zeit werden diese Klumpen aus dem Wasser gehoben, und für einige Stunden der Sonne ausgesetzt; die Fischer reinigen sie, indem sie kranke oder tote Tiere mit einem Messer loslösen.

Die Muschelgehege heißen hier Sciaje; sie sind in Distrikte oder Strecken abgeteilt, je nach ihren Eigentümern. Man sagte mir, daß 56 reiche Tarentiner diese Muschelkultur betreiben. Sonst ist die Fischerei im ganzen Golf freigegeben, gegen eine kleine Abgabe an die Dogane, welche am Eingange des Hafens auf dem Platz der Fontana ihren Sitz hat.

Ich sah auch die berühmte Perlmuschel, welche Pinna genannt wird. Sie trägt außer der Perle ein wolliges Gefaser, welches sie im Wasser ausbreitet, als ein Netz, sich Beute zu fangen. Aus ihm macht man noch heute allerlei Gewebe und Gespinste, Handschuhe, Tücher und dergleichen.

Um sich eine Vorstellung von der Schönheit und Mannigfaltigkeit der Tarentiner Muschelwelt zu machen, muß man das Museum Ceci aufsuchen. Diese merkwürdige Sammlung befindet sich in einem alten wunderlichen Palast in der Stadt. Sie wurde vom Canonicus Giuseppe Ceci angelegt, welcher vor einigen Jahren starb. Dieser Antiquar und Bildkünstler verwendete sein Leben darauf, nicht allein Conchylien zu sammeln, sondern auch sie künstlerisch zu behandeln. Die herrlichsten Muscheln hat er zu phantastischen Gebilden zusammengesetzt, zu Blumen, Arabesken, Formen und Figuren von seltsamer, überraschender, oft sinnreicher Erfindung. Fischerszenen und anderes Genre sind vortrefflich ausgeführt; die Gestalten darin ganz und gar mit kleinen Muscheln und Korallenstaub bekleidet. Kurz, es ist eine Mosaikmalerei aus Conchylien, welche in der Welt nicht ihresgleichen haben mag. Ohne Frage wurde diese Rokokokunst schon im alten Tarent geübt; selbst in Pompeji finden sich dergleichen sinnige Spielereien, in Nischen für Wasserquellen.

Man sagte mir, daß die Erben Cecis den Inhalt des Museums zu verschleudern begonnen haben, und daß es schon auf kümmerliche Reste herabgeschwunden sei. Mit dieser Sammlung sind auch antike Tarentiner Vasen und einige Marmortrümmer vereinigt, Ansätze eines Museums, welche sich leider nicht entwickelt haben.

Denn Tarent besitzt, so unglaublich das scheinen mag, kein Nationalmuseum. Die berühmten antiken Münzen dieser Stadt sind über die Welt zerstreut; hier sucht man sie vergebens. Vergebens forscht man hier nach einem Ort, wo Reste alter Skulpturen vereinigt sind, wie solche fast jede Stadt Italiens besitzt, welche einmal in antiken Zeiten geblüht hat. Wo sind hier die Säulen, die Marmorgebilde all der schönen Tempel des Altertums geblieben? Wo die zahllosen Statuen und ihre über Tarent hingestreuten Trümmer? Es ist, als hätte sie der Sturm hinweggeweht. Vielleicht liegen noch große Schätze tief im Boden versteckt. Hier würden Ausgrabungen so gut lohnend sein wie in Olympia. Das geistige Leben in Tarent ist tot. Die große Vaterstadt des Archytas, einst die Akademie aller Wissenschaften und schönen Künste, die Schule pythagoräischer Weisheit, welche selbst Philosophen wie Platon aufsuchten, ist heute so verarmt, daß auch nicht die kleinste Büchersammlung, nicht einmal eine solche in ihr zu finden ist, die für den Notbedarf einer Schule ausreiche. Als ich nach Tarent ging, hatte ich gehofft, hier eine munizipale Bibliothek vorzufinden, und in ihr alle auf die Stadt bezüglichen Werke. Ich hatte mich in Bari, und an andern Orten danach und nach Tarentiner Antiquaren erkundigt, aber niemand konnte mir eine Auskunft oder nur eine Adresse geben, und selbst das Institut der archäologischen Korrespondenz in Rom unterhält keine Beziehungen mit Tarent.

Ich will der dortigen Bürgerschaft nicht unrecht tun, vielmehr glauben, daß auch unter ihr noch heutigentags patriotische Antiquare leben, aber sie blieben für mich so tief versteckt wie die Taranteln, so daß ich ihrer keinen zu Gesicht bekam. In unserm Wissensdrange gingen wir in den Gemeindepalast, den Tarentiner Stadtrat um Auskunft zu ersuchen. Die Herren nahmen uns in ihren luftigen neu eingerichteten Zimmern, aus deren Fenstern man den Golf übersehen kann, mit großer Freundlichkeit auf, aber sie sagten uns, daß im Stadthaus keine Bibliothek vorhanden sei, außer wenigen älteren Büchern und der Sammlung der Salentiner Autoren, welche in Lecce gedruckt wird. Sie boten uns einige Broschüren dar und nannten uns als neueste Arbeit über Tarent ein Kompendium der Geschichte dieser

Stadt von Francesco Sferra, gedruckt bei Salvator Latronico zu Tarent selber, im Jahre 1873. Sie bezeichneten uns endlich als gründlichen Antiquar und Kenner seiner Vaterstadt einen Geistlichen.

Es kostete uns viele Mühe, diesen im Stadthaus berühmten Mann in einer versteckten schmutzigen Gasse aufzufinden, wo sein Dasein nicht einmal dem Briefträger bekannt war, und das bewies uns, daß der würdige Geistliche noch in dem beneidenswerten Zeitalter lebte, wo die Plage des Briefschreibens dem Menschengeschlecht unbekannt war. Von der dunkeln Treppe eines Hauses herab kam uns endlich der Canonicus entgegen, mit allen Zeichen der Verwunderung, Gegenstand stürmischen Begehrens von seiten zweier Fremdlinge zu sein. Er gab sich sodann als das zu erkennen, was er wirklich war, indem er seine Unschuld beteuerte und versicherte, daß der Verdacht des Stadtrats, er sei ein verkappter Antiquar und Durchforscher seiner Vaterstadt, vollkommen grundlos sei. Sodann wies er uns nach einer Apotheke, wo man uns über den Verfasser jenes Kompendiums Tarentiner Geschichte Aufschluß geben werde.

Zu diesem Tempel des Asklepios führt eine Straße, deren melodischer Name uns wohltat. Sie heißt Paisiello, und dort bezeichnet eine Inschrift das Haus, wo der berühmte Amphion Tarents geboren wurde. Sie rief mir das Geburtshaus seines Zeitgenossen Mozart zu Salzburg in Erinnerung.

Giovanni Paisiello ist der letzte große Mann Tarents und auch das einzige Genie von allgemeinem Ruf, welches diese Stadt seit dem Altertum hervorgebracht hat. Er wurde hier geboren am 9. Mai 1741 als Sohn eines Mannes, von dessen Gewerbe die Musen der Tonkunst so weit wie möglich sich entfernt halten mußten, da er ein Vieharzt war. Der junge Mann erregte durch seine schöne Stimme die Aufmerksamkeit eines Tenorsängers; er kam in die Schule des berühmten Durante zu Neapel, und bald wurde er durch seine ersten Kompositionen, die «Pupilla» und den «Mondo a Rovescio», berühmt. Die Grazie und Leichtigkeit seines melodisch-dramatischen Talents riß die Welt zur Bewunderung hin. Er durchwanderte mit der Zeit die Länder Europas; selbst nach Rußland rief ihn die Kaiserin Katharina, wie später Napoleon nach Paris. Er schrieb komische Opern für die größten Theater seiner Zeit, 45 allein für Neapel, darunter die berühmte «Nina pazza per amore». Dort starb er am 23. Januar 1815. Heute ist er schon eine verklingende Größe; Cimarosa begann ihn zu verdunkeln, und Rossini übertönte ihn mit demselben Opernstoff des «Barbier von Sevilla», welchen zuerst Paisiello für Petersburg bearbeitet hatte.

Nun traten wir in die Kapelle Äskulaps, und hier fanden wir Herodot als Pillendreher. Ein junger, leidend aussehender Mensch, den kranken Kopf von einem schwarzen Tuch umwunden, stand verdrossen am Tisch und braute höllische Latwerge. Auf meine Frage, ob er mir Auskunft über Herrn Sferra geben könne, den im Stadthause berühmten Verfasser des Kompendiums der Geschichte Tarents, entgegnete der Jünger des Hippokrates lächelnd, daß dieser Gesuchte in seiner eigenen Person vor mir stehe. Er holte sofort sein in einen blauen Umschlag gelegtes Büchlein hervor, froh, einen Käufer für sein Produkt zu finden – denn die Tarentiner kaufen ihm wohl seine Schachteln und Gifte ab, aber nicht seine literarischen Mixturen. Mit achtzehn Jahren hat dieser junge Apothekergehilfe einen brauchbaren Leitfaden der Geschichte seiner Vaterstadt verfaßt, und das ist sehr ehrenvoll für seine Jahre und seinen Beruf. Indem ich mir die psychologischen Vorgänge darstellte, welche den Jüngling in seinem kleinen Laden dazu trieben, sich an ein für ihn sehr kühnes Unternehmen zu wagen, erregte er meine lebhafteste Teilnahme.

Mitten in seiner hilflosen Einsamkeit, ohne Studien, ohne Zusammenhang mit anregenden Geistern, ist seine erregbare Phantasie irgendwo beim Anblick Tarents und seiner Meere, oder bei der Nennung eines antiken Namens von dem Bewußtsein ergriffen worden, daß er der Sohn einer uralten weltberühmten Stadt sei, und so entstand in ihm erst das schwache Bild von deren Geschichte, dann der Trieb, diese selbst seinen Mitbürgern darzustellen.

«Wie haben Sie es gemacht, das für Ihre Arbeit nötige Material zu erhalten, da es hier keine Bibliothek gibt?»

«Ich habe mir», so entgegnete er, «die Bücher zusammengeborgt.»

«Wollen Sie nicht Ihre Studien fortsetzen, da ein innerer Drang Ihnen die Richtung darauf zu geben scheint? Wollen Sie nicht eine Universität besuchen?» Der junge Autodidakt erwiderte: «Ich wünsche das sehr; ich möchte reisen und die Welt sehen, statt an diesem Ladentisch zu stehen; aber wie soll ich wohl das möglich machen?»

Ich drückte meinem Kollegen die Hand, und wünschte ihm den Schutz guter Genien, welche ja oft strebenden Menschen in ungeahnter Stunde erscheinen, wie das Paisiellos Leben dartut. Vielleicht taucht der jugendliche Apotheker noch einmal in seinem Vaterlande als namhafter Geschichtschreiber auf.

Ich hatte Gelegenheit zu bemerken, daß man in Tarent diesem jungen Manne Aufmerksamkeit schenkt und ihm wohlwill. Es ist die schöne menschliche Art Italiens, daß hier jedes Zeichen einer tüchtigen Natur schnell begriffen wird, und daß man sich daran erfreut, ohne nach deren Herkunft und Berechtigung der Schulzeugnisse und abgelegten Examina zu fragen. In unserm Vaterlande würde ein so harmlos unberufen aufstrebender Jüngling wahrscheinlich vielem

Hohn ausgesetzt sein; ich glaube, mancher Pedant würde ihn fragen, ob er von der Tarantel gestochen worden sei.

Die Tarantel zeigte mir Asklepios, aber nur in einem Glase. Lebend sah ich die berühmte Spinne nicht. Die bekannte Fabel von dem apulischen Tanz Tarantella, welcher als ein Veitstanz durch den Biß dieses Insektes entstanden sein soll, ist höchst sinnreich; vielleicht liegt in ihr wirklich ein Rest antiken Cybeledienstes verborgen. Die Tarentiner liebten von jeher mit rasender Leidenschaft Musik und Tanz. Von der Tarantel war ja auch ihr großer Paisiello glücklich gestochen worden.

Ich will noch zur Geschichte der Stadt zurückkehren. Ein gutes Werk darüber fehlt, wie über Großgriechenland überhaupt. Das einzige nennenswerte ist die Arbeit des Tarentiners Giovan Giovine aus dem 17. Jahrhundert: «De antiquitate et varia Tarentinorum fortuna», welches heute nicht mehr den Forderungen der Wissenschaft genügt.

Der Katalog ausgezeichneter Tarentiner nach dem Altertum ist überhaupt nicht groß, und für uns Ausländer besteht er nur in Namen. Ich las das in Tarent berühmte Gedicht eines edlen Bürgers dieser Stadt, des Tommaso Niccolò d'Aquino, welcher im Jahre 1721 gestorben ist. Es ist ein kleines Epos in lateinischen Hexametern unter dem Titel «Deliciae Tarentinae», ein phantastisches Poem im Barockstil damals üblicher beschreibender und fabelnder Hirten- und Schäferdichtung. Der Verfasser war gerade so alt wie unser Apotheker von drüben, als er dieses Gedicht nach dem Vorbilde Virgils verfaßte. Er gibt zuerst eine Beschreibung der Herrlichkeit Tarents, seines milden Klimas, seiner entzückenden Lage, und darin ist viel schön und gut Gesagtes. Sodann hat er das Glück, einer schönen Quellnymphe bekannt zu werden, welche ihm die Wunder des alten Tarent zeigt, nämlich in Bildern eines Prachtgewebes, und das wirkt und stickt sie für Neptun, den Schutzgott dieser irdischen Paradiese. Der große Neptun nämlich ist mit der Zeit barock geworden: er bereitet wundervolle Feste für Se. katholische Majestät den Kaiser Leopold, den Besieger der Türken. So verherrlicht das Gedicht auch den König von Polen, die Herzöge von Bayern und Lothringen usw. Die folgenden Bücher schildern die Natur Tarents, den Reichtum seiner Meere und seiner Fluren.

Ein jüngerer Freund und Verwandter Aquinos vom alten Hause Carducci gab die «Deliciae Tarentinae» zuerst heraus und versah sie mit massenhaften gelehrten Zutaten, welche sich über die Altertümer wie die Geschichte der Stadt in abschreckender Weise ergießen – ein «Mare piccolo» von Noten, wie nur ein stockgelehrter Professor in den schwülsten seiner attischen Nächte es sich vorspiegeln möchte: die Gelehrsamkeit hängt da herum, ganz wie die Austern und «Cozze nere» an den dicken Tauen. Dieses so zugerichtete harmlose Rokoko-gedicht dient jetzt zugleich als Brunnen antiquarischer Weisheit. Man hält es im Lande hoch als ein Nationalwerk. Es ist auch neuerdings zu Lecce mit einer italienischen Übersetzung wieder abgedruckt worden. In der Vorrede sagt der Herausgeber, daß es patriotisch sei, die «Deliciae Tarentinae» wieder zu edieren, heute, wo es sich darum handle, aus dem «Mare piccolo» einen Kriegshafen zu machen.

Ja, dieser Kriegshafen und die versprochenen Arsenale bekümmern und bewegen jetzt hier alle Welt. Wenn sie erst eingerichtet sind, dann wird Tarent, so sagen die Einwohner, wieder die Königin des Ionischen Meeres sein. Wir wollen es wünschen. Vielleicht, daß späte Enkel dies Wunder erleben. Aber wenn man heute die berühmten Königinnen der Meere im Altertum und im Mittelalter sieht, Venezia und Taranto, wie sie, in verblichene Purpurfetzen gehüllt, ihr betrübtes Witwenantlitz, die eine in der Adria, die andere im Ionischen Golfe, abspiegeln, so möchte man doch glauben, daß ihre Zeit für immer dahin ist.

1. Die arabische Periode

Sizilien war das erste Land Europas, welches die Sarazenen überfielen, nachdem die arabische Herrschaft sich über die Nordküsten Afrikas ausgebreitet hatte. Seit dem siebenten Jahrhundert wurde die Insel von ihnen angegriffen; sie kamen von Asien, dann von Afrika, von Candia und von Spanien, planlos herumschwärmende Korsaren. Aber erst im Jahre 827 faßten sie den bestimmten Plan der Eroberung.

Michele Amari hat in seiner Geschichte der Muselmanen in Sizilien mit umsichtiger Kritik die Tatsachen der arabischen Invasion aus allen vorhandenen Quellen klar wiederhergestellt. Diese sind bei den Italienern die Chronik des Johann Diaconus von Neapel (850), der Anonymus Salernitanus (gegen das Ende des zehnten Jahrhunderts); bei den Byzantinern der Chronograph Konstantin Porphyrogenitus und dessen Nachfolger; bei den Arabern Ibn-el-Athir, Nowairi und Ibn Khaldun. Es war in Sizilien, welches unter der byzantinischen Herrschaft schwer zu leiden hatte, eine militärische Revolution ausgebrochen; der General Eufemius hatte sich erhoben, die Insel von Konstantinopel loszureißen. Aber die nichtsizilischen Truppen schlugen sich wieder zu Byzanz und zwangen den Rebellen, sich nach Afrika in die Arme der Aghlabiten zu werfen. So wurde der Sizilianer aus Haß und persönlicher Rachlust zum Verräter an seiner Religion und seinem Vaterlande.

Er machte in Kairewan Ziadet-Allah den Vorschlag, ein Heer nach der Insel zu senden, welche mit Hilfe der empörten Sizilianer leicht zu erobern sei. Er selber begehrte für sich den kaiserlichen Titel. Die Stimmen in Kairewan waren geteilt, da viele die Unternehmung für zu gewagt hielten. Doch Ased-ben-Forad, der siebzigjährige Kadi der Stadt, berühmt und gefeiert als Rechtsgelehrter, bestimmte den Herrscher zur Unternehmung und übernahm selbst den Oberbefehl. Araber, Berber, flüchtige spanische Sarazenen, Perser und die Blüte Afrikas, segelten am 13. Juni 827 auf 70 bis 100 Barken aus dem Hafen von Susa aus, nicht stärker als 700 Pferde und 10 000 Fußsoldaten. Sie landeten am 17. Juni bei Mazzara. Den General Palata schlugen sie in einer blutigen Schlacht, während welcher Ased, wie einst Mohammed und Ali, in verzücktem Gebete lag, das Kapitel des Korans Ja-Sin betend. Bald darauf marschierten die Sarazenen gegen Syrakus; sie schlugen ihr Lager in gewissen Höhlen um die Stadt her auf, wie

der arabische Geschichtschreiber sagt, das heißt in den berühmten Latomien. Ein Jahr lagen sie vor Syrakus, aber die Griechen hielten sich
tapfer, ermutigt auch durch die Hilfe, die der Doge von Venedig,
Giustiniano Partecipazio, zugesagt hatte. Die Sarazenen wurden
durch die Pest dezimiert wie alle Heere, die einst vor Syrakus lagen,
zumal die der Karthager und der Athener. Auch Ased-ben-Forad starb
an der Krankheit im Jahre 828.

Das sarazenische Heer wählte Mohamed-ibn-el-Gewari zum Anführer, zog aber endlich entmutigt ab, und in kaum besserer Verfassung, als einst Nikias von Syrakus abgezogen war, auch in derselben Richtung, aber mit minderer Energie verfolgt.

Gleichwohl setzten sie sich, von Eufemius geführt, in Minoa fest,
und durch neue Zuzüge verstärkt, eroberten sie Agrigent. Panormus
fiel im Jahr 831. Von den Mohammedanern Bulirma genannt, erhielt
diese Stadt seither den Namen Palermo. Hier schlug Ibrahim-ibn-
Abdallah-ibn-el-Aglab, erster Wali, das heißt Statthalter von Sizilien, seine Residenz auf. Unter seinem Nachfolger geriet auch Castro
Giovanni, das alte Enna, in die Hände der Sarazenen. Noch aber
widerstanden Syrakus und Taormina, bis die erstere nach heldenmütigem Widerstande fiel. Was uns von dieser Belagerung erzählt
wird, erinnert an den Heroismus der alten Syrakusaner zur Zeit des
Nikias und Marcellus. Alle Speise war aufgezehrt worden; man fristete sein Leben mit zerstampften Knochen und mit Leichen; man
hoffte immer auf Entsatz durch den Kaiser Basilius, der seinen Flot-
tenadmiral Adrian der Stadt zur Hilfe geschickt hatte.

Wie groß noch damals die Ehrfurcht vor dem alten Syrakus war,
zeigt eine merkwürdige Sage: Während Adrian im Peloponnes an der
Küste von Elis untätig zögerte, kamen eines Tages Hirten zu ihm
und meldeten, die Dämonen in den Sümpfen hätten ihnen angezeigt,
daß am morgenden Tage Syrakus fallen werde. Die Hirten führten
den General selbst an den bezeichneten Ort, und wirklich ließen sich
Stimmen hören, die den Untergang der alten Hellenenstadt verkün-
deten. Und so geschah es, daß Syrakus zur angesagten Zeit fiel, am
21. Mai 878. Die Sarazenen drangen in die Stadt, mordeten die Einwohner mit grausamer Wut, plünderten die Häuser und verbrannten
sie. Aus der unermeßlichen Beute kann geschlossen werden, daß
Syrakus auch in der byzantinischen Epoche durch Handel wieder auf-
geblüht war.

Wir haben aus dieser Zeit ein schätzbares Dokument, den Brief des
Mönchs Theodosius an den Archidiakonus Leo, worin er die Belagerung und seine und des Erzbischofs Gefangennahme beschreibt. Nachdem die Stadt gefallen und der größte Teil der Einwohner getötet
war, schleppten die Sarazenen den Schreiber des Briefs und den Erz-

Palermo: Dom

bischof nach Palermo vor den Groß-Emir. Sobald die Heiden mit ihrer
Beute in Palermo erschienen, eilte man ihnen mit Siegesgesang entgegen; es schien alles Volk des Islam, so sagt der Mönch, zusammengeströmt vom Aufgang der Sonne und vom Untergang, vom Norden
und vom Meer. Die Gefangenen wurden vor den Emir geführt, der
auf dem Boden saß und in seiner tyrannischen Gewalt sich sehr behagte. Der Moslem machte dem Erzbischof Vorwürfe, daß die Christen Mohammed schmähten, und dieser antwortete ihm mit der Ent-
schlossenheit eines Märtyrers. Beide Geistliche wurden in den Kerker
geworfen, aus welchem eben dieser Brief geschrieben ist.

Am 1. August 901 ergab sich auch Taormina, und seither war ganz
Sizilien der Herrschaft des Halbmonds unterworfen.

Als die Insel unter die Sarazenen gefallen war, empfing sie mohammedanische Gesetze, arabische Sprache, arabische Sitte. Von Sizilien, welches Rom bereits vier Päpste gegeben hatte (Agathon im
Jahre 679, Leo II. 682, Sergius 687 und Stephan III. im Jahre 768),
drohte das Christentum verschwinden zu wollen; indes die Araber
traten nicht fanatisch auf, obwohl sie sich hie und da bemühten, die
Sizilianer mohammedanisch zu machen. Abulfeda erzählt, Achmed,
Gouverneur der Insel (im Jahr 959), habe dreißig edle Sizilianer mit
sich nach Afrika geführt und sie gezwungen, zum Islam überzutreten.
Viele Kirchen und Klöster zerfielen, viele Gemeinden gingen ein, andere erkauften sich durch Tribut Duldung und behaupteten mitten in
der arabischen Herrschaft standhaft das Christentum. Als die Normannen nach Sizilien kamen, leisteten ihnen die Christen im Val De-
mone und im Val di Mazzara tätige Hilfe; in Palermo gab es sogar
einen griechischen Bischof Nikodemus, der in der Kirche des heiligen
Ciriacus sein Amt verrichtete.

Die Herrschaft der Araber war übrigens nach der Natur dieses Volkes unruhig und viel bewegt und wie nach außen durch Kriege mit
den Griechen von Byzanz und von Kalabrien stürmisch, so innerlich
durch Faktionen verworren, endlich durch wiederholte Aufstände der
sizilischen Städte Syrakus, Agrigent, Himera, Lentini, Taormina gefährdet. Solange nun die Aghlabiten von Kairewan herrschten, wurde
die Insel von ihren Walis regiert, als aber jene Dynastie durch die
Fatimiden im Anfang des 10. Jahrhunderts unterging und das Kalifat von Tunis mit dem von Ägypten vereinigt ward, wurde auch Sizilien eine ägyptische Provinz. Dies geschah nicht ohne blutige Kämpfe
der früheren und der neuen Besitzer dieser schönen Insel.

Die Herrschaft der Fatimiden war die glücklichste Periode Siziliens
unter dem Joch der Mohammedaner. Die Insel wurde zu einem eigenen, von Ägypten abhängigen Emirat erhoben, welches seinen Sitz in
Palermo nahm. Hassan ben Ali war der erste fatimidische Emir im

Jahre 948; und schon um 969 wurde Sizilien ein in seinem Hause erbliches Emirat. Seine Weisheit wird ebenso gepriesen wie seine Kraft; er unterdrückte alle inneren Parteien und gab dem Lande Ruhe, so daß er nicht allein dort sicher herrschte, sondern auch Kalabrien und Italien bis nach Rom hinauf schreckte. Vergebens ermannte sich der griechische Kaiser Konstantin Porphyrogenitus zu einer Unternehmung; sein Heer ward geschlagen, seine Flotte vernichtet. Auch Hassans Nachfolger Abul Kasem Ali ängstigte Italien mit Streifzügen, und kaum entging der Kaiser Otto II. dem Tod oder der Gefangenschaft von ihren Händen. Von der Beute, welche die Araber fortdauernd nach Sizilien schleppten, wurden die Städte reich, und immer neue Scharen kamen von Afrika herüber, die Insel zu bevölkern. Gleich dem maurischen Spanien begann sie aufzublühen.

Glücklich war auch Jussuffs Regierung (990–998) und die Giafars im Anfange des 11. Jahrhunderts, ferner die Herrschaft Al Achals, seines Nachfolgers. Etwa achtzig Jahre dauerte dieser geordnete Zustand, bis die Verwirrungen in Afrika auch Sizilien ergriffen und endlich in viele kleine Sektenherrschaften zerspalteten, wodurch der Untergang des arabischen Inselreiches herbeigeführt wurde.

Hassan Samsan Eddaula war der letzte Emir von ganz Sizilien. Gegen ihn hatte sich der eigene Bruder Abu Kaab erhoben und ihn im Jahre 1036 nach Ägypten verjagt. In einzelnen Städten hatten sich arabische Despoten aufgeworfen, und andere Emire von Afrika benützten die Verwirrung, um sich zu Herrschern zu machen. Dies war der günstige Zeitpunkt, die Araber zu verdrängen. Der Kaiser Michael der Paphlagonier sandte also den tapfern Georg Maniaces mit einem Heer nach Sizilien. Aber nicht diesem gelang die Eroberung, sondern den Normannen, und erst im Jahre 1072.

Wir sehen übrigens, daß der Charakter der arabischen Herrschaft in Sizilien ein weit anderer war als jener des maurischen Reichs von Spanien. Beide Länder, die gesegnetsten von Südeuropa, waren von afrikanischen Arabern erobert worden, aber unter sehr verschiedenen Verhältnissen. Die Mauren in Spanien zerstörten ein mächtiges, christliches Reich, welches ein wohlgeordnetes Regierungs- und Verwaltungssystem besaß. Sie mußten deshalb ein gleiches an die Stelle setzen. Ihre Herrschaft, aus dem Kalifat der Omajaden hervorgegangen, stellte sich den Abassiden in Asien als rechtmäßig und orthodox entgegen; ihr wiederum trat das Christentum mit heroischer Ritterlichkeit gegenüber und zwang sie durch diesen Gegensatz zur doppelten Energie. Endlich war Spanien ein großes und reiches Land.

Anders war die Stellung der Araber in Sizilien. Sie zerstörten dort keine große, einheimische Macht, sie verdrängten nur die elenden und barbarisch gewordenen Griechen von Byzanz; die Unterjochung

wurde ihnen leicht, und was sie eroberten, waren herabgekommene
Städte. Ferner war ihre Herrschaft aus einer Sekte oder Provinzial-
dynastie hervorgegangen, entbehrte also aller derjenigen Kraft,
welche ein großer Ursprung verleiht. Das Christentum endlich trat
in keinen Gegensatz zu ihr, denn es fiel sogleich zusammen, weil der
Umfang Siziliens zu klein war, die Berge der Insel keine Stellung
gaben wie die Pyrenäen.

Während demnach die Mauren in Spanien zu einer ganz Europa
verdunkelnden Herrlichkeit emporblühten, während sie ihr neues
Reich durch schöne Denkmäler der Baukunst und durch eine große
wissenschaftliche Kultur zu einer europäischen Epoche erheben und
sich selbst 700 Jahre lang behaupten konnten, kamen die Araber
Siziliens in zweihundertjähriger Dauer ihres Reiches eigentlich nicht
über den tumultuarischen Zustand einer flüchtigen Besetzung hinaus.
Trotz der heutigen Sizilianer, die auf die Periode ihrer arabischen
Unterjochung mit einem gewissen romantischen Behagen zurückblicken, darf man behaupten, daß jenes Reich des Großemirs von
Sizilien den afrikanischen Raubstaaten nicht unähnlich gewesen
sei.

Die Sarazenen waren indes nicht rohe Barbaren. Sie nahmen allen
Anteil an der gemeinschaftlichen Kultur des Orients, die sich mit
reißender Schnelligkeit entwickelt hatte. Die Poesie, die Künste, die
Wissenschaften des Morgenlandes verpflanzten sie auf den altdorischen Boden Siziliens. Die heutige Literaturgeschichte der Insel hat
auch sizilische Araber in den Katalog ihrer Schriftsteller aufgenommen, wie ihn Amari zusammenstellt. Aber wir würden mit Freuden
alle diese Versekünstler mit ihren pomphaften Namen für die eine
arabische Geschichte Siziliens des Ibn Katta dahingeben, die ver-
lorenging, und für solchen Ersatz selbst auf den Diwan des Ibn
Hamids von Syrakus verzichten.

Wichtiger jedoch und das einzig übriggebliebene Denkmal vom
Leben der Araber in Sizilien ist ihre Baukunst gewesen. Kairewan,
von wo sie herüberkamen, war schon berühmt wegen seiner von
Akbar im 7. Jahrhundert gegründeten Moschee und wird als Hauptsitz des Kalifats jener Gegenden an glänzenden Gebäuden reich gewesen sein. Von dort brachten die Araber Sinn und Geschmack für
schöne Architektur mit sich; aber sie errichteten auf der Insel keine
so großen Bauwerke wie die Mauren in Spanien. Wir wissen von
keiner prächtigen Moschee, und selbst von dem Alkassar der Emire
von Palermo, dem spätern Normannen- und Schwabenschlosse, läßt
sich nicht mehr mit Gewißheit sagen, wieviel den arabischen Herrschern davon zuzuschreiben sei. Palermo war vor allen andern
Städten durch Luxus und Reichtum blühend und ein ganz orientali-

scher, üppiger Herrschersitz geworden; dort und in andern Städten
bauten die Araber ihre Kaufhallen und ihre Gartenschlösser, von der
entzückenden Natur dazu eingeladen, welcher zum Reiz orientalischer
Märchenwelt nichts mangelt, weder die wunderbare Schönheit des
Himmels und des Meers, noch die schwelgerische Pracht der Vegetation.

In der Blütezeit der arabischen Herrschaft unter der Regierung
Hassan ben Alis und Kasems, von denen ausdrücklich gesagt wird,
daß sie viele Städte und Schlösser bauten, mußte sich die Insel mit
maurischen Architekturen erfüllen. Kein Gegensatz konnte größer
sein, als dieser des graziösen und phantastischen Stils des Orients
zu dem ernsten und majestätischen Charakter der dorischen Tempel
Siziliens.

Der Baustil der Mauren drang auch in die folgenden Perioden ein;
er dauerte wie ihre Schrift und Sprache im Gebrauch selbst der Normannen und Schwaben, welche vielfach die arabischen Formen bei-
behielten. Indem nun die Architektur der Sarazenen sich mit der
byzantinisch-romanischen verschmolz, erzeugte sich der gemischte
Stil, den man den arabisch-normannischen nennt. An ihm allein oder
an dem bleibenden Einfluß des arabischen Charakters kann man erkennen, wie viele und prächtige Gebäude die Mauren in Sizilien
müssen aufgeführt haben. Aber alle jene Schlösser der Emire, über
deren Pracht der Normannenfürst Roger in Erstaunen geriet, hat die
Zeit zerstört, und von den arabischen Architekturen zweier Jahrhunderte steht heute wenig mehr aufrecht als die Cuba und die Zisa,
zwei Lustschlösser bei Palermo, die sich mit Sicherheit als Sarazenen-
bauten erkennen lassen, wenn sie auch spätere Restaurationen und
selbst teilweise Erweiterungen erfuhren.

Beide Schlösser liegen außerhalb der Porta nuova auf dem Weg
nach Monreale. Die Cuba (das heißt Bogen und Wölbung) dient schon
seit Jahren zur Reiterkaserne und ist sehr in Ruinen gegangen, so
daß von der innern Anlage wenig übrigblieb. Das Äußere ist ein
regelmäßiges Viereck von wohlgefügten Quadern, in schönen Verhältnissen, durch Bogen und Fenster gegliedert, die zum Teil blind
nach arabischer Weise nur zum Ornamente dienen. Auf der Kranz-
spitze des Gebäudes sieht man noch eine arabische Inschrift, die nicht
mehr entziffert werden kann. Das Innere ist vollkommen wüst und
zum Teil schon in späterer Zeit umgestaltet; nur in dem Mittelraum,
der einst von einer Kuppel überwölbt gewesen, sieht man noch malerische Überreste von Bogenwölbungen und prächtigen Arabesken in
Stuck.

Boccaccio verlegte in diesen herrlichen Palast die Szene seiner
fünften Novelle des sechsten Tags, und der Geschichtschreiber Fazello

schildert seine Pracht. Er entnahm die Beschreibung der Cuba aus älteren Schriftstellern, denn schon im 16. Jahrhundert war das Schloß verfallen. «Mit dem Palast», so sagt er, «hing außerhalb der Stadtmauern gegen Westen ein Pomarium von ungefähr 2000 Schritten Umfang zusammen, Park genannt, das heißt königlicher Zirkus. Hier prangten die lieblichsten Gärten von allerlei Bäumen und immerdar von Wasser benetzt. Hier und dort gab es Gebüsche, die von Lorbeer und Myrte dufteten. Drinnen erstreckte sich vom Eingang bis zum Ausgang ein sehr langer Portikus mit vielen offenen runden Pavillons zur Ergötzung des Königs, von denen einer noch heute unversehrt geblieben ist. In der Mitte befand sich ein großer Fischteich, aus antiken großen Quadersteinen von bewundernswürdiger Dicke aufgebaut, worin lebendige Fische eingeschlossen waren. Er ist bis heute unzerstört, nur fehlen die Fische und das Wasser. Darüber erhob sich, wie auch noch heute, der prachtvolle Lustpalast der Könige mit sarazenischer Schrift auf dem Gipfel, für die ich bis jetzt keinen Erklärer habe finden können. Auf der einen Seite dieses Gartens wurden wilde Tiere fast jeder Gattung zur Lust und Ergötzung des Palasts gehalten. Aber all das ist heute zerfallen und von Wein- und Gemüsegärten der Privatleute eingenommen. Nur läßt sich der Umfang des Pomariums genau erkennen, weil der größte Teil der Mauern beinahe unversehrt geblieben ist. Wie ehemals nennen die Palermitaner auch heute diesen Ort auf sarazenisch Cuba.»

Wie zur Zeit Fazellos besteht also auch jetzt noch der Palast in seinen Grundbestandteilen, und im Garten lassen sich noch die Umfassungsmauer und die Reste des Fischteiches erkennen. Aber dies ist alles, was von der Cuba sich erhielt.

Die Zisa war ein noch größeres und prächtigeres Lustschloß sarazenischer Emire. Eine spanische Familie, Sandoval, welche in den Besitz des Gebäudes kam, hat es durch Umbauten vielfach verändert, aber dadurch eben vor dem gänzlichen Verfall geschützt, so daß sich von seiner ursprünglichen Anlage mehr erhalten hat als in der Cuba. Auch hier derselbe Stil: ein großer Würfel von einfachen, schönen Verhältnissen, aus Kalksteinquadern aufgeführt, durch Gesimse, Bogen und Fenster in drei Teile gegliedert.

Wilhelm der Böse hat die Zisa restaurieren und wahrscheinlich erweitern lassen, denn die Angabe des Romuald von Salerno, dieser König habe einen Palast Lisa gebaut, kann sich nur auf einen Umbau der Zisa beziehen. «Zu dieser Zeit», sagt Romuald, «ließ der König Wilhelm bei Palermo einen hohen Palast mit bewundernswürdiger Kunst erbauen; er nannte ihn Lisa, umgab ihn mit schönen Gärten und lieblichem Grün und machte ihn durch verschiedene Wasserleitungen und Fischteiche äußerst ergötzlich.» Die Zisa war indes ara-

bischen Ursprungs, obwohl sie durch König Wilhelm viele Veränderungen erfuhr.

Ihr ganz modernisiertes Innere enthält viele Säle und Gemächer,
die nichts mehr von sarazenischem Charakter zeigen. Nur die Vorhalle hat noch zum Teil die altertümliche Weise bewahrt. Hier zeigen
sich Nischen und von Säulen getragene Bogen in der Wand, in deren
einem ein Springbrunnen über Marmorstufen fließt, von Moos und
Schlingpflanzen schön umgrünt. Der sarazenische Bogen über dem
Quell ist durch Ornamente von ineinandergezogenen und durch-
knoteten Spitzbogen phantastisch geschmückt. Bunte Freskomalereien
und Mosaiken, Palmen und Olivenzweige, Bogenschützen und
Pfauen, sind Zusätze der Normannen. Ebenso ist die kufische Inschrift an der Wand normannischen Ursprungs, wie der Orientalist
Morso in seinem «Palermo Antico» und de Sacy es nachgewiesen
haben, und nur die nicht mehr leserliche Schrift auf dem Gipfel des
Palastes rührt von den Arabern her. Die Quelle floß aus der Vorhalle in einen prächtigen Fischteich, der noch im Jahre 1626 erhalten
war und von dem Bologneser Mönch Leandro Alberti in seiner Beschreibung Italiens, und der umliegenden Inseln geschildert wird. Er
lag nahe vor dem großen Portal, ein Viereck von 50 Fuß in der Länge,
umgeben von netzförmigem Gemäuer. In der Mitte stand ein schönes
Gebäude, in welches man über eine kleine Brücke von Stein gelangte;
hier befand sich ein kleiner Saal von 12 Fuß Länge und 6 Fuß Breite,
im Kreuz gewölbt, mit zwei Fenstern, aus denen man die Fische im
Wasser schwimmen sah. «Von dort», so sagt Alberti, «kam man in
ein schönes Frauengemach mit drei Fenstern, in deren Mitte je eine
kleine Säule vom feinsten Marmor zwei Bogen trug.»

Mehrere Treppen führten zu den Obergeschossen des Palasts, wo
viele gewölbte Säle mit arabischen Bogenfenstern und Säulen und
innen ein offener Raum mit Pavillons lagen. Der ganze Bau war mit
Zinnen versehen. Die Pracht der Säle, ihre von Mosaik glänzenden
Wände, die Arbeit der in buntem Marmor und Porphyr ausgelegten
Fußböden muß schön und reich gewesen sein. Aber schon Alberti
fand die Zisa so sehr verfallen, daß er sich bitter darüber beklagt:
«In Wahrheit, ich glaube, daß kein edles Herz diese Gebäude, wie
sie nun teils zerstört und teils vom Einsturz bedroht sind, ohne
schweres Herzeleid ansehen kann.» Welche schwelgerische Gartenlust
muß dort zur Zeit der Emire, der Normannen und Friedrichs geherrscht haben, unter diesem seligen Himmel, in diesen rosigen
Nächten, in einer wahrhaft paradiesischen Natur, die bis ans Meer
und an den Fuß der Berge ihre blüten- und goldfruchtbedeckten
Gärten rings verbreitet! Ich habe wohl nie einen so hinreißenden Anblick genossen als den von dem platten Dach dieses Sarazenenschlos-

ses auf das Rundgemälde von Palermo, seine Ebene, seine Küsten und Berge. Es ist eine Schönheit, die alles übertrifft, was man sich vorstellen mag, und die ausschweifendste Phantasie reicht nicht an die Zauber dieser Feenwelt. Es ist hier alles in einem mäßigen Rahmen überschaulich zusammengefaßt; denn um die ganze Conca d'Oro, die goldene Muschel von Palermo, stehen diese flimmernden Berge, braun und ernst, köstlich gefaltet, wie von dorischem Meißel ausgeschlagen; zu ihren bronzenen Füßen grüne Orangenhaine und Lusthäuser in Gärten; die hochgetürmte und gekuppelte Stadt am Meer hin; das Meer in die Ferne hinein, silberbläulich und lichtausatmend, und dort mächtig hingelagert der zackige, dunkelhäuptige Pellegrino, jenseits aber das funkelnde Kap Zaffarana mit seinen Türmen und schön ausgeschnittenen Vorsprüngen und silberweiße Bergspitzen darüber hinaus durch die Lichtnebel blinkend, ein feiner, ätherischer Duftschleier über der ganzen stillen Natur wonnig verbreitet. Es ist Land, Licht, Luft und Meer des Orients, und blickt man von der Zisa in die Gärten hinunter, so möchte man wähnen, es sollten nun daraus hervorkommen schöne, arabische Mädchen mit Mandolinenschall und langbärtige Emire im roten Kaftan, mit gelben Schuhen. Man könnte hier wahrlich zum Leben ausreichen mit der Weisheit des Koran und der des Hafis.

Der christliche Religionseifer, besonders in der spätern Zeit der spanischen Herrschaft, mag die Lustschlösser der Sarazenen grundsätzlich dem Verfall überlassen haben. Aber von den Normannenfürsten wissen wir, daß sie, von der Schönheit der sarazenischen Paläste und Gartenanlagen angelockt, in ihrem Geschmack weiterbauten. Schon Roger baute sich solche Lustschlösser, die Favara, Mimnermus und andere ergötzliche Orte, wie Ugo Falcando, der Zeitgenosse der letzten Normannenfürsten, erzählt. Besonders waren es schöne Fontänen und Fischteiche, die man nach morgenländischer Art anlegte, und ausdrücklich wird auch von Friedrich II., dem Freunde des Orients, angeführt, daß er mehrere kostbare Fischteiche geschaffen habe. Der große Wasserreichtum Palermos, das seit alten Zeiten durch viele Aquädukte versorgt wird, machte solche Anlagen leicht. Wie sehr sie beliebt waren, zeigt uns schon die genaue Beschreibung von dem Fischteich der Zisa, welche Leonardo Alberti macht, und auch der Jude Benjamin von Tudela erzählt in seinem kurzen Bericht über Palermo mehr von dem Fischteich Albehira als von jeder andern Merkwürdigkeit der Stadt. Er reiste im Jahre 1172, zur Zeit Wilhelms des Guten, nach Sizilien, um dort die jüdischen Gemeinden kennenzulernen. Seine Beschreibung der Albehira ist diese: «Drinnen in der Stadt sprudelt die größte von allen Quellen; sie ist von einer Mauer umgeben und bildet einen Fischteich, den die Araber Albehira nennen; verschiedene Arten lebendiger Fische sind darin eingeschlossen. Auf dem Teich fahren königliche Barken, die von Gold und Silber oder Malerei glänzen. In ihnen fährt der König mit seinen Damen oft zur Lust umher. In den königlichen Gärten liegt auch ein großes Schloß, dessen Wände mit Gold und Silber bedeckt sind, während der Fußboden aus den verschiedensten Marmorarten zusammengesetzt ist und musivische Figuren von allen Dingen der Welt enthält. Es gibt nirgendwo Gebäude, die den Palästen dieser Stadt gleichkämen.»

Man weiß nicht, wo die Albehira lag. Morso sucht zu beweisen, daß Benjamin das sogenannte «Mar-Dolce» gemeint habe. So heißen nämlich heute die Trümmer des im sarazenischen Charakter gebauten Schlosses Favara, welche außerhalb der Stadt seitwärts vom malerischen Kloster di Gesù und unter der Grotte liegen, die durch ihre Knochenfossile berühmt ist. Man nennt dies zertrümmerte Schloß «Mar-Dolce», weil sich ihm gegenüber ein altes Wasserbecken befindet. Aber auf arabisch hieß es Casr Djîafar. Die Trümmer lassen genau den Stil der Zisa und Cuba erkennen.

Es gibt noch ein viertes sarazenisches Lustschloß außerhalb Palermos, Ainsenin, vom Volk «Torre del diavolo» genannt. Seine Ruinen liegen in dem malerischen Tal der Guadagna, das vom Oretos durchflossen und vom Berg Grifone überragt wird.

Dies sind die letzten Denkmäler sarazenischer Bauten, welche in Palermo noch heute die Epoche der Araber im Gedächtnis erhalten. Mit der spanischen Herrschaft verschwand jener graziöse Baustil; auch hörten die letzten lebendigen Traditionen des Islam schon mit Friedrich II. auf, als er im Jahre 1220 alle noch in Sizilien wohnenden Araber nach Nocera in Apulien gebracht hatte. Denn während seiner Abwesenheit hatten sie unter der Führung ihres Häuptlings Mirabet ihre Unabhängigkeit zu erkämpfen versucht. Seither verschwanden ihre Sprache und ihre Sitte aus dem Leben des sizilischen Volks, und eine andere Nationalität, die spanische, machte sich auf der Insel geltend. Die Spuren des Islam wurden vertilgt.

Erst mit dem vorigen Jahrhundert, wo nach der Entdeckung Pompejis überall in Italien die Liebe zu den Antiquitäten wieder erwachte, hat man sich auch dem sarazenischen Altertum Siziliens mit Eifer zugewandt. Die Inschriften in Kirchen und Palästen führten auf das Studium der arabischen Sprache, ein Lehrstuhl wurde für sie in Palermo gestiftet. Doch geschah dies nicht ohne einen lächerlichen Betrug, welcher bewies, wie völlig die Kunde des Arabischen auf jener Insel verschwunden war, wo auch christliche Könige Arabisch zu sprechen gewußt hatten. Der Malteser Giuseppe Vella, welcher nach Palermo gekommen war, hatte sich das Ansehen eines großen Arabisten gegeben und dort einen Codex gefälscht, der vielerlei Korrespondenzen der

Araber Siziliens enthalten sollte. Der Betrüger brachte die gelehrte Welt Europas durch seine Entdeckungen in Bewegung, bis er entlarvt und vom Katheder ins Gefängnis geführt wurde.

Unterdessen hatten sich auch Sizilianer dem Studium des Arabischen zugewendet, wie Airoldi, Rosario di Gregorio und Morso, besonders der letztere, welcher Vellas Nachfolger auf dem Katheder wurde und in Verbindung mit den großen Orientalisten Tychsen, Silvestre de Sacy, Hammer und Frähn für die Erklärung der kufischen Inschriften in Palermo tätig gewesen ist. Wirkliche Resultate für die Geschichte der sizilischen Araber gingen daraus hervor, wie Gregorios «Rerum Arabicarum, quae ad historiam Siculam spectant, ampla collectio» (Panormi 1790) und Martoranas «Notizie storiche dei saraceni siciliani» (Palermo 1833); endlich hat die mohammedanische Geschichte und Literatur der Insel ihren ausgezeichneten Bearbeiter an Michele Amari gefunden, von dessen Geschichte der Muselmanen in Sizilien die zwei ersten Bände erschienen sind.

Mit der Pflege des arabischen Altertums erwachte zugleich auch die Liebe für den sarazenisch-normannischen Stil.Wie dieser gegenwärtig wieder auf das lebhafteste in die Erinnerung des Volks gekommen ist, erkennt man schon im Toledo Palermos an vielen Verkaufsläden, welche sich im arabischen Geschmack graziös eingerichtet haben und an manchen Lustbauten der Großen. Der Geschmack sizilischer Paläste und Villen ist wegen seiner ausschweifenden Bizarrerie mit Recht in aller Welt verrufen gewesen. Während die edelsten Muster von Prachtbauten vor Augen standen, während vor den Toren Palermos die Cuba und die Zisa, in der Stadt selbst mancher normannische und spätere Bau, wie der Palast des Tribunals, die Architekten belehren konnte, daß sich großartige Massen mit Einfachheit und Anmut der Gliederung und der Ornamente wohl vereinigen, haben sie es vorgezogen, die Paläste mit barockem Unsinn auszustatten, wie der Prinz Pallagonia in seiner Villa, oder haben sie selbst das Chinesische aufgenommen, wie in der Villa Favorita.

In der Stadt selbst baut der Marchesa Foccella einen schönen Palast im arabisch-normannischen Charakter aus. Freilich ist er von Spielerei nicht frei, wie alle diese nachgeahmten Bauten eines untergegangenen Stils, von denen wir bei Stuttgart an der Wilhelma ein Beispiel haben. Er steht auf dem reizenden Platz Teresa unmittelbar am Griechentor, das ihn durchbricht. Große Summen sind bereits darauf verwendet und der Bau der Vollendung nahe. Die Außenseite ist von Bogenfenstern mit buntem Glas durchbrochen, welche durch kleine gewundene Säulen getrennt werden; die Säle im Innern reich und mannigfach, besonders der arabische in der Mitte, dessen Wände in bunten Arabesken und hellen Farben von Rot, Blau, Gold, Schwarz und Weiß verziert und mit dem edelsten Gestein inkrustiert sind. Die gewölbte Decke glänzt von phantastischem Schmuck; der Fußboden ist aus den köstlichsten Steinarten zusammengesetzt, die zugleich eine Anschauung vom geologischen Reichtum der Insel geben, da nur sizilianische Steine dazu verwendet sind. Es fehlt nicht die plätschernde Fontäne, um die Täuschung einer Alhambra vollständig zu machen. Andere Gemächer hat der reiche Marchese in römischem und pompejanischem Sinn eingerichtet und den patriotischen Beweis gegeben, daß sizilianische Künstler auch in der Freskomalerei Gutes zu leisten vermögen, denn alle diese Nachahmungen alter Wandmalerei sind Werke einheimischer Maler.

2. Die normannische Periode

Zwei weit voneinander entlegene Inselländer, England und Sizilien, hatte ein und dasselbe streitbare, glückliche, aber schnell verblühende Geschlecht der Normannen zu einer und derselben Zeit erobert. Wie hier, so dort, hatte es beiden Inseln den Feudalismus eingepflanzt, sie mit Baronien und Majoraten angefüllt, die noch heute dauern, und eine aristokratische Konstitution geschaffen, welche sich in England mächtig entwickeln, in Sizilien zwar verfallen, aber doch nicht ganz verschwinden sollte.

Diese innere Verwandtschaft beider Inseln ist sehr merkwürdig, und dürfte sie nicht manche historische Beziehungen seit der Französischen Revolution erklären, von denen ich nur die durch die Engländer diktierte Konstitution von 1812 bemerken will?

Die Herrschaft der sizilianischen Normannen war von kurzer Dauer und schneller Blüte. Sie umfaßt ein Jahrhundert. Ordnender Verstand, Konsequenz, Kühnheit und Wildheit, weit um sich greifende Politik, Großartigkeit in Plänen und Unternehmungen zeichnete diese Dynastie aus, bis sie der sarazenischen Üppigkeit, dem Klima und der zügellosen Parteiwut erlag. Wir wollen die Periode dieser Herrschaft hier überblicken.

Im Jahre 1038 war Georg Maniaces vom griechischen Kaiser zur Vertreibung der Sarazenen nach Sizilien abgeschickt worden. Er bat Guaimar, den Herzog von Salerno, ihm die kleine Normannenschar, welche seit einiger Zeit in seinen Diensten stand, mitzugeben, und dieser lieh ihm 300 Krieger unter dem Befehl Wilhelms des Eisenarms, Drogos und Humfrieds. Nun stürzten sich Griechen und Normannen auf die Insel, wo sie den uneinigen Arabern im Fluge Messina, Syrakus und viele andere Städte entrissen. Der Beutelohn entzweite sie, denn der habsüchtige Grieche verdrängte die Normannen und beleidigte sie schimpflich. Sie verließen ihn und segelten nach Italien, wo sie sich schadlos halten wollten. Sie überfielen Melfi und andere Städte Apuliens; so begann die Gründung ihrer selbständigen Macht. Kaum war dies geschehen, als die Griechen Sizilien verließen, um die Normannen aus Apulien zu verjagen; doch sie richteten nichts aus, sondern verloren alle eroberten Städte der Insel wieder an die Araber.

Es vergingen Jahre ohne wichtige Ereignisse, während die Normannen in Apulien festen Fuß faßten. Dort war Wilhelm Graf geworden, Drogo hatte später sein Reich geerbt und Humfried nach dessen Tode den besiegten Papst Leo IX. gezwungen, ihn mit Apulien rechtskräftig zu belehnen. Frische Zuzüge aus der Normandie waren angekommen, unter ihnen Robert Guiscard, der sich nach Humfrieds Tod im Jahre 1056 zum Herzog von Apulien und Kalabrien ausrufen ließ. Später kam auch sein jüngster Bruder Robert, sein Glück zu versuchen.

Die tapfern Brüder hatten im Jahre 1060 bereits Reggio erobert und von hier aus die Küste der schönen Insel unmittelbar vor Augen. In einer Nacht setzte Roger mit nur 60 Begleitern nach Messina hinüber, den Zustand des Landes zu erkundschaften; tollkühn schlug er sich mit den Sarazenen am Ufer herum, sprang wieder ins Schiff und segelte nach Reggio zurück. Bald darauf rief ihn das Glück von selbst, nun allen Ernstes an die Unternehmung sich zu wagen. Es erschien vor ihm Bencumen, Emir von Syrakus, den sein Bruder Belcamed vertrieben hatte, gab ihm Kunde von der heillosen Zerrüttung Siziliens und forderte ihn auf, herüberzukommen, den Arabern das schöne Besitztum zu entreißen.

Dies Unternehmen war nicht leicht; die Sarazenen leisteten tapfern Widerstand, und selbst von Afrika kamen frische Heere, sich Roger entgegenzuwerfen, als er nach einem blutigen Kampf Messina erobert hatte. Sein Bruder Robert vereinigte sich dort mit ihm; bei Castro Giovanni schlugen sie das Haupttheer der Sarazenen, und ohne weitere Erfolge kehrten sie wieder nach Kalabrien zurück, neue Kräfte zu neuen Anfällen zu sammeln. Unterdes hatte Almoez, Kalif von Ägypten, eine Flotte nach Sizilien gesandt, doch sie scheiterte bei der Insel Pantellaria. Das Glück begünstigte die kühnen Abenteurer, aber die Eifersucht hätte sie bald ins Verderben gestürzt. Denn Robert Guiscard begann die Erfolge seines Bruders mit Neid anzusehen; Roger hatte für sich die Hälfte von Kalabrien und ganz Sizilien verlangt, jener ihm das nicht zugestehen wollen. Und so griffen diese trotzigen Helden zu den Waffen und entbrannten, ungeachtet der Griechen und Sarazenen und der Unsicherheit ihrer jungen Herrschaft, in wildem Kampf gegeneinander. Robert fiel in die Hände sei-

nes Bruders; aber dieser beugte sich dem Ungestüm des außerordentlichen Menschen und gab nach. Versöhnt wandten sich die Helden
mit vereinter Kraft gegen Sizilien.

Mehrmals erschienen die Normannen vor Palermo; aber durch die
Angelegenheiten Kalabriens immer wieder abgerufen, konnten sie an
keine systematische Belagerung denken. Erst im Jahre 1071 schritten
sie dazu. Die Stadt war damals vielleicht mehr bevölkert als jede
andere Italiens, ohne Zweifel blühender, ein schöner Sitz orientalischer Lebensfülle und erstaunlich reich. Die Araber wehrten sich verzweifelt und machten lange jede Anstrengung der Feinde zunichte.
Die Sage erzählt, daß sie, um ihre Furchtlosigkeit zu zeigen, nicht
einmal die Tore Palermos schlossen, und daß eines Tags ein Nor-
mannenheld zu Roß mit gefälltem Speer die ganze Stadt zu durch-
rennen wagte. Endlich drang Robert von der südlichen Seite ein, und
Roger brach das westliche Tor auf. Die Sarazenen hatten sich in die
innere Stadt zurückgezogen und kapitulierten hier; sie übergaben
Palermo dem glücklichen Sieger auf Bedingung der Lebensschonung
und der Freiheit ihres Kultus.

Zwanzig Jahre später zogen die Christen in dem eroberten Jerusalem wie bestialische Horden mordend ein, aber die Normannen, so
gewaltige Kreuzfahrer, verschonten das mohammedanische Palermo.
Ohne Blutvergießen, ohne Plünderung besetzten sie die herrliche
Stadt als fröhliche Sieger, die den Feind aus dem reizenden Lustgarten verjagt haben, um an seiner Stelle alle Herrlichkeit zu genießen. Hier findet sich noch kein Zeichen von jenem fanatischen
Todeshaß des Christentums gegen den Islam. Ungefährdet ließ man
Kultus und Sitte der Mohammedaner; das bisher verfallene Christentum richtete sich von selbst wieder auf und drängte nun den Islam
zurück. Er verlosch mit der Zeit in den Städten; er lebte am längsten
im Innern der Insel, wo sich alles hartnäckig Sarazenische in die
Berge rettete und fast 150 Jahre lang behauptete. Die Normannen
blieben aus politischen Gründen gegen die Araber tolerant, und
nirgend haben sich Christentum und Islam so gut miteinander vertragen. Die Eroberer, an Zahl gering, verschwanden fast in der sarazenischen Bevölkerung, die deshalb durch Milde mußte gewonnen
werden. Arabische Künste und Wissenschaften wurden aufgenommen, in arabischem Stil wurde gebaut, eine arabische Färbung nahm
selbst der christliche Hof an, der sich mit sarazenischen Leibwachen
und Eunuchen umgab und in sarazenischen seidenen Gewändern ein-
herging. Als Mohammed-Ibn-Djobair von Valencia gegen das Ende
des 12. Jahrhunderts das blühende Sizilien bereiste, pries er den
König Wilhelm um seine Liebe zum Islam. «Der König», so berichtet
der Reisende, «liest und schreibt arabisch; sein Harem besteht aus

muselmännischen Frauen. Seine Pagen und Eunuchen sind heimliche Muselmänner.» Die Frauen Palermos fand der Reisende schön, üppig und ganz sarazenisch gekleidet, und wenn er sie an festlichen Tagen in den Kirchen sah, in goldgelber Seide, mit eleganten Mantillen, in farbigen Schleiern, mit goldenen Ketten und Ohrgehängen, geschminkt und balsamduftend wie Frauen des Orients, so erinnerte er sich der Verse des Poeten:

«Fürwahr, wenn man eines schönen Tags in die Moschee tritt, so findet man dort Gazellen und Antilopen.» Die arabische Sprache wurde erlernt und im Gebrauch beibehalten, selbst in Diplomen, selbst in Inschriften auf christlichen Kirchen, wo man noch heute auf Mosaiken und Säulen die Schriftzüge des Koran findet, die nicht Araber, sondern Christen, Bischöfe, Könige, Erbauer der Kirchen dort angewendet haben.

Die Normannen fanden in Sizilien folgende Sprachen vor: die griechische der alten Hellenen und der Byzantiner, die lateinische von den Römern her, im Volksmunde aber die «Lingua Volgare», die bald zur italienischen Schriftsprache ward; endlich die hebräische und die arabische Sprache. Alle diese Mundarten waren im Gebrauch des Volks; daher findet man sie alle vier in Diplomen angewendet, in der ersten normannischen Zeit am häufigsten die griechische mit gleichzeitiger Übersetzung ins Arabische.

Mit dem Falle Palermos ging es an die Teilung der Insel. Robert Guiscard nahm für sich die schöne Hauptstadt und halb Sizilien, Roger die andere Hälfte, ihr tapferer Neffe Serlo erhielt große Baronien, Tancred, ein anderer Neffe, wurde Graf von Syrakus. Robert nannte sich Herzog von Sizilien, Roger Graf, und reichlich wurden nun Erzbistümer und Feudalherrschaften gegründet. Aber noch war die Insel nicht ganz unterworfen, denn erst im Jahr 1088 ergab sich Syrakus, 1091 Agrigent, sodann Castro Giovanni und zuletzt Noto und Butera.

Nun blieben bis zum Jahr 1127 die Herzogtümer Apulien und Sizilien in genannter Verwaltung, bis dort der Zweig Robert Guiscards ausging und des Grafen Roger Sohn auch das Land jenseits des Faro erbte. Dies war Roger II., der größte Mann aus dem Normannengeschlecht. Sein tapferer Vater, welcher Sizilien erobert hatte, war im Jahr 1101 gestorben, und nachdem der ältere Sohn Simon fünf Jahre lang Graf gewesen, folgte ihm Roger noch minderjährig, unter der Leitung seiner Mutter Adelasia und des Admirals Georg Antiochenus. Roger erhob das Normannenreich zum höchsten Glanz, und alle diejenige Kraft und Geistesgröße, welche ein emporgekommenes Herrscherhaus auszuzeichnen pflegen, vereinigten sich in seiner gewaltigen Natur. Er erbte 1127 das Herzogtum Apulien. Dies schreckte den Papst, den deutschen und den griechischen Kaiser; aber gegen sie alle und die Fürsten von Salerno, von Capua, Neapel, Avellino und viele andere kämpfte Roger nicht allein mit Glück, sondern er zwang auch den Papst, ihn mit Apulien zu belehnen, und setzte sich endlich die Königskrone auf. Er durfte das nicht ohne die Zustimmung des Parlaments, der Barone und der hohen Geistlichkeit, wie sich überhaupt aus dem Verhältnis der normannischen Eroberer zu dem schon vorhandenen und dem neuen Adel mit Notwendigkeit eine gewisse Adelskonstitution ergeben mußte. Das Parlament kam in Salerno zusammen und gab dem Fürsten die Krone, doch wurde er in der Kathedrale von Palermo gekrönt, am Weihnachtstag des Jahres 1130. So entstand das Königreich beider Sizilien.

Roger richtete nun seine Monarchie ein; den Baronen gegenüber mußte er ihr Glanz, Würde und Sicherheit geben. Daher schuf er die sieben Kronämter, den Connetabel und Großadmiral, den Großkanzler, Großrichter und Oberkämmerer, den Protonotar und den Großmarschall und bildete aus ihnen sein Kabinett. Er umgab sich mit orientalischem Zeremoniell und ließ seinen Palast von Eunuchen und sarazenischen Garden bewachen, auf die er zählen konnte. Seine ganze Regierung war Kampf und Krieg. Er bändigte alle seine innern und äußern Feinde; den griechischen Kaiser, welcher seine Rechte auf Sizilien nicht aufgeben konnte, schreckte er vor Konstantinopel selbst; er nahm Korinth, Athen und Theben. Von dort führte er viele in der Seidenweberei geschickte Griechen nach Palermo, und so kam diese Kunst überhaupt nach dem Westen. In Rogers Fabriken wurde auch das berühmte Pallium gefertigt, welches später die deutschen Kaiser bei ihrer Krönung trugen. Roger eroberte Malta; 150 Schiffe schickte er gegen Afrika aus und bestrafte dasselbe Reich Kairewan, welches einst Sizilien unterjocht hatte. Wunderbar schnell hatte sich die normannische Kraft unter ihm entfaltet. Er starb am 26. Februar 1154 in einem Alter von 59 Jahren. Ihn zeichneten große Eigenschaften aus, Klugheit, Tapferkeit, Gerechtigkeit, ein bezwingender Verstand. Von Körper war er schön, von Manieren gewandt und höfischer Sitte zugetan. Gegen die Araber bewies er sich duldsam; ihre Kunst und Wissenschaft ehrte er. Unter andern nahm er auch Edris Edscherif, welcher aus Afrika vertrieben worden war, freundlich an seinem Hofe auf, und dieser gelehrte Araber machte für ihn einen silbernen Erdglobus, auf welchem alle bekannten Länder verzeichnet und arabisch benannt waren. Das Werk wog 800 Mark. Zugleich verfaßte Edris eine Geographie, die allgemein das Buch Rogers genannt wurde; ein Auszug davon ist unter dem Titel Geographie von Nubien (Geographia Nubiense) bekannt und mehrmals in Rom, in Paris, im Jahr 1790 noch in Palermo herausgegeben worden.

Rogers Devise auf seiner Schwertklinge spricht ganz seinen Geist aus: «Apulus et Calaber, Siculus mihi servit et Afer.»

Es folgte auf ihn Wilhelm I., welcher um seiner schlechten Eigenschaften willen den Namen der Böse erhalten hat, der einzig überlebende von Rogers Söhnen, da seine Brüder Roger, Anfuso, Tancred und Heinrich vor ihm gestorben waren. Der schnelle Verfall eines so männlich starken und so zahlreichen Geschlechts ist auffallend; es schmolz in wenig Jahren bis auf einen einzigen Seitensprößling zusammen, und auch die Macht Siziliens sank sogleich von der Höhe, auf welche sie Roger gestellt hatte. Es zeigte sich, daß sie nur auf der persönlichen Kraft einiger Helden beruht hatte. Schon unter Wilhelms des Bösen Regierung finden sich in Sizilien Zustände, welche an die sarazenischen Emirate erinnern, die Günstlingsherrschaft eines Emporkömmlings Majone von Bari, Großadmirals des Reichs, welcher einen Anschlag auf die Krone machte; Verschwörungen, Palastrevolten, Aufstände des Adels, grenzenlose Verwirrungen. Der verhaßte König Wilhelm starb nach harten Schicksalen, nicht unberühmt durch Kriege, im Jahre 1166, 45 Jahre alt.

Mit seinem Sohn, Wilhelm II. oder dem Guten, der als elfjähriges Kind den Thron bestieg, endigte schon die gerade Linie des Normannengeschlechts. Die ersten Jahre der Regierung dieses Königs waren durch Streit um die Vormundschaft, durch Rebellion der Barone und durch Hofkabalen so tumultuarisch, wie es die Herrschaft seines Vaters gewesen war. Die Normannen konnten ihr schönes Reich erobern, aber dauernd behaupten konnten sie es nicht. Sie gingen unter, nachdem das südliche Klima und der orientalische Luxus ihre nordische Kraft gebrochen hatten, und sie scheiterten endlich an dem Feudalismus oder der unzähmbaren Wildheit des Adels. Auf dem vulkanischen Boden Neapels und Siziliens hat überhaupt keine Dynastie lange gedauert: jede war fremd, auf abenteuerliche Weise zum Besitz des Landes gelangt, und jede endete kläglich, meist durch Verrat. Wilhelm II. war übrigens seinem Vater ungleich, darum führte er auch den Beinamen «der Gute», den ihm wohl die dankbare Geistlichkeit beigelegt hat. Wenn der böse Wilhelm wie ein Sarazene lebte und üppige Gartenschlösser baute, so stiftete der Gute Kirchen und Klöster. Viele Denkmäler kirchlicher Architektur aus der Normannenzeit gehören ihm an, zumal der weltberühmte Dom von Monreale und die Kathedrale von Palermo. Er starb im jungen Alter von nur 36 Jahren, am 1. November 1189. Das Geschlecht Rogers war mit ihm ausgegangen bis auf einen Bastard, Tancred, Grafen von Lecce, den natürlichen Sohn Rogers, des erstgeborenen und frühverstorbenen Sohns von König Roger, und bis auf eben dieses Königs Tochter Constanza, welche an den Kaiser Heinrich VI. vermählt war. Recht-

mäßig fiel also das Erbe beider Sizilien an den Kaiser; aber die nationale Partei unter den Sizilianern wandte sich an Tancred und berief
ihn auf den Thron. Der Graf von Lecce kam aus Kalabrien und ließ
sich im Jahre 1190 in Palermo krönen. Dieser tapfere Bastard hat viel
Ähnlichkeit mit dem nachmaligen Könige Manfred; wie dieser war
er fein gebildet, ein Dichter und Sänger und ausgezeichnet in mathematischer und astronomischer Wissenschaft, welche die Araber damals verbreitet hatten; wie Manfred war er edel und unglücklich.
Aus dem Kampf, den er um sein väterliches Reich mit dem deutschen
Heinrich zu führen hatte, ging er anfangs siegreich hervor; es fiel
sogar Constanza, des Kaisers Gemahlin, in seine Hände; aber er
behandelte sie mit ritterlicher Galanterie und schenkte ihr hochherzig
die Freiheit.

Es schien als wollte der edle Zweig der Normannen in Tancred
wieder aufblühen, denn er selbst hatte zwei Söhne, Roger und Wilhelm. Den Erstgeborenen, einen herrlichen Jüngling, hatte er mit
Irene, des griechischen Kaisers Isaak Angelus Tochter, vermählt und
ihn bereits krönen lassen; da starb Roger plötzlich im Jahre 1193.
Dies Leid nahm sich Tancred so zu Herzen, daß er dem Sohn am
20. Februar 1194 nachstarb. Es blieben nun als Erben sein letzter
minderjähriger Sohn Wilhelm übrig, welcher in Palermo gekrönt
ward, und drei Töchter Albina, Constanza und Mandonia. Die Vormundschaft führte die Witwe Tancreds, Sibylla.

Unter diesen Umständen war es dem Kaiser Heinrich leicht, Sizilien
zu erobern. Die Truppen Sibyllas wurden geschlagen, Messina,
Catania und Syrakus fielen in des Kaisers Hand, die Barone traten
auf seine Seite. Die unglückliche Königin hatte sich mit ihren Kindern
auf die feste Burg Calatabellota gerettet und erwartete hier in Angst
die Ereignisse. Am 30. November 1194 war Heinrich in Palermo
eingezogen, das ihn festlich empfing, mit Paukenschall und Jubelliedern das neue schwäbische Herrschergeschlecht begrüßend. Hierauf
unterhandelte Sibylla, da sie sich treulos verlassen sah. Der junge
Prinz Wilhelm, welchem der Kaiser die Grafschaft Lecce und das
Fürstentum Tarent feierlich zugesprochen hatte, erschien vor Heinrich und legte die Krone zu seinen Füßen nieder. Arglos waren die
Unglücklichen in die Falle gegangen; denn kaum hatte sich Heinrich
krönen lassen, als er auf das listig ausgesprengte Gerücht einer Verschwörung gegen die Anhänger des Normannenhauses und die unselige Familie seine barbarische Rache eidvergessen wüten ließ. Viele
Barone und Geistliche wurden gemartert und hingerichtet, Sibylla mit
ihren Kindern in den Kerker geworfen, der letzte Normanne, Wilhelm, geblendet; dann wurde jene Königin mit ihren Töchtern ins
Kloster Hohenburg im Elsaß gebracht, wo sie lange Zeit in der Ge-

fangenschaft lebten. Man weiß nicht, wie Wilhelm endete; eine Sage erzählt, er sei dem Kerker entflohen und habe dann als Eremit zu S. Jakob bei Chiavenna noch lange gelebt.

So tragisch fiel das heroische Normannengeschlecht, welchem das Glück einst die schönsten Länder der Welt geschenkt hatte. Sein Sturz wird um so bedeutungsvoller, weil ihm der Untergang des Hohenstaufengeschlechts so bald folgte. Die Nemesis vollzog dasselbe Schicksal auch an ihm. Wie es die Herrschaft Siziliens mit Blut und Greueln angetreten hatte, lud es das blutige Verhängnis auf sich und erntete eigentlich nur, was es gesät hatte. Wenn wir dem Bericht Glauben schenken dürfen, so wurde an demselben Tag, am 26. Dezember 1194, an dem der grausame Kaiser Heinrich seine Hand in das Blut tauchte, Friedrich II. geboren. Heinrich selbst starb schon drei Jahre darauf in Messina im Alter von nur 32 Jahren, und nun blicken wir gleich auf das trauervolle Ende der Hohenstaufen, um das Walten des Verhängnisses in der Ähnlichkeit ihres Geschicks mit dem der Normannen zu bewundern. Manfred, Bastard wie vor ihm Tancred, tapfer und hochgesinnt wie er, war verraten worden und in der Schlacht von Benevent gefallen; sein Weib Helena hatte sich mit ihren vier Kindern auf die Burg Trani gerettet, wie einst Sibylla mit ihren vier Kindern nach Calatabellota geflohen war; wie diese sah sich auch Helena von aller Welt verlassen, wie diese ward auch sie mit ihren Kindern gefangengesetzt. Sie starb vor Gram im Kerker; ihre Tochter Beatrix lebte 18 Jahre lang im Castel dell'Ovo in Neapel; ihre drei kleinen Söhne Heinrich, Friedrich und Anselino lebten mehr als 30 Jahre in der Gefangenschaft; Konradin endlich starb auf dem Blutgerüst.

Und wieder erweckte aus all diesem Blut dasselbe richtende Verhängnis den Rächer auch über das Haus Anjou in der Sizilianischen Vesper. Hier ist wahrlich Ebbe und Flut tragischer Schicksale.

Die Hohenstaufen fanden übrigens die Insel in einer schönen Blüte; von Natur ein Paradies, war sie unter der Normannenherrschaft durch Industrie und Handel reich geworden. Kein Feind hatte während ihrer Periode die Städte heimgesucht, aber von den Küsten des Orients und Afrikas war eine Fülle von Kostbarkeiten herübergebracht worden. Als Heinrich VI. seinen Einzug in Palermo hielt, ergötzte er sich an der Pracht der feenhaft schönen Stadt, und im Palast der Normannenkönige fand er große Schätze an Gold, Juwelen und seidenen Gewändern, welche er einschiffen ließ. Arnold, Abt von Lübeck, sagt: «Der Kaiser Heinrich zog in die Aula des toten Tancred ein und fand dort Lagerstelle, Sessel und Tische von Silber und Gefäße von dem lautersten Gold. Er fand auch verborgene Schätze und alles köstliche Gestein und die herrlichsten Kleinodien, so daß er 150 Saumtiere mit

Gold und Silber, kostbarem Edelgestein und seidenen Gewändern belud und ruhmreich in sein Land zurückkehrte.»

Bei dieser Gelegenheit kam auch das wunderbar gearbeitete, mit arabischen Charakteren gestickte Krönungsgewand Rogers I. nach Deutschland, welches im Jahre 1424 auf Befehl des Kaisers Sigismund mit den anderen Reichskleinodien in Nürnberg verwahrt wurde und für das Palladium Karls des Großen gegolten hat.

Neuerdings hat Reynaud die arabische Inschrift auf dem Mantel Rogers so übersetzt: «Gearbeitet in der königlichen Fabrik, dem Sitz des Glücks, der Erleuchtung und des Ruhms, der Vollendung, der Dauer, des Wohltuns, der guten Aufnahme, der Glückseligkeit, der Freigebigkeit, des Glanzes, der Reputation, der Schönheit, der Verwirklichung aller Wünsche und Hoffnungen, des Vergnügens der Tage und Nächte, ohne Aufhören und ohne Veränderung, mit dem Gefühl der Ehre, der Devotion, der Erhaltung, der Sympathie, des Glücks, der Gesundheit, der Hilfe und der Genugtuung: in der Stadt Siziliens, im Jahre 528» (1133 Jesu Christi). Diese schwülstige, phrasenhafte und lächerliche Inschrift im Geist des Orients auf dem Krönungsmantel des Normannenkönigs beweist hinlänglich, mit welchem Vergnügen sich die Normannen das arabische Wesen angeeignet hatten.

Wir haben aus jener merkwürdigen Zeit eine der ältesten Beschreibungen Palermos, von dem Normannen Ugo Falcando, der unter Wilhelm dem Bösen lange in Palermo gelebt hatte und dann nach der Normandie zurückgegangen war. Als die Dynastie Rogers sich dem Ende zuneigte, schrieb er einen Brief an Petrus, Schatzmeister der Kirche von Palermo, worin er über das Sizilien bedrohende Unheil klagte und zugleich einen Begriff von der Schönheit Palermos gab. Sein Brief atmet einen fanatischen Haß gegen die Deutschen. Nachdem der Normanne an Messina und Catania glühende Apostrophen gerichtet hat, sich den Barbaren zu widersetzen, wendet er sich auch an Syrakus und ruft aus: «Den Barbaren wird zu Dienst gezwungen werden jener alte Adel der Korinther, welche einst das Vaterland verließen und nach Sizilien hinübergingen, und welche eine für die Erbauung einer Stadt passende Stelle suchend, endlich auf dem schönsten Ufer Siziliens zwischen ungleichen Häfen deine Mauern am sichersten aufbauten. Was hilft dir nun die alte Blüte deiner Philosophen, und daß du den Mund der Dichter mit der prophetischen Quelle genetzt hast! Was hilft es dir, daß du das Joch des Dionys und seinesgleichen abgeschüttelt hast? Besser war es für dich, die Wut sikulischer Despoten zu dulden, als die Tyrannei eines barbarischen und greulichen Volks zu ertragen. Wehe über dich, hehre Quelle von gefeiertem Namen, o Arethusa, welche zu diesem Elend herabsank, daß du, welche einst die Gesänge der Dichter modulierte, nun die Trunkenheit der Deutschen mäßigen und ihrer Scheußlichkeit dienstbar sein mußt.» Falcandos Brief ist ein wichtiges Dokument für den Zustand Palermos unter den Normannen; der Verfasser ruft darin einmal aus: «Wer kann die herrlichen Gebäude dieser berühmten Stadt genug bewundern? Wer die Fülle der Quellen, welche überall strömen? Wer den Liebreiz der allezeit grünen Bäume? Wer die Wasserleitungen, die reichlich für den Bedarf der Bewässerung sorgen?»

Schon vor Falcando hatte Ibn-Haukal aus Bagdad in der Mitte des 10. Jahrhunderts Palermo in einem geographischen Werke beschrieben (Description de Palerme au milieu du Xe siècle de l'ère vulgaire, par Ebn-Haucal, traduite par Michel Amari. Paris 1845). Diese Schrift ist zwar nicht von großer Bedeutung, aber doch merkwürdig genug. Der Verfasser teilt das arabische Palermo in fünf Quartiere. Im Al-Kassar (der Paläopolis des Polybius) bewunderte er die große Festtagsmoschee, die ehemalige Kathedrale der Christen, worin man ihm eine Kapelle zeigte, in welcher der Sarg des Aristoteles in der Luft schwebte. Zu ihm, so sagt er, beteten ehedem die Christen um Regen.

In Khalessah war die Residenz des Emirs. In Sakalibah (nach Amari das Viertel der Sclavonier) befand sich der Hafen. Das vierte Quartier war das der Moscheen, Ibn-Saktab. Im Süden der Stadt endlich lag das Quartier El-Jadid, die heutige Albergaria.

Er spricht von den vielen Kaufleuten und ihren Butiken, namentlich denen der Fleischer. Er führt die Bereitung des Papyrus an. Am meisten hält er sich jedoch bei den Fontänen auf, worunter er die Fawara nennt.

Die Reise des Mohamed-Ibn-Djobair habe ich bereits bemerkt; auch sie enthält lesenswerte Schilderungen der Stadt aus der normannischen Zeit. Er vergleicht Palermo und namentlich die Altstadt (Al-Kassar) wegen ihrer schönen Paläste und Türme mit Cordova. «Die Stadt ist staunenswürdig», so ruft er aus, «gebaut im Stil von Cordova und ganz aus gehauenem Stein errichtet, von der Gattung, die man El-Kiddan nennt. Die Paläste des Königs sind um sie her aufgerichtet und hängen darum, wie das Halsband, welches den schönen Hals eines jungen Mädchens umschlingt.»

Diese beiden Araber und die Berichte des Juden Benjamin von Tudela werden also durch die kleine Schrift des Normannen Falcando ergänzt. Er beschreibt die meisten Gebäude des damaligen Palermo ausführlich, und zugleich lernen wir, daß sich noch die arabische Einteilung der Stadt und viele Benennungen von Plätzen, Straßen und Toren lebendig erhalten hatten. Aus allem, was er von den Bauten jener Zeit sagt, läßt sich ersehen, daß Palermo damals in seinem höchsten Glanze sich befand. Wenigstens war, was Schönheit und Reichtum der Architektur betrifft, die normannische Periode die herrlichste Siziliens, und alles, was uns heute in Palermo Bedeutendes entgegentritt, ist ein Denkmal der Normannen; denn die Schwaben, selbst nicht einmal der Kaiser Friedrich, fügten irgend Erhebliches hinzu. Ihre Verhältnisse nach außen zogen sie von Palermo ab, während die Normannenfürsten dort ihre dauernde Residenz aufgeschlagen und der Stadt darum den Glanz einer neugeschaffenen, mächtigen Monarchie gegeben hatten.

Vor diese Baudenkmale Palermos aus der Normannenzeit will ich meine Leser nun führen.

Den Anfang mache hier, wie billig, der königliche Palast. Dies merkwürdige Schloß, welches auf den Deutschen so viele Anziehungskraft ausübt, weil einst ein großer deutscher Kaiser dort seine liederreiche Jugend verlebte, und welches der Italiener mit Recht als die Wiege seiner nationalen Poesie betrachtet, beherrscht am Ende der Straße Cassaro, wo sie auf die Piazza Reale mündet, das ganze Palermo. Man hält es für das älteste Gebäude der Stadt, denn es rührt nicht erst von den Sarazenen her, sondern hier sollen bereits Karthager, Römer und Goten ihren Herrschersitz aufgeschlagen haben. Unbezweifelt war es der Palast der arabischen Emire und darum Cassaro genannt. Dieser Name wurde auf die ganze alte Stadt ausgedehnt und hat sich noch heute in der Hauptstraße erhalten. Dem Sarazenen Adelkam schreibt man den Bau des Schlosses zu; Roger I. und seine Nachfolger erweiterten ihn; und hier lebte Friedrich, hier residierte Manfred und alle folgenden Herrscher Siziliens, welche dem Gebäude durch Zusätze seine heutige unregelmäßige Form gegeben haben, so daß es ein Mittelwesen zwischen Festung und Palast geworden ist.

Wir haben von Falcando die Beschreibung dieses Schlosses und wissen nun, wie es zur Zeit Wilhelms des Bösen aussah. «Schöne Quadern», so sagt er, «mit großem Fleiß und großer Kunst bearbeitet, bilden das herrliche Gebäude, weite Mauern umschließen es rings von außen, und drinnen glänzt der Palast auf das prächtigste von Gold und Gestein. Zwei Türme stehen an seinem einen und andern Ende, die Pisana, bestimmt, die königlichen Schätze zu hüten, und die Greca, welche den Stadtteil Khemonia überragt. Die Mitte ziert ein Bau, der durch die Mannigfaltigkeit seiner Ornamente sich auszeichnet und Joaria heißt; hier pflegt der König die Stunden der Muße zuzubringen. Im ganzen übrigen Palast sind der Ordnung nach die Gemächer verteilt, wo die Frauen, die Jungfrauen und die Eunuchen wohnen. Auch gibt es hie und da kleine, sehr prächtige Paläste, wo der König entweder mit seinen Vertrauten über Staatssachen insgeheim sich unterredet oder die Barone einführt, um über öffentliche und wichtige Reichsangelegenheiten sich zu beraten.»

Von den damaligen Baulichkeiten ist fast jede Spur verwischt, bis auf den Turm der «Santa Ninfa», welcher der älteste Teil des Schlosses sein soll, und bis auf die berühmte «Cappella Palatina». Auf der Spitze des Turms steht heute die Sternwarte, von welcher Piazzi am 1. Juni 1801 die Ceres entdeckte, die also mit vollem Recht den Namen der Schutzgöttin Siziliens empfangen hat.

Der Hof hat drei moderne Logen übereinander, die um alle vier Seiten laufen. In der ersten liegt die berühmte «Cappella Palatina», eines der herrlichsten Denkmäler der normannischen Periode. Der König Roger hat diese Basilika im Jahre 1132 erbauen lassen und dem heiligen Petrus geweiht. Eingebaut in das Schloß, bietet sie keine eigentliche Fassade dar. Ein Portikus von acht Säulen aus ägyptischem Granit zieht sich an der Eingangstür hin und läßt auf dem obern Teil der Wand moderne Mosaiken sehen, welche Szenen aus dem Alten Testament darstellen und sich auf Rogers Krönung beziehen. Am Eingang berichtet eine Inschrift in lateinischer, griechischer und arabischer Sprache, daß Roger eine ausgezeichnete Sonnenuhr im Palast habe aufstellen lassen. Die arabische Schrift drückt sich so aus: «Ergangen ist der Befehl der königlichen Majestät, der Herrlichkeit Rogers, des Erhabenen, dessen Tage Gott verewige und dessen Zeichen er bestätige, daß dies Instrument entstehe zur Beachtung der Stunden. In der Metropole Siziliens, (von Gott) behütet im 536. Jahre (der Hedschra).»

Ganz fremdartig, phantastisch und schauerlich, ja mit nichts zu vergleichen, was man in der Art im übrigen Italien sehen mag, stellt sich nun diese vom Sonnenlicht nur sparsam erleuchtete Basilika dar, auf deren mit Marmor oder mit Goldgrund bedeckten Wänden die Mosaikfiguren bald in Dämmerdunkel verschwimmen, bald im Streiflicht der Sonnenstrahlen hell hervorblitzen. Als ich in die Kirche eintrat, wurde eben eine Totenmesse für den verstorbenen König gelesen. Ein prächtiger, mit schwarzem Samt bedeckter Katafalk stand in der Mitte aufgerichtet, eine goldene Krone lag auf ihm, und brennende Kerzen standen in der Runde, während die Priester sangen und die Kirche mit Weihrauchwolken erfüllten. Dies Schauspiel mitten in der geheimnisvollen Pracht der Mosaiken und der fremdartigen arabischen Ornamente konnte wohl ganz und gar in die alten Zeiten des Königs Roger zurückversetzen.

Die schöne Kapelle hat die Form einer Basilika mit einer Tribune und Kuppel über dem Chor. Zehn korinthische Säulen, welche Spitzbogen tragen, teilen sie in drei Schiffe. Der Fußboden ist mit farbigem Stein ausgelegt. Unterhalb sind die Wände bis zur Höhe von 2,50

Metern ebenfalls mit buntem Marmor geschmückt, oberhalb allenthalben, wohin nur das Auge fällt, mit Mosaikmalerei bedeckt, welche
Szenen aus dem Alten und Neuen Testament darstellt, und zwar so,
daß die Wände des Schiffs Vorstellungen aus dem Alten Testament,
die Tribune und ihre Seiten solche aus dem Leben Christi und der
Apostel enthalten. Auf dem Triumphbogen die Verkündigung, in
der Tribune selbst die grandiose Halbfigur Christi, welcher die Hand
zum Segen erhebt. Die Figuren haben griechische oder lateinische Inschriften. Diese Mosaiken schreiben sich nicht von Roger I., sondern
von Wilhelm I. her, wenn man einer Nachricht des Romuald von
Salerno Glauben schenken darf, welcher sagt: «Wilhelm ließ die
Kapelle des heiligen Petrus im Palast mit musivischer Malerei malen
und ihre Wände mit mancherlei köstlichem Marmor bekleiden.» Indes
schon der Erbauer der Kapelle wird die Mosaiken begonnen haben.

Es scheint sich in Sizilien und Unteritalien eine griechische Schule
der Mosaikmalerei seit alten Zeiten erhalten und dem byzantinischen
Stil eine lebendigere Richtung gegeben zu haben. Die sizilianischen
Mosaiken haben einen auffallend sanften Charakter in der Farbe und
weder in der Zeichnung noch im Ausdruck jene Härte oder schrek-
kende Strenge der byzantinischen Art; freilich entsprangen sie schon
einer späteren Zeit. Während sich die Venezianer Mosaizisten aus
Konstantinopel holten, um San Marco auszuschmücken, fanden die
Normannen, als sie ihre Kirche bauten, eine Mosaikschule in Sizilien
vor. Sie mochte ihre Ursprünge noch von der Zeit der Hellenen herleiten, wo die Mosaikmalerei in der alexandrinischen Periode blühte,
wie es das große Prachtschiff des Hieron von Syrakus bewies, auf
dessen Boden die ganze Ilias in Mosaik abgebildet war. Zu keiner
Zeit scheint sich diese Technik ganz verloren zu haben. Am Ende des
4. Jahrhunderts nach Christi Geburt übertrafen die Sizilianer in
Mosaikarbeiten die Künstler in Rom, so daß der Papst Symmachus
an einen gewissen Antiochus in Sizilien schrieb, ihn um ein Modell
für römische Mosaizisten zu bitten. Seine Worte lauten: «Es ist die
Eleganz deines Genies und die Feinheit deiner Erfindung sehr zu
schätzen, denn du hast eine neue musivische Gattung, die früher
nicht versucht worden, erfunden; sie wird auch unser Ungeschick zur
Auszier der Gemächer anzuwenden versuchen, wenn wir entweder
auf Tafeln oder Platten ein Muster der von dir erdachten Arbeit werden entnommen haben.»

Auch zur Zeit der Sarazenen ging die Mosaikmalerei in Sizilien
nicht unter; vor ihnen hatte sie durch dauernde Verbindung mit
Byzanz Pflege und Nahrung erhalten, nachher gebrauchten sie auch
die Araber, weil sie gewohnt waren, ihre Wohnungen musivisch auszuschmücken, wenn auch nicht mit Figuren, so doch mit Arabesken.

Wohl mögen die Mosaikarbeiten im Dom von Salerno, die von Palermo und von Monreale Werke einer heimisch-unteritalienischen Schule sein. Von König Roger selbst wird berichtet, daß er im Palast eine bedeutende Mosaikfabrik anlegte.

Herrlich glänzt auch das Dach der Kapelle vom Schmuck des goldigen und mit Arabesken bunt verzierten Getäfels und verdoppelt den Eindruck mysteriöser Pracht und märchenhaften Zaubers. Im Jahre 1798 entdeckte man an diesem Dach eine große arabische Inschrift, die in zwanzig gotischen Rosetten mit kufischen Charakteren eingeschrieben ist und, soviel man sie entziffert hat, Ausdrücke überschwenglichen Lobes und Segenswünsche enthält, wohl in bezug auf den Erbauer der Kapelle und das prächtige Werk überhaupt. Weil diese Inschrift, wie alle anderen arabischen in den Kirchen Palermos, christlichen Ursprungs ist, so befremdet es, Sprache und Schrift des Korans in so naiver Weise in christlichen Kirchen angewendet zu finden, und dies zur Zeit, da der Fanatismus der Kreuzzüge eben seinen Höhepunkt erreicht hatte. Daß keine dieser arabischen Inschriften dem Koran entnommen ist, versteht sich von selbst; aber wo immer arabische Schrift angewendet wurde, hat der Gedankenausdruck etwas Mohammedanisches. Die arabische Schrift war damals nicht minder edel und hochgehalten als die griechische, und der Orient dem Abendland an Luxus wie an Intelligenz weit überlegen. Die Kenntnis eines großen Teils der griechischen Literatur hatte dem Okzident die arabische Schrift übermittelt. Der stolze Gedanke, einen Teil des großen arabischen Völkergeschlechts unterworfen zu haben, mochte nicht minder als das Wohlgefallen an dem Fremdländischen oder die politische Klugheit den offiziellen Gebrauch des Arabischen unterstützen. Die orientalischen Schriftcharaktere haben etwas Rätselhaftes, Mystisches, und indem sie selber schon geometrische Arabeskenfiguren sind, passen sie vortrefflich auf die Wände und Säulen dieser sizilischen Basiliken, welche Christentum und Orient so miteinander vermitteln, wie die Kirchen Roms das Christliche und Antike ineinander vereinigt haben.

Im Archiv der Kapelle des Palastes werden viele Diplome in griechischer, lateinischer und arabischer Schrift aus der normannischen Zeit aufbewahrt, sowie eine kostbare Kassette, die von kufischen Schriftzeichen umgeben ist.

Wir verlassen die altertümliche Kirche, um zu der folgenden Loggia des Palastes hinaufzugehen. Dort gibt es viele reich dekorierte Säle und Gemächer, an welche sich die Geschichte der Herrscher Siziliens knüpft; darunter der Saal des Parlaments, der Thronsaal und der Audienzsaal. In dem letzten steht jetzt nur noch einer von den zwei berühmten Widdern von Bronze, die ehemals ein Tor von

Syrakus schmückten; der andere verunglückte in einer Feuersbrunst. Der Saal der Vizekönige ist durch die Porträts all dieser Regenten vom Jahr 1488 bis auf unsere Zeit ausgezeichnet.

Mehr als diese modernen Prunksäle reizt das zierliche, mit Mosaiken bedeckte Gemach Rogers. Man sieht dort Kämpfe von Zentauren, Vögel und eine Jagd abgebildet in sehr altertümlicher Weise. Warum dies Gemach die «Stanza di Ruggieri» heißt, läßt sich freilich nicht sagen; die Mosaiken sind ohne Zweifel Werke des 12. Jahrhunderts, aber die ursprüngliche Gestalt aller dieser Gemächer hat die größte Umwandlung erlitten. Vergebens forscht man nach den Gemächern Friedrichs II., wiewohl um der Ehre des Mannes willen eins nach ihm benannt wird. Und welcher Name zierte dies merkwürdige Schloß mehr als der Friedrichs? Viele Fürsten aus den entlegensten Ländern, Sarazenen, Normannen, Schwaben, Spanier, Anjous, Bourbonen haben von diesem Palast aus geherrscht und diese Räume mit Lust und Elend erfüllt; doch treten alle andern Erinnerungen hinter dem Gedanken zurück, daß in diesen Mauern jener große Kaiser seine Jugend verlebte.

3. Der Dom von Monreale

Viele Einflüsse wirkten zusammen, um in Sizilien eine so prächtige Kirchenarchitektur zu entfalten und eigentümlich auszubilden: im allgemeinen der Geist eines Zeitalters, wo das Christentum dem Islam in enthusiastischer Begeisterung zum Kampf auf Leben und Tod entgegengetreten war; im besondern der Gegensatz, in welchem sich das neue Herrschergeschlecht der Normannen zur Religion Mohammeds gestellt sah. Hier war nach einem rühmlichen Triumph die christliche Kirche neu aufzurichten und ihre Hoheit zur Erscheinung zu bringen. Prächtige Dome, Wunderwerke einer begeisterten und doch vom Orient selbst angehauchten Kunst, entstanden nun an vielen Orten als ebenso viele Denkmäler des großen Sieges über Mohammeds Religion.

Unter gleichen geschichtlichen Bedingungen hatte Sizilien seine erste große Architekturperiode erlebt. Die Hellenen hatten in der Schlacht bei Himera die afrikanischen Karthager, welche Sizilien überschwemmt, vernichtet und in Siegestrunkenheit die befreite Insel mit den Prachtbauten ihrer Tempel bedeckt. Die Götter von Hellas, Zeus, Apollo, Ceres und Venus, hatten den Moloch Afrikas überwunden; ja, in höchst merkwürdiger Weise war von den Griechen jener Gegensatz ihrer gebildeten Religion und Kultur zu der des Orients ausgesprochen worden, denn eine der Friedensbedingungen, welche Gelon von Syrakus den Puniern vorschrieb, war die, daß sie die Menschenopfer für immer abschaffen sollten.

Monreale: Kreuzgang

Nach mehr als anderthalb Jahrtausenden wiederholte sich dieselbe Erscheinung in der zweiten großen Architekturperiode dieser Insel – eine wunderbare Konsequenz der Geschichte, wie sie kein zweites Land aufweisen kann, und zugleich der Beweis, daß die menschliche Kultur nach ewigen Gesetzen sich abwandelt, im Wesen dieselbe, in den Formen mannigfach und schön durch immer neuen Ausdruck der Zeiten und ihrer leitenden Gedanken. Wie in der ersten Periode die Hellenen die berühmten Tempel von Segesta, Selinus, Agrigent, Syrakus erbauten, so errichteten die Normannen, nachdem sie Sizilien von den andern Puniern Afrikas befreit hatten, die herrlichen Kathedralen von Monreale, Palermo, Cefalù, Messina. Damals hatte der Strom der Kultur die Richtung mehr nach dem Süden der Insel genommen, während der Norden nur teilweise berührt ward; jetzt breitete er sich über den Norden aus, während der Süden und Südosten zur Unbedeutsamkeit herabgekommen waren.

Neben das dorische Säulenhaus stellte sich der christliche Dom, neben die ernste steinerne Pracht des Junotempels von Agrigent die von Gold schimmernde Kirche der Jungfrau Maria von Monreale, als Denkmäler zweier denkwürdiger Phasen der Menschheit. Beide schließen uns wunderbare Tiefen des Menschengeistes auf, die hier wie dort eine herrliche Jugendblüte offenbart hat. Beide ergreifen wie alles ursprünglich Geniale und geschichtlich Notwendige, ist auch die Stimmung, in welche sie versetzen, grundverschieden. Wer kann seine Empfindung aussprechen, wenn er auf dem braunen Trümmergestein sizilischer Öde vor einem jener erhabenen Tempel von Agrigent in Betrachtung verloren ist? Man möchte da meinen, nichts Vollendetes, nichts Schönes könne über diese harmonischen Formen hinaus der Mensch mehr erfinden; tritt man aber in eine der normannischen Basiliken, in diese dunkelschönen, schimmernden Kirchenschiffe, deren Bogen und Wände von zahlreichen Mosaikbildern leuchten, so fühlt man sich auch hier, das Antike vergessend, in einer neuen Sphäre der Harmonie und Schönheit.

Der religiöse Sinn, dem jene normannische Architektur entsprang, die ich die eigentliche vom Orient mitbestimmte Architektur der Kreuzzüge nennen möchte, war bei den Normannen schon an sich tief, weil sie das nordische Gemüt nach dem Süden mitbrachten. Dazu kamen andere Verhältnisse. Ihrer Eroberung mußte die römische Kirche, Byzanz gegenüber, welches Sizilien als sein Eigentum ansprach, ein heiliges Recht und eine höhere Weihe geben. Der Papst hatte die normannischen Grafen zu apostolischen Legaten ernannt, er hatte dem König Roger geistliche Insignien als Zeichen seiner von der Kirche bestätigten Herrschaft verliehen. Die Könige selbst schrieben ihre Krone nicht der Gunst des Papstes zu, sondern der Gnade

Christi; auf Mosaikbildern in mancher Kirche sieht man daher Roger oder Wilhelm dargestellt, wie Christus selber ihnen die Krone aufs Haupt setzt. Von Gottes Gnaden nannten sich diese Abenteurer-Könige. Ihre Herrschaft mußte sich also auch in dem Eifer aussprechen, womit sie das Christentum in Sizilien wieder aufrichteten. Malaterra, der Geschichtschreiber der beiden Roger, sagt von dem Eroberer Siziliens: «Als der Graf Roger sah, daß durch die Gunst Gottes ganz Sizilien seiner Herrschaft huldigte, wollte er gegen eine so große Wohltat nicht undankbar sein; er begann, sich Gott zu weihen, gerechtes Urteil liebzuhaben, der Wahrheit nachzutrachten, die Kirche oft zu besuchen, mit Devotion den heiligen Hymnen beizuwohnen, den Zehnten aller seiner Einkünfte den Kirchen zu geben, der Witwen und Waisen und der Trauernden gerechter Tröster. Hier und dort in ganz Sizilien stellte er die Kirchen her.»

Übrigens hatte die Frömmigkeit jener Zeit der Kreuzzüge an dem kirchlichen Eifer nicht mehr Anteil als die politische Berechnung; das neue nur durch Eroberung auf den schönsten Thron Europas gekommene Fürstenhaus bedurfte des Papstes und der Geistlichkeit, um sich zu erhalten. Ohne ihre Freundschaft waren die Normannen verloren, wie nach ihnen die Hohenstaufen im Kampf gegen die Kirche Neapel und Sizilien einbüßten und selbst zugrunde gingen. Zu diesen Einflüssen gesellte sich das natürliche Bestreben eines siegreichen Fürstengeschlechts, seine Herrschaft durch Denkmäler unsterblich zu machen, und so mußte die kirchliche Architektur in Sizilien einen hohen und schnellen Aufschwung nehmen. Alles, was auf dem Festlande gebaut worden war, wollte man verdunkeln, ganz mit Gold wollte man die Kirchen überkleiden, selbst jene Sophienkirche und jenes Byzanz überbieten, dessen orthodoxem Kaiser man das schöne Reich entrissen hatte. Roger baute in unglaublich kurzer Zeit, man sagt in einem Jahr, den Dom in Cefalù, zugleich die Kirche von Messina und die Kapelle im Palast. Die Blüte der Künste war so eilig, wie die Herrschaft der Normannen selbst es war.

Alle jene Bauten übertraf der fromme Wilhelm II., der letzte legitime Herrscher aus dem Normannenhause; er setzte im Dom von Monreale seinem Geschlecht das schönste Denkmal, welches zugleich eins der merkwürdigsten Monumente mittelalterlicher Architektur überhaupt ist. In sechs Jahren, von 1170 bis 1176, wurde das Werk vollendet; der Ruf seiner Schönheit ging flugs durch alle Länder. Schon im Jahre 1182 erhob der Papst Lucius III. Monreale zum Erzbistum, und in seiner Bulle sagt er vom König Wilhelm: «In kurzer Zeit hat er dem Herrn einen bewundernswürdigen Tempel gebaut, ihn mit festen Kastellen und mit Einkünften erweitert, ihn mit Büchern, heiligen Gewändern und Silber und Gold geschmückt, end-

lich hat er eine Schar von Mönchen des Ordens von La Cava dort eingeführt und den Ort selbst durch Gebäude und andere Dinge so sehr
erhoben, daß nie seit alten Tagen ein ähnliches Werk durch einen
König errichtet ward, und daß selbst der Bericht von dem, was dort
geschaffen worden ist, zur Bewunderung hinreißt.»

Die Kirche von Monreale hat etwas Fremdartiges. Das Christentum scheint hier, in der Nähe Afrikas, unter aromatischen, schönen,
bizarren Pflanzen, unter Palmen, Aloe und Agaven, im Farbenduft
des leuchtenden Himmels eine südlichere und phantastische Bildung
angenommen zu haben.

Die Architektur des berühmten Doms ist das Muster des nor-
mannisch-sizilischen Kirchenstils überhaupt. Sie setzte sich aus drei-
fachen Bestandteilen zusammen, sie ist byzantinisch-griechisch, lateinisch und arabisch. Die Normannen, welche vom Abendland herüberkamen, wo die römische Basilikenform noch herrschend war, fanden
in Sizilien sowohl die byzantinischen Traditionen als die sarazenischen Formen vor. Seit Jahrhunderten war die Insel im Besitz der
Byzantiner gewesen; griechisch waren die Sprache und der Kultus der
Sizilianer, griechisch daher auch ihre kirchliche Bauweise. Sie charakterisiert sich durch die quadratische Grundform, durch das Vorherrschen der Kuppel, durch das erhöhte Sanctuarium, welches in ein
dreifaches Oval, das Sinnbild der drei göttlichen Personen, ausgeht;
denn der Chor-Nische stehen zu beiden Seiten die niedrigeren Halb-
kugel-Nischen, links die Prothesis für die Opfervorrichtung, rechts
das Diakonikon, für die Diakonen und ihre Lesungen bestimmt. Mit
Mosaikbildern schmückten auch die Byzantiner die Kuppeln, die
Bogen und Wände ihrer Heiligtümer.

Diese Formen nahmen die Normannen auf; von den Sarazenen
entlehnten sie den Spitzbogen und die Arabesken für das malerische
Wesen der Ausschmückung. Endlich behielten sie auch den in Italien
üblichen Typus der römischen Basilika bei, das heißt eines durch
Säulenstellungen geteiltèn Langschiffs mit dem hergebrachten Sparrendach. Sie setzten dies lateinische Schiff vor das Sanctuarium, und
indem sie nicht nach der Weise vieler alter Basiliken einen Architrav
auf die Säulen legten, sondern ihnen Spitzbogen zu tragen gaben,
vereinigten sie jene drei Formen der Architektur und erzeugten den
eigentümlich zusammengesetzten Baustil, der in ganz Sizilien angewendet wurde und in die gotische Architektur allmählich hinüberging, ja das Gotische mitbestimmte.

Man mag hierfür das Werk Serra di Falcos über Monreale und
andere sizilisch-normannische Kirchen, Hitdorfs und Zanths moderne
Architektur Siziliens, Lellis und del Giudices Beschreibung von Monreale zu Rate ziehen.

Der Dom, der jene drei Grundbestandteile vollkommen deutlich verbindet, hat eine Länge von 102 Metern; seine Breite beträgt im Prospekt 40 Meter, die Höhe der Türme 36 Meter. Eine kunstvoll gearbeitete Bronzetür fesselt an der Fassade die Aufmerksamkeit. Mehrfache Bogen, nur wenig gebrochen, in reicher Arabeskenarbeit umziehen sie und ruhen auf Pilastern, die wiederum mit Mosaiken und marmornem Bildwerk geschmückt sind. Eine lateinische Inschrift vom Jahr 1186 nennt als den Verfertiger der Tür den Bronzegießer Bonannus von Pisa, denselben, der auch die Türe für das Portal des Doms von Pisa gegossen hatte. Die Reliefs stellen in 42 Feldern Szenen aus dem Alten und Neuen Testament dar. Ihr künstlerischer Wert kommt dem der byzantinischen Mosaiken gleich. Die Figuren sind steif und gezwungen, aber anziehend durch kindliche Naivität. Merkwürdig sind die Inschriften in der Lingua Volgare jener Zeit, womit die Figuren versehen sind; sie stimmen mit der Sprache der gleichzeitigen sizilischen Dichter überein. Auf der Langseite der Kirche sieht man eine zweite Bronzetüre, ein Werk des Barisanus von Trani.

Edel, hoch und herrlich ist das Innere, freilich nicht von jener Erhabenheit der gotischen Dome, in deren weitaufstrebenden Räumen die Seele vor dem Unendlichen in Schweigen sich verliert, auch nicht von jener Riesengröße des Sankt Peter, wo die triumphierende Pracht des Papsttums die Sinne bewältigt, noch von jener düstern Majestät byzantinischer Basiliken; hier ist nur mäßige, doch gefällige Größe, freie wohltuende Räumlichkeit, ein würdiger Ernst, der mit dem Schimmer anmutiger Kunst umkleidet wird. Die gefälligen Spitzbogen, welche auf je neun korinthischen Säulen von orientalischem Granit ruhen, geben dem Mittelschiff graziöse Bewegung und öffnen den Raum leicht und wohltuend in die beiden Seitenschiffe. Die Pracht des mit köstlichem Gestein figurenreich ausgezierten Fußbodens, der Glanz der vergoldeten Gebälke, das farbige Tafelwerk des Daches und nun überall an Bogen und Wänden der Schiffe die Mosaiken und Arabesken, dieser ganze mit Bildern auf Goldgrund gestickte Raum bringt eine seltsam schöne Erscheinung hervor. Für den Gott des Nordens würde ein so buntverziertes Tempelhaus wenig passen, für den des Südens scheint es sehr geeignet. Man muß aus der flimmernden Landschaft Monreales in diesen Tempel treten; ja bisweilen will hier der Eindruck des Kirchlichen verschwinden, so daß man sich in einem großen Palast glaubt, dessen Wände von Perlen und Edelgesteinen funkeln.

Im Mittelschiff beginnen die Mosaiken schon mit den kleinen Architraven, welche auf dem Säulenkapitäl aufliegen. Die ganze Wand über den Säulen ist durch ein Gesims in zwei Hälften getrennt.

Auf der untern teilen senkrechte musivische Leisten von einer Spitze des Bogens zur andern Felder ab, die mit bildlichen Darstellungen auf Goldgrund geschmückt sind. In der obern befinden sich die im Spitzbogen auslaufenden Fensterräume, zwischen denen wiederum Mosaiken angebracht sind. Gegen das Dach hin prangt ein breiter, mit Arabesken verzierter Fries, mit welchem Kreise abwechseln, in denen halbe Engelfiguren umschlossen sind. Wo auch der Blick hinfallen mag, in die Nischen, die Seiten des Sanktuariums, die Schiffe, überall treten ihm Mosaiken entgegen, bald Handlungen der heiligen Geschichte, bald vereinzelte Figuren, vom Gott Vater und den Engeln herab bis auf die griechischen und lateinischen Heiligen und über das ganze malerische Reich des Alten und Neuen Testaments sich erstreckend. Hier ist der ganze Sagenkreis der mosaischen und der christlichen Religion auf den Wänden eines Domes abgebildet. Selbst die beiden feindlichen Hälften der Kirche sind hier vereinigt, und es erscheint als höchst bedeutungsvoll, griechische und römische Heilige in einem Tempel zu sehen.

Hier macht weniger der ungeheure Aufwand mühsamster Kunst als die Vorstellung des religiösen und künstlerischen Gedankens erstaunen, der das gesamte christliche Religionssystem erfassen, das unendlich Vielfache konzentrieren und darstellen konnte. Solcher universellen Auffassung der geistigen Menschengeschichte ist unsere Kunst gar nicht mehr fähig, und alle ähnlichen Erscheinungen, welche unsere Gegenwart in vereinzelter Weise durch die Freskomalerei versucht, sind als kalte Verstandesallegorien geistig unwirksam. Diese Mosaiken, Giottos Skulpturen am Campanile von Florenz, welche die Geschichte menschlicher Kultur darstellen, und das Dantesche Gedicht darf man als die zusammengehörigen Denkmäler jener Periode, wo die christliche Idee die umfassendsten Bildungen der Kunst hervorrief, in ihrer innern Geistesverwandtschaft zusammenstellen. Man vergesse aber nicht, daß der Mosaikenzyklus von Monreale um hundert Jahre Giotto und Dante voraufgeht, und wenn man weiß, daß die Göttliche Komödie noch bis auf Michelangelo herab ihren Einfluß auf die Kunst geltend gemacht hat und die Maler zu ihren zyklisch-epischen Freskobildern anregte, so muß man um so mehr erstaunen, daß schon so früh in jenen Mosaiken das System des Christentums in großartiger Einheit aufgefaßt werden konnte.

Wir wissen nicht, wem ein solcher Gedanke entsprang. Da auch in andern und ältern Kirchen Palermos aus der Normannenzeit derselbe Ideengang in den musivischen Darstellungen, wenn auch in kleinerem Maße vorherrscht, so mögen hier byzantinische Traditionen zugrunde liegen. Wer diese Arbeiten leitete, ist unbekannt. Wenn drei Jahre auf die musivische Ausschmückung des Doms verwendet wurden, müssen, nach der Berechnung Serra di Falcos, 150 Mosaikbildner dabei fortdauernd tätig gewesen sein. Kaum möchte man sich eine mühsamere Arbeit vorstellen dürfen.

Das System der Verteilung ist dieses. Indem sich alle bildliche Darstellung und jede heilige Handlung oder Gestalt auf Christus bezieht, dessen gigantische Figur in der Tribune als der göttliche Ausgangs-, Mittel- und Endpunkt des Kosmos abgebildet ist, beginnt der Zyklus mit der Schöpfung und erstreckt sich bis zum Kampfe Jakobs mit dem Engel. Dem Alten Testament ist das Mittelschiff eingeräumt. Auf das Sanctuarium und die Flügel verteilt sich die Geschichte des Lebens Christi und setzt sich in die beiden Seitenschiffe fort, doch werden auch hier Patriarchen und Propheten hereingezogen, wenn sie auf Christus deuten, und endlich wird die kaum übersehbare Mythologie der Märtyrer und Heiligen ausgebreitet. Petrus und Paulus haben als die obersten Kirchenfürsten ihre Stelle in den Nischen, dem Christus zu den Seiten; rechts sitzt Petrus auf der Kathedra, die linke Hand auf ein Buch gestützt, die Rechte segnend erhoben. Über ihm und seitwärts sind Szenen aus seiner Lebensgeschichte abgebildet. In gleicher Weise sieht man links Sankt Paul auf seinem Stuhle sitzen und über ihm seine Enthauptung dargestellt. In der Mitte der Tribune strahlt das riesige Brustbild des Erlösers; ein griechisches Kreuz ragt in einer Glorie hinter seinem Haupt hervor, von dessen Scheitel lange Locken bis auf die Schultern herabfallen. Mächtig und voll ist auch sein Bart. Er hebt die Rechte wie lehrend auf und hält in der Linken ein Buch. Die griechische Versalinschrift nennt ihn Jesus Christus Pantokrator. Der Eindruck dieses riesigen Antlitzes ist von übernatürlicher Gewalt und finsterer Hoheit, in byzantinischem Geiste. Byzantinische Christusköpfe haben etwas Dämonisches, wie die Antlitze der ägyptischen Götter, wie überhaupt das byzantinische Wesen in der Empfindung des Göttlichen ans Ethnische streift. Dieser Typus führt uns in ein Ideenreich, welches uns heutigen Menschen bei weitem ferner liegt als die Antike. Es ist ein fürchterlich Abstraktes, eine alles Menschliche, alle Phantasie, allen Zufall, alle freie Lebensregung ausschließende Notwendigkeit. Von solchem Christusantlitz geht wie von einem Medusenhaupt ein Hauch der Versteinerung aus. Ich kann solche Bilder nicht betrachten, ohne in ihrem schrecklich erhabenen Gesicht die christliche Kirchengeschichte wie in einem prophetischen Spiegel zu lesen: die fanatische Askese, das Mönchstum, den Judenhaß, die Ketzerverfolgungen, die dogmatischen Kämpfe, die Allmacht der Päpste. Nichts in der Tat vermag so sehr die negative wie die positive Gewalt der christlichen Religion symbolisch zur Anschauung zu bringen. Für die Entwicklung der christlichen Kunst im Fortschritt der Jahrhunderte ist wieder nichts bedeutender als der Vergleich eines solchen Christusantlitzes mit dem Christuskopfe Raffaels oder Tizians; die beiden äußersten Grenzen der Anschauung des Religiösen sind hier ausgesprochen.

Ich übergehe andere Mosaiken, wie die Jungfrau mit dem Kinde in der Mitte der Nische und die Szenen aus dem Leben Christi. Im allgemeinen bemerkt man, daß alle Wirkung am Sanctuarium ins Pathetische, Übermenschliche, in das Höchste der religiösen Empfindung gehe, daher der Ausdruck übernatürlich sein muß. Dagegen steigt die Vorstellungsweise in den Szenen des Alten Testaments wieder herab, und hier entfaltet sich ein menschlich heiteres Leben, ein neues Genre, und auch die Pflanzen- und Tierwelt wird mit hineingezogen. Wir stehen auf dem Boden der Natur und der Menschengeschichte. Manche dieser Bilder sind sehr naiv. Man sieht zum Beispiel das Opfer Isaaks in großer Derbheit vorgestellt; Isaak liegt auf dem Holzstoß, Abraham hat ihn am Kopf gepackt und erhebt ein Messer, welches die halbe Länge des Knaben mißt; hinter ihm kommen zwei Männer mit Knitteln; unter ihm weidet ein gesatteltes Pferd, über ihm schwebt der Engel. Die Zeichnung ist oft sehr mangelhaft, namentlich die der Tiere ungeschickt; die Kamele, denen Rebekka zu trinken gibt, sehen höchst komisch aus. Im ganzen aber sind die Mosaiken von einer wohltuenden Erscheinung; in ihrem Farbenton sind sie sehr gedämpft.

Am 11. November 1811 war der schöne Tempel von Monreale in Gefahr, ein Raub der Flammen zu werden. Ein Chorknabe hatte an einen Schrank eine brennende Kerze gestellt, und dadurch dort befindliche Zeuge entzündet; der kleine Herostrat hatte das Feuer zu ersticken gesucht, den Schrank verschlossen und aus Furcht sich still davongemacht. Um die Mittagszeit sah man aus den Türen und Fenstern des Doms dicken Rauch hervorquellen; das Volk stürzte in die Kirche und fand den Chor in lichten Flammen stehen. Nach vier Stunden wurde das Feuer gelöscht; aber die Verwüstung war groß; beide Orgeln zerschmolzen, das Sparrenwerk des Dachs verzehrt; die herabfallenden Balken hatten auch die Grabmäler Wilhelms I. und Wilhelms II. zertrümmert, und ein großer Teil der Mosaiken war gänzlich vernichtet worden. Seit dem Jahre 1816 hat man die verwüsteten Teile wiederhergestellt und glücklicherweise waren die Tribunen und die Schiffe von den Flammen nicht ergriffen worden.

Die Grabmäler der beiden Wilhelm und ihrer Familie, welche damals zerbrochen wurden, stehen auf dem rechten Flügel des Chors. Wilhelm der Böse ruht in einem Sarkophag von Porphyr; auch seine Gemahlin Margarethe und seine drei Söhne Roger, Herzog von Apulien (gestorben 1164), Heinrich, Prinz von Capua (gestorben 1179) und Wilhelm der Gute sind hier bestattet, so daß von dem sizilischen Herrschergeschlecht der Normannen hier nur Roger I., Simon und

Tancred fehlen. Wilhelm der Gute, der Erbauer der schönen Kirche, dessen Figur zweimal in Mosaik dargestellt ist, über dem königlichen Thronsitz, wo ihn Christus krönt, und über dem bischöflichen Sitze, wo er der Madonna das Abbild des Tempels überreicht, liegt in einem geschmackvollen Sarkophag von weißem Marmor, welchen Arabesken auf Goldgrund sehr graziös verzieren. Dieses Grabmal wurde ihm erst im Jahre 1575 vom Erzbischof Ludovico de Torres errichtet; denn der fromme König hatte befohlen, seine Gebeine in einer schlichten Kiste von gemauertem Ziegelstein neben dem prächtigen Sarkophag seines Vaters beizusetzen. So geschah es auch und jahrhundertelang hatte Wilhelm II. kein anderes Grabmal.

Derselbe König hatte sich mit dem Bau des Doms nicht begnügt, sondern auch ein herrliches Kloster ihm angeschlossen, in welches er Benediktiner von La Cava hineinsetzte; es gehörte zu seinen Erholungen, mit den frommen Vätern zu verkehren und sich der Prachtbauten zu erfreuen, um welche mit der Zeit die Stadt Monreale sich ansiedelte. Das Kloster ist längst verfallen und ein neues neben seinen Trümmern aufgebaut, ein prachtvolles Benediktinerhaus, welches von Marmor strotzt wie alle Klöster dieses gelehrten und vornehmen Ordens in Italien, die eher Paläste für Fürsten als Wohnungen für Mönche scheinen.

Das alte Kloster muß eins der stattlichsten Gebäude gewesen sein und an Pracht San Martino weit übertroffen haben. Es stand neben dem Dom und beherrschte die Ebene von Palermo. Aus seinem Garten genießt man noch die entzückende Aussicht über dies Paradies von Meer und Land. Wilhelm hatte das Gebäude mit Mauern und Türmen befestigt, von denen nur noch Trümmer übriggeblieben sind; auch das Kloster ist zerstört bis auf einige Mauerreste, die noch die normannische Architektur erkennen lassen, und bis auf den Kreuzgang, der seinesgleichen nicht finden mag; ein großes, von einer Arkade umgebenes Viereck; 216 phantastische Säulen, je zwei verbunden, tragen die musivisch ausgelegten Spitzbogen; an den Ecken hat man jedesmal vier solcher Säulen vereinigt, und mit besonderem Fleiß sind ihre Kapitäler gearbeitet. Überraschend und graziös ist die Erscheinung dieser zahllosen schlanken kleinen Säulen, deren Schäfte alle verschieden behandelt, teils gewunden, teils gerade sind, bald geriefelt, bald glatt, bald mit wellenförmigen Linien, bald mit spiralischem und wiederum mit musivischem Schmuck ausgeziert sind. Die Kunst hat sich hier den anmutigsten Wechsel der Dekoration zum Gesetz gemacht und eine reizende Willkür sich gestattet; alles naiv, zierlich und kindlich, bunt, flimmernd und phantastisch. Die Kleinheit der Formen gestattet dies wohl, denn das Kleine spielt. Diese Arkaden sind der vollkommenste Gegensatz zu den dorischen Säulenstellungen, und schwerlich könnte man architektonische Formen in größerem Kontraste denken. Der unendliche Reichtum des Schönen in der Form überhaupt, die wunderbare Fülle der Ausdrucksweisen, in welchen sich die menschliche Poesie auszusprechen vermag, von der Tragödie bis zum Märchen wird hier offenbar.

Die größte Aufmerksamkeit verdienen die Kapitäler jener Säulen. Auch hier herrscht dasselbe Gesetz spielender Willkür, denn nicht eins ist dem andern gleich, sondern der Künstler scheint hier mit der Natur gewetteifert zu haben, die Mannigfaltigkeit ihrer Pflanzenbildungen in heiterer Lust nachzuahmen. Aus korinthischen Akanthusblättern, die in verschiedenartiger Zeichnung den Blattkelch des kleinen Kapitäls bilden, entsteigt das phantastische Gebilde gleich einer Blume von Tier-, Pflanzen- oder Menschengestalten zusammengefaßt, welche als eine kleine Geschichte jedesmal sich entfalten. Hier sind es wirkliche Figuren, die als Karyatiden zugleich den Abakus tragen, dort sind es arabeskenartige Gebilde, Löwen, Pferde und Delphine, geflügelte Genien, Drachen, Harpyen, Greifen, wunderliche Wesen, welche den Blumen entspringen und die wechselvollsten Kapitälplatten in bunter Mosaik und bizarrer Zeichnung tragen. Viele enthalten Szenen aus dem Alten und Neuen Testament, wenn auch nicht gut gezeichnet, so doch immer von höchst naivem Charakter. Auf einem Kapitäl ist der König Wilhelm selber dargestellt, wie er das Abbild des Gebäudes der Madonna übergibt; auf einem andern sieht man die Könige aus dem Morgenland dem Christuskind Geschenke darbringen, teils zu Fuß, teils zu Roß. Es fehlt nicht an Ritterkämpfen, wo Gewappnete mit Lanzen gegeneinandersprengen, und die bei den Normannen auch in musivischen Bildern beliebte Darstellung von Bogenschützen wiederholt sich hier und erinnert an die nordischen Eddasagen von Eigil dem Bogenschützen, welche die Normannen auch in dem fremden Süden nicht möchten vergessen haben. So ist hier Weltliches und Heiliges, die Bibel und das Naturmärchen in einer reichen Phantastik vereinigt und zu einer steinernen Bilderwelt rings um den Klosterhof verbreitet, ein merkwürdiges Seitenstück zu dem Mosaikenzyklus im Dome selbst.

Wie im menschlichen Wesen Ernst und Spiel sich immer zueinander gesellen und wie das Erhabene an dem Wechsel des Kleinen seinen Gegensatz fordert, macht Monreale recht deutlich. Dies ist überhaupt der Charakter der gotischen Architektur, die in ihrem universellen Ausdruck unendlich reicher ist als die der Hellenen, weil sie auf einer mehr umfassenden Anschauung der Natur beruht.

Der Klosterhof von Monreale ist eins der besten Denkmäler jenes frühern Mittelalters, in welchem der menschliche Geist in Architektur, Skulptur und Poesie diese fast rätselhafte Fülle von Formen auszusprechen begann und wie in der Kultur auf jedem Gebiet schöpferischer Tätigkeit die Gestalten miteinander verwandt sind, so ist es offenbar, daß auch die poetischen Formen der romantischen Poesie in Sonetten, Canzonen, Madrigalen, Terzinen und all den zahllosen bunten Strophen und Weisen genau den Mosaiken, Arabesken, Architektur-Ornamenten und Skulpturen jenes Zeitalters entsprechen. Wie man ferner den Charakter der Tragödie des Äschylus deutlicher erkennt, wenn man ihre leibhaften architektonischen Abbilder, die dorischen Tempel von Paestum und von Sizilien vor Augen gesehen hat, so werden die großen Gedichte Dantes und Wolframs von Eschenbach ebenso durch die Dome Italiens und die Münster Deutschlands in ihrem innern Wesen begreiflicher.

4. Die Kathedrale und andere Kirchen Palermos

Der Dom von Palermo war schon vor der sarazenischen Periode die Hauptkirche der Stadt und des Erzbistums und der Maria Assunta geweiht. Die Araber hatten ihn in eine Moschee verwandelt, die Normannen ihn dem christlichen Kultus zurückgegeben und alles Sarazenische daraus entfernt. Nur auf einer einzigen Säule des südlichen Portikus sieht man noch eine arabische Inschrift, den 55.Vers der 7. Sura, welcher lautet: «Euer Gott hat den Tag geschaffen, dem die Nacht folgt, und der Mond und die Sterne sind beigefügt zum Werke nach seinem Befehl. Ist nicht sein eigen die Kreatur und nicht sein die Herrschaft? Gelobet sei Gott der Herr der Jahrhunderte!» Die alte Kirche baute der Erzbischof Gualterius Offamil, ein Verwandter Rogers, in den Jahren 1170 bis 1194 prächtig aus; er gab ihr den ernsten gotischen Charakter, welchen der Dom trotz aller neuern Verunstaltungen im wesentlichen behalten hat. Von dem alten Gebäude ließ er nur die Kapelle der Santa Maria Incoronata stehen, in welcher Roger wie alle folgenden Könige Siziliens die Krone empfingen, was die Inschrift «Hic Regi Corona Datur» besagt. Im Jahr 1781 wurde der Dom erneuert und durch die geschmacklose Kuppel, ein Werk des neapolitanischen Architekten Fernando Fuga, auf das sinnloseste entstellt, wodurch der schöne ursprüngliche Stil völlig zerrissen ward. Gleichwohl macht die Kathedrale einen mächtigen Eindruck; sie verbindet die gotische Erhabenheit mit allem Reiz sarazenischer Bogen und Arabesken, und kein anderes Gebäude Palermos spiegelt so klar die an Kontrasten reiche Geschichte der Insel ab.

Der Dom liegt frei auf einem großen Platz, den eine marmorne Balustrade mit barocken Steinfiguren umgibt. In der Mitte desselben erhebt sich die Statue der Pest abwehrenden heiligen Rosalia auf

einem dreiseitigen Piedestal. Sie ist für Palermo das, was der heilige
Gennaro, der den Dämon des Vesuvs beschwört, für Neapel bedeutet.
Vier Türme von schöner Arbeit entsteigen den Ecken des Doms,
und kleine Kuppeln laufen an der Längenseite hin. Der alte viereckige, unverjüngte Glockenturm erhebt sich daneben nach toskanischer Weise und ist durch Bogen mit der Kirche verbunden. Die halb-
runde Tribune ist von außen mit schwarzen Arabesken schablonen-
artig bemalt. Überall an den Außenwänden, in Portalen, Fenstern,
Friesen und Gesimsen ergötzt sich das Auge an der feinen Skulptur
der Arabesken und an den phantastischen Bildungen von Säulen und
Zinnen. Die mühsamste Kunst ist an die Portale verwendet und zumal merkwürdig die kunstreiche Arabeskenbildung der Haupttüre
und der Charakter des Portikus auf der südlichen Seite. Die Halle
rührt vom Jahr 1430 her. Sie wird von drei Spitzbogen über vier Säulen gekrönt und ist von sehr malerischer Wirkung. An der innern
Wand des Atriums sieht man dort zwei moderne Skulpturen, welche
die Krönung Karls III. und die des Victor Amadeus von Sardinien
darstellen, der einst König Siziliens war.

Der innere Raum von einfachem und freundlichem Charakter, aber
ganz modernisiert, ist dreischiffig, in der Form des lateinischen Kreuzes, mit Rundbogen, die von Pfeilern getragen werden. Kapellen wie
Altäre strotzen von Überladung und barockem Ungeschmack. Marmor und Porphyr sind reichlich verschwendet, aber weder Malereien
noch Skulpturen bemerkenswert, außer den beiden kunstvoll gearbeiteten Marmorbecken, von denen das eine aus der Schule des Antonio
Gagini ist, des Schülers Michelangelos und des besten Bildhauers,
den Sizilien hervorgebracht hat. Von diesem talentvollen Künstler
rühren viele Skulpturen im Dom her, namentlich auch Grabmäler in
der merkwürdigen Krypta. Die Unterkirche wurde nämlich noch in
der normannischen Zeit erbaut und hat den ursprünglichen Charakter beibehalten, denn sie ist eine Basilika mit Spitzbogen, die von
mächtigen Granitsäulen getragen werden. An den Wänden stehen
Grabmäler der Erzbischöfe von Palermo, zum Teil antike Sarkophage
von mittelmäßiger römischer Arbeit, auf welche dann später die liegenden Figuren der Erzbischöfe aufgesetzt wurden. Die düstere Einfachheit der rustiken Massen macht einen tiefen Eindruck.

Das Merkwürdigste, was der Dom enthält, sind die Särge der Könige aus dem Geschlecht der Normannen und der Hohenstaufen,
Denkmäler der Geschichte Siziliens und zugleich unsers deutschen Vaterlandes. Sie stehen in zwei Kapellen des rechten Seitenschiffs, würdige und ernste Sarkophage aus schwerem blutrotem Porphyr oder
aus Marmor, zum Teil unter kleinen porphyrnen Grabtempeln aufgestellt. Ich habe nie fürstliche Grabmäler christlicher Zeit gesehen,

die so großartig einfach und mächtig, gleichsam für ewige Dauer berechnet wären als diese. Selbst die beiden großen Porphyrsarkophage
aus der Zeit Konstantins, die jetzt im vatikanischen Museum stehen,
wirken nicht so kräftig, weil ihre Flächen durch die Reliefs zersplittert werden. In Grüften von so großartiger Einfalt und ernster Majestät möchten auch Nibelungenkönige würdig ruhen. Die große Zeit
des 13. Jahrhunderts erkennt man in ihnen. Übrigens zeigen diese
Sarkophage, daß damals die Sizilianer die Kunst, den Porphyr zu behandeln, noch übten, da sie doch in Italien bereits verlorengegangen
war und, wie Vasari sagt, erst in der Mitte des 16. Jahrhunderts wieder durch Francesco del Tadda in Aufnahme kam.

Es liegen dort bestattet der große König Roger, seine Tochter Constanza, ihr Gemahl Heinrich VI., ihrer beiden Sohn Friedrich II., der
genialste Fürst, den Deutschland erzeugt hat, und dessen erste Gemahlin Constanza von Aragon.

Vor allen zeichnet sich Friedrichs Grabmal aus. Der Kaiser war in
Firenzuola bei Luceria in Apulien am 13. Dezember 1250, nur 56 Jahre
alt, gestorben. Man brachte seine Leiche nach Sizilien unter dem Geleit von sechs Scharen Reiter und der sarazenischen Leibwache und
bestattete sie in derselben Kirche, wo Friedrich einst als Kind die
Krone empfangen hatte, und wo auch sein Sohn Manfred sich krönen
ließ. Dieser hatte den Bildhauer Arnolfo di Lapo, den Schüler des berühmten Niccolo Pisano, mit einem prächtigen Grabmal für den Kaiser beauftragt, das aber nicht zustande kam. Man weiß nicht, welcher
Künstler das gegenwärtige Denkmal verfertigte, ob es ein Toskaner
oder ein Sizilianer war. Sein Sarg, dessen Decke Adler und Greife
schmücken, ruht auf vier Löwen, die in den Tatzen Sklavenfiguren
halten, darüber erhebt sich ein Tempeldach auf Säulen, die auf drei-
stufigem Untersatze stehen. Alles ist aus Porphyr gehauen.

Im Jahre 1491 wagte es zuerst der spanische Vizekönig, Fernando
d'Acunha, die Gräber zu öffnen; er ließ in Gegenwart der Erzbischöfe
von Palermo und Messina und des Senats die Sarkophage Heinrichs VI. und der Gemahlin Friedrichs aufmachen, und nur der Un-
wille aller Anwesenden hielt ihn ab, ein Gleiches mit den andern zu
tun. Als im Jahre 1781 der Dom restauriert wurde, standen noch alle
diese Grabmäler in einer Kapelle neben dem Chor; sie wurden hierauf
an die Stelle gebracht, wo sie jetzt aufgestellt sind, und bei dieser Gelegenheit öffnete man sie alle. Der Prinz Torremuzza, welcher bei der
feierlichen Eröffnung der Särge am 11. August zugegen war, erzählte
in seiner Lebensbeschreibung: «Die Leichname Rogers I., Heinrichs VI.
und Constanzas, seiner Gemahlin, fanden sich beinahe zerstört und
zerfallen, und wenig war von ihren Ornamenten zu bemerken; aber
die Leichen Friedrichs II. und Constanzas II. erregten die allgemeine

Bewunderung wegen des Reichtums der Gewänder und wegen des Schmucks von Edelsteinen, die ihnen in die Gräber mitgegeben waren. Auf der Krone Heinrichs VI. und auf der Alba oder dem Hemde, mit welchem Friedrich II. unter dem Gewande bekleidet war, fand man mehrere arabisch-kufische Charaktere a ricamo, von denen eine getreue Zeichnung genommen und auf meine Veranlassung an den Professor Tychsen in Bützow gesendet wurde, um seine Erklärung zu hören.» Nicht ganz stimmt diese Angabe mit dem Bericht Danieles, des neapolitanischen Historiographen («I reali sepolcri del duomo di Palermo illustrati»). Friedrich II. lag in prachtvollen Gewändern und wohl erhalten, obgleich man ihm, unehrerbietig genug, noch zwei andere Leichen in dem Sarg beigegeben hatte, eine, die man für Peter II. von Aragon hielt, der im Jahr 1342 gestorben war, und eine andere, die nicht erkannt wurde. Seine mit Perlen besetzte Krone lag auf seinem ledernen Kopfkissen und links an seinem Haupte der Reichsapfel. Er hatte einen Smaragdring am Finger, an der Seite das Schwert, um den Leib einen seidenen Gürtel mit silberner Schnalle, an den Füßen buntgestickte seidene Stiefel und goldene Sporen.

Leider ist kein ganz klares und lebenstreues Bildnis des großen Fürsten auf uns gekommen, als nur auf Münzen und auf einem Ringe, den der Geschichtschreiber Daniele nach dem Gipsabdruck eines Kopfs des Kaisers stechen ließ. Es hatten nämlich die Bürger von Capua dem Kaiser Friedrich und seinen beiden Räten, Thaddäus von Suessa und Peter von Vinea, auf der Brücke über dem Vulturnus Bildsäulen gesetzt; nur die des Kaisers hat sich erhalten, doch schmachvoll verstümmelt, da ihr, wie Raumer erzählt, freche Söldner Arm und Fuß zerbrachen und sogar den Kopf herunterschlugen. Ehe nun diese Verstümmelung geschah, hatte Daniele den Kopf abformen und nach der Form den Ring stechen lassen.

Mit welcher Empfindung steht der Deutsche in diesen Tagen vor dem Sarge jenes großen Kaisers, auf dieser weit entlegenen Küste? Welche Rechenschaft und welche Kunde wird er dort niederlegen? Dieses Grab weckt große Erinnerungen – wer kann davorstehen ohne Ehrfurcht und ohne Liebe? Andere Fürsten werfen noch nach Jahrhunderten einen schwarzen Schatten in die Welt, dieser Herrliche breitet einen Lichtschimmer über unsere Nation und Italien aus, der nicht verlöschen wird. Was in dieses einzigen Mannes großer Seele, die alle Tiefen der Lust und des Leids menschlich erschöpft hatte, an genialen Kräften lag, ist ewiger Bewunderung wert. Große Impulse gingen von ihm aus, welche die Zeit weitertrug und noch in spätern Jahrhunderten zur Wirkung brachte, obwohl er im Kampf erlegen scheinen mochte. Das Papsttum, mit dem er sein Leben lang gestritten hatte, hat er zuerst gebrochen und geschwächt; in diesem Kampf wurde der edelste Stamm Deutschlands aufgebraucht, aber nicht ohne dauernde Frucht. Ein Vorläufer der Reformation war Friedrich II.; weit über seine Zeit hinweg sprach er Ideen der Humanität, der Bildung, der Vernunft aus, welche die pfäffisch-feudale Barbarei des Mittelalters bekämpften und die Welt erleuchteten. Seinen Völkern gab er ein Gesetzbuch, wie sie es bis dahin nicht gehabt hatten, voll Weisheit und Menschlichkeit. Den Gedanken einer Volksvertretung stellte er zuerst fest, indem er dem dritten Stand an den Parlamenten Teil gab. Er pflegte die Wissenschaften, deren tiefsinniger Kenner er war, mit uneigennütziger Liebe; die Poesie lebte in ihm auf und erweckte die italienische Dichtung. Friedrich II. war ein Mensch von idealster Bedeutung, eins von den großen Kulturgenies, die, wenn sie erscheinen, ein Feuer in der Menschheit entzünden, welches Jahrhunderte lang fortlodert.

Ich führe meine Leser noch zu andern Kirchen Palermos aus der Normannenzeit. Es gibt unter den ältesten einige von sehr graziöser Art. Vor allen ist die Kirche und das Kloster della Martorana (oder Santa Maria dell'Amiraglio) merkwürdig. Sie wurde vom Großadmiral Georgius vor dem Jahr 1143 gebaut, in einem reizenden, nun höchst altertümlichen Stil. Ein Glockenturm von arabisch-normannischem Charakter, welchen kleine Säulen gliedern, erhebt sich neben ihr; ins Innere gelangt man durch einen Portikus, und hier überrascht die gleiche düstre Mosaikpracht, wie wir sie in der Kapelle Palatini gesehen haben. Der Chor hat acht granitne Säulen mit goldnen korinthischen Kapitälern, welche die Säulen tragen. Diese, die Kuppel, die Wände bis zur Mitte sind ganz mit Mosaiken auf Goldgrund bedeckt und durch Arabesken abgeteilt, während der Fußboden mit buntem Marmor und Porphyr kunstvoll bekleidet ist. Auch hier gewahrt man auf einigen Säulen arabische Inschriften. Unter den trefflichen Mosaikgemälden zeichnen sich besonders zwei aus. In der einen Kapelle sieht man zu Füßen der heiligen Jungfrau den Großadmiral niedergefallen und über ihm die griechische Inschrift: Gebet deines Knechts Georgs des Admirals. Die Jungfrau, sittsam in Gewand und Schleier gehüllt, hält eine aufgerollte Schrift, während Christus aus der Höhe mit einem Zepter herabdeutet. Auf der Rolle steht griechisch geschrieben: «Behüte, o Sohn, das Wort in allen und vor aller Schuld Georg aller Fürsten Ersten, der mir diesen Tempel von Grund aus gebaut, und gib ihm die Erlassung der Sünden, denn wie Gott allein hast du Gewalt.» Ein anderes Mosaikbild von noch besserer Ausführung stellt König Roger selbst dar, wie Christus ihm die Krone aufsetzt. Roger ist Porträt, ein schöner Kopf mit lang auf den Nacken herabwallendem Haar und mit spitzem Bart. Er trägt ein langes blaues Gewand, eine blaue goldgestickte Tunika darüber und über den Schultern eine blaue Binde in Gold, welche, sich auf der Brust kreuzend, über den linken Arm fällt. Auf dem Haupt trägt er eine Krone oder vielmehr ein viereckiges Baretto, an den Füßen rosenrote Schuhe. Dies war auch der Anzug Friedrichs II., als man seinen Sarg öffnete, und ebenso Heinrichs VI. und Wilhelms I. Morso meint sehr richtig, daß alle diese Zeichen königlicher Würde geistliche Insignien seien, und er beruft sich darauf, daß Roger sie vom Papst Lucius II. erhielt, um seinem Königtum mehr Weihe zu geben. Er erhielt nämlich Zepter, Ring, Dalmatika, Mitra und Sandalen, wie Otto von Freising genau berichtet.

Leider sind die Mosaiken der Tribune bei einer Restauration im 16. Jahrhundert getilgt und die Tribune selbst mit barockem Geschmack in eine andere Form umgewandelt worden. Die Martorana ist noch dadurch merkwürdig, daß sich hier nach der Sizilianischen Vesper das Parlament versammelte, welches Peter von Aragon zum Könige erkor.

Eine andere kleine Kirche, San Giovanni degli Eremiti, ist noch älter, da sie im Jahre 1132 durch Roger gebaut sein soll. Sie hat vier ganz arabisch geformte blaue Kuppeln von fremdem Aussehen. Der innere Raum ist sehr klein und zeigt, weil die Kirche längst verlassen ist, nur leere Wände. Nebenan steht die Ruine eines malerischen Klosterhofs in arabisch-normannischem Stil, gleichfalls von sehr kleinem Umfange.

Die dritte normannische Kirche aus früher Zeit ist Santa Catalda, griechischen Charakters, fast rechteckig und mit drei Halbkreiskuppeln, die von Spitzbogen getragen werden. Ihre Mosaiken sind vertilgt. Der Admiral Majone soll sie erbaut haben. Manche normannischen Kirchen, wie San Giacomo la Magara und San Pietro la Bagnara, gingen fast spurlos unter, andere wurden in späterer Zeit durch die Spanier gänzlich umgewandelt. Daß die Hohenstaufen in Sizilien fast gar keine Kirchen bauten, ist aus ihrer Geschichte leicht erklärlich; dagegen schien die religiöse Architektur in der ersten Zeit der aragonischen Könige noch eine Nachblüte zu treiben. Dies beweisen Sant Agostino und San Francesco, besonders die letztere, deren Entstehungsjahr freilich nicht ganz gewiß ist. Ihr Portal ist mit gewundenen Säulen geschmückt; vielleicht stammen diese noch aus arabischer Zeit und gehörten einst einer Moschee an, denn die kufische Inschrift auf einer der Säulen ist hier geradezu mohammedanisch; sie lautet: «Im Namen Gottes des Barmherzigen Erbarmers. Es gibt keinen Gott außer Gott, und Mohammed ist Gottes Prophet.»

Schön und sehr malerisch ist auch die Fassade der kleinen Kirche Santa Maria Catena aus dem 14. Jahrhundert. Sie steht am Toledo. Ihr Portikus ist sehr schön, zu drei Bogen ausgespannt, die durch zwei

Säulen getrennt werden. Ein Fries mit reizender Arabeskenarbeit läuft
darüber hin. Einen ähnlichen Portikus hat übrigens auch Santa Maria
Nuova. Und so könnte ich noch manche sehenswerte Kirche nennen,
wie die prächtige Olivella, aber das würde uns in andere Zeiträume
hineinführen, und einen entschiedenen Charakter hat keine mehr,
weil mit dem 15. Jahrhundert auch der normannische Bogen verschwindet, um dem Kreisbogen und dem schweren Pilaster Platz zu
machen. Da ist es denn keine Freude mehr, diese bunten und grellen
Kirchen zu besuchen. Der künstlerische Charakter der Mosaik ist dann
verschwunden; die Wände sind nur mit bunten Steinen geschmacklos
überladen. Auch bunte Gemälde sucht man hier vergebens; das einzige große Meisterwerk, dessen sich Palermo rühmen konnte, der
Spasimo Raffaels, ehemals in Santa Maria dello Spasimo aufgestellt,
ziert nun das Museum von Madrid.

AGRIGENT

1855

Am vierten September brach ich mit meinem Reisegefährten von Palermo auf, nach dem alten Agrigent zu reiten. Giuseppe Campo, der trefflichste aller Führer Siziliens, ein Bürger der alten sarazenischen Stadt Misilmeri, hatte uns zwei stattliche Maultiere gegeben, während er selbst auf dem Bagagetier ritt. Es war ein herrlicher Tag, da wir hinauszogen, über Monreale in die öden Berggegenden hinein und zwischen Felsen fort, wo wir keiner lebenden Seele begegneten als den Adlern des Jupiter, die dort ernst und still heruntersehen oder kreisend umherfliegen. So geht es einige Stunden fort, bis die Ebene von Partinico und Sala, ein herrliches Gartenland am Golf von San Vito, sich den Blicken zeigt. Rechts bleibt die Gegend von Borghetto, einst Hykkara, die Vaterstadt des schönsten Weibes Griechenlands, jener Lais, die von den Hellenen unter Nikias als Kind geraubt und nach Athen entführt wurde.

Die Linien des Golfs von San Vito sind groß und schön geschwungen wie die von Cefalù; die Ebene, eine der prächtigsten Siziliens, prangt in tropischer Fülle von Pflanzenwuchs. Wir hielten Mittagsrast in dem kleinen Ort Sala und durchritten nun die reichsten Gefilde, welche von Öl und Wein triefen, um nach Alcamo zu gelangen, einer Stadt, die hoch auf den Bergen liegt. Weiter hinauf ist großstilisiertes Land von dorischem Charakter, Berge von prächtigen Senkungen, in langverzogenen Linien, rotdunkel und warm, die Grundtöne von schwärzlichem Braun. Die Physiognomie dieser Gegenden macht der Herbst noch ernster, und die riesengroßen Pinien, die schwarzen Zypressen, schlanke Palmen und hochaufragende Blumenschäfte der Aloe wirken charaktervoll ineinander. Es ist alles monochromisch, braun in braun; was die Natur mit einer einzigen Farbe zu malen vermag, wird man hier mit Entzücken gewahr.

Abends erreichten wir Alcamo, nach einem anstrengenden Ritt von neun deutschen Meilen und mit der untröstlichen Aussicht, am folgenden Tage zehn, am dritten elf, am vierten wiederum zehn deutsche Meilen reiten zu müssen, ehe wir Agrigent erreichten. Alcamo ist eine freundliche und saubere Stadt von 15 000 Einwohnern, mit alten Sarazenenburgen. Ich sage nichts von ihr, außer daß mich im kümmerlichen Gasthof die Moskitos im Schlaf überfielen und so arg zurichteten, daß ich die Wundenmale vier Wochen lang als Andenken mit mir tragen mußte. Abends hatte der Capitano der Guardia zu uns geschickt und uns militärische Bedeckung bis Segesta angetragen, welche wir ausschlugen.

Um den berühmten Tempel von Segesta zu sehen, machten wir uns mit dem Stern Orion auf und ritten in der purpurnen Morgendämmerung neun Millien weit seitab durch öde und kahle Bergdistrikte. Es verkündet hier die Frühe eben jener schöne Stern des Himmels, ein echt sizilisches Gestirn, dessen Mythe in Messina spielt. Ich hatte dieses Sternbild oft genug in Korsika bewundert, wo ihn das Volk Die Drei Könige aus dem Morgenlande oder Die Drei Magier nennt; aber in Sizilien erschien er mir erst in seiner vollen himmlischen Pracht, wie ein Kandelaber der Götter, welchen die Horen im Azur anzünden. Seine Lampen flimmern und flammen wie in bengalischem Feuer; dann wittert die Luft, und der Ost quillt von einem krokusfarbenen Schein; die Berge fangen an zu atmen, sie heben und senken die Nebel wie Schwingen, dann wird es purpurrot über dem Meer, und alle Lüfte rauchen von Purpurdampf. Der Orion aber verlöscht seine Kerzen, nach welcher seligen Götternacht!

Da ist nun der Tempel von Segesta! Schon drei Millien weit sahen wir ihn vor uns, ein schöner Anblick, weil er, kaum Ruine zu nennen, sondern ganz aufrecht, mit allen Säulen und beiden Frontonen, einsam an der braunen Bergseite steht und die wilde Gegend still und majestätisch überschaut. Der Weg, welcher dorthin führt, ein wenig betretener Hirtenpfad, war eine Millie weit mit Aloeblumen besetzt. Wohl Hunderte zu beiden Seiten erhoben aus ihrem riesigen Blättergerüst die zwanzig Fuß hohen Blumenschäfte und bildeten eine Allee, durch welche die Perspektive geradezu auf den Tempel führte. Dies berühmte Heiligtum steht auf einem nackten Hügel. Die gelbbraune, von dürren Disteln bedeckte und von Ziegen umweidete Bergwildnis, die Einsamkeit, die Erinnerung an die alten trojanischen Sagen, die schönen Verse des Virgil, endlich jene Kriege der Segestaner mit Selinunt, welche die Expedition der Athener gegen Syrakus und so große geschichtliche Folgen nach sich zogen, beschäftigen hier die Phantasie. Die poetische Öde ringsumher übertrifft noch jene von Paestum. Überall sagenvolle Atmosphäre und nebelsame Gestalt von Mythen oder von Historie. Wenn man auf dem alten (von Hittorf ausgegrabenen) Theater sitzt, so ist der Blick in die blonde Wildnis zauberhaft und von tief tragischem Ernst. Man übersieht hier den Golf von Castellamare, dort die prächtigen Berge von Alcamo; zu Füßen liegt ein verwildertes Tal, welches der fabelhafte Fluß Krimisos durchirrt; drüben steht der grau-alabasterne Berg von Calatafimi, einer Stadt, die schwarz und eintönig seinen Gipfel bedeckt. Wendet man sich westwärts, so blickt über die gelben Hügel herauf ein blauduftiges, phantastisches Berghaupt. Dies ist der schöne Berg Eryx, der einst den

Tempel der Venus trug. Auch das Ägadische Meer schimmert dort hyazinthenfarben hervor und lockt den Blick nach Karthago und die Phantasie in die Punischen Kriege zurück.

Ich sage nichts mehr vom Tempel der Segestaner; er ist bekannt genug. An den Bergen Pispisa ritten wir fort, hinter dem Tempel weg, durch die sonnverbrannte Wildnis, wo hier und da Hirten in schafsfellenen Kleidern ihre Herde trieben. Es geht über Heiden fort, die nur braune Disteln tragen und von Millionen von Schnecken überdeckt sind, welche jede Pflanze wie versteinert überziehen; weiter fort ohne Weg noch Steg durch Felder, die von der Sonnenglut tief zerklafft und zerspaltet sind. Auf einmal enthüllt sich das große und weite Ostufer und das Ägadische Meer, die herrliche Pyramide des Eryx, Drepanum zu seinen Füßen, heute Trapani genannt, die Ägadischen Inseln, welche silberhell durch den Meeresduft erglänzen, und alles Küstenland bis Lilybäum, Marsala und Mazara. Hier wehen schon Lüfte von Karthago herüber, und das Schiff, welches dort gegen Afrika segelt, brächte mich in zwölf Stunden nach Tunis und zu den Puniern.

Wir gelangten zu Mittag in unerträglicher Sonnenglut nach Vita, einem elenden Steinhaufen in der Öde, bevölkert von elenden Menschen, welche bronzefarbig und kraushaarig schon Afrikanern gleichen, und deren Sizilisch ich nicht verstehen konnte. Bei einem Schuster machten wir Rast, aßen, was uns Campo vorsetzte, und stiegen nun auf, nach Castel Vetrano zu reiten, wo wir Nachtruhe halten sollten. So herrlich diese Gegenden auch waren, so raubte uns doch die Müdigkeit den größten Teil des Genusses. Nach einem Ritt von zehn deutschen Meilen gelangten wir also nach jener Stadt, aber ich war nicht imstande, vom Tier zu steigen, sondern mußte herabgehoben werden. Indem mir nun die schreckliche Gewißheit, morgen elf Meilen reiten zu müssen, vor den Gliedern stand, glaubte ich, solcher xenophontischen Märsche nicht länger fähig zu sein; indes, ich machte die Erfahrung, daß der Mensch alles kann, was er ernstlich will, und daß die Philosophie selbst halsstarrige Maultiere zu bändigen vermag. Denn jene elf Meilen ritt ich am folgenden Tag ohne Beschwerde und die letzten zehn bis Agrigent bereits mit Behagen. Nicht so mein Gefährte, welchen schon am zweiten Tage der Sonnenstich getroffen hatte und der, in den Schwefelminen von Alcara später nur durch schleunigen Aderlaß gerettet, mehrere Wochen in Palermo krank daniederliegen sollte.

Am 6. September brachen wir in der Morgendämmerung von Castel Vetrano auf, um an das afrikanische Meer zu reiten. Das war wieder ein Morgen von so purpurner Pracht, wie man ihn nur hier oder in Hellas erleben mag. Wer hätte Worte, diese Farbenströme zu schildern, welche sich vom Osten her über die stillen Fluten und durch die Lüfte ergießen! Vorausgehend, um mich dem Anblick dieses Phänomens in Einsamkeit hinzugeben, setzte ich mich am Ende der Stadt vor einer alten Kirche unter Bäumen nieder und blickte dort in die Meeresferne nach Selinunt hinaus, welches sechs Millien weit vor uns lag. Der Orion flammte wieder in dem purpurnen Dunst, und der Himmel war von jener unsagbaren Klarheit, die man mit keinem andern Wort als dem hellenischen «Äther» bezeichnen kann.

Man reitet von Castel Vetrano durch ein wohlbebautes Flachland, sechs Millien weit nach dem Meer hinunter. Schon in dieser Entfernung zeigt sich die ungeheure Trümmermasse der selinuntischen Tempel, und wie groß diese sei, will ich so sagen: Im Morgendämmer fortreitend erblickte ich am fernen Meeresufer eine Stadt; aus ihr sah ich viele zersplitterte Rundtürme hervorragen, unter denen namentlich einer wie ein Minarett hoch und schlank sich in die Lüfte erhob. Ich sagte also dem Giuseppe, es sei gut, frischfort auf die Stadt zuzureiten, welche mir so ansehnlich scheine, daß ich wohl hoffte, es würde dort Sorbett zu finden sein. Hierauf lachte Giuseppe und antwortete: «Was Euch eine Stadt dünkt, sind die Tempeltrümmer vom alten Selinunt.»

Der Anblick dieser Trümmer am Meer, in grenzloser Öde, ist vielleicht ohnegleichen in der Welt. Hier hatte ich zum erstenmal den ganzen und vollen Eindruck von dem, was man sich unter dem Begriff «klassische Ruinen» vorstellt. Aus der Ferne wie aus der Nähe betrachtet erregen diese verlassenen Überreste hellenischer Größe ein gemischtes Gefühl von sprachlosem Erstaunen und von schauerlicher Lust. Die Wüstheit der Trümmer unter wucherndem Pflanzenwuchs ist unbeschreiblich malerisch, um so mehr, als aus den riesigen Steinblöcken überall Gebild und Gestalt hervortritt. Nichts als Triglyphen, Metopen, kannelierte Säulenstücke, dorische Kapitäler von ungeheurer Dimension und doch graziös und leicht in Form und Profil; all dies ragt übereinander, gleich wie Schollen, wenn der Strom mit Eis geht. Der Strom der Zeit ist hier mit Trümmern gegangen und hat sie in großartiger Wildheit und bizarrer Gruppierung übereinandergedrängt. Einige Massen liegen noch im Chaos der Zerstörung geordnet; so sieht man namentlich an dem berühmten Tempel des olympischen Zeus die Riesensäulen von den Basen gestürzt, in Reihen, wie sie aufrecht standen, umgelegt, mit getrennten Gliedern, nun Giganten gleichend, die auf einem wüsten Kampfplatz mit gebrochenem Leibe niedergestreckt nebeneinanderliegen. Nur wenige Säulenstümpfe stehen aufrecht, vom Volk «Pileri de' Giganti», Riesenpfeiler, genannt; unter ihnen eine, die höchste, turmartig und ohne Kapitäl, aus dem Schutt der Tempel einzeln hervorsteigend, ein Trümmerkönig, der alles öde Land weit und breit sagenvoll beherrscht.

Zwei solcher Trümmerhaufen bezeichnen auf den geringen Erhebungen nahe am Meer das alte Selinus. Das eine, östliche, Trümmerfeld enthält hauptsächlich die Ruinen der Tempel, das andere, westliche, die der Stadt selber, wo man vier Tempel unterscheidet, deren verwilderte Massen höchst malerisch sind. Man steigt zwischen den Blöcken und über Architraven und Friesen wie in einem Labyrinth umher, welches Gebüsche verdichten und duftige Blumenranken umschlingen, fast bei jedem Schritt die schwarzen Schlangen aufstörend, die diese versunkene Welt allein bewohnen. Zwischen beiden Trümmerfeldern fließt der Selinos, heute Modione, in das nahe Meer. Der ganze Strand ist niedrig, der Fluß versumpft, zu beiden Seiten nur trockne Moore, weit und breit bedeckt mit dem schönen, fremdartigen Palmengrase und übersät mit blauen Blumen und einem Flor von köstlich duftigen Lilien. Schon im Altertum erzeugte die Maremmenluft, welcher Selinus bei seiner niedrigen Lage ausgesetzt war, pestartige Krankheiten unter der Bevölkerung. Empedokles ward deshalb von Agrigent gerufen, diesem Übel zu steuern, und es heißt, er befreite die Stadt von der Sumpfluft durch Kanäle, die er zog.

Ich halte mich nicht bei der Schilderung der Tempel auf, noch will ich mehr als flüchtig daran erinnern, daß dort jene berühmten Metopen gefunden wurden, welche für die Geschichte der alten Kunst von so großer Wichtigkeit geworden sind. Man sieht sie jetzt im Museum von Palermo. Aber erwähnen will ich, daß der Geschichtschreiber Tommaso Fazello in der Nähe des alten Selinunt zu Hause war; es ist jener gelehrte Dominikaner aus dem sechzehnten Jahrhundert, welcher die neuere Geschichtschreibung Siziliens geschaffen hat.

Im übrigen Italien sieht man auf Trümmerstätten entweder das Leben sich in die Ruinen einwohnen, wie namentlich in der Campagna von Rom, oder man erblickt nebeneinander Trümmer von verschiedenen Zeitepochen; zu Selinunt stellt sich nur eine einzige Epoche dar; ringsum keine Spur von Leben, die feierlichste Öde zu beiden Seiten, eine grenzenlose aber selige Verlassenheit, ein verschwimmender Meershorizont, tiefstes Schweigen und mythenvolle, odysseische Einsamkeit. Daher wird die Phantasie durch nichts aufgehalten, sondern breitet sich in dieser klassischen Wüste ungehindert aus. Wer Selinunt gesehen hat, wird sagen, daß nirgendwo anders in Italien sein Gemüt so ganz und gar den Eindruck der Ruine empfunden hat.

Weiter ostwärts reitend durch flaches Land setzten wir über den Belicefluß, den alten Hypsas Potamos, und zogen fort durch viel Korkeichenwald und viele ufersandige Strecken, bis wir Menfrici erreichten. Von dort aus geht es durch öde Ebenen, bis sich plötzlich

Sciacca (Thermae Selinuntinae) zeigt, ein lebhafter Ort von 16 000 Einwohnern, mit einem malerischen Kastell und schön auf Hügeln am strahlenden Meer gelegen. Wir hielten dort Nachtrast.

Von Sciacca machten wir uns weiter auf und ritten beinahe vier deutsche Meilen weit am Strande fort, über Kiesel und Muscheln und moorige Strecken, bald wieder über Flüsse hinweg, immer ohne Weg und Steg. Es gibt hier viele ausgetrocknete Flüsse, die vom Herbstregen zu reißenden Strömen anschwellen. Einer der größten ist der Platani, der alte Halykus, den wir durchritten. Wir fanden dort viele Herden hochgehörnter Rinder, die in Sizilien, soviel ich wahrgenommen habe, nicht wie in Italien von weißer, sondern von roter Farbe sind, die wahren Rinder des Helios. Die Hirten, ein wild und elend aussehendes Volk, reiten auf Pferden, wie in der Campagna von Rom und in den Pontinischen Sümpfen.

Nachdem wir den Strand verlassen hatten, ging es über hügeliges Land weiter; es ist unbewohnt, aber reich an Korn. Nirgends eine Ortschaft, überall die vollkommenste Verlassenheit. Mitten in einer Heide überraschte uns der verwundersame Anblick eines Sees, der gänzlich ausgetrocknet und flach vor uns lag, weiß wie Schnee, hohes dürres Schilf umkränzte sein Ufer. Dies Gemälde der Natur, fremd und seltsam, hatte einen Charakter von gespensterhafter Öde, wie ich mich nicht erinnere, Ähnliches gesehen zu haben.

Endlich erreichten wir nach einem Ritt von vierundzwanzig Millien Monte Allegro. Der elende Ort entspricht nicht seinem Namen: denn in ganz dürrer Gegend gelegen, nur von kümmerlichem Weinwuchs und von wenig Olivenbäumen umgeben, sollte er Monte Triste heißen. Ehemals lag diese Stadt auf dem Berge, wurde aber vor hundert Jahren verlassen, weil die Einwohner Wassermangel litten. Man hat deshalb den sonderbarsten Anblick zweier Städte vor sich, der Mutter- und Tochterstadt. Jene steht noch mit Straßen und Häusern aufrecht auf dem Berg, nun eine Mumie von Stadt, während der neue Ort zu ihren Füßen liegt, nicht minder wüst und gespenstig als jene. Alle Häuser sind aus grauem Alabasterkalk gebaut. In der Gegend von Monte Allegro lag einst am Halykus die alte Stadt Heraklea Minoa, welche ihren Namen von Minos erhielt, denn als dieser König den Künstler Dädalus nach Sizilien verfolgte und von den Töchtern des Kokalus getötet worden war, erbauten seine kretischen Begleiter Minoa. Einige Grotten und Gräber in den Felsen gibt man für die Überreste davon aus.

Von Monte Allegro in sehr lästiger Nachmittagssonnenglut aufgebrochen, ritten wir durch wüste Gegenden nach Siculiana. Der graue Ort liegt auf ganz kahlem Berg; er hat kein anderes Grün um sich her als den stachligen Kaktus, welcher das Gestein überwildert.

Die Armut des Volks ist groß. Die Weiber tragen hier überall die
weißen oder schwarzen Schleier von Tuch, die als Mantille über den
Kopf gezogen werden, die Männer hohe gezipfelte Mützen von
weißer oder von schwarzer Farbe. Alles Land umher wittert von
Schwefelgeruch, und hie und da sieht man Schwefelminen rauchen.
Vor Siculiana lag im Altertum Ancyra. Es folgt nun ein Ufer von
vulkanischer Bildung, schwarz oder schwefelweiß, in Reihen von
Kegeln geformt. Wir ritten im zauberischen Mondschein durch diese
schauerlichen Einsamkeiten, überall begrüßt vom Geschrei der Eulen,
schweigsam fort an den schwermutsvollen Meereswellen, bis wir
Molo di Girgenti erreichten, einen kleinen Hafenort, drei Millien
weit von Agrigent. Und erst in der Nacht gelangten wir in die Vaterstadt des Empedokles, das alte Akragas, nun der elende Ort Girgenti.
Eine trümmervolle, klassische Wildnis lag im Zwielicht der Sterne
rings um uns her gebreitet, und als ich am folgenden Morgen vor
das Stadttor ging, sah ich eine Landschaft vor mir, deren großer und
feierlicher Stil kaum dem Gefilde von Syrakus nachsteht.

Wir sind in Agrigent, und ich habe meine Aufgabe zu lösen, eine
kurze Darstellung dieser großen Stadt und ihrer Denkmäler zu geben.
Hier ist es gut, einen Standpunkt zu wählen, der einen übersichtlichen
Anblick gewährt. Ich nehme ihn in der Mitte, vor dem Tempel der
Juno, auf der südlichen Stadtmauer Agrigents. Die Natur der Gegend
ist diese, daß sie sich als eine schiefe Ebene von felsigen Hügeln in
großen Linien heruntersenkt bis zu dem nur zwei und eine halbe
Millie entfernten Meer. Diese Schiefebene umfassen ost- und westwärts zwei Flüsse, dort der Akragas (heute San Biagio), hier der
Hypsas (heute Drago genannt). Sie begrenzen das Stadtgebiet von
beiden Seiten und vereinigen sich unter der südlichen Stadtmauer,
als Fluß Akragas in das nahe Meer sich zu ergießen. Es liegt also der
ganze Umfang des alten Agrigent innerhalb der beiden genannten
Flußarme in einem unregelmäßigen Dreieck, dessen hochgelegene
Basis, dem Norden zugekehrt, von zwei schroffen Felsenhügeln gebildet wird, vom Kamikus, auf welchem das heutige Girgenti steht,
und von dem Felsenhügel der Minerva zu seiner Seite. Dort stand
der Tempel des Zeus Polieus, hier der des Zeus Atabirius und der
Minerva. Es war also dies die eigentliche Stadt Agrigent; nun aber
dehnten sich ihre Vorstädte oder Neapolis, die Neustadt, wie Plutarch
sagt, unter dem Kamikus niedersteigend aus und umfaßten die ganze
felsige Hochebene. Deren natürliche Felsabstürze und labyrinthische
Zerklüftungen bildeten zugleich die Stadtmauer. Am deutlichsten erkennt man sie noch ostwärts und südwärts. Und hier oben auf der
südlichen Stadtmauer sitzen wir, in der Mitte jener Reihe von dorischen Tempeln, welche einer hinter dem andern emporragen, mehr

oder weniger aufrecht, ein Anblick, von dessen melancholischer Schönheit und Größe zu schweigen besser ist, als in vielen Worten zu reden. Blicken wir nun zum Meer, so senkt sich hier plötzlich und tief das Land, braun und öde, eine Landschaft vom tiefsten Ernst der Formen, welcher mit den dorischen Tempeln machtvoll übereinstimmt. Überall große Massen, lange Linien, himmlische Weite und der blaue Spiegel des Meers; ein rotbrauner Farbenton von wärmster Glut, eine fast afrikanische Wüste, still durchbrochen vom Silbergrau der Olivenhaine. Rings, wo die Tempel stehen und Hunderte von Gräbern, Loculi und Nischen um uns her zerstreut sind und hier und dort Säulen ragen, oder riesige Architrave und Triglyphen den Boden bedecken, eine so mächtige Ruhe und ernste Majestät, daß kein anderes Gefühl in der Seele aufkommt als schweigende Bewunderung, und wenn sie weichere Stimmungen überschleichen, so ist es nur die freudige Liebe zu Hellas und seinem Geist.

Es ist nicht leicht möglich, eine zertrümmerte Stadt zu betrachten oder von ihren Denkmälern zu reden, ohne den Gang ihrer Schicksale in Gedanken zu übergehen. Deshalb will ich hier, zwischen jenen Tempeln sitzend, erst ein flüchtiges Bild von der politischen Erscheinung des alten Agrigent entwerfen, in der Hoffnung, daß die Leser dieser Blätter bei einer so weltberühmten Stadt gern verweilen und, was ich andeute, sich ergänzen werden. Es gibt auch im Leben Agrigents eine Fülle von merkwürdigen, von schönen, großen und glänzenden Gestalten, deren Namen in aller Munde lebt. Denn diese Stadt war eine der herrlichsten unter den hellenischen, wenn auch nicht so mächtig wie Syrakus, so doch ebenso reich, so üppig und nicht minder geistvoll und glücklich begabt.

Schon lange vor den Griechen war sie ein Hauptort der Sikaner. Deren König Kokalus hatte, nach dem Bericht des Diodor, den aus Kreta flüchtigen Dädalus bei sich aufgenommen, und dieser für ihn auf jenem Hügel Kamikus, den wir vor uns sehen, eine Burg angelegt, zu der man nur durch einen engen und künstlich gewundenen Weg gelangen konnte. In dies unbezwingliche Schloß brachte Kokalus seine Schätze. Es erhob sich also auf dem Kamikus eine feste sikanische Stadt, ehe die Griechen Akragas anlegten. Das hellenische Agrigent entstand erst im zweiten Jahr der 49. Olympiade (582), eine Pflanzstadt des nahen Gela, welche bald ihre Mutter an Größe und Reichtum überragte: denn der Handel mit Karthago gab ihr ein schnelles Wachstum.

Es hatten die Agrigentiner wie die Geläer zuerst eine oligarchische Regierungsform unter den Gesetzen des Charondas von Katana, bis sich Phalaris zum Tyrannen aufwarf. Dieser außerordentliche Mensch war Kretenser von Geburt. In Agrigent mit dem Bau des Tempels des

Zeus Polieus beauftragt, benutzte er dies Unternehmen, welches ihm
Geld und Leute wie den festesten Punkt der Stadt zur Verfügung
gab. Er mietete Söldner, bewaffnete die Gefangenen und, während
man in der Stadt das Fest der Ceres feierte, überfiel er die Bürger und
machte sich zum Tyrannen von Agrigent. Den Griechen war die Monarchie so sehr verhaßt, daß sie aus Phalaris ein fabelhaftes Ungeheuer
gemacht haben und seine Grausamkeit sprichwörtlich wurde. Allen
ist die Sage vom bronzenen Stier bekannt, den Perillus für jenen
Tyrannen verfertigt haben soll, Fremdlinge und ihm verhaßte Personen darin an langsamem Feuer zu rösten. Diese Sage ist durch ihr
Lokal sehr bedeutend. Denn der Stier von Agrigent deutet auf Kreta
und das Stiergebilde des Dädalus zurück und wieder auf das nahe
Karthago, wo dem Moloch in glühender Stiergestalt Menschen geopfert wurden. Es scheint, als sei hier ein Mysterium des asiatischen
Saturn verhüllt. Daß der Stier des Phalaris wirklich vorhanden war,
sagt Diodor. Er erzählt, Himilkon habe ihn nach der Eroberung von
Agrigent nach Karthago geschickt, Scipio aber 260 Jahre nach der
Zerstörung von Karthago den Agrigentinern zurückgegeben. Der Stier
des Phalaris hat noch dem Lucian zu zwei satirischen Dialogen gedient, worin er Abgeordnete des Tyrannen in Delphi auftreten läßt,
welche dem Gott jene Höllenmaschine zum Geschenk antragen und
den grausamen Tyrannen als einen gerechten Mann darstellen; er
läßt hierauf durch Priestermund die Gabe des Wüterichs als gott-
seliges Opfer erklären. Es ist nicht leicht möglich, die Bosheit gegen
die Kirche, um in unserer Sprache zu reden, weiter zu treiben, als es
hier Lucian getan hat.

Phalaris war gewalttätig und grausam; aber auch er, in einer
frühern Zeit, etwa um die Mitte des sechsten Jahrhunderts vor Christi
Geburt, herrschend, zeigt sich, wie alle griechischen Tyrannen, als ein
geistvoller Mensch, der den Umgang mit Weisen und Künstlern liebte.
Es werden Züge hochherzigen Edelmuts von ihm erzählt, wie von
Dionys, zumal die Geschichte von Menalipp und Chariton, die an
Damon und Pythias erinnert, und jene, die von dem berühmten
Poeten Stesichorus berichtet wird. Phalaris, der so viele Städte mit
tapferm Schwert unterworfen hatte, trug einst den Himeräern ein
Bündnis an; sie sollten ihn zu ihrem Anführer wählen, damit sie sich
an ihren Feinden rächen könnten. Dies verhinderte Stesichorus, in-
dem er vor das Volk trat und ihm eine Fabel erzählte. Das Pferd, so
sagte er, weidete einst allein auf einer Wiese, da kam der stärkere
Hirsch und vertrieb es. Jenes eilte zum Menschen; es bat ihn, den
Hirsch zu züchtigen. Gut, sagte der Mensch, aber du mußt mich auf
deinen Rücken nehmen. Das Pferd willigte darein, es rächte sich wohl
am Hirsch mit Hilfe des Menschen, aber es trug nun für immer dessen

Zügel und despotisches Joch. «So», sagte Stesichorus, «wollet auch ihr, o Männer von Himera, dem Pferde gleichen, weil ihr gesonnen seid, das Joch des Phalaris auf euch zu nehmen.» Die Himeräer wurden nachdenklich und standen vom Bündnis mit dem Tyrannen ab, aber Phalaris war über Stesichorus tief ergrimmt. Nun fiel der Dichter bald darauf in seine Hände und wurde vor den Tyrannen gebracht. Er tat ihm nichts zuleide, sondern bot ihm Gastfreundschaft und reiche Geschenke, ergötzte sich an der Weisheit seines Mundes und an dem himmlischen Klang seiner Lieder und entließ ihn mit Ehren, weil er ein Sänger war.

Höchst eigentümlich erscheint überhaupt das Verhältnis der Philosophen zu den Tyrannen Siziliens, welches in Syrakus besonders auffallend ist. Wie in der fabelhaften Zeit die Heroen durch die Länder wandern, um Ungeheuer auszurotten, so reisen später die Philosophen in der Welt umher, um sie von den Tyrannen zu befreien. Dies ist freilich die Aufgabe der Philosophie, die Menschheit von jeder Art Tyrannei zu erlösen; in den Berichten des Altertums von jenen merkwürdigen Reisemissionen der Pythagoräer und Eleaten ist sie klar und schön ausgesprochen. Es reisen zu Phalaris Demoteles, Zenon von Elea und Pythagoras selber, um ihn zu ermahnen, von der Alleinherrschaft abzustehen und zur Tugend zurückzukehren. Jamblichus erzählt, obwohl fabelnd, davon im Leben des Pythagoras und erdichtet manches weise Gespräch, welches dieser Philosoph mit Phalaris führte. Er verglich, so sagt er, die gute mit der schlechten Lebensweise, enthüllte die Fähigkeiten, die Gebrechen und die Leidenschaften der Seele, offenbarte die Allmacht Gottes aus ihren Werken und überführte damit den ungläubigen Phalaris. Er schwieg nicht von dem Strafgericht, das die Frevler an den Gesetzen erwarte, und so sprach er vieles über die göttliche Vernunft und die Tugend, über den Wechsel des Glücks und die Begier der Menschen nach dem Besitz und der Alleinherrschaft.

Auf die Zureden der Philosophen entgegnete der geniale Tyrann: mit der Alleinherrschaft sei es wie mit dem Leben. Niemand würde geboren sein wollen, wüßte er die Qualen des Lebens voraus; aber sobald man geboren sei, wolle man nicht mehr sterben. So also würde auch niemand Tyrann sein wollen, kennte er im voraus die Pein, welche Tyrannen erleiden; sobald man's aber geworden, könne man nicht mehr aufhören, es zu sein.

Ich erinnere mich des geistvollen Worts, welches ein Syrakusaner dem Dionys sagte. Als dieser einst im Zweifel war, ob er die Herrschaft niederlegen sollte oder nicht, sagte einer seiner Freunde: «O Dionys, die Tyrannis ist doch ein schönes Sterbekleid.»

Unsere Gegenwart, so scheint es mir, bringt lebhaft wieder jene

Zeiten der Tyrannis durch ein augenfälliges Beispiel in die Erinnerung: sie zeigt, daß die menschliche Natur ewig dieselbe sei. Wenn man nun die beiden großen Perioden der Tyrannis, die hellenisch-sikeliotische und die italienisch-mittelalterige, welche sich durchaus gleichen, mit unserer jüngsten Erscheinung der Tyrannis in ihren Intrigen und Machinationen vergleicht, so sieht man, daß es wirklich nichts Neues unter der Sonne gibt. Nur hat die alte Freiheit der philosophischen Rede aufgehört, und unsere Philosophieprofessoren machen und bekämpfen nur noch Hirngespinste und Systeme, die auf das Glück der Völker keinen Einfluß haben.

Die Fabel sagt, daß Phalaris durch ein Gleichnis des Pythagoras sein Leben verlor. Einst redete der große Philosoph in seiner und der Bürger Gegenwart von der Furcht der Menschen vor den Tyrannen und bewies, wie grundlos sie sei, durch das Beispiel der Tauben, welche furchtsam vor dem Sperber fliehen und ihn doch in die Flucht treiben würden, wenn sie kühn sich gegen ihn wendeten. Diese Rede erhitzte einen Bürger dergestalt, daß er einen Stein aufnahm und ihn nach dem Tyrannen warf; andere folgten dem Beispiel, so daß Phalaris zu Tode gesteinigt ward. Andere erzählen von Zenon dem Eleaten, daß er die Agrigentiner gegen ihn zur Empörung aufgestachelt habe.

Das Andenken an Phalaris hat sich in der Welt erhalten, und so sehr merkwürdig erschien dem Altertum dieser Mann, daß man ihm 140 Briefe moralischen und philosophischen Inhalts unterschob, über deren Echtheit die Gelehrten lange Krieg geführt haben.

Nach seinem Tode wurde die Demokratie wiederhergestellt; an die Spitze der Stadt traten zwei weise Männer, Alkmenes und Alkander, unter deren Leitung die Republik erblühte und so reich ward, daß die Bürger anfingen, in Purpur getränkte Gewänder zu tragen. Die Üppigkeit und das allzu geistreiche sophistische Wesen scheint überhaupt ihr Verderben gewesen zu sein.

Zur Zeit des Gelon von Syrakus erlangte jedoch ein sehr kräftiger Mann, Theron, die Tyrannis in Agrigent. Er hatte sich mit jenem verschwägert, und beide, nun die Häupter Siziliens, unterstützten ihre gegenseitigen Pläne. Es begann damals die kurze und schöne Blütezeit Siziliens, nachdem die Karthager bei Himera im Jahre 480 die tödliche Niederlage erlitten hatten. Die meisten karthagischen Gefangenen hatte Agrigent gemacht, und mancher Bürger hielt 500 Gefesselte in seinem Hause. Aber die größte Zahl Kriegsgefangener wurde der Gesamtbürgerschaft zugeteilt; sie mußten nun die Steine hauen, aus denen damals die Tempel Agrigents gebaut wurden, und auch an den unterirdischen Kanälen arbeiteten sie, welche der berühmte Architekt Phäax erbaute. Außerdem legten die Agrigentiner einen Fischteich an, um für ihre üppigen Mahlzeiten köstliche Fische zu mästen; er gewährte ein malerisches Bild, so sagt Diodor, weil sich viele Schwäne auf ihm niederließen. Ihr ganzes Land bepflanzten die Bürger mit Reben und mit Fruchtbäumen jeder Art.

Therons Herrschaft war die Glanzperiode Agrigents. Handel und Feldbau machten die Stadt reich; sie strahlte von Prachtwerken der Architektur, der Bildhauerei und der Malerkunst; pomphafte Feste ergötzten das Volk, und am Hofe des milden Herrschers sah man die Weisen und die Dichter von Hellas. Pindar, Bacchylides, Aeschylus waren ab und zu in Agrigent, und als eine Spannung zwischen Hieron und Theron zum Krieg zu werden drohte, vermittelte der große Dichter Simonides den Frieden. Pindar dichtete damals seinen olympischen Siegesgesang auf Theron den Agrigentiner, der mit dem Wagen gesiegt hatte, und pries im isthmischen Lobgesang auf Xenokrates Akragas als die schönste unter den Menschenstädten.

Sechzehn Jahre lang herrschte Theron. Als er im Jahre 472 starb, errichtete ihm das Volk ein prächtiges Grabmal und gab ihm die Ehre der Heroen. Sein Sohn Thrasydäos ähnelte ihm nicht; den Bürgern verhaßt, wurde er verjagt und später in Megara hingerichtet. Die Agrigentiner hatten also die Tyrannis abgeworfen und für ganz Sizilien das Zeichen zur Befreiung von der Alleinherrschaft gegeben. Während nun überall in den Städten die Demokratie eingeführt wurde, setzte Empedokles in Agrigent eine gemischte Verfassung ein, die den Aristokraten wie dem Volk gleiche Rechte verlieh.

Es scheint, daß die politischen Grundsätze des großen Philosophen auf die Gleichheit aller Bürgerklassen hinausliefen; sich selbst aber hielt er, wie von ihm berichtet wird, für einen Gott. Er kleidete sich in Purpur und trug einen goldenen Kranz auf langwallendem Haar; wenn er feierlich einherschritt, folgten ihm schöngeschmückte Knaben. So schildern ihn die Alten als einen Heros, in welchem die Natur ihre höchste Würde entfaltet habe. Empedokles ist eine der glänzendsten Gestalten, in denen die Griechen das Genie angeschaut haben; spätere Lebensbeschreiber legten in ihn das höchste Bewußtsein von der Göttlichkeit des menschlichen Genius und lassen ihn selber von sich diese Verse sagen:

Die in der ragenden Burg ihr wohnet des gelblichen Stromes
Akragas, Freunde, und wohl euch übt in den trefflichsten Werken,
Seid mir gegrüßt! Ich nimmer ein Sterblicher, sondern ein Gott euch,
Wandle von allen geehrt, denn dies ja ziemet mir also,
Schön mit der Binde gekränzt und mit blumig erschimmernden Kronen;
Schreit' ich daher in dem Schmuck durch ruhmvoll prangende Städte,
Mich dann preisen die Männer und Weiber; unzählige folgen
Mir, so viele bewegt des Gewinns Antrieb, und Verlangen,

Sich zu erforschen das Heil in der Zukunft klärlicher Deutung,
Jeglicher Krankheit auch zu erkennen die künstliche Heilkraft.

Die Naturphilosophie, deren Meister Empedokles war, blieb bei ihm
nicht abstrakt, sondern er wandte seine Ideen auf das Leben an und
war einer der größesten Ärzte. Die Selinunter hatte er von der Pest
erlöst, und so wunderbar waren seine Heilungen, daß man von ihm
fabelte, er habe selbst Tote erwecken können. Die Medizin war eine
der Lieblingswissenschaften der Sizilianer geworden, und große
Namen hatten sie darin aufzuweisen, wie neben Empedokles seinen
Freund Pausanias und seinen Nebenbuhler Akron von Agrigent.
Später war Herodikus, der Bruder des Gorgias, in der Arzneikunde
berühmt und zur Zeit des Aristoteles Menekrates von Syrakus.
Dieser ahmte aus Eitelkeit dem Empedokles nach, und es werden die
spaßhaftesten Geschichten von ihm erzählt. Er nahm keine Bezahlung
für seine Heilungen, sondern verlangte nur, daß seine Patienten sich
seine Sklaven nennen sollten. Nachdem er zwei gefährliche Kranke
mit großer Kunst geheilt hatte, mußten sie ihm überall folgen; er
nannte den einen Herkules, den andern Apollon, sich selbst aber
Jupiter. Im Athenäus wird erzählt, daß er einst an Philipp von Mazedonien folgenden Brief geschrieben habe:
«Menekrates Jupiter dem Philippos seinen Gruß. Du herrschest in
Mazedonien, aber ich herrsche in der Medizin. Du kannst diejenigen,
denen es wohl ist, sterben lassen, und ich kann machen, daß die Un-
wohlen sich gesund fühlen, bis sie altern, wenn sie mir gehorsamen.
Deine Leibwache sind die Mazedonier und meine die, so ich geheilt
habe. Denn ich Jupiter habe ihnen das Leben zurückgegeben.»
Hierauf antwortete Philipp:
«Philippos wünscht dem Menekrates gesunden Verstand. Ich gebe
Dir den Rat, eine Reise nach Anticyra zu machen.»
Auch Plutarch erzählt, daß auf einen Brief des Menekrates an
Agesilaus von Sparta dieser in ähnlicher Weise zurückgeschrieben
habe: «Der König Agesilaus dem Menekrates Gesundheit.» Man er-
kennt die Scharlatanerie, welche sich der Naturwissenschaft, deren
Vaterland Sizilien war, anzuhängen begann, wie die Sophistik der
Philosophie. Sizilien, die Geburtsstätte der Sophistik, war auch das
Vaterland der Scharlatane, und auch noch heutigentags ist dieses
Land, welches den Cagliostro wie den Empedokles gebar, ausgezeich-
net durch sophistischen Verstand und Charlatanismus in mancher
Richtung, zu Extremen geneigt, und ich glaube, es wird diese Charak-
terzüge niemals verlieren können, denn sie sind Miterzeugnisse seiner
vulkanischen Natur.
Schon Empedokles tritt uns in jenen Versen wie ein Gott im

Kleide des Charlatan entgegen, und man muß das Volksleben in den sizilischen Städten betrachtet haben, um die ewigen und dieselben Formen, in denen dieses erscheint, in allen Zeiten wiederzuerkennen. Empedokles weist schon auf die Zauber- und Wundergeschichten der folgenden Zeit hin. Um seinen Tod hat die spätere Sage bereits einen fabelhaften Schein gebreitet, wie um den Tod des Apollonius von Tyana und so vieler christlicher Halbgötter und Wahrsager, die noch heute angebetet werden. Man erzählt, er habe ein totes Weib ins Leben zurückgerufen und sei dann mit Freunden auf das Landhaus des Peisanax gezogen, um zu opfern. Nach dem Mahle seien einige unter die Bäume, andere hier und dort schlafen gegangen. Als sie nun in der Frühe erwachten, fehlte Empedokles. Man fragte die Sklaven; deren einer wußte zu berichten, er habe des Nachts eine übermenschliche Stimme den Namen des Empedokles rufen hören. Als er darüber erwacht sei, habe er ein himmlisches Licht gesehen, einen Glanz von Fackeln, weiter nichts. So sei Empedokles unter die Götter versetzt. Nach andern Sagen stieg der Philosoph zum Ätna empor und stürzte sich in den Krater. Einen seiner Schuhe warf der Berg wieder aus. Man sagt, Empedokles habe diesen Tod gewählt, nachdem ihm die Selinunter göttliche Ehren zuerkannt; er habe also den Glauben befestigen wollen, daß er ein Gott sei. Nach dem Bericht des Diogenes starb Empedokles im Peloponnes. Die Agrigentiner, so sagt er, errichteten ihm eine Bildsäule, und später brachten sie die Römer nach Rom und stellten sie dort vor der Kurie auf.

Die gemäßigte Demokratie, welche Empedokles eingeführt hatte, erhielt sich übrigens lange Zeit in Agrigent. Aber der Charakter der Stadt zeigte viel Ähnlichkeit mit dem von Sybaris und von Tarent. Dem Kriegshandwerk abgeneigt, hielten sich die Agrigentiner meist neutral, selbst auch im Kampf zwischen Syrakus und Athen. Grenzenlos war die Schwelgerei der Bürger. Sie bauten, so sagte von ihnen Empedokles, als sollten sie ewig leben, und tafelten, als müßten sie morgen sterben. In aller Welt war die «Üppigkeit der agrigentinischen Tische» berühmt. Da uns nun Diodor so manches vom Leben in Agrigent kurz vor der Zerstörung dieser Stadt mitteilt, so können wir uns einen lebhaften Begriff von der Weichlichkeit der Bürger machen. Er sagt, es herrschte dort ein großer Überfluß, denn da die Agrigentiner ihr Land mit Weingärten und Oliven bedeckt hatten, so machte sie der Handel nach Lybien unendlich reich. Sie besaßen die köstlichsten Pferde, die in ganz Hellas berühmt waren. Man setzte nicht allein ihnen prächtige Grabmäler, sondern sogar den kleinen Vögeln, welche Mädchen und Knaben im Hause hielten. Als einst Exänetos im Wagenrennen gesiegt hatte, geleitete man ihn im Triumph in die Stadt mit 300 Zweigespannen von weißen Pferden, die alle aus Agrigent waren. Der Reichtum einzelner Bürger, wie der des Antisthenes und des Gellias, war erstaunlich groß. Antisthenes feierte die Hochzeit seiner Tochter durch Bewirtung aller Bürger auf den Straßen; die Braut wurde von mehr als 800 Wagen und vielen Reitern begleitet; abends aber veranstaltete ihr Vater eine Illumination mit den dürftigen Mitteln jener Zeit. Er ließ nämlich die Altäre aller Tempel und aller Straßen mit dürrem Holz bedecken, und in dem Augenblick, als auf der Burg ein Feuer angezündet wurde, auch jene anzünden. Man wußte sich naiv genug zu helfen; und schon damals kannte und liebte man Illuminationen, wie heute im südlichen Italien, wo die Leidenschaft für Feuerwerke den Nordländer in Erstaunen setzt.

Noch reicher als Antisthenes war Gellias. Er hatte, so sagt Diodor, in seinem Hause viele Gastzimmer und viele Türsteher, welche alle Fremden zu Gaste laden mußten. Dasselbe taten auch viele andere in Agrigent, und sie luden alter Sitte gemäß jedermann freundlich ein. Es sagte deshalb Empedokles von seiner Vaterstadt:

«Sie, ein geheiligter Port für Gäste, und fern bleibt Falschheit.»

Einst kamen 500 Reiter aus Gela im Unwetter nach Agrigent. Gellias nahm sie alle auf und gab jedem aus seinem Vorrat doppelte Gewänder. In seinem Weinkeller hatte er 300 steinerne Fässer, deren jedes 100 Eimer enthielt; daneben stand eine steinerne Kufe von 1000 Eimern Gehalt, aus welcher der Wein in die Fässer floß. Man darf daraus auf die Pracht der Häuser und die Gastmähler in ihnen schließen. «Die Menschen», so sagt Diodor, «gewöhnten sich schon von Kindheit an zur Üppigkeit; sie trugen die feinsten Kleider und goldenen Schmuck, besonders liebten sie Haarkämme und Riechfläschchen von Silber oder von Gold.» Aber mehr als alles beweist die Schwelgerei der Agrigentiner ein Volksbeschluß zur Zeit der Belagerung der Stadt durch die Karthager, welcher ausdrücklich verordnete, kein Wachtposten dürfe zum Lager mehr mit sich nehmen als eine Matratze, ein Unterbett, eine Decke und nur zwei Kopfkissen. Wer will diese glücklichen Menschen tadeln, die unter dem schönsten Himmel, in der seligsten Fülle der Natur, an Schätzen der Wissenschaft und der Künste reich, Hellenen und freie Bürger, das kurze Leben in Lust verbrachten; aber wer wird sie bedauern dürfen, oder wer sich wundern, daß diese schwelgerische Stadt trotz ihrer Volkszahl von 800 000 Menschen in so kurzer Zeit nach so unkräftigem Widerstande den Karthagern erliegen mußte?

Es gibt wenig Erscheinungen in der Geschichte, die den Unbestand menschlicher Dinge in so erschütternder Weise darstellen als der plötzliche Fall Agrigents: denn diese schönste der Städte verging wie ein Mensch, welcher mitten in der Fülle seiner Herrlichkeit vom jähen

Tod dahingestreckt wird. Die Ereignisse waren folgende: Nach dem Untergang der Athener vor Syrakus hatte die Stadt Segesta die Karthager gerufen. Diese waren im Jahre 409 unter Hannibal, Giskons Sohn, mit großer Macht erschienen und hatten bereits Selinus und Himera zerstört. Syrakus sah den Fall der Städte nicht ungern, denn sie hatten seine Alleinherrschaft gehindert. Es beeilte sich auch nicht, Agrigent oder Gela zu retten, und so ist jene Periode die schmachvollste der sizilischen Hellenen; sie trübt den Ruhm der Griechen, deren häßlichster Fehler, wie der aller Südländer überhaupt, die Parteiwut war. Nun kehrten die Punier im Jahre 406 mit neuer Macht zurück. Die Agrigentiner, welche den ersten Anfall zu fürchten hatten, versorgten sich mit Getreide, bewaffneten sich, nahmen den Spartaner Dexippus mit 1500 Mann in Sold und zogen auch campanische Mietsvölker herein, welche früher im Heer des Hannibal gedient hatten.

Bereits lagerten Hannibal und Himilko vor der Stadt, östlich vom Felsenhügel der Minerva und jenseits des Akragas; sie ließen einen Wall aufführen und bei dieser Gelegenheit die Gräber zerstören. Aber der Blitz schlug in das Grabmal des Theron, die Pest brach im Lager aus und raffte Hannibal selber hin, während zugleich böse Zeichen und bei Nacht erscheinende Gespenster das Heer in abergläubische Furcht versetzten. Himilko verbot hierauf die Zerstörung der Grabmäler; den Göttern zur Sühne opferte er dem Moloch einen Knaben und dem Poseidon ließ er viele Tiere ins Meer versenken.

Während nun die Karthager täglich Agrigent bestürmten, sandten die Syrakuser ihren General Daphnäus mit Truppen zum Entsatz. Die ihm entgegenrückenden Afrikaner schlug er völlig, und Agrigent war gerettet, wenn die bestochenen Feldherren in der Stadt ausgefallen wären. Die aber machten es möglich, daß die Feinde in ihr Lager entkamen. Das Volk in der Stadt erhob sich und steinigte die Verräter; und nachdem Daphnäus die Karthager umschlossen hatte, waren diese dem wütenden Hunger preisgegeben. Aber der Zufall fügte es, daß die karthagischen Schiffe die Getreideflotte einfingen, welche Agrigent mit Nahrungsmitteln versorgen sollte. Die Bürger hatten mit den Lebensmitteln verschwenderisch gewirtschaftet, weil sie an Entbehrung nicht gewöhnt waren und leichtsinnig auf die nahe Aufhebung der Belagerung sich verlassen hatten. Nun war die Zufuhr aufgezehrt. Doch nicht diese Not, sondern der Mangel an eigener Wehrkraft brachte die Stadt um: denn die Söldner verrieten sie. Zuerst gingen die Campaner zum Feinde über, dann zogen Dexippus und Daphnäus ab, unter dem Vorwand, daß ihre Dienstzeit verstrichen sei. Den Agrigentinern sank der letzte Mut. Nachdem sich ihre Feldherren überzeugt hatten, daß die Nahrungsmittel ausgegeben waren, befahlen sie der Bevölkerung, in der nächsten Nacht samt und sonders die Stadt zu verlassen. Das Unerhörte geschah; so schnell verzagte dies zahlreiche Volk im Angesicht des Hungers, daß es, statt das Äußerste zu versuchen, wie später Syrakus und Karthago taten, die Schmach auf sich nahm, die wohlbefestigte Stadt mit allen ihren Schätzen dem Feinde zu überlassen. Als nun die Nacht gekommen war, zog das Volk aus, Männer, Weiber und Kinder, mit Jammern und Wehgeschrei die Lüfte erfüllend. So groß war die Furcht und so schimpflich die Eile, daß die Angehörigen sich nicht um ihre Kranken noch um die Altersschwachen bekümmerten. Manche jedoch blieben zurück und gaben sich selbst den Tod, um in den Wohnungen der Väter zu sterben. Die Masse des Volks zog nach Gela unter dem Geleit der Bewaffneten, und man sah unter dem Schwarm auch die weichlich verwöhnten Jungfrauen zu Fuße fortziehen.

In die öde Stadt rückte Himilko des Morgens ein, nach dem achten Monat der Belagerung. Die noch drinnen waren, ermordeten die Karthager. Man sagt, daß auch der reiche Gellias zurückgeblieben war, und daß er sich in den Tempel der Athene geflüchtet hatte; als er nun sah, daß die Afrikaner auch die Götter nicht schonten, zündete er den Tempel an und verbrannte sich mit den Weihgeschenken. Die Beute in Agrigent, das noch kein Feind verheert hatte und welches, nach den Worten des Diodor, damals beinahe die reichste Stadt unter den hellenischen war, muß unermeßlich gewesen sein. Die köstlichsten Kunstwerke sandte Himilko nach Karthago als Siegeszeichen, wo sie später den Römern in die Hände fielen. Agrigent aber ließ er verwüsten und die Tempel verbrennen (Spuren eines Brandes sieht man noch heute an manchem Gebälk). Doch erst, nachdem die Punier dort überwintert hatten, zerstörte Himilko die Stadt völlig, und Diodor sagt: er ließ die Kunstwerke und Reliefs in den Tempeln zerschlagen, wenn er glaubte, das Feuer habe sie nicht genugsam vernichtet. Ein unermeßlicher Verlust traf damals die Kultur, gerade in der Blüte der Perikleischen Zeit, und nachdem auch in der Folge der Jahrhunderte so viele andere verwüstende Kriege Sizilien heimgesucht und nachdem noch Verres den letzten Rest fortgerafft hatte, ist der Boden der Insel an Schätzen der Kunst sehr arm geblieben. Die Völker, welche das griechische Sizilien vernichteten, Karthager und Römer, waren gleicherweise Barbaren.

Dies fürchterliche Los hatte Agrigent im Herbst des Jahres 406 vor Christi Geburt getroffen, und seitdem erholte sich die Stadt nie mehr, obwohl sie wieder bevölkert wurde und noch einmal eine Rolle in der Geschichte spielte. Bis auf Timoleons Zeit lag sie wüst, wenn auch nicht unbewohnt. Der große Korinther bevölkerte sie durch eine Kolonie im Jahre 341, so daß sie mit der Zeit wieder sich aufrichtete.

Sie erhob sich sogar während der Tyrannis des Agathokles von Syrakus, als dieser auf seinem abenteuerlichen Zug in Afrika beschäftigt war, zu den Gedanken, ganz Sizilien sich zu unterwerfen. Aber der Plan mißglückte und Agrigent geriet wieder in die Hände der Afrikaner.

Hierauf warf sich Phinzias zum Tyrannen der Stadt auf, ein neuer Phalaris. Die Agrigentiner verjagten ihn und gaben sich dem Pyrrhus von Epirus, dessen Herrschaft jedoch nur kurze Zeit dauerte. Agrigent wurde nun wieder karthagisch und einer der wichtigsten Orte der Punier in ihren Kriegen mit den Römern; denn sie hielten diesen großen Waffenplatz sogar noch, als Syrakus gefallen war. Im ersten Punischen Krieg stand in Agrigent wieder ein Hannibal Giskons Sohn mit 50 000 Mann, und 25 000 Krieger vermochten damals noch die Bürger der Stadt zu stellen. Mit 100 000 Mann schlossen die Konsuln L. Posthumius und Q. Emilius Agrigent ein, wo sich Hannibal auf das glänzendste verteidigte. Weil aber Hanno, der zum Entsatz heranzog, geschlagen ward, mußten die Karthager heimlich aus der Stadt abziehen. Sieben Monate lang hatten die Römer sie belagert, und als sie nun einzogen, mordeten sie mit schonungsloser Wut das agrigentinische Volk und hausten ärger, als es einst die Punier getan hatten. Die überlebenden Bürger machten sie sämtlich zu Sklaven (262 v. Chr.). Aber nicht lange darauf fiel Agrigent in die Gewalt des karthagischen Feldherrn Karthalus, der die unselige Stadt anzünden und zerstören ließ. Gleichwohl hörte sie nicht auf zu existieren. Denn als Syrakus gefallen war, hielten sich in Agrigent noch Epikides, Hanno und Mutines gegen Marcellus. Mutines war ein Punier von Hippo, welchen der große Hannibal aus Italien herübergeschickt hatte; er verrichtete mit der Reiterei so kühne Taten, daß er ganz Sizilien mit seinem Namen erfüllte. Der neidische Hanno nahm ihm das Kommando, was zur Folge hatte, daß Mutines Agrigent aus Rache verriet. Nachts öffnete er dem Konsul Lävinus die Tore der Stadt. Hanno und Epikides hatten kaum Zeit, sich in einer Barke zu retten. Mit gewohnter Grausamkeit bestraften die Römer Agrigent, die Ersten der Stadt strichen sie mit Ruten und köpften sie darauf, alle übrigen wurden in die Sklaverei verkauft. So fiel erst mit Agrigent auch ganz Sizilien in die Gewalt der Römer, im Jahre· 211. Seither verlor sich die schöne Stadt des Empedokles und des Theron aus der Geschichte, in der sie nie mehr eine Rolle spielte. Zur Zeit der Hellenen hatte sie auch an edlen Geistern herrlich geblüht und mögen die besten unter ihnen noch einmal genannt sein. Es zieren sie Empedokles, Pausanias, Akron der Philosoph, Redner und Arzt, Protus des Gorgias Schüler, Dinolochos der Komödiendichter, Phäax der Architekt, Metellus der Lehrer des Platon in der Musik, Philenus

der Geschichtschreiber und selbst noch in der Zeit des Elends, da der
raubsüchtige Verres das ganz versunkene Agrigent um seine letzten
Schätze brachte, welche ihm die Gnade des Eroberers von Karthago
gegönnt hatte, ehrte seine Vaterstadt noch Sophokles als Verteidiger
derselben vor den Römern gegen jenen Räuber.

Es ist wohl anzunehmen, daß schon vor der letzten Eroberung Agrigent sich auf den Kamikus beschränkt hatte, wo es noch heute steht,
schon 2000 Jahre lang und im Elend dauernder als im Glanz. Im
Jahre 825 eroberten es die Sarazenen, Nachfolger jener Punier und
aus demselben Land herübergekommen. Ihren letzten Emir Kamul
verjagte dort der Graf Roger im Jahre 1086. Dann wurde Agrigent
ein Feudum adliger Familien, immer tiefer sinkend, bis zur Einwohnerzahl von nur 16 000 Menschen.

Diesem heutigen Girgenti liegen nun in dem wüsten Gefilde die
letzten Denkmäler des großen Akragas zu Füßen, jene dorischen
Tempel, welche trotz Zeit und Menschenwut der Nachwelt ziemlich
wohl erhalten sind, während die einst nicht minder herrlichen Tempel von Selinus alle am Boden liegen, und während andere blühende
Städte Siziliens, das kornreiche Gela des Aeschylus, Himera und
Kamarina spurlos verschwunden sind und Syrakus selbst von Tempeln nichts gerettet hat, was sich den Trümmern von Agrigent vergleichen ließe.

Diese Tempel wollen wir nun der Reihe nach aufsuchen.

Es führt die Porta di Ponte, das östliche Tor des heutigen Agrigent,
zu dem gerade gegenüberliegenden Fels der Minerva (Rupe Atenea),
einer malerischen Anhöhe, wo heute Kloster und Kirche San Vito
stehen und die Girgentiner einen öffentlichen Garten angelegt haben,
in welchem die Büste des Empedokles aufgestellt ist. Im Altertum
prangte auf diesem Hügel der Tempel des Zeus Atabirius und der
Minerva; es ist nichts von ihm übriggeblieben; aber am südlichen
Felsabhang erkennt man noch die Spuren des Tempels der Ceres und
Proserpina, auf dessen Fundamenten jetzt die Kirche San Biagio
steht.

Geht man am Minervenhügel vorüber und südwärts hinab, so gelangt man zu jener Reihe von Tempeln, welche auf dem Rand der
südlichen Stadtmauer stehen. Ihr Anblick auf dem schönen Hintergrund des libyschen Meers, zumal wenn die Sonnenglut ihr gelbes
Gestein erleuchtet und die mächtigen Säulen strahlen macht, ist noch
heute entzückend; wie prachtvoll muß er im Altertum gewesen sein!

Der schöne Tempel der Juno Lacinia ist der erste in dieser Reihe.
Er erhebt sich auf mäßigem Hügel, zur Hälfte zertrümmert; denn nur
auf einer Seite stehen noch seine 13 dorischen Säulen mit einem
Stück des Architravs; den übrigen fehlen entweder die Kapitäle oder

sie sind gänzlich niedergeworfen und zerstört. Der Tempel ist nach Osten und Westen gerichtet und steht nach dorischer Art auf einem hohen Unterbau von vier Stufen. Er war von einem Portikus von 34 dorischen Säulen mit je zwanzigfacher Kannelierung umgeben, so daß je 13 auf den Längen, je sechs an den Fronten standen. Die Säulen haben 1,29 m im Durchmesser und eine Höhe von 6,44 m. Ihre Kapitäle zeichnen sich durch schöne Linien aus. Leider ist nichts weder von den Fronten noch vom Gesimse erhalten. An den Trümmern bemerkt man Spuren eines Brandes. Nach den Angaben Serra di Falcos sind die Maße dieses Tempels in der Länge 40,98 m, in der Breite 19,53 m. Die Zelle, welche noch ziemlich kenntlich ist, hatte 27,84 m in der Länge, in der Breite 9,30 m. Der Geschichtschreiber Fazello aus dem 16. Jahrhundert war der erste, welcher diesem wie den folgenden Tempeln den Namen gab; bis auf seine Zeit hieß er Torre delle pulselle, Turm der Mädchen. Nach dem Berichte des Plinius malte Zeuxis für ihn sein berühmtes Bild der Juno, wozu ihm die Agrigentiner die fünf schönsten Jungfrauen der Stadt als Modelle hergaben. Aber Cicero erzählt dasselbe vom Tempel der Juno in Kroton und vom Bild der Helena.

Von den Tempelstufen übersieht man den Umfang der alten Stadt am besten. Vor sich hat man in unmittelbarer Nähe die südliche Mauer, welche der natürliche Fels bildet, wie auch an einigen Stellen des alten Syrakus der Felsabsturz zur Mauer gedient hatte. Geht man an ihr entlang, so findet man eine große Zahl von Felsengräbern, Kolumbarien, Nischen und Grabrotunden, welche sich an der Mauer hinziehen und, weil sie gewölbt sind, spätern Ursprungs erscheinen.

Es folgt auf den Junotempel der wohlerhaltene Tempel der Concordia. Auch er liegt auf einem Hügel in malerischer Umgebung von dürrem, rotbraunem Gestein, von Trümmern und üppigem Wuchs der Kaktusbäume. Bis auf das Dach, welches fehlt, ist er vollständig, mit beiden Fronten und allen seinen Säulen. Gleich dem Junotempel steht er auf vier Stufen; auch er hat einen Portikus von 34 Säulen in derselben Verteilung, so daß der Prospekt 6, die Seiten 13 zählen. Sie haben 20 Kannelierungen und eine Höhe von 6,83 m, 1,27 m im Durchmesser. Die Länge des Baues beträgt 42,12 m, die Breite 19,68 m, das ganze Gebälk hat eine Höhe von 2,98 m, so daß der Fries fast um 0,25 m höher ist als der Architrav. Es blieb also der Tempel durch die Karthager unzerstört und widerstand siegreich allen Unbilden der Zeit. Seine wohlerhaltene Herrlichkeit lockte im Mittelalter das Christentum, ihn zur Kirche zu benutzen, und so wurde sein Verfall glücklich abgewendet. Die Zelle schuf man im 15. Jahrhundert zu einer Kapelle um, welche dem heiligen Gregorio delle Rape, Bischof von Girgenti, geweiht wurde. Damals brach man in die Seitenwände derselben die zwölf Bogen ein, die man noch heute sieht, und die, weil sie in einem dorischen Tempel widersinnig sind, diejenigen beirren, welche von ihrem Ursprung nichts wissen. Später wurde die Kirche verlassen, und im Jahr 1748 stellte der Prinz Torremuzza den Tempel wieder her. Fazello hat ihm den Namen Concordia beigelegt, mit welchem ein dorisches Heiligtum nichts zu tun hat; er wurde dazu durch eine lateinische Inschrift verleitet, die man dort vorfand. Unter allen Tempeln Italiens und Siziliens hat kein einziger die Zelle so ganz erhalten wie dieser; denn sogar bis auf die Treppen, welche an ihrem östlichen Eingang auf das Dach führen, ist jeder Teil stehengeblieben und gibt nun ein vollkommenes Bild des dorischen Tempelbaus.

Es ist überhaupt der vollständigste und herrlichste Tempel Siziliens, denn jener von Segesta, dessen Portikus und Fronten gleichfalls erhalten sind, ward doch nicht vollendet, da sich keine Spur von einer Zelle auffinden läßt und die Säulen noch ohne Kannelierung sind. Die majestätischen braunen Säulen, basenlos, mäßig verjüngt, die weitausladenden Kapitäle, die schönen Verhältnisse des Gebälks, welches den Schmuck seiner Triglyphen ganz bewahrt hat, die einfache Größe der Architektur, bringen den reinsten Wohllaut hervor. Und wohl zeigt der dorische Bau, die schönste architektonische Form des Altertums überhaupt, nicht minder anschaulich, als es Plastik und Poesie vermögen, welche klare Kraft und Harmonie in der Seele des griechischen Volkes lebte, weil es imstande war, diese einfachsten architektonischen Gesetze zu finden. Man kann sich beim Anblick eines dorischen Tempels nicht der Betrachtung enthalten, in welchen großen und einfachen Rhythmen sich überhaupt das Leben der Griechen bewegt haben muß, wenn eben die gesamte nationale Empfindungsweise, die jedes Volk am allgemeinsten und sichtbarsten in der religiösen Architektur ausspricht, sich in solcher Gestalt darstellen durfte. Wir verstehen diese Harmonie, welche so einfach ist wie ein geometrisches Grundverhältnis, sehr wohl, aber das volle Gefühl ihres innern Zusammenhangs mit dem Wesen des Volks selbst können wir nicht mehr besitzen. So wenigstens glaube ich, daß der christliche Tempel von Monreale, das schönste Gegenbild dieses Concordiatempels, in seinem Zusammenhange mit den Lebensformen des Mittelalters uns viel lebendiger und begreiflicher erscheinen muß. Hätte Sizilien nichts mehr als diese beiden Gebäude, die Denkmäler oder Repräsentanten zweier großer Kulturen, so würde es schon um ihretwillen eins der merkwürdigsten Länder sein. Der dorische Tempel ist das leibhafte Abbild der strengen griechischen Weltordnung und ihrer tragischen Notwendigkeit; aller Zufall wie alles Phantastische ist von dieser ernsten Form abgeschieden, deren majestätische

Einheit nicht zersplittert werden darf; kein vorwiegend malerisches Prinzip kommt zur Herrschaft, noch irgend Aufwand von Zeichnung, noch Spiel mannigfaltiger Gebilde. Dies gibt erst das christliche Gemüt vollständig frei und breitet sich malerisch in Arabesken und Mosaiken und Steinfigurenwerk jeder Art aus. Der dorische Tempel ist schmucklos bis auf die Triglyphen und die Skulpturen in den Metopen und Giebelfeldern, bis auf die schöne und einfache Zeichnung von Blättern und Mäandern am Gesimse; doch entbehrt er nicht der polychromen Malereien, deren Anwendung man in vielen Tempeln Siziliens nachweisen kann. Was endlich kann schmuckloser sein als die basenlose dorische Säule, deren ernstes und mächtiges Kapitäl imposanter wirkt als die späteren Formen ionischen und korinthischen Stils. Es scheint mir der dorische Tempel sehr charakteristisch für die ernste Natur Siziliens und für ein Land, welches eine nationale Begabung für die strenge Wissenschaft der Mathematik besaß.

Es ist nun der dritte Tempel, der des Herkules, ehemals einer der herrlichsten Agrigents, jetzt eine kolossale Trümmermasse, welche wild durcheinandergeworfen daliegt. Nur eine kannelierte Säule ohne Haupt ragt aus diesem Wust hervor. Mit Erstaunen betrachtet man die ungeheuren Steinblöcke, die prachtvollen Kapitäler, Trümmer des Frieses und Gesimses, die noch Spuren ihrer purpurroten Bemalung bewahrt haben, und jene kannelierten Säulenglieder, welche gleich riesigen Mühlsteinen umhergerollt daliegen, halb in den Boden gesunken oder vom Pflanzenwuchs überdeckt. Nächst dem berühmten Olympion von Agrigent war dieser Tempel des Herkules der größte der Stadt und weltberühmt. Es war ein Hexastylos peripteros von 38 dorischen Säulen, je 6 an den Breiten, je 15 an den Längen, die Ecksäulen mitgezählt. Die Säulen zeichnen sich durch die herrlichsten Kapitäler aus. Vier Reifen zogen sie unter dem schön profilierten Echinus zusammen. Ihr Durchmesser beträgt 2,20 m, ihre Höhe mit dem Kapitäl wenig mehr als vierundeinhalb Durchmesser, nämlich 10,1 m. Sie müssen daher ein ungemein kräftiges Aussehen gehabt haben. Ihr Gebälk war 4,54 m hoch, so daß der Architrav 1,63 m, der Fries 1,34 m, das Gesims 1,57 m betrug. Die lebhaftesten Farben von Rot, Blau, Schwarz und Weiß schmückten dies Gebälk; das Gesims war mit Löwenköpfen an den Rinnen und mit blumigem Zierat versehen. Die Länge des ganzen Tempels berechnet Serra di Falco auf 73,42 m, die Breite auf 27,56 m. Die Tempelzelle war hypäthrisch. In ihr stand die hochberühmte bronzene Figur des Herkules von Myron, von welcher Cicero in seiner zweiten Verrinischen Rede uns viel Interessantes erzählt. Er sagt dort, das Kinn dieses Herkulesbildes sei von den vielen Küssen derer, die im Tempel beteten, abgeschliffen gewesen. Heute könnte Cicero eine gleiche Bemerkung im S. Peter zu Rom machen, wo die Küsse der Katholiken den Fuß des bronzenen Petrus nicht minder abgeschliffen haben, als es einst das Kinn des Herkules gewesen war. Darf man wohl die Zeit und die Elemente schelten, daß sie Kunstwerke zerstören, da selbst Werke von Erz zuschanden geküßt werden? Jene merkwürdige Übereinstimmung der Gebräuche ist übrigens nicht das einzige, was sich vom Heidentum in der katholischen Kirche erhalten hat.

Der schöne Herkules reizte die Begier des Verres. Er beschloß, ihn zu rauben, weil die Agrigentiner ihr Heiligtum nicht gutwillig hergeben wollten. Verres trieb den Raub der Kunstschätze im großen, aber seine barbarische Frechheit wurde dennoch später durch Napoleon übertroffen. Durch ganz Sizilien sandte der Römer seine Kundschafter, und wo sich nur in Tempeln oder Privathäusern vorzügliche Gemälde und Bildsäulen fanden, erpreßte er sie durch Drohungen oder nahm sie mit Gewalt. In einer stürmischen Nacht ließ er den Herkulestempel von bewaffneten Sklaven überfallen, die Tempelwache ward übermannt, die Pforten des Heiligtums wurden aufgebrochen, und man war eben dabei, den bronzenen Gott von seinem Ort, wo er stark befestigt war, loszureißen, als das Volk herzulief. «Keiner war in Agrigent», so sagt Cicero, «weder von Alter so schwach, noch so entkräftet, der nicht in jener Nacht, durch diese Kunde aufgeschreckt, sich erhob und irgendwelche Waffe ergriff. So strömte in kurzer Zeit die ganze Stadt nach dem Tempel.» Die Räuber, die sich mit Brecheisen und Stricken an dem nicht weichenden Gott vergebens abmühten, wurden mit Steinen in die Flucht geschlagen; nur zwei Bildwerke nahmen sie mit sich. Die Sizilianer waren, wie Cicero an mehreren Stellen von ihnen rühmt, sehr geistreich; sie machten bei dieser Gelegenheit einen Witz auf den verunglückten Raubversuch, indem sie sagten, man müsse unter die Arbeiten des Herkules fortan das Ungeheuer Verres ebensogut aufnehmen als den erymanthischen Eber.

Es soll in demselben Tempel auch die Alkmene des Zeuxis aufgestellt gewesen sein, welche nach Plinius dem Künstler so wunderbar schön geraten war, daß er keinen Preis ihrer für würdig hielt und das Bild in den Tempel stiftete. Im Jahr 1836 fand man unter Trümmern die kopflose Statue des Äskulap, welche jetzt im Museum zu Palermo steht.

Weiterhin gelangen wir zu den Ruinen des berühmtesten aller Tempel Siziliens, welcher überhaupt eins der größten Werke des Altertums war. Ich meine das Olympion oder den Tempel des olympischen Zeus. Die Agrigentiner bauten ihn in ihrer glänzenden Periode nach dem Sieg bei Himera; seine Entstehung fällt in dieselbe Zeit, da in

Selinus der Jupitertempel, in Athen das Parthenon, in Olympia der Tempel des Zeus, in Phigalia der Tempel des Apollo und zu Argos der Junotempel erbaut wurde, also in die große Epoche der Vollendung des dorischen Stils in allen hellenischen Landen überhaupt. Die Agrigentiner hatten den ungeheuren Bau fast zu Ende geführt, denn es fehlte nur das Dach; da machte der Krieg mit den Karthagern und die Zerstörung der Stadt im Jahre 406 den Abschluß unmöglich. Himilko plünderte das Olympion, und obwohl die barbarischen Afrikaner im Innern desselben eine große Verwüstung anrichteten und ohne Zweifel ihre Lust an den prachtvollen Skulpturen der Giebelfelder büßten, soweit sie dieselben erreichten, so konnten sie bei der Größe und Festigkeit des Baus doch schwerlich daran denken, ihn auf den Boden zu werfen. Auch schützte ihn der Charakter seiner Architektur, da er nicht ein Peristylium von freistehenden Säulen hatte, sondern von Wänden mit darangesetzten Halbsäulen umschlossen war. Polybius sah den Wunderbau noch aufrecht, und weit ins Mittelalter hinein erhielt er sich, aber immer mehr und mehr in Trümmer gehend, von Wettern und Erdbeben, von der Wut der Sarazenen oder von der Barbarei derer angegriffen, welche seine Quadern zu Baumaterial benutzten, bis am neunten Dezember des Jahres 1401 die letzten noch aufrecht stehenden Reste zu Boden stürzten. Dies erzählt Fazello, der den herrlichen Tempel, dessen Name, ja dessen Ort sogar aus dem Gedächtnis des Volks geschwunden war, wieder auffand. «Und obwohl», sagt er, «der Rest des Gebäudes im Lauf der Zeit zerfiel, stand doch ein Stück, welches sich an drei Giganten und einige Säulen stützte, lange Zeit aufrecht. Dies ist bis auf den heutigen Tag in der Stadt Agrigent zum Andenken bewahrt, und sie haben es in ihr Wappen gesetzt. Aber auch dieses Stück stürzte aus Sorglosigkeit der Agrigentiner im Jahre 1401 zusammen, am neunten Dezember.» Ein gleichzeitiger Dichter besang diesen Trümmerfall in folgenden leonischen Versen:

Ardua bellorum fuit gens Agrigentinorum
Tu sola digna Siculorum tollere signa
Gigantum trina cunctorum forma sublima.
Paries alta ruit, civibus incognita fuit.
Magna gigantea cunctis videbatur ut dea.
Quadricenteno primo sub anno milleno
Nona decembris deficit undique membris.
Talis ruina fuit indictione quinquina.

Mächtig war das Geschlecht der Agrigentiner im Kriege,
würdig allein vor allen Siziliern,

Agrigent 815

drei der Giganten hochaufragend im Wappen zu tragen.
Die hohe Wand stürzte, sorglos waren die Bürger.
Denn göttlich erschien allen die Gigantenschaft.
Im Jahre 1401, am 9. Dezember, zerbrachen sie.
So wurden sie Ruinen in der 5. Indiktion.

Girgenti führt noch heute drei Riesen im Wappen, die Trümmer des Olympion aber nannte das Volk den «Palazzo de' Giganti».

Heutzutage ist von dem großen Tempel nichts mehr zu sehen als sein Plan, welchen man durch Aufräumung vollständig darzulegen vermocht hat, und dessen ungeheure Größe in Erstaunen setzt. An den Seiten hat sich der Schutt zu Wällen gebildet, welche Pflanzenwuchs umbuscht; Ölbäume haben zwischen den Trümmern Wurzel geschlagen. Deren größte Masse liegt auf der westlichen Seite aufgehäuft, wo die kolossalen Glieder dieses Baus durcheinandergestürzt sind, darunter Stücke von den Halbsäulen, in deren Rinnen, wie es schon Diodor angegeben hat, ein Mann bequem Platz findet. Aber so groß diese Trümmermasse auch ist, so erscheint sie doch im Verhältnis zum Ganzen so gering, daß man gleich erkennt, wie das meiste Material hinweggebracht worden sei. Aus den Steinen dieses einen Tempels wurde noch zur Zeit Karls III. von Bourbon der Molo des heutigen Girgenti erbaut. Mitten auf die nun freigelegte Grundfläche des Olympions hat man einen jener Giganten, die als Karyatiden dienten, hingestreckt. Er besteht aus mehreren Stücken eines Muschelkalktuffs, welche aneinandergesetzt sind. Der riesige Kopf, durch Witterung und Herabsturz unförmlich geworden, hat geringelte Haare und ein Berretto nach phrygischer Weise; die Arme sind zum Tragen wie bei Karyatiden darübergelegt. Die Figur, fast 7,75 m lang, zeigt den strengen ägyptischen Stil, sie läuft mit zusammengehaltenen Füßen spitz nach unten zu. Sie erinnert durchaus an die riesigen Steinbilder von Memphis und Theben, und hier ausgestreckt erscheint dies braune und seltsame Gigantenbild wie der Gott selbst, der sich mitten in die Ruinen seines Tempels zum Schlaf der Jahrhunderte niedergelegt hat, unerwecklich weder durch Erdbeben, noch durch den Lärm der Geschichte eines kleinen Menschengeschlechts.

Diodor hat uns den Tempel beschrieben, wie er ihn sah. «Es beweisen», so sagt er, «die heiligen Tempel und besonders der Tempel des Zeus die Pracht der Stadt zu jener Zeit. Die andern Tempel sind verbrannt oder zerstört, weil die Stadt oftmals erobert wurde. Das Olympion blieb dachlos, da ein Krieg dazwischenkam. Nach der Zerstörung der Stadt aber kamen die Agrigentiner nie mehr dazu, den Tempel zu vollenden. Er ist lang 340 Fuß, breit 60 (soll nach Winckelmann richtig heißen 160 Fuß), hoch 120 Fuß ohne die Untermauer.

Er ist der größte von Sizilien, und in Rücksicht auf den starken Unterbau kann man ihn auch den auswärtigen dreist gleichstellen. Denn obgleich das Gebäude nicht vollendet ward, ist doch sein Plan deutlich. Indem sonst das Tempelhaus nur von Wänden allein oder das Heiligtum rings von Säulen umgeben ist, hat dieser Tempel beide Unterstützungen. Es sind nämlich in die Wände Säulen eingesetzt, von außen rund, im Innern des Tempels viereckig. Der äußere Teil der Säulen, deren Kehlen so weit sind, daß sich ein Mann hineinstellen kann, hat einen Umfang von 20 Fuß, der innere einen von 12 Fuß. In den ungewöhnlich großen und hohen Feldern ist ostwärts der Gigantenkampf in sehr großen und schönen Reliefs dargestellt, westwärts aber die Eroberung Trojas, und man findet die Figur eines jeden Helden dem Charakter gemäß.»

Die Trümmer und die Grundfläche des Olympion bestätigen vollkommen die Angaben Diodors. Der Tempel, auf fünf Stufen, also auf einem Piedestal aufgestellt, das seinen Verhältnissen entsprach, war von Osten nach Westen gerichtet, hatte eine Länge von 113,45, eine Breite von 56,30 m. Er war der einzige von der eigentümlichen Gattung Pseudoperipteros, d. h. ihn umfaßten nicht freistehende Säulen, sondern die Mauern selbst, in welche auf den Längen je 14 kannelierte Halbsäulen eingesetzt waren, deren Durchmesser 3,48 bei der enormen Höhe von 16,83 m betrug. Den Halbsäulen von außen entsprachen im Innern viereckige Pilaster. An der Ostseite, wo sonst der Eingang bei Tempeln zu sein pflegte, zählt Serra di Falco die ungleiche Zahl von sieben Halbsäulen, eine ungewöhnliche Anordnung. Seine Ansicht ist diese, daß der Eingang auf der Westseite gewesen sei und der Baumeister auf jener Seite also die ungleiche Säule der Mitte hinweggenommen habe, um die Türe zu gewinnen. Denn da die Breite derselben an dorischen Tempeln gewöhnlich größer gewesen sei als die doppelte Interkolumne, so ging das bei dem Pseudoperipteros nicht an, weshalb sich der Architekt in jener Weise geholfen habe. Den Fries gibt Serra di Falco auf 3,14, das Gesims auf 1,28 m an; die Höhe des Architravs sei nicht mehr zu ermitteln; indem er ihn aber etwa auf 2,62 m berechnet, bestimmt er die ganze Höhe des Tempels auf etwa 35,60 m.

Das Innere war der Länge nach in drei Teile geteilt durch zwei Reihen von Pfeilern, die durch Gemäuer verbunden waren, so daß die Mitte für die Zelle bestimmt war und die Seiten als Peristyl galten. Wo jene Giganten, von denen einige weibliche Figuren mit langem Haar vorstellen, ihre Stelle einnahmen, ob an den Pilastern, ob die Zelle stützend, kann man nicht mehr erkennen. Sie waren 14 an der Zahl. Da nun von den großen Reliefs in den Giebelfeldern nichts mehr übriggeblieben ist als die kümmerlichsten Fragmente, so ist

Agrigent: Zeustempel

jene eine Karyatide der einzige Skulpturrest des Olympion, von welchem auf die Bildhauerei Siziliens zu jener Zeit nicht geschlossen werden darf, da er eben im Stil der Karyatiden gearbeitet ist. Der Verlust jener Skulpturen ist unendlich zu beklagen; wären sie erhalten worden, so würden sie im Verein mit den Metopen von Selinunt für die Geschichte der Kunst ein großer Gewinn geworden sein. Vielleicht fördert noch ein Zufall einen ihrer Reste zutage.

Man findet heute in dem kleinen Museum des Malers Politi zu Girgenti die Modelle des Olympion nach jenen Angaben des Diodor und der neuesten Altertumsforscher hergestellt; sie geben eine deutliche Vorstellung von dem Bau, dessen Größe durch die ihn umschließenden Wandflächen noch bedeutender wird erschienen sein. Aber eben weil die Säulen nicht freistanden, wird ihm die Kühnheit und Schönheit gefehlt haben, welche das Olympion von Selinunt, wohl der prächtigste aller Tempel Siziliens, auszeichnete; denn dessen Säulen standen frei. Wie sehr aber halbe oder auch nur an die Wand anlehnende Säulen in ihrer plastischen Wirkung sich abschwächen, mag man heute an den Säulen der plumpen Fassade des S. Peter sehen, welche den dorischen von Selinus und Agrigent an Umfang noch um ein Geringes überlegen sind.

Die Verhältnisse des Olympions von Selinunt, welches gleichfalls nicht vollendet war, sind nach Serra di Falco diese: Länge 113,24, Breite 50,05 m; Durchmesser der Säulen 3,41 m, und ungeheure Höhe von 18,2 m; 8 Säulen im Prospekt, je 17 auf den Längen. Stellt man sich demnach ein solches Gebäude in fehlloser Vollendung vor, so gibt es kaum einen Bau in der Welt, der jenem gleichkäme. Der Tempel des Zeus zu Olympia war nur 64,12 m lang; der Tempel der Diana zu Ephesus aber 133 m, der des Apollon zu Didyma 103 m lang; der Neptuntempel zu Paestum maß 60 m in der Länge, in der Breite 24,50 m; der große Tempel zu Edfu in Ägypten 95 m in der Länge.

Über das Olympion hinaus liegt weiter westlich der sehr malerische Überrest des Castor- und Polluxtempels; so hat nämlich Fazello diese Trümmer genannt, welche bis auf die neueste Zeit am Boden lagern. Denn die vier herrlichsten Säulen mit ihrem Gebälk haben erst Serra di Falco und Cavallari aus dem Schutt zusammengesucht und glücklich aufgerichtet. Sie sind dorisch, kanneliert und mit weißem Stuck überzogen. Der Tempel hatte 13 Säulen in den Längen, 6 an den Breiten, sie sind 6,45 m hoch und haben im Durchmesser 1,18 m. Da sich jedes einzelne Glied dieses schönen Baus in Fragmenten vorgefunden hat, so konnte man diese so zusammensetzen, daß der Charakter des Ganzen deutlich wurde. Er war polychromisch; man sieht Reste der Malerei noch am Gebälk. Das Gesims ist von überaus graziöser Arbeit; Löwenköpfe sind an den Rinnen angebracht. Serra di Falco hält den Tempel für unbezweifelt griechisch, aber doch für eine römische Restauration.

Das letzte Monument in der südlichen Reihe ist gegen Westen hin der sogenannte Tempel des Vulcan, ein Trümmerhaufen, aus dem noch zwei Säulenstümpfe aufragen, welche römische Kannelierung zeigen.

Geht man nun zum Herkulestempel zurück und durch den Einschnitt der südlichen Stadtmauer, welcher hier ein altes Tor (Porta aurea) nach der Meeresseite zu erkennen läßt, so hat man außerhalb der Mauer und in ihrer unmittelbaren Nähe das Grab des Theron vor sich. Es ist dies ein vierseitiges, aus Kalksteinquadern errichtetes Denkmal von zwei Stockwerken; das untere ungegliedert und durch ein Gesims vom oberen getrennt; dieses verjüngt sich und endet in einer Plattform. Jede Ecke hat eine kannelierte Säule mit ionischem Kapitäl und attischer Basis. Wahrscheinlich ist dies Monument irgendein Kenotaphium aus der römischen Zeit, und es möchten leicht diejenigen recht haben, welche behaupten, es sei das Denkmal eines Pferdes gewesen. Ölbäume, die es heute umstehen, machen es sehr malerisch, und indem der Beschauer von hier aus über sich die steile und rotbraune Felsenmauer mit den emporragenden Tempeln, unter sich aber die sonnige Flur des Äkragas und das Meer erblickt, genießt er eines prachtvollen Schauspiels.

Es liegen noch südlicher nach dem Meere zu die Trümmer des Äskulaptempels, wo einst Myrons herrliche Statue des Apollo stand, welche Himilko nach Karthago bringen, Scipio den Agrigentinern wiedererstatten ließ, und die endlich Verres aus dem Heiligtum raubte.

Dies nun sind die Überreste des großen Agrigent auf jener Seite der Stadt und außerhalb der Mauern. Die lange Linie der Tempel, welche sich dort hinzogen, wie sie heute benannt sind, Juno, Concordia, der kolossale Herkulestempel, der noch größere des olympischen Zeus, der des Castor und Pollux und manche andere, die nun entweder zertrümmert oder gänzlich verschwunden sind, müssen den erhabensten Anblick gewährt haben; zumal für den, welcher von Heraklea, das heißt von der Meeresseite zur Stadt heraufkam, erst das üppigste Fruchtgefilde durchzog und dann vor sich über den Mauern die Tempel sah, gleichsam die heiligen Hüter der volkwimmelnden Stadt, die mit dem Gewirr ihrer Gassen und mit ihren sonstigen Prachtbauten weithin die Hügel hinanstieg und im Tempel der Minerva auf dem höchsten östlichen Felsenkamm, auf dem westlichen Gipfel aber mit der Akropolis endigte.

Bis auf wenige Trümmer ist von dieser innern Stadt alles verschwunden. Überall bedecken Weinberge oder Ölgärten den Boden, aus dem immerfort Münzen, Vasen und andere Antiken gezogen werden. Etwa in der Mitte des alten Stadtgebiets steht die Villa der Erben des Ciantro Panitteri, ein einfaches Gebäude in einem ländlichen Garten, welches einige Altertümer bewahrt, besonders ein schönes korinthisches Gesims römischer Zeit. In der Nähe dieser Besitzung zeigt man das sogenannte Oratorium des Phalaris, ein wunderlicher Begriff für diesen Tyrannen. Wie dem Theron, wollten auch ihm die Girgentiner ein Denkmal zuschreiben; aber das kleine Gebäude, ein Oblong von Pilastern mit attischen Basen und dorischen Kapitälern, ist unzweifelhaft römischen Ursprungs; die Mönche von San Niccolò haben es in eine christliche Kapelle verwandelt.

Vom alten Fischteich der Agrigentiner ist keine Spur anzugeben; einen neuen sieht man an jenem Oratorium angelegt. Und so ist dies das einzige Altertum zwischen dem Kamikus und der südlichen Stadtmauer. Denn in der elenden Stadt selbst ist kein dorisches Denkmal mehr vorhanden, außer den sogenannten Resten des Tempels des Jupiter Poleus, auf dessen Fundamenten die Kirche Santa Maria de' Greci gebaut sein soll. Sie liegen unter der Kirche im Boden. Mit Fackeln hinabsteigend, sieht man noch einige Stufen und Stümpfe von dorischen Säulen.

Aber den herrlichsten Schatz bewahrt schon seit langer, doch ungewisser Zeit die Kathedrale, ein ansehnliches Gebäude auf dem Kamikus. Dort dient nämlich zum Taufbecken der berühmte Sarkophag, dessen Reliefs Szenen aus der «Phädra» des Euripides darstellen; wie man annimmt, Kopie eines griechischen Meisterwerks von römischer Künstlerhand. Die römischen Museen sind ausgezeichnet durch schöne Sarkophage, aber in der Regel reizen ihre Reliefs aus nachgriechischer Zeit mehr durch den Inhalt des Vorgestellten als durch die Schönheit der Ausführung. Dagegen wetteifert auf dem Sarkophag von Agrigent der Bildhauer mit dem Dichter, und schwerlich läßt sich die schöne Szene des Trauerspiels, wo die verschmachtende Phädra in Ohnmacht hinsinkt, graziöser darstellen, als es der Künstler in diesem Relief vermochte. Man kennt die Vorliebe der sizilischen Griechen für Euripides; man weiß, daß Verse dieses Dichters hinreichten, die Syrakuser in Entzücken zu versetzen, und daß nach dem Untergang der athenischen Expedition viele gefangene Athener ihrer Deklamation die Befreiung verdankten. Schon hieraus darf man folgern, daß jener Sarkophag ein Werk sizilischer Kunst war. Der Wert der Reliefs auf den Seiten des Kunstwerks ist ungleich, so daß es scheint, die Seele des Künstlers sei nicht überall gleich teilnehmend gewesen. Wie wenige andere stellt dieser Sarkophag die Handlung in entwickelter Folge dar; sie beginnt mit der Jagd Hippolyts, wodurch auch Euripides den Haß der Venus motiviert. Der schöne Jüngling sitzt zu Roß, die Lanze auf den Eber schleudernd, welchen Hunde anfallen. Drei andere Jünglinge beteiligen sich mit Keule, Spieß und Stein. Ein vierter bringt einen Hund heran. Unter dem Laubwerk bemerkt man den Kaktus Siziliens. Es folgt die zweite Szene auf der rechten Kleinseite, Gipfel und Seele des Ganzen, ein Relief von der höchsten Schönheit und Anmut. Da ist Phädra auf den Stuhl gesunken, eine herrliche Gestalt idealen Ausdrucks; die Amme hinter ihr, sie entschleiernd; eine Dienerin hält ihren sinkenden rechten Arm; der linke scheint den bogenspannenden Eros abzuwehren, welcher an ihrem Stuhl herauf seine Geschosse rüstet. Herrlich drückte damit der Künstler die Ursache des Siechtums, das Liebesleid und zugleich den moralischen Kampf in der Seele Phädras aus, dessen Schilderung das Glänzendste ist, was auch dem Euripides gelang, und wo er lyrisch-graziös wird wie Calderon. Junge Mädchen, schöne Gestalten, halten vor der Liebekranken Zithern zum Spiel, und auch dies Motiv ist gar reizend, die Figuren aber sind leicht und zart wie ähnliche auf Fresken von Pompeji. Indem hier kräftige Gegensätze vereinigt sind, die schmachtende Gestalt der Phädra, die ihr zur Folie dienenden Frauen, die alte Amme, die jungen Zitherspielerinnen, wird das Ganze anmutig belebt. Vollends der Zug melancholischer Grazie in der Erscheinung Phädras ist hinreißend. Es ist das herrlichste Gedicht von der Macht des Eros und die Komposition dieses Reliefs dem Schönsten gleichzustellen, was wir aus Pompeji besitzen. Die dritte Szene stellt auf der vordern Langseite Hippolyt dar, die Lanze in der Hand, die Freunde mit Rossen und Hunden zur Seite, sein Haupt in wehmütiger Neigung abgewendet; die Amme offenbart ihm die verbrecherische Liebe der Stiefmutter. Am mindesten vollendet ist der Schluß auf der letzten Kleinseite: Hippolyt liegt am Boden, aus der Biga herabgestürzt; der Wagenlenker sucht die durchgehenden Rosse zu halten, das neptunische Ungeheuer starrt, nur leicht angedeutet, von hinterwärts herein.

Es sind manche Köpfe und Figuren an diesem schönen Werk beschädigt, im ganzen aber ist der Sarkophag wohlerhalten. Zwischen den grellen Fratzenbildern, welche in der Kathedrale umherhängen, die Lazarettmythologie des Christentums versinnlichend, steht dieser antike Sarkophag seltsam, verloren und fremd da, und er feiert den stillen Triumph des griechischen Genius über das Christentum.

Ich schließe mit ihm diese Fragmente von Agrigent. Ich warf verlangende Blicke auf das herrliche Uferland und wäre gern an der südlichen Küste gegen Noto hin weitergeritten, aber mein Ziel war erreicht; ich ritt quer durch die Insel nach Palermo zurück, in zwei Tagesmärschen xenophontischer Natur, von denen der erste durch

den drückendsten Sciroccowind ausgezeichnet war, wie ich eines ähnlichen mich nicht erinnere. Hier in der nächsten Nähe Afrikas hatte
ich ihn gleichsam aus erster Hand.

Sechs Millien weit von Girgenti liegt der berühmte Schlammvulkan
Maccaluba in ganz öder Gegend, die von kahlen braunen Hügeln
durchzogen wird. Er selbst ein kleiner Hügel, mit mehreren Öffnungen, aus denen Idrogen-Gas quillt, und bläulicher Schlamm nieder-
rinnt – ein melancholischer Anblick. Wir ritten an Aragona vorbei,
einem Ort, den ein stattliches Baronalschloß auszeichnet. Gegenüber
liegt Comiteni, mit unerschöpflichen Schwefelminen. Es kamen uns
viele mit Schwefel beladene Maultiere entgegen. Diese hochgelben in
Quadern regelrecht geformten Schwefelstücke, welche sie tragen, sind
schön anzusehen. Überall auf dem Wege verstreuter und zerbröckel-
ter Schwefel und hie und da in den Bergen dichte Rauchsäulen der
dampfenden Schwefelminen; die Atmosphäre selbst von Schwefelgeruch durchzogen; man empfindet es physisch, daß man auf der
Ätna-Insel ist. Ihre größte Industrie, ja die wahrhafte Nahrungs-
quelle des verarmten sizilischen Landes ist nun der Schwefel, welcher
in großen Massen, zumal nach England, ausgeführt wird.

Wir durchritten ungezählte Male den Fluß San Pietro, der in den
Platani strömt. Er schlängelt sich in vielen Windungen durch ein
melancholisches Felsental oder ergießt sich über stille Fluren, auf
denen die roten Sonnenrinder weiden; nirgends führt eine Brücke
über ihn. Es machte mir Vergnügen, ihn wiederholt zu durchreiten,
und Giuseppe Campo versicherte mit arithmetischer Bestimmtheit,
daß wir ihn sechsunddreißigmal passiert hätten. Die Sciroccoglut in
seinem Tal war schwindelerregend. Wir schmachteten nach Labung,
zumal nach dem erfrischenden Schlürftrank des Sorbetts, aber nirgends war ein Ort zu sehen. Nur zweimal rasteten wir in einsamen
Häusern der Campagna, wo sich Hufschmiede angesiedelt haben,
welche die Maultiere beschlagen. Das Gefilde wird bedeutender und
malerischer in der Mitte des Wegs zwischen Girgenti und Palermo.
Herrliche Pinien und Zypressen, mächtige Johannisbrotbäume durchbrechen die Einöde, die wir nun erschöpft und schweigend bei dem
Schein des sizilischen Mondes durchzogen. Solche Mondnacht in solcher homerischen Wüste, da nichts hörbar ist als der Huftritt der
Maultiere und hie und da der Klagegesang des Vogels der Minerva,
wer kann sie mit Worten schildern? So zogen wir über kahle Berge
nach den Schwefelminen von Lercara, wo wir Nachtrast nahmen.

Von dem kleinen Lercara geht die Fahrstraße nach Palermo, und
man kann die Post benutzen. Ich ritt jedoch in der Morgenfrühe
weiter. Der Tag war entzückend schön und klar, die Gegend herrlich
und hie und da bebaut. Über Belle Fratte ging es weiter, vorbei an

dem malerischen und verfallenen Schloß Palazzo Adriano nach Misilmeri, dem schönen Wohnort des wackern Mannes Campo. Der trefflichste aller Maultiertreiber bewirtete mich in seinem Hause mit Sorbett, lud mir auf das Tier einen Korb voll der köstlichsten Wein-
trauben, die er aus dem Garten des Prinzen Buongiorno geholt, und
entließ mich in der Begleitung seines Sohnes, mit dem ich dann die
neun Millien nach Palermo zurücklegte. Eine herrliche Straße führt
durch die üppige Ebene der Stadt, durch ein paradiesisches Land,
dessen Orangengärten bis vor die Tore der alten Panormus reichen.

SEGESTA,
SELINUNT UND DER MONS ERYX

1886

Der Zweck meines Aufenthaltes in Palermo im Frühling 1886 war dieser, einige Nachforschungen im Staatsarchiv Siziliens zu machen, welches (beiläufig gesagt) in dem alten Klostergebäude der schönen Kirche Santa Maria della Catena eingerichtet ist und unter der Leitung des Commandatore Giuseppe Silvestri steht. Mir lag jeder Gedanke an Reisen im Lande fern, allein die verführerische Göttin Gelegenheit klopfte an meine Tür, und sie bewog mich, für einige Tage den Registern des Archivs Lebewohl zu sagen.

Der Prinz von Scalea hatte die Liebenswürdigkeit, mich einzuladen, an einer offiziellen Fahrt nach Segesta, Selinunt und Trapani teilzunehmen. Dieser Palermitaner, der Zweitgeborene des Hauses der Herzöge von Trabia, ist königlicher Kommissar der Altertümer Siziliens. Er bekleidet demnach ein Amt von hoher Wichtigkeit für die Erhaltung des antiquarischen Nationalschatzes seines Vaterlandes und setzt so die rühmlichen Traditionen Serra di Falcos, seiner eigenen Familie, wie überhaupt des sizilianischen Adels fort, welcher sich zumal seit dem 18. Jahrhundert durch patriotische Pflege der Künste und Wissenschaften ausgezeichnet hat.

Der Prinz war eben erst mit andern Delegierten der Regierung von Syrakus zurückgekehrt, wo die feierliche Eröffnung des neuorganisierten Nationalmuseums stattgefunden hatte. Diese durch ihre Venus berühmte Sammlung gehört jetzt dem Staat, und zu ihrem Vorstande ist Saverio Cavallari ernannt worden, der bekannte Topograph des alten Syrakus, einer der verdientesten Antiquare, deren sich Sizilien zu rühmen hat.

Einige der von dort nach Palermo gekommenen Herren gehörten zu einer Kommission, die das italienische Ministerium beauftragt hatte, in Kalabrien und Sizilien die Kunstindustrieschulen zu besichtigen. Sie nahmen zugleich Kenntnis von dem Fortgange wichtiger Ausgrabungen. Die freundliche Aufforderung, mich einer ihrer Exkursionen anzuschließen, verhieß mir soviel gesellschaftlichen Genuß als wissenschaftlichen Gewinn. Denn unter diesen Männern befanden sich anerkannte Autoritäten ersten Ranges in bezug auf die Kenntnis des Landes und seiner Altertümer. Wer kann neben Scalea tiefer darin eingeweiht sein als Antonino Salinas, der Verfasser des Werkes «Die Münzen der alten Städte Siziliens», und gegenwärtiger Präfekt des Palermitaner Nationalmuseums? Oder wer hat gründlichere Studien zumal über die mittelalterlichen Baudenkmäler der Insel gemacht als der Architekt Patricolo, der Wiederhersteller der Martorana? Zu diesen drei Palermitanern gesellten sich der mir seit Jahren bekannte römische Altertumsforscher Barnabei und der Ingenieur Bongiovanelli, beide im Kultusministerium unter Fiorelli in Rom angestellt; endlich zwei namhafte Architekten Norditaliens, Camillo Boito aus Mailand und Alfredo d'Andrade aus Genua. Boito ist auch als geistreicher Kunstschriftsteller bekannt, namentlich durch seine Bücher «Architettura del medio evo in Italia» (1880) und «Gite di un artista» (1884). In diesem «Reisebericht eines Künstlers» hat er mit soviel Lebhaftigkeit wie Einsicht die Eindrücke geschildert, welche die Kunstschätze und Monumente deutscher Städte, besonders Münchens, auf ihn gemacht haben.

Wer die letzte Turiner Ausstellung besucht hat, wird sich des merkwürdigen Kastells im Stil des piemontesischen Mittelalters erinnern, welches dort aufgebaut war und allgemeine Aufmerksamkeit erregte. Dies ist das Werk des Herrn d'Andrade, eines seit langen Jahren zum Italiener gewordenen Portugiesen aus Lissabon. Die Stadtgemeinde Turin hat jenes Kastell angekauft und den Künstler mit ihrem Bürgerrecht beschenkt. Von soviel Weisen, sieben an der Zahl, konnte ich daher recht viel profitieren.

Am 19. April, um fünf Uhr morgens, bestiegen wir auf der Station Palermo-Lolli den Salonwagen, welchen die Verwaltung der okzidentalen Eisenbahnen Siziliens diesen Herren zur Verfügung gestellt hatte. Der westliche Teil der Insel, das wein- und ölreiche Land der Elymer im Altertum, die Valle di Mazzara im Mittelalter, hat jetzt Eisenbahnen, die es mit Palermo verbinden. Sie umschreiben seine Peripherie in einem verschobenen Viereck, auf dessen Meerseite die beiden Vorgebirge Drepanum und Lilybäum und die Hafenstädte Trapani, Marsala und Mazzara liegen. Die Linie auf der Landseite trifft die Binnenstädte Calatafimi, Salemi und Castelvetrano.

Der Zug geht an den südlichen Abhängen erst des Monte Pellegrino, dann des prachtvollen Kaps San Gallo hin, durch ein ödes Gebirgsland, bis er sich wieder dem Meere nähert, wo die mit einem Wartturm bewehrte Fraueninsel (Isola delle femmine) sichtbar wird und sich der Golf von Castellamare aufschließt. Dort liegen die Ufergebilde von Partinico und Sala, von Carini und dem alten Hykkara, der Vaterstadt der schönen Hetäre Lais, herrliche Landschaften, welche meilenweit mit Limonen- und Orangengärten bedeckt sind.

Bisweilen geht neben der Eisenbahn die weiße Fahrstraße her, welche nach Palermo führt, und diese betrachtete ich immer mit jener halb melancholischen, halb freudigen Erregung, die das Wiedersehen eines Weges hervorbringt, auf dem man vor langen Jahren daherge-

zogen war. Ich sah mich hier selbst wieder, reitend auf einem störri-
schen Maultier, neben mir einen gleich schlechten Reiter, einen jungen
Landsmann aus Sachsen. Dies war Konrad Bursian, welcher sich nachher als Geograph Griechenlands und als Philologe und Altertumsforscher einen geachteten Namen erwarb. 33 Jahre sind seit unserer
sizilianischen Reise verflossen, und in dieser Zeit haben sich, was
kein Sterblicher damals ahnen konnte, in Sizilien und Italien, in
Deutschland und der halben Welt staunenswürdige Umwälzungen
von Völkern und Staaten vollzogen, während die gesamte Kultur der
Menschheit in eine neue, fast wunderbar zu nennende Entwicklung
getreten ist. Mein trefflicher Reisegefährte ist leider bereits zu den
Schatten seines geliebten Homer auf die große Asphodeloswiese hinabgestiegen. Ich aber pilgere noch weiter, und ein freundlicher Zufall
hat mich auf dieselbe Wanderstraße zurückgeführt, aber nicht mehr
in ermüdenden xenophontischen Märschen zu Maultier wie damals,
sondern in einem mit aller modernen Bequemlichkeit ausgestatteten
Eisenbahnwagen gemächlich hingestreckt, in Gesellschaft geistreicher
und bedeutender Männer. Welche der beiden Lagen dürfte wohl für
mich die schönere und beneidenswertere zu nennen sein? Wie dem
auch sei, ich muß heute mit den Alten sagen: χρόνος σωτὴρ ἄριστος.

In dem Buche «Siciliana» habe ich meinen Ritt im September 1853
durch das entzückende Land nach Alcamo, Segesta, Selinunt und Agrigent beschrieben. Deshalb will ich mich in diesen Blättern nicht selbst
wiederholen; nur ein paar Striche, Farben und Bemerkungen aus dem
Leben der Gegenwart werde ich jenen Eindrücken vergangener Zeit
ergänzend hinzufügen.

Nur zu schnell stürmt der Eisenbahnzug durch diese Gärten der
Hesperiden hin, für welche er nicht erfunden ist, und ich muß mir oft
genug sagen, daß die rasende Hast, mit der wir jetzt über die Erde
fortgeschleift werden, den Reisenden zu verflachen droht. Die Selbst-
tätigkeit des Geistes hört dabei auf; an die Stelle erworbener Erfahrung tritt das nur passive visionenhafte Schauen flüchtiger und zu-
sammenhangloser Erscheinungen.

Herr Salinas zeigt mir den kleinen Ort Canisi mit weißen, platt-
gedeckten Häusern in einem schönen Tal, und er sagt mir, daß der
gefeierte sizilianische Dichter Giovanni Meli dort als Arzt gelebt und
seine Idyllen gedichtet hat. Ein Arzt im Garten Eden! Da hat er wohl
nicht viel mit Mixturen zu tun gehabt. Ein paar Dosen Chinin und
einige Aderlässe, das hitzige sizilianische Blut zu erleichtern, das war
genug für seinen Tag, und Meli hatte Zeit vollauf, der moderne
Theokrit Siziliens zu sein. Weder Pillen noch Verse haben ihn reich
gemacht. Er blieb arm, wie die Grille Anakreons, die auch er so schön
besungen hat, aber doch nicht so bedürfnislos wie sie; denn in man-

chen Sonetten hat er sich über seinen kargen Anteil an den Erden-
gütern beklagt.

Der Frühling blüht jetzt in voller Pracht und entfaltet eine Vegetation von durchaus tropischer Fülle. Die Geranien, Kamillen und
Margeriten bilden hier hochaufgeschossene, dichte Gebüsche. Die Abhänge grüner Hügel bedeckt purpurroter Klee, soweit sie nicht mit
Reben bepflanzt sind. In Zucco sah ich die ersten Weinmagazine,
langgestreckte niedrige Gebäude, und deren sollte ich dann noch viele
antreffen. Ich bemerke, daß der Marsalawein seinen Namen nicht
durchaus von dem Orte führt, wo er wächst, sondern von den großen
Zentraldepots in jener Hafenstadt. Ganz Westsizilien erzeugt den
starken Wein dieser Gattung. Händler kaufen allerorten von den
Bauern die Trauben auf, keltern sie und lagern den Wein in Behältern ab.

Ehedem waren die Engländer Woodhouse, Ingham und Whitaker
die alleinigen, aus der Fremde eingewanderten Könige dieser Wein-
fabrikation; aber jetzt schwingt der Palermitaner Florio, der bekannte
Schiffsreeder, welcher sich mit der Kompanie Rubatino vereinigt hat,
den Thyrsusstab über Sizilien. Selbst am Meeresstrande Selinunts,
in nicht zu weiter Entfernung von den ehrwürdigen Trümmern der
dorischen Tempel, traf ich Weinmagazine Florios. Wenn nicht diese
Dynastie des neuen Dionysos einmal, was wir ihr nicht wünschen
wollen, in Marsala ertrinkt, wie der Herzog von Clarence im Malva-
sier, worüber sich nachher sein Schatten bitter beklagte («wash'd to
dead with fulsome wine»), so wird sie hier zum Reichtum des Krösus
emporsteigen. Ganz Sizilien müßte wohl durch Wein und Korn
wieder wie im Altertum zum reichsten Lande Europas werden, wenn
die Steuern nicht den Landmann erdrückten, wenn die Latifundien
nicht den Kleinbesitz verschlungen hätten und wenn nicht der ehemalige Baron oder Bischof und Abt in die unscheinbare, aber volks-
wirtschaftlich nicht minder gefährliche Figur des Spekulanten und
Mercante di campagna verwandelte.

Wer dies herrliche Kulturland an den Höhen Partinicos betrachtet,
mit seinen Weizenäckern und Weinbergen, seinen Baumwoll- und
Sumachfeldern, seinen Orangen-, Feigen- und Ölgärten, glaubt ein
Eldorado vor sich zu sehen. Allein niemand lasse sich über das von
diesem saftigen Grün verschleierte Elend der arbeitenden Volksschicht
täuschen. Der kleine Grundbesitz wird nach wie vor durch das große
Kapital aufgesogen; die «Lettere meridionali» Billaris haben noch zur
Stunde ihre Geltung.

Hinter Ballestrate zeigten sich wieder öde, vom fliegenden Sand
verwehte Strecken, so daß die Eisenbahn durch hölzerne Einhegungen
geschützt werden muß; das geht so fort, fast bis gegen die Stadt

Castellamare, den alten Stapelplatz der Segestaner, dessen weiße
Häuserlinie am schönen Golf sich hinzieht. Die Fiume Freddo, der
alte Kremisos, mündet dort ins Meer. An ihm führt die Bahn aufwärts in das kornprangende Hügelland nach Alcamo, der Vaterstadt
des Ciullo, eines der ältesten Dichter in der Vulgärsprache Italiens.
Wir fanden an der dortigen Station, welche zugleich die für Calatafimi ist, Wagen bereit und fuhren alsbald über die Berge nach diesem
hochgelegenen Ort, um von ihm aus den Tempel Segestas zu besuchen. Ich erinnerte mich des Eindrucks grenzenloser Verlassenheit
und Öde, welchen mir dies Bergland machte, als ich im September
1853 mit Bursian von Alcamo nach jenem Tempel ritt. Auch jetzt
überraschte mich derselbe Charakter großartiger Wildheit, tiefer Einsamkeit und dorischen Ernstes; nur kleidete der Frühling die Natur
in Blumenschmuck und Grün, während ausgedehnte Rebenpflanzun-
gen auf den Berghängen zeigten, daß auch hier der Anbau Fortschritte gemacht hat. Der gut unterhaltene Fahrweg nach Calatafimi
ist zu seinen Seiten meist mit Hecken von Aloe eingefaßt, welche
amerikanische Pflanze hier ganz besonders kräftig zu wuchern scheint.

Da die Dinge in der Welt durch unsichtbare Ketten von Ursache
und Wirkung miteinander zusammenhängen, so will ich behaupten,
daß der ganze heutige Kulturfortschritt Siziliens im Kausalnexus zu
einer einzigen Schlacht steht: und diese wurde am 15. Mai 1860 in
den Bergen Calatafimis geschlagen. Am 11. Mai war Garibaldi mit
den «Tausend» in Marsala gelandet und durch den Zuzug der Sizilianer verstärkt in das innere Land vorgedrungen, um die Straße von
Salemi nach Palermo zu gewinnen. Unterhalb Calatafimi, bei Vita,
versperrte ihm diese das bourbonische, dreifach überlegene Heer. Er
zersprengte dasselbe, und schon am 26. Mai stand er vor Palermo. So
entschied jenes siegreiche Gefecht zuerst die Befreiung Siziliens, dann
die Vereinigung Italiens zur nationalen Monarchie.

Der jüngste Held dieses Landes hat auf demselben Schauplatz
oder doch in dessen Nähe einen alten Vorgänger gehabt, den Korinther Timoleon, welcher durch seinen Sieg am Kremisos im Jahre 342
v. Chr. Sizilien vom Joch der Karthager befreite. Diese verließen die
Insel, wie sie die Bourbonen infolge jener Niederlage endlich räumen
mußten. Der Zug Garibaldis von Marsala nach Palermo hat die klassischen, die sarazenischen und normannischen Heldenerinnerungen
Siziliens, des Landes der heroischen Abenteuer, um eine glänzende
Episode vermehrt. Sie übertrifft an Kühnheit sogar alle hier voraufgegangenen Unternehmungen erobernder Krieger und ist um so erstaunlicher, weil sich dies seltsame Ereignis in der modernsten Zeit
der gleichmäßigen Staatsverfassungen, des kunstvoll geordneten
Militär- und Polizeisystems, des friedlichen Bürgertums, des Dampfes

und der Maschine, wie eine ritterlich-romantische Aventüre vollzogen hat.

Der mutige Kampf der «Tausend» hier war im Verhältnis zu den riesigen Schlachten, die nachher die Welt erschüttert haben, nur ein kleines Freischarengefecht; allein das reichte hin, gewaltige Wirkungen hervorzubringen. Denn von dort her laufen Fäden in das ganze Weltgewebe hinein, welches von 1860 bis 1870 in Italien, Frankreich und Deutschland gesponnen worden ist, so daß ein hellsehender Philosoph aus der Niederlage des bourbonischen Generals wenn nicht den Fall Napoleons, so doch den des Papstes hätte vorausberechnen können. Wir tun das jetzt post festum et bellum, da wir alle Daten in der Hand haben. Es hätte aber auch alles anders kommen können. Denn was wäre erfolgt, wenn der General Landi am 15. Mai 1860 jene Freischaren massakriert und ihren Führer einfach als Räuberhauptmann im Kastell Calatafimi hätte erschießen lassen? Es ist gut, daß dies nicht geschehen ist. Aber hängt nicht der Gang der Weltgeschichte von dem kleinsten Zufall ab? Und stecken nicht die Geschicke ganzer Generationen und Völker in den Läufen elender Flinten?

Calatafimi steht auf einer bedeutenden Höhe, so daß seine graue Häusermasse und das Kastell weithin sichtbar sind. Auch die sizilianischen Landstädte zeigen schon einen merklichen Fortschritt in ädilizischer Hinsicht; das Straßenpflaster ist besser geworden, und auf die «nettezza pubblica» wird mehr achtgegeben. Freilich sind die Orte im Innern nicht immer so reinlich gehalten wie in der Nähe Palermos, wo mir Monreale deshalb ganz besonders aufgefallen ist.

Ein Geistlicher, der kundige «Genius loci», machte unsern Führer in dem einsamen Orte. Wir besichtigten ein paar Kirchen, einige Altertümer und Inschriften, worauf wir vor dem Tore an den alten Stadtmauern zu Wagen stiegen, um nach Segesta zu gelangen. Nach einer Strecke fanden wir Pferde unten im Tal bereit, die uns auf unfahrbaren Wegen weiterbrachten.

Der einsame Tempel zeigt sich in der Ferne als überraschende Gestalt aus einer fremden Götterwelt über einem Hügel zwischen grauen Bergen mit rötlichen Felsabstürzen. Dies starre Amphitheater sinkt gegen Calatafimi in einen offenen, vom Fluß Pispisa durchströmten Wiesengrund. Wir ritten durch den von Frühlingswassern lebhaft gewordenen Fluß, da keine Brücke über ihn führt. Eine Fahrstraße gibt es hier nicht, weil das alte Segesta durch keine neue Stadt ersetzt worden ist. Hier hat sich seit dreißig Jahren nichts verändert, Kornfelder abgerechnet, welche reiche Besitzer aus Trapani angebaut haben.

Einige Minuten vom Tempel entfernt steht unter dem Monte Barbaro eine Meierei und das Haus des Kustoden, das auch studierenden

Segesta: Tempel

Maulwürfen zur Unterkunft dienen kann. Solch zweckmäßige Einrichtung ist überall in Italien getroffen worden, wo sich bedeutende Ausgrabungen finden. Seitdem Fiorelli die Generaldirektion der Antiquitäten und schönen Künste übernommen hat, sucht die italienische Regierung auch dies Gebiet der Verwaltung des Nationalgutes einheitlich einzurichten und die verschiedenen Gesetze, welche sie aus der Administration der ehemaligen Staaten Italiens übernommen hat, auszugleichen. Wer sich darüber näher unterrichten will, lese die Berichte Fiorellis: «Sull' ordinamento del servizio archeologico», von 1883 und 1885. Die Einheit des Systems gibt sich schon äußerlich darin zu erkennen, daß die Kustoden überall die gleiche Kleidung tragen.

Der Tempel Segestas ist das besterhaltene, aber nicht das schönste alte dorische Bauwerk Siziliens. Seine architektonische Wirkung wird durch Lage und Umgebung bedeutend erhöht. Als ein wie durch ein Wunder gerettetes, verlassenes und namenloses Kunstgebilde tritt er zu dieser wilden Natur in Gegensatz, aber nicht in Widerspruch; denn seine ruhigen, einfachen Formen stimmen mit den großartigen Bergen seiner Umgebung so ganz überein wie die gelben Farbentöne seines Gesteins. Er steht auf einer künstlich geebneten Höhe, welche westwärts in eine tiefe, vom Wildbach durchflossene Schlucht abstürzt.

Er ist unvollendet und hat keine Zelle; die beiden Giebel sind ohne Schmuck geblieben; die aus Trommeln zusammengesetzten Säulen haben noch keine Kannelierungen. Da der Stilobat noch lückenhaft, die oberste Tempelstufe unvollendet ist, scheinen die dorischen Säulen auf viereckigen Basen zu stehen. Weil ich die Tempel Athens kenne, erschien mir jetzt dieser Segestas etwas schwer und gedrückt, die Säulen plump und sehr nahe beisammen; und diese Wirkung würde noch stärker fühlbar sein, wenn der Innenraum ausgebaut wäre. So wie der Tempel ist, bildet er nur eine auf vier Stufen ruhende Halle, gleichsam ein Belvedere für das erhabene Panorama der Landschaft. Saverio Cavallari hat auch an diesem dorischen Bauwerk den optischen Effekt der leisen Kurve aller Horizontallinien bestätigt, welchen zuerst im Jahre 1837 die Architekten Pennethorn und Schaubert am Parthenon Athens bemerkt haben.

Wir ritten aufwärts zu den Trümmern der Stadt auf verwilderten Pfaden des Monte Barbaro über öde Heiden, welche Palmengras, Borax, Asphodelen und der gelbe Fenchel bedecken. Vom alten Segesta und seiner Akropolis ist außer dem Theater nichts mehr über dem Boden zu sehen als einige Reste der zweifachen Mauerlinie mit ihren Eingängen und Fundamenten der Türme; auch erkennt man Straßen mit ihrem Felsenpflaster. Die zuerst von Serra di Falco, dann von Hittorf und Zanth, endlich von Cavallari unternommenen Ausgrabungen des Theaters haben keine nennenswerten Nachträge er-

fahren. Dieser schöne Bau, dessen sechs Sitzreihen nebst den Stütz-
mauern noch erhalten sind, bietet bekanntlich neben jenem Taorminas die deutlichste Vorstellung der Einrichtung des altgriechischen
Theaters dar. Da die Zuschauer hoch auf der nach Nordost gerichteten Bergflanke saßen, so breitete sich vor ihren Blicken die pracht-
vollste Szenerie der Natur aus. Nordwärts sieht man das von blauen
Küstensäumen umfaßte leuchtende Meer, jenseits im Westen steigt
der Gipfel des Eryx empor; unten sind lachende Täler zwischen den
rauhen Bergen eingebettet.

Als wir, Segesta verlassend, wieder über den Fluß setzten, wandte
sich Herr d'Andrade, welcher neben mir ritt, zu mir und sagte: «Wissen Sie auch, daß Sie den Genuesen einen guten Dienst geleistet
haben? Wenn der Palast der Bank von San Giorgio heute noch aufrecht steht, so haben Sie dazu mitgewirkt.»

«Oh! Wie sollte das möglich sein!»

«Nun, haben Sie nicht vor jetzt gerade zehn Jahren einer an Sie
gerichteten Aufforderung der genuesischen Kommission zur Erhaltung der Denkmäler entsprochen und sich um die Rettung jenes bedrohten Palastes bemüht?»

«Freilich, ich begab mich mit Monteverde zum Ministerpräsiden-
ten Depretis; wir legten ihm die Sache dringend ans Herz, und es
ist jener ausgezeichnete Bildhauer gewesen, welchem seine Vaterstadt die Erhaltung des Palazzo delle Compere verdankt.»

«Wir haben Ihren Brief an uns damals veröffentlicht, und er hat
Eindruck gemacht; demnach haben Sie sich um jenen Palast verdient
gemacht.»

«Nun denn, so ist das Wort wahr, daß auch irgendein geringfü-
giges Instrument, ein Nagel, ein Stein, welchen man vom Boden auf-
hebt, bisweilen zu etwas gut sein kann.»

Ich erinnerte mich jetzt, daß ich schon eine Beziehung zu meinem
liebenswürdigen Gefährten hier hatte, daß die Aufforderung jener
Kommission auch von Herrn d'Andrade unterzeichnet war. Wenn ich
dies Gespräch mit ihm bemerke, so geschieht es aus folgendem
Grunde. Kurz vor meiner Ankunft in Palermo hatte ich einen offenen
Brief an den Präsidenten der Akademie von San Luca gerichtet, die
gewaltsame Verwandlung Roms durch den Umbau der Stadt betreffend. Ich hatte mir niemals eingebildet, mit einem Strohhalm einen
Strom aufzuhalten; aber die Bekümmernis um die Zerstörung der
Villa Ludovisi und des Klosters Araceli und meine alte Leidenschaft
für Rom hatten mich zu jenem Briefe veranlaßt, welcher nichts anderes bedeutete, als einen verzeihlichen Klageruf über so viel Schönes,
was jetzt in Rom der alles verwandelnden Zeit zum Opfer fällt.
Gerade während meiner Anwesenheit in Sizilien erhob sich in man-

chen römischen Journalen ein heftiger Angriff gegen meinen Brief, nicht von seiten der Römer, welche mir immer wohlwollend und freundlich gesinnt sind, sondern von solchen, die ich nicht weiter bezeichnen will. Darum mußten mir gerade jetzt die Worte d'Andrades und die Erinnerungen, welche sie in mir erweckten, doppelt erfreulich sein.

Wir waren kaum über den Fluß hinüber, als sich uns in der von Menschen verlassenen Landschaft der überraschende Anblick eines Festzuges darbot. Eine lange Reihe von Reitern, auch von hochräderigen Wagen, die mit anscheinend fröhlichen Menschen angefüllt waren, bewegte sich auf der Straße nach Calatafimi fort. Ein in träumerische Erinnerungen des Altertums versunkener Archäologe hätte sich einbilden können, daß dies ein Zug von Männern sei, welche einen mit dem Ölzweige bekränzten Athleten oder Wagenlenker aus dem Festspiel heimgeleiteten. Allein der Heros dieses Pompes war kein Gegenstand für eine Ode Pindars, sondern, wie man mir zu meiner Überraschung erklärte, ein Mensch, welcher als Verbrecher prozessiert seine Freisprechung erhalten hatte und eben erst von seinen Gemeindegenossen aus dem Tribunal abgeholt worden war. Das Geleite der Gratulanten war schon vorüber, ehe ich mich so weit nähern konnte, um aus dem Angesicht des Glücklichen herauszulesen, ob dies ein Triumphzug der Gerechtigkeit oder ihres Gegenteils sei, und ob auch nach dem Spruche des Richters der unbestechlichen Nemesis noch etwas mit dem Manne zu tun übrigbleiben werde.

Es gibt genug Beispiele der Einschüchterung der Geschworenen, namentlich aus der Zeit des heftigen Kampfes der gesetzlichen Gewalt mit der sizilianischen Maffia. Die Regierung war bisweilen genötigt, schwerer Verbrechen Angeklagte von Gerichten des Festlandes aburteilen zu lassen. Als ich mich ein paar Wochen später im Hafen Palermos nach Neapel einschiffte, sah ich gefesselte Männer auf das Dampfschiff bringen, darunter einige von so verwilderter und vertierter Physiognomie, daß ich sie nur mit Grauen betrachten konnte. Wenn sich auch die Zustände Siziliens im allgemeinen sehr gebessert haben und das Land von den Grassatori der Straßen gesäubert ist, so ist doch die Hydra der Maffia keineswegs ganz und gar erstickt; denn sie dauert noch als das die sozialen Verhältnisse tyrannisierende Klientelwesen fort, und der Rechtssinn hat noch nicht das Bewußtsein des Volkes durchdrungen. Dem Richter fehlt die Achtung, die aus der Unbestechlichkeit fließt, und dem Gesetz jener Nimbus der Furcht und Ehrfurcht, welcher seine heilige Macht umgeben soll. In dieser Hinsicht haben Kirche, Schule und Gesellschaft in den meridionalen Ländern noch viel zu tun.

Um 4 Uhr nachmittags stiegen wir auf der Station Alcamo-Calatafimi wieder in den Eisenbahnzug und fuhren weiter nach Castel Vetrano über Gibellina und Santa Ninfa. Der erste Ort hat seinen Namen wohl eher von dem arabischen Gebel erhalten als von der Faktion der Ghibellinen. Das Land sinkt hier schon zum Meere ab; es ist baumlos und kahl, ohne Wein- und Olivenkultur, doch von Saaten grünend. Statt wohlhabender Ortschaften, die man hier beieinander anzutreffen erwartet, sieht man nur zerstreute Campagnahäuser, die Zeichen, daß der Freibauer seit alters zum Kolonen der Latifundien herabgesetzt ist.

Nach wenig mehr als einer Stunde erreichten wir Castel Vetrano. Ich rief mir wieder die Zeit zurück, wo ich vor 33 Jahren in diesem Ort mit Bursian angelangt war, von dem langen Ritte so ermüdet, daß ich nicht ohne Hilfe vom Maultier steigen konnte. Wir waren damals nur zu Nacht in Castel Vetrano und ritten schon in der nächsten Morgenfrühe weiter fort nach Selinunt und Sciacca.

An der Station standen zwei elegante Wagen mit Dienern in Livree bereit, und mehrere Herren, unter ihnen der Syndikus der Stadt, Baron Saporito, empfingen die Gesellschaft mit zuvorkommenden Höflichkeiten. Sie luden uns ein, ehe wir uns ins Hotel Bixio begaben, das Städtische Museum zu besichtigen. Diese kleine Sammlung ist aus Altertümern gebildet, welche im Gemeindebezirk durch Zufall gefunden sind. Man hat sie in den oberen Räumen des verfallenen Dominikanerklosters aufgestellt: Ton- und Bronzefiguren, Skulpturtrümmer, große und kleine Vasen und dergleichen. Ein paar bemalte griechische Gefäße erregten unsere Aufmerksamkeit; das eine zeigte auf weißem Grunde die Figur einer sitzenden Frau, welche einen Kranz windet; die in schwarzen Linien gezeichnete Gestalt ist von der schönsten klassischen Einfachheit. Einen andern Lekythos schmückt das Bild einer Frau, die ihre Toilette macht. Unter den Bronzen fanden wir eine archaistische Figur in dreiviertel Lebensgröße, welche Apollo darzustellen scheint.

Man tadelt das Anlegen kleiner Stadtmuseen, weil dadurch Kunstschätze dem Staate entzogen und zersplittert werden. Allein solche Sammlungen sind doch immer ein Schmuck der Gemeinden, deren geistige Bedeutung sie erhöhen können. Auch mindert sich im Zeitalter der Eisenbahnen die Unbequemlichkeit, sie an Ort und Stelle aufzusuchen. Der Kunstforscher kann heute so ohne Mühe von Neapel nach Ruvo gehen, um die berühmte Vasensammlung Jatta zu besuchen, als er von Palermo nach Syrakus, Noto und Castel Vetrano gelangt.

Man hat in demselben Dominikanerkloster auch Elementarschulen und sogar ein Gymnasium mit fünf Professoren eingerichtet, und dies ist freilich rühmlicher und wichtiger, als ein Museum von Antiquitäten oder Bildern sein kann; denn was diesem so lange Zeit hindurch von Unwissenheit und Aberglauben verdunkelten Insellande vor allem not tut, ist Aufklärung des Volkes durch Unterricht. Ich sah mit besonderem Anteil die dort in drei schmucken Sälen aufgestellte Bibliothek und fand darin zu meiner Überraschung einige Inkunabeln von Wert, so eine von Gallus in Wien gedruckte Bibel und einen lateinischen Josephus aus der bekannten Offizin des Pannartz zu Rom «in domo Maximorum».

Trotz der eingebrochenen Dunkelheit besuchten wir noch die ansehnliche Kathedrale San Giovanni Battista, und wir bewunderten daselbst hinter dem Hochaltar, beim Schein von Kerzen, schon aus Pflichtgefühl, die übrigens treffliche Marmorfigur des Täufers, ein Werk des Antonio Gagini. Dieser berühmte Bildhauer Siziliens in der Renaissance war im Jahre 1480 zu Palermo geboren. Er und seine talentvollen Söhne haben die Kirchen dieser und anderer Städte ihres Vaterlandes mit vielen Statuen, Reliefs und andern Werken der Skulptur geschmückt.

Da wir zwei Nächte in Castelvetrano zubrachten, hatte ich Muße genug, diese geräumige Stadt zu sehen. Ihre freie Lage auf einer langgestreckten gartenreichen Bodenerhebung über der zum nahen Meer sinkenden großen Niederung erinnert durchaus an Velletri. Freilich fehlt hier das interessante Naturgemälde, welches dort in Latium durch die schönen Volskerberge, die Pontinischen Sümpfe und das Kap der Circe geschaffen ist. Aber Castelvetrano ist viel ansehnlicher, eine durch Landbau und Weinkultur wohlhabende Stadt von 30 000 Einwohnern, mit breiten, geraden Straßen, manchen stattlichen Palästen und altertümlichen Kirchen noch aus normannischer Zeit. Ehedem war gebietender Herr des Orts der Duca di Monteleone. Diese einst mächtige Familie besitzt hier noch ihren großen Baronalpalast. Ein Blick auf das jetzt verfallende Schloß mit krenelierten Mauern und hohem Turm und mit einem in irgendwelchem Volkstumult ausgelöschten Wappen über dem Portal zeigt, daß auch in Sizilien die Epoche des Feudalismus der Vergangenheit angehört. Die Monteleone-Pignatelli sind aus großen Lehnsherren zu Gutsbesitzern geworden. Andere Günstlinge der Fortuna und der Arbeit haben sich neben ihnen emporgeschwungen, wie die Brüder Saporito, welchen im Gebiete Castelvetranos weite Ländereien angehören. Am 30. April brachen wir um sechs Uhr morgens nach Selinunt auf und legten diese Strecke von anderthalb Stunden zu Wagen zurück. Der Bau einer Eisenbahn bis zu den Tempeltrümmern ist im Plan. Die Straße, die wir nahmen, ist die nach Sciacca führende, welches ostwärts auf einer mäßigen Höhe sichtbar wird. Sie geht erst durch üppige Wein- und Ölgärten an Landhäusern vorbei, dann nach dem öden Küstenstrich, zu welchem wir rechts abbogen. Die gewaltigen Ruinen Selinunts erheben sich vor uns über dem Meeresstrande in zwei getrennten Gruppen; sie scheinen die durcheinandergeworfenen Reste der ganzen Stadt zu sein, und doch sind sie nur die Trümmer von sieben ihrer dorischen Tempel.

Nichts anderes ist heute von jenem alten Selinunt übriggeblieben, welches in die Geschicke Siziliens und Griechenlands so verhängnisvoll eingegriffen hat. Das geschichtliche Leben dieser Stadt, deren Bürger reich und kunstsinnig genug waren, um den Göttern solche gigantische, für ewige Dauer berechnete Tempel aufzurichten, ist für uns ganz so dunkel und unpersönlich wie jenes ihrer Feindin Segesta. Der inneren Uneinigkeit, der engherzigen Eifersucht und dem Mangel an Sinn für das höhere Wohl eines gemeinsamen Vaterlandes sind beide Städte zum Opfer gefallen. Der Begriff des Vaterlandes fehlte freilich diesen Griechenkolonien, deren jede einen eigenen Staat für sich bildete.

Der erbitterte, durch Grenzstreitigkeiten entstandene Krieg zwischen Segesta und Selinunt, in welchen auch Syrakus verflochten war, hatte zur Folge, daß die erstere die Athener zur Hülfe rief. Diese erlagen in der furchtbaren Katastrophe des Nikias vor Syrakus. Dann rief Segesta unglücklicherweise die Karthager herbei, und Hannibal, der Sohn Giskons, der Enkel und Rächer des bei Himera besiegten Hamilkar, eroberte und zerstörte nach nur neuntätiger Belagerung Selinunt, im Jahre 409.

Die wahre Blütezeit dieser durch Handel und Ackerbau reichen Stadt, einer im Jahre 628 v. Chr. gegründeten Kolonie des dorischen Megara-Hybläa, umfaßte vielleicht nur den kleinen Zeitraum von 480 bis 409, von dem großen Siege der Griechen über die Punier bei Himera bis zu der verhängnisvollen Rückkehr der Karthager. In dieser Epoche sind nicht die ältesten, aber die schönsten jener dorischen Tempel gebaut worden, deren Reste jetzt das unvergleichliche Gemälde einer zertrümmerten griechischen Stadt am Meer, in totenstiller Verlassenheit darbieten. Selinunt war mit der Zeit selbst bis auf den Namen so verschollen, daß diesen erst der sizilianische Geschichtschreiber Fazello im 16. Jahrhundert wiederentdeckt hat.

Die ersten Ausgrabungen machten hier im Jahre 1822 die Engländer Samuel Angell und William Harris; dann stellten 1824 Hittorf und sein Schüler Zanth ihre epochemachenden Untersuchungen der Trümmer an, ohne jedoch Ausgrabungen zu veranstalten. Solche ließen der Herzog Serra di Falco und der Prinz della Trabia durch den jungen Architekten Cavallari im Jahre 1831 fortsetzen. Ihre Resultate stellte dann Serra di Falco im zweiten Band seines Werkes über die Altertümer Siziliens zusammen. Cavallari führte die Ausgrabun-

gen von 1865 bis 1872 weiter fort, und heute werden sie unter der
Leitung Scaleas mit neuem Eifer fortgesetzt. Davon Augenzeuge zu
sein, war mir von höchstem Wert.

Der Stadtplan Selinunts, welchen Cavallari und Schubring im Jahre
1865 topographisch festgestellt haben, zerfällt in zwei Gebiete, deren
jedes eine von Nord nach Süd zur Küste hingestreckte Hochfläche umfaßt. Beide sind durch die Vallara, ein langes, tausend Schritte breites
Tal voneinander getrennt. Auf dem östlichen, weniger erhobenen
Bergrücken stehen die mächtigsten Tempeltrümmer. Die westliche
Terrasse tritt näher und schroffer ans Meer und enthält über der
Küste die Ruinen der Akropolis. Dann wird sie an der Nordmauer
dieser durch einen grabenartigen Einschnitt des Bodens abgebrochen,
über welchen sie sich nordwärts als ein von Flugsand und Gestrüpp
bedecktes Hochfeld fortsetzt. Hier lag ein großer Teil der eigentlichen
Stadt. Von diesem Hügel steigt man westwärts in die sumpfige Nie-
derung, durch welche der Fluß Selinus oder Modione ins Meer fällt.
Er soll der Stadt ihren Namen gegeben haben. Das Selinon (wilder
Sellerie oder Eppich) wird dort in Massen angetroffen. Das zierliche,
feingegliederte Blatt dieser Pflanze muß auch die Aufmerksamkeit
der alten Künstler erregt haben, denn es wurde zum gewöhnlichen
Emblem der selinuntischen Silberdrachmen. Auf dem Avers sieht
man das Eppichblatt hinter dem gehörnten Flußgott Selinos oder dem
Hypsas, neben dem Bilde eines Stiers oder eines schreitenden Sumpf-
vogels oder eines Viergespanns.

Als ich im Jahre 1853 Selinunt besuchte, waren die Tempelreste
des Osthügels durch die Ausgrabungen Serra di Falcos zugänglich
gemacht; weil aber diese nicht mehr fortgesetzt wurden, boten die
Trümmer noch das schöne landschaftliche Schauspiel der Versunkenheit in die Naturwildnis dar. Myrten, Mastix und Fächerpalmen
quollen überall zwischen den riesigen Steinblöcken hervor, und der
Schritt des kletternden Besuchers störte dort die buntgefleckten
Schlangen auf. Heute ist der Ausgräber im Kampf mit der Wildnis
wieder Sieger geworden, und wie fast überall in der klassischen, von
der Wissenschaft eroberten Trümmerwelt ist die Poesie der Ruine
gründlich zerstört. Statt der vom Pflanzenwuchs umschlungenen
Steinblöcke gestürzter Tempel, deren tragischen Untergang die Natur
selbst zu sühnen schien, indem sie diese zerstörte Pracht unter Blumen
bestattete, sieht jetzt der zu künstlerischen oder dichterischen Empfindungen geneigte Wanderer mit Unwillen nur kahle, sorgsam ge-
reinigte Architrave, Metopen, Triglyphen, Säulenstücke auf nacktem
Erdboden gruppenweise hingelagert, und es fehlen nur die Nummern
oder Aufschriften auf den Blöcken, um ihm darzutun, daß er Gegenstände eines wohlgeordneten archäologischen Museums vor sich habe.

Der Gewinn für die Wissenschaft ist bisweilen ein Verlust für die Phantasie; denn Dichtung und Kunst ziehen ihr innerstes Leben aus dem Geheimnis. Die nackte Wirklichkeit schreckt sie als Tyrannei der Tatsache ab, und niemals würde Homer die «Ilias» gedichtet haben, wenn ihm ein Archäologe oder Anthropologe die Mumien des Agamemnon und Achill vorgezeigt und nachgewiesen hätte, daß jeder dieser Heroen zwar über sechs Fuß lang gewesen sei, daß aber ihre Schädelbildung eine sehr kleine Gehirnmasse voraussetze, woraus auch der Trojanische Krieg zu erklären sei. Denn bei mehr Gehirn würden jene Könige nicht wegen einer weggelaufenen liederlichen Prinzessin zehn Jahre lang Troja bestürmt haben. So widerspruchsvoll ist unser Verhältnis zu den Dingen der Welt. Wenn Fiorelli und Schliemann Ursache zum Jubeln haben, trauern vielleicht Geister wie Lord Byron und Claude Lorrain.

Ich bekenne, daß der erste Eindruck beim Wiedersehen Selinunts mich gar nicht erfreute. Diese majestätischen Ruinen, älter und merkwürdiger als jene Baalbeks, erschienen mir jetzt nicht nur ihrer Weihe beraubt, sondern verkleinert und zu Haufen von Schutt eingeschrumpft, den man zusammengekehrt hat. Jedoch nachdem ich mich mit dem Bewußtsein getröstet hatte, diese wunderbare Trümmerwelt noch zu einem großen Teil in ihrem jahrhundertealten wilden Naturzustande gekannt zu haben, mußte ich mich zufriedengeben, sie jetzt von den Dienern einer Wissenschaft gezähmt zu sehen, welche uns wenigstens die Entwicklung der Kunst vor Augen führen kann und fähig ist, Gebiete göttlicher Schönheit zu erschließen, wenn ihr ein Winckelmann seinen Geist einflößt. Ausgrabungen in Ruinen sind zuerst vom Schatzgräber gemacht worden, denn erst auf das Raubsystem derer, die nach kostbaren Metallen und Steinen suchten, was nie ohne ein frevelhaftes Ruinieren der Ruinen vor sich gehen konnte, folgte deren wissenschaftliche Erforschung in der Renaissance. Sie stockte während der geistigen Verwilderung des 17. Jahrhunderts und nachdem sie im folgenden wieder aufgenommen, im 19. Jahrhundert besonders infolge der Befreiung Griechenlands neu belebt worden war, durchlief sie mehrere Phasen des Schwankens und der Willkür in der Behandlung des Ausgegrabenen, bis sie durch die Hilfe der geschichtlichen Kritik ihre heutige Methode gewonnen hat. Der Zweck des Ausgrabens ist jetzt einfach dieser, verschüttete Monumente der Wissenschaft zugänglich zu machen. Nichts darf daran verändert und aufgemauert werden, es sei denn, wo architektonische Glieder zu ihrer Erhaltung einer Stütze bedürfen. Wenn demnach die Kommission der Ausgrabung ihre Aufgabe vollendet hat, beginnt die andere des wissenschaftlichen Forschers.

Es war in Selinunt nicht leicht, so ungeheure Trümmermassen vom

Pflanzenwuchs, vom Schutt und Flugsande in solcher Weise frei zu machen, daß die durcheinandergestürzten Blöcke nicht wiederum in Bewegung kamen. Um dies zu verhüten, hat man beim Graben entstehende Lücken mit stützenden Steinen ausgefüllt, und so sich bemüht, den geschichtlichen Moment des Sturzes gleichsam festzuhalten. Wenn das auch nicht immer geglückt sein kann, so wird doch der Besucher diese Tempeltrümmer wesentlich in denselben Winkeln und Neigungslinien gelagert finden, in welchen sie gefallen sind.

Die östliche Terrasse liegt von der Akropolis so weit entfernt, daß sie als ein eigener heiliger Bezirk der Stadt anzusehen ist, und hier steht die großartigste Trümmergruppe nicht nur Selinunts, sondern des griechischen Altertums. Zu ihren drei Tempeln haben Ausgrabungen nichts Neues hinzugefügt, denn dort sind keine Reste anderer Bauwerke mehr entdeckt worden. Weil alle Tempel Selinunts bis zum Jahre 1865 namenlos geblieben waren, hat man sie auf dem topographischen Plan mit Buchstaben bezeichnet. Der vorderste Tempel (G) ist der größeste von allen; an Raumverhältnis steht er nur dem Zeustempel Agrigents nach. Leider hat ihn das Erdbeben nicht in einer Richtung umgestürzt, sondern in entsetzenerregender Wildheit durcheinandergeworfen. Aus diesem Chaos ungeheurer Architrave und Kapitäler und der Säulentrommeln von vier Meter Durchmesser ragen nur noch eine Ante und eine einzige kopflose Säule turmartig hervor. Da sich nur zwei Säulen dieses Tempels mit Kannelierungen vorgefunden haben, so ist er nicht vollendet worden. Cavallari fand hier im Jahre 1871 eine altdorische Votivinschrift, die zuerst Holm erklärt hat: sie bewies, daß der Tempel dem Apollo geweiht war, und dieser ist demnach der Schutzgott Selinunts gewesen. Hittorf nennt den Tempel das vollendetste religiöse Monument des griechischen Altertums und Benndorf den Parthenon von Selinunt. Er hatte wie dieser 17 Säulen an den Langseiten, 8 an den Fronten.

Der zweite Trümmerhaufen ist namenlos geblieben; den dritten (E) hat eine 1865 entdeckte Inschrift als Heratempel erkennen lassen. Gerade dieser bietet noch heute ein überraschend malerisches Ruinenbild dar. Denn seine mächtigen Säulen (er hat deren 38) sind meist nach innen auf die Cellawand gestürzt; die Trommeln der einen liegen noch so in ihrer Reihenfolge da wie jene der umgestürzten Säule des Olympeion Athens. Drei hohe Säulenstümpfe stehen noch aufrecht. Hier grub Cavallari zwischen 1831 und 1833 die fünf Metopenplatten aus, deren Figuren schon einen entwickelteren Stil zeigen; jene des Zeus und der Hera kommen an klassischer Schönheit den Parthenonskulpturen nahe.

Als die drei Bauwerke altdorischer Kunst hier in einer Linie über dem Meer aufgereiht standen, müssen sie einen feierlichern Anblick gewährt haben als die drei voneinander weiter abstehenden Tempel Paestums. Der tragische Ernst ihrer einfachen und streng gegliederten Massen wurde durch polychrome Malerei gemildert. Denn nicht nur die Giebelflächen, der Grund der Metopen und die Triglyphen und Gesimse waren in Rot oder Blau oder Schwarz und Grün gemalt, sondern auch die Kapitäler und Hohlstreifen der mit Stuck überzogenen Säulen lebhaft gefärbt.

Wir gingen über den Osthügel fort ans Meer auf der öden, vom wilden Blumenflor und Palmengebüsch bedeckten Fläche. Virgil hat Selinunt «palmosa» genannt, daher sind diese Küsten schon zu seiner Zeit von derselben «Chamoerops humilis» bedeckt gewesen. Ich sah sie nirgends in so erstaunlicher Menge. Die stark wurzelnde Zwergpalme breitet kaum einen Fuß hoch über dem Boden ihre schönen starren Fächer aus und überwuchert gleich dem Grase weit und breit das Land. Die Naturforscher werden kaum zu sagen wissen, ob sie hier einheimisch oder von Afrika herübergekommen ist. Ich bilde mir ein, einen warmen Lufthauch von dort her zu empfangen, welcher dies tiefdunkle, weite, leblose Meer leise bewegt. Die Linie, die man von hier nach dem Südwesten zieht, trifft das Kap des Merkur am Golf von Karthago. Selinunt war die am weitesten auf diesem Südrande Siziliens vorgeschobene Griechenkolonie, und die Nähe Karthagos brachte ihr Verderben.

Die Küste hier ist eigentlich hafenlos; aus dem Mangel eines großen Seehafens erklärt sich auch die geschichtliche Unwichtigkeit Selinunts. Der mäßige Vorsprung der Akropolis bildet nur einen notdürftigen Ankerplatz für Handelsschiffe. Wir stiegen über rötliche Dünen an das Meer und fanden in der Ausmündung des fiebervollen Talgrundes Arbeiter beschäftigt, welche aus dem Sande Mauern von gelbem Stein freilegten, und diese hält man für Dämme des Hafens. Doch sind die Ausgrabungen noch nicht weit genug gediehen, um ein richtiges Urteil darüber zu haben.

Die Akropolishöhe tritt sehr nahe ans Meer, und auf ihr stehen am südlichsten Rande einige Häuser, die geräumige, auch zur Aufnahme Studierender eingerichtete Wohnung des Kustoden und ein mittelalterlicher Wartturm, welcher ehemals mehr zum Signalisieren als zum Schutze gegen die Piraten gedient hat. Die ganze Hochfläche erhebt sich nur 30 Meter über das Meer. Sie ist so ausgedehnt, daß sie außer Heiligtümern auch die eigentliche Altstadt umfaßt haben muß. Ihr Grund und Boden gehört jetzt fast ganz dem Staat, und so kann hier die Kommission der Altertümer ungehindert schalten. Ihre Ausgrabungen seit 1875 gehören auch, wie zu den schwierigsten, so zu den am besten gelungenen Italiens. Nur ein Teil der Westseite ist noch freizulegen.

Selinunt: Tempelreste

Eine antike Straße im Felsboden geht mitten durch die Akropolis, eine andere durchkreuzt dieselbe; so gelangt man von allen Seiten bequem zu dem Trümmerhaufen. Da diese Burgterrasse von Natur nicht stark genug war, bedurfte sie fester Mauern, zumal auf der Landseite nach Norden, ihrem schwächsten Punkte. Mauern umziehen auch die ganze Akropolis; sie sind meist aus oblongen Steinblöcken aufgeführt, zeigen aber verschiedene Epochen des Baues. Auf der Westseite sind sie ganz freigelegt, auf der Ostseite noch größtenteils mit Schutt und Gestrüpp bedeckt.

Im Nordosten liegt das Haupttor, welchem die Richtung jener alten Straße entspricht. Dort grub man eben aus, und es zeigte sich unter dem Eingange noch eine untere Mauer aus Quadersteinen, wie es scheint mit einem Ausfalltor. Ein Bodeneinschnitt unterbricht an dieser Stelle die Akropolisterrasse. Es war hier, wo Cavallari im Jahre 1872 die Fundamente eines eine Kurve beschreibenden Baues entdeckte, welchen er trotz seines geringen Umfanges und der vom System des griechischen Theaters abweichenden Anlage für ein solches hielt. So hat er dasselbe auch in seiner topographischen Karte verzeichnet. Allein die neuesten Ausgrabungen widersprechen dieser Ansicht. Das rätselhafte Gebäude erschien uns wie ein zum Schutze des Stadttors bestimmtes Bollwerk, und ihm entspricht seitwärts eine noch auszugrabende Erhöhung, die wahrscheinlich Reste eines zweiten Flankenturms birgt.

Vier Tempel, minder gigantisch als jene des Osthügels, liegen auf der Akropolis in Trümmern. Den kleinsten hielt Hittorf für ein Heroon des Empedokles, welcher sich um die von der Malaria verpestete Stadt durch Trockenlegung der Sümpfe verdient gemacht hatte. Hittorfs Studien über Selinunt sind von dieser Ruine ausgegangen. Die vielen bemalten Baustücke, die er daselbst fand, gaben ihm den Anlaß zu seinem berühmten Werk über die polychrome Architektur der Griechen (Paris 1851). Weiter aufwärts auf dem höchsten Punkt der Akropolis lag ihr größter Tempel, der dem Stil nach auch der älteste Selinunts überhaupt ist (Tempel C). Seine Säulen sind reihenweise nach innen gestürzt und haben die Tempelmauer zerdrückt. Damit sie nicht tiefer fallen, hat man sie durch Steine gestützt, und so liegt ein riesiges Stück des Architravs der Länge nach ausgestreckt.

In diesem großartigen Trümmerhaufen fanden Harris und Angell die berühmten Metopen, welche Perseus und Medusa, Herkules mit den gefangenen Kerkopen und ein Viergespann darstellen: die ältesten Skulpturwerke Siziliens, deren Stil noch weit jenseits der Aegineten zu liegen scheint und die Einflüsse Assyriens erkennen läßt. Alle Metopen Selinunts sind in dem grauen Kalktuff von Menfrici gearbeitet; nur bei einigen die nackten Glieder der Frauengestalten mit weißem Marmor eingesetzt. Was von diesen Skulpturen in drei Tempeln gefunden worden, ist im Nationalmuseum Palermos aufgestellt, dessen kunstgeschichtlich wichtigsten Schatz sie bilden, wie die Aegineten das kostbarste Kleinod der Glyptothek Münchens sind. Benndorf hat sie illustriert («Die Metopen von Selinunt», Berlin 1873).

Als dieser kolossale Tempel noch aufrecht stand, legten Christen in seinem Peristyl ihre Kapellen an, und selbst christliche Gräber sind hier entdeckt worden. Man fand im Schutt die bronzene, jetzt im Museum Palermos aufbewahrte Lampe aus der Zeit der von Afrika geflüchteten Donatisten. Auf Stücken des Architravs sieht man griechische Kreuze eingemeißelt. Eine prähistorische Kulturschicht liegt übrigens noch unter der altdorischen auf der Akropolis begraben; dies bewies ein Pfeil aus der Steinzeit, welchen Herr Salinas zufällig vom Boden aufnahm.

Die große Nordterrasse jenseits der Akropolis zeigt keine Spuren von Tempeln oder andern Bauwerken, so daß hier keine Ausgrabungen gemacht worden sind. An ihrem äußersten Ende entdeckte zuerst Schubring eine antike Nekropole mit ihren in den Kalktuff gehauenen Gräbern, worin sich viele bemalte Vasen aus weißem Ton fanden. Eine zweite Gräberstätte wurde westlich vom Fluß Modione aufgefunden.

In welcher Zeit die Tempelkolosse untergegangen sind, hat kein Geschichtschreiber gemeldet. Sie überdauerten das klassische Altertum und wohl noch manches christliche Jahrhundert. Wenn man vom alten Selinunt, wie dies nachgewiesen ist, leichter bewegliches Material zum Bau von Brücken oder von Campagnahäusern oft selbst nach größern Orten verschleppte, von denen Castel Vetrano der nächste ist, so konnte man doch nimmer die riesigen Säulen weder fortbringen, noch sie passend verbrauchen. Die Kirchen in Castel Vetrano zeigen, so sagte man mir, keine antiken Säulen auf. Erst die furchtbare Naturgewalt eines Erdbebens hat diese Tempel zerstört und die Nachwelt um den Anblick des Großartigsten gebracht, was der dorische Volksgeist zu erschaffen vermochte, und was jetzt noch in Trümmern uns mit Staunen und Ehrfurcht erfüllt. Die Stadt, welche diese kostbaren Prachtmonumente aufrichtete, zählte schwerlich auch nur 20 000 freie Bürger. Unsere Hauptstädte zählen Millionen; aber was sind ihre modernen Denkmäler, ihre neuesten Kirchen, Paläste, Opernhäuser, Rathäuser, Museen im Grund für geputzte, sterbliche und doch anspruchsvolle Dinge gegen diese Tempel Selinunts! Wenigstens will ich hier mit Boito sagen: «Die einzige klassische Kunst ist die der Griechen; sie bleibt immer schön, wie die Verse Homers.»

Nachmittags fuhren wir von Castel Vetrano ins Land hinein, um

eine kürzlich entdeckte normannische Kirche zu sehen. Da nur Feld-
wege dorthin führen, mußten wir uns der landesüblichen Karreten
bedienen. Dies ist ein Fuhrwerk so primitiv dorisch, daß es nicht weit
von den Streitwagen des Hektor und Diomedes entfernt zu sein scheint.
Drei Bretterwände, gelb angestrichen und je nach dem gewählten
Muster mit mythologischen, heiligen, profanen und romantischen
Figuren bemalt, bilden das Sitzgehäuse, welches zwischen zwei hohen
Rädern feststeht. Die Gemälde sind nicht gerade so schön wie antike
Vasenbilder, aber sie haben Inschriften wie sie, und auch der Name
des Künstlers oder der Fabrik ist angegeben. Unsere Karren stammen
aus Catania. Sie setzten sich kaum in Bewegung, als uns das Stauchen
und Rütteln jene wehmütigen Laute auspreßte, welche Dante «dolenti
note» nennt. Zwei Kulturzustände miteinander zu verbinden, die
durch Jahrtausende so weit getrennt sind wie ein Salonwagen der
Eisenbahn und ein sizilianischer Karren auf dem Feldwege, machte
mir kein geringes Vergnügen.

Die Kirche Santa Trinità di Delia, das Eigentum des Barons Saporito, wurde in einer Meierei desselben, drei Kilometer von Castel
Vetrano entfernt, aus einem sie verbergenden Häuserklumpen gleichsam ausgegraben. Als der Architekt Patricolo diesen abbrach, kam zu
aller Erstaunen ein Juwel der Baukunst ans Licht, eine kleine, vollkommen erhaltene arabisch-byzantinische Kirche des 12. Jahrhunderts. Sie ist ein regelrechtes Viereck aus Kalksteinquadern mit entsprechenden Fassaden und einer Kuppel, welche in dem ganz schmuck-
losen Innenraume auf vier Säulen aus Cipolin und rotem Granit
ruht, und über diesen spannen sich arabische Spitzbogen aus. Der
Plan ist genau derselbe der beiden Kirchen San Giovanni degli Eremiti und Martorana in Palermo und auch der Metropolis in Athen.
Kein anderes Land bietet einen gleich großen Reichtum kunstge-
schichtlicher Epochen dar wie Sizilien. Die wechselnde Formenwelt
der Griechen, Phönizier, Römer, Byzantiner, Araber, Normannen,
Italiener kann man hier beisammen finden. Eben erst hatten wir dorische Tempel betrachtet, auf denen ein Reflex altägyptischer Kunst
liegt, und jetzt zeigte uns eine Kirche den künstlerischen Zusammenhang des byzantinischen Orients und des arabischen Ägypten mit
Sizilien. Herr Patricolo hat seiner schönen Entdeckung eine Abhandlung gewidmet im «Archivio Storico Siciliano» (Neue Serie, Jahr-
gang 5), und in demselben «Archiv» wird der Leser noch andere
lehrreiche Schriften dieses Baumeisters finden, auch über die Martorana. In Castel Vetrano führt er gegenwärtig ein Theater im dorischen
Stil auf.

Unsere architektonischen Studien in der Deliakirche wurden plötzlich sehr angenehm unterbrochen, denn Landleute brachten große

Körbe herein, mit duftigen Orangen gefüllt, welche man frisch aus dem Garten geholt hatte. Wir fanden die köstliche Frucht so schmackhaft, daß sie dem Namen des Barons Saporito Ehre machte. Als es nach unserer Rückkehr Abend wurde, nahmen wir im Hôtel Bixio ein treffliches Mahl ein, wozu der Prinz auch einen ehemaligen deutschen Diplomaten eingeladen hatte, welcher vor wenigen Jahren mein zufälliger Schiffsgefährte zwischen Smyrna und Konstantinopel gewesen war und jetzt plötzlich unter den Ruinen Selinunts mir wieder begegnete. Bei unserm Symposium verschmähten wir alle den feurigen Wein Siziliens und tranken den milden Chianti Toscanas, welcher sich demnach auch auf dieser Insel eingebürgert hatte.

Am folgenden Morgen besuchten wir die Steinbrüche Selinunts, die nicht weit von Castelvetrano in der Nähe der Station Campobello an der Straße nach Trapani gelegen sind. Diese Latomien kommen denen von Syrakus nicht gleich, sie erschienen mir nur wie ein Spielwerk im Vergleich zu den Felsengalerien bei Heluan am Nil, aus denen die Steinblöcke für die Pyramiden gehauen worden sind; allein nirgends in Italien findet sich noch ein anderes Atelier wie dieses hier, wo die Urstoffe für die Tempel Selinunts in der ersten rohen Arbeit des Bruchs und der Ausmeißelung zutage liegen. Eine plötzliche Katastrophe hat, vor mehr als 2000 Jahren, diese Arbeiten für die noch zu vollendenden oder für neu geplante Tempel der Götter abgebrochen, und das Material blieb hier verlassen, wie die Marmorblöcke auf dem Tiberemporium in Rom oder die Säulen von Granit in der ägyptischen Wüstenstadt des Mons Claudianus, welche Schweinfurth besucht hat. Jene Katastrophe aber war die Belagerung und Zerstörung Selinunts durch Hannibal. Dies kunstliebende Dorervolk wurde von den Säbeln der Afrikaner zusammengehauen oder zu Tausenden in die Sklaverei fortgeschleppt, und an einem einzigen Tage versank hier eine ganze herrliche Kultur. Ein ähnliches Schicksal haben in späteren Jahrhunderten Mongolen und Türken den blühenden Griechenstädten in Kleinasien bereitet.

Hittorf hat die Steinbrüche zu einem Teil gekannt; vor zwei Jahren fanden Scalea und Patricolo noch andere auf. Die italienische Regierung hat sie angekauft, und der Ingenieur Rau, welcher in Selinunt beschäftigt ist, macht davon einen Plan. Die Brüche liegen in weiter Ausdehnung auf einem öden von Palmengestrüpp bedeckten Felde in größern und kleinern Vertiefungen, wo man senkrecht abgehauene Kalktuffwände sieht und viele Säulenstücke, erst zur Hälfte aus dem Fels gearbeitet oder schon völlig von ihm abgetrennt, so daß sie nur noch umzuwerfen sind. An manchen Stellen sieht man sogar nur die ersten Kreislinien vertieft, und so die auszuhauende Säule erst angedeutet. Einige Stücke haben bis zehn Meter Umfang. Man steht auf grauen Säulentambours, worauf Kaktus, wilde Feigen und Oleaster emporgewachsen sind. Da die Brüche zehn Kilometer von Selinunt entfernt liegen, muß der Transport so ungeheurer Blöcke schwierig genug gewesen sein. Auch hier haben wohl Tausende von gefangenen Kriegssklaven Frondienste leisten müssen.

Die Bahn geht von Campobello in einer Kurve der Küste entlang nach Trapani fort, und deshalb ist die Fahrt auf ihr höchst angenehm. Die Westküsten des Mittelmeeres sind meist zerrissener und daher malerischer als die Ostküsten; nur in Sizilien ist das nicht der Fall; denn hier senkt sich gerade im Westen eine meilenweite Ebene zur lybischen See hinab, an deren Saum vom Vorgebirge Lilybäum bis zum Drepanum ein Kranz aus dem Meer aufblühender Eilande, die ägadischen Inseln, sich vom Festland abgesondert hat. Diese Niederung mit ihren Gärten, Saatfeldern und Herden dickwolliger Schafe und roter Rinder scheint unermeßlich reich zu sein. Allein auch hier sind die Ortschaften selten; die Bevölkerung hat sich ans Meer gezogen, wo die Hafenstädte in langen weißen Linien aufgereiht stehen und seit uralten Zeiten den Verkehr der Insel mit Afrika vermitteln.

Wie der Ostrand Siziliens am Ionischen Meer die stärkste hellenische Kolonisation aufnehmen mußte, ebenso naturgemäß hat der Westrand die nahen Phönizier von Afrika und später die Sarazenen an sich gezogen. Hier gründeten die Karthager bis nach Panormus und Soluntum im Norden hin ihre ansehnlichsten Emporien: Lilybäum, Motye, Drepana und Eryx. Hier mußte auch der heftigste Zusammenstoß zwischen Puniern und Römern stattfinden und die Frage entschieden werden, welche dieser Nationen den Welthandel beherrschen sollte. Auch im Mittelalter wiederholten sich dieselben Verhältnisse; denn der semitische Stamm kämpfte nochmals mit Griechen und Lateinern um den Besitz der wichtigsten Insel des Mittelmeeres, welches in alten Zeiten ein phönizischer See gewesen war. Auf eben dieser Westküste landeten im Jahre 827 von Afrika her die Araber bei Mazzara, um sich dann erobernd und kolonisierend über das byzantinische Sizilien auszubreiten.

Wegen so vieler geschichtlicher Beziehungen ist die Fahrt nach Trapani in hohem Maße anregend; allein nur im Fluge betrachtete ich diese schönen Gefilde, ihre sanften Strandlinien und die in smaragdnen Lichteffekten strahlenden Meeresweiten. So bin ich Mazzara vorbeigefahren, welches sich mit seinem Hafen, der grauen Burg, den Türmen und Mauern als eine sehr ansehnliche Stadt darstellt. So sah ich nur als flüchtige Erscheinung Marsala, das alte vielumkämpfte Lilybäum, seinen von Schiffen belebten Hafen, die dort den Feuerwein holen, und die im Meeresduft emporragenden ägadischen Inseln. Die kühne, von einem geradezu fabelhaften Glück begünstigte Landung

Garibaldis sollte man dort durch einen kolossalen Löwen aus Stein verewigen, welcher im Begriff ist, aus dem Meer auf das Land zu springen.

Trapani zeigt sich mit seinem sichelförmigen Hafen weit in die See hinausgreifend, neben dem Drepanum, der Nordwestspitze Siziliens. Weiße Salinen und Dünen sind an diesem flachen Strande hingebreitet, welchen Virgil freudenlos (illaetabilis) genannt hat. Auch die zahlreichen Windmühlen erwecken die Vorstellung, daß dies Drepanum sehr stürmisch und zumal dem Mistral ausgesetzt ist. Landwärts ragt über einem langen Aquädukt ein hoher Berg, welchen eine graue Stadt krönt; es ist der Eryx, das Ziel unserer Reise.

Jeder weiß aus dem Virgil, daß Drepanum neben Segesta der wichtigste Schauplatz der «Aeneide» ist, und zwar wegen des uralten Kultus der Aphrodite, der göttlichen Mutter des trojanischen Heros. Anchises stirbt in Depranum; Aeneas bestattet ihn und segelt nach Afrika. Der Stammvater Roms bringt die künftige Gebieterin der Welt mit Karthago in Verbindung, und die Punier haben die Schmach der verlassenen Dido einst an den Enkeln des Frevlers in furchtbaren Kriegen zu rächen. Von Afrika kehrt Aeneas nach Drepanum zurück, wo er das Andenken seines Vaters mit Leichenspielen ehrt.

Ein Enthusiast des Virgil wird demnach am Fuße des Eryx mit derselben Andacht umherwandern wie in Ardea, Lavinium und Albalonga. Nun aber ertappte ich mich auf einer ganz ketzerischen Gleichgültigkeit gegenüber diesem merkwürdigen Lokal, soweit es nämlich virgilisch ist. Und doch habe ich manche ionische Küsten und Eilande und selbst das sagenhafte Kap der Circe mit fast gläubiger Andacht begrüßt, weil auf ihnen der Zauber der homerischen Dichtung liegt. Diese Verschiedenheit der Stimmung ist leicht zu erklären. Das homerische Epos ist alt und urwüchsig; es ist das Zeugnis eines untergegangenen Heroenalters und einer im Dämmer erst beginnender Geschichte emporsteigenden Religion und Kultur. Seine Schauplätze liegen mehr oder minder in einer dem Abendlande entrückten zaubervollen Welt, und sie sind noch heute geheimnisvoll. All dieser Reize entbehrt die Dichtung Virgils. Sie ist jung und sekundär, ein Werk der Schule und Reflexion, oft erkältend als Nachahmung Homers. Sie ist am hellen Tage des römischen Staates in einer schon philologisch ausgebildeten Literatur entstanden, und so wenig volkstümlich, daß man sie sogar das Produkt des beginnenden Cäsarentums nennen kann; denn die Spitze der «Aeneide» ist die Verherrlichung der Julier, die vom Aeneas und der Venus abstammen. Freilich hat Virgil die Aeneassage nicht erfunden, welche griechischen Ursprungs ist. Er hat sie mit genialem Instinkt aufgegriffen und künstlerisch gestaltet; er hat Troja mit Rom, die homerische Welt mit der lateinischen verknüpft, ja eine dritte Kulturwelt, die semitische Karthagos, in diesen ethnographischen Kreis gezogen, und so das größte Denkmal der römischen Literatur geschaffen, welches zugleich der Abschluß des antiken Epos überhaupt ist. Also möge mir der Schatten des unsterblichen Dichters meine Ketzerei verzeihen.

Von dem Bahnhofe Trapanis führten uns Wagen ohne Verzug in wenig mehr als zwei Stunden nach dem Eryx hinauf. Der Eryx lehnt sich an keinen Höhenzug an, er steigt allein und inselartig auf, in der schönsten Pyramidenform. Ich halte ihn geradezu für das Ideal eines Berges, für das Meisterwerk der Natur in der Bergbildung. Dort mußte eine hehre Göttin, die schönste des Himmels, ihren Sitz nehmen. Nicht nur die im Zickzack sich an den Felswänden fortwindende Straße, sondern der Eryx selbst erinnerte mich lebhaft an den Monte Gargano, das östliche Kap Apuliens. Auf beiden Berggipfeln liegt hoch über dem Meere eine seltsame Stadt mit einem himmlischen Heiligtum von weitverbreitetem Ruf. Dort pilgerten das Mittelalter hindurch und wallfahrten noch heute die Christen zur Grotte des Erzengels Michael; hier zogen die Gläubigen des Altertums zum Tempel der Venus Urania. Aus Asien stammen beide Kulte.

Der Eryx war die westliche Station Europas für den von dort fortwandernden Dienst der Aphrodite. Hier stand ihr Tempel, gleich berühmt wie der zu Paphos und Kythera. Nachdem die Karthager die elymeische Stadt Eryx auf der Ostseite des Berges zerstört und ihre Bewohner nach Drepanum verpflanzt hatten, verehrten sie die phönizische Venus oder Astarte, die große Schutzgöttin des Mittelmeeres, in einem Prachttempel auf dem Berge droben, und ihr Kultus wurde dann auch von den Römern fortgesetzt. Die Schiffer von Afrika, von Spanien, Gallien, Italien, Griechenland, alle huldigten ihr, legten Opfer in dem Tempel nieder und feierten Bacchanale mit den Hierodulen. Tausend üppige Tempeldienerinnen machten hier ihrer Gebieterin Ehre.

Jetzt stehen graue Türme des Mittelalters und verwitterte hohe Mauern um den Eingang der sonderbaren Stadt, welche sich über der steilen Kante des Felsenberges mit kyklopisch aussehenden Straßen emporzieht. Sie heißt San Giuliano und so steckt wenigstens in diesem Namen noch die Erinnerung an das Geschlecht der Julier. Gleich zur Linken liegt der Dom, ein Bau vom Anfange des 14. Jahrhunderts mit krenelierten Zinnen und einem Turm aus schwärzlichem Stein und mit einer schönen Vorhalle von Spitzbogen. Neun byzantinische Kreuze sind an der Seitenwand der Kathedrale eingemauert, und eine lateinische Inschrift vom Jahre 1685 sagt, daß diese Kreuze vom Kaiser Konstantin in dem «vaterländischen Venustempel» der ehrwürdigen Muttergottes geweiht gewesen und von dort hierher gebracht worden sind. So hat die Jungfrau Maria die Astarte vom Eryx verdrängt und der Kultus dieser sich in den Dienst jener verwandelt. Nach dem Venusideal der Antike hat die Kunst nichts Schöneres geschaffen, als die Madonna der Renaissance; der Eryx aber würde das herrlichste irdische Piedestal sein für die Assunta Tizians, die sich zur Glorie des Himmels emporschwingt. Ich sah in jener Kirche ein altes Madonnenbild und da es die Osterwoche war, hatte man das Grab Christi in einer Kapelle dargestellt und mit reichem Blumenflor geschmückt. So schmückte man im Tempel der Aphrodite einst auch deren altes heiliges Kultusbild, wenn im Lenzmonat April ihre Blumenfeste oder der Tod und die Auferstehung des Adonis gefeiert wurden. Es gibt in Wahrheit nichts Neues in der Welt, denn alles ist schon einmal dagewesen.

Wir gingen links von der Kathedrale fort zu den berühmten Stadtmauern, die sich hier auf der Meeresseite in langen Linien hinziehen und meist noch wohl erhalten sind. Obwohl sie im Mittelalter erneuert wurden, erkennt man doch streckenweise noch die kyklopischen Reste grauen Altertums an ihren gewaltigen Kalksteinblöcken; noch 14 viereckige Türme sind übrig. Herr Salinas, welcher bisweilen die Sommerzeit in der frischen Luft San Giulianos zubringt, hat diese Mauern untersucht und auf ihnen phönizische Schriftzeichen entdeckt. Er machte mich auf sie aufmerksam, doch mein ungeübtes Auge hatte Mühe, sie als solche wahrzunehmen. Von seiner Entdeckung hat er einen lesenswerten Bericht veröffentlicht.

Auf entsetzlichen Pfaden bergauf und bergab sind wir an diesen ehrwürdigen Mauern fortgeschritten, bis wir durch ein Tor wieder die Stadt betraten. Ihre niedrigen Häuser aus grauem Stein mit wenigen Fenstern und mit roh aufgemauerten dunkeln Höfen bieten den Anblick wahrhaft primitiver Zustände dar. Im Grunde wohnen die Menschen hier, wie sie vor Jahrtausenden gewohnt haben. Freilich gibt es auch modern eingerichtete, oft sogar malerische Häuser mit steinernen Freitreppen. Die kleine Eryx-Stadt ist eine unerschöpfliche Fundgrube für Malerei der seltsamsten Architekturstücke, die man sich vorstellen mag. Sie hat Raum für etwa 4000 Einwohner. Die Männer tragen hier wie auf dem Gargano aus denselben klimatischen Ursachen dunkle Kapuzenmäntel, und die Frauen, welche noch heutigentags, wie in den Zeiten der Aphrodite, mit seltner Schönheit begabt sein sollen, hüllen sich in lange schwarze Schleier. Die Stadt war übrigens auffallend menschenleer. Da immer mehr Einwohner von dem unwirtlichen Berge in die Ebene hinabziehen, ihr Land zu bebauen, so wird mit der Zeit San Giuliano ganz entvölkert sein, wie andre auf hohen Bergen gelegene Ortschaften Siziliens und Italiens, die der Efeu zugedeckt hat.

Wir traten auf einen Felsenvorsprung am östlichen Ende der Stadt, wo durch alte Untermauerungen eine künstliche Fläche hergestellt und vom Munizipium des Orts zu einem kleinen öffentlichen Garten mit Ruhesitzen eingerichtet ist. Von hier blickt man auf das tief unten glänzende Meer und hat rechts vor sich das mächtige, in zwei Gruppen gegliederte Kastell des Eryx. Hohe steinerne und stumpfe Türme bilden den vordern Teil der Burg; dann setzt sich dieselbe noch auf den äußersten Felsgipfel fort, welchen sie bekrönt. Der Anblick der Turmkolosse, die sich in dieser Höhe vom blauen Himmel finster abheben, ist ganz unvergleichlich schön. Vom Kastell überblickt man ein Meer- und Küstenpanorama, dessen farbenreiche Pracht nicht mit Worten zu sagen ist. Neben jenem von Taormina ist es sicher das großartigste Siziliens.

Die Burg steht auf der Stelle, wo einst der Venustempel lag. Dies Heiligtum war demnach schon in meilenweiter Ferne dem sehnsüchtigen Schiffer sichtbar. Welche Gestalt der Tempel gehabt hat, und wann er unterging, melden keine Kunden. Die mittelalterliche Burg hat seine letzten Reste begraben. In dem vordern Teile des Kastells hat sich der Marchese Pepoli einige Räume zum Sommeraufenthalt eingerichtet. Seine Familie gehört zu dem bekannten Bologneser Geschlecht, von welchem ein Zweig im 16. Jahrhundert nach Trapani übersiedelte. Herr Pepoli führte uns in seine romantische Wohnung, die mit modernem Komfort, mit Gemälden, Antiquitäten und Büchern ausgestattet ist. Sie erschien mir als das interessanteste Heim, welches ein lebensfroher Signor wählen kann, wenn er sich zuzeiten aus der großen Welt in die Einsamkeit zurückziehen will. Auf der geheimnisvollen Stätte des Astartetempels kann er hier, wie Byrons Manfred, diese Göttin und andere Geister versunkener Religionen heraufbeschwören, wenn der Mond die alten Türme, die bleichen Mauern der Phönizier, die wilden Felsenufer und das endlose Meer bescheint. Auf allen meinen Reisen habe ich nichts so schauerlich Phantastisches und zugleich Bezauberndes gesehen wie den Gipfel des Eryx.

Durch die lange Wanderung in den steinigen Labyrinthen erschöpft, beschlossen wir den seltenen Tag mit einem Festmahl, welches der Marchese und die erycinische Munizipalität ihren Gästen darboten. Auf der reichbesetzten Tafel erregten meine besondere Aufmerksamkeit zwei Osterlämmer aus Konfekt von beträchtlicher Größe, die mit bunten Fähnchen und Goldfäden geschmückt und umsponnen waren. In der Osterzeit sieht man solche zierliche Bildwerke der Marzipanplastik in allen Konfitürläden Palermos massenhaft ausgestellt. Man verschickt sie weit und breit, auch nach dem Festlande. Ich gestehe freilich, daß sie mehr mein Auge als meinen Gaumen reizten; denn innen sind diese Figuren mit Ricotta angefüllt. Ähnliches Backwerk mögen auch die alten Eryciner an ihren Adonisostern genossen haben.

Trapani sah ich nur beim Schein der Gasflammen. Wir durchwanderten den Hafen und mehrere Straßen, so daß ich bedauerte, so viel Merkwürdiges nicht am Tage sehen zu können. Wir besuchten auch eine Kunstindustrieschule und fanden in später Stunde die Ateliers mit emsigen Künstlern gefüllt, welche hier in Marmor und Alabaster, in bunten Muscheln und schwarzen Korallen die traditionelle Kunst eifrig fortsetzen, durch welche Trapani seit der Renaissance berühmt geworden ist.

Am folgenden Morgen traten wir unsere Rückreise nach Palermo an, und so verdanke ich der Liebenswürdigkeit meiner ausgezeichneten Gefährten eine der genußreichsten Fahrten, die ich in diesem schönsten Lande Europas gemacht habe.

Ich habe die große Landschaft von Syrakus zum erstenmal erblickt,
als die Sonne eben unterging und weit und breit alles Gefilde vom
ionischen Meer bis zu den Bergen von Hybla in solchen seligen Glut-
schein tauchte, wie ihn dieser sizilische Himmel hervorbringt. Der
Eindruck war zu erhaben, als daß er in Worte zu fassen wäre. Selbst
nicht auf dem Gipfel des Ätna, wenn das herrlichste Inselland, drei
Meere und die Küsten Italiens, zu den Füßen in Licht schwimmend
ausgebreitet daliegen, wurde mein Gemüt so stark ergriffen als von
dem goldenen Abendschweigen auf diesem endlosen Totenfelde Syrakus. Die Erscheinungen der Natur sind dem Geist minder verwandt
als die der Geschichte; sie haben keine Erinnerung. Die menschliche
Seele aber lebt und belebt durch die Erinnerung.

Ich war vom alten Leontium (Lentini), der Vaterstadt des Sophisten
Georgias, heraufgekommen auf der catanischen Straße, vorbei an der
öden Halbinsel Magnisi, dem alten Thapsus, und längs dem Hafen
Trogilus (Lo Stentino). Dort erstreckt sich unmittelbar vor diesem
Wasserbecken eine etwa 200 Fuß hohe Hochebene von nacktem Kalkgestein, nach allen Seiten zu steil abgerandet, ein mächtiges Dreieck,
welches landwärts seine Spitze bis zum Hügel Euryalus erhebt, seine
Breite aber nach dem Meere absenkt. Auf dieser ganzen, weiten Hochebene stand das alte Syrakus, und es zog sich bis zur Insel Ortygia
hinunter, die durch einen Damm mit der Küste verbunden war.

Oben angelangt, sah ich das große Stadtgebiet, die Insel mit dem
kläglichen neuen Syrakus auf ihr, zu ihren beiden Seiten die beiden
herrlichen Häfen und hinterwärts das Kap Plemmyrium. Es ist eine
unsagbar ernste, majestätische Landschaft, und in aller Welt möchte
ihr allein die Campagna von Rom an Größe des Stils überlegen sein!
Landwärts schließen sich die tiefdunkeln Berge von Hybla in den
mächtigsten Rahmen, und ihr zu Füßen wallt das ionische Meer, einst
wimmelnd von zahllosen Flotten und Zeuge von Seeschlachten, wie
sie großartiger kaum Englands Geschichte aufzuweisen hat. Der grau-
silberne Ölbaum der Minerva, über die braune Steinflur spärlich zerstreut, betrauert allein die klassische Wüste. Soweit das Auge reicht,
ist sie durchwühlt, durchfurcht von grabspurigen Jahrhunderten und
vom Geleise ungezählter Zeiten. Einem ungeheuren Schlachtfeld der
Geschichte gleicht sie. Auf Meilenweite kein lebendiges Wesen, nur
Falken, die auf dem gelben Gestein hocken oder nach Beute jagen. So
rauhfelsig und dürr wie die Hochebene erscheint auch das flimmernde

Kap Plemmyrium drüben, zwischen welchem und der Ortygia jene Hafeneinfahrt sich öffnet, die einst die Syrakusier dem Nikias mit Schiffen und Ketten versperrt hatten. Die schön gewundene, große Küstenlinie ist gänzlich tot, und wo ehedem der üppigste Kranz von Gärten und Villen sich hinzog, sieht man jetzt kaum einen Schuppen oder ein einzelnes Fischerhaus. Alles ist dürres oder versumpftes Flachland und kahle, gelbe Steinmasse; nur dort, wo der Anapus nach dem Hafen strömt, bezeichnen Schilfrohr, Pappeln und Papyrusstauden den Lauf des Flusses oder die Quelle Cyane oder den Sumpf Syraka, der einst der Stadt ihren Namen gab.

Und so fuhr ich denn auf der öden Straße der Inselstadt zu, immer gefesselt durch diese zahllosen in den Steinboden gehauenen Grabvertiefungen an beiden Seiten des Wegs und durch die hie und da in bizarrster Verwirrung aufstarrenden Steinbrüche. Vor dem kleinen Hafen beginnt etwas Gartenzucht und Vignenbau; dort wächst der berühmte Nektar von Syrakus, der schon dem Gelon und Hieron und dem Pindar das griechische Herz gelabt hat. Eine einzelne Säule vor der Insel ist alles von Ruinen, was der Blick entdeckt; sie steht wie der eremitische Geist des Todes in dieser Gräberfläche und verhöhnt das Herz des Wanderers, dem das Bild jener Stadt vor der Seele schwebt, jenes großen und berühmten Syrakus, das einst über eine Million Einwohner gezählt haben soll.

Ich will es versuchen, ein anschauliches und geordnetes Bild dieser alten Stadt zu geben, nach dem gegenwärtigen Lokal. Man weiß, daß Syrakus aus fünf Städten bestand; Cicero zählt ihrer nur vier, weil er den höchsten Teil der Stadt, Epipolä, nicht mitrechnet, denn dieser bestand wohl nur aus Kastellen und Mauern. Es waren aber jene Städte: Ortygia die Insel, Achradina, Neapolis und Tyche. Durch die Forschungen Fazellos, Cluvers, Mirabellas und durch die jüngsten Untersuchungen Serra di Falcos ist die Lage der einzelnen Teile außer allem Zweifel gesetzt, und sowohl ihre Begründung als die merkwürdigsten Überreste alter Gebäude oder deren Stellen sind mit Sicherheit anzugeben.

1. Ortygia

Die Insel Ortygia ist ein Dreieck, welches sich gegen das Kap Plemmyrium sehr scharf zuspitzt. Heute bedecken sie ganz und gar die moderne Syracusa und ihre starken Festungsmauern. Sie war der älteste durch allbekannte Mythen geheiligte Stadtteil, ein Sitz der Artemis, und Ortygia genannt, weil auch die Insel Delos so hieß. Schon die Sikaner hatten sie angebaut; dann erst kamen die Korinther unter Archias, vertrieben jene und gründeten Syrakus. Mit der

Zeit breitete sich die Stadt über die Insel hinweg auf der gegenüberliegenden Küste aus. Es standen daher auf der Ortygia die ältesten Heiligtümer von Syrakus; zunächst auf der äußersten Spitze der Junotempel, weiter hinein die Tempel der Diana und der Minerva. Starke Befestigungen umschlossen die Insel schon vor Dionys i., welcher auf dem Isthmus eine Mauer mit Türmen und eine Burg erbaute, wohl auf derselben Stelle, wo vor ihm Hieros herrlicher Palast gestanden hatte. Von Dionys rührten die stärksten Befestigungen der Ortygia her, und auch die Schiffswerften am kleinen Hafen, der seither der Marmorhafen hieß. Aber später erlitt Ortygia große Veränderungen, denn Timoleon riß die Dionys-Burg nieder und baute an ihrer Stelle die Tribunale. Er selbst wurde dort begraben, und über seiner Gruft das Timoleontium errichtet, ein Gymnasium für die Jugend. Zur Zeit der Belagerung durch die Römer stand indes auf dem Isthmus wieder eine Burg.

Heute ist, bis auf wenige Reste, jedes alte Denkmal Ortygias verschwunden. Die neue Stadt nimmt die ganze Insel ein, und gewaltige Mauern und Zitadellen aus der Zeit der Byzantiner, wie aus der Epoche Karls v. und Karls iii. von Neapel, machen sie bei ihrer Lage zu einer der stärksten Festungen des Königreichs. Auf der äußersten Spitze erhebt sich jetzt der Turm des Griechen Georg Maniaces, Generals des Kaisers Konstantin des Paphlagoniers, der im Anfang des 11. Jahrhunderts Syrakus den Sarazenen entriß und jenes feste Fort erbaute. Auf seiner Pforte hatte er die berühmten bronzenen Widder aufgestellt, Erzwerke aus der Zeit des Dionys; sie kamen später nach Palermo, wo man noch den einen derselben im Schloß aufbewahrt, da der andere durch einen Brand verzehrt wurde.

Nicht weit von hier fließt die berühmte Arethusa. Sie sprudelt aus zwei alten, gewölbten Grotten, in die man durch eine schmutzige Wohnung hinuntersteigt. Es macht einen tieftraurigen Eindruck, zu diesem heiligen Wasser hinabzusteigen, begleitet von Scharen zerlumpter Bettelkinder, welche das Tamburin schlagen, und von halbnackten Weibern, Wäscherinnen, die mit ekelhafter Natürlichkeit im kristallhellen Quell umherwaten, dem Fremden das Wasser zu schöpfen; elende Karikaturen jener Nymphen Dianas, die einst in diesem Borne badeten. Wo die Arethusa aus den Grotten herausströmt, wird sie (erst seit kurzem) von einem gemauerten Halbrund umfaßt, in dessen Mitte ein Piedestal aufgestellt ist für eine noch zu erwartende Bildsäule der Quellnymphe. Auch den «Occhio della Zilica» zeigte man mir nahe am Meer, jene Süßwasserquelle, die mitten in den Salzwogen sprudelt und der Sage nach der Flußgott Alpheus ist, der hier die flüchtige Nymphe erhaschte.

Der herrlichste Überrest auf der Ortygia und zugleich von allen

Gebäuden des alten Syrakus überhaupt ist der Minervatempel. Die Kathedrale, welche in ihn hineingebaut wurde, hat ihn vor dem gänzlichen Ruin gerettet. Mächtig wirken noch die zweiundzwanzig Säulen des Peristyls, dreizehn auf der nördlichen und neun auf der südlichen Seite, mit ihrem Architrav und Fries, nun kläglich eingemauert in die dumpfen Wände einer Kirche. Es sind herrliche dorische Säulen mit prachtvollen Kapitälen und je zwanzig Kannelüren; ihre Höhe beträgt 8,60 m, ihr Durchmesser 2 m. Der Tempel war ein Hexastylos peripteros von sechsunddreißig Säulen, auf einem Unterbau von drei Stufen erhöht; in der Länge zählte er 56,80 m, in der Breite 22,75 m. Nach den Angaben Diodors, welcher erzählt, daß die Geomoren von Syrakus die Güter des Bauunternehmers Agathokles einzogen, weil er sich vom besten Steinmaterial ein prachtvolles Haus errichtete, ergibt sich als Zeit für den Bau des Minervatempels die Periode von Gelon, als eben die Geomoren noch nicht von den Plebejern vertrieben waren. Cicero beschreibt das prächtige Heiligtum in seinen Verrinischen Reden. Er preist die Türen des Tempels als die herrlichsten, die man sehen konnte. Auf ihnen waren köstliche Bildwerke in Gold und Elfenbein gearbeitet und darüber ein überaus schöner Medusenkopf. Im Innern sah man auf den Wänden den Kampf des Königs Agathokles mit den Karthagern und die Bildnisse von siebenundzwanzig Königen und Herrschern Siziliens in Malerei dargestellt; vielleicht in ähnlicher Anordnung wie heute die Bildnisse der Päpste das Innere von Sankt Paul vor den Mauern Roms schmücken. Nach dem Bericht des Athenäus zierte die Giebelspitze des Tempels ein goldener Minervaschild, dessen Glanz den Schiffenden weithin sichtbar blieb; denn es war Gebrauch, daß diejenigen, welche aus dem Hafen von Syrakus schifften, ein Gefäß voll brennender Kohlen vom Altar des olympischen Zeus mit sich nahmen und solange in Händen hielten, als der heilige Minervaschild zu sehen war. Marcellus verschonte den Tempel, seine Weihgeschenke und Bilder; aber Verres raubte alle darin befindlichen Gemälde, brach aus den Türen die Bildwerke und den Medusenkopf und eignete sich viele andere Schätze der Kunst zu.

Auch vom Tempel der Diana hat man Spuren und Reste auf Ortygia entdeckt. Man sieht heute in der Casa Santoro zwei kannelierte dorische Säulen in einem Hof. Sie haben nur sechzehn Kannelüren und stehen auffallend eng beieinander, denn die Interkolumne beträgt weniger als einen Säulendurchmesser.

Dies sind die alleinigen Reste der alten Inselstadt. Von ihren andern herrlichen Bauwerken ist keine Spur geblieben, und wahrhaft trostlos erschien mir das heutige Syrakus, das noch dürftiger ist als das heutige Agrigent. Seine engen Gassen starren von Schmutz, Armut und Unwohnlichkeit. Ich habe nirgend einen Ort gefunden, der

so grenzenlos melancholisch wäre als Syrakus. Die beiden prächtigen
Häfen sind so totenstill wie die Stadt und wie das steinerne Feld der
Achradina, um dessen tief ausgehöhlte Kalksteinküsten die smaragdnen Wellen trauervoll auf- und niederrauschen. Von der Uferbrüstung
der Arethusa aus muß man in stiller syrakusischer Mondnacht auf
dies wunderbare Panorama blicken, um alle Schauer der Endlichkeit
in das vereinsamte Herz zu fassen. Wehmütiger und geisterhafter
dünkte mir hier die Nacht als selbst auf den Kaiserpalästen des alten
Rom – was man hier empfindet, ist ja auch edelstes Heimweh nach
Hellas, dem Vaterland jeder denkenden Seele. Am Kai des großen
Hafens flimmern nachts Lampen zwischen den Bäumen des einzigen
Spaziergangs der Syrakuser; dort stehen auf Sockeln die ärmlichen
Bildsäulen des Hieron und des Archimedes; und da wandelt nun umher das moderne Geschlecht der Syrakuser, freudelos, dürftig, ohne
Wissenschaft, ohne Kunst, ohne Industrie; dörfisch herabgesunken in
die engste Lebensbeschränkung und Sklaven des verhaßten Neapel.
Ich sah nicht ein schönes Antlitz unter ihnen; kaum leuchtet tröstend
ein Feuerblick aus den Augen einer vorüberschwebenden schwarzver-
hüllten Signora und gemahnt an die Zeiten des Aristippus und der
sizilischen Lais.

Wenn ich von jenem Kai aus den herrlichen Hafen in dieser unglaublichen Verödung erblickte (denn nur zwei türkische Fahrzeuge
ankerten damals vor der Ortygia), so fiel mir Ciceros Ausruf ein:
«Nihil pulcrius quam Syracusanorum portus et moenia videri po-
tuisse.» Und wohl war der Handelsverkehr des alten Syrakus so groß
wie der Konstantinopels in den blühendsten Zeiten.

Man muß das Museum der heutigen Stadt, welches dem Minervatempel gegenüber liegt, besuchen, um auch hier ganz und gar melancholisch zu werden. Alles was von der Fülle der köstlichsten Kunstwerke, womit einst Syrakus prangte, hier zusammengekehrt ist,
gleicht einem Häuflein von Scherben, verteilt an die Wände eines unheimlichen Zimmers. Auch die berühmte Venus von Syrakus steht
kopflos da, mit verstümmeltem rechtem Arm. Sie ist vorgestellt dem
Bad entsteigend. Die Linke hält das Gewand unter dem Leibe zusammen, die Rechte beschattet die Brust. Der Körper ist sehr in Fülle, der
Unterkörper auffallend stark und kräftig; eine Venus für Michelangelo. Unter allen berühmten Gestalten der Liebesgöttin, der von
Milo, von Capua, vom Kapitol, von Florenz, zeichnet sich die syrakusische am wenigsten durch Reiz, am meisten durch vollweibliche
Schönheit aus. Ihre Bewegungen haben nichts von jener koketten
Grazie der Venus von Florenz und Rom, sie ist ruhender in Fülle ihrer
göttlichen Sinnlichkeit. Die Auffindung der herrlichen Statue im Garten Bonavia zu Syrakus (wie mag sie die frechen Augen des Verres

gereizt haben!) geschah durch den Ritter Landolina im Jahr 1804 und gab Veranlassung zu diesem Museum. Jener verdienstvolle Nacheiferer Mirabellas und der Bischof Filippo Maria Trigona stifteten dasselbe im Jahr 1809. Einige Vasen, Statuen, griechische Inschriften, Bronzen, viel Wust von Anticaglien setzen es zusammen. Sizilien hat kein Nationalmuseum; wollte man so viele zerstreute Sammlungen von Noto, Syrakus, Agrigent, Biscaris Museum in Catania und jenes von Palermo, das durch den Besitz der selinuntischen Metopen so unendlich wichtig ist, vereinigen, so würde sich eine stattliche Nationalsammlung bilden; an Münzen möchte sie kaum ihresgleichen haben.

2. Achradina

Der zweite und schönste Stadtteil des alten Syrakus war Achradina. Er stieß unmittelbar an Ortygia, und man gelangte von der Insel dahin über den Damm, welcher wohl zunächst auf das prächtige Forum führte. Sodann breitete sich Achradina längs der ganzen östlichen Küste aus, denn östlich und nördlich bespülte dieses Stadtgebiet das Meer, westlich grenzte es an Tycha und Neapolis, südlich an die Insel und an beide Häfen. Eine starke Mauer umzog es von allen Seiten, und diese muß sehr fest gewesen sein, denn nachdem Marcellus bereits Epipolä, Tycha und Neapolis erobert hatte, würde Achradina noch lange Widerstand geleistet haben, wenn nicht der Verrat des Spaniers Mericus die Insel den Römern preisgab und die Syrakuser in Achradina mutlos machte. Nach der Seeseite zu erhoben sich jene Mauern, die Archimedes mit Schießscharten versah, um durch sie seine wunderbaren Maschinen spielen zu lassen.

Cicero sagt: «Die zweite Stadt von Syrakus heißt Achradina; in ihr befinden sich das Hauptforum, sehr schöne Hallen, ein herrlich geschmücktes Prytaneum, eine sehr geräumige Kurie und ein prächtiger Tempel des olympischen Zeus; die übrigen Viertel der Stadt nimmt eine breite durchschneidende Straße mit vielen Querstraßen und Privatgebäuden ein.»

Auch heute ist Achradina der merkwürdigste Teil des unabsehbaren Trümmerfeldes von Syrakus. Sie erhebt sich als Hochebene von braunem Kalkgestein, das fast überall nackt daliegt, von den Elementen durchwittert, von zahllosen Straßen, Wagengeleisen, Gräbern, Steinbrüchen, Häuserfundamenten natürlichen Steins und von Plätzen durchschnitten, ja selbst jene Via Lata kann man in ihrem Laufe noch verfolgen.

Man gelangt von der Insel zur Achradina entweder über die drei Zugbrücken der Festung auf dem Isthmus, oder zu Barke über den kleinen Hafen, wo man unterhalb des Klosters der Kapuziner landet. Denn einige kleine Kirchen und Klöster, Maria di Gesù, Santa Lucia und die Kapuzinerkirche, erheben sich auf der Hochebene in melancholischer Verlassenheit. Jenseits des Damms liegt auf einer Fläche zuerst der Brunnen degli Ingegneri, und daneben steht jene einzelne Säule, von der ich schon berichtet habe, als von dem alleinigen Wahrzeichen der alten Stadt. Da sie eine attische Basis und keine Kannelüren hat, also nicht dorisch ist, so meint Serra di Falco, sie habe vielleicht zum Tempel des Zeus gehört, welchen Hieron II. auf dem Forum erbauen ließ. Aber dem widerspricht die Winzigkeit ihrer Maße offenbar. Daß übrigens auf diesem Platz das Forum stand, lehrt das Lokal, denn keine andere Stelle eignete sich dazu besser als diese, da sie beide Städte Ortygia und Achradina verbindet. Ein fünffaches Tor führte auf dies von Arkaden umgebene Forum. Auch stand hier das Prytaneum und die Curia, wovon keine Spur anzugeben ist; und auch die sogenannte «casa de' sessanta letti», Reste eines antiken Gebäudes, führt nur grundlos den Namen Palast des Agathokles.

Mitten in Achradina und ungefähr auf der Höhe der Hochebene, liegen die höchst merkwürdigen Latomien oder Steinbrüche, welche jetzt von den Kapuzinern benannt werden, da die Mönche dort ihre Gärten angelegt haben. Denn vor ihrem Eingange steht das Kapuzinerkloster, einsam und öde, aber mit hinreißend schöner Aussicht über Syrakus und das Meer. Ringsum starrt die totenstille Wüste Achradina; es ist als hätte hier die Natur das Gorgonenhaupt erblickt und wäre in grausem Entsetzen zu Stein erstorben. Wie schön ist die Campagna des alten Rom mit ihrem ewig bunten Pflanzenteppich und ihren lieblichen Hügeln, mit ihren efeu-umgrünten Grabmälern und einsamen Türmen; das schönste Theater für das größte Epos der Weltgeschichte. Hier dagegen namenlose Verlassenheit unabsehbarer Steinflächen oder wüste Labyrinthe, welche der braune Kapuziner einsiedlerisch durchwandelt. Ich hatte viel von diesen Latomien erwartet, doch übertrafen sie jede noch so kühne Vorstellung. Ein Mönch schloß mir die Pforte auf, und plötzlich stieg ich in den ungeheuren Raum hinab, welchen Menschenhände in den Felsenboden gehauen und gemeißelt haben. Vor mir lagen Säle von der Größe kleiner Marktplätze, aus 80 Fuß hohen, senkrechten Steinwänden gebildet. Bald sind diese schwarz, bald strahlen sie im Goldgelb hellenischer Ruinen, bald überzieht sie sanftes Rosenrot. In malerischer Fülle deckt sie Efeu; er rankt um die Wände empor, dem Licht zustrebend, und hängt wieder in bacchantischen Gewinden nieder; blühendes Gesträuch füllt die Spalten, und in den Ritzen nisten Lorbeeren, Pinien und Oleander. Die Latomien waren ehemals bedeckt; man hatte natürlich Stützpfeiler stehen lassen, aber Erdbeben, Wetter und Ge-

wicht haben diese Pilaster gebrochen und die Decken fast überall eingestürzt, so daß die Steinmassen in großartigen Gruppen umherliegen
und Schluchten und Engpässe bilden wie im lebendigen Gebirge. In
den nun dem Licht geöffneten Räumen haben die Kapuziner ihre Gärten angelegt; sie sind das Gegenstück zu den hängenden Gärten der
Semiramis, weil sie 60 bis 80 Fuß unter der Erde liegen; und da pran-
gen nun von dem wunderbarsten Steingehege umschlossen: Orangenbäume in seltener Fruchtfülle, Granaten mit feuerflammenden Blüten,
Rebengewinde, Myrthen, Zypressen, duftige Gewächse jeder Art und
die saftigsten Gemüse, welche die Mönche für ihre Tafel zu erziehen
wissen. Mitten in einem dieser Gärten überraschte mich ein bezaubernder Anblick; vom dunkelsten Grün umgeben sieht man hier gerade vor sich das Kloster hoch über dem Rande der Latomien und zu
beiden Seiten die efeubedeckten Steinwände riesig aufgetürmt, während darüber eine einzelne Pinie schwankt. Man vergißt beinahe, daß
dieses blütenvolle Paradies einst der scheußlichste Kerker war, und
daß hier, nach dem Fall des Nikias und Demosthenes, die unglücklichen Athener gefangen saßen. Viele starben bei elender Nahrung
verkommend, viele raffte die Fieberluft oder Gram und Hunger hin,
manche retteten die Verse des Euripides. Die Latomien konnten leicht
6000 Menschen fassen, und augenscheinlich gibt es keinen weniger
entrinnbaren Kerker. Weil sie nun mitten in Achradina liegen, reichen sie in eine frühe Zeit hinauf, ehe die Stadt diese Gegend ganz
einnahm. Wohl haben hier nach der Schlacht bei Himera kriegsgefan-
gene Karthager gearbeitet und diese Räume ausgehauen, um das Material zum Bau der Häuser und Tempel von Syrakus zu liefern. Jetzt
hat der Schutt den Boden um 32 Fuß erhöht, so daß ihre ursprüngliche Tiefe erstaunlich groß war. Es scheint als sei der Stein sowohl
von oben herab, als in waagrechter Richtung bearbeitet worden. Man
sieht übrigens noch viele galerienartige, bedeckte Gänge, Hallen mit
Kammern in quadratischer Form, aber auch gewölbte Gemächer, die
also nicht hellenischen Ursprungs sein können und wie die Katakomben Zeichen des Christentums aufweisen.

Geht man von den Latomien weiter hinauf durch Achradina, so
sieht man überall Spuren alter Straßen und Wagengeleise wie im
Steinpflaster von Pompeji. Oft laufen deren viele wirr durcheinander,
wie wenn auf sandiger Flur Fuhrwerke sich gekreuzt haben. Dies ist
auffallend, da der Kalkstein von Syrakus Wagenspuren nicht so leicht
aufnimmt wie der Tuffstein von Rom. In der Nähe der Latomien fand
ich diese Geleise besonders zahlreich, und wohl darf ich annehmen,
daß sie von den Wagen eingedrückt sind, auf denen die Bausteine
fort und fort zur Stadt geschafft wurden. Übrigens muß auch zur
blühendsten Zeit von Achradina dieser Steinbruch einen Charakter

von Wüstheit in die Physiognomie der Stadt gebracht haben, ähnlich einem großen Bauplatz, wo tagtäglich Schwärme von Arbeitern beschäftigt sind, oder einem Bagno von kettenklirrenden Galeerensklaven. Die Latomien waren die Galeeren von Syrakus. Auf Millienweite ist der Felsboden durchfurcht, und unzählig sind nun gar die viereckigen Gräber, welche in der Form unserer gewöhnlichen Erdgrüfte in den lebenden Stein gehauen sind. Was und wieviel hier der Mensch in den Stein hineingearbeitet hat, ist nicht zu sagen, denn außer den Gräbern, den horizontalen und den senkrechten, und außer den vielen Latomien erstreckten sich noch unter Syrakus jene riesigen Katakomben, welche meilenweit unterirdisch den Fels durchbrechen.

Ich sah viele Plätze von quadratischer Form, selbst Stellen für ehemalige Häuserbezirke. Die Häuser von Achradina standen auf dem nackten Fels; wie noch heute in so vielen sizilischen Städten diente dieser zugleich als Pflaster. Man mag nun stundenlang auf dem Steinfeld irren, am Meer entlang die Stelle der alten Mauer aufsuchen, westwärts gegen Tycha hingehen, wo die Stadt an diesen Teil und an Neapolis stieß und, wie es scheint, ein unbebautes Zwischenfeld lag – überall sieht man dieselben tiefen Spuren.

Es scheint unbegreiflich, wie das Material einer so ungeheuren Stadt bis auf den letzten Brocken verschwinden konnte, denn alle bewegliche Masse über dem Boden ist hinweggenommen, als hätte jene Tempel, Mauern, Türme und Arkaden ein Sturm wie Sand von der Heide gefegt. Freilich hat man jahrhundertelang davon gebaut, auch alle Festungswerke von Syrakus davon errichtet, ja selbst die modernen Städte von Ostsizilien haben sich Schiffsladungen voll von Trümmern aus Syrakus geholt, aber trotzdem erscheint eine so spurlose Vernichtung rätselhaft.

Gegen Süden senkt sich Achradina herab, und da ziehen sich nun große Austiefungen gleich Schluchten hinunter, in deren Wänden man viele Felsengräber findet; meistens Columbarien und Loculi römischen Stils. In dieser Richtung liegen auch die merkwürdigen Katakomben gegen Neapolis zu. Ihr Eingang befindet sich bei der ältesten christlichen Kirche Siziliens, der von Sankt Johann. Sie ist ein kleiner bizarrer Bau mit einer Vorhalle, deren Außenmauer drei byzantinische Boge unterbrechen. Sie ruhen auf Säulen und Pfeilerbündeln mit zusammengesetzten hochmittelalterlichen Kapitälen. Leider ist die Kirche stark verfallen. Noch älter ist ihre Krypta, worin man byzantinische Wandmalereien sieht. Zu den Katakomben selbst führt eine Pforte neben der Kirche. Wüster und ungeheuerlicher sind jene von Neapel, aber weder sie noch die römischen haben eine so planmäßige Ordnung. Man befindet sich plötzlich in einer vollkommen geregelten Totenstadt, wo ganze Völker in ihren Steinsärgen geschlummert

zu haben scheinen; da gibt es zahllose Straßen und Gassen, zahllose
Kammern, Nischen, Plätze und Säle, welche die Toten einst in tiefster
Eintracht bewohnten, während über ihnen die Revolutionen der Lebendigen fortrasten. Wie viel an Toten täglich das Leben einer großen Stadt hinauswirft, kann man schon im heutigen Neapel wahr-
nehmen, und wie viele mag erst jenes volkswimmelnde Syrakus Tag
um Tag in diese gähnende Unterwelt geworfen haben!

Auch diese Katakomben waren einst Steinbrüche wie alle in der
Welt, dann erst wurden sie zu Nekropolen; jahrhundertelang grub
man an ihnen fort, doch offenbar nach einem System. Denn alle Galerien führen von Zeit zu Zeit auf einen Mittelsaal, einen großen,
runden und gewölbten Raum, welcher ringsum Nischen enthält und
entweder ein oder zwei oder drei gewölbte Tore zählt. Auch hier beweist der Stil, daß die Säle nachgriechisch sind. Man hat gegenwärtig
ihrer vier ausgegraben, aber im ganzen sollen es 360 sein, wie die
unverbürgte Sage sagt. Man will sogar behaupten, daß die Katakomben nicht allein bis zum Fluß Sebetos, sondern bis nach Catania
unter der Erde fortgehen. Alle Tunnel der modernen Welt machen sie
in ihrem Ruf zunichte. Zwar bleibt ihr größter Teil, auch das untere
Stockwerk, verschüttet, aber es ist doch immer schon eine Strecke von
mehreren Millien in der Weite zugänglich geworden. Vor zwanzig
Jahren verirrte sich dort ein Lehrer mit sechs Schülern, denen er die
Wunder der Gräberstadt erklären wollte. Den Ausgang suchend,
waren sie in dem schauerlichen Labyrinth lange und verzweiflungs-
voll umhergeirrt und dann vor Erschöpfung und Angst gestorben;
man fand sie alle beieinanderliegen vier Millien vom Eingang entfernt. Kaum möchte eine schauerlichere Todespein gefunden werden.
Seither hat man in den Galerien hie und da Licht- und Luftlöcher angebracht, durch welche der zweifelnde Tag in diesen fürchterlichen
Hades geisterhaft hinunterscheint. Die Breite der Gänge beträgt in
der Regel 3 bis 4 m, ihre Höhe 2 bis 3 m, ihre Länge scheint unabsehbar, und so ist es ein unsagbarer Anblick, in diese langen Grabkorri-
dore hinabzusehen, die endlos in dem falben Dämmer fortlaufen,
schrecklich einförmig wie die Ewigkeit. Nur hie und da unterbrechen
sie Gräbernischen, welche von alten und schauerlichen Malereien
schimmern und mit Stucco in der roten Glutfarbe Pompejis bekleidet
sind. Es münden in sie Gräbergassen, deren Boden Gruft an Gruft enthält, so abgeteilt nebeneinander, wie eine Leiter durch die Sprossen
geteilt wird oder wie es die Wachszellen einer Honigwabe sind.
Gleich einem Wurm in der Erde scheint hier der Tod gekrochen zu
sein und seine labyrinthischen Gänge ausgewühlt zu haben. Geschlecht nach Geschlecht hat er in diese Schächte getragen, und Millionen sind hier vermodert. Mit Schaudern stand ich in diesen gäh-

nenden Gassen und fühlte die ganze grenzenlose Tiefe der Nacht, über die unser winziges Menschenleben grausam hingestellt.ist und zitternd schweben muß. Nicht Schädel, nicht Knochen sind mehr zu sehen; wo sie geblieben, weiß ich nicht zu sagen. Alles ist hohl und leer und still wie das Nichts. Die Zeit, welche die Werke des Lebens oben auf Achradina spurlos vertilgt hat, hat hier unten selbst den Tod getötet. Griechen, Römer, Christen sind hier nacheinander aufgehäuft worden. Man hat hier ebensowohl heidnische Idole, kleine Bronzen, Lacrimarien, als christliche Totensymbole gefunden. Ein hier ausgegrabenes Relief, die zwölf Apostel darstellend, bewahrt jetzt der Dom von Syrakus. Doch, mit welchen Formeln und Zeichen man auch Gott und den Tod bekleide, er ist immer ein und derselbe. Daß auch in der vorchristlichen Zeit die ältesten Einwohner dieser Gegend hier schon ihre Toten bestattet haben, behauptet man, und wohl mit Recht, denn auch in der Troglodytenstadt von Ispica finden sich Gräber im Gestein. Solcher Gebrauch ist uralt, wie in Ägypten und Indien, so selbst in dem vorgeschichtlichen Amerika.

Wo Achradina gegen Neapolis grenzt und sich so viele hochmerkwürdige Denkmäler beisammen drängen, sieht man über dem alten Theater die antike Gräberstraße und hie und da zerstreute in die Felsen gehauene Grüfte griechischer Zeit. Die Gräberstraße selbst ist ein in den Felsen getriebener Hohlweg von zwanzig Fuß Breite und ebensolcher Höhe der Wände; tiefe Wagenspuren durchfurchen den Boden. Zu beiden Seiten reiht sich in den senkrechten Wänden Grab an Grab; sie alle sind in den Fels gehauen und enthalten Gruftkammern von verschiedener Größe und Einteilung. Außerhalb sieht man noch die Stellen, in denen einst die Grabinschriften eingesetzt gewesen sind. Die architektonische Ausschmückung dorischen Stils, welche in der Regel aus einem auf kannelierten Säulen ruhenden Fronton bestand, fehlt überall, doch ist sie in ihren Spuren kenntlich. Denkt man sich nun diese Gräberstraße mit all ihren Monumenten in ursprünglicher Form, so hat man eine Reihe von kleinen Tempelfassaden zu beiden Seiten des Wegs, doch durchbrochen von kleineren und ärmlichen Grüften, denn diese Grabstätte außerhalb der Mauer von Achradina scheint von allen Ständen benutzt gewesen zu sein. Schwerlich hat sie den schönen Eindruck der Gräberstraße von Pompeji gemacht, denn die Wände haben etwas ungemein Starres, ägyptisch Gezwungenes und Einförmiges. Überhaupt ist die ganze Gegend, wo Achradina, Tycha und Neapolis aneinander grenzen und, wie es scheint, ein Feld zwischen ihnen neutral ließen, voll von Grüften über der Erde. Ihre große Anzahl, da man kaum einen Schritt tun kann, ohne auf ein Felsengrab zu stoßen, und da überall am catanischen Wege mehr als eine deutsche Meile weit Gräber sich hinziehen, erinnert jetzt mehr als jedes andere Altertum an die ehemalige Größe von Syrakus.

Einige dieser Grabmäler fallen durch ihre reichere Architektur und ihre höchst malerische Vereinzelung besonders auf; sie lassen darauf schließen, daß ausgezeichnete Personen oder Geschlechter in ihnen bestattet lagen. Es war in derselben Gegend auch das Grab Gelons und seiner Gemahlin Demarata, welches das Volk von Syrakus mit großer Pracht errichtet hatte. Doch hat man seinen Ort noch nicht entdeckt. Vor allen andern fesseln zwei Felsengräber die Aufmerksamkeit. Sie befinden sich nicht weit voneinander entfernt in der Gegend eines kleineren, höchst merkwürdigen Steinbruchs, wo auf dem gelben Felsboden zahllose Gräber zerstreut liegen und ein Arm der alten Wasserleitung von Tycha die traurige Steinwüste durchrieselt. Sie sind in bizarr gestaltete Felskegel eingehauen, die stufen- oder terrassenförmig ansteigen und zeigen, daß ehemals aus ihnen Bausteine gesprengt wurden, denn ihre Form ist durchaus unregelmäßig und zufällig. Von außen ist in den ansehnlichsten dieser Felsblöcke ein dorisches, jetzt halb zerstörtes Frontispiz eingehauen; es ruhte auf zwei kannelierten Säulen, von denen nur die eine ganz erhalten ist. Auch der Architrav und Fries mit Triglyphen und Metopen ist größtenteils noch kenntlich. Aber obwohl die Architektur dorisch ist, weicht sie doch vom hergebrachten System ab, da sowohl Aufgiebelung als Säule sehr hoch erscheinen. Schon daraus ergibt sich die spätere Zeit des Grabmals, welches vom Volk nun einmal mit ehrender Pietät «Grab des Archimedes» genannt wird, freilich mit demselben Recht, mit dem die Agrigentiner ein altes Monument das «Grab des Theron» nennen.

Es ist bekannt, daß der große Mathematiker auf seinem Grab eine Säule zu errichten und auf ihr das Verhältnis des Zylinders zum Kegel anzugeben befahl, als rühmliches Gedächtnis an seinen Lieblingslehrsatz. Als nun Cicero während seiner Quästur in Syrakus Nachforschungen nach dem Grabe des Archimedes anstellte, leiteten ihn glücklich diese Merkmale, und nach langem Bemühen fand er im Dickicht jene Stelle und jene Inschrift in Senarien. Der Römer war nicht wenig erfreut; stolz auf diese Entdeckung ruft der eitle Mann aus: es sei des Schicksals Wille gewesen, daß die Grabstätte des großen Syrakusers der Mann von Arpinum wieder habe auffinden sollen. Damals waren seit der Eroberung von Syrakus durch Marcellus nur 150 Jahre verflossen, und dennoch war die Stadt schon so verödet, daß selbst das Grab ihres größten Bürgers unter Dornen und Disteln verschollen lag. Cicero aus Rom, unter dem Schutt und Wildwuchs der Pflanzen nach Archimedes' Grab suchend, geführt von syrakusischen Ciceroni und der Stadttradition, machte also schon damals so gut die Figur eines Archäologen wie irgendein heutiger Altertumsforscher und gelehrter Maulwurf aus Bonn oder Berlin.

Wir müssen auf das Grab des Archimedes verzichten; einst wird man ja auch vergebens die Stätte suchen, wo Humboldts Denkmal stand. Aber es schweben die Namen unsterblicher Menschen ewig unausgelöscht in der Zeit, und schön ist das Wort des Perikles in der Leichenrede auf die gefallenen Athener: «Der großen Menschen Grabstätte ist die Welt!» Das Geheimnisvolle dieser syrakusischen Gruft, welche die Erinnerung an ein großes Genie umschwebt, ist unendlich reizend, zumal in dieser menschenöden, lichtdurchflimmerten Wüste gelben Steins. Sitzt man so in der Stille des gluthauchenden Mittags oder im Schweigen des purpurnen Abends, in starrer Wüste, bald in dädalische Labyrinthe, bald in hundert und aberhundert gähnende Steingräber blickend, da wird alle Phantasie ums traurige Herz los, und es steigen Schatten herauf wie einst die vor dem Ulyß im Hades, Schatten größerer Menschen als unser Geschlecht ist, heiliger Geschwisterseelen von dem geliebten Lande Hellas. Ich sah diese schweigenden, ehrwürdigen Gräber manchmal belebt: es lagen auf ihren Stufen Kinder und Männer vom elendesten Aussehen, mit fiebergelben Gesichtern, Mumien gleich, mit wirren Haaren und brennenden Augen, und in zerlumpten Kleidern; da las ich in ihnen die Geschichte des heutigen Siziliens, die Greuel des bourbonischen Polizeistaates und des alles in Moder umwandelnden Pfaffentums, und nicht wehrte ich meiner bekümmerten Seele einen ganz unhellenischen Fluch auszustoßen. Wann kommt die Zeit, da dieses herrliche Land einmal erlöst wird! «Que Dieu la rende aux Muselmans!» Es wäre ein neuer Archimedes not mit zahllosen Wurfmaschinen und Brennspiegeln, um gegen diese Heuschreckenschwärme von Pfaffen zu Felde zu ziehen, welche ganz Sizilien überdecken.

Doch nun will ich mit den Gräbern enden. Nicht allzuweit von jenen kommt man zu einem Feldgarten mit Ölwuchs und Rebenzucht; da liegt in beneidenswert klassischer Wildnis unser Landsmann Platen begraben. Als ich an seinem Grabe stand und auf die Stufen des Denkmals einen Kranz von Weinlaub legte, fielen mir auf einmal in dieser klaren, heitern, hellenischen Luft alle jene Beziehungen Platens zu Heine in die Erinnerung, und sie versetzten mich plötzlich in die unerquickliche Literaturatmosphäre des Vaterlandes, in jene überreizte, falsche, unmännliche, jüdische oder jüdelnde Zeit, welche unserer Dichtung so viel Unheil gebracht und ein entnervtes, gott- und weltloses Geschlecht allerwegen miterzeugt hat. Wie anders ist das Schicksal Heines, wie anders Platens! Hätte jenem ein Gott gegeben zu sagen, was er leide, und nicht bloß zu sagen, wie er sich und die Menschheit frech und knabenhaft verhöhne, er wäre ein Heros dieser

Periode geworden. Unendlich war er dem armen Platen an Talent
überlegen! Und doch erlebte es der erbitterte Feind Platens noch, daß
man diesem eine öffentliche Statue errichtet! Dies ist die Macht der
Form! Und was sie sei, begreift man vielleicht erst ganz im Süden.
Es war der glücklichste Gedanke Platens, in Syrakus zu sterben. Kurz
vor mir war der König von Bayern am Grabe des Dichters gewesen,
wie mir der Gartenwächter erzählte; er hatte zugesagt, das Grab,
welches schon zerfällt, wiederherstellen zu lassen. «Augusto Comiti
Platen Hallermunde. Anspachiensi. Germaniae Horatio», so lautet die
kühne Inschrift, die ihm der Ritter Landolina setzte. Hat der kalte
Künstler Platen es verdient, so einsam hier zu liegen unter den Toten
von Syrakus, unter Hieron und Gelon, Archimedes und Timoleon,
als der einzige Repräsentant desjenigen Volkes, welches wie kein anderes mit den Hellenen vertraut ist? Ja diese wilde Stätte dünkte mich
das schönste Dichtergrab der Erde, beinahe dichterischer als die heiligen Zypressen an der Pyramide des Cestius, welche das Grab Shel-
leys beschatten, eines der letzten Poeten von Gottes Gnaden, die in
unserem jüngeren Geschlecht erschienen sind.

So muß man die Götter um dreierlei Gnade bitten: schön zu leben,
schön zu sterben, schön begraben zu sein.

3. Neapolis

Wir sind schon in Neapolis, demjenigen Stadtteil von Syrakus, welcher, wie sein Name sagt, der jüngste von allen war. Sowohl Tycha
als Neapolis waren ursprünglich Vorstädte von Achradina; jene zog
sich vom Hafen Trogilus westwärts hinauf, diese sich nach dem großen Hafen hinab an der südwestlichen Seite der Felsenhochebene, auf
welcher Syrakus stand, und ohne Zweifel senkte sich Neapolis, gegen
Tycha durch Mauern über dem Felsabsturz beschirmt, tief in die Niederung bis in die Nähe der Sümpfe des Anapus hinunter. Ein Tor
Menetides oder Temenetides führte aus der Stadt ins Feld. Es hieß
auch der ganze Stadtteil Temenites, von einer Statue des Apollon dieses Namens so genannt. Cicero nennt in ihm auf der Höhe das Theater, und zwei Tempel der Ceres und der Proserpina. Gelon hatte sie
aus der karthagischen Beute errichtet, und vor ihnen lag sein und der
Demarata Grab, welches später Himilkon der Karthager zerstörte.

Es gibt heute in Syrakus keinen Punkt, wo sich Erinnerungen und
Denkmäler so reichhaltig zusammendrängten als jene Felskante von
Neapolis, da wo diese Stadt oben gegen Achradina anstieß. Auf einem
nicht allzu großen Raum liegen hier beisammen: die Latomien des
Dionys, das Theater, die Gräberstraße, das Amphitheater, die alte
Wasserleitung.

Die vielberühmten Latomien, welche das Ohr des Dionys genannt
werden, sind nicht vom Umfang jener Achradinas, aber nicht minder
malerisch, und in einigen Teilen viel schöner und eigentümlicher. Sie
bilden ein ungeheures Viereck, in dessen Tiefe ein ewig grüner Garten prangt. Etwa in der Mitte erhebt sich 20 Meter hoch ein einzelner
Fels als Pfeiler mit Resten eines Turms auf der Spitze, schön aus dem
Baumwuchs und über die Trümmermassen fortragend. Der Gedanke,
daß hier der Wachtturm des Kerkermeisters stand, drängt sich der erregten Phantasie sogleich auf, aber er ist schwer zu unterstützen, und
vielleicht trug der Pfeiler ehemals die Decke der Latomien, welche nun
fehlt. Auf der linken Seite, vom Eingang gerechnet, befinden sich die
weltberühmten Säle und Gemächer dieser Steinbrüche, von denen der
eine den Namen «Ohr des Dionys» trägt. Er erhielt ihn durch Michel
Angelo da Caravaggio, welcher einst mit dem gelehrten Syrakuser
Mirabella diese Latomien besuchte, und durch die Form jenes Teils
zu der zufälligen Benennung veranlaßt wurde, die seither die seltsamsten Vorstellungen in Umlauf gebracht hat.

Von außen decken üppiger Epheuwuchs, herabschwankende Flechten und das schöne zarte Venushaar die steile Wand, in welche dieses
Riesenohr eingeschnitten ist, und hoch auf dem steilsten Rand erhebt
sich prächtig ein einzelner Pinienbaum. Die Zufälligkeit der Form des
hohen und seltsamen Steinsaals erzeugt jene akustischen Erscheinungen, welche die poetische Sage bestärken, daß Dionys hier seine Gefangenen belauscht habe. Im Jahre 1840 entdeckte Serra di Falco
eine Öffnung, durch die man von oben her, wie aus einer Loge, in die
Latomie hineinsehen und hineinhören kann; und dort nun stand der
horchende Tyrann. Ein tief unten leise geflüstertes Wort, ein kni-
sterndes Papierblatt schallt hier deutlich herauf, und es läßt sich der
Führer das herzliche Vergnügen nicht nehmen, sein: «Dionisio era un
tiranno», vielmal zu wiederholen. Der Knall einer Pistole wird als
hundertfacher Donner sinnbetäubend von den Wänden zurückgeworfen.

Ein anderer Teil der Latomien, ganz in der Nähe des Ohrs des
Dionys, heißt «del Paradiso». Er ist ganz unbeschreiblich schön.
Große, viereckige Räume bilden ihn, mit glatten Decken. Die Wände
schmückt ein herrlich Rosenrot von lieblichster Zartheit, andere sind
dunkelschwarz wie die Nacht oder tief bräunlichgelb. Oft sind sie
zackig durchrissen, oft hingestürzt, da die Pfeiler, welche einst die
Decke trugen, umgesunken sind, und so entstanden die bizarrsten
und grandiosesten Bildungen; ja oft hängen von der Decke selbst
Felsstücke herab wie wild umhergeknitterte Vorhänge aus Stein. An
einer Stelle öffnet sich der Raum zu einer Grotte oder einem kühnen
Bogen, den ein natürlicher Pfeiler stützt; durch ihn blickt in male-

rischer Verwirrung Trümmergestein, das dunkle Laub der Orangen, die brennende Blüte der Granaten, und der selige Himmel von Syrakus. Die Menschenkraft scheint hier, so ungeheure Räume mit dem Eisen durchgrabend, die Natur besiegt zu haben, indem sie wahre Fingalshöhlen erschuf, und wieder warf die Natur all diese Sisyphusarbeit um und zerrte das Künstliche in das Elementarisch-Zufällige wild hinüber.

In dem längsten bedeckten Raum hat sich seit alten Zeiten eine Strickdreherei niedergelassen; arme Menschen von entsetzlicher Verkommenheit, bleiche, fremdgeartete Kinder und zerlumpte Frauen bringen in diesem Kerker rastlos spinnend ihr Leben hin. Ich saß manchmal am Eingang dieser düsteren Galerie und schaute ihren wilden Gestalten zu; und wenn sie nun die eintönigen Räder unablässig schnurren ließen und die Spindel auf- und ablief, dann war es mir in der unsagbaren unterirdischen Wüste, als säße ich mitten im Hades, und jene bleichen Frauengestalten seien die Parzen, und sie verspönnen all die Fäden meines einsamen Lebens. Ich schenkte ihnen Geld, sie dankten mir mit gerührten Augen, freundlich, wie die segnende Armut, welche von einer Gabe überrascht wird, und ein recht schmerzliches Bild menschlicher Pein gaben mir diese Wesen aus dem Labyrinth ans Tageslicht herauf. Und welches Labyrinth ist es, wie unendlich sagenhaft! Alles hier in Sizilien hat ein mythisches Ansehen, Girgenti wie Syrakus, der Ätna wie Enna, und jegliche Küste. Der Menschengeist tritt hier weiter in die Zeit zurück als im römischen Land; dort weht der ernste Geist der Geschichte, aber in Sizilien der Rätselgeist der Fabel. Es ist das Land des Typhon, der Kyklopen und des Dädalus.

Überraschen also jene beiden Latomien von Achradina und Neapolis durch ihre Großartigkeit, so gibt es doch noch einige kleinere Steinbrüche in Syrakus, die durch Verbindung von Steinmassen und Grün einen noch wunderbareren und mehr romantischen Charakter haben. Ich meine vor allem die Latomie des Grafen Casale. Sie ist ein entzückendes Paradies, und niemals sah ich in der Welt einen Garten von so märchenhafter Schönheit. Die Latomie besteht aus zwei Hauptabteilungen, welche durch einen bedeckten Gang von etwa sieben Fuß Höhe verbunden sind. Ein großer Saal liegt an dem einen Ende, 27 Meter hoch, ebenso lang und 15,50 Meter breit. Die senkrechten Wände schimmern rosenrötlich, wie vom Frühling oder der Aurora angehaucht. Durch den Eingang lacht der prächtigste Garten. Man sieht an den Wänden viele Löcher, welche in gebogenen Linien aufsteigen; wahrscheinlich waren dort eiserne Klammern eingeschlagen, um den Fronsklaven zu einer Art von Treppe zu dienen, wenn sie den Stein brachen. Die Anlage der Säle ist ziemlich regelmäßig

Syrakus: Latomien

und zeigt, daß sie von vornherein in solcher Form beabsichtigt wurden. Auch hier steht auf einer steilen Wand der Rest eines alten Wachtturms. Das Erdbeben hat viele Säle eingestürzt; noch im Jahr 1853 fielen große Steinmassen herunter und bedeckten eine Stelle des Gartens mit ihrem Schutt. Soweit nun der Raum freiliegt, blüht wonnig die Wildnis herrlichster Gewächse. Die Blätter, welche hier der Feigenbaum treibt, sind so groß, daß man auf ihnen wie auf einem Teller speisen könnte. Da stehen Bäume und Blumen Indiens, deren seltsam gestaltete Früchte und Blüten ich weder zuvor sah noch zu benennen weiß. In tropischer Fülle prangt die Palme, von Lianen umschlungen, weithin duftet die Orange und die Myrte ihr Arom aus, und Agaven und Aloe starren dunkel auf den Wänden. Der ganze entzückende Garten mit seinen moos- und efeuüberschlängelten Felswänden, mit der Verworrenheit seiner dädalischen Gänge und Trümmer und der Pracht seiner Gewächse hat so viel Feenhaftes, daß er der Lusthain Oberons und Titanias sein möchte. Kein Windzug noch entstellender Staub trifft dies entzückende Verlies, in welches die Horen den lachenden Sommer in ewige Gefangenschaft hinuntergesenkt zu haben scheinen.

Nahe beim Ohr des Dionys liegen auch die großartigen Überreste des syrakusischen Theaters, eines der größten des Altertums überhaupt; auch Cicero nennt es «maximum». Serra di Falco meint, daß es dem Theater des Bacchus in Athen gleichzeitig sei, welches das erste steinerne Griechenlands war und vom Themistokles erbaut wurde. Es ist ein schöner Bau von bewundernswürdiger Einfachheit und Kraft und imponiert noch heute, obwohl von der Szene nichts mehr als ein wüster, von Gestrüpp bedeckter Trümmerhaufen zurückgeblieben ist. Die etwas verlängerten Halbkreise der Sitzreihen steigen den natürlichen Felsabhang von Neapolis empor und sind in den lebenden Stein gehauen. Man zählt ihrer sechsundvierzig Reihen, die von einem breiten Gürtel durchbrochen und von acht quer hindurchgehenden Treppen in neun Keile geteilt werden. Zählt man nun diese wirklichen sechsundvierzig Sitzreihen, so ergibt sich nur ein Durchmesser von hundert Metern, weshalb Serra di Falco der Ansicht ist, das Theater habe noch mehr Sitzreihen gehabt, welche sich weiter aufwärts zogen. Er gibt ihm hundertundfünfzig Meter im Durchmesser, wo es denn größer wäre als alle Theater Griechenlands, außer dem von Milet. Warum übrigens in der Stelle des Cicero «quam ad summam theatrum est maximum» das letzte Wort durchaus «allergrößt» und nicht bloß «sehr groß» heißen soll, kann ich nicht verstehen.

Vor der Szene münden in die Orchestra zwei Korridore; durch die Szene selbst, zu deren Seiten sich zwei quadratische Bauten erheben, geht ein schmaler Wasserkanal, der von der benachbarten Leitung abgezweigt ist. Man hat sich über die griechischen Inschriften «Basilissas Nereidos» und «Basilissas Philistidos», welche am Gesims der Umgürtung zu lesen sind, viel den Kopf zerbrochen, da diese Namen von Königinnen aus der Geschichte von Syrakus nicht bekannt sind. Nach den neuesten Ansichten soll die Nereis die Tochter des Pyrrhus von Epirus sein, die an Hierons II. Sohn Gelon vermählt war; Philistis dagegen hält man für die Tochter des Leptines und die Gemahlin Hierons. Außerdem gibt es nichts mehr am Theater, was besondere Aufmerksamkeit erregte; nur äußerst wenige Skulpturfragmente haben sich gefunden, darunter ein durch seine Vorstellung höchst eigentümliches: ein Cippus von weißem Marmor, auf welchem die Sage des Homer von der Schlange und dem Sperlingsnest in Aulis abgebildet ist, deren Erscheinung Kalchas auf die Dauer des Trojanischen Krieges deutete.

Doch viel mehr erfreut das Ganze, die Lage, die Bedeutung des Theaters. Man steht dort auf einer der lichtesten Stätten der Intelligenz, auf einem Zentrum menschlicher Kultur. Hier, wo jetzt das wuchernde Gras die Stufen überzieht, saßen einst Platon, Aeschylos, Aristippos, Pindar; dort in der Orchestra standen einst die gefangenen, verurteilten Athener; dort redete Timoleon, und dort saß er, als erblindeter Greis den Staatsdebatten zuhörend. Die ganze Geschichte von Syrakus seit ihrer glänzendsten Zeit hat in Reden und Staatsaktion hier dramatischer gespielt, als es die Stücke waren, die man auf der Szene aufführte, denn das Theater war beides: Schaubühne des Staatslebens, Schaubühne der Poesie; und wo hätten Wirklichkeit und Dichtung in so großer Wechselwirkung zueinander gestanden, als im hellenischen Leben? Die nationale Bedeutung des Theaters ward nun durch seine Lage selbst auf den Gipfel lebendigster Wirkung gehoben. Hier stand es mitten zwischen Neapolis, Tycha und Achradina und nicht zu weit von Ortygia entfernt. Von der Höhe schaute es in die unendliche Stadt und das Meer hinab, welche ihm zur wirklichen szenischen Ausschmückung dienten. Dies Panorama ist noch heute hinreißend; es ist der schönste Blick, den man auf Syrakus genießt, denn er überschaut beide Häfen und das Meer, die ganze sonnverbrannte Küste bis zu den Bergen von Hybla, und im Hintergrund den himmelbedeckten unermeßlichen Ätna und die prachtvolle Uferlinie des ionischen Meers bis zu den Felsen von Taormina. Welcher Art muß der Blick gewesen sein, als er noch auf die unabsehbare Stadt selber fiel, auf die herrliche Welt von Tempeln, Hallen und Prachtbauten und auf die mastenwaldbedeckten Häfen, die den Syrakusier an die glänzendsten Taten seiner Republik gemahnten! Da muß ihm über die Bühne weg das Herz vor Stolz und

Lust gestiegen sein; und wie mochten sich hier wohl die Perser des
Aeschylos angehört haben, worin die Syrakusier den Sieg bei Himera
noch einmal poetisch feierten, oder die Prometheus-Trilogie?

Ist der Anblick dieses Panoramas von den obersten Stufen hinreißend, so ist auch der Blick auf das Theater selbst wunderbar schön,
weil man von der Wildnis der zerstörten Bühne oder aus den Gra-
natengärten der Umgebung zu diesen stolzen Sitzreihen emporblickt.
Auch hier überzeugt die majestätische Einfalt des Baues von dem
hohen und ernsten Charakter des hellenischen Geistes.

Oben nun, wo die Stufen auf dem Plateau des Berges endigen, erhebt sich im Fels ein Nymphäum, eine höchst malerische, von Moosen und Flechten umgrünte Grotte, worin ein Quell sprudelt. Sie
erinnerte mich lebhaft an die Grotte der Egeria. Zu beiden Seiten
finden sich noch Grotten kleinerer Dimension. Gewöhnlich waschen
Weiber in dem Quell, und ihr melancholischer Gesang durchtrauert
diese feierlich stille Szene.

Zur Linken zieht sich in unmittelbarer Nähe jene Gräberstraße
empor, zur Rechten kommt ein Arm der Wasserleitung von Tycha
mit Gebraus herab und treibt das Rad einer Mühle, daher der ganze
Ort «i mulini di Galerme» heißt. Der moderne Teil der Wasserleitung,
der in Bogen über der Erde eine kurze Strecke fortläuft, trägt viel
dazu bei, das Malerische dieser Felsenlandschaft zu erhöhen. Sonst
geht der Aquädukt unterirdisch fort, vielleicht ein Werk karthagi-
scher Kriegsgefangener und nicht minder großartig als die Kloaken
Roms oder der Emissar von Albano. An vielen Stellen liegt die Leitung bloß; man sieht das Wasser in diesem unzerstörten Kanal mit
voller Gewalt herabströmen. Sechs Meilen weit kommt es aus den
Gebirgen, die Stadt zu versorgen.

Südöstlich vom Theater liegt in einem Hain von Granaten ein
ziemlich wohlerhaltener Bau, das Amphitheater von Syrakus, welches
umfangreicher ist als jene von Verona, Pola und Pompeji, da die
größere Achse siebzig Meter, die kleine vierzig Meter beträgt. Es ist
meist in Stein gehauen. Vier Tore für die vier Städte von Syrakus
liegen an den Enden der beiden Achsen. Serra di Falco hat dieses Theater im Jahr 1840 ausgraben lassen. Die Stufen der Sitzreihen und viele
Gemäuer sind bereits stark verfallen, doch ist der Bau immer noch
ziemlich wohl erhalten. Da die Griechen das barbarische Vergnügen
der Tier- und Gladiatorkämpfe nicht kannten, so muß das Amphitheater römischen Ursprungs sein. Cicero nennt es nicht, aber Tacitus
weiß von ihm. Seine Erbauung beweist, daß unter Augustus und
Tiberius Syrakus, als Sitz des römischen Prätors, durch eine römische
Kolonie von neuem bevölkert wurde und sich neuen Wohlstands zu
erfreuen hatte.

Der letzte der antiken Überreste auf dieser Seite und nahe an den Theatern ist ein großer dreistufiger Unterbau eines langen und schmalen Gebäudes, von welchem außer dem Plan nichts mehr erhalten ist, mit Ausnahme einiger Fragmente von Gesimsen mit Löwenköpfen. Serra di Falco entdeckte diese Basis im Jahr 1839; er hält sie für jenen Altar des Hieron, welcher selbst den von Olympia an Größe übertraf.

4. Tycha und Epipolä

Wir haben also auf einem verhältnismäßig kleinen Raum die wichtigsten Bauwerke des alten Syrakus beisammen gefunden. Geht man nun nordwärts längs des Aquädukts hinauf, so breitet sich eine wüste Felsenebene aus, welche die Straße von Catania durchschneidet. Hier lag Tycha, einst volkreich und mit vielen Gebäuden besetzt, vom Tycheion, dem Tempel der Glücksgöttin, so benannt. Dieses Viertel stieß nördlich ans Meer beim Hafen Trogilos und schloß weiter die Stadt auf dem nördlichen Rand der Felsenhochebene, stark ummauert. Westlich endigte Tycha gegen das feste Epipolä. Cicero nennt dort ein Gymnasium (amplissimum) und viele Tempel; aber heute sieht man nichts als Gräber im Boden, horizontal eingehauen und noch mit der Umreifung für die Platte versehen. Oft finden sich Wagengeleise durch solche Grabvertiefungen unterbrochen, ein Beweis, daß diese Gräber sehr späten Ursprungs sind.

Die Wanderung durch Tycha oder von Neapolis her, auf der Floridiastraße nach Epipolä, dem letzten und höchsten Stadtteil, der ganz ins Land hinein liegt, ist sehr beschwerlich, mag man sie zu Pferd oder zu Fuß unternehmen. Denn sobald man nach Epipolä kommt, muß man über wüstes Getrümmer von Kalkfelsen auf einer entsetzlich steinigen Straße fortklettern. Epipolä nahm nämlich den höchsten Punkt der Felsenhochebene ein und endigte mit dem Hügel Euryalus in der scharfen Spitze des ganzen Dreiecks, während unter dem Euryalus ein zweiter Hügel, das Labdalon, lag. Beide erkennt man noch heute als die untrüglichen Wahrzeichen dieser alten Festungsstadt; sie heißen jetzt Belvedere und Mongibellisi.

Das Labdalon bauten die Athener unter Nikias, um von hier die Stadt zu beherrschen; sie hatten sich überhaupt in Epipolä festgesetzt, bis sie von den Syrakusiern unter Gylippus daraus vertrieben wurden, welche dann, wie Diodor sagt, die Mauer auf der ganzen Höhe von Epipolä niederrissen. Seitdem wird das Labdalon als Kastell nicht mehr erwähnt. Dionys ließ durch den Bau seiner berühmten Mauer auf der Nordseite von Epipolä, welche 30 Stadien, fast eine deutsche Meile lang war, jene alten Werke abtragen. Diese Mauer war mit vielen Türmen besetzt und ihre Quadern so dick, daß sie nicht erstürmt werden konnte. Ob Dionys auch Kastelle auf dem Labdalon und dem Euryalus errichtet habe, wird nicht gesagt, nur erfahren wir, daß jenes Hexapylon, durch welches die Römer in die Stadt eindrangen, auf der Nordseite von Epipolä lag, und ohne Zweifel stand in derselben Mauer auch der Turm Gallagra, den die Römer während des Dianenfestes zuerst erstiegen. Was nun heute als Labdalon gezeigt wird, jene ungeheuren Quadern von drei bis vier Meter Länge, jene Fundamente von Türmen, die Gräben, die unterirdisch in den Fels gehauenen Gänge, bewies mir, daß hier ein Fort gestanden, welches sorgsamer angelegt wurde, als es die Athener zum Zweck der Belagerung konnten getan haben. Nach altgriechischer Weise sind die riesigen Quadern ohne Mörtel aufeinandergesetzt; namentlich bilden sie noch an einer Stelle eine höchst imposante Masse. In dem lebendigen Felsen selbst fand ich gleich Katakomben große Galerien von neun bis zehn Fuß Höhe und acht Fuß Breite ausgehauen; sie bilden mit ihren Korridoren und unterirdischen Räumen eine zweite sehr ausgedehnte Festung. Die Höhe dieser Gänge hat die Annahme veranlaßt, daß hier die Reiterei ihre Station hatte. Wahrscheinlich verband sich die unterirdische Festung durch Ausfalltore mit der Stadt und dem Feld. Auch hier beweist der gänzliche Mangel an Gewölbbau und die allenthalben geradlinige Struktur der Gänge den griechischen Ursprung.

Man sieht nun von den Quadern des Labdalon in die fürchterliche Steinwüste von Epipolä hinab; überall erblickt man teils ungeheure Steine von der Dionysischen Mauer, teils Ruinen der Kastelle, teils den jähen Absturz der Kalkfelsen. Auch hier befinden sich Latomien; es sind die wildbizarren Steinbrüche, worin Dionys den Philoxenus einsperrte, und wo dieser seinen Kyklopen dichtete. Von hier holten viele Städte Baumaterial; ein großer Teil der Festungswerke in Syrakus wurde aus den Trümmern der Dionysischen Mauer erbaut, und als der wahre Verwüster des alten Syrakus ist eigentlich Karl III. von Neapel zu betrachten. Sieht man nun die unendlichen Steinmassen, so muß man über die Fülle des schönsten Materials erstaunen; dieser Reichtum an Stein, der durch das Eisen so leicht zu bearbeiten ist, machte die Ausbreitung von Syrakus erst möglich, wie die ganz ähnliche Beschaffenheit des neapolitanischen Gesteins das Anwachsen Neapels und seiner Vorstädte ungemein erleichtert hat.

Weiter hinauf führt ein rauher Weg nach dem Euryalus, der Endspitze der syrakusischen Felsebene. Der melodische Name tönt schön und schwermütig in dieser Wüste. Ein elender Ort hat sich jetzt am Fuß des Kalkfelsens angesiedelt; oben steht ein Telegraph. Keine anderen Reste sieht man dort als eine Zisterne und altes Gemäuer von

zweifelhaftem Ursprung. Daß hier ein Kastell gestanden, lehrt die
Lage des Hügels, da er das ganze Stadtgebiet Syrakus überherrscht.
Es ist ungewiß, ob Dionys das Fort Euryalus erbaute; zur Zeit der
athenischen Belagerung wird es nicht genannt. Dagegen war es von
großer Bedeutung als Marcellus Syrakus bestürmte. Nachdem er
nämlich schon Tycha und Neapolis in seine Gewalt bekommen hatte,
blieb der Euryalus, welchen Livius Hügel und Burg nennt, in seinem
Rücken und bedrohte seine Stellung. Er selbst war in den Mauern
jener Stadtteile so gut wie eingeschlossen, und da Hippokrates und
Himilkon von der Landseite heranzogen, um sich in den Euryalus zu
werfen, lief er Gefahr, zwischen ihm und Achradina gänzlich abgesperrt zu werden. Die uneinnehmbare Burg übergab endlich Philo-
demus auf Kapitulation, weil ihm die Hoffnung des Entsatzes geschwunden war.

Heute heißt der Hügel mit Recht Belvedere, wegen der köstlichen
Aussicht, die er gewährt. Denn von seiner Spitze überschaut man das
herrlichste Gemälde. Den Horizont schließt vorwärts die große Linie
des ionischen Meers, rückwärts «die himmlische Säule» des Ätna;
großstilisierte Gebirgsketten ziehen sich landeinwärts in flimmernden
Lichtern, und die Ostküste der Insel mit den prächtigsten Golfen und
Vorgebirgen liegt, bis weit über Agosta und wo sich Catania im Duft
verliert, vor den Blicken aufgetan. Vor sich sieht man über die ganze
syrakusische Ebene, welche drei Stunden weit bis zur Orthygia sich
herabsenkt. Denkt man sich dies ungeheure Gebiet mit dem alten
Syrakus bedeckt und noch den Golf von Landhäusern und Ortschaften
umkränzt, so muß der Anblick einer so großen Stadt, die sich als eine
Riesenpyramide landwärts hinaufzog, gleichsam in vier Stockwerken
oder Stadtstufen sich erhebend, über alles Vorstellen großartig gewesen sein, und hier scheint die Angabe, Syrakus habe in seiner
Blütezeit eineinhalb Millionen Einwohner gezählt, nicht übertrieben.

Einer syrischen Steinwüste gleich breitet sich nun diese Ebene bis
zur Insel hin, welche ins Unscheinbare sich verliert. Nur südwärts
vom Felsenrand der Neapolis lacht eine immergrüne Niederung, und
man kann dort den Lauf der Quelle Cyane und des Anapus verfolgen.
Dorthin wollen wir noch hinübergehen.

5. Der Anapus und das Olympion

Es führte von der Neapolis die Helorische Straße durch den Sumpf
Lysimelia und Syraka und eine Brücke über den Anapus, auf dessen
anderer Seite sich der Hügel Polychne erhebt. Auf ihm stand der
Tempel des olympischen Zeus und ein Ort Olympion genannt. Diese

Gegend ist aus der Kriegsgeschichte von Syrakus bekannt genug, denn sowohl die Athener als zu wiederholten Malen die Karthager lagerten sich um das Olympion bis hinauf nach dem Becken der Quelle Cyane, und jedesmal raffte die aus dem Sumpf aufsteigende Pest die Heere hin. Die wenigen zersplitterten Säulen, die noch vom Olympion auf jenem nun ganz öden Hügel stehengeblieben sind, sieht man auf Millienweite; sie und jene Säule am Brunnen degli Ingegneri sind heute die einzigen freistehenden Säulenreste, die auf dem Stadtgebiet von Syrakus in die Augen fallen.

Um dorthin und nach dem Anapus zu gelangen, schifft man von der Insel über den herrlich großen Hafen und läßt sich dann in den versumpften Fluß rudern. Er mündet unterhalb einer Brücke ins Meer. Je weiter man ihn hinauffährt, desto mehr verengt er sich, bis ihn zuletzt die Barke im vollen Sinne des Wortes ausfüllt. Die Ruder werden weggelegt, die Bootsleute stoßen den Kahn teils mit mächtigen Rohrstangen fort, teils ziehen sie ihn stark angestrengt am Tau weiter. Ich habe nie eine romantischere Fahrt gehabt als auf dem Anapus. Zu beiden Seiten ist der Fluß mit 20 Fuß hohem Schilf von prächtiger Fülle dicht bewachsen; um diese beinahe armdicken Rohre schlingen sich Wasserlianen wie um Bäume, und Ranken blühender Gewächse ringeln sich in wildverworrenen Girlanden herüber und hinüber. Der mystische Geruch der Wildnis und des Wassers dringt so scharf auf die Sinne ein, wie die schwüle unbewegte Luft; man glaubt sich in eine tropische Flußlandschaft versetzt, so erstaunlich ist die Fülle des Pflanzenwuchses. Dabei flattern Hunderte von fremden, buntbeschwingten Wasservögeln umher, oder sie streifen spielend über die Wellen wie die Schwalben. Der Anapus teilt sich bald oberhalb der helorischen Straße, oder es strömt vielmehr in ihn jene klassische blaue Cyane ein, welche dem runden klaren Wasserbecken La Pisma entspringt. Nach der Sage warf sich hier die Nymphe Cyane dem Pluto entgegen, als er Proserpina zur Unterwelt hinabführte, und sie ward hierauf in die kornblumenblaue Quelle verwandelt. Alljährlich kamen die Syrakusier an die Cyane und feierten das Gedächtnisfest Proserpinas durch Opfer, da im Namen des Volkes ein Stier und eine Kuh in den Teich des Quells versenkt ward. Wahrlich, dies Lokal ist wunderbar; so von dem verschattenden immer flüsternden Röhricht mitten auf der Welle umwölbt, sitzt man da wie im Traum, in die lieblichste Mythe versenkt. Wie wurden mir da alle jene Reliefs alter Sarkophage, welche den Raub der Proserpina darstellen, lebendig; wie Arabesken umschwebten mich hier diese reizenden Gebilde griechischer Phantasie! Und wie hat nun Ceres diese fischwimmelnde Quelle zum Lohn für ihre Tränen um Proserpina geschmückt. An ihren ewig grünenden Ufern wächst die seltsame Papyrusstaude! Es ist der einzige Ort in Europa, wo sie in der Wildnis gefunden wird, seitdem sie vom Ufer des Orethos bei Palermo verschwand. Ich war ganz außer mir vor Freude, als ich nun wirklich die ersten Papyrusstauden vor mir sah, aus der bläulichen Flut fremd aufsprießend, verlorene Kinder des Nils. Die schöne Binse erhebt sich aus dem Wasser jungfräulich graziös, schlank, in schönster Linie gebogen, etwa 15 Fuß hoch, dreikantig und glatt und von herrlich glänzendem Dunkelgrün. Aber auf der Spitze überkraust sie eine reiche volle Krone von zahllosen grünen Fasern, welche fein und feiner wie geknotete Fäden und gleich strömendem Haar lang herabhängen. Das Volk nennt die Büschel recht treffend «La Perrucca». Diese so zierliche Gestalt des seltsamsten Gewächses, der wahren Papiernymphe der Gelehrsamkeit, ist für uns vom kimmerischen Norden kommende Wanderer überraschend genug; ganz mythisch wird ihre Erscheinung, wenn diese Stauden als dichtes Gebüsch beisammenstehen, in malerischer Verwirrung durcheinander aufgeschossen, große und kleine, königlich ragende alte und ganz zarte junge Pflanzen, alle die phantastischen Kronenbüschel träumerisch gesenkt und in der azurblauen Flut der Cyane sich spiegelnd. Da ist wie unter Zauber alles Hellenische aus der Seele geschwunden, und die Phantasie steht plötzlich am rätselhaften und weisen Nil, vor den Pyramiden und Sphinxen, vor den Mumien und wunderlich beschriebenen Papyrusrollen. An dem Rand der syrakusischen Cyane, auf hellenischem Boden schien mir diese Stunde selbst wie eine Mythe dazustehen, wie jene nämlich, welche sagt, daß aller Urgrund der Kultur und Literatur aus dem fabelhaften Ägypten herübergekommen sei. So blickte ich bald auf diese Papyruspflanzen und bald auf jene noch herabschauenden dorischen Säulen des olympischen Zeus, und sie erschienen mir beide hier wie Sinnbilder west-östlicher Kultureinheit.

Landolina und Politi haben den Versuch gemacht, aus dem syrakusischen Papyrus Papier zu fertigen, und es ist so vollkommen gelungen, daß sich die Papyrusblätter von Syrakus von den ägyptischen nur durch die frischere Farbe unterscheiden. Das zarte Bastgefaser des Stengels wird dazu verwendet, indem man es in die feinsten Blättchen zerschneidet, dann leimt und preßt.

Ich verließ die Barke in der Cyane, um nach dem ganz nahen Hügel Polychne zu gehen. Die dort stehenden beiden Säulen des Olympions sind kanneliert und haben Basamente; ihre Kapitäle fehlen. Der Tempel war sehr alt; er stand schon vor der Schlacht bei Himera, aber seine Größe war unbeträchtlich, da der Säulendurchmesser nur 1,52 m beträgt. Gelon hatte hier dem Zeus einen goldenen Mantel gestiftet und Dionys ihn dem Gott von den Schultern genommen, indem er als Freigeist sagte: Der goldene Mantel sei im Sommer zu schwer, im

Winter aber zu kalt. Die hochberühmte Bildsäule des Zeus selbst raubte später Verres und brachte sie nach Rom. Im Olympion wurden auch die Namenregister aller Bürger von Syrakus aufbewahrt; sie fielen den Athenern in die Hände, als sie das Olympikon besetzten. Auch von diesem Hügel ist der Blick auf Syrakus überaus schön. Lieblich liegt ihm zu Füßen die von der Cyane durchströmte Wiese, das sagenvolle, dem Hades geweihte Grab von so viel Tausenden von Athenern und von Puniern. Es gibt keine so idyllische und zugleich so melancholische Stelle in Syrakus. Wenn man jene starre Felsenwüste von Achradina bis nach Epipolä durchwandert hat, ermüdet von dem Anblick dieses steinernen Todes, setzt man sich gern auf die Trümmer des Olympion und weidet die Seele an dem grünen Teppich des Anapus und dem Bade der schlängelnden Cyane, und gedenkt des Pindar und des Theokrit. Du schöne menschliche Zeit von Hellas, wo bist du hin?

Ein Regenschauer vertrieb mich, und wie ich den Anapus wieder hinabfuhr, zwang er mich unter die helorische Brücke zu flüchten. Da saß ich lange, wie in einem Grabgewölbe, wie eine Seele über dem Styx, gleichgültig des Lebens, oder vielmehr nur von der Nässe durchschauert. Aber es ist kein Tag, sagt Cicero, wo nicht in Syrakus die Sonne scheint; nach einer halben Stunde kam sie wieder, und ich sah die himmlische Botin Iris herrlich über das Meer wandeln und einen Strahlenbogen um Ortygia ziehen, so daß die ganze Insel von der siebenfarbigen Glorie umfaßt war. So erblickte ich zum erstenmal den Vesuv, als ich in Neapel einfuhr, geradeso vom Regenbogen umfaßt. Und ich wünsche allen Wanderern, die nach Neapel oder Syrakus gehen, daß die Götter ihnen diese feenhafte und gute Vision vergönnen möchten.

Das war nun ein rechter, herzlabender Abschied von Syrakus; am folgenden Tag wollte ich hinweg; der Himmel weiß, wie schwer es mir wurde. Ich mußte denn kurz vor dem Scheiden noch zum Theater hinauf, um den allerletzten Blick von Syrakus zu nehmen. Und so: Lebe wohl, Arethusa!

«Wohl ihr Bäche, vom Thymbris die lieblichen Wasser ergießend!»

ORTSVERZEICHNIS